U0901342

2015年
广东省1%人口抽样调查资料

（上册）

广东省统计局 编

中国统计出版社
China Statistics Press

图书在版编目（CIP）数据

2015 年广东省 1%人口抽样调查资料 / 广东省统计局编. -- 北京 : 中国统计出版社, 2017.2
ISBN 978-7-5037-8118-6

Ⅰ. ①2… Ⅱ. ①广… Ⅲ. ①人口调查－抽样调查统计－统计资料－广东－2015 Ⅳ. ①C924.256.5

中国版本图书馆 CIP 数据核字(2017)第 045082 号

2015 年广东省 1%人口抽样调查资料

编　　者/广东省统计局　编
责任编辑/郭　栋
封面设计/李　静
出版发行/中国统计出版社
通信地址/北京市丰台区西三环南路甲 6 号　邮政编码/100073
电　　话/邮购（010）63376909　书店（010）68783171
网　　址/http://www.zgtjcbs.com
印　　刷/河北鑫宏源印刷包装有限责任公司
经　　销/新华书店
开　　本/880×1230mm　1/16
字　　数/2900 千字
印　　张/90
版　　别/2017 年 2 月第 1 版
版　　次/2017 年 2 月第 1 次印刷
定　　价/380.00 元（上、下册）

本书附同版本 CD-ROM 一张，光盘内容以书面文字为准。
如有印装错误，本社发行部负责调换。

《2015年广东省1%人口抽样调查资料》

编辑委员会和编辑工作人员

编辑说明

根据《全国人口普查条例》、《国务院办公厅关于开展2015年全国1%人口抽样调查的通知》以及《广东省人民政府办公厅转发国务院办公厅关于开展2015年全国1%人口抽样调查的通知》，我省以2015年11月1日零时为标准时点进行了全国1%人口抽样调查。在省委、省政府的正确领导下，在地方各级人民政府的精心组织和调查对象的支持配合下，经过广大调查工作人员的艰苦努力，调查取得了圆满成功，获得了丰富翔实的资料。为了满足社会各界的需要，现将计算机汇总数据资料编辑出版。资料的有关情况说明如下:

一、广东省2015年全国1%人口抽样调查以全省为总体，县（市、区）为子总体，采取二阶段、分层、概率比例、整群抽样的方法，在各县（市、区）中共抽取了1609个乡（镇、街道），12177个村（居）委会，13032个调查小区。最终调查人口为363.75万人，其中常住人口为309.11万人，占全省常住人口总量的2.85%。

二、本资料设有概要、民族、年龄、教育、就业、婚姻、家庭、生育、老年人口、死亡、住房、迁移和户口登记地共十二卷，反映了我省当前人口和住房的各种结构情况。同时，为帮助读者更好地使用本资料，我们将《2015年全国1%人口抽样调查方案》、调查表、填表说明等技术文件作为附录一并刊印。

三、这次调查采取了不等比例的抽样方法，但本资料中各地区的数据已经按全省统一的抽样比换算，可以直接对比。

四、本资料中各卷数据均为抽样调查样本的加权数据，未作总体推算，请读者使用数据时注意。

五、根据事后质量抽查，这次调查全国的总人口漏登率为0.54%，总体质量较高。但有些指标（如出生人口、死亡人口和分年龄妇女生育率）现场登记难度较大，漏登率相对高一些，请读者使用相关数据时，应考虑不同指标登记误差因素的影响。

六、本资料中的城市、镇和乡村是按照2008年国家统计局《统计上划分城乡的规定》划分的。

七、这次调查对部分特殊人群（如全户外出人口、全户户口寄挂人口等）仅登记了姓名、性别、年龄、民族、受教育程度等个人基本信息，因此，有关住房结构、就业、婚姻、生育和老年人口健康状况等方面的数据并不是全口径数据，请读者在使用时予以注意。

八、由于加权运算后对数字采取四舍五入处理，汇总表分项数据之和与合计数存在很小差别，并不影响数据的使用。

九、本资料中部分相对数由于单位取舍问题而产生的计算误差，均未作机械调整。

十、本资料中空项表示无数据或数字很小。

目　录

上　册

第一卷　概要

第二卷 民族

第三卷 年龄

第四卷 受教育程度

第五卷 就业

第六卷 婚姻

下　册

第七卷　家庭

第八卷 生育

第九卷 老年人口

第十卷 死亡

第十一卷 住房

第十二卷　迁移和户口登记地

附　录

1 概要

1-1 各地区户数、人口数和性别比

单位：户、人

地 区	户 数			人口数			
	合计	家庭户	集体户	合计	男	女	性别比（女=100）
全 省	**945341**	**883386**	**61955**	**3091130**	**1616612**	**1474518**	**109.64**
广州市	**137646**	**128784**	**8862**	**384677**	**197165**	**187512**	**105.15**
荔湾区	9655	9395	260	26261	12915	13347	96.77
越秀区	11222	10850	372	32960	16199	16761	96.65
海珠区	16270	15289	981	45978	22492	23486	95.77
天河区	17996	16578	1418	44041	22460	21581	104.08
白云区	23221	20548	2673	68478	35277	33201	106.25
黄埔区	5779	5384	394	13730	7445	6285	118.45
番禺区	17585	16703	882	43995	22811	21184	107.68
花都区	9003	8526	477	28942	15085	13858	108.85
南沙区	7204	6779	425	18685	9934	8751	113.52
萝岗区	4788	4255	533	11870	6651	5219	127.45
从化区	4734	4643	90	17816	9103	8713	104.48
增城区	10192	9834	358	31920	16793	15127	111.01
韶关市	**24822**	**24589**	**233**	**83525**	**41747**	**41778**	**99.93**
武江区	2820	2799	21	8813	4384	4428	99.00
浈江区	3985	3898	87	11528	5704	5824	97.93
曲江区	2566	2489	77	8958	4243	4715	89.98
始兴县	1717	1716	1	6060	3006	3054	98.42
仁化县	1614	1612	2	5912	2987	2925	102.14
翁源县	2826	2824	2	9796	5004	4792	104.44
乳源瑶族自治县	1506	1503	3	5245	2644	2601	101.65
新丰县	1521	1491	30	6086	3112	2973	104.68
乐昌市	3424	3419	5	11716	5957	5759	103.43
南雄市	2844	2840	4	9411	4706	4705	100.01
深圳市	**127671**	**108021**	**19650**	**324208**	**175996**	**148212**	**118.75**
罗湖区	10096	8657	1439	27797	14039	13758	102.05
福田区	13164	11138	2026	41046	21539	19507	110.41
南山区	13039	11257	1781	36789	19157	17633	108.64
宝安区	59017	48698	10319	139786	78416	61370	127.78
龙岗区	30229	26434	3795	72487	39461	33026	119.48
盐田区	2126	1835	290	6302	3384	2918	115.98
珠海市	**16364**	**15496**	**867**	**46559**	**24209**	**22350**	**108.32**
香洲区	10054	9579	474	26962	13839	13123	105.46
斗门区	3645	3515	130	12206	6465	5741	112.60
金湾区	2665	2402	263	7391	3905	3486	112.03
汕头市	**35884**	**35538**	**346**	**158192**	**79457**	**78735**	**100.92**
龙湖区	4366	4310	57	15751	7891	7860	100.40
金平区	6957	6935	22	23768	11745	12023	97.68
濠江区	1592	1579	13	7855	3846	4009	95.92
潮阳区	9863	9851	12	47730	23870	23860	100.04
潮南区	7006	6829	177	37886	19465	18421	105.67
澄海区	5595	5532	63	23435	11767	11668	100.86
南澳县	505	503	2	1767	873	893	97.71
佛山市	**73675**	**68092**	**5583**	**211715**	**114263**	**97452**	**117.25**
禅城区	10860	10147	713	31931	16517	15415	107.15
南海区	25387	22667	2720	77089	42713	34376	124.25
顺德区	27043	25712	1331	72237	38514	33722	114.21
三水区	6191	5597	594	18192	9982	8210	121.59
高明区	4194	3968	225	12266	6536	5730	114.08

1-1 续表 1

单位：户、人

地区	家庭户人口				集体户人口				平均家庭户规模（人/户）
	合计	男	女	性别比（女=100）	合计	男	女	性别比（女=100）	
全 省	**2865035**	**1480722**	**1384313**	**106.96**	**226095**	**135890**	**90205**	**150.65**	**3.24**
广州市	**352817**	**179822**	**172995**	**103.95**	**31860**	**17343**	**14517**	**119.46**	**2.74**
荔湾区	25139	12361	12778	96.74	1122	554	569	97.36	2.68
越秀区	31302	15281	16021	95.38	1658	918	740	124.16	2.89
海珠区	42348	21007	21341	98.44	3630	1485	2145	69.24	2.77
天河区	39359	20051	19308	103.85	4682	2409	2273	106.01	2.37
白云区	57696	29702	27994	106.10	10783	5575	5207	107.07	2.81
黄埔区	12827	6820	6007	113.52	903	625	278	224.94	2.38
番禺区	41036	21070	19967	105.52	2959	1741	1217	143.02	2.46
花都区	27028	13913	13115	106.08	1914	1171	743	157.70	3.17
南沙区	17505	9059	8447	107.24	1180	876	304	287.61	2.58
萝岗区	10425	5721	4704	121.64	1445	930	515	180.57	2.45
从化区	17474	8843	8630	102.47	343	260	83	312.37	3.76
增城区	30678	15994	14684	108.93	1242	798	443	180.08	3.12
韶关市	**82077**	**41327**	**40750**	**101.42**	**1448**	**421**	**1028**	**40.91**	**3.34**
武江区	8716	4343	4373	99.30	96	41	55	75.26	3.11
浈江区	11177	5528	5649	97.87	351	175	176	99.86	2.87
曲江区	8238	4212	4026	104.64	720	30	689	4.40	3.31
始兴县	6057	3003	3053	98.35	4	3	1	300.00	3.53
仁化县	5899	2978	2921	101.95	13	9	4	233.99	3.66
翁源县	9788	4998	4790	104.34	7	6	1	460.92	3.47
乳源瑶族自治县	5216	2626	2590	101.42	29	18	12	153.44	3.47
新丰县	5962	3052	2909	104.92	124	60	64	93.42	4.00
乐昌市	11675	5929	5746	103.19	41	27	13	204.70	3.42
南雄市	9349	4656	4693	99.21	62	50	12	405.00	3.29
深圳市	**259793**	**136440**	**123352**	**110.61**	**64415**	**39556**	**24860**	**159.12**	**2.41**
罗湖区	22368	10964	11404	96.14	5429	3075	2354	130.65	2.58
福田区	32036	15851	16184	97.94	9010	5687	3323	171.15	2.88
南山区	30847	15609	15238	102.44	5942	3548	2395	148.12	2.74
宝安区	107861	58522	49339	118.61	31925	19894	12031	165.36	2.21
龙岗区	61493	32840	28653	114.61	10994	6621	4373	151.43	2.33
盐田区	5188	2654	2534	104.73	1114	730	384	190.23	2.83
珠海市	**43464**	**22154**	**21310**	**103.96**	**3096**	**2056**	**1040**	**197.67**	**2.80**
香洲区	25268	12588	12680	99.27	1695	1251	443	282.42	2.64
斗门区	11772	6140	5631	109.04	435	325	110	295.57	3.35
金湾区	6424	3426	2999	114.23	967	480	487	98.48	2.67
汕头市	**155404**	**77584**	**77820**	**99.70**	**2788**	**1873**	**915**	**204.76**	**4.37**
龙湖区	15479	7774	7705	100.89	272	117	154	75.98	3.59
金平区	23534	11603	11931	97.25	234	142	93	153.13	3.39
濠江区	7480	3586	3894	92.08	375	260	115	225.77	4.74
潮阳区	47531	23729	23803	99.69	199	141	58	244.24	4.82
潮南区	36676	18594	18082	102.83	1210	872	339	257.47	5.37
澄海区	22947	11431	11516	99.27	488	336	152	221.43	4.15
南澳县	1757	868	889	97.62	10	5	5	114.88	3.49
佛山市	**185941**	**97106**	**88836**	**109.31**	**25774**	**17157**	**8616**	**199.13**	**2.73**
禅城区	28452	14420	14032	102.76	3480	2097	1383	151.64	2.80
南海区	62429	32778	29651	110.55	14659	9935	4724	210.29	2.75
顺德区	67406	35634	31773	112.15	4830	2881	1950	147.77	2.62
三水区	15980	8162	7818	104.40	2213	1821	392	464.45	2.85
高明区	11674	6112	5562	109.89	591	424	168	252.94	2.94

1-1 续表 2

单位：户、人

地 区	户 数			人口数			
	合计	家庭户	集体户	合计	男	女	性别比(女=100)
江门市	**39485**	**38700**	**784**	**128771**	**65113**	**63658**	**102.28**
蓬江区	6670	6442	228	20939	10455	10484	99.73
江海区	2228	2128	100	7428	3786	3642	103.95
新会区	7967	7937	31	24606	12510	12096	103.43
台山市	8231	8226	5	27090	13482	13609	99.07
开平市	5825	5719	106	20150	10155	9995	101.61
鹤山市	4508	4331	177	14315	7182	7132	100.70
恩平市	4055	3918	137	14243	7542	6701	112.54
湛江市	**48541**	**48152**	**389**	**206321**	**109163**	**97158**	**112.36**
赤坎区	2693	2654	39	8964	4493	4471	100.49
霞山区	4196	4168	28	14377	7465	6912	108.00
坡头区	2484	2474	10	9887	5254	4633	113.40
麻章区	3248	3197	52	14446	7682	6764	113.56
遂溪县	6133	5999	134	26159	13800	12359	111.66
徐闻县	4754	4719	35	20549	10936	9613	113.77
廉江市	9961	9919	42	42488	22921	19566	117.15
雷州市	9373	9343	29	42080	22190	19890	111.56
吴川市	5700	5680	19	27373	14423	12950	111.37
茂名市	**44100**	**43712**	**388**	**173256**	**90998**	**82258**	**110.63**
茂南区	6058	5933	126	24144	12701	11443	111.00
电白区	10603	10594	9	47417	24822	22595	109.86
高州市	10609	10560	49	38658	20483	18175	112.70
化州市	9291	9089	202	35519	18884	16635	113.52
信宜市	7538	7537	2	27518	14108	13410	105.21
肇庆市	**32134**	**31605**	**530**	**115667**	**59165**	**56503**	**104.71**
端州区	4593	4576	17	14075	6985	7091	98.51
鼎湖区	1460	1384	76	4889	2394	2495	95.97
广宁县	3635	3630	5	12448	6333	6115	103.58
怀集县	5879	5874	4	23951	12039	11911	101.07
封开县	3007	2998	9	11679	5892	5787	101.81
德庆县	2581	2558	23	10026	5204	4822	107.92
高要市	6014	5982	32	22230	11604	10626	109.21
四会市	4966	4603	363	16369	8713	7656	113.80
惠州市	**40533**	**37111**	**3422**	**135495**	**71424**	**64072**	**111.47**
惠城区	15711	14490	1221	46690	24343	22348	108.93
惠阳区	7647	6680	967	22834	12718	10115	125.73
博罗县	8408	7500	908	30416	15955	14460	110.34
惠东县	6370	6077	293	26538	13739	12799	107.35
龙门县	2399	2365	34	9018	4668	4349	107.33
梅州市	**33706**	**33594**	**111**	**123679**	**61195**	**62484**	**97.94**
梅江区	3513	3502	11	11955	5840	6115	95.49
梅县区	3957	3957		15369	7463	7906	94.40
大埔县	3336	3322	14	10878	5489	5389	101.86
丰顺县	3748	3743	5	13958	7031	6928	101.49
五华县	8062	8013	50	30794	14969	15826	94.58
平远县	1854	1845	9	6664	3342	3323	100.58
蕉岭县	1783	1776	8	5981	2954	3026	97.61
兴宁市	7453	7438	15	28079	14108	13972	100.97

1-1 续表 3

单位：户、人

地区	家庭户人口				集体户人口				平均家庭户规模（人/户）
	合计	男	女	性别比（女=100）	合计	男	女	性别比（女=100）	
江门市	**125455**	**63422**	**62033**	**102.24**	**3316**	**1691**	**1625**	**104.03**	**3.24**
蓬江区	19916	9952	9965	99.87	1023	504	519	97.07	3.09
江海区	6960	3549	3411	104.03	468	237	231	102.74	3.27
新会区	24300	12346	11954	103.29	306	164	142	115.41	3.06
台山市	27049	13458	13591	99.03	42	23	18	128.29	3.29
开平市	19666	9890	9776	101.17	484	265	219	121.24	3.44
鹤山市	13741	6938	6803	101.99	573	244	329	74.11	3.17
恩平市	13822	7288	6534	111.55	421	254	167	151.44	3.53
湛江市	**204265**	**108119**	**96146**	**112.45**	**2056**	**1044**	**1012**	**103.24**	**4.24**
赤坎区	8770	4470	4300	103.95	194	23	171	13.35	3.30
霞山区	14107	7274	6833	106.46	270	191	79	241.47	3.38
坡头区	9826	5216	4610	113.14	60	38	23	164.97	3.97
麻章区	14180	7613	6567	115.93	265	68	197	34.78	4.44
遂溪县	25459	13383	12077	110.82	699	417	282	147.86	4.24
徐闻县	20387	10834	9554	113.40	161	102	59	173.10	4.32
廉江市	42311	22823	19488	117.11	177	98	78	125.08	4.27
雷州市	41982	22147	19834	111.66	99	43	56	76.14	4.49
吴川市	27242	14358	12884	111.45	130	64	66	97.03	4.80
茂名市	**171170**	**89533**	**81636**	**109.67**	**2086**	**1465**	**622**	**235.67**	**3.92**
茂南区	23509	12384	11126	111.30	635	318	317	100.26	3.96
电白区	47350	24797	22553	109.95	67	25	42	59.35	4.47
高州市	38240	20092	18148	110.71	418	391	27	1467.74	3.62
化州市	34567	18162	16405	110.71	951	722	230	314.42	3.80
信宜市	27503	14099	13403	105.19	15	9	6	137.50	3.65
肇庆市	**113452**	**57912**	**55540**	**104.27**	**2216**	**1253**	**963**	**130.17**	**3.59**
端州区	14033	6967	7066	98.60	42	18	25	70.59	3.07
鼎湖区	4556	2302	2254	102.14	333	92	241	38.20	3.29
广宁县	12430	6322	6108	103.49	18	12	6	186.11	3.42
怀集县	23921	12017	11904	100.95	30	23	8	300.00	4.07
封开县	11644	5875	5769	101.84	35	17	18	92.03	3.88
德庆县	9964	5168	4796	107.77	63	36	27	135.66	3.90
高要市	21969	11452	10517	108.88	261	152	108	140.69	3.67
四会市	14935	7809	7126	109.58	1434	904	530	170.59	3.24
惠州市	**122785**	**63649**	**59136**	**107.63**	**12710**	**7775**	**4936**	**157.53**	**3.31**
惠城区	42660	21820	20840	104.70	4030	2523	1508	167.34	2.94
惠阳区	19306	10202	9104	112.06	3527	2516	1011	248.85	2.89
博罗县	27159	14060	13099	107.34	3256	1895	1361	139.20	3.62
惠东县	24963	13134	11828	111.04	1575	605	970	62.29	4.11
龙门县	8697	4432	4264	103.93	321	236	85	277.88	3.68
梅州市	**121987**	**60677**	**61310**	**98.97**	**1692**	**518**	**1175**	**44.08**	**3.63**
梅江区	11830	5759	6071	94.86	125	81	44	182.54	3.38
梅县区	15369	7463	7906	94.40					3.88
大埔县	10769	5417	5352	101.21	109	72	37	194.72	3.24
丰顺县	13935	7016	6920	101.39	23	15	8	190.91	3.72
五华县	29615	14812	14803	100.06	1179	156	1023	15.30	3.70
平远县	6636	3327	3308	100.58	29	14	14	98.77	3.60
蕉岭县	5908	2894	3014	96.03	73	60	13	475.62	3.33
兴宁市	27925	13989	13936	100.38	154	119	35	338.46	3.75

1-1 续表 4

单位：户、人

地 区	户数			人口数			
	合计	家庭户	集体户	合计	男	女	性别比（女=100）
汕尾市	**17171**	**17099**	**73**	**86092**	**45474**	**40619**	**111.95**
城区	3205	3196	9	14369	7481	6888	108.60
海丰县	5134	5114	20	23301	12392	10909	113.59
陆河县	1665	1661	4	8211	4370	3841	113.77
陆丰市	7167	7128	39	40211	21231	18980	111.86
河源市	**22178**	**21608**	**571**	**87568**	**44501**	**43067**	**103.33**
源城区	3561	3235	326	13802	7003	6799	102.99
紫金县	4368	4342	26	18967	9663	9304	103.85
龙川县	5480	5415	65	20631	10441	10190	102.46
连平县	2424	2328	96	10001	5076	4925	103.08
和平县	2960	2933	28	11109	5623	5486	102.49
东源县	3385	3355	30	13058	6696	6362	105.24
阳江市	**18704**	**18523**	**180**	**71550**	**37784**	**33766**	**111.90**
江城区	5069	4984	86	20258	10572	9686	109.14
阳西县	3761	3741	21	13280	7077	6203	114.08
阳东县	3374	3316	58	13044	7146	5897	121.17
阳春市	6499	6483	16	24968	12989	11978	108.44
清远市	**29613**	**29207**	**406**	**109254**	**55949**	**53305**	**104.96**
清城区	6485	6249	236	23988	12395	11592	106.93
清新区	5386	5339	47	20643	10705	9938	107.71
佛冈县	2313	2286	27	8947	4635	4311	107.51
阳山县	2870	2868	2	10508	5293	5215	101.50
连山壮族瑶族自治县	691	689	1	2673	1380	1292	106.81
连南瑶族自治县	1146	1143	3	3812	1909	1903	100.31
英德市	7466	7404	61	27826	14225	13600	104.60
连州市	3256	3229	28	10858	5405	5453	99.13
东莞市	**97674**	**80855**	**16819**	**235178**	**131438**	**103740**	**126.70**
中山市	**32659**	**30624**	**2035**	**91449**	**49184**	**42265**	**116.37**
潮州市	**18652**	**18386**	**266**	**75234**	**37725**	**37509**	**100.57**
湘桥区	4649	4487	161	16620	8174	8445	96.80
潮安区	7615	7510	105	33798	17143	16654	102.94
饶平县	6388	6388		24817	12407	12410	99.98
揭阳市	**35071**	**34889**	**182**	**172632**	**88867**	**83765**	**106.09**
榕城区	6126	6077	49	27863	14311	13551	105.61
揭东区	6454	6364	90	27857	14545	13312	109.26
揭西县	4962	4952	10	24315	12385	11930	103.81
惠来县	5769	5747	22	32265	16391	15874	103.25
普宁市	11761	11750	11	60332	31235	29097	107.35
云浮市	**19057**	**18801**	**256**	**70105**	**35794**	**34311**	**104.32**
云城区	2725	2676	48	10528	5405	5123	105.49
云安区	2024	1989	35	8012	4114	3898	105.54
新兴县	3342	3228	115	12719	6472	6247	103.60
郁南县	3448	3400	47	11545	5879	5666	103.77
罗定市	7518	7508	10	27301	13924	13377	104.09

1-1 续表 5

单位：户、人

地 区	家庭户人口				集体户人口				平均家庭户规模（人/户）
	合计	男	女	性别比（女=100）	合计	男	女	性别比（女=100）	
汕尾市	**85671**	**45238**	**40433**	**111.88**	**421**	**235**	**186**	**126.52**	**5.01**
城区	14230	7407	6823	108.55	138	74	65	113.90	4.45
海丰县	23144	12295	10848	113.34	157	96	61	158.83	4.53
陆河县	8181	4356	3825	113.87	31	15	16	91.14	4.93
陆丰市	40116	21180	18936	111.85	95	51	45	113.58	5.63
河源市	**84926**	**42994**	**41932**	**102.53**	**2642**	**1507**	**1135**	**132.76**	**3.93**
源城区	12575	6355	6220	102.17	1226	647	579	111.86	3.89
紫金县	18798	9515	9283	102.50	169	148	21	695.76	4.33
龙川县	20258	10211	10046	101.64	374	230	144	159.42	3.74
连平县	9598	4866	4732	102.83	403	210	193	109.11	4.12
和平县	10928	5506	5422	101.56	181	117	64	181.29	3.73
东源县	12769	6541	6228	105.02	289	155	134	115.74	3.81
阳江市	**70386**	**36959**	**33427**	**110.57**	**1164**	**825**	**339**	**243.62**	**3.80**
江城区	19833	10288	9545	107.78	425	284	141	201.27	3.98
阳西县	13229	7030	6199	113.40	52	47	4	1054.00	3.54
阳东县	12582	6783	5799	116.98	462	363	99	367.06	3.79
阳春市	24742	12858	11884	108.19	226	131	94	139.22	3.82
清远市	**107470**	**54936**	**52534**	**104.57**	**1784**	**1013**	**771**	**131.30**	**3.68**
清城区	23103	11781	11321	104.06	885	614	271	226.81	3.70
清新区	20488	10596	9892	107.12	155	109	46	235.57	3.84
佛冈县	8785	4527	4258	106.31	161	108	53	203.03	3.84
阳山县	10481	5271	5210	101.18	27	22	5	447.70	3.65
连山壮族瑶族自治县	2663	1374	1289	106.53	9	7	3	232.24	3.86
连南瑶族自治县	3800	1901	1899	100.13	12	8	4	180.50	3.33
英德市	27476	14090	13386	105.26	349	135	215	62.85	3.71
连州市	10673	5395	5278	102.21	185	11	175	6.07	3.31
东莞市	**180604**	**98975**	**81628**	**121.25**	**54575**	**32463**	**22112**	**146.81**	**2.23**
中山市	**82927**	**43475**	**39452**	**110.20**	**8522**	**5709**	**2813**	**202.97**	**2.71**
潮州市	**74073**	**37167**	**36907**	**100.70**	**1161**	**558**	**603**	**92.57**	**4.03**
湘桥区	15917	7969	7947	100.28	703	205	498	41.20	3.55
潮安区	33340	16790	16549	101.46	458	353	105	335.83	4.44
饶平县	24817	12407	12410	99.98					3.88
揭阳市	**171394**	**88065**	**83329**	**105.68**	**1238**	**802**	**435**	**184.21**	**4.91**
榕城区	27404	14006	13398	104.54	459	305	154	198.81	4.51
揭东区	27324	14197	13127	108.15	533	348	185	187.98	4.29
揭西县	24283	12363	11920	103.71	32	22	10	219.67	4.90
惠来县	32120	16306	15814	103.11	145	85	60	142.03	5.59
普宁市	60263	31193	29070	107.30	69	42	27	155.56	5.13
云浮市	**68975**	**35168**	**33807**	**104.03**	**1130**	**626**	**504**	**124.28**	**3.67**
云城区	10295	5274	5021	105.05	233	130	103	127.03	3.85
云安区	7879	4005	3874	103.36	133	109	24	458.97	3.96
新兴县	12186	6205	5981	103.74	533	267	266	100.46	3.78
郁南县	11356	5783	5573	103.78	189	96	93	103.31	3.34
罗定市	27260	13901	13359	104.06	41	23	18	125.98	3.63

1-1a 各地区户数、人口数和性别比（城市）

单位：户、人

地 区	户 数			人口数			
	合计	家庭户	集体户	合计	男	女	性别比（女=100）
全 省	**564156**	**512897**	**51259**	**1606288**	**846553**	**759736**	**111.43**
广州市	**111266**	**104849**	**6417**	**297639**	**151619**	**146020**	**103.83**
荔湾区	9655	9395	260	26261	12915	13347	96.77
越秀区	11222	10850	372	32960	16199	16761	96.65
海珠区	16270	15289	981	45978	22492	23486	95.77
天河区	17996	16578	1418	44041	22460	21581	104.08
白云区	17439	16232	1207	47033	24027	23006	104.44
黄埔区	5779	5384	394	13730	7445	6285	118.45
番禺区	14593	13887	705	35954	18518	17436	106.20
花都区	5448	5207	241	16631	8664	7967	108.74
南沙区	3193	2933	261	8165	4498	3667	122.65
萝岗区	4114	3627	487	9283	5301	3981	133.14
从化区	1777	1770	7	5868	2949	2919	101.03
增城区	3781	3698	83	11736	6152	5584	110.17
韶关市	**8038**	**7937**	**101**	**24440**	**11996**	**12445**	**96.39**
武江区	2247	2229	19	6682	3280	3402	96.41
浈江区	3051	3017	34	8864	4425	4439	99.69
曲江区	1212	1167	45	3922	1814	2108	86.07
乐昌市	667	667		2185	1087	1099	98.91
南雄市	860	858	2	2786	1389	1397	99.47
深圳市	**127671**	**108021**	**19650**	**324208**	**175996**	**148212**	**118.75**
罗湖区	10096	8657	1439	27797	14039	13758	102.05
福田区	13164	11138	2026	41046	21539	19507	110.41
南山区	13039	11257	1781	36789	19157	17633	108.64
宝安区	59017	48698	10319	139786	78416	61370	127.78
龙岗区	30229	26434	3795	72487	39461	33026	119.48
盐田区	2126	1835	290	6302	3384	2918	115.98
珠海市	**12504**	**11879**	**625**	**33858**	**17189**	**16670**	**103.11**
香洲区	9882	9453	429	26542	13550	12991	104.30
斗门区	1067	1032	34	3286	1661	1625	102.24
金湾区	1556	1394	162	4031	1977	2053	96.30
汕头市	**17499**	**17305**	**194**	**68958**	**34609**	**34349**	**100.75**
龙湖区	3454	3397	57	11393	5731	5662	101.20
金平区	6839	6817	22	23244	11488	11755	97.73
濠江区	1000	987	12	4937	2444	2493	98.05
潮阳区	2114	2107	6	9332	4561	4772	95.58
潮南区	2331	2277	54	12948	6764	6184	109.38
澄海区	1762	1719	43	7104	3621	3483	103.95

1-1a 续表 1

单位：户、人

地 区	家庭户人口				集体户人口				平均家庭户规模（人/户）
	合计	男	女	性别比（女=100）	合计	男	女	性别比（女=100）	
全 省	**1423934**	**737189**	**686746**	**107.35**	**182354**	**109364**	**72990**	**149.83**	**2.78**
广州市	**275407**	**139912**	**135495**	**103.26**	**22233**	**11707**	**10526**	**111.23**	**2.63**
荔湾区	25139	12361	12778	96.74	1122	554	569	97.36	2.68
越秀区	31302	15281	16021	95.38	1658	918	740	124.16	2.89
海珠区	42348	21007	21341	98.44	3630	1485	2145	69.24	2.77
天河区	39359	20051	19308	103.85	4682	2409	2273	106.01	2.37
白云区	42651	21951	20701	106.04	4382	2076	2305	90.07	2.63
黄埔区	12827	6820	6007	113.52	903	625	278	224.94	2.38
番禺区	33718	17329	16389	105.73	2236	1189	1047	113.57	2.43
花都区	15479	7948	7531	105.53	1151	716	436	164.21	2.97
南沙区	7420	3907	3513	111.20	744	591	154	384.24	2.53
萝岗区	7952	4457	3495	127.50	1330	844	486	173.70	2.19
从化区	5845	2936	2909	100.93	23	13	10	128.57	3.30
增城区	11365	5865	5500	106.64	371	287	84	341.76	3.07
韶关市	**23814**	**11815**	**11999**	**98.47**	**627**	**181**	**446**	**40.56**	**3.00**
武江区	6616	3262	3354	97.26	67	19	48	38.20	2.97
浈江区	8724	4298	4426	97.11	140	127	13	976.47	2.89
曲江区	3519	1792	1727	103.74	403	22	381	5.86	3.02
乐昌市	2185	1087	1099	98.91					3.28
南雄市	2770	1376	1393	98.81	17	13	4	350.00	3.23
深圳市	**259793**	**136440**	**123352**	**110.61**	**64415**	**39556**	**24860**	**159.12**	**2.41**
罗湖区	22368	10964	11404	96.14	5429	3075	2354	130.65	2.58
福田区	32036	15851	16184	97.94	9010	5687	3323	171.15	2.88
南山区	30847	15609	15238	102.44	5942	3548	2395	148.12	2.74
宝安区	107861	58522	49339	118.61	31925	19894	12031	165.36	2.21
龙岗区	61493	32840	28653	114.61	10994	6621	4373	151.43	2.33
盐田区	5188	2654	2534	104.73	1114	730	384	190.23	2.83
珠海市	**31718**	**15933**	**15785**	**100.94**	**2140**	**1256**	**885**	**141.93**	**2.67**
香洲区	25042	12461	12581	99.04	1499	1089	410	265.72	2.65
斗门区	3199	1635	1564	104.58	87	26	61	42.55	3.10
金湾区	3477	1837	1640	112.04	554	140	414	33.89	2.49
汕头市	**67052**	**33364**	**33689**	**99.04**	**1906**	**1245**	**661**	**188.43**	**3.87**
龙湖区	11121	5613	5508	101.91	272	117	154	75.98	3.27
金平区	23010	11347	11663	97.29	234	142	93	153.13	3.38
濠江区	4564	2187	2377	91.99	372	257	115	223.00	4.62
潮阳区	9153	4435	4719	93.98	179	126	53	237.21	4.34
潮南区	12426	6387	6039	105.77	522	377	145	259.66	5.46
澄海区	6778	3395	3383	100.34	326	226	100	225.66	3.94

1-1a 续表 2

单位：户、人

地 区	户 数			人口数			
	合计	家庭户	集体户	合计	男	女	性别比(女=100)
佛山市	**65962**	**61040**	**4922**	**188345**	**101413**	**86932**	**116.66**
禅城区	9350	8755	595	27241	13978	13262	105.40
南海区	23642	21014	2628	72019	40001	32018	124.93
顺德区	26822	25506	1316	71202	37977	33225	114.30
三水区	2700	2538	163	7873	4115	3758	109.48
高明区	3448	3227	221	10010	5342	4668	114.44
江门市	**21155**	**20722**	**433**	**67948**	**34068**	**33881**	**100.55**
蓬江区	6639	6411	228	20834	10402	10431	99.72
江海区	2228	2128	100	7428	3786	3642	103.95
新会区	4011	3993	18	12315	6267	6048	103.63
台山市	2877	2874	3	8976	4364	4612	94.64
开平市	2652	2568	84	9068	4513	4555	99.06
鹤山市	1819	1818	1	5962	2960	3003	98.57
恩平市	930	930		3366	1775	1591	111.62
湛江市	**11805**	**11699**	**105**	**42539**	**22253**	**20286**	**109.70**
赤坎区	2659	2620	39	8781	4407	4374	100.74
霞山区	4018	3991	28	13618	7069	6549	107.93
坡头区	563	562	1	2089	1105	985	112.19
麻章区	323	316	8	1304	700	604	116.01
遂溪县	159	159		597	302	295	102.15
廉江市	1295	1280	15	4755	2505	2250	111.31
雷州市	1496	1492	4	5512	3027	2485	121.81
吴川市	1291	1279	11	5883	3140	2743	114.46
茂名市	**10344**	**10056**	**287**	**38864**	**20831**	**18032**	**115.52**
茂南区	4165	4039	126	14908	7855	7053	111.38
电白区	1466	1460	6	5752	2999	2754	108.90
高州市	1565	1525	40	5926	3321	2605	127.48
化州市	1460	1344	116	6175	3531	2644	133.53
信宜市	1688	1688		6103	3126	2977	105.01
肇庆市	**8538**	**8203**	**335**	**27235**	**13851**	**13384**	**103.48**
端州区	4593	4576	17	14075	6985	7091	98.51
鼎湖区	427	390	37	1567	743	824	90.10
高要市	674	674		2098	1123	974	115.26
四会市	2844	2563	281	9495	5000	4495	111.23
惠州市	**18327**	**16591**	**1736**	**52213**	**27747**	**24466**	**113.41**
惠城区	12629	11712	917	35786	18629	17156	108.59
惠阳区	5572	4808	765	15962	8980	6982	128.62
博罗县	126	72	54	465	137	328	41.80

1-1a 续表 3

单位：户、人

地区	家庭户人口				集体户人口				平均家庭户规模（人/户）
	合计	男	女	性别比（女=100）	合计	男	女	性别比（女=100）	
佛山市	**165286**	**86350**	**78936**	**109.39**	**23059**	**15063**	**7996**	**188.40**	**2.71**
禅城区	24230	12197	12033	101.36	3011	1782	1229	144.95	2.77
南海区	57640	30250	27390	110.44	14379	9750	4629	210.66	2.74
顺德区	66540	35195	31345	112.28	4662	2782	1880	147.93	2.61
三水区	7409	3759	3650	102.98	464	356	108	329.03	2.92
高明区	9468	4949	4519	109.51	543	394	149	263.88	2.93
江门市	**65926**	**33047**	**32879**	**100.51**	**2023**	**1021**	**1002**	**101.92**	**3.18**
蓬江区	19812	9899	9912	99.87	1022	503	519	96.99	3.09
江海区	6960	3549	3411	104.03	468	237	231	102.74	3.27
新会区	12076	6133	5942	103.21	239	134	105	127.43	3.02
台山市	8958	4357	4601	94.69	18	7	10	72.73	3.12
开平市	8795	4376	4419	99.01	273	137	136	100.64	3.42
鹤山市	5959	2957	3002	98.51	3	2	1	300.00	3.28
恩平市	3366	1775	1591	111.62					3.62
湛江市	**41868**	**21939**	**19928**	**110.09**	**671**	**314**	**357**	**87.95**	**3.58**
赤坎区	8589	4385	4204	104.30	192	22	170	12.80	3.28
霞山区	13352	6880	6471	106.32	266	188	78	241.59	3.35
坡头区	2076	1094	982	111.40	13	11	2	425.00	3.69
麻章区	1234	658	576	114.36	70	42	28	150.00	3.91
遂溪县	597	302	295	102.15					3.76
廉江市	4691	2489	2203	112.97	64	16	47	34.21	3.67
雷州市	5487	3013	2474	121.81	25	14	11	122.22	3.68
吴川市	5841	3118	2723	114.51	42	22	20	108.70	4.57
茂名市	**37326**	**19691**	**17635**	**111.66**	**1538**	**1141**	**397**	**287.11**	**3.71**
茂南区	14273	7537	6736	111.90	635	318	317	100.26	3.53
电白区	5728	2984	2744	108.77	24	14	10	144.44	3.92
高州市	5571	2968	2603	114.01	354	353	2	20500.00	3.65
化州市	5651	3075	2576	119.39	524	456	68	665.09	4.20
信宜市	6103	3126	2977	105.01					3.62
肇庆市	**25814**	**13078**	**12736**	**102.68**	**1421**	**773**	**649**	**119.17**	**3.15**
端州区	14033	6967	7066	98.60	42	18	25	70.59	3.07
鼎湖区	1352	681	671	101.54	215	61	153	40.06	3.47
高要市	2098	1123	974	115.26					3.11
四会市	8331	4306	4025	106.99	1164	694	470	147.51	3.25
惠州市	**46478**	**24098**	**22380**	**107.68**	**5735**	**3649**	**2087**	**174.84**	**2.80**
惠城区	32922	16832	16090	104.61	2864	1797	1066	168.53	2.81
惠阳区	13349	7150	6199	115.34	2613	1830	783	233.78	2.78
博罗县	207	116	91	127.91	259	21	237	8.89	2.88

1-1a 续表 4

单位：户、人

地 区	户 数			人口数			
	合计	家庭户	集体户	合计	男	女	性别比（女=100）
梅州市	**6745**	**6723**	**21**	**23181**	**11356**	**11825**	**96.03**
梅江区	3142	3132	11	10638	5182	5456	94.98
梅县区	1154	1154		4473	2143	2330	91.96
五华县	109	109		412	189	223	84.78
兴宁市	2340	2329	11	7658	3842	3816	100.68
汕尾市	**3121**	**3082**	**39**	**14668**	**7663**	**7005**	**109.40**
城区	2143	2141	2	9112	4746	4367	108.68
陆丰市	978	941	37	5556	2918	2638	110.59
河源市	**3519**	**3193**	**326**	**13602**	**6900**	**6703**	**102.94**
源城区	3519	3193	326	13602	6900	6703	102.94
阳江市	**4445**	**4361**	**84**	**17763**	**9222**	**8541**	**107.97**
江城区	3157	3086	71	12545	6527	6017	108.48
阳春市	1288	1275	13	5218	2694	2524	106.74
清远市	**7536**	**7431**	**105**	**26659**	**13448**	**13211**	**101.80**
清城区	3750	3701	49	12998	6575	6423	102.35
清新区	1506	1488	18	5300	2729	2570	106.20
英德市	1208	1198	10	4413	2242	2171	103.25
连州市	1071	1044	27	3949	1902	2046	92.97
东莞市	**85469**	**71292**	**14176**	**205360**	**113932**	**91428**	**124.61**
中山市	**20524**	**19074**	**1450**	**56350**	**30200**	**26150**	**115.49**
潮州市	**6459**	**6325**	**134**	**24616**	**12511**	**12106**	**103.35**
湘桥区	3347	3292	55	11104	5631	5473	102.89
潮安区	3112	3033	79	13512	6880	6633	103.73
揭阳市	**9692**	**9626**	**66**	**44121**	**22774**	**21347**	**106.69**
榕城区	4228	4180	48	19349	9898	9450	104.74
揭东区	2057	2047	10	8702	4580	4122	111.12
普宁市	3407	3400	8	16071	8296	7775	106.70
云浮市	**3540**	**3486**	**53**	**13719**	**6976**	**6743**	**103.45**
云城区	1949	1901	48	7625	3915	3710	105.52
云安区	156	154	2	640	330	310	106.48
罗定市	1435	1432	3	5454	2731	2723	100.29

1-1a 续表 5

单位：户、人

地区	家庭户人口				集体户人口				平均家庭户规模（人/户）
	合计	男	女	性别比（女=100）	合计	男	女	性别比（女=100）	
梅州市	**23025**	**11261**	**11764**	**95.72**	**156**	**95**	**60**	**157.44**	**3.42**
梅江区	10513	5101	5412	94.27	125	81	44	182.54	3.36
梅县区	4473	2143	2330	91.96					3.88
五华县	412	189	223	84.78					3.79
兴宁市	7627	3827	3800	100.73	31	14	16	88.89	3.28
汕尾市	**14570**	**7611**	**6959**	**109.38**	**98**	**52**	**46**	**112.57**	**4.73**
城区	9105	4744	4362	108.75	7	2	5	42.86	4.25
陆丰市	5465	2868	2597	110.43	91	50	41	120.69	5.81
河源市	**12376**	**6252**	**6124**	**102.10**	**1226**	**647**	**579**	**111.86**	**3.88**
源城区	12376	6252	6124	102.10	1226	647	579	111.86	3.88
阳江市	**17150**	**8826**	**8324**	**106.03**	**612**	**395**	**217**	**182.24**	**3.93**
江城区	12151	6260	5892	106.25	393	268	126	213.18	3.94
阳春市	4999	2567	2433	105.51	219	127	91	139.64	3.92
清远市	**26140**	**13202**	**12938**	**102.05**	**519**	**246**	**273**	**89.98**	**3.52**
清城区	12828	6467	6362	101.65	169	108	62	175.00	3.47
清新区	5251	2696	2555	105.51	48	34	15	226.32	3.53
英德市	4292	2144	2148	99.85	121	97	24	410.00	3.58
连州市	3768	1895	1873	101.19	180	7	173	4.08	3.61
东莞市	**159282**	**87110**	**72172**	**120.70**	**46077**	**26822**	**19256**	**139.29**	**2.23**
中山市	**50064**	**26108**	**23956**	**108.98**	**6286**	**4092**	**2194**	**186.53**	**2.62**
潮州市	**24033**	**12075**	**11957**	**100.99**	**584**	**435**	**148**	**293.55**	**3.80**
湘桥区	10820	5438	5381	101.06	284	193	91	210.92	3.29
潮安区	13213	6637	6576	100.93	300	243	57	426.15	4.36
揭阳市	**43354**	**22247**	**21107**	**105.40**	**767**	**527**	**240**	**219.45**	**4.50**
榕城区	18898	9597	9301	103.19	451	301	150	201.40	4.52
揭东区	8445	4391	4054	108.31	257	189	68	279.10	4.13
普宁市	16012	8260	7753	106.54	59	36	23	160.00	4.71
云浮市	**13458**	**6828**	**6630**	**102.99**	**261**	**148**	**113**	**130.16**	**3.86**
云城区	7393	3785	3608	104.90	233	130	103	127.03	3.89
云安区	628	322	306	105.22	11	8	4	211.11	4.09
罗定市	5438	2722	2716	100.20	17	9	7	133.33	3.80

1-1b 各地区户数、人口数和性别比（镇）

单位：户、人

地 区	户 数			人口数			
	合计	家庭户	集体户	合计	男	女	性别比 (女=100)
全 省	**136184**	**130228**	**5957**	**512903**	**266846**	**246058**	**108.45**
广州市	**10638**	**9305**	**1333**	**31387**	**16352**	**15035**	**108.76**
白云区	2282	1558	724	8114	4153	3961	104.84
番禺区	593	581	12	1459	751	708	106.21
花都区	903	828	74	2718	1428	1290	110.74
南沙区	2004	1878	126	5349	2748	2601	105.65
萝岗区	158	117	41	425	258	166	155.20
从化区	616	535	81	2113	1171	942	124.28
增城区	4082	3808	274	11209	5842	5367	108.85
韶关市	**6125**	**6081**	**44**	**20911**	**10585**	**10326**	**102.50**
武江区	146	144	2	537	285	253	112.72
浈江区	356	355	1	775	398	377	105.69
曲江区	372	370	2	1224	632	591	106.97
始兴县	715	714	1	2359	1145	1214	94.28
仁化县	653	651	1	2291	1175	1115	105.39
翁源县	947	946	1	3231	1626	1605	101.33
乳源瑶族自治县	680	678	3	2277	1140	1136	100.39
新丰县	763	735	29	3069	1565	1503	104.12
乐昌市	1070	1067	2	3619	1835	1784	102.86
南雄市	422	420	2	1530	782	748	104.61
珠海市	**2446**	**2239**	**207**	**7484**	**4178**	**3306**	**126.41**
香洲区	172	126	46	421	289	132	219.73
斗门区	1165	1105	60	3703	1961	1741	112.63
金湾区	1109	1008	101	3360	1928	1432	134.58
汕头市	**8698**	**8586**	**112**	**41601**	**21053**	**20548**	**102.46**
龙湖区	358	358		1676	835	841	99.28
濠江区	50	50		192	94	98	95.90
潮阳区	3610	3609	1	18861	9569	9292	102.99
潮南区	1823	1722	101	9459	4852	4606	105.35
澄海区	2464	2455	9	10048	5029	5019	100.21
南澳县	393	392	1	1365	672	692	97.09
佛山市	**4449**	**3993**	**456**	**12654**	**7150**	**5503**	**129.93**
禅城区	1510	1392	118	4691	2538	2152	117.93
南海区	676	597	78	1730	935	795	117.65
三水区	1970	1715	255	5336	3199	2137	149.67
高明区	293	289	5	896	478	419	114.13
江门市	**4894**	**4666**	**228**	**15571**	**7972**	**7599**	**104.90**
新会区	1102	1102		3470	1758	1712	102.66
台山市	943	943		3227	1625	1602	101.40
开平市	644	628	16	2153	1072	1081	99.19
鹤山市	1016	878	139	2742	1390	1352	102.77
恩平市	1189	1115	74	3979	2127	1852	114.88

1-1b 续表 1

单位：户、人

地区	家庭户人口				集体户人口				平均家庭户规模（人/户）
	合计	男	女	性别比（女=100）	合计	男	女	性别比（女=100）	
全省	**487412**	**251755**	**235657**	**106.83**	**25491**	**15091**	**10401**	**145.09**	**3.74**
广州市	**26436**	**13641**	**12796**	**106.61**	**4950**	**2711**	**2239**	**121.06**	**2.84**
白云区	4964	2576	2388	107.86	3150	1577	1573	100.26	3.19
番禺区	1396	726	670	108.40	63	26	38	67.57	2.40
花都区	2570	1351	1218	110.92	149	77	72	107.69	3.10
南沙区	5028	2532	2497	101.41	321	216	104	207.20	2.68
萝岗区	322	180	141	127.83	103	78	25	307.89	2.74
从化区	1814	943	871	108.18	299	228	71	323.23	3.39
增城区	10343	5333	5010	106.44	866	509	357	142.64	2.72
韶关市	**20634**	**10415**	**10218**	**101.92**	**277**	**170**	**108**	**157.58**	**3.39**
武江区	521	271	250	108.50	16	14	3	500.00	3.61
浈江区	773	397	376	105.70	2	1	1	100.00	2.18
曲江区	1209	624	584	106.86	15	8	7	116.67	3.27
始兴县	2355	1142	1213	94.13	4	3	1	300.00	3.30
仁化县	2281	1169	1112	105.14	10	6	3	187.50	3.50
翁源县	3229	1625	1604	101.37	2	1	1	50.00	3.41
乳源瑶族自治县	2248	1123	1125	99.84	28	17	11	156.00	3.32
新丰县	2948	1507	1441	104.55	121	59	62	93.98	4.01
乐昌市	3584	1810	1774	102.03	34	25	10	256.25	3.36
南雄市	1485	745	739	100.83	46	37	9	428.57	3.53
珠海市	**6731**	**3575**	**3155**	**113.31**	**753**	**603**	**150**	**401.38**	**3.01**
香洲区	226	127	98	129.09	195	162	33	489.19	1.79
斗门区	3558	1860	1698	109.54	145	101	44	232.84	3.22
金湾区	2947	1588	1359	116.88	413	339	74	461.74	2.92
汕头市	**41039**	**20652**	**20387**	**101.30**	**562**	**401**	**161**	**248.86**	**4.78**
龙湖区	1676	835	841	99.28					4.68
濠江区	192	94	98	95.90					3.82
潮阳区	18857	9567	9290	102.98	4	2	1	200.00	5.23
潮南区	8959	4482	4477	100.11	500	371	129	286.79	5.20
澄海区	9992	5002	4990	100.23	56	27	28	96.88	4.07
南澳县	1362	672	690	97.37	3		2	12.50	3.47
佛山市	**10811**	**5713**	**5098**	**112.07**	**1842**	**1437**	**405**	**354.41**	**2.71**
禅城区	4222	2223	1999	111.22	469	315	154	205.26	3.03
南海区	1474	769	705	109.21	256	166	91	183.33	2.47
三水区	4267	2273	1994	113.99	1069	926	143	647.32	2.49
高明区	848	448	400	111.82	49	30	18	164.29	2.94
江门市	**14829**	**7570**	**7259**	**104.29**	**742**	**401**	**340**	**117.95**	**3.18**
新会区	3470	1758	1712	102.66					3.15
台山市	3227	1625	1602	101.40					3.42
开平市	2084	1040	1044	99.58	69	32	37	88.10	3.32
鹤山市	2284	1167	1117	104.50	458	223	235	94.58	2.60
恩平市	3764	1981	1783	111.06	215	147	68	214.29	3.38

1-1b 续表 2

单位：户、人

地区	户数			人口数			
	合计	家庭户	集体户	合计	男	女	性别比（女=100）
湛江市	**9883**	**9635**	**249**	**41516**	**22175**	**19342**	**114.65**
霞山区	35	35		152	81	72	112.50
坡头区	468	468		1823	970	853	113.71
麻章区	990	948	42	4298	2230	2067	107.89
遂溪县	1864	1731	133	7968	4270	3697	115.50
徐闻县	2020	1997	24	7841	4211	3630	115.99
廉江市	1861	1837	24	7787	4200	3587	117.07
雷州市	1568	1549	19	6526	3481	3045	114.31
吴川市	1077	1070	7	5121	2732	2389	114.34
茂名市	**7458**	**7365**	**93**	**30475**	**15874**	**14601**	**108.71**
茂南区	269	269		1224	664	561	118.37
电白区	2759	2757	2	12295	6423	5871	109.40
高州市	1812	1802	9	6913	3603	3310	108.84
化州市	1457	1377	80	5550	2934	2616	112.18
信宜市	1161	1160	2	4493	2250	2243	100.29
肇庆市	**7017**	**6922**	**94**	**25014**	**13089**	**11925**	**109.77**
鼎湖区	348	343	5	1057	558	500	111.60
广宁县	1341	1338	4	4767	2409	2358	102.19
怀集县	1430	1426	4	5787	2996	2791	107.36
封开县	952	950	2	3610	1829	1781	102.71
德庆县	787	765	23	2658	1405	1253	112.14
高要市	1620	1588	32	5530	2973	2557	116.25
四会市	537	513	25	1605	919	686	134.10
惠州市	**11293**	**10224**	**1070**	**40088**	**21266**	**18821**	**112.99**
惠城区	1032	848	185	2790	1675	1115	150.26
惠阳区	802	722	80	2293	1206	1087	110.93
博罗县	4762	4187	575	16468	8859	7609	116.42
惠东县	3705	3501	205	14901	7628	7274	104.86
龙门县	992	967	25	3636	1899	1736	109.40
梅州市	**9450**	**9369**	**81**	**35921**	**17519**	**18402**	**95.20**
梅江区	59	59		223	105	118	89.29
梅县区	890	890		3323	1595	1727	92.36
大埔县	1406	1395	11	4895	2439	2456	99.30
丰顺县	1738	1733	5	6659	3381	3278	103.15
五华县	2366	2320	46	9814	4504	5310	84.83
平远县	887	878	8	3188	1583	1605	98.59
蕉岭县	900	893	6	3057	1537	1520	101.14
兴宁市	1205	1201	4	4762	2374	2388	99.40
汕尾市	**6831**	**6812**	**19**	**32709**	**17299**	**15410**	**112.26**
城区	348	348		1797	920	877	104.94
海丰县	3305	3291	14	14605	7777	6829	113.89
陆河县	906	902	4	4311	2310	2001	115.41
陆丰市	2272	2271	1	11995	6292	5703	110.33

1-1b 续表 3

单位：户、人

地区	家庭户人口				集体户人口				平均家庭户规模（人/户）
	合计	男	女	性别比（女=100）	合计	男	女	性别比（女=100）	
湛江市	**40310**	**21543**	**18767**	**114.79**	**1206**	**632**	**575**	**109.89**	**4.18**
霞山区	152	81	72	112.50					4.33
坡头区	1823	970	853	113.71					3.89
麻章区	4107	2208	1899	116.28	190	22	168	13.15	4.33
遂溪县	7275	3857	3418	112.84	693	413	279	148.01	4.20
徐闻县	7739	4142	3597	115.17	102	68	34	203.03	3.88
廉江市	7684	4125	3559	115.91	104	75	29	260.87	4.18
雷州市	6477	3465	3012	115.04	49	16	33	48.15	4.18
吴川市	5053	2695	2358	114.31	68	37	31	116.67	4.72
茂名市	**29979**	**15572**	**14407**	**108.08**	**496**	**302**	**194**	**155.53**	**4.07**
茂南区	1224	664	561	118.37					4.55
电白区	12277	6418	5859	109.53	18	6	12	45.45	4.45
高州市	6849	3564	3285	108.48	64	39	25	155.17	3.80
化州市	5151	2685	2465	108.94	399	249	151	165.24	3.74
信宜市	4478	2241	2237	100.18	15	9	6	137.50	3.86
肇庆市	**24496**	**12756**	**11740**	**108.65**	**518**	**334**	**184**	**181.03**	**3.54**
鼎湖区	1035	544	491	110.84	22	13	9	155.00	3.02
广宁县	4752	2401	2351	102.12	15	8	6	128.57	3.55
怀集县	5757	2974	2783	106.84	30	23	8	300.00	4.04
封开县	3604	1827	1777	102.80	6	2	4	60.00	3.79
德庆县	2599	1372	1227	111.86	60	33	27	125.00	3.40
高要市	5269	2820	2449	115.17	261	152	108	140.69	3.32
四会市	1480	817	662	123.44	126	102	23	435.29	2.89
惠州市	**35309**	**18411**	**16899**	**108.95**	**4778**	**2856**	**1923**	**148.55**	**3.45**
惠城区	2083	1119	964	116.08	707	556	151	368.87	2.46
惠阳区	1920	956	964	99.19	373	250	123	202.82	2.66
博罗县	14161	7357	6804	108.13	2307	1502	805	186.50	3.38
惠东县	13727	7239	6488	111.58	1174	388	786	49.40	3.92
龙门县	3418	1739	1679	103.61	218	160	58	278.49	3.53
梅州市	**34504**	**17168**	**17335**	**99.04**	**1417**	**350**	**1067**	**32.83**	**3.68**
梅江区	223	105	118	89.29					3.79
梅县区	3323	1595	1727	92.36					3.73
大埔县	4791	2369	2422	97.79	104	70	34	207.55	3.44
丰顺县	6635	3366	3270	102.94	23	15	8	190.91	3.83
五华县	8731	4406	4325	101.86	1083	99	985	10.04	3.76
平远县	3164	1571	1592	98.68	25	11	13	87.88	3.60
蕉岭县	2998	1487	1511	98.39	59	50	9	581.82	3.36
兴宁市	4639	2270	2369	95.79	123	104	19	552.38	3.86
汕尾市	**32627**	**17245**	**15382**	**112.11**	**82**	**54**	**28**	**196.18**	**4.79**
城区	1797	920	877	104.94					5.16
海丰县	14553	7736	6817	113.49	52	41	12	346.15	4.42
陆河县	4283	2297	1986	115.64	28	13	15	84.38	4.75
陆丰市	11994	6291	5702	110.33	1	1	1	100.00	5.28

1-1b 续表 4

单位：户、人

地区	户数			人口数			
	合计	家庭户	集体户	合计	男	女	性别比(女=100)
河源市	**5814**	**5704**	**110**	**23310**	**11952**	**11357**	**105.24**
紫金县	1649	1628	22	7231	3760	3472	108.29
龙川县	1612	1559	53	6180	3176	3004	105.75
连平县	860	857	3	3516	1763	1753	100.55
和平县	882	856	26	3328	1688	1640	102.94
东源县	811	805	6	3054	1566	1489	105.16
阳江市	**4700**	**4639**	**61**	**17950**	**9679**	**8270**	**117.04**
江城区	623	622	1	2331	1213	1118	108.54
阳西县	1325	1324	1	5069	2705	2364	114.41
阳东县	1586	1528	58	6260	3516	2744	128.16
阳春市	1165	1164	1	4290	2245	2045	109.81
清远市	7306	7049	258	26952	13956	12996	107.39
清城区	1618	1437	181	6425	3470	2956	117.40
清新区	868	864	3	3285	1749	1536	113.89
佛冈县	998	972	27	3624	1895	1730	109.55
阳山县	1026	1026	1	3787	1904	1882	101.17
连山壮族瑶族自治县	268	268	1	969	481	487	98.78
连南瑶族自治县	532	530	2	1707	863	844	102.22
英德市	1728	1685	43	6260	3137	3123	100.43
连州市	268	267	1	895	457	438	104.38
东莞市	**1552**	**948**	**604**	**3526**	**2146**	**1379**	**155.60**
中山市	**8862**	**8291**	**571**	**24235**	**13355**	**10880**	**122.74**
潮州市	**5725**	**5596**	**129**	**23382**	**11497**	**11884**	**96.74**
湘桥区	858	752	106	3598	1573	2025	77.66
潮安区	1699	1676	23	7674	3894	3781	102.99
饶平县	3168	3168		12109	6031	6078	99.21
揭阳市	**9044**	**8937**	**106**	**43732**	**22489**	**21243**	**105.87**
榕城区	714	714		3129	1631	1498	108.87
揭东区	1568	1491	77	6283	3285	2998	109.58
揭西县	1781	1772	9	7935	4046	3889	104.02
惠来县	2620	2603	18	13750	7013	6737	104.10
普宁市	2360	2357	3	12635	6514	6121	106.42
云浮市	**3998**	**3867**	**131**	**14488**	**7259**	**7229**	**100.41**
云城区	67	67		241	114	127	89.96
云安区	345	345	1	1380	709	672	105.55
新兴县	1306	1221	85	4983	2481	2502	99.16
郁南县	1423	1379	44	4807	2416	2391	101.04
罗定市	857	856	1	3076	1539	1537	100.10

1-1b 续表 5 单位：户、人

地　区	家庭户人口				集体户人口				平均家庭户规模（人/户）
	合计	男	女	性别比（女=100）	合计	男	女	性别比（女=100）	
河源市	**22589**	**11454**	**11136**	**102.86**	**720**	**499**	**222**	**225.03**	**3.96**
紫金县	7076	3617	3459	104.58	156	143	13	1085.71	4.35
龙川县	5880	2987	2893	103.27	300	189	111	170.37	3.77
连平县	3493	1744	1749	99.69	23	19	4	466.67	4.08
和平县	3169	1591	1579	100.76	159	97	61	159.15	3.70
东源县	2972	1515	1457	104.03	82	50	32	156.60	3.69
阳江市	**17481**	**9313**	**8167**	**114.03**	**469**	**366**	**103**	**355.84**	**3.77**
江城区	2328	1212	1116	108.64	3	1	2	50.00	3.74
阳西县	5065	2703	2362	114.45	3	1	2	66.67	3.83
阳东县	5798	3153	2645	119.23	462	363	99	367.06	3.79
阳春市	4289	2244	2045	109.77	1	1			3.68
清远市	25866	13322	12544	106.20	1086	634	452	140.31	3.67
清城区	5736	2982	2753	108.32	690	487	202	240.95	3.99
清新区	3273	1743	1530	113.95	13	6	6	100.00	3.79
佛冈县	3463	1787	1676	106.58	161	108	53	203.03	3.56
阳山县	3785	1903	1882	101.09	2	2			3.69
连山壮族瑶族自治县	964	479	485	98.78	5	2	2	100.00	3.60
连南瑶族自治县	1699	857	841	101.91	8	5	3	200.00	3.21
英德市	6056	3117	2940	106.03	204	20	184	10.78	3.59
连州市	890	454	436	103.93	5	4	2	233.33	3.33
东莞市	**1628**	**958**	**671**	**142.82**	**1897**	**1189**	**709**	**167.68**	**1.72**
中山市	**22090**	**11807**	**10283**	**114.82**	**2145**	**1548**	**597**	**259.19**	**2.66**
潮州市	**22813**	**11381**	**11432**	**99.55**	**569**	**117**	**453**	**25.75**	**4.08**
湘桥区	3180	1561	1619	96.39	419	12	406	3.02	4.23
潮安区	7524	3789	3734	101.48	151	104	46	224.53	4.49
饶平县	12109	6031	6078	99.21					3.82
揭阳市	**43318**	**22240**	**21078**	**105.51**	**414**	**249**	**165**	**150.77**	**4.85**
榕城区	3129	1631	1498	108.87					4.38
揭东区	6028	3136	2891	108.47	255	149	106	140.00	4.04
揭西县	7908	4027	3881	103.75	27	19	8	237.50	4.46
惠来县	13629	6938	6691	103.70	122	75	46	162.22	5.24
普宁市	12624	6508	6117	106.40	11	6	5	133.33	5.36
云浮市	**13924**	**7020**	**6904**	**101.69**	**564**	**239**	**326**	**73.39**	**3.60**
云城区	241	114	127	89.96					3.63
云安区	1371	701	671	104.46	9	8	1	1000.00	3.98
新兴县	4577	2313	2264	102.19	406	168	239	70.40	3.75
郁南县	4658	2354	2305	102.13	148	62	86	71.94	3.38
罗定市	3076	1538	1537	100.05	1	1			3.59

1-1c 各地区户数、人口数和性别比（乡村）

单位：户、人

地 区	户数			人口数			
	合计	家庭户	集体户	合计	男	女	性别比(女=100)
全 省	**245000**	**240261**	**4739**	**971938**	**503213**	**468725**	**107.36**
广州市	**15742**	**14630**	**1113**	**55651**	**29194**	**26457**	**110.34**
白云区	3500	2758	741	13332	7097	6234	113.85
番禺区	2399	2235	164	6582	3541	3040	116.48
花都区	2652	2491	161	9593	4993	4601	108.51
南沙区	2006	1968	38	5171	2688	2483	108.28
萝岗区	516	511	5	2163	1092	1071	101.97
从化区	2340	2338	2	9836	4983	4852	102.71
增城区	2329	2328	1	8975	4799	4176	114.91
韶关市	**10660**	**10571**	**89**	**38174**	**19167**	**19007**	**100.84**
武江区	427	426	1	1593	819	773	105.92
浈江区	578	525	52	1889	880	1009	87.30
曲江区	981	952	29	3812	1796	2016	89.09
始兴县	1002	1002		3701	1861	1840	101.14
仁化县	961	960	1	3621	1812	1809	100.13
翁源县	1879	1877	2	6565	3378	3187	106.00
乳源瑶族自治县	826	825	1	2969	1504	1465	102.63
新丰县	758	757	1	3017	1547	1470	105.25
乐昌市	1687	1685	3	5912	3035	2877	105.50
南雄市	1562	1562		5094	2534	2560	98.96
珠海市	**1413**	**1378**	**35**	**5217**	**2842**	**2375**	**119.68**
斗门区	1413	1378	35	5217	2842	2375	119.68
汕头市	**9687**	**9647**	**40**	**47634**	**23796**	**23838**	**99.83**
龙湖区	555	555		2681	1325	1356	97.73
金平区	118	118		524	256	268	95.68
濠江区	542	541	1	2727	1308	1419	92.17
潮阳区	4140	4135	5	19537	9740	9797	99.42
潮南区	2852	2830	22	15480	7849	7631	102.85
澄海区	1370	1358	12	6283	3117	3165	98.47
南澳县	112	111	1	402	201	201	99.84
佛山市	**3263**	**3058**	**205**	**10716**	**5700**	**5016**	**113.62**
南海区	1069	1056	13	3339	1777	1562	113.75
顺德区	221	206	15	1034	537	497	108.16
三水区	1521	1344	177	4983	2669	2314	115.32
高明区	453	453		1359	716	643	111.38
江门市	**13436**	**13313**	**123**	**45251**	**23073**	**22178**	**104.04**
蓬江区	31	31		105	53	52	100.83
新会区	2855	2842	13	8821	4485	4336	103.45
台山市	4411	4409	2	14887	7492	7395	101.32
开平市	2529	2522	7	8929	4571	4359	104.86
鹤山市	1673	1636	37	5610	2833	2777	102.01
恩平市	1936	1873	63	6898	3639	3259	111.66

1-1c 续表 1

单位：户、人

地 区	家庭户人口				集体户人口				平均家庭户规模（人/户）
	合计	男	女	性别比（女=100）	合计	男	女	性别比（女=100）	
全 省	**953688**	**491778**	**461911**	**106.47**	**18250**	**11436**	**6814**	**167.82**	**3.97**
广州市	**50974**	**26269**	**24705**	**106.33**	**4677**	**2925**	**1752**	**166.92**	**3.48**
白云区	10081	5175	4905	105.51	3251	1922	1329	144.60	3.65
番禺区	5923	3015	2908	103.69	659	527	133	397.06	2.65
花都区	8979	4614	4365	105.69	614	379	235	160.85	3.60
南沙区	5057	2620	2437	107.52	115	69	46	148.05	2.57
萝岗区	2151	1084	1067	101.59	11	8	4	212.50	4.21
从化区	9814	4965	4850	102.37	21	19	3	725.00	4.20
增城区	8970	4796	4174	114.92	5	3	3	100.00	3.85
韶关市	**37629**	**19097**	**18533**	**103.05**	**545**	**70**	**474**	**14.77**	**3.56**
武江区	1580	810	770	105.24	13	9	4	244.44	3.71
浈江区	1680	833	847	98.37	209	48	162	29.38	3.20
曲江区	3510	1796	1714	104.79	302		302		3.69
始兴县	3701	1861	1840	101.14					3.70
仁化县	3618	1809	1809	100.00	4	3	1	500.00	3.77
翁源县	6559	3373	3187	105.83	5	5			3.49
乳源瑶族自治县	2968	1503	1465	102.63	1	1	1	100.00	3.60
新丰县	3014	1546	1468	105.29	3	1	2	75.00	3.98
乐昌市	5905	3032	2873	105.54	7	3	4	75.00	3.51
南雄市	5094	2534	2560	98.96					3.26
珠海市	**5015**	**2645**	**2370**	**111.62**	**202**	**197**	**5**	**3857.14**	**3.64**
斗门区	5015	2645	2370	111.62	202	197	5	3857.14	3.64
汕头市	**47313**	**23569**	**23744**	**99.26**	**320**	**227**	**93**	**244.30**	**4.90**
龙湖区	2681	1325	1356	97.73					4.83
金平区	524	256	268	95.68					4.46
濠江区	2724	1305	1419	91.95	3	3			5.03
潮阳区	19521	9727	9794	99.32	16	13	3	366.67	4.72
潮南区	15291	7725	7567	102.08	188	124	64	193.48	5.40
澄海区	6177	3035	3142	96.58	105	82	23	356.25	4.55
南澳县	395	196	199	98.51	7	5	2	214.29	3.57
佛山市	**9844**	**5043**	**4801**	**105.03**	**872**	**657**	**215**	**305.21**	**3.22**
南海区	3315	1759	1557	112.95	24	19	5	350.00	3.14
顺德区	866	438	428	102.46	168	99	69	143.48	4.21
三水区	4303	2130	2173	97.98	680	539	141	382.79	3.20
高明区	1359	716	643	111.38					3.00
江门市	**44700**	**22805**	**21895**	**104.16**	**552**	**268**	**283**	**94.76**	**3.36**
蓬江区	105	52	52	100.00	1	1		300.00	3.39
新会区	8754	4455	4299	103.64	67	30	37	81.08	3.08
台山市	14863	7477	7387	101.21	24	16	8	200.00	3.37
开平市	8787	4475	4313	103.76	142	96	46	208.33	3.48
鹤山市	5498	2814	2684	104.84	112	19	93	20.49	3.36
恩平市	6692	3532	3160	111.78	206	107	99	108.00	3.57

1-1c 续表 2

单位：户、人

地 区	户 数			人口数			
	合计	家庭户	集体户	合计	男	女	性别比 (女=100)
湛江市	**26854**	**26818**	**36**	**122266**	**64735**	**57531**	**112.52**
赤坎区	33	33		182	86	96	89.12
霞山区	142	142		607	316	291	108.57
坡头区	1452	1444	9	5975	3179	2795	113.73
麻章区	1935	1934	1	8844	4751	4093	116.07
遂溪县	4110	4109	1	17594	9228	8366	110.30
徐闻县	2734	2723	12	12708	6725	5982	112.42
廉江市	6805	6801	4	29945	16217	13729	118.12
雷州市	6309	6302	7	30042	15682	14360	109.21
吴川市	3332	3331	1	16369	8551	7818	109.38
茂名市	**26298**	**26291**	**7**	**103917**	**54293**	**49624**	**109.41**
茂南区	1625	1625		8012	4182	3830	109.22
电白区	6378	6377	2	29370	15400	13970	110.24
高州市	7232	7232		25820	13560	12260	110.60
化州市	6374	6368	5	23794	12419	11375	109.17
信宜市	4689	4689		16922	8732	8190	106.62
肇庆市	**16580**	**16480**	**100**	**63418**	**32225**	**31194**	**103.30**
鼎湖区	685	650	35	2265	1094	1171	93.43
广宁县	2293	2293	1	7682	3924	3757	104.44
怀集县	4448	4448		18164	9043	9121	99.15
封开县	2055	2048	7	8069	4063	4006	101.41
德庆县	1794	1793	1	7368	3799	3569	106.44
高要市	3720	3720		14602	7508	7094	105.84
四会市	1585	1528	57	5268	2793	2475	112.84
惠州市	**10913**	**10296**	**617**	**43194**	**22410**	**20784**	**107.82**
惠城区	2050	1931	119	8115	4038	4077	99.06
惠阳区	1272	1150	123	4579	2532	2046	123.76
博罗县	3520	3241	279	13483	6959	6523	106.69
惠东县	2665	2577	88	11636	6111	5525	110.62
龙门县	1406	1398	8	5382	2769	2613	105.96
梅州市	**17510**	**17501**	**9**	**64578**	**32321**	**32257**	**100.20**
梅江区	311	311		1094	552	542	101.99
梅县区	1913	1913		7573	3725	3848	96.80
大埔县	1929	1927	2	5983	3050	2933	104.00
丰顺县	2010	2010		7300	3650	3650	100.00
五华县	5588	5584	4	20569	10275	10293	99.83
平远县	967	966	1	3476	1759	1717	102.43
蕉岭县	884	882	1	2923	1417	1506	94.06
兴宁市	3908	3908		15659	7892	7768	101.60

1-1c 续表 3

单位：户、人

地 区	家庭户人口				集体户人口				平均家庭户规模（人/户）
	合计	男	女	性别比（女=100）	合计	男	女	性别比（女=100）	
湛江市	**122088**	**64637**	**57451**	**112.51**	**178**	**99**	**80**	**123.84**	**4.55**
赤坎区	181	85	96	88.69	2	1	1	150.00	5.45
霞山区	603	313	290	108.06	4	3	1	233.33	4.25
坡头区	5927	3152	2775	113.59	47	27	20	133.33	4.11
麻章区	8839	4746	4092	115.98	5	4	1	600.00	4.57
遂溪县	17587	9224	8363	110.29	7	4	3	133.33	4.28
徐闻县	12648	6691	5957	112.33	59	34	25	133.33	4.65
廉江市	29936	16210	13726	118.09	9	7	2	300.00	4.40
雷州市	30018	15669	14348	109.21	25	13	12	112.50	4.76
吴川市	16349	8546	7803	109.51	20	6	15	38.46	4.91
茂名市	**103864**	**54271**	**49594**	**109.43**	**53**	**22**	**30**	**74.38**	**3.95**
茂南区	8012	4182	3830	109.22					4.93
电白区	29345	15395	13950	110.36	25	5	20	25.00	4.60
高州市	25820	13560	12260	110.60					3.57
化州市	23766	12401	11365	109.12	28	18	11	166.67	3.73
信宜市	16922	8732	8190	106.62					3.61
肇庆市	**63142**	**32078**	**31064**	**103.27**	**276**	**146**	**130**	**112.81**	**3.83**
鼎湖区	2169	1077	1092	98.61	96	17	79	21.93	3.34
广宁县	7678	3921	3757	104.35	4	4			3.35
怀集县	18164	9043	9121	99.15					4.08
封开县	8040	4048	3992	101.42	29	15	15	100.00	3.93
德庆县	7365	3796	3569	106.36	3	3			4.11
高要市	14602	7508	7094	105.84					3.93
四会市	5124	2685	2439	110.08	144	108	36	300.00	3.35
惠州市	**40997**	**21140**	**19858**	**106.46**	**2197**	**1271**	**926**	**137.16**	**3.98**
惠城区	7655	3869	3786	102.18	460	169	290	58.37	3.96
惠阳区	4037	2096	1941	107.97	542	437	105	414.88	3.51
博罗县	12792	6587	6205	106.17	691	372	319	116.79	3.95
惠东县	11235	5895	5340	110.39	401	216	185	117.20	4.36
龙门县	5279	2693	2586	104.14	104	76	28	276.60	3.78
梅州市	**64458**	**32248**	**32210**	**100.12**	**120**	**72**	**47**	**153.46**	**3.68**
梅江区	1094	552	542	101.99					3.51
梅县区	7573	3725	3848	96.80					3.96
大埔县	5978	3048	2930	104.04	6	2	3	66.67	3.10
丰顺县	7300	3650	3650	100.00					3.63
五华县	20473	10218	10255	99.64	96	58	38	150.00	3.67
平远县	3472	1756	1716	102.35	4	3	1	200.00	3.59
蕉岭县	2910	1407	1502	93.66	14	10	4	244.44	3.30
兴宁市	15659	7892	7768	101.60					4.01

1-1c 续表 4

单位：户、人

地 区	户数			人口数			
	合计	家庭户	集体户	合计	男	女	性别比 (女=100)
汕尾市	**7219**	**7204**	**14**	**38715**	**20511**	**18204**	**112.67**
城区	714	707	7	3459	1815	1644	110.36
海丰县	1829	1823	6	8696	4615	4081	113.10
陆河县	759	758		3901	2061	1840	111.99
陆丰市	3917	3916	1	22660	12021	10639	112.99
河源市	**12845**	**12711**	**135**	**50656**	**25649**	**25007**	**102.57**
源城区	42	42		199	103	96	106.76
紫金县	2719	2715	5	11736	5903	5833	101.21
龙川县	3868	3856	12	14451	7265	7187	101.08
连平县	1564	1471	93	6485	3313	3171	104.47
和平县	2079	2077	2	7781	3935	3846	102.30
东源县	2574	2550	24	10004	5130	4873	105.27
阳江市	**9558**	**9524**	**35**	**35838**	**18883**	**16954**	**111.38**
江城区	1289	1276	14	5382	2831	2551	110.97
阳西县	2436	2417	19	8211	4372	3839	113.88
阳东县	1788	1788		6784	3630	3154	115.10
阳春市	4046	4043	2	15460	8050	7410	108.64
清远市	14771	14727	44	55643	28544	27098	105.33
清城区	1117	1111	6	4564	2351	2213	106.23
清新区	3012	2986	26	12058	6226	5832	106.75
佛冈县	1315	1315		5322	2740	2582	106.14
阳山县	1844	1842	2	6721	3389	3332	101.69
连山壮族瑶族自治县	422	422		1704	899	805	111.67
连南瑶族自治县	614	613	1	2106	1046	1059	98.79
英德市	4529	4521	8	17152	8847	8306	106.51
连州市	1917	1917		6015	3046	2969	102.60
东莞市	**10653**	**8615**	**2039**	**26293**	**15360**	**10933**	**140.50**
中山市	**3273**	**3259**	**14**	**10864**	**5629**	**5235**	**107.53**
潮州市	**6468**	**6465**	**3**	**27236**	**13716**	**13519**	**101.46**
湘桥区	444	444		1918	971	947	102.48
潮安区	2804	2801	3	12611	6370	6241	102.07
饶平县	3220	3220		12708	6376	6331	100.71
揭阳市	**16336**	**16326**	**10**	**84779**	**43604**	**41175**	**105.90**
榕城区	1184	1183	1	5385	2782	2603	106.88
揭东区	2829	2826	3	12873	6680	6193	107.87
揭西县	3181	3180	1	16380	8339	8041	103.71
惠来县	3148	3144	5	18514	9377	9137	102.63
普宁市	5993	5993		31626	16426	15201	108.06
云浮市	**11520**	**11448**	**72**	**41898**	**21559**	**20339**	**106.00**
云城区	709	709		2661	1375	1286	106.97
云安区	1523	1491	32	5992	3075	2917	105.43
新兴县	2037	2007	30	7736	3991	3745	106.56
郁南县	2025	2021	3	6738	3464	3275	105.76
罗定市	5226	5220	6	18771	9654	9116	105.90

1-1c 续表 5

单位：户、人

地　区	家庭户人口				集体户人口				平均家庭户规模（人/户）
	合计	男	女	性别比（女=100）	合计	男	女	性别比（女=100）	
汕尾市	**38474**	**20382**	**18092**	**112.66**	**242**	**129**	**112**	**115.15**	**5.34**
城区	3327	1743	1584	110.01	132	72	60	119.61	4.71
海丰县	8591	4559	4032	113.09	105	56	49	113.95	4.71
陆河县	3898	2059	1839	111.95	3	2	1	200.00	5.14
陆丰市	22657	12021	10636	113.02	3		3		5.79
河源市	**49961**	**25288**	**24673**	**102.49**	**696**	**361**	**335**	**107.82**	**3.93**
源城区	199	103	96	106.76					4.76
紫金县	11722	5898	5825	101.26	14	5	8	66.67	4.32
龙川县	14378	7224	7154	100.98	73	40	33	122.58	3.73
连平县	6106	3123	2983	104.68	379	191	188	101.28	4.15
和平县	7759	3916	3843	101.88	22	19	3	620.00	3.74
东源县	9796	5025	4771	105.32	207	105	102	102.91	3.84
阳江市	**35755**	**18819**	**16935**	**111.13**	**83**	**64**	**19**	**336.47**	**3.75**
江城区	5353	2816	2538	110.97	29	15	14	112.50	4.20
阳西县	8163	4327	3837	112.76	48	46	2	1900.00	3.38
阳东县	6784	3630	3154	115.10					3.79
阳春市	15454	8047	7407	108.64	6	3	3	100.00	3.82
清远市	55464	28412	27052	105.02	179	133	46	287.97	3.77
清城区	4538	2332	2206	105.70	26	19	7	275.00	4.08
清新区	11964	6157	5807	106.02	94	69	25	275.00	4.01
佛冈县	5322	2740	2582	106.14					4.05
阳山县	6696	3368	3328	101.23	25	20	5	416.67	3.63
连山壮族瑶族自治县	1699	895	804	111.21	5	4		900.00	4.03
连南瑶族自治县	2101	1044	1057	98.71	4	3	2	150.00	3.43
英德市	17128	8829	8299	106.39	25	18	7	250.00	3.79
连州市	6015	3046	2969	102.60					3.14
东莞市	**19693**	**10907**	**8785**	**124.15**	**6600**	**4453**	**2147**	**207.37**	**2.29**
中山市	**10774**	**5561**	**5213**	**106.66**	**90**	**69**	**22**	**318.18**	**3.31**
潮州市	**27228**	**13710**	**13518**	**101.43**	**8**	**6**	**2**	**350.00**	**4.21**
湘桥区	1918	971	947	102.48					4.32
潮安区	12603	6364	6239	102.00	8	6	2	350.00	4.50
饶平县	12708	6376	6331	100.71					3.95
揭阳市	**84722**	**43578**	**41144**	**105.91**	**57**	**26**	**30**	**87.19**	**5.19**
榕城区	5377	2778	2599	106.89	8	4	4	100.00	4.55
揭东区	12852	6670	6182	107.91	21	10	11	90.00	4.55
揭西县	16375	8336	8039	103.69	5	3	2	150.00	5.15
惠来县	18492	9368	9124	102.67	23	9	13	71.43	5.88
普宁市	31626	16426	15201	108.06					5.28
云浮市	**41593**	**21320**	**20274**	**105.16**	**304**	**240**	**65**	**369.39**	**3.63**
云城区	2661	1375	1286	106.97					3.75
云安区	5879	2982	2897	102.91	113	93	19	483.33	3.94
新兴县	7609	3891	3717	104.68	127	99	28	360.98	3.79
郁南县	6698	3430	3268	104.94	41	34	7	500.00	3.31
罗定市	18747	9642	9105	105.89	24	13	11	114.29	3.59

1-2 各地区分性别、户口登记状况的人口

单位：人

地 区	人口数			居住本乡、镇、街道，户口在本乡、镇、街道		
	合计	男	女	小计	男	女
全 省	**3091130**	**1616612**	**1474518**	**2027821**	**1037375**	**990446**
广州市	**384677**	**197165**	**187512**	**196414**	**98819**	**97595**
荔湾区	26261	12915	13347	13973	6896	7077
越秀区	32960	16199	16761	22310	10948	11362
海珠区	45978	22492	23486	21096	10317	10779
天河区	44041	22460	21581	15961	7936	8025
白云区	68478	35277	33201	24940	12642	12299
黄埔区	13730	7445	6285	5436	2833	2604
番禺区	43995	22811	21184	18657	9277	9380
花都区	28942	15085	13858	18532	9498	9034
南沙区	18685	9934	8751	11157	5592	5565
萝岗区	11870	6651	5219	6077	3123	2954
从化区	17816	9103	8713	15267	7793	7473
增城区	31920	16793	15127	23007	11964	11043
韶关市	**83525**	**41747**	**41778**	**70422**	**35533**	**34889**
武江区	8813	4384	4428	6535	3277	3258
浈江区	11528	5704	5824	8328	4132	4196
曲江区	8958	4243	4715	7170	3601	3570
始兴县	6060	3006	3054	5567	2763	2804
仁化县	5912	2987	2925	5036	2554	2482
翁源县	9796	5004	4792	9377	4801	4576
乳源瑶族自治县	5245	2644	2601	4515	2296	2219
新丰县	6086	3112	2973	5557	2856	2700
乐昌市	11716	5957	5759	10462	5341	5121
南雄市	9411	4706	4705	7874	3911	3963
深圳市	**324208**	**175996**	**148212**	**50892**	**25819**	**25073**
罗湖区	27797	14039	13758	5480	2699	2782
福田区	41046	21539	19507	12054	6052	6003
南山区	36789	19157	17633	12663	6409	6253
宝安区	139786	78416	61370	11815	6113	5702
龙岗区	72487	39461	33026	7817	4022	3795
盐田区	6302	3384	2918	1062	523	539
珠海市	**46559**	**24209**	**22350**	**23596**	**12014**	**11582**
香洲区	26962	13839	13123	12784	6358	6425
斗门区	12206	6465	5741	7778	4069	3709
金湾区	7391	3905	3486	3034	1586	1448
汕头市	**158192**	**79457**	**78735**	**141610**	**70641**	**70970**
龙湖区	15751	7891	7860	11884	5887	5997
金平区	23768	11745	12023	18677	9256	9421
濠江区	7855	3846	4009	6968	3377	3592
潮阳区	47730	23870	23860	46012	22953	23060
潮南区	37886	19465	18421	35247	17814	17433
澄海区	23435	11767	11668	21111	10510	10601
南澳县	1767	873	893	1711	845	866
佛山市	**211715**	**114263**	**97452**	**101934**	**50972**	**50962**
禅城区	31931	16517	15415	16892	8469	8423
南海区	77089	42713	34376	32952	16401	16552
顺德区	72237	38514	33722	33814	16915	16899
三水区	18192	9982	8210	10629	5256	5373
高明区	12266	6536	5730	7646	3931	3715

1-2 续表 1

单位：人

地 区	居住本乡、镇、街道，户口在外乡、镇、街道，离开户口登记地半年以上			居住本乡、镇、街道，户口待定			原住本乡、镇、街道，现在国外工作学习		
	小计	男	女	小计	男	女	小计	男	女
全 省	**1036313**	**565686**	**470627**	**22758**	**11437**	**11320**	**4238**	**2114**	**2124**
广州市	**185186**	**96773**	**88413**	**1932**	**1037**	**895**	**1146**	**536**	**609**
荔湾区	12046	5897	6150	87	50	37	155	72	83
越秀区	10162	5023	5139	75	39	35	413	189	224
海珠区	24531	11996	12535	151	85	65	201	95	106
天河区	27704	14345	13360	276	138	139	98	41	57
白云区	42877	22262	20615	558	320	238	103	54	49
黄埔区	8223	4580	3644	48	23	25	23	10	13
番禺区	25158	13449	11708	175	82	93	5	2	3
花都区	10004	5367	4637	277	153	124	130	67	63
南沙区	7440	4292	3148	78	46	32	11	5	6
萝岗区	5744	3502	2241	48	25	22	1		1
从化区	2462	1266	1196	84	42	42	4	2	2
增城区	8835	4795	4040	76	34	42	2		2
韶关市	**12280**	**5791**	**6489**	**795**	**412**	**383**	**29**	**11**	**18**
武江区	2224	1081	1143	44	22	22	10	5	5
浈江区	3151	1550	1601	47	21	25	2		2
曲江区	1696	595	1100	85	43	42	7	4	3
始兴县	415	204	212	77	39	37	1		1
仁化县	840	416	424	33	16	17	2	1	1
翁源县	298	142	155	119	61	59	2		2
乳源瑶族自治县	605	282	323	124	66	59	1		1
新丰县	494	236	258	35	20	15	1		
乐昌市	1119	542	577	132	73	59	3	1	2
南雄市	1438	744	695	98	51	48			
深圳市	**271391**	**149159**	**122232**	**1858**	**988**	**870**	**67**	**30**	**37**
罗湖区	22207	11278	10928	102	59	43	8	3	5
福田区	28729	15350	13379	244	128	116	19	8	10
南山区	23841	12599	11241	273	144	130	13	4	9
宝安区	127165	71878	55287	792	418	374	13	7	7
龙岗区	64269	35229	29040	394	206	188	7	4	3
盐田区	5181	2825	2356	53	33	20	7	3	4
珠海市	**22453**	**11948**	**10505**	**363**	**185**	**178**	**147**	**63**	**85**
香洲区	13823	7307	6516	261	132	129	94	41	53
斗门区	4318	2342	1976	65	35	31	45	19	26
金湾区	4312	2298	2013	37	18	19	8	2	6
汕头市	**15373**	**8192**	**7181**	**1142**	**594**	**548**	**66**	**30**	**36**
龙湖区	3799	1968	1830	42	24	18	26	11	14
金平区	4965	2425	2540	101	54	47	25	10	15
濠江区	598	335	263	287	133	153	2	1	1
潮阳区	1414	757	658	300	158	142	4	2	1
潮南区	2284	1453	832	352	197	155	2	1	1
澄海区	2262	1228	1034	55	25	30	7	4	3
南澳县	50	26	24	5	2	3			
佛山市	**108552**	**62670**	**45882**	**981**	**515**	**465**	**249**	**106**	**143**
禅城区	14673	7857	6816	266	143	122	100	46	54
南海区	43818	26145	17672	284	152	132	34	15	19
顺德区	38046	21421	16625	293	147	146	84	31	53
三水区	7483	4688	2795	57	28	29	23	11	12
高明区	4531	2557	1974	81	45	36	8	3	5

1-2 续表 2

单位：人

地 区	人口数			居住本乡、镇、街道，户口在本乡、镇、街道		
	合计	男	女	小计	男	女
江门市	**128771**	**65113**	**63658**	**99028**	**49692**	**49336**
蓬江区	20939	10455	10484	12396	6085	6311
江海区	7428	3786	3642	4366	2215	2151
新会区	24606	12510	12096	18532	9269	9263
台山市	27090	13482	13609	24141	12011	12130
开平市	20150	10155	9995	15659	7838	7821
鹤山市	14315	7182	7132	11221	5598	5623
恩平市	14243	7542	6701	12713	6676	6037
湛江市	**206321**	**109163**	**97158**	**185982**	**98920**	**87062**
赤坎区	8964	4493	4471	5601	2848	2753
霞山区	14377	7465	6912	8523	4461	4062
坡头区	9887	5254	4633	9553	5092	4461
麻章区	14446	7682	6764	13771	7386	6385
遂溪县	26159	13800	12359	24724	13064	11660
徐闻县	20549	10936	9613	18673	9978	8694
廉江市	42488	22921	19566	40647	22080	18567
雷州市	42080	22190	19890	38419	20240	18179
吴川市	27373	14423	12950	26072	13772	12300
茂名市	**173256**	**90998**	**82258**	**161578**	**84802**	**76776**
茂南区	24144	12701	11443	20600	10922	9678
电白区	47417	24822	22595	45287	23767	21520
高州市	38658	20483	18175	35582	18774	16807
化州市	35519	18884	16635	33546	17671	15874
信宜市	27518	14108	13410	26564	13667	12897
肇庆市	**115667**	**59165**	**56503**	**100830**	**51360**	**49470**
端州区	14075	6985	7091	10531	5229	5303
鼎湖区	4889	2394	2495	3987	2020	1967
广宁县	12448	6333	6115	11857	6040	5817
怀集县	23951	12039	11911	22591	11246	11345
封开县	11679	5892	5787	11182	5626	5556
德庆县	10026	5204	4822	9406	4910	4496
高要市	22230	11604	10626	21426	11174	10253
四会市	16369	8713	7656	9850	5115	4735
惠州市	**135495**	**71424**	**64072**	**77538**	**39721**	**37817**
惠城区	46690	24343	22348	20932	10454	10477
惠阳区	22834	12718	10115	8937	4507	4430
博罗县	30416	15955	14460	22335	11448	10886
惠东县	26538	13739	12799	17581	9293	8289
龙门县	9018	4668	4349	7753	4019	3734
梅州市	**123679**	**61195**	**62484**	**111287**	**55354**	**55933**
梅江区	11955	5840	6115	7754	3813	3940
梅县区	15369	7463	7906	14141	6868	7273
大埔县	10878	5489	5389	9911	4990	4922
丰顺县	13958	7031	6928	13189	6676	6514
五华县	30794	14969	15826	29070	14358	14713
平远县	6664	3342	3323	5759	2895	2864
蕉岭县	5981	2954	3026	5181	2564	2617
兴宁市	28079	14108	13972	26282	13190	13092

1-2 续表 3

单位：人

地区	居住本乡、镇、街道，户口在外乡、镇、街道，离开户口登记地半年以上			居住本乡、镇、街道，户口待定			原住本乡、镇、街道，现在国外工作学习		
	小计	男	女	小计	男	女	小计	男	女
江门市	**26743**	**13866**	**12877**	**931**	**458**	**474**	**2069**	**1098**	**971**
蓬江区	8334	4259	4075	153	84	69	56	28	28
江海区	2977	1531	1446	69	31	38	17	9	7
新会区	5801	3100	2701	132	69	63	140	72	69
台山市	1706	833	874	172	80	92	1071	558	513
开平市	4068	2105	1963	204	99	105	219	113	106
鹤山市	2936	1507	1430	81	40	41	76	38	39
恩平市	920	531	389	121	55	66	490	280	209
湛江市	**18563**	**9363**	**9200**	**1729**	**848**	**880**	**48**	**32**	**15**
赤坎区	3185	1555	1630	169	86	83	9	4	5
霞山区	5781	2962	2818	70	39	30	4	3	1
坡头区	295	143	152	35	15	19	5	4	1
麻章区	570	233	337	103	61	42	2	1	1
遂溪县	1214	613	601	216	118	97	5	5	
徐闻县	1542	798	744	334	160	174			
廉江市	1619	741	878	217	97	120	5	4	1
雷州市	3328	1804	1524	329	143	185	4	3	1
吴川市	1029	514	515	257	127	130	14	9	5
茂名市	**9631**	**5217**	**4414**	**2001**	**952**	**1049**	**46**	**27**	**19**
茂南区	3381	1708	1674	146	67	79	17	5	12
电白区	1803	914	889	319	136	183	8	4	3
高州市	2051	1198	853	1011	499	512	14	12	3
化州市	1868	1156	712	99	51	48	5	5	
信宜市	527	241	286	425	199	226	2	1	1
肇庆市	**13779**	**7260**	**6519**	**1031**	**532**	**499**	**27**	**13**	**14**
端州区	3335	1639	1696	205	115	90	4	1	2
鼎湖区	868	359	508	35	15	20			
广宁县	462	226	236	126	66	60	3	1	2
怀集县	1245	740	505	115	53	61			
封开县	389	203	186	108	63	45			
德庆县	457	222	235	161	71	90	2	1	1
高要市	695	369	325	92	52	40	17	9	7
四会市	6328	3500	2828	189	97	93	2	1	1
惠州市	**56662**	**31104**	**25558**	**1248**	**581**	**667**	**47**	**17**	**30**
惠城区	25272	13664	11608	483	223	260	3	1	2
惠阳区	13698	8115	5583	176	88	88	23	9	14
博罗县	7845	4399	3446	232	106	126	3	1	2
惠东县	8663	4315	4348	277	126	151	16	6	11
龙门县	1184	611	573	80	38	42	1		1
梅州市	**11634**	**5469**	**6165**	**727**	**353**	**374**	**30**	**19**	**12**
梅江区	4109	1987	2122	90	39	51	3	1	3
梅县区	1196	578	617	28	14	14	4	3	1
大埔县	916	475	441	49	24	25	2	1	1
丰顺县	717	327	390	49	26	23	2	2	1
五华县	1580	534	1046	133	70	63	11	7	4
平远县	810	402	409	94	44	50	1		
蕉岭县	738	356	382	59	33	26	2	1	1
兴宁市	1568	810	758	225	103	122	4	4	

1-2 续表 4 单位：人

地 区	人口数			居住本乡、镇、街道，户口在本乡、镇、街道		
	合计	男	女	小计	男	女
汕尾市	**86092**	**45474**	**40619**	**80372**	**42485**	**37887**
城区	14369	7481	6888	12511	6503	6008
海丰县	23301	12392	10909	20571	10965	9606
陆河县	8211	4370	3841	8021	4271	3750
陆丰市	40211	21231	18980	39270	20747	18523
河源市	**87568**	**44501**	**43067**	**76112**	**38575**	**37537**
源城区	13802	7003	6799	8259	4132	4128
紫金县	18967	9663	9304	17351	8810	8541
龙川县	20631	10441	10190	18647	9404	9243
连平县	10001	5076	4925	9335	4741	4594
和平县	11109	5623	5486	10317	5209	5108
东源县	13058	6696	6362	12203	6280	5923
阳江市	**71550**	**37784**	**33766**	**62646**	**33166**	**29480**
江城区	20258	10572	9686	16526	8613	7912
阳西县	13280	7077	6203	12134	6496	5638
阳东县	13044	7146	5897	11130	6095	5035
阳春市	24968	12989	11978	22855	11961	10894
清远市	**109254**	**55949**	**53305**	**86869**	**44812**	**42056**
清城区	23988	12395	11592	15248	7801	7447
清新区	20643	10705	9938	16534	8595	7939
佛冈县	8947	4635	4311	7707	4012	3695
阳山县	10508	5293	5215	9383	4752	4632
连山壮族瑶族自治县	2673	1380	1292	2392	1252	1140
连南瑶族自治县	3812	1909	1903	3361	1689	1673
英德市	27826	14225	13600	23050	12044	11006
连州市	10858	5405	5453	9193	4668	4525
东莞市	**235178**	**131438**	**103740**	**60926**	**31309**	**29617**
中山市	**91449**	**49184**	**42265**	**40564**	**20541**	**20024**
潮州市	**75234**	**37725**	**37509**	**68045**	**34098**	**33947**
湘桥区	16620	8174	8445	11900	5943	5958
潮安区	33798	17143	16654	32016	16102	15914
饶平县	24817	12407	12410	24129	12053	12075
揭阳市	**172632**	**88867**	**83765**	**167265**	**86049**	**81215**
榕城区	27863	14311	13551	27050	13853	13197
揭东区	27857	14545	13312	26956	14059	12897
揭西县	24315	12385	11930	23649	12062	11587
惠来县	32265	16391	15874	31629	16061	15568
普宁市	60332	31235	29097	57981	30014	27966
云浮市	**70105**	**35794**	**34311**	**63910**	**32693**	**31217**
云城区	10528	5405	5123	8863	4551	4312
云安区	8012	4114	3898	7531	3856	3674
新兴县	12719	6472	6247	11171	5653	5518
郁南县	11545	5879	5666	10599	5464	5135
罗定市	27301	13924	13377	25747	13168	12579

1-2 续表 5

单位：人

地区	居住本乡、镇、街道，户口在外乡、镇、街道，离开户口登记地半年以上			居住本乡、镇、街道，户口待定			原住本乡、镇、街道，现在国外工作学习		
	小计	男	女	小计	男	女	小计	男	女
汕尾市	**5215**	**2737**	**2478**	**493**	**247**	**247**	**11**	**5**	**7**
城区	1581	836	745	265	136	129	11	5	7
海丰县	2614	1373	1242	116	54	61			
陆河县	178	92	86	13	8	6			
陆丰市	842	436	406	99	48	51			
河源市	**10644**	**5508**	**5135**	**796**	**409**	**387**	**16**	**9**	**7**
源城区	5387	2791	2596	151	78	73	4	2	3
紫金县	1468	767	702	147	86	62	1	1	
龙川县	1691	891	800	286	144	143	6	3	4
连平县	640	323	317	24	11	13	2	2	
和平县	665	349	316	126	64	62	1	1	1
东源县	792	388	404	62	26	35	1	1	
阳江市	**8341**	**4344**	**3997**	**540**	**258**	**282**	**24**	**17**	**7**
江城区	3653	1917	1735	76	38	39	3	3	
阳西县	1048	523	524	83	45	38	16	12	4
阳东县	1821	1003	817	89	47	43	3	1	2
阳春市	1820	901	919	291	128	164	1		1
清远市	**19272**	**9592**	**9679**	**3062**	**1519**	**1543**	**51**	**24**	**27**
清城区	8394	4418	3975	334	173	162	12	4	8
清新区	3748	1913	1836	354	193	161	7	4	3
佛冈县	817	420	397	422	203	219			
阳山县	851	409	442	270	131	138	4	2	2
连山壮族瑶族自治县	259	120	139	20	8	13	1	1	
连南瑶族自治县	355	165	190	96	55	41			
英德市	3454	1545	1909	1303	626	676	19	10	9
连州市	1393	603	791	263	130	132	9	4	5
东莞市	**172828**	**99383**	**73445**	**1392**	**732**	**659**	**32**	**14**	**18**
中山市	**50210**	**28295**	**21915**	**595**	**314**	**281**	**80**	**35**	**45**
潮州市	**6930**	**3491**	**3439**	**246**	**130**	**116**	**13**	**6**	**7**
湘桥区	4649	2191	2457	63	37	26	8	4	4
潮安区	1643	972	671	133	67	66	5	3	3
饶平县	638	328	310	50	25	24			
揭阳市	**4978**	**2626**	**2352**	**381**	**185**	**196**	**9**	**8**	**1**
榕城区	785	444	340	25	13	13	2	1	1
揭东区	848	459	389	53	27	26			
揭西县	599	288	312	65	33	31	2	2	
惠来县	592	309	284	44	21	22			
普宁市	2153	1126	1027	194	90	104	5	5	
云浮市	**5648**	**2897**	**2752**	**515**	**189**	**326**	**32**	**15**	**16**
云城区	1607	834	773	54	18	36	5	2	2
云安区	397	224	173	82	33	49	3	1	2
新兴县	1507	799	708	39	18	21	2	1	1
郁南县	787	359	428	144	50	94	16	6	10
罗定市	1351	681	670	197	70	126	6	5	2

1-2a 各地区分性别、户口登记状况的人口（城市）

单位：人

地 区	人口数			居住本乡、镇、街道，户口在本乡、镇、街道		
	合计	男	女	小计	男	女
全 省	**1606288**	**846553**	**759736**	**713581**	**360291**	**353290**
广州市	**297639**	**151619**	**146020**	**133490**	**66572**	**66918**
荔湾区	26261	12915	13347	13973	6896	7077
越秀区	32960	16199	16761	22310	10948	11362
海珠区	45978	22492	23486	21096	10317	10779
天河区	44041	22460	21581	15961	7936	8025
白云区	47033	24027	23006	12801	6484	6316
黄埔区	13730	7445	6285	5436	2833	2604
番禺区	35954	18518	17436	14065	6963	7103
花都区	16631	8664	7967	8814	4474	4340
南沙区	8165	4498	3667	3870	1967	1903
萝岗区	9283	5301	3981	3874	2005	1870
从化区	5868	2949	2919	4293	2189	2104
增城区	11736	6152	5584	6997	3561	3435
韶关市	**24440**	**11996**	**12445**	**16813**	**8300**	**8513**
武江区	6682	3280	3402	4589	2263	2326
浈江区	8864	4425	4439	6056	2989	3067
曲江区	3922	1814	2108	2841	1413	1428
乐昌市	2185	1087	1099	1747	866	881
南雄市	2786	1389	1397	1580	769	811
深圳市	**324208**	**175996**	**148212**	**50892**	**25819**	**25073**
罗湖区	27797	14039	13758	5480	2699	2782
福田区	41046	21539	19507	12054	6052	6003
南山区	36789	19157	17633	12663	6409	6253
宝安区	139786	78416	61370	11815	6113	5702
龙岗区	72487	39461	33026	7817	4022	3795
盐田区	6302	3384	2918	1062	523	539
珠海市	**33858**	**17189**	**16670**	**15808**	**7899**	**7909**
香洲区	26542	13550	12991	12774	6354	6420
斗门区	3286	1661	1625	1617	822	795
金湾区	4031	1977	2053	1418	723	694
汕头市	**68958**	**34609**	**34349**	**55447**	**27493**	**27954**
龙湖区	11393	5731	5662	7559	3743	3816
金平区	23244	11488	11755	18159	9002	9157
濠江区	4937	2444	2493	4250	2053	2197
潮阳区	9332	4561	4772	8178	3919	4259
潮南区	12948	6764	6184	12101	6194	5907
澄海区	7104	3621	3483	5201	2583	2618

1-2a 续表 1

单位：人

地　区	居住本乡、镇、街道，户口在外乡、镇、街道，离开户口登记地半年以上			居住本乡、镇、街道，户口待定			原住本乡、镇、街道，现在国外工作学习		
	小计	男	女	小计	男	女	小计	男	女
全　省	**880086**	**479774**	**400312**	**10451**	**5490**	**4961**	**2170**	**998**	**1172**
广州市	**161544**	**83722**	**77822**	**1667**	**892**	**775**	**938**	**433**	**505**
荔湾区	12046	5897	6150	87	50	37	155	72	83
越秀区	10162	5023	5139	75	39	35	413	189	224
海珠区	24531	11996	12535	151	85	65	201	95	106
天河区	27704	14345	13360	276	138	139	98	41	57
白云区	33734	17260	16475	482	275	207	17	8	8
黄埔区	8223	4580	3644	48	23	25	23	10	13
番禺区	21732	11482	10251	151	72	80	5	2	3
花都区	7540	4032	3507	253	142	111	24	16	8
南沙区	4260	2515	1745	34	16	18			
萝岗区	5370	3275	2095	37	21	16	1		1
从化区	1550	748	802	26	12	14			
增城区	4691	2571	2120	47	19	28	1		1
韶关市	**7462**	**3616**	**3846**	**148**	**72**	**75**	**19**	**7**	**11**
武江区	2049	995	1054	35	17	17	9	4	5
浈江区	2776	1424	1352	31	13	18	2		2
曲江区	1054	387	666	23	11	11	5	2	2
乐昌市	416	208	208	20	11	8	2	1	2
南雄市	1167	601	566	39	19	20			
深圳市	**271391**	**149159**	**122232**	**1858**	**988**	**870**	**67**	**30**	**37**
罗湖区	22207	11278	10928	102	59	43	8	3	5
福田区	28729	15350	13379	244	128	116	19	8	10
南山区	23841	12599	11241	273	144	130	13	4	9
宝安区	127165	71878	55287	792	418	374	13	7	7
龙岗区	64269	35229	29040	394	206	188	7	4	3
盐田区	5181	2825	2356	53	33	20	7	3	4
珠海市	**17635**	**9088**	**8547**	**310**	**157**	**152**	**105**	**44**	**61**
香洲区	13412	7023	6390	261	132	129	94	41	53
斗门区	1633	822	811	28	16	12	8	2	7
金湾区	2590	1243	1346	20	9	11	3	1	2
汕头市	**12979**	**6831**	**6147**	**477**	**260**	**217**	**55**	**24**	**31**
龙湖区	3774	1957	1817	34	19	15	26	11	14
金平区	4963	2425	2538	96	51	45	25	10	15
濠江区	526	316	210	160	75	85	1		
潮阳区	1074	585	489	78	54	23	2	2	
潮南区	763	521	243	84	50	34			
澄海区	1878	1027	851	25	11	14	1		1

1-2a 续表 2

单位：人

地区	人口数			居住本乡、镇、街道，户口在本乡、镇、街道		
	合计	男	女	小计	男	女
佛山市	**188345**	**101413**	**86932**	**86940**	**43392**	**43548**
禅城区	27241	13978	13262	14021	6986	7035
南海区	72019	40001	32018	29454	14595	14859
顺德区	71202	37977	33225	32987	16504	16483
三水区	7873	4115	3758	4653	2330	2323
高明区	10010	5342	4668	5825	2977	2848
江门市	**67948**	**34068**	**33881**	**45670**	**22720**	**22950**
蓬江区	20834	10402	10431	12318	6048	6270
江海区	7428	3786	3642	4366	2215	2151
新会区	12315	6267	6048	8001	4006	3995
台山市	8976	4364	4612	7117	3461	3656
开平市	9068	4513	4555	6029	2990	3039
鹤山市	5962	2960	3003	4680	2330	2350
恩平市	3366	1775	1591	3159	1671	1489
湛江市	**42539**	**22253**	**20286**	**28991**	**15284**	**13707**
赤坎区	8781	4407	4374	5432	2768	2665
霞山区	13618	7069	6549	7817	4078	3739
坡头区	2089	1105	985	1959	1030	930
麻章区	1304	700	604	1111	592	519
遂溪县	597	302	295	538	270	268
廉江市	4755	2505	2250	3866	2068	1797
雷州市	5512	3027	2485	3113	1692	1421
吴川市	5883	3140	2743	5155	2787	2368
茂名市	**38864**	**20831**	**18032**	**32785**	**17404**	**15382**
茂南区	14908	7855	7053	11771	6258	5512
电白区	5752	2999	2754	5113	2692	2421
高州市	5926	3321	2605	4996	2688	2308
化州市	6175	3531	2644	5109	2788	2320
信宜市	6103	3126	2977	5796	2977	2820
肇庆市	**27235**	**13851**	**13384**	**17738**	**8968**	**8770**
端州区	14075	6985	7091	10531	5229	5303
鼎湖区	1567	743	824	1038	527	511
高要市	2098	1123	974	1854	991	863
四会市	9495	5000	4495	4314	2221	2093
惠州市	**52213**	**27747**	**24466**	**18145**	**9078**	**9066**
惠城区	35786	18629	17156	13407	6682	6725
惠阳区	15962	8980	6982	4725	2394	2330
博罗县	465	137	328	14	2	12

1-2a 续表 3

单位：人

地　区	居住本乡、镇、街道，户口在外乡、镇、街道，离开户口登记地半年以上			居住本乡、镇、街道，户口待定			原住本乡、镇、街道，现在国外工作学习		
	小计	男	女	小计	男	女	小计	男	女
佛山市	**100254**	**57437**	**42817**	**920**	**486**	**434**	**231**	**99**	**133**
禅城区	12867	6809	6058	253	137	115	100	46	54
南海区	42261	25243	17018	273	148	125	32	15	17
顺德区	37840	21297	16543	291	146	146	84	31	53
三水区	3177	1763	1413	35	17	17	8	3	5
高明区	4109	2325	1784	68	37	31	7	3	5
江门市	**21108**	**10758**	**10351**	**599**	**308**	**291**	**571**	**282**	**289**
蓬江区	8307	4243	4064	153	84	69	56	28	28
江海区	2977	1531	1446	69	31	38	17	9	7
新会区	4171	2184	1987	101	58	44	42	20	22
台山市	1311	635	675	145	68	76	404	201	203
开平市	2961	1481	1481	46	27	19	31	15	17
鹤山市	1218	601	617	58	28	30	6	1	5
恩平市	164	83	81	28	13	14	15	8	7
湛江市	**13203**	**6776**	**6428**	**331**	**185**	**145**	**14**	**8**	**6**
赤坎区	3172	1550	1623	168	86	82	9	4	5
霞山区	5730	2950	2780	68	38	30	3	3	1
坡头区	124	72	52	6	2	3			
麻章区	187	106	82	6	2	3			
遂溪县	58	32	26	1		1			
廉江市	882	432	450	7	5	2			
雷州市	2332	1286	1046	67	48	19			
吴川市	717	348	370	9	3	5	2	2	
茂名市	**5801**	**3293**	**2508**	**253**	**125**	**127**	**24**	**9**	**15**
茂南区	3027	1545	1482	93	47	46	17	5	12
电白区	604	291	312	34	14	20	1	1	
高州市	896	617	280	27	12	15	6	3	3
化州市	1037	728	309	29	14	15			
信宜市	237	112	125	69	37	32			
肇庆市	**9142**	**4685**	**4456**	**351**	**195**	**156**	**4**	**2**	**2**
端州区	3335	1639	1696	205	115	90	4	1	2
鼎湖区	520	213	307	8	2	6			
高要市	233	126	108	10	7	4			
四会市	5053	2707	2346	128	71	57	1	1	
惠州市	**33533**	**18418**	**15115**	**516**	**243**	**273**	**20**	**8**	**12**
惠城区	21991	11773	10218	388	175	213			
惠阳区	11090	6510	4580	127	68	60	20	8	12
博罗县	452	135	317						

1-2a 续表 4

单位：人

地 区	人口数			居住本乡、镇、街道，户口在本乡、镇、街道		
	合计	男	女	小计	男	女
梅州市	**23181**	**11356**	**11825**	**17383**	**8540**	**8843**
梅江区	10638	5182	5456	6489	3178	3311
梅县区	4473	2143	2330	3754	1795	1960
五华县	412	189	223	398	183	215
兴宁市	7658	3842	3816	6741	3384	3357
汕尾市	**14668**	**7663**	**7005**	**12426**	**6483**	**5943**
城区	9112	4746	4367	7448	3872	3576
陆丰市	5556	2918	2638	4978	2611	2367
河源市	**13602**	**6900**	**6703**	**8064**	**4030**	**4033**
源城区	13602	6900	6703	8064	4030	4033
阳江市	**17763**	**9222**	**8541**	**13307**	**6885**	**6421**
江城区	12545	6527	6017	9319	4823	4496
阳春市	5218	2694	2524	3987	2062	1925
清远市	**26659**	**13448**	**13211**	**13728**	**6942**	**6786**
清城区	12998	6575	6423	6242	3151	3091
清新区	5300	2729	2570	2014	1033	982
英德市	4413	2242	2171	2705	1364	1341
连州市	3949	1902	2046	2766	1394	1372
东莞市	**205360**	**113932**	**91428**	**51834**	**26591**	**25243**
中山市	**56350**	**30200**	**26150**	**22161**	**11256**	**10904**
潮州市	**24616**	**12511**	**12106**	**19236**	**9614**	**9622**
湘桥区	11104	5631	5473	6992	3491	3501
潮安区	13512	6880	6633	12244	6123	6121
揭阳市	**44121**	**22774**	**21347**	**41406**	**21287**	**20120**
榕城区	19349	9898	9450	18783	9580	9203
揭东区	8702	4580	4122	8144	4274	3870
普宁市	16071	8296	7775	14479	7432	7047
云浮市	**13719**	**6976**	**6743**	**11318**	**5733**	**5586**
云城区	7625	3915	3710	6201	3175	3026
云安区	640	330	310	593	306	286
罗定市	5454	2731	2723	4525	2251	2274

1-2a 续表 5

单位：人

地 区	居住本乡、镇、街道，户口在外乡、镇、街道，离开户口登记地半年以上			居住本乡、镇、街道，户口待定			原住本乡、镇、街道，现在国外工作学习		
	小计	男	女	小计	男	女	小计	男	女
梅州市	**5682**	**2758**	**2924**	**112**	**56**	**56**	**3**	**1**	**2**
梅江区	4058	1965	2094	88	39	49	3	1	2
梅县区	711	343	368	7	5	2	1	1	
五华县	14	6	8						
兴宁市	900	445	454	17	13	4			
汕尾市	**1989**	**1039**	**950**	**251**	**140**	**112**	**2**	**1**	**1**
城区	1422	742	680	241	131	109	2	1	1
陆丰市	567	298	269	11	9	2			
河源市	**5383**	**2789**	**2594**	**151**	**78**	**73**	**4**	**2**	**3**
源城区	5383	2789	2594	151	78	73	4	2	3
阳江市	**4379**	**2299**	**2080**	**77**	**37**	**40**			
江城区	3181	1682	1500	44	22	21			
阳春市	1198	617	580	33	15	18			
清远市	**12458**	**6249**	**6208**	**465**	**252**	**212**	**9**	**4**	**5**
清城区	6575	3328	3246	178	94	84	3	1	2
清新区	3190	1641	1549	95	56	38	1		1
英德市	1577	809	767	130	67	63	2	2	
连州市	1117	471	645	62	35	27	4	2	2
东莞市	**152209**	**86647**	**65562**	**1288**	**681**	**608**	**28**	**13**	**15**
中山市	**33737**	**18722**	**15014**	**386**	**194**	**192**	**66**	**27**	**39**
潮州市	**5267**	**2838**	**2429**	**111**	**58**	**53**	**3**	**1**	**2**
湘桥区	4050	2104	1946	58	35	24	3	1	2
潮安区	1216	733	483	53	24	29			
揭阳市	**2581**	**1423**	**1158**	**132**	**63**	**69**	**2**	**1**	**1**
榕城区	541	305	237	22	13	9	2	1	1
揭东区	548	301	247	9	4	5			
普宁市	1492	817	674	101	47	54			
云浮市	**2348**	**1224**	**1124**	**50**	**17**	**33**	**4**	**2**	**1**
云城区	1389	728	661	33	11	22	3	2	1
云安区	44	23	21	3		2			
罗定市	915	473	442	14	6	8	1	1	

1-2b 各地区分性别、户口登记状况的人口（镇）

单位：人

地 区	人口数			居住本乡、镇、街道，户口在本乡、镇、街道		
	合计	男	女	小计	男	女
全 省	**512903**	**266846**	**246058**	**417792**	**215066**	**202726**
广州市	**31387**	**16352**	**15035**	**18869**	**9601**	**9268**
白云区	8114	4153	3961	3656	1832	1824
番禺区	1459	751	708	888	454	435
花都区	2718	1428	1290	1757	925	832
南沙区	5349	2748	2601	3615	1784	1831
萝岗区	425	258	166	242	130	112
从化区	2113	1171	942	1515	774	742
增城区	11209	5842	5367	7195	3702	3493
韶关市	**20911**	**10585**	**10326**	**17631**	**8935**	**8696**
武江区	537	285	253	468	246	222
浈江区	775	398	377	683	354	329
曲江区	1224	632	591	961	492	470
始兴县	2359	1145	1214	1986	956	1030
仁化县	2291	1175	1115	1657	857	800
翁源县	3231	1626	1605	2962	1491	1471
乳源瑶族自治县	2277	1140	1136	1813	911	903
新丰县	3069	1565	1503	2646	1363	1284
乐昌市	3619	1835	1784	3118	1591	1527
南雄市	1530	782	748	1336	674	662
珠海市	**7484**	**4178**	**3306**	**3467**	**1826**	**1641**
香洲区	421	289	132	10	4	5
斗门区	3703	1961	1741	1840	958	882
金湾区	3360	1928	1432	1617	863	753
汕头市	**41601**	**21053**	**20548**	**40004**	**20165**	**19838**
龙湖区	1676	835	841	1665	829	836
濠江区	192	94	98	184	90	94
潮阳区	18861	9569	9292	18578	9438	9140
潮南区	9459	4852	4606	8486	4251	4234
澄海区	10048	5029	5019	9778	4911	4867
南澳县	1365	672	692	1313	646	667
佛山市	**12654**	**7150**	**5503**	**6358**	**3215**	**3144**
禅城区	4691	2538	2152	2872	1484	1388
南海区	1730	935	795	692	326	367
三水区	5336	3199	2137	2215	1104	1110
高明区	896	478	419	580	301	279
江门市	**15571**	**7972**	**7599**	**12422**	**6271**	**6152**
新会区	3470	1758	1712	2961	1494	1467
台山市	3227	1625	1602	2993	1511	1482
开平市	2153	1072	1081	1559	770	789
鹤山市	2742	1390	1352	1564	765	799
恩平市	3979	2127	1852	3345	1731	1614

1-2b 续表 1

单位：人

地　　区	居住本乡、镇、街道，户口在外乡、镇、街道，离开户口登记地半年以上			居住本乡、镇、街道，户口待定			原住本乡、镇、街道，现在国外工作学习		
	小计	男	女	小计	男	女	小计	男	女
全　省	**90781**	**49591**	**41189**	**3780**	**1892**	**1888**	**551**	**296**	**255**
广州市	**12324**	**6643**	**5681**	**115**	**69**	**46**	**78**	**39**	**39**
白云区	4358	2264	2094	36	23	12	63	33	30
番禺区	566	297	270	4	1	3			
花都区	948	497	450	8	5	4	6	2	4
南沙区	1693	938	754	34	23	12	8	3	4
萝岗区	180	128	53	2		2			
从化区	592	393	199	4	4	1	1	1	
增城区	3987	2127	1860	27	14	13	1		1
韶关市	**3080**	**1541**	**1539**	**198**	**109**	**90**	**1**		**1**
武江区	68	38	30	2	1	1			
浈江区	90	44	47	1		1			
曲江区	248	134	114	14	6	7			
始兴县	335	166	169	38	23	15			
仁化县	613	309	305	21	10	11			
翁源县	237	116	121	32	19	13			
乳源瑶族自治县	437	214	223	26	15	10			
新丰县	407	193	214	15	9	6			
乐昌市	479	232	247	21	11	10	1		1
南雄市	164	94	70	30	14	15			
珠海市	**3967**	**2328**	**1640**	**39**	**21**	**18**	**11**	**4**	**7**
香洲区	411	285	126						
斗门区	1834	988	846	23	12	10	5	3	3
金湾区	1722	1055	667	16	8	8	5	1	4
汕头市	**1340**	**770**	**570**	**248**	**113**	**136**	**9**	**5**	**4**
龙湖区	9	5	5	2	2	1			
濠江区	1		1	6	4	2			
潮阳区	165	84	81	116	47	69	1		1
潮南区	867	549	318	104	51	52	2	1	1
澄海区	249	107	142	16	8	8	5	4	2
南澳县	48	25	23	4	1	3			
佛山市	**6256**	**3917**	**2339**	**36**	**17**	**19**	**3**	**1**	**1**
禅城区	1806	1048	758	13	6	7			
南海区	1032	608	424	6	2	5			
三水区	3105	2086	1018	14	7	7	3	1	1
高明区	313	174	139	3	3	1			
江门市	**2657**	**1444**	**1213**	**143**	**64**	**79**	**348**	**193**	**156**
新会区	480	251	229	12	3	9	17	10	7
台山市	113	53	60	4	1	3	118	60	58
开平市	442	230	212	91	42	49	61	30	31
鹤山市	1155	613	542	15	9	6	7	3	4
恩平市	467	297	170	22	10	12	146	90	56

1-2b 续表 2

单位：人

地 区	人口数			居住本乡、镇、街道，户口在本乡、镇、街道		
	合计	男	女	小计	男	女
湛江市	**41516**	**22175**	**19342**	**38058**	**20453**	**17605**
霞山区	152	81	72	148	79	69
坡头区	1823	970	853	1714	923	791
麻章区	4298	2230	2067	3963	2109	1855
遂溪县	7968	4270	3697	7343	3938	3405
徐闻县	7841	4211	3630	6414	3469	2945
廉江市	7787	4200	3587	7502	4050	3451
雷州市	6526	3481	3045	6147	3301	2847
吴川市	5121	2732	2389	4827	2584	2243
茂名市	**30475**	**15874**	**14601**	**29063**	**15163**	**13899**
茂南区	1224	664	561	1115	608	507
电白区	12295	6423	5871	11790	6173	5618
高州市	6913	3603	3310	6420	3349	3071
化州市	5550	2934	2616	5357	2828	2528
信宜市	4493	2250	2243	4381	2205	2176
肇庆市	**25014**	**13089**	**11925**	**22126**	**11503**	**10623**
鼎湖区	1057	558	500	845	452	393
广宁县	4767	2409	2358	4401	2231	2171
怀集县	5787	2996	2791	5151	2635	2517
封开县	3610	1829	1781	3327	1679	1648
德庆县	2658	1405	1253	2365	1264	1101
高要市	5530	2973	2557	5143	2768	2376
四会市	1605	919	686	892	475	417
惠州市	**40088**	**21266**	**18821**	**23032**	**11903**	**11129**
惠城区	2790	1675	1115	751	368	383
惠阳区	2293	1206	1087	1112	532	580
博罗县	16468	8859	7609	10493	5380	5113
惠东县	14901	7628	7274	7914	4183	3731
龙门县	3636	1899	1736	2762	1440	1322
梅州市	**35921**	**17519**	**18402**	**32150**	**15942**	**16208**
梅江区	223	105	118	181	86	95
梅县区	3323	1595	1727	3195	1533	1663
大埔县	4895	2439	2456	4262	2111	2151
丰顺县	6659	3381	3278	6066	3093	2973
五华县	9814	4504	5310	8915	4348	4566
平远县	3188	1583	1605	2482	1240	1242
蕉岭县	3057	1537	1520	2464	1255	1209
兴宁市	4762	2374	2388	4585	2276	2309
汕尾市	**32709**	**17299**	**15410**	**29845**	**15814**	**14031**
城区	1797	920	877	1720	885	836
海丰县	14605	7777	6829	12085	6459	5626
陆河县	4311	2310	2001	4142	2221	1920
陆丰市	11995	6292	5703	11898	6249	5649

1-2b 续表 3

单位：人

地区	居住本乡、镇、街道，户口在外乡、镇、街道，离开户口登记地半年以上			居住本乡、镇、街道，户口待定			原住本乡、镇、街道，现在国外工作学习		
	小计	男	女	小计	男	女	小计	男	女
湛江市	**3004**	**1481**	**1523**	**446**	**236**	**210**	**8**	**5**	**3**
霞山区	4	1	3	1	1				
坡头区	107	45	62	1	1				
麻章区	294	92	202	39	29	10	1	1	1
遂溪县	524	271	252	100	60	40	2	2	
徐闻县	1374	717	657	53	25	29			
廉江市	264	143	121	21	6	15			
雷州市	346	169	177	32	10	22	1	1	
吴川市	91	41	50	198	105	94	4	2	3
茂名市	**1112**	**572**	**540**	**298**	**137**	**161**	**2**	**2**	**1**
茂南区	105	54	51	4	2	2			
电白区	426	217	209	78	33	45			
高州市	367	188	180	125	65	59	1	1	
化州市	181	101	80	12	5	7			
信宜市	32	12	20	78	31	47	2	1	1
肇庆市	**2675**	**1475**	**1200**	**198**	**105**	**93**	**15**	**7**	**8**
鼎湖区	203	102	102	9	4	5			
广宁县	307	151	156	57	27	30	1		1
怀集县	612	346	266	23	16	8			
封开县	249	127	122	34	23	10			
德庆县	256	125	132	37	16	20			
高要市	348	185	164	24	13	10	14	7	7
四会市	699	440	259	14	5	10			
惠州市	**16719**	**9205**	**7514**	**334**	**157**	**177**	**2**	**1**	**1**
惠城区	2022	1298	724	17	9	9			
惠阳区	1171	671	500	10	3	7			
博罗县	5867	3427	2440	106	51	55	2	1	1
惠东县	6825	3365	3460	163	80	83			
龙门县	835	444	391	39	15	23			
梅州市	**3558**	**1470**	**2088**	**196**	**96**	**100**	**17**	**10**	**7**
梅江区	42	19	23						
梅县区	119	60	60	6	2	4	2	1	1
大埔县	604	315	289	27	13	15	2	1	1
丰顺县	576	278	298	17	10	7	1		1
五华县	847	128	719	43	22	20	10	6	4
平远县	653	319	335	53	24	29			
蕉岭县	566	267	299	26	14	11	1	1	
兴宁市	150	85	65	25	11	14	2	2	
汕尾市	**2716**	**1423**	**1293**	**139**	**58**	**82**	**8**	**4**	**4**
城区	61	29	32	8	3	6	8	4	4
海丰县	2426	1277	1150	94	41	53			
陆河县	159	83	77	10	6	4			
陆丰市	70	34	36	27	9	19			

1-2b 续表 4 单位：人

地 区	人口数			居住本乡、镇、街道，户口在本乡、镇、街道		
	合计	男	女	小计	男	女
河源市	**23310**	**11952**	**11357**	**19502**	**9945**	**9557**
紫金县	7231	3760	3472	6138	3155	2983
龙川县	6180	3176	3004	4721	2407	2314
连平县	3516	1763	1753	3265	1628	1637
和平县	3328	1688	1640	2772	1400	1373
东源县	3054	1566	1489	2605	1355	1250
阳江市	**17950**	**9679**	**8270**	**14927**	**8067**	**6859**
江城区	2331	1213	1118	2006	1049	957
阳西县	5069	2705	2364	4288	2308	1980
阳东县	6260	3516	2744	4709	2642	2066
阳春市	4290	2245	2045	3924	2068	1856
清远市	26952	13956	12996	21676	11199	10477
清城区	6425	3470	2956	4647	2396	2251
清新区	3285	1749	1536	3034	1616	1417
佛冈县	3624	1895	1730	2906	1503	1403
阳山县	3787	1904	1882	3115	1577	1538
连山壮族瑶族自治县	969	481	487	759	383	376
连南瑶族自治县	1707	863	844	1387	709	678
英德市	6260	3137	3123	5021	2602	2419
连州市	895	457	438	807	412	395
东莞市	**3526**	**2146**	**1379**	**327**	**176**	**151**
中山市	**24235**	**13355**	**10880**	**10777**	**5456**	**5321**
潮州市	**23382**	**11497**	**11884**	**22267**	**11101**	**11166**
湘桥区	3598	1573	2025	3130	1542	1587
潮安区	7674	3894	3781	7490	3783	3706
饶平县	12109	6031	6078	11648	5776	5872
揭阳市	**43732**	**22489**	**21243**	**42596**	**21926**	**20670**
榕城区	3129	1631	1498	3004	1565	1439
揭东区	6283	3285	2998	6242	3260	2982
揭西县	7935	4046	3889	7534	3847	3687
惠来县	13750	7013	6737	13415	6851	6564
普宁市	12635	6514	6121	12400	6403	5998
云浮市	**14488**	**7259**	**7229**	**12695**	**6404**	**6291**
云城区	241	114	127	172	76	97
云安区	1380	709	672	1312	674	638
新兴县	4983	2481	2502	3938	1975	1963
郁南县	4807	2416	2391	4234	2157	2077
罗定市	3076	1539	1537	3039	1522	1517

1-2b 续表 5

单位：人

地　区	居住本乡、镇、街道，户口在外乡、镇、街道，离开户口登记地半年以上			居住本乡、镇、街道，户口待定			原住本乡、镇、街道，现在国外工作学习		
	小计	男	女	小计	男	女	小计	男	女
河源市	**3533**	**1850**	**1683**	**274**	**157**	**117**	**1**	**1**	**1**
紫金县	1014	555	459	79	50	29			
龙川县	1328	698	630	130	71	59	1	1	1
连平县	235	125	111	16	10	6			
和平县	519	268	250	37	20	17			
东源县	436	204	232	13	7	7			
阳江市	**2873**	**1538**	**1335**	**144**	**70**	**74**	**5**	**4**	**1**
江城区	311	158	153	15	7	8			
阳西县	737	370	367	38	23	15	5	4	1
阳东县	1492	849	643	59	25	34			
阳春市	333	161	172	33	16	17			
清远市	4665	2452	2212	596	296	300	15	9	6
清城区	1672	1020	652	106	54	52	1		1
清新区	196	103	93	53	28	25	2	2	1
佛冈县	616	334	282	102	58	45			
阳山县	595	289	306	76	38	38			
连山壮族瑶族自治县	198	94	104	11	4	7			
连南瑶族自治县	294	139	155	25	14	11			
英德市	1029	440	589	198	87	111	11	7	4
连州市	64	33	31	25	13	12			
东莞市	**3199**	**1970**	**1228**						
中山市	**13281**	**7797**	**5484**	**168**	**98**	**69**	**10**	**3**	**6**
潮州市	**1069**	**378**	**691**	**43**	**17**	**26**	**3**	**1**	**2**
湘桥区	465	28	436	4	2	2			
潮安区	166	103	64	16	7	9	3	1	2
饶平县	438	247	191	23	8	15			
揭阳市	**1061**	**522**	**539**	**74**	**40**	**34**	**1**	**1**	
榕城区	124	66	58	1		1			
揭东区	26	14	12	14	11	3			
揭西县	372	181	190	28	16	12	1	1	
惠来县	323	157	166	12	5	7			
普宁市	217	104	113	18	8	11			
云浮市	**1691**	**816**	**875**	**90**	**33**	**56**	**13**	**6**	**7**
云城区	64	36	28	5	2	3			
云安区	54	29	25	14	5	9			
新兴县	1014	490	523	32	16	16			
郁南县	529	244	285	32	10	22	12	5	7
罗定市	30	16	14	6		6	1	1	

1-2c 各地区分性别、户口登记状况的人口（乡村）

单位：人

地 区	人口数			居住本乡、镇、街道，户口在本乡、镇、街道		
	合计	男	女	小计	男	女
全 省	**971938**	**503213**	**468725**	**896447**	**462018**	**434430**
广州市	**55651**	**29194**	**26457**	**44055**	**22646**	**21409**
白云区	13332	7097	6234	8484	4325	4159
番禺区	6582	3541	3040	3703	1860	1843
花都区	9593	4993	4601	7961	4100	3861
南沙区	5171	2688	2483	3672	1842	1831
萝岗区	2163	1092	1071	1961	988	973
从化区	9836	4983	4852	9459	4831	4628
增城区	8975	4799	4176	8816	4701	4115
韶关市	**38174**	**19167**	**19007**	**35978**	**18298**	**17680**
武江区	1593	819	773	1478	768	710
浈江区	1889	880	1009	1589	789	800
曲江区	3812	1796	2016	3368	1696	1672
始兴县	3701	1861	1840	3582	1807	1774
仁化县	3621	1812	1809	3380	1697	1682
翁源县	6565	3378	3187	6415	3310	3105
乳源瑶族自治县	2969	1504	1465	2701	1386	1316
新丰县	3017	1547	1470	2910	1494	1417
乐昌市	5912	3035	2877	5596	2884	2713
南雄市	5094	2534	2560	4958	2468	2490
珠海市	**5217**	**2842**	**2375**	**4321**	**2289**	**2032**
斗门区	5217	2842	2375	4321	2289	2032
汕头市	**47634**	**23796**	**23838**	**46160**	**22982**	**23178**
龙湖区	2681	1325	1356	2660	1315	1345
金平区	524	256	268	518	254	264
濠江区	2727	1308	1419	2535	1234	1301
潮阳区	19537	9740	9797	19256	9596	9661
潮南区	15480	7849	7631	14661	7369	7292
澄海区	6283	3117	3165	6133	3016	3116
南澳县	402	201	201	398	199	199
佛山市	**10716**	**5700**	**5016**	**8635**	**4366**	**4270**
南海区	3339	1777	1562	2806	1480	1326
顺德区	1034	537	497	827	411	416
三水区	4983	2669	2314	3761	1821	1940
高明区	1359	716	643	1241	653	588
江门市	**45251**	**23073**	**22178**	**40936**	**20701**	**20234**
蓬江区	105	53	52	79	37	41
新会区	8821	4485	4336	7570	3769	3801
台山市	14887	7492	7395	14031	7039	6992
开平市	8929	4571	4359	8071	4078	3993
鹤山市	5610	2833	2777	4976	2503	2473
恩平市	6898	3639	3259	6209	3275	2934

1-2c 续表 1

单位：人

地　区	居住本乡、镇、街道，户口在外乡、镇、街道，离开户口登记地半年以上			居住本乡、镇、街道，户口待定			原住本乡、镇、街道，现在国外工作学习		
	小计	男	女	小计	男	女	小计	男	女
全　省	**65447**	**36320**	**29126**	**8526**	**4055**	**4471**	**1517**	**820**	**697**
广州市	**11317**	**6407**	**4910**	**149**	**76**	**73**	**129**	**64**	**65**
白云区	4784	2738	2046	41	22	19	23	13	10
番禺区	2859	1671	1188	20	10	10			
花都区	1517	838	679	15	6	9	100	49	51
南沙区	1486	838	648	10	7	2	3	1	2
萝岗区	194	100	94	8	4	4			
从化区	320	125	195	54	26	28	3	1	2
增城区	157	97	60	3	1	1			
韶关市	**1738**	**634**	**1104**	**449**	**231**	**218**	**9**	**4**	**6**
武江区	107	47	60	8	4	4			
浈江区	285	83	202	15	8	7			
曲江区	394	73	320	48	25	23	3	2	1
始兴县	80	37	43	38	16	22	1		1
仁化县	227	107	119	13	6	7	2	1	1
翁源县	60	26	34	87	42	45	2		2
乳源瑶族自治县	168	68	100	99	50	49	1		1
新丰县	87	43	44	19	11	9	1		
乐昌市	224	101	123	92	51	41			
南雄市	107	48	59	29	17	12			
珠海市	**850**	**532**	**318**	**15**	**7**	**8**	**31**	**15**	**17**
斗门区	850	532	318	15	7	8	31	15	17
汕头市	**1055**	**592**	**463**	**417**	**221**	**195**	**2**	**1**	**1**
龙湖区	16	6	9	5	3	2			
金平区	2		2	5	3	2			
濠江区	71	19	52	120	54	66	1	1	1
潮阳区	175	87	87	106	57	49			
潮南区	654	384	271	165	96	68			
澄海区	135	94	41	14	6	8	1	1	
南澳县	2	1	1	1	1				
佛山市	**2041**	**1316**	**726**	**24**	**13**	**12**	**15**	**6**	**9**
南海区	525	294	231	5	3	3	3		3
顺德区	206	125	81	2	2				
三水区	1202	838	364	8	3	5	12	6	6
高明区	108	58	50	9	5	4	1		1
江门市	**2977**	**1664**	**1314**	**189**	**85**	**104**	**1150**	**624**	**527**
蓬江区	27	16	11						
新会区	1150	665	485	19	9	10	82	42	40
台山市	283	144	139	24	11	12	550	298	252
开平市	665	395	270	67	30	37	127	68	58
鹤山市	563	293	270	8	3	5	63	34	30
恩平市	289	150	139	71	32	40	329	182	147

1-2c 续表 2

单位：人

地 区	人口数			居住本乡、镇、街道，户口在本乡、镇、街道		
	合计	男	女	小计	男	女
湛江市	**122266**	**64735**	**57531**	**118933**	**63183**	**55750**
赤坎区	182	86	96	169	81	88
霞山区	607	316	291	559	304	254
坡头区	5975	3179	2795	5879	3139	2740
麻章区	8844	4751	4093	8697	4685	4012
遂溪县	17594	9228	8366	16843	8856	7987
徐闻县	12708	6725	5982	12259	6509	5750
廉江市	29945	16217	13729	29279	15961	13318
雷州市	30042	15682	14360	29158	15247	13912
吴川市	16369	8551	7818	16090	8401	7689
茂名市	**103917**	**54293**	**49624**	**99730**	**52235**	**47495**
茂南区	8012	4182	3830	7715	4055	3659
电白区	29370	15400	13970	28383	14902	13481
高州市	25820	13560	12260	24165	12737	11428
化州市	23794	12419	11375	23081	12055	11026
信宜市	16922	8732	8190	16387	8485	7902
肇庆市	**63418**	**32225**	**31194**	**60967**	**30889**	**30078**
鼎湖区	2265	1094	1171	2104	1041	1063
广宁县	7682	3924	3757	7455	3809	3646
怀集县	18164	9043	9121	17439	8611	8828
封开县	8069	4063	4006	7854	3947	3908
德庆县	7368	3799	3569	7041	3646	3395
高要市	14602	7508	7094	14429	7415	7014
四会市	5268	2793	2475	4644	2419	2225
惠州市	**43194**	**22410**	**20784**	**36361**	**18740**	**17621**
惠城区	8115	4038	4077	6775	3404	3370
惠阳区	4579	2532	2046	3100	1580	1520
博罗县	13483	6959	6523	11828	6066	5761
惠东县	11636	6111	5525	9667	5110	4557
龙门县	5382	2769	2613	4991	2579	2412
梅州市	**64578**	**32321**	**32257**	**61755**	**30872**	**30883**
梅江区	1094	552	542	1083	549	535
梅县区	7573	3725	3848	7191	3540	3650
大埔县	5983	3050	2933	5650	2879	2771
丰顺县	7300	3650	3650	7124	3583	3541
五华县	20569	10275	10293	19757	9826	9931
平远县	3476	1759	1717	3277	1655	1621
蕉岭县	2923	1417	1506	2717	1309	1408
兴宁市	15659	7892	7768	14956	7531	7425

1-2c 续表 3

单位：人

地　区	居住本乡、镇、街道，户口在外乡、镇、街道，离开户口登记地半年以上			居住本乡、镇、街道，户口待定			原住本乡、镇、街道，现在国外工作学习		
	小计	男	女	小计	男	女	小计	男	女
湛江市	**2356**	**1106**	**1249**	**953**	**427**	**526**	**25**	**19**	**6**
赤坎区	13	5	7	1		1			
霞山区	46	11	36	2	1	1			
坡头区	63	25	38	28	12	16	5	4	1
麻章区	89	36	53	58	30	28	1	1	
遂溪县	632	309	323	115	59	56	4	4	
徐闻县	168	80	87	281	135	146			
廉江市	473	166	307	188	86	102	5	4	1
雷州市	651	349	302	230	85	145	3	1	1
吴川市	221	125	95	50	19	31	8	6	2
茂名市	**2717**	**1352**	**1366**	**1451**	**690**	**761**	**19**	**16**	**3**
茂南区	249	109	140	49	18	31			
电白区	773	406	368	207	89	118	7	3	3
高州市	787	394	394	860	422	438	7	7	
化州市	650	327	323	58	32	26	5	5	
信宜市	258	117	141	277	130	147			
肇庆市	**1962**	**1100**	**863**	**482**	**232**	**250**	**7**	**4**	**3**
鼎湖区	144	44	100	17	9	8			
广宁县	155	75	80	69	39	30	2	1	1
怀集县	633	395	239	91	38	54			
封开县	140	77	64	74	39	35			
德庆县	201	98	103	124	54	70	2	1	1
高要市	113	59	54	58	32	26	3	3	
四会市	576	353	223	47	21	26	1		1
惠州市	**6410**	**3481**	**2929**	**399**	**181**	**217**	**25**	**8**	**17**
惠城区	1259	593	665	78	40	38	3	1	2
惠阳区	1437	934	503	39	17	22	3	1	2
博罗县	1527	837	690	127	56	71	1		1
惠东县	1838	950	889	114	46	68	16	6	11
龙门县	349	167	182	41	23	18	1		1
梅州市	**2394**	**1241**	**1153**	**419**	**201**	**218**	**10**	**7**	**3**
梅江区	8	3	5	2	1	2	1		1
梅县区	366	176	190	15	7	7	2	1	1
大埔县	312	160	152	21	11	10			
丰顺县	141	50	92	33	16	17	2	2	
五华县	720	400	319	90	47	43	1	1	
平远县	157	83	74	41	20	21	1		
蕉岭县	171	89	82	33	19	15	1		1
兴宁市	519	279	239	183	80	103	2	2	

1-2c 续表 4

单位：人

地 区	人口数			居住本乡、镇、街道，户口在本乡、镇、街道		
	合计	男	女	小计	男	女
汕尾市	**38715**	**20511**	**18204**	**38101**	**20187**	**17914**
城区	3459	1815	1644	3343	1747	1596
海丰县	8696	4615	4081	8486	4506	3980
陆河县	3901	2061	1840	3879	2049	1830
陆丰市	22660	12021	10639	22394	11886	10508
河源市	**50656**	**25649**	**25007**	**48547**	**24600**	**23947**
源城区	199	103	96	196	102	94
紫金县	11736	5903	5833	11213	5655	5558
龙川县	14451	7265	7187	13926	6997	6929
连平县	6485	3313	3171	6070	3112	2957
和平县	7781	3935	3846	7545	3809	3735
东源县	10004	5130	4873	9598	4925	4673
阳江市	**35838**	**18883**	**16954**	**34412**	**18213**	**16199**
江城区	5382	2831	2551	5200	2741	2459
阳西县	8211	4372	3839	7846	4189	3657
阳东县	6784	3630	3154	6422	3453	2969
阳春市	15460	8050	7410	14944	7830	7113
清远市	55643	28544	27098	51464	26671	24793
清城区	4564	2351	2213	4359	2254	2105
清新区	12058	6226	5832	11486	5946	5540
佛冈县	5322	2740	2582	4801	2509	2292
阳山县	6721	3389	3332	6268	3174	3094
连山壮族瑶族自治县	1704	899	805	1633	869	764
连南瑶族自治县	2106	1046	1059	1974	979	995
英德市	17152	8847	8306	15324	8078	7246
连州市	6015	3046	2969	5620	2862	2758
东莞市	**26293**	**15360**	**10933**	**8765**	**4542**	**4223**
中山市	**10864**	**5629**	**5235**	**7627**	**3828**	**3799**
潮州市	**27236**	**13716**	**13519**	**26542**	**13382**	**13160**
湘桥区	1918	971	947	1778	909	869
潮安区	12611	6370	6241	12283	6196	6087
饶平县	12708	6376	6331	12481	6278	6203
揭阳市	**84779**	**43604**	**41175**	**83262**	**42837**	**40426**
榕城区	5385	2782	2603	5263	2708	2554
揭东区	12873	6680	6193	12569	6525	6045
揭西县	16380	8339	8041	16115	8215	7900
惠来县	18514	9377	9137	18214	9209	9004
普宁市	31626	16426	15201	31102	16180	14922
云浮市	**41898**	**21559**	**20339**	**39896**	**20556**	**19340**
云城区	2661	1375	1286	2489	1300	1189
云安区	5992	3075	2917	5626	2876	2751
新兴县	7736	3991	3745	7234	3679	3555
郁南县	6738	3464	3275	6365	3308	3057
罗定市	18771	9654	9116	18183	9395	8788

1-2c 续表 5 单位：人

地区	居住本乡、镇、街道，户口在外乡、镇、街道，离开户口登记地半年以上			居住本乡、镇、街道，户口待定			原住本乡、镇、街道，现在国外工作学习		
	小计	男	女	小计	男	女	小计	男	女
汕尾市	**510**	**275**	**235**	**103**	**49**	**53**	**1**		**1**
城区	99	66	33	16	2	14	1		1
海丰县	188	96	92	22	14	8			
陆河县	18	9	9	3	2	1			
陆丰市	205	104	101	61	31	30			
河源市	**1728**	**869**	**859**	**372**	**174**	**198**	**10**	**6**	**4**
源城区	4	1	2						
紫金县	454	212	242	69	36	33	1	1	
龙川县	363	193	170	157	72	84	5	2	3
连平县	405	198	207	9	2	7	2	2	
和平县	146	81	65	89	44	45	1	1	1
东源县	356	184	171	49	20	29	1	1	
阳江市	**1089**	**507**	**581**	**319**	**150**	**169**	**18**	**12**	**6**
江城区	161	78	83	18	8	9	3	3	
阳西县	310	153	157	45	22	22	10	8	2
阳东县	328	154	174	31	22	9	3	1	2
阳春市	289	122	167	226	97	128	1		1
清远市	2149	891	1259	2001	971	1030	28	11	16
清城区	147	70	77	50	24	26	8	3	5
清新区	362	169	194	206	109	97	4	2	1
佛冈县	201	86	115	320	145	175			
阳山县	256	120	136	194	93	100	4	2	2
连山壮族瑶族自治县	61	26	35	9	4	6			
连南瑶族自治县	61	26	35	71	41	30			
英德市	848	295	553	975	473	502	6	1	5
连州市	213	99	114	176	82	94	6	3	3
东莞市	**17420**	**10766**	**6655**	**104**	**52**	**52**	**4**	**1**	**3**
中山市	**3192**	**1776**	**1417**	**41**	**22**	**20**	**4**	**4**	
潮州市	**595**	**276**	**319**	**92**	**54**	**38**	**8**	**5**	**3**
湘桥区	134	59	75	1		1	5	3	2
潮安区	260	136	125	65	37	28	3	2	1
饶平县	201	81	119	26	17	9			
揭阳市	**1336**	**680**	**655**	**175**	**82**	**94**	**6**	**6**	
榕城区	120	74	46	2		2			
揭东区	274	143	130	30	12	18			
揭西县	228	106	121	37	17	19	1	1	
惠来县	269	152	118	31	16	15			
普宁市	445	205	240	75	36	39	5	5	
云浮市	**1610**	**858**	**753**	**376**	**138**	**237**	**16**	**7**	**8**
云城区	154	70	84	16	5	11	2	1	1
云安区	298	172	126	65	27	38	3	1	2
新兴县	493	309	185	7	2	5	2	1	1
郁南县	258	114	143	112	40	72	4	1	3
罗定市	407	192	215	176	64	112	5	3	2

1-3 各地区分性别、年龄的人口

单位：人

地区	人口数			0岁			1-4岁		
	合计	男	女	小计	男	女	小计	男	女
全 省	**3091130**	**1616612**	**1474518**	**31752**	**17288**	**14464**	**152247**	**82761**	**69486**
广州市	**384677**	**197165**	**187512**	**3315**	**1780**	**1535**	**16212**	**8726**	**7486**
荔湾区	26261	12915	13347	213	131	82	962	517	446
越秀区	32960	16199	16761	250	129	122	989	537	452
海珠区	45978	22492	23486	378	202	176	1783	987	796
天河区	44041	22460	21581	386	210	176	1721	910	811
白云区	68478	35277	33201	513	269	244	2861	1523	1338
黄埔区	13730	7445	6285	136	77	59	637	342	295
番禺区	43995	22811	21184	351	171	181	1844	986	858
花都区	28942	15085	13858	300	172	128	1412	741	670
南沙区	18685	9934	8751	141	73	67	685	376	309
萝岗区	11870	6651	5219	120	68	52	570	324	246
从化区	17816	9103	8713	232	127	105	1139	624	515
增城区	31920	16793	15127	294	151	143	1608	859	749
韶关市	**83525**	**41747**	**41778**	**1045**	**556**	**488**	**4738**	**2607**	**2131**
武江区	8813	4384	4428	87	44	42	451	241	210
浈江区	11528	5704	5824	83	41	41	455	243	211
曲江区	8958	4243	4715	102	52	50	430	224	206
始兴县	6060	3006	3054	82	46	36	389	216	174
仁化县	5912	2987	2925	72	38	33	454	256	198
翁源县	9796	5004	4792	168	93	75	666	336	330
乳源瑶族自治县	5245	2644	2601	78	41	36	311	167	145
新丰县	6086	3112	2973	85	45	40	310	172	138
乐昌市	11716	5957	5759	153	80	73	727	447	280
南雄市	9411	4706	4705	135	75	60	545	306	239
深圳市	**324208**	**175996**	**148212**	**2469**	**1291**	**1178**	**14688**	**7902**	**6786**
罗湖区	27797	14039	13758	215	118	97	1181	663	518
福田区	41046	21539	19507	321	156	164	1784	947	837
南山区	36789	19157	17633	365	194	171	1691	891	800
宝安区	139786	78416	61370	995	517	478	6149	3297	2852
龙岗区	72487	39461	33026	517	275	243	3592	1939	1653
盐田区	6302	3384	2918	57	32	25	291	164	126
珠海市	**46559**	**24209**	**22350**	**442**	**247**	**194**	**2198**	**1167**	**1030**
香洲区	26962	13839	13123	266	141	124	1259	660	599
斗门区	12206	6465	5741	116	68	48	646	353	293
金湾区	7391	3905	3486	60	38	22	293	154	138
汕头市	**158192**	**79457**	**78735**	**1870**	**989**	**881**	**7336**	**3838**	**3499**
龙湖区	15751	7891	7860	128	69	59	755	391	365
金平区	23768	11745	12023	225	116	109	917	463	454
濠江区	7855	3846	4009	102	47	56	464	244	220
潮阳区	47730	23870	23860	637	338	298	2289	1214	1075
潮南区	37886	19465	18421	531	290	241	1758	916	842
澄海区	23435	11767	11668	225	118	106	1089	579	510
南澳县	1767	873	893	23	11	12	65	31	34
佛山市	**211715**	**114263**	**97452**	**1757**	**963**	**794**	**8981**	**4959**	**4022**
禅城区	31931	16517	15415	284	169	115	1350	725	625
南海区	77089	42713	34376	693	368	324	3376	1870	1506
顺德区	72237	38514	33722	501	279	222	2966	1654	1312
三水区	18192	9982	8210	136	68	68	756	399	357
高明区	12266	6536	5730	143	78	64	533	311	222

1-3 续表 1

单位：人

地 区	5-9岁			10-14岁			15-19岁			20-24岁		
	小计	男	女	小计	男	女	小计	男	女	小计	男	女
全 省	**188471**	**103022**	**85449**	**151957**	**84689**	**67268**	**216987**	**118372**	**98615**	**281404**	**147779**	**133625**
广州市	**16987**	**9109**	**7878**	**13107**	**7062**	**6045**	**20843**	**10656**	**10187**	**34761**	**17599**	**17162**
荔湾区	961	503	459	828	452	376	1059	574	486	1634	787	848
越秀区	1302	694	608	1155	616	539	1543	854	689	2317	1138	1179
海珠区	1812	931	882	1457	709	748	2217	920	1297	3510	1577	1932
天河区	1874	970	904	1398	735	662	2444	1215	1229	4975	2466	2509
白云区	2990	1599	1390	2287	1298	989	5011	2380	2632	7026	3407	3618
黄埔区	624	367	257	477	264	213	559	297	262	1090	606	484
番禺区	1904	1035	869	1512	816	696	2264	1180	1084	4421	2275	2146
花都区	1594	854	740	1015	578	437	1334	741	593	2250	1196	1054
南沙区	660	344	317	578	310	267	1068	661	407	1871	1128	744
萝岗区	550	307	243	368	205	162	485	287	198	1380	789	591
从化区	1041	579	463	831	434	398	1295	684	611	1590	807	783
增城区	1674	926	748	1202	645	557	1565	864	701	2698	1423	1275
韶关市	**5452**	**2951**	**2501**	**4597**	**2515**	**2082**	**5217**	**2367**	**2849**	**4779**	**2461**	**2318**
武江区	555	284	271	456	247	210	485	249	236	501	249	252
浈江区	599	313	286	510	279	230	661	282	378	748	435	313
曲江区	553	308	245	433	228	204	1031	205	826	504	268	236
始兴县	377	202	175	327	178	149	351	184	167	342	168	174
仁化县	444	244	200	346	179	167	313	172	141	300	137	163
翁源县	627	335	292	514	292	222	454	258	196	711	369	342
乳源瑶族自治县	344	178	166	304	153	150	314	164	150	322	166	157
新丰县	413	235	178	338	184	154	397	211	186	399	211	188
乐昌市	888	487	401	761	434	327	647	346	301	554	265	289
南雄市	651	364	287	607	339	268	562	295	267	399	194	205
深圳市	**15503**	**8598**	**6905**	**9824**	**5532**	**4292**	**17003**	**9474**	**7529**	**40085**	**21331**	**18754**
罗湖区	1358	748	610	967	510	457	1479	801	678	3239	1567	1672
福田区	2001	1040	961	1444	812	632	2037	1203	834	4565	2483	2082
南山区	1876	998	877	1282	710	572	1969	1142	827	3779	2005	1774
宝安区	6118	3503	2614	3517	2038	1479	7550	4150	3400	19357	10541	8816
龙岗区	3832	2127	1705	2362	1316	1046	3611	1975	1636	8465	4388	4077
盐田区	320	182	138	252	146	106	356	202	154	680	346	334
珠海市	**2379**	**1247**	**1132**	**1897**	**1026**	**871**	**2913**	**1805**	**1108**	**4146**	**2168**	**1978**
香洲区	1348	709	639	1146	597	549	1709	1053	656	2199	1200	1000
斗门区	665	334	331	507	293	214	842	539	303	984	530	454
金湾区	367	204	162	244	136	108	362	214	149	963	439	524
汕头市	**10948**	**5799**	**5149**	**9927**	**5278**	**4649**	**15408**	**8058**	**7350**	**15525**	**7869**	**7655**
龙湖区	988	549	439	787	438	349	1181	588	594	1284	625	660
金平区	1271	663	608	1105	606	498	1561	813	748	1686	830	856
濠江区	573	284	289	461	230	232	1155	647	508	756	358	398
潮阳区	3715	1965	1750	3459	1782	1676	5683	2963	2720	5359	2814	2545
潮南区	2846	1542	1304	2907	1583	1324	4340	2281	2059	4491	2271	2219
澄海区	1477	753	723	1143	602	541	1408	725	683	1821	909	911
南澳县	77	42	36	66	37	29	80	42	39	128	62	67
佛山市	**8982**	**4923**	**4059**	**7316**	**4165**	**3152**	**11131**	**6403**	**4728**	**18743**	**10388**	**8354**
禅城区	1440	784	657	1282	744	537	1613	916	697	2462	1266	1196
南海区	3104	1719	1384	2248	1263	985	3821	2315	1506	7039	4023	3016
顺德区	2868	1546	1322	2517	1468	1049	4157	2224	1934	6657	3506	3150
三水区	819	448	371	761	409	352	1010	654	356	1664	1078	586
高明区	751	426	325	509	281	229	530	295	235	922	516	406

1-3 续表 2 单位：人

地 区	25-29岁			30-34岁			35-39岁			40-44岁		
	小计	男	女	小计	男	女	小计	男	女	小计	男	女
全 省	**326763**	**170249**	**156514**	**285753**	**149879**	**135873**	**232919**	**123153**	**109766**	**253529**	**131279**	**122250**
广州市	**46336**	**23642**	**22694**	**41842**	**21438**	**20405**	**33461**	**17469**	**15992**	**34998**	**18226**	**16772**
荔湾区	2523	1233	1289	2459	1222	1236	1939	923	1015	2207	1067	1139
越秀区	2979	1456	1523	2698	1273	1425	2561	1169	1392	2738	1304	1435
海珠区	4689	2250	2439	4851	2382	2469	4141	2071	2070	4144	2117	2027
天河区	6325	3203	3122	5256	2638	2617	4084	2089	1995	3908	2061	1847
白云区	9228	4749	4479	7803	4045	3758	6126	3316	2810	6433	3370	3063
黄埔区	2016	1088	928	1736	950	785	1278	695	583	1326	736	590
番禺区	5970	3000	2970	5151	2684	2466	4169	2202	1967	4462	2389	2073
花都区	3332	1726	1606	3355	1723	1632	2478	1352	1126	2587	1376	1211
南沙区	2361	1228	1132	1795	984	811	1505	821	684	1945	1029	916
萝岗区	2057	1173	884	1689	926	763	1126	650	475	959	555	404
从化区	1660	853	807	1597	797	800	1368	708	660	1448	726	722
增城区	3196	1680	1516	3454	1812	1641	2686	1471	1215	2841	1497	1344
韶关市	**5726**	**2769**	**2956**	**5518**	**2680**	**2838**	**5491**	**2714**	**2778**	**6913**	**3429**	**3485**
武江区	638	284	354	666	313	353	721	351	370	836	412	424
浈江区	723	342	381	748	366	382	779	375	404	971	454	517
曲江区	570	290	280	565	283	282	572	289	283	723	374	350
始兴县	464	226	238	478	243	235	389	199	190	490	247	242
仁化县	428	214	214	419	197	223	442	216	227	521	273	248
翁源县	706	353	353	551	269	282	495	249	245	735	357	378
乳源瑶族自治县	345	170	175	336	158	177	363	190	173	458	224	234
新丰县	551	268	283	480	232	248	379	192	187	431	205	227
乐昌市	733	359	375	749	376	373	766	368	399	923	471	453
南雄市	566	264	303	526	243	283	585	285	301	826	413	413
深圳市	**55895**	**30576**	**25318**	**44090**	**24226**	**19864**	**32303**	**18087**	**14216**	**29508**	**16363**	**13145**
罗湖区	3980	1901	2079	3399	1669	1730	2673	1379	1294	2525	1324	1201
福田区	5774	3016	2758	4548	2298	2251	3813	1962	1851	3879	2080	1799
南山区	5409	2743	2666	4663	2384	2278	3707	1892	1816	3477	1861	1616
宝安区	27700	15794	11906	20607	11859	8748	13858	8158	5700	11989	6855	5134
龙岗区	12222	6687	5535	10103	5622	4481	7575	4326	3248	6964	3875	3089
盐田区	810	434	375	771	394	377	677	369	308	675	369	306
珠海市	**4976**	**2516**	**2461**	**4765**	**2365**	**2400**	**4266**	**2157**	**2108**	**4478**	**2303**	**2175**
香洲区	2805	1362	1442	2770	1315	1455	2636	1273	1363	2842	1446	1396
斗门区	1302	684	618	1194	618	576	941	505	436	941	477	464
金湾区	870	469	401	802	432	370	688	380	308	695	380	315
汕头市	**13908**	**6908**	**6999**	**11636**	**5822**	**5814**	**9071**	**4476**	**4595**	**10883**	**5265**	**5619**
龙湖区	1342	652	690	1303	646	657	1127	550	577	1369	649	720
金平区	1882	921	961	1679	804	875	1541	727	815	2040	983	1056
濠江区	635	283	352	490	219	271	398	184	214	504	223	281
潮阳区	4077	1987	2090	3278	1636	1642	2335	1082	1253	2936	1352	1584
潮南区	3596	1848	1748	2820	1482	1338	2000	1070	930	2268	1155	1113
澄海区	2238	1148	1090	1944	974	970	1567	817	750	1631	830	801
南澳县	138	70	68	122	62	60	103	46	56	136	73	64
佛山市	**25407**	**13842**	**11565**	**23338**	**12708**	**10629**	**19818**	**10840**	**8978**	**21935**	**12101**	**9834**
禅城区	3615	1816	1799	3238	1678	1561	2781	1431	1349	3079	1623	1456
南海区	9957	5600	4357	9056	5050	4006	7436	4113	3323	8291	4753	3538
顺德区	8955	4827	4128	8159	4474	3686	6870	3822	3048	7499	4065	3434
三水区	1840	1046	794	1704	912	792	1572	866	706	1795	958	837
高明区	1040	553	488	1180	595	585	1159	607	552	1272	702	570

1-3 续表 3　　　　单位：人

地　区	45-49岁			50-54岁			55-59岁			60-64岁		
	小计	男	女	小计	男	女	小计	男	女	小计	男	女
全　省	**244440**	**125736**	**118704**	**201466**	**104026**	**97440**	**145642**	**74318**	**71324**	**132036**	**66340**	**65696**
广州市	**30307**	**15766**	**14541**	**25664**	**13412**	**12252**	**19168**	**9638**	**9530**	**17224**	**8387**	**8837**
荔湾区	2131	1037	1093	2295	1121	1173	2101	1052	1048	1672	837	836
越秀区	2809	1331	1478	2800	1478	1321	2368	1157	1210	2088	1001	1087
海珠区	3451	1700	1751	3402	1751	1651	3035	1517	1518	2538	1204	1335
天河区	3108	1653	1456	2558	1351	1207	1683	821	862	1613	797	817
白云区	4924	2692	2232	3772	1994	1778	2842	1479	1363	2514	1257	1257
黄埔区	1128	624	504	855	487	368	509	262	247	449	219	231
番禺区	3706	1977	1729	2603	1354	1249	1630	842	789	1496	730	766
花都区	2374	1282	1092	1965	1042	924	1289	633	655	1414	656	759
南沙区	1815	913	902	1296	672	624	815	417	398	778	389	389
萝岗区	736	413	323	572	319	253	421	219	202	354	177	177
从化区	1429	740	689	1193	603	591	808	395	413	761	364	397
增城区	2696	1405	1291	2352	1240	1112	1669	845	825	1547	758	789
韶关市	**8136**	**4048**	**4088**	**7339**	**3765**	**3575**	**4996**	**2498**	**2497**	**4536**	**2245**	**2292**
武江区	838	424	414	704	366	337	546	269	277	471	234	237
浈江区	1119	544	575	1035	536	499	807	391	416	749	377	372
曲江区	790	412	378	762	394	368	475	252	222	468	219	249
始兴县	584	288	296	562	282	280	293	138	156	314	144	170
仁化县	554	283	271	467	234	233	281	144	138	301	145	155
翁源县	1061	497	563	937	489	448	649	352	296	504	279	225
乳源瑶族自治县	516	268	247	450	241	209	286	134	151	231	112	119
新丰县	537	275	262	516	256	260	364	190	174	295	162	133
乐昌市	1086	532	554	1050	539	511	752	359	393	673	320	353
南雄市	1051	524	526	857	428	429	543	268	274	531	253	278
深圳市	**23593**	**12807**	**10785**	**14908**	**8035**	**6873**	**8179**	**4100**	**4080**	**6773**	**3248**	**3525**
罗湖区	2269	1159	1110	1583	842	741	908	464	444	761	344	417
福田区	3325	1764	1562	2416	1258	1159	1503	769	734	1338	638	700
南山区	2883	1548	1336	1867	1007	860	1136	508	629	1048	470	577
宝安区	9183	5158	4025	5361	2876	2485	2793	1424	1369	2196	1103	1094
龙岗区	5400	2895	2505	3345	1853	1492	1666	851	815	1288	622	666
盐田区	531	284	248	336	199	137	173	84	89	142	71	72
珠海市	**4053**	**2086**	**1967**	**3166**	**1678**	**1488**	**1980**	**1041**	**940**	**1806**	**881**	**925**
香洲区	2448	1281	1167	1859	994	866	1044	552	491	945	439	507
斗门区	970	475	495	821	427	394	644	325	318	606	317	289
金湾区	635	331	304	486	257	229	293	163	130	255	126	129
汕头市	**10908**	**5307**	**5602**	**10370**	**5151**	**5219**	**8876**	**4425**	**4451**	**8162**	**4016**	**4145**
龙湖区	1300	638	662	1139	592	548	943	476	467	774	388	386
金平区	1965	960	1004	2072	1020	1052	1817	889	928	1490	745	745
濠江区	463	233	230	435	217	218	416	215	201	375	194	181
潮阳区	3024	1421	1603	2602	1219	1383	2425	1210	1215	2265	1127	1138
潮南区	2385	1180	1204	2060	1040	1020	1623	812	811	1629	791	838
澄海区	1618	799	818	1880	968	912	1512	752	759	1494	710	784
南澳县	155	75	80	182	95	87	140	72	68	134	61	73
佛山市	**19365**	**10541**	**8824**	**13811**	**7551**	**6260**	**8475**	**4433**	**4042**	**8278**	**3953**	**4325**
禅城区	2819	1475	1344	2246	1174	1073	1507	761	746	1450	702	748
南海区	7095	3936	3159	4800	2675	2125	2772	1518	1253	2767	1345	1422
顺德区	6631	3578	3053	4524	2469	2055	2773	1425	1347	2763	1297	1465
三水区	1731	954	777	1319	730	589	817	425	392	771	352	419
高明区	1090	599	490	922	503	419	607	304	303	528	257	271

1-3 续表 4

单位：人

地 区	65-69岁			70-74岁			75-79岁			80-84岁		
	小计	男	女	小计	男	女	小计	男	女	小计	男	女
全 省	**87240**	**44620**	**42620**	**57911**	**29064**	**28847**	**45676**	**22120**	**23556**	**32298**	**13800**	**18498**
广州市	**11189**	**5432**	**5757**	**7024**	**3372**	**3653**	**5577**	**2679**	**2898**	**3946**	**1758**	**2187**
荔湾区	1119	552	568	656	326	330	599	280	319	528	192	336
越秀区	1302	662	640	856	369	487	950	425	525	769	368	401
海珠区	1688	800	889	997	515	482	864	409	455	614	279	335
天河区	987	470	517	674	314	359	577	314	263	317	172	144
白云区	1589	753	836	997	469	528	666	336	330	453	198	255
黄埔区	337	167	169	237	111	126	194	96	99	85	36	49
番禺区	1034	491	543	653	310	343	421	203	218	243	120	122
花都区	910	426	484	561	262	299	353	167	186	255	108	147
南沙区	559	259	300	366	173	193	214	83	131	133	44	89
萝岗区	206	110	96	104	55	49	79	37	42	50	22	28
从化区	537	269	268	332	161	171	243	112	131	194	79	115
增城区	920	474	447	592	307	285	418	217	201	306	140	166
韶关市	**3013**	**1522**	**1491**	**2182**	**1024**	**1158**	**1872**	**852**	**1020**	**1254**	**501**	**753**
武江区	323	168	155	200	100	100	175	86	89	100	45	55
浈江区	501	265	237	339	144	195	346	158	188	235	100	135
曲江区	351	177	174	222	104	119	182	73	109	143	63	80
始兴县	195	89	105	122	58	64	142	54	87	99	30	69
仁化县	196	97	99	137	64	74	105	45	60	80	29	51
翁源县	306	162	144	293	142	151	201	96	105	136	51	85
乳源瑶族自治县	180	88	92	146	69	77	130	66	64	77	36	41
新丰县	180	94	86	149	72	77	123	62	62	88	35	53
乐昌市	415	203	212	317	152	165	263	117	145	167	68	100
南雄市	367	180	187	256	119	137	205	95	110	129	44	85
深圳市	**4044**	**1942**	**2103**	**2264**	**1096**	**1168**	**1531**	**738**	**793**	**952**	**423**	**528**
罗湖区	450	212	238	270	130	140	225	100	124	180	68	112
福田区	935	466	468	587	269	319	438	221	218	223	109	113
南山区	753	351	402	436	214	222	273	135	138	111	69	43
宝安区	1111	535	577	550	282	268	328	161	167	262	108	154
龙岗区	693	327	366	365	175	189	230	105	125	153	57	95
盐田区	103	50	52	57	26	31	38	16	21	23	12	11
珠海市	**1185**	**600**	**584**	**712**	**349**	**363**	**560**	**273**	**288**	**372**	**178**	**194**
香洲区	643	312	330	401	192	209	334	158	176	198	95	103
斗门区	383	206	178	244	126	119	167	89	78	123	60	63
金湾区	158	82	76	67	31	36	60	26	34	51	23	28
汕头市	**5075**	**2548**	**2527**	**2909**	**1430**	**1479**	**2426**	**1135**	**1291**	**1691**	**716**	**974**
龙湖区	521	271	250	284	122	162	261	135	126	159	79	80
金平区	937	498	439	529	257	272	466	217	249	339	138	201
濠江区	224	107	117	130	56	75	114	53	60	84	29	55
潮阳区	1453	723	730	822	433	389	627	298	328	412	182	230
潮南区	992	485	507	566	274	291	494	239	255	332	136	196
澄海区	868	423	445	523	264	259	427	175	253	341	144	196
南澳县	80	41	39	55	23	32	38	18	20	24	8	16
佛山市	**5843**	**2791**	**3053**	**3381**	**1588**	**1793**	**2435**	**1131**	**1304**	**1567**	**616**	**951**
禅城区	1068	502	566	606	279	327	533	230	303	358	164	194
南海区	2013	972	1041	1186	560	626	709	365	345	386	152	234
顺德区	1823	828	994	940	434	506	751	325	426	528	184	344
三水区	554	286	268	368	178	191	244	114	131	161	64	97
高明区	386	203	183	281	138	143	197	97	99	135	53	82

1-3 续表 5

单位：人

地区	85-89岁			90-94岁			95-99岁			100岁及以上		
	小计	男	女	小计	男	女	小计	男	女	小计	男	女
全省	**15921**	**6070**	**9852**	**5403**	**1706**	**3697**	**1157**	**316**	**841**	**158**	**27**	**131**
广州市	**1970**	**778**	**1193**	**601**	**203**	**399**	**129**	**31**	**98**	**14**	**3**	**12**
荔湾区	273	89	184	78	13	65	26	7	19			
越秀区	376	191	185	92	45	48	17	3	14	2		2
海珠区	298	132	166	89	34	55	16	6	11	2	1	1
天河区	107	51	56	37	15	22	6	3	2	3		3
白云区	317	105	212	92	31	61	32	5	26	1		1
黄埔区	42	15	27	16	6	10						
番禺区	107	33	75	41	11	29	11	3	8	1		1
花都区	117	38	79	40	10	31	4		4	2		2
南沙区	65	18	47	30	9	21	4	1	3	2	1	1
萝岗区	31	11	20	11	4	7	2		2			
从化区	87	34	53	26	7	19	5	1	5	1	1	
增城区	150	61	89	49	18	31	6	2	4			
韶关市	**537**	**201**	**336**	**155**	**36**	**119**	**25**	**7**	**18**	**5**	**1**	**4**
武江区	40	15	26	14	2	11	4	1	3	1		1
浈江区	98	49	49	19	7	12	2	1	1	1	1	
曲江区	59	23	37	17	4	13	4	1	3	2		2
始兴县	49	11	37	8	2	7	2		2			
仁化县	36	15	20	13	5	8	3	1	1	1		1
翁源县	59	21	38	22	3	19	2	1	2			
乳源瑶族自治县	42	14	28	11	3	8	2	1	1			
新丰县	33	9	25	14	2	12	2	1				
乐昌市	68	31	37	21	5	16	3		3			
南雄市	52	13	39	15	3	13	2		2			
深圳市	**402**	**163**	**240**	**147**	**47**	**100**	**38**	**16**	**23**	**6**	**1**	**5**
罗湖区	84	28	56	36	8	28	13	3	10	2		2
福田区	80	40	41	26	6	20	6	1	5	1		1
南山区	43	24	19	14	6	7	5	4	1	2	1	1
宝安区	119	35	84	37	18	20	7	4	2			
龙岗区	64	32	32	32	8	24	7	3	4	1		1
盐田区	12	4	8	1		1						
珠海市	**191**	**92**	**99**	**54**	**21**	**34**	**16**	**8**	**8**	**3**		**2**
香洲区	78	45	33	22	11	12	10	5	4	1		1
斗门区	80	32	48	25	7	18	5	2	3	1		1
金湾区	33	15	18	7	3	4	1		1	1		
汕头市	**887**	**318**	**569**	**294**	**91**	**203**	**75**	**14**	**61**	**7**	**3**	**4**
龙湖区	74	28	45	25	6	18	5	1	4	1		1
金平区	185	71	114	52	19	33	10	4	6	1	1	
濠江区	46	13	33	21	9	12	7	2	6	1		1
潮阳区	231	94	136	75	22	53	24	4	21	4	2	1
潮南区	169	47	122	63	18	44	20	4	16			
澄海区	167	59	108	54	15	39	9		9			
南澳县	14	4	11	5	2	3						
佛山市	**765**	**244**	**522**	**313**	**101**	**212**	**69**	**19**	**50**	**3**	**2**	**2**
禅城区	135	53	83	54	22	31	11	4	7			
南海区	205	75	130	113	33	80	22	7	15	3	2	2
顺德区	252	76	175	85	29	56	19	3	16			
三水区	114	29	86	41	11	30	15	4	11			
高明区	59	12	48	20	6	14	1	1	1			

1-3 续表 6 单位：人

地区	人口数			0岁			1-4岁		
	合计	男	女	小计	男	女	小计	男	女
江门市	**128771**	**65113**	**63658**	**1130**	**588**	**542**	**5102**	**2659**	**2443**
蓬江区	20939	10455	10484	205	103	102	879	461	418
江海区	7428	3786	3642	74	39	35	337	169	168
新会区	24606	12510	12096	287	150	137	1096	581	515
台山市	27090	13482	13609	218	114	105	903	446	457
开平市	20150	10155	9995	141	79	62	780	414	367
鹤山市	14315	7182	7132	119	55	64	549	300	249
恩平市	14243	7542	6701	85	49	36	558	288	270
湛江市	**206321**	**109163**	**97158**	**2516**	**1376**	**1140**	**12991**	**7105**	**5886**
赤坎区	8964	4493	4471	77	42	35	466	257	209
霞山区	14377	7465	6912	125	68	57	725	407	317
坡头区	9887	5254	4633	120	69	51	644	353	291
麻章区	14446	7682	6764	133	75	59	883	490	393
遂溪县	26159	13800	12359	306	154	152	1629	903	726
徐闻县	20549	10936	9613	228	111	117	1326	717	609
廉江市	42488	22921	19566	683	404	279	2936	1602	1334
雷州市	42080	22190	19890	555	295	259	2669	1449	1220
吴川市	27373	14423	12950	290	158	131	1713	927	787
茂名市	**173256**	**90998**	**82258**	**2165**	**1232**	**933**	**12062**	**6544**	**5518**
茂南区	24144	12701	11443	231	133	99	1311	714	597
电白区	47417	24822	22595	612	347	264	3517	1903	1614
高州市	38658	20483	18175	506	303	202	2633	1466	1167
化州市	35519	18884	16635	443	251	192	2546	1395	1151
信宜市	27518	14108	13410	373	197	176	2055	1066	989
肇庆市	**115667**	**59165**	**56503**	**1354**	**789**	**566**	**6226**	**3468**	**2758**
端州区	14075	6985	7091	148	85	62	682	381	301
鼎湖区	4889	2394	2495	53	29	25	254	147	107
广宁县	12448	6333	6115	168	105	64	697	387	310
怀集县	23951	12039	11911	349	202	147	1576	878	699
封开县	11679	5892	5787	132	85	47	653	354	299
德庆县	10026	5204	4822	132	76	56	591	301	290
高要市	22230	11604	10626	224	126	98	1036	595	442
四会市	16369	8713	7656	148	82	66	736	425	311
惠州市	**135495**	**71424**	**64072**	**1247**	**661**	**586**	**7962**	**4350**	**3612**
惠城区	46690	24343	22348	427	229	198	2778	1496	1281
惠阳区	22834	12718	10115	201	106	95	1175	644	531
博罗县	30416	15955	14460	282	144	139	1663	913	750
惠东县	26538	13739	12799	222	119	103	1645	913	732
龙门县	9018	4668	4349	114	63	51	702	384	318
梅州市	**123679**	**61195**	**62484**	**1774**	**1006**	**768**	**6646**	**3625**	**3021**
梅江区	11955	5840	6115	94	49	46	558	302	256
梅县区	15369	7463	7906	170	90	80	783	410	373
大埔县	10878	5489	5389	154	91	64	516	267	249
丰顺县	13958	7031	6928	201	116	86	774	413	361
五华县	30794	14969	15826	609	351	257	1929	1098	830
平远县	6664	3342	3323	77	43	34	344	185	159
蕉岭县	5981	2954	3026	91	50	41	320	158	162
兴宁市	28079	14108	13972	378	217	160	1423	793	631

1-3 续表 7

单位：人

地区	5-9岁			10-14岁			15-19岁			20-24岁		
	小计	男	女	小计	男	女	小计	男	女	小计	男	女
江门市	**6232**	**3301**	**2930**	**5575**	**2954**	**2621**	**6815**	**3563**	**3252**	**9384**	**4821**	**4564**
蓬江区	1104	595	509	981	498	484	1069	566	502	1620	726	894
江海区	400	219	181	411	230	180	521	221	300	521	279	242
新会区	1270	658	612	1049	555	494	1206	613	593	1656	862	794
台山市	1191	608	582	1039	532	508	1259	673	587	1844	952	892
开平市	938	491	446	946	512	434	1116	586	529	1345	693	653
鹤山市	697	364	332	648	340	308	792	418	374	1053	547	506
恩平市	633	366	267	500	287	214	852	486	366	1346	763	583
湛江市	**15462**	**8689**	**6772**	**12682**	**7501**	**5181**	**18308**	**10344**	**7963**	**18731**	**10058**	**8673**
赤坎区	524	294	230	457	269	188	565	317	248	668	286	383
霞山区	942	533	409	842	513	329	934	525	409	924	506	418
坡头区	633	361	272	417	237	180	753	444	310	958	510	448
麻章区	1040	597	443	828	482	346	1269	717	552	1582	811	770
遂溪县	1955	1083	872	1598	951	648	2292	1255	1037	2310	1209	1101
徐闻县	1502	823	679	1086	643	444	1544	888	656	1947	1070	878
廉江市	3517	2007	1511	2637	1576	1061	3700	2179	1521	3507	2020	1487
雷州市	3291	1838	1454	2986	1725	1261	4560	2461	2100	4065	2160	1905
吴川市	2057	1154	903	1830	1106	724	2690	1560	1130	2769	1485	1284
茂名市	**15282**	**8572**	**6710**	**13684**	**8008**	**5676**	**16156**	**9787**	**6369**	**13560**	**7247**	**6314**
茂南区	1738	988	750	1460	899	560	2046	1259	787	2051	1063	988
电白区	4055	2261	1793	3505	1986	1518	4053	2341	1713	4311	2312	1999
高州市	3197	1771	1427	3013	1800	1214	3251	2093	1157	2816	1545	1272
化州市	3641	2009	1632	3228	1878	1349	3982	2483	1499	2528	1369	1159
信宜市	2651	1543	1107	2479	1445	1034	2824	1612	1213	1854	958	896
肇庆市	**8316**	**4649**	**3666**	**7141**	**3999**	**3142**	**8984**	**4943**	**4041**	**8311**	**4306**	**4005**
端州区	813	451	362	641	356	286	778	457	321	861	433	428
鼎湖区	285	160	125	183	100	83	449	205	244	358	171	187
广宁县	990	562	428	713	418	295	681	402	279	672	350	321
怀集县	2121	1198	923	2203	1231	972	2543	1341	1202	1920	959	962
封开县	863	466	397	948	500	447	1014	509	505	765	402	362
德庆县	820	445	375	639	345	294	683	383	300	738	374	364
高要市	1483	828	655	1088	643	444	1516	892	624	1819	981	838
四会市	940	539	402	725	406	319	1320	752	567	1179	636	543
惠州市	**9640**	**5229**	**4411**	**6967**	**3897**	**3070**	**9352**	**4922**	**4430**	**12169**	**6420**	**5748**
惠城区	3055	1638	1418	2257	1263	993	3125	1695	1431	4306	2246	2060
惠阳区	1457	794	664	948	545	403	1347	850	497	2361	1351	1010
博罗县	2343	1295	1048	1692	924	768	2108	1100	1008	2484	1289	1195
惠东县	2054	1118	935	1587	921	666	2195	933	1262	2495	1267	1227
龙门县	730	384	346	484	245	239	577	345	232	522	266	256
梅州市	**9272**	**4907**	**4365**	**7376**	**4013**	**3363**	**8829**	**4349**	**4480**	**7654**	**3831**	**3824**
梅江区	689	356	333	522	262	260	654	339	315	651	318	333
梅县区	938	500	438	628	333	296	800	412	388	1012	519	494
大埔县	816	427	388	630	327	302	596	312	284	514	251	262
丰顺县	1162	571	590	877	459	418	998	513	485	856	436	421
五华县	2900	1553	1347	2741	1508	1233	3473	1466	2008	1957	934	1023
平远县	415	218	197	332	187	145	388	211	177	354	191	163
蕉岭县	363	185	178	252	121	131	263	137	126	276	134	142
兴宁市	1989	1097	893	1394	816	577	1656	960	696	2034	1049	985

1-3 续表 8 单位：人

地 区	25-29岁			30-34岁			35-39岁			40-44岁		
	小计	男	女	小计	男	女	小计	男	女	小计	男	女
江门市	**11759**	**5854**	**5905**	**10590**	**5410**	**5181**	**9491**	**4848**	**4644**	**11169**	**5562**	**5607**
蓬江区	1970	980	991	1888	942	946	1813	903	910	2104	1074	1030
江海区	659	345	314	713	363	350	627	340	287	746	380	366
新会区	2231	1147	1084	2196	1110	1085	1865	964	902	2193	1120	1073
台山市	2218	1062	1156	1901	986	915	1753	875	878	2118	965	1153
开平市	1942	946	996	1651	832	819	1322	674	648	1611	814	797
鹤山市	1329	640	689	1248	604	644	1265	653	612	1293	653	640
恩平市	1410	734	675	994	572	422	846	438	408	1104	556	548
湛江市	**18803**	**9725**	**9078**	**14797**	**7744**	**7054**	**12124**	**6369**	**5755**	**12633**	**6288**	**6345**
赤坎区	704	345	359	711	329	382	663	323	340	793	390	403
霞山区	1246	599	647	1098	509	589	1264	610	654	1383	689	694
坡头区	1163	601	562	795	431	363	581	325	256	512	256	256
麻章区	1403	749	654	1198	649	549	918	502	415	822	407	414
遂溪县	2275	1176	1099	1721	881	841	1412	740	672	1537	767	770
徐闻县	2118	1155	963	1563	863	700	1268	675	594	1292	664	627
廉江市	3623	1851	1772	2912	1567	1344	2218	1190	1028	2304	1158	1146
雷州市	3628	1894	1733	2895	1513	1381	2391	1269	1121	2563	1284	1279
吴川市	2644	1354	1290	1904	1000	904	1410	734	676	1428	673	755
茂名市	**12443**	**6172**	**6271**	**10029**	**4949**	**5080**	**8684**	**4282**	**4402**	**10493**	**4889**	**5604**
茂南区	1993	1018	975	1661	822	839	1594	768	825	2005	1008	997
电白区	4315	2186	2128	3415	1734	1681	2724	1379	1346	2829	1357	1472
高州市	2360	1153	1206	1929	962	967	1652	794	857	2375	1071	1304
化州市	2291	1184	1108	1971	996	975	1544	813	731	1819	852	967
信宜市	1485	630	854	1052	435	617	1170	527	643	1465	601	864
肇庆市	**8881**	**4338**	**4544**	**8485**	**4200**	**4286**	**7062**	**3519**	**3542**	**8762**	**4357**	**4405**
端州区	1219	559	660	1280	591	689	1155	535	620	1341	647	694
鼎湖区	464	226	238	369	178	191	286	145	141	362	185	176
广宁县	833	378	455	896	442	454	684	317	368	809	403	406
怀集县	1686	807	878	1354	652	701	1110	528	582	1522	720	802
封开县	676	319	357	727	355	373	588	285	303	807	390	418
德庆县	689	338	351	679	337	342	643	321	321	732	374	358
高要市	1892	972	921	1720	876	845	1288	681	607	1712	867	845
四会市	1423	739	684	1461	769	691	1308	708	600	1477	770	707
惠州市	**13816**	**7185**	**6631**	**13499**	**7170**	**6329**	**11077**	**6021**	**5057**	**11488**	**6001**	**5488**
惠城区	5164	2623	2541	5069	2646	2424	4334	2320	2014	4225	2171	2055
惠阳区	2802	1579	1222	2541	1434	1108	2067	1176	891	2106	1138	968
博罗县	2651	1357	1294	2927	1540	1387	2471	1353	1118	2503	1322	1181
惠东县	2522	1301	1222	2269	1216	1053	1636	897	740	2011	1028	983
龙门县	677	325	352	693	335	358	569	275	294	643	342	301
梅州市	**8432**	**3988**	**4444**	**7967**	**3736**	**4231**	**6351**	**2912**	**3439**	**8604**	**3994**	**4609**
梅江区	950	453	497	924	437	487	771	354	417	1058	524	533
梅县区	1338	653	685	1154	555	599	793	335	458	1125	508	617
大埔县	680	337	343	615	286	329	580	277	303	713	332	381
丰顺县	892	419	473	968	493	474	703	344	359	879	409	471
五华县	1583	680	903	1389	618	771	1215	515	700	1646	715	932
平远县	389	198	191	366	164	203	397	171	226	646	316	330
蕉岭县	403	188	214	368	169	199	359	171	188	479	222	257
兴宁市	2197	1058	1139	2183	1015	1168	1533	747	786	2058	969	1089

1-3 续表 9

单位：人

地 区	45-49岁			50-54岁			55-59岁			60-64岁		
	小计	男	女	小计	男	女	小计	男	女	小计	男	女
江门市	**10881**	**5278**	**5603**	**10015**	**4990**	**5025**	**7840**	**4031**	**3808**	**8120**	**4108**	**4012**
蓬江区	1842	942	900	1498	773	725	1002	498	504	1008	472	536
江海区	663	347	316	478	241	237	382	203	179	350	170	181
新会区	2013	1007	1006	1841	914	928	1490	769	721	1642	847	795
台山市	2439	1080	1359	2396	1203	1194	1909	1017	892	2063	1074	989
开平市	1586	786	801	1565	761	804	1389	693	696	1374	683	691
鹤山市	1081	534	547	993	508	485	808	403	405	811	393	419
恩平市	1257	583	674	1243	591	652	860	449	411	871	469	402
湛江市	**14057**	**7029**	**7028**	**13067**	**6465**	**6602**	**11247**	**5696**	**5552**	**9080**	**4671**	**4409**
赤坎区	752	373	378	665	340	325	575	277	299	434	214	220
霞山区	1217	633	584	1004	519	485	794	415	379	603	293	310
坡头区	613	285	328	602	282	320	539	259	280	494	246	248
麻章区	913	474	440	803	416	387	744	374	370	644	321	323
遂溪县	1888	962	927	1784	893	891	1505	779	726	1160	613	547
徐闻县	1441	744	697	1364	687	676	1126	574	553	825	429	397
廉江市	2692	1290	1402	2723	1311	1412	2451	1229	1222	2062	1085	977
雷州市	2814	1446	1367	2455	1242	1213	2115	1105	1010	1617	848	769
吴川市	1727	821	905	1667	775	891	1399	684	715	1241	623	618
茂名市	**12416**	**5797**	**6619**	**11224**	**5388**	**5836**	**9220**	**4654**	**4566**	**8004**	**4277**	**3726**
茂南区	1964	974	990	1518	767	751	1161	590	571	994	472	522
电白区	3054	1474	1581	2849	1351	1497	2336	1183	1153	1883	1013	870
高州市	3212	1460	1752	2841	1380	1461	2286	1178	1108	2056	1156	900
化州市	2144	950	1194	1995	918	1077	1855	889	966	1662	862	800
信宜市	2042	940	1102	2021	972	1050	1582	814	768	1408	774	634
肇庆市	**9742**	**4942**	**4799**	**8633**	**4413**	**4219**	**6217**	**3104**	**3113**	**5966**	**2869**	**3097**
端州区	1223	625	598	1034	509	525	771	365	405	683	307	376
鼎湖区	387	184	203	368	184	184	270	129	141	285	129	156
广宁县	1035	512	524	1056	522	534	831	420	411	826	399	428
怀集县	1834	845	989	1665	813	852	1150	558	592	1003	479	524
封开县	1054	528	526	938	507	430	676	350	326	558	272	286
德庆县	841	451	390	785	429	356	551	288	263	517	272	245
高要市	1814	930	884	1646	829	817	1185	598	587	1351	644	707
四会市	1553	868	685	1142	620	521	784	397	387	743	367	375
惠州市	**10973**	**5745**	**5229**	**8524**	**4591**	**3933**	**5488**	**2881**	**2608**	**4414**	**2240**	**2173**
惠城区	3785	1950	1836	2546	1334	1212	1656	855	802	1332	673	659
惠阳区	1938	1070	868	1416	811	605	796	432	364	569	289	280
博罗县	2396	1250	1146	2027	1090	936	1407	731	675	1188	596	592
惠东县	2128	1084	1044	1788	963	825	1145	605	541	875	442	433
龙门县	726	391	335	748	393	355	484	258	226	450	240	209
梅州市	**10137**	**4913**	**5224**	**10244**	**4978**	**5266**	**8004**	**4062**	**3942**	**7425**	**3871**	**3554**
梅江区	967	456	511	1050	498	552	823	410	413	739	369	370
梅县区	1341	658	684	1431	687	744	1031	512	519	909	471	438
大埔县	934	481	452	985	503	483	850	465	385	792	439	353
丰顺县	1040	546	494	1035	531	504	961	494	468	884	444	440
五华县	2186	995	1191	2303	1092	1211	1762	880	882	1658	891	767
平远县	715	359	356	638	327	311	372	193	180	389	193	196
蕉岭县	579	286	293	584	299	286	451	241	211	377	207	169
兴宁市	2376	1131	1245	2218	1042	1175	1753	868	885	1678	856	821

1-3 续表 10 单位：人

地区	65-69岁			70-74岁			75-79岁			80-84岁		
	小计	男	女	小计	男	女	小计	男	女	小计	男	女
江门市	**5780**	**2948**	**2832**	**3242**	**1682**	**1560**	**2435**	**1262**	**1174**	**1772**	**771**	**1001**
蓬江区	814	384	430	440	204	235	381	201	180	193	88	105
江海区	232	109	123	126	56	71	90	43	47	60	24	36
新会区	1078	521	557	546	287	259	393	193	200	320	136	184
台山市	1472	807	666	722	390	332	702	352	351	486	196	290
开平市	998	522	476	534	286	248	354	174	180	296	126	170
鹤山市	604	292	312	441	217	223	255	137	118	180	78	102
恩平市	582	313	269	433	242	191	261	162	99	238	122	115
湛江市	**6393**	**3448**	**2945**	**4883**	**2549**	**2333**	**3907**	**1998**	**1909**	**2686**	**1260**	**1426**
赤坎区	312	159	153	217	111	106	194	88	106	117	52	65
霞山区	428	212	216	337	161	176	261	139	123	158	83	75
坡头区	353	204	149	254	151	104	214	117	97	133	77	57
麻章区	410	228	181	326	154	172	217	106	111	183	78	105
遂溪县	808	453	355	656	326	330	579	305	273	411	198	213
徐闻县	609	305	304	466	239	227	359	157	203	266	109	156
廉江市	1508	858	650	1096	606	489	889	475	414	608	309	299
雷州市	1071	551	520	873	437	436	712	343	369	484	196	288
吴川市	895	477	418	658	364	294	481	270	211	326	158	168
茂名市	**5722**	**3090**	**2632**	**4568**	**2386**	**2182**	**3503**	**1844**	**1659**	**2442**	**1167**	**1275**
茂南区	828	412	416	578	289	288	526	281	245	300	157	142
电白区	1275	663	612	980	491	489	796	436	360	540	233	307
高州市	1458	807	651	1222	656	566	820	445	375	617	278	339
化州市	1229	669	561	979	521	458	754	384	370	562	301	260
信宜市	932	539	393	809	429	380	608	299	309	424	198	226
肇庆市	**4113**	**1998**	**2115**	**2961**	**1434**	**1528**	**2177**	**992**	**1185**	**1437**	**561**	**875**
端州区	530	246	283	391	182	209	264	131	132	157	80	77
鼎湖区	199	92	106	122	63	59	94	37	57	58	23	36
广宁县	548	279	268	392	189	203	303	135	169	202	78	124
怀集县	645	305	341	494	223	271	390	174	217	241	84	157
封开县	402	207	196	357	164	193	268	113	155	164	59	105
德庆县	338	176	162	260	126	134	184	87	97	126	56	70
高要市	922	441	481	613	319	294	435	196	240	292	116	176
四会市	529	251	277	332	167	165	239	119	120	197	66	131
惠州市	**2917**	**1479**	**1438**	**1949**	**943**	**1006**	**1743**	**851**	**892**	**1335**	**537**	**798**
惠城区	889	426	463	620	278	342	510	270	241	369	145	224
惠阳区	397	212	186	202	104	98	196	90	106	161	54	108
博罗县	741	379	361	494	236	258	438	211	227	353	145	209
惠东县	600	318	282	420	212	208	411	198	213	321	140	181
龙门县	290	144	146	214	114	101	188	82	106	130	55	76
梅州市	**4923**	**2575**	**2348**	**3439**	**1778**	**1661**	**2857**	**1374**	**1483**	**2187**	**835**	**1352**
梅江区	529	274	255	329	167	161	302	140	163	210	93	117
梅县区	600	290	310	409	212	197	358	159	200	322	109	213
大埔县	493	264	229	269	144	125	271	135	136	271	109	162
丰顺县	550	291	259	408	213	195	355	176	179	231	94	137
五华县	1140	604	537	881	438	443	649	339	310	473	188	284
平远县	259	132	128	196	97	99	196	94	102	116	45	71
蕉岭县	248	132	116	194	109	85	166	81	85	122	41	81
兴宁市	1103	588	515	754	399	355	560	251	309	443	155	288

1-3 续表 11

单位：人

地 区	85-89岁			90-94岁			95-99岁			100岁及以上		
	小计	男	女	小计	男	女	小计	男	女	小计	男	女
江门市	**985**	**358**	**627**	**377**	**104**	**273**	**67**	**22**	**46**	**9**	**1**	**8**
蓬江区	87	35	52	36	12	23	7	1	6	1		1
江海区	25	4	21	11	3	8	2		2	1		1
新会区	151	51	100	71	20	51	11	5	6	2	1	1
台山市	314	116	198	118	30	88	18	4	14	4		4
开平市	179	58	121	67	18	49	15	8	6	1		1
鹤山市	89	34	55	47	9	38	12	3	9	1		1
恩平市	141	60	81	28	12	16	3		2			
湛江市	**1381**	**628**	**754**	**458**	**186**	**272**	**102**	**34**	**68**	**14**		**14**
赤坎区	48	21	28	16	5	12	6	2	4			
霞山区	69	39	30	19	10	9	1		1	2		2
坡头区	78	35	43	22	10	12	7	1	6	1		1
麻章区	85	35	50	35	11	23	10	5	6	1		1
遂溪县	213	105	108	92	41	50	23	6	16	4		4
徐闻县	163	67	97	47	15	32	6	1	5	2		2
廉江市	298	152	147	99	43	56	25	11	14	1		1
雷州市	256	105	151	72	27	45	8	1	7	1		1
吴川市	171	69	102	57	24	33	15	6	8	2		2
茂名市	**1100**	**521**	**579**	**408**	**162**	**246**	**81**	**24**	**57**	**11**	**5**	**6**
茂南区	136	65	71	45	22	23	6	1	5			
电白区	248	121	127	98	43	55	21	7	14	1		1
高州市	287	118	169	105	36	69	21	6	14	4	4	
化州市	224	113	111	96	39	57	22	5	17	2	2	1
信宜市	206	104	102	64	22	42	12	5	7	4		4
肇庆市	**670**	**227**	**443**	**190**	**53**	**137**	**36**	**3**	**32**	**3**		**3**
端州区	83	37	46	22	7	15	1		1			
鼎湖区	32	8	24	9	1	7	3		3			
广宁县	92	35	57	18	2	16	1		1			
怀集县	113	34	79	24	8	16	6		6			
封开县	68	23	45	16	3	13	5	1	5			
德庆县	57	20	38	17	5	12	5		5			
高要市	132	46	86	48	21	27	11	2	9	1		1
四会市	93	24	69	37	7	30	3		3	2		2
惠州市	**647**	**223**	**425**	**227**	**68**	**159**	**49**	**7**	**42**	**10**	**2**	**8**
惠城区	179	68	111	49	14	35	10	3	8	4		4
惠阳区	99	30	69	43	10	33	10		10	3	2	1
博罗县	174	59	116	58	21	37	16	2	13			
惠东县	142	50	92	58	13	45	11	2	9	3		3
龙门县	53	17	37	20	9	10	2		2			
梅州市	**1050**	**320**	**730**	**400**	**99**	**301**	**95**	**29**	**66**	**13**		**13**
梅江区	89	29	60	33	7	26	10	2	8	3		3
梅县区	156	42	114	56	7	49	10	3	6	3		3
大埔县	145	35	111	46	10	36	9		9	1		1
丰顺县	126	51	75	44	16	27	14	3	12	1		1
五华县	204	75	130	74	19	55	22	12	10	1		1
平远县	52	14	38	19	5	14	4	1	3			
蕉岭县	59	17	42	22	5	17	6	2	4			
兴宁市	220	59	161	106	30	76	20	6	14	3		3

1-3 续表 12

单位：人

地 区	人口数			0岁			1-4岁		
	合计	男	女	小计	男	女	小计	男	女
汕尾市	**86092**	**45474**	**40619**	**880**	**498**	**382**	**3885**	**2080**	**1805**
城区	14369	7481	6888	169	84	84	658	368	290
海丰县	23301	12392	10909	229	128	102	1214	657	558
陆河县	8211	4370	3841	105	66	39	265	146	118
陆丰市	40211	21231	18980	377	220	157	1749	909	840
河源市	**87568**	**44501**	**43067**	**1217**	**678**	**539**	**5013**	**2694**	**2319**
源城区	13802	7003	6799	122	66	56	703	365	338
紫金县	18967	9663	9304	269	151	119	1143	621	522
龙川县	20631	10441	10190	356	199	157	1252	687	565
连平县	10001	5076	4925	104	55	50	513	282	231
和平县	11109	5623	5486	182	105	77	709	380	330
东源县	13058	6696	6362	183	102	81	693	360	333
阳江市	**71550**	**37784**	**33766**	**868**	**481**	**387**	**3854**	**2141**	**1713**
江城区	20258	10572	9686	206	115	90	851	468	383
阳西县	13280	7077	6203	173	88	85	763	436	327
阳东县	13044	7146	5897	145	87	58	586	322	263
阳春市	24968	12989	11978	344	190	154	1654	915	739
清远市	**109254**	**55949**	**53305**	**1828**	**1000**	**828**	**7166**	**4018**	**3148**
清城区	23988	12395	11592	332	177	155	1476	823	654
清新区	20643	10705	9938	312	187	125	1211	720	491
佛冈县	8947	4635	4311	140	84	56	569	303	266
阳山县	10508	5293	5215	215	106	110	766	435	331
连山壮族瑶族自治县	2673	1380	1292	39	21	18	182	95	87
连南瑶族自治县	3812	1909	1903	69	40	29	315	176	139
英德市	27826	14225	13600	470	255	214	1881	1057	824
连州市	10858	5405	5453	251	130	121	767	410	357
东莞市	**235178**	**131438**	**103740**	**1316**	**723**	**593**	**7240**	**4101**	**3139**
中山市	**91449**	**49184**	**42265**	**863**	**446**	**417**	**4008**	**2180**	**1829**
潮州市	**75234**	**37725**	**37509**	**691**	**363**	**329**	**3515**	**1860**	**1655**
湘桥区	16620	8174	8445	162	90	72	717	382	334
潮安区	33798	17143	16654	301	152	148	1595	841	754
饶平县	24817	12407	12410	229	120	109	1203	636	567
揭阳市	**172632**	**88867**	**83765**	**1986**	**1103**	**884**	**7490**	**4022**	**3467**
榕城区	27863	14311	13551	299	163	136	1028	579	449
揭东区	27857	14545	13312	330	163	168	1264	676	587
揭西县	24315	12385	11930	269	143	127	1058	588	470
惠来县	32265	16391	15874	335	196	139	1562	790	772
普宁市	60332	31235	29097	753	439	314	2578	1389	1189
云浮市	**70105**	**35794**	**34311**	**1019**	**519**	**501**	**4932**	**2715**	**2217**
云城区	10528	5405	5123	143	74	69	707	370	337
云安区	8012	4114	3898	125	63	62	679	375	304
新兴县	12719	6472	6247	138	71	66	648	356	291
郁南县	11545	5879	5666	198	97	101	827	435	392
罗定市	27301	13924	13377	415	213	202	2071	1178	892

1-3 续表 13

单位：人

地区	5-9岁			10-14岁			15-19岁			20-24岁		
	小计	男	女	小计	男	女	小计	男	女	小计	男	女
汕尾市	**6077**	**3274**	**2803**	**5888**	**3231**	**2656**	**9331**	**5054**	**4277**	**10018**	**5271**	**4746**
城区	856	460	396	822	435	387	1264	670	593	1550	807	743
海丰县	1722	936	787	1243	714	530	1810	1043	767	2296	1219	1077
陆河县	591	333	258	546	319	227	931	497	434	877	464	413
陆丰市	2909	1546	1363	3277	1763	1513	5326	2843	2483	5294	2781	2513
河源市	**8216**	**4417**	**3800**	**5867**	**3183**	**2684**	**6024**	**3284**	**2740**	**5748**	**2830**	**2918**
源城区	1059	576	483	770	426	344	966	580	386	1199	578	620
紫金县	1934	1048	886	1398	776	622	1524	851	673	1227	573	654
龙川县	2140	1103	1037	1495	797	699	1198	634	564	1135	584	551
连平县	879	514	365	626	337	290	813	412	402	600	287	313
和平县	1165	615	550	716	387	329	699	365	334	632	315	317
东源县	1038	561	478	861	461	401	825	442	383	956	493	463
阳江市	**5345**	**2981**	**2364**	**3711**	**2124**	**1588**	**4115**	**2386**	**1729**	**5065**	**2811**	**2254**
江城区	1150	638	512	915	517	398	1104	647	457	1615	849	766
阳西县	1041	585	456	704	407	297	859	506	353	996	583	413
阳东县	889	501	388	630	377	254	595	357	238	1012	598	414
阳春市	2265	1258	1007	1462	823	639	1557	877	681	1442	780	662
清远市	**8035**	**4380**	**3655**	**5694**	**3189**	**2505**	**6267**	**3380**	**2887**	**7595**	**3908**	**3687**
清城区	1576	867	709	1147	686	461	1270	742	529	1863	1005	858
清新区	1524	809	715	1091	630	460	1326	730	596	1667	903	764
佛冈县	696	353	343	444	252	192	506	286	220	776	404	372
阳山县	722	387	335	472	252	220	602	322	280	720	339	381
连山壮族瑶族自治县	203	109	94	127	61	66	144	83	61	189	93	96
连南瑶族自治县	347	197	150	264	139	125	202	108	94	176	86	89
英德市	2123	1190	933	1595	875	720	1648	892	756	1810	887	922
连州市	844	468	376	554	294	260	569	217	352	395	191	205
东莞市	**8584**	**4947**	**3637**	**6814**	**4011**	**2803**	**15413**	**8261**	**7152**	**25497**	**13990**	**11507**
中山市	**4385**	**2427**	**1958**	**3545**	**1993**	**1551**	**6262**	**4068**	**2194**	**8142**	**4470**	**3672**
潮州市	**4654**	**2492**	**2162**	**3850**	**2068**	**1782**	**5597**	**2899**	**2697**	**6653**	**3240**	**3413**
湘桥区	932	506	426	695	379	316	988	496	493	1507	573	935
潮安区	2009	1099	910	1696	893	802	2667	1406	1261	3301	1708	1593
饶平县	1713	887	826	1459	795	663	1941	998	944	1845	959	886
揭阳市	**12669**	**6842**	**5827**	**11931**	**6394**	**5537**	**18432**	**9849**	**8583**	**19767**	**10109**	**9658**
榕城区	1580	875	705	1420	785	635	2487	1381	1106	3479	1761	1718
揭东区	1713	928	785	1508	818	690	2472	1403	1068	3008	1558	1450
揭西县	1893	1010	883	1542	788	754	2509	1303	1207	2340	1175	1165
惠来县	2880	1541	1339	2907	1508	1399	4108	2138	1969	3554	1828	1726
普宁市	4604	2489	2115	4553	2494	2059	6856	3624	3232	7386	3788	3599
云浮市	**6051**	**3286**	**2765**	**4566**	**2547**	**2019**	**4587**	**2519**	**2069**	**5071**	**2651**	**2420**
云城区	741	423	318	525	284	240	513	304	208	869	435	434
云安区	674	353	321	486	265	222	487	274	214	635	316	319
新兴县	922	511	411	698	398	300	977	468	509	946	507	438
郁南县	990	540	450	694	391	303	581	323	258	725	362	363
罗定市	2725	1460	1265	2162	1209	953	2029	1150	879	1895	1030	865

1-3 续表 14

单位：人

地 区	25-29岁			30-34岁			35-39岁			40-44岁		
	小计	男	女	小计	男	女	小计	男	女	小计	男	女
汕尾市	**8090**	**4278**	**3812**	**6671**	**3593**	**3078**	**4554**	**2349**	**2204**	**5297**	**2541**	**2756**
城区	1289	675	614	1307	695	612	855	448	407	1039	510	529
海丰县	2408	1277	1131	2108	1157	950	1317	695	622	1539	746	793
陆河县	678	358	320	547	278	269	421	204	217	566	261	305
陆丰市	3715	1967	1748	2709	1462	1247	1961	1002	959	2152	1024	1128
河源市	**6238**	**2978**	**3259**	**6468**	**3109**	**3359**	**5630**	**2750**	**2880**	**6479**	**3178**	**3301**
源城区	1360	665	695	1297	612	684	1171	578	593	1242	597	645
紫金县	1205	568	637	1262	594	669	1136	528	609	1332	670	663
龙川县	1319	649	670	1416	689	727	1186	583	603	1279	598	681
连平县	719	333	386	795	383	412	673	342	330	731	349	382
和平县	686	315	371	707	332	375	678	322	357	840	429	411
东源县	949	449	500	991	499	492	786	396	389	1054	535	519
阳江市	**5591**	**2863**	**2728**	**5351**	**2776**	**2575**	**4926**	**2575**	**2351**	**5590**	**2761**	**2829**
江城区	1822	946	875	1720	920	800	1482	778	704	1740	852	888
阳西县	899	458	441	826	438	388	715	372	342	920	428	492
阳东县	1111	637	474	1043	580	462	1052	554	498	1071	577	493
阳春市	1760	822	938	1762	837	924	1677	870	806	1858	903	955
清远市	**8736**	**4212**	**4523**	**8484**	**4204**	**4279**	**7048**	**3575**	**3474**	**8085**	**4142**	**3943**
清城区	2247	1085	1162	2142	1051	1091	1860	957	904	2046	1065	981
清新区	1731	843	888	1581	802	779	1386	725	661	1507	780	726
佛冈县	807	403	404	732	374	358	511	262	249	625	325	300
阳山县	772	371	401	751	381	370	492	259	232	686	337	348
连山壮族瑶族自治县	210	114	96	214	106	108	163	83	80	178	97	81
连南瑶族自治县	204	88	115	236	100	136	257	125	132	291	155	136
英德市	2081	993	1089	2091	1036	1055	1764	854	909	2092	1047	1045
连州市	684	316	368	736	354	382	615	308	307	661	336	325
东莞市	**33925**	**19084**	**14841**	**30587**	**17432**	**13155**	**25935**	**14897**	**11038**	**26194**	**14909**	**11285**
中山市	**11336**	**5932**	**5404**	**10098**	**5305**	**4792**	**8573**	**4653**	**3920**	**9335**	**5082**	**4253**
潮州市	**5978**	**2996**	**2983**	**5195**	**2544**	**2650**	**4354**	**2180**	**2174**	**5559**	**2770**	**2789**
湘桥区	1293	621	672	1213	606	607	1098	543	555	1410	715	695
潮安区	3030	1548	1482	2450	1239	1211	1967	1025	941	2369	1161	1208
饶平县	1655	826	829	1532	699	833	1290	612	678	1780	894	886
揭阳市	**15279**	**7773**	**7505**	**11764**	**6166**	**5598**	**8702**	**4475**	**4227**	**10565**	**4969**	**5596**
榕城区	2512	1269	1243	1673	917	756	1489	757	732	1975	915	1060
揭东区	2498	1327	1171	1796	948	848	1428	740	689	1766	849	917
揭西县	1926	967	959	1748	911	838	1227	621	606	1421	630	792
惠来县	2656	1311	1344	2208	1120	1089	1562	780	781	1779	827	952
普宁市	5686	2899	2788	4338	2271	2067	2996	1577	1419	3624	1748	1876
云浮市	**5209**	**2618**	**2591**	**4579**	**2301**	**2278**	**3996**	**2006**	**1990**	**4560**	**2149**	**2411**
云城区	955	493	462	814	431	383	741	373	369	799	401	398
云安区	633	318	315	499	253	245	425	228	197	526	248	278
新兴县	977	482	494	947	485	462	805	409	395	946	467	480
郁南县	781	392	389	674	335	339	630	306	324	695	332	363
罗定市	1864	933	930	1644	796	848	1396	690	706	1594	701	893

1-3 续表 15

单位：人

地区	45-49岁			50-54岁			55-59岁			60-64岁		
	小计	男	女	小计	男	女	小计	男	女	小计	男	女
汕尾市	**5787**	**2928**	**2860**	**4802**	**2397**	**2405**	**4060**	**2136**	**1925**	**3714**	**1929**	**1785**
城区	1124	565	558	920	454	466	737	373	364	651	321	330
海丰县	1599	800	799	1412	660	751	1155	587	567	1100	562	538
陆河县	622	308	314	497	260	237	424	225	200	325	185	140
陆丰市	2443	1255	1188	1973	1022	951	1744	950	794	1637	860	777
河源市	**7041**	**3577**	**3464**	**6436**	**3392**	**3044**	**4571**	**2373**	**2198**	**3764**	**1976**	**1789**
源城区	1110	557	553	850	432	419	604	326	278	439	222	217
紫金县	1401	706	695	1447	773	675	903	447	457	788	419	368
龙川县	1642	829	813	1584	829	755	1206	630	577	991	523	468
连平县	821	411	409	777	419	358	574	281	293	448	242	206
和平县	954	509	445	801	407	394	596	301	295	535	278	257
东源县	1114	565	549	976	532	444	688	390	298	564	291	273
阳江市	**6023**	**3036**	**2987**	**5446**	**2818**	**2629**	**3831**	**1940**	**1891**	**3725**	**1934**	**1791**
江城区	1840	924	916	1570	772	798	1068	529	539	1051	528	523
阳西县	1094	525	569	994	493	501	781	426	355	690	365	325
阳东县	1044	532	512	911	496	416	722	360	363	772	424	348
阳春市	2045	1055	990	1972	1058	914	1260	626	634	1212	617	595
清远市	**9284**	**4701**	**4583**	**8589**	**4366**	**4223**	**5787**	**2943**	**2844**	**5635**	**2896**	**2739**
清城区	1964	1023	941	1686	826	861	1065	538	528	1184	568	616
清新区	1670	800	870	1549	757	791	1033	509	524	1074	566	508
佛冈县	759	385	374	695	364	331	444	236	209	407	226	181
阳山县	916	462	454	921	465	456	657	329	327	580	310	270
连山壮族瑶族自治县	222	121	101	230	116	113	142	71	71	138	65	73
连南瑶族自治县	337	179	158	294	143	151	227	109	119	210	97	113
英德市	2497	1245	1253	2274	1204	1070	1511	799	713	1285	681	605
连州市	920	486	434	941	490	451	708	353	354	757	384	373
东莞市	**20689**	**11662**	**9027**	**12437**	**7092**	**5345**	**6362**	**3534**	**2828**	**5392**	**2781**	**2611**
中山市	**7757**	**4129**	**3628**	**5333**	**2814**	**2519**	**3324**	**1675**	**1649**	**3248**	**1613**	**1635**
潮州市	**6169**	**3087**	**3081**	**5964**	**3038**	**2926**	**4862**	**2427**	**2435**	**4570**	**2248**	**2322**
湘桥区	1397	717	680	1309	682	627	1112	546	566	1065	533	532
潮安区	2752	1350	1401	2571	1303	1268	2065	1045	1020	1938	954	984
饶平县	2020	1020	1000	2084	1054	1030	1685	836	849	1566	761	806
揭阳市	**11618**	**5704**	**5913**	**10156**	**5106**	**5050**	**9343**	**4820**	**4522**	**8579**	**4340**	**4239**
榕城区	2384	1146	1238	1926	960	966	1631	843	788	1576	760	816
揭东区	2047	1017	1030	1916	960	956	1819	971	847	1556	799	757
揭西县	1571	767	805	1426	722	705	1434	720	714	1328	660	668
惠来县	1825	907	917	1598	831	767	1548	779	769	1349	702	647
普宁市	3791	1868	1923	3289	1632	1657	2912	1508	1404	2769	1418	1351
云浮市	**5503**	**2651**	**2852**	**5339**	**2587**	**2752**	**3809**	**1905**	**1903**	**3619**	**1855**	**1764**
云城区	895	437	458	802	398	405	536	264	272	519	250	269
云安区	629	297	332	610	305	304	423	236	187	388	203	185
新兴县	1006	514	492	942	464	478	638	320	319	636	330	306
郁南县	1015	505	510	996	493	503	701	353	348	654	338	316
罗定市	1958	898	1060	1989	927	1061	1510	733	777	1422	734	688

1-3 续表 16 单位：人

地 区	65-69岁			70-74岁			75-79岁			80-84岁		
	小计	男	女	小计	男	女	小计	男	女	小计	男	女
汕尾市	**2418**	**1451**	**967**	**1594**	**947**	**647**	**1348**	**743**	**604**	**974**	**475**	**500**
城区	417	248	169	266	149	117	192	105	87	157	75	82
海丰县	708	440	268	467	290	177	455	251	205	322	150	173
陆河县	216	142	74	175	113	61	168	83	85	136	67	68
陆丰市	1077	622	456	686	395	291	532	304	228	359	183	176
河源市	**2588**	**1309**	**1279**	**2319**	**1172**	**1147**	**1875**	**846**	**1030**	**1297**	**506**	**790**
源城区	309	159	150	231	112	119	175	78	97	130	51	79
紫金县	580	279	301	516	265	251	424	204	220	310	134	176
龙川县	677	351	327	631	303	329	536	247	289	347	133	214
连平县	302	154	147	257	128	129	185	84	101	108	40	68
和平县	352	175	177	336	177	160	254	109	145	170	68	102
东源县	369	192	177	348	187	161	301	123	178	231	81	150
阳江市	**2608**	**1465**	**1143**	**1999**	**1081**	**918**	**1504**	**751**	**753**	**1204**	**540**	**665**
江城区	743	422	321	491	271	220	414	195	219	284	122	162
阳西县	526	314	211	446	238	209	362	186	176	317	145	173
阳东县	485	266	219	322	189	133	239	123	115	231	103	128
阳春市	854	463	392	740	383	357	490	247	243	372	170	202
清远市	**3578**	**1816**	**1761**	**2719**	**1312**	**1407**	**2177**	**963**	**1213**	**1533**	**617**	**916**
清城区	753	354	398	528	267	261	364	176	188	287	119	167
清新区	684	359	325	473	243	230	351	155	196	284	125	159
佛冈县	237	117	120	197	96	101	207	90	117	120	49	72
阳山县	372	186	186	321	144	177	257	102	155	175	73	101
连山壮族瑶族自治县	93	54	39	75	37	39	58	29	28	46	20	26
连南瑶族自治县	127	65	62	90	41	49	75	29	46	55	19	36
英德市	815	430	385	660	313	347	592	251	341	385	145	241
连州市	496	251	245	375	172	203	273	131	142	182	68	114
东莞市	**3464**	**1698**	**1766**	**1974**	**904**	**1070**	**1475**	**684**	**791**	**1046**	**442**	**604**
中山市	**2127**	**1055**	**1072**	**1083**	**530**	**553**	**872**	**379**	**494**	**639**	**268**	**371**
潮州市	**2760**	**1379**	**1381**	**1677**	**813**	**865**	**1389**	**639**	**749**	**1064**	**439**	**625**
湘桥区	649	332	317	369	172	197	291	121	171	231	102	129
潮安区	1151	573	579	642	303	338	552	254	298	449	185	264
饶平县	960	475	485	667	338	329	545	265	281	384	153	232
揭阳市	**5130**	**2800**	**2331**	**3203**	**1724**	**1480**	**2575**	**1309**	**1266**	**1920**	**806**	**1114**
榕城区	937	506	430	564	299	266	423	210	213	268	109	159
揭东区	931	514	417	634	348	286	527	273	253	373	159	214
揭西县	865	506	358	539	318	221	479	242	237	400	179	220
惠来县	886	444	442	508	255	252	420	218	203	313	122	192
普宁市	1512	829	683	958	503	455	726	366	360	566	237	329
云浮市	**2370**	**1273**	**1097**	**1828**	**951**	**877**	**1436**	**676**	**761**	**980**	**382**	**598**
云城区	341	195	147	226	116	110	186	89	98	124	42	81
云安区	234	122	113	192	106	87	173	77	95	111	43	68
新兴县	482	249	233	389	199	190	293	133	160	222	84	138
郁南县	426	231	195	356	186	169	289	127	162	194	88	107
罗定市	886	476	410	664	344	321	495	249	246	329	125	204

1-3 续表 17

单位：人

地区	85-89岁			90-94岁			95-99岁			100岁及以上		
	小计	男	女	小计	男	女	小计	男	女	小计	男	女
汕尾市	**465**	**208**	**257**	**188**	**76**	**112**	**47**	**14**	**33**	**6**		**5**
城区	71	30	41	18	6	12	7	1	6			
海丰县	132	56	76	58	23	35	7	1	5			
陆河县	64	32	33	40	19	21	15	8	7	3		2
陆丰市	198	90	108	72	28	44	18	5	14	3		3
河源市	**542**	**179**	**363**	**185**	**53**	**132**	**42**	**15**	**27**	**7**	**2**	**5**
源城区	50	16	34	12	5	7	3	1	2			
紫金县	113	42	70	39	12	27	15	4	11			
龙川县	166	53	113	63	16	46	10	4	5	2	1	2
连平县	54	17	37	19	4	15	2		1	1		1
和平县	71	27	43	20	6	14	4	2	2	2		2
东源县	89	23	66	32	10	22	9	4	5	2	1	1
阳江市	**561**	**242**	**319**	**187**	**67**	**119**	**36**	**8**	**27**	**9**	**3**	**6**
江城区	133	57	76	50	18	31	8	1	7	1	1	
阳西县	117	66	52	46	16	30	8	2	6	2		2
阳东县	128	43	86	42	17	25	10	2	7	6	2	4
阳春市	183	77	106	49	17	33	10	3	7			
清远市	**728**	**255**	**473**	**233**	**63**	**170**	**41**	**7**	**34**	**10**		**10**
清城区	131	53	78	58	15	44	6	1	6	2		2
清新区	140	45	95	46	16	30	3		3	1		1
佛冈县	55	21	34	15	5	10	3	1	2	1		1
阳山县	87	30	57	17	2	16	7	1	6	1		1
连山壮族瑶族自治县	15	5	9	5	1	4						
连南瑶族自治县	27	11	16	7	1	6	1		1	1		1
英德市	177	54	123	58	15	43	14	3	11	3		3
连州市	96	37	59	27	9	18	6	1	5	1		1
东莞市	**587**	**217**	**370**	**200**	**52**	**148**	**41**	**16**	**25**	**7**	**2**	**5**
中山市	**366**	**136**	**230**	**119**	**25**	**94**	**33**	**5**	**28**	**2**		**2**
潮州市	**545**	**190**	**355**	**159**	**47**	**112**	**28**	**4**	**24**	**1**		**1**
湘桥区	133	52	80	44	7	37	5	1	4			
潮安区	227	81	146	53	18	35	13	3	10			
饶平县	185	57	128	62	22	40	10	1	9	1		1
揭阳市	**1046**	**405**	**642**	**387**	**122**	**265**	**79**	**25**	**53**	**12**	**3**	**9**
榕城区	150	58	92	53	18	35	7		7	1		1
揭东区	192	69	123	61	21	40	14	4	10	3		3
揭西县	242	95	147	73	28	45	22	12	10	1		1
惠来县	166	66	99	81	22	59	17	3	14	5	1	4
普宁市	297	117	180	118	32	86	19	6	12	2	2	
云浮市	**493**	**167**	**326**	**121**	**29**	**92**	**31**	**7**	**23**	**7**		**7**
云城区	63	22	41	24	4	20	4		4	1		1
云安区	59	25	35	20	6	14	3	1	2	1		1
新兴县	81	18	63	20	5	15	6	2	4	1		1
郁南县	90	38	53	19	3	16	6	3	3	1		1
罗定市	200	65	136	39	12	27	12	2	10	4		4

1-3a 各地区分性别、年龄的人口（城市）

单位：人

地区	人口数			0岁			1-4岁		
	合计	男	女	小计	男	女	小计	男	女
全 省	**1606288**	**846553**	**759736**	**13432**	**7221**	**6211**	**69190**	**37686**	**31504**
广州市	**297639**	**151619**	**146020**	**2478**	**1323**	**1155**	**12094**	**6531**	**5563**
荔湾区	26261	12915	13347	213	131	82	962	517	446
越秀区	32960	16199	16761	250	129	122	989	537	452
海珠区	45978	22492	23486	378	202	176	1783	987	796
天河区	44041	22460	21581	386	210	176	1721	910	811
白云区	47033	24027	23006	350	177	174	2023	1062	960
黄埔区	13730	7445	6285	136	77	59	637	342	295
番禺区	35954	18518	17436	274	128	146	1559	845	715
花都区	16631	8664	7967	169	94	75	780	417	363
南沙区	8165	4498	3667	68	38	29	315	178	137
萝岗区	9283	5301	3981	83	46	37	411	230	181
从化区	5868	2949	2919	61	31	30	323	190	133
增城区	11736	6152	5584	110	61	49	590	317	273
韶关市	**24440**	**11996**	**12445**	**216**	**112**	**104**	**1038**	**570**	**468**
武江区	6682	3280	3402	59	32	28	294	156	138
浈江区	8864	4425	4439	61	32	29	349	188	161
曲江区	3922	1814	2108	35	16	19	137	70	67
乐昌市	2185	1087	1099	25	14	11	123	79	44
南雄市	2786	1389	1397	36	18	17	135	78	57
深圳市	**324208**	**175996**	**148212**	**2469**	**1291**	**1178**	**14688**	**7902**	**6786**
罗湖区	27797	14039	13758	215	118	97	1181	663	518
福田区	41046	21539	19507	321	156	164	1784	947	837
南山区	36789	19157	17633	365	194	171	1691	891	800
宝安区	139786	78416	61370	995	517	478	6149	3297	2852
龙岗区	72487	39461	33026	517	275	243	3592	1939	1653
盐田区	6302	3384	2918	57	32	25	291	164	126
珠海市	**33858**	**17189**	**16670**	**335**	**182**	**153**	**1581**	**822**	**759**
香洲区	26542	13550	12991	266	141	124	1255	657	598
斗门区	3286	1661	1625	38	20	18	172	87	85
金湾区	4031	1977	2053	32	20	11	154	78	76
汕头市	**68958**	**34609**	**34349**	**713**	**391**	**322**	**3073**	**1610**	**1463**
龙湖区	11393	5731	5662	86	48	39	510	261	249
金平区	23244	11488	11755	216	113	103	882	447	435
濠江区	4937	2444	2493	59	28	31	271	139	132
潮阳区	9332	4561	4772	125	80	44	493	275	217
潮南区	12948	6764	6184	172	94	78	594	308	285
澄海区	7104	3621	3483	55	28	27	323	178	145

1-3a 续表 1

单位：人

地 区	5-9岁			10-14岁			15-19岁			20-24岁		
	小计	男	女	小计	男	女	小计	男	女	小计	男	女
全 省	**79574**	**43676**	**35898**	**61900**	**34637**	**27263**	**98548**	**54810**	**43739**	**153995**	**80753**	**73242**
广州市	**12783**	**6837**	**5945**	**10059**	**5408**	**4651**	**15259**	**7917**	**7343**	**26651**	**13219**	**13432**
荔湾区	961	503	459	828	452	376	1059	574	486	1634	787	848
越秀区	1302	694	608	1155	616	539	1543	854	689	2317	1138	1179
海珠区	1812	931	882	1457	709	748	2217	920	1297	3510	1577	1932
天河区	1874	970	904	1398	735	662	2444	1215	1229	4975	2466	2509
白云区	2079	1118	962	1610	923	687	2955	1560	1395	4663	2086	2577
黄埔区	624	367	257	477	264	213	559	297	262	1090	606	484
番禺区	1602	865	737	1284	687	597	1861	957	904	3695	1869	1826
花都区	884	476	407	594	344	250	804	451	352	1317	701	616
南沙区	302	160	142	251	134	118	467	304	163	907	587	319
萝岗区	404	223	181	262	145	117	321	195	126	1089	638	451
从化区	322	177	145	286	161	125	415	234	181	486	247	239
增城区	616	353	263	457	239	219	614	354	260	969	516	453
韶关市	**1352**	**707**	**645**	**1234**	**678**	**556**	**1632**	**674**	**957**	**1316**	**704**	**612**
武江区	376	190	186	350	189	161	376	194	182	366	179	188
浈江区	472	240	233	412	230	182	442	235	207	525	325	201
曲江区	193	116	78	194	97	97	525	89	437	184	94	90
乐昌市	145	76	69	125	79	47	128	69	59	110	45	65
南雄市	166	86	80	153	84	68	161	87	73	131	62	69
深圳市	**15503**	**8598**	**6905**	**9824**	**5532**	**4292**	**17003**	**9474**	**7529**	**40085**	**21331**	**18754**
罗湖区	1358	748	610	967	510	457	1479	801	678	3239	1567	1672
福田区	2001	1040	961	1444	812	632	2037	1203	834	4565	2483	2082
南山区	1876	998	877	1282	710	572	1969	1142	827	3779	2005	1774
宝安区	6118	3503	2614	3517	2038	1479	7550	4150	3400	19357	10541	8816
龙岗区	3832	2127	1705	2362	1316	1046	3611	1975	1636	8465	4388	4077
盐田区	320	182	138	252	146	106	356	202	154	680	346	334
珠海市	**1750**	**925**	**825**	**1411**	**751**	**660**	**2082**	**1250**	**832**	**3028**	**1492**	**1536**
香洲区	1348	709	639	1146	597	549	1701	1047	653	2176	1181	995
斗门区	183	94	90	126	74	52	198	107	90	267	131	136
金湾区	218	122	96	139	80	59	183	95	88	585	181	404
汕头市	**4301**	**2294**	**2008**	**3782**	**2026**	**1756**	**6093**	**3276**	**2818**	**5902**	**2928**	**2973**
龙湖区	688	387	301	578	317	261	853	425	428	872	428	444
金平区	1241	650	591	1091	598	494	1517	789	728	1635	800	835
濠江区	368	187	181	300	155	145	820	487	333	441	209	232
潮阳区	642	328	314	565	277	289	942	501	441	842	412	430
潮南区	879	491	388	840	469	371	1503	829	674	1613	822	791
澄海区	483	250	233	408	211	197	458	244	214	499	257	241

1-3a 续表 2

单位：人

地 区	25-29岁			30-34岁			35-39岁			40-44岁		
	小计	男	女	小计	男	女	小计	男	女	小计	男	女
全 省	**200683**	**105823**	**94860**	**176323**	**93194**	**83129**	**145027**	**77397**	**67630**	**151274**	**80425**	**70848**
广州市	**36294**	**18381**	**17913**	**32830**	**16661**	**16169**	**26605**	**13629**	**12977**	**27406**	**14187**	**13219**
荔湾区	2523	1233	1289	2459	1222	1236	1939	923	1015	2207	1067	1139
越秀区	2979	1456	1523	2698	1273	1425	2561	1169	1392	2738	1304	1435
海珠区	4689	2250	2439	4851	2382	2469	4141	2071	2070	4144	2117	2027
天河区	6325	3203	3122	5256	2638	2617	4084	2089	1995	3908	2061	1847
白云区	6620	3304	3315	5570	2842	2728	4393	2334	2058	4492	2328	2165
黄埔区	2016	1088	928	1736	950	785	1278	695	583	1326	736	590
番禺区	4810	2425	2385	4246	2201	2045	3465	1798	1667	3701	1963	1738
花都区	1910	993	917	1923	971	952	1545	816	729	1584	842	742
南沙区	1129	620	509	844	476	368	710	385	325	837	449	389
萝岗区	1740	1018	722	1414	802	613	927	545	382	767	455	312
从化区	501	244	256	517	237	281	499	239	260	558	267	291
增城区	1051	545	506	1317	667	650	1062	563	500	1143	598	545
韶关市	**1620**	**759**	**861**	**1661**	**785**	**876**	**1844**	**876**	**967**	**2313**	**1112**	**1202**
武江区	451	197	254	489	221	268	554	257	297	683	331	352
浈江区	554	250	304	582	282	300	641	308	333	804	370	435
曲江区	266	139	126	254	132	122	270	133	137	356	177	179
乐昌市	164	82	82	147	65	82	147	68	79	194	94	100
南雄市	186	91	95	189	85	104	231	111	121	276	140	136
深圳市	**55895**	**30576**	**25318**	**44090**	**24226**	**19864**	**32303**	**18087**	**14216**	**29508**	**16363**	**13145**
罗湖区	3980	1901	2079	3399	1669	1730	2673	1379	1294	2525	1324	1201
福田区	5774	3016	2758	4548	2298	2251	3813	1962	1851	3879	2080	1799
南山区	5409	2743	2666	4663	2384	2278	3707	1892	1816	3477	1861	1616
宝安区	27700	15794	11906	20607	11859	8748	13858	8158	5700	11989	6855	5134
龙岗区	12222	6687	5535	10103	5622	4481	7575	4326	3248	6964	3875	3089
盐田区	810	434	375	771	394	377	677	369	308	675	369	306
珠海市	**3610**	**1747**	**1863**	**3521**	**1687**	**1834**	**3280**	**1618**	**1662**	**3449**	**1744**	**1705**
香洲区	2768	1336	1432	2748	1299	1449	2585	1244	1341	2752	1388	1363
斗门区	363	165	198	328	165	163	286	155	131	289	142	147
金湾区	479	247	232	445	223	222	409	219	190	408	213	195
汕头市	**6071**	**2951**	**3121**	**5324**	**2676**	**2648**	**4415**	**2157**	**2258**	**5325**	**2600**	**2725**
龙湖区	978	472	506	984	491	493	878	423	455	1070	518	552
金平区	1836	896	940	1643	791	851	1521	713	808	1996	963	1033
濠江区	379	163	216	337	149	188	253	118	134	307	139	168
潮阳区	893	402	490	757	386	370	488	222	265	600	260	340
潮南区	1375	706	669	970	540	430	689	378	311	761	405	356
澄海区	610	311	299	633	318	315	587	302	285	591	314	277

1-3a 续表 3

单位：人

地区	45-49岁			50-54岁			55-59岁			60-64岁		
	小计	男	女	小计	男	女	小计	男	女	小计	男	女
全省	**130353**	**68588**	**61765**	**98127**	**51479**	**46648**	**66314**	**33473**	**32841**	**59404**	**29030**	**30374**
广州市	**23269**	**12017**	**11252**	**20117**	**10474**	**9643**	**15231**	**7618**	**7613**	**13220**	**6431**	**6788**
荔湾区	2131	1037	1093	2295	1121	1173	2101	1052	1048	1672	837	836
越秀区	2809	1331	1478	2800	1478	1321	2368	1157	1210	2088	1001	1087
海珠区	3451	1700	1751	3402	1751	1651	3035	1517	1518	2538	1204	1335
天河区	3108	1653	1456	2558	1351	1207	1683	821	862	1613	797	817
白云区	3386	1825	1560	2706	1410	1296	2074	1062	1011	1658	839	820
黄埔区	1128	624	504	855	487	368	509	262	247	449	219	231
番禺区	2979	1562	1417	2131	1097	1034	1284	655	629	1151	566	585
花都区	1403	756	647	1140	607	533	695	339	356	706	321	385
南沙区	735	378	358	521	272	248	319	163	156	302	151	151
萝岗区	571	326	246	424	240	184	306	156	150	252	127	125
从化区	524	268	256	446	214	232	270	133	138	243	110	133
增城区	1043	558	485	840	444	396	588	301	288	545	259	286
韶关市	**2425**	**1210**	**1215**	**2113**	**1080**	**1033**	**1535**	**747**	**788**	**1370**	**670**	**700**
武江区	681	337	344	553	285	268	424	205	219	357	181	176
浈江区	873	421	452	798	417	381	644	314	330	553	274	279
曲江区	354	188	166	322	156	165	200	108	92	189	90	98
乐昌市	204	101	103	209	104	104	122	53	69	120	56	64
南雄市	313	163	150	231	117	114	145	67	78	150	69	81
深圳市	**23593**	**12807**	**10785**	**14908**	**8035**	**6873**	**8179**	**4100**	**4080**	**6773**	**3248**	**3525**
罗湖区	2269	1159	1110	1583	842	741	908	464	444	761	344	417
福田区	3325	1764	1562	2416	1258	1159	1503	769	734	1338	638	700
南山区	2883	1548	1336	1867	1007	860	1136	508	629	1048	470	577
宝安区	9183	5158	4025	5361	2876	2485	2793	1424	1369	2196	1103	1094
龙岗区	5400	2895	2505	3345	1853	1492	1666	851	815	1288	622	666
盐田区	531	284	248	336	199	137	173	84	89	142	71	72
珠海市	**2956**	**1523**	**1433**	**2263**	**1186**	**1077**	**1311**	**693**	**618**	**1215**	**565**	**651**
香洲区	2361	1222	1140	1794	945	849	1023	538	485	937	431	507
斗门区	254	124	130	233	120	113	164	85	79	161	77	83
金湾区	340	177	163	236	121	115	124	71	53	117	57	61
汕头市	**5065**	**2497**	**2569**	**4879**	**2441**	**2437**	**4248**	**2048**	**2200**	**3736**	**1829**	**1907**
龙湖区	964	482	482	825	430	395	659	325	334	523	260	264
金平区	1921	941	980	2029	1003	1027	1778	865	913	1468	734	735
濠江区	282	135	147	252	122	129	246	120	125	235	116	118
潮阳区	562	257	305	520	233	286	579	270	309	538	267	272
潮南区	924	465	460	756	394	362	541	268	273	518	241	277
澄海区	412	217	195	497	259	238	445	200	246	453	211	242

1-3a 续表 4

单位：人

地 区	65-69岁			70-74岁			75-79岁			80-84岁		
	小计	男	女	小计	男	女	小计	男	女	小计	男	女
全 省	**39408**	**19449**	**19959**	**23586**	**11434**	**12152**	**18520**	**8962**	**9558**	**12278**	**5394**	**6884**
广州市	**8507**	**4124**	**4383**	**5289**	**2507**	**2782**	**4461**	**2167**	**2294**	**3078**	**1399**	**1678**
荔湾区	1119	552	568	656	326	330	599	280	319	528	192	336
越秀区	1302	662	640	856	369	487	950	425	525	769	368	401
海珠区	1688	800	889	997	515	482	864	409	455	614	279	335
天河区	987	470	517	674	314	359	577	314	263	317	172	144
白云区	980	477	502	606	280	326	426	226	200	250	110	139
黄埔区	337	167	169	237	111	126	194	96	99	85	36	49
番禺区	800	371	428	489	238	250	321	156	165	176	93	83
花都区	491	222	269	307	137	171	195	102	94	123	57	66
南沙区	193	98	95	115	54	61	68	24	43	48	14	34
萝岗区	142	74	68	63	33	31	52	23	29	27	13	15
从化区	178	90	88	102	48	53	72	30	42	41	19	21
增城区	291	141	150	187	82	105	143	81	62	101	46	54
韶关市	**957**	**487**	**471**	**648**	**301**	**347**	**588**	**268**	**320**	**395**	**175**	**220**
武江区	244	126	118	160	76	83	148	75	73	78	38	41
浈江区	387	202	185	246	113	134	247	109	138	187	74	113
曲江区	151	73	78	114	53	61	85	36	49	65	34	30
乐昌市	65	26	39	59	27	32	47	23	24	38	20	19
南雄市	111	60	50	68	32	36	61	25	36	27	9	18
深圳市	**4044**	**1942**	**2103**	**2264**	**1096**	**1168**	**1531**	**738**	**793**	**952**	**423**	**528**
罗湖区	450	212	238	270	130	140	225	100	124	180	68	112
福田区	935	466	468	587	269	319	438	221	218	223	109	113
南山区	753	351	402	436	214	222	273	135	138	111	69	43
宝安区	1111	535	577	550	282	268	328	161	167	262	108	154
龙岗区	693	327	366	365	175	189	230	105	125	153	57	95
盐田区	103	50	52	57	26	31	38	16	21	23	12	11
珠海市	**800**	**389**	**411**	**491**	**237**	**254**	**397**	**190**	**207**	**235**	**112**	**122**
香洲区	639	310	329	401	192	209	333	158	175	197	94	103
斗门区	96	47	49	61	34	27	36	20	16	16	8	7
金湾区	65	33	33	29	11	18	29	12	16	22	10	12
汕头市	**2353**	**1216**	**1136**	**1259**	**596**	**663**	**1118**	**551**	**567**	**750**	**319**	**431**
龙湖区	375	199	176	192	81	111	183	104	80	108	55	52
金平区	923	494	429	520	252	268	459	215	244	331	134	197
濠江区	145	71	73	80	39	41	66	32	34	51	18	33
潮阳区	367	185	181	162	90	72	120	57	63	72	32	40
潮南区	291	141	150	177	73	104	167	80	87	99	30	68
澄海区	253	126	127	130	61	68	123	63	60	90	49	42

1-3a 续表 5

单位：人

地区	85-89岁			90-94岁			95-99岁			100岁及以上		
	小计	男	女	小计	男	女	小计	男	女	小计	男	女
全省	**5890**	**2361**	**3529**	**1977**	**630**	**1347**	**429**	**119**	**310**	**56**	**12**	**44**
广州市	**1464**	**612**	**852**	**437**	**149**	**288**	**99**	**27**	**73**	**10**	**1**	**8**
荔湾区	273	89	184	78	13	65	26	7	19			
越秀区	376	191	185	92	45	48	17	3	14	2		2
海珠区	298	132	166	89	34	55	16	6	11	2	1	1
天河区	107	51	56	37	15	22	6	3	2	3		3
白云区	141	46	95	39	12	26	14	4	10			
黄埔区	42	15	27	16	6	10						
番禺区	82	28	54	32	9	22	11	3	8	1		1
花都区	46	16	30	14	4	10	2		2			
南沙区	14	6	8	15	5	10	3		3	1		1
萝岗区	17	7	9	7	3	3	2		2			
从化区	17	6	11	6	2	4	1		1			
增城区	52	25	27	14	2	12	2		2			
韶关市	**138**	**68**	**70**	**38**	**11**	**27**	**7**	**1**	**5**	**1**	**1**	**1**
武江区	27	11	16	9	2	7	2	1	2	1		1
浈江区	68	37	31	16	5	11	2	1	1	1	1	
曲江区	22	11	11	5	2	3	1		1			
乐昌市	8	5	3	4	1	2	1		1			
南雄市	13	4	9	4	1	3	2		2			
深圳市	**402**	**163**	**240**	**147**	**47**	**100**	**38**	**16**	**23**	**6**	**1**	**5**
罗湖区	84	28	56	36	8	28	13	3	10	2		2
福田区	80	40	41	26	6	20	6	1	5	1		1
南山区	43	24	19	14	6	7	5	4	1	2	1	1
宝安区	119	35	84	37	18	20	7	4	2			
龙岗区	64	32	32	32	8	24	7	3	4	1		1
盐田区	12	4	8	1		1						
珠海市	**106**	**59**	**47**	**26**	**13**	**13**	**11**	**5**	**6**	**2**		**1**
香洲区	78	45	33	22	11	12	10	5	4	1		1
斗门区	12	5	7	3	2	1	1		1			
金湾区	16	9	7							1		
汕头市	**390**	**153**	**238**	**128**	**41**	**87**	**27**	**7**	**20**	**5**	**2**	**3**
龙湖区	48	21	27	15	5	11	4	1	3	1		1
金平区	178	68	110	49	18	31	10	4	6	1	1	
濠江区	28	8	20	13	6	8	3		2	1		1
潮阳区	40	16	23	21	5	16	5	1	4	2	1	1
潮南区	56	22	34	16	5	11	6	1	5			
澄海区	40	17	23	13	3	11						

1-3a 续表 6　　单位：人

地区	人口数			0岁			1-4岁		
	合计	男	女	小计	男	女	小计	男	女
佛山市	**188345**	**101413**	**86932**	**1504**	**832**	**673**	**7981**	**4434**	**3547**
禅城区	27241	13978	13262	247	152	96	1122	605	517
南海区	72019	40001	32018	619	323	296	3130	1744	1386
顺德区	71202	37977	33225	498	276	222	2932	1635	1297
三水区	7873	4115	3758	56	33	24	356	191	165
高明区	10010	5342	4668	83	48	35	441	259	182
江门市	**67948**	**34068**	**33881**	**648**	**343**	**305**	**2858**	**1502**	**1356**
蓬江区	20834	10402	10431	204	103	101	874	458	416
江海区	7428	3786	3642	74	39	35	337	169	168
新会区	12315	6267	6048	144	80	64	579	327	252
台山市	8976	4364	4612	82	43	39	327	157	171
开平市	9068	4513	4555	60	36	24	356	185	172
鹤山市	5962	2960	3003	54	26	28	260	142	118
恩平市	3366	1775	1591	29	16	13	125	65	60
湛江市	**42539**	**22253**	**20286**	**396**	**234**	**161**	**2260**	**1247**	**1013**
赤坎区	8781	4407	4374	72	39	33	451	250	201
霞山区	13618	7069	6549	115	63	52	669	379	290
坡头区	2089	1105	985	32	16	15	155	94	61
麻章区	1304	700	604	10	6	5	70	42	27
遂溪县	597	302	295	7	3	4	33	19	13
廉江市	4755	2505	2250	50	32	17	287	142	145
雷州市	5512	3027	2485	56	42	14	281	156	126
吴川市	5883	3140	2743	53	32	21	315	165	149
茂名市	**38864**	**20831**	**18032**	**402**	**227**	**175**	**2141**	**1186**	**955**
茂南区	14908	7855	7053	111	60	51	637	363	275
电白区	5752	2999	2754	62	26	35	393	200	193
高州市	5926	3321	2605	50	33	17	283	157	126
化州市	6175	3531	2644	90	54	36	355	194	161
信宜市	6103	3126	2977	89	54	35	472	272	200
肇庆市	**27235**	**13851**	**13384**	**281**	**158**	**123**	**1271**	**715**	**556**
端州区	14075	6985	7091	148	85	62	682	381	301
鼎湖区	1567	743	824	14	5	9	77	39	38
高要市	2098	1123	974	24	15	9	76	44	32
四会市	9495	5000	4495	95	52	43	435	250	186
惠州市	**52213**	**27747**	**24466**	**458**	**238**	**219**	**2890**	**1568**	**1323**
惠城区	35786	18629	17156	326	168	158	2103	1132	971
惠阳区	15962	8980	6982	131	69	62	778	433	345
博罗县	465	137	328	1	1		9	3	6

1-3a 续表 7　　单位：人

地区	5-9岁			10-14岁			15-19岁			20-24岁		
	小计	男	女	小计	男	女	小计	男	女	小计	男	女
佛山市	**8021**	**4389**	**3632**	**6500**	**3717**	**2783**	**10024**	**5740**	**4285**	**16526**	**9047**	**7479**
禅城区	1225	664	562	1125	649	476	1362	762	600	1957	984	973
南海区	2946	1631	1316	2073	1172	901	3618	2213	1405	6582	3773	2809
顺德区	2821	1525	1297	2472	1441	1031	4117	2200	1917	6546	3449	3096
三水区	387	216	172	396	221	175	496	321	175	662	393	269
高明区	641	354	287	434	233	201	432	244	188	779	448	332
江门市	**3581**	**1905**	**1676**	**3187**	**1697**	**1490**	**3637**	**1870**	**1767**	**4584**	**2247**	**2337**
蓬江区	1098	593	506	976	495	481	1062	562	500	1611	720	891
江海区	400	219	181	411	230	180	521	221	300	521	279	242
新会区	695	363	332	583	311	272	625	321	304	759	414	345
台山市	443	220	223	349	181	168	433	225	208	519	248	270
开平市	466	249	217	448	242	206	464	247	216	568	285	283
鹤山市	318	166	152	290	161	129	317	169	148	337	168	170
恩平市	161	95	66	131	76	55	216	124	92	268	133	135
湛江市	**2709**	**1574**	**1135**	**2324**	**1426**	**898**	**2894**	**1698**	**1196**	**3146**	**1653**	**1493**
赤坎区	507	287	220	449	264	185	550	309	241	655	280	375
霞山区	887	502	385	814	497	317	891	496	395	846	468	378
坡头区	127	77	50	80	47	33	120	69	51	159	85	74
麻章区	73	41	33	63	40	23	84	53	31	112	55	56
遂溪县	40	17	22	40	25	16	46	22	24	45	23	22
廉江市	358	223	135	205	128	76	324	202	122	326	180	146
雷州市	378	227	151	343	223	120	394	253	141	425	251	174
吴川市	340	199	141	329	201	128	485	294	191	578	312	267
茂名市	**2866**	**1648**	**1218**	**2548**	**1554**	**994**	**3828**	**2618**	**1210**	**2981**	**1623**	**1358**
茂南区	1054	602	452	929	584	345	1333	854	479	1031	509	522
电白区	385	227	158	359	210	149	449	265	184	467	243	224
高州市	365	218	147	391	235	156	654	505	149	557	347	210
化州市	492	286	206	410	250	160	843	660	183	548	326	222
信宜市	570	315	255	460	275	185	550	335	215	378	199	180
肇庆市	**1576**	**898**	**679**	**1253**	**707**	**546**	**2177**	**1182**	**995**	**1819**	**934**	**884**
端州区	813	451	362	641	356	286	778	457	321	861	433	428
鼎湖区	105	61	45	71	37	34	277	103	174	104	45	59
高要市	120	75	46	105	65	40	153	95	58	165	90	75
四会市	538	311	227	436	250	186	969	527	442	688	366	322
惠州市	**3356**	**1810**	**1546**	**2492**	**1403**	**1090**	**3547**	**1861**	**1686**	**5071**	**2805**	**2267**
惠城区	2328	1243	1085	1772	1001	771	2497	1351	1146	3290	1759	1531
惠阳区	1017	560	457	700	395	305	831	505	326	1746	1030	716
博罗县	12	7	4	20	6	14	218	4	214	35	16	19

1-3a 续表 8

单位：人

地区	25-29岁			30-34岁			35-39岁			40-44岁		
	小计	男	女	小计	男	女	小计	男	女	小计	男	女
佛山市	**22840**	**12358**	**10483**	**21008**	**11423**	**9585**	**17908**	**9743**	**8166**	**19817**	**10918**	**8899**
禅城区	3044	1510	1534	2720	1393	1327	2452	1242	1210	2686	1409	1277
南海区	9372	5268	4104	8562	4776	3785	7009	3876	3133	7794	4475	3319
顺德区	8847	4764	4083	8050	4423	3627	6765	3773	2992	7407	4011	3396
三水区	717	364	353	680	326	354	671	329	342	801	396	405
高明区	860	451	409	996	505	492	1011	523	488	1129	627	502
江门市	**6171**	**3038**	**3133**	**6026**	**2995**	**3030**	**5572**	**2800**	**2772**	**6552**	**3293**	**3258**
蓬江区	1961	975	986	1880	938	942	1803	899	904	2094	1069	1025
江海区	659	345	314	713	363	350	627	340	287	746	380	366
新会区	1110	563	547	1210	588	622	1034	512	522	1269	641	628
台山市	765	349	416	680	341	339	691	338	354	756	362	394
开平市	865	401	464	806	398	408	641	324	317	793	390	403
鹤山市	495	235	260	498	235	263	552	281	271	596	301	295
恩平市	316	170	146	239	132	107	224	106	117	298	151	147
湛江市	**3816**	**1896**	**1920**	**3452**	**1666**	**1787**	**3347**	**1696**	**1651**	**3516**	**1797**	**1719**
赤坎区	683	335	348	697	325	373	651	316	335	782	384	398
霞山区	1148	543	605	1030	477	553	1201	578	623	1337	666	671
坡头区	265	116	149	177	93	83	143	80	63	115	69	46
麻章区	135	70	65	98	47	51	98	61	38	86	44	42
遂溪县	40	20	20	44	18	25	38	25	13	43	20	23
廉江市	413	196	217	398	182	216	349	178	171	388	215	173
雷州市	525	280	244	541	275	265	516	268	248	405	222	183
吴川市	608	336	272	468	249	219	350	191	160	361	178	183
茂名市	**2880**	**1479**	**1401**	**2476**	**1190**	**1286**	**2525**	**1252**	**1273**	**3165**	**1539**	**1626**
茂南区	1001	510	491	972	456	516	1143	539	603	1534	767	767
电白区	519	277	242	440	211	230	408	205	203	491	254	237
高州市	427	233	194	336	168	169	339	176	163	425	190	235
化州市	501	269	231	418	223	195	365	206	159	355	175	180
信宜市	433	190	243	309	132	177	270	125	145	360	153	207
肇庆市	**2401**	**1169**	**1232**	**2540**	**1235**	**1305**	**2252**	**1097**	**1155**	**2570**	**1264**	**1306**
端州区	1219	559	660	1280	591	689	1155	535	620	1341	647	694
鼎湖区	123	64	59	112	52	60	117	58	60	120	65	55
高要市	170	95	75	232	117	114	164	87	78	197	93	104
四会市	889	451	438	917	475	441	816	418	398	912	459	453
惠州市	**6314**	**3332**	**2982**	**5866**	**3118**	**2748**	**4928**	**2663**	**2265**	**4832**	**2560**	**2272**
惠城区	4161	2100	2060	4000	2059	1941	3370	1783	1587	3276	1698	1578
惠阳区	2106	1203	902	1840	1043	797	1535	867	668	1533	849	684
博罗县	47	28	19	26	16	11	22	13	9	23	14	9

1-3a 续表 9

单位：人

地区	45-49岁			50-54岁			55-59岁			60-64岁		
	小计	男	女	小计	男	女	小计	男	女	小计	男	女
佛山市	**17223**	**9376**	**7847**	**12167**	**6650**	**5517**	**7377**	**3842**	**3536**	**7214**	**3444**	**3770**
禅城区	2420	1266	1155	1932	1010	922	1310	646	664	1240	599	641
南海区	6587	3666	2921	4479	2513	1966	2541	1391	1150	2557	1248	1310
顺德区	6574	3548	3026	4442	2426	2016	2717	1401	1316	2696	1264	1432
三水区	741	398	342	596	312	284	363	177	186	331	151	181
高明区	902	498	404	718	388	329	446	226	220	389	183	206
江门市	**5711**	**2867**	**2843**	**4962**	**2502**	**2460**	**3729**	**1863**	**1866**	**3792**	**1824**	**1968**
蓬江区	1832	936	895	1490	769	721	997	495	502	1004	471	533
江海区	663	347	316	478	241	237	382	203	179	350	170	181
新会区	973	504	469	878	449	430	628	327	301	664	323	342
台山市	801	350	451	694	359	335	566	274	292	644	314	329
开平市	711	356	355	695	329	365	578	273	305	593	289	303
鹤山市	426	219	207	417	208	209	358	172	187	337	150	187
恩平市	304	155	149	310	147	163	220	120	100	200	107	94
湛江市	**3280**	**1646**	**1634**	**2790**	**1407**	**1383**	**2435**	**1205**	**1230**	**2016**	**988**	**1029**
赤坎区	739	367	372	654	335	320	568	273	294	427	210	217
霞山区	1176	612	565	956	493	463	763	401	361	575	282	293
坡头区	113	49	64	95	46	48	109	47	62	127	58	69
麻章区	99	52	47	83	48	35	70	26	44	76	40	36
遂溪县	33	17	17	32	12	20	40	23	17	24	11	13
廉江市	342	157	185	271	123	147	282	137	145	232	109	123
雷州市	386	204	183	285	139	146	296	146	151	260	132	128
吴川市	391	189	202	414	210	204	307	151	156	295	146	149
茂名市	**3158**	**1521**	**1637**	**2517**	**1271**	**1246**	**1921**	**946**	**975**	**1697**	**843**	**854**
茂南区	1314	667	647	954	491	463	673	341	332	620	279	342
电白区	458	210	248	385	200	185	270	143	127	212	109	103
高州市	511	241	270	416	223	194	315	156	159	293	148	145
化州市	403	194	209	313	153	160	288	132	155	247	124	123
信宜市	472	210	262	449	204	245	375	173	202	324	183	141
肇庆市	**2382**	**1243**	**1140**	**1861**	**940**	**921**	**1320**	**648**	**672**	**1196**	**563**	**633**
端州区	1223	625	598	1034	509	525	771	365	405	683	307	376
鼎湖区	108	53	55	88	43	45	69	33	35	66	33	33
高要市	188	88	100	157	80	77	104	52	52	87	50	37
四会市	863	476	387	582	308	274	377	197	180	359	173	186
惠州市	**4153**	**2205**	**1948**	**2774**	**1501**	**1273**	**1723**	**874**	**849**	**1336**	**682**	**654**
惠城区	2825	1460	1365	1837	946	892	1229	602	627	960	498	462
惠阳区	1307	734	573	923	548	375	487	266	221	370	182	188
博罗县	20	11	9	14	7	6	7	6	1	6	2	4

1-3a 续表 10

单位：人

地 区	65-69岁			70-74岁			75-79岁			80-84岁		
	小计	男	女	小计	男	女	小计	男	女	小计	男	女
佛山市	**5053**	**2388**	**2665**	**2848**	**1333**	**1515**	**2096**	**977**	**1119**	**1311**	**513**	**798**
禅城区	928	438	490	528	250	278	461	194	267	308	140	168
南海区	1828	877	952	1058	495	563	634	336	297	336	134	202
顺德区	1778	809	969	926	425	501	742	319	423	525	182	343
三水区	236	119	117	151	73	79	110	53	57	61	23	38
高明区	283	145	137	185	91	94	149	75	74	80	33	47
江门市	**2945**	**1433**	**1511**	**1520**	**742**	**778**	**1167**	**614**	**553**	**754**	**329**	**425**
蓬江区	809	381	428	438	204	234	379	200	179	192	87	105
江海区	232	109	123	126	56	71	90	43	47	60	24	36
新会区	525	234	290	255	131	124	184	96	88	117	51	66
台山市	527	275	252	199	103	96	227	118	109	135	59	76
开平市	446	235	211	221	115	106	135	69	66	125	53	72
鹤山市	273	124	149	203	89	114	105	60	45	81	36	45
恩平市	133	74	59	77	44	33	48	29	18	42	18	24
湛江市	**1478**	**758**	**720**	**1042**	**548**	**494**	**832**	**423**	**409**	**516**	**251**	**265**
赤坎区	309	159	150	210	109	101	190	85	105	116	52	64
霞山区	408	200	208	319	151	168	251	134	117	151	80	71
坡头区	91	49	41	71	40	31	59	37	22	34	23	11
麻章区	42	27	15	42	19	23	27	13	14	25	10	15
遂溪县	51	27	24	13	4	10	16	10	6	5	2	2
廉江市	207	106	101	138	89	50	104	57	46	62	34	29
雷州市	148	79	69	111	63	48	74	31	43	58	23	35
吴川市	223	110	113	137	73	64	110	55	55	65	27	38
茂名市	**1294**	**678**	**616**	**939**	**484**	**454**	**780**	**405**	**374**	**467**	**243**	**224**
茂南区	564	279	284	397	196	201	354	203	150	180	104	76
电白区	147	73	74	99	50	50	95	46	49	68	32	36
高州市	197	113	84	155	83	72	108	52	57	62	30	32
化州市	189	100	89	140	74	65	107	52	55	70	39	30
信宜市	198	114	84	148	82	66	115	52	64	87	38	49
肇庆市	**897**	**420**	**478**	**603**	**292**	**310**	**423**	**208**	**215**	**250**	**122**	**129**
端州区	530	246	283	391	182	209	264	131	132	157	80	77
鼎湖区	50	23	27	26	14	12	20	9	11	12	5	7
高要市	68	29	39	37	19	17	34	17	17	13	10	3
四会市	250	121	128	149	77	72	106	50	55	69	28	41
惠州市	**894**	**438**	**456**	**576**	**257**	**319**	**463**	**233**	**230**	**324**	**121**	**203**
惠城区	647	307	340	435	189	246	354	183	171	237	92	145
惠阳区	245	130	115	140	68	73	108	49	60	87	29	58
博罗县	2	1	1				1	1				

1-3a 续表 11 单位：人

地区	85-89岁			90-94岁			95-99岁			100岁及以上		
	小计	男	女	小计	男	女	小计	男	女	小计	男	女
佛山市	**612**	**189**	**423**	**257**	**87**	**170**	**53**	**13**	**40**	**3**	**2**	**2**
禅城区	114	41	73	48	19	29	9	4	5			
南海区	175	56	119	97	27	69	20	5	15	3	2	2
顺德区	244	75	169	85	29	56	19	3	16			
三水区	42	11	31	13	6	7	4	1	3			
高明区	37	5	32	14	5	9	1		1			
江门市	**366**	**150**	**216**	**152**	**43**	**109**	**31**	**9**	**22**	**4**	**1**	**3**
蓬江区	86	35	52	35	12	23	7	1	6	1		1
江海区	25	4	21	11	3	8	2		2	1		1
新会区	50	21	29	26	8	18	4	2	2	1	1	
台山市	90	36	53	40	12	28	8	1	7	1		1
开平市	71	27	44	17	3	14	6	4	2	1		1
鹤山市	25	15	10	17	3	14	3	1	2			
恩平市	20	11	8	6	1	4	1		1			
湛江市	**217**	**109**	**108**	**57**	**24**	**33**	**14**	**6**	**7**	**1**		**1**
赤坎区	47	20	27	16	5	12	6	2	4			
霞山区	64	39	26	14	8	6	1		1	1		1
坡头区	14	8	6	2	1	2	1	1	1			
麻章区	8	4	3	3	1	2						
遂溪县	6	3	3				1	1				
廉江市	14	9	5	6	5	1						
雷州市	26	12	14	4		4						
吴川市	38	14	24	10	4	6	4	3	2			
茂名市	**190**	**86**	**104**	**68**	**29**	**39**	**20**	**7**	**13**	**3**		**3**
茂南区	79	37	42	25	12	12	3	1	2			
电白区	23	9	14	17	8	9	3	1	2	1		1
高州市	28	9	18	9	3	6	5	3	3			
化州市	26	14	13	14	4	10	3		3	1		1
信宜市	34	18	16	4	2	2	6	2	3	1		1
肇庆市	**118**	**46**	**72**	**41**	**11**	**30**	**3**		**3**			
端州区	83	37	46	22	7	15	1		1			
鼎湖区	6	1	4	2		2						
高要市	1	1		1		1	1		1			
四会市	28	6	22	17	4	12	1		1			
惠州市	**153**	**58**	**95**	**50**	**18**	**32**	**11**	**3**	**8**	**2**	**1**	**1**
惠城区	102	46	57	27	10	17	7	3	4	1		1
惠阳区	50	12	38	23	8	15	3		3	1	1	
博罗县												

1-3a 续表 12 单位：人

地 区	人口数			0岁			1-4岁		
	合计	男	女	小计	男	女	小计	男	女
梅州市	**23181**	**11356**	**11825**	**223**	**132**	**91**	**1062**	**580**	**482**
梅江区	10638	5182	5456	84	44	40	492	267	225
梅县区	4473	2143	2330	55	31	24	243	124	120
五华县	412	189	223	12	7	5	23	10	14
兴宁市	7658	3842	3816	73	50	22	303	180	123
汕尾市	**14668**	**7663**	**7005**	**132**	**67**	**65**	**642**	**352**	**291**
城区	9112	4746	4367	91	45	45	393	229	164
陆丰市	5556	2918	2638	41	22	19	249	123	127
河源市	**13602**	**6900**	**6703**	**122**	**66**	**56**	**694**	**359**	**336**
源城区	13602	6900	6703	122	66	56	694	359	336
阳江市	**17763**	**9222**	**8541**	**156**	**86**	**71**	**759**	**421**	**338**
江城区	12545	6527	6017	111	64	47	464	260	204
阳春市	5218	2694	2524	45	21	24	296	161	135
清远市	**26659**	**13448**	**13211**	**349**	**187**	**162**	**1691**	**946**	**744**
清城区	12998	6575	6423	154	75	79	816	457	358
清新区	5300	2729	2570	81	48	32	368	213	156
英德市	4413	2242	2171	57	29	29	287	155	132
连州市	3949	1902	2046	58	35	23	220	121	98
东莞市	**205360**	**113932**	**91428**	**1134**	**611**	**523**	**6409**	**3637**	**2772**
中山市	**56350**	**30200**	**26150**	**531**	**257**	**274**	**2357**	**1283**	**1073**
潮州市	**24616**	**12511**	**12106**	**215**	**118**	**97**	**1050**	**564**	**486**
湘桥区	11104	5631	5473	113	68	45	465	247	217
潮安区	13512	6880	6633	103	51	52	585	316	269
揭阳市	**44121**	**22774**	**21347**	**491**	**274**	**217**	**1742**	**972**	**770**
榕城区	19349	9898	9450	210	117	93	611	344	267
揭东区	8702	4580	4122	104	47	58	410	232	178
普宁市	16071	8296	7775	176	110	66	721	396	325
云浮市	**13719**	**6976**	**6743**	**178**	**92**	**87**	**910**	**488**	**421**
云城区	7625	3915	3710	95	52	43	485	260	225
云安区	640	330	310	8	3	5	57	30	27
罗定市	5454	2731	2723	76	36	39	367	199	169

1-3a 续表 13

单位：人

地区	5-9岁			10-14岁			15-19岁			20-24岁		
	小计	男	女	小计	男	女	小计	男	女	小计	男	女
梅州市	**1439**	**750**	**689**	**1073**	**585**	**487**	**1227**	**681**	**546**	**1352**	**692**	**660**
梅江区	616	317	299	477	241	236	600	308	292	564	272	291
梅县区	264	142	122	215	112	103	228	122	105	293	150	143
五华县	46	16	30	39	24	15	26	14	13	19	9	11
兴宁市	514	275	238	342	208	134	373	237	136	476	261	215
汕尾市	**830**	**442**	**388**	**872**	**464**	**408**	**1458**	**771**	**687**	**1716**	**915**	**802**
城区	508	270	237	512	274	238	792	409	382	942	505	437
陆丰市	323	172	151	361	190	170	666	362	304	774	410	364
河源市	**1043**	**565**	**477**	**753**	**415**	**338**	**952**	**574**	**377**	**1188**	**573**	**615**
源城区	1043	565	477	753	415	338	952	574	377	1188	573	615
阳江市	**1066**	**605**	**461**	**851**	**476**	**375**	**1108**	**637**	**471**	**1199**	**626**	**573**
江城区	674	387	287	597	325	272	649	377	272	918	481	437
阳春市	392	219	173	254	150	104	460	261	199	280	145	136
清远市	**1855**	**1009**	**847**	**1332**	**755**	**577**	**1629**	**852**	**777**	**1815**	**924**	**891**
清城区	836	466	370	623	365	258	705	420	285	945	490	455
清新区	471	239	232	295	170	125	356	217	139	421	211	210
英德市	289	154	135	213	109	104	245	129	116	290	150	140
连州市	259	149	110	201	111	90	322	86	237	159	73	86
东莞市	**7732**	**4432**	**3300**	**6057**	**3587**	**2470**	**13683**	**7455**	**6228**	**22463**	**12236**	**10227**
中山市	**2689**	**1506**	**1183**	**2115**	**1157**	**957**	**4062**	**2780**	**1282**	**4817**	**2568**	**2249**
潮州市	**1381**	**752**	**629**	**1118**	**594**	**523**	**1602**	**838**	**764**	**1992**	**1033**	**959**
湘桥区	608	333	275	432	233	199	604	316	287	730	378	352
潮安区	773	419	354	685	361	324	998	521	477	1263	655	607
揭阳市	**2659**	**1440**	**1219**	**2328**	**1271**	**1057**	**3885**	**2210**	**1675**	**5309**	**2676**	**2634**
榕城区	1035	564	471	1017	559	458	1729	974	756	2444	1211	1233
揭东区	506	274	232	365	207	158	714	415	299	976	503	473
普宁市	1118	602	516	945	504	441	1442	822	620	1889	962	927
云浮市	**1080**	**590**	**490**	**786**	**432**	**354**	**765**	**451**	**315**	**1036**	**527**	**509**
云城区	514	296	218	378	209	170	363	217	146	643	317	326
云安区	54	30	24	29	14	14	27	17	9	53	25	28
罗定市	512	265	248	379	209	170	376	217	159	340	184	155

1-3a 续表 14 单位：人

地 区	25-29岁			30-34岁			35-39岁			40-44岁		
	小计	男	女	小计	男	女	小计	男	女	小计	男	女
梅州市	**1803**	**884**	**918**	**1869**	**875**	**994**	**1477**	**678**	**799**	**1965**	**933**	**1032**
梅江区	851	403	449	814	381	433	703	326	377	964	477	487
梅县区	378	187	192	375	175	200	243	102	141	363	162	201
五华县	22	7	16	25	9	16	19	8	12	16	7	10
兴宁市	551	288	263	655	310	345	512	243	269	622	287	335
汕尾市	**1385**	**740**	**645**	**1262**	**671**	**591**	**825**	**424**	**401**	**1030**	**510**	**520**
城区	813	426	387	853	457	396	556	277	279	702	347	354
陆丰市	571	314	258	409	214	195	269	147	122	328	162	166
河源市	**1340**	**655**	**685**	**1281**	**606**	**674**	**1154**	**569**	**585**	**1229**	**591**	**638**
源城区	1340	655	685	1281	606	674	1154	569	585	1229	591	638
阳江市	**1455**	**742**	**714**	**1460**	**766**	**693**	**1398**	**705**	**694**	**1648**	**814**	**833**
江城区	1108	576	533	1091	582	508	1012	512	500	1177	587	590
阳春市	347	166	181	369	184	185	386	192	194	470	227	243
清远市	**2404**	**1120**	**1284**	**2417**	**1128**	**1289**	**2118**	**1063**	**1056**	**2315**	**1189**	**1126**
清城区	1249	565	684	1185	536	648	1039	526	513	1153	590	562
清新区	452	219	233	505	237	268	464	238	227	492	246	245
英德市	410	194	216	416	208	207	342	169	173	375	200	176
连州市	293	142	151	312	146	166	273	131	142	296	153	143
东莞市	**29695**	**16533**	**13162**	**26837**	**15064**	**11773**	**22582**	**12838**	**9744**	**22594**	**12765**	**9829**
中山市	**6822**	**3495**	**3327**	**6215**	**3212**	**3003**	**5314**	**2819**	**2496**	**6065**	**3300**	**2765**
潮州市	**2159**	**1068**	**1091**	**1927**	**972**	**955**	**1669**	**866**	**803**	**2049**	**1039**	**1010**
湘桥区	894	425	469	839	418	422	800	399	402	1034	527	507
潮安区	1265	643	622	1087	554	534	869	468	401	1015	513	503
揭阳市	**4509**	**2289**	**2220**	**3166**	**1677**	**1489**	**2537**	**1331**	**1206**	**2912**	**1413**	**1499**
榕城区	1776	891	886	1162	629	533	1045	545	499	1362	639	723
揭东区	902	481	422	591	332	259	507	274	233	580	291	288
普宁市	1830	918	912	1413	716	697	986	512	474	971	483	488
云浮市	**1200**	**610**	**590**	**1096**	**560**	**536**	**972**	**488**	**484**	**1013**	**495**	**518**
云城区	730	379	351	636	331	305	588	299	289	611	304	307
云安区	57	28	30	59	29	30	50	26	25	44	24	20
罗定市	412	203	210	401	200	201	333	163	170	359	167	192

1-3a 续表 15

单位：人

地　区	45-49岁			50-54岁			55-59岁			60-64岁		
	小计	男	女	小计	男	女	小计	男	女	小计	男	女
梅州市	**1871**	**893**	**979**	**1930**	**866**	**1064**	**1560**	**749**	**812**	**1489**	**714**	**774**
梅江区	859	404	456	911	427	484	724	361	363	639	317	322
梅县区	350	168	182	371	163	207	301	142	158	275	131	144
五华县	28	13	16	37	15	22	24	10	15	25	18	7
兴宁市	634	309	326	612	261	351	512	236	276	550	248	301
汕尾市	**1096**	**550**	**546**	**872**	**436**	**437**	**756**	**373**	**384**	**658**	**325**	**333**
城区	738	374	365	607	301	305	487	237	250	437	218	219
陆丰市	358	176	182	266	135	131	269	136	133	221	107	114
河源市	**1091**	**547**	**543**	**837**	**426**	**411**	**594**	**320**	**275**	**428**	**216**	**212**
源城区	1091	547	543	837	426	411	594	320	275	428	216	212
阳江市	**1691**	**860**	**832**	**1449**	**733**	**717**	**918**	**457**	**461**	**844**	**403**	**442**
江城区	1200	606	594	1003	503	500	664	325	339	628	300	328
阳春市	492	254	238	446	229	217	254	132	122	216	103	113
清远市	**2248**	**1162**	**1086**	**1902**	**917**	**985**	**1229**	**611**	**619**	**1225**	**604**	**620**
清城区	1068	552	516	937	449	488	607	298	309	596	293	303
清新区	453	225	228	305	145	160	181	102	79	199	94	106
英德市	379	205	174	338	164	174	236	113	123	194	99	95
连州市	347	180	167	322	160	162	205	97	108	235	119	117
东莞市	**17690**	**9837**	**7853**	**10609**	**5968**	**4641**	**5506**	**3043**	**2463**	**4724**	**2435**	**2289**
中山市	**4849**	**2586**	**2263**	**3282**	**1721**	**1561**	**2015**	**993**	**1022**	**1945**	**1006**	**940**
潮州市	**2126**	**1073**	**1053**	**1969**	**1008**	**960**	**1562**	**771**	**791**	**1511**	**765**	**745**
湘桥区	1025	525	501	935	487	448	767	379	389	733	372	362
潮安区	1100	548	552	1034	521	513	795	393	402	777	393	384
揭阳市	**3382**	**1636**	**1746**	**2949**	**1446**	**1503**	**2458**	**1250**	**1208**	**2284**	**1137**	**1147**
榕城区	1678	808	870	1332	654	677	1137	575	562	1098	537	561
揭东区	699	336	363	659	327	332	525	282	243	435	224	211
普宁市	1005	492	513	959	465	494	796	393	403	751	376	375
云浮市	**1094**	**532**	**562**	**977**	**471**	**507**	**706**	**325**	**381**	**731**	**338**	**393**
云城区	654	332	322	560	275	285	356	169	187	360	166	194
云安区	48	20	28	52	30	23	27	14	12	31	17	14
罗定市	392	180	212	366	166	199	323	142	181	340	155	184

1-3a 续表 16

单位：人

地 区	65-69岁			70-74岁			75-79岁			80-84岁		
	小计	男	女	小计	男	女	小计	男	女	小计	男	女
梅州市	**1040**	**533**	**507**	**658**	**349**	**309**	**514**	**245**	**270**	**375**	**155**	**220**
梅江区	472	239	232	297	149	148	278	132	146	182	86	96
梅县区	184	85	99	134	76	58	85	41	43	66	22	44
五华县	19	11	9	10	4	6	8	3	5	10	6	4
兴宁市	365	198	167	218	121	97	144	68	76	117	41	76
汕尾市	**412**	**240**	**173**	**295**	**164**	**131**	**203**	**115**	**88**	**132**	**63**	**68**
城区	264	153	111	170	97	73	112	63	50	84	39	45
陆丰市	148	86	62	125	67	58	90	52	38	48	24	24
河源市	**307**	**158**	**150**	**229**	**111**	**118**	**171**	**77**	**94**	**126**	**50**	**76**
源城区	307	158	150	229	111	118	171	77	94	126	50	76
阳江市	**633**	**341**	**293**	**431**	**238**	**193**	**327**	**150**	**177**	**216**	**103**	**114**
江城区	462	256	205	303	168	134	233	107	126	155	74	81
阳春市	172	85	87	128	70	58	95	43	52	62	29	33
清远市	**796**	**386**	**410**	**542**	**274**	**268**	**373**	**166**	**207**	**259**	**105**	**154**
清城区	397	180	217	280	137	143	194	91	103	141	61	80
清新区	98	51	48	73	40	33	38	20	17	30	10	20
英德市	126	69	57	82	47	36	63	20	43	38	17	21
连州市	175	86	89	107	50	57	79	35	44	50	17	33
东莞市	**3029**	**1489**	**1540**	**1733**	**793**	**940**	**1283**	**583**	**701**	**885**	**378**	**506**
中山市	**1337**	**655**	**681**	**630**	**318**	**312**	**563**	**253**	**310**	**402**	**174**	**228**
潮州市	**881**	**431**	**450**	**485**	**224**	**261**	**391**	**173**	**218**	**303**	**134**	**169**
湘桥区	442	224	217	230	111	118	184	73	111	158	74	84
潮安区	440	207	233	255	112	143	208	100	108	145	60	85
揭阳市	**1302**	**695**	**608**	**845**	**433**	**412**	**615**	**318**	**297**	**410**	**175**	**235**
榕城区	649	344	305	416	220	196	296	150	147	194	79	115
揭东区	265	149	116	157	76	81	146	71	75	93	40	53
普宁市	388	202	187	272	137	135	173	98	75	123	56	68
云浮市	**445**	**248**	**197**	**260**	**136**	**124**	**223**	**108**	**114**	**138**	**49**	**89**
云城区	243	134	109	148	74	74	127	57	70	78	27	51
云安区	16	11	5	9	6	3	10	5	5	3	1	2
罗定市	186	103	83	102	56	47	86	47	39	58	21	36

1-3a 续表 17

单位：人

地区	85-89岁			90-94岁			95-99岁			100岁及以上		
	小计	男	女	小计	男	女	小计	男	女	小计	男	女
梅州市	**171**	**49**	**122**	**68**	**12**	**56**	**11**	**1**	**10**	**4**		**4**
梅江区	79	26	53	23	5	18	8	1	6	3		3
梅县区	28	5	23	21	2	19	2		2	1		1
五华县	2	2		1		1						
兴宁市	62	16	46	22	4	18	2		2	1		1
汕尾市	**64**	**32**	**32**	**19**	**9**	**10**	**6**	**1**	**4**	**3**		**3**
城区	36	19	18	12	3	8	4	1	3			
陆丰市	28	14	14	7	6	1	1	1	1	3		3
河源市	**49**	**15**	**33**	**12**	**4**	**7**	**3**	**1**	**2**			
源城区	49	15	33	12	4	7	3	1	2			
阳江市	**111**	**48**	**62**	**30**	**11**	**20**	**9**		**9**	**1**	**1**	
江城区	71	29	42	20	6	15	5		5	1	1	
阳春市	39	19	21	10	5	5	4		4			
清远市	**111**	**41**	**71**	**38**	**10**	**29**	**8**	**1**	**7**	**2**		**2**
清城区	52	20	32	19	4	15	3		3	1		1
清新区	9	2	6	6	2	4	2		2			
英德市	25	8	17	6	2	3	1	1		1		1
连州市	26	10	16	7	1	6	3		3			
东莞市	**501**	**186**	**315**	**171**	**46**	**124**	**35**	**13**	**22**	**7**	**2**	**5**
中山市	**236**	**92**	**144**	**82**	**19**	**63**	**23**	**5**	**18**			
潮州市	**173**	**74**	**99**	**49**	**13**	**36**	**5**		**5**			
湘桥区	84	38	45	25	4	22	2		2			
潮安区	89	36	53	24	9	15	3		3			
揭阳市	**242**	**103**	**138**	**82**	**26**	**56**	**11**	**3**	**9**	**1**		**1**
榕城区	109	46	63	40	13	27	7		7	1		1
揭东区	52	12	39	15	7	8	1	1				
普宁市	81	45	36	27	6	21	3	2	2			
云浮市	**77**	**29**	**47**	**26**	**6**	**19**	**5**		**5**	**1**		**1**
云城区	38	14	24	16	3	13	2		2	1		1
云安区	5	2	3	1		1						
罗定市	34	13	20	9	3	6	2		2			

1-3b 各地区分性别、年龄的人口（镇）

单位：人

地 区	人口数			0岁			1-4岁		
	合计	男	女	小计	男	女	小计	男	女
全 省	**512903**	**266846**	**246058**	**5499**	**2990**	**2509**	**26547**	**14604**	**11943**
广州市	**31387**	**16352**	**15035**	**254**	**139**	**114**	**1299**	**701**	**598**
白云区	8114	4153	3961	68	43	25	312	188	124
番禺区	1459	751	708	9	2	7	43	20	22
花都区	2718	1428	1290	30	18	12	135	63	72
南沙区	5349	2748	2601	28	15	13	168	88	80
萝岗区	425	258	166	4	3	1	18	11	7
从化区	2113	1171	942	19	10	9	120	66	54
增城区	11209	5842	5367	96	48	48	504	265	239
韶关市	**20911**	**10585**	**10326**	**251**	**135**	**116**	**1240**	**682**	**558**
武江区	537	285	253	3	1	2	40	21	19
浈江区	775	398	377	2		2	21	9	11
曲江区	1224	632	591	19	8	11	68	28	40
始兴县	2359	1145	1214	28	14	14	157	89	68
仁化县	2291	1175	1115	28	16	12	158	90	68
翁源县	3231	1626	1605	47	27	20	206	107	99
乳源瑶族自治县	2277	1140	1136	23	15	8	105	60	45
新丰县	3069	1565	1503	35	19	16	154	81	73
乐昌市	3619	1835	1784	44	23	21	214	133	81
南雄市	1530	782	748	22	12	9	118	63	55
珠海市	**7484**	**4178**	**3306**	**57**	**36**	**21**	**362**	**204**	**158**
香洲区	421	289	132				4	3	1
斗门区	3703	1961	1741	29	18	11	220	125	95
金湾区	3360	1928	1432	28	18	10	139	76	62
汕头市	**41601**	**21053**	**20548**	**528**	**272**	**257**	**1900**	**1001**	**900**
龙湖区	1676	835	841	12	6	6	98	53	45
濠江区	192	94	98	2	1		13	8	5
潮阳区	18861	9569	9292	235	114	121	856	448	407
潮南区	9459	4852	4606	154	82	72	452	238	215
澄海区	10048	5029	5019	108	60	48	433	231	202
南澳县	1365	672	692	18	9	10	49	23	25
佛山市	**12654**	**7150**	**5503**	**96**	**44**	**53**	**552**	**305**	**248**
禅城区	4691	2538	2152	36	17	19	228	120	108
南海区	1730	935	795	11	3	8	78	44	35
三水区	5336	3199	2137	38	18	20	200	116	84
高明区	896	478	419	11	5	6	45	24	21
江门市	**15571**	**7972**	**7599**	**124**	**70**	**53**	**634**	**339**	**295**
新会区	3470	1758	1712	40	21	19	154	76	78
台山市	3227	1625	1602	21	13	7	115	62	52
开平市	2153	1072	1081	9	7	2	108	58	50
鹤山市	2742	1390	1352	18	8	10	89	53	35
恩平市	3979	2127	1852	36	21	15	168	88	80

1-3b 续表 1

单位：人

地　　区	5-9岁			10-14岁			15-19岁			20-24岁		
	小计	男	女	小计	男	女	小计	男	女	小计	男	女
全　省	**34690**	**18989**	**15700**	**28544**	**15784**	**12760**	**40236**	**21355**	**18881**	**44705**	**23800**	**20905**
广州市	**1355**	**754**	**600**	**993**	**542**	**451**	**2496**	**1079**	**1417**	**2854**	**1668**	**1186**
白云区	341	185	156	248	137	112	1409	484	924	843	585	258
番禺区	74	49	25	45	28	17	93	51	42	124	53	71
花都区	138	81	57	91	57	34	101	52	49	198	98	100
南沙区	161	85	76	147	79	68	306	178	128	474	278	196
萝岗区	17	10	7	12	7	5	20	16	4	90	60	30
从化区	108	68	40	81	39	41	151	83	68	196	109	87
增城区	516	277	240	369	196	173	417	215	202	930	484	445
韶关市	**1473**	**813**	**661**	**1194**	**646**	**548**	**1066**	**577**	**489**	**1105**	**582**	**523**
武江区	51	30	21	28	13	15	23	12	11	27	14	13
浈江区	31	18	12	38	21	18	20	9	11	17	11	5
曲江区	86	46	41	64	37	27	57	29	27	77	46	30
始兴县	153	77	76	136	71	64	131	66	65	110	60	50
仁化县	173	97	76	136	77	59	111	60	51	116	58	58
翁源县	224	124	100	163	94	69	150	86	64	231	116	116
乳源瑶族自治县	131	65	66	138	62	75	117	64	53	127	70	57
新丰县	202	115	87	158	88	70	181	98	83	192	103	89
乐昌市	288	159	129	223	122	101	193	108	85	157	79	78
南雄市	134	81	53	112	62	50	82	44	39	53	26	27
珠海市	**388**	**203**	**185**	**283**	**158**	**125**	**378**	**228**	**151**	**691**	**434**	**257**
香洲区							8	5	3	23	19	4
斗门区	239	120	119	178	101	77	191	104	87	290	157	133
金湾区	149	82	66	105	56	48	179	118	61	378	258	120
汕头市	**2964**	**1572**	**1392**	**2667**	**1407**	**1260**	**4064**	**2132**	**1932**	**4557**	**2362**	**2195**
龙湖区	108	60	48	70	45	26	130	64	66	166	77	89
濠江区	14	7	7	8	4	4	16	8	8	20	10	10
潮阳区	1474	780	694	1365	709	657	2282	1193	1089	2406	1304	1102
潮南区	718	386	332	713	374	339	996	538	458	1089	543	546
澄海区	586	304	282	454	244	210	574	293	281	783	383	400
南澳县	63	34	29	56	31	24	65	36	29	93	45	48
佛山市	**534**	**290**	**244**	**391**	**226**	**165**	**629**	**401**	**228**	**1281**	**803**	**478**
禅城区	215	120	95	157	95	62	252	155	97	505	282	223
南海区	51	20	32	45	27	18	54	27	27	154	80	74
三水区	213	116	98	152	80	72	285	198	86	566	415	151
高明区	55	35	20	37	24	13	39	21	18	56	26	30
江门市	**717**	**377**	**340**	**601**	**299**	**302**	**815**	**407**	**408**	**1246**	**662**	**584**
新会区	167	84	84	142	71	72	155	69	87	262	132	130
台山市	130	75	55	109	53	56	137	72	65	247	137	110
开平市	114	58	56	109	57	52	154	65	89	123	59	64
鹤山市	111	52	59	101	43	58	144	77	67	296	156	140
恩平市	195	108	87	140	76	64	225	124	100	317	178	140

1-3b 续表 2

单位：人

地 区	25-29岁			30-34岁			35-39岁			40-44岁		
	小计	男	女	小计	男	女	小计	男	女	小计	男	女
全 省	**47265**	**24413**	**22852**	**41703**	**21729**	**19974**	**33927**	**17729**	**16198**	**38925**	**19880**	**19045**
广州市	**3654**	**1901**	**1753**	**3251**	**1683**	**1568**	**2632**	**1428**	**1204**	**2974**	**1614**	**1360**
白云区	931	510	421	813	408	404	597	294	304	697	374	323
番禺区	183	84	99	140	74	66	127	74	53	131	73	58
花都区	325	161	164	322	172	150	216	125	91	223	124	99
南沙区	584	271	313	470	251	220	442	237	205	598	314	284
萝岗区	79	50	29	42	19	23	27	15	12	25	13	13
从化区	253	138	115	205	118	88	203	115	88	195	116	79
增城区	1299	688	611	1259	643	616	1020	568	452	1105	600	504
韶关市	**1504**	**713**	**790**	**1505**	**724**	**781**	**1488**	**747**	**741**	**1801**	**903**	**898**
武江区	46	23	23	52	26	27	51	29	21	39	20	19
浈江区	29	15	15	40	22	18	55	27	28	63	33	30
曲江区	86	46	40	86	43	42	80	43	37	113	64	49
始兴县	177	80	97	184	88	95	174	86	88	218	110	108
仁化县	179	89	89	166	80	86	202	98	104	211	114	97
翁源县	223	106	118	206	94	112	174	98	76	259	118	140
乳源瑶族自治县	151	73	78	147	70	77	176	92	84	222	103	119
新丰县	312	150	163	276	131	145	217	110	107	235	111	124
乐昌市	200	91	109	248	119	129	255	111	144	309	161	148
南雄市	99	41	58	101	50	51	104	53	51	132	68	63
珠海市	**841**	**476**	**365**	**792**	**441**	**351**	**655**	**364**	**291**	**679**	**383**	**297**
香洲区	37	27	10	21	16	5	51	29	22	90	57	33
斗门区	413	226	187	413	215	198	324	174	150	302	158	144
金湾区	391	223	168	357	209	148	280	161	118	287	167	120
汕头市	**3874**	**1987**	**1887**	**2999**	**1527**	**1472**	**2228**	**1122**	**1106**	**2583**	**1285**	**1299**
龙湖区	135	67	67	129	66	64	93	48	45	112	48	64
濠江区	15	8	7	12	6	6	10	5	5	15	6	9
潮阳区	1714	867	847	1254	625	630	946	459	486	1105	531	574
潮南区	892	467	425	732	396	335	527	272	255	588	312	276
澄海区	1016	529	487	780	389	391	569	302	267	654	329	325
南澳县	102	50	53	92	46	47	84	36	47	110	59	51
佛山市	**1510**	**862**	**649**	**1411**	**806**	**605**	**1100**	**636**	**464**	**1300**	**740**	**560**
禅城区	571	306	265	518	285	233	328	189	139	393	214	179
南海区	208	119	89	184	104	80	186	100	86	237	130	107
三水区	661	398	263	620	375	245	509	304	205	592	355	236
高明区	70	38	32	89	42	47	77	43	34	79	41	37
江门市	**1571**	**812**	**759**	**1297**	**681**	**616**	**1096**	**585**	**511**	**1225**	**612**	**614**
新会区	332	168	164	297	163	134	231	119	112	261	144	117
台山市	284	152	132	224	117	107	176	93	83	242	101	141
开平市	227	101	126	180	87	93	149	82	67	168	80	88
鹤山市	325	163	163	297	140	157	274	153	121	262	138	124
恩平市	401	228	173	299	175	124	266	138	128	292	148	143

1-3b 续表 3

单位：人

地区	45-49岁			50-54岁			55-59岁			60-64岁		
	小计	男	女	小计	男	女	小计	男	女	小计	男	女
全　省	**40355**	**20525**	**19830**	**35369**	**17946**	**17422**	**26446**	**13401**	**13045**	**24149**	**12171**	**11978**
广州市	**2646**	**1393**	**1253**	**1996**	**1025**	**972**	**1334**	**672**	**661**	**1372**	**690**	**683**
白云区	537	299	237	339	174	166	240	128	112	268	131	137
番禺区	134	67	66	94	48	46	81	42	39	67	37	31
花都区	239	124	115	213	113	100	119	62	57	159	78	81
南沙区	546	277	269	389	191	199	262	135	126	262	135	127
萝岗区	17	13	5	27	14	13	17	9	9	13	9	4
从化区	171	93	78	138	80	58	93	48	45	65	34	31
增城区	1003	520	483	796	406	390	522	248	274	539	266	273
韶关市	**2077**	**1031**	**1046**	**1850**	**934**	**916**	**1198**	**599**	**599**	**1079**	**530**	**549**
武江区	45	26	19	32	17	15	33	18	15	25	12	13
浈江区	91	42	49	83	42	41	60	30	31	80	43	38
曲江区	130	66	64	101	55	46	62	32	30	67	30	37
始兴县	216	107	109	211	102	109	107	43	64	133	66	67
仁化县	210	104	106	187	97	90	109	56	52	108	49	59
翁源县	345	154	191	303	148	154	213	110	102	157	84	73
乳源瑶族自治县	262	138	124	205	109	96	125	58	67	94	44	51
新丰县	267	138	129	259	124	135	180	98	83	137	72	66
乐昌市	366	186	180	324	164	160	225	109	116	198	94	104
南雄市	145	70	74	146	76	70	84	45	39	79	37	42
珠海市	**675**	**364**	**311**	**518**	**292**	**226**	**376**	**194**	**182**	**302**	**160**	**141**
香洲区	87	59	28	65	48	17	21	14	6	8	8	
斗门区	293	151	142	203	107	96	186	87	99	156	83	73
金湾区	295	154	141	250	136	113	169	93	76	138	69	69
汕头市	**2838**	**1375**	**1464**	**2665**	**1336**	**1329**	**2125**	**1076**	**1049**	**2076**	**1007**	**1069**
龙湖区	129	63	67	120	56	64	114	60	55	107	55	51
濠江区	12	8	4	9	3	6	13	7	6	8	4	4
潮阳区	1242	598	644	1007	498	510	837	421	416	780	384	396
潮南区	571	269	301	496	257	239	393	194	199	434	215	219
澄海区	767	379	389	894	451	443	663	342	321	643	302	342
南澳县	117	58	59	137	70	67	106	53	53	104	48	56
佛山市	**1224**	**695**	**529**	**851**	**468**	**383**	**504**	**282**	**222**	**448**	**219**	**229**
禅城区	399	209	190	314	164	151	197	114	83	210	103	107
南海区	211	127	84	116	63	53	45	21	24	42	15	27
三水区	535	319	216	348	199	149	204	117	86	150	77	73
高明区	79	41	38	73	42	31	58	30	28	45	24	22
江门市	**1302**	**618**	**684**	**1234**	**589**	**645**	**985**	**517**	**467**	**1001**	**531**	**470**
新会区	313	143	169	273	128	144	235	127	109	244	134	110
台山市	281	127	154	313	147	166	235	125	110	245	119	126
开平市	146	78	68	159	71	87	150	85	65	141	75	66
鹤山市	240	116	124	174	91	83	104	46	57	116	66	50
恩平市	323	154	168	316	151	165	260	135	125	255	137	118

1-3b 续表 4

单位：人

地 区	65-69岁			70-74岁			75-79岁			80-84岁		
	小计	男	女	小计	男	女	小计	男	女	小计	男	女
全 省	**15701**	**8218**	**7483**	**10539**	**5379**	**5161**	**8326**	**4029**	**4297**	**5836**	**2458**	**3378**
广州市	**937**	**457**	**480**	**583**	**288**	**295**	**359**	**164**	**195**	**227**	**90**	**137**
白云区	207	95	112	131	66	65	62	26	36	34	15	19
番禺区	36	18	17	42	15	27	21	11	10	10	2	8
花都区	91	45	46	50	27	23	31	12	19	25	9	16
南沙区	219	94	124	130	64	66	82	33	48	43	14	29
萝岗区	6	5	1	4	3	1	2	1	1	1	1	
从化区	39	21	18	27	14	13	22	9	14	18	7	11
增城区	339	178	161	200	100	101	138	71	67	96	41	54
韶关市	**705**	**353**	**353**	**518**	**249**	**268**	**408**	**199**	**209**	**262**	**107**	**155**
武江区	20	10	10	7	6	1	5	2	3	3	2	1
浈江区	50	26	24	36	18	18	33	18	15	16	9	7
曲江区	44	25	19	30	13	17	21	10	10	18	8	10
始兴县	74	33	41	42	20	23	50	17	34	36	9	27
仁化县	74	36	38	53	25	28	30	14	17	22	6	16
翁源县	92	50	43	98	49	50	72	37	36	38	14	24
乳源瑶族自治县	75	34	41	62	26	37	64	34	30	32	19	13
新丰县	90	46	45	71	34	38	50	27	23	35	16	19
乐昌市	139	68	70	85	44	41	66	34	32	49	19	29
南雄市	48	25	23	32	16	16	16	7	9	13	4	9
珠海市	**204**	**113**	**90**	**98**	**51**	**47**	**65**	**30**	**35**	**64**	**29**	**35**
香洲区	4	3	1				1		1	1	1	
斗门区	107	61	46	60	31	29	33	16	17	34	14	20
金湾区	93	49	44	38	20	18	31	14	17	29	13	16
汕头市	**1314**	**631**	**683**	**780**	**386**	**394**	**619**	**275**	**344**	**466**	**187**	**279**
龙湖区	55	29	27	32	13	19	31	13	18	20	10	11
濠江区	8	2	5	5	2	3	4	2	2	5		4
潮阳区	515	254	260	296	148	148	227	111	116	170	70	100
潮南区	269	124	145	149	67	82	135	65	71	85	40	45
澄海区	404	189	215	255	137	118	192	70	122	166	59	106
南澳县	63	32	31	42	18	24	30	14	16	19	6	13
佛山市	**316**	**160**	**156**	**198**	**79**	**118**	**137**	**61**	**76**	**99**	**44**	**56**
禅城区	139	64	76	78	28	49	73	36	36	49	23	26
南海区	44	29	15	30	12	18	12	5	8	12	5	8
三水区	106	51	55	66	27	39	38	15	24	24	11	13
高明区	27	16	11	24	12	12	14	6	8	14	5	9
江门市	**646**	**352**	**294**	**385**	**214**	**171**	**299**	**151**	**147**	**204**	**90**	**114**
新会区	128	70	59	81	40	41	61	29	33	55	26	29
台山市	166	90	76	104	56	48	94	50	44	49	16	33
开平市	98	50	49	50	31	19	25	11	14	22	10	11
鹤山市	73	38	34	41	25	17	31	15	16	22	9	13
恩平市	180	104	76	110	63	47	87	46	41	57	29	28

1-3b 续表 5

单位：人

地 区	85-89岁			90-94岁			95-99岁			100岁及以上		
	小计	男	女	小计	男	女	小计	男	女	小计	男	女
全 省	**2898**	**1082**	**1815**	**1008**	**307**	**701**	**211**	**53**	**157**	**26**	**3**	**23**
广州市	**128**	**48**	**80**	**33**	**12**	**21**	**7**	**3**	**4**	**2**	**1**	**1**
白云区	32	10	22	1		1	3		3	1		1
番禺区	4	3	1	1		1						
花都区	11	6	5	4	2	2						
南沙区	27	6	21	9	1	8	1	1		1	1	
萝岗区	3	1	1	1		1						
从化区	7	2	5	2	1	1	1		1			
增城区	44	19	25	15	8	6	3	2	1			
韶关市	**142**	**49**	**93**	**38**	**11**	**26**	**6**	**2**	**5**	**1**		**1**
武江区	6	2	4	2		2						
浈江区	8	4	4	2	2	1						
曲江区	11	2	9	2	1	2	2	1	2			
始兴县	19	4	15	3	1	1						
仁化县	11	5	6	4	2	2	1		1			
翁源县	23	10	13	6	1	5						
乳源瑶族自治县	15	4	11	4	1	3						
新丰县	14	5	8	3	1	2	1	1				
乐昌市	28	10	17	8	2	6	2		2			
南雄市	7	2	6	3	1	2						
珠海市	**36**	**15**	**21**	**17**	**4**	**13**	**2**		**2**			
香洲区												
斗门区	20	8	11	10	1	8	1		1			
金湾区	17	6	10	7	2	4	1		1			
汕头市	**253**	**86**	**166**	**79**	**27**	**52**	**21**	**1**	**19**			
龙湖区	8	1	8	5	2	3						
濠江区	2	1		1								
潮阳区	105	46	59	32	10	22	12	1	11			
潮南区	48	9	39	15	5	10	4		4			
澄海区	80	27	52	24	10	14	4		4			
南澳县	10	3	8	3	1	2						
佛山市	**53**	**23**	**30**	**14**	**7**	**8**	**3**		**3**			
禅城区	21	11	10	5	3	2	2		2			
南海区	6	3	3	3	3							
三水区	22	7	15	6	1	5	1		1			
高明区	5	2	3	1		1						
江门市	**125**	**43**	**82**	**53**	**17**	**36**	**11**	**5**	**6**			
新会区	26	9	17	8	2	7	2	2				
台山市	38	14	24	16	5	11	2	1	1			
开平市	10	2	9	7	3	4	3	2	1			
鹤山市	16	1	15	4	1	3	3		3			
恩平市	35	17	17	18	7	11	2		1			

1-3b 续表 6 单位：人

地区	人口数			0岁			1-4岁		
	合计	男	女	小计	男	女	小计	男	女
湛江市	**41516**	**22175**	**19342**	**487**	**258**	**229**	**2556**	**1470**	**1086**
霞山区	152	81	72	3	1	1	11	6	6
坡头区	1823	970	853	19	14	4	137	74	64
麻章区	4298	2230	2067	42	28	14	287	156	131
遂溪县	7968	4270	3697	110	58	52	463	271	192
徐闻县	7841	4211	3630	82	39	43	500	274	226
廉江市	7787	4200	3587	117	55	62	515	313	202
雷州市	6526	3481	3045	59	32	27	349	199	151
吴川市	5121	2732	2389	56	31	25	294	178	115
茂名市	**30475**	**15874**	**14601**	**396**	**218**	**179**	**2171**	**1168**	**1003**
茂南区	1224	664	561	16	11	6	96	56	40
电白区	12295	6423	5871	162	93	70	967	511	456
高州市	6913	3603	3310	83	53	29	461	251	210
化州市	5550	2934	2616	79	41	38	355	191	164
信宜市	4493	2250	2243	56	20	36	292	159	133
肇庆市	**25014**	**13089**	**11925**	**252**	**156**	**96**	**1332**	**768**	**564**
鼎湖区	1057	558	500	11	8	3	55	36	18
广宁县	4767	2409	2358	56	34	22	281	169	112
怀集县	5787	2996	2791	75	50	24	362	209	153
封开县	3610	1829	1781	39	24	15	195	112	83
德庆县	2658	1405	1253	23	13	10	137	67	69
高要市	5530	2973	2557	41	22	19	232	132	100
四会市	1605	919	686	8	5	3	71	44	27
惠州市	**40088**	**21266**	**18821**	**322**	**163**	**159**	**2275**	**1268**	**1006**
惠城区	2790	1675	1115	26	13	13	104	70	34
惠阳区	2293	1206	1087	14	6	8	109	53	56
博罗县	16468	8859	7609	126	62	63	838	465	373
惠东县	14901	7628	7274	126	67	59	963	540	423
龙门县	3636	1899	1736	31	15	16	260	140	121
梅州市	**35921**	**17519**	**18402**	**468**	**246**	**222**	**1995**	**1097**	**897**
梅江区	223	105	118	1	1	1	11	4	6
梅县区	3323	1595	1727	27	13	13	164	83	80
大埔县	4895	2439	2456	48	25	23	279	150	129
丰顺县	6659	3381	3278	87	42	45	360	197	163
五华县	9814	4504	5310	149	87	62	576	325	251
平远县	3188	1583	1605	35	16	19	169	92	76
蕉岭县	3057	1537	1520	36	20	15	157	84	73
兴宁市	4762	2374	2388	84	40	43	280	161	119
汕尾市	**32709**	**17299**	**15410**	**364**	**201**	**163**	**1522**	**816**	**706**
城区	1797	920	877	38	18	20	102	52	50
海丰县	14605	7777	6829	155	82	73	772	425	347
陆河县	4311	2310	2001	61	37	25	159	88	71
陆丰市	11995	6292	5703	109	64	45	489	250	239

1-3b 续表 7

单位：人

地区	5-9岁			10-14岁			15-19岁			20-24岁		
	小计	男	女	小计	男	女	小计	男	女	小计	男	女
湛江市	**2879**	**1645**	**1234**	**2327**	**1337**	**990**	**3494**	**2029**	**1465**	**3852**	**2074**	**1779**
霞山区	12	5	7	4	2	2	6	4	2	17	10	7
坡头区	127	72	55	82	46	35	134	81	53	143	76	67
麻章区	263	154	109	221	126	95	380	208	172	519	213	306
遂溪县	591	351	240	468	263	205	610	337	272	643	350	293
徐闻县	547	320	227	414	240	174	538	332	206	667	371	296
廉江市	550	317	233	440	251	190	610	368	242	645	384	261
雷州市	404	217	186	374	222	152	689	388	301	696	379	317
吴川市	385	210	176	323	185	138	528	311	217	523	291	232
茂名市	**2490**	**1344**	**1146**	**2196**	**1271**	**926**	**2779**	**1667**	**1113**	**2616**	**1370**	**1246**
茂南区	88	49	39	57	34	23	77	45	32	140	78	62
电白区	956	515	440	764	444	320	992	595	397	1168	616	552
高州市	537	277	260	498	291	207	532	322	210	566	312	254
化州市	472	264	209	427	260	167	682	421	260	419	207	212
信宜市	437	239	198	450	242	208	497	284	213	324	157	166
肇庆市	**1718**	**965**	**753**	**1417**	**790**	**627**	**1709**	**981**	**728**	**1777**	**955**	**822**
鼎湖区	61	35	27	37	21	16	54	34	19	73	36	36
广宁县	365	210	155	236	135	101	235	142	92	272	147	125
怀集县	430	242	189	424	239	184	523	285	238	487	261	226
封开县	261	146	115	272	135	138	297	163	134	198	102	95
德庆县	176	101	75	143	83	60	174	101	73	178	88	89
高要市	332	180	152	244	146	97	349	203	146	462	256	205
四会市	93	52	41	62	31	31	77	52	25	109	63	46
惠州市	**2887**	**1616**	**1271**	**2064**	**1169**	**895**	**3105**	**1558**	**1547**	**3519**	**1827**	**1692**
惠城区	121	70	51	61	33	28	149	101	48	326	195	131
惠阳区	158	84	74	84	50	34	114	56	58	179	92	88
博罗县	1136	652	483	851	460	390	1167	719	449	1536	813	723
惠东县	1180	660	520	880	533	347	1358	475	882	1277	623	654
龙门县	292	150	142	188	93	95	316	207	109	202	104	97
梅州市	**2717**	**1437**	**1280**	**2179**	**1142**	**1038**	**2967**	**1192**	**1775**	**2134**	**1068**	**1066**
梅江区	14	8	6	11	3	8	11	4	6	17	6	11
梅县区	194	99	96	131	68	64	173	85	88	187	101	86
大埔县	426	221	205	317	158	159	257	144	113	206	96	110
丰顺县	517	266	252	381	204	178	437	230	207	434	223	211
五华县	803	444	360	792	399	392	1473	387	1086	627	315	312
平远县	220	114	106	177	97	80	199	111	88	142	76	66
蕉岭县	202	99	103	140	71	69	146	75	71	150	67	82
兴宁市	341	188	153	229	142	87	273	157	116	372	184	187
汕尾市	**2282**	**1235**	**1047**	**2137**	**1183**	**954**	**3189**	**1745**	**1444**	**3609**	**1920**	**1689**
城区	117	63	54	103	51	52	148	83	65	221	116	106
海丰县	1094	587	507	796	461	336	1100	638	462	1374	735	639
陆河县	303	178	125	270	158	112	466	254	211	457	243	214
陆丰市	767	408	360	968	514	454	1476	770	705	1556	827	730

1-3b 续表 8

单位：人

地区	25-29岁			30-34岁			35-39岁			40-44岁		
	小计	男	女	小计	男	女	小计	男	女	小计	男	女
湛江市	**4093**	**2152**	**1941**	**3003**	**1617**	**1387**	**2429**	**1293**	**1137**	**2530**	**1278**	**1251**
霞山区	21	13	8	10	7	3	16	8	8	11	6	6
坡头区	196	95	101	157	90	67	121	67	53	97	48	49
麻章区	430	237	193	382	211	172	267	140	126	251	122	129
遂溪县	732	378	354	559	286	272	492	263	229	532	286	245
徐闻县	792	429	363	574	313	262	507	273	234	506	252	253
廉江市	767	389	378	538	287	251	409	225	185	430	215	216
雷州市	674	364	310	446	238	207	372	191	180	417	214	204
吴川市	482	247	234	337	184	153	246	126	121	285	135	149
茂名市	**2524**	**1256**	**1268**	**1907**	**954**	**953**	**1480**	**728**	**752**	**1732**	**812**	**920**
茂南区	150	80	69	101	58	43	52	29	24	62	29	34
电白区	1189	589	599	909	462	447	661	341	320	707	340	368
高州市	533	259	274	400	209	191	308	133	175	438	214	224
化州市	448	233	216	352	176	176	286	150	136	312	148	164
信宜市	205	95	110	144	48	96	173	75	98	212	82	131
肇庆市	**1958**	**969**	**989**	**1813**	**931**	**882**	**1529**	**775**	**754**	**1896**	**993**	**903**
鼎湖区	114	59	55	86	44	42	49	26	23	81	43	38
广宁县	351	151	199	434	207	228	284	135	149	316	155	161
怀集县	458	222	236	379	197	182	288	148	140	410	210	200
封开县	202	90	112	212	107	105	209	98	111	260	130	130
德庆县	192	99	93	186	93	93	191	97	94	220	120	99
高要市	493	262	231	383	204	179	359	178	181	451	243	208
四会市	148	86	63	132	79	53	150	92	57	158	92	66
惠州市	**4085**	**2116**	**1969**	**4119**	**2225**	**1894**	**3253**	**1825**	**1427**	**3421**	**1813**	**1608**
惠城区	374	225	149	371	233	138	341	208	134	324	183	141
惠阳区	241	126	115	278	153	126	232	134	98	241	114	127
博罗县	1657	852	805	1744	930	815	1403	781	622	1419	755	665
惠东县	1536	777	760	1438	767	671	1005	568	438	1160	611	549
龙门县	277	138	139	288	142	145	271	135	137	277	151	126
梅州市	**2506**	**1174**	**1332**	**2430**	**1159**	**1271**	**2033**	**944**	**1089**	**2636**	**1266**	**1370**
梅江区	19	11	8	20	11	10	12	5	7	22	11	11
梅县区	286	139	147	235	117	119	163	60	103	236	111	125
大埔县	333	162	171	326	145	180	332	159	173	363	182	182
丰顺县	510	241	269	552	296	256	394	190	204	450	226	225
五华县	616	274	342	561	262	299	451	210	240	619	293	327
平远县	178	85	93	189	80	109	222	95	128	347	172	176
蕉岭县	206	106	100	209	98	111	208	97	111	269	128	142
兴宁市	358	157	201	337	151	186	251	128	123	328	145	184
汕尾市	**3071**	**1650**	**1421**	**2645**	**1423**	**1222**	**1806**	**944**	**862**	**2110**	**1024**	**1086**
城区	156	79	77	164	81	83	81	46	35	112	52	60
海丰县	1435	783	652	1342	723	619	868	452	415	1019	502	517
陆河县	367	201	166	284	145	139	224	114	110	307	145	162
陆丰市	1113	587	526	856	473	383	633	331	302	672	325	347

1-3b 续表 9

单位：人

地 区	45-49岁			50-54岁			55-59岁			60-64岁		
	小计	男	女	小计	男	女	小计	男	女	小计	男	女
湛江市	**2942**	**1509**	**1434**	**2870**	**1417**	**1453**	**2373**	**1216**	**1157**	**1826**	**921**	**905**
霞山区	9	3	6	12	8	5	6	3	3	6	2	3
坡头区	105	56	49	120	53	67	109	50	59	88	41	47
麻章区	269	143	126	242	116	125	224	115	109	172	88	84
遂溪县	613	327	286	565	284	281	491	264	227	349	169	180
徐闻县	604	312	292	595	302	292	450	232	218	323	172	151
廉江市	499	248	251	580	287	293	476	241	236	433	222	211
雷州市	490	253	237	436	216	220	359	183	177	238	126	112
吴川市	353	167	186	321	150	170	258	128	129	217	100	116
茂名市	**2162**	**1011**	**1150**	**2049**	**967**	**1082**	**1660**	**863**	**797**	**1349**	**744**	**606**
茂南区	78	34	43	64	37	27	71	35	36	56	30	25
电白区	823	404	419	817	393	424	649	326	323	475	267	207
高州市	548	249	299	525	240	285	394	212	182	357	204	153
化州市	343	162	181	328	150	178	289	151	138	235	121	113
信宜市	370	161	208	316	148	169	257	139	118	228	121	107
肇庆市	**2208**	**1145**	**1063**	**2030**	**1044**	**985**	**1419**	**703**	**716**	**1372**	**678**	**694**
鼎湖区	95	45	51	87	46	41	66	30	36	65	31	34
广宁县	366	183	183	383	180	202	327	159	169	317	155	162
怀集县	496	246	250	447	217	230	294	142	152	250	127	123
封开县	340	176	164	321	171	150	203	101	102	199	92	107
德庆县	242	125	117	215	115	100	163	80	83	131	67	64
高要市	501	268	232	441	236	205	283	147	136	339	174	165
四会市	168	101	66	137	79	57	82	44	38	71	32	39
惠州市	**3152**	**1681**	**1471**	**2544**	**1389**	**1155**	**1581**	**797**	**784**	**1342**	**676**	**666**
惠城区	262	155	107	145	92	53	64	38	26	50	23	27
惠阳区	202	109	93	169	94	75	75	39	36	65	32	33
博罗县	1267	688	579	1028	568	460	682	326	356	604	313	290
惠东县	1121	574	547	922	488	434	582	298	284	444	213	231
龙门县	300	155	145	280	147	134	178	95	83	180	95	85
梅州市	**2867**	**1400**	**1467**	**2764**	**1375**	**1388**	**2226**	**1092**	**1134**	**2109**	**1084**	**1025**
梅江区	22	12	10	22	12	11	12	6	6	12	7	5
梅县区	301	145	156	332	161	170	247	119	128	213	110	103
大埔县	377	190	186	400	198	202	362	184	178	315	167	148
丰顺县	481	249	232	448	223	226	418	204	213	434	210	224
五华县	627	279	348	627	301	326	495	234	262	518	267	252
平远县	324	160	164	277	137	139	180	93	87	170	84	85
蕉岭县	286	151	135	273	140	133	218	113	105	181	100	81
兴宁市	450	214	236	385	203	182	294	139	155	265	139	127
汕尾市	**2278**	**1152**	**1127**	**1954**	**952**	**1002**	**1609**	**829**	**780**	**1502**	**775**	**727**
城区	131	59	72	115	58	57	93	44	49	80	42	39
海丰县	1062	545	517	923	437	486	747	372	375	707	358	349
陆河县	330	163	166	272	139	134	229	117	112	167	92	76
陆丰市	756	385	371	644	318	326	541	296	244	547	283	264

1-3b 续表 10

单位：人

地 区	65-69岁			70-74岁			75-79岁			80-84岁		
	小计	男	女	小计	男	女	小计	男	女	小计	男	女
湛江市	**1242**	**696**	**546**	**936**	**472**	**464**	**751**	**370**	**380**	**528**	**243**	**285**
霞山区	4	3	1	1		1	1	1	1	1	1	
坡头区	74	46	28	45	27	18	30	17	13	19	10	9
麻章区	119	62	56	98	47	51	55	31	23	40	16	24
遂溪县	229	121	108	191	101	90	160	79	80	101	49	52
徐闻县	200	106	94	176	93	83	142	51	91	128	55	73
廉江市	251	146	105	173	80	94	173	97	76	99	44	55
雷州市	180	100	80	119	53	65	100	46	54	79	38	41
吴川市	186	113	73	134	73	61	90	48	42	62	30	32
茂名市	**951**	**506**	**445**	**708**	**367**	**341**	**602**	**306**	**296**	**399**	**200**	**199**
茂南区	47	23	24	26	15	11	20	8	12	9	6	3
电白区	347	174	172	227	118	109	233	120	113	134	63	71
高州市	215	120	95	185	98	87	138	74	64	119	57	62
化州市	169	88	81	125	60	65	105	48	57	76	41	35
信宜市	173	101	73	144	76	69	106	55	51	62	34	28
肇庆市	**927**	**478**	**449**	**666**	**333**	**333**	**492**	**234**	**258**	**317**	**126**	**191**
鼎湖区	47	24	24	26	14	12	24	13	12	15	8	7
广宁县	212	100	112	131	66	65	88	42	46	82	31	51
怀集县	155	72	83	120	55	66	105	44	61	48	18	30
封开县	125	67	58	103	45	58	92	40	52	51	18	33
德庆县	104	64	41	82	43	39	49	26	23	32	13	19
高要市	226	121	105	174	99	75	107	55	52	72	29	43
四会市	57	30	26	29	12	17	26	14	12	17	9	8
惠州市	**827**	**437**	**390**	**534**	**270**	**264**	**470**	**230**	**240**	**356**	**138**	**218**
惠城区	33	18	14	13	9	4	13	7	6	7	1	6
惠阳区	45	24	21	16	11	5	25	13	12	24	7	17
博罗县	351	190	161	223	108	115	187	84	102	151	65	85
惠东县	288	153	134	216	108	108	184	97	87	134	49	85
龙门县	110	51	59	66	35	32	62	29	33	39	15	24
梅州市	**1346**	**712**	**634**	**870**	**452**	**418**	**752**	**369**	**383**	**530**	**199**	**331**
梅江区	5	3	2	6	1	4	3	1	1	3	1	2
梅县区	117	62	55	93	49	44	94	39	55	79	24	55
大埔县	199	101	98	99	52	47	105	54	52	76	28	48
丰顺县	266	143	123	169	92	77	142	74	68	95	44	51
五华县	356	196	160	206	103	104	157	78	79	98	38	60
平远县	120	60	60	86	41	46	76	41	35	46	21	26
蕉岭县	124	63	60	91	55	36	76	40	36	54	20	34
兴宁市	160	85	76	120	59	60	99	42	57	79	24	55
汕尾市	**937**	**578**	**359**	**601**	**353**	**248**	**506**	**265**	**241**	**345**	**152**	**193**
城区	55	38	17	25	14	11	18	10	8	19	8	12
海丰县	425	269	156	275	168	107	259	131	128	166	72	94
陆河县	119	76	43	93	58	35	80	41	39	68	35	33
陆丰市	338	195	143	208	113	95	149	83	66	91	37	54

1-3b 续表 11

单位：人

地区	85-89岁			90-94岁			95-99岁			100岁及以上		
	小计	男	女	小计	男	女	小计	男	女	小计	男	女
湛江市	**276**	**132**	**144**	**95**	**38**	**57**	**20**	**8**	**12**	**6**		**6**
霞山区	1		1	1		1						
坡头区	16	6	11	4	1	3	1		1			
麻章区	23	11	12	12	3	8	3	2	1			
遂溪县	44	21	23	20	11	9	4		4	2		2
徐闻县	79	38	41	17	7	10	2		2			
廉江市	56	27	29	19	2	16	5	2	2	1		1
雷州市	33	17	16	9	4	5	2	1	1	1		1
吴川市	24	11	12	15	10	5	3	3		1		1
茂名市	**214**	**93**	**121**	**75**	**27**	**49**	**14**	**3**	**11**			
茂南区	7	5	2	6	2	3	1		1			
电白区	81	35	45	31	15	15	4	1	3			
高州市	57	23	34	17	3	15	4		4			
化州市	36	19	17	10	4	6	3	1	2			
信宜市	34	10	23	11	2	9	2	1	1			
肇庆市	**136**	**49**	**87**	**36**	**12**	**24**	**7**	**1**	**6**			
鼎湖区	9	4	5	2	1	1	1		1			
广宁县	23	8	15	7		7	1		1			
怀集县	31	11	21	4	1	3						
封开县	25	10	15	4	1	2	2	1	1			
德庆县	16	7	9	3	2	1						
高要市	25	10	16	13	7	6	2	1	1			
四会市	6		6	3		3	1		1			
惠州市	**156**	**48**	**109**	**60**	**17**	**43**	**13**	**2**	**11**	**3**	**1**	**2**
惠城区	4	1	3	3		3						
惠阳区	15	7	8	3		3	1		1	1	1	
博罗县	69	19	50	24	8	16	6		6			
惠东县	55	17	38	25	7	18	5	2	3	2		2
龙门县	14	4	11	4	1	3	1		1			
梅州市	**266**	**84**	**183**	**104**	**24**	**81**	**21**	**4**	**18**	**3**		**3**
梅江区	1	1					1		1			
梅县区	35	9	27	12	1	11	3	2	1	1		1
大埔县	52	17	35	20	5	15	4		4			
丰顺县	60	23	38	20	6	14	4		4			
五华县	40	11	29	18	4	15	3		3	1		1
平远县	18	6	13	10	2	8	2	1	1			
蕉岭县	22	7	14	9	4	5	2		2			
兴宁市	39	12	27	16	2	14	3	1	2			
汕尾市	**157**	**71**	**86**	**70**	**27**	**42**	**13**	**4**	**9**			
城区	14	5	9	4	3	1	1		1			
海丰县	58	27	31	27	9	18	1		1			
陆河县	29	15	15	18	9	9	6	3	3			
陆丰市	56	24	32	21	7	14	6	1	4			

1-3b 续表 12 单位：人

地 区	人口数			0岁			1-4岁		
	合计	男	女	小计	男	女	小计	男	女
河源市	**23310**	**11952**	**11357**	**263**	**144**	**119**	**1303**	**719**	**584**
紫金县	7231	3760	3472	74	39	35	401	226	175
龙川县	6180	3176	3004	68	39	29	332	194	138
连平县	3516	1763	1753	42	22	19	194	100	94
和平县	3328	1688	1640	44	26	17	212	115	97
东源县	3054	1566	1489	36	17	19	165	84	80
阳江市	**17950**	**9679**	**8270**	**177**	**106**	**71**	**869**	**486**	**383**
江城区	2331	1213	1118	20	10	11	98	48	51
阳西县	5069	2705	2364	42	27	15	253	146	108
阳东县	6260	3516	2744	58	34	23	248	130	119
阳春市	4290	2245	2045	58	35	22	269	163	106
清远市	26952	13956	12996	406	237	169	1751	985	766
清城区	6425	3470	2956	113	73	39	393	214	179
清新区	3285	1749	1536	38	25	13	166	105	62
佛冈县	3624	1895	1730	54	35	19	213	116	97
阳山县	3787	1904	1882	58	29	29	267	144	122
连山壮族瑶族自治县	969	481	487	15	8	8	71	34	37
连南瑶族自治县	1707	863	844	21	13	7	139	79	60
英德市	6260	3137	3123	93	44	48	427	253	174
连州市	895	457	438	15	10	6	75	40	35
东莞市	**3526**	**2146**	**1379**	**2**	**2**		**33**	**22**	**12**
中山市	**24235**	**13355**	**10880**	**208**	**115**	**94**	**1086**	**594**	**492**
潮州市	**23382**	**11497**	**11884**	**196**	**97**	**99**	**1007**	**541**	**466**
湘桥区	3598	1573	2025	34	14	20	147	74	73
潮安区	7674	3894	3781	71	37	34	355	198	157
饶平县	12109	6031	6078	91	47	45	505	268	237
揭阳市	**43732**	**22489**	**21243**	**453**	**256**	**198**	**1687**	**915**	**772**
榕城区	3129	1631	1498	29	18	12	128	74	53
揭东区	6283	3285	2998	62	34	27	232	122	109
揭西县	7935	4046	3889	92	49	43	352	206	146
惠来县	13750	7013	6737	126	73	53	510	255	255
普宁市	12635	6514	6121	144	81	63	467	257	209
云浮市	**14488**	**7259**	**7229**	**194**	**97**	**97**	**972**	**524**	**448**
云城区	241	114	127	4	2	2	30	11	19
云安区	1380	709	672	23	13	10	104	63	41
新兴县	4983	2481	2502	48	23	25	246	139	107
郁南县	4807	2416	2391	70	35	35	332	175	156
罗定市	3076	1539	1537	50	24	25	260	136	125

1-3b 续表 13 单位：人

地 区	5-9岁			10-14岁			15-19岁			20-24岁		
	小计	男	女	小计	男	女	小计	男	女	小计	男	女
河源市	**2190**	**1205**	**985**	**1500**	**836**	**663**	**1635**	**917**	**718**	**1452**	**711**	**741**
紫金县	673	383	290	468	269	199	606	364	242	505	237	268
龙川县	613	334	279	447	241	206	347	185	162	331	179	152
连平县	314	168	146	197	106	90	208	110	98	220	100	120
和平县	326	169	157	204	114	90	298	163	134	180	84	96
东源县	264	151	113	185	106	79	177	94	82	215	109	106
阳江市	**1185**	**672**	**513**	**847**	**496**	**351**	**1009**	**612**	**397**	**1446**	**820**	**626**
江城区	117	59	57	99	56	43	128	72	56	210	108	102
阳西县	330	193	137	247	139	108	342	210	132	437	255	183
阳东县	393	224	169	275	166	108	316	200	116	552	332	220
阳春市	345	196	150	227	135	92	223	130	93	246	125	121
清远市	2002	1090	912	1391	784	608	1335	758	577	1842	1002	840
清城区	430	225	205	313	189	124	307	175	132	522	309	213
清新区	232	127	106	171	103	68	174	97	77	265	153	112
佛冈县	251	130	121	179	104	75	199	112	87	309	164	145
阳山县	287	165	122	176	87	88	184	114	70	236	119	117
连山壮族瑶族自治县	77	42	36	48	21	26	44	23	21	54	25	29
连南瑶族自治县	165	99	66	113	61	52	70	36	34	58	32	27
英德市	482	265	217	341	191	150	332	185	147	358	179	179
连州市	76	36	39	50	27	23	26	16	10	41	22	19
东莞市	**58**	**32**	**27**	**80**	**50**	**30**	**171**	**83**	**88**	**412**	**224**	**188**
中山市	**1073**	**591**	**483**	**949**	**565**	**384**	**1627**	**988**	**639**	**2352**	**1400**	**952**
潮州市	**1435**	**749**	**686**	**1263**	**682**	**580**	**1858**	**944**	**914**	**2256**	**996**	**1260**
湘桥区	200	104	95	173	91	82	248	114	134	624	127	497
潮安区	460	251	209	390	215	175	669	350	319	769	410	359
饶平县	775	394	381	700	377	323	941	479	461	863	459	404
揭阳市	**3167**	**1761**	**1405**	**3229**	**1732**	**1497**	**4930**	**2575**	**2355**	**4684**	**2380**	**2304**
榕城区	215	136	79	192	108	84	306	151	155	360	198	162
揭东区	339	190	149	379	210	169	619	328	291	664	340	324
揭西县	526	283	243	460	236	223	766	407	359	714	358	356
惠来县	1054	566	488	1165	601	563	1720	919	801	1506	757	749
普宁市	1032	585	447	1034	576	458	1520	771	750	1440	727	713
云浮市	**1175**	**638**	**537**	**836**	**469**	**367**	**978**	**483**	**495**	**1018**	**542**	**476**
云城区	19	7	12	11	6	4	16	8	7	18	10	8
云安区	106	57	49	74	39	35	76	49	27	131	70	61
新兴县	335	183	152	225	133	92	456	184	272	368	197	171
郁南县	376	208	168	283	159	123	233	130	104	308	150	157
罗定市	338	183	155	244	132	112	197	111	86	194	115	79

1-3b 续表 14 单位：人

地 区	25-29岁			30-34岁			35-39岁			40-44岁		
	小计	男	女	小计	男	女	小计	男	女	小计	男	女
河源市	**1749**	**841**	**908**	**1920**	**929**	**992**	**1791**	**878**	**913**	**1827**	**938**	**889**
紫金县	527	259	268	564	271	293	509	242	267	548	297	251
龙川县	475	228	247	545	264	281	548	271	277	487	243	244
连平县	293	144	149	293	144	148	241	122	119	252	125	127
和平县	218	102	116	247	113	133	254	119	135	275	137	138
东源县	235	108	128	272	136	136	238	123	115	264	136	128
阳江市	**1665**	**919**	**746**	**1379**	**739**	**640**	**1289**	**686**	**602**	**1474**	**749**	**725**
江城区	235	126	109	180	105	75	144	80	64	204	100	103
阳西县	409	214	194	325	169	156	284	146	138	406	183	223
阳东县	646	390	256	537	310	227	550	303	247	551	305	246
阳春市	376	189	187	337	155	183	310	157	153	313	160	153
清远市	2281	1123	1158	2375	1206	1169	1902	964	937	2174	1128	1046
清城区	645	343	302	613	339	274	533	276	256	566	314	252
清新区	255	124	131	260	138	123	213	116	97	243	128	115
佛冈县	366	182	183	329	169	160	253	136	117	295	160	136
阳山县	282	131	151	329	171	158	199	103	97	269	134	135
连山壮族瑶族自治县	66	34	31	78	36	42	70	35	35	67	37	30
连南瑶族自治县	93	43	50	124	47	77	136	63	73	136	74	63
英德市	522	238	284	566	269	297	444	211	234	537	249	288
连州市	52	28	25	74	37	37	53	25	28	60	33	27
东莞市	**518**	**347**	**171**	**535**	**332**	**203**	**480**	**271**	**209**	**576**	**359**	**217**
中山市	**3264**	**1792**	**1472**	**2788**	**1514**	**1274**	**2296**	**1312**	**983**	**2397**	**1306**	**1091**
潮州市	**1724**	**872**	**852**	**1513**	**735**	**779**	**1346**	**665**	**682**	**1742**	**851**	**891**
湘桥区	247	125	121	224	107	118	187	90	98	243	121	122
潮安区	667	335	332	497	261	236	454	231	223	566	263	303
饶平县	811	412	398	792	367	426	705	343	362	932	467	465
揭阳市	**3732**	**1889**	**1843**	**3025**	**1605**	**1420**	**2224**	**1140**	**1084**	**2862**	**1344**	**1518**
榕城区	241	126	115	187	99	88	201	94	107	253	120	133
揭东区	478	261	217	367	187	180	252	123	128	445	202	243
揭西县	722	363	359	624	331	293	458	239	218	515	249	266
惠来县	1207	617	590	939	509	430	720	349	371	862	400	462
普宁市	1085	522	563	908	479	429	593	334	259	786	372	414
云浮市	**1141**	**561**	**579**	**996**	**501**	**495**	**872**	**422**	**450**	**986**	**483**	**503**
云城区	16	7	9	15	8	7	12	4	7	15	7	8
云安区	135	66	68	82	39	42	61	28	32	81	40	41
新兴县	420	210	211	403	210	193	354	184	170	390	193	197
郁南县	374	185	189	313	152	161	303	137	166	345	172	173
罗定市	196	93	102	184	91	93	143	69	74	155	71	84

1-3b 续表 15

单位：人

地 区	45-49岁			50-54岁			55-59岁			60-64岁		
	小计	男	女	小计	男	女	小计	男	女	小计	男	女
河源市	**1855**	**941**	**914**	**1723**	**875**	**848**	**1112**	**572**	**540**	**945**	**491**	**453**
紫金县	557	290	267	555	273	282	312	154	158	283	148	135
龙川县	484	246	237	444	230	214	288	152	137	251	127	124
连平县	272	128	143	291	146	145	213	108	105	166	89	77
和平县	268	143	126	228	118	111	150	77	74	128	63	65
东源县	274	134	140	205	109	96	148	82	67	117	64	53
阳江市	**1561**	**789**	**772**	**1370**	**726**	**644**	**915**	**472**	**443**	**924**	**483**	**441**
江城区	194	101	93	181	85	96	123	61	61	134	73	61
阳西县	465	231	234	393	205	189	293	152	141	262	139	123
阳东县	515	262	254	432	244	188	303	157	146	322	174	148
阳春市	387	196	192	364	193	171	196	101	95	206	97	109
清远市	2308	1173	1134	1992	1009	983	1369	681	688	1339	673	666
清城区	541	294	247	419	215	204	236	123	113	312	150	162
清新区	274	133	141	253	131	123	199	99	100	179	94	85
佛冈县	324	161	162	253	133	119	154	79	75	144	76	68
阳山县	316	163	154	309	144	166	243	109	133	210	109	101
连山壮族瑶族自治县	81	45	36	77	41	36	54	26	28	58	24	34
连南瑶族自治县	156	86	70	110	55	54	105	50	55	111	48	62
英德市	543	250	293	490	253	237	326	170	156	267	139	127
连州市	73	42	31	80	37	43	52	24	28	59	32	26
东莞市	**387**	**249**	**138**	**136**	**95**	**41**	**58**	**38**	**20**	**40**	**25**	**15**
中山市	**2003**	**1088**	**915**	**1380**	**744**	**636**	**852**	**458**	**394**	**746**	**350**	**395**
潮州市	**1867**	**932**	**936**	**1785**	**894**	**890**	**1479**	**722**	**757**	**1442**	**686**	**756**
湘桥区	244	124	120	225	114	111	214	104	110	210	99	111
潮安区	638	307	331	559	281	278	462	239	223	441	207	234
饶平县	985	501	485	1001	499	502	803	379	425	791	380	411
揭阳市	**2832**	**1413**	**1419**	**2528**	**1285**	**1243**	**2463**	**1238**	**1225**	**2188**	**1076**	**1112**
榕城区	284	135	149	186	99	87	173	95	77	153	65	88
揭东区	473	227	247	474	255	220	430	237	193	349	184	165
揭西县	516	246	270	447	212	234	497	235	262	441	207	233
惠来县	828	429	399	761	383	379	727	362	365	606	313	293
普宁市	730	376	354	659	336	324	635	309	327	640	307	333
云浮市	**1171**	**566**	**605**	**1128**	**530**	**598**	**808**	**378**	**430**	**748**	**373**	**375**
云城区	20	11	9	17	9	8	16	7	8	11	5	6
云安区	127	60	66	115	56	59	73	36	37	67	35	32
新兴县	377	190	187	358	167	191	246	120	126	225	105	120
郁南县	425	202	223	401	195	206	301	147	154	264	136	128
罗定市	222	103	119	237	102	135	173	69	104	182	92	90

1-3b 续表 16

单位：人

地　　区	65-69岁			70-74岁			75-79岁			80-84岁		
	小计	男	女	小计	男	女	小计	男	女	小计	男	女
河源市	**610**	**310**	**300**	**547**	**272**	**275**	**409**	**188**	**221**	**305**	**131**	**174**
紫金县	188	92	97	170	83	86	132	61	71	108	53	55
龙川县	152	82	70	146	71	75	91	44	47	75	32	43
连平县	104	53	50	89	45	44	68	30	38	38	13	24
和平县	93	46	47	79	41	37	59	28	31	43	19	24
东源县	73	37	36	64	31	33	58	24	34	42	14	28
阳江市	**617**	**333**	**284**	**433**	**230**	**203**	**350**	**168**	**182**	**254**	**117**	**137**
江城区	90	49	41	56	30	25	58	22	36	29	11	19
阳西县	168	95	73	150	79	71	123	58	65	88	41	47
阳东县	191	104	87	124	67	56	99	51	48	78	38	40
阳春市	169	86	83	104	53	50	69	36	33	59	27	32
清远市	842	415	428	614	294	321	474	225	249	347	148	199
清城区	177	85	92	104	53	51	81	42	39	65	31	35
清新区	130	67	63	91	52	40	63	27	36	53	22	31
佛冈县	98	45	54	75	36	39	64	30	34	46	19	27
阳山县	141	65	75	117	50	67	75	35	40	57	26	31
连山壮族瑶族自治县	32	17	15	26	10	16	22	11	11	18	10	8
连南瑶族自治县	61	34	27	36	14	21	34	15	20	21	8	13
英德市	169	86	83	134	63	71	113	55	59	74	29	46
连州市	34	15	19	30	16	15	21	11	11	12	5	7
东莞市	**30**	**13**	**17**	**5**	**5**		**2**		**2**	**5**	**2**	**3**
中山市	**504**	**249**	**255**	**281**	**136**	**145**	**187**	**74**	**113**	**131**	**50**	**81**
潮州市	**915**	**443**	**471**	**566**	**280**	**285**	**469**	**229**	**241**	**312**	**125**	**187**
湘桥区	124	64	61	90	38	52	72	32	40	46	18	28
潮安区	250	124	125	144	70	74	127	60	67	97	37	60
饶平县	540	255	285	332	173	159	270	136	134	169	70	99
揭阳市	**1346**	**732**	**614**	**826**	**445**	**381**	**686**	**358**	**328**	**494**	**211**	**283**
榕城区	95	54	41	49	24	25	42	20	22	25	10	15
揭东区	235	133	102	183	100	83	131	79	52	100	42	58
揭西县	284	160	124	175	102	74	155	76	80	107	51	56
惠来县	392	204	188	214	97	117	165	87	78	131	50	82
普宁市	340	181	160	205	122	83	193	96	96	131	57	74
云浮市	**485**	**249**	**235**	**389**	**201**	**189**	**289**	**133**	**156**	**193**	**73**	**120**
云城区	10	4	6	6	3	3	3	2	1	3	1	2
云安区	41	20	21	32	18	14	22	9	13	19	5	14
新兴县	177	83	93	149	73	76	100	48	53	75	32	43
郁南县	153	87	66	129	64	64	98	41	57	62	24	38
罗定市	104	54	50	73	43	31	66	34	32	33	9	24

1-3b 续表 17

单位：人

地　区	85-89岁			90-94岁			95-99岁			100岁及以上		
	小计	男	女	小计	男	女	小计	男	女	小计	男	女
河源市	**125**	**42**	**83**	**39**	**9**	**30**	**7**	**3**	**4**	**1**	**1**	**1**
紫金县	38	14	23	8	3	6	4	2	2			
龙川县	40	12	28	15	2	12	1		1	1	1	1
连平县	17	5	12	5		5	1					
和平县	15	7	8	6	1	4						
东源县	16	4	12	5	2	4	1	1				
阳江市	**121**	**52**	**68**	**54**	**20**	**34**	**8**	**3**	**5**	**2**	**1**	**1**
江城区	19	12	8	11	5	6	1		1			
阳西县	32	14	17	19	8	11	2	1	1	1		1
阳东县	48	16	32	15	6	9	4	1	3	1	1	1
阳春市	21	10	12	10	2	8	1		1			
清远市	148	53	95	50	10	40	9	1	9	2		2
清城区	36	14	21	17	5	13	1		1			
清新区	22	8	14	3	1	2						
佛冈县	14	8	6	1		1	2	1	2	1		1
阳山县	22	6	16	9	1	8	1		1			
连山壮族瑶族自治县	6	1	5	2	1	2						
连南瑶族自治县	13	6	8	3	1	2						
英德市	27	7	20	10	1	10	2		2	1		1
连州市	8	3	6	4	1	3	2		2			
东莞市												
中山市	**79**	**26**	**53**	**23**	**3**	**19**	**8**		**8**			
潮州市	**151**	**45**	**106**	**47**	**9**	**37**	**9**	**1**	**8**	**1**		**1**
湘桥区	33	10	23	11	2	8	2	1	2			
潮安区	45	17	28	11	1	10	4		4			
饶平县	73	18	55	25	6	19	2		2	1		1
揭阳市	**256**	**97**	**159**	**97**	**30**	**67**	**20**	**8**	**13**	**3**		**3**
榕城区	7	2	5	3	1	2						
揭东区	50	22	27	14	5	9	6	2	4	1		1
揭西县	61	23	38	20	9	11	5	3	2			
惠来县	78	35	43	30	6	24	6	1	5	2		2
普宁市	60	15	45	30	9	21	3	2	2			
云浮市	**74**	**27**	**47**	**24**	**4**	**20**	**9**	**5**	**4**	**1**		**1**
云城区	2	1	1	1		1						
云安区	11	5	7	3		2						
新兴县	22	4	17	7	1	6	3	2	1			
郁南县	24	11	13	7	1	6	5	3	2	1		1
罗定市	16	6	9	6	1	6	2		2	1		1

1-3c 各地区分性别、年龄的人口（乡村）

单位：人

地区	人口数			0岁			1-4岁		
	合计	男	女	小计	男	女	小计	男	女
全省	**971938**	**503213**	**468725**	**12821**	**7077**	**5744**	**56509**	**30470**	**26039**
广州市	**55651**	**29194**	**26457**	**583**	**317**	**265**	**2819**	**1493**	**1325**
白云区	13332	7097	6234	95	50	46	527	273	254
番禺区	6582	3541	3040	68	41	27	242	121	121
花都区	9593	4993	4601	101	60	41	497	262	235
南沙区	5171	2688	2483	44	20	25	203	111	92
萝岗区	2163	1092	1071	33	19	14	140	83	58
从化区	9836	4983	4852	153	86	67	696	368	328
增城区	8975	4799	4176	88	42	46	514	277	237
韶关市	**38174**	**19167**	**19007**	**578**	**309**	**268**	**2460**	**1356**	**1105**
武江区	1593	819	773	24	12	12	118	64	54
浈江区	1889	880	1009	19	9	10	85	47	38
曲江区	3812	1796	2016	48	28	21	224	125	99
始兴县	3701	1861	1840	54	32	23	232	126	106
仁化县	3621	1812	1809	43	22	21	296	166	130
翁源县	6565	3378	3187	122	66	55	460	229	231
乳源瑶族自治县	2969	1504	1465	54	26	28	207	107	100
新丰县	3017	1547	1470	50	26	24	156	92	65
乐昌市	5912	3035	2877	84	43	41	390	236	155
南雄市	5094	2534	2560	78	45	34	292	165	127
珠海市	**5217**	**2842**	**2375**	**49**	**29**	**20**	**255**	**142**	**113**
斗门区	5217	2842	2375	49	29	20	255	142	113
汕头市	**47634**	**23796**	**23838**	**628**	**326**	**302**	**2363**	**1227**	**1136**
龙湖区	2681	1325	1356	29	15	14	147	76	71
金平区	524	256	268	9	3	6	35	15	19
濠江区	2727	1308	1419	41	17	24	179	97	82
潮阳区	19537	9740	9797	277	145	133	941	491	450
潮南区	15480	7849	7631	205	114	91	712	370	342
澄海区	6283	3117	3165	61	30	32	333	170	163
南澳县	402	201	201	5	3	3	17	8	9
佛山市	**10716**	**5700**	**5016**	**156**	**88**	**68**	**448**	**220**	**228**
南海区	3339	1777	1562	64	42	21	167	82	85
顺德区	1034	537	497	3	3		35	20	15
三水区	4983	2669	2314	42	17	24	200	91	109
高明区	1359	716	643	48	25	23	47	27	19
江门市	**45251**	**23073**	**22178**	**358**	**175**	**183**	**1610**	**818**	**792**
蓬江区	105	53	52	1		1	5	3	2
新会区	8821	4485	4336	103	49	54	362	178	184
台山市	14887	7492	7395	116	58	58	461	227	234
开平市	8929	4571	4359	72	36	36	316	171	145
鹤山市	5610	2833	2777	47	21	26	200	105	96
恩平市	6898	3639	3259	20	12	8	265	135	131

1-3c 续表 1

单位：人

地　区	5-9岁			10-14岁			15-19岁			20-24岁		
	小计	男	女	小计	男	女	小计	男	女	小计	男	女
全　省	**74208**	**40357**	**33851**	**61514**	**34269**	**27245**	**78203**	**42208**	**35995**	**82705**	**43226**	**39479**
广州市	**2850**	**1518**	**1332**	**2056**	**1112**	**943**	**3088**	**1660**	**1428**	**5256**	**2712**	**2544**
白云区	570	297	273	429	239	190	647	335	312	1520	736	783
番禺区	228	121	107	183	101	82	310	172	138	603	353	250
花都区	573	298	276	331	177	153	430	237	192	735	397	339
南沙区	197	98	99	179	97	82	295	179	116	491	262	229
萝岗区	129	74	55	94	54	40	144	76	68	201	91	110
从化区	612	334	278	465	233	232	728	367	362	908	451	457
增城区	541	296	245	375	211	165	534	295	239	799	422	377
韶关市	**2626**	**1431**	**1195**	**2169**	**1190**	**978**	**2519**	**1116**	**1403**	**2358**	**1175**	**1183**
武江区	128	64	64	79	45	34	86	43	43	107	56	51
浈江区	97	55	41	60	29	31	199	38	161	206	99	107
曲江区	273	146	127	175	95	80	449	88	362	244	127	116
始兴县	224	125	99	192	107	85	221	118	103	232	108	124
仁化县	272	147	125	210	102	108	202	112	91	184	79	104
翁源县	403	212	191	351	198	153	304	172	132	479	253	226
乳源瑶族自治县	213	112	100	166	91	75	197	100	97	196	96	100
新丰县	211	120	91	180	96	84	216	113	104	207	108	99
乐昌市	455	252	203	413	234	179	326	169	157	287	141	146
南雄市	351	198	154	343	193	149	319	164	155	216	107	109
珠海市	**242**	**120**	**122**	**203**	**118**	**85**	**453**	**327**	**126**	**427**	**242**	**185**
斗门区	242	120	122	203	118	85	453	327	126	427	242	185
汕头市	**3682**	**1933**	**1749**	**3478**	**1845**	**1633**	**5251**	**2651**	**2601**	**5066**	**2579**	**2487**
龙湖区	192	102	89	139	77	62	199	98	100	246	120	127
金平区	31	13	17	13	9	5	43	23	20	51	30	21
濠江区	191	90	101	153	70	83	318	152	167	295	139	156
潮阳区	1599	857	742	1528	797	731	2459	1269	1190	2111	1098	1013
潮南区	1249	664	585	1353	740	614	1840	914	927	1789	907	882
澄海区	407	199	208	281	147	133	376	188	188	539	269	270
南澳县	14	7	7	10	5	5	15	6	9	36	17	18
佛山市	**427**	**244**	**183**	**426**	**222**	**204**	**478**	**263**	**215**	**936**	**538**	**397**
南海区	106	69	37	130	64	66	149	74	74	302	170	133
顺德区	47	21	26	45	27	18	41	24	17	111	57	54
三水区	218	117	102	212	107	105	230	135	95	435	269	166
高明区	56	37	19	38	24	14	59	29	29	87	42	44
江门市	**1933**	**1019**	**914**	**1786**	**958**	**829**	**2362**	**1286**	**1076**	**3555**	**1912**	**1643**
蓬江区	5	2	3	5	3	3	7	4	2	9	5	3
新会区	407	211	196	324	173	150	425	223	202	634	316	319
台山市	618	313	304	581	298	284	689	376	313	1078	567	511
开平市	357	184	174	389	214	176	498	273	224	654	349	306
鹤山市	268	147	121	257	136	121	332	172	160	419	224	196
恩平市	277	162	115	230	135	95	412	238	174	760	451	309

1-3c 续表 2 单位：人

地 区	25-29岁			30-34岁			35-39岁			40-44岁		
	小计	男	女	小计	男	女	小计	男	女	小计	男	女
全 省	**78815**	**40013**	**38802**	**67727**	**34957**	**32770**	**53964**	**28028**	**25937**	**63330**	**30973**	**32357**
广州市	**6388**	**3360**	**3028**	**5761**	**3094**	**2667**	**4224**	**2412**	**1812**	**4618**	**2426**	**2192**
白云区	1677	934	743	1420	795	626	1136	688	448	1244	669	575
番禺区	977	491	486	764	410	355	577	330	248	630	353	277
花都区	1097	573	524	1110	581	529	717	412	306	779	410	370
南沙区	648	338	310	481	257	224	353	199	154	510	266	243
萝岗区	238	105	133	233	105	127	172	90	82	167	87	80
从化区	906	471	435	874	443	431	665	353	312	695	343	352
增城区	845	447	398	878	503	375	604	341	263	593	299	295
韶关市	**2602**	**1297**	**1305**	**2352**	**1171**	**1181**	**2160**	**1091**	**1069**	**2799**	**1415**	**1385**
武江区	141	63	78	125	66	59	116	65	51	114	61	52
浈江区	140	77	63	127	62	64	84	41	43	104	51	52
曲江区	219	105	114	225	108	117	221	113	109	254	132	122
始兴县	287	146	141	295	155	140	214	113	101	272	137	135
仁化县	249	124	125	253	116	137	240	118	122	310	159	151
翁源县	483	248	235	344	174	170	321	151	169	476	238	238
乳源瑶族自治县	194	97	97	189	89	100	187	99	89	236	121	114
新丰县	239	118	121	205	101	104	162	82	80	196	94	103
乐昌市	369	186	183	354	192	162	364	189	176	420	216	204
南雄市	281	132	149	236	108	128	250	121	129	418	205	214
珠海市	**526**	**293**	**233**	**453**	**238**	**215**	**331**	**176**	**155**	**350**	**177**	**173**
斗门区	526	293	233	453	238	215	331	176	155	350	177	173
汕头市	**3962**	**1970**	**1992**	**3313**	**1620**	**1693**	**2428**	**1197**	**1231**	**2975**	**1380**	**1595**
龙湖区	229	113	117	190	89	101	156	80	77	187	83	104
金平区	45	24	21	37	13	24	20	13	7	43	20	23
濠江区	241	112	128	141	64	77	135	60	75	182	78	104
潮阳区	1471	718	753	1267	625	642	902	401	501	1231	561	670
潮南区	1328	675	653	1118	546	572	784	420	364	920	438	481
澄海区	612	308	304	531	267	264	411	213	198	387	187	200
南澳县	36	20	15	30	16	13	19	10	9	26	14	12
佛山市	**1056**	**622**	**434**	**919**	**479**	**440**	**810**	**462**	**348**	**817**	**443**	**374**
南海区	377	212	164	310	170	141	241	138	103	260	149	111
顺德区	108	63	45	110	51	59	105	50	56	92	54	38
三水区	462	284	178	404	210	194	392	233	158	402	207	195
高明区	110	63	47	95	48	47	72	41	31	64	34	30
江门市	**4018**	**2004**	**2014**	**3268**	**1733**	**1534**	**2823**	**1463**	**1360**	**3392**	**1657**	**1735**
蓬江区	10	5	5	8	4	3	10	5	5	10	5	5
新会区	789	415	373	689	360	330	600	333	268	662	335	328
台山市	1169	561	608	997	528	469	886	444	442	1121	502	619
开平市	849	444	406	664	346	318	531	268	263	650	344	306
鹤山市	508	242	266	454	230	224	439	219	219	435	214	221
恩平市	693	337	356	455	265	190	356	194	162	515	257	257

1-3c 续表 3

单位：人

地 区	45-49岁			50-54岁			55-59岁			60-64岁		
	小计	男	女	小计	男	女	小计	男	女	小计	男	女
全 省	**73732**	**36623**	**37109**	**67971**	**34600**	**33371**	**52882**	**27443**	**25439**	**48483**	**25138**	**23345**
广州市	**4391**	**2355**	**2036**	**3551**	**1913**	**1638**	**2604**	**1348**	**1256**	**2633**	**1266**	**1367**
白云区	1002	567	434	727	410	317	528	288	240	588	287	301
番禺区	593	347	246	378	209	170	265	144	121	277	127	150
花都区	732	402	331	612	322	291	475	232	242	549	256	293
南沙区	534	258	275	386	209	177	234	118	116	213	102	111
萝岗区	148	75	72	121	65	56	98	54	44	89	41	49
从化区	733	378	355	610	309	301	445	215	230	453	219	234
增城区	650	327	323	716	389	327	559	296	263	463	234	230
韶关市	**3633**	**1806**	**1827**	**3376**	**1751**	**1626**	**2262**	**1152**	**1110**	**2087**	**1044**	**1043**
武江区	112	60	51	118	64	54	89	46	43	89	41	48
浈江区	155	81	74	154	77	77	103	48	55	115	60	55
曲江区	306	158	148	340	183	157	212	112	100	212	98	114
始兴县	368	181	187	351	180	171	187	95	92	181	78	103
仁化县	344	179	164	280	136	143	173	88	85	193	96	97
翁源县	716	344	372	634	340	294	436	242	194	347	195	151
乳源瑶族自治县	254	130	123	245	131	113	160	76	84	137	68	69
新丰县	270	137	133	257	132	125	184	93	91	158	90	68
乐昌市	516	244	272	517	271	246	404	196	208	355	171	184
南雄市	593	292	302	480	235	245	314	156	158	302	147	154
珠海市	**422**	**199**	**223**	**385**	**200**	**185**	**294**	**153**	**140**	**289**	**156**	**133**
斗门区	422	199	223	385	200	185	294	153	140	289	156	133
汕头市	**3005**	**1435**	**1569**	**2827**	**1374**	**1453**	**2503**	**1301**	**1202**	**2350**	**1181**	**1169**
龙湖区	207	93	114	194	106	88	170	91	79	144	73	71
金平区	43	19	24	42	17	25	40	24	15	22	12	11
濠江区	169	91	79	174	91	83	157	87	70	132	74	58
潮阳区	1220	566	654	1075	488	586	1009	519	491	946	477	470
潮南区	890	447	444	808	389	419	689	350	339	677	335	342
澄海区	438	203	234	489	257	232	404	211	193	398	198	200
南澳县	37	16	21	45	24	20	35	19	15	30	13	17
佛山市	**918**	**470**	**448**	**792**	**432**	**360**	**594**	**309**	**285**	**616**	**290**	**326**
南海区	297	143	154	204	98	106	186	106	80	167	82	85
顺德区	57	30	27	83	44	39	56	24	32	66	33	33
三水区	455	237	218	374	218	156	249	131	119	290	125	165
高明区	109	60	49	131	72	59	103	49	55	93	50	43
江门市	**3868**	**1793**	**2075**	**3819**	**1899**	**1920**	**3126**	**1651**	**1475**	**3327**	**1753**	**1574**
蓬江区	10	5	5	9	4	4	5	3	2	4	1	3
新会区	727	360	367	690	337	354	626	316	311	734	390	344
台山市	1357	603	754	1389	696	693	1107	618	490	1174	641	534
开平市	730	352	378	712	360	352	661	336	326	641	319	322
鹤山市	415	200	215	402	209	193	346	185	161	358	176	182
恩平市	630	273	356	618	293	325	380	194	186	416	226	190

1-3c 续表 4

单位：人

地 区	65-69岁			70-74岁			75-79岁			80-84岁		
	小计	男	女	小计	男	女	小计	男	女	小计	男	女
全 省	**32131**	**16952**	**15179**	**23786**	**12252**	**11534**	**18829**	**9129**	**9700**	**14184**	**5947**	**8236**
广州市	**1745**	**851**	**894**	**1152**	**576**	**576**	**757**	**349**	**408**	**641**	**269**	**372**
白云区	402	180	222	260	123	137	178	84	94	169	72	96
番禺区	199	101	98	123	57	66	78	35	43	57	25	31
花都区	329	159	169	204	99	105	126	53	73	107	42	65
南沙区	147	67	80	121	55	66	65	26	39	41	16	25
萝岗区	58	31	27	37	19	17	25	12	13	22	8	13
从化区	320	157	163	203	98	105	149	74	75	136	53	83
增城区	290	154	135	204	125	79	137	65	71	110	52	57
韶关市	**1351**	**683**	**668**	**1017**	**474**	**543**	**875**	**385**	**491**	**597**	**219**	**378**
武江区	60	32	27	33	18	15	22	9	13	19	6	13
浈江区	64	37	28	57	14	43	66	31	35	32	17	15
曲江区	156	80	76	78	38	40	76	26	50	60	21	39
始兴县	121	56	65	80	38	42	91	37	54	64	21	43
仁化县	121	60	61	84	38	46	74	31	43	58	23	35
翁源县	214	112	102	194	94	101	128	59	69	98	37	61
乳源瑶族自治县	105	54	51	84	44	40	66	33	33	45	17	27
新丰县	90	48	42	78	38	40	73	35	38	53	19	34
乐昌市	212	109	103	173	81	92	150	60	90	80	29	52
南雄市	208	95	113	156	71	85	128	63	66	89	30	59
珠海市	**181**	**98**	**83**	**123**	**61**	**62**	**98**	**53**	**45**	**74**	**37**	**37**
斗门区	181	98	83	123	61	62	98	53	45	74	37	37
汕头市	**1408**	**700**	**708**	**870**	**448**	**421**	**689**	**310**	**379**	**475**	**211**	**264**
龙湖区	91	43	48	61	28	32	47	18	28	31	14	17
金平区	14	5	10	10	6	4	7	2	5	9	4	5
濠江区	72	34	38	45	15	30	43	19	24	28	10	18
潮阳区	571	283	288	364	195	169	280	131	149	170	79	91
潮南区	431	219	212	240	134	106	191	93	98	148	66	82
澄海区	212	108	104	138	66	73	113	42	71	84	36	48
南澳县	16	9	8	13	5	7	9	4	4	5	2	3
佛山市	**474**	**243**	**231**	**335**	**175**	**160**	**202**	**93**	**110**	**157**	**60**	**97**
南海区	141	66	74	98	53	45	64	24	40	37	13	24
顺德区	45	20	26	14	9	5	9	6	3	3	2	2
三水区	211	115	96	151	79	73	96	46	50	76	30	46
高明区	77	42	35	72	34	37	34	17	17	41	15	26
江门市	**2190**	**1162**	**1027**	**1336**	**726**	**610**	**970**	**496**	**474**	**814**	**352**	**462**
蓬江区	5	2	2	1		1	2	1	1	1	1	
新会区	425	217	208	210	116	95	147	69	79	147	59	89
台山市	779	442	337	420	232	189	382	184	198	302	122	181
开平市	453	237	217	263	141	123	194	94	100	148	62	86
鹤山市	258	130	128	196	103	92	119	62	57	77	34	44
恩平市	269	135	135	246	135	111	127	87	40	139	75	63

1-3c　续表 5

单位：人

地　区	85-89岁			90-94岁			95-99岁			100岁及以上		
	小计	男	女	小计	男	女	小计	男	女	小计	男	女
全　省	**7133**	**2626**	**4507**	**2418**	**769**	**1650**	**517**	**143**	**374**	**77**	**12**	**64**
广州市	**379**	**118**	**261**	**132**	**42**	**90**	**22**	**2**	**20**	**3**	**1**	**2**
白云区	145	50	95	52	19	33	15	1	14			
番禺区	21	2	20	8	2	6						
花都区	60	16	44	23	4	19	2		2	2		2
南沙区	24	6	18	6	4	2	1		1			
萝岗区	12	3	9	4	1	3						
从化区	63	25	38	18	5	14	3	1	3	1	1	
增城区	54	17	37	20	8	13	1		1			
韶关市	**257**	**85**	**173**	**79**	**14**	**66**	**12**	**4**	**8**	**3**		**3**
武江区	7	2	5	3	1	2	2		1			
浈江区	22	8	14	1		1						
曲江区	27	10	17	10	2	8	1	1	1	2		2
始兴县	30	7	23	6	1	5	2		2			
仁化县	25	10	14	9	3	6	2	1	1	1		1
翁源县	36	11	25	16	2	15	2	1	2			
乳源瑶族自治县	27	9	17	6	2	5	2	1	1			
新丰县	20	3	16	12	1	10	1					
乐昌市	32	16	16	10	2	8	1		1			
南雄市	32	7	25	8	1	7						
珠海市	**49**	**18**	**31**	**12**	**4**	**8**	**3**	**2**	**1**	**1**		**1**
斗门区	49	18	31	12	4	8	3	2	1	1		1
汕头市	**243**	**79**	**165**	**88**	**23**	**65**	**27**	**6**	**21**	**2**	**1**	**1**
龙湖区	17	6	10	5		5	2	1	1	1		1
金平区	7	3	4	3	1	2						
濠江区	17	4	13	7	3	4	4	1	3	1		1
潮阳区	86	33	54	22	7	15	7	1	6	1	1	
潮南区	66	17	49	32	8	24	10	3	7			
澄海区	48	15	32	17	3	14	4		4			
南澳县	4	1	3	2	1	1						
佛山市	**100**	**32**	**68**	**42**	**8**	**34**	**13**	**6**	**7**			
南海区	24	16	8	13	3	11	3	3				
顺德区	8	2	6									
三水区	51	10	40	23	5	18	9	2	7			
高明区	18	4	14	6	1	5	1	1				
江门市	**494**	**165**	**329**	**172**	**44**	**128**	**25**	**8**	**17**	**5**		**5**
蓬江区												
新会区	75	20	55	37	10	27	5	1	4	1		1
台山市	186	66	120	62	14	49	8	2	6	3		3
开平市	98	29	68	42	12	31	6	2	4			
鹤山市	48	18	30	26	5	21	6	2	4	1		1
恩平市	87	32	55	4	4							

1-3c 续表 6 单位：人

地 区	人口数			0岁			1-4岁		
	合计	男	女	小计	男	女	小计	男	女
湛江市	**122266**	**64735**	**57531**	**1633**	**884**	**750**	**8175**	**4388**	**3787**
赤坎区	182	86	96	4	2	2	16	7	8
霞山区	607	316	291	7	4	3	45	23	22
坡头区	5975	3179	2795	70	39	31	351	185	166
麻章区	8844	4751	4093	81	41	40	526	291	235
遂溪县	17594	9228	8366	190	93	97	1133	613	520
徐闻县	12708	6725	5982	146	72	74	827	443	383
廉江市	29945	16217	13729	515	317	199	2134	1146	987
雷州市	30042	15682	14360	440	221	218	2038	1095	943
吴川市	16369	8551	7818	180	95	85	1105	583	522
茂名市	**103917**	**54293**	**49624**	**1366**	**787**	**579**	**7750**	**4191**	**3560**
茂南区	8012	4182	3830	104	62	42	577	295	282
电白区	29370	15400	13970	387	228	159	2157	1192	965
高州市	25820	13560	12260	373	217	156	1889	1059	830
化州市	23794	12419	11375	274	156	118	1836	1010	826
信宜市	16922	8732	8190	227	123	105	1291	635	656
肇庆市	**63418**	**32225**	**31194**	**821**	**475**	**347**	**3624**	**1985**	**1638**
鼎湖区	2265	1094	1171	28	16	13	122	71	51
广宁县	7682	3924	3757	112	70	42	416	218	198
怀集县	18164	9043	9121	274	152	123	1215	669	546
封开县	8069	4063	4006	93	60	33	458	242	215
德庆县	7368	3799	3569	109	63	46	455	234	221
高要市	14602	7508	7094	159	89	70	729	419	309
四会市	5268	2793	2475	45	25	21	230	131	98
惠州市	**43194**	**22410**	**20784**	**468**	**260**	**208**	**2797**	**1514**	**1283**
惠城区	8115	4038	4077	76	49	27	571	295	276
惠阳区	4579	2532	2046	57	30	26	288	158	130
博罗县	13483	6959	6523	156	80	76	815	444	371
惠东县	11636	6111	5525	96	52	45	682	373	309
龙门县	5382	2769	2613	83	49	35	442	244	198
梅州市	**64578**	**32321**	**32257**	**1083**	**628**	**455**	**3590**	**1948**	**1642**
梅江区	1094	552	542	9	4	5	56	31	24
梅县区	7573	3725	3848	89	46	43	376	203	173
大埔县	5983	3050	2933	106	65	41	237	116	121
丰顺县	7300	3650	3650	114	73	41	414	216	198
五华县	20569	10275	10293	448	257	191	1330	764	566
平远县	3476	1759	1717	42	27	15	175	93	82
蕉岭县	2923	1417	1506	55	30	26	163	73	89
兴宁市	15659	7892	7768	221	126	95	841	452	389

1-3c 续表 7

单位：人

地区	5-9岁			10-14岁			15-19岁			20-24岁		
	小计	男	女	小计	男	女	小计	男	女	小计	男	女
湛江市	**9873**	**5470**	**4403**	**8031**	**4738**	**3293**	**11920**	**6617**	**5303**	**11732**	**6330**	**5402**
赤坎区	17	6	10	7	4	3	15	8	7	14	6	8
霞山区	44	26	18	23	14	10	37	25	12	61	28	33
坡头区	379	212	167	255	144	112	500	293	206	656	349	306
麻章区	704	403	301	544	316	228	806	456	350	951	543	408
遂溪县	1324	715	609	1090	663	427	1636	895	741	1622	836	786
徐闻县	955	503	452	673	403	270	1005	556	449	1280	699	581
廉江市	2609	1466	1143	1993	1197	796	2766	1609	1157	2536	1456	1080
雷州市	2510	1393	1117	2268	1279	990	3478	1820	1658	2944	1531	1413
吴川市	1331	745	587	1178	720	458	1677	955	722	1668	882	786
茂名市	**9927**	**5581**	**4346**	**8940**	**5184**	**3756**	**9549**	**5502**	**4047**	**7963**	**4253**	**3710**
茂南区	596	337	259	473	280	193	636	360	276	880	477	403
电白区	2714	1519	1195	2382	1333	1049	2612	1481	1131	2676	1453	1223
高州市	2296	1276	1020	2125	1274	851	2065	1267	799	1694	886	808
化州市	2677	1460	1217	2391	1369	1022	2458	1402	1056	1562	836	726
信宜市	1644	990	655	1568	927	641	1778	993	785	1152	602	550
肇庆市	**5021**	**2787**	**2235**	**4471**	**2501**	**1969**	**5098**	**2779**	**2318**	**4715**	**2417**	**2298**
鼎湖区	118	64	54	75	42	33	118	68	50	182	89	93
广宁县	624	351	273	477	283	194	446	260	186	400	204	196
怀集县	1691	957	734	1780	992	788	2020	1056	964	1434	698	736
封开县	603	321	282	675	366	310	717	346	371	567	300	267
德庆县	645	344	300	496	262	234	509	282	227	560	286	274
高要市	1031	574	458	739	432	308	1014	594	420	1192	635	557
四会市	309	176	133	227	125	102	273	173	100	381	206	175
惠州市	**3397**	**1803**	**1594**	**2411**	**1326**	**1085**	**2700**	**1504**	**1197**	**3578**	**1789**	**1790**
惠城区	607	325	281	424	229	194	479	243	236	690	293	398
惠阳区	283	150	133	163	99	64	401	288	113	436	230	206
博罗县	1196	635	561	821	457	364	722	377	345	914	461	454
惠东县	873	458	415	706	388	319	837	457	380	1218	644	574
龙门县	438	235	204	296	152	144	261	139	122	320	162	159
梅州市	**5116**	**2720**	**2395**	**4124**	**2286**	**1838**	**4635**	**2476**	**2159**	**4168**	**2071**	**2098**
梅江区	59	32	28	33	18	16	43	26	17	71	40	31
梅县区	480	259	221	282	153	129	400	204	195	532	267	265
大埔县	390	206	184	312	169	143	339	168	171	308	156	152
丰顺县	645	306	339	496	256	240	561	283	279	422	212	210
五华县	2051	1093	958	1911	1085	826	1974	1065	909	1311	610	700
平远县	195	104	91	155	90	66	189	100	89	212	115	97
蕉岭县	161	87	74	112	50	62	118	63	55	126	67	60
兴宁市	1135	633	502	822	466	356	1011	566	444	1187	604	583

1-3c　续表 8　　　　单位：人

地　区	25-29岁			30-34岁			35-39岁			40-44岁		
	小计	男	女	小计	男	女	小计	男	女	小计	男	女
湛江市	**10894**	**5677**	**5218**	**8341**	**4461**	**3880**	**6348**	**3381**	**2967**	**6588**	**3212**	**3375**
赤坎区	21	10	11	14	5	9	12	7	5	12	6	5
霞山区	78	44	34	58	26	33	47	25	22	35	18	17
坡头区	702	391	311	461	248	213	318	178	140	300	139	161
麻章区	839	442	397	718	392	326	553	302	251	485	242	243
遂溪县	1504	778	725	1119	576	543	882	453	429	962	460	502
徐闻县	1326	726	600	989	551	438	761	402	360	786	412	374
廉江市	2443	1266	1177	1976	1098	878	1459	787	672	1485	729	757
雷州市	2429	1250	1179	1908	1000	909	1503	810	693	1740	848	893
吴川市	1554	770	784	1098	567	532	813	418	395	783	359	423
茂名市	**7039**	**3436**	**3603**	**5646**	**2805**	**2841**	**4679**	**2302**	**2377**	**5596**	**2538**	**3058**
茂南区	842	428	414	588	308	280	399	200	199	409	212	197
电白区	2607	1320	1287	2065	1061	1005	1655	832	823	1630	763	867
高州市	1400	661	739	1192	585	607	1005	485	520	1512	667	845
化州市	1342	682	661	1202	597	604	892	457	436	1152	529	624
信宜市	847	346	502	599	255	344	727	327	400	893	367	526
肇庆市	**4522**	**2199**	**2323**	**4132**	**2033**	**2099**	**3280**	**1647**	**1633**	**4296**	**2100**	**2196**
鼎湖区	227	103	124	171	82	89	120	61	58	161	77	83
广宁县	482	226	256	462	235	226	401	182	219	493	248	245
怀集县	1228	586	642	974	455	520	822	379	443	1113	511	602
封开县	474	229	245	515	248	267	379	187	193	548	260	287
德庆县	496	238	258	493	244	249	451	224	227	512	254	258
高要市	1230	614	615	1105	554	551	765	417	348	1064	531	533
四会市	386	202	183	411	215	197	342	198	145	407	218	188
惠州市	**3417**	**1737**	**1680**	**3514**	**1828**	**1686**	**2897**	**1533**	**1364**	**3235**	**1627**	**1608**
惠城区	629	298	331	698	354	345	623	329	294	625	289	336
惠阳区	455	250	204	424	238	185	299	175	124	332	176	157
博罗县	947	477	470	1156	594	562	1047	559	487	1061	554	507
惠东县	986	524	462	831	449	382	631	329	302	851	417	434
龙门县	400	187	213	405	193	213	297	140	157	366	191	175
梅州市	**4124**	**1929**	**2194**	**3669**	**1703**	**1966**	**2842**	**1291**	**1551**	**4003**	**1796**	**2208**
梅江区	80	40	40	90	45	44	57	23	33	72	37	35
梅县区	674	328	346	544	263	281	387	173	214	526	234	291
大埔县	347	175	173	290	141	149	248	117	131	350	150	200
丰顺县	382	179	203	416	197	218	309	154	156	429	183	246
五华县	944	399	545	802	347	455	745	297	448	1011	415	595
平远县	211	114	98	178	84	94	175	76	98	298	144	154
蕉岭县	197	83	114	159	71	87	150	74	77	210	94	115
兴宁市	1289	613	676	1191	554	638	770	376	394	1108	538	571

1-3c 续表 9

单位：人

地区	45-49岁			50-54岁			55-59岁			60-64岁		
	小计	男	女	小计	男	女	小计	男	女	小计	男	女
湛江市	**7834**	**3874**	**3960**	**7407**	**3641**	**3765**	**6439**	**3274**	**3164**	**5238**	**2763**	**2475**
赤坎区	13	6	6	10	5	5	7	3	4	7	4	3
霞山区	32	18	14	36	18	18	26	11	15	23	9	14
坡头区	395	181	214	388	182	205	320	162	158	279	147	132
麻章区	545	279	267	478	251	227	450	233	217	396	193	204
遂溪县	1242	618	624	1187	597	590	973	492	481	787	433	354
徐闻县	837	432	404	769	385	384	677	342	335	503	257	245
廉江市	1851	885	966	1872	900	972	1692	851	841	1397	754	643
雷州市	1937	990	948	1735	887	848	1460	777	683	1118	590	528
吴川市	983	466	517	932	415	516	834	404	430	729	376	353
茂名市	**7096**	**3265**	**3832**	**6658**	**3149**	**3509**	**5640**	**2846**	**2794**	**4958**	**2690**	**2267**
茂南区	572	273	299	500	239	262	417	214	203	318	163	155
电白区	1773	860	913	1647	759	888	1417	714	703	1197	637	560
高州市	2153	969	1183	1900	917	982	1577	810	767	1406	804	602
化州市	1398	594	805	1354	615	740	1279	606	673	1181	617	564
信宜市	1200	568	632	1256	620	636	950	502	449	856	470	386
肇庆市	**5152**	**2555**	**2597**	**4742**	**2428**	**2313**	**3478**	**1753**	**1725**	**3398**	**1627**	**1770**
鼎湖区	184	86	98	192	95	98	136	66	70	154	65	89
广宁县	669	329	340	674	341	332	504	261	243	509	244	266
怀集县	1339	600	739	1219	596	622	855	416	439	753	352	401
封开县	713	352	362	617	337	280	472	249	224	359	180	179
德庆县	600	326	274	569	314	255	388	208	180	386	205	181
高要市	1125	574	552	1048	513	535	798	398	399	924	420	504
四会市	522	290	232	423	233	190	325	156	169	312	162	150
惠州市	**3669**	**1858**	**1810**	**3205**	**1701**	**1504**	**2185**	**1210**	**974**	**1735**	**882**	**853**
惠城区	698	334	364	564	296	268	364	215	149	322	153	169
惠阳区	429	226	203	324	169	155	234	127	107	134	75	59
博罗县	1108	551	557	985	515	470	718	399	319	578	280	298
惠东县	1007	510	497	865	475	390	563	307	256	431	229	202
龙门县	426	237	190	468	246	221	306	163	143	270	145	125
梅州市	**5399**	**2620**	**2779**	**5550**	**2736**	**2814**	**4218**	**2222**	**1996**	**3828**	**2073**	**1755**
梅江区	86	40	45	116	58	58	87	44	44	88	46	43
梅县区	691	345	346	729	362	367	483	251	233	421	231	190
大埔县	557	291	266	585	304	281	488	281	207	477	272	205
丰顺县	559	297	262	587	309	279	544	289	255	449	233	216
五华县	1531	703	827	1639	776	863	1243	637	606	1114	606	508
平远县	390	199	191	361	189	172	192	100	92	220	109	111
蕉岭县	294	136	158	312	159	152	233	127	106	195	107	89
兴宁市	1292	609	683	1221	578	643	947	493	454	863	470	393

1-3c 续表 10

单位：人

地区	65-69岁			70-74岁			75-79岁			80-84岁		
	小计	男	女	小计	男	女	小计	男	女	小计	男	女
湛江市	**3673**	**1994**	**1679**	**2904**	**1529**	**1375**	**2325**	**1206**	**1119**	**1643**	**766**	**877**
赤坎区	3		3	7	2	5	4	2	1	1		1
霞山区	17	10	7	17	10	7	9	4	5	6	3	4
坡头区	189	108	80	139	84	55	125	63	62	81	44	37
麻章区	249	139	110	186	89	97	135	61	74	118	52	66
遂溪县	529	306	223	451	221	230	403	216	187	306	146	159
徐闻县	409	199	210	290	146	144	217	106	112	138	54	84
廉江市	1050	606	444	784	438	346	612	320	292	447	232	215
雷州市	742	372	370	644	321	323	538	266	272	347	135	213
吴川市	486	254	232	387	218	169	281	167	114	199	101	99
茂名市	**3477**	**1905**	**1572**	**2922**	**1535**	**1387**	**2121**	**1133**	**988**	**1576**	**724**	**852**
茂南区	217	110	107	154	78	76	152	69	83	111	48	63
电白区	781	415	366	653	323	330	468	269	199	338	138	200
高州市	1046	574	472	882	475	407	574	319	254	436	191	245
化州市	871	481	390	715	386	329	541	283	258	416	221	195
信宜市	561	324	236	517	271	246	386	192	194	274	126	149
肇庆市	**2288**	**1100**	**1188**	**1692**	**808**	**884**	**1262**	**550**	**712**	**869**	**314**	**555**
鼎湖区	101	46	56	70	35	35	49	15	34	32	10	22
广宁县	336	180	156	261	123	138	215	93	122	120	47	73
怀集县	490	233	257	373	168	205	285	129	156	193	66	127
封开县	277	139	138	254	118	136	176	73	103	113	41	72
德庆县	233	112	121	178	83	95	135	61	74	94	42	52
高要市	628	291	337	402	201	201	294	124	170	207	78	129
四会市	222	99	123	154	79	76	107	55	52	111	29	81
惠州市	**1196**	**605**	**592**	**839**	**416**	**424**	**809**	**388**	**422**	**655**	**279**	**377**
惠城区	209	101	108	172	80	92	143	79	64	124	51	73
惠阳区	107	57	50	45	25	20	63	29	34	50	18	32
博罗县	387	188	199	271	128	143	250	126	124	202	79	123
惠东县	313	165	148	203	103	100	227	101	126	187	91	96
龙门县	180	94	87	148	79	69	126	53	73	91	40	52
梅州市	**2537**	**1329**	**1207**	**1911**	**977**	**934**	**1591**	**761**	**831**	**1282**	**481**	**802**
梅江区	52	32	21	26	17	9	22	6	15	26	7	19
梅县区	300	143	156	182	87	95	180	79	101	176	63	113
大埔县	293	162	131	169	91	78	166	81	85	195	81	114
丰顺县	285	149	136	239	121	118	213	102	111	136	50	86
五华县	765	397	368	665	331	334	485	259	226	365	145	220
平远县	139	71	68	110	56	53	120	53	68	69	24	45
蕉岭县	124	69	56	103	54	49	90	41	48	68	21	47
兴宁市	578	306	272	417	219	198	317	140	176	247	89	157

1-3c 续表 11

单位：人

地　　区	85-89岁			90-94岁			95-99岁			100岁及以上		
	小计	男	女	小计	男	女	小计	男	女	小计	男	女
湛江市	**888**	**387**	**502**	**305**	**123**	**182**	**68**	**19**	**49**	**6**		**6**
赤坎区	1	1	1									
霞山区	4	1	4	4	2	2						
坡头区	48	22	26	15	9	7	5	1	4	1		1
麻章区	54	20	34	20	7	13	7	3	4	1		1
遂溪县	162	81	82	72	30	42	18	6	12	2		2
徐闻县	85	29	56	30	8	22	4	1	3	2		2
廉江市	228	115	113	74	35	39	20	8	12			
雷州市	197	75	122	59	23	36	6		6			
吴川市	109	44	65	31	10	21	8	1	7	1		1
茂名市	**696**	**342**	**354**	**264**	**106**	**158**	**46**	**14**	**33**	**9**	**5**	**3**
茂南区	49	23	26	14	7	8	2		2			
电白区	144	77	67	51	20	31	13	5	8			
高州市	202	85	117	78	30	48	11	4	7	4	4	
化州市	162	81	81	72	32	40	16	4	12	2	2	
信宜市	138	76	62	48	18	30	5	2	3	3		3
肇庆市	**416**	**132**	**284**	**113**	**30**	**82**	**25**	**2**	**23**	**3**		**3**
鼎湖区	17	2	15	5		5	2		2			
广宁县	69	26	43	11	2	9						
怀集县	82	24	58	20	7	13	6		6			
封开县	43	14	29	12	2	11	3		3			
德庆县	41	13	28	13	3	11	4		4			
高要市	105	35	70	34	14	20	8	2	7	1		1
四会市	59	18	41	17	3	14	2		2	2		2
惠州市	**338**	**117**	**221**	**118**	**33**	**84**	**26**	**2**	**23**	**4**		**4**
惠城区	72	21	51	19	5	15	3		3	2		2
惠阳区	34	10	23	17	2	15	5		5	1		1
博罗县	106	40	66	34	13	21	9	2	7			
惠东县	87	33	54	33	6	27	6		6	1		1
龙门县	39	13	26	15	8	7	2		2			
梅州市	**613**	**187**	**426**	**227**	**64**	**164**	**62**	**24**	**38**	**6**		**6**
梅江区	10	2	8	10	2	8	1	1	1			
梅县区	93	28	65	23	4	19	5	2	3	2		2
大埔县	94	18	76	26	5	21	5		5	1		1
丰顺县	65	28	37	24	11	13	11	3	8	1		1
五华县	163	62	100	55	15	40	19	12	7			
平远县	33	8	25	9	3	6	2		2			
蕉岭县	37	9	28	14	1	12	4	2	2			
兴宁市	119	31	88	67	23	44	16	5	11	2		2

1-3c 续表 12 单位：人

地区	人口数			0岁			1-4岁		
	合计	男	女	小计	男	女	小计	男	女
汕尾市	**38715**	**20511**	**18204**	**384**	**230**	**154**	**1721**	**913**	**809**
城区	3459	1815	1644	40	21	19	163	87	76
海丰县	8696	4615	4081	74	46	28	442	231	211
陆河县	3901	2061	1840	44	29	15	105	58	48
陆丰市	22660	12021	10639	226	134	93	1010	537	474
河源市	**50656**	**25649**	**25007**	**832**	**467**	**365**	**3015**	**1617**	**1399**
源城区	199	103	96				9	6	3
紫金县	11736	5903	5833	195	111	84	741	395	346
龙川县	14451	7265	7187	288	160	128	920	493	427
连平县	6485	3313	3171	63	32	30	319	182	137
和平县	7781	3935	3846	139	79	60	498	265	233
东源县	10004	5130	4873	148	85	62	528	276	253
阳江市	**35838**	**18883**	**16954**	**534**	**289**	**245**	**2225**	**1234**	**991**
江城区	5382	2831	2551	74	41	33	289	161	129
阳西县	8211	4372	3839	131	62	70	510	290	220
阳东县	6784	3630	3154	88	53	35	337	193	145
阳春市	15460	8050	7410	241	133	108	1089	591	499
清远市	55643	28544	27098	1073	577	497	3725	2087	1638
清城区	4564	2351	2213	65	29	36	268	152	116
清新区	12058	6226	5832	194	114	80	676	402	274
佛冈县	5322	2740	2582	86	49	37	356	187	169
阳山县	6721	3389	3332	158	77	81	499	291	208
连山壮族瑶族自治县	1704	899	805	23	13	10	111	61	50
连南瑶族自治县	2106	1046	1059	49	27	22	176	97	79
英德市	17152	8847	8306	320	182	138	1167	649	517
连州市	6015	3046	2969	179	86	93	473	249	224
东莞市	**26293**	**15360**	**10933**	**181**	**110**	**70**	**798**	**442**	**355**
中山市	**10864**	**5629**	**5235**	**124**	**75**	**49**	**565**	**302**	**263**
潮州市	**27236**	**13716**	**13519**	**280**	**147**	**133**	**1457**	**755**	**702**
湘桥区	1918	971	947	15	9	7	105	61	44
潮安区	12611	6370	6241	127	65	62	655	327	328
饶平县	12708	6376	6331	138	73	64	698	368	330
揭阳市	**84779**	**43604**	**41175**	**1043**	**574**	**469**	**4060**	**2135**	**1925**
榕城区	5385	2782	2603	60	28	31	289	160	129
揭东区	12873	6680	6193	164	82	83	622	322	300
揭西县	16380	8339	8041	178	94	84	706	382	325
惠来县	18514	9377	9137	209	122	86	1052	535	517
普宁市	31626	16426	15201	432	247	185	1391	736	655
云浮市	**41898**	**21559**	**20339**	**647**	**330**	**317**	**3051**	**1703**	**1347**
云城区	2661	1375	1286	44	20	24	192	99	93
云安区	5992	3075	2917	95	47	48	518	283	236
新兴县	7736	3991	3745	90	48	42	401	217	184
郁南县	6738	3464	3275	128	63	65	495	260	236
罗定市	18771	9654	9116	290	152	138	1443	844	599

1-3c 续表 13

单位：人

地　区	5-9岁			10-14岁			15-19岁			20-24岁		
	小计	男	女	小计	男	女	小计	男	女	小计	男	女
汕尾市	**2965**	**1598**	**1368**	**2879**	**1584**	**1294**	**4683**	**2538**	**2146**	**4692**	**2437**	**2256**
城区	231	127	105	207	110	96	324	179	146	386	187	200
海丰县	628	349	279	447	253	194	710	406	304	922	484	438
陆河县	287	155	132	277	161	115	465	243	223	420	221	199
陆丰市	1818	967	852	1948	1059	889	3184	1711	1473	2964	1545	1419
河源市	**4983**	**2646**	**2337**	**3613**	**1931**	**1682**	**3438**	**1793**	**1645**	**3108**	**1546**	**1562**
源城区	17	11	6	16	11	6	14	6	8	10	5	5
紫金县	1261	664	597	930	507	423	918	487	431	721	335	386
龙川县	1527	769	758	1049	556	493	851	449	401	804	405	399
连平县	565	346	219	430	230	200	605	301	304	380	187	193
和平县	839	446	393	511	272	239	401	201	199	452	231	221
东源县	774	409	365	677	355	322	648	348	300	740	384	357
阳江市	**3094**	**1704**	**1390**	**2013**	**1151**	**862**	**1998**	**1136**	**862**	**2421**	**1365**	**1056**
江城区	359	192	167	219	135	84	328	198	130	486	260	227
阳西县	712	392	320	458	268	189	517	296	221	559	329	230
阳东县	496	277	219	356	210	146	278	157	122	460	266	194
阳春市	1527	843	684	981	537	443	875	486	389	916	511	405
清远市	4178	2282	1896	2971	1650	1321	3303	1770	1533	3937	1982	1956
清城区	309	175	134	211	132	79	258	147	112	396	205	191
清新区	821	444	377	625	357	267	796	416	380	981	538	442
佛冈县	445	223	222	265	148	117	307	174	133	467	240	227
阳山县	434	222	212	296	164	132	418	208	210	484	220	264
连山壮族瑶族自治县	126	67	59	79	39	40	100	60	40	135	68	67
连南瑶族自治县	182	98	84	151	78	73	132	73	59	117	55	62
英德市	1351	770	581	1041	575	466	1070	577	493	1162	559	603
连州市	510	283	227	303	157	147	221	115	106	195	96	99
东莞市	**794**	**483**	**311**	**677**	**374**	**303**	**1558**	**723**	**836**	**2623**	**1530**	**1093**
中山市	**622**	**330**	**292**	**481**	**271**	**210**	**573**	**300**	**273**	**973**	**502**	**471**
潮州市	**1838**	**990**	**847**	**1470**	**791**	**679**	**2137**	**1118**	**1019**	**2405**	**1211**	**1194**
湘桥区	124	68	56	90	55	35	137	66	71	154	68	86
潮安区	776	429	347	621	318	303	1000	534	465	1269	643	627
饶平县	938	493	445	759	418	340	1001	518	483	981	500	481
揭阳市	**6843**	**3641**	**3202**	**6373**	**3391**	**2983**	**9616**	**5064**	**4552**	**9774**	**5054**	**4720**
榕城区	330	175	155	211	119	93	452	257	195	674	352	323
揭东区	868	463	405	763	400	363	1138	661	478	1368	715	653
揭西县	1366	727	640	1083	552	531	1744	896	848	1627	817	809
惠来县	1825	974	851	1743	907	836	2388	1219	1169	2048	1071	977
普宁市	2453	1302	1151	2574	1413	1161	3894	2032	1862	4057	2099	1958
云浮市	**3796**	**2058**	**1738**	**2944**	**1646**	**1298**	**2844**	**1585**	**1259**	**3016**	**1581**	**1434**
云城区	208	121	88	136	70	66	134	79	55	208	108	100
云安区	514	266	248	384	211	173	384	207	177	451	221	231
新兴县	587	328	259	473	265	208	521	283	238	577	310	267
郁南县	613	331	282	412	232	180	348	194	155	418	212	206
罗定市	1874	1012	862	1539	868	671	1456	822	634	1361	730	631

1-3c 续表 14 单位：人

地 区	25-29岁			30-34岁			35-39岁			40-44岁		
	小计	男	女	小计	男	女	小计	男	女	小计	男	女
汕尾市	**3634**	**1888**	**1747**	**2764**	**1499**	**1265**	**1923**	**982**	**941**	**2157**	**1007**	**1150**
城区	319	169	150	290	156	134	217	124	93	226	110	115
海丰县	973	495	479	766	434	332	449	243	206	521	244	277
陆河县	311	157	153	263	133	130	197	90	107	259	117	143
陆丰市	2031	1067	964	1444	775	669	1059	524	535	1152	537	615
河源市	**3149**	**1483**	**1666**	**3267**	**1574**	**1693**	**2685**	**1303**	**1382**	**3423**	**1649**	**1774**
源城区	20	10	9	16	6	10	16	9	7	14	7	7
紫金县	678	309	369	698	323	375	627	286	342	784	372	411
龙川县	843	421	423	871	425	446	638	312	326	792	356	437
连平县	426	189	237	503	239	264	431	220	211	479	224	255
和平县	467	212	255	461	219	242	424	203	222	565	291	274
东源县	714	341	373	719	363	356	548	274	275	790	399	391
阳江市	**2470**	**1202**	**1268**	**2512**	**1271**	**1241**	**2239**	**1184**	**1055**	**2468**	**1198**	**1270**
江城区	479	245	233	449	233	217	327	186	140	359	165	195
阳西县	490	244	247	502	269	232	430	226	204	514	244	269
阳东县	464	246	218	506	270	235	501	251	251	520	273	247
阳春市	1037	467	570	1055	499	557	981	521	460	1075	516	559
清远市	4051	1970	2081	3692	1871	1821	3028	1547	1481	3596	1825	1771
清城区	353	177	176	344	176	168	289	154	134	327	160	166
清新区	1025	500	525	816	427	389	708	371	337	772	406	366
佛冈县	441	221	221	403	205	198	258	127	131	330	165	165
阳山县	490	240	250	422	210	212	292	157	136	416	203	213
连山壮族瑶族自治县	144	79	65	136	70	66	93	48	45	110	60	51
连南瑶族自治县	110	45	65	112	53	59	121	62	59	154	81	73
英德市	1149	561	588	1109	559	550	977	475	502	1180	599	581
连州市	339	147	192	350	171	179	290	153	137	306	150	156
东莞市	**3712**	**2204**	**1508**	**3216**	**2036**	**1180**	**2873**	**1788**	**1085**	**3024**	**1785**	**1239**
中山市	**1250**	**646**	**604**	**1095**	**579**	**516**	**963**	**522**	**441**	**873**	**477**	**396**
潮州市	**2095**	**1056**	**1040**	**1755**	**838**	**916**	**1338**	**649**	**689**	**1768**	**879**	**889**
湘桥区	153	72	81	150	82	68	110	55	56	133	67	66
潮安区	1098	570	528	866	424	441	644	326	318	788	386	402
饶平县	845	414	431	739	332	407	585	268	316	847	426	421
揭阳市	**7038**	**3595**	**3442**	**5573**	**2884**	**2689**	**3941**	**2005**	**1937**	**4791**	**2212**	**2579**
榕城区	495	253	243	323	188	135	243	118	126	360	156	203
揭东区	1119	586	533	838	429	409	670	342	328	741	355	386
揭西县	1204	604	600	1125	580	545	769	382	388	906	381	526
惠来县	1449	694	754	1269	611	658	841	432	410	916	427	489
普宁市	2771	1458	1313	2018	1076	941	1418	732	686	1867	893	974
云浮市	**2868**	**1447**	**1422**	**2487**	**1240**	**1247**	**2152**	**1096**	**1056**	**2560**	**1171**	**1390**
云城区	208	106	102	163	92	72	142	70	72	174	90	83
云安区	441	223	217	359	185	173	314	174	140	401	184	217
新兴县	556	273	284	544	275	269	451	226	226	556	274	283
郁南县	408	207	200	362	183	179	326	169	157	350	159	190
罗定市	1256	637	618	1059	505	554	919	458	461	1079	463	617

1-3c 续表 15

单位：人

地 区	45-49岁			50-54岁			55-59岁			60-64岁		
	小计	男	女	小计	男	女	小计	男	女	小计	男	女
汕尾市	**2413**	**1227**	**1187**	**1975**	**1009**	**966**	**1695**	**934**	**761**	**1554**	**829**	**725**
城区	255	133	122	198	95	103	157	93	65	134	61	73
海丰县	537	255	281	489	223	266	408	215	193	393	204	189
陆河县	292	144	148	224	121	103	195	108	88	158	94	64
陆丰市	1329	694	635	1063	569	494	934	518	416	869	470	399
河源市	**4096**	**2089**	**2007**	**3876**	**2091**	**1785**	**2865**	**1482**	**1383**	**2392**	**1268**	**1123**
源城区	19	10	9	14	6	8	10	6	4	11	6	5
紫金县	844	417	428	892	500	392	591	293	298	504	271	233
龙川县	1159	582	576	1140	600	541	918	478	440	740	396	344
连平县	549	283	266	486	273	212	361	172	188	282	153	129
和平县	685	366	319	573	290	283	445	224	221	407	215	192
东源县	840	431	408	771	423	348	540	308	232	447	227	220
阳江市	**2771**	**1387**	**1384**	**2627**	**1359**	**1268**	**1997**	**1012**	**986**	**1957**	**1049**	**908**
江城区	447	217	229	386	184	202	281	142	139	288	155	134
阳西县	629	294	335	600	288	312	488	274	214	429	227	202
阳东县	529	270	258	479	252	228	419	203	217	450	250	200
阳春市	1166	605	561	1161	635	526	809	393	416	790	417	372
清远市	4729	2366	2363	4695	2440	2256	3189	1651	1537	3072	1620	1452
清城区	355	178	177	330	162	168	223	117	106	276	125	151
清新区	943	442	501	991	482	509	652	307	345	696	379	317
佛冈县	435	224	211	442	231	211	291	157	133	263	150	113
阳山县	600	300	301	612	322	290	414	220	194	370	201	169
连山壮族瑶族自治县	141	76	65	152	75	77	88	45	43	80	41	39
连南瑶族自治县	180	93	87	184	88	96	122	59	63	100	49	50
英德市	1575	789	786	1445	787	659	949	515	434	824	442	382
连州市	500	264	236	539	293	246	450	232	219	463	233	230
东莞市	**2612**	**1576**	**1036**	**1692**	**1030**	**662**	**798**	**453**	**345**	**628**	**321**	**307**
中山市	**905**	**455**	**449**	**671**	**349**	**322**	**457**	**224**	**233**	**557**	**257**	**300**
潮州市	**2176**	**1082**	**1093**	**2211**	**1136**	**1075**	**1822**	**934**	**887**	**1617**	**797**	**821**
湘桥区	127	68	59	149	81	69	132	64	68	122	62	60
潮安区	1013	495	518	978	500	478	808	413	395	720	354	366
饶平县	1035	519	516	1083	555	528	882	457	424	775	381	394
揭阳市	**5403**	**2655**	**2749**	**4679**	**2374**	**2305**	**4422**	**2333**	**2090**	**4107**	**2127**	**1980**
榕城区	422	203	220	408	206	202	321	173	148	325	158	167
揭东区	875	454	420	783	378	405	864	452	411	772	392	381
揭西县	1055	520	535	980	509	470	937	485	452	888	453	435
惠来县	996	478	518	837	449	388	821	416	404	744	390	354
普宁市	2055	999	1056	1671	832	840	1480	807	674	1378	735	644
云浮市	**3238**	**1553**	**1686**	**3233**	**1587**	**1647**	**2295**	**1202**	**1093**	**2140**	**1144**	**996**
云城区	221	94	127	226	114	112	165	88	77	149	79	70
云安区	454	217	237	443	220	223	323	185	138	290	151	139
新兴县	629	324	305	584	297	287	393	200	193	411	225	186
郁南县	590	303	287	595	298	297	400	207	194	391	202	188
罗定市	1344	615	729	1385	658	727	1014	522	492	900	487	413

1-3c 续表 16

单位：人

地 区	65-69岁			70-74岁			75-79岁			80-84岁		
	小计	男	女	小计	男	女	小计	男	女	小计	男	女
汕尾市	**1069**	**633**	**435**	**697**	**430**	**267**	**639**	**364**	**275**	**498**	**259**	**239**
城区	97	56	41	70	38	33	62	33	29	54	28	26
海丰县	283	171	112	193	122	71	196	120	76	156	77	79
陆河县	97	66	31	81	55	26	88	43	46	68	32	35
陆丰市	592	340	251	353	215	138	293	169	124	220	121	99
河源市	**1671**	**841**	**829**	**1543**	**789**	**754**	**1295**	**581**	**715**	**865**	**325**	**540**
源城区	1	1		2	1	1	5	1	3	4	1	3
紫金县	391	187	204	346	182	165	292	143	149	203	81	121
龙川县	525	268	257	486	232	253	445	203	242	273	101	171
连平县	198	101	97	168	83	85	116	54	63	71	26	44
和平县	259	129	130	258	135	122	195	80	114	127	48	78
东源县	295	155	141	283	156	128	243	99	144	189	67	122
阳江市	**1357**	**792**	**566**	**1135**	**612**	**523**	**827**	**433**	**394**	**734**	**320**	**413**
江城区	192	118	74	133	73	60	123	65	58	100	37	63
阳西县	358	220	139	297	159	138	239	127	111	229	103	126
阳东县	293	162	131	198	122	77	139	72	67	153	66	88
阳春市	514	292	222	508	260	248	326	168	158	251	114	137
清远市	1939	1015	924	1563	745	818	1330	572	757	927	364	563
清城区	179	89	89	144	77	67	89	43	46	81	28	53
清新区	456	241	215	309	151	157	250	107	142	200	92	107
佛冈县	139	72	67	122	60	62	143	60	83	75	30	45
阳山县	231	121	110	204	94	110	182	67	115	118	47	70
连山壮族瑶族自治县	61	37	24	49	26	23	36	18	17	28	10	17
连南瑶族自治县	66	31	35	55	27	28	41	15	26	34	11	23
英德市	520	275	245	443	203	240	416	176	240	273	99	174
连州市	287	149	138	237	106	132	173	85	88	120	46	74
东莞市	**404**	**195**	**209**	**236**	**105**	**131**	**190**	**102**	**89**	**156**	**62**	**95**
中山市	**286**	**151**	**135**	**173**	**77**	**96**	**122**	**51**	**71**	**106**	**43**	**63**
潮州市	**964**	**505**	**459**	**627**	**309**	**318**	**528**	**238**	**291**	**449**	**181**	**269**
湘桥区	83	44	39	49	23	27	36	16	20	27	10	17
潮安区	462	242	220	243	121	122	218	94	124	207	89	119
饶平县	420	220	199	335	165	170	275	128	147	216	83	133
揭阳市	**2482**	**1373**	**1109**	**1532**	**846**	**686**	**1274**	**633**	**641**	**1016**	**421**	**595**
榕城区	192	108	85	100	55	45	85	40	45	49	20	29
揭东区	431	233	199	295	172	122	250	124	127	180	76	104
揭西县	581	346	235	363	216	147	323	166	157	293	129	164
惠来县	494	240	254	294	158	136	255	131	124	182	72	110
普宁市	783	446	337	481	244	237	360	172	188	312	124	188
云浮市	**1440**	**776**	**664**	**1179**	**614**	**565**	**924**	**434**	**490**	**649**	**261**	**388**
云城区	88	57	32	72	38	34	57	30	26	43	14	28
云安区	178	91	86	151	82	69	141	64	77	88	37	52
新兴县	305	166	140	240	127	113	193	85	107	147	52	95
郁南县	273	144	129	227	122	105	192	87	105	132	63	69
罗定市	596	319	277	488	245	243	343	168	175	239	94	144

1-3c 续表 17

单位：人

地　　区	85-89岁			90-94岁			95-99岁			100岁及以上		
	小计	男	女	小计	男	女	小计	男	女	小计	男	女
汕尾市	**244**	**105**	**139**	**99**	**39**	**60**	**28**	**8**	**19**	**2**		**2**
城区	21	7	14	2		2	2		2			
海丰县	74	28	46	31	14	17	6	1	5			
陆河县	35	17	18	22	10	12	8	5	4	2		2
陆丰市	114	53	61	44	15	29	11	3	9			
河源市	**368**	**121**	**247**	**135**	**40**	**94**	**32**	**11**	**21**	**6**	**1**	**5**
源城区	1		1									
紫金县	75	28	47	31	9	22	11	2	9			
龙川县	126	40	85	48	14	34	9	4	4	1		1
连平县	38	13	25	14	4	10	1		1	1		1
和平县	56	20	35	14	5	9	4	2	2	2		2
东源县	72	19	54	27	8	19	8	3	5	2	1	1
阳江市	**330**	**142**	**188**	**103**	**37**	**66**	**19**	**6**	**13**	**6**	**1**	**5**
江城区	42	16	26	19	8	11	2	1	1			
阳西县	86	51	34	27	8	19	6	1	6	2		2
阳东县	80	26	54	27	11	16	5	1	4	4	1	3
阳春市	122	48	74	30	10	19	5	3	2			
清远市	469	162	306	145	44	101	24	6	18	6		6
清城区	43	18	25	22	6	16	3	1	2	1		1
清新区	110	35	75	36	12	24	1		1	1		1
佛冈县	41	13	28	14	5	9	1	1				
阳山县	65	24	41	8	1	7	7	1	6	1		1
连山壮族瑶族自治县	9	4	5	2		2						
连南瑶族自治县	13	5	9	4		4	1			1		1
英德市	126	39	87	42	12	31	11	2	8	1		1
连州市	61	24	37	16	7	9	1	1	1	1		1
东莞市	**86**	**31**	**55**	**29**	**6**	**23**	**6**	**3**	**3**			
中山市	**51**	**18**	**33**	**14**	**2**	**12**	**2**		**2**	**2**		**2**
潮州市	**221**	**71**	**150**	**63**	**26**	**38**	**15**	**4**	**11**			
湘桥区	16	4	12	8	1	7	1		1			
潮安区	93	28	65	19	9	10	6	3	3			
饶平县	112	39	73	37	16	21	8	1	7			
揭阳市	**548**	**204**	**344**	**208**	**66**	**141**	**47**	**15**	**32**	**8**	**3**	**5**
榕城区	34	9	24	10	5	5						
揭东区	90	34	56	32	9	23	7	1	6	2		2
揭西县	182	72	109	53	19	34	17	9	8	1		1
惠来县	87	31	56	51	16	35	10	2	9	3	1	2
普宁市	155	56	99	61	17	44	13	3	9	2	2	
云浮市	**342**	**110**	**232**	**71**	**19**	**52**	**16**	**2**	**14**	**5**		**5**
云城区	23	7	16	7	1	6	2		2			
云安区	44	19	25	16	6	10	2	1	1	1		1
新兴县	59	13	46	13	3	9	3		3	1		1
郁南县	66	27	40	12	1	10	1		1			
罗定市	151	45	106	24	8	16	8	2	6	3		3

1-4 各地区分性别、受教育程度的6岁及以上人口

单位：人

地区	6岁及以上人口			未上过学			小学		
	合计	男	女	小计	男	女	小计	男	女
全省	**2867668**	**1494886**	**1372782**	**104568**	**28859**	**75709**	**682815**	**320760**	**362055**
广州市	**361500**	**184706**	**176794**	**6505**	**1790**	**4715**	**57757**	**26727**	**31030**
荔湾区	24887	12152	12735	345	66	279	3687	1536	2151
越秀区	31503	15422	16082	313	88	224	3458	1543	1916
海珠区	43433	21107	22325	490	111	379	5140	2223	2917
天河区	41553	21153	20400	333	101	233	4290	2008	2281
白云区	64449	33128	31321	1323	448	875	9738	4518	5220
黄埔区	12816	6942	5874	151	35	116	1711	844	867
番禺区	41386	21436	19950	909	243	666	7787	3749	4038
花都区	26863	13969	12895	574	152	422	5315	2478	2837
南沙区	17704	9404	8299	689	117	571	3887	1710	2177
萝岗区	11051	6189	4862	148	42	106	1605	786	819
从化区	16198	8216	7982	433	110	323	3473	1607	1865
增城区	29656	15587	14069	797	276	522	7667	3724	3943
韶关市	**76544**	**37939**	**38606**	**4166**	**784**	**3382**	**21736**	**9819**	**11917**
武江区	8169	4046	4122	221	48	173	1587	709	878
浈江区	10863	5360	5503	324	63	261	2141	972	1169
曲江区	8307	3898	4409	377	58	319	2016	915	1101
始兴县	5502	2692	2810	407	71	335	1715	740	975
仁化县	5280	2636	2644	380	64	315	1747	812	936
翁源县	8826	4506	4320	436	94	342	2677	1200	1477
乳源瑶族自治县	4774	2398	2375	279	69	210	1832	864	968
新丰县	5602	2841	2761	183	45	139	1336	599	737
乐昌市	10635	5317	5318	906	184	722	3613	1707	1906
南雄市	8587	4243	4344	653	88	565	3072	1302	1770
深圳市	**303782**	**164979**	**138803**	**3326**	**946**	**2380**	**37569**	**18229**	**19341**
罗湖区	26140	13122	13018	267	55	212	2788	1251	1537
福田区	38563	20230	18333	303	86	217	4305	2018	2287
南山区	34340	17856	16483	319	85	235	3644	1751	1893
宝安区	131307	73854	57453	1448	445	1004	15937	7951	7986
龙岗区	67548	36767	30782	928	264	665	10126	4897	5229
盐田区	5884	3150	2734	61	12	48	769	360	408
珠海市	**43455**	**22552**	**20903**	**1121**	**288**	**833**	**7712**	**3617**	**4095**
香洲区	25167	12897	12271	405	107	298	3579	1677	1902
斗门区	11321	5989	5332	531	130	402	2786	1324	1462
金湾区	6967	3667	3300	186	52	134	1347	616	731
汕头市	**146870**	**73463**	**73407**	**6906**	**1842**	**5064**	**41721**	**18302**	**23419**
龙湖区	14668	7316	7352	528	142	386	3276	1480	1797
金平区	22392	11038	11353	815	236	578	4830	2108	2722
濠江区	7178	3502	3676	793	150	643	2169	1046	1123
潮阳区	44081	21914	22167	2423	668	1756	14065	5995	8070
潮南区	35045	17948	17097	1186	335	851	10154	4515	5639
澄海区	21844	10921	10923	979	269	710	6767	2935	3832
南澳县	1662	823	839	182	42	140	459	224	236
佛山市	**198894**	**107197**	**91697**	**4551**	**1225**	**3326**	**45252**	**21942**	**23310**
禅城区	29972	15437	14535	597	153	444	5589	2618	2971
南海区	72251	40031	32220	1375	363	1012	17100	8448	8652
顺德区	68113	36256	31857	1926	564	1362	16282	7962	8320
三水区	17119	9414	7705	390	93	297	3756	1705	2051
高明区	11440	6060	5380	263	52	211	2525	1209	1316

1-4 续表 1

单位：人

地区	初中			普通高中			中职		
	小计	男	女	小计	男	女	小计	男	女
全省	**1127459**	**610781**	**516677**	**455169**	**264450**	**190720**	**157389**	**86545**	**70843**
广州市	**108739**	**57577**	**51162**	**66915**	**35598**	**31317**	**30880**	**16791**	**14090**
荔湾区	6878	3442	3436	5815	2896	2918	1776	970	806
越秀区	6342	3127	3215	7214	3554	3660	2082	1042	1040
海珠区	11113	5734	5379	9560	4841	4719	3120	1443	1677
天河区	7368	3717	3651	7842	4049	3793	3512	1826	1686
白云区	20036	10794	9242	13371	7069	6302	6418	3673	2745
黄埔区	3947	2154	1794	2542	1413	1129	1482	860	622
番禺区	14468	7775	6693	6338	3513	2824	3222	1786	1437
花都区	10904	5856	5048	3947	2195	1751	1990	1092	898
南沙区	6518	3631	2887	2482	1542	941	1898	1176	722
萝岗区	3166	1713	1453	2418	1540	878	1421	788	633
从化区	6754	3561	3193	1945	1049	896	1745	929	816
增城区	11243	6072	5171	3440	1936	1504	2213	1205	1008
韶关市	**29309**	**15812**	**13497**	**10488**	**5570**	**4918**	**4043**	**2135**	**1909**
武江区	2865	1434	1430	1630	849	782	579	300	279
浈江区	3585	1813	1772	2100	1088	1013	871	393	477
曲江区	3049	1646	1402	1705	600	1105	504	288	215
始兴县	2155	1168	986	664	399	266	261	152	109
仁化县	2005	1099	906	457	276	181	266	144	122
翁源县	4290	2349	1941	698	458	239	349	187	162
乳源瑶族自治县	1644	911	732	526	288	238	167	93	75
新丰县	2600	1351	1250	771	458	313	276	144	132
乐昌市	4357	2428	1929	836	483	354	458	268	190
南雄市	2759	1612	1148	1099	671	427	312	165	147
深圳市	**117654**	**64391**	**53263**	**58440**	**33898**	**24542**	**20464**	**10986**	**9478**
罗湖区	8142	4027	4115	7215	3875	3340	1558	723	835
福田区	9126	4939	4187	8338	4603	3735	2755	1346	1409
南山区	6737	3308	3430	6267	3387	2880	2393	1079	1314
宝安区	63557	35723	27834	21932	13402	8530	8783	5130	3653
龙岗区	27800	15141	12658	13324	7833	5492	4688	2567	2121
盐田区	2292	1253	1039	1364	799	565	287	142	146
珠海市	**13277**	**6924**	**6353**	**8160**	**4668**	**3492**	**3165**	**1710**	**1455**
香洲区	6567	3253	3314	5144	2802	2343	1766	902	864
斗门区	4062	2230	1832	1964	1223	741	863	487	376
金湾区	2648	1441	1207	1051	643	408	536	321	215
汕头市	**56405**	**29290**	**27116**	**26815**	**15872**	**10943**	**4698**	**2506**	**2192**
龙湖区	4407	2301	2106	2948	1549	1399	803	404	399
金平区	6673	3330	3344	4927	2687	2240	1432	707	726
濠江区	2386	1213	1173	1078	622	456	488	321	167
潮阳区	18712	9601	9111	6775	4367	2408	816	483	332
潮南区	15874	8291	7583	6631	4096	2535	460	252	208
澄海区	7800	4250	3550	4253	2440	1813	608	290	318
南澳县	552	304	248	202	110	92	90	48	42
佛山市	**76671**	**43755**	**32916**	**28038**	**16035**	**12004**	**14442**	**8328**	**6114**
禅城区	9807	5282	4525	4782	2546	2235	2530	1369	1162
南海区	29283	17152	12132	9158	5448	3711	5141	2965	2175
顺德区	25926	14806	11120	10185	5691	4494	4257	2551	1706
三水区	7257	4154	3104	1951	1200	750	1669	960	709
高明区	4398	2362	2036	1962	1149	814	845	483	362

1-4 续表 2

单位：人

地 区	大学专科			大学本科			研究生		
	小计	男	女	小计	男	女	小计	男	女
全 省	**198104**	**106001**	**92103**	**131356**	**71048**	**60309**	**10808**	**6442**	**4366**
广州市	**46660**	**23283**	**23376**	**39392**	**20315**	**19077**	**4652**	**2625**	**2027**
荔湾区	3269	1663	1606	2893	1467	1426	224	111	113
越秀区	5088	2468	2620	6023	3066	2958	983	534	449
海珠区	6456	3107	3349	6690	3169	3521	864	480	384
天河区	9048	4359	4688	7731	4276	3454	1429	816	613
白云区	7971	3902	4069	5185	2481	2705	406	242	164
黄埔区	1627	875	752	1235	690	545	121	71	49
番禺区	4482	2234	2248	3930	1987	1943	250	148	102
花都区	2340	1229	1111	1692	906	786	102	59	42
南沙区	1561	859	701	651	361	290	18	9	9
萝岗区	1183	656	528	977	585	392	131	79	52
从化区	1199	635	564	629	313	316	20	11	8
增城区	2437	1295	1141	1755	1015	740	105	64	41
韶关市	**4461**	**2476**	**1985**	**2269**	**1297**	**971**	**72**	**45**	**26**
武江区	843	465	378	425	230	194	19	11	8
浈江区	1105	582	522	714	434	280	23	15	8
曲江区	471	281	190	182	107	75	4	2	2
始兴县	220	113	106	79	47	32	2	2	
仁化县	267	152	114	150	86	65	7	3	4
翁源县	237	145	92	135	70	66	4	2	1
乳源瑶族自治县	199	100	100	123	72	51	4	3	1
新丰县	305	170	135	128	72	55	2	2	
乐昌市	340	182	158	122	65	57	2	1	1
南雄市	476	285	191	210	114	96	6	5	1
深圳市	**34094**	**18134**	**15960**	**28610**	**16082**	**12527**	**3625**	**2313**	**1312**
罗湖区	3423	1744	1679	2500	1308	1192	246	137	109
福田区	6486	3257	3228	6396	3467	2930	855	514	340
南山区	5885	3100	2785	7519	4078	3441	1576	1070	506
宝安区	11215	6212	5002	7762	4575	3187	673	416	257
龙岗区	6432	3488	2944	4007	2418	1588	243	158	84
盐田区	653	332	321	425	236	189	33	17	16
珠海市	**5196**	**2747**	**2449**	**4545**	**2441**	**2104**	**280**	**158**	**122**
香洲区	3772	1903	1869	3684	2112	1572	251	141	109
斗门区	759	406	353	346	185	161	10	5	5
金湾区	665	438	226	516	145	371	19	11	8
汕头市	**6891**	**3793**	**3098**	**3308**	**1789**	**1520**	**126**	**70**	**56**
龙湖区	1667	871	796	986	538	448	51	30	21
金平区	2373	1244	1129	1289	702	587	52	25	27
濠江区	211	119	92	53	31	22			
潮阳区	979	613	367	305	183	122	5	4	1
潮南区	546	352	194	189	103	85	5	4	1
澄海区	975	518	457	449	211	238	13	8	5
南澳县	139	76	63	37	20	18			
佛山市	**18340**	**9704**	**8636**	**10946**	**5844**	**5102**	**654**	**365**	**289**
禅城区	3673	1876	1797	2747	1452	1295	247	141	106
南海区	6371	3645	2726	3646	1907	1740	177	104	72
顺德区	6092	2900	3192	3260	1690	1570	184	91	93
三水区	1242	748	495	827	539	288	26	16	11
高明区	962	536	427	465	256	209	20	13	7

1-4 续表 3

单位：人

地区	6岁及以上人口			未上过学			小学		
	合计	男	女	小计	男	女	小计	男	女
江门市	**121297**	**61193**	**60104**	**3815**	**1028**	**2787**	**30255**	**13843**	**16413**
蓬江区	19611	9759	9852	311	78	233	4004	1739	2265
江海区	6933	3530	3403	275	74	201	1687	780	906
新会区	22968	11632	11336	894	205	689	6212	2845	3367
台山市	25750	12826	12925	1001	289	712	7047	3202	3845
开平市	19051	9566	9485	607	150	457	5025	2321	2704
鹤山市	13524	6754	6770	304	90	214	3274	1515	1759
恩平市	13461	7126	6334	424	142	282	3006	1439	1567
湛江市	**187566**	**98847**	**88720**	**10506**	**3340**	**7166**	**48401**	**23748**	**24654**
赤坎区	8318	4134	4184	184	55	130	1199	575	624
霞山区	13346	6882	6464	232	96	137	2293	1118	1175
坡头区	8953	4734	4219	581	165	416	2353	1140	1213
麻章区	13221	6999	6222	724	230	493	3251	1625	1626
遂溪县	23789	12503	11286	1487	541	946	6069	3075	2994
徐闻县	18657	9914	8744	1078	314	764	5208	2502	2706
廉江市	38151	20517	17634	1963	728	1235	10341	5231	5110
雷州市	38200	20078	18122	2862	773	2089	11209	5334	5875
吴川市	24932	13086	11846	1395	439	956	6477	3146	3331
茂名市	**155839**	**81396**	**74443**	**7471**	**2251**	**5220**	**46966**	**22973**	**23993**
茂南区	22264	11684	10579	702	209	493	4480	2227	2253
电白区	42378	22069	20309	2482	686	1796	12650	6101	6549
高州市	34868	18330	16538	1897	575	1321	12078	5825	6253
化州市	31762	16802	14961	1186	436	750	9170	4579	4591
信宜市	24566	12512	12055	1205	345	860	8588	4241	4347
肇庆市	**106333**	**53934**	**52399**	**4870**	**1259**	**3611**	**30147**	**13644**	**16503**
端州区	13073	6418	6655	335	77	257	2040	882	1158
鼎湖区	4513	2180	2333	178	33	144	1174	493	681
广宁县	11372	5725	5648	395	114	281	3640	1626	2014
怀集县	21595	10724	10872	1174	289	886	7386	3257	4129
封开县	10708	5360	5348	685	179	506	3500	1607	1892
德庆县	9127	4731	4396	350	89	261	2339	1101	1238
高要市	20650	10711	9938	1282	363	919	6695	3169	3526
四会市	15294	8086	7209	472	115	357	3374	1509	1865
惠州市	**124283**	**65321**	**58962**	**3524**	**887**	**2637**	**30336**	**14557**	**15779**
惠城区	42859	22273	20587	710	182	529	8502	3923	4580
惠阳区	21150	11797	9353	499	139	360	4768	2395	2374
博罗县	27979	14621	13358	1010	271	739	7281	3492	3788
惠东县	24257	12493	11764	1002	229	773	7377	3624	3753
龙门县	8038	4138	3900	302	65	237	2408	1124	1284
梅州市	**113328**	**55556**	**57772**	**4937**	**1257**	**3680**	**30797**	**13784**	**17014**
梅江区	11155	5418	5737	212	54	159	1766	751	1015
梅县区	14199	6851	7347	479	111	368	2798	1174	1624
大埔县	10057	5051	5006	533	140	393	3268	1459	1809
丰顺县	12726	6378	6349	876	257	619	4396	2016	2380
五华县	27678	13200	14478	1184	310	875	9928	4641	5287
平远县	6153	3066	3087	375	65	311	1556	643	914
蕉岭县	5487	2708	2779	200	39	161	1228	500	728
兴宁市	25872	12883	12989	1077	282	795	5857	2599	3258

1-4 续表 4

单位：人

地 区	初中			普通高中			中职		
	小计	男	女	小计	男	女	小计	男	女
江门市	**46899**	**24488**	**22411**	**21582**	**11899**	**9683**	**6868**	**3787**	**3081**
蓬江区	6409	3310	3100	3891	2093	1797	1353	757	597
江海区	2583	1407	1177	1126	628	497	536	248	288
新会区	7320	3895	3425	4183	2281	1901	1678	954	725
台山市	10806	5535	5271	4740	2678	2063	875	481	394
开平市	7255	3754	3500	3765	2025	1740	1029	589	440
鹤山市	5311	2683	2628	2171	1185	985	868	465	403
恩平市	7214	3903	3310	1707	1009	698	529	293	235
湛江市	**81987**	**44289**	**37698**	**28264**	**17165**	**11099**	**6250**	**3453**	**2797**
赤坎区	2380	1142	1238	1748	927	820	639	349	290
霞山区	4316	2168	2148	3233	1710	1523	791	399	392
坡头区	3974	2204	1769	1306	797	509	299	177	122
麻章区	5987	3221	2767	1990	1239	752	492	322	170
遂溪县	11480	6051	5429	3146	1931	1215	726	384	342
徐闻县	8706	4857	3849	2288	1451	837	429	230	199
廉江市	18173	9879	8293	5015	3113	1902	1138	652	486
雷州市	15788	8832	6956	5554	3510	2044	1186	632	555
吴川市	11183	5935	5248	3983	2486	1497	550	308	242
茂名市	**62771**	**32829**	**29942**	**25581**	**15855**	**9726**	**4024**	**2218**	**1806**
茂南区	7535	3759	3776	5279	3138	2141	1105	597	507
电白区	18918	10178	8740	5610	3549	2061	863	475	389
高州市	13685	7357	6328	4924	3180	1744	570	315	255
化州市	12937	6627	6310	6163	3834	2329	746	409	337
信宜市	9696	4908	4788	3606	2154	1451	740	422	318
肇庆市	**46391**	**24810**	**21580**	**13886**	**8122**	**5764**	**4348**	**2303**	**2046**
端州区	4118	1990	2128	2954	1551	1404	1050	521	530
鼎湖区	1833	944	889	732	436	296	313	114	199
广宁县	5610	2967	2642	1113	683	430	276	138	137
怀集县	9831	5303	4528	2047	1232	815	624	325	299
封开县	4774	2561	2213	1235	716	519	203	118	85
德庆县	4539	2377	2162	1223	762	461	280	167	114
高要市	8291	4576	3715	2227	1355	871	971	549	422
四会市	7395	4092	3303	2355	1387	968	630	370	260
惠州市	**54161**	**29677**	**24484**	**15324**	**8706**	**6618**	**8539**	**4721**	**3817**
惠城区	16386	8777	7609	6546	3675	2871	3544	1906	1639
惠阳区	9937	5603	4335	2320	1447	872	1782	1104	678
博罗县	13389	7306	6083	2826	1696	1130	1930	1028	902
惠东县	10797	6034	4762	2750	1338	1411	932	481	451
龙门县	3652	1957	1695	882	549	333	351	204	147
梅州市	**48666**	**24350**	**24316**	**18850**	**10647**	**8202**	**3950**	**2093**	**1858**
梅江区	4004	1832	2172	2810	1509	1301	810	434	376
梅县区	6791	3267	3524	2938	1690	1248	480	231	249
大埔县	4250	2240	2009	1298	825	474	327	168	159
丰顺县	4770	2566	2204	1778	1042	736	359	190	169
五华县	10906	5488	5418	4215	1966	2249	508	262	246
平远县	2724	1448	1276	790	506	284	293	164	129
蕉岭县	2491	1252	1239	979	608	371	256	132	124
兴宁市	12731	6258	6473	4042	2501	1540	916	511	404

1-4 续表 5

单位：人

地区	大学专科			大学本科			研究生		
	小计	男	女	小计	男	女	小计	男	女
江门市	**7530**	**3892**	**3638**	**4196**	**2164**	**2031**	**152**	**90**	**61**
蓬江区	2089	1045	1043	1477	692	785	77	44	33
江海区	520	277	243	199	112	87	7	4	3
新会区	1679	911	768	975	525	450	25	15	10
台山市	933	464	468	343	172	171	6	4	2
开平市	945	501	444	409	216	193	16	10	6
鹤山市	927	448	479	658	359	299	11	8	3
恩平市	437	246	191	135	89	46	9	5	4
湛江市	**8282**	**4807**	**3475**	**3647**	**1909**	**1738**	**229**	**136**	**93**
赤坎区	1161	615	547	874	397	477	133	74	59
霞山区	1555	849	707	871	509	362	54	35	19
坡头区	340	197	143	96	51	45	4	2	2
麻章区	426	251	175	345	109	236	5	2	3
遂溪县	649	384	264	226	134	92	6	2	3
徐闻县	746	437	309	197	118	79	5	4	1
廉江市	1263	763	500	250	145	105	9	6	2
雷州市	1202	771	430	393	222	171	5	4	1
吴川市	941	540	401	394	224	170	8	6	2
茂名市	**5851**	**3494**	**2356**	**3121**	**1740**	**1381**	**54**	**36**	**18**
茂南区	1911	1125	786	1222	609	613	30	20	11
电白区	1341	774	567	505	299	206	10	9	1
高州市	1068	679	389	637	394	243	9	4	4
化州市	993	597	397	563	318	245	5	3	2
信宜市	538	320	217	194	120	74			
肇庆市	**4596**	**2566**	**2030**	**2060**	**1209**	**852**	**35**	**22**	**13**
端州区	1664	874	790	892	510	382	20	14	7
鼎湖区	225	125	99	59	34	26			
广宁县	221	126	95	118	70	48			
怀集县	405	229	176	127	89	38	1		1
封开县	247	145	102	63	33	30	1		1
德庆县	271	162	109	124	73	51	2	2	
高要市	798	463	335	380	232	148	5	2	3
四会市	766	442	324	297	168	129	6	3	2
惠州市	**7641**	**4080**	**3561**	**4582**	**2587**	**1994**	**176**	**105**	**71**
惠城区	4252	2138	2114	2796	1600	1196	122	73	49
惠阳区	1302	776	526	518	318	199	23	16	8
博罗县	968	527	442	560	290	270	15	11	4
惠东县	811	467	344	575	312	262	14	6	7
龙门县	307	172	135	133	67	66	2		2
梅州市	**4146**	**2296**	**1851**	**1938**	**1105**	**834**	**43**	**25**	**18**
梅江区	996	517	479	541	313	228	15	8	6
梅县区	482	254	229	222	120	101	9	4	5
大埔县	281	162	119	99	56	43	1	1	1
丰顺县	375	207	168	165	95	70	8	5	3
五华县	663	375	288	273	158	115			
平远县	269	156	113	145	84	61	1	1	
蕉岭县	222	119	104	108	56	52	2	2	
兴宁市	857	506	351	385	221	164	6	4	3

1-4 续表 6

单位：人

地 区	6岁及以上人口			未上过学			小 学		
	合计	男	女	小计	男	女	小计	男	女
汕尾市	**80092**	**42194**	**37898**	**7829**	**2446**	**5383**	**23349**	**11263**	**12086**
城区	13345	6914	6431	996	292	704	3549	1646	1903
海丰县	21508	11403	10106	1792	571	1221	6393	3001	3392
陆河县	7728	4097	3631	595	230	365	2456	1277	1179
陆丰市	37511	19780	17731	4447	1353	3093	10951	5339	5613
河源市	**79718**	**40259**	**39459**	**4386**	**1227**	**3159**	**24781**	**11616**	**13165**
源城区	12772	6452	6320	310	79	231	2640	1174	1466
紫金县	17159	8677	8482	1176	326	850	5417	2610	2808
龙川县	18627	9347	9280	1153	304	849	6750	3146	3604
连平县	9216	4647	4569	574	166	408	2748	1266	1481
和平县	9972	5014	4958	575	174	400	3683	1765	1917
东源县	11972	6122	5850	599	178	421	3543	1655	1888
阳江市	**65665**	**34524**	**31141**	**4190**	**1228**	**2962**	**19785**	**9602**	**10183**
江城区	18942	9845	9097	733	200	533	4563	2160	2403
阳西县	12119	6432	5687	1136	336	800	4389	2221	2168
阳东县	12138	6644	5494	912	330	582	3605	1796	1808
阳春市	22466	11603	10863	1409	363	1046	7229	3426	3803
清远市	**98466**	**49930**	**48536**	**5542**	**1316**	**4226**	**32072**	**15140**	**16932**
清城区	21817	11193	10624	756	161	595	5949	2735	3214
清新区	18799	9615	9184	1005	242	762	6068	2800	3268
佛冈县	8092	4177	3914	274	64	210	2324	1120	1204
阳山县	9355	4660	4695	836	200	636	3349	1566	1783
连山壮族瑶族自治县	2400	1238	1162	130	36	94	809	394	416
连南瑶族自治县	3340	1639	1700	212	56	155	1350	637	713
英德市	25007	12640	12367	1618	365	1254	8978	4295	4683
连州市	9657	4769	4888	711	192	519	3245	1593	1651
东莞市	**224863**	**125610**	**99253**	**4499**	**1334**	**3165**	**43897**	**21576**	**22321**
中山市	**85615**	**46035**	**39579**	**2461**	**668**	**1793**	**19231**	**9124**	**10107**
潮州市	**70050**	**34981**	**35069**	**3910**	**922**	**2989**	**22372**	**9647**	**12726**
湘桥区	15556	7607	7949	635	164	472	4276	1845	2431
潮安区	31476	15924	15552	1373	367	1006	10290	4395	5895
饶平县	23018	11450	11568	1902	391	1511	7806	3407	4400
揭阳市	**160705**	**82423**	**78283**	**7321**	**2138**	**5183**	**49541**	**22663**	**26878**
榕城区	26250	13413	12837	1021	347	674	7570	3413	4156
揭东区	25906	13502	12405	1121	395	726	7662	3630	4031
揭西县	22613	11464	11149	902	274	628	6692	3179	3513
惠来县	29807	15101	14706	2451	616	1835	10351	4612	5739
普宁市	56129	28943	27186	1825	505	1320	17266	7827	9438
云浮市	**62802**	**31847**	**30955**	**2732**	**684**	**2048**	**19135**	**8944**	**10191**
云城区	9511	4864	4648	334	84	250	2589	1179	1410
云安区	7050	3588	3462	412	89	323	2424	1120	1304
新兴县	11747	5938	5810	439	94	344	3209	1531	1678
郁南县	10289	5218	5071	482	122	360	3202	1464	1738
罗定市	24204	12240	11964	1065	295	770	7710	3650	4061

1-4 续表 7

单位：人

地　区	初中			普通高中			中职		
	小计	男	女	小计	男	女	小计	男	女
汕尾市	**31178**	**17385**	**13793**	**12163**	**7699**	**4464**	**1725**	**983**	**743**
城区	5158	2701	2457	2363	1480	883	399	252	146
海丰县	8775	4963	3813	2892	1869	1023	527	308	219
陆河县	2545	1351	1193	1373	795	578	242	119	123
陆丰市	14700	8370	6330	5536	3555	1980	558	303	254
河源市	**31441**	**16678**	**14763**	**10918**	**6273**	**4646**	**3042**	**1667**	**1374**
源城区	4332	2159	2173	2575	1414	1161	994	598	396
紫金县	6802	3625	3177	2206	1301	904	540	266	274
龙川县	6884	3688	3196	2242	1302	940	682	369	313
连平县	3847	2055	1792	1377	795	581	280	161	119
和平县	3825	2043	1782	1320	746	574	171	81	90
东源县	5751	3109	2643	1199	714	485	375	192	183
阳江市	**25525**	**13922**	**11603**	**9567**	**5821**	**3746**	**2387**	**1355**	**1031**
江城区	6906	3624	3283	3944	2256	1688	873	467	405
阳西县	4819	2752	2067	1172	751	422	300	181	120
阳东县	4666	2645	2020	1635	1029	606	550	320	231
阳春市	9134	4901	4233	2815	1784	1031	663	388	276
清远市	**41542**	**22696**	**18847**	**9690**	**5724**	**3966**	**4177**	**2091**	**2086**
清城区	8994	4918	4077	2574	1495	1079	1352	700	652
清新区	8252	4571	3681	1886	1141	746	783	425	358
佛冈县	3873	2061	1812	865	510	355	346	190	156
阳山县	3841	2155	1686	783	454	329	266	138	128
连山壮族瑶族自治县	1030	552	478	226	138	88	79	44	35
连南瑶族自治县	1227	650	577	262	153	109	117	52	65
英德市	10366	5685	4681	2145	1264	881	819	427	392
连州市	3959	2104	1854	948	570	378	415	115	299
东莞市	**95041**	**55220**	**39821**	**34297**	**20842**	**13455**	**20963**	**12178**	**8785**
中山市	**32779**	**18490**	**14290**	**15057**	**9008**	**6049**	**5733**	**3120**	**2612**
潮州市	**28270**	**15596**	**12674**	**9695**	**5876**	**3819**	**1726**	**970**	**757**
湘桥区	6043	3248	2795	2215	1288	927	646	330	316
潮安区	13430	7387	6043	4281	2643	1638	531	313	218
饶平县	8797	4961	3837	3198	1945	1253	550	327	223
揭阳市	**69328**	**37056**	**32272**	**25236**	**15393**	**9843**	**3465**	**1835**	**1630**
榕城区	9796	5124	4672	5514	3246	2268	561	296	265
揭东区	11344	6052	5292	4367	2664	1703	580	301	278
揭西县	10116	5281	4836	3508	2019	1490	621	300	321
惠来县	11695	6460	5234	4083	2647	1437	442	255	187
普宁市	26377	14139	12238	7764	4818	2946	1262	683	578
云浮市	**29425**	**15547**	**13878**	**6204**	**3780**	**2424**	**2500**	**1316**	**1184**
云城区	4082	2196	1885	1041	597	444	514	280	234
云安区	3396	1884	1512	471	307	164	210	117	93
新兴县	5375	2799	2576	1443	877	566	616	273	343
郁南县	4943	2612	2331	947	597	350	349	203	145
罗定市	11629	6056	5573	2302	1402	901	811	442	369

1-4 续表 8 单位：人

地　　区	大学专科			大学本科			研究生		
	小计	男	女	小计	男	女	小计	男	女
汕尾市	**2919**	**1839**	**1080**	**915**	**568**	**347**	**13**	**11**	**2**
城区	595	367	228	283	174	110	3	3	1
海丰县	921	571	350	206	118	88	2	2	
陆河县	372	230	142	143	93	50	2	1	
陆丰市	1031	671	360	283	183	100	6	6	1
河源市	**3722**	**2001**	**1721**	**1392**	**773**	**620**	**36**	**25**	**11**
源城区	1374	711	663	531	307	224	15	10	5
紫金县	745	397	348	267	148	120	6	4	2
龙川县	646	381	264	260	148	112	11	9	2
连平县	286	153	134	105	50	55	1	1	
和平县	310	160	150	87	44	43	2	1	1
东源县	361	199	162	142	75	67	2	1	2
阳江市	**3216**	**1963**	**1252**	**973**	**618**	**355**	**23**	**14**	**10**
江城区	1439	835	604	467	295	172	18	9	9
阳西县	244	156	88	58	36	22	1	1	
阳东县	640	431	208	127	88	39	4	4	
阳春市	893	541	352	322	200	122	1		1
清远市	**3753**	**2025**	**1728**	**1646**	**916**	**730**	**44**	**22**	**23**
清城区	1390	748	642	775	424	351	27	13	13
清新区	602	316	286	196	118	78	7	2	5
佛冈县	288	159	129	118	72	46	3	2	1
阳山县	203	108	95	77	38	39			
连山壮族瑶族自治县	93	57	36	32	17	15	1	1	
连南瑶族自治县	120	64	56	50	27	24	1		1
英德市	778	431	346	298	169	129	5	3	2
连州市	280	142	138	99	52	48	1		1
东莞市	**16338**	**9046**	**7292**	**9522**	**5207**	**4316**	**305**	**207**	**98**
中山市	**5787**	**2981**	**2806**	**4393**	**2544**	**1849**	**174**	**100**	**74**
潮州市	**2547**	**1387**	**1160**	**1505**	**570**	**935**	**24**	**13**	**11**
湘桥区	831	468	363	896	260	637	13	5	8
潮安区	1111	584	527	452	228	224	8	6	2
饶平县	605	335	270	157	83	74	3	2	1
揭阳市	**4218**	**2414**	**1803**	**1522**	**875**	**647**	**74**	**48**	**27**
榕城区	1296	708	588	478	269	209	14	9	4
揭东区	618	348	269	202	102	100	13	8	5
揭西县	602	313	288	169	95	74	3	3	
惠来县	546	360	186	226	145	81	13	6	7
普宁市	1157	684	472	447	265	182	32	21	11
云浮市	**1917**	**1070**	**847**	**872**	**494**	**379**	**16**	**12**	**4**
云城区	563	303	259	383	219	164	7	6	1
云安区	111	55	56	26	16	10			
新兴县	493	277	216	169	83	85	3	2	1
郁南县	252	151	100	112	67	45	2	1	1
罗定市	498	284	215	182	108	75	5	3	2

1-4a 各地区分性别、受教育程度的6岁及以上人口（城市）

单位：人

地　区	6岁及以上人口			未上过学			小　学		
	合计	男	女	小计	男	女	小计	男	女
全　省	**1507132**	**792479**	**714653**	**31362**	**8690**	**22672**	**271881**	**128092**	**143788**
广州市	**280435**	**142353**	**138082**	**3777**	**962**	**2815**	**38881**	**17844**	**21038**
荔湾区	24887	12152	12735	345	66	279	3687	1536	2151
越秀区	31503	15422	16082	313	88	224	3458	1543	1916
海珠区	43433	21107	22325	490	111	379	5140	2223	2917
天河区	41553	21153	20400	333	101	233	4290	2008	2281
白云区	44241	22542	21698	559	155	404	6246	2924	3322
黄埔区	12816	6942	5874	151	35	116	1711	844	867
番禺区	33784	17372	16412	638	170	468	6035	2868	3167
花都区	15483	8043	7440	254	71	183	2723	1275	1448
南沙区	7710	4245	3465	300	51	249	1333	596	737
萝岗区	8697	4977	3720	87	23	65	999	485	514
从化区	5416	2691	2725	64	17	47	886	390	495
增城区	10911	5706	5206	243	76	167	2375	1152	1223
韶关市	**22919**	**11177**	**11743**	**591**	**99**	**492**	**4283**	**1874**	**2409**
武江区	6263	3061	3202	117	30	87	1030	457	573
浈江区	8349	4158	4191	161	28	132	1518	672	846
曲江区	3715	1705	2011	105	15	90	678	316	362
乐昌市	2005	975	1030	85	13	73	506	221	285
南雄市	2587	1277	1309	123	13	110	551	208	343
深圳市	**303782**	**164979**	**138803**	**3326**	**946**	**2380**	**37569**	**18229**	**19341**
罗湖区	26140	13122	13018	267	55	212	2788	1251	1537
福田区	38563	20230	18333	303	86	217	4305	2018	2287
南山区	34340	17856	16483	319	85	235	3644	1751	1893
宝安区	131307	73854	57453	1448	445	1004	15937	7951	7986
龙岗区	67548	36767	30782	928	264	665	10126	4897	5229
盐田区	5884	3150	2734	61	12	48	769	360	408
珠海市	**31602**	**16004**	**15598**	**562**	**146**	**416**	**4663**	**2146**	**2517**
香洲区	24750	12610	12140	404	106	298	3448	1598	1850
斗门区	3048	1540	1508	66	14	52	589	260	329
金湾区	3804	1854	1950	92	26	66	626	288	338
汕头市	**64368**	**32146**	**32222**	**2798**	**739**	**2059**	**15708**	**7020**	**8688**
龙湖区	10661	5344	5317	291	85	206	2088	968	1120
金平区	21916	10801	11114	798	231	567	4698	2049	2649
濠江区	4537	2242	2294	445	98	347	1338	629	709
潮阳区	8604	4140	4464	663	170	493	2522	1107	1415
潮南区	11999	6247	5752	395	95	300	3124	1417	1707
澄海区	6652	3372	3280	206	59	146	1937	849	1088

1-4a 续表 1

单位：人

地区	初中			普通高中			中职		
	小计	男	女	小计	男	女	小计	男	女
全 省	**538691**	**290421**	**248270**	**280108**	**158466**	**121642**	**107718**	**58577**	**49140**
广州市	**75871**	**39550**	**36321**	**56095**	**29602**	**26493**	**23438**	**12613**	**10825**
荔湾区	6878	3442	3436	5815	2896	2918	1776	970	806
越秀区	6342	3127	3215	7214	3554	3660	2082	1042	1040
海珠区	11113	5734	5379	9560	4841	4719	3120	1443	1677
天河区	7368	3717	3651	7842	4049	3793	3512	1826	1686
白云区	12762	6715	6047	9593	5167	4426	4225	2432	1792
黄埔区	3947	2154	1794	2542	1413	1129	1482	860	622
番禺区	11827	6326	5502	5245	2872	2373	2389	1288	1101
花都区	5657	2985	2672	2481	1364	1117	1279	680	599
南沙区	2678	1511	1167	1226	772	454	910	612	297
萝岗区	2332	1278	1054	2120	1368	752	1153	642	511
从化区	1630	800	830	954	504	450	609	314	295
增城区	3336	1761	1574	1503	801	702	901	503	398
韶关市	**7367**	**3589**	**3778**	**5009**	**2467**	**2542**	**1731**	**923**	**809**
武江区	2003	937	1067	1407	722	684	491	249	242
浈江区	2556	1255	1301	1878	961	917	646	335	311
曲江区	1137	554	583	996	358	639	294	170	124
乐昌市	891	450	441	230	130	100	136	79	58
南雄市	779	393	386	497	295	202	164	90	74
深圳市	**117654**	**64391**	**53263**	**58440**	**33898**	**24542**	**20464**	**10986**	**9478**
罗湖区	8142	4027	4115	7215	3875	3340	1558	723	835
福田区	9126	4939	4187	8338	4603	3735	2755	1346	1409
南山区	6737	3308	3430	6267	3387	2880	2393	1079	1314
宝安区	63557	35723	27834	21932	13402	8530	8783	5130	3653
龙岗区	27800	15141	12658	13324	7833	5492	4688	2567	2121
盐田区	2292	1253	1039	1364	799	565	287	142	146
珠海市	**8668**	**4268**	**4400**	**6271**	**3454**	**2817**	**2308**	**1201**	**1107**
香洲区	6315	3071	3244	5123	2786	2337	1760	898	862
斗门区	964	478	486	545	309	236	262	144	118
金湾区	1389	719	670	603	359	244	286	159	126
汕头市	**21418**	**10903**	**10516**	**13562**	**7654**	**5908**	**3004**	**1580**	**1424**
龙湖区	2759	1418	1341	2384	1209	1175	646	329	317
金平区	6486	3244	3242	4821	2618	2203	1421	700	721
濠江区	1420	696	725	716	420	296	435	296	139
潮阳区	2920	1385	1535	1751	1042	709	200	109	91
潮南区	5607	2922	2685	2491	1590	901	111	59	52
澄海区	2226	1237	989	1400	775	624	192	88	104

1-4a 续表 2

单位：人

地 区	大学专科			大学本科			研究生		
	小计	男	女	小计	男	女	小计	男	女
全 省	**153929**	**80993**	**72936**	**113035**	**61038**	**51997**	**10409**	**6201**	**4208**
广州市	**40980**	**20295**	**20684**	**36823**	**18906**	**17918**	**4569**	**2581**	**1988**
荔湾区	3269	1663	1606	2893	1467	1426	224	111	113
越秀区	5088	2468	2620	6023	3066	2958	983	534	449
海珠区	6456	3107	3349	6690	3169	3521	864	480	384
天河区	9048	4359	4688	7731	4276	3454	1429	816	613
白云区	6024	2889	3135	4447	2031	2416	386	230	156
黄埔区	1627	875	752	1235	690	545	121	71	49
番禺区	3725	1833	1891	3675	1867	1808	249	148	101
花都区	1764	942	822	1250	679	572	74	47	28
南沙区	860	472	388	391	224	167	13	8	6
萝岗区	993	560	433	884	543	341	129	78	51
从化区	800	420	380	459	237	222	14	9	5
增城区	1327	706	621	1145	658	488	82	49	33
韶关市	**2527**	**1410**	**1117**	**1362**	**785**	**577**	**49**	**30**	**19**
武江区	795	436	359	402	219	182	19	11	8
浈江区	945	512	433	625	382	243	20	12	8
曲江区	361	211	149	141	79	62	4	2	2
乐昌市	116	64	53	38	19	19	1		1
南雄市	310	187	123	156	86	71	6	5	1
深圳市	**34094**	**18134**	**15960**	**28610**	**16082**	**12527**	**3625**	**2313**	**1312**
罗湖区	3423	1744	1679	2500	1308	1192	246	137	109
福田区	6486	3257	3228	6396	3467	2930	855	514	340
南山区	5885	3100	2785	7519	4078	3441	1576	1070	506
宝安区	11215	6212	5002	7762	4575	3187	673	416	257
龙岗区	6432	3488	2944	4007	2418	1588	243	158	84
盐田区	653	332	321	425	236	189	33	17	16
珠海市	**4510**	**2304**	**2205**	**4343**	**2329**	**2014**	**277**	**156**	**121**
香洲区	3769	1900	1868	3681	2110	1571	251	141	109
斗门区	394	209	185	219	122	98	8	4	4
金湾区	347	195	152	443	98	345	18	10	8
汕头市	**5060**	**2719**	**2341**	**2708**	**1470**	**1238**	**110**	**61**	**48**
龙湖区	1516	792	724	930	513	416	47	29	18
金平区	2354	1234	1120	1286	700	586	52	25	27
濠江区	139	80	59	43	24	18			
潮阳区	417	252	165	128	72	57	2	2	
潮南区	206	129	77	62	33	29	4	2	1
澄海区	428	232	195	259	128	131	4	3	2

1-4a 续表 3

单位：人

地 区	6岁及以上人口			未上过学			小 学		
	合计	男	女	小计	男	女	小计	男	女
佛山市	**177009**	**95140**	**81869**	**3964**	**1078**	**2886**	**39577**	**19264**	**20313**
禅城区	25593	13068	12525	480	116	364	4545	2125	2420
南海区	67544	37514	30030	1293	353	940	15609	7727	7881
顺德区	67130	35747	31383	1858	540	1319	15967	7797	8170
三水区	7376	3843	3534	160	33	128	1560	717	843
高明区	9366	4968	4398	172	36	136	1896	898	998
江门市	**63721**	**31838**	**31884**	**1489**	**426**	**1063**	**14008**	**6298**	**7711**
蓬江区	19513	9709	9804	307	77	230	3976	1727	2249
江海区	6933	3530	3403	275	74	201	1687	780	906
新会区	11452	5787	5665	315	80	234	2648	1201	1447
台山市	8487	4131	4356	192	59	133	1891	826	1064
开平市	8563	4247	4316	186	51	135	1916	878	1037
鹤山市	5596	2758	2838	98	37	61	1234	559	675
恩平市	3178	1676	1502	116	49	68	657	324	332
湛江市	**39349**	**20455**	**18894**	**1333**	**428**	**905**	**7029**	**3491**	**3538**
赤坎区	8158	4059	4099	182	54	128	1160	558	602
霞山区	12661	6524	6136	213	88	125	2116	1034	1082
坡头区	1866	975	891	127	36	92	494	238	256
麻章区	1210	645	565	79	26	53	215	117	98
遂溪县	549	276	273	45	16	29	170	83	87
廉江市	4347	2290	2057	122	47	75	726	385	341
雷州市	5112	2785	2327	274	78	196	1091	549	542
吴川市	5446	2900	2546	290	83	207	1057	527	530
茂名市	**35731**	**19093**	**16638**	**1160**	**336**	**824**	**7638**	**3822**	**3817**
茂南区	13958	7327	6631	290	86	204	2384	1211	1173
电白区	5203	2718	2484	331	89	242	1291	656	636
高州市	5517	3087	2430	171	46	125	1294	624	670
化州市	5631	3229	2402	111	37	74	1232	623	609
信宜市	5423	2732	2690	257	77	180	1437	709	729
肇庆市	**25360**	**12775**	**12585**	**683**	**193**	**490**	**4486**	**2020**	**2466**
端州区	13073	6418	6655	335	77	257	2040	882	1158
鼎湖区	1454	683	771	31	6	24	304	133	171
高要市	1972	1047	925	120	50	69	456	235	221
四会市	8861	4626	4235	198	59	139	1687	770	916
惠州市	**48178**	**25558**	**22620**	**732**	**190**	**542**	**8945**	**4248**	**4697**
惠城区	32882	17068	15814	474	124	350	5795	2688	3107
惠阳区	14842	8358	6484	256	67	189	3100	1530	1570
博罗县	454	132	322	3		3	51	31	20

1-4a 续表 4

单位：人

地区	初中			普通高中			中职		
	小计	男	女	小计	男	女	小计	男	女
佛山市	**67559**	**38392**	**29167**	**25585**	**14504**	**11082**	**12452**	**7161**	**5291**
禅城区	8216	4355	3860	4258	2238	2020	2039	1084	956
南海区	27548	16168	11380	8566	5087	3479	4808	2768	2040
顺德区	25661	14639	11021	10026	5622	4403	4209	2527	1682
三水区	2562	1322	1240	1031	571	460	713	390	323
高明区	3572	1907	1665	1704	984	720	682	392	290
江门市	**21627**	**10971**	**10656**	**13262**	**7128**	**6134**	**4110**	**2225**	**1885**
蓬江区	6373	3291	3082	3880	2087	1794	1337	746	590
江海区	2583	1407	1177	1126	628	497	536	248	288
新会区	3424	1749	1675	2232	1168	1065	855	493	362
台山市	3265	1580	1685	2040	1086	954	339	193	146
开平市	2892	1413	1480	2100	1116	984	573	307	266
鹤山市	1797	865	933	1219	653	566	302	152	150
恩平市	1292	667	625	664	390	275	169	85	84
湛江市	**13316**	**6746**	**6570**	**8827**	**4932**	**3896**	**2433**	**1299**	**1134**
赤坎区	2315	1112	1203	1715	910	805	626	342	284
霞山区	4038	2024	2014	3071	1617	1454	775	390	385
坡头区	762	422	340	268	158	111	88	51	37
麻章区	525	274	251	222	132	90	82	48	34
遂溪县	283	144	139	33	21	12	9	6	3
廉江市	1467	725	742	1047	556	490	392	221	171
雷州市	1762	920	842	1210	752	458	325	173	152
吴川市	2165	1126	1039	1262	786	476	137	69	68
茂名市	**11426**	**5744**	**5682**	**8630**	**5285**	**3344**	**1851**	**954**	**897**
茂南区	3832	1853	1979	3745	2156	1590	908	478	430
电白区	1701	905	796	941	555	386	180	81	99
高州市	2052	1074	978	1117	754	363	214	121	93
化州市	1972	1027	945	1686	1170	516	246	123	122
信宜市	1869	885	984	1140	651	489	303	151	153
肇庆市	**8890**	**4503**	**4387**	**5472**	**2964**	**2508**	**1857**	**898**	**959**
端州区	4118	1990	2128	2954	1551	1404	1050	521	530
鼎湖区	388	195	192	382	216	165	183	37	146
高要市	512	262	250	320	184	136	188	92	96
四会市	3872	2055	1818	1816	1013	803	436	248	188
惠州市	**18739**	**10162**	**8576**	**7626**	**4328**	**3298**	**4337**	**2253**	**2084**
惠城区	11670	6157	5513	5742	3154	2588	2877	1507	1369
惠阳区	6944	3937	3007	1864	1159	705	1234	744	490
博罗县	125	69	56	20	15	5	227	2	225

1-4a 续表 5 单位：人

地 区	大学专科			大学本科			研究生		
	小计	男	女	小计	男	女	小计	男	女
佛山市	**16908**	**8888**	**8019**	**10321**	**5494**	**4828**	**644**	**360**	**284**
禅城区	3272	1676	1596	2537	1334	1203	245	139	106
南海区	6097	3514	2583	3447	1792	1655	177	104	72
顺德区	5993	2855	3138	3233	1675	1558	182	91	91
三水区	665	349	316	665	449	216	21	12	9
高明区	882	495	387	439	243	196	18	13	5
江门市	**5709**	**2984**	**2725**	**3389**	**1730**	**1659**	**128**	**77**	**51**
蓬江区	2086	1044	1042	1477	692	784	77	44	33
江海区	520	277	243	199	112	87	7	4	3
新会区	1178	653	525	777	427	350	22	15	7
台山市	537	284	254	219	101	118	5	3	2
开平市	640	342	297	247	133	113	10	6	4
鹤山市	546	271	274	394	217	177	6	4	2
恩平市	202	112	90	76	48	28			
湛江市	**4075**	**2303**	**1772**	**2139**	**1138**	**1001**	**197**	**118**	**79**
赤坎区	1154	612	542	873	396	477	133	74	58
霞山区	1531	834	697	863	503	360	53	34	19
坡头区	102	56	46	24	14	10	1	1	
麻章区	72	41	30	16	8	8	1		1
遂溪县	9	7	2	1		1			
廉江市	495	298	197	95	54	41	4	4	
雷州市	359	248	111	91	65	26			
吴川市	353	207	146	176	98	78	6	5	1
茂名市	**3245**	**1994**	**1251**	**1741**	**929**	**811**	**41**	**28**	**12**
茂南区	1688	1000	687	1081	524	557	29	19	11
电白区	466	259	206	285	166	119	8	8	
高州市	502	366	136	164	101	64	3	2	2
化州市	276	178	98	108	70	38			
信宜市	314	190	123	102	69	33			
肇庆市	**2586**	**1393**	**1193**	**1358**	**786**	**571**	**29**	**19**	**10**
端州区	1664	874	790	892	510	382	20	14	7
鼎湖区	135	75	60	32	20	12			
高要市	207	113	94	166	110	56	4	1	3
四会市	580	332	248	268	146	121	4	3	1
惠州市	**4687**	**2541**	**2146**	**2971**	**1750**	**1221**	**140**	**85**	**55**
惠城区	3676	1893	1783	2528	1473	1055	121	73	48
惠阳区	998	639	359	428	270	158	19	12	7
博罗县	14	9	4	15	6	8			

1-4a 续表 6

单位：人

地　区	6岁及以上人口			未上过学			小　学		
	合计	男	女	小计	男	女	小计	男	女
梅州市	**21598**	**10490**	**11109**	**506**	**130**	**376**	**3645**	**1581**	**2064**
梅江区	9927	4806	5121	185	48	138	1510	645	865
梅县区	4120	1960	2159	97	23	74	626	279	347
五华县	367	167	201	16	3	13	134	54	79
兴宁市	7185	3557	3628	209	57	152	1375	603	773
汕尾市	**13708**	**7144**	**6564**	**958**	**246**	**712**	**3339**	**1515**	**1825**
城区	8512	4405	4107	565	161	404	2116	958	1158
陆丰市	5196	2739	2457	393	85	309	1223	557	666
河源市	**12585**	**6357**	**6227**	**301**	**78**	**223**	**2572**	**1138**	**1434**
源城区	12585	6357	6227	301	78	223	2572	1138	1434
阳江市	**16623**	**8581**	**8042**	**488**	**125**	**363**	**3692**	**1725**	**1967**
江城区	11826	6115	5710	317	91	227	2540	1178	1361
阳春市	4797	2466	2332	171	35	136	1153	547	606
清远市	**24235**	**12101**	**12134**	**828**	**188**	**640**	**6189**	**2821**	**3369**
清城区	11850	5938	5912	376	73	302	2830	1275	1555
清新区	4763	2422	2342	170	43	127	1344	599	746
英德市	4003	2025	1978	138	37	101	1127	516	611
连州市	3619	1717	1902	145	34	111	888	430	457
东莞市	**196243**	**108791**	**87452**	**3947**	**1200**	**2747**	**38063**	**18651**	**19412**
中山市	**52853**	**28310**	**24543**	**1366**	**397**	**969**	**11335**	**5330**	**6005**
潮州市	**23081**	**11690**	**11391**	**918**	**240**	**679**	**6729**	**2954**	**3775**
湘桥区	10412	5257	5155	372	94	277	2794	1229	1565
潮安区	12669	6433	6236	547	145	401	3935	1725	2210
揭阳市	**41374**	**21246**	**20128**	**1305**	**460**	**845**	**10463**	**4735**	**5728**
榕城区	18341	9334	9007	663	223	440	4957	2239	2717
揭东区	8074	4236	3838	263	103	160	2114	976	1138
普宁市	14959	7676	7283	379	134	245	3392	1520	1872
云浮市	**12378**	**6254**	**6125**	**330**	**85**	**245**	**3063**	**1387**	**1676**
云城区	6926	3532	3394	196	49	147	1651	750	901
云安区	563	290	273	21	3	18	115	55	60
罗定市	4890	2431	2458	113	33	80	1297	582	715

1-4a 续表 7 单位：人

地 区	初 中			普通高中			中 职		
	小计	男	女	小计	男	女	小计	男	女
梅州市	**8799**	**4060**	**4739**	**4964**	**2714**	**2250**	**1243**	**657**	**586**
梅江区	3401	1522	1880	2594	1383	1211	736	397	339
梅县区	1877	853	1024	1018	546	473	155	67	88
五华县	166	76	90	41	30	11	5	1	4
兴宁市	3355	1610	1745	1311	755	556	347	192	156
汕尾市	**5388**	**2842**	**.2546**	**2660**	**1689**	**970**	**436**	**268**	**168**
城区	3140	1628	1513	1659	1019	640	309	195	114
陆丰市	2248	1214	1034	1000	670	330	127	73	53
河源市	**4262**	**2118**	**2144**	**2554**	**1405**	**1149**	**985**	**595**	**389**
源城区	4262	2118	2144	2554	1405	1149	985	595	389
阳江市	**5533**	**2766**	**2767**	**3981**	**2289**	**1692**	**817**	**433**	**384**
江城区	3912	1981	1931	2922	1648	1275	583	308	276
阳春市	1621	785	836	1059	641	418	233	125	109
清远市	**9074**	**4742**	**4333**	**3465**	**1993**	**1472**	**1730**	**767**	**963**
清城区	4279	2217	2062	1740	1000	741	826	404	423
清新区	1956	1056	900	563	340	223	337	178	159
英德市	1440	767	674	613	338	275	246	115	131
连州市	1399	702	696	549	315	234	321	71	250
东莞市	**82550**	**47495**	**35055**	**29919**	**18114**	**11806**	**18507**	**10587**	**7920**
中山市	**20024**	**11229**	**8795**	**9271**	**5531**	**3740**	**3256**	**1731**	**1525**
潮州市	**8908**	**4847**	**4060**	**3644**	**2130**	**1515**	**761**	**395**	**366**
湘桥区	3898	2077	1821	1653	941	712	550	280	270
潮安区	5009	2770	2240	1992	1189	803	211	115	96
揭阳市	**16458**	**8465**	**7993**	**9070**	**5351**	**3719**	**1286**	**675**	**611**
榕城区	6942	3619	3324	3958	2288	1670	431	226	205
揭东区	3261	1728	1533	1834	1111	723	281	147	135
普宁市	6255	3118	3137	3278	1952	1326	573	303	271
云浮市	**5160**	**2638**	**2522**	**1801**	**1037**	**764**	**712**	**375**	**337**
云城区	2882	1510	1373	875	497	378	414	223	191
云安区	321	175	146	63	37	26	29	14	14
罗定市	1957	954	1003	863	503	360	269	138	131

1-4a 续表 8

单位：人

地 区	大学专科			大学本科			研究生		
	小计	男	女	小计	男	女	小计	男	女
梅州市	**1609**	**856**	**753**	**811**	**479**	**332**	**21**	**12**	**8**
梅江区	958	495	463	527	307	220	15	8	6
梅县区	244	131	113	99	60	39	4	3	1
五华县	6	3	3	1		1			
兴宁市	401	228	174	184	112	72	2	1	1
汕尾市	**647**	**408**	**238**	**275**	**172**	**104**	**6**	**5**	**1**
城区	484	299	186	235	144	91	3	3	1
陆丰市	162	110	53	40	27	13	2	2	
河源市	**1366**	**706**	**660**	**529**	**307**	**222**	**15**	**10**	**5**
源城区	1366	706	660	529	307	222	15	10	5
阳江市	**1599**	**928**	**670**	**502**	**310**	**192**	**11**	**6**	**5**
江城区	1190	686	504	351	219	131	11	6	5
阳春市	409	243	166	151	90	61			
清远市	**1923**	**1032**	**891**	**994**	**544**	**450**	**32**	**16**	**16**
清城区	1102	592	509	671	365	306	26	13	13
清新区	295	153	141	97	52	45	2	1	1
英德市	293	166	127	143	84	59	3	2	1
连州市	234	121	113	83	43	40	1		1
东莞市	**14311**	**7837**	**6474**	**8660**	**4713**	**3947**	**286**	**194**	**91**
中山市	**3924**	**1968**	**1957**	**3511**	**2032**	**1479**	**166**	**92**	**74**
潮州市	**1352**	**725**	**626**	**752**	**391**	**361**	**17**	**7**	**9**
湘桥区	693	392	300	440	239	201	12	4	8
潮安区	659	333	326	312	152	159	4	4	1
揭阳市	**1990**	**1119**	**871**	**762**	**416**	**346**	**40**	**24**	**16**
榕城区	970	512	458	408	220	188	12	7	4
揭东区	245	138	107	75	33	41	1		1
普宁市	775	470	306	278	163	116	27	17	11
云浮市	**829**	**448**	**381**	**475**	**276**	**199**	**10**	**8**	**2**
云城区	528	283	245	373	216	158	7	6	1
云安区	11	4	7	3	2	1			
罗定市	290	161	129	99	58	40	3	2	1

1-4b 各地区分性别、受教育程度的6岁及以上人口（镇）

单位：人

地　区	6岁及以上人口			未上过学			小　学		
	合计	男	女	小计	男	女	小计	男	女
全　省	**473702**	**245330**	**228372**	**21830**	**5938**	**15892**	**126444**	**58512**	**67932**
广州市	**29517**	**15349**	**14168**	**656**	**177**	**479**	**6327**	**2937**	**3390**
白云区	7643	3884	3760	157	39	119	1206	556	650
番禺区	1389	720	670	26	9	16	389	189	199
花都区	2518	1329	1189	46	9	37	566	278	288
南沙区	5114	2627	2487	158	33	125	1331	572	759
萝岗区	399	242	157	3	1	1	73	39	33
从化区	1949	1077	872	39	15	24	289	131	157
增城区	10504	5470	5033	228	71	157	2474	1171	1303
韶关市	**19107**	**9590**	**9517**	**855**	**153**	**702**	**5180**	**2285**	**2894**
武江区	485	258	227	22	3	20	130	53	76
浈江区	749	387	362	31	5	26	178	88	90
曲江区	1121	587	533	48	9	39	295	118	177
始兴县	2143	1023	1120	125	19	107	609	247	362
仁化县	2068	1049	1020	103	17	87	574	264	310
翁源县	2927	1462	1465	110	23	87	736	320	416
乳源瑶族自治县	2119	1051	1067	83	16	67	623	269	354
新丰县	2837	1440	1396	54	14	40	531	242	289
乐昌市	3299	1645	1654	211	39	172	950	443	507
南雄市	1361	688	673	67	9	58	553	241	312
珠海市	**6986**	**3894**	**3092**	**204**	**51**	**153**	**1647**	**765**	**881**
香洲区	417	286	131	1	1		131	79	52
斗门区	3406	1795	1611	109	24	85	795	358	436
金湾区	3163	1813	1350	94	26	68	721	328	393
汕头市	**38598**	**19462**	**19136**	**1951**	**530**	**1421**	**11764**	**5118**	**6645**
龙湖区	1541	762	779	107	27	80	439	187	252
濠江区	175	84	91	16	1	14	67	33	34
潮阳区	17487	8850	8637	861	242	619	5499	2346	3153
潮南区	8728	4463	4265	319	87	233	2509	1108	1401
澄海区	9383	4669	4714	515	140	375	2902	1276	1627
南澳县	1284	634	650	133	34	99	348	169	178
佛山市	**11874**	**6730**	**5144**	**252**	**67**	**185**	**2714**	**1318**	**1397**
禅城区	4379	2369	2010	117	36	81	1043	493	550
南海区	1625	886	739	32	5	27	520	278	243
三水区	5047	3036	2010	84	24	61	951	447	504
高明区	823	439	384	18	2	16	199	100	99
江门市	**14677**	**7480**	**7197**	**590**	**170**	**420**	**3762**	**1731**	**2031**
新会区	3238	1639	1600	155	44	112	841	373	468
台山市	3073	1538	1535	187	60	128	923	449	475
开平市	2018	996	1022	48	11	37	575	261	314
鹤山市	2617	1318	1300	49	14	36	515	226	289
恩平市	3730	1990	1740	149	42	108	907	422	486

1-4b 续表 1

单位：人

地区	初中			普通高中			中职		
	小计	男	女	小计	男	女	小计	男	女
全省	**196315**	**105307**	**91008**	**74430**	**44321**	**30109**	**21206**	**12049**	**9157**
广州市	**11712**	**6365**	**5347**	**4585**	**2228**	**2357**	**2361**	**1333**	**1028**
白云区	2690	1483	1207	1863	672	1191	588	308	280
番禺区	468	248	220	199	119	81	109	64	45
花都区	1024	573	450	295	168	127	128	67	61
南沙区	1983	1080	903	602	352	250	503	298	205
萝岗区	123	71	51	90	56	34	41	31	11
从化区	865	480	385	273	147	125	280	177	103
增城区	4559	2429	2130	1264	715	550	711	387	324
韶关市	**7692**	**4016**	**3676**	**2436**	**1453**	**984**	**1077**	**589**	**488**
武江区	221	125	96	53	36	17	32	22	10
浈江区	258	133	125	86	44	43	67	35	31
曲江区	508	289	219	122	74	48	72	42	30
始兴县	845	432	413	265	154	112	127	74	54
仁化县	703	368	335	247	148	99	156	84	72
翁源县	1332	670	662	335	216	119	152	80	71
乳源瑶族自治县	706	368	338	336	193	144	105	60	44
新丰县	1190	588	601	503	288	215	187	99	88
乐昌市	1448	770	677	329	198	131	149	76	73
南雄市	482	273	209	158	102	57	32	17	15
珠海市	**2913**	**1675**	**1238**	**1089**	**676**	**414**	**463**	**282**	**180**
香洲区	252	182	70	21	16	5	6	4	2
斗门区	1402	771	631	620	376	244	206	116	90
金湾区	1259	722	537	448	284	164	250	161	89
汕头市	**16195**	**8636**	**7559**	**6664**	**4105**	**2559**	**725**	**359**	**366**
龙湖区	629	345	285	183	117	66	57	24	33
濠江区	39	20	20	34	18	15	7	5	2
潮阳区	7684	4027	3657	2831	1859	972	274	158	116
潮南区	3977	2130	1847	1686	1011	675	78	32	46
澄海区	3443	1886	1557	1763	1010	752	249	111	138
南澳县	423	229	194	167	89	79	60	29	31
佛山市	**5264**	**3109**	**2154**	**1248**	**775**	**473**	**1138**	**704**	**434**
禅城区	1591	926	665	523	308	215	491	285	206
南海区	738	421	317	149	88	62	62	38	24
三水区	2536	1550	986	466	307	159	527	350	177
高明区	400	212	187	110	72	37	58	32	26
江门市	**6264**	**3302**	**2962**	**2434**	**1386**	**1049**	**703**	**406**	**297**
新会区	1003	529	474	703	397	306	231	132	99
台山市	1190	583	607	586	345	241	62	33	29
开平市	730	388	342	442	223	219	78	48	31
鹤山市	1232	620	612	357	205	152	199	112	87
恩平市	2108	1182	927	346	215	131	134	81	52

1-4b 续表 2

单位：人

地　区	大学专科			大学本科			研究生		
	小计	男	女	小计	男	女	小计	男	女
全　省	**22648**	**13348**	**9300**	**10594**	**5710**	**4883**	**235**	**145**	**90**
广州市	**2372**	**1446**	**925**	**1444**	**832**	**612**	**61**	**31**	**30**
白云区	745	559	186	381	259	121	14	8	6
番禺区	118	63	54	80	27	53	1		1
花都区	202	97	105	239	129	109	19	7	12
南沙区	384	215	169	152	77	75	3	1	2
萝岗区	48	29	19	23	15	8			
从化区	133	92	41	68	33	35	3	1	2
增城区	743	391	352	503	292	210	21	14	7
韶关市	**1228**	**719**	**508**	**627**	**363**	**263**	**13**	**11**	**2**
武江区	19	13	5	9	6	3			
浈江区	81	52	29	44	27	18	2	2	
曲江区	48	34	14	27	21	6			
始兴县	122	66	56	48	33	16			
仁化县	165	98	67	115	67	49	5	3	1
翁源县	160	100	61	101	53	49	1	1	1
乳源瑶族自治县	157	81	76	106	61	45	3	3	
新丰县	259	145	114	113	63	50	1	1	
乐昌市	155	87	68	55	31	25	1	1	
南雄市	62	44	18	7	3	4			
珠海市	**520**	**354**	**166**	**149**	**89**	**60**	**2**	**2**	
香洲区	4	3	1	3	2	1			
斗门区	199	108	91	74	40	34	1	1	
金湾区	317	243	74	73	47	26	1	1	
汕头市	**965**	**549**	**417**	**325**	**161**	**164**	**9**	**4**	**5**
龙湖区	85	45	39	38	16	22	3	1	2
濠江区	11	6	5	1	1				
潮阳区	257	160	96	81	57	25			
潮南区	127	82	45	32	15	17			
澄海区	365	188	177	139	55	84	6	4	3
南澳县	120	67	53	33	18	16			
佛山市	**896**	**549**	**347**	**358**	**205**	**153**	**4**	**3**	**1**
禅城区	401	200	201	210	118	92	2	2	
南海区	78	33	45	45	24	21			
三水区	382	297	85	98	60	38	2	1	1
高明区	34	18	16	5	3	2			
江门市	**595**	**300**	**295**	**324**	**182**	**142**	**5**	**4**	**1**
新会区	193	101	91	112	61	50			
台山市	99	51	48	26	18	8			
开平市	82	35	47	62	29	33	1	1	
鹤山市	153	74	79	109	65	44	3	2	1
恩平市	69	39	30	15	9	6	1		

1-4b 续表 3

单位：人

地区	6岁及以上人口			未上过学			小学		
	合计	男	女	小计	男	女	小计	男	女
湛江市	**37846**	**20076**	**17770**	**1787**	**546**	**1241**	**8864**	**4319**	**4545**
霞山区	139	74	65	1		1	26	10	16
坡头区	1632	864	768	96	20	76	398	201	197
麻章区	3912	2012	1900	179	61	118	902	440	462
遂溪县	7258	3860	3398	298	106	192	1742	890	852
徐闻县	7155	3837	3319	323	99	224	1741	835	906
廉江市	7033	3752	3281	309	102	207	1597	773	823
雷州市	6028	3203	2824	330	81	248	1329	610	720
吴川市	4690	2474	2216	252	77	175	1128	559	569
茂名市	**27388**	**14192**	**13195**	**1262**	**369**	**893**	**8052**	**3774**	**4277**
茂南区	1090	583	508	29	7	22	217	100	118
电白区	10955	5696	5259	627	178	449	3137	1446	1691
高州市	6256	3241	3014	340	102	238	2023	965	1058
化州市	5019	2647	2371	112	43	68	1132	551	581
信宜市	4068	2025	2043	154	40	115	1542	713	830
肇庆市	**23071**	**11973**	**11098**	**972**	**247**	**725**	**6369**	**2876**	**3493**
鼎湖区	977	507	471	31	9	23	290	129	161
广宁县	4351	2164	2187	145	42	103	1298	586	712
怀集县	5264	2692	2572	219	39	179	1510	669	841
封开县	3326	1670	1656	177	45	132	1014	447	567
德庆县	2458	1300	1158	72	15	57	481	228	252
高要市	5190	2781	2409	282	84	198	1445	682	764
四会市	1506	860	646	47	14	33	331	136	195
惠州市	**36888**	**19500**	**17388**	**1068**	**272**	**796**	**8945**	**4295**	**4650**
惠城区	2638	1580	1058	20	1	18	526	266	260
惠阳区	2137	1130	1007	40	10	30	520	263	257
博罗县	15251	8183	7068	514	155	359	3503	1681	1822
惠东县	13584	6896	6687	398	88	310	3573	1715	1858
龙门县	3279	1711	1567	96	18	79	824	371	453
梅州市	**32917**	**15895**	**17023**	**1317**	**322**	**995**	**8183**	**3636**	**4547**
梅江区	209	99	110	1		1	29	12	17
梅县区	3093	1479	1613	113	30	83	606	252	353
大埔县	4488	2223	2265	182	42	140	1293	547	747
丰顺县	6109	3087	3022	295	76	218	1764	825	939
五华县	8930	4006	4924	321	91	230	2344	1089	1255
平远县	2933	1448	1485	115	19	96	668	262	406
蕉岭县	2820	1412	1407	88	16	71	568	239	330
兴宁市	4336	2140	2196	203	47	157	910	410	500
汕尾市	**30365**	**16021**	**14344**	**3073**	**957**	**2116**	**8736**	**4202**	**4534**
城区	1634	839	795	123	34	89	518	252	266
海丰县	13453	7141	6312	1075	300	775	3831	1785	2045
陆河县	4030	2150	1881	307	113	194	1206	620	585
陆丰市	11248	5892	5356	1568	509	1059	3182	1545	1637

1-4b 续表 4 单位：人

地 区	初 中			普通高中			中 职		
	小计	男	女	小计	男	女	小计	男	女
湛江市	**16135**	**8542**	**7593**	**6682**	**4228**	**2455**	**1399**	**797**	**602**
霞山区	52	25	27	50	32	17	2	1	1
坡头区	592	307	285	300	197	103	87	50	37
麻章区	1580	837	743	644	393	251	178	121	57
遂溪县	3034	1556	1479	1321	816	505	340	184	156
徐闻县	3015	1640	1375	1170	746	424	240	123	118
廉江市	3324	1759	1565	1210	766	444	212	128	84
雷州市	2569	1395	1174	1111	728	383	215	117	98
吴川市	1969	1024	945	877	550	328	126	73	52
茂名市	**11533**	**6049**	**5483**	**4422**	**2767**	**1656**	**673**	**381**	**291**
茂南区	508	268	239	210	141	69	47	27	20
电白区	4991	2701	2290	1449	938	511	245	138	107
高州市	2446	1293	1153	944	582	361	124	73	51
化州市	1942	949	993	1262	772	490	167	89	78
信宜市	1647	838	809	558	333	224	90	55	35
肇庆市	**10273**	**5579**	**4694**	**2982**	**1808**	**1174**	**996**	**578**	**418**
鼎湖区	456	247	209	118	73	45	34	21	13
广宁县	2159	1123	1036	444	257	187	119	52	67
怀集县	2312	1252	1060	666	405	261	258	139	118
封开县	1394	737	657	496	297	198	70	43	27
德庆县	959	491	468	520	314	206	143	87	57
高要市	2191	1243	948	582	350	232	309	188	120
四会市	802	485	317	156	112	44	63	48	15
惠州市	**16268**	**9020**	**7247**	**5012**	**2753**	**2259**	**2420**	**1434**	**986**
惠城区	1234	766	468	277	198	80	242	156	85
惠阳区	1045	585	460	186	112	74	130	68	62
博罗县	6992	3841	3150	1909	1131	778	1220	778	442
惠东县	5642	3104	2538	2129	993	1136	636	321	315
龙门县	1354	723	631	511	320	191	192	110	82
梅州市	**13906**	**6838**	**7068**	**6308**	**3293**	**3015**	**1211**	**656**	**555**
梅江区	124	60	65	25	13	13	22	9	13
梅县区	1494	697	798	689	399	290	74	40	34
大埔县	1858	932	926	707	443	264	190	101	89
丰顺县	2319	1209	1110	1069	621	448	225	111	113
五华县	3569	1729	1840	2110	758	1352	221	117	104
平远县	1201	601	600	468	290	177	176	98	78
蕉岭县	1221	615	606	540	328	211	157	85	72
兴宁市	2119	995	1124	702	441	261	147	94	52
汕尾市	**11305**	**6312**	**4994**	**4752**	**3038**	**1714**	**723**	**410**	**313**
城区	645	327	317	236	152	84	39	25	14
海丰县	5317	2993	2324	1947	1291	656	385	225	160
陆河县	1298	685	613	745	447	298	141	70	70
陆丰市	4046	2307	1739	1824	1148	676	158	90	68

1-4b 续表 5

单位：人

地　区	大学专科			大学本科			研究生		
	小计	男	女	小计	男	女	小计	男	女
湛江市	**1990**	**1174**	**816**	**972**	**461**	**511**	**18**	**9**	**9**
霞山区	6	3	3	2	2				
坡头区	116	66	50	43	24	19	1		1
麻章区	141	84	57	284	74	210	5	2	2
遂溪县	362	216	146	157	90	67	5	2	2
徐闻县	511	297	214	153	96	57	2	1	1
廉江市	312	185	127	67	39	29	1		1
雷州市	317	198	120	153	72	81	4	2	1
吴川市	225	126	100	112	64	48	1	1	
茂名市	**915**	**537**	**378**	**524**	**311**	**213**	**7**	**3**	**4**
茂南区	50	23	27	29	17	11			
电白区	376	221	156	128	74	54	2	1	1
高州市	232	139	94	145	87	58	2	1	1
化州市	206	127	79	195	115	80	3	1	2
信宜市	51	28	23	27	18	9			
肇庆市	**1036**	**620**	**416**	**441**	**264**	**177**	**3**	**2**	**1**
鼎湖区	38	23	15	10	5	5			
广宁县	114	65	49	72	39	33			
怀集县	222	130	93	77	58	19			
封开县	138	82	56	38	19	19			
德庆县	186	111	75	96	54	42	1	1	
高要市	246	155	91	135	78	56	1	1	
四会市	92	54	38	14	11	3	1		1
惠州市	**1971**	**1089**	**882**	**1176**	**622**	**554**	**28**	**15**	**13**
惠城区	216	129	87	122	63	60			
惠阳区	183	75	108	33	17	16			
博罗县	674	367	307	425	220	206	14	9	4
惠东县	685	395	291	508	276	232	13	5	7
龙门县	212	123	89	88	46	41	2		2
梅州市	**1328**	**772**	**556**	**648**	**369**	**280**	**15**	**10**	**5**
梅江区	7	4	3	1	1				
梅县区	78	41	38	38	19	18	1	1	
大埔县	196	119	76	61	38	22	1	1	1
丰顺县	286	159	127	145	81	64	7	5	2
五华县	236	146	90	129	76	53			
平远县	195	113	82	109	64	45	1		
蕉岭县	156	80	75	89	47	42	2	1	
兴宁市	174	109	65	77	42	35	4	2	2
汕尾市	**1375**	**855**	**520**	**394**	**243**	**151**	**6**	**4**	**1**
城区	56	38	19	17	10	6			
海丰县	722	444	278	175	101	74	2	2	
陆河县	248	160	87	85	53	32	1		
陆丰市	348	212	136	118	78	39	3	2	1

1-4b 续表 6　　单位：人

地 区	6岁及以上人口			未上过学			小 学		
	合计	男	女	小计	男	女	小计	男	女
河源市	**21320**	**10868**	**10452**	**1047**	**311**	**735**	**5847**	**2732**	**3115**
紫金县	6627	3426	3201	367	118	248	1685	799	886
龙川县	5671	2884	2787	253	66	187	1663	766	897
连平县	3218	1607	1611	195	55	140	901	405	497
和平县	3008	1520	1489	92	31	61	799	375	425
东源县	2797	1432	1365	140	41	99	799	388	410
阳江市	**16649**	**8958**	**7691**	**1106**	**333**	**773**	**4753**	**2352**	**2400**
江城区	2185	1140	1045	149	40	109	571	271	300
阳西县	4708	2500	2208	402	111	291	1559	800	759
阳东县	5878	3313	2566	369	133	236	1557	784	774
阳春市	3878	2005	1873	186	49	136	1065	498	567
清远市	24333	12477	11856	1195	284	911	7448	3458	3990
清城区	5815	3129	2686	238	55	183	1563	737	826
清新区	3034	1592	1442	148	41	107	1024	480	544
佛冈县	3308	1719	1589	83	20	62	826	398	428
阳山县	3390	1691	1698	222	40	182	1113	518	594
连山壮族瑶族自治县	864	430	434	35	8	26	237	110	127
连南瑶族自治县	1505	743	761	72	18	54	533	249	283
英德市	5626	2772	2854	340	86	253	1836	812	1024
连州市	791	400	391	58	15	43	317	153	163
东莞市	**3486**	**2121**	**1364**	**22**	**10**	**12**	**490**	**259**	**231**
中山市	**22718**	**12538**	**10180**	**588**	**144**	**444**	**4982**	**2417**	**2565**
潮州市	**21874**	**10691**	**11184**	**1382**	**305**	**1077**	**6543**	**2765**	**3777**
湘桥区	3369	1462	1908	156	46	110	958	393	565
潮安区	7156	3603	3553	357	91	265	2191	897	1294
饶平县	11349	5626	5723	870	168	702	3393	1475	1918
揭阳市	**41022**	**21015**	**20007**	**2054**	**591**	**1463**	**12299**	**5679**	**6620**
榕城区	2940	1520	1420	82	38	44	1082	490	592
揭东区	5924	3091	2834	292	101	191	1746	853	893
揭西县	7387	3740	3647	222	61	161	1792	873	919
惠来县	12927	6587	6340	992	268	724	4052	1828	2224
普宁市	11843	6077	5766	465	123	342	3626	1634	1991
云浮市	**13065**	**6499**	**6566**	**451**	**99**	**352**	**3541**	**1593**	**1948**
云城区	202	100	103	8	1	7	88	40	48
云安区	1226	617	609	50	9	41	403	170	233
新兴县	4625	2283	2343	115	19	96	982	455	527
郁南县	4313	2150	2163	151	43	109	1083	471	611
罗定市	2698	1349	1349	128	28	99	986	456	530

1-4b 续表 7

单位：人

地　区	初　中			普通高中			中　职		
	小计	男	女	小计	男	女	小计	男	女
河源市	**7917**	**4066**	**3851**	**3588**	**2141**	**1447**	**1011**	**545**	**466**
紫金县	2508	1309	1199	1132	696	436	291	146	144
龙川县	1855	934	921	975	576	398	354	197	156
连平县	1266	658	608	495	293	202	154	90	63
和平县	1117	564	553	676	383	293	83	44	39
东源县	1171	602	569	311	194	117	130	67	63
阳江市	**6141**	**3390**	**2751**	**2569**	**1577**	**992**	**764**	**432**	**332**
江城区	774	432	342	405	230	175	96	48	49
阳西县	1800	1007	793	605	371	233	154	93	60
阳东县	2015	1168	848	927	576	351	385	217	168
阳春市	1552	783	769	632	400	233	128	74	54
清远市	10612	5768	4844	2557	1540	1017	1131	639	492
清城区	2897	1679	1218	536	329	207	322	180	142
清新区	1359	757	602	285	182	103	106	66	40
佛冈县	1472	768	705	420	242	178	197	110	87
阳山县	1353	733	620	403	237	166	135	74	62
连山壮族瑶族自治县	353	179	174	94	52	42	51	25	26
连南瑶族自治县	549	285	264	156	88	68	74	36	37
英德市	2319	1197	1122	600	371	230	221	135	86
连州市	309	170	139	63	39	24	26	13	13
东莞市	**1668**	**948**	**720**	**581**	**403**	**178**	**373**	**259**	**115**
中山市	**8959**	**5185**	**3774**	**4428**	**2675**	**1753**	**1747**	**999**	**747**
潮州市	**8628**	**4640**	**3988**	**3411**	**2108**	**1303**	**574**	**347**	**227**
湘桥区	1283	700	583	359	215	144	72	39	33
潮安区	3251	1748	1503	980	648	332	159	96	62
饶平县	4095	2192	1903	2071	1244	827	343	211	132
揭阳市	**17190**	**8971**	**8220**	**7058**	**4378**	**2679**	**904**	**499**	**405**
榕城区	953	498	454	536	320	216	60	33	26
揭东区	2383	1231	1151	1053	647	406	175	95	80
揭西县	3150	1598	1552	1586	887	699	205	95	111
惠来县	4937	2593	2344	2257	1464	793	282	163	119
普宁市	5769	3051	2718	1625	1060	566	182	113	69
云浮市	**5740**	**2896**	**2845**	**1621**	**989**	**632**	**814**	**400**	**414**
云城区	84	44	39	7	4	3	14	9	5
云安区	581	313	268	98	70	29	47	27	20
新兴县	1834	895	939	726	436	290	459	191	268
郁南县	2002	991	1011	593	354	239	210	123	87
罗定市	1240	653	587	197	125	72	84	50	35

1-4b 续表 8 单位：人

地 区	大学专科			大学本科			研究生		
	小计	男	女	小计	男	女	小计	男	女
河源市	**1429**	**804**	**624**	**471**	**260**	**211**	**11**	**8**	**3**
紫金县	491	270	221	148	84	64	6	4	2
龙川县	411	250	161	156	90	66	4	4	1
连平县	162	85	77	44	21	23			
和平县	190	99	92	51	25	26			
东源县	174	100	74	71	39	32	1	1	1
阳江市	**989**	**660**	**329**	**315**	**206**	**109**	**12**	**8**	**5**
江城区	109	69	40	74	48	26	7	3	4
阳西县	154	98	56	33	19	14	1	1	
阳东县	513	353	160	108	79	29	4	4	
阳春市	214	141	73	99	60	39	1		1
清远市	983	559	423	403	226	177	5	3	2
清城区	184	106	78	75	43	32			
清新区	80	45	34	33	21	12			
佛冈县	203	116	87	105	64	41	3	2	1
阳山县	117	68	49	46	21	26			
连山壮族瑶族自治县	67	40	27	26	15	11			
连南瑶族自治县	81	45	36	39	21	19	1		
英德市	235	131	105	74	40	35	1	1	
连州市	16	8	8	4	3	2			
东莞市	**281**	**203**	**78**	**71**	**40**	**32**			
中山市	**1309**	**705**	**604**	**697**	**405**	**292**	**8**	**8**	
潮州市	**721**	**415**	**306**	**612**	**109**	**504**	**4**	**3**	**1**
湘桥区	96	54	42	444	14	430	1	1	
潮安区	176	97	79	40	24	17	2	1	1
饶平县	449	264	185	128	71	57	1	1	
揭阳市	**1121**	**666**	**456**	**375**	**216**	**159**	**21**	**15**	**6**
榕城区	183	108	75	43	30	13	2	2	
揭东区	184	110	74	80	45	35	11	8	3
揭西县	323	167	155	106	56	50	3	3	
惠来县	297	206	91	104	63	41	5	2	3
普宁市	134	74	60	42	23	20			
云浮市	**624**	**372**	**252**	**269**	**148**	**121**	**3**	**2**	**1**
云城区	2	2	1	1	1				
云安区	41	24	16	7	5	2			
新兴县	363	211	153	145	74	71	1	1	
郁南县	177	110	66	96	57	39	1	1	1
罗定市	42	25	17	20	11	9	2	1	1

1-4c 各地区分性别、受教育程度的6岁及以上人口（乡村）

单位：人

地区	6岁及以上人口			未上过学			小学		
	合计	男	女	小计	男	女	小计	男	女
全省	**886834**	**457077**	**429757**	**51375**	**14231**	**37145**	**284490**	**134156**	**150334**
广州市	**51548**	**27004**	**24544**	**2072**	**651**	**1421**	**12549**	**5946**	**6603**
白云区	12565	6701	5863	607	255	352	2286	1038	1248
番禺区	6213	3344	2869	246	64	181	1363	692	671
花都区	8862	4596	4266	274	72	201	2026	925	1101
南沙区	4879	2532	2347	231	34	197	1223	542	682
萝岗区	1954	970	984	58	18	40	534	262	272
从化区	8833	4449	4385	330	78	252	2298	1086	1213
增城区	8241	4411	3830	327	129	198	2818	1401	1417
韶关市	**34518**	**17172**	**17346**	**2720**	**533**	**2188**	**12274**	**5660**	**6614**
武江区	1421	727	694	82	15	67	427	198	229
浈江区	1765	815	950	132	29	103	444	212	232
曲江区	3471	1606	1865	225	35	190	1043	482	562
始兴县	3360	1669	1690	282	53	229	1106	493	613
仁化县	3211	1587	1624	276	47	229	1173	548	625
翁源县	5899	3044	2855	326	71	255	1941	880	1061
乳源瑶族自治县	2655	1347	1308	196	53	143	1209	595	614
新丰县	2766	1401	1365	129	31	99	805	357	449
乐昌市	5331	2698	2634	610	133	477	2157	1043	1114
南雄市	4639	2278	2362	463	66	396	1969	854	1115
珠海市	**4867**	**2654**	**2213**	**356**	**91**	**264**	**1402**	**705**	**697**
斗门区	4867	2654	2213	356	91	264	1402	705	697
汕头市	**43904**	**21856**	**22049**	**2158**	**573**	**1585**	**14249**	**6164**	**8086**
龙湖区	2466	1211	1255	131	31	100	749	324	425
金平区	476	237	239	16	5	12	132	59	73
濠江区	2467	1176	1291	332	51	281	764	384	380
潮阳区	17991	8925	9065	900	255	645	6044	2542	3502
潮南区	14318	7238	7080	472	153	318	4521	1990	2531
澄海区	5809	2880	2930	257	69	188	1928	811	1117
南澳县	377	189	189	50	9	41	112	54	57
佛山市	**10012**	**5328**	**4684**	**336**	**81**	**255**	**2961**	**1360**	**1601**
南海区	3082	1631	1451	50	5	45	971	443	528
顺德区	983	509	474	68	24	44	315	165	150
三水区	4696	2535	2161	146	37	109	1245	540	704
高明区	1251	653	598	72	14	58	430	212	218
江门市	**42898**	**21874**	**21024**	**1737**	**432**	**1305**	**12485**	**5814**	**6671**
蓬江区	98	49	48	3	1	2	28	12	16
新会区	8277	4206	4071	424	82	343	2723	1271	1452
台山市	14190	7156	7034	621	170	451	4233	1927	2306
开平市	8469	4323	4146	373	88	285	2535	1181	1353
鹤山市	5311	2678	2633	157	40	117	1526	730	795
恩平市	6553	3461	3093	158	51	107	1441	693	748

1-4c 续表 1 单位：人

地 区	初 中			普通高中			中 职		
	小计	男	女	小计	男	女	小计	男	女
全 省	**392453**	**215054**	**177400**	**100632**	**61663**	**38969**	**28465**	**15919**	**12546**
广州市	**21156**	**11661**	**9494**	**6235**	**3768**	**2467**	**5081**	**2844**	**2237**
白云区	4584	2596	1988	1916	1230	685	1606	933	673
番禺区	2172	1201	971	893	523	371	724	433	291
花都区	4223	2297	1926	1171	663	508	583	346	237
南沙区	1858	1041	817	655	418	237	485	265	220
萝岗区	712	364	348	209	116	92	227	115	112
从化区	4259	2281	1978	718	398	321	856	438	418
增城区	3348	1881	1466	673	420	253	601	315	286
韶关市	**14250**	**8207**	**6043**	**3043**	**1650**	**1392**	**1235**	**623**	**612**
武江区	641	373	268	170	90	80	57	29	28
浈江区	771	425	346	136	83	53	158	23	135
曲江区	1403	803	600	587	168	419	137	76	61
始兴县	1310	736	573	399	245	154	134	78	55
仁化县	1302	731	571	210	128	82	110	60	50
翁源县	2958	1680	1278	362	242	120	198	107	91
乳源瑶族自治县	938	543	395	189	95	94	63	32	31
新丰县	1411	762	648	269	171	98	90	45	45
乐昌市	2018	1208	811	277	155	122	173	114	59
南雄市	1498	945	553	443	274	169	116	59	57
珠海市	**1696**	**981**	**715**	**799**	**538**	**261**	**394**	**226**	**168**
斗门区	1696	981	715	799	538	261	394	226	168
汕头市	**18792**	**9751**	**9041**	**6589**	**4113**	**2476**	**969**	**567**	**402**
龙湖区	1019	538	480	381	223	158	101	51	50
金平区	188	86	102	106	68	38	12	7	5
濠江区	926	498	428	328	183	145	47	20	26
潮阳区	8108	4189	3920	2193	1466	727	341	217	125
潮南区	6290	3239	3052	2454	1496	959	271	162	109
澄海区	2131	1127	1005	1091	655	436	167	92	76
南澳县	129	75	54	34	21	13	30	19	12
佛山市	**3849**	**2254**	**1595**	**1204**	**756**	**448**	**852**	**462**	**390**
南海区	997	562	435	443	273	170	271	159	111
顺德区	266	167	99	159	69	90	48	24	24
三水区	2160	1282	878	454	322	132	428	219	209
高明区	426	243	183	149	92	57	105	60	45
江门市	**19008**	**10215**	**8793**	**5886**	**3386**	**2500**	**2055**	**1157**	**898**
蓬江区	36	19	17	10	7	3	17	10	6
新会区	2893	1616	1277	1247	716	531	593	329	264
台山市	6351	3372	2979	2115	1247	868	475	256	219
开平市	3632	1954	1678	1223	685	538	378	234	144
鹤山市	2282	1199	1083	594	327	267	367	202	166
恩平市	3813	2055	1758	697	404	293	226	127	99

1-4c 续表 2

单位：人

地　区	大学专科			大学本科			研究生		
	小计	男	女	小计	男	女	小计	男	女
全　省	**21527**	**11661**	**9866**	**7727**	**4299**	**3429**	**163**	**95**	**68**
广州市	**3308**	**1542**	**1767**	**1125**	**578**	**547**	**22**	**13**	**9**
白云区	1202	454	748	358	190	168	6	4	3
番禺区	640	337	302	176	94	82			
花都区	374	189	184	203	98	105	8	5	3
南沙区	317	172	145	108	60	48	2	1	1
萝岗区	143	66	76	70	27	43	2	1	1
从化区	266	124	143	102	43	59	3	1	1
增城区	366	198	168	107	65	42	1	1	
韶关市	**707**	**347**	**360**	**280**	**149**	**131**	**9**	**4**	**5**
武江区	29	16	13	14	5	9			
浈江区	78	18	60	45	25	20	1		1
曲江区	62	36	26	14	7	7			
始兴县	98	48	50	30	14	16	2	2	
仁化县	101	54	47	35	19	16	2		2
翁源县	77	45	31	34	17	17	2	2	1
乳源瑶族自治县	42	18	24	17	11	7	1		1
新丰县	46	25	21	15	10	5	1	1	
乐昌市	69	31	37	29	15	13			
南雄市	105	54	50	46	25	21			
珠海市	**166**	**89**	**77**	**53**	**23**	**30**	**1**	**1**	**1**
斗门区	166	89	77	53	23	30	1	1	1
汕头市	**865**	**525**	**341**	**276**	**158**	**118**	**7**	**5**	**2**
龙湖区	66	34	32	18	9	9	1	1	1
金平区	19	11	9	3	2	1			
濠江区	61	33	27	10	6	3			
潮阳区	305	200	105	96	55	41	2	1	1
潮南区	213	141	73	95	56	39	1	1	
澄海区	182	97	84	50	28	22	2	1	1
南澳县	19	9	10	4	2	2			
佛山市	**536**	**267**	**269**	**267**	**145**	**122**	**6**	**2**	**4**
南海区	196	98	98	154	90	64			
顺德区	99	45	54	27	15	12	2		2
三水区	195	102	94	65	30	35	3	2	1
高明区	46	22	24	22	10	11	1		1
江门市	**1226**	**608**	**617**	**483**	**252**	**231**	**19**	**10**	**9**
蓬江区	3	1	2						
新会区	309	156	152	87	37	50	3		3
台山市	296	129	167	98	53	44	1	1	
开平市	224	124	100	101	54	47	5	3	2
鹤山市	228	102	125	154	76	78	2	2	1
恩平市	166	95	71	44	32	12	8	4	4

1-4c 续表 3

单位：人

地 区	6岁及以上人口			未上过学			小 学		
	合计	男	女	小计	男	女	小计	男	女
湛江市	**110371**	**58316**	**52055**	**7386**	**2366**	**5021**	**32508**	**15937**	**16571**
赤坎区	159	75	85	2		2	39	17	22
霞山区	547	284	263	19	7	11	151	74	77
坡头区	5455	2895	2559	358	110	248	1461	701	760
麻章区	8099	4342	3757	466	144	322	2134	1068	1067
遂溪县	15982	8367	7615	1144	420	724	4157	2102	2055
徐闻县	11502	6077	5425	755	215	540	3467	1668	1800
廉江市	26771	14475	12296	1531	578	953	8018	4072	3946
雷州市	27061	14089	12971	2258	613	1645	8789	4175	4614
吴川市	14796	7711	7084	853	279	574	4292	2060	2232
茂名市	**92721**	**48111**	**44609**	**5049**	**1545**	**3503**	**31276**	**15377**	**15899**
茂南区	7216	3775	3441	383	116	267	1879	916	963
电白区	26221	13655	12566	1524	419	1105	8222	3999	4223
高州市	23095	12002	11093	1386	427	958	8761	4236	4524
化州市	21113	10925	10188	963	355	608	6806	3405	3401
信宜市	15076	7755	7321	794	229	565	5609	2820	2788
肇庆市	**57903**	**29187**	**28716**	**3214**	**820**	**2395**	**19292**	**8749**	**10544**
鼎湖区	2082	990	1092	115	18	97	580	231	348
广宁县	7022	3561	3461	250	72	178	2342	1040	1301
怀集县	16332	8032	8300	956	249	707	5876	2589	3288
封开县	7382	3689	3693	508	135	373	2486	1160	1326
德庆县	6670	3431	3238	278	74	204	1858	872	986
高要市	13488	6884	6604	880	229	651	4794	2253	2541
四会市	4928	2599	2329	227	43	184	1356	602	754
惠州市	**39217**	**20263**	**18954**	**1723**	**424**	**1299**	**12446**	**6014**	**6432**
惠城区	7340	3625	3715	217	56	160	2182	969	1212
惠阳区	4171	2310	1861	203	63	141	1148	602	546
博罗县	12274	6306	5968	493	116	377	3727	1781	1947
惠东县	10674	5597	5077	604	141	463	3804	1909	1895
龙门县	4759	2426	2332	205	47	158	1585	753	832
梅州市	**58812**	**29171**	**29641**	**3113**	**805**	**2308**	**18969**	**8567**	**10402**
梅江区	1019	513	506	26	6	21	227	94	133
梅县区	6986	3412	3574	270	59	211	1566	643	923
大埔县	5570	2828	2741	351	98	253	1975	912	1062
丰顺县	6617	3291	3326	581	180	401	2631	1191	1440
五华县	18380	9027	9353	848	216	632	7450	3498	3953
平远县	3220	1618	1602	260	45	215	888	381	508
蕉岭县	2668	1296	1372	112	22	89	660	262	398
兴宁市	14351	7186	7165	665	179	487	3571	1586	1985

1-4c 续表 4

单位：人

地区	初中			普通高中			中职		
	小计	男	女	小计	男	女	小计	男	女
湛江市	**52536**	**29001**	**23535**	**12754**	**8006**	**4749**	**2418**	**1357**	**1061**
赤坎区	64	30	35	33	17	16	13	7	6
霞山区	226	119	107	112	60	52	14	8	6
坡头区	2620	1475	1145	738	443	295	124	76	48
麻章区	3883	2110	1773	1125	714	410	233	153	79
遂溪县	8164	4352	3812	1792	1093	699	378	195	183
徐闻县	5690	3217	2474	1118	706	413	189	107	81
廉江市	13382	7396	5986	2759	1791	967	534	302	232
雷州市	11458	6517	4940	3233	2030	1204	647	341	305
吴川市	7050	3786	3264	1844	1151	693	287	166	121
茂名市	**39812**	**21035**	**18777**	**12529**	**7803**	**4726**	**1501**	**882**	**618**
茂南区	3195	1639	1557	1323	841	482	149	92	57
电白区	12226	6572	5654	3220	2056	1164	438	256	182
高州市	9188	4990	4197	2864	1844	1020	232	121	111
化州市	9023	4650	4373	3215	1892	1323	334	197	137
信宜市	6180	3184	2996	1908	1170	738	347	217	130
肇庆市	**27228**	**14729**	**12499**	**5432**	**3350**	**2083**	**1496**	**827**	**669**
鼎湖区	989	501	488	233	147	85	96	56	40
广宁县	3451	1844	1606	669	425	244	157	87	70
怀集县	7519	4051	3467	1381	827	555	367	186	181
封开县	3380	1824	1557	740	419	321	133	75	58
德庆县	3580	1886	1694	702	448	255	137	80	57
高要市	5589	3070	2518	1325	822	503	475	269	206
四会市	2721	1552	1169	383	262	121	131	74	57
惠州市	**19155**	**10494**	**8661**	**2686**	**1625**	**1061**	**1782**	**1034**	**747**
惠城区	3481	1853	1628	527	323	203	426	242	184
惠阳区	1948	1081	867	270	177	94	418	291	127
博罗县	6273	3396	2877	897	550	347	483	248	235
惠东县	5155	2931	2224	621	346	275	296	160	136
龙门县	2298	1234	1064	372	229	142	159	94	65
梅州市	**25960**	**13452**	**12508**	**7577**	**4640**	**2937**	**1496**	**780**	**716**
梅江区	479	250	228	191	113	78	52	28	25
梅县区	3420	1717	1702	1231	745	486	252	124	127
大埔县	2392	1308	1084	591	381	210	138	68	70
丰顺县	2451	1356	1095	709	422	287	134	79	56
五华县	7171	3684	3487	2064	1178	887	282	143	139
平远县	1523	847	676	322	216	106	117	66	51
蕉岭县	1270	636	633	440	280	160	100	47	52
兴宁市	7256	3653	3603	2030	1306	724	422	225	197

1-4c 续表 5　　单位：人

地 区	大学专科			大学本科			研究生		
	小计	男	女	小计	男	女	小计	男	女
湛江市	**2217**	**1330**	**887**	**537**	**311**	**226**	**14**	**9**	**5**
赤坎区	7	3	4	1					
霞山区	18	12	7	6	4	2	1	1	
坡头区	122	76	46	30	13	17	2	1	1
麻章区	213	126	87	45	27	18			
遂溪县	278	161	117	68	44	25	1		1
徐闻县	235	140	96	44	22	22	3	3	
廉江市	455	280	175	88	53	35	4	2	1
雷州市	525	326	200	149	85	64	1	1	
吴川市	363	207	156	106	63	44	1		1
茂名市	**1690**	**963**	**727**	**857**	**500**	**356**	**6**	**4**	**2**
茂南区	173	101	72	113	68	44	1	1	
电白区	499	294	205	92	59	33			
高州市	334	175	160	327	206	121	4	2	2
化州市	511	292	220	260	134	126	2	2	
信宜市	173	102	71	65	33	32			
肇庆市	**974**	**554**	**421**	**262**	**159**	**103**	**3**	**1**	**3**
鼎湖区	52	27	25	17	8	9			
广宁县	107	61	46	47	31	16			
怀集县	182	99	83	50	31	19	1		1
封开县	109	63	46	25	14	11	1		1
德庆县	86	52	34	28	20	8	1	1	
高要市	345	196	149	80	44	36			
四会市	94	56	38	15	10	5	1		1
惠州市	**983**	**450**	**533**	**434**	**216**	**218**	**8**	**6**	**2**
惠城区	360	116	244	146	64	81	1		1
惠阳区	122	63	59	57	30	26	4	3	1
博罗县	280	150	130	120	64	56	1	1	
惠东县	126	73	53	67	36	31	1	1	
龙门县	95	49	46	45	20	25			
梅州市	**1209**	**668**	**542**	**479**	**256**	**223**	**7**	**3**	**4**
梅江区	31	18	13	13	4	9			
梅县区	160	82	78	85	41	44	4	1	3
大埔县	86	43	43	38	18	20			
丰顺县	89	49	41	20	14	6	1		1
五华县	421	226	195	143	83	61			
平远县	74	42	31	36	21	15			
蕉岭县	67	38	28	19	9	10			
兴宁市	283	170	113	123	66	57	1	1	

1-4c 续表 6

单位：人

地　区	6岁及以上人口			未上过学			小　学		
	合计	男	女	小计	男	女	小计	男	女
汕尾市	**36019**	**19029**	**16990**	**3798**	**1243**	**2555**	**11274**	**5546**	**5727**
城区	3199	1670	1529	308	96	211	915	437	478
海丰县	8055	4262	3794	718	271	447	2563	1216	1347
陆河县	3698	1948	1750	287	117	171	1250	657	593
陆丰市	21067	11149	9917	2485	759	1726	6546	3237	3309
河源市	**45813**	**23033**	**22780**	**3038**	**838**	**2200**	**16362**	**7746**	**8616**
源城区	187	95	93	9	1	8	68	36	32
紫金县	10533	5251	5281	809	208	601	3733	1811	1922
龙川县	12956	6463	6494	900	237	662	5087	2380	2707
连平县	5998	3040	2958	378	111	268	1846	862	984
和平县	6964	3494	3469	483	144	339	2883	1391	1493
东源县	9175	4690	4485	459	137	322	2744	1267	1478
阳江市	**32393**	**16985**	**15408**	**2595**	**770**	**1825**	**11340**	**5525**	**5815**
江城区	4931	2589	2341	266	69	197	1452	711	742
阳西县	7412	3932	3479	733	224	509	2830	1421	1409
阳东县	6260	3331	2928	543	197	346	2047	1013	1035
阳春市	13791	7132	6659	1052	279	773	5011	2381	2630
清远市	49897	25352	24545	3519	845	2675	18435	8862	9573
清城区	4152	2126	2026	143	33	110	1555	723	832
清新区	11001	5601	5400	687	159	528	3699	1722	1978
佛冈县	4784	2459	2325	191	43	148	1498	722	776
阳山县	5965	2968	2997	614	160	454	2236	1048	1188
连山壮族瑶族自治县	1536	808	728	95	28	68	572	284	289
连南瑶族自治县	1835	896	939	139	38	101	818	387	430
英德市	15378	7842	7535	1141	241	900	6016	2967	3048
连州市	5247	2652	2595	508	143	365	2040	1009	1031
东莞市	**25134**	**14697**	**10437**	**530**	**124**	**406**	**5344**	**2666**	**2678**
中山市	**10044**	**5188**	**4856**	**508**	**128**	**381**	**2914**	**1377**	**1536**
潮州市	**25095**	**12600**	**12495**	**1610**	**377**	**1233**	**9101**	**3927**	**5174**
湘桥区	1774	888	886	108	23	85	523	223	301
潮安区	11652	5888	5764	469	131	339	4164	1773	2391
饶平县	11669	5824	5845	1033	224	809	4414	1932	2482
揭阳市	**78309**	**40162**	**38148**	**3962**	**1086**	**2876**	**26779**	**12249**	**14530**
榕城区	4969	2559	2410	277	86	191	1531	685	846
揭东区	11908	6175	5733	566	191	375	3801	1801	2000
揭西县	15226	7724	7502	680	213	466	4900	2306	2594
惠来县	16880	8514	8366	1459	348	1111	6299	2784	3515
普宁市	29327	15190	14137	981	247	733	10248	4673	5575
云浮市	**37358**	**19095**	**18264**	**1950**	**500**	**1451**	**12531**	**5964**	**6567**
云城区	2383	1231	1151	130	34	96	851	389	462
云安区	5261	2681	2580	341	77	264	1906	894	1012
新兴县	7122	3655	3467	324	75	248	2227	1076	1151
郁南县	5976	3068	2908	331	79	251	2120	993	1127
罗定市	16617	8460	8157	825	234	591	5428	2612	2816

1-4c 续表 7 单位：人

地区	初中			普通高中			中职		
	小计	男	女	小计	男	女	小计	男	女
汕尾市	**14484**	**8231**	**6253**	**4751**	**2971**	**1780**	**567**	**305**	**262**
城区	1373	746	627	467	309	159	51	33	18
海丰县	3459	1970	1488	945	578	367	142	83	59
陆河县	1247	667	581	628	348	280	101	48	53
陆丰市	8405	4849	3557	2711	1737	974	273	140	133
河源市	**19262**	**10493**	**8769**	**4777**	**2727**	**2050**	**1046**	**526**	**519**
源城区	70	41	29	21	10	12	9	2	7
紫金县	4294	2316	1978	1074	606	468	250	120	129
龙川县	5029	2754	2276	1267	725	542	328	171	157
连平县	2581	1397	1183	882	503	379	126	71	55
和平县	2708	1479	1229	644	363	281	88	37	51
东源县	4580	2507	2073	888	520	368	245	125	120
阳江市	**13851**	**7766**	**6085**	**3016**	**1955**	**1062**	**806**	**491**	**316**
江城区	2220	1210	1010	617	379	238	193	112	81
阳西县	3020	1745	1274	567	379	188	147	87	59
阳东县	2650	1478	1172	708	453	255	165	103	62
阳春市	5961	3333	2628	1124	744	381	302	189	113
清远市	21856	12186	9670	3668	2192	1477	1315	685	630
清城区	1819	1022	797	297	166	132	204	116	88
清新区	4936	2757	2179	1038	618	420	341	181	160
佛冈县	2401	1293	1108	446	269	177	149	81	69
阳山县	2488	1422	1066	381	217	163	131	65	66
连山壮族瑶族自治县	676	372	304	132	85	46	28	19	9
连南瑶族自治县	679	365	313	106	65	41	43	16	27
英德市	6606	3721	2885	931	555	376	352	176	175
连州市	2251	1232	1019	337	217	120	68	31	36
东莞市	**10822**	**6777**	**4046**	**3797**	**2325**	**1472**	**2083**	**1332**	**751**
中山市	**3797**	**2076**	**1721**	**1358**	**802**	**555**	**730**	**390**	**339**
潮州市	**10735**	**6110**	**4625**	**2639**	**1638**	**1001**	**391**	**228**	**163**
湘桥区	862	471	391	203	132	71	24	11	13
潮安区	5170	2870	2301	1309	806	504	161	102	60
饶平县	4702	2768	1934	1127	700	426	206	116	91
揭阳市	**35680**	**19621**	**16059**	**9109**	**5664**	**3445**	**1275**	**661**	**614**
榕城区	1901	1007	894	1020	637	383	70	36	34
揭东区	5701	3093	2608	1479	906	574	124	60	64
揭西县	6967	3683	3284	1923	1132	791	415	205	210
惠来县	6758	3868	2890	1826	1183	643	160	92	68
普宁市	14353	7970	6383	2860	1806	1054	506	268	238
云浮市	**18525**	**10013**	**8511**	**2782**	**1754**	**1028**	**974**	**541**	**433**
云城区	1116	642	473	159	96	63	85	48	37
云安区	2494	1397	1097	309	200	109	135	76	59
新兴县	3542	1904	1637	717	441	276	157	82	75
郁南县	2941	1621	1320	354	243	111	138	80	59
罗定市	8432	4449	3983	1243	774	469	458	255	203

1-4c 续表 8 单位：人

地　区	大学专科			大学本科			研究生		
	小计	男	女	小计	男	女	小计	男	女
汕尾市	**897**	**576**	**321**	**246**	**154**	**92**	**2**	**2**	
城区	54	31	23	32	19	13			
海丰县	198	126	72	31	17	14			
陆河县	125	70	55	59	40	18	1	1	
陆丰市	520	349	171	125	78	48	1	1	
河源市	**927**	**491**	**436**	**392**	**206**	**187**	**10**	**7**	**3**
源城区	8	5	3	2		2			
紫金县	254	127	127	119	63	56			
龙川县	234	131	103	104	59	46	6	5	1
连平县	124	67	57	60	29	31	1	1	
和平县	119	61	58	36	19	17	2	1	1
东源县	187	99	88	70	36	35	1		1
阳江市	**628**	**376**	**252**	**157**	**103**	**54**			
江城区	140	80	59	42	28	14			
阳西县	91	58	32	25	17	8			
阳东县	127	79	48	19	9	10			
阳春市	271	158	113	71	49	22			
清远市	847	434	413	249	146	103	8	3	5
清城区	104	49	55	29	16	13	1	1	
清新区	227	117	110	66	45	21	5	1	4
佛冈县	85	43	42	13	8	5			
阳山县	86	39	47	30	17	13			
连山壮族瑶族自治县	25	16	9	6	3	3			
连南瑶族自治县	39	19	20	11	6	5			
英德市	249	135	114	81	46	35	1		1
连州市	31	14	17	12	6	6			
东莞市	**1747**	**1007**	**740**	**791**	**454**	**337**	**20**	**13**	**7**
中山市	**553**	**308**	**245**	**184**	**106**	**78**			
潮州市	**474**	**247**	**227**	**141**	**71**	**71**	**4**	**3**	**1**
湘桥区	43	22	21	13	7	6			
潮安区	276	154	122	100	52	48	2	2	
饶平县	156	71	85	29	11	17	2	1	1
揭阳市	**1106**	**630**	**476**	**386**	**243**	**142**	**13**	**8**	**5**
榕城区	143	89	54	27	19	8			
揭东区	189	100	88	47	24	23	1		1
揭西县	279	146	133	63	39	24			
惠来县	249	154	95	121	82	40	8	4	4
普宁市	247	141	107	127	80	47	5	5	
云浮市	**464**	**251**	**213**	**129**	**70**	**59**	**3**	**2**	**1**
云城区	32	19	14	9	3	6			
云安区	60	27	33	16	10	6			
新兴县	130	66	64	23	9	15	2	1	1
郁南县	75	41	34	16	10	6	1	1	
罗定市	167	98	69	64	38	26			

1-5 各地区分性别的15岁及以上文盲人口

单位：人、%

地 区	15岁及以上人口			文盲人口			文盲人口占15岁及以上人口比重		
	合计	男	女	合计	男	女	合计	男	女
全 省	**2566703**	**1328851**	**1237852**	**78656**	**17821**	**60835**	**3.06**	**1.34**	**4.91**
广州市	**335057**	**170488**	**164569**	**4652**	**1085**	**3567**	**1.39**	**0.64**	**2.17**
荔湾区	23297	11313	11984	259	43	216	1.11	0.38	1.80
越秀区	29264	14223	15041	170	32	138	0.58	0.23	0.92
海珠区	40548	19664	20883	321	57	264	0.79	0.29	1.26
天河区	38662	19635	19027	182	41	141	0.47	0.21	0.74
白云区	59827	30588	29239	1096	352	744	1.83	1.15	2.55
黄埔区	11857	6395	5462	98	11	86	0.83	0.18	1.58
番禺区	38383	19803	18580	631	161	470	1.64	0.81	2.53
花都区	24621	12738	11883	380	69	311	1.54	0.54	2.62
南沙区	16621	8831	7791	599	92	507	3.60	1.04	6.51
萝岗区	10262	5746	4516	80	15	65	0.78	0.26	1.44
从化区	14573	7340	7233	308	64	244	2.12	0.87	3.38
增城区	27143	14212	12931	526	147	379	1.94	1.04	2.93
韶关市	**67694**	**33119**	**34575**	**3402**	**511**	**2891**	**5.03**	**1.54**	**8.36**
武江区	7264	3568	3696	170	25	146	2.35	0.69	3.95
浈江区	9881	4826	5055	224	28	197	2.27	0.57	3.89
曲江区	7440	3431	4009	298	40	259	4.01	1.15	6.46
始兴县	4885	2364	2520	332	52	280	6.79	2.20	11.09
仁化县	4596	2269	2326	298	40	257	6.47	1.78	11.05
翁源县	7820	3948	3872	340	56	284	4.35	1.41	7.34
乳源瑶族自治县	4209	2105	2103	213	42	171	5.06	2.00	8.12
新丰县	4940	2476	2464	121	21	99	2.44	0.87	4.02
乐昌市	9187	4509	4678	810	142	668	8.81	3.14	14.28
南雄市	7472	3621	3851	596	66	531	7.98	1.81	13.78
深圳市	**281724**	**152673**	**129051**	**2384**	**540**	**1844**	**0.85**	**0.35**	**1.43**
罗湖区	24077	12000	12076	169	17	152	0.70	0.14	1.26
福田区	35496	18583	16913	204	47	157	0.57	0.25	0.93
南山区	31575	16363	15212	181	30	151	0.57	0.18	0.99
宝安区	123008	69061	53947	1103	288	814	0.90	0.42	1.51
龙岗区	62184	33804	28380	687	153	534	1.10	0.45	1.88
盐田区	5383	2861	2523	40	5	35	0.75	0.18	1.38
珠海市	**39644**	**20521**	**19122**	**874**	**198**	**677**	**2.20**	**0.96**	**3.54**
香洲区	22944	11732	11212	269	61	209	1.17	0.52	1.86
斗门区	10272	5417	4854	456	99	357	4.44	1.82	7.35
金湾区	6428	3372	3056	149	38	111	2.32	1.13	3.63
汕头市	**128111**	**63554**	**64557**	**4946**	**986**	**3960**	**3.86**	**1.55**	**6.13**
龙湖区	13092	6444	6648	383	76	306	2.92	1.19	4.60
金平区	20251	9897	10354	654	160	494	3.23	1.62	4.77
濠江区	6255	3042	3213	710	114	595	11.35	3.76	18.53
潮阳区	37631	18570	19061	1771	364	1407	4.71	1.96	7.38
潮南区	29845	15134	14711	703	118	585	2.36	0.78	3.98
澄海区	19502	9714	9788	555	122	434	2.85	1.25	4.43
南澳县	1535	752	782	170	32	138	11.10	4.32	17.63
佛山市	**184678**	**99253**	**85425**	**3254**	**729**	**2525**	**1.76**	**0.73**	**2.96**
禅城区	27575	14095	13480	401	74	327	1.45	0.52	2.43
南海区	67668	37492	30176	912	207	705	1.35	0.55	2.34
顺德区	63384	33567	29817	1414	357	1056	2.23	1.07	3.54
三水区	15721	8659	7062	291	51	240	1.85	0.59	3.39
高明区	10330	5440	4889	236	39	197	2.28	0.72	4.02

1-5 续表 1

单位：人、%

地区	15岁及以上人口			文盲人口			文盲人口占15岁及以上人口比重		
	合计	男	女	合计	男	女	合计	男	女
江门市	**110733**	**55610**	**55122**	**2784**	**630**	**2153**	**2.51**	**1.13**	**3.91**
蓬江区	17770	8800	8971	214	42	172	1.20	0.47	1.92
江海区	6206	3129	3078	230	57	173	3.70	1.82	5.62
新会区	20905	10566	10339	666	131	535	3.19	1.24	5.18
台山市	23739	11782	11957	737	178	559	3.10	1.51	4.67
开平市	17345	8659	8686	448	89	359	2.59	1.03	4.13
鹤山市	12302	6123	6179	188	46	142	1.53	0.75	2.30
恩平市	12467	6553	5914	300	87	213	2.41	1.33	3.59
湛江市	**162671**	**84492**	**78179**	**7792**	**2163**	**5629**	**4.79**	**2.56**	**7.20**
赤坎区	7440	3631	3809	108	21	87	1.45	0.58	2.28
霞山区	11744	5944	5800	166	51	114	1.41	0.86	1.97
坡头区	8072	4234	3839	465	117	349	5.76	2.75	9.08
麻章区	11561	6038	5523	517	148	370	4.47	2.44	6.69
遂溪县	20670	10709	9961	945	292	653	4.57	2.73	6.55
徐闻县	16406	8642	7764	911	234	676	5.55	2.71	8.71
廉江市	32715	17333	15381	1610	558	1052	4.92	3.22	6.84
雷州市	32579	16883	15696	2179	528	1651	6.69	3.13	10.52
吴川市	21483	11078	10405	891	213	678	4.15	1.93	6.52
茂名市	**130062**	**66641**	**63421**	**5611**	**1361**	**4250**	**4.31**	**2.04**	**6.70**
茂南区	19404	9967	9436	567	142	425	2.92	1.42	4.50
电白区	35729	18324	17405	1961	433	1529	5.49	2.36	8.78
高州市	29309	15143	14166	1416	359	1057	4.83	2.37	7.46
化州市	25660	13349	12311	652	183	469	2.54	1.37	3.81
信宜市	19961	9857	10103	1015	244	770	5.08	2.48	7.63
肇庆市	**92630**	**46259**	**46371**	**3520**	**704**	**2816**	**3.80**	**1.52**	**6.07**
端州区	11791	5711	6080	279	49	230	2.37	0.86	3.78
鼎湖区	4114	1959	2154	135	15	120	3.28	0.78	5.56
广宁县	9880	4862	5018	254	47	207	2.57	0.97	4.12
怀集县	17701	8530	9171	818	141	677	4.62	1.65	7.39
封开县	9083	4486	4597	410	81	329	4.51	1.80	7.16
德庆县	7844	4037	3807	276	59	216	3.51	1.47	5.68
高要市	18398	9412	8986	1014	254	760	5.51	2.70	8.46
四会市	13819	7261	6558	334	57	277	2.42	0.79	4.22
惠州市	**109679**	**57286**	**52392**	**2578**	**489**	**2089**	**2.35**	**0.85**	**3.99**
惠城区	38174	19716	18458	462	90	372	1.21	0.46	2.01
惠阳区	19052	10630	8422	409	90	319	2.15	0.85	3.78
博罗县	24436	12681	11755	682	125	557	2.79	0.99	4.74
惠东县	21030	10668	10362	788	141	646	3.75	1.33	6.24
龙门县	6987	3592	3395	238	42	196	3.40	1.17	5.76
梅州市	**98612**	**47644**	**50968**	**3526**	**665**	**2860**	**3.58**	**1.40**	**5.61**
梅江区	10092	4871	5221	134	17	117	1.33	0.34	2.25
梅县区	12849	6131	6718	344	49	295	2.68	0.81	4.39
大埔县	8763	4377	4385	395	81	314	4.51	1.86	7.15
丰顺县	10944	5472	5472	634	148	486	5.79	2.70	8.89
五华县	22616	10459	12158	820	199	621	3.63	1.91	5.10
平远县	5497	2710	2787	297	31	266	5.40	1.13	9.55
蕉岭县	4955	2441	2515	151	20	131	3.05	0.83	5.20
兴宁市	22895	11185	11710	750	120	631	3.28	1.07	5.38

1-5 续表 2 单位：人、%

地 区	15岁及以上人口			文盲人口			文盲人口占15岁及以上人口比重		
	合计	男	女	合计	男	女	合计	男	女
汕尾市	**69362**	**36389**	**32973**	**6484**	**1841**	**4642**	**9.35**	**5.06**	**14.08**
城区	11865	6133	5731	881	241	640	7.42	3.93	11.16
海丰县	18892	9958	8934	1321	366	955	6.99	3.68	10.69
陆河县	6705	3506	3199	398	141	257	5.93	4.02	8.02
陆丰市	31901	16792	15108	3885	1093	2791	12.18	6.51	18.48
河源市	**67255**	**33530**	**33725**	**3211**	**692**	**2519**	**4.77**	**2.06**	**7.47**
源城区	11148	5570	5578	223	39	184	2.00	0.70	3.30
紫金县	14223	7067	7156	869	187	682	6.11	2.65	9.53
龙川县	15388	7656	7733	835	179	656	5.43	2.34	8.48
连平县	7878	3888	3989	427	100	327	5.43	2.58	8.20
和平县	8337	4136	4201	408	87	321	4.89	2.09	7.65
东源县	10282	5213	5069	449	100	348	4.36	1.92	6.87
阳江市	**57771**	**30057**	**27714**	**3546**	**934**	**2612**	**6.14**	**3.11**	**9.43**
江城区	17135	8833	8303	633	153	481	3.70	1.73	5.79
阳西县	10599	5561	5038	953	252	701	8.99	4.53	13.92
阳东县	10793	5859	4934	810	273	536	7.50	4.67	10.87
阳春市	19244	9804	9439	1150	256	894	5.97	2.61	9.47
清远市	**86530**	**43361**	**43168**	**4415**	**877**	**3538**	**5.10**	**2.02**	**8.20**
清城区	19457	9844	9613	565	93	472	2.90	0.94	4.91
清新区	16506	8358	8147	743	137	606	4.50	1.64	7.43
佛冈县	7097	3643	3454	237	46	191	3.34	1.27	5.52
阳山县	8333	4114	4219	684	145	539	8.20	3.52	12.77
连山壮族瑶族自治县	2121	1095	1026	124	34	90	5.86	3.12	8.78
连南瑶族自治县	2817	1357	1459	173	38	134	6.14	2.83	9.21
英德市	21757	10848	10909	1286	234	1052	5.91	2.16	9.64
连州市	8442	4103	4339	604	150	454	7.15	3.65	10.46
东莞市	**211224**	**117657**	**93568**	**3345**	**819**	**2526**	**1.58**	**0.70**	**2.70**
中山市	**78648**	**42139**	**36509**	**1916**	**443**	**1474**	**2.44**	**1.05**	**4.04**
潮州市	**62525**	**30943**	**31582**	**3057**	**568**	**2489**	**4.89**	**1.83**	**7.88**
湘桥区	14114	6817	7297	498	103	395	3.53	1.52	5.41
潮安区	28198	14158	14040	978	193	785	3.47	1.36	5.59
饶平县	20213	9968	10245	1581	271	1309	7.82	2.72	12.78
揭阳市	**138556**	**70506**	**68050**	**5434**	**1249**	**4185**	**3.92**	**1.77**	**6.15**
榕城区	23535	11908	11626	704	186	517	2.99	1.56	4.45
揭东区	23042	11960	11082	794	237	557	3.45	1.98	5.03
揭西县	19553	9856	9697	653	159	494	3.34	1.62	5.09
惠来县	24581	12356	12225	2025	425	1600	8.24	3.44	13.09
普宁市	47844	24425	23420	1258	242	1017	2.63	0.99	4.34
云浮市	**53538**	**26728**	**26810**	**1927**	**337**	**1590**	**3.60**	**1.26**	**5.93**
云城区	8413	4253	4159	236	38	198	2.81	0.90	4.76
云安区	6047	3058	2989	337	58	278	5.57	1.90	9.32
新兴县	10313	5136	5178	286	40	246	2.78	0.78	4.76
郁南县	8836	4416	4419	330	63	267	3.74	1.43	6.04
罗定市	19929	9865	10064	738	137	601	3.70	1.39	5.97

1-5a 各地区分性别的15岁及以上文盲人口（城市）

单位：人、%

地 区	15岁及以上人口			文盲人口			文盲人口占15岁及以上人口比重		
	合计	男	女	合计	男	女	合计	男	女
全 省	**1382192**	**723332**	**658860**	**22889**	**5073**	**17816**	**1.66**	**0.70**	**2.70**
广州市	**260226**	**131520**	**128707**	**2501**	**496**	**2005**	**0.96**	**0.38**	**1.56**
荔湾区	23297	11313	11984	259	43	216	1.11	0.38	1.80
越秀区	29264	14223	15041	170	32	138	0.58	0.23	0.92
海珠区	40548	19664	20883	321	57	264	0.79	0.29	1.26
天河区	38662	19635	19027	182	41	141	0.47	0.21	0.74
白云区	40971	20748	20223	407	97	310	0.99	0.47	1.53
黄埔区	11857	6395	5462	98	11	86	0.83	0.18	1.58
番禺区	31235	15994	15241	434	102	331	1.39	0.64	2.17
花都区	14205	7333	6872	143	27	117	1.01	0.36	1.70
南沙区	7228	3987	3241	269	41	228	3.72	1.03	7.04
萝岗区	8121	4657	3465	51	10	41	0.62	0.21	1.17
从化区	4877	2390	2487	38	6	32	0.77	0.24	1.29
增城区	9962	5182	4781	129	29	101	1.30	0.55	2.10
韶关市	**20600**	**9929**	**10671**	**477**	**60**	**417**	**2.32**	**0.60**	**3.91**
武江区	5604	2714	2890	95	17	77	1.69	0.64	2.68
浈江区	7570	3736	3834	115	16	99	1.52	0.43	2.58
曲江区	3362	1515	1847	77	7	70	2.30	0.45	3.81
乐昌市	1766	839	927	70	8	62	3.94	0.93	6.67
南雄市	2297	1123	1174	121	12	109	5.25	1.04	9.28
深圳市	**281724**	**152673**	**129051**	**2384**	**540**	**1844**	**0.85**	**0.35**	**1.43**
罗湖区	24077	12000	12076	169	17	152	0.70	0.14	1.26
福田区	35496	18583	16913	204	47	157	0.57	0.25	0.93
南山区	31575	16363	15212	181	30	151	0.57	0.18	0.99
宝安区	123008	69061	53947	1103	288	814	0.90	0.42	1.51
龙岗区	62184	33804	28380	687	153	534	1.10	0.45	1.88
盐田区	5383	2861	2523	40	5	35	0.75	0.18	1.38
珠海市	**28782**	**14510**	**14272**	**395**	**87**	**308**	**1.37**	**0.60**	**2.16**
香洲区	22527	11446	11081	269	60	209	1.19	0.52	1.88
斗门区	2767	1387	1380	58	10	48	2.09	0.70	3.49
金湾区	3488	1677	1810	68	17	51	1.95	1.00	2.83
汕头市	**57089**	**28288**	**28801**	**2120**	**439**	**1682**	**3.71**	**1.55**	**5.84**
龙湖区	9530	4718	4812	199	40	159	2.09	0.85	3.30
金平区	19814	9681	10133	642	157	485	3.24	1.62	4.79
濠江区	3939	1935	2004	390	72	318	9.91	3.74	15.87
潮阳区	7508	3600	3907	491	98	394	6.54	2.71	10.08
潮南区	10463	5401	5062	280	41	239	2.68	0.77	4.72
澄海区	5835	2953	2882	117	30	87	2.01	1.02	3.02

1-5a 续表 1 单位：人、%

地区	15岁及以上人口			文盲人口			文盲人口占15岁及以上人口比重		
	合计	男	女	合计	男	女	合计	男	女
佛山市	**164339**	**88042**	**76297**	**2783**	**636**	**2146**	**1.69**	**0.72**	**2.81**
禅城区	23520	11909	11612	310	52	259	1.32	0.43	2.23
南海区	63251	35131	28120	843	201	643	1.33	0.57	2.29
顺德区	62479	33100	29379	1373	347	1026	2.20	1.05	3.49
三水区	6677	3454	3223	117	15	102	1.75	0.44	3.16
高明区	8411	4448	3963	139	22	117	1.65	0.49	2.95
江门市	**57674**	**28621**	**29052**	**1079**	**248**	**831**	**1.87**	**0.87**	**2.86**
蓬江区	17682	8754	8927	211	41	170	1.19	0.47	1.91
江海区	6206	3129	3078	230	57	173	3.70	1.82	5.62
新会区	10314	5187	5127	234	46	188	2.26	0.88	3.67
台山市	7775	3764	4011	133	30	104	1.72	0.79	2.58
开平市	7737	3801	3936	147	31	117	1.90	0.80	2.97
鹤山市	5040	2464	2576	42	13	30	0.84	0.52	1.15
恩平市	2920	1523	1397	82	32	50	2.80	2.07	3.60
湛江市	**34849**	**17771**	**17078**	**1013**	**274**	**739**	**2.91**	**1.54**	**4.33**
赤坎区	7302	3566	3736	107	21	86	1.47	0.59	2.30
霞山区	11133	5627	5505	155	48	107	1.39	0.86	1.94
坡头区	1695	871	824	109	30	80	6.46	3.41	9.68
麻章区	1087	571	516	55	15	41	5.09	2.55	7.90
遂溪县	477	237	240	39	15	24	8.15	6.35	9.93
廉江市	3856	1978	1877	114	42	71	2.94	2.14	3.79
雷州市	4454	2379	2075	217	48	169	4.88	2.02	8.15
吴川市	4846	2542	2304	216	54	162	4.45	2.13	7.02
茂名市	**30907**	**16217**	**14690**	**939**	**214**	**725**	**3.04**	**1.32**	**4.93**
茂南区	12176	6246	5930	220	50	170	1.81	0.80	2.87
电白区	4554	2335	2218	299	67	232	6.57	2.88	10.45
高州市	4837	2679	2158	121	19	102	2.51	0.71	4.74
化州市	4827	2746	2081	64	17	47	1.33	0.64	2.24
信宜市	4513	2210	2302	235	61	174	5.20	2.74	7.57
肇庆市	**22854**	**11373**	**11481**	**509**	**102**	**407**	**2.23**	**0.89**	**3.55**
端州区	11791	5711	6080	279	49	230	2.37	0.86	3.78
鼎湖区	1299	601	698	26	4	22	2.02	0.64	3.20
高要市	1773	924	848	55	16	40	3.12	1.70	4.67
四会市	7991	4137	3854	148	33	115	1.86	0.80	2.99
惠州市	**43017**	**22728**	**20289**	**530**	**101**	**429**	**1.23**	**0.44**	**2.12**
惠城区	29257	15086	14172	309	58	250	1.05	0.39	1.77
惠阳区	13336	7523	5813	218	42	176	1.64	0.56	3.03
博罗县	423	119	304	3		3	0.75		1.04

1-5a 续表 2

单位：人、%

地区	15岁及以上人口			文盲人口			文盲人口占15岁及以上人口比重		
	合计	男	女	合计	男	女	合计	男	女
梅州市	**19384**	**9308**	**10075**	**312**	**43**	**269**	**1.61**	**0.46**	**2.67**
梅江区	8969	4313	4656	113	14	99	1.26	0.33	2.13
梅县区	3696	1734	1962	66	13	53	1.79	0.77	2.70
五华县	293	133	160	7	1	6	2.32	0.73	3.64
兴宁市	6426	3129	3298	126	14	112	1.96	0.46	3.38
汕尾市	**12191**	**6338**	**5853**	**864**	**205**	**659**	**7.09**	**3.24**	**11.25**
城区	7609	3927	3682	506	134	371	6.64	3.42	10.09
陆丰市	4582	2411	2171	358	71	287	7.82	2.96	13.23
河源市	**10990**	**5494**	**5496**	**216**	**38**	**178**	**1.97**	**0.69**	**3.25**
源城区	10990	5494	5496	216	38	178	1.97	0.69	3.25
阳江市	**14930**	**7634**	**7296**	**411**	**93**	**318**	**2.75**	**1.22**	**4.35**
江城区	10699	5491	5208	267	69	198	2.49	1.26	3.80
阳春市	4231	2142	2088	144	24	120	3.40	1.11	5.75
清远市	**21433**	**10552**	**10881**	**567**	**90**	**478**	**2.65**	**0.85**	**4.39**
清城区	10569	5211	5358	268	34	234	2.53	0.65	4.37
清新区	4085	2060	2025	94	14	80	2.30	0.68	3.94
英德市	3567	1794	1772	90	17	74	2.53	0.93	4.16
连州市	3212	1487	1725	116	25	90	3.60	1.70	5.24
东莞市	**184028**	**101665**	**82363**	**2918**	**730**	**2188**	**1.59**	**0.72**	**2.66**
中山市	**48658**	**25996**	**22661**	**1132**	**287**	**844**	**2.33**	**1.11**	**3.73**
潮州市	**20852**	**10482**	**10370**	**671**	**127**	**544**	**3.22**	**1.21**	**5.25**
湘桥区	9486	4749	4736	286	61	225	3.01	1.28	4.75
潮安区	11367	5733	5634	386	67	319	3.39	1.16	5.66
揭阳市	**36901**	**18818**	**18084**	**847**	**233**	**614**	**2.29**	**1.24**	**3.40**
榕城区	16474	8314	8161	445	118	327	2.70	1.42	4.00
揭东区	7317	3820	3496	182	56	126	2.49	1.46	3.62
普宁市	13111	6684	6427	220	59	161	1.68	0.88	2.51
云浮市	**10765**	**5374**	**5391**	**221**	**30**	**191**	**2.05**	**0.57**	**3.54**
云城区	6154	3099	3055	138	21	118	2.24	0.66	3.85
云安区	492	253	239	17	2	15	3.41	0.81	6.16
罗定市	4119	2022	2097	66	8	58	1.61	0.39	2.78

1-5b 各地区分性别的15岁及以上文盲人口（镇）

单位：人、%

地 区	15岁及以上人口			文盲人口			文盲人口占15岁及以上人口比重		
	合计	男	女	合计	男	女	合计	男	女
全 省	**417624**	**214479**	**203145**	**16767**	**3746**	**13021**	**4.01**	**1.75**	**6.41**
广州市	**27486**	**14215**	**13271**	**517**	**110**	**407**	**1.88**	**0.78**	**3.07**
白云区	7145	3601	3544	126	18	108	1.76	0.50	3.04
番禺区	1288	652	636	12	2	10	0.95	0.31	1.61
花都区	2325	1209	1116	38	6	31	1.62	0.53	2.80
南沙区	4844	2481	2364	130	24	106	2.69	0.98	4.49
萝岗区	374	227	146	1	1	1	0.36	0.29	0.45
从化区	1786	988	798	25	9	16	1.40	0.94	1.96
增城区	9724	5057	4667	185	50	136	1.91	0.98	2.90
韶关市	**16753**	**8310**	**8443**	**698**	**101**	**596**	**4.16**	**1.22**	**7.06**
武江区	416	219	197	21	2	19	4.97	0.74	9.70
浈江区	683	350	333	29	5	24	4.26	1.31	7.36
曲江区	987	514	473	43	8	35	4.41	1.56	7.51
始兴县	1885	892	993	103	12	91	5.48	1.36	9.19
仁化县	1795	895	900	83	13	70	4.64	1.44	7.82
翁源县	2591	1275	1316	80	12	68	3.08	0.94	5.15
乳源瑶族自治县	1880	938	942	61	9	52	3.24	0.94	5.53
新丰县	2521	1263	1257	31	5	26	1.25	0.41	2.09
乐昌市	2851	1399	1452	191	32	159	6.69	2.27	10.95
南雄市	1144	564	581	55	4	50	4.79	0.76	8.70
珠海市	**6394**	**3578**	**2816**	**161**	**35**	**126**	**2.52**	**0.98**	**4.48**
香洲区	417	286	131	1	1		0.21	0.31	
斗门区	3036	1596	1440	79	13	66	2.61	0.81	4.61
金湾区	2940	1695	1245	81	21	60	2.75	1.25	4.79
汕头市	**33540**	**16801**	**16739**	**1358**	**270**	**1087**	**4.05**	**1.61**	**6.50**
龙湖区	1388	672	716	87	17	70	6.27	2.59	9.73
濠江区	155	73	81	16	1	14	10.13	1.64	17.82
潮阳区	14931	7519	7412	646	131	515	4.32	1.74	6.95
潮南区	7421	3772	3649	195	33	162	2.63	0.87	4.44
澄海区	8467	4190	4276	293	61	232	3.46	1.46	5.41
南澳县	1179	575	604	121	27	95	10.29	4.62	15.69
佛山市	**11080**	**6286**	**4794**	**194**	**41**	**153**	**1.75**	**0.66**	**3.18**
禅城区	4054	2186	1869	91	22	69	2.24	1.02	3.68
南海区	1545	842	703	32	6	26	2.05	0.72	3.65
三水区	4732	2868	1864	52	10	42	1.11	0.36	2.25
高明区	749	390	359	19	3	16	2.55	0.67	4.58
江门市	**13495**	**6886**	**6609**	**473**	**128**	**345**	**3.51**	**1.86**	**5.22**
新会区	2966	1506	1460	118	31	87	3.98	2.04	5.99
台山市	2853	1422	1432	170	54	116	5.95	3.81	8.08
开平市	1813	892	921	27	4	23	1.49	0.49	2.46
鹤山市	2423	1233	1189	35	7	28	1.45	0.58	2.35
恩平市	3441	1834	1607	123	32	91	3.58	1.74	5.67

1-5b 续表 1

单位：人、%

地　区	15岁及以上人口			文盲人口			文盲人口占15岁及以上人口比重		
	合计	男	女	合计	男	女	合计	男	女
湛江市	**33268**	**17465**	**15802**	**1351**	**358**	**993**	**4.06**	**2.05**	**6.29**
霞山区	123	67	56	1		1	0.56		1.23
坡头区	1458	763	695	79	12	66	5.39	1.62	9.53
麻章区	3484	1766	1718	110	34	76	3.16	1.91	4.44
遂溪县	6336	3328	3009	229	67	162	3.61	2.00	5.38
徐闻县	6299	3338	2961	252	67	185	4.01	2.02	6.25
廉江市	6165	3264	2900	225	70	155	3.64	2.14	5.33
雷州市	5340	2811	2529	270	60	210	5.06	2.15	8.30
吴川市	4063	2128	1935	186	47	139	4.58	2.22	7.18
茂名市	**23221**	**11873**	**11348**	**999**	**228**	**771**	**4.30**	**1.92**	**6.80**
茂南区	966	513	453	25	4	21	2.62	0.80	4.69
电白区	9446	4861	4586	497	116	381	5.26	2.38	8.30
高州市	5335	2730	2604	296	73	223	5.55	2.68	8.56
化州市	4217	2179	2037	67	16	50	1.58	0.74	2.47
信宜市	3258	1590	1668	115	19	96	3.52	1.17	5.76
肇庆市	**20295**	**10410**	**9885**	**705**	**140**	**565**	**3.48**	**1.35**	**5.72**
鼎湖区	894	458	436	14	2	12	1.54	0.37	2.76
广宁县	3829	1861	1968	82	13	69	2.13	0.68	3.50
怀集县	4497	2256	2241	179	26	152	3.97	1.17	6.80
封开县	2843	1413	1430	116	23	94	4.09	1.61	6.55
德庆县	2180	1142	1039	54	8	45	2.45	0.74	4.34
高要市	4682	2493	2189	237	64	173	5.06	2.58	7.89
四会市	1371	788	584	25	4	21	1.81	0.53	3.55
惠州市	**32540**	**17051**	**15490**	**677**	**109**	**568**	**2.08**	**0.64**	**3.67**
惠城区	2479	1490	988	14	1	13	0.57	0.10	1.29
惠阳区	1928	1013	915	20	3	17	1.03	0.26	1.89
博罗县	13518	7219	6299	286	49	237	2.12	0.67	3.77
惠东县	11751	5827	5924	292	46	246	2.48	0.79	4.14
龙门县	2865	1502	1362	66	11	55	2.29	0.70	4.04
梅州市	**28562**	**13597**	**14966**	**897**	**153**	**744**	**3.14**	**1.13**	**4.97**
梅江区	186	90	96						
梅县区	2807	1332	1474	66	8	58	2.36	0.59	3.96
大埔县	3825	1884	1941	121	16	105	3.17	0.85	5.42
丰顺县	5313	2672	2640	201	36	164	3.78	1.36	6.23
五华县	7494	3249	4245	210	61	149	2.81	1.88	3.52
平远县	2587	1264	1324	98	10	88	3.80	0.78	6.67
蕉岭县	2523	1263	1260	68	11	58	2.71	0.84	4.58
兴宁市	3828	1842	1986	132	12	121	3.45	0.63	6.07
汕尾市	**26404**	**13864**	**12541**	**2551**	**738**	**1812**	**9.66**	**5.33**	**14.45**
城区	1438	737	701	100	25	76	6.99	3.36	10.79
海丰县	11787	6222	5565	844	212	632	7.16	3.41	11.36
陆河县	3517	1849	1669	206	71	135	5.85	3.84	8.08
陆丰市	9662	5057	4606	1400	430	970	14.49	8.51	21.06

1-5b 续表 2

单位：人、%

地 区	15岁及以上人口			文盲人口			文盲人口占15岁及以上人口比重		
	合计	男	女	合计	男	女	合计	男	女
河源市	**18053**	**9047**	**9005**	**752**	**184**	**568**	**4.17**	**2.04**	**6.31**
紫金县	5615	2842	2773	259	71	188	4.61	2.51	6.76
龙川县	4720	2368	2352	184	40	145	3.91	1.69	6.15
连平县	2769	1366	1404	147	34	112	5.30	2.52	8.01
和平县	2543	1264	1279	59	16	44	2.34	1.23	3.44
东源县	2405	1207	1198	103	23	80	4.28	1.90	6.67
阳江市	**14871**	**7919**	**6952**	**947**	**256**	**691**	**6.37**	**3.24**	**9.93**
江城区	1996	1040	956	138	32	106	6.93	3.09	11.10
阳西县	4197	2201	1997	354	90	264	8.44	4.09	13.24
阳东县	5286	2962	2324	300	97	202	5.67	3.28	8.71
阳春市	3391	1717	1675	155	37	118	4.56	2.16	7.02
清远市	21402	10861	10541	966	191	775	4.51	1.76	7.35
清城区	5176	2769	2408	198	42	156	3.83	1.53	6.48
清新区	2678	1390	1288	109	26	84	4.09	1.86	6.49
佛冈县	2926	1509	1418	68	13	55	2.32	0.86	3.87
阳山县	2999	1479	1520	186	29	157	6.21	1.95	10.35
连山壮族瑶族自治县	757	377	381	34	8	25	4.44	2.20	6.65
连南瑶族自治县	1269	610	658	54	9	45	4.22	1.46	6.78
英德市	4917	2384	2533	272	54	219	5.54	2.26	8.63
连州市	680	345	335	45	10	35	6.61	2.93	10.39
东莞市	**3353**	**2042**	**1311**	**17**	**5**	**12**	**0.50**	**0.24**	**0.89**
中山市	**20918**	**11490**	**9427**	**465**	**98**	**366**	**2.22**	**0.86**	**3.89**
潮州市	**19481**	**9428**	**10053**	**1047**	**168**	**879**	**5.37**	**1.78**	**8.75**
湘桥区	3044	1289	1755	122	28	94	4.01	2.14	5.38
潮安区	6399	3194	3205	227	39	188	3.55	1.23	5.85
饶平县	10038	4945	5093	698	101	597	6.95	2.03	11.73
揭阳市	**35195**	**17825**	**17371**	**1705**	**398**	**1308**	**4.84**	**2.23**	**7.53**
榕城区	2566	1295	1271	43	12	31	1.67	0.89	2.47
揭东区	5271	2728	2543	259	79	180	4.91	2.89	7.08
揭西县	6506	3271	3234	173	42	132	2.67	1.28	4.07
惠来县	10896	5517	5378	921	219	703	8.46	3.96	13.06
普宁市	9957	5013	4944	309	47	262	3.10	0.93	5.30
云浮市	**11312**	**5532**	**5780**	**286**	**32**	**254**	**2.53**	**0.58**	**4.40**
云城区	178	89	89	7	1	7	4.05	0.63	7.45
云安区	1074	537	537	40	5	34	3.70	0.99	6.41
新兴县	4129	2003	2126	64	3	60	1.54	0.16	2.84
郁南县	3746	1838	1908	94	14	79	2.50	0.78	4.16
罗定市	2185	1064	1120	82	9	73	3.75	0.81	6.54

1-5c 各地区分性别的15岁及以上文盲人口（乡村）

单位：人、%

地区	15岁及以上人口			文盲人口			文盲人口占15岁及以上人口比重		
	合计	男	女	合计	男	女	合计	男	女
全省	**766887**	**391041**	**375846**	**39001**	**9003**	**29998**	**5.09**	**2.30**	**7.98**
广州市	**47344**	**24753**	**22591**	**1633**	**479**	**1155**	**3.45**	**1.93**	**5.11**
白云区	11710	6239	5471	564	237	326	4.81	3.80	5.96
番禺区	5860	3157	2703	185	57	129	3.16	1.79	4.76
花都区	8091	4196	3895	199	36	163	2.46	0.86	4.19
南沙区	4549	2363	2186	200	26	173	4.39	1.12	7.92
萝岗区	1767	863	904	28	4	24	1.58	0.48	2.64
从化区	7910	3962	3948	246	49	197	3.11	1.24	4.98
增城区	7456	3973	3483	212	69	143	2.84	1.73	4.10
韶关市	**30341**	**14880**	**15461**	**2227**	**350**	**1878**	**7.34**	**2.35**	**12.14**
武江区	1244	635	609	55	5	50	4.42	0.86	8.13
浈江区	1628	740	888	81	7	74	4.95	0.93	8.29
曲江区	3091	1402	1689	178	25	153	5.75	1.76	9.06
始兴县	2999	1472	1527	228	40	188	7.61	2.72	12.32
仁化县	2800	1374	1426	214	28	187	7.65	2.01	13.09
翁源县	5229	2673	2556	260	44	216	4.97	1.64	8.46
乳源瑶族自治县	2329	1167	1162	152	33	119	6.52	2.85	10.22
新丰县	2420	1213	1207	89	16	73	3.68	1.34	6.03
乐昌市	4570	2271	2299	549	102	447	12.02	4.49	19.46
南雄市	4031	1934	2097	421	50	371	10.44	2.56	17.71
珠海市	**4468**	**2434**	**2034**	**318**	**76**	**242**	**7.13**	**3.12**	**11.92**
斗门区	4468	2434	2034	318	76	242	7.13	3.12	11.92
汕头市	**37481**	**18465**	**19017**	**1468**	**277**	**1191**	**3.92**	**1.50**	**6.26**
龙湖区	2174	1055	1120	96	19	77	4.43	1.80	6.91
金平区	437	216	221	12	3	9	2.65	1.34	3.93
濠江区	2161	1033	1128	304	41	263	14.06	3.95	23.32
潮阳区	15192	7451	7741	634	135	499	4.17	1.81	6.44
潮南区	11961	5961	6000	227	43	184	1.90	0.73	3.07
澄海区	5201	2571	2630	146	30	115	2.80	1.18	4.39
南澳县	356	178	178	49	6	43	13.78	3.33	24.21
佛山市	**9259**	**4926**	**4333**	**277**	**51**	**226**	**2.99**	**1.04**	**5.22**
南海区	2872	1520	1353	37		37	1.29		2.75
顺德区	905	467	438	41	11	30	4.48	2.25	6.85
三水区	4311	2336	1975	121	25	96	2.81	1.09	4.85
高明区	1170	603	568	78	15	63	6.68	2.50	11.13
江门市	**39564**	**20103**	**19461**	**1231**	**254**	**977**	**3.11**	**1.26**	**5.02**
蓬江区	89	45	43	3		2	2.96	0.96	5.08
新会区	7625	3874	3751	315	55	260	4.13	1.41	6.93
台山市	13111	6596	6515	434	94	340	3.31	1.43	5.21
开平市	7795	3967	3828	274	55	220	3.52	1.37	5.74
鹤山市	4838	2425	2414	111	26	85	2.29	1.07	3.51
恩平市	6106	3196	2910	95	24	71	1.56	0.74	2.45

1-5c 续表 1

单位：人、%

地 区	15岁及以上人口			文盲人口			文盲人口占15岁及以上人口比重		
	合计	男	女	合计	男	女	合计	男	女
湛江市	**94554**	**49255**	**45299**	**5429**	**1532**	**3897**	**5.74**	**3.11**	**8.60**
赤坎区	138	65	73	1		1	0.73		1.39
霞山区	488	250	239	10	3	7	1.99	1.25	2.77
坡头区	4919	2600	2320	277	75	203	5.64	2.87	8.74
麻章区	6990	3700	3289	352	99	253	5.03	2.68	7.68
遂溪县	13857	7144	6713	678	211	467	4.89	2.95	6.96
徐闻县	10107	5304	4803	658	167	492	6.51	3.14	10.23
廉江市	22694	12090	10604	1272	446	826	5.61	3.69	7.79
雷州市	22786	11694	11092	1691	420	1272	7.42	3.59	11.46
吴川市	12574	6408	6166	489	112	377	3.89	1.75	6.12
茂名市	**75934**	**38551**	**37383**	**3673**	**919**	**2754**	**4.84**	**2.38**	**7.37**
茂南区	6262	3208	3054	321	88	234	5.13	2.74	7.65
电白区	21729	11128	10601	1166	250	916	5.36	2.24	8.64
高州市	19137	9734	9403	999	267	732	5.22	2.75	7.78
化州市	16616	8424	8192	522	149	372	3.14	1.77	4.55
信宜市	12190	6057	6133	665	165	500	5.46	2.73	8.15
肇庆市	**49481**	**24476**	**25005**	**2305**	**462**	**1844**	**4.66**	**1.89**	**7.37**
鼎湖区	1921	901	1020	95	10	85	4.95	1.08	8.37
广宁县	6052	3002	3050	172	35	138	2.85	1.16	4.52
怀集县	13204	6274	6930	640	114	525	4.84	1.82	7.58
封开县	6241	3074	3167	294	58	235	4.70	1.89	7.43
德庆县	5663	2895	2768	222	51	171	3.92	1.76	6.18
高要市	11944	5994	5949	722	174	548	6.04	2.91	9.21
四会市	4457	2336	2121	161	20	141	3.61	0.85	6.65
惠州市	**34122**	**17508**	**16614**	**1371**	**279**	**1091**	**4.02**	**1.60**	**6.57**
惠城区	6438	3140	3298	139	31	108	2.16	0.97	3.29
惠阳区	3788	2095	1693	170	45	125	4.50	2.16	7.40
博罗县	10495	5343	5152	393	77	316	3.75	1.44	6.14
惠东县	9278	4841	4438	496	95	401	5.35	1.97	9.03
龙门县	4122	2089	2033	172	32	140	4.17	1.51	6.91
梅州市	**50665**	**24739**	**25927**	**2316**	**469**	**1847**	**4.57**	**1.90**	**7.13**
梅江区	937	468	469	21	3	18	2.25	0.58	3.91
梅县区	6347	3065	3282	212	28	184	3.34	0.92	5.60
大埔县	4938	2493	2445	274	65	209	5.55	2.62	8.53
丰顺县	5631	2799	2832	433	111	322	7.69	3.98	11.36
五华县	14829	7076	7753	603	137	465	4.07	1.94	6.00
平远县	2909	1446	1463	198	21	178	6.82	1.43	12.15
蕉岭县	2433	1178	1255	83	10	73	3.41	0.82	5.83
兴宁市	12641	6214	6427	492	94	398	3.89	1.50	6.20

1-5c　续表 2

单位：人、%

地　区	15岁及以上人口			文盲人口			文盲人口占15岁及以上人口比重		
	合计	男	女	合计	男	女	合计	男	女
汕尾市	**30766**	**16187**	**14579**	**3069**	**898**	**2171**	**9.98**	**5.55**	**14.89**
城区	2818	1469	1348	275	82	193	9.75	5.60	14.29
海丰县	7105	3737	3368	476	154	322	6.70	4.12	9.57
陆河县	3187	1657	1530	192	70	122	6.02	4.23	7.96
陆丰市	17656	9325	8332	2126	592	1535	12.04	6.34	18.42
河源市	**38213**	**18988**	**19224**	**2242**	**470**	**1772**	**5.87**	**2.48**	**9.22**
源城区	158	75	82	7	1	6	4.14	1.23	6.82
紫金县	8608	4225	4383	610	116	494	7.09	2.74	11.28
龙川县	10668	5287	5381	651	139	511	6.10	2.64	9.50
连平县	5108	2523	2585	281	66	215	5.49	2.61	8.31
和平县	5794	2872	2922	348	71	277	6.01	2.47	9.49
东源县	7877	4005	3871	346	77	269	4.39	1.93	6.94
阳江市	**27970**	**14505**	**13466**	**2188**	**585**	**1604**	**7.82**	**4.03**	**11.91**
江城区	4440	2302	2138	228	52	177	5.14	2.24	8.27
阳西县	6401	3360	3041	599	162	437	9.35	4.82	14.36
阳东县	5508	2898	2610	510	176	334	9.26	6.08	12.79
阳春市	11622	5945	5676	851	195	656	7.33	3.28	11.56
清远市	43695	21949	21746	2882	596	2285	6.59	2.72	10.51
清城区	3711	1864	1847	99	16	82	2.66	0.88	4.46
清新区	9743	4909	4834	540	97	442	5.54	1.99	9.15
佛冈县	4171	2134	2037	169	33	136	4.06	1.56	6.68
阳山县	5334	2635	2699	497	116	381	9.32	4.40	14.13
连山壮族瑶族自治县	1364	718	646	91	26	65	6.65	3.60	10.04
连南瑶族自治县	1548	747	801	119	30	90	7.71	3.95	11.21
英德市	13274	6670	6604	923	163	760	6.96	2.45	11.50
连州市	4551	2272	2279	443	114	329	9.74	5.03	14.43
东莞市	**23844**	**13950**	**9894**	**410**	**84**	**326**	**1.72**	**0.60**	**3.30**
中山市	**9073**	**4652**	**4421**	**320**	**57**	**263**	**3.53**	**1.22**	**5.95**
潮州市	**22191**	**11033**	**11158**	**1339**	**273**	**1066**	**6.03**	**2.47**	**9.55**
湘桥区	1584	778	805	91	15	76	5.72	1.93	9.38
潮安区	10432	5231	5201	365	87	278	3.50	1.66	5.35
饶平县	10175	5023	5152	883	171	712	8.68	3.40	13.82
揭阳市	**66459**	**33864**	**32596**	**2882**	**619**	**2263**	**4.34**	**1.83**	**6.94**
榕城区	4495	2300	2195	216	57	159	4.80	2.46	7.26
揭东区	10455	5413	5042	353	103	250	3.38	1.90	4.97
揭西县	13047	6585	6462	480	117	362	3.68	1.78	5.61
惠来县	13686	6839	6847	1103	206	897	8.06	3.01	13.11
普宁市	24776	12727	12049	730	136	594	2.95	1.07	4.93
云浮市	**31461**	**15823**	**15638**	**1420**	**274**	**1146**	**4.51**	**1.73**	**7.33**
云城区	2081	1066	1015	91	17	74	4.37	1.62	7.26
云安区	4481	2268	2213	280	51	229	6.25	2.24	10.36
新兴县	6184	3132	3052	223	37	186	3.60	1.18	6.09
郁南县	5090	2578	2511	236	49	187	4.65	1.90	7.46
罗定市	13625	6778	6847	589	120	469	4.33	1.77	6.85

1-6 各地区分性别、婚姻状况的人口

单位：人

地 区	合 计			未 婚		
	合计	男	女	小计	男	女
全 省	**2561563**	**1326258**	**1235305**	**671076**	**393724**	**277352**
广州市	**333710**	**169810**	**163900**	**86357**	**47778**	**38579**
荔湾区	23156	11251	11905	4818	2558	2261
越秀区	28959	14078	14882	7093	3744	3349
海珠区	40420	19601	20819	9666	4703	4963
天河区	38577	19594	18982	12908	6823	6085
白云区	59733	30539	29194	17692	9497	8195
黄埔区	11816	6376	5440	2908	1769	1140
番禺区	38327	19775	18552	9829	5534	4295
花都区	24586	12721	11865	5256	3119	2137
南沙区	16599	8818	7781	3998	2637	1360
萝岗区	10243	5733	4510	3077	1990	1087
从化区	14559	7330	7228	3636	2118	1519
增城区	26735	13994	12741	5475	3287	2188
韶关市	**67630**	**33090**	**34540**	**12851**	**7275**	**5575**
武江区	7259	3566	3693	1346	737	609
浈江区	9866	4820	5046	1861	1048	813
曲江区	7428	3427	4001	1893	777	1116
始兴县	4884	2364	2520	927	554	373
仁化县	4595	2269	2325	782	484	298
翁源县	7818	3946	3872	1449	905	544
乳源瑶族自治县	4207	2104	2103	794	493	301
新丰县	4939	2476	2463	1043	630	413
乐昌市	9186	4508	4678	1573	967	606
南雄市	7449	3610	3839	1182	680	502
深圳市	**281547**	**152591**	**128957**	**87593**	**52075**	**35518**
罗湖区	24049	11990	12059	7923	4013	3910
福田区	35421	18549	16873	11322	6446	4875
南山区	31559	16357	15202	9489	5382	4107
宝安区	122964	69039	53925	39971	24839	15132
龙岗区	62179	33800	28379	17370	10534	6836
盐田区	5376	2856	2519	1519	861	658
珠海市	**39499**	**20452**	**19047**	**9754**	**5856**	**3898**
香洲区	22841	11685	11156	5631	3312	2318
斗门区	10244	5404	4839	2483	1605	879
金湾区	6414	3363	3051	1640	940	700
汕头市	**127983**	**63491**	**64493**	**38230**	**20648**	**17583**
龙湖区	13059	6426	6632	3210	1682	1528
金平区	20162	9855	10307	4811	2579	2233
濠江区	6255	3042	3213	2259	1247	1012
潮阳区	37631	18570	19061	12876	7040	5836
潮南区	29845	15134	14711	10174	5412	4762
澄海区	19497	9711	9786	4583	2505	2078
南澳县	1535	752	782	317	183	134
佛山市	**184221**	**99024**	**85196**	**40791**	**25565**	**15226**
禅城区	27430	14020	13411	5826	3316	2510
南海区	67494	37414	30080	15108	9968	5140
顺德区	63296	33523	29773	14704	8826	5879
三水区	15693	8644	7049	3269	2277	992
高明区	10307	5424	4883	1884	1178	706

1-6 续表 1

单位：人

地区	有配偶			离婚			丧偶		
	小计	男	女	小计	男	女	小计	男	女
全省	**1754368**	**891442**	**862926**	**27383**	**14081**	**13303**	**108736**	**27012**	**81724**
广州市	**229802**	**117016**	**112787**	**5906**	**2498**	**3408**	**11644**	**2518**	**9126**
荔湾区	16352	8167	8184	719	307	412	1267	219	1048
越秀区	19483	9602	9881	934	398	536	1449	333	1116
海珠区	28102	14220	13882	1019	365	654	1632	313	1319
天河区	24249	12324	11925	677	274	403	743	173	570
白云区	39741	20399	19342	651	267	384	1648	376	1272
黄埔区	8393	4458	3935	209	81	127	306	68	238
番禺区	27020	13812	13208	520	227	293	958	202	756
花都区	18153	9287	8866	267	127	140	909	187	722
南沙区	11659	5916	5743	224	107	117	718	158	560
萝岗区	6818	3635	3182	134	64	70	215	44	171
从化区	9931	4941	4990	249	121	128	744	151	592
增城区	19901	10254	9647	303	159	144	1056	294	761
韶关市	**48941**	**23989**	**24952**	**1326**	**717**	**609**	**4513**	**1110**	**3403**
武江区	5351	2665	2686	243	105	138	318	58	260
浈江区	7115	3524	3591	276	125	152	614	123	491
曲江区	4910	2454	2456	150	85	65	475	111	364
始兴县	3476	1687	1789	86	44	42	396	80	316
仁化县	3451	1674	1777	61	35	26	301	76	225
翁源县	5679	2798	2881	143	95	48	548	149	399
乳源瑶族自治县	3051	1489	1562	64	41	23	297	80	217
新丰县	3495	1701	1794	76	51	25	325	94	231
乐昌市	6808	3265	3543	135	87	47	670	189	481
南雄市	5607	2732	2875	91	49	43	569	149	420
深圳市	**188627**	**98921**	**89705**	**2685**	**1010**	**1676**	**2642**	**585**	**2058**
罗湖区	15254	7751	7503	361	109	253	511	118	393
福田区	23073	11821	11252	559	182	377	467	99	369
南山区	21233	10737	10496	462	164	298	376	74	302
宝安区	81526	43714	37812	722	306	416	746	180	566
龙岗区	43828	22942	20886	495	223	272	485	101	384
盐田区	3713	1956	1757	87	26	61	57	13	44
珠海市	**27969**	**14051**	**13918**	**669**	**271**	**398**	**1107**	**274**	**833**
香洲区	16222	8101	8121	474	163	311	515	108	406
斗门区	7188	3597	3591	134	74	60	438	129	309
金湾区	4559	2353	2206	62	34	28	154	37	117
汕头市	**82056**	**40752**	**41303**	**892**	**458**	**433**	**6806**	**1632**	**5174**
龙湖区	9202	4587	4616	103	41	61	544	117	427
金平区	13849	6872	6977	332	143	189	1170	262	908
濠江区	3601	1705	1896	23	15	8	371	74	297
潮阳区	22655	10896	11759	164	108	57	1936	526	1410
潮南区	18261	9358	8902	93	53	40	1317	310	1007
澄海区	13397	6795	6602	163	91	72	1354	320	1034
南澳县	1090	539	551	14	8	6	114	23	91
佛山市	**134910**	**71089**	**63821**	**2374**	**1148**	**1226**	**6145**	**1222**	**4923**
禅城区	20101	10330	9771	478	187	291	1025	187	838
南海区	49857	26688	23168	689	355	335	1840	403	1437
顺德区	45628	23902	21727	803	423	379	2161	372	1788
三水区	11526	6121	5405	240	106	134	659	140	519
高明区	7797	4048	3749	165	78	87	461	120	341

1-6 续表 2 单位：人

地 区	合 计			未 婚		
	合计	男	女	小计	男	女
江门市	**109623**	**55039**	**54584**	**23531**	**13787**	**9744**
蓬江区	17734	8784	8950	3633	1947	1687
江海区	6196	3123	3073	1384	767	617
新会区	20811	10519	10292	3903	2311	1591
台山市	23016	11408	11608	5110	3048	2062
开平市	17198	8587	8611	3763	2186	1576
鹤山市	12279	6113	6166	2561	1512	1048
恩平市	12388	6503	5885	3177	2015	1162
湛江市	**162650**	**84482**	**78168**	**48643**	**28869**	**19773**
赤坎区	7432	3626	3806	1730	925	805
霞山区	11742	5943	5799	2746	1567	1179
坡头区	8069	4232	3837	2397	1439	959
麻章区	11561	6038	5523	3826	2233	1593
遂溪县	20670	10709	9961	6356	3686	2670
徐闻县	16406	8642	7764	4672	2832	1840
廉江市	32710	17331	15379	9069	5647	3422
雷州市	32579	16883	15696	10729	6250	4479
吴川市	21480	11077	10403	7116	4290	2826
茂名市	**129943**	**66580**	**63363**	**35713**	**21978**	**13735**
茂南区	19376	9956	9420	5145	3059	2087
电白区	35718	18317	17402	10705	6516	4189
高州市	29244	15107	14137	6789	4412	2377
化州市	25647	13344	12303	7718	4801	2917
信宜市	19958	9857	10101	5356	3191	2165
肇庆市	**92518**	**46201**	**46317**	**21881**	**12890**	**8991**
端州区	11788	5709	6080	2326	1301	1025
鼎湖区	4114	1959	2154	946	490	456
广宁县	9851	4847	5004	1835	1128	707
怀集县	17700	8529	9171	5179	2945	2233
封开县	9083	4486	4597	2305	1352	953
德庆县	7844	4037	3807	1965	1203	762
高要市	18398	9412	8986	4357	2627	1729
四会市	13739	7221	6518	2968	1844	1125
惠州市	**109460**	**57181**	**52279**	**26635**	**15992**	**10643**
惠城区	38118	19688	18430	9240	5500	3740
惠阳区	19026	10618	8407	4649	3094	1554
博罗县	24436	12681	11755	5765	3436	2329
惠东县	20963	10632	10331	5598	3044	2554
龙门县	6918	3562	3356	1382	918	465
梅州市	**98359**	**47520**	**50839**	**20433**	**11663**	**8770**
梅江区	10090	4871	5219	1772	1016	756
梅县区	12846	6128	6718	2465	1465	1000
大埔县	8670	4332	4338	1536	949	587
丰顺县	10937	5467	5470	2364	1358	1007
五华县	22498	10401	12096	5818	2823	2995
平远县	5497	2710	2787	899	567	332
蕉岭县	4949	2437	2512	699	432	267
兴宁市	22872	11173	11698	4879	3053	1826

1-6 续表 3

单位：人

地区	有配偶			离婚			丧偶		
	小计	男	女	小计	男	女	小计	男	女
江门市	**78349**	**39075**	**39274**	**1448**	**734**	**714**	**6296**	**1443**	**4853**
蓬江区	13040	6542	6498	362	148	213	699	147	552
江海区	4426	2251	2175	108	47	60	278	58	220
新会区	15625	7835	7789	249	130	119	1035	243	793
台山市	15765	7800	7965	286	159	127	1854	401	1453
开平市	12229	6087	6141	164	87	77	1043	226	816
鹤山市	8881	4375	4506	156	76	80	682	150	532
恩平市	8383	4184	4199	124	86	38	704	218	486
湛江市	**105229**	**52489**	**52740**	**1435**	**907**	**529**	**7343**	**2217**	**5126**
赤坎区	5233	2581	2652	168	68	99	301	52	249
霞山区	8321	4149	4172	270	118	152	405	109	296
坡头区	5214	2621	2593	52	36	16	405	136	269
麻章区	7135	3622	3513	81	55	26	518	128	390
遂溪县	13126	6576	6550	189	133	56	999	314	685
徐闻县	10823	5506	5316	144	108	36	767	195	572
廉江市	21784	10911	10872	261	195	66	1596	578	1018
雷州市	20256	10072	10183	178	140	39	1416	421	995
吴川市	13338	6450	6888	91	53	38	935	284	651
茂名市	**86062**	**41689**	**44372**	**903**	**607**	**296**	**7265**	**2306**	**4959**
茂南区	13034	6478	6556	224	118	106	972	301	671
电白区	23194	11196	11998	200	137	63	1619	468	1151
高州市	20489	10031	10459	163	121	41	1802	543	1260
化州市	16360	7979	8381	153	101	52	1416	462	954
信宜市	12984	6005	6979	163	129	34	1455	532	923
肇庆市	**63654**	**31265**	**32389**	**1015**	**523**	**492**	**5968**	**1523**	**4446**
端州区	8605	4181	4424	337	118	218	521	109	412
鼎湖区	2881	1408	1473	35	14	20	253	47	206
广宁县	7155	3464	3691	87	57	30	773	198	575
怀集县	11166	5152	6014	112	80	31	1243	351	892
封开县	5930	2871	3059	86	54	32	764	210	554
德庆县	5234	2616	2618	68	51	17	576	166	410
高要市	12771	6429	6342	124	65	59	1146	290	856
四会市	9912	5145	4767	167	82	85	692	151	541
惠州市	**77607**	**39800**	**37808**	**919**	**464**	**456**	**4298**	**925**	**3373**
惠城区	27238	13767	13471	445	180	264	1195	241	954
惠阳区	13719	7370	6350	104	59	45	554	95	458
博罗县	17298	8855	8443	160	104	56	1212	285	927
惠东县	14348	7323	7025	128	71	57	889	194	695
龙门县	5004	2485	2519	82	50	33	449	110	339
梅州市	**69636**	**33657**	**35978**	**1041**	**646**	**394**	**7250**	**1553**	**5697**
梅江区	7554	3669	3885	159	90	69	605	96	509
梅县区	9197	4405	4792	179	94	84	1005	163	842
大埔县	6330	3167	3163	120	83	37	684	133	551
丰顺县	7750	3865	3885	72	48	24	751	197	554
五华县	14854	7020	7834	127	86	41	1698	472	1226
平远县	4146	2020	2126	58	38	20	394	85	310
蕉岭县	3755	1872	1883	85	51	34	410	81	329
兴宁市	16049	7637	8411	242	157	85	1702	326	1376

1-6 续表 4 单位：人

地 区	合 计			未 婚		
	合计	男	女	小计	男	女
汕尾市	**69272**	**36342**	**32930**	**25183**	**14369**	**10814**
城区	11804	6102	5702	3789	2184	1605
海丰县	18875	9949	8926	5775	3463	2312
陆河县	6701	3503	3197	2234	1252	981
陆丰市	31892	16788	15104	13385	7469	5916
河源市	**67016**	**33416**	**33600**	**14496**	**8404**	**6092**
源城区	11139	5566	5573	2673	1544	1129
紫金县	14212	7062	7151	3131	1807	1324
龙川县	15230	7580	7650	2863	1699	1164
连平县	7841	3871	3970	1901	1068	834
和平县	8318	4127	4191	1689	980	709
东源县	10276	5211	5066	2239	1306	933
阳江市	**57644**	**29988**	**27656**	**12917**	**8254**	**4663**
江城区	17057	8788	8269	3935	2423	1512
阳西县	10581	5551	5030	2592	1715	877
阳东县	10784	5854	4930	2475	1650	825
阳春市	19223	9795	9428	3915	2466	1449
清远市	**86380**	**43288**	**43092**	**17526**	**10663**	**6863**
清城区	19406	9817	9589	3784	2280	1504
清新区	16459	8333	8126	3786	2293	1493
佛冈县	7093	3641	3452	1680	1019	661
阳山县	8314	4106	4208	1742	1074	668
连山壮族瑶族自治县	2115	1091	1024	463	305	158
连南瑶族自治县	2812	1356	1457	412	262	150
英德市	21751	10846	10905	4293	2636	1657
连州市	8429	4098	4331	1364	793	571
东莞市	**211131**	**117610**	**93521**	**55273**	**33820**	**21453**
中山市	**78598**	**42113**	**36485**	**18868**	**12155**	**6713**
潮州市	**62498**	**30931**	**31567**	**15665**	**8541**	**7124**
湘桥区	14101	6811	7290	3213	1570	1643
潮安区	28186	14153	14033	7600	4230	3370
饶平县	20210	9966	10244	4852	2741	2111
揭阳市	**138437**	**70433**	**68004**	**46391**	**25520**	**20871**
榕城区	23535	11908	11626	7302	4033	3269
揭东区	22930	11889	11041	6767	3937	2830
揭西县	19553	9856	9697	6106	3334	2772
惠来县	24574	12354	12220	9296	4992	4304
普宁市	47844	24425	23420	16921	9225	7696
云浮市	**53444**	**26677**	**26767**	**12343**	**7619**	**4724**
云城区	8405	4249	4157	1786	1122	663
云安区	6047	3058	2988	1343	837	506
新兴县	10313	5136	5178	2620	1480	1140
郁南县	8779	4383	4396	1727	1117	610
罗定市	19899	9850	10048	4867	3062	1805

1-6 续表 5

单位：人

地区	有配偶			离婚			丧偶		
	小计	男	女	小计	男	女	小计	男	女
汕尾市	**40792**	**20776**	**20015**	**463**	**321**	**142**	**2834**	**876**	**1959**
城区	7434	3731	3703	97	58	39	484	129	356
海丰县	12043	6147	5895	158	108	50	899	231	668
陆河县	4107	2105	2002	27	17	10	332	129	203
陆丰市	17208	8793	8415	180	139	42	1118	387	731
河源市	**47497**	**23443**	**24054**	**699**	**440**	**259**	**4324**	**1129**	**3195**
源城区	7944	3876	4069	133	64	69	388	82	307
紫金县	10044	4930	5114	136	88	49	901	236	664
龙川县	11048	5486	5562	108	75	32	1211	319	892
连平县	5383	2626	2757	78	49	29	479	129	351
和平县	5925	2898	3027	93	64	30	610	184	426
东源县	7152	3626	3526	151	100	51	735	179	556
阳江市	**40807**	**20360**	**20447**	**606**	**409**	**196**	**3314**	**964**	**2350**
江城区	12096	6047	6049	203	112	92	822	206	616
阳西县	7152	3543	3609	93	69	24	744	224	519
阳东县	7659	3977	3681	74	54	20	576	173	403
阳春市	13901	6793	7108	235	175	60	1173	361	811
清远市	**61750**	**30397**	**31354**	**1242**	**752**	**489**	**5863**	**1476**	**4387**
清城区	14400	7207	7194	304	133	171	918	197	720
清新区	11405	5649	5756	164	110	54	1104	282	822
佛冈县	4806	2412	2394	99	71	29	508	139	369
阳山县	5716	2758	2958	119	89	31	737	186	551
连山壮族瑶族自治县	1467	723	744	28	17	12	157	46	111
连南瑶族自治县	2089	1002	1088	49	34	15	262	58	204
英德市	15613	7602	8012	367	233	134	1477	376	1101
连州市	6254	3045	3209	111	68	43	700	192	508
东莞市	**150956**	**82298**	**68658**	**1269**	**699**	**570**	**3632**	**792**	**2840**
中山市	**56390**	**29028**	**27363**	**845**	**398**	**447**	**2495**	**532**	**1962**
潮州市	**42306**	**21175**	**21131**	**354**	**206**	**147**	**4173**	**1009**	**3164**
湘桥区	9933	5004	4929	74	38	37	880	200	681
潮安区	18652	9431	9221	138	81	57	1796	411	1386
饶平县	13720	6739	6981	142	87	54	1497	399	1098
揭阳市	**84306**	**42446**	**41860**	**652**	**443**	**209**	**7088**	**2023**	**5065**
榕城区	14911	7503	7407	80	50	30	1242	322	920
揭东区	14606	7445	7161	122	84	38	1435	424	1011
揭西县	12277	6119	6158	114	70	44	1057	334	723
惠来县	14069	6991	7078	86	57	29	1123	315	809
普宁市	28443	14388	14055	250	183	67	2231	629	1602
云浮市	**36723**	**17726**	**18996**	**641**	**428**	**213**	**3736**	**903**	**2833**
云城区	6045	2983	3061	116	56	60	459	87	372
云安区	4244	2070	2174	57	38	18	402	113	290
新兴县	6922	3433	3489	84	53	31	688	170	518
郁南县	6245	3020	3224	108	63	45	700	183	517
罗定市	13268	6220	7047	277	217	60	1487	351	1136

1-6a 各地区分性别、婚姻状况的人口（城市）

单位：人

地 区	合 计			未 婚		
	合计	男	女	小计	男	女
全 省	**1379772**	**722148**	**657624**	**360223**	**210812**	**149411**
广州市	**259394**	**131118**	**128276**	**67893**	**37060**	**30833**
荔湾区	23156	11251	11905	4818	2558	2261
越秀区	28959	14078	14882	7093	3744	3349
海珠区	40420	19601	20819	9666	4703	4963
天河区	38577	19594	18982	12908	6823	6085
白云区	40939	20731	20208	11715	6207	5508
黄埔区	11816	6376	5440	2908	1769	1140
番禺区	31206	15981	15225	8215	4613	3602
花都区	14188	7326	6862	3104	1849	1255
南沙区	7210	3975	3234	1928	1356	572
萝岗区	8103	4643	3459	2501	1663	838
从化区	4864	2382	2482	1084	618	466
增城区	9956	5179	4777	1951	1157	794
韶关市	**20572**	**9917**	**10654**	**3889**	**2024**	**1864**
武江区	5598	2711	2887	992	522	470
浈江区	7556	3731	3825	1330	801	530
曲江区	3354	1513	1841	905	329	576
乐昌市	1765	838	927	300	168	132
南雄市	2297	1123	1174	362	206	156
深圳市	**281547**	**152591**	**128957**	**87593**	**52075**	**35518**
罗湖区	24049	11990	12059	7923	4013	3910
福田区	35421	18549	16873	11322	6446	4875
南山区	31559	16357	15202	9489	5382	4107
宝安区	122964	69039	53925	39971	24839	15132
龙岗区	62179	33800	28379	17370	10534	6836
盐田区	5376	2856	2519	1519	861	658
珠海市	**28665**	**14456**	**14209**	**7124**	**4042**	**3081**
香洲区	22424	11398	11026	5589	3277	2312
斗门区	2757	1383	1374	605	345	260
金湾区	3485	1675	1809	929	419	510
汕头市	**56969**	**28229**	**28739**	**15833**	**8541**	**7291**
龙湖区	9498	4701	4798	2297	1198	1099
金平区	19725	9640	10086	4686	2511	2175
濠江区	3939	1935	2004	1485	845	641
潮阳区	7508	3600	3907	2425	1295	1130
潮南区	10463	5401	5062	3632	1975	1657
澄海区	5835	2953	2882	1308	718	591

1-6a 续表 1

单位：人

地区	有配偶			离婚			丧偶		
	小计	男	女	小计	男	女	小计	男	女
全省	**962472**	**495303**	**467169**	**17501**	**7503**	**9998**	**39577**	**8531**	**31046**
广州市	**178120**	**90317**	**87803**	**5140**	**2058**	**3082**	**8241**	**1683**	**6558**
荔湾区	16352	8167	8184	719	307	412	1267	219	1048
越秀区	19483	9602	9881	934	398	536	1449	333	1116
海珠区	28102	14220	13882	1019	365	654	1632	313	1319
天河区	24249	12324	11925	677	274	403	743	173	570
白云区	27785	14137	13648	533	201	331	906	185	722
黄埔区	8393	4458	3935	209	81	127	306	68	238
番禺区	21849	11040	10809	442	182	260	700	146	554
花都区	10509	5327	5182	168	68	100	407	83	325
南沙区	4984	2543	2441	84	38	46	214	39	175
萝岗区	5363	2906	2457	114	52	62	125	23	102
从化区	3502	1701	1800	103	33	70	175	29	146
增城区	7549	3892	3657	140	58	82	315	72	243
韶关市	**14943**	**7397**	**7546**	**615**	**266**	**349**	**1125**	**230**	**895**
武江区	4165	2068	2096	218	86	132	224	35	189
浈江区	5529	2732	2797	240	105	135	458	94	364
曲江区	2178	1099	1078	83	40	43	189	45	144
乐昌市	1316	618	698	34	22	13	115	31	85
南雄市	1756	880	876	41	14	27	139	25	115
深圳市	**188627**	**98921**	**89705**	**2685**	**1010**	**1676**	**2642**	**585**	**2058**
罗湖区	15254	7751	7503	361	109	253	511	118	393
福田区	23073	11821	11252	559	182	377	467	99	369
南山区	21233	10737	10496	462	164	298	376	74	302
宝安区	81526	43714	37812	722	306	416	746	180	566
龙岗区	43828	22942	20886	495	223	272	485	101	384
盐田区	3713	1956	1757	87	26	61	57	13	44
珠海市	**20349**	**10079**	**10270**	**545**	**193**	**352**	**648**	**142**	**506**
香洲区	15851	7851	8000	469	162	307	515	108	406
斗门区	2030	1002	1028	46	16	30	75	20	56
金湾区	2468	1227	1241	30	15	15	58	14	43
汕头市	**37884**	**18845**	**19039**	**520**	**222**	**297**	**2732**	**620**	**2112**
龙湖区	6793	3400	3393	90	33	58	319	70	248
金平区	13574	6731	6843	328	141	187	1137	256	881
濠江区	2231	1042	1189	12	6	5	212	42	169
潮阳区	4695	2206	2489	23	11	12	364	88	277
潮南区	6415	3334	3081	21	9	12	395	83	312
澄海区	4175	2132	2044	46	23	23	305	81	224

1-6a 续表 2

单位：人

地　区	合计			未婚		
	合计	男	女	小计	男	女
佛山市	**164005**	**87879**	**76126**	**36611**	**22737**	**13874**
禅城区	23376	11834	11542	4918	2733	2185
南海区	63183	35108	28075	14201	9393	4808
顺德区	62391	33056	29335	14479	8700	5780
三水区	6661	3446	3215	1453	938	515
高明区	8394	4435	3960	1560	973	587
江门市	**57262**	**28404**	**28858**	**11614**	**6509**	**5105**
蓬江区	17645	8738	8907	3615	1934	1680
江海区	6196	3123	3073	1384	767	617
新会区	10271	5164	5107	1865	1105	760
台山市	7489	3612	3877	1497	853	644
开平市	7720	3793	3928	1610	909	701
鹤山市	5035	2463	2572	921	512	408
恩平市	2904	1510	1394	723	428	294
湛江市	**34840**	**17766**	**17074**	**8682**	**5050**	**3632**
赤坎区	7294	3561	3732	1692	905	787
霞山区	11131	5627	5505	2551	1442	1109
坡头区	1695	871	824	429	250	179
麻章区	1087	571	516	289	175	115
遂溪县	477	237	240	122	64	58
廉江市	3856	1978	1877	896	525	370
雷州市	4454	2379	2075	1200	760	439
吴川市	4846	2542	2304	1503	929	574
茂名市	**30876**	**16201**	**14675**	**8287**	**5320**	**2968**
茂南区	12161	6240	5921	2979	1772	1207
电白区	4551	2333	2218	1193	718	475
高州市	4827	2673	2154	1366	986	380
化州市	4826	2746	2080	1644	1186	458
信宜市	4512	2210	2301	1106	658	448
肇庆市	**22778**	**11336**	**11442**	**5016**	**2830**	**2186**
端州区	11788	5709	6080	2326	1301	1025
鼎湖区	1299	601	698	418	179	239
高要市	1773	924	848	403	245	158
四会市	7918	4102	3816	1869	1105	764
惠州市	**42937**	**22690**	**20247**	**10713**	**6528**	**4184**
惠城区	29205	15060	14145	7170	4294	2875
惠阳区	13309	7511	5799	3272	2200	1071
博罗县	423	119	304	271	34	237

1-6a 续表 3

单位：人

地　区	有配偶			离　婚			丧　偶		
	小计	男	女	小计	男	女	小计	男	女
佛山市	**120010**	**63113**	**56897**	**2172**	**1031**	**1141**	**5212**	**998**	**4214**
禅城区	17135	8774	8360	447	170	278	876	157	719
南海区	46687	25039	21648	649	332	317	1646	344	1302
顺德区	44987	23570	21417	797	420	376	2127	366	1761
三水区	4819	2411	2408	136	47	89	253	50	203
高明区	6382	3318	3064	143	62	81	310	82	228
江门市	**42073**	**20932**	**21142**	**914**	**399**	**515**	**2660**	**564**	**2096**
蓬江区	12979	6511	6468	359	147	212	692	146	547
江海区	4426	2251	2175	108	47	60	278	58	220
新会区	7891	3922	3969	132	57	75	383	81	302
台山市	5332	2603	2728	102	49	53	559	106	452
开平市	5631	2753	2878	97	45	51	383	85	298
鹤山市	3777	1867	1911	84	32	52	254	53	201
恩平市	2038	1024	1013	33	22	11	110	35	75
湛江市	**24276**	**12127**	**12148**	**583**	**257**	**326**	**1300**	**332**	**968**
赤坎区	5142	2537	2605	167	68	99	293	51	241
霞山区	7942	3969	3972	263	113	150	376	102	274
坡头区	1165	576	588	11	5	6	91	40	51
麻章区	738	378	360	10	8	2	50	11	39
遂溪县	331	163	168	3	2	1	21	8	13
廉江市	2763	1385	1378	67	30	37	130	39	91
雷州市	3091	1565	1526	35	21	14	128	32	96
吴川市	3105	1554	1551	27	10	17	211	49	163
茂名市	**20857**	**10298**	**10558**	**310**	**161**	**148**	**1423**	**422**	**1000**
茂南区	8456	4210	4246	180	85	95	546	173	373
电白区	3142	1540	1603	40	24	15	177	51	126
高州市	3232	1619	1613	30	21	9	199	47	151
化州市	2937	1476	1462	28	19	9	216	65	151
信宜市	3089	1454	1635	31	12	19	286	86	199
肇庆市	**16409**	**8134**	**8275**	**483**	**178**	**306**	**869**	**194**	**675**
端州区	8605	4181	4424	337	118	218	521	109	412
鼎湖区	820	406	415	14	4	9	47	11	36
高要市	1312	658	654	16	6	10	42	15	27
四会市	5672	2889	2783	117	49	68	259	59	201
惠州市	**30667**	**15780**	**14887**	**457**	**180**	**277**	**1102**	**203**	**899**
惠城区	20879	10480	10399	381	138	243	775	148	627
惠阳区	9640	5215	4425	75	42	33	323	54	270
博罗县	148	84	63	1		1	3	1	2

1-6a 续表 4 单位：人

地 区	合 计			未 婚		
	合计	男	女	小计	男	女
梅州市	**19382**	**9308**	**10073**	**3507**	**2121**	**1386**
梅江区	8967	4313	4654	1572	888	684
梅县区	3696	1734	1962	706	419	287
五华县	293	133	160	51	26	25
兴宁市	6426	3129	3298	1177	788	389
汕尾市	**12180**	**6333**	**5847**	**4203**	**2440**	**1763**
城区	7598	3922	3676	2346	1350	996
陆丰市	4582	2411	2171	1857	1090	767
河源市	**10981**	**5491**	**5491**	**2633**	**1523**	**1109**
源城区	10981	5491	5491	2633	1523	1109
阳江市	**14919**	**7630**	**7289**	**3281**	**1990**	**1291**
江城区	10688	5487	5201	2361	1440	920
阳春市	4231	2142	2088	921	550	371
清远市	**21415**	**10541**	**10873**	**4278**	**2378**	**1900**
清城区	10555	5202	5352	2050	1161	889
清新区	4085	2060	2025	874	516	358
英德市	3567	1794	1772	729	427	303
连州市	3208	1485	1723	625	274	351
东莞市	**183943**	**101622**	**82321**	**48820**	**29725**	**19095**
中山市	**48608**	**25971**	**22637**	**11536**	**7405**	**4131**
潮州市	**20836**	**10476**	**10361**	**4755**	**2613**	**2142**
湘桥区	9481	4747	4734	1784	1004	780
潮安区	11355	5728	5627	2971	1610	1362
揭阳市	**36901**	**18818**	**18084**	**11597**	**6441**	**5156**
榕城区	16474	8314	8161	5211	2838	2373
揭东区	7317	3820	3496	2068	1213	855
普宁市	13111	6684	6427	4318	2390	1928
云浮市	**10763**	**5372**	**5391**	**2359**	**1458**	**902**
云城区	6151	3097	3054	1309	803	506
云安区	492	253	239	115	68	47
罗定市	4119	2022	2097	935	587	348

1-6a 续表 5

单位：人

地 区	有配偶			离 婚			丧 偶		
	小计	男	女	小计	男	女	小计	男	女
梅州市	**14411**	**6865**	**7546**	**255**	**133**	**122**	**1208**	**190**	**1018**
梅江区	6742	3270	3472	134	72	62	518	83	435
梅县区	2709	1261	1448	50	23	27	231	32	200
五华县	216	98	118	1		1	24	9	16
兴宁市	4744	2236	2508	70	38	32	434	67	368
汕尾市	**7447**	**3721**	**3726**	**88**	**53**	**35**	**442**	**118**	**324**
城区	4900	2458	2442	56	30	27	294	83	211
陆丰市	2547	1263	1284	31	24	8	147	35	113
河源市	**7840**	**3824**	**4015**	**130**	**63**	**67**	**379**	**80**	**298**
源城区	7840	3824	4015	130	63	67	379	80	298
阳江市	**10795**	**5388**	**5407**	**200**	**98**	**102**	**642**	**153**	**489**
江城区	7753	3885	3868	129	59	69	446	102	344
阳春市	3042	1503	1539	72	39	33	196	51	146
清远市	**15813**	**7789**	**8024**	**375**	**163**	**212**	**948**	**210**	**737**
清城区	7873	3881	3992	207	76	131	425	84	341
清新区	3016	1477	1538	41	25	16	154	41	113
英德市	2591	1285	1306	80	40	40	166	43	124
连州市	2334	1146	1188	47	23	24	203	42	160
东莞市	**130912**	**70638**	**60274**	**1106**	**594**	**511**	**3106**	**664**	**2442**
中山市	**35214**	**18041**	**17173**	**534**	**242**	**292**	**1324**	**282**	**1041**
潮州市	**14771**	**7539**	**7232**	**112**	**53**	**58**	**1198**	**270**	**929**
湘桥区	7101	3587	3514	60	31	28	536	125	411
潮安区	7670	3952	3718	52	22	30	662	145	518
揭阳市	**23416**	**11836**	**11581**	**127**	**76**	**51**	**1761**	**465**	**1296**
榕城区	10369	5232	5138	60	35	25	834	209	625
揭东区	4819	2470	2349	34	20	14	396	117	278
普宁市	8228	4134	4094	33	21	12	531	138	393
云浮市	**7639**	**3717**	**3922**	**149**	**72**	**77**	**616**	**126**	**491**
云城区	4439	2197	2241	91	40	51	313	57	256
云安区	347	175	172	5	3	2	25	6	19
罗定市	2852	1344	1508	54	29	24	278	62	216

1-6b 各地区分性别、婚姻状况的人口（镇）

单位：人

地 区	合 计			未 婚		
	合计	男	女	小计	男	女
全 省	**416971**	**214151**	**202819**	**108682**	**63425**	**45257**
广州市	**27417**	**14183**	**13235**	**6954**	**3949**	**3005**
白云区	7103	3580	3522	2696	1420	1276
番禺区	1288	652	636	298	161	137
花都区	2314	1203	1111	439	257	183
南沙区	4840	2480	2360	1077	651	426
萝岗区	374	227	146	133	94	39
从化区	1785	987	798	489	302	187
增城区	9714	5054	4661	1822	1065	757
韶关市	**16747**	**8308**	**8439**	**2818**	**1721**	**1097**
武江区	416	219	197	85	51	34
浈江区	683	350	333	66	45	21
曲江区	986	514	472	175	116	60
始兴县	1885	892	993	315	190	125
仁化县	1795	895	900	302	190	112
翁源县	2591	1274	1316	450	262	188
乳源瑶族自治县	1880	938	942	302	187	114
新丰县	2521	1263	1257	501	303	197
乐昌市	2851	1399	1452	460	283	178
南雄市	1140	563	577	163	94	69
珠海市	**6378**	**3568**	**2811**	**1399**	**965**	**434**
香洲区	417	286	131	41	35	6
斗门区	3031	1593	1438	647	410	237
金湾区	2930	1688	1242	711	520	190
汕头市	**33535**	**16797**	**16738**	**10454**	**5740**	**4714**
龙湖区	1388	672	716	376	199	177
濠江区	155	73	81	45	26	19
潮阳区	14931	7519	7412	5373	2983	2390
潮南区	7421	3772	3649	2419	1291	1128
澄海区	8461	4187	4275	1999	1103	897
南澳县	1179	575	604	241	138	103
佛山市	**11078**	**6285**	**4794**	**2382**	**1682**	**700**
禅城区	4054	2186	1869	908	583	325
南海区	1545	842	703	350	225	125
三水区	4731	2868	1863	1007	799	208
高明区	749	390	359	117	76	41
江门市	**13308**	**6794**	**6514**	**3040**	**1860**	**1180**
新会区	2956	1502	1454	563	327	236
台山市	2779	1384	1394	692	425	267
开平市	1764	869	895	383	207	175
鹤山市	2423	1233	1189	591	364	227
恩平市	3386	1806	1581	811	537	274

1-6b 续表 1

单位：人

地区	有配偶			离婚			丧偶		
	小计	男	女	小计	男	女	小计	男	女
全省	**283856**	**143426**	**140430**	**3315**	**1955**	**1359**	**21118**	**5345**	**15773**
广州市	**19224**	**9863**	**9361**	**267**	**136**	**131**	**973**	**235**	**738**
白云区	4185	2107	2078	41	14	28	181	40	141
番禺区	920	465	455	12	8	4	58	18	40
花都区	1788	917	872	17	10	7	69	19	50
南沙区	3427	1734	1694	76	40	36	260	55	205
萝岗区	234	129	105	1	1		5	3	3
从化区	1217	665	551	18	9	9	61	11	51
增城区	7453	3846	3607	101	53	47	338	89	250
韶关市	**12592**	**6186**	**6407**	**289**	**158**	**131**	**1048**	**243**	**805**
武江区	307	158	149	5	4	1	19	5	13
浈江区	543	285	258	20	11	9	54	8	45
曲江区	739	376	363	15	10	6	57	13	44
始兴县	1374	655	719	48	23	25	149	25	124
仁化县	1378	674	704	29	14	15	87	17	70
翁源县	1933	950	982	50	27	23	158	35	123
乳源瑶族自治县	1428	710	718	26	11	14	124	30	95
新丰县	1850	897	953	44	27	17	127	36	90
乐昌市	2148	1037	1111	46	28	19	196	52	145
南雄市	893	443	451	6	4	2	78	23	55
珠海市	**4710**	**2514**	**2197**	**65**	**40**	**26**	**204**	**50**	**154**
香洲区	371	251	121	4	1	4			
斗门区	2248	1136	1111	29	20	10	107	27	80
金湾区	2091	1127	965	32	19	12	96	22	74
汕头市	**20837**	**10405**	**10431**	**194**	**127**	**67**	**2050**	**525**	**1525**
龙湖区	917	451	466	4	4		91	17	73
濠江区	95	46	49	1			13	1	12
潮阳区	8678	4241	4437	77	57	20	804	238	565
潮南区	4595	2374	2221	28	18	10	379	89	290
澄海区	5713	2881	2832	74	43	31	675	161	514
南澳县	838	413	425	11	5	6	88	18	70
佛山市	**8260**	**4473**	**3787**	**93**	**57**	**36**	**344**	**73**	**272**
禅城区	2967	1556	1411	30	17	13	149	30	119
南海区	1154	609	545	6	2	5	35	6	29
三水区	3556	2012	1544	46	31	15	122	26	96
高明区	583	296	287	11	7	3	38	11	28
江门市	**9351**	**4665**	**4685**	**108**	**71**	**37**	**809**	**198**	**612**
新会区	2214	1116	1098	29	20	8	151	39	112
台山市	1828	895	934	22	14	8	236	50	186
开平市	1285	643	641	4	2	3	92	17	76
鹤山市	1706	832	874	22	14	7	105	23	81
恩平市	2319	1180	1139	31	20	11	226	68	157

1-6b 续表 2

单位：人

地 区	合 计			未 婚		
	合计	男	女	小计	男	女
湛江市	**33263**	**17463**	**15800**	**9706**	**5768**	**3938**
霞山区	123	67	56	40	28	12
坡头区	1458	763	695	365	222	143
麻章区	3484	1766	1718	1153	608	544
遂溪县	6336	3328	3009	1812	1047	765
徐闻县	6299	3338	2961	1601	998	603
廉江市	6160	3262	2898	1578	994	584
雷州市	5340	2811	2529	1817	1054	763
吴川市	4063	2128	1935	1341	816	524
茂名市	**23206**	**11868**	**11337**	**6522**	**3987**	**2535**
茂南区	958	511	447	290	172	118
电白区	9446	4861	4586	2792	1721	1072
高州市	5328	2728	2600	1220	766	453
化州市	4216	2179	2037	1287	782	505
信宜市	3258	1590	1668	933	546	387
肇庆市	**20292**	**10408**	**9883**	**4488**	**2721**	**1767**
鼎湖区	894	458	436	164	103	61
广宁县	3825	1859	1966	681	424	257
怀集县	4497	2256	2241	1237	716	521
封开县	2843	1413	1430	602	368	233
德庆县	2180	1142	1039	473	284	188
高要市	4682	2493	2189	1081	651	430
四会市	1371	788	584	250	174	76
惠州市	**32503**	**17033**	**15470**	**8240**	**4765**	**3476**
惠城区	2479	1490	988	668	451	218
惠阳区	1928	1013	915	401	231	170
博罗县	13518	7219	6299	3475	2160	1315
惠东县	11720	5812	5908	3086	1509	1577
龙门县	2858	1499	1359	610	414	196
梅州市	**28466**	**13551**	**14914**	**6066**	**3089**	**2977**
梅江区	186	90	96	41	21	20
梅县区	2804	1330	1474	513	303	211
大埔县	3788	1866	1922	589	354	235
丰顺县	5312	2672	2640	1145	650	495
五华县	7449	3229	4220	2234	837	1396
平远县	2587	1264	1324	386	234	152
蕉岭县	2518	1260	1258	375	225	150
兴宁市	3822	1840	1982	783	466	318
汕尾市	**26353**	**13837**	**12516**	**9026**	**5221**	**3805**
城区	1410	723	687	464	274	191
海丰县	11772	6214	5559	3419	2083	1336
陆河县	3517	1848	1669	1121	643	478
陆丰市	9654	5052	4601	4022	2221	1801

1-6b 续表 3

单位：人

地 区	有配偶			离 婚			丧 偶		
	小计	男	女	小计	男	女	小计	男	女
湛江市	**21933**	**11159**	**10774**	**227**	**142**	**85**	**1396**	**393**	**1003**
霞山区	78	37	41	1	1		4	1	3
坡头区	1018	519	499	12	7	5	62	15	48
麻章区	2173	1109	1064	23	13	10	136	36	100
遂溪县	4200	2178	2022	64	39	25	260	64	196
徐闻县	4363	2236	2127	52	34	18	283	71	213
廉江市	4240	2140	2099	36	24	12	306	104	202
雷州市	3309	1689	1621	22	16	6	191	52	139
吴川市	2552	1251	1300	17	9	8	154	52	102
茂名市	**15329**	**7428**	**7901**	**115**	**79**	**37**	**1239**	**375**	**864**
茂南区	606	315	290	10	6	4	52	18	34
电白区	6180	2989	3192	44	28	17	429	124	306
高州市	3755	1844	1911	25	19	6	328	98	230
化州市	2731	1342	1389	12	6	6	186	49	137
信宜市	2057	937	1120	24	20	4	244	86	157
肇庆市	**14345**	**7251**	**7094**	**158**	**94**	**64**	**1300**	**342**	**958**
鼎湖区	669	340	330	7	3	4	53	12	41
广宁县	2846	1351	1495	27	12	15	271	72	199
怀集县	2950	1442	1508	41	28	13	268	70	199
封开县	1982	965	1017	34	18	17	225	62	162
德庆县	1560	815	745	19	11	8	130	31	98
高要市	3295	1751	1545	21	14	7	284	77	207
四会市	1042	588	455	10	8	1	70	18	52
惠州市	**22828**	**11890**	**10937**	**214**	**107**	**107**	**1220**	**270**	**950**
惠城区	1745	1012	732	24	14	10	41	13	28
惠阳区	1462	766	696	10	5	4	55	10	45
博罗县	9400	4884	4516	81	42	39	561	132	430
惠东县	8172	4196	3976	61	27	34	401	80	321
龙门县	2048	1031	1017	38	19	20	161	35	126
梅州市	**20295**	**9928**	**10367**	**253**	**146**	**107**	**1851**	**388**	**1463**
梅江区	131	65	65	4	2	1	11	1	10
梅县区	1999	967	1031	38	19	19	254	41	213
大埔县	2895	1428	1467	56	36	20	248	48	199
丰顺县	3855	1933	1921	29	17	12	283	73	210
五华县	4746	2265	2481	36	22	14	434	105	329
平远县	2022	984	1038	20	10	10	159	36	123
蕉岭县	1916	973	943	45	25	20	182	37	144
兴宁市	2733	1312	1420	26	16	10	280	46	234
汕尾市	**16058**	**8197**	**7861**	**152**	**96**	**57**	**1116**	**323**	**793**
城区	862	426	436	15	11	4	69	12	56
海丰县	7747	3947	3800	89	55	34	517	128	389
陆河县	2223	1137	1085	15	8	7	158	60	98
陆丰市	5227	2687	2540	33	21	11	372	123	249

1-6b 续表 4

单位：人

地区	合计			未婚		
	合计	男	女	小计	男	女
河源市	**18048**	**9046**	**9002**	**3794**	**2196**	**1597**
紫金县	5615	2842	2773	1258	735	523
龙川县	4719	2368	2351	878	516	362
连平县	2768	1365	1403	623	360	264
和平县	2541	1263	1278	564	318	245
东源县	2405	1207	1197	471	267	203
阳江市	**14863**	**7917**	**6946**	**3527**	**2319**	**1208**
江城区	1996	1040	956	493	310	183
阳西县	4194	2199	1995	1095	712	382
阳东县	5285	2962	2323	1335	920	415
阳春市	3388	1717	1671	605	377	228
清远市	21376	10849	10527	4078	2588	1490
清城区	5162	2763	2399	994	665	328
清新区	2678	1390	1288	610	378	232
佛冈县	2924	1507	1417	659	401	258
阳山县	2998	1478	1520	534	340	195
连山壮族瑶族自治县	755	375	379	132	87	45
连南瑶族自治县	1267	609	658	159	100	59
英德市	4913	2382	2531	896	549	348
连州市	680	345	335	94	69	25
东莞市	**3353**	**2042**	**1311**	**885**	**588**	**297**
中山市	**20918**	**11490**	**9427**	**5437**	**3580**	**1856**
潮州市	**19477**	**9426**	**10051**	**5264**	**2722**	**2542**
湘桥区	3044	1289	1754	1033	353	680
潮安区	6399	3194	3205	1865	1051	813
饶平县	10035	4943	5092	2367	1318	1048
揭阳市	**35101**	**17767**	**17334**	**12049**	**6480**	**5569**
榕城区	2566	1295	1271	768	426	342
揭东区	5182	2672	2510	1584	896	688
揭西县	6506	3271	3234	1999	1084	915
惠来县	10891	5515	5375	4103	2203	1900
普宁市	9957	5013	4944	3594	1871	1723
云浮市	**11288**	**5519**	**5769**	**2552**	**1483**	**1069**
云城区	178	89	89	32	22	10
云安区	1074	537	537	244	152	92
新兴县	4129	2003	2126	1082	570	512
郁南县	3733	1830	1903	722	438	283
罗定市	2174	1060	1114	472	300	172

1-6b 续表 5

单位：人

地区	有配偶			离婚			丧偶		
	小计	男	女	小计	男	女	小计	男	女
河源市	**13104**	**6499**	**6604**	**175**	**106**	**70**	**975**	**244**	**731**
紫金县	4031	2015	2016	44	27	17	282	65	218
龙川县	3564	1768	1796	34	19	15	243	66	177
连平县	1956	951	1005	33	19	14	155	35	121
和平县	1799	884	915	33	19	14	146	42	103
东源县	1754	881	873	31	22	9	149	37	112
阳江市	**10421**	**5293**	**5128**	**140**	**95**	**45**	**776**	**210**	**565**
江城区	1342	675	667	35	23	12	127	32	94
阳西县	2808	1393	1415	37	25	12	255	69	186
阳东县	3709	1964	1745	31	20	11	210	58	152
阳春市	2563	1262	1301	36	25	11	184	52	132
清远市	15659	7745	7914	293	181	111	1346	334	1012
清城区	3881	2010	1871	48	27	21	239	61	178
清新区	1856	940	917	27	20	8	184	53	131
佛冈县	2054	1032	1022	39	28	11	173	46	126
阳山县	2164	1042	1121	52	38	14	247	58	189
连山壮族瑶族自治县	550	268	283	12	7	5	60	14	46
连南瑶族自治县	972	472	501	26	15	12	109	23	86
英德市	3657	1725	1932	82	44	39	277	65	212
连州市	524	257	267	5	4	2	57	15	42
东莞市	**2443**	**1444**	**999**	**13**	**8**	**5**	**12**	**2**	**10**
中山市	**14590**	**7645**	**6945**	**187**	**103**	**84**	**704**	**161**	**542**
潮州市	**12836**	**6348**	**6488**	**93**	**52**	**41**	**1284**	**304**	**980**
湘桥区	1795	892	902	6	2	5	210	43	167
潮安区	4094	2035	2059	30	17	13	410	90	320
饶平县	6947	3420	3527	57	34	23	664	171	494
揭阳市	**21133**	**10686**	**10448**	**158**	**88**	**70**	**1761**	**513**	**1248**
榕城区	1677	831	846	6	4	2	114	33	81
揭东区	3192	1634	1558	30	17	13	375	124	251
揭西县	4189	2089	2100	31	18	13	286	80	206
惠来县	6269	3172	3096	32	15	17	487	125	362
普宁市	5807	2959	2848	59	33	26	498	151	348
云浮市	**7908**	**3805**	**4103**	**118**	**70**	**48**	**709**	**161**	**548**
云城区	128	61	67	4	3	1	14	3	11
云安区	743	360	383	10	7	4	77	19	58
新兴县	2809	1371	1437	26	14	12	212	48	164
郁南县	2720	1311	1409	52	25	27	240	56	184
罗定市	1509	702	807	26	21	5	166	35	131

1-6c 各地区分性别、婚姻状况的人口（乡村）

单位：人

地 区	合 计			未 婚		
	合计	男	女	小计	男	女
全 省	**764820**	**389958**	**374861**	**202171**	**119487**	**82684**
广州市	**46898**	**24510**	**22389**	**11510**	**6769**	**4741**
白云区	11691	6228	5464	3281	1870	1412
番禺区	5833	3142	2691	1316	761	556
花都区	8084	4192	3892	1713	1014	699
南沙区	4549	2363	2186	992	630	362
萝岗区	1767	863	904	442	232	210
从化区	7910	3962	3948	2064	1198	866
增城区	7064	3761	3303	1701	1064	637
韶关市	**30311**	**14866**	**15446**	**6144**	**3530**	**2614**
武江区	1244	635	609	269	164	105
浈江区	1627	739	887	465	202	262
曲江区	3088	1400	1688	813	333	480
始兴县	2999	1472	1527	612	364	248
仁化县	2799	1374	1425	480	294	186
翁源县	5228	2672	2556	999	643	357
乳源瑶族自治县	2327	1166	1161	493	306	187
新丰县	2418	1212	1206	542	326	216
乐昌市	4570	2271	2299	813	516	297
南雄市	4012	1924	2088	658	381	276
珠海市	**4455**	**2428**	**2027**	**1231**	**849**	**382**
斗门区	4455	2428	2027	1231	849	382
汕头市	**37480**	**18464**	**19016**	**11944**	**6366**	**5578**
龙湖区	2172	1054	1118	537	285	252
金平区	437	216	221	125	67	58
濠江区	2161	1033	1128	729	377	352
潮阳区	15192	7451	7741	5078	2762	2316
潮南区	11961	5961	6000	4123	2146	1977
澄海区	5201	2571	2630	1275	684	591
南澳县	356	178	178	76	44	32
佛山市	**9137**	**4861**	**4277**	**1799**	**1147**	**653**
南海区	2766	1464	1302	557	350	207
顺德区	905	467	438	225	126	99
三水区	4302	2331	1971	810	540	269
高明区	1164	599	565	207	130	77
江门市	**39053**	**19841**	**19213**	**8877**	**5418**	**3459**
蓬江区	89	45	43	18	12	6
新会区	7583	3853	3730	1475	880	595
台山市	12749	6412	6336	2921	1769	1152
开平市	7714	3926	3788	1770	1070	700
鹤山市	4821	2417	2404	1049	636	413
恩平市	6098	3188	2910	1643	1049	594

1-6c 续表 1

单位：人

地　区	有配偶			离　婚			丧　偶		
	小计	男	女	小计	男	女	小计	男	女
全　省	**508039**	**252713**	**255327**	**6568**	**4622**	**1945**	**48041**	**13136**	**34906**
广州市	**32458**	**16835**	**15623**	**499**	**304**	**195**	**2431**	**600**	**1830**
白云区	7771	4155	3617	77	52	25	561	151	410
番禺区	4251	2307	1944	66	37	29	199	37	162
花都区	5856	3044	2812	82	49	33	433	85	348
南沙区	3248	1640	1608	64	29	35	244	63	181
萝岗区	1221	601	620	19	11	8	85	19	66
从化区	5212	2574	2638	127	79	49	507	111	396
增城区	4899	2516	2383	63	47	15	402	134	268
韶关市	**21406**	**10407**	**11000**	**422**	**293**	**129**	**2339**	**636**	**1703**
武江区	879	438	441	21	15	6	75	18	58
浈江区	1042	507	535	17	9	8	103	21	82
曲江区	1993	979	1015	51	35	17	229	53	177
始兴县	2102	1032	1070	38	22	16	247	55	192
仁化县	2073	1000	1073	32	21	11	214	59	155
翁源县	3746	1847	1898	93	68	25	390	114	276
乳源瑶族自治县	1623	780	844	39	30	9	173	51	122
新丰县	1645	804	841	33	24	8	198	58	141
乐昌市	3344	1610	1734	54	38	16	359	107	252
南雄市	2958	1409	1548	45	31	13	352	102	250
珠海市	**2910**	**1458**	**1452**	**58**	**38**	**20**	**256**	**83**	**173**
斗门区	2910	1458	1452	58	38	20	256	83	173
汕头市	**23335**	**11502**	**11833**	**178**	**109**	**69**	**2023**	**487**	**1536**
龙湖区	1492	735	757	9	5	4	134	29	106
金平区	275	141	134	4	2	2	33	6	27
濠江区	1275	618	657	11	8	3	146	31	116
潮阳区	9282	4449	4833	64	40	24	768	200	568
潮南区	7250	3650	3600	45	27	18	543	138	405
澄海区	3509	1783	1726	43	25	18	374	79	295
南澳县	252	126	125	2	2		26	5	21
佛山市	**6640**	**3503**	**3137**	**110**	**61**	**49**	**589**	**151**	**438**
南海区	2016	1040	976	34	21	13	159	53	106
顺德区	641	332	309	6	3	3	33	6	27
三水区	3151	1698	1453	58	28	30	284	65	219
高明区	832	433	399	11	9	3	113	27	85
江门市	**26925**	**13478**	**13447**	**425**	**264**	**162**	**2826**	**681**	**2145**
蓬江区	61	31	30	2	1	1	7	1	5
新会区	5520	2797	2723	88	53	35	501	122	378
台山市	8605	4302	4303	162	97	66	1060	244	815
开平市	5313	2691	2622	63	40	23	567	124	442
鹤山市	3398	1676	1721	50	30	21	324	74	250
恩平市	4027	1980	2047	59	44	16	368	115	253

1-6c 续表 2

单位：人

地 区	合 计			未 婚		
	合计	男	女	小计	男	女
湛江市	**94548**	**49253**	**45295**	**30255**	**18051**	**12204**
赤坎区	138	65	73	38	20	18
霞山区	488	250	239	155	97	58
坡头区	4916	2598	2318	1604	967	637
麻章区	6990	3700	3289	2384	1450	934
遂溪县	13857	7144	6713	4422	2575	1847
徐闻县	10107	5304	4803	3071	1834	1237
廉江市	22694	12090	10604	6595	4127	2468
雷州市	22786	11694	11092	7712	4436	3277
吴川市	12571	6407	6164	4273	2545	1728
茂名市	**75861**	**38510**	**37351**	**20904**	**12672**	**8232**
茂南区	6258	3205	3052	1876	1115	761
电白区	21721	11123	10598	6720	4077	2643
高州市	19089	9706	9383	4203	2660	1543
化州市	16605	8419	8187	4787	2834	1954
信宜市	12189	6057	6132	3317	1987	1331
肇庆市	**49448**	**24457**	**24991**	**12377**	**7339**	**5037**
鼎湖区	1921	901	1020	363	208	156
广宁县	6026	2988	3038	1154	704	451
怀集县	13203	6273	6930	3941	2229	1712
封开县	6241	3074	3167	1703	984	719
德庆县	5663	2895	2768	1493	919	573
高要市	11944	5994	5949	2873	1731	1141
四会市	4450	2331	2119	849	565	285
惠州市	**34020**	**17457**	**16562**	**7682**	**4699**	**2983**
惠城区	6435	3138	3297	1402	755	647
惠阳区	3788	2095	1693	977	664	313
博罗县	10495	5343	5152	2019	1242	777
惠东县	9243	4820	4423	2512	1535	977
龙门县	4059	2062	1997	772	503	269
梅州市	**50511**	**24660**	**25851**	**10860**	**6453**	**4407**
梅江区	937	468	469	159	107	52
梅县区	6347	3065	3282	1246	743	502
大埔县	4883	2466	2417	947	595	352
丰顺县	5625	2795	2830	1219	708	511
五华县	14756	7039	7716	3533	1959	1574
平远县	2909	1446	1463	513	333	180
蕉岭县	2431	1177	1254	324	208	117
兴宁市	12624	6204	6419	2918	1799	1119

1-6c 续表 3

单位：人

地区	有配偶			离婚			丧偶		
	小计	男	女	小计	男	女	小计	男	女
湛江市	**59020**	**29202**	**29818**	**625**	**507**	**118**	**4647**	**1493**	**3155**
赤坎区	91	44	48	1	1		8	1	7
霞山区	302	143	159	7	4	3	25	6	19
坡头区	3031	1526	1506	29	24	5	252	82	170
麻章区	4224	2135	2089	49	35	14	333	81	252
遂溪县	8595	4235	4360	121	92	29	719	242	476
徐闻县	6460	3271	3189	92	74	18	484	124	360
廉江市	14781	7386	7395	158	141	16	1160	435	725
雷州市	13855	6818	7037	122	103	19	1097	337	760
吴川市	7681	3645	4037	47	34	13	570	184	386
茂名市	**49876**	**23964**	**25913**	**478**	**367**	**112**	**4603**	**1508**	**3094**
茂南区	3973	1953	2020	34	27	7	374	110	264
电白区	13871	6667	7204	117	85	31	1013	294	719
高州市	13502	6567	6935	108	82	26	1276	397	878
化州市	10692	5161	5530	112	76	37	1014	348	666
信宜市	7838	3614	4224	108	97	11	926	359	567
肇庆市	**32899**	**15879**	**17020**	**373**	**251**	**122**	**3799**	**987**	**2812**
鼎湖区	1391	663	728	14	7	7	153	23	129
广宁县	4309	2113	2197	60	46	15	502	126	376
怀集县	8216	3710	4506	71	52	19	975	282	693
封开县	3947	1906	2041	51	36	15	539	148	391
德庆县	3675	1801	1874	49	40	9	447	135	312
高要市	8164	4020	4144	88	45	43	820	198	622
四会市	3198	1667	1530	40	25	15	363	75	288
惠州市	**24113**	**12129**	**11984**	**248**	**177**	**72**	**1976**	**452**	**1524**
惠城区	4614	2274	2340	40	28	11	379	80	298
惠阳区	2617	1388	1229	20	12	8	175	31	143
博罗县	7750	3887	3863	78	62	16	648	152	495
惠东县	6176	3127	3049	67	43	24	488	114	374
龙门县	2956	1454	1502	44	31	13	287	74	213
梅州市	**34929**	**16864**	**18065**	**532**	**368**	**164**	**4191**	**975**	**3216**
梅江区	681	334	347	21	16	5	76	11	64
梅县区	4490	2177	2312	91	53	38	521	91	430
大埔县	3435	1739	1696	64	47	17	436	85	352
丰顺县	3896	1932	1964	42	31	11	468	124	344
五华县	9893	4657	5235	90	64	27	1240	359	881
平远县	2123	1036	1087	38	28	10	235	48	187
蕉岭县	1839	900	940	40	26	14	228	44	184
兴宁市	8572	4089	4483	146	103	43	988	214	775

1-6c 续表 4

单位：人

地 区	合 计			未 婚		
	合计	男	女	小计	男	女
汕尾市	**30739**	**16173**	**14566**	**11954**	**6708**	**5246**
城区	2797	1458	1339	978	560	418
海丰县	7103	3735	3367	2357	1380	977
陆河县	3184	1655	1529	1113	609	503
陆丰市	17656	9325	8332	7506	4158	3348
河源市	**37987**	**18880**	**19107**	**8070**	**4685**	**3385**
源城区	158	75	82	40	21	19
紫金县	8597	4220	4377	1873	1072	801
龙川县	10510	5211	5299	1985	1183	802
连平县	5073	2506	2567	1278	708	570
和平县	5777	2863	2913	1126	662	464
东源县	7872	4003	3868	1768	1039	729
阳江市	**27862**	**14441**	**13421**	**6109**	**3945**	**2164**
江城区	4372	2261	2111	1082	673	409
阳西县	6387	3352	3035	1498	1003	494
阳东县	5499	2892	2607	1141	730	411
阳春市	11604	5936	5668	2389	1539	850
清远市	43590	21897	21692	9169	5697	3472
清城区	3690	1852	1838	740	453	287
清新区	9697	4884	4813	2303	1399	903
佛冈县	4169	2133	2035	1021	618	403
阳山县	5317	2629	2688	1208	734	474
连山壮族瑶族自治县	1360	716	644	331	218	112
连南瑶族自治县	1545	746	799	254	162	91
英德市	13271	6670	6601	2667	1661	1007
连州市	4541	2268	2273	646	450	196
东莞市	**23835**	**13946**	**9889**	**5569**	**3508**	**2061**
中山市	**9073**	**4652**	**4421**	**1895**	**1169**	**726**
潮州市	**22184**	**11029**	**11154**	**5646**	**3205**	**2440**
湘桥区	1576	775	801	396	214	183
潮安区	10432	5231	5201	2764	1569	1195
饶平县	10175	5023	5152	2485	1423	1063
揭阳市	**66434**	**33848**	**32586**	**22745**	**12599**	**10146**
榕城区	4495	2300	2195	1323	769	553
揭东区	10432	5397	5034	3115	1828	1287
揭西县	13047	6585	6462	4106	2249	1857
惠来县	13684	6839	6845	5193	2789	2404
普宁市	24776	12727	12049	9009	4964	4045
云浮市	**31393**	**15785**	**15608**	**7432**	**4679**	**2753**
云城区	2076	1063	1013	444	298	147
云安区	4480	2268	2212	984	617	367
新兴县	6184	3132	3052	1539	910	628
郁南县	5046	2553	2493	1005	679	326
罗定市	13606	6768	6837	3459	2175	1284

1-6c 续表 5

单位：人

地区	有配偶			离婚			丧偶		
	小计	男	女	小计	男	女	小计	男	女
汕尾市	**17286**	**8858**	**8428**	**223**	**173**	**50**	**1276**	**434**	**842**
城区	1671	847	825	26	18	8	121	33	88
海丰县	4296	2200	2096	68	52	16	382	103	279
陆河县	1884	967	917	12	9	3	175	70	105
陆丰市	9435	4844	4591	116	94	23	599	229	370
河源市	**26553**	**13119**	**13434**	**393**	**271**	**122**	**2970**	**804**	**2166**
源城区	105	52	53	3	1	1	10	1	8
紫金县	6014	2915	3098	92	61	32	618	172	447
龙川县	7484	3719	3765	73	56	17	968	253	715
连平县	3427	1675	1752	44	30	14	324	94	230
和平县	4126	2014	2112	61	45	15	464	142	322
东源县	5398	2744	2653	120	78	42	586	142	444
阳江市	**19591**	**9678**	**9913**	**266**	**217**	**49**	**1896**	**601**	**1295**
江城区	3001	1487	1514	40	29	11	250	72	178
阳西县	4344	2150	2194	56	43	13	489	155	333
阳东县	3950	2013	1937	43	34	9	366	115	251
阳春市	8296	4028	4268	127	111	16	792	258	533
清远市	30278	14862	15416	574	407	166	3569	931	2637
清城区	2647	1316	1331	49	29	19	254	53	201
清新区	6533	3232	3301	95	65	30	766	187	578
佛冈县	2752	1380	1372	61	43	18	335	93	243
阳山县	3552	1716	1837	67	51	16	490	128	362
连山壮族瑶族自治县	917	456	461	16	9	7	97	32	64
连南瑶族自治县	1117	530	587	23	19	4	152	35	118
英德市	9365	4592	4774	205	149	55	1034	268	766
连州市	3396	1641	1754	59	42	17	441	135	306
东莞市	**17601**	**10216**	**7385**	**150**	**97**	**54**	**515**	**126**	**389**
中山市	**6587**	**3341**	**3245**	**124**	**53**	**71**	**467**	**88**	**379**
潮州市	**14698**	**7288**	**7411**	**149**	**101**	**48**	**1691**	**435**	**1255**
湘桥区	1038	525	512	8	5	4	135	32	103
潮安区	6888	3444	3444	56	43	14	724	176	548
饶平县	6773	3319	3454	85	54	31	832	228	604
揭阳市	**39756**	**19925**	**19832**	**366**	**280**	**87**	**3566**	**1045**	**2521**
榕城区	2864	1440	1424	14	11	3	294	79	214
揭东区	6595	3341	3254	57	46	11	664	182	482
揭西县	8088	4030	4058	83	52	31	770	254	516
惠来县	7801	3818	3982	54	42	12	637	190	447
普宁市	14408	7295	7113	158	128	30	1201	340	862
云浮市	**21176**	**10204**	**10972**	**374**	**286**	**88**	**2411**	**616**	**1795**
云城区	1478	725	753	21	14	8	132	27	105
云安区	3154	1535	1619	42	29	13	301	88	213
新兴县	4113	2061	2051	58	39	19	475	121	354
郁南县	3525	1709	1816	56	37	18	460	127	333
罗定市	8906	4174	4733	197	167	30	1043	253	790

1-7 各地区分性别、月份的出生人口
（2014.11.1-2015.10.31）

单位：人

地区	出生人口			2014年11月			2014年12月		
	合计	男	女	合计	男	女	合计	男	女
全省	**31788**	**17307**	**14481**	**4071**	**2267**	**1804**	**3814**	**2105**	**1709**
广州市	**3315**	**1780**	**1535**	**373**	**203**	**170**	**371**	**199**	**171**
荔湾区	213	131	82	19	15	4	22	13	9
越秀区	250	129	122	20	11	8	26	14	12
海珠区	378	202	176	54	25	29	48	28	20
天河区	386	210	176	44	26	18	40	21	19
白云区	513	269	244	53	35	18	62	33	30
黄埔区	136	77	59	15	9	6	14	6	7
番禺区	351	171	181	43	19	24	46	28	17
花都区	300	172	128	34	18	16	26	13	13
南沙区	141	73	67	16	8	7	9	5	4
萝岗区	120	68	52	18	12	6	16	7	8
从化区	232	127	105	21	9	12	24	11	12
增城区	294	151	143	36	17	20	38	19	19
韶关市	**1048**	**558**	**490**	**128**	**61**	**67**	**94**	**50**	**44**
武江区	88	44	43	12	7	5	9	4	5
浈江区	83	41	41	11	4	7	10	6	4
曲江区	102	52	50	12	7	5	7	4	3
始兴县	84	47	37	10	4	5	8	5	3
仁化县	72	38	33	10	5	4	5	4	2
翁源县	168	93	75	21	8	13	13	8	5
乳源瑶族自治县	78	42	36	10	5	5	6	3	3
新丰县	85	45	40	11	6	5	10	5	5
乐昌市	154	80	73	21	11	10	15	7	8
南雄市	135	75	60	11	4	7	11	5	6
深圳市	**2473**	**1293**	**1180**	**360**	**189**	**171**	**303**	**161**	**142**
罗湖区	215	118	97	30	18	12	27	16	12
福田区	322	156	166	37	15	23	41	22	19
南山区	366	194	172	44	24	20	37	21	16
宝安区	995	517	478	161	90	70	128	66	62
龙岗区	519	276	243	80	38	42	64	32	32
盐田区	57	32	25	8	5	3	5	3	2
珠海市	**442**	**247**	**194**	**46**	**29**	**18**	**58**	**35**	**22**
香洲区	266	141	124	23	12	12	36	21	15
斗门区	116	68	48	14	10	4	14	10	4
金湾区	60	38	22	9	7	2	7	4	3
汕头市	**1873**	**989**	**884**	**235**	**125**	**109**	**248**	**125**	**124**
龙湖区	128	69	59	13	8	5	12	6	6
金平区	226	116	110	26	13	13	23	14	9
濠江区	102	47	56	12	5	6	11	3	8
潮阳区	639	338	301	96	51	45	86	46	40
潮南区	531	290	241	52	28	24	88	42	46
澄海区	225	118	106	32	19	13	27	12	15
南澳县	23	11	12	3	1	2	2	2	1
佛山市	**1758**	**964**	**794**	**199**	**116**	**83**	**207**	**108**	**99**
禅城区	284	169	115	30	21	9	38	20	18
南海区	693	368	324	68	37	31	82	42	40
顺德区	501	279	222	59	34	25	57	31	26
三水区	136	68	68	23	12	11	13	6	7
高明区	143	79	64	19	12	7	16	9	7

1-7 续表 1

单位：人

地 区	2015年01月			2015年02月			2015年03月		
	合计	男	女	合计	男	女	合计	男	女
全 省	**2808**	**1531**	**1277**	**2686**	**1495**	**1191**	**2763**	**1472**	**1290**
广州市	**317**	**161**	**156**	**263**	**143**	**120**	**290**	**150**	**141**
荔湾区	19	12	7	12	7	5	15	11	4
越秀区	25	16	9	18	8	9	21	10	10
海珠区	42	21	21	32	18	14	39	23	15
天河区	35	20	15	43	25	18	46	22	24
白云区	42	16	26	47	27	20	45	21	24
黄埔区	16	10	6	8	1	6	16	10	6
番禺区	38	12	26	18	8	10	22	11	11
花都区	31	17	14	24	16	8	26	15	11
南沙区	11	6	5	13	7	6	10	3	7
萝岗区	15	7	7	6	3	3	11	7	4
从化区	18	8	10	20	11	9	18	9	9
增城区	26	15	10	23	11	12	22	8	15
韶关市	**86**	**49**	**38**	**76**	**35**	**41**	**78**	**39**	**40**
武江区	8	5	3	5	4	1	5	2	3
浈江区	11	5	6	5	4	2	8	3	5
曲江区	11	7	4	9	3	6	9	4	4
始兴县	5	1	4	5	2	3	9	6	3
仁化县	7	4	3	8	4	4	7	4	3
翁源县	14	10	4	12	7	5	12	6	6
乳源瑶族自治县	7	4	3	3	1	2	6	3	4
新丰县	6	3	3	7	2	5	7	3	4
乐昌市	6	3	3	11	4	7	7	3	4
南雄市	11	7	4	9	3	5	9	5	4
深圳市	**281**	**158**	**123**	**245**	**135**	**110**	**209**	**96**	**114**
罗湖区	29	17	12	15	7	7	20	11	9
福田区	35	19	17	35	20	16	31	9	22
南山区	40	27	13	34	14	20	21	5	16
宝安区	121	64	57	90	53	37	92	48	44
龙岗区	53	29	24	64	38	27	38	18	20
盐田区	3	2		6	3	2	7	4	3
珠海市	**41**	**24**	**16**	**39**	**21**	**18**	**33**	**17**	**17**
香洲区	22	15	7	32	16	16	20	8	12
斗门区	13	6	8	7	5	2	9	5	4
金湾区	5	3	1				5	4	1
汕头市	**186**	**106**	**81**	**162**	**86**	**76**	**193**	**103**	**89**
龙湖区	10	5	5	7	4	3	13	7	6
金平区	25	12	13	17	7	11	30	13	17
濠江区	10	6	4	7	4	2	6	3	3
潮阳区	54	31	23	58	27	32	72	39	34
潮南区	60	33	27	56	35	21	44	27	18
澄海区	25	18	7	15	9	7	25	15	11
南澳县	3	1	2	1	1		2	1	1
佛山市	**156**	**88**	**68**	**137**	**85**	**52**	**135**	**64**	**71**
禅城区	23	14	9	26	18	8	22	13	9
南海区	58	33	25	51	25	26	53	20	33
顺德区	51	29	22	41	29	12	43	22	21
三水区	16	10	7	7	3	4	8	4	4
高明区	6	1	5	12	9	3	9	6	3

1-7 续表 2

单位：人

地 区	2015年04月			2015年05月			2015年06月		
	合计	男	女	合计	男	女	合计	男	女
全 省	**2511**	**1338**	**1173**	**2447**	**1320**	**1128**	**2405**	**1286**	**1119**
广州市	**281**	**162**	**119**	**253**	**149**	**104**	**262**	**130**	**132**
荔湾区	23	14	9	25	15	10	14	10	4
越秀区	19	7	11	22	15	7	21	9	11
海珠区	29	13	16	21	12	9	19	6	13
天河区	45	29	16	26	12	13	20	8	12
白云区	26	15	11	42	24	18	50	23	27
黄埔区	11	6	5	11	6	5	6	4	3
番禺区	34	18	16	22	12	10	35	17	17
花都区	36	22	14	20	12	8	29	17	12
南沙区	7	6	1	17	11	6	14	5	9
萝岗区	7	4	3	10	5	5	6	4	2
从化区	24	17	7	16	8	8	22	13	9
增城区	22	11	11	21	17	4	27	14	12
韶关市	**85**	**46**	**38**	**87**	**51**	**36**	**89**	**50**	**39**
武江区	8	6	2	6	2	4	9	4	5
浈江区	6	3	3	4	2	2	7	4	3
曲江区	8	3	5	7	3	4	8	6	2
始兴县	6	4	2	8	2	6	4	3	1
仁化县	5	2	3	4	3	1	6	3	3
翁源县	15	9	6	14	10	5	16	8	8
乳源瑶族自治县	7	2	4	8	4	4	5	3	2
新丰县	9	4	4	6	4	2	6	3	3
乐昌市	13	7	6	14	10	4	15	8	7
南雄市	9	6	3	16	11	5	12	7	5
深圳市	**201**	**114**	**87**	**132**	**56**	**76**	**159**	**81**	**79**
罗湖区	21	9	12	8	7	2	13	6	7
福田区	21	15	6	18	7	10	19	10	8
南山区	31	20	11	33	14	19	39	19	19
宝安区	75	44	31	48	15	33	68	33	35
龙岗区	49	24	25	22	13	10	15	10	6
盐田区	5	2	3	2		1	5	2	3
珠海市	**37**	**18**	**19**	**32**	**18**	**14**	**28**	**16**	**12**
香洲区	19	6	13	21	11	10	18	11	7
斗门区	13	8	5	7	5	3	9	5	4
金湾区	5	4	2	4	3	1	2	1	1
汕头市	**139**	**78**	**61**	**155**	**84**	**71**	**127**	**57**	**71**
龙湖区	11	6	5	18	10	8	9	5	4
金平区	20	15	6	17	12	6	15	11	4
濠江区	7	2	5	9	3	5	13	6	7
潮阳区	50	30	21	50	24	27	42	12	30
潮南区	37	18	19	40	23	17	34	15	18
澄海区	13	8	6	18	11	7	13	6	6
南澳县	1		1	2	1	1	2	1	1
佛山市	**153**	**75**	**78**	**121**	**58**	**63**	**139**	**76**	**63**
禅城区	25	13	12	13	6	7	17	8	9
南海区	67	32	35	59	30	28	57	30	27
顺德区	40	18	22	29	12	18	41	25	16
三水区	12	7	5	5	2	3	13	6	7
高明区	9	5	4	16	8	8	11	7	4

1-7 续表 3

单位：人

地区	2015年07月			2015年08月			2015年09月			2015年10月		
	合计	男	女	合计	男	女	合计	男	女	合计	男	女
全省	**2274**	**1243**	**1031**	**2309**	**1208**	**1102**	**2260**	**1246**	**1013**	**1441**	**797**	**644**
广州市	**210**	**110**	**100**	**257**	**118**	**139**	**252**	**134**	**117**	**186**	**121**	**65**
荔湾区	13	8	5	15	7	8	22	12	10	14	7	7
越秀区	18	9	8	26	11	15	18	8	9	19	9	9
海珠区	21	13	8	27	13	14	29	18	12	19	14	5
天河区	17	9	8	25	10	15	22	12	10	25	16	9
白云区	33	18	15	42	14	28	44	23	20	27	20	7
黄埔区	6	4	3	12	6	6	11	9	3	9	6	3
番禺区	21	9	12	29	11	18	23	10	13	19	14	5
花都区	21	12	9	18	9	10	22	11	10	13	9	4
南沙区	7	4	4	15	6	9	12	4	7	10	7	3
萝岗区	9	5	5	7	5	2	8	4	3	9	6	3
从化区	19	12	7	14	9	5	22	12	10	15	8	7
增城区	25	8	17	28	17	10	19	11	9	8	4	4
韶关市	**94**	**52**	**43**	**86**	**51**	**36**	**86**	**47**	**39**	**59**	**28**	**31**
武江区	5	3	2	7	2	5	5	3	2	8	3	5
浈江区	8	4	4	6	4	2	3	1	2	4	2	2
曲江区	11	5	5	10	5	5	8	3	4	4	3	1
始兴县	10	4	5	9	8	1	8	5	3	3	3	1
仁化县	4	2	2	5	3	2	7	3	4	4	1	3
翁源县	13	9	5	8	5	3	18	11	8	12	3	9
乳源瑶族自治县	9	7	2	4	3	1	8	5	3	6	2	4
新丰县	9	6	3	5	2	3	5	3	2	4	2	1
乐昌市	11	3	8	19	11	9	12	7	5	8	5	3
南雄市	15	8	7	13	8	5	12	7	5	8	5	3
深圳市	**125**	**76**	**49**	**150**	**68**	**82**	**179**	**91**	**88**	**130**	**69**	**61**
罗湖区	16	9	7	12	6	7	17	7	9	8	5	3
福田区	21	9	12	25	15	10	28	13	16	10	3	7
南山区	24	16	8	24	11	13	26	15	11	14	8	6
宝安区	42	24	18	57	26	31	64	26	37	48	26	22
龙岗区	20	15	4	27	7	20	41	27	14	45	25	20
盐田区	4	2	2	5	4	1	4	3	1	4	1	3
珠海市	**27**	**12**	**14**	**34**	**18**	**16**	**38**	**21**	**18**	**28**	**17**	**11**
香洲区	14	7	7	21	11	10	24	13	11	16	11	5
斗门区	9	4	5	7	4	3	8	4	4	6	3	3
金湾区	4	1	3	7	4	4	6	3	3	6	4	2
汕头市	**127**	**63**	**64**	**130**	**70**	**61**	**110**	**61**	**49**	**61**	**32**	**28**
龙湖区	12	6	6	8	4	4	12	7	5	4	1	3
金平区	8	3	5	16	6	11	15	5	10	14	8	6
濠江区	8	4	4	6	3	3	10	4	7	5	3	2
潮阳区	40	23	17	42	24	18	35	23	12	14	10	5
潮南区	40	20	21	42	27	15	17	14	3	20	9	12
澄海区	19	7	12	14	5	9	20	8	12	3	2	1
南澳县	1	1	1	3	2	1	3	1	2	1		
佛山市	**120**	**76**	**44**	**140**	**72**	**68**	**145**	**90**	**54**	**107**	**56**	**50**
禅城区	19	13	6	30	13	17	22	15	7	16	13	3
南海区	48	33	15	51	27	24	52	37	15	48	22	25
顺德区	29	18	12	31	18	13	52	29	22	28	15	13
三水区	11	7	4	10	4	5	10	5	6	8	4	5
高明区	13	6	7	18	10	9	9	4	5	7	3	4

1-7 续表 4

单位：人

地 区	出生人口			2014年11月			2014年12月		
	合计	男	女	合计	男	女	合计	男	女
江门市	**1130**	**588**	**542**	**120**	**71**	**49**	**104**	**56**	**47**
蓬江区	205	103	102	19	12	7	21	8	13
江海区	74	39	35	11	9	2	4	1	3
新会区	287	150	137	29	13	15	27	16	11
台山市	218	114	105	22	13	9	24	14	10
开平市	141	79	62	16	11	5	12	8	3
鹤山市	119	55	64	15	8	7	9	4	5
恩平市	85	49	36	9	5	4	7	4	3
湛江市	**2517**	**1376**	**1140**	**330**	**182**	**147**	**307**	**183**	**124**
赤坎区	77	42	35	10	6	4	8	4	4
霞山区	125	69	57	16	10	6	13	9	4
坡头区	120	69	51	15	8	7	12	7	5
麻章区	133	75	59	16	5	11	12	9	3
遂溪县	306	154	152	38	20	18	44	19	25
徐闻县	228	111	117	33	13	20	24	14	9
廉江市	683	404	279	87	60	27	92	56	36
雷州市	555	295	259	77	41	36	72	42	30
吴川市	290	158	131	38	19	19	31	23	8
茂名市	**2170**	**1236**	**933**	**277**	**169**	**107**	**270**	**143**	**127**
茂南区	231	133	99	31	15	16	24	12	12
电白区	612	347	264	69	41	27	69	37	32
高州市	506	303	202	72	53	19	49	27	22
化州市	445	253	192	60	34	26	74	36	38
信宜市	376	200	176	45	26	20	53	30	23
肇庆市	**1355**	**789**	**566**	**238**	**139**	**99**	**178**	**104**	**74**
端州区	148	85	62	18	11	7	14	7	7
鼎湖区	53	29	25	3	2	1	6	3	3
广宁县	168	105	64	33	18	15	28	20	8
怀集县	350	202	148	77	44	32	50	28	22
封开县	132	85	47	17	10	7	14	10	5
德庆县	132	76	56	37	25	12	18	8	10
高要市	224	126	98	40	19	21	28	18	11
四会市	148	82	66	13	9	4	19	10	9
惠州市	**1247**	**661**	**586**	**139**	**76**	**63**	**122**	**65**	**58**
惠城区	427	229	198	51	31	20	28	14	14
惠阳区	201	106	95	29	17	12	23	9	14
博罗县	282	144	139	35	13	22	37	19	18
惠东县	222	119	103	16	10	6	24	14	10
龙门县	114	63	51	7	5	2	12	9	3
梅州市	**1776**	**1008**	**768**	**230**	**136**	**94**	**238**	**129**	**108**
梅江区	95	49	46	14	7	7	10	8	3
梅县区	170	90	80	20	11	9	15	7	8
大埔县	154	91	64	21	15	6	11	7	4
丰顺县	201	116	86	22	14	8	21	12	9
五华县	609	351	257	86	53	32	117	61	56
平远县	77	43	34	8	5	3	7	2	4
蕉岭县	91	50	41	8	6	3	7	3	4
兴宁市	379	218	160	52	25	27	49	29	20

1-7 续表 5

单位：人

地 区	2015年01月			2015年02月			2015年03月		
	合计	男	女	合计	男	女	合计	男	女
江门市	**105**	**57**	**48**	**102**	**49**	**52**	**101**	**50**	**50**
蓬江区	16	8	8	18	7	11	22	12	9
江海区	7	4	3	7	3	5	5		5
新会区	32	21	11	22	10	11	20	11	10
台山市	21	9	12	19	9	9	24	15	9
开平市	13	7	7	15	7	7	14	7	7
鹤山市	10	4	6	14	9	5	11	2	9
恩平市	6	4	2	7	4	4	5	4	2
湛江市	**218**	**121**	**98**	**194**	**102**	**92**	**219**	**129**	**91**
赤坎区	7	3	4	6	4	3	7	4	3
霞山区	15	7	8	10	6	5	9	4	5
坡头区	12	7	5	6	4	2	13	7	6
麻章区	16	9	7	10	6	4	10	4	6
遂溪县	23	11	12	25	16	10	23	13	10
徐闻县	24	12	12	25	13	11	15	9	6
廉江市	56	30	26	49	24	25	66	43	23
雷州市	45	32	14	38	19	20	53	36	17
吴川市	21	11	10	24	11	12	25	10	15
茂名市	**189**	**119**	**69**	**188**	**114**	**75**	**205**	**123**	**82**
茂南区	18	13	6	13	10	3	18	13	4
电白区	61	39	22	54	33	21	47	28	19
高州市	38	22	17	53	29	24	57	38	19
化州市	37	22	14	41	28	13	48	32	16
信宜市	35	24	11	27	13	13	35	13	23
肇庆市	**115**	**62**	**53**	**107**	**60**	**48**	**130**	**77**	**53**
端州区	15	8	7	7	5	2	18	12	6
鼎湖区	3	2	1	6	2	3	5	4	1
广宁县	9	6	3	10	5	5	10	7	3
怀集县	29	15	14	29	18	11	33	18	15
封开县	14	9	5	14	10	4	12	8	5
德庆县	9	3	7	10	4	5	9	4	5
高要市	22	12	10	17	9	8	27	12	15
四会市	14	7	7	15	6	9	17	12	5
惠州市	**92**	**51**	**41**	**119**	**68**	**51**	**101**	**47**	**53**
惠城区	37	23	13	41	21	20	42	20	22
惠阳区	15	8	7	21	10	10	11	5	6
博罗县	18	9	9	28	19	9	19	5	15
惠东县	13	6	7	23	14	9	20	12	8
龙门县	11	5	5	7	4	3	8	6	2
梅州市	**127**	**66**	**61**	**149**	**99**	**50**	**161**	**92**	**69**
梅江区	6	2	4	7	3	3	10	3	7
梅县区	15	6	9	14	11	3	16	6	10
大埔县	12	7	5	10	6	4	13	10	3
丰顺县	13	6	7	14	8	6	19	13	7
五华县	41	19	23	58	39	19	60	40	21
平远县	9	6	3	6	3	3	7	3	4
蕉岭县	8	3	5	6	4	3	6	4	2
兴宁市	23	18	6	33	24	9	29	14	15

1-7 续表 6

单位：人

地 区	2015年04月			2015年05月			2015年06月		
	合计	男	女	合计	男	女	合计	男	女
江门市	**90**	**38**	**53**	**92**	**39**	**53**	**92**	**45**	**47**
蓬江区	13	6	7	19	7	13	13	7	6
江海区	6	3	4	6	3	3	7	5	3
新会区	21	9	12	29	12	16	23	12	10
台山市	24	10	14	15	5	10	16	4	12
开平市	8	3	5	10	4	6	11	6	5
鹤山市	13	5	8	9	6	4	9	4	5
恩平市	6	3	4	4	2	2	13	6	7
湛江市	**212**	**109**	**103**	**193**	**93**	**100**	**212**	**115**	**97**
赤坎区	3	2	1	8	4	4	8	4	4
霞山区	8	4	5	10	5	5	7	3	4
坡头区	12	9	3	12	6	6	12	7	6
麻章区	11	8	3	16	11	5	16	10	6
遂溪县	27	13	14	26	12	14	25	12	13
徐闻县	20	10	10	20	7	12	14	7	6
廉江市	58	34	24	46	22	25	55	33	21
雷州市	52	21	31	37	16	21	45	20	25
吴川市	21	8	13	19	12	7	30	18	12
茂名市	**155**	**89**	**67**	**193**	**107**	**87**	**171**	**92**	**79**
茂南区	18	11	8	25	13	12	13	7	6
电白区	38	18	21	54	29	26	49	25	24
高州市	38	26	12	42	25	17	50	26	24
化州市	39	21	18	30	16	14	27	15	12
信宜市	21	13	9	43	24	19	33	19	13
肇庆市	**92**	**47**	**45**	**97**	**57**	**40**	**97**	**53**	**44**
端州区	12	7	4	16	10	7	10	3	7
鼎湖区	6	3	3	5	3	2	7	3	3
广宁县	15	8	6	10	7	3	13	6	7
怀集县	17	5	11	17	10	7	27	17	10
封开县	12	8	5	11	6	5	9	4	5
德庆县	6	4	1	14	10	4	8	5	3
高要市	15	6	9	10	6	5	15	11	4
四会市	11	6	5	14	7	8	9	5	4
惠州市	**115**	**58**	**57**	**100**	**52**	**49**	**101**	**56**	**45**
惠城区	35	21	14	33	17	16	30	14	17
惠阳区	15	7	8	16	4	11	22	13	9
博罗县	29	13	16	17	10	7	20	12	8
惠东县	25	10	14	21	12	9	16	10	6
龙门县	12	7	5	14	8	7	12	7	6
梅州市	**135**	**74**	**61**	**139**	**80**	**59**	**122**	**75**	**48**
梅江区	5	3	3	6	3	3	4	3	1
梅县区	13	6	7	13	9	4	15	9	6
大埔县	10	6	3	14	5	9	10	8	2
丰顺县	18	10	8	12	7	5	17	11	5
五华县	42	23	19	54	34	19	37	23	14
平远县	5	3	2	7	3	4	5	2	3
蕉岭县	10	6	4	10	4	6	5	2	3
兴宁市	34	18	16	23	14	9	30	17	13

1-7 续表 7

单位：人

地区	2015年07月			2015年08月			2015年09月			2015年10月		
	合计	男	女	合计	男	女	合计	男	女	合计	男	女
江门市	**94**	**62**	**32**	**81**	**41**	**41**	**93**	**45**	**48**	**56**	**35**	**21**
蓬江区	21	12	9	17	8	9	13	7	5	13	7	7
江海区	5	4	2	6	4	3	5	3	3	3	2	1
新会区	21	14	7	22	10	12	23	11	11	19	10	10
台山市	19	16	3	13	6	7	16	7	9	6	4	2
开平市	15	8	7	8	7	2	13	5	8	7	6	2
鹤山市	9	5	4	11	5	6	9	4	5	2	2	
恩平市	4	3	1	4	1	3	14	8	7	6	6	
湛江市	**185**	**98**	**87**	**170**	**94**	**76**	**165**	**93**	**72**	**112**	**56**	**56**
赤坎区	3	2	1	8	4	5	8	5	3	1	1	
霞山区	14	7	7	9	6	3	8	5	3	7	4	3
坡头区	10	6	4	5	3	2	7	4	3	5	1	4
麻章区	11	2	9	7	5	3	6	4	3	2	1	1
遂溪县	24	10	14	20	12	7	21	14	6	11	2	9
徐闻县	17	7	10	10	6	5	13	4	9	14	8	7
廉江市	39	26	13	48	29	19	53	30	23	35	19	16
雷州市	45	25	20	37	17	20	30	16	14	23	12	11
吴川市	23	13	10	25	13	12	19	12	7	14	8	6
茂名市	**159**	**78**	**81**	**139**	**78**	**61**	**147**	**83**	**64**	**78**	**43**	**35**
茂南区	18	7	12	13	8	5	21	13	8	19	12	8
电白区	58	28	31	46	30	17	44	26	18	22	15	7
高州市	23	14	9	30	17	13	38	22	16	15	4	11
化州市	31	16	15	21	11	9	27	13	14	11	7	4
信宜市	29	14	15	29	12	18	17	9	8	10	4	6
肇庆市	**97**	**59**	**38**	**87**	**60**	**27**	**79**	**49**	**30**	**38**	**23**	**15**
端州区	8	4	4	15	9	7	10	7	4	5	4	2
鼎湖区	3	1	2	5	3	2	1	1		4	2	2
广宁县	17	11	6	9	5	4	7	6	1	7	4	4
怀集县	23	15	8	19	14	6	21	13	9	9	5	3
封开县	5	4	2	12	10	2	7	5	2	4	2	2
德庆县	7	3	4	6	3	3	6	5	1	3	2	1
高要市	21	14	7	13	11	2	12	6	6	4	3	1
四会市	13	8	5	7	5	2	14	7	8	2	1	1
惠州市	**91**	**54**	**37**	**113**	**53**	**60**	**95**	**57**	**38**	**60**	**25**	**34**
惠城区	30	13	17	46	22	23	36	26	10	20	7	13
惠阳区	17	11	6	10	5	4	15	10	4	9	5	4
博罗县	22	16	7	24	13	11	22	10	13	11	4	7
惠东县	13	10	3	23	9	14	15	8	8	14	4	10
龙门县	8	4	4	10	3	7	7	4	4	6	4	2
梅州市	**126**	**67**	**59**	**135**	**65**	**70**	**139**	**80**	**58**	**76**	**46**	**30**
梅江区	7	4	3	6	3	3	13	8	6	8	4	4
梅县区	11	6	5	16	6	10	14	8	6	7	5	2
大埔县	15	5	9	18	8	10	14	10	4	8	3	5
丰顺县	18	9	9	20	9	11	18	12	6	9	6	4
五华县	38	20	18	35	17	18	27	15	13	13	7	6
平远县	5	4	1	7	4	3	5	3	2	7	5	2
蕉岭县	7	5	2	10	7	3	9	5	5	5	3	2
兴宁市	27	15	12	22	11	11	38	21	17	19	13	6

1-7 续表 8　　　　单位：人

地　区	出生人口			2014年11月			2014年12月		
	合计	男	女	合计	男	女	合计	男	女
汕尾市	**880**	**498**	**382**	**125**	**75**	**50**	**108**	**55**	**53**
城区	169	84	84	30	17	13	22	9	14
海丰县	229	128	102	28	17	11	27	14	12
陆河县	105	66	39	14	8	6	17	11	5
陆丰市	377	220	157	54	34	20	42	20	22
河源市	**1222**	**681**	**541**	**181**	**105**	**76**	**130**	**83**	**47**
源城区	122	66	56	26	13	13	8	4	4
紫金县	271	152	119	33	16	17	30	17	13
龙川县	359	200	159	65	43	23	41	31	11
连平县	104	55	50	16	8	8	13	7	6
和平县	182	105	77	14	9	5	16	9	7
东源县	183	102	81	27	16	10	22	15	7
阳江市	**871**	**484**	**387**	**111**	**64**	**48**	**105**	**52**	**53**
江城区	207	116	90	17	10	7	22	9	12
阳西县	175	90	85	29	16	13	20	7	12
阳东县	145	87	58	12	5	7	21	12	8
阳春市	345	191	154	53	32	21	43	23	20
清远市	**1833**	**1000**	**833**	**184**	**97**	**87**	**185**	**96**	**89**
清城区	333	177	156	34	19	15	33	18	15
清新区	312	187	125	29	14	14	35	17	18
佛冈县	141	84	57	16	9	7	13	8	5
阳山县	217	106	111	26	9	17	24	13	11
连山壮族瑶族自治县	39	21	18	6	3	3	5	2	3
连南瑶族自治县	69	40	29	9	6	3	6	3	3
英德市	471	255	216	37	22	15	48	22	26
连州市	252	130	122	29	16	13	21	13	9
东莞市	**1316**	**723**	**593**	**148**	**83**	**65**	**162**	**104**	**58**
中山市	**863**	**446**	**417**	**82**	**39**	**44**	**104**	**58**	**46**
潮州市	**692**	**364**	**329**	**85**	**49**	**36**	**88**	**51**	**37**
湘桥区	162	90	72	20	10	10	21	12	9
潮安区	301	152	148	33	20	13	37	20	17
饶平县	230	121	109	32	19	13	30	19	11
揭阳市	**1986**	**1103**	**884**	**335**	**190**	**145**	**336**	**190**	**145**
榕城区	299	163	136	43	25	18	49	31	18
揭东区	330	163	168	46	25	21	32	18	14
揭西县	269	143	127	42	17	25	48	18	29
惠来县	335	196	139	57	32	25	54	32	21
普宁市	753	439	314	146	91	55	154	91	63
云浮市	**1022**	**520**	**502**	**144**	**67**	**77**	**99**	**58**	**41**
云城区	144	74	70	17	9	8	19	10	9
云安区	126	64	63	17	5	12	11	7	4
新兴县	138	71	66	17	8	9	14	6	8
郁南县	199	98	101	18	10	9	18	12	6
罗定市	415	213	202	74	35	39	37	23	14

1-7 续表 9

单位：人

地区	2015年01月			2015年02月			2015年03月		
	合计	男	女	合计	男	女	合计	男	女
汕尾市	**69**	**33**	**35**	**87**	**48**	**39**	**75**	**50**	**25**
城区	16	8	8	12	4	8	16	9	7
海丰县	14	8	7	22	9	13	18	12	7
陆河县	10	5	5	11	6	5	9	6	4
陆丰市	28	12	16	42	29	14	31	24	8
河源市	**94**	**51**	**44**	**102**	**60**	**42**	**108**	**51**	**57**
源城区	8	5	3	7	1	6	14	7	6
紫金县	22	12	10	26	16	9	26	15	11
龙川县	27	11	16	31	23	8	32	14	18
连平县	8	5	3	11	5	6	8	4	4
和平县	15	9	6	15	8	7	21	10	12
东源县	14	9	6	13	6	6	8	3	5
阳江市	**69**	**37**	**33**	**50**	**32**	**19**	**72**	**41**	**31**
江城区	16	12	4	10	8	3	15	7	7
阳西县	13	5	9	13	6	6	16	9	7
阳东县	10	7	3	7	5	2	18	12	6
阳春市	30	13	17	20	13	7	24	13	11
清远市	**156**	**91**	**65**	**141**	**75**	**66**	**135**	**70**	**65**
清城区	39	25	15	29	15	13	26	12	14
清新区	20	12	8	33	18	14	18	11	6
佛冈县	9	5	4	11	7	4	15	8	7
阳山县	24	12	12	14	6	8	13	5	8
连山壮族瑶族自治县	3		2	2	1	1	1	1	
连南瑶族自治县	7	5	2	6	3	4	3	2	1
英德市	31	22	9	27	15	12	47	25	22
连州市	22	10	12	19	9	10	12	7	5
东莞市	**147**	**70**	**77**	**92**	**54**	**38**	**123**	**69**	**54**
中山市	**83**	**51**	**33**	**84**	**43**	**41**	**78**	**36**	**42**
潮州市	**60**	**27**	**33**	**60**	**28**	**32**	**57**	**32**	**26**
湘桥区	10	4	6	19	9	10	15	11	4
潮安区	21	10	10	24	10	15	29	14	15
饶平县	30	13	17	16	10	7	14	7	8
揭阳市	**133**	**71**	**62**	**202**	**112**	**90**	**187**	**106**	**81**
榕城区	22	13	10	27	9	18	27	12	14
揭东区	26	13	14	37	19	18	31	13	18
揭西县	25	13	12	39	23	15	28	20	8
惠来县	16	8	8	45	25	20	36	23	14
普宁市	43	25	18	54	35	18	65	38	26
云浮市	**83**	**39**	**44**	**87**	**47**	**40**	**73**	**32**	**42**
云城区	13	8	5	15	6	9	5	2	4
云安区	10	6	4	8	5	3	12	5	6
新兴县	13	6	7	9	5	5	9	7	2
郁南县	19	10	9	20	13	7	17	7	11
罗定市	29	10	19	35	19	16	30	11	19

1-7 续表 10 单位：人

地 区	2015年04月			2015年05月			2015年06月		
	合计	男	女	合计	男	女	合计	男	女
汕尾市	**70**	**36**	**34**	**68**	**47**	**21**	**62**	**41**	**21**
城区	14	5	9	11	6	5	9	5	4
海丰县	17	6	11	23	18	5	18	12	5
陆河县	9	5	3	6	4	2	7	3	3
陆丰市	31	20	11	28	18	9	29	20	9
河源市	**94**	**49**	**45**	**99**	**59**	**40**	**92**	**47**	**45**
源城区	10	5	5	8	5	3	6	3	3
紫金县	14	6	7	20	14	6	25	16	9
龙川县	23	10	13	35	22	14	29	12	17
连平县	9	5	4	6	4	2	5	1	4
和平县	23	13	9	13	8	5	13	7	7
东源县	16	9	7	16	7	9	14	10	5
阳江市	**77**	**37**	**39**	**62**	**40**	**22**	**77**	**46**	**32**
江城区	20	9	11	20	14	6	23	13	9
阳西县	12	6	6	11	9	2	17	7	10
阳东县	15	6	9	10	6	4	10	7	2
阳春市	30	16	13	20	11	9	28	18	11
清远市	**135**	**66**	**69**	**155**	**86**	**69**	**172**	**94**	**78**
清城区	23	13	9	26	11	14	24	9	15
清新区	20	14	7	27	18	9	33	20	14
佛冈县	10	6	4	7	5	3	10	6	4
阳山县	19	8	11	17	10	6	16	8	8
连山壮族瑶族自治县	4	1	3	3	2	1	3	1	2
连南瑶族自治县	5	3	2	4	2	2	5	3	2
英德市	40	17	23	50	26	24	60	34	26
连州市	15	5	10	22	13	10	21	13	8
东莞市	**90**	**50**	**40**	**96**	**63**	**34**	**95**	**50**	**45**
中山市	**66**	**40**	**26**	**72**	**31**	**40**	**51**	**22**	**28**
潮州市	**56**	**26**	**30**	**68**	**31**	**37**	**58**	**38**	**19**
湘桥区	11	5	6	23	11	12	11	7	4
潮安区	28	12	16	27	14	13	27	19	8
饶平县	17	9	9	18	7	12	20	12	8
揭阳市	**150**	**83**	**67**	**154**	**76**	**78**	**117**	**60**	**56**
榕城区	28	17	11	25	12	13	24	13	11
揭东区	24	12	13	29	19	11	22	1	21
揭西县	15	8	7	16	10	6	16	11	5
惠来县	15	8	7	30	17	14	22	12	10
普宁市	68	39	29	54	19	36	32	23	9
云浮市	**80**	**44**	**35**	**82**	**45**	**37**	**84**	**44**	**40**
云城区	14	8	6	8	4	4	11	6	5
云安区	10	5	4	11	6	5	7	2	5
新兴县	13	6	7	13	6	7	10	5	5
郁南县	15	7	8	18	8	10	16	7	9
罗定市	28	18	10	33	21	12	40	23	17

1-7 续表 11

单位：人

地　区	2015年07月			2015年08月			2015年09月			2015年10月		
	合计	男	女	合计	男	女	合计	男	女	合计	男	女
汕尾市	**68**	**36**	**32**	**61**	**27**	**34**	**57**	**31**	**27**	**30**	**20**	**10**
城区	8	3	5	11	5	6	11	7	5	9	7	2
海丰县	18	10	8	19	9	10	17	10	7	9	5	5
陆河县	11	7	4	4	3	1	8	6	1	1	1	1
陆丰市	32	16	16	28	11	17	22	8	14	12	8	3
河源市	**87**	**47**	**40**	**90**	**50**	**40**	**88**	**47**	**41**	**57**	**32**	**24**
源城区	6	3	3	9	4	5	12	10	2	8	5	3
紫金县	31	17	14	17	11	6	20	8	12	8	5	4
龙川县	15	7	8	21	13	9	21	7	14	19	10	9
连平县	8	4	4	11	7	5	4	2	2	6	3	3
和平县	17	12	5	16	10	7	11	7	4	7	5	2
东源县	11	4	7	15	6	9	20	13	7	9	5	4
阳江市	**84**	**46**	**37**	**67**	**34**	**33**	**66**	**38**	**29**	**32**	**20**	**12**
江城区	22	11	11	21	11	11	16	8	8	6	5	1
阳西县	15	8	7	10	5	5	13	8	6	6	4	2
阳东县	11	7	5	13	10	3	14	7	7	4	2	2
阳春市	35	20	15	22	9	14	23	14	9	17	9	8
清远市	**167**	**93**	**74**	**150**	**84**	**66**	**157**	**84**	**73**	**99**	**64**	**35**
清城区	19	8	11	29	20	9	26	11	15	26	16	10
清新区	29	18	11	31	17	14	30	23	7	8	5	3
佛冈县	14	10	4	18	11	7	10	3	7	9	7	2
阳山县	21	12	9	14	6	7	19	11	9	11	6	5
连山壮族瑶族自治县	3	2	1	4	3	1	2	1	1	4	4	
连南瑶族自治县	7	4	4	7	4	3	8	5	3	2	2	
英德市	43	23	20	29	14	15	39	21	18	21	15	7
连州市	31	16	15	18	10	9	24	10	13	18	10	9
东莞市	**101**	**54**	**47**	**103**	**56**	**46**	**101**	**53**	**48**	**59**	**16**	**43**
中山市	**58**	**25**	**33**	**67**	**35**	**32**	**66**	**39**	**26**	**53**	**27**	**26**
潮州市	**56**	**24**	**32**	**46**	**28**	**18**	**41**	**19**	**23**	**17**	**11**	**6**
湘桥区	13	9	4	7	5	2	7	4	3	5	2	2
潮安区	30	12	18	21	10	11	17	8	9	8	4	4
饶平县	13	3	10	18	13	5	17	7	11	4	4	
揭阳市	**112**	**72**	**40**	**105**	**57**	**49**	**94**	**52**	**42**	**64**	**34**	**30**
榕城区	20	9	10	14	8	6	15	12	3	6	2	4
揭东区	17	11	7	24	13	12	22	11	12	19	10	10
揭西县	13	8	5	13	6	7	8	5	3	5	2	3
惠来县	16	13	3	22	15	7	14	7	7	9	5	4
普宁市	46	31	15	33	16	17	34	17	17	24	15	9
云浮市	**88**	**41**	**47**	**99**	**51**	**47**	**63**	**31**	**32**	**41**	**20**	**21**
云城区	13	8	5	10	5	5	9	2	7	10	6	4
云安区	10	5	5	13	7	7	11	7	4	7	3	4
新兴县	13	9	5	15	9	5	7	1	6	6	4	2
郁南县	22	9	13	20	8	12	11	6	5	5	3	2
罗定市	30	10	19	42	23	18	25	15	10	14	5	9

1-7a 各地区分性别、月份的出生人口（城市）
（2014.11.1-2015.10.31）

单位：人

地 区	出生人口			2014年11月			2014年12月		
	合计	男	女	合计	男	女	合计	男	女
全 省	**13442**	**7224**	**6218**	**1640**	**924**	**716**	**1577**	**884**	**694**
广州市	**2478**	**1323**	**1155**	**276**	**150**	**125**	**280**	**154**	**126**
荔湾区	213	131	82	19	15	4	22	13	9
越秀区	250	129	122	20	11	8	26	14	12
海珠区	378	202	176	54	25	29	48	28	20
天河区	386	210	176	44	26	18	40	21	19
白云区	350	177	174	40	26	14	44	25	19
黄埔区	136	77	59	15	9	6	14	6	7
番禺区	274	128	146	27	9	17	36	20	15
花都区	169	94	75	16	8	7	18	8	10
南沙区	68	38	29	9	5	4	3	3	1
萝岗区	83	46	37	12	7	5	12	5	7
从化区	61	31	30	9	4	6	4	3	1
增城区	110	61	49	12	6	6	12	7	5
韶关市	**217**	**112**	**105**	**26**	**12**	**14**	**16**	**9**	**7**
武江区	60	32	29	8	5	3	5	2	3
浈江区	61	32	29	8	2	6	7	5	2
曲江区	35	16	19	3	2	1	1	1	
乐昌市	25	14	11	4	2	2	2	1	1
南雄市	36	18	17	3	1	2	1		1
深圳市	**2473**	**1293**	**1180**	**360**	**189**	**171**	**303**	**161**	**142**
罗湖区	215	118	97	30	18	12	27	16	12
福田区	322	156	166	37	15	23	41	22	19
南山区	366	194	172	44	24	20	37	21	16
宝安区	995	517	478	161	90	70	128	66	62
龙岗区	519	276	243	80	38	42	64	32	32
盐田区	57	32	25	8	5	3	5	3	2
珠海市	**335**	**182**	**153**	**34**	**20**	**15**	**43**	**24**	**19**
香洲区	266	141	124	23	12	12	36	21	15
斗门区	38	20	18	5	3	2	4	2	2
金湾区	32	20	11	6	5	1	3	1	1
汕头市	**715**	**391**	**324**	**93**	**57**	**35**	**82**	**44**	**38**
龙湖区	86	48	39	8	6	2	8	4	4
金平区	217	113	104	24	13	12	23	14	9
濠江区	59	28	31	10	4	6	8	2	6
潮阳区	126	80	46	27	21	6	15	10	5
潮南区	172	94	78	16	10	6	22	12	10
澄海区	55	28	27	7	4	4	6	2	4

1-7a 续表 1

单位：人

地 区	2015年01月			2015年02月			2015年03月		
	合计	男	女	合计	男	女	合计	男	女
全 省	**1310**	**720**	**590**	**1165**	**622**	**543**	**1192**	**605**	**586**
广州市	**246**	**129**	**117**	**197**	**107**	**90**	**233**	**126**	**108**
荔湾区	19	12	7	12	7	5	15	11	4
越秀区	25	16	9	18	8	9	21	10	10
海珠区	42	21	21	32	18	14	39	23	15
天河区	35	20	15	43	25	18	46	22	24
白云区	25	8	17	32	18	14	32	17	15
黄埔区	16	10	6	8	1	6	16	10	6
番禺区	38	12	26	15	6	9	18	9	9
花都区	17	10	6	14	9	5	17	9	8
南沙区	5	3	2	8	7	2	3	1	3
萝岗区	9	5	5	3	1	1	9	5	3
从化区	7	4	4	3	1	2	6	3	3
增城区	9	8	1	11	6	5	12	5	7
韶关市	**26**	**15**	**11**	**14**	**9**	**5**	**17**	**7**	**10**
武江区	6	4	2	4	3	1	3	2	2
浈江区	8	5	4	4	3	1	6	3	3
曲江区	4	3	1	2	1	1	3	1	2
乐昌市	2	1	1	3	1	2	2	1	1
南雄市	5	2	2	1	1	1	2		2
深圳市	**281**	**158**	**123**	**245**	**135**	**110**	**209**	**96**	**114**
罗湖区	29	17	12	15	7	7	20	11	9
福田区	35	19	17	35	20	16	31	9	22
南山区	40	27	13	34	14	20	21	5	16
宝安区	121	64	57	90	53	37	92	48	44
龙岗区	53	29	24	64	38	27	38	18	20
盐田区	3	2		6	3	2	7	4	3
珠海市	**28**	**18**	**10**	**35**	**19**	**17**	**26**	**13**	**14**
香洲区	22	15	7	32	16	16	20	8	12
斗门区	3		3	3	2	1	4	2	2
金湾区	3	2					3	3	
汕头市	**73**	**41**	**33**	**69**	**32**	**36**	**76**	**40**	**36**
龙湖区	6	3	3	5	2	3	9	5	5
金平区	25	12	13	16	7	10	29	12	17
濠江区	5	3	2	5	4	1	3	2	1
潮阳区	9	7	1	15	6	9	14	9	5
潮南区	23	11	12	23	11	12	11	6	5
澄海区	5	4	1	4	3	2	10	7	3

1-7a 续表 2

单位：人

地 区	2015年04月			2015年05月			2015年06月		
	合计	男	女	合计	男	女	合计	男	女
全 省	**1063**	**578**	**485**	**1002**	**520**	**482**	**951**	**480**	**471**
广州市	**213**	**116**	**97**	**197**	**110**	**87**	**183**	**80**	**103**
荔湾区	23	14	9	25	15	10	14	10	4
越秀区	19	7	11	22	15	7	21	9	11
海珠区	29	13	16	21	12	9	19	6	13
天河区	45	29	16	26	12	13	20	8	12
白云区	18	11	7	33	17	17	35	12	22
黄埔区	11	6	5	11	6	5	6	4	3
番禺区	27	12	14	19	9	10	32	15	16
花都区	23	13	10	12	7	5	17	6	10
南沙区	3	3		9	6	3	4	1	3
萝岗区	4	2	2	7	4	3	3	2	1
从化区	4	4	1	5	1	4	3	1	1
增城区	8	3	6	6	6		10	5	6
韶关市	**18**	**9**	**9**	**15**	**9**	**7**	**23**	**13**	**10**
武江区	5	4	2	5	2	4	6	3	3
浈江区	5	3	2	2	2		5	2	2
曲江区	3	1	2	2	1	1	5	3	2
乐昌市	2	1	1	2	2		1	1	
南雄市	2	1	1	5	3	2	6	4	3
深圳市	**201**	**114**	**87**	**132**	**56**	**76**	**159**	**81**	**79**
罗湖区	21	9	12	8	7	2	13	6	7
福田区	21	15	6	18	7	10	19	10	8
南山区	31	20	11	33	14	19	39	19	19
宝安区	75	44	31	48	15	33	68	33	35
龙岗区	49	24	25	22	13	10	15	10	6
盐田区	5	2	3	2		1	5	2	3
珠海市	**23**	**9**	**14**	**25**	**14**	**12**	**23**	**13**	**10**
香洲区	19	6	13	21	11	10	18	11	7
斗门区	3	1	1	3	2	1	4	2	2
金湾区	2	2	1	2	1	1	1	1	1
汕头市	**55**	**32**	**23**	**57**	**36**	**21**	**48**	**28**	**20**
龙湖区	6	2	4	11	8	4	7	4	3
金平区	18	14	5	16	12	5	15	11	4
濠江区	4	2	2	4	2	2	4	2	2
潮阳区	11	5	6	10	5	5	9	4	5
潮南区	15	9	6	11	6	5	11	7	4
澄海区	1	1		4	4		3	1	2

1-7a 续表 3

单位：人

地 区	2015年07月			2015年08月			2015年09月			2015年10月		
	合计	男	女	合计	男	女	合计	男	女	合计	男	女
全 省	**898**	**498**	**400**	**945**	**467**	**478**	**979**	**535**	**444**	**721**	**391**	**329**
广州市	**154**	**84**	**70**	**174**	**75**	**99**	**181**	**98**	**83**	**145**	**94**	**51**
荔湾区	13	8	5	15	7	8	22	12	10	14	7	7
越秀区	18	9	8	26	11	15	18	8	9	19	9	9
海珠区	21	13	8	27	13	14	29	18	12	19	14	5
天河区	17	9	8	25	10	15	22	12	10	25	16	9
白云区	28	12	15	25	7	18	24	10	14	17	14	3
黄埔区	6	4	3	12	6	6	11	9	3	9	6	3
番禺区	14	7	7	17	7	10	16	8	8	14	11	3
花都区	10	6	4	6	3	4	12	7	5	7	6	2
南沙区	5	3	2	8	3	6	4	2	3	5	3	2
萝岗区	7	3	4	3	3	1	7	3	3	7	5	3
从化区	6	4	2	2	2		6	3	3	5	1	4
增城区	8	5	4	7	3	4	10	7	4	5	2	3
韶关市	**21**	**10**	**11**	**17**	**8**	**10**	**15**	**8**	**8**	**10**	**4**	**6**
武江区	4	2	2	5	2	3	3	2	1	5	1	4
浈江区	7	4	3	5	3	2	3	1	2	2	1	2
曲江区	5	2	3	4	1	3	2	1	2	1	1	
乐昌市	1	1	1	2	1	1	2	1	1	1	1	1
南雄市	4	3	1	1	1	1	5	3	2	1	1	
深圳市	**125**	**76**	**49**	**150**	**68**	**82**	**179**	**91**	**88**	**130**	**69**	**61**
罗湖区	16	9	7	12	6	7	17	7	9	8	5	3
福田区	21	9	12	25	15	10	28	13	16	10	3	7
南山区	24	16	8	24	11	13	26	15	11	14	8	6
宝安区	42	24	18	57	26	31	64	26	37	48	26	22
龙岗区	20	15	4	27	7	20	41	27	14	45	25	20
盐田区	4	2	2	5	4	1	4	3	1	4	1	3
珠海市	**18**	**10**	**9**	**28**	**15**	**13**	**30**	**15**	**15**	**20**	**13**	**7**
香洲区	14	7	7	21	11	10	24	13	11	16	11	5
斗门区	3	2	1	4	3	1	3	1	2	1	1	
金湾区	2	1	1	4	2	2	4	1	3	4	2	2
汕头市	**48**	**24**	**24**	**47**	**22**	**25**	**37**	**18**	**19**	**32**	**17**	**15**
龙湖区	9	5	4	5	3	2	8	5	2	4	1	3
金平区	8	3	5	16	6	11	13	4	9	14	8	6
濠江区	3	2	2	2	1	2	5	2	4	4	3	1
潮阳区	6	4	3	5	4	1	4	4		3	3	
潮南区	17	9	9	15	9	6	2	2		6	2	4
澄海区	4	2	3	4		4	5	1	4	2	1	1

1-7a 续表 4

单位：人

地 区	出生人口			2014年11月			2014年12月		
	合计	男	女	合计	男	女	合计	男	女
佛山市	**1505**	**832**	**673**	**163**	**99**	**64**	**185**	**100**	**85**
禅城区	247	152	96	25	19	6	35	19	16
南海区	619	323	296	56	29	27	77	39	38
顺德区	498	276	222	59	34	25	57	31	26
三水区	56	33	24	11	8	3	8	5	3
高明区	84	49	35	12	9	3	7	6	1
江门市	**648**	**343**	**305**	**71**	**45**	**25**	**61**	**31**	**30**
蓬江区	204	103	101	19	12	7	21	8	12
江海区	74	39	35	11	9	2	4	1	3
新会区	144	80	64	14	7	7	19	11	7
台山市	82	43	39	11	6	6	7	5	2
开平市	60	36	24	6	5	1	5	3	2
鹤山市	54	26	28	4	2	2	2		2
恩平市	29	16	13	5	3	2	3	2	1
湛江市	**396**	**235**	**161**	**43**	**27**	**16**	**45**	**33**	**11**
赤坎区	72	39	33	9	6	3	8	4	4
霞山区	116	63	52	14	10	5	12	9	3
坡头区	32	16	15	2	1	1	1	1	
麻章区	10	6	5	2	1	1	1	1	
遂溪县	7	3	4	1		1			
廉江市	50	32	17	4	2	1	4	4	
雷州市	56	42	14	4	4		11	7	4
吴川市	53	32	21	7	3	4	9	8	1
茂名市	**402**	**227**	**175**	**46**	**29**	**17**	**50**	**28**	**22**
茂南区	111	60	51	11	7	5	11	6	6
电白区	62	26	35	6	3	2	8	3	4
高州市	50	33	17	5	3	2	4	3	2
化州市	90	54	36	10	8	3	17	9	8
信宜市	89	54	35	14	8	6	9	7	2
肇庆市	**281**	**158**	**123**	**31**	**20**	**11**	**38**	**22**	**16**
端州区	148	85	62	18	11	7	14	7	7
鼎湖区	14	5	9	1			2	1	1
高要市	24	15	9	3	2	1	5	4	1
四会市	95	52	43	10	6	3	17	10	6
惠州市	**458**	**238**	**219**	**60**	**37**	**23**	**43**	**20**	**24**
惠城区	326	168	158	38	24	14	24	13	11
惠阳区	131	69	62	21	12	9	19	7	12
博罗县	1	1		1	1				

1-7a 续表 5

单位：人

地　区	2015年01月			2015年02月			2015年03月		
	合计	男	女	合计	男	女	合计	男	女
佛山市	**138**	**81**	**57**	**123**	**75**	**48**	**123**	**57**	**66**
禅城区	22	14	8	23	16	7	21	12	9
南海区	56	33	23	47	21	26	53	20	33
顺德区	51	29	22	41	29	12	43	22	21
三水区	4	3	1	3	1	1	4	2	1
高明区	5	1	3	9	7	2	3	1	1
江门市	**61**	**30**	**30**	**62**	**30**	**31**	**55**	**28**	**28**
蓬江区	16	8	8	18	7	11	21	12	9
江海区	7	4	3	7	3	5	5		5
新会区	13	9	4	14	8	6	7	2	5
台山市	8	2	7	8	4	5	8	6	3
开平市	5	2	3	5	3	3	7	4	3
鹤山市	8	3	5	6	5	1	4	1	3
恩平市	2	2		3	1	2	3	3	
湛江市	**41**	**22**	**19**	**34**	**18**	**16**	**32**	**18**	**15**
赤坎区	6	2	4	6	4	3	6	3	3
霞山区	14	7	8	10	5	5	7	3	4
坡头区	3	2	1	4	2	2	3	1	3
麻章区	1	1		1	1		1		1
遂溪县				1	1		2	1	1
廉江市	7	2	5				5	4	1
雷州市	6	5	1	6	5	1	6	6	
吴川市	3	3		7	2	5	3	1	2
茂名市	**27**	**17**	**10**	**28**	**17**	**11**	**40**	**23**	**16**
茂南区	9	4	5	7	4	2	7	7	1
电白区	4	1	3	3	2	1	10	2	8
高州市	3	3		3	3	1	7	5	2
化州市	6	5	1	7	3	4	7	4	3
信宜市	5	5		7	5	2	9	6	3
肇庆市	**28**	**14**	**14**	**21**	**11**	**11**	**31**	**22**	**10**
端州区	15	8	7	7	5	2	18	12	6
鼎湖区				3	1	2			
高要市	4	3	1	1	1	1	3	2	1
四会市	10	3	6	10	4	6	10	8	3
惠州市	**34**	**21**	**13**	**41**	**21**	**20**	**39**	**16**	**22**
惠城区	27	17	10	30	16	14	30	13	17
惠阳区	7	4	3	11	5	6	9	4	5
博罗县									

1-7a 续表 6

单位：人

地 区	2015年04月			2015年05月			2015年06月		
	合计	男	女	合计	男	女	合计	男	女
佛山市	**126**	**56**	**70**	**105**	**52**	**53**	**111**	**57**	**55**
禅城区	20	11	9	11	5	6	14	5	9
南海区	59	24	35	53	29	24	41	17	24
顺德区	38	16	22	29	12	18	40	24	16
三水区	4	2	1	2	1	1	7	4	3
高明区	5	3	3	10	6	4	10	7	3
江门市	**48**	**25**	**23**	**62**	**24**	**38**	**46**	**23**	**22**
蓬江区	12	6	7	19	7	12	13	7	6
江海区	6	3	4	6	3	3	7	5	3
新会区	9	5	5	16	7	8	12	6	7
台山市	9	6	4	10	3	8	5	1	4
开平市	4	3	2	5	2	4	3	3	
鹤山市	4	2	2	5	2	2	4	2	2
恩平市	2	1	1				2		1
湛江市	**29**	**18**	**12**	**28**	**15**	**12**	**30**	**15**	**15**
赤坎区	3	2	1	8	4	4	8	4	4
霞山区	8	3	4	9	5	4	6	3	3
坡头区	3	1	1	4	2	2	3	2	1
麻章区							2	1	1
遂溪县				1	1		2	1	1
廉江市	5	4	1	3	3		3	3	
雷州市	6	5	1	1		1	1		1
吴川市	5	3	3	3	2	1	6	3	4
茂名市	**33**	**21**	**12**	**42**	**23**	**19**	**32**	**21**	**11**
茂南区	8	6	3	13	7	6	7	3	3
电白区	3	2	1	4	2	2	7	6	1
高州市	5	3	2	4	3	2	3	3	1
化州市	10	6	5	11	8	3	7	5	1
信宜市	7	4	2	9	3	6	9	5	4
肇庆市	**22**	**12**	**9**	**25**	**13**	**13**	**16**	**5**	**11**
端州区	12	7	4	16	10	7	10	3	7
鼎湖区	2	1	1	1					
高要市				2	1	2	1		1
四会市	8	4	4	6	2	4	5	2	3
惠州市	**37**	**20**	**17**	**35**	**16**	**19**	**37**	**17**	**20**
惠城区	28	16	13	26	13	13	27	11	16
惠阳区	9	4	4	10	4	6	10	6	4
博罗县									

1-7a 续表 7

单位：人

地区	2015年07月			2015年08月			2015年09月			2015年10月		
	合计	男	女	合计	男	女	合计	男	女	合计	男	女
佛山市	**100**	**67**	**32**	**113**	**60**	**54**	**121**	**78**	**43**	**96**	**51**	**46**
禅城区	18	13	5	24	10	14	16	13	3	16	13	3
南海区	45	33	12	47	27	20	44	32	12	42	20	23
顺德区	29	18	12	31	18	13	52	29	22	28	15	13
三水区	3	2	1	2		2	5	3	2	4	1	3
高明区	4	1	3	9	5	5	5	1	4	6	2	4
江门市	**59**	**36**	**23**	**50**	**28**	**22**	**44**	**24**	**20**	**32**	**19**	**12**
蓬江区	21	12	9	17	8	9	12	7	5	13	7	7
江海区	5	4	2	6	4	3	5	3	3	3	2	1
新会区	13	8	5	9	6	4	10	6	5	8	5	4
台山市	7	5	2	4	4		2	2		3	2	1
开平市	6	4	3	3	3		7	2	5	4	4	
鹤山市	4	2	2	9	4	5	4	2	2	1	1	
恩平市	2	1	1	2		2	4	2	1			
湛江市	**28**	**17**	**11**	**33**	**21**	**12**	**29**	**18**	**12**	**24**	**12**	**11**
赤坎区	3	2	1	8	4	4	8	5	3	1	1	
霞山区	13	6	7	8	5	3	8	4	3	7	4	3
坡头区	3	2	1	2	1	1	3	2	1	2		2
麻章区				1	1	1	2	1	1			
遂溪县	1		1							1		1
廉江市	1		1	9	6	3	5	3	3	5	3	3
雷州市	5	4	1	3	3					6	4	3
吴川市	3	3		3	3		4	4	1	2	1	1
茂名市	**31**	**14**	**18**	**24**	**11**	**13**	**29**	**14**	**16**	**21**	**9**	**12**
茂南区	12	4	8	7	4	3	11	5	7	7	3	4
电白区	6	2	3	2		2	4	2	2	4		4
高州市	3	2	1	4	2	3	7	3	3	1	1	
化州市	5	3	2	3	1	2	3	1	3	4	2	2
信宜市	6	2	3	8	4	4	3	2	1	4	2	2
肇庆市	**19**	**10**	**9**	**20**	**12**	**8**	**21**	**12**	**9**	**9**	**6**	**4**
端州区	8	4	4	15	9	7	10	7	4	5	4	2
鼎湖区	1			2	1	1				2		1
高要市	3	2	2				1	1		1		1
四会市	7	4	3	2	2		10	5	5	1	1	
惠州市	**36**	**17**	**19**	**38**	**18**	**20**	**39**	**25**	**13**	**18**	**8**	**10**
惠城区	23	9	14	33	16	17	28	19	10	11	3	9
惠阳区	13	9	4	5	3	3	10	7	4	7	5	2
博罗县												

1-7a 续表 8 单位：人

地 区	出生人口			2014年11月			2014年12月		
	合计	男	女	合计	男	女	合计	男	女
梅州市	**224**	**133**	**91**	**27**	**16**	**11**	**26**	**19**	**7**
梅江区	85	45	40	12	6	6	9	6	3
梅县区	55	31	24	4	3	1	4	2	2
五华县	12	7	5	1	1		2	1	1
兴宁市	73	50	22	10	5	4	11	10	1
汕尾市	**132**	**67**	**65**	**23**	**12**	**11**	**19**	**9**	**10**
城区	91	45	45	17	9	8	14	7	7
陆丰市	41	22	19	6	3	3	5	2	3
河源市	**122**	**66**	**56**	**26**	**13**	**13**	**8**	**4**	**4**
源城区	122	66	56	26	13	13	8	4	4
阳江市	**156**	**86**	**71**	**15**	**7**	**7**	**11**	**6**	**6**
江城区	111	64	47	9	5	4	9	5	4
阳春市	45	21	24	6	2	3	2	1	2
清远市	**350**	**187**	**163**	**37**	**23**	**13**	**29**	**16**	**13**
清城区	155	75	80	18	10	9	12	6	6
清新区	81	48	32	8	6	2	5	4	2
英德市	57	29	29	4	2	2	5	2	2
连州市	58	35	23	7	5	2	7	4	4
东莞市	**1134**	**611**	**523**	**124**	**70**	**55**	**139**	**91**	**48**
中山市	**531**	**257**	**274**	**52**	**18**	**34**	**66**	**31**	**36**
潮州市	**215**	**118**	**97**	**21**	**13**	**8**	**25**	**16**	**8**
湘桥区	113	68	45	12	8	4	12	8	4
潮安区	103	51	52	10	5	4	13	9	4
揭阳市	**491**	**274**	**217**	**89**	**54**	**35**	**91**	**56**	**35**
榕城区	210	117	93	32	19	14	35	24	10
揭东区	104	47	58	19	11	8	8	5	3
普宁市	176	110	66	38	24	14	48	27	21
云浮市	**178**	**92**	**87**	**24**	**13**	**11**	**19**	**10**	**9**
云城区	95	52	43	11	7	4	12	7	6
云安区	8	3	5	2		1	1	1	
罗定市	76	36	39	12	6	6	6	2	3

1-7a 续表 9

单位：人

地 区	2015年01月			2015年02月			2015年03月		
	合计	男	女	合计	男	女	合计	男	女
梅州市	**22**	**12**	**10**	**17**	**12**	**5**	**20**	**8**	**12**
梅江区	6	2	4	6	3	3	10	3	7
梅县区	5	2	3	5	4	1	5	2	2
五华县	3	1	2	1		1	2	1	1
兴宁市	8	6	2	5	4	1	4	2	2
汕尾市	**10**	**3**	**6**	**9**	**4**	**5**	**13**	**9**	**4**
城区	6	2	4	5	2	3	8	5	3
陆丰市	4	1	2	4	2	2	5	4	1
河源市	**8**	**5**	**3**	**7**	**1**	**6**	**14**	**7**	**6**
源城区	8	5	3	7	1	6	14	7	6
阳江市	**9**	**7**	**3**	**13**	**6**	**7**	**12**	**5**	**6**
江城区	8	6	2	9	6	3	7	3	4
阳春市	2	1	1	4		4	5	3	3
清远市	**32**	**20**	**12**	**30**	**13**	**17**	**22**	**10**	**12**
清城区	18	10	9	15	7	9	9	3	6
清新区	9	5	3	7	2	5	2	2	
英德市	3	3		2		2	8	2	6
连州市	2	2	1	6	4	3	3	2	1
东莞市	**128**	**61**	**66**	**76**	**45**	**32**	**111**	**61**	**50**
中山市	**55**	**32**	**23**	**58**	**27**	**31**	**44**	**19**	**24**
潮州市	**14**	**7**	**7**	**20**	**10**	**11**	**24**	**15**	**9**
湘桥区	7	2	5	13	7	6	12	9	2
潮安区	7	4	3	7	3	4	12	5	7
揭阳市	**35**	**17**	**17**	**46**	**21**	**24**	**45**	**24**	**21**
榕城区	14	7	6	21	7	14	20	11	9
揭东区	12	7	5	14	8	6	8	3	5
普宁市	9	3	6	11	6	5	17	11	6
云浮市	**15**	**8**	**7**	**19**	**8**	**11**	**8**	**3**	**5**
云城区	7	4	3	11	5	6	2		2
云安区	1	1					1		
罗定市	6	2	4	9	3	6	5	2	2

1-7a 续表 10

单位：人

地 区	2015年04月			2015年05月			2015年06月		
	合计	男	女	合计	男	女	合计	男	女
梅州市	**17**	**10**	**7**	**13**	**9**	**5**	**13**	**9**	**4**
梅江区	4	2	2	4	1	3	4	3	1
梅县区	4	2	1	4	4		5	3	2
五华县	1	1		1	1		1	1	
兴宁市	8	5	4	5	3	2	4	2	2
汕尾市	**11**	**6**	**5**	**10**	**5**	**5**	**6**	**2**	**4**
城区	8	3	4	6	3	3	5	2	3
陆丰市	4	3	1	4	1	2	1		1
河源市	**10**	**5**	**5**	**8**	**5**	**3**	**6**	**3**	**3**
源城区	10	5	5	8	5	3	6	3	3
阳江市	**17**	**8**	**9**	**11**	**8**	**3**	**11**	**6**	**6**
江城区	13	7	6	10	7	3	9	4	5
阳春市	4	1	3	1	1		3	2	1
清远市	**24**	**16**	**8**	**34**	**15**	**20**	**31**	**16**	**15**
清城区	11	9	2	14	4	10	11	4	7
清新区	5	4	1	8	3	5	11	7	4
英德市	4	2	2	6	3	2	7	3	4
连州市	5	2	3	8	5	3	2	2	
东莞市	**78**	**43**	**35**	**85**	**53**	**32**	**81**	**43**	**38**
中山市	**32**	**19**	**13**	**48**	**23**	**26**	**31**	**13**	**18**
潮州市	**15**	**6**	**9**	**27**	**14**	**13**	**15**	**12**	**3**
湘桥区	8	3	5	16	8	8	8	5	3
潮安区	7	3	4	11	5	5	6	6	
揭阳市	**38**	**24**	**14**	**33**	**17**	**16**	**36**	**17**	**20**
榕城区	21	13	8	17	7	9	19	11	8
揭东区	6	2	4	6	4	2	11		11
普宁市	11	9	2	11	6	5	6	6	
云浮市	**16**	**9**	**7**	**11**	**5**	**6**	**13**	**7**	**6**
云城区	10	6	4	4	3	2	7	3	3
云安区	1	1							
罗定市	5	2	2	6	2	4	6	4	2

1-7a 续表 11

单位：人

地 区	2015年07月			2015年08月			2015年09月			2015年10月		
	合计	男	女	合计	男	女	合计	男	女	合计	男	女
梅州市	**16**	**10**	**7**	**16**	**6**	**9**	**26**	**17**	**9**	**11**	**6**	**5**
梅江区	6	4	2	5	3	2	13	8	5	7	4	4
梅县区	4	2	2	8	2	6	4	2	2	3	2	1
五华县												
兴宁市	6	4	3	3	2	1	9	7	2	1	1	
汕尾市	**9**	**4**	**5**	**11**	**6**	**6**	**7**	**3**	**4**	**5**	**4**	**1**
城区	6	2	4	7	3	4	4	3	1	5	4	1
陆丰市	3	2	1	4	3	1	3		3			
河源市	**6**	**3**	**3**	**9**	**4**	**5**	**12**	**10**	**2**	**8**	**5**	**3**
源城区	6	3	3	9	4	5	12	10	2	8	5	3
阳江市	**23**	**10**	**13**	**16**	**10**	**6**	**13**	**9**	**4**	**6**	**4**	**2**
江城区	15	7	8	14	9	5	10	6	4	1	1	
阳春市	8	3	5	3	2	1	3	3		5	3	2
清远市	**35**	**18**	**17**	**31**	**17**	**14**	**21**	**9**	**12**	**25**	**16**	**10**
清城区	11	4	7	13	8	5	9	2	7	16	11	6
清新区	9	4	5	9	5	5	5	4	1	3	2	2
英德市	9	6	3	6	2	3	2	2	1	2	1	2
连州市	7	5	2	4	2	2	5	2	4	4	3	1
东莞市	**81**	**42**	**40**	**88**	**47**	**42**	**86**	**42**	**45**	**55**	**13**	**42**
中山市	**32**	**15**	**18**	**37**	**18**	**19**	**42**	**23**	**19**	**34**	**19**	**15**
潮州市	**16**	**8**	**8**	**16**	**9**	**7**	**15**	**6**	**9**	**9**	**5**	**4**
湘桥区	10	7	3	5	5	1	6	3	3	5	2	2
潮安区	6	1	5	11	4	6	9	3	6	4	3	2
揭阳市	**24**	**14**	**9**	**17**	**8**	**10**	**17**	**10**	**7**	**21**	**11**	**10**
榕城区	12	6	5	7	4	3	8	6	2	5	2	3
揭东区	3	2	1	7	2	5	4	1	3	5	1	4
普宁市	9	6	3	3	2	2	5	3	2	11	8	3
云浮市	**17**	**10**	**7**	**11**	**6**	**5**	**15**	**7**	**8**	**11**	**6**	**5**
云城区	11	7	4	6	4	2	6	2	4	8	5	3
云安区				1		1						
罗定市	6	3	3	4	2	2	9	6	3	2	1	2

1-7b 各地区分性别、月份的出生人口（镇）（2014.11.1-2015.10.31）

单位：人

地　　区	出生人口			2014年11月			2014年12月		
	合计	男	女	合计	男	女	合计	男	女
全　省	**5505**	**2994**	**2511**	**746**	**389**	**357**	**680**	**370**	**310**
广州市	**254**	**139**	**114**	**30**	**15**	**15**	**26**	**17**	**9**
白云区	68	43	25	6	4	1	7	6	1
番禺区	9	2	7	1		1			
花都区	30	18	12	5	3	2			
南沙区	28	15	13	3	2	1	2	1	1
萝岗区	4	3	1	1	1				
从化区	19	10	9	2	1	1	2	1	1
增城区	96	48	48	13	5	8	16	9	6
韶关市	**252**	**135**	**116**	**28**	**12**	**15**	**21**	**11**	**10**
武江区	3	1	2						
浈江区	2		2	1		1	1		1
曲江区	19	8	11	5	3	2	2	1	1
始兴县	28	14	14	2		2	2	1	1
仁化县	28	16	12	2	1		1	1	
翁源县	47	27	20	7	3	4	2	1	1
乳源瑶族自治县	23	15	8	4	2	1	1	1	
新丰县	35	19	16	3	1	2	4	2	2
乐昌市	44	23	21	4	2	2	5	2	3
南雄市	22	12	9	1	1	1	2	1	2
珠海市	**57**	**36**	**21**	**6**	**5**	**2**	**8**	**6**	**2**
斗门区	29	18	11	3	3	1	4	3	1
金湾区	28	18	10	3	2	1	4	3	1
汕头市	**530**	**272**	**258**	**82**	**41**	**41**	**76**	**40**	**36**
龙湖区	12	6	6	2	1	2	1	1	
濠江区	2	1							
潮阳区	236	114	122	43	20	23	35	16	19
潮南区	154	82	72	17	9	9	27	16	11
澄海区	108	60	48	16	11	5	12	6	6
南澳县	18	9	10	3	1	2	1	1	
佛山市	**96**	**44**	**53**	**13**	**5**	**8**	**7**	**2**	**5**
禅城区	36	17	19	5	2	3	3	1	2
南海区	11	3	8	2		2			
三水区	38	18	20	6	3	3	3	1	1
高明区	11	5	6	1	1		1		1
江门市	**124**	**70**	**53**	**14**	**10**	**4**	**14**	**8**	**5**
新会区	40	21	19	6	4	2	4	2	2
台山市	21	13	7	3	3		3	2	1
开平市	9	7	2	2	2		2	2	
鹤山市	18	8	10	1		1	2	1	1
恩平市	36	21	15	4	2	2	4	2	2

1-7b 续表 1

单位：人

地区	2015年01月			2015年02月			2015年03月		
	合计	男	女	合计	男	女	合计	男	女
全省	**445**	**257**	**188**	**477**	**267**	**210**	**471**	**257**	**214**
广州市	**25**	**12**	**13**	**14**	**9**	**5**	**17**	**7**	**10**
白云区	10	3	7	3	1	1	4	1	3
番禺区				1		1			
花都区	2	1	1	2	2		4	3	1
南沙区	3	2	2	1		1	3	1	2
萝岗区	1	1							
从化区	2	1	1	2	2				
增城区	7	6	2	6	4	2	7	2	5
韶关市	**16**	**9**	**7**	**23**	**9**	**14**	**17**	**7**	**9**
武江区	1		1						
浈江区									
曲江区	1	1		3	1	3	1	1	
始兴县	1			3	1	2	2	1	1
仁化县	3	2	2	3	2	2	3	2	1
翁源县	2	2		5	2	3	3	1	3
乳源瑶族自治县	2	1	1				2		2
新丰县	2	1	1	3	1	2	3	1	2
乐昌市	3	1	2	2	2	1	2	1	1
南雄市	1	1	1	2	1	2			
珠海市	**5**	**3**	**2**	**2**	**1**	**1**	**4**	**2**	**2**
斗门区	3	2	1	2	1	1	2	1	1
金湾区	2	1	1				3	2	1
汕头市	**55**	**35**	**20**	**53**	**31**	**22**	**53**	**25**	**28**
龙湖区	1	1					1	1	
濠江区									
潮阳区	21	14	7	30	16	14	30	15	15
潮南区	17	11	6	15	10	5	11	2	9
澄海区	13	9	4	8	4	4	10	6	4
南澳县	3	1	2				1		1
佛山市	**5**	**2**	**3**	**9**	**6**	**2**	**4**	**3**	**1**
禅城区	1		1	3	2	1	1	1	
南海区				2	2				
三水区	4	2	2	3	1	1	2	1	1
高明区				1	1		1	1	1
江门市	**14**	**9**	**5**	**9**	**5**	**4**	**17**	**9**	**8**
新会区	4	2	2	1		1	7	5	2
台山市	4	3	1				6	4	2
开平市	3	2	1	2	2				
鹤山市	1	1		2	1	2	2		2
恩平市	4	2	1	4	3	1	2	1	1

1-7b 续表 2

单位：人

地 区	2015年04月			2015年05月			2015年06月		
	合计	男	女	合计	男	女	合计	男	女
全 省	**452**	**235**	**217**	**428**	**221**	**207**	**393**	**219**	**174**
广州市	**13**	**8**	**5**	**19**	**13**	**5**	**24**	**13**	**11**
白云区	3	1	1	4	3	1	4	3	1
番禺区				1	1		1		1
花都区	2	1	1	2	2		4	4	
南沙区	3	3		3	3	1	3	1	3
萝岗区				1	1	1	1	1	
从化区	1	1		1	1	1	1	1	1
增城区	6	3	3	6	4	2	10	5	6
韶关市	**24**	**14**	**11**	**25**	**16**	**9**	**18**	**10**	**8**
武江区									
浈江区	1		1						
曲江区	1		1	2	1	2	1	1	
始兴县	2	2	1	2	1	1	2	1	1
仁化县	2		1	1	1		3	1	2
翁源县	6	3	3	5	4	1	5	2	3
乳源瑶族自治县	4	1	2	3	3				
新丰县	5	3	1	2	2	1	3	1	1
乐昌市	3	2	1	5	2	2	4	3	1
南雄市	2	2		4	3	2			
珠海市	**6**	**4**	**2**	**4**	**4**	**1**	**2**	**1**	**1**
斗门区	3	2	1	2	2		2	1	1
金湾区	4	3	1	3	2	1	1		1
汕头市	**32**	**12**	**19**	**49**	**18**	**31**	**26**	**9**	**18**
龙湖区	2	2		4	2	2			
濠江区									
潮阳区	11	4	7	16	3	14	12	3	10
潮南区	10	2	7	18	9	10	7	2	5
澄海区	9	4	4	9	4	4	4	3	2
南澳县				1	1		2	1	1
佛山市	**10**	**6**	**4**	**7**	**3**	**5**	**6**	**4**	**2**
禅城区	5	2	3	2	1	1	3	3	
南海区				3	2	2			
三水区	4	3	1	1		1	2	1	1
高明区	1	1		1		1	1		1
江门市	**12**	**5**	**7**	**6**	**3**	**3**	**10**	**5**	**5**
新会区	5	2	3	1		1	4	3	1
台山市	2	1	1				1		1
开平市									
鹤山市	2	1	1	2	1	1	2	1	2
恩平市	4	2	2	3	2	1	3	2	1

1-7b 续表 3

单位：人

地区	2015年07月			2015年08月			2015年09月			2015年10月		
	合计	男	女	合计	男	女	合计	男	女	合计	男	女
全 省	**414**	**228**	**186**	**400**	**222**	**178**	**365**	**202**	**163**	**234**	**127**	**107**
广州市	**20**	**7**	**13**	**23**	**13**	**10**	**28**	**15**	**13**	**15**	**9**	**6**
白云区	3	3		7	4	3	14	11	3	4	3	1
番禺区	1		1				1		1	3	1	2
花都区	3	1	2	3	1	2	2		2	4	2	2
南沙区				3	2	2	3	1	3	2	2	
萝岗区												
从化区	3	1	1	1	1	1	1	1	1	1		1
增城区	10	2	8	8	6	3	7	3	4	2	2	
韶关市	**28**	**17**	**12**	**21**	**13**	**8**	**16**	**8**	**8**	**15**	**9**	**6**
武江区				1		1				2	1	1
浈江区												
曲江区				1	1	1	2		2	1	1	1
始兴县	5	2	3	4	3	1	1	1	1	1	1	1
仁化县	3	2	1	2	2		3	1	2	1		1
翁源县	4	3	1	4	3	1	3	3	1	1	1	1
乳源瑶族自治县	4	3		1			1		1	2	1	
新丰县	5	3	1	1	1	1	2	1	1	1	1	
乐昌市	6	2	4	4	2	2	2	2	1	4	2	1
南雄市	3	2	1	3	3	1	1	1	1	1	1	1
珠海市	**5**	**1**	**4**	**3**	**2**	**2**	**4**	**3**	**2**	**6**	**4**	**2**
斗门区	3	1	3				2	1	1	4	2	2
金湾区	2	1	2	3	2	2	3	2	1	3	2	1
汕头市	**33**	**16**	**17**	**26**	**15**	**10**	**33**	**22**	**11**	**13**	**8**	**5**
龙湖区	1		1	1		1	1		1			
濠江区												
潮阳区	15	10	5	7	5	3	11	7	4	5	3	3
潮南区	5	1	4	11	7	4	9	7	1	7	5	2
澄海区	12	4	7	4	2	3	11	6	4			
南澳县	1	1	1	2	1	1	2	1	1	1		
佛山市	**8**	**2**	**6**	**13**	**5**	**8**	**10**	**3**	**6**	**4**	**2**	**2**
禅城区	1		1	6	3	3	6	2	4			
南海区	3		3	2		2						
三水区	4	2	1	3	1	2	2	1	1	4	2	2
高明区	1		1	3	1	1	1	1	1			
江门市	**6**	**4**	**2**	**7**	**3**	**4**	**12**	**6**	**6**	**3**	**2**	**1**
新会区	2	1	1	3	2	1	5	2	3	1		1
台山市				1		1	2	1	1			
开平市							1		1			
鹤山市	2	1	1	1		1	2	2		1	1	
恩平市	2	2		2	1	1	3	1	1	1	1	

1-7b 续表 4 单位：人

地 区	出生人口			2014年11月			2014年12月		
	合计	男	女	合计	男	女	合计	男	女
湛江市	**487**	**258**	**229**	**63**	**34**	**28**	**56**	**30**	**26**
霞山区	3	1	1						
坡头区	19	14	4	3	2	1	2	1	1
麻章区	42	28	14	4	1	3	3	3	1
遂溪县	110	58	52	17	9	8	12	6	6
徐闻县	82	39	43	10	3	7	9	5	4
廉江市	117	55	62	14	10	4	16	7	9
雷州市	59	32	27	9	7	1	9	2	6
吴川市	56	31	25	6	3	3	4	4	
茂名市	**396**	**218**	**179**	**55**	**26**	**28**	**44**	**19**	**25**
茂南区	16	11	6	3	2	2	2	1	2
电白区	162	93	70	19	10	9	19	8	11
高州市	83	53	29	15	9	6	6	4	2
化州市	79	41	38	11	4	7	8	5	3
信宜市	56	20	36	7	2	5	9	2	7
肇庆市	**253**	**156**	**97**	**45**	**23**	**22**	**31**	**21**	**9**
鼎湖区	11	8	3				1		
广宁县	56	34	22	10	5	5	10	7	3
怀集县	75	50	25	14	8	6	9	6	3
封开县	39	24	15	4	1	3	7	4	2
德庆县	23	13	10	8	5	3	2	1	1
高要市	41	22	19	8	4	4	2	1	1
四会市	8	5	3	1	1				
惠州市	**322**	**163**	**159**	**36**	**14**	**22**	**37**	**19**	**18**
惠城区	26	13	13	1		1			
惠阳区	14	6	8	3	2	2			
博罗县	126	62	63	18	5	13	16	6	9
惠东县	126	67	59	13	7	5	19	10	8
龙门县	31	15	16	1		1	2	2	
梅州市	**468**	**246**	**222**	**60**	**33**	**28**	**66**	**32**	**34**
梅江区	1	1	1				1	1	
梅县区	27	13	13	5	2	2	2	2	1
大埔县	48	25	23	5	3	3	6	3	3
丰顺县	87	42	45	9	5	4	10	6	4
五华县	149	87	62	18	13	6	31	15	16
平远县	35	16	19	4	2	2	2		2
蕉岭县	36	20	15	3	2	1	4	2	2
兴宁市	84	40	43	16	5	11	10	4	5
汕尾市	**364**	**201**	**163**	**55**	**30**	**26**	**48**	**24**	**24**
城区	38	18	20	5	3	1	8	2	6
海丰县	155	82	73	20	10	10	20	11	9
陆河县	61	37	25	11	6	6	8	5	3
陆丰市	109	64	45	19	11	9	12	6	6

1-7b 续表 5

单位：人

地区	2015年01月			2015年02月			2015年03月		
	合计	男	女	合计	男	女	合计	男	女
湛江市	**48**	**29**	**19**	**41**	**21**	**20**	**40**	**19**	**21**
霞山区							1	1	1
坡头区	3	3		1	1		3	3	
麻章区	6	5	1	5	3	1	2	1	1
遂溪县	10	6	4	10	6	4	11	6	5
徐闻县	10	4	6	6	4	2	4	2	2
廉江市	6	4	2	7		7	11	4	8
雷州市	7	5	2	7	5	2	6	3	4
吴川市	5	3	3	4	2	3	2		2
茂名市	**32**	**20**	**11**	**40**	**27**	**13**	**41**	**28**	**13**
茂南区				2	2		2	2	
电白区	15	10	6	13	10	3	16	12	3
高州市	8	6	2	9	6	3	8	7	1
化州市	5	2	3	8	5	3	8	5	3
信宜市	4	2	2	9	4	5	8	2	6
肇庆市	**20**	**9**	**11**	**21**	**15**	**6**	**24**	**14**	**10**
鼎湖区							2	2	
广宁县	3	2	1	4	2	2	3	3	
怀集县	6	2	4	9	8	1	8	4	4
封开县	6	3	3	4	4		4	2	2
德庆县	1		1				1	1	
高要市	4	1	2	3	1	2	5	2	4
四会市	1	1		1	1	1	1	1	
惠州市	**22**	**13**	**9**	**33**	**22**	**12**	**18**	**8**	**10**
惠城区	3	3		3	3		3		3
惠阳区	3	3	1	2	1	1			
博罗县	8	4	4	14	8	5	6	1	5
惠东县	3	1	2	14	9	4	7	6	1
龙门县	4	2	2	1		1	1	1	1
梅州市	**34**	**17**	**16**	**36**	**17**	**19**	**40**	**25**	**15**
梅江区									
梅县区	2	1	1	1	1	1	2	1	1
大埔县	5	3	3	3	1	2	4	2	2
丰顺县	7	2	4	7	2	5	4	4	1
五华县	9	6	3	10	5	5	16	11	5
平远县	5	3	2	4	2	2	4	1	2
蕉岭县	2	1	2	2	2	1	4	2	2
兴宁市	4	2	2	8	4	4	6	5	2
汕尾市	**25**	**12**	**13**	**40**	**17**	**23**	**27**	**18**	**9**
城区	4	1	3	3	1	2	3	2	1
海丰县	11	5	5	16	5	12	13	8	5
陆河县	6	3	3	7	4	3	5	3	2
陆丰市	4	2	2	14	8	6	6	4	2

1-7b 续表 6 单位：人

地区	2015年04月			2015年05月			2015年06月		
	合计	男	女	合计	男	女	合计	男	女
湛江市	**50**	**27**	**24**	**33**	**18**	**16**	**38**	**23**	**15**
霞山区				1		1			
坡头区	3	3		1		1	1	1	1
麻章区	5	5		5	2	2	5	4	2
遂溪县	12	6	6	7	2	5	7	4	3
徐闻县	9	5	4	5	3	2	5	3	2
廉江市	13	8	5	6	4	3	10	6	4
雷州市	4		4	4	3	1	4	1	3
吴川市	5	1	4	5	4	2	5	4	1
茂名市	**29**	**16**	**13**	**30**	**15**	**15**	**37**	**20**	**17**
茂南区	2	1	1	1		1			
电白区	9	6	3	16	10	6	18	8	10
高州市	7	4	3	4	2	3	10	7	3
化州市	8	3	5	5	1	3	8	5	3
信宜市	4	2	2	5	2	2	2	1	2
肇庆市	**15**	**9**	**6**	**15**	**8**	**7**	**17**	**10**	**7**
鼎湖区	2		1	1			2	1	
广宁县	5	3	2	2	1	1	5	2	4
怀集县	2	1	1	4	3	1	5	3	2
封开县	2	2		4	2	2			
德庆县	1	1		1	1		1		
高要市	2	1	2	2	1	2	4	3	1
四会市	1	1		1	1	1			
惠州市	**37**	**19**	**18**	**29**	**13**	**16**	**15**	**9**	**6**
惠城区	4	4		3		3			
惠阳区	2	1	1	1		1	1		1
博罗县	14	6	7	10	5	4	6	4	2
惠东县	12	4	7	11	5	5	6	4	2
龙门县	6	4	3	5	3	3	1	1	1
梅州市	**35**	**16**	**19**	**36**	**17**	**19**	**32**	**19**	**13**
梅江区									
梅县区	2		2	2	1	1	4	2	1
大埔县	4	2	2	4	2	2	1		1
丰顺县	8	4	4	8	3	5	5	2	4
五华县	10	6	4	13	7	6	7	6	1
平远县	2	1	1	3	1	2	3		2
蕉岭县	4	2	2	3	2	2	1	1	
兴宁市	5	1	5	4	2	2	12	8	4
汕尾市	**24**	**11**	**13**	**34**	**25**	**8**	**33**	**21**	**12**
城区	3	1	2	3	3	1	1	1	
海丰县	5	1	5	15	10	5	14	9	5
陆河县	5	2	2	3	3		3	1	2
陆丰市	11	7	4	11	9	2	14	10	4

1-7b 续表 7

单位：人

地　区	2015年07月			2015年08月			2015年09月			2015年10月		
	合计	男	女	合计	男	女	合计	男	女	合计	男	女
湛江市	**35**	**20**	**15**	**26**	**15**	**11**	**29**	**12**	**17**	**29**	**12**	**17**
霞山区							1	1				
坡头区	1	1					1	1	1			
麻章区	2	1	1	2	1	1	2	1	1	2	1	1
遂溪县	8	4	4	6	5	2	6	4	2	3		3
徐闻县	5	2	3	5	3	2	3		3	9	4	5
廉江市	6	4	3	10	4	6	9	3	6	9	3	6
雷州市	5	4	1				4	1	3	1	1	
吴川市	8	4	4	3	2	1	4	2	2	4	3	2
茂名市	**30**	**14**	**15**	**22**	**13**	**9**	**22**	**9**	**13**	**15**	**8**	**6**
茂南区				1	1		1	1		3	3	1
电白区	17	9	8	11	7	4	7	2	4	4	2	2
高州市	3	1	3	5	4	1	5	2	3	3	2	2
化州市	7	4	3	3	1	2	8	4	4	2	2	
信宜市	3	1	2	2		2	2	1	1	2		2
肇庆市	**24**	**15**	**9**	**18**	**15**	**3**	**15**	**10**	**5**	**9**	**7**	**2**
鼎湖区				2	2		1	1				
广宁县	6	3	4	5	5	1	1	1		3	3	
怀集县	9	7	2	4	4	1	5	4	1	1	1	
封开县	2	2		2	2		4	2	2	2		2
德庆县	2		2	1	1		2	1	1	1	1	
高要市	4	4		2	2	1	3	2	2	2	2	
四会市	1		1	1	1							
惠州市	**19**	**13**	**6**	**31**	**12**	**19**	**24**	**13**	**11**	**22**	**9**	**13**
惠城区	1	1		3		3	1	1		3		3
惠阳区										2		2
博罗县	8	6	2	13	7	5	8	5	3	4	2	2
惠东县	7	5	2	13	4	8	12	5	6	11	4	6
龙门县	2		2	3		3	3	1	2	3	3	
梅州市	**38**	**20**	**18**	**41**	**22**	**19**	**35**	**19**	**16**	**16**	**9**	**6**
梅江区				1		1						
梅县区	1	1		2		2	3	1	2			
大埔县	3	2	1	7	4	3	5	5	1	2	1	1
丰顺县	12	4	7	10	6	4	6	3	3	2	2	
五华县	13	7	6	12	7	5	10	6	4	3	1	2
平远县	2	1	1	2	2		2	1	1	3	2	1
蕉岭县	3	2	1	3	2	1	4	2	2	2	2	
兴宁市	5	3	2	5	2	3	5	2	4	5	3	2
汕尾市	**26**	**15**	**11**	**22**	**10**	**12**	**17**	**11**	**6**	**14**	**8**	**6**
城区	1	1	1	3	1	2	3	1	2	1	1	
海丰县	11	6	5	12	6	5	9	6	3	9	5	5
陆河县	8	5	2	2	1	1	3	2	1	1		1
陆丰市	6	3	4	6	1	4	1	1	1	3	2	1

1-7b 续表 8

单位：人

地　区	出生人口			2014年11月			2014年12月		
	合计	男	女	合计	男	女	合计	男	女
河源市	**263**	**144**	**119**	**41**	**24**	**17**	**30**	**21**	**9**
紫金县	74	39	35	14	7	8	8	6	2
龙川县	68	39	29	9	5	4	12	8	4
连平县	42	22	19	8	5	3	2	1	1
和平县	44	26	17	6	5		3	2	1
东源县	36	17	19	5	2	2	5	4	1
阳江市	**178**	**107**	**71**	**27**	**19**	**8**	**16**	**8**	**8**
江城区	20	10	11	3	2	1	1	1	
阳西县	42	27	15	6	5	1	3	1	2
阳东县	58	34	23	8	5	2	9	5	4
阳春市	58	36	22	11	7	3	3	2	2
清远市	406	237	169	36	19	17	46	24	22
清城区	113	73	39	11	7	4	11	10	1
清新区	38	25	13	5	3	2	5	1	4
佛冈县	54	35	19	2	1	1	7	4	3
阳山县	58	29	29	5	4	2	6	3	3
连山壮族瑶族自治县	15	8	8	2		2	2		1
连南瑶族自治县	21	13	7	2	2		1		
英德市	93	44	48	8	2	6	15	6	10
连州市	15	10	6	2	1	1	1	1	
东莞市	**2**	**2**							
中山市	**208**	**115**	**94**	**21**	**13**	**8**	**26**	**18**	**8**
潮州市	**197**	**98**	**99**	**27**	**12**	**15**	**30**	**15**	**15**
湘桥区	34	14	20	7	2	5	7	2	5
潮安区	71	37	34	10	5	4	13	8	5
饶平县	92	48	45	10	5	5	10	5	5
揭阳市	**453**	**256**	**198**	**83**	**40**	**42**	**76**	**42**	**34**
榕城区	29	18	12	3	1	2	7	3	4
揭东区	62	34	27	5	2	3	8	5	3
揭西县	92	49	43	17	9	8	17	5	12
惠来县	126	73	53	26	10	15	20	12	7
普宁市	144	81	63	32	18	14	24	17	8
云浮市	**195**	**98**	**97**	**23**	**11**	**12**	**22**	**11**	**10**
云城区	4	2	2	1	1				
云安区	23	14	10	3		2	4	2	2
新兴县	48	23	25	7	3	4	6	3	3
郁南县	71	35	35	8	5	3	7	4	4
罗定市	50	24	25	5	2	2	5	3	2

1-7b 续表 9

单位：人

地 区	2015年01月			2015年02月			2015年03月		
	合计	男	女	合计	男	女	合计	男	女
河源市	**21**	**11**	**9**	**26**	**15**	**11**	**28**	**9**	**19**
紫金县	5	2	3	7	4	3	10	4	7
龙川县	6	4	2	6	5	2	5	2	4
连平县	3	2	1	6	4	2	5	1	3
和平县	6	3	2	3	2	2	5	2	3
东源县	1	1	1	4	1	2	3	1	2
阳江市	**14**	**8**	**6**	**8**	**5**	**3**	**17**	**10**	**6**
江城区	3	2	1				1		1
阳西县	1	1	1	1	1	1	3	1	1
阳东县	3	3	1	4	2	2	7	5	2
阳春市	6	2	3	2	2		6	4	2
清远市	35	26	9	24	12	12	37	22	15
清城区	13	11	2	10	6	4	14	9	6
清新区	2	2		3	2	1	2	2	
佛冈县	2	1	1	4	2	2	6	3	3
阳山县	5	2	3	3		3	5	2	2
连山壮族瑶族自治县				1		1	1	1	
连南瑶族自治县	4	3	1	1		1			
英德市	7	6	1	2	1	1	9	5	4
连州市	3	2	1	1	1		1	1	
东莞市									
中山市	**13**	**5**	**8**	**16**	**11**	**5**	**15**	**7**	**8**
潮州市	**20**	**10**	**10**	**18**	**8**	**9**	**10**	**5**	**5**
湘桥区	2	2	1	4	1	3	2	1	1
潮安区	8	3	5	7	3	4	4	3	1
饶平县	10	6	4	7	5	2	5	2	3
揭阳市	**27**	**16**	**11**	**44**	**25**	**19**	**48**	**31**	**16**
榕城区	3	2	1	1	1		2	1	1
揭东区	3	1	2	6	3	3	4	3	1
揭西县	11	7	4	6	4	2	11	8	3
惠来县	5	3	2	18	9	8	16	10	5
普宁市	5	3	2	14	8	6	15	9	6
云浮市	**16**	**9**	**7**	**20**	**11**	**8**	**16**	**7**	**8**
云城区				1	1		1	1	1
云安区	2	2		2	1		1		1
新兴县	4	2	3	5	3	2	3	2	1
郁南县	8	5	3	7	3	4	4	2	3
罗定市	2	1	1	6	3	2	6	2	4

1-7b 续表 10 单位：人

地 区	2015年04月			2015年05月			2015年06月		
	合计	男	女	合计	男	女	合计	男	女
河源市	**18**	**7**	**11**	**20**	**10**	**10**	**18**	**9**	**10**
紫金县	3	1	2	4	2	2	5	3	2
龙川县	4	1	3	5	4	2	5	3	2
连平县	2	1	1	3	2	1	2		2
和平县	5	3	1	3	1	2	5	2	3
东源县	5	1	4	4	2	2	1	1	1
阳江市	**20**	**10**	**10**	**12**	**8**	**5**	**13**	**8**	**5**
江城区	4	1	3	3	2	1	2	1	1
阳西县	6	3	3	3	3	1	5	4	1
阳东县	5	3	2	4	2	1	3	2	1
阳春市	5	3	2	3	1	2	3	1	3
清远市	36	21	16	33	17	16	39	22	17
清城区	9	4	5	9	5	4	8	3	5
清新区	6	5	1	1		1	6	4	2
佛冈县	4	3	2	3	3		6	4	2
阳山县	6	4	2	7	2	5	7	5	2
连山壮族瑶族自治县	2		1	2	1		1		1
连南瑶族自治县	3	2	1	1	1				
英德市	6	2	4	11	5	6	10	6	4
连州市	1	1		1	1		1		1
东莞市				**2**	**2**				
中山市	**18**	**15**	**3**	**11**	**5**	**7**	**8**	**2**	**7**
潮州市	**16**	**8**	**8**	**19**	**6**	**13**	**17**	**12**	**5**
湘桥区	3	2	1	5	2	4	2	2	1
潮安区	6	2	4	4	3	2	5	4	2
饶平县	7	4	3	9	2	7	9	7	2
揭阳市	**35**	**18**	**18**	**31**	**16**	**16**	**23**	**16**	**7**
榕城区	3	3					1	1	
揭东区	7	3	4	11	7	4	3	1	2
揭西县	7	3	4	4	3	1	5	3	2
惠来县	3	1	2	7	4	3	6	6	
普宁市	15	8	8	9	2	8	8	5	3
云浮市	**21**	**9**	**12**	**14**	**5**	**9**	**17**	**8**	**9**
云城区				1		1			
云安区	3	2	1	3	1	1			
新兴县	6	2	4	5	2	3	4	1	3
郁南县	7	3	4	4	1	3	7	4	3
罗定市	6	2	3	2	1	2	6	3	3

1-7b 续表 11

单位：人

地　区	2015年07月			2015年08月			2015年09月			2015年10月		
	合计	男	女	合计	男	女	合计	男	女	合计	男	女
河源市	**17**	**12**	**5**	**19**	**10**	**9**	**14**	**9**	**5**	**11**	**7**	**4**
紫金县	7	5	2	6	3	3	5	2	3	3	3	
龙川县	2	2		5	3	2	4	2	2	4	2	2
连平县	5	3	2	1	1	1	2	2		2	1	1
和平县	3	3		2	1	1	1	1		1	1	
东源县	1		1	4	2	2	2	2		1		1
阳江市	**18**	**12**	**6**	**12**	**7**	**6**	**16**	**9**	**7**	**6**	**3**	**3**
江城区							2		2	2	1	1
阳西县	6	4	2	5	3	2	2	1	1	1	1	
阳东县	5	2	2	4	3	1	5	3	2	1		1
阳春市	7	6	2	3	1	3	7	5	2	3	2	1
清远市	33	23	10	37	24	12	31	16	15	18	10	8
清城区	5	4	1	12	10	2	9	5	4	5	2	3
清新区	4	3	1	2	1	2	2	2		1	1	
佛冈县	5	5	1	8	6	2	4	2	2	4	3	2
阳山县	5	2	3	3	2	1	3	1	2	2	2	1
连山壮族瑶族自治县	1	1		2	2	1				2	2	
连南瑶族自治县	2	1	1	2	1		4	2	2			
英德市	8	6	2	7	2	5	7	3	4	2	1	2
连州市	3	2	1	1	1	1	2	1	1	1		1
东莞市												
中山市	**19**	**8**	**11**	**24**	**11**	**13**	**18**	**13**	**5**	**19**	**8**	**11**
潮州市	**18**	**6**	**11**	**10**	**7**	**3**	**11**	**5**	**5**	**2**	**2**	
湘桥区	1	1					1	1				
潮安区	10	4	6	2	2		3	3				
饶平县	7	2	5	8	5	3	7	2	5	2	2	
揭阳市	**24**	**16**	**8**	**28**	**15**	**13**	**22**	**13**	**9**	**13**	**7**	**6**
榕城区	1		1	1	1		5	4	1	1		1
揭东区	1	1		5	3	2	4	2	2	4	3	1
揭西县	7	4	3	5	2	3	2	1	1			
惠来县	6	5	1	9	6	3	7	4	3	3	1	2
普宁市	9	6	3	8	3	5	3	2	2	5	3	2
云浮市	**13**	**7**	**6**	**20**	**11**	**9**	**9**	**5**	**4**	**6**	**3**	**3**
云城区							1		1	1		1
云安区	1	1		3	2	1	2	1				
新兴县	1	1	1	5	4	1	1		1	1	1	
郁南县	7	3	4	6	2	4	4	4	1	2	1	1
罗定市	4	2	2	6	3	2	2		2	2	1	1

1-7c 各地区分性别、月份的出生人口（乡村）（2014.11.1-2015.10.31）

单位：人

地 区	出生人口			2014年11月			2014年12月		
	合计	男	女	合计	男	女	合计	男	女
全 省	**12841**	**7089**	**5752**	**1685**	**954**	**731**	**1557**	**852**	**705**
广州市	**583**	**317**	**265**	**67**	**38**	**29**	**65**	**29**	**36**
白云区	95	50	46	8	5	3	11	3	9
番禺区	68	41	27	16	10	6	10	8	2
花都区	101	60	41	14	7	7	8	5	3
南沙区	44	20	25	4	2	2	4	2	2
萝岗区	33	19	14	5	3	1	4	2	2
从化区	153	86	67	10	5	5	17	7	10
增城区	88	42	46	11	6	5	10	3	8
韶关市	**579**	**310**	**269**	**74**	**37**	**38**	**57**	**31**	**26**
武江区	24	12	12	4	1	3	4	2	3
浈江区	19	9	10	2	2		2	2	1
曲江区	48	28	21	5	3	2	5	3	2
始兴县	55	32	23	8	4	4	6	4	2
仁化县	43	22	21	8	4	4	4	2	2
翁源县	122	66	55	15	5	9	11	6	5
乳源瑶族自治县	55	27	28	6	3	4	5	2	3
新丰县	50	26	24	8	5	2	6	3	3
乐昌市	84	43	41	12	7	6	8	4	4
南雄市	78	45	34	7	2	5	7	4	3
珠海市	**49**	**29**	**20**	**6**	**4**	**1**	**7**	**5**	**1**
斗门区	49	29	20	6	4	1	7	5	1
汕头市	**628**	**326**	**302**	**60**	**27**	**34**	**91**	**40**	**50**
龙湖区	29	15	14	3	2	1	3	1	2
金平区	9	3	6	2		2			
濠江区	41	17	24	1	1	1	3	1	2
潮阳区	277	145	133	26	10	15	36	20	16
潮南区	205	114	91	20	10	10	39	14	25
澄海区	61	30	32	9	4	4	9	4	4
南澳县	5	3	3	1		1	1	1	
佛山市	**156**	**88**	**68**	**23**	**12**	**11**	**15**	**6**	**9**
南海区	64	42	21	11	8	3	5	3	3
顺德区	3	3							
三水区	42	17	24	6	1	5	2		2
高明区	48	25	23	6	3	4	7	3	4
江门市	**358**	**175**	**183**	**35**	**16**	**20**	**29**	**17**	**12**
蓬江区	1		1						
新会区	103	49	54	9	2	7	5	3	2
台山市	116	58	58	8	5	3	15	8	7
开平市	72	36	36	8	4	5	5	3	2
鹤山市	47	21	26	10	5	5	5	3	2
恩平市	20	12	8						

1-7c 续表 1

单位：人

地区	2015年01月			2015年02月			2015年03月		
	合计	男	女	合计	男	女	合计	男	女
全 省	**1053**	**555**	**499**	**1043**	**605**	**438**	**1100**	**610**	**490**
广州市	**46**	**19**	**26**	**52**	**27**	**25**	**40**	**17**	**23**
白云区	8	5	3	13	8	5	9	3	6
番禺区				2	2		4	2	2
花都区	13	6	7	8	5	3	5	3	2
南沙区	2	1	1	4	1	4	4	1	3
萝岗区	5	2	3	4	2	2	2	1	1
从化区	9	4	5	15	8	6	12	6	7
增城区	9	1	8	6	1	5	4	1	3
韶关市	**44**	**24**	**20**	**38**	**17**	**22**	**45**	**25**	**21**
武江区	2	1		1	1		2		2
浈江区	3	1	2	2	1	1	2		2
曲江区	6	3	3	4	1	3	5	3	2
始兴县	4	1	3	2	1	1	7	5	2
仁化县	4	2	1	5	2	2	4	2	2
翁源县	12	8	4	8	5	2	9	6	3
乳源瑶族自治县	5	3	2	3	1	2	4	2	2
新丰县	4	2	2	4	1	2	4	1	2
乐昌市	1	1		6	1	5	3	1	2
南雄市	5	3	1	5	2	3	7	5	2
珠海市	**8**	**4**	**4**	**2**	**1**	**1**	**3**	**2**	**1**
斗门区	8	4	4	2	1	1	3	2	1
汕头市	**58**	**30**	**28**	**40**	**23**	**17**	**65**	**39**	**26**
龙湖区	3	1	2	2	2		3	2	2
金平区				1		1	1	1	
濠江区	4	3	2	2	1	1	3	1	1
潮阳区	24	10	14	14	5	9	29	15	14
潮南区	20	11	8	18	14	4	22	18	4
澄海区	6	4	2	3	1	1	6	1	4
南澳县							1		
佛山市	**12**	**5**	**8**	**5**	**3**	**2**	**7**	**4**	**4**
南海区	3		3	3	3				
顺德区									
三水区	8	5	3	1		1	2		2
高明区	1		1	1	1	1	5	4	1
江门市	**30**	**18**	**13**	**31**	**14**	**17**	**29**	**14**	**15**
蓬江区									
新会区	15	10	5	7	2	5	7	4	3
台山市	9	5	5	10	6	5	10	6	5
开平市	5	3	2	8	3	5	7	3	4
鹤山市	1		1	6	3	3	5	1	4
恩平市									

1-7c 续表 2

单位：人

地 区	2015年04月			2015年05月			2015年06月		
	合计	男	女	合计	男	女	合计	男	女
全 省	**996**	**525**	**472**	**1017**	**578**	**439**	**1061**	**586**	**475**
广州市	**55**	**38**	**17**	**37**	**26**	**12**	**55**	**37**	**18**
白云区	5	3	3	5	5		11	8	4
番禺区	8	6	2	2	2		2	2	
花都区	11	8	3	6	3	3	9	7	2
南沙区	2	1	1	4	2	2	6	3	3
萝岗区	3	2	1	1		1	3	1	1
从化区	19	13	6	9	6	3	18	11	7
增城区	8	5	3	10	8	3	6	5	1
韶关市	**42**	**23**	**19**	**47**	**26**	**21**	**49**	**28**	**21**
武江区	3	2		1			3	2	2
浈江区				2	1	2	2	2	1
曲江区	4	2	2	3	2	2	3	2	1
始兴县	4	2	2	6	1	5	2	2	
仁化县	4	2	2	2	2	1	3	2	1
翁源县	9	6	3	9	6	4	12	6	6
乳源瑶族自治县	3	1	2	5	2	4	5	3	2
新丰县	4	1	3	3	2	1	3	2	1
乐昌市	9	5	4	8	6	2	11	5	6
南雄市	5	4	1	7	6	1	6	4	2
珠海市	**7**	**4**	**3**	**2**	**1**	**2**	**3**	**2**	**2**
斗门区	7	4	3	2	1	2	3	2	2
汕头市	**52**	**33**	**19**	**49**	**30**	**19**	**53**	**20**	**33**
龙湖区	3	2	1	3	1	2	2	1	1
金平区	2	1	1	1		1			
濠江区	3		3	4	1	3	8	4	5
潮阳区	28	21	7	25	16	8	21	6	15
潮南区	13	7	6	11	8	3	15	6	10
澄海区	4	2	1	6	3	3	6	3	3
南澳县							1	1	
佛山市	**17**	**13**	**4**	**9**	**3**	**6**	**22**	**16**	**6**
南海区	8	8		3		3	16	13	3
顺德区	2	2					2	2	
三水区	5	2	2	1	1		4	1	2
高明区	3	1	1	5	2	3	1		1
江门市	**30**	**8**	**23**	**24**	**12**	**13**	**36**	**16**	**20**
蓬江区									
新会区	7	2	5	12	5	7	7	4	3
台山市	13	3	9	5	2	2	10	3	7
开平市	4	1	3	5	2	2	8	3	5
鹤山市	7	2	5	3	2	1	2	2	1
恩平市							8	4	4

1-7c 续表 3

单位：人

地区	2015年07月			2015年08月			2015年09月			2015年10月		
	合计	男	女	合计	男	女	合计	男	女	合计	男	女
全 省	**962**	**517**	**445**	**964**	**519**	**445**	**916**	**510**	**407**	**486**	**279**	**207**
广州市	**37**	**19**	**18**	**61**	**30**	**30**	**43**	**21**	**22**	**26**	**18**	**8**
白云区	3	3		10	3	8	6	3	4	6	4	3
番禺区	6	2	4	12	4	8	6	2	4	2	2	
花都区	8	5	3	9	5	4	8	4	4	2	2	
南沙区	2	1	2	3	2	1	4	2	2	4	2	1
萝岗区	2	1	1	4	2	1	1	1		1	1	1
从化区	10	6	4	10	6	5	15	8	7	9	7	3
增城区	6	1	5	13	9	4	3	1	1	1		1
韶关市	**45**	**25**	**21**	**49**	**30**	**19**	**55**	**31**	**23**	**34**	**15**	**19**
武江区	1	1		1		1	2		1	1	1	
浈江区	1		1	2	1	1				2	1	1
曲江区	6	4	2	5	4	1	4	3	1	2	1	1
始兴县	5	3	3	6	5	1	7	5	2	2	2	
仁化县	1		1	3	1	2	4	2	2	2	1	2
翁源县	9	6	3	4	2	2	15	8	7	10	2	8
乳源瑶族自治县	6	4	2	3	2	1	6	4	2	4	1	3
新丰县	4	3	1	4	2	2	3	2	1	3	1	1
乐昌市	4	1	3	13	8	6	8	4	4	3	2	1
南雄市	9	4	6	8	5	4	6	4	3	6	4	3
珠海市	**3**	**2**	**2**	**3**	**2**	**2**	**4**	**3**	**1**	**2**		**2**
斗门区	3	2	2	3	2	2	4	3	1	2		2
汕头市	**46**	**23**	**24**	**57**	**33**	**25**	**40**	**21**	**19**	**16**	**8**	**9**
龙湖区	2	1	1	2	1	1	3	2	2			
金平区							2	1	1			
濠江区	5	3	3	3	2	1	5	2	3	1		1
潮阳区	19	9	9	29	15	14	20	12	8	7	5	2
潮南区	18	10	8	17	11	6	6	4	1	7	1	6
澄海区	3	1	2	6	3	3	4	1	3	1	1	
南澳县							1		1			
佛山市	**13**	**7**	**6**	**14**	**7**	**7**	**14**	**9**	**5**	**6**	**3**	**3**
南海区				3		3	8	5	3	5	3	3
顺德区												
三水区	5	2	2	5	4	1	4	1	2			
高明区	8	4	4	7	4	3	3	3		1	1	
江门市	**30**	**23**	**7**	**25**	**10**	**15**	**37**	**16**	**22**	**21**	**14**	**8**
蓬江区												
新会区	6	5	1	10	3	7	8	4	4	10	5	5
台山市	13	11	1	8	2	6	13	5	8	3	2	1
开平市	8	5	4	5	4	2	5	3	2	4	2	2
鹤山市	3	2	1	2	1	1	4		4			
恩平市							8	4	4	4	4	

1-7c 续表 4　　单位：人

地区	出生人口			2014年11月			2014年12月		
	合计	男	女	合计	男	女	合计	男	女
湛江市	**1633**	**884**	**750**	**224**	**121**	**103**	**206**	**120**	**86**
赤坎区	4	2	2	1		1			
霞山区	7	4	3	1		1	1		1
坡头区	70	39	31	9	5	4	8	4	4
麻章区	81	41	40	10	4	7	8	6	2
遂溪县	190	93	97	21	11	9	32	12	20
徐闻县	146	72	74	23	10	13	14	9	5
廉江市	515	317	199	69	47	22	72	45	27
雷州市	440	221	218	65	30	35	52	32	20
吴川市	180	95	85	25	13	11	18	11	7
茂名市	**1371**	**792**	**579**	**175**	**114**	**62**	**176**	**96**	**80**
茂南区	104	62	42	16	7	9	10	5	5
电白区	387	228	159	44	28	16	43	26	16
高州市	373	217	156	52	41	11	39	20	19
化州市	276	158	118	39	23	16	49	23	26
信宜市	230	126	105	24	15	9	35	21	14
肇庆市	**821**	**475**	**347**	**162**	**96**	**65**	**109**	**60**	**49**
鼎湖区	28	16	13	3	2	1	3	1	1
广宁县	112	70	42	23	14	9	18	13	5
怀集县	274	152	123	63	37	26	42	22	20
封开县	93	60	33	12	9	4	8	5	2
德庆县	109	63	46	29	21	8	16	6	9
高要市	159	89	70	29	13	16	21	13	8
四会市	45	25	21	3	2	1	3		3
惠州市	**468**	**260**	**208**	**43**	**24**	**18**	**42**	**26**	**16**
惠城区	76	49	27	11	7	5	3	1	2
惠阳区	57	30	26	5	3	2	3	2	2
博罗县	156	80	76	16	7	9	21	13	8
惠东县	96	52	45	4	2	1	5	4	1
龙门县	83	49	35	6	5	2	9	6	3
梅州市	**1084**	**629**	**455**	**142**	**88**	**55**	**146**	**78**	**67**
梅江区	9	4	5	2	1	1	1	1	
梅县区	89	46	43	11	6	5	8	3	5
大埔县	106	65	41	16	12	3	6	5	1
丰顺县	114	73	41	13	9	4	11	6	4
五华县	448	257	191	66	40	27	84	46	38
平远县	42	27	15	4	3	1	5	2	2
蕉岭县	55	30	26	5	4	2	3	1	2
兴宁市	222	128	95	26	14	12	29	15	14

1-7c 续表 5

单位：人

地区	2015年01月			2015年02月			2015年03月		
	合计	男	女	合计	男	女	合计	男	女
湛江市	**130**	**70**	**60**	**119**	**63**	**56**	**147**	**92**	**55**
赤坎区	1						1	1	
霞山区				1	1		1		
坡头区	6	2	4	2	2		7	4	4
麻章区	9	3	6	5	2	3	7	3	4
遂溪县	13	6	8	14	9	6	10	6	5
徐闻县	14	8	6	19	9	9	11	7	4
廉江市	42	24	19	41	24	18	49	35	14
雷州市	32	22	10	25	9	16	41	28	13
吴川市	13	6	8	12	8	4	20	9	11
茂名市	**130**	**82**	**48**	**121**	**70**	**51**	**124**	**72**	**53**
茂南区	9	9	1	5	4	1	9	5	3
电白区	41	28	13	38	21	16	21	13	8
高州市	28	13	15	41	20	20	43	26	17
化州市	26	16	11	26	19	7	33	23	11
信宜市	26	17	9	11	5	6	18	5	14
肇庆市	**68**	**39**	**29**	**64**	**34**	**30**	**75**	**41**	**33**
鼎湖区	3	2	1	2	1	1	3	3	
广宁县	6	5	2	6	4	3	7	5	3
怀集县	23	13	10	20	11	10	25	13	11
封开县	9	6	2	10	6	4	9	5	3
德庆县	8	3	6	9	4	5	8	4	4
高要市	15	8	8	13	8	5	18	8	10
四会市	4	3	1	4	1	3	6	4	2
惠州市	**37**	**17**	**20**	**44**	**25**	**19**	**44**	**23**	**21**
惠城区	7	3	3	8	2	6	9	7	2
惠阳区	4	1	3	8	4	3	3	2	1
博罗县	9	5	5	14	10	3	13	4	9
惠东县	9	5	5	9	5	5	13	6	7
龙门县	7	4	4	5	4	2	7	5	2
梅州市	**72**	**37**	**35**	**96**	**71**	**25**	**101**	**59**	**42**
梅江区	1		1	1	1	1			
梅县区	7	2	5	8	7	2	9	3	7
大埔县	7	5	2	7	5	2	9	8	1
丰顺县	6	4	3	7	6	1	15	9	6
五华县	30	12	18	47	34	13	43	28	15
平远县	4	3	1	2	2		3	1	2
蕉岭县	5	2	3	4	2	2	3	3	
兴宁市	12	10	2	19	15	4	19	7	12

1-7c 续表 6

单位：人

地区	2015年04月			2015年05月			2015年06月		
	合计	男	女	合计	男	女	合计	男	女
湛江市	**133**	**65**	**68**	**132**	**60**	**71**	**144**	**77**	**67**
赤坎区									
霞山区	1								
坡头区	7	6	2	7	4	3	8	4	4
麻章区	6	3	3	11	8	3	9	6	3
遂溪县	15	8	8	18	9	10	16	8	9
徐闻县	11	5	6	14	4	10	9	4	4
廉江市	40	22	18	38	15	22	42	25	18
雷州市	42	16	26	32	13	19	41	19	22
吴川市	10	5	6	11	7	5	19	11	8
茂名市	**93**	**51**	**41**	**122**	**68**	**54**	**101**	**51**	**51**
茂南区	9	4	4	11	6	5	6	3	3
电白区	26	10	16	35	16	18	25	12	13
高州市	26	19	7	33	20	13	37	17	20
化州市	21	12	9	14	7	7	12	5	7
信宜市	11	6	5	29	18	11	21	14	8
肇庆市	**56**	**26**	**30**	**56**	**37**	**20**	**64**	**38**	**26**
鼎湖区	3	1	1	3	2	1	5	2	3
广宁县	10	6	5	8	6	2	7	4	4
怀集县	15	4	11	13	7	6	22	14	8
封开县	10	5	5	7	5	2	9	4	5
德庆县	4	4	1	13	9	4	7	4	3
高要市	13	5	8	6	4	2	10	8	3
四会市	2	1	1	7	4	3	4	3	1
惠州市	**41**	**19**	**22**	**37**	**22**	**14**	**48**	**29**	**19**
惠城区	2	1	1	5	5		3	2	1
惠阳区	4	2	3	5	1	4	10	7	4
博罗县	15	7	8	7	5	2	14	8	6
惠东县	13	6	7	11	7	4	9	6	4
龙门县	6	3	3	9	5	4	11	6	5
梅州市	**83**	**48**	**35**	**89**	**54**	**36**	**77**	**47**	**31**
梅江区	1	1	1	2	1	1			
梅县区	7	3	4	7	4	3	7	3	3
大埔县	6	5	1	10	3	7	9	8	1
丰顺县	10	5	4	4	4		12	10	2
五华县	31	16	15	40	27	13	30	16	13
平远县	2	1	1	4	2	2	2	1	1
蕉岭县	5	4	2	7	3	4	4	1	3
兴宁市	20	13	7	15	10	5	15	7	7

1-7c 续表 7 单位：人

地 区	2015年07月			2015年08月			2015年09月			2015年10月		
	合计	男	女	合计	男	女	合计	男	女	合计	男	女
湛江市	**122**	**61**	**60**	**112**	**59**	**53**	**106**	**64**	**43**	**60**	**32**	**27**
赤坎区				1			1					
霞山区	1	1		1	1							
坡头区	6	3	3	3	3	1	3	1	2	3	1	2
麻章区	9	2	7	4	3	2	2	2	1			
遂溪县	15	6	10	13	8	6	14	10	4	7	2	5
徐闻县	12	5	7	5	3	3	10	4	6	5	3	2
廉江市	32	22	9	29	19	11	39	25	14	21	14	7
雷州市	35	17	17	35	15	20	26	15	12	16	7	9
吴川市	12	6	7	20	9	11	11	7	5	8	5	3
茂名市	**98**	**50**	**48**	**93**	**54**	**39**	**95**	**60**	**36**	**43**	**26**	**17**
茂南区	6	3	3	6	3	3	9	7	2	9	6	3
电白区	36	16	20	33	23	10	33	21	12	13	13	
高州市	17	11	6	20	11	9	26	17	9	11	2	9
化州市	19	9	11	14	9	5	16	9	7	5	4	2
信宜市	20	11	9	20	8	12	12	6	6	5	2	3
肇庆市	**54**	**34**	**21**	**49**	**33**	**17**	**44**	**27**	**17**	**20**	**11**	**9**
鼎湖区	3	1	2	1	1					2	1	1
广宁县	11	8	3	4	1	3	6	6	1	5	1	4
怀集县	14	8	6	15	10	5	16	9	7	7	4	3
封开县	4	2	2	10	8	2	3	2	1	2	2	
德庆县	4	2	2	5	2	3	4	4		1	1	1
高要市	14	8	6	11	9	2	8	4	4	2	2	
四会市	5	4	1	4	2	2	5	2	3	1		1
惠州市	**36**	**24**	**12**	**44**	**23**	**22**	**32**	**19**	**13**	**20**	**9**	**11**
惠城区	6	3	2	10	7	3	6	6		6	5	1
惠阳区	4	3	2	4	3	2	4	4	1			
博罗县	14	9	5	12	6	6	14	5	9	7	2	5
惠东县	6	5	1	11	5	6	4	2	1	4		4
龙门县	6	4	2	8	3	5	5	3	2	4	2	2
梅州市	**72**	**38**	**34**	**78**	**36**	**42**	**78**	**44**	**34**	**50**	**31**	**19**
梅江区	1		1	1		1	1		1	1	1	
梅县区	6	3	3	7	4	3	7	4	3	4	3	1
大埔县	11	3	8	11	5	7	9	6	3	6	2	3
丰顺县	6	4	2	10	3	7	12	9	4	8	4	4
五华县	25	13	12	24	10	13	18	9	9	10	6	4
平远县	3	3	1	5	2	2	3	2	1	4	3	1
蕉岭县	4	3	1	7	5	2	5	2	3	3	1	2
兴宁市	16	9	7	15	7	7	23	12	12	14	10	4

1-7c 续表 8 单位：人

地 区	出生人口			2014年11月			2014年12月		
	合计	男	女	合计	男	女	合计	男	女
汕尾市	**384**	**230**	**154**	**47**	**34**	**13**	**41**	**22**	**19**
城区	40	21	19	8	5	4	1		1
海丰县	74	46	28	8	7	1	7	3	3
陆河县	44	29	15	2	2		8	6	2
陆丰市	226	134	93	29	20	9	25	13	13
河源市	**837**	**470**	**367**	**114**	**67**	**47**	**92**	**57**	**34**
源城区									
紫金县	197	113	84	19	9	10	23	12	11
龙川县	291	161	130	56	37	19	29	22	6
连平县	63	32	30	8	3	5	10	6	5
和平县	139	79	60	9	4	5	13	7	6
东源县	148	85	62	22	14	8	17	11	6
阳江市	**537**	**291**	**245**	**70**	**37**	**32**	**78**	**38**	**40**
江城区	75	42	33	5	3	2	12	3	8
阳西县	133	63	70	23	11	12	17	6	10
阳东县	88	53	35	4		4	12	8	4
阳春市	241	133	108	37	23	14	37	21	16
清远市	1077	577	501	111	55	56	110	56	54
清城区	65	29	36	5	3	3	10	3	8
清新区	194	114	80	16	5	11	25	12	12
佛冈县	87	49	37	14	8	6	6	4	2
阳山县	159	77	82	20	5	16	18	10	8
连山壮族瑶族自治县	23	13	10	4	2	1	3	1	2
连南瑶族自治县	49	27	22	7	4	3	5	3	2
英德市	321	182	139	25	18	7	28	14	14
连州市	179	86	94	20	10	10	14	9	5
东莞市	**181**	**110**	**70**	**23**	**14**	**10**	**22**	**13**	**10**
中山市	**124**	**75**	**49**	**10**	**8**	**2**	**12**	**10**	**2**
潮州市	**280**	**147**	**133**	**37**	**24**	**13**	**33**	**19**	**14**
湘桥区	15	9	7	2	1	1	3	2	1
潮安区	127	65	62	14	9	4	11	3	8
饶平县	138	73	64	22	14	8	19	14	6
揭阳市	**1043**	**574**	**469**	**163**	**95**	**67**	**169**	**92**	**77**
榕城区	60	28	31	7	5	2	7	4	3
揭东区	164	82	83	22	12	10	15	8	8
揭西县	178	94	84	26	8	17	31	13	17
惠来县	209	122	86	31	22	9	34	20	14
普宁市	432	247	185	77	49	28	81	47	34
云浮市	**648**	**330**	**318**	**97**	**43**	**54**	**59**	**37**	**22**
云城区	45	20	25	6	2	4	7	3	3
云安区	95	47	48	13	5	8	6	5	2
新兴县	90	48	42	10	5	5	8	3	5
郁南县	128	63	65	10	5	5	10	8	2
罗定市	290	152	138	58	27	30	27	18	10

1-7c 续表 9

单位：人

地　区	2015年01月			2015年02月			2015年03月		
	合计	男	女	合计	男	女	合计	男	女
汕尾市	**34**	**18**	**16**	**38**	**27**	**12**	**35**	**23**	**12**
城区	6	5	1	5	1	4	5	2	2
海丰县	3	2	1	6	5	1	6	3	2
陆河县	5	2	2	4	2	2	4	2	2
陆丰市	20	9	11	24	19	5	20	15	5
河源市	**66**	**34**	**32**	**69**	**43**	**25**	**66**	**35**	**31**
源城区									
紫金县	17	10	7	19	13	6	15	11	5
龙川县	21	7	14	24	18	6	27	12	15
连平县	5	3	2	5	2	3	3	2	1
和平县	10	6	4	12	6	6	16	8	8
东源县	13	8	5	9	5	4	5	2	3
阳江市	**46**	**22**	**24**	**30**	**21**	**9**	**44**	**25**	**19**
江城区	5	4	1	2	2		7	4	3
阳西县	12	4	8	11	6	6	13	7	6
阳东县	7	4	2	3	3		11	8	3
阳春市	23	9	13	13	10	3	13	6	7
清远市	89	46	43	86	50	37	75	38	37
清城区	9	4	4	3	3	1	3		3
清新区	10	5	5	22	14	9	14	8	6
佛冈县	7	4	3	7	5	2	9	5	4
阳山县	19	10	9	11	6	5	8	2	6
连山壮族瑶族自治县	2		2	1	1				
连南瑶族自治县	3	3	1	5	2	3	3	2	1
英德市	21	13	8	24	14	9	31	18	13
连州市	17	6	11	13	5	8	9	4	4
东莞市	**20**	**9**	**11**	**16**	**9**	**7**	**12**	**8**	**4**
中山市	**16**	**14**	**2**	**10**	**4**	**6**	**20**	**10**	**10**
潮州市	**26**	**10**	**16**	**22**	**10**	**12**	**24**	**12**	**12**
湘桥区	1		1	3	2	1	2	1	1
潮安区	6	3	3	10	4	6	13	6	7
饶平县	19	7	13	9	5	5	9	5	5
揭阳市	**71**	**37**	**34**	**112**	**66**	**46**	**95**	**51**	**44**
榕城区	5	3	2	5	1	5	5	1	4
揭东区	11	4	7	17	8	9	19	7	12
揭西县	14	6	8	33	19	13	17	12	5
惠来县	10	5	6	28	16	11	21	12	9
普宁市	30	19	11	30	22	8	33	19	14
云浮市	**52**	**22**	**30**	**48**	**28**	**20**	**50**	**22**	**28**
云城区	6	3	2	3		3	2	1	1
云安区	6	3	3	6	4	3	10	5	5
新兴县	8	4	4	4	1	3	6	5	1
郁南县	11	5	6	13	10	3	13	5	8
罗定市	21	6	14	21	13	8	19	6	13

1-7c 续表 10 单位：人

地 区	2015年04月			2015年05月			2015年06月		
	合计	男	女	合计	男	女	合计	男	女
汕尾市	**35**	**19**	**16**	**25**	**16**	**8**	**24**	**18**	**6**
城区	4	1	2	1		1	4	2	1
海丰县	11	5	7	8	8		3	3	
陆河县	4	3	1	3	1	2	3	2	1
陆丰市	16	10	6	13	8	5	14	10	4
河源市	**65**	**37**	**28**	**71**	**44**	**27**	**67**	**35**	**32**
源城区									
紫金县	11	5	5	16	12	5	20	13	7
龙川县	19	10	10	30	18	12	23	9	15
连平县	6	4	2	3	2	1	3	1	2
和平县	18	10	8	10	7	3	8	4	4
东源县	11	8	3	12	5	7	13	9	4
阳江市	**40**	**20**	**21**	**39**	**24**	**15**	**53**	**33**	**21**
江城区	3	1	3	8	5	3	12	9	3
阳西县	6	3	3	8	6	2	12	3	9
阳东县	10	3	7	7	3	3	7	6	1
阳春市	21	12	8	16	9	7	23	15	7
清远市	75	29	46	88	55	33	102	56	46
清城区	4	1	3	4	3	1	6	3	4
清新区	10	5	5	19	15	4	16	9	8
佛冈县	5	3	2	5	2	3	4	3	1
阳山县	13	4	9	10	8	2	9	3	6
连山壮族瑶族自治县	2	1	1	1	1	1	2	1	1
连南瑶族自治县	2	1	1	3	1	2	4	2	2
英德市	29	13	17	33	18	15	42	25	18
连州市	9	1	8	14	8	6	18	11	7
东莞市	**12**	**7**	**5**	**10**	**8**	**2**	**14**	**7**	**7**
中山市	**16**	**6**	**10**	**12**	**4**	**8**	**12**	**8**	**4**
潮州市	**25**	**12**	**13**	**22**	**11**	**11**	**26**	**15**	**12**
湘桥区	1		1	1	1	1	1	1	
潮安区	15	8	7	12	6	6	15	9	6
饶平县	10	5	6	9	5	5	10	5	6
揭阳市	**77**	**42**	**35**	**90**	**43**	**47**	**58**	**28**	**30**
榕城区	4	2	2	8	5	3	4	2	2
揭东区	11	7	4	12	8	4	8		8
揭西县	8	5	3	12	7	5	11	8	3
惠来县	11	7	5	23	12	10	16	6	10
普宁市	42	22	20	35	11	24	19	13	6
云浮市	**43**	**26**	**17**	**58**	**35**	**23**	**53**	**29**	**25**
云城区	4	3	1	3	1	1	4	3	1
云安区	6	3	3	8	5	4	6	2	5
新兴县	7	4	3	8	4	4	6	5	1
郁南县	8	4	4	14	8	7	10	3	6
罗定市	18	13	5	24	18	6	27	16	11

1-7c 续表 11 单位：人

地区	2015年07月			2015年08月			2015年09月			2015年10月		
	合计	男	女	合计	男	女	合计	男	女	合计	男	女
汕尾市	**33**	**17**	**16**	**27**	**12**	**16**	**33**	**17**	**16**	**12**	**8**	**4**
城区				1	1		4	2	1	2	1	1
海丰县	7	3	3	7	2	5	8	3	5			
陆河县	3	2	1	2	2		4	4	1	1	1	
陆丰市	23	11	11	18	6	11	18	8	10	9	6	3
河源市	**64**	**32**	**32**	**63**	**36**	**27**	**63**	**29**	**34**	**38**	**20**	**18**
源城区												
紫金县	24	13	12	12	8	4	15	6	9	5	2	4
龙川县	13	5	8	16	10	6	17	5	12	15	8	8
连平县	2	1	2	10	6	4	2		2	4	2	2
和平县	14	9	5	14	9	6	10	6	4	6	4	2
东源县	10	4	6	11	4	7	18	11	7	8	5	3
阳江市	**43**	**24**	**19**	**38**	**17**	**22**	**38**	**20**	**18**	**20**	**12**	**8**
江城区	8	4	3	8	2	6	4	3	2	3	3	
阳西县	9	4	5	6	2	3	11	6	5	5	3	2
阳东县	7	4	2	9	7	2	9	4	4	3	2	1
阳春市	20	11	8	16	6	10	13	6	7	9	4	5
清远市	99	51	47	82	43	39	105	59	46	56	39	17
清城区	4		4	5	3	3	9	4	4	4	4	1
清新区	16	11	5	19	11	8	23	16	6	4	3	1
佛冈县	9	5	3	11	5	5	5	1	5	5	4	1
阳山县	16	10	6	11	4	7	16	10	7	9	5	4
连山壮族瑶族自治县	2	1	1	1	1	1	1	1	1	2	2	
连南瑶族自治县	5	3	3	5	2	3	4	3	1	2	2	
英德市	26	12	14	17	9	7	29	17	13	17	13	4
连州市	21	9	12	14	7	6	17	8	9	14	7	6
东莞市	**20**	**13**	**7**	**15**	**10**	**5**	**15**	**12**	**3**	**4**	**3**	**1**
中山市	**6**	**2**	**4**	**6**	**6**		**6**	**4**	**2**			
潮州市	**22**	**10**	**12**	**20**	**12**	**8**	**16**	**8**	**8**	**6**	**4**	**2**
湘桥区	2	1	1	2	1	1	1	1				
潮安区	15	8	7	9	3	5	5	3	3	3	2	2
饶平县	6	1	5	10	8	2	10	5	6	2	2	
揭阳市	**64**	**41**	**23**	**60**	**34**	**26**	**55**	**29**	**27**	**30**	**16**	**14**
榕城区	7	3	4	6	2	3	2	2				
揭东区	13	8	6	12	8	4	14	8	7	10	6	4
揭西县	6	4	2	8	4	4	6	4	2	5	2	3
惠来县	10	8	2	12	9	4	7	3	4	6	4	2
普宁市	28	19	9	22	11	11	27	13	14	9	5	5
云浮市	**57**	**24**	**34**	**68**	**34**	**34**	**38**	**19**	**20**	**25**	**12**	**13**
云城区	2	1	1	3	1	3	2		2	2	1	1
云安区	9	5	5	9	5	5	9	6	3	6	3	3
新兴县	12	8	4	9	5	4	6	1	5	5	3	2
郁南县	15	6	10	14	6	8	7	2	5	3	2	1
罗定市	19	5	14	32	18	14	14	10	5	10	3	6

1-8 各地区分性别、月份的死亡人口（2014.11.1-2015.10.31）

单位：人

地 区	死亡人口			2014年11月			2014年12月		
	合计	男	女	合计	男	女	合计	男	女
全 省	**11366**	**6586**	**4780**	**839**	**487**	**352**	**1040**	**620**	**419**
广州市	**1072**	**619**	**453**	**72**	**43**	**29**	**86**	**50**	**35**
荔湾区	137	80	57	7	6	1	13	7	6
越秀区	185	97	88	11	5	6	20	10	9
海珠区	168	92	76	14	5	9	7	4	4
天河区	63	37	26	7	7		4	4	
白云区	126	69	58	5	4	1	8	3	5
黄埔区	27	19	9	1	1				
番禺区	60	35	25	5	2	3	3	2	1
花都区	71	41	31	6	2	4	10	5	6
南沙区	59	36	23	5	4	1	6	4	2
萝岗区	20	12	8						
从化区	71	49	22	3	3	1	6	5	1
增城区	84	53	31	7	4	3	8	7	1
韶关市	**407**	**234**	**173**	**29**	**19**	**9**	**29**	**17**	**12**
武江区	28	15	12	2	2		4	2	2
浈江区	45	26	19	1		1	4	2	2
曲江区	38	24	13	4	4		3	2	1
始兴县	36	19	17	5	3	2	2	1	1
仁化县	20	12	7	1	1		3	1	2
翁源县	67	30	37	4	1	3	1		1
乳源瑶族自治县	35	20	15	1	1		3	1	2
新丰县	38	26	12	3	2		3	3	
乐昌市	55	32	24	5	3	2	3	2	1
南雄市	45	29	16	3	2	1	3	2	1
深圳市	**946**	**502**	**444**	**85**	**39**	**46**	**126**	**81**	**45**
罗湖区	65	34	31	2	2		5	2	3
福田区	31	19	12	1		1	1	1	
南山区	149	81	67	15	9	6	25	13	12
宝安区	515	268	246	53	20	33	79	59	20
龙岗区	164	88	76	10	6	4	15	6	10
盐田区	22	12	10	4	2	2			
珠海市	**68**	**39**	**29**	**4**	**2**	**2**	**7**	**4**	**3**
香洲区	23	14	9	3	1	2	4	1	3
斗门区	35	18	18	1	1	1	2	1	1
金湾区	9	6	3				1	1	
汕头市	**737**	**412**	**324**	**58**	**26**	**32**	**75**	**43**	**32**
龙湖区	61	40	21	5	2	2	2	2	1
金平区	111	50	61	4	1	3	13	8	6
濠江区	41	21	19	2	1	1	3	2	1
潮阳区	227	125	101	19	8	11	28	16	12
潮南区	172	108	64	17	9	7	19	13	7
澄海区	111	58	53	11	4	7	8	2	5
南澳县	14	10	4	1			1	1	
佛山市	**507**	**279**	**229**	**38**	**20**	**18**	**47**	**31**	**16**
禅城区	82	53	29	4	4		8	6	2
南海区	125	61	63	11	5	6	12	8	5
顺德区	171	100	71	13	7	6	15	10	4
三水区	69	35	34	7	3	4	9	5	3
高明区	62	30	32	3	2	1	3	1	2

1-8 续表 1

单位：人

地 区	2015年01月			2015年02月			2015年03月		
	合计	男	女	合计	男	女	合计	男	女
全 省	**951**	**526**	**425**	**871**	**523**	**348**	**1063**	**599**	**464**
广州市	**92**	**48**	**44**	**80**	**51**	**29**	**95**	**53**	**42**
荔湾区	12	7	5	16	8	8	11	5	6
越秀区	20	10	9	11	6	5	16	7	8
海珠区	14	6	8	9	8	1	21	13	8
天河区	8	1	7	3	2	1	4	2	2
白云区	11	7	4	8	4	4	10	7	3
黄埔区	3	1	1	1	1		2	2	
番禺区	6	6		8	5	3	5	2	3
花都区	5	2	3	2	1	1	9	7	2
南沙区	5	3	2	8	6	1	6	3	3
萝岗区	2	1	1	2	1		2	2	1
从化区	3	3	1	5	3	1	3	1	1
增城区	4	1	3	8	5	2	7	3	5
韶关市	**35**	**19**	**17**	**30**	**14**	**15**	**39**	**23**	**17**
武江区	2	1		1	1		2	1	1
浈江区	6	4	2	5	2	2	5	3	2
曲江区	3	1	2	4	2	2	3	1	2
始兴县	3	1	2	2	1	2	1	1	1
仁化县	2	1	1	2	1	1	2	1	1
翁源县	4	1	3	6	3	3	7	4	2
乳源瑶族自治县	1			1		1	6	4	2
新丰县	5	3	2	2	1	1	4	2	2
乐昌市	6	3	2	3	2	1	4	3	2
南雄市	4	3	1	4	1	3	5	3	2
深圳市	**114**	**66**	**48**	**72**	**50**	**22**	**82**	**45**	**37**
罗湖区	4	1	3	8	6	2	4	2	2
福田区	3	2	1	2	2		6	5	1
南山区	7	5	2	9	5	3	11	7	3
宝安区	84	46	37	46	33	13	40	18	22
龙岗区	14	11	3	6	3	3	20	13	7
盐田区	1		1	2	1		2	1	1
珠海市	**3**		**3**	**3**	**3**		**10**	**5**	**5**
香洲区				2	2		4	3	2
斗门区	3		3	1	1		3	1	2
金湾区				1	1		2	1	1
汕头市	**60**	**29**	**31**	**50**	**30**	**21**	**70**	**39**	**31**
龙湖区	7	3	4	4	3	1	3	3	
金平区	9	3	6	9	6	3	13	7	7
濠江区	4	2	2	4	2	2	3	1	1
潮阳区	17	5	12	13	6	7	22	12	10
潮南区	14	10	4	7	6	1	18	7	11
澄海区	8	6	2	12	6	6	9	7	2
南澳县	1	1	1	1			1	1	
佛山市	**48**	**23**	**24**	**32**	**20**	**13**	**51**	**27**	**23**
禅城区	9	5	4	7	4	3	6	1	5
南海区	14	8	6	9	7	2	9		9
顺德区	12	6	6	9	4	4	24	18	6
三水区	8	3	4	3		3	7	5	2
高明区	5	1	4	5	4	1	5	3	1

1-8 续表 2　　单位：人

地区	2015年04月			2015年05月			2015年06月		
	合计	男	女	合计	男	女	合计	男	女
全 省	**955**	**569**	**386**	**1065**	**641**	**424**	**1006**	**581**	**424**
广州市	**79**	**49**	**30**	**115**	**65**	**50**	**110**	**62**	**48**
荔湾区	11	8	3	12	5	7	15	10	5
越秀区	17	11	5	18	9	8	21	9	11
海珠区	9	6	4	20	11	9	20	9	11
天河区	4	2	2	10	6	4	4	3	1
白云区	11	7	4	15	7	8	11	8	3
黄埔区	1		1	4	3	1	4	3	1
番禺区	3	2	1	6	5	1	5	1	4
花都区	5	3	2	8	4	4	9	5	5
南沙区	3	3	1	3	2	2	4	4	
萝岗区	1		1	4	2	1	1		1
从化区	4	3	1	9	7	3	10	8	3
增城区	10	4	6	7	6	1	5	2	3
韶关市	**25**	**17**	**8**	**38**	**23**	**15**	**41**	**22**	**19**
武江区	3	1	2	4	3		2	1	1
浈江区	2	2		3	2	1	4	2	2
曲江区	1	1		4	4		4	2	3
始兴县	1	1		2		2	4	2	1
仁化县	2	2		2	1	1	2	2	1
翁源县	4	3	2	5	2	3	8	3	5
乳源瑶族自治县	4	1	2	2	2	1	3	3	
新丰县	4	3	1	5	3	2	4	2	1
乐昌市	2	1	1	8	3	4	6	3	3
南雄市	3	3		3	3	1	4	3	1
深圳市	**77**	**41**	**36**	**85**	**35**	**50**	**97**	**54**	**43**
罗湖区	7	4	3	4	2	2	8	5	3
福田区				5	2	3	4	2	2
南山区	6	5	1	12	4	7	15	9	6
宝安区	37	15	22	51	20	31	40	20	20
龙岗区	22	14	8	13	7	6	28	17	11
盐田区	3	2	1	1		1	2	1	
珠海市	**8**	**6**	**2**	**4**	**2**	**3**	**5**	**4**	**1**
香洲区	3	3		2	1	1	2	2	
斗门区	5	3	1	2	1	1	3	2	1
金湾区									
汕头市	**64**	**42**	**23**	**60**	**38**	**22**	**62**	**27**	**34**
龙湖区	4	3	1	5	4	2	4	3	2
金平区	9	5	4	6	3	3	10	1	9
濠江区	5	2	3	5	2	2	2	1	1
潮阳区	20	15	5	24	16	8	22	12	10
潮南区	15	10	5	14	11	4	12	6	5
澄海区	10	5	5	5	2	2	11	3	8
南澳县	1	1		1	1	1	1	1	
佛山市	**54**	**33**	**22**	**47**	**22**	**25**	**38**	**19**	**19**
禅城区	5	4	1	10	8	2	4	2	2
南海区	17	9	8	12	3	9	9	5	4
顺德区	18	12	6	13	6	7	12	7	4
三水区	6	3	3	6	1	5	6	3	3
高明区	8	5	3	6	4	2	8	2	6

1-8 续表 3

单位：人

地区	2015年07月			2015年08月			2015年09月			2015年10月		
	合计	男	女	合计	男	女	合计	男	女	合计	男	女
全　省	**953**	**553**	**400**	**921**	**517**	**405**	**859**	**488**	**370**	**845**	**482**	**363**
广州市	**94**	**56**	**38**	**91**	**51**	**39**	**79**	**52**	**27**	**78**	**37**	**41**
荔湾区	8	3	5	14	9	5	11	8	3	7	4	3
越秀区	12	7	5	15	9	5	11	5	6	14	5	8
海珠区	16	12	5	9	4	6	15	8	7	13	8	5
天河区	7	3	3	4	2	2	3	2	1	2	1	1
白云区	13	5	8	12	5	7	9	7	3	13	5	8
黄埔区	3	2	1	1		1	4	3	1	2	2	
番禺区	3	1	2	9	5	4	5	4	1	2		2
花都区	5	3	2	5	3	2	4	4		5	4	1
南沙区	7	3	4	3	2	2	4	2	2	5	1	4
萝岗区	2	1	1	2	2		2	2		2	1	1
从化区	9	7	2	7	5	2	3	1	2	8	4	4
增城区	9	9		9	6	3	7	6	1	5	1	4
韶关市	**31**	**19**	**12**	**42**	**21**	**21**	**27**	**17**	**10**	**40**	**21**	**18**
武江区	2	1	1	1	1	1	1	1		4		4
浈江区	3	3		8	5	3	4	2	2	2		2
曲江区	3	2	1	3	2	1	2	2		4	2	2
始兴县	4	1	3	5	3	1	5	4	1	2	1	1
仁化县	1	1		1	1	1	1	1		1		1
翁源县	7	4	3	10	2	8	5	2	2	6	4	2
乳源瑶族自治县	2	1	1	4	1	2	4	2	1	4	4	
新丰县	1	1		1	1		1	1		3	2	1
乐昌市	3	3		6	3	3	2	2	1	9	5	4
南雄市	5	3	2	3	2	1	2	1	1	5	3	2
深圳市	**67**	**24**	**44**	**66**	**29**	**37**	**46**	**25**	**21**	**29**	**13**	**16**
罗湖区	7	2	4	3	1	2	8	5	3	3	2	1
福田区	4	2	2	2	1	1	2	1	1			
南山区	16	6	10	11	2	9	14	11	3	9	4	4
宝安区	29	7	22	33	20	13	11	7	4	13	4	9
龙岗区	8	4	4	15	6	10	10	1	8	3	1	1
盐田区	3	2	2	2		2	1			1	1	
珠海市	**6**	**4**	**2**	**5**	**3**	**2**	**4**	**2**	**2**	**7**	**4**	**3**
香洲区	1	1		2	1	1				2	1	1
斗门区	4	2	1	3	1	1	3	2	1	4	2	2
金湾区	2	1								1	1	
汕头市	**64**	**37**	**26**	**67**	**41**	**26**	**54**	**27**	**27**	**53**	**33**	**19**
龙湖区	6	4	3	9	6	3	2	1	1	9	6	3
金平区	11	4	7	13	7	6	9	4	5	7	3	4
濠江区	5	2	2	5	3	2	1			2	2	
潮阳区	15	11	4	16	7	9	18	7	11	14	11	4
潮南区	12	8	4	14	12	3	17	10	8	12	5	6
澄海区	13	7	7	9	5	4	6	4	2	8	6	2
南澳县	3	2	1	1	1		2	1	1	1	1	
佛山市	**37**	**15**	**22**	**34**	**20**	**14**	**44**	**31**	**13**	**37**	**18**	**19**
禅城区	4	1	3	4	2	2	8	5	3	12	10	2
南海区	9	6	3	15	6	9	6	3	3	3	3	
顺德区	16	4	12	9	7	1	21	16	4	10	1	9
三水区	2	2		3	3		6	5	1	7	3	4
高明区	6	2	4	4	2	2	3	2	1	4	1	3

1-8 续表 4

单位：人

地 区	死亡人口			2014年11月			2014年12月		
	合计	男	女	合计	男	女	合计	男	女
江门市	**625**	**338**	**287**	**38**	**20**	**17**	**46**	**25**	**21**
蓬江区	78	47	31	6	4	2	8	7	2
江海区	20	10	10	1	1	1	1		1
新会区	90	52	38	4	2	2	7	4	3
台山市	195	106	89	13	5	8	16	6	10
开平市	116	58	58	6	5	2	6	3	2
鹤山市	62	36	25	5	2	3	6	4	2
恩平市	65	28	36	2	1	1	2	1	1
湛江市	**699**	**429**	**270**	**59**	**37**	**22**	**67**	**49**	**18**
赤坎区	24	15	9				2	2	
霞山区	26	15	11	1		1	1	1	
坡头区	27	18	9	2		2	4	2	2
麻章区	22	11	11	4	1	3	1	1	
遂溪县	98	60	37	8	5	3	9	5	4
徐闻县	55	33	22	4	2	2	5	4	1
廉江市	226	140	86	19	14	5	22	13	8
雷州市	145	87	58	15	11	4	19	17	3
吴川市	77	50	27	6	4	2	5	5	
茂名市	**713**	**464**	**249**	**59**	**40**	**19**	**70**	**47**	**22**
茂南区	71	51	20	9	6	3	7	6	1
电白区	183	122	61	14	11	3	18	12	7
高州市	131	75	56	8	7	1	11	6	5
化州市	161	104	57	15	10	5	17	12	5
信宜市	167	112	55	12	6	6	17	12	5
肇庆市	**595**	**337**	**258**	**52**	**33**	**19**	**68**	**38**	**30**
端州区	53	25	28	4	2	2	6	3	3
鼎湖区	22	14	8	1		1	3	2	
广宁县	84	45	39	9	5	5	8	4	5
怀集县	126	89	37	14	12	2	21	14	7
封开县	62	32	30	3	2	2	7	3	4
德庆县	54	30	24	10	6	4	6	3	3
高要市	122	70	53	8	5	3	11	6	5
四会市	73	33	40	2	1	1	7	4	4
惠州市	**419**	**257**	**162**	**23**	**15**	**8**	**41**	**25**	**17**
惠城区	135	76	59	7	5	3	18	10	8
惠阳区	44	23	21	3	3	1	5	3	3
博罗县	80	48	32	3	1	2	3	2	1
惠东县	87	59	28	3	2	1	8	4	3
龙门县	72	50	22	5	4	1	7	5	2
梅州市	**741**	**421**	**320**	**43**	**21**	**21**	**72**	**36**	**36**
梅江区	34	20	14	1	1		5	2	3
梅县区	73	42	30	6	2	4	5	2	3
大埔县	76	41	34	6	3	3	10	7	4
丰顺县	101	49	52	8	1	7	8	3	5
五华县	215	135	80	12	8	4	17	8	9
平远县	41	24	17	2	1		3	2	2
蕉岭县	46	25	20	5	3	2	4	3	2
兴宁市	155	85	70	3	2	1	19	10	9

1-8 续表 5

单位：人

地 区	2015年01月			2015年02月			2015年03月		
	合计	男	女	合计	男	女	合计	男	女
江门市	**70**	**38**	**32**	**50**	**31**	**19**	**67**	**29**	**37**
蓬江区	2	1	1	7	3	3	8	6	3
江海区	2	2		1	1	1	2	1	1
新会区	9	5	4	6	4	2	9	6	3
台山市	23	11	11	17	10	6	22	10	12
开平市	14	5	9	14	9	6	7	1	6
鹤山市	9	6	2	2	2		10	5	5
恩平市	13	8	5	3	2	1	9	1	8
湛江市	**45**	**26**	**19**	**35**	**20**	**15**	**70**	**40**	**30**
赤坎区	1	1		2	1	2	1	1	
霞山区	4	1	2	2	1	1	3	2	1
坡头区				2	1	1	1		1
麻章区	2	1	1	2	1	1	1	1	1
遂溪县	4	4		4	4	1	8	3	4
徐闻县	1	1		3	1	2	7	6	2
廉江市	17	9	7	7	5	2	21	13	8
雷州市	11	6	5	8	6	3	15	10	6
吴川市	5	2	3	4	2	2	11	4	7
茂名市	**47**	**30**	**17**	**54**	**31**	**23**	**68**	**44**	**24**
茂南区	9	7	2	8	6	2	4	3	1
电白区	7	7		14	6	8	17	15	2
高州市	7	4	4	7	3	4	8	2	6
化州市	13	9	4	17	12	5	20	13	7
信宜市	11	3	8	8	5	3	19	11	8
肇庆市	**44**	**31**	**13**	**41**	**21**	**19**	**50**	**26**	**24**
端州区	4	2	1	1		1	4	2	2
鼎湖区	2	2		1	1		3	1	3
广宁县	5	4	1	10	5	5	10	5	5
怀集县	9	9		5	3	2	7	6	2
封开县	2	2	1	8	4	5	5	4	1
德庆县	2	1	1	1	1		5	3	2
高要市	14	9	6	7	5	2	14	5	9
四会市	7	3	3	6	3	3	2	1	1
惠州市	**32**	**20**	**12**	**36**	**22**	**15**	**41**	**23**	**18**
惠城区	10	5	5	15	7	8	14	9	4
惠阳区	6	2	4	3		3	3	2	2
博罗县	5	3	1	3	3		8	2	6
惠东县	7	5	1	9	8	1	9	6	3
龙门县	4	4	1	6	4	2	7	4	2
梅州市	**49**	**29**	**20**	**64**	**41**	**23**	**70**	**44**	**26**
梅江区	3	1	1	4	3	1	3	2	1
梅县区	5	3	1	6	4	2	7	4	3
大埔县	6	3	2	5	1	5	8	6	2
丰顺县	8	4	4	13	9	3	8	4	4
五华县	9	7	2	15	13	2	26	15	10
平远县	4	3	1	6	4	3	1		1
蕉岭县	4	2	2	3	1	2	3	1	2
兴宁市	10	5	5	12	6	6	14	11	3

1-8 续表 6 单位：人

地 区	2015年04月			2015年05月			2015年06月		
	合计	男	女	合计	男	女	合计	男	女
江门市	**43**	**20**	**22**	**51**	**26**	**24**	**50**	**27**	**23**
蓬江区	7	4	3	7	3	4	4	2	2
江海区	5	2	3	2	1	2	2	2	1
新会区	4	4		6	2	4	5	4	1
台山市	10	1	9	15	8	7	14	9	5
开平市	9	4	5	9	5	4	18	10	8
鹤山市	5	3	2	6	5	2	2		2
恩平市	3	2	1	5	3	2	6	1	4
湛江市	**71**	**47**	**24**	**69**	**47**	**22**	**73**	**37**	**36**
赤坎区	4	2	2	4	3	1	2	2	1
霞山区	4	3	1	3	2	1	4	2	2
坡头区	3	2	1	2	2		2	2	
麻章区	2	2		3	2	1	3	1	3
遂溪县	7	3	5	8	6	2	12	6	6
徐闻县	8	5	4	4	3	2	4	1	4
廉江市	28	18	10	26	14	12	20	13	7
雷州市	10	7	3	11	7	4	21	7	14
吴川市	5	4	1	7	7		5	4	1
茂名市	**50**	**32**	**18**	**86**	**61**	**25**	**58**	**41**	**17**
茂南区	5	4	1	4	3	1	5	4	1
电白区	10	9	2	23	16	7	17	9	8
高州市	6	1	6	16	12	5	10	6	4
化州市	16	11	5	17	11	6	10	8	2
信宜市	12	7	5	25	19	6	16	13	2
肇庆市	**54**	**33**	**21**	**49**	**28**	**21**	**61**	**37**	**24**
端州区	4	1	3	5	2	3	8	3	5
鼎湖区	3	2	1	2	2		1		1
广宁县	6	5	2	4	3	1	7	5	3
怀集县	7	7		12	7	5	20	14	6
封开县	8	4	4	8	5	3	4	3	1
德庆县	5	3	2	5	3	2	4	2	2
高要市	15	9	6	6	5	2	7	6	2
四会市	7	3	4	7	2	5	10	5	5
惠州市	**37**	**22**	**15**	**29**	**18**	**11**	**38**	**27**	**12**
惠城区	5	1	4	7	1	5	8	7	1
惠阳区	4	4		5	4	1	6	3	3
博罗县	12	8	3	5	3	1	8	6	1
惠东县	6	3	3	7	4	3	12	8	3
龙门县	9	5	4	6	5	1	5	2	3
梅州市	**58**	**33**	**25**	**70**	**43**	**27**	**66**	**39**	**27**
梅江区	2	1	1	1	1		1	1	1
梅县区	8	5	3	7	4	3	3	2	1
大埔县	5	2	2	5	4	2	6	4	2
丰顺县	7	3	4	8	4	4	3	2	1
五华县	16	11	5	19	14	4	29	14	15
平远县	3	1	2	5	2	3	3	2	1
蕉岭县	5	3	1	2	1	1	7	5	2
兴宁市	13	7	6	23	14	9	13	9	4

1-8 续表 7

单位：人

地区	2015年07月			2015年08月			2015年09月			2015年10月		
	合计	男	女	合计	男	女	合计	男	女	合计	男	女
江门市	**39**	**21**	**18**	**51**	**27**	**24**	**53**	**31**	**22**	**68**	**41**	**27**
蓬江区	7	7	1	5	2	2	8	3	5	8	4	3
江海区	2		2	1	1		1	1		1	1	
新会区	9	6	3	9	5	4	12	6	6	13	6	7
台山市	9	4	5	19	13	6	14	11	3	23	16	7
开平市	7	2	6	6	4	2	11	7	4	8	5	3
鹤山市	3	2	2	4	1	3	5	2	3	5	4	1
恩平市	2	1		7	1	6	1		1	11	6	5
湛江市	**52**	**35**	**17**	**46**	**25**	**21**	**63**	**38**	**24**	**48**	**27**	**21**
赤坎区	2	2	1	2	1	1	1	1	1	2	1	1
霞山区	3	1	1	2	1	1	1	1				
坡头区	3	3		2	1	1	1	1		3	2	1
麻章区	1	1					1	1	1	1	1	
遂溪县	9	8	1	10	5	4	6	3	3	11	6	5
徐闻县	4	3	1	5	3	2	6	4	3	5	3	2
廉江市	19	11	8	11	7	4	22	16	6	14	6	8
雷州市	4	3	1	8	1	7	14	7	7	7	6	1
吴川市	8	4	4	6	5	1	10	6	4	5	2	3
茂名市	**71**	**42**	**29**	**60**	**40**	**20**	**49**	**25**	**24**	**42**	**30**	**11**
茂南区	7	3	3	4	3	1	7	2	4	3	3	
电白区	15	8	7	20	14	6	14	7	8	13	9	4
高州市	20	12	8	12	7	5	11	6	6	14	10	4
化州市	12	5	7	8	4	4	9	4	4	7	4	3
信宜市	17	13	4	16	12	5	9	6	2	5	5	1
肇庆市	**48**	**27**	**22**	**35**	**16**	**19**	**49**	**25**	**25**	**43**	**23**	**20**
端州区	3	2	1	3	1	2	7	4	2	4	2	1
鼎湖区	1	1		1			1	1		3	1	1
广宁县	7	5	3	4	1	3	5	1	4	9	5	4
怀集县	8	5	3	11	7	4	7	4	3	5	3	2
封开县	6	2	4	5	1	4	4	2	2	3	2	1
德庆县	5	3	2	2	1	1	5	2	3	4	1	3
高要市	12	6	6	6	3	4	14	8	6	7	4	3
四会市	7	3	4	3	2	1	7	2	5	8	3	5
惠州市	**48**	**34**	**14**	**39**	**23**	**16**	**30**	**17**	**13**	**25**	**13**	**12**
惠城区	21	13	8	12	5	7	10	5	4	8	7	1
惠阳区	1	1		3	2	2	3		3			
博罗县	10	7	3	8	5	2	7	2	5	9	3	6
惠东县	8	7	1	10	6	4	5	5		4	1	2
龙门县	8	7	1	5	5	1	6	4	2	4	2	2
梅州市	**66**	**36**	**30**	**54**	**35**	**18**	**70**	**31**	**39**	**59**	**31**	**27**
梅江区	3	2	1	3	1	2	6	3	3	2	1	1
梅县区	10	5	5	6	4	2	5	4	1	6	3	3
大埔县	5	3	1	5	2	3	8	3	5	6	3	2
丰顺县	10	3	6	6	4	2	7	4	3	15	7	8
五华县	27	19	8	15	12	3	16	5	11	14	8	5
平远县	3	2	1	4	3	1	2	2		4	2	2
蕉岭县	4	1	3	4	2	2	3	1	2	2	1	1
兴宁市	6	1	5	10	6	4	22	9	13	10	5	5

1-8 续表 8

单位：人

地 区	死亡人口			2014年11月			2014年12月		
	合计	男	女	合计	男	女	合计	男	女
汕尾市	**323**	**191**	**132**	**18**	**14**	**5**	**25**	**15**	**10**
城区	62	36	26	3	1	2	5	3	1
海丰县	106	58	47	8	6	2	3		3
陆河县	48	26	21	2	2		6	3	3
陆丰市	108	70	37	4	4		11	9	3
河源市	**414**	**246**	**168**	**37**	**23**	**15**	**43**	**26**	**17**
源城区	20	13	6				1	1	1
紫金县	94	55	39	9	5	5	5	3	3
龙川县	134	78	55	16	9	6	15	9	5
连平县	34	22	12	3	2	1	3	3	
和平县	61	38	22	4	3	1	9	4	4
东源县	72	40	32	6	5	1	10	6	4
阳江市	**376**	**228**	**147**	**26**	**14**	**13**	**38**	**21**	**18**
江城区	77	49	27	3	1	2	5	4	2
阳西县	102	68	34	10	7	3	8	5	4
阳东县	65	39	26	7	4	3	8	3	5
阳春市	132	72	60	7	2	5	17	9	8
清远市	**606**	**351**	**255**	**46**	**28**	**18**	**42**	**21**	**22**
清城区	108	60	48	6	4	3	6	2	5
清新区	117	68	49	3		3	9	5	3
佛冈县	55	28	27	7	5	2	4	2	2
阳山县	80	46	34	7	5	2	5	2	2
连山壮族瑶族自治县	13	10	3	2	1				
连南瑶族自治县	21	16	6	2	2		2	2	
英德市	136	85	51	13	8	6	13	6	7
连州市	76	39	37	6	4	2	4	1	3
东莞市	**272**	**149**	**123**	**18**	**14**	**3**	**19**	**10**	**9**
中山市	**224**	**136**	**88**	**17**	**5**	**12**	**10**	**3**	**7**
潮州市	**400**	**210**	**191**	**25**	**15**	**9**	**32**	**16**	**16**
湘桥区	101	57	44	5	3	2	5	2	3
潮安区	167	92	75	13	7	6	15	7	8
饶平县	132	61	71	6	5	1	12	6	5
揭阳市	**857**	**525**	**332**	**66**	**45**	**22**	**70**	**41**	**29**
榕城区	114	66	48	7	4	3	8	7	2
揭东区	164	101	63	16	10	6	8	6	2
揭西县	143	85	58	16	12	4	12	7	5
惠来县	145	94	51	12	8	4	14	6	8
普宁市	291	178	112	15	11	5	28	15	12
云浮市	**365**	**219**	**146**	**25**	**13**	**12**	**26**	**22**	**4**
云城区	48	25	23	3	1	2	3	1	2
云安区	42	24	17	5	4	1	2	2	
新兴县	78	35	43	6	2	4	6	5	1
郁南县	72	48	23	5	3	2	5	5	1
罗定市	126	87	39	6	3	3	10	10	

1-8 续表 9

单位：人

地区	2015年01月			2015年02月			2015年03月		
	合计	男	女	合计	男	女	合计	男	女
汕尾市	**20**	**9**	**11**	**28**	**15**	**13**	**33**	**16**	**17**
城区	3	1	2	4	1	2	4	2	2
海丰县	7	3	4	10	7	2	9	4	5
陆河县	2		2	7	4	3	4	2	2
陆丰市	8	5	4	8	3	6	15	8	7
河源市	**25**	**14**	**11**	**33**	**19**	**14**	**49**	**29**	**19**
源城区	1	1		2	2		2	1	1
紫金县	2	2		5	2	3	16	12	5
龙川县	10	5	5	10	5	5	14	8	6
连平县	3	2		2	2		5	2	3
和平县	2		1	7	4	3	5	3	2
东源县	8	4	4	7	4	3	6	3	3
阳江市	**29**	**15**	**15**	**33**	**21**	**12**	**27**	**18**	**9**
江城区	5	4	1	10	7	4	8	6	2
阳西县	12	6	5	10	8	2	7	4	2
阳东县	4	1	3	1	1		1	1	
阳春市	9	4	6	11	5	6	11	7	5
清远市	**55**	**31**	**24**	**52**	**29**	**23**	**61**	**39**	**22**
清城区	16	7	9	9	3	6	12	10	2
清新区	13	8	5	13	10	4	12	8	4
佛冈县	5	3	2	5	1	3	5	1	3
阳山县	7	6	2	6	3	2	8	3	5
连山壮族瑶族自治县				1	1				
连南瑶族自治县	1	1		2	1		3	3	
英德市	9	5	4	9	6	3	13	8	4
连州市	3	1	1	8	4	4	8	5	3
东莞市	**38**	**18**	**20**	**24**	**16**	**8**	**18**	**8**	**10**
中山市	**22**	**13**	**10**	**15**	**7**	**8**	**20**	**12**	**8**
潮州市	**35**	**17**	**18**	**37**	**18**	**19**	**32**	**15**	**17**
湘桥区	11	8	3	9	5	4	5	2	3
潮安区	14	9	5	17	7	10	14	7	7
饶平县	11	1	10	11	5	5	13	6	8
揭阳市	**61**	**39**	**22**	**65**	**42**	**23**	**70**	**42**	**28**
榕城区	10	6	4	10	5	5	8	6	2
揭东区	12	8	3	13	9	3	13	4	9
揭西县	12	6	6	5	3	2	17	7	10
惠来县	7	5	2	11	7	4	14	8	6
普宁市	20	14	6	26	17	9	18	17	2
云浮市	**25**	**12**	**13**	**36**	**22**	**14**	**42**	**22**	**20**
云城区	5	2	3	4	4	1	8	3	5
云安区	3	3	1	4	2	2	4	1	3
新兴县	5	1	4	9	5	4	9	5	4
郁南县	3	2	1	9	5	4	9	8	1
罗定市	9	4	5	10	6	3	12	6	6

1-8 续表 10 单位：人

地 区	2015年04月			2015年05月			2015年06月		
	合计	男	女	合计	男	女	合计	男	女
汕尾市	**40**	**24**	**16**	**34**	**24**	**10**	**21**	**13**	**8**
城区	5	3	2	8	7	1	8	4	4
海丰县	14	7	8	11	6	5	5	3	2
陆河县	8	3	4	5	4	1	6	3	2
陆丰市	14	11	3	11	7	3	2	2	
河源市	**33**	**20**	**13**	**37**	**21**	**16**	**32**	**16**	**15**
源城区	4	3	1	2	1	1	1		1
紫金县	8	5	4	14	6	7	8	3	5
龙川县	11	8	3	8	5	3	6	2	4
连平县	1	1		3	2	1	3	3	
和平县	6	3	3	6	3	3	6	4	2
东源县	3	1	2	4	3	1	8	5	3
阳江市	**29**	**23**	**6**	**44**	**22**	**21**	**34**	**22**	**12**
江城区	7	4	3	9	4	5	6	3	3
阳西县	7	5	1	12	7	5	10	7	3
阳东县	7	7		7	5	2	7	5	2
阳春市	7	5	2	16	6	10	11	8	4
清远市	**42**	**23**	**19**	**43**	**30**	**13**	**56**	**34**	**22**
清城区	5	2	3	5	4	1	10	3	8
清新区	7	2	5	13	10	2	4	4	
佛冈县	6	3	2	4	2	1	3	2	1
阳山县	8	6	2	6	3	2	13	7	5
连山壮族瑶族自治县	2	1		1			2	1	
连南瑶族自治县	1		1				3	2	1
英德市	7	5	2	7	5	2	13	8	5
连州市	7	3	4	7	4	3	9	6	2
东莞市	**29**	**15**	**14**	**14**	**10**	**3**	**23**	**12**	**11**
中山市	**27**	**17**	**10**	**18**	**12**	**7**	**23**	**15**	**8**
潮州市	**38**	**18**	**20**	**27**	**16**	**10**	**25**	**12**	**13**
湘桥区	11	6	6	4	3	1	10	5	5
潮安区	12	6	6	10	7	3	7	3	4
饶平县	14	6	8	13	6	6	8	3	4
揭阳市	**65**	**35**	**30**	**105**	**75**	**31**	**66**	**41**	**26**
榕城区	13	5	7	13	11	2	9	4	5
揭东区	13	5	7	20	15	5	9	4	5
揭西县	6	4	2	18	14	4	12	10	2
惠来县	17	10	7	24	17	7	11	7	4
普宁市	17	11	6	31	18	12	24	15	9
云浮市	**31**	**21**	**11**	**38**	**22**	**16**	**26**	**20**	**6**
云城区	2	1	1	5	2	2	4	4	
云安区	3	1	2	5	2	2	3	3	
新兴县	7	3	4	5	2	3	6	3	3
郁南县	5	4	1	8	5	4	3	3	1
罗定市	14	12	2	15	10	5	10	8	2

1-8 续表 11

单位：人

地区	2015年07月			2015年08月			2015年09月			2015年10月		
	合计	男	女	合计	男	女	合计	男	女	合计	男	女
汕尾市	**26**	**17**	**10**	**28**	**17**	**12**	**20**	**10**	**10**	**28**	**19**	**9**
城区	4	2	2	11	7	3	5	3	3	3	2	1
海丰县	8	6	2	6	3	3	7	2	5	18	10	8
陆河县	3	2	1	1		1	4	2	1			
陆丰市	12	6	5	10	6	5	5	3	1	7	7	1
河源市	**42**	**28**	**14**	**31**	**19**	**12**	**24**	**16**	**8**	**28**	**15**	**14**
源城区	3	2	1	1	1		2	1	1	2	1	1
紫金县	10	9	1	5	3	3	6	4	3	5	3	2
龙川县	15	11	4	9	5	4	11	7	4	9	4	5
连平县	3	1	3	2	1	1				5	2	3
和平县	4	4	1	8	6	2	2	1		3	3	1
东源县	7	1	6	7	4	3	3	2	1	5	2	3
阳江市	**30**	**20**	**10**	**27**	**16**	**11**	**24**	**14**	**10**	**34**	**23**	**11**
江城区	5	4	1	4	3	2	7	4	3	7	6	1
阳西县	8	6	2	11	6	5	1	1		6	5	1
阳东县	9	5	4	4	1	4	6	3	3	5	3	2
阳春市	8	5	3	8	7	1	10	6	4	16	9	7
清远市	**46**	**23**	**23**	**44**	**25**	**20**	**55**	**33**	**21**	**64**	**36**	**28**
清城区	6	4	2	6	4	2	10	8	3	15	9	5
清新区	13	5	9	9	5	4	10	5	4	12	6	6
佛冈县	3	1	2	4	2	2	5	2	3	5	3	3
阳山县	5	2	2	5	3	2	4	2	2	7	3	4
连山壮族瑶族自治县	1	1		2	1	1				1	1	
连南瑶族自治县	2	1		2	1	1	2		1	2	1	
英德市	9	5	3	7	4	3	18	13	6	18	11	6
连州市	7	3	4	10	5	5	4	2	2	4	1	3
东莞市	**23**	**17**	**6**	**21**	**14**	**8**	**25**	**10**	**15**	**22**	**6**	**16**
中山市	**23**	**16**	**7**	**15**	**6**	**8**	**12**	**12**		**22**	**18**	**3**
潮州市	**40**	**19**	**21**	**41**	**23**	**18**	**36**	**17**	**19**	**33**	**23**	**10**
湘桥区	11	5	6	16	10	6	8	4	4	5	3	3
潮安区	18	10	8	18	10	9	14	9	5	15	10	4
饶平县	10	3	6	6	3	3	14	4	10	13	10	3
揭阳市	**69**	**46**	**23**	**91**	**47**	**45**	**69**	**40**	**29**	**59**	**33**	**26**
榕城区	11	6	5	7	2	5	9	4	5	9	5	4
揭东区	14	9	4	19	13	6	17	10	7	12	9	3
揭西县	7	5	2	14	7	7	11	5	6	11	4	7
惠来县	16	10	6	11	8	3	7	7		4	3	1
普宁市	22	15	6	40	17	23	26	15	11	23	12	11
云浮市	**30**	**16**	**13**	**33**	**19**	**13**	**26**	**15**	**11**	**27**	**15**	**11**
云城区	2	1	1	4	2	2	4	2	2	5	2	2
云安区	4	2	2	2	2		2	1	1	4	2	2
新兴县	5	1	3	9	4	5	5	1	4	7	4	3
郁南县	9	5	5	7	4	3	4	4		3	1	1
罗定市	10	7	2	11	8	3	11	7	4	8	6	2

1-8a 各地区分性别、月份的死亡人口（城市）
（2014.11.1-2015.10.31）

单位：人

地 区	死亡人口			2014年11月			2014年12月		
	合计	男	女	合计	男	女	合计	男	女
全 省	**4154**	**2349**	**1805**	**286**	**155**	**131**	**377**	**223**	**154**
广州市	**762**	**435**	**326**	**53**	**32**	**21**	**60**	**33**	**27**
荔湾区	137	80	57	7	6	1	13	7	6
越秀区	185	97	88	11	5	6	20	10	9
海珠区	168	92	76	14	5	9	7	4	4
天河区	63	37	26	7	7		4	4	
白云区	65	36	29	4	3	1	6	1	4
黄埔区	27	19	9	1	1				
番禺区	33	20	12	3	2	1	2	1	1
花都区	37	24	13	3	1	2	6	3	3
南沙区	16	8	8	1	1				
萝岗区	10	7	3						
从化区	14	11	2	1	1		1	1	
增城区	8	5	4	1	1		2	2	
韶关市	**67**	**41**	**26**	**5**	**3**	**1**	**5**	**4**	**1**
武江区	15	7	8	2	2		2	1	1
浈江区	29	18	11	1		1	2	2	
曲江区	11	11	1	2	2		1	1	
乐昌市	5	2	3	1		1			
南雄市	7	2	4						
深圳市	**946**	**502**	**444**	**85**	**39**	**46**	**126**	**81**	**45**
罗湖区	65	34	31	2	2		5	2	3
福田区	31	19	12	1		1	1	1	
南山区	149	81	67	15	9	6	25	13	12
宝安区	515	268	246	53	20	33	79	59	20
龙岗区	164	88	76	10	6	4	15	6	10
盐田区	22	12	10	4	2	2			
珠海市	**37**	**22**	**14**	**3**	**1**	**2**	**5**	**2**	**3**
香洲区	23	14	9	3	1	2	4	1	3
斗门区	9	5	5						
金湾区	4	3	1				1	1	
汕头市	**292**	**154**	**138**	**15**	**5**	**9**	**27**	**12**	**15**
龙湖区	36	24	12	4	2	2	1	1	
金平区	107	47	60	4	1	3	13	7	6
濠江区	25	12	13	1		1	3	2	1
潮阳区	48	26	22	2	1	1	5	1	4
潮南区	56	32	24	2	1	1	4	1	2
澄海区	19	12	6	1		1	2		2

1-8a 续表 1

单位：人

地 区	2015年01月			2015年02月			2015年03月		
	合计	男	女	合计	男	女	合计	男	女
全 省	**397**	**214**	**183**	**312**	**200**	**112**	**389**	**221**	**168**
广州市	**72**	**37**	**35**	**55**	**34**	**20**	**78**	**45**	**33**
荔湾区	12	7	5	16	8	8	11	5	6
越秀区	20	10	9	11	6	5	16	7	8
海珠区	14	6	8	9	8	1	21	13	8
天河区	8	1	7	3	2	1	4	2	2
白云区	7	4	3	4	3	1	10	7	3
黄埔区	3	1	1	1	1		2	2	
番禺区	2	2		5	3	2	2	2	
花都区	2	1	1				6	5	1
南沙区	2	1	1	3	2	1	3	2	2
萝岗区	1	1		1	1		1	1	1
从化区	2	2		1		1			
增城区				1	1		2		2
韶关市	**7**	**4**	**3**	**4**	**3**	**1**	**7**	**4**	**3**
武江区	1	1		1	1		1		1
浈江区	5	2	2	2	2	1	4	3	1
曲江区				1	1		1	1	
乐昌市				1		1	1	1	1
南雄市	1	1	1				1		1
深圳市	**114**	**66**	**48**	**72**	**50**	**22**	**82**	**45**	**37**
罗湖区	4	1	3	8	6	2	4	2	2
福田区	3	2	1	2	2		6	5	1
南山区	7	5	2	9	5	3	11	7	3
宝安区	84	46	37	46	33	13	40	18	22
龙岗区	14	11	3	6	3	3	20	13	7
盐田区	1		1	2	1		2	1	1
珠海市	**1**		**1**	**3**	**3**		**8**	**5**	**3**
香洲区				2	2		4	3	2
斗门区	1		1	1	1		2	1	1
金湾区							1	1	
汕头市	**25**	**12**	**13**	**21**	**14**	**7**	**32**	**17**	**15**
龙湖区	4	2	2	3	2	1	2	2	
金平区	9	3	6	7	5	2	13	6	7
濠江区	2	1	1	2	1	1	2	1	1
潮阳区	5	1	4	5	2	2	4	2	1
潮南区	4	2	1	2	2		10	4	6
澄海区	2	2		2	1	1	2	2	

1-8a 续表 2 单位：人

地区	2015年04月			2015年05月			2015年06月		
	合计	男	女	合计	男	女	合计	男	女
全 省	**361**	**214**	**146**	**386**	**210**	**176**	**394**	**223**	**171**
广州市	**52**	**33**	**18**	**86**	**49**	**37**	**87**	**48**	**39**
荔湾区	11	8	3	12	5	7	15	10	5
越秀区	17	11	5	18	9	8	21	9	11
海珠区	9	6	4	20	11	9	20	9	11
天河区	4	2	2	10	6	4	4	3	1
白云区	4	1	3	7	4	3	4	3	1
黄埔区	1		1	4	3	1	4	3	1
番禺区	1	1		6	5	1	5	1	4
花都区	3	2	1	4	3	1	6	4	3
南沙区	1	1		2		2	2	2	
萝岗区				2	2		1		1
从化区	1	1		1	1		4	4	1
增城区									
韶关市	**5**	**3**	**2**	**6**	**5**	**1**	**5**	**3**	**2**
武江区	2	1	2	1	1		1		1
浈江区	2	2		3	2	1	2	2	1
曲江区	1	1		1	1		1	1	
乐昌市	1		1	1	1				
南雄市							1	1	1
深圳市	**77**	**41**	**36**	**85**	**35**	**50**	**97**	**54**	**43**
罗湖区	7	4	3	4	2	2	8	5	3
福田区				5	2	3	4	2	2
南山区	6	5	1	12	4	7	15	9	6
宝安区	37	15	22	51	20	31	40	20	20
龙岗区	22	14	8	13	7	6	28	17	11
盐田区	3	2	1	1		1	2	1	
珠海市	**3**	**3**		**2**	**1**	**1**	**3**	**2**	**1**
香洲区	3	3		2	1	1	2	2	
斗门区							1	1	1
金湾区									
汕头市	**30**	**18**	**12**	**24**	**16**	**8**	**21**	**9**	**13**
龙湖区	2	2		4	2	2	3	2	2
金平区	9	5	4	6	3	3	10	1	9
濠江区	3	1	2	3	1	2	2		1
潮阳区	6	5	1	7	5	2	4	2	1
潮南区	7	4	4	2	2		2	2	
澄海区	3	1	2	2	2		1	1	

1-8a 续表 3

单位：人

地区	2015年07月			2015年08月			2015年09月			2015年10月		
	合计	男	女	合计	男	女	合计	男	女	合计	男	女
全　省	**345**	**188**	**157**	**337**	**178**	**159**	**320**	**186**	**133**	**251**	**136**	**115**
广州市	**59**	**34**	**25**	**55**	**29**	**25**	**59**	**36**	**23**	**47**	**25**	**22**
荔湾区	8	3	5	14	9	5	11	8	3	7	4	3
越秀区	12	7	5	15	9	5	11	5	6	14	5	8
海珠区	16	12	5	9	4	6	15	8	7	13	8	5
天河区	7	3	3	4	2	2	3	2	1	2	1	1
白云区	8	4	4	6	1	4	4	3	1	1	1	
黄埔区	3	2	1	1		1	4	3	1	2	2	
番禺区				1	1		3	2	1	2		2
花都区	2	1	1	2	1	1	3	3		2	2	
南沙区	1		1				1		1	2		2
萝岗区	1	1	1	1	1		1	1		1	1	1
从化区	1	1		1	1	1	1	1				
增城区							2	1	1	1		1
韶关市	**4**	**4**	**1**	**7**	**5**	**3**	**5**	**2**	**3**	**7**	**2**	**5**
武江区	1	1		1		1	1	1		3		3
浈江区	2	2		4	2	2	2	1	2	2		2
曲江区	1	1		2	1	1	1	1		1	1	
乐昌市	1	1		1	1		1		1			
南雄市	1		1	1	1		1		1	1	1	1
深圳市	**67**	**24**	**44**	**66**	**29**	**37**	**46**	**25**	**21**	**29**	**13**	**16**
罗湖区	7	2	4	3	1	2	8	5	3	3	2	1
福田区	4	2	2	2	1	1	2	1	1			
南山区	16	6	10	11	2	9	14	11	3	9	4	4
宝安区	29	7	22	33	20	13	11	7	4	13	4	9
龙岗区	8	4	4	15	6	10	10	1	8	3	1	1
盐田区	3	2	2	2		2	1			1	1	
珠海市	**2**	**1**		**4**	**2**	**2**	**1**	**1**	**1**	**3**	**2**	**2**
香洲区	1	1		2	1	1				2	1	1
斗门区				1	1	1	1	1	1	1	1	1
金湾区	1											
汕头市	**28**	**13**	**16**	**30**	**18**	**12**	**20**	**10**	**10**	**18**	**11**	**8**
龙湖区	5	3	2	5	4	1				5	2	2
金平区	11	4	7	13	7	6	9	4	5	7	3	4
濠江区	2		2	4	2	2	1			1	1	
潮阳区	4	2	1	5	1	4				1	1	
潮南区	5	1	4	2	2		11	6	5	4	2	1
澄海区	3	2	1	2	2					1	1	

1-8a 续表 4 单位：人

地 区	死亡人口			2014年11月			2014年12月		
	合计	男	女	合计	男	女	合计	男	女
佛山市	**406**	**235**	**171**	**33**	**18**	**15**	**37**	**25**	**12**
禅城区	76	49	26	4	4		8	6	2
南海区	106	56	50	11	5	6	11	6	5
顺德区	169	99	71	13	7	6	15	10	4
三水区	22	13	10	3	1	2	3	3	
高明区	33	18	14	3	1	1	1		1
江门市	**230**	**139**	**92**	**13**	**10**	**2**	**20**	**14**	**5**
蓬江区	77	47	30	6	4	2	8	7	2
江海区	20	10	10	1	1	1	1		1
新会区	30	19	11	1	1		2	1	1
台山市	46	31	15	2	2		5	4	1
开平市	33	17	17	1	1		3	2	1
鹤山市	13	9	4	2	2		1	1	
恩平市	12	7	4						
湛江市	**114**	**77**	**38**	**4**	**3**	**1**	**6**	**5**	**1**
赤坎区	23	15	8				2	2	
霞山区	25	15	10	1		1	1	1	
坡头区	7	6	1						
麻章区	1	1					1	1	
遂溪县	2	1	2	1		1			
廉江市	31	24	7	1	1		1		1
雷州市	9	4	5						
吴川市	16	11	4	2	2		2	2	
茂名市	**141**	**96**	**44**	**9**	**6**	**2**	**12**	**9**	**3**
茂南区	40	31	9	4	3	1	2	2	
电白区	17	11	6						
高州市	15	10	4				2	2	
化州市	26	16	10	1	1	1	2	1	1
信宜市	44	28	15	3	2	1	6	4	2
肇庆市	**91**	**42**	**50**	**6**	**4**	**2**	**9**	**4**	**6**
端州区	53	25	28	4	2	2	6	3	3
鼎湖区	1	1							
高要市	3	2	1						
四会市	34	14	21	1	1		3	1	3
惠州市	**115**	**64**	**50**	**4**	**2**	**1**	**13**	**5**	**7**
惠城区	94	51	43	3	1	1	10	4	6
惠阳区	21	13	8	1	1		3	1	2

1-8a 续表 5

单位：人

地　区	2015年01月			2015年02月			2015年03月		
	合计	男	女	合计	男	女	合计	男	女
佛山市	**37**	**19**	**18**	**24**	**15**	**9**	**44**	**23**	**21**
禅城区	9	5	4	6	3	3	6	1	5
南海区	14	8	6	6	5	2	9		9
顺德区	12	6	6	9	4	4	24	18	6
三水区	1	1					3	3	1
高明区	2		2	3	3		2	2	
江门市	**19**	**9**	**9**	**21**	**13**	**7**	**19**	**10**	**9**
蓬江区	2	1	1	7	3	3	8	6	2
江海区	2	2		1	1	1	2	1	1
新会区	3	1	2	3	2	1	2	2	
台山市	7	3	5	5	4	1	4	1	3
开平市	2	1	1	3	2	1	2		2
鹤山市	2	2	1	1	1		2	1	1
恩平市	1	1		2	1	1			
湛江市	**8**	**3**	**5**	**7**	**5**	**2**	**10**	**6**	**4**
赤坎区	1	1		2	1	2	1	1	
霞山区	3	1	2	1	1	1	3	2	1
坡头区				1	1		1		1
麻章区				1	1				
遂溪县	1	1							
廉江市				1	1		4	4	
雷州市	1		1						
吴川市	2		2	1	1		2		2
茂名市	**13**	**8**	**4**	**7**	**4**	**3**	**13**	**8**	**5**
茂南区	7	7		2	2	1	2	2	
电白区							2	1	1
高州市	1		1	3	2	1			
化州市	2		2	1	1	1	3	2	1
信宜市	3	2	2	1		1	6	2	3
肇庆市	**7**	**4**	**3**	**5**	**1**	**4**	**6**	**3**	**3**
端州区	4	2	1	1		1	4	2	2
鼎湖区									
高要市	1	1		1	1				
四会市	3	1	1	3	1	2	1	1	1
惠州市	**7**	**5**	**2**	**12**	**7**	**5**	**13**	**9**	**4**
惠城区	6	4	1	10	7	3	11	7	4
惠阳区	2	1	1	2		2	2	2	

1-8a 续表 6 单位：人

地 区	2015年04月			2015年05月			2015年06月		
	合计	男	女	合计	男	女	合计	男	女
佛山市	**38**	**27**	**11**	**37**	**19**	**19**	**28**	**16**	**12**
禅城区	4	4		9	7	2	4	2	2
南海区	12	9	3	9	3	6	6	5	2
顺德区	16	10	6	13	6	7	12	7	4
三水区	1	1	1	2		2	1		1
高明区	4	3	1	4	3	1	5	2	3
江门市	**20**	**13**	**7**	**20**	**8**	**12**	**17**	**11**	**7**
蓬江区	7	4	3	7	3	4	4	2	2
江海区	5	2	3	2	1	2	2	2	1
新会区	2	2		4	2	2	2	2	
台山市				2	2		2	2	
开平市	3	3	1	3		3	7	3	4
鹤山市	2	2		2	1	1			
恩平市	1	1		1		1			
湛江市	**19**	**14**	**5**	**13**	**9**	**4**	**16**	**12**	**4**
赤坎区	4	2	2	4	3	1	2	1	1
霞山区	4	3	1	3	2	1	3	2	1
坡头区	2	2		1	1		1	1	
麻章区									
遂溪县							1		1
廉江市	7	6	1	4	2	1	4	4	
雷州市	1		1	1		1	4	2	1
吴川市				1	1		2	2	
茂名市	**11**	**9**	**2**	**15**	**11**	**4**	**13**	**9**	**3**
茂南区	3	2	1	2	2	1	4	3	1
电白区				3	2	1			
高州市	1	1		1	1		2	2	
化州市	3	3		3	2	1	2	2	
信宜市	3	2	1	5	4	1	5	2	2
肇庆市	**8**	**3**	**6**	**11**	**4**	**8**	**13**	**5**	**8**
端州区	4	1	3	5	2	3	8	3	5
鼎湖区									
高要市	1		1	1	1				
四会市	3	1	2	6	1	5	5	2	3
惠州市	**8**	**3**	**4**	**9**	**4**	**5**	**8**	**7**	**1**
惠城区	4		4	6	1	4	7	6	1
惠阳区	3	3		3	3	1	1	1	

1-8a 续表 7

单位：人

地　区	2015年07月			2015年08月			2015年09月			2015年10月		
	合计	男	女	合计	男	女	合计	男	女	合计	男	女
佛山市	**33**	**14**	**19**	**30**	**19**	**11**	**37**	**26**	**12**	**28**	**15**	**13**
禅城区	3	1	2	4	2	2	8	5	3	10	9	1
南海区	9	6	3	12	6	6	6	3	3	2	2	
顺德区	16	4	12	9	7	1	21	16	4	10	1	9
三水区	1	1		1	1		1	1	1	4	2	2
高明区	4	2	2	3	2	1	1	1	1	2	1	1
江门市	**17**	**11**	**6**	**17**	**8**	**9**	**24**	**13**	**11**	**23**	**16**	**7**
蓬江区	7	7	1	5	2	2	8	3	5	7	4	3
江海区	2		2	1	1		1	1		1	1	
新会区	3	3		3	1	2	5	2	3	2	1	1
台山市	1	1		6	2	4	5	4	1	8	7	1
开平市	2		2	1	1		4	3	1	3	2	2
鹤山市	1		1	1	1		1		1			
恩平市	1	1		1		1				2	1	
湛江市	**12**	**8**	**4**	**8**	**4**	**4**	**6**	**4**	**2**	**4**	**4**	**1**
赤坎区	2	2	1	2	1	1	1	1	1	2	1	1
霞山区	3	1	1	2	1	1	1	1				
坡头区	1	1		1	1					1	1	
麻章区												
遂溪县												
廉江市	4	2	1	1		1	4	2	1			
雷州市	1	1										
吴川市	2	1	1	2	2					2	2	
茂名市	**18**	**13**	**5**	**10**	**7**	**3**	**14**	**9**	**5**	**8**	**3**	**5**
茂南区	5	2	3	2	2		4	2	2	1	1	
电白区				4	3	1	4	3	1	2	1	1
高州市	4	3	1							2		2
化州市	2	2		1		1	3	2	1	3	1	3
信宜市	7	6	1	2	2	1	2	1	2			
肇庆市	**5**	**3**	**2**	**5**	**3**	**2**	**9**	**6**	**4**	**6**	**4**	**3**
端州区	3	2	1	3	1	2	7	4	2	4	2	1
鼎湖区												
高要市												
四会市	1		1	2	2		3	1	1	3	1	1
惠州市	**13**	**9**	**4**	**13**	**5**	**8**	**10**	**4**	**6**	**6**	**4**	**1**
惠城区	13	9	4	10	3	7	9	4	4	6	4	1
惠阳区				3	2	1	2		2			

1-8a 续表 8 单位：人

地 区	死亡人口			2014年11月			2014年12月		
	合计	男	女	合计	男	女	合计	男	女
梅州市	**74**	**39**	**35**	**2**	**1**	**1**	**8**	**2**	**5**
梅江区	25	15	10	1	1		4	1	3
梅县区	15	7	7	1		1	1		1
五华县	2	2							
兴宁市	33	15	18				3	1	2
汕尾市	**47**	**26**	**22**	**3**	**1**	**2**	**6**	**3**	**2**
城区	37	21	16	3	1	2	4	3	1
陆丰市	10	4	6				1	1	1
河源市	**19**	**13**	**6**				**1**	**1**	**1**
源城区	19	13	6				1	1	1
阳江市	**46**	**30**	**16**	**2**	**1**	**1**	**3**	**3**	**1**
江城区	26	19	8	2	1	1	1	1	
阳春市	20	12	8				2	2	1
清远市	**69**	**35**	**35**	**3**	**2**	**2**	**3**		**3**
清城区	33	18	14	1		1	1		1
清新区	11	3	8				1		1
英德市	11	6	5	1		1	1		1
连州市	15	7	8	2	2		1		1
东莞市	**227**	**123**	**105**	**17**	**13**	**3**	**13**	**8**	**5**
中山市	**97**	**56**	**40**	**10**	**3**	**6**	**3**		**3**
潮州市	**129**	**72**	**57**	**5**	**3**	**2**	**9**	**4**	**5**
湘桥区	71	39	31	5	2	2	2	1	2
潮安区	59	33	25	1	1		7	4	4
揭阳市	**198**	**120**	**78**	**14**	**6**	**8**	**9**	**6**	**3**
榕城区	71	43	28	4	2	2	4	4	
揭东区	45	23	21	5	2	3			
普宁市	83	54	29	5	2	3	5	2	3
云浮市	**45**	**26**	**19**	**1**		**1**	**3**	**2**	**2**
云城区	27	13	13	1		1	2	1	1
云安区	2	1	1						
罗定市	17	12	5				1	1	

1-8a 续表 9

单位：人

地 区	2015年01月			2015年02月			2015年03月		
	合计	男	女	合计	男	女	合计	男	女
梅州市	**5**	**2**	**3**	**6**	**4**	**2**	**7**	**4**	**3**
梅江区	3	1	1	3	2	1	2	1	1
梅县区	1		1	1	1		2	1	1
五华县									
兴宁市	2	1	1	2	1	1	3	1	2
汕尾市	**5**	**2**	**3**	**3**	**2**	**1**	**3**	**1**	**2**
城区	1	1	1	1	1		3	1	1
陆丰市	4	1	2	1	1	1	1		1
河源市	**1**	**1**		**2**	**2**		**2**	**1**	**1**
源城区	1	1		2	2		2	1	1
阳江市	**4**	**2**	**3**	**8**	**6**	**2**	**6**	**5**	**1**
江城区	2	1	1	7	6	1	4	4	
阳春市	2	1	2	1		1	2	1	1
清远市	**7**	**3**	**4**	**6**	**2**	**4**	**5**	**3**	**2**
清城区	5	2	3	3	1	2	3	2	1
清新区	1		1	1	1		2	1	1
英德市	1	1		1		1			
连州市	1	1		2	1	2	1	1	1
东莞市	**32**	**13**	**18**	**22**	**15**	**7**	**15**	**7**	**8**
中山市	**5**	**3**	**2**				**11**	**6**	**5**
潮州市	**12**	**9**	**3**	**12**	**4**	**8**	**8**	**5**	**3**
湘桥区	8	5	3	6	3	3	2	2	1
潮安区	4	4		6	1	5	5	4	2
揭阳市	**10**	**8**	**3**	**20**	**13**	**7**	**14**	**11**	**3**
榕城区	5	4	1	7	5	2	5	4	1
揭东区	2	2		4	2	2	3	1	2
普宁市	3	2	2	9	6	3	6	6	
云浮市	**7**	**3**	**4**	**3**	**2**	**1**	**6**	**1**	**5**
云城区	4	2	2	2	2	1	4	1	4
云安区									
罗定市	3	2	2	1	1		2	1	1

1-8a 续表 10 单位：人

地 区	2015年04月			2015年05月			2015年06月		
	合计	男	女	合计	男	女	合计	男	女
梅州市	**10**	**3**	**7**	**12**	**6**	**6**	**4**	**3**	**1**
梅江区	2	1	1	1	1		1	1	
梅县区	1	1	1	1	1	1			
五华县				1	1		1	1	
兴宁市	6	2	4	9	4	5	3	2	1
汕尾市	**2**	**1**	**1**	**7**	**5**	**2**	**3**	**1**	**1**
城区	2	1	1	6	4	1	3	1	1
陆丰市				1	1	1			
河源市	**4**	**3**	**1**	**2**	**1**	**1**	**1**		**1**
源城区	4	3	1	2	1	1	1		1
阳江市	**2**	**2**		**4**		**4**	**5**	**3**	**2**
江城区				2		2	3	1	2
阳春市	2	2		2		2	2	2	
清远市	**3**	**1**	**1**	**5**	**4**	**1**	**8**	**3**	**5**
清城区	2	1	1	2	1	1	3		3
清新区				1	1				
英德市				1	1		2	2	1
连州市	1	1	1	2	1	1	3	1	2
东莞市	**25**	**12**	**13**	**12**	**8**	**3**	**18**	**8**	**10**
中山市	**11**	**8**	**3**	**8**	**3**	**5**	**10**	**6**	**3**
潮州市	**11**	**5**	**6**	**6**	**5**	**1**	**12**	**5**	**7**
湘桥区	8	5	3	2	2		5	2	3
潮安区	4	1	3	4	3	1	6	3	4
揭阳市	**19**	**9**	**9**	**20**	**17**	**4**	**22**	**14**	**8**
榕城区	12	5	6	7	6	1	5	2	3
揭东区	4	1	3	4	3	1	3	3	
普宁市	3	3		9	8	2	14	9	5
云浮市	**5**	**3**	**1**	**2**	**2**		**5**	**4**	**1**
云城区	2	1	1	1	1		2	2	
云安区									
罗定市	2	2		1	1		2	2	1

1-8a 续表 11 单位：人

地区	2015年07月			2015年08月			2015年09月			2015年10月		
	合计	男	女	合计	男	女	合计	男	女	合计	男	女
梅州市	**4**	**3**	**2**	**3**	**3**	**1**	**9**	**6**	**3**	**5**	**2**	**3**
梅江区	2	2		1	1		5	2	3			
梅县区	1	1	1	2	1	1	2	2	1	2		2
五华县												
兴宁市	1		1	1	1		2	2		3	2	1
汕尾市	**3**	**2**	**1**	**6**	**3**	**3**	**4**	**1**	**3**	**3**	**2**	**1**
城区	3	2	1	5	3	2	3	1	3	3	2	1
陆丰市				1		1	1	1				
河源市	**3**	**2**	**1**	**1**	**1**		**2**	**1**	**1**	**2**	**1**	**1**
源城区	3	2	1	1	1		2	1	1	2	1	1
阳江市	**5**	**3**	**2**	**2**	**2**		**3**	**3**		**3**	**2**	**2**
江城区	3	2	1	1	1		2	2				
阳春市	2	1	1	1	1		1	1		3	2	2
清远市	**7**	**4**	**2**	**5**	**1**	**4**	**7**	**5**	**2**	**11**	**7**	**4**
清城区	3	3		2	1	1	3	3		6	5	1
清新区	2		2	1		1	1		1	2	1	2
英德市	1	1		1		1	2	2	1	1	1	
连州市	1	1		1		1	1	1		2	1	2
东莞市	**20**	**15**	**5**	**18**	**12**	**7**	**22**	**10**	**12**	**15**	**2**	**13**
中山市	**10**	**6**	**3**	**13**	**5**	**8**	**6**	**6**		**10**	**8**	**2**
潮州市	**14**	**7**	**6**	**18**	**11**	**7**	**13**	**6**	**7**	**9**	**7**	**2**
湘桥区	8	4	5	13	8	5	7	4	3	3	2	2
潮安区	5	4	2	5	4	2	6	3	4	6	5	1
揭阳市	**17**	**10**	**8**	**21**	**8**	**13**	**21**	**11**	**10**	**11**	**8**	**3**
榕城区	5	2	3	5	1	4	5	3	2	5	3	2
揭东区	6	3	3	5	2	3	5	2	3	3	2	1
普宁市	6	5	2	11	5	6	11	6	5	3	3	
云浮市	**4**	**2**	**1**	**6**	**4**	**2**	**1**	**1**	**1**	**2**	**1**	**1**
云城区	2	1	1	3	1	2	1	1		2	1	1
云安区												
罗定市	2	1	1	2	2		1		1			

1-8b 各地区分性别、月份的死亡人口（镇）
（2014.11.1-2015.10.31）

单位：人

地 区	死亡人口			2014年11月			2014年12月		
	合计	男	女	合计	男	女	合计	男	女
全 省	**2103**	**1236**	**867**	**156**	**94**	**61**	**182**	**119**	**63**
广州市	**108**	**66**	**42**	**3**	**3**		**11**	**9**	**2**
白云区	25	14	11				1	1	
番禺区	6	3	3				1	1	
花都区	4	2	2				1	1	
南沙区	28	20	8	2	2		3	3	1
从化区	8	4	4	1	1		1		1
增城区	38	23	15	1	1		4	3	1
韶关市	**81**	**45**	**36**	**7**	**3**	**4**	**7**	**3**	**4**
浈江区	2	1	2				1		1
曲江区	5	2	3				1		1
始兴县	11	6	5	2	1	1			
仁化县	3	2	1						
翁源县	14	8	6	1		1	1		1
乳源瑶族自治县	11	5	6	1			1		1
新丰县	14	8	6	1	1		1	1	
乐昌市	14	7	7	1		1	1	1	
南雄市	7	6	2	1	1		1	1	1
珠海市	**11**	**8**	**3**	**1**		**1**			
斗门区	6	5	1	1		1			
金湾区	5	3	2						
汕头市	**232**	**132**	**100**	**22**	**9**	**13**	**23**	**16**	**7**
龙湖区	11	7	4	1	1				
濠江区	1		1						
潮阳区	89	51	38	6	2	4	10	6	4
潮南区	55	32	23	7	2	5	7	7	
澄海区	66	35	31	8	4	4	5	2	4
南澳县	11	8	3				1	1	
佛山市	**29**	**16**	**13**	**1**	**1**		**4**	**3**	**1**
禅城区	6	3	3						
南海区	3	3					2	2	
三水区	14	6	8	1	1		1	1	
高明区	6	3	3				1		1
江门市	**67**	**37**	**30**	**4**	**1**	**3**	**6**	**4**	**2**
新会区	9	7	3				1	1	
台山市	19	8	10	1		1	1	1	
开平市	10	4	6						
鹤山市	7	5	2	1		1	2	2	1
恩平市	21	13	8	2	1	1	2	1	1

1-8b 续表 1

单位：人

地区	2015年01月			2015年02月			2015年03月		
	合计	男	女	合计	男	女	合计	男	女
全　省	**145**	**77**	**69**	**170**	**92**	**78**	**203**	**113**	**90**
广州市	**9**	**5**	**4**	**9**	**5**	**4**	**5**	**1**	**5**
白云区	3	1	1	1		1			
番禺区				1		1	1		1
花都区				1		1			
南沙区	3	3	1	3	3		2	1	1
从化区									
增城区	3	1	2	3	2	1	3		3
韶关市	**7**	**4**	**3**	**7**	**4**	**3**	**10**	**5**	**5**
浈江区				1	1				
曲江区	1	1					2		2
始兴县	1								
仁化县	1	1		1					
翁源县				2	1	1	2	1	1
乳源瑶族自治县	1			1			2	1	1
新丰县	2	1	1				2	1	1
乐昌市	2	1	1	1	1				
南雄市				1		1	1	1	1
珠海市									
斗门区									
金湾区									
汕头市	**18**	**9**	**9**	**17**	**9**	**8**	**24**	**13**	**11**
龙湖区	2	1	2						
濠江区									
潮阳区	4		4	5	2	2	10	5	5
潮南区	6	4	2	4	2	1	7	2	5
澄海区	4	4	1	7	4	4	6	5	1
南澳县	1	1	1	1					
佛山市	**4**	**2**	**2**	**2**	**2**	**1**	**2**		**2**
禅城区				1	1				
南海区									
三水区	3	1	2	1		1	1		1
高明区	1	1		1	1		1		1
江门市	**9**	**6**	**4**	**4**	**3**	**2**	**6**	**3**	**3**
新会区	1		1				2	2	
台山市	3	2	1	2	1	1	1		1
开平市	2	1	1	2	1	1	1		1
鹤山市							1		1
恩平市	4	3	1	1	1		1	1	

1-8b 续表 2

单位：人

地 区	2015年04月			2015年05月			2015年06月		
	合计	男	女	合计	男	女	合计	男	女
全 省	**193**	**121**	**72**	**204**	**132**	**73**	**174**	**102**	**72**
广州市	**12**	**9**	**3**	**10**	**6**	**4**	**9**	**6**	**3**
白云区	4	4		3	1	1	3	1	1
番禺区	2	1	1						
花都区				1		1			
南沙区	2	2		2	2		2	2	
从化区				1	1	1	1	1	
增城区	4	2	2	3	2	1	4	2	2
韶关市	**6**	**5**	**1**	**5**	**4**	**1**	**7**	**3**	**4**
浈江区									
曲江区	1	1		1	1				
始兴县							1	1	
仁化县									
翁源县	1	1					1	1	1
乳源瑶族自治县	1		1						
新丰县				1	1		1		
乐昌市	1	1	1	2	2	1	2		2
南雄市	1	1					1	1	
珠海市	**4**	**3**		**1**		**1**			
斗门区	3	3		1		1			
金湾区									
汕头市	**23**	**15**	**8**	**13**	**6**	**7**	**19**	**7**	**12**
龙湖区				1	1		1	1	
濠江区	1								
潮阳区	11	7	4	6	4	2	9	4	5
潮南区	4	2	1	4	1	2	4	1	2
澄海区	6	4	3	2		2	5	1	4
南澳县	1	1		1	1	1	1	1	
佛山市	**4**	**1**	**2**	**5**	**2**	**3**	**1**	**1**	**1**
禅城区	1		1	1	1				
南海区									
三水区	1		1	3	1	2	1	1	
高明区	1	1		1	1	1	1		1
江门市	**5**	**1**	**4**	**9**	**6**	**3**	**3**	**2**	**1**
新会区				1		1	1	1	
台山市	2		2	1	1		1		1
开平市	1		1	3	2	1			
鹤山市				1	1				
恩平市	2	1	1	4	3	1	1	1	

1-8b 续表 3

单位：人

地　区	2015年07月			2015年08月			2015年09月			2015年10月		
	合计	男	女	合计	男	女	合计	男	女	合计	男	女
全　省	**186**	**110**	**77**	**163**	**94**	**69**	**161**	**89**	**72**	**165**	**95**	**70**
广州市	**16**	**11**	**5**	**10**	**7**	**3**	**3**	**3**		**11**	**3**	**8**
白云区	1		1	3	1	1	1	1		4	1	3
番禺区	1	1										
花都区				1	1							
南沙区	5	2	3	2	2		1	1		2		2
从化区	1	1	1	1	1					2	1	1
增城区	7	7		4	2	2	1	1		3	1	2
韶关市	**4**	**3**	**1**	**6**	**3**	**3**	**5**	**3**	**1**	**11**	**7**	**4**
浈江区				1		1						
曲江区	1		1									
始兴县	1	1		1		1	1			2	1	1
仁化县												
翁源县	1	1		1	1	1	1	1		3	2	1
乳源瑶族自治县				1			1	1		1	1	
新丰县				1	1					2	1	1
乐昌市				1	1		1	1		2	1	1
南雄市	1	1					1	1		1	1	
珠海市	**2**	**2**					**1**	**1**		**1**	**1**	
斗门区	1	1					1	1				
金湾区	1	1								1	1	
汕头市	**19**	**15**	**4**	**18**	**10**	**9**	**18**	**13**	**6**	**17**	**11**	**6**
龙湖区				2	1	1	2	1	1	3	2	1
濠江区												
潮阳区	7	7		7	4	4	9	5	4	5	4	1
潮南区	2	2		4	2	1	4	4		2		2
澄海区	7	4	4	4	2	3	4	3	1	6	4	2
南澳县	3	2	1	1	1		1	1		1	1	
佛山市	**1**		**1**				**1**	**1**		**4**	**3**	**1**
禅城区	1		1							2	1	1
南海区										2	2	
三水区							1	1		1	1	
高明区												
江门市	**5**	**3**	**2**	**5**	**4**	**1**	**5**	**3**	**2**	**5**	**1**	**4**
新会区	2	1	1	1	1		1	1				
台山市				2	2		2	1	1	4	1	3
开平市	1		1	1	1		1		1			
鹤山市	2	2					1	1				
恩平市				2		1	1			1		1

1-8b 续表 4 单位：人

地 区	死亡人口			2014年11月			2014年12月		
	合计	男	女	合计	男	女	合计	男	女
湛江市	**129**	**72**	**57**	**9**	**5**	**4**	**16**	**14**	**2**
坡头区	4	2	1	1		1	1		1
麻章区	5	2	3	1		1			
遂溪县	28	17	11	2	2		3	3	
徐闻县	20	16	4	1	1		2	2	
廉江市	31	15	16	1		1	5	4	1
雷州市	23	14	10	2	2		5	5	
吴川市	17	6	11	1		1			
茂名市	**117**	**74**	**43**	**13**	**9**	**4**	**12**	**11**	**2**
茂南区	7	3	3	1		1	1	1	
电白区	46	32	14	4	4		3	3	
高州市	20	13	7	3	2	1	2	1	1
化州市	23	14	8	3	2	1	3	3	
信宜市	22	12	10	2	1	1	4	3	1
肇庆市	**117**	**70**	**47**	**10**	**7**	**3**	**12**	**5**	**7**
鼎湖区	4	2	2						
广宁县	26	15	12	2	2		2		2
怀集县	32	24	8	4	3	1	3	2	1
封开县	15	7	7				2		2
德庆县	8	4	4	2	1	1	2	1	1
高要市	28	16	12	2	1	1	2	1	1
四会市	4	2	2						
惠州市	**85**	**52**	**33**	**4**	**2**	**2**	**5**	**3**	**2**
惠城区	3		3						
惠阳区	3	1	3						
博罗县	23	19	4	2	1	1			
惠东县	29	16	14	1		1	4	2	2
龙门县	26	17	9	1	1		1	1	
梅州市	**206**	**108**	**98**	**13**	**7**	**6**	**13**	**6**	**7**
梅江区	1		1						
梅县区	18	13	5	2	2	1			
大埔县	20	6	14	1		1	1		1
丰顺县	43	19	24	4	1	4	4	1	2
五华县	58	37	21	2	2		2	2	
平远县	15	7	8	1	1		2	1	1
蕉岭县	22	12	9	2	2	1	1	1	
兴宁市	30	13	16				3	1	2
汕尾市	**130**	**74**	**56**	**6**	**5**	**1**	**7**	**4**	**3**
城区	10	6	4				1	1	
海丰县	53	30	23	3	2	1	1		1
陆河县	26	14	12	1	1		2	1	1
陆丰市	41	25	16	1	1		4	3	1

1-8b 续表 5

单位：人

地区	2015年01月			2015年02月			2015年03月		
	合计	男	女	合计	男	女	合计	男	女
湛江市	**7**	**3**	**4**	**5**	**2**	**3**	**12**	**7**	**6**
坡头区									
麻章区	1	1							
遂溪县	1	1		2	1	1	4	2	2
徐闻县							3	3	
廉江市	4	1	2				1		1
雷州市	1		1	1	1		2	1	1
吴川市	1	1		2		2	2		2
茂名市	**2**	**1**	**2**	**10**	**4**	**6**	**12**	**7**	**5**
茂南区	1		1	2	2	1	1		1
电白区				2	1	1	3	2	1
高州市	1		1	3	1	2	3	2	1
化州市	1	1		2	1	1	3	3	1
信宜市				1		1	2	1	2
肇庆市	**7**	**6**	**1**	**11**	**4**	**7**	**13**	**8**	**5**
鼎湖区				1			1		1
广宁县	1	1		5	2	3	3	2	1
怀集县	1	1		2	1	1	3	3	
封开县	1	1		3	1	1	1	1	1
德庆县									
高要市	4	3	1	1		1	4	1	3
四会市							1	1	
惠州市	**8**	**6**	**2**	**10**	**7**	**4**	**9**	**4**	**5**
惠城区				1		1			
惠阳区	1	1		1		1	1		1
博罗县				3	3		2	1	1
惠东县	4	3	1	3	2	1	3	2	1
龙门县	2	2	1	2	1	1	3	1	2
梅州市	**10**	**4**	**5**	**15**	**5**	**9**	**20**	**13**	**7**
梅江区				1		1			
梅县区				1	1		3	3	
大埔县				2	1	1	3	1	1
丰顺县	2	1	1	3	1	1	4	3	1
五华县	2	1	1	3	1	2	5	2	3
平远县	1		1	3	2	2	1		
蕉岭县	2	1	1	2		2	2	1	1
兴宁市	3	2	1	1		1	2	2	
汕尾市	**10**	**4**	**6**	**15**	**8**	**6**	**15**	**6**	**9**
城区	1		1				1	1	1
海丰县	5	2	3	7	6	1	5	2	3
陆河县	1		1	3	1	2	2	1	1
陆丰市	4	2	1	4	1	4	7	3	4

1-8b 续表 6

单位：人

地 区	2015年04月			2015年05月			2015年06月		
	合计	男	女	合计	男	女	合计	男	女
湛江市	**12**	**9**	**4**	**12**	**10**	**2**	**8**	**3**	**6**
坡头区							1	1	
麻章区				1	1		2	1	1
遂溪县	1		1	3	2	1	1	1	
徐闻县	4	3	1	1	1		1		1
廉江市	4	2	1	5	4	1			
雷州市	1	1		1	1		2		2
吴川市	3	2	1	1	1		2	1	1
茂名市	**4**	**3**	**1**	**17**	**10**	**7**	**11**	**9**	**2**
茂南区				1	1				
电白区	2	2		10	6	4	6	4	1
高州市				3	2	1	1	1	
化州市	1	1		1		1	3	3	1
信宜市	1		1	2	2	1	2	2	
肇庆市	**7**	**5**	**2**	**11**	**9**	**2**	**10**	**8**	**2**
鼎湖区				1	1				
广宁县	3	2	1				3	2	1
怀集县	2	2		6	4	1	4	4	1
封开县	1	1	1	1	1	1			
德庆县							1	1	
高要市	1	1		1	1		1	1	
四会市				1	1				
惠州市	**10**	**5**	**5**	**4**	**2**	**2**	**9**	**7**	**2**
惠城区									
惠阳区									
博罗县				1	1		5	5	
惠东县	5	3	2	2		2	2	1	1
龙门县	4	2	2	1	1		2	1	1
梅州市	**18**	**11**	**8**	**14**	**9**	**5**	**21**	**12**	**9**
梅江区									
梅县区	2	2	1	1		1	1	1	
大埔县	1		1	2	1	1	3	1	1
丰顺县	4	1	2	1		1	3	2	1
五华县	6	4	2	3	3		11	6	5
平远县	1		1	2		1			
蕉岭县	2	2		2	1	1	3	2	1
兴宁市	3	2	1	4	4	1	1		1
汕尾市	**16**	**13**	**3**	**13**	**7**	**6**	**11**	**7**	**5**
城区	1	1	1	1	1		3	1	1
海丰县	6	5	2	5	2	4	2	1	1
陆河县	3	2	1	3	2	1	5	2	2
陆丰市	5	5		3	1	1	2	2	

1-8b 续表 7

单位：人

地区	2015年07月			2015年08月			2015年09月			2015年10月		
	合计	男	女	合计	男	女	合计	男	女	合计	男	女
湛江市	**10**	**4**	**6**	**8**	**4**	**4**	**18**	**7**	**11**	**11**	**5**	**6**
坡头区	1	1					1	1		1	1	
麻章区	1	1					1		1			
遂溪县	2	2	1	3	2	2	2		2	5	2	3
徐闻县	1	1		2	1	1	2	1	1	3	3	
廉江市	2		2	1	1		6	2	4	1		1
雷州市	1		1	1		1	4	1	2			
吴川市	2		2				3	2	2	2		2
茂名市	**12**	**7**	**5**	**10**	**7**	**3**	**6**	**1**	**4**	**8**	**5**	**3**
茂南区												
电白区	6	3	2	2	2		3		3	4	3	1
高州市	3	3		3	2	1				1	1	
化州市	1		1	2	1	1	1	1		2	1	1
信宜市	2	1	2	3	2	1	2	1	1	1		1
肇庆市	**10**	**7**	**3**	**7**	**1**	**6**	**9**	**4**	**5**	**9**	**5**	**4**
鼎湖区												
广宁县	4	3	1	2		2	2	1	1	2	1	1
怀集县	2	1	1	1	1	1	1	1	1	3	2	1
封开县	1	1		1	1	1	1		1	1	1	
德庆县							1		1			
高要市	2	1	1	2		2	4	2	2	2	1	1
四会市	1		1							1		1
惠州市	**7**	**5**	**1**	**11**	**7**	**5**	**6**	**4**	**2**	**2**	**1**	**1**
惠城区	1		1									
惠阳区				1		1						
博罗县	3	3		4	3	1	2	1	1			
惠东县	1	1		3	1	2						
龙门县	1	1		3	2	1	4	3	1	2	1	1
梅州市	**30**	**15**	**15**	**15**	**11**	**4**	**20**	**7**	**13**	**18**	**8**	**10**
梅江区												
梅县区	4	2	2	1		1	1	1		2	2	
大埔县	1		1	2	1	1	4	1	3	1		1
丰顺县	5	1	4	3	1	1	3	2	1	7	3	4
五华县	13	9	4	5	5		6	2	4	2	1	1
平远县	2	1								2	1	2
蕉岭县	2	1	1	2	2		1		1	1		1
兴宁市	4	1	3	3	1	2	5	1	4	2	1	1
汕尾市	**9**	**5**	**4**	**6**	**3**	**3**	**11**	**4**	**7**	**10**	**8**	**2**
城区							1	1				
海丰县	5	3	2	4	2	2	5	1	5	6	5	1
陆河县	2	1	1				2	1	1			
陆丰市	3	1	1	2	1	1	3	1	1	4	3	1

1-8b 续表 8 单位：人

地 区	死亡人口			2014年11月			2014年12月		
	合计	男	女	合计	男	女	合计	男	女
河源市	**78**	**49**	**29**	**6**	**4**	**2**	**11**	**6**	**5**
紫金县	23	15	8	2	2		2	1	1
龙川县	20	14	6	2	1	1	4	3	1
连平县	8	4	4						
和平县	17	9	8	1	1		4	2	3
东源县	10	8	2	1	1		1		1
阳江市	**89**	**56**	**33**	**8**	**4**	**4**	**10**	**5**	**5**
江城区	16	10	6	1		1			
阳西县	27	19	8	2	1	1	2	1	1
阳东县	22	13	9	2	2	1	3	1	2
阳春市	25	14	11	2	1	2	4	2	2
清远市	161	96	65	19	13	7	11	5	6
清城区	41	22	19	3	2	1	2		2
清新区	32	20	13	2		2	2	2	
佛冈县	17	10	7	3	2	1	2	1	1
阳山县	27	19	8	4	3	1	2	1	2
连山壮族瑶族自治县	5	2	2	1					
连南瑶族自治县	8	7	1	1	1		1	1	
英德市	24	12	12	6	3	2	2		2
连州市	7	5	2	1	1		1	1	
中山市	**73**	**40**	**32**	**3**		**3**	**3**	**3**	
潮州市	**115**	**61**	**55**	**7**	**5**	**2**	**9**	**5**	**4**
湘桥区	16	10	6	1	1		2	2	
潮安区	39	25	14	4	3	1	3	1	2
饶平县	60	25	35	3	2	1	5	3	2
揭阳市	**208**	**134**	**74**	**17**	**13**	**4**	**21**	**15**	**6**
榕城区	16	7	8	2	2		1	1	
揭东区	33	26	7	2	2				
揭西县	46	27	19	4	2	2	6	4	2
惠来县	62	40	22	6	4	2	6	4	2
普宁市	51	33	18	3	3		8	6	2
云浮市	**66**	**45**	**22**	**4**	**3**	**1**	**2**	**2**	
云城区	3	1	2						
云安区	5	4	2	1	1				
新兴县	20	11	10	2	1	1	1	1	
郁南县	20	15	5	1	1		1	1	
罗定市	18	14	4				1	1	

1-8b 续表 9

单位：人

地区	2015年01月			2015年02月			2015年03月		
	合计	男	女	合计	男	女	合计	男	女
河源市	**5**	**4**	**1**	**7**	**6**	**1**	**12**	**9**	**3**
紫金县				1	1		6	5	1
龙川县	1	1		2	2		1	1	
连平县	2	1							
和平县				2	1	1	2		2
东源县	2	1	1	1	1		2	2	
阳江市	**6**	**3**	**3**	**2**	**2**		**7**	**4**	**2**
江城区	1	1		1	1				
阳西县	3	1	1	1	1		4	3	1
阳东县	1		1						
阳春市	2	1	1				2	2	1
清远市	13	8	5	12	7	5	16	12	4
清城区	4	2	2	2		2	8	7	1
清新区	2	2	1	9	6	2	3	2	1
佛冈县	2	1	1	1		1	1		1
阳山县	3	2	1	1	1		2	2	
连山壮族瑶族自治县									
连南瑶族自治县	1	1					2	2	
英德市	1	1					1		1
连州市							1		1
中山市	**10**	**2**	**8**	**11**	**5**	**6**	**6**	**3**	**3**
潮州市	**7**	**3**	**5**	**10**	**7**	**3**	**13**	**4**	**8**
湘桥区	1	1		2	2		2	1	2
潮安区	3	1	2	4	4	1	6	4	3
饶平县	4	1	3	4	2	2	4		4
揭阳市	**13**	**7**	**6**	**17**	**8**	**9**	**12**	**7**	**5**
榕城区	1		1	1		1	1		1
揭东区	3	3		4	4		1		1
揭西县	3	1	2				2	1	1
惠来县				7	4	3	6	4	2
普宁市	6	3	3	5		5	2	2	
云浮市	**1**	**1**		**6**	**3**	**3**	**7**	**6**	**1**
云城区							1		1
云安区									
新兴县				3	1	3	1	1	
郁南县				1	1		3	3	
罗定市	1	1		1	1		2	2	1

1-8b 续表 10　　　　单位：人

地　区	2015年04月			2015年05月			2015年06月		
	合计	男	女	合计	男	女	合计	男	女
河源市	**6**	**3**	**3**	**7**	**4**	**3**	**4**	**1**	**3**
紫金县	2	1	1	4	2	2	2		2
龙川县	2	1	1	1	1	1			
连平县							1	1	
和平县	1		1	1		1	1		
东源县	1	1		1	1				
阳江市	**9**	**6**	**3**	**12**	**7**	**6**	**9**	**6**	**3**
江城区	4	2	2	4	2	2	2	1	1
阳西县	1	1	1	3	2	1	3	2	1
阳东县	3	3		2	2	1	2	2	1
阳春市	1	1		3	1	2	2	1	1
清远市	9	5	4	9	6	3	17	8	9
清城区	1	1					5	1	4
清新区	1		1	3	3				
佛冈县	1		1	2	1	1	2	2	
阳山县	2	2		2	1	1	6	3	3
连山壮族瑶族自治县	1						1		
连南瑶族自治县									
英德市	2	1	1	2	1	1	2	1	1
连州市	1	1	1	1		1	1	1	
中山市	**8**	**5**	**3**	**6**	**6**		**10**	**5**	**5**
潮州市	**16**	**8**	**9**	**9**	**6**	**3**	**4**	**3**	**2**
湘桥区	2	1	2	1	1		2	2	1
潮安区	2	1	1						
饶平县	12	6	6	8	5	3	2	1	1
揭阳市	**16**	**10**	**7**	**37**	**28**	**9**	**14**	**10**	**4**
榕城区	1		1	3	2	1	1		1
揭东区	3	2	1	6	5	1	2	1	1
揭西县	1	1		9	8	1	5	4	1
惠来县	8	5	3	11	8	3	3	2	1
普宁市	3	2	2	8	5	3	3	3	
云浮市	**8**	**6**	**2**	**9**	**4**	**4**	**6**	**4**	**1**
云城区									
云安区				1					
新兴县	3	3	1	1	1	1	2	1	1
郁南县	1	1		4	2	2	2	1	1
罗定市	4	3	1	3	2	2	2	2	

1-8b 续表 11 单位：人

地　　区	2015年07月			2015年08月			2015年09月			2015年10月		
	合计	男	女	合计	男	女	合计	男	女	合计	男	女
河源市	**8**	**6**	**2**	**4**	**1**	**2**	**4**	**2**	**2**	**5**	**3**	**2**
紫金县	3	3		1		1	1	1		1		1
龙川县	4	3	1	1	1	1	1		1	2	2	1
连平县	1		1	1		1						
和平县				1	1		1	1		1	1	
东源县	1		1				1		1	1	1	
阳江市	**8**	**6**	**3**	**7**	**5**	**2**	**6**	**4**	**2**	**6**	**5**	**2**
江城区				1	1					2	2	
阳西县	3	3		3	1	1	1	1		2	2	
阳东县	2	1	2	1	1	1	3	2	2	1	1	
阳春市	3	2	1	2	2		2	2		2		2
清远市	10	4	5	14	9	5	17	9	7	15	9	6
清城区	3	1	2	4	3	1	6	3	3	5	3	2
清新区	2	1	2	2	1	1	4	2	2	3	2	2
佛冈县	1	1		1		1	2	2	1	1	1	
阳山县	2	1	1	3	2	1	1	1		1	1	
连山壮族瑶族自治县				1						1		
连南瑶族自治县	1	1										
英德市	1		1	2	2	1	3	2	2	4	2	2
连州市				1	1		1	1		1		1
中山市	**3**	**2**	**2**	**2**	**2**		**2**	**2**		**8**	**6**	**2**
潮州市	**11**	**4**	**6**	**13**	**6**	**6**	**9**	**5**	**4**	**8**	**5**	**3**
湘桥区	2	1	1	2	1	1				1		1
潮安区	6	4	3	7	4	3	4	4		2	2	
饶平县	3		3	4	1	3	5	1	4	5	3	2
揭阳市	**16**	**9**	**7**	**21**	**12**	**9**	**15**	**11**	**4**	**9**	**4**	**4**
榕城区	1	1		2	1	1	1		1			
揭东区	3	2	1	5	4	1	3	2	1	1	1	
揭西县	3	1	2	4	1	3	4	2	2	5	2	3
惠来县	6	2	4	5	4	1	1	1		1	1	
普宁市	3	3		5	2	3	6	6		2		2
云浮市	**4**	**2**	**2**	**6**	**3**	**3**	**6**	**5**	**1**	**7**	**4**	**3**
云城区	1		1				1	1		1	1	1
云安区										2	1	1
新兴县	1	1	1	3	1	2	1		1	3	1	1
郁南县	2	1	1	3	2	1	2	2		1	1	
罗定市				1	1		2	2		2	1	1

1-8c 各地区分性别、月份的死亡人口（乡村）（2014.11.1-2015.10.31）

单位：人

地 区	死亡人口			2014年11月			2014年12月		
	合计	男	女	合计	男	女	合计	男	女
全 省	**5109**	**3001**	**2108**	**398**	**238**	**160**	**481**	**279**	**202**
广州市	**202**	**117**	**85**	**16**	**8**	**8**	**15**	**9**	**6**
白云区	37	19	18	1	1		1		1
番禺区	21	12	10	2		2			
花都区	31	15	16	3	1	2	4	1	3
南沙区	16	8	7	2	2	1	2	1	1
萝岗区	10	5	5						
从化区	49	33	16	2	1	1	5	4	1
增城区	38	26	13	5	3	3	3	3	
韶关市	**259**	**148**	**111**	**17**	**13**	**5**	**18**	**11**	**7**
武江区	13	8	5	1	1		2	1	
浈江区	14	7	7				2	1	1
曲江区	21	11	10	2	2		2	1	1
始兴县	26	13	12	3	2	1	2	1	1
仁化县	17	10	7	1	1		2	1	1
翁源县	53	22	31	3	1	2	1		1
乳源瑶族自治县	24	15	9	1	1		2	1	1
新丰县	24	18	6	1	1		2	2	
乐昌市	36	22	14	4	3	1	2	1	1
南雄市	31	21	10	2	1	1	2	1	1
珠海市	**20**	**9**	**12**	**1**	**1**		**2**	**1**	**1**
斗门区	20	9	12	1	1		2	1	1
汕头市	**213**	**127**	**86**	**21**	**11**	**10**	**25**	**15**	**9**
龙湖区	14	9	5				2	1	1
金平区	4	3	1				1	1	
濠江区	14	9	5	1	1				
潮阳区	90	49	41	10	5	6	13	8	5
潮南区	61	45	17	7	6	1	8	4	4
澄海区	27	11	16	2		2	1	1	
南澳县	3	2	1	1					
佛山市	**73**	**28**	**44**	**4**	**2**	**2**	**7**	**3**	**4**
南海区	16	3	13						
顺德区	2	2							
三水区	32	16	16	3	1	2	5	1	3
高明区	23	8	15	1	1		2	1	1
江门市	**328**	**162**	**166**	**22**	**9**	**13**	**21**	**6**	**14**
蓬江区	1								
新会区	51	27	24	3	1	2	4	2	2
台山市	131	67	64	10	3	7	10	1	9
开平市	72	37	35	5	4	2	3	2	2
鹤山市	42	23	19	3	1	2	3	2	2
恩平市	32	8	24						

1-8c 续表 1 单位：人

地区	2015年01月			2015年02月			2015年03月		
	合计	男	女	合计	男	女	合计	男	女
全省	**408**	**235**	**173**	**389**	**231**	**157**	**471**	**265**	**206**
广州市	**12**	**7**	**5**	**16**	**12**	**4**	**12**	**7**	**5**
白云区	1	1		3	1	1			
番禺区	4	4		2	2		2		2
花都区	3	1	2	1	1		3	2	1
南沙区				2	1	1	1		1
萝岗区	1		1	1			1	1	
从化区	1	1	1	4	3	1	3	1	1
增城区	1		1	4	3	1	3	3	
韶关市	**22**	**11**	**11**	**19**	**8**	**11**	**22**	**14**	**8**
武江区							1	1	
浈江区	2	2		2		2	2		2
曲江区	3	1	2	3	1	2	1	1	1
始兴县	2	1	2	2	1	2	1	1	1
仁化县	1	1	1	1	1	1	1	1	1
翁源县	4	1	3	4	2	2	5	3	2
乳源瑶族自治县				1		1	4	3	2
新丰县	3	2	1	2	1	1	1	1	
乐昌市	4	3	1	1	1		3	2	1
南雄市	3	2	1	3	1	2	3	3	
珠海市	**2**		**2**				**1**		**1**
斗门区	2		2				1		1
汕头市	**18**	**9**	**8**	**13**	**7**	**6**	**15**	**9**	**6**
龙湖区	1		1	1	1		1	1	
金平区				2	1	1	1	1	
濠江区	2	1	1	2	1	1	1	1	1
潮阳区	8	3	5	3	1	2	8	5	3
潮南区	4	4		1	1		1	1	
澄海区	2	1	1	3	1	1	1		1
南澳县									
佛山市	**6**	**2**	**4**	**6**	**3**	**3**	**4**	**4**	**1**
南海区				3	3				
顺德区									
三水区	3	1	2	2		2	2	2	
高明区	3	1	2	1	1	1	2	1	1
江门市	**42**	**23**	**20**	**25**	**15**	**9**	**42**	**16**	**26**
蓬江区									
新会区	5	4	1	3	2	1	5	2	3
台山市	12	7	6	10	6	5	17	9	8
开平市	11	3	8	10	6	4	5	1	4
鹤山市	6	5	2	2	2		8	5	3
恩平市	8	4	4				8		8

1-8c 续表 2 单位：人

地 区	2015年04月			2015年05月			2015年06月		
	合计	男	女	合计	男	女	合计	男	女
全 省	**401**	**233**	**168**	**474**	**299**	**175**	**438**	**257**	**181**
广州市	**16**	**7**	**9**	**20**	**11**	**9**	**14**	**9**	**5**
白云区	3	1	1	5	1	4	4	4	
番禺区									
花都区	2	1	1	3	1	2	3	1	2
南沙区	1		1				1	1	
萝岗区	1		1	2		1			
从化区	3	2	1	6	5	2	5	3	2
增城区	6	3	4	4	4		1		1
韶关市	**14**	**9**	**5**	**28**	**14**	**13**	**29**	**16**	**13**
武江区				3	2		2	1	
浈江区							2		2
曲江区				2	2		3	1	3
始兴县	1	1		2		2	3	2	1
仁化县	2	2		2	1	1	2	2	1
翁源县	3	2	2	5	2	3	6	2	4
乳源瑶族自治县	3	1	2	2	2	1	3	3	
新丰县	3	2	1	4	2	1	3	2	1
乐昌市				5	1	4	4	3	1
南雄市	1	1		3	3	1	2	1	1
珠海市	**1**		**1**	**1**	**1**	**1**	**2**	**1**	**1**
斗门区	1		1	1	1	1	2	1	1
汕头市	**11**	**9**	**2**	**23**	**17**	**6**	**21**	**12**	**10**
龙湖区	2	1	1	1	1		1	1	
金平区									
濠江区	1	1	1	2	1	1	1	1	
潮阳区	2	2		10	7	3	9	6	3
潮南区	4	4		8	7	1	6	3	3
澄海区	1	1	1	1	1	1	5	1	4
南澳县									
佛山市	**13**	**5**	**9**	**5**	**1**	**4**	**9**	**2**	**7**
南海区	5		5	3		3	3		3
顺德区	2	2							
三水区	3	2	1	1		1	3	2	1
高明区	3	1	2	1	1		3		3
江门市	**18**	**6**	**11**	**21**	**12**	**9**	**30**	**15**	**15**
蓬江区									
新会区	2	2		1		1	2	1	1
台山市	8	1	7	12	6	7	11	7	5
开平市	5	2	3	4	3	1	11	7	4
鹤山市	3	2	2	4	3	1	2		2
恩平市							4		4

1-8c 续表 3

单位：人

地区	2015年07月			2015年08月			2015年09月			2015年10月		
	合计	男	女	合计	男	女	合计	男	女	合计	男	女
全 省	**422**	**255**	**166**	**421**	**245**	**176**	**378**	**213**	**165**	**429**	**251**	**178**
广州市	**19**	**12**	**7**	**26**	**15**	**11**	**16**	**12**	**4**	**20**	**9**	**11**
白云区	4	1	3	4	3	1	4	3	1	8	3	5
番禺区	2		2	8	4	4	2	2				
花都区	3	2	1	2	1	1	1	1		3	2	1
南沙区	1	1		2		2	2	1	1	2	1	1
萝岗区				1	1		1	1		1		
从化区	7	6	1	5	3	1	3	1	2	6	3	3
增城区	1	1		5	4	1	4	4		1		1
韶关市	**22**	**13**	**9**	**29**	**14**	**15**	**18**	**12**	**6**	**22**	**13**	**9**
武江区	1		1	1	1		1			1		
浈江区	2	2		3	2	1	2	1	1			
曲江区	2	1	1	2	1	1	1	1		3	1	2
始兴县	3		3	4	3	1	4	3	1	1		1
仁化县	1	1		1	1	1	1	1		1		1
翁源县	6	3	3	9	2	7	4	2	2	3	2	1
乳源瑶族自治县	2	1	1	3	1	2	3	2	1	3	3	
新丰县	1	1					1	1		1	1	
乐昌市	2	2		5	2	3	1	1		7	4	3
南雄市	4	3	1	3	1	1	1	1		3	1	1
珠海市	**3**	**1**	**1**	**1**	**1**	**1**	**1**	**1**	**1**	**3**	**1**	**1**
斗门区	3	1	1	1	1	1	1	1	1	3	1	1
汕头市	**16**	**10**	**6**	**19**	**13**	**6**	**15**	**4**	**11**	**17**	**12**	**5**
龙湖区	2	1	1	3	2	2				1	1	
金平区												
濠江区	3	2	1	1	1					1	1	
潮阳区	3	1	2	3	2	1	9	2	7	8	6	2
潮南区	4	4		8	7	1	3		3	6	3	3
澄海区	4	1	2	3	1	1	2	1	1	1	1	
南澳县							1		1			
佛山市	**3**	**1**	**2**	**5**	**1**	**3**	**6**	**5**	**1**	**4**		**4**
南海区				3		3						
顺德区												
三水区	1	1		1	1		3	3		2		2
高明区	2		2	1		1	2	1	1	2		2
江门市	**17**	**7**	**10**	**28**	**14**	**14**	**23**	**14**	**9**	**40**	**24**	**16**
蓬江区												
新会区	4	2	2	5	3	2	6	3	3	11	5	6
台山市	8	3	5	11	9	2	8	7	1	11	8	3
开平市	5	2	3	5	2	2	5	3	2	5	3	2
鹤山市	1		1	3		3	4	2	2	5	4	1
恩平市				4		4				8	4	4

1-8c 续表 4 单位：人

地 区	死亡人口			2014年11月			2014年12月		
	合计	男	女	合计	男	女	合计	男	女
湛江市	**455**	**280**	**175**	**46**	**29**	**17**	**45**	**31**	**15**
赤坎区	1								
霞山区	1		1						
坡头区	15	9	6	2		2	3	2	1
麻章区	16	7	8	3	1	2	1	1	
遂溪县	67	43	25	6	4	2	6	2	4
徐闻县	35	17	18	3	1	2	3	2	1
廉江市	164	101	62	16	13	4	15	9	6
雷州市	113	69	43	13	9	4	14	12	3
吴川市	44	32	11	3	2	1	3	3	
茂名市	**455**	**293**	**162**	**38**	**25**	**13**	**45**	**28**	**18**
茂南区	25	17	8	4	3	2	3	3	1
电白区	120	79	41	10	7	3	15	8	7
高州市	97	52	45	6	6		7	4	4
化州市	112	74	39	11	7	4	12	9	4
信宜市	102	71	30	8	3	5	8	5	3
肇庆市	**386**	**225**	**161**	**36**	**22**	**14**	**47**	**29**	**18**
鼎湖区	16	11	5				2	2	
广宁县	57	30	27	7	3	5	6	4	3
怀集县	94	65	29	11	10	1	18	12	6
封开县	47	25	22	3	2	2	5	3	2
德庆县	46	25	21	8	5	3	4	1	2
高要市	92	52	40	6	3	3	8	4	4
四会市	34	17	17	1		1	4	3	1
惠州市	**219**	**140**	**79**	**15**	**11**	**4**	**24**	**17**	**7**
惠城区	38	25	14	5	3	1	8	6	2
惠阳区	20	10	10	3	2	1	3	2	1
博罗县	57	29	28	1		1	3	2	1
惠东县	58	43	14	2	2		4	2	1
龙门县	46	33	13	5	4	1	6	5	2
梅州市	**460**	**274**	**186**	**28**	**13**	**15**	**52**	**28**	**24**
梅江区	9	5	4				1	1	1
梅县区	41	22	18	2		2	4	2	2
大埔县	55	35	20	6	3	2	9	7	2
丰顺县	58	30	28	4		4	4	2	3
五华县	155	96	59	10	6	4	15	6	9
平远县	26	16	9	1			1	1	
蕉岭县	24	13	11	2	1	1	3	2	1
兴宁市	92	56	36	3	2	1	14	9	5

1-8c 续表 5

单位：人

地 区	2015年01月			2015年02月			2015年03月		
	合计	男	女	合计	男	女	合计	男	女
湛江市	**29**	**19**	**11**	**23**	**13**	**10**	**47**	**27**	**20**
赤坎区									
霞山区									
坡头区				2	1	1			
麻章区	1		1	1		1	1	1	1
遂溪县	3	3		3	3		4	1	3
徐闻县	1	1		3	1	2	4	3	2
廉江市	13	8	5	6	4	2	16	9	7
雷州市	9	6	3	7	4	3	13	9	4
吴川市	2	1	1	1	1		8	4	3
茂名市	**32**	**21**	**11**	**37**	**23**	**14**	**43**	**29**	**14**
茂南区	2	1	1	3	3	1	1	1	
电白区	7	7		11	5	7	11	11	
高州市	6	4	2	2		2	6		6
化州市	11	9	2	14	11	4	14	9	5
信宜市	8	2	6	6	5	2	11	8	3
肇庆市	**30**	**20**	**10**	**25**	**15**	**9**	**31**	**15**	**16**
鼎湖区	2	1					3	1	2
广宁县	4	3	1	5	3	3	7	3	5
怀集县	7	7		3	2	1	4	2	2
封开县	2	1	1	5	2	3	3	3	
德庆县	2	1	1	1	1		5	3	2
高要市	10	5	5	6	4	2	9	3	6
四会市	4	2	2	3	2	1			
惠州市	**17**	**9**	**8**	**14**	**8**	**6**	**18**	**10**	**8**
惠城区	5	1	3	3		3	2	2	
惠阳区	3		3	1		1	1		1
博罗县	5	3	1				6	1	5
惠东县	2	2		6	6		6	4	2
龙门县	2	2		4	2	2	4	3	1
梅州市	**34**	**22**	**12**	**44**	**31**	**12**	**43**	**28**	**16**
梅江区				1	1		1	1	
梅县区	4	3	1	4	2	2	2		2
大埔县	6	3	2	3		3	6	5	1
丰顺县	6	4	3	10	8	2	4	1	3
五华县	7	6	1	12	12		21	13	7
平远县	3	3		3	2	1			
蕉岭县	2	1	1	1	1				
兴宁市	5	2	3	10	5	4	10	9	1

1-8c 续表 6

单位：人

地 区	2015年04月			2015年05月			2015年06月		
	合计	男	女	合计	男	女	合计	男	女
湛江市	**40**	**24**	**15**	**44**	**28**	**16**	**49**	**22**	**26**
赤坎区									
霞山区									
坡头区	1		1	2	2		1	1	
麻章区	2	2		2	1	1	1		1
遂溪县	7	3	4	5	4	1	10	6	5
徐闻县	4	2	3	3	2	2	3	1	3
廉江市	16	9	7	18	8	9	16	9	7
雷州市	7	6	1	9	6	3	14	4	10
吴川市	2	2		6	6		1	1	
茂名市	**35**	**20**	**16**	**54**	**41**	**13**	**34**	**22**	**12**
茂南区	2	2		1	1		1	1	
电白区	8	7	2	10	8	2	11	5	7
高州市	6		6	13	9	4	7	4	4
化州市	12	7	5	12	9	4	5	4	2
信宜市	8	5	3	18	14	5	9	9	
肇庆市	**39**	**25**	**13**	**27**	**16**	**11**	**38**	**23**	**14**
鼎湖区	3	2	1	1	1				
广宁县	4	3	1	4	3	1	5	3	2
怀集县	5	5		7	2	4	16	10	6
封开县	6	3	3	6	4	2	4	3	1
德庆县	4	3	1	4	2	2	3	1	2
高要市	13	8	5	5	3	2	6	4	2
四会市	4	2	2				5	3	2
惠州市	**19**	**13**	**6**	**16**	**12**	**4**	**21**	**13**	**8**
惠城区	1	1		1		1	1	1	
惠阳区	1	1		2	2		5	3	3
博罗县	12	8	3	3	2	1	2	1	1
惠东县	1		1	5	4	1	9	7	2
龙门县	5	3	2	5	4	1	3	1	2
梅州市	**31**	**20**	**11**	**44**	**28**	**16**	**41**	**24**	**17**
梅江区				1	1		1		1
梅县区	4	2	2	5	3	2	2	2	1
大埔县	3	2	1	3	2	1	3	2	1
丰顺县	4	2	2	7	4	4			
五华县	10	7	3	15	10	4	18	7	10
平远县	2	1	1	3	1	2	3	1	1
蕉岭县	3	2	1				4	4	1
兴宁市	4	3	1	10	6	3	10	7	2

1-8c 续表 7

单位：人

地　　区	2015年07月			2015年08月			2015年09月			2015年10月		
	合计	男	女	合计	男	女	合计	男	女	合计	男	女
湛江市	**30**	**23**	**7**	**30**	**17**	**14**	**39**	**28**	**11**	**32**	**18**	**14**
赤坎区												
霞山区												
坡头区	2	2		1	1	1	1	1		2	1	1
麻章区							1	1		1	1	
遂溪县	7	7		7	4	3	5	3	2	7	5	2
徐闻县	3	2	1	3	2	1	4	3	2	2		2
廉江市	13	8	5	8	6	2	12	11	1	13	6	7
雷州市	1	1		7	1	6	10	6	4	7	6	1
吴川市	4	3	1	4	3	1	7	4	2	1		1
茂名市	**41**	**22**	**19**	**40**	**26**	**14**	**30**	**15**	**15**	**26**	**22**	**3**
茂南区	2	2		2	1	1	3		3	2	2	
电白区	10	5	5	13	8	5	7	3	3	7	5	2
高州市	13	6	7	9	6	4	11	6	6	11	9	2
化州市	9	4	5	5	4	2	5	2	4	2	2	
信宜市	8	6	2	11	8	3	5	5		5	5	
肇庆市	**33**	**17**	**16**	**22**	**12**	**11**	**31**	**15**	**16**	**28**	**14**	**14**
鼎湖区							1	1		3	1	1
广宁县	4	2	2	2	1	1	3		3	7	5	3
怀集县	6	3	2	10	7	3	6	3	2	2	1	2
封开县	5	1	4	3		3	3	2	2	2	2	1
德庆县	4	3	1	2	1	1	4	2	2	4	1	3
高要市	10	5	5	4	3	2	9	6	3	5	3	3
四会市	5	3	2	1		1	5	1	4	4	2	2
惠州市	**28**	**20**	**8**	**15**	**12**	**4**	**14**	**8**	**6**	**17**	**8**	**9**
惠城区	7	5	2	2	2		1	1		2	2	
惠阳区	1	1					1		1			
博罗县	7	3	3	3	2	1	5	1	3	9	3	6
惠东县	7	6	1	7	5	2	5	5		4	1	2
龙门县	6	5	1	2	2		2	1	1	2	1	1
梅州市	**31**	**18**	**13**	**35**	**22**	**13**	**41**	**18**	**23**	**36**	**22**	**15**
梅江区	1		1	2	1	2	1	1		2	1	1
梅县区	4	2	2	3	2	1	2	1	1	2	2	1
大埔县	3	3		3	1	2	5	2	2	5	3	1
丰顺县	4	2	3	4	3	1	4	2	3	8	4	4
五华县	15	10	4	10	7	3	10	3	7	12	7	4
平远县	1		1	4	3	1	2	2		1	1	
蕉岭县	2		2	2		2	2	1	1	1	1	
兴宁市	1		1	6	4	2	15	6	9	5	2	3

1-8c 续表 8　　　　单位：人

地　区	死亡人口			2014年11月			2014年12月		
	合计	男	女	合计	男	女	合计	男	女
汕尾市	**146**	**91**	**54**	**9**	**8**	**2**	**12**	**7**	**5**
城区	15	9	6						
海丰县	52	28	24	6	5	1	2		2
陆河县	22	12	9	1			4	2	2
陆丰市	56	41	15	3	3		6	5	1
河源市	**317**	**184**	**133**	**32**	**19**	**13**	**31**	**20**	**11**
源城区									
紫金县	71	40	31	7	3	5	4	2	2
龙川县	114	65	49	14	9	5	11	6	4
连平县	26	18	9	2	2	1	3	3	
和平县	44	30	14	3	2	1	4	2	2
东源县	61	32	30	5	4	1	9	6	3
阳江市	**241**	**142**	**99**	**16**	**9**	**8**	**25**	**13**	**12**
江城区	35	21	14				4	3	2
阳西县	75	49	26	8	6	2	6	3	3
阳东县	44	26	18	4	2	2	4	2	2
阳春市	87	46	41	4	1	3	10	5	5
清远市	375	220	155	24	14	10	28	16	13
清城区	34	19	15	3	2	1	3	2	2
清新区	74	45	29	1		1	6	4	2
佛冈县	38	18	20	4	3	1	2	1	1
阳山县	52	27	25	3	2	2	2	2	1
连山壮族瑶族自治县	8	8	1	1	1				
连南瑶族自治县	13	9	4				1	1	
英德市	101	67	34	7	5	2	11	6	5
连州市	55	28	27	4	2	2	3	1	2
东莞市	**45**	**26**	**19**	**1**	**1**		**6**	**2**	**4**
中山市	**55**	**39**	**16**	**4**	**2**	**2**	**4**		**4**
潮州市	**155**	**76**	**79**	**12**	**7**	**5**	**13**	**6**	**7**
湘桥区	14	8	7				1		1
潮安区	69	33	36	9	3	5	5	3	3
饶平县	72	36	37	3	3		7	3	3
揭阳市	**451**	**271**	**180**	**35**	**26**	**10**	**40**	**20**	**20**
榕城区	27	16	12	1		1	3	2	2
揭东区	86	52	34	9	6	3	8	6	2
揭西县	97	58	39	12	10	2	6	3	3
惠来县	83	54	29	6	4	2	8	2	6
普宁市	157	91	66	8	6	2	16	8	8
云浮市	**254**	**148**	**105**	**20**	**9**	**11**	**21**	**18**	**3**
云城区	19	10	8	2	1	1	1		1
云安区	34	19	15	4	3	1	2	2	
新兴县	58	24	34	4	1	3	5	4	1
郁南县	52	33	18	4	2	2	5	4	1
罗定市	91	61	30	6	3	3	8	8	

1-8c 续表 9

单位：人

地区	2015年01月			2015年02月			2015年03月		
	合计	男	女	合计	男	女	合计	男	女
汕尾市	**5**	**3**	**2**	**10**	**5**	**6**	**14**	**8**	**6**
城区				2		2			
海丰县	2	1	1	2	1	1	5	2	2
陆河县	1		1	3	2	1	2	1	1
陆丰市	1	1		3	1	1	8	5	3
河源市	**20**	**10**	**10**	**25**	**12**	**13**	**35**	**19**	**16**
源城区									
紫金县	2	2		4	1	3	11	7	4
龙川县	10	4	5	9	3	5	13	6	6
连平县	1	1		2	2		5	2	3
和平县	1		1	5	3	2	2	2	
东源县	6	3	3	6	3	3	4	1	3
阳江市	**19**	**10**	**9**	**24**	**13**	**10**	**15**	**9**	**6**
江城区	2	2		3		3	4	3	2
阳西县	9	5	4	10	7	2	2	2	1
阳东县	3	1	2	1	1		1	1	
阳春市	5	2	3	10	5	5	7	4	3
清远市	35	20	16	33	19	14	39	23	16
清城区	8	3	4	4	2	3	2	2	
清新区	10	6	4	4	2	1	7	5	2
佛冈县	3	2	1	4	1	3	4	1	3
阳山县	4	3	1	5	2	2	7	2	5
连山壮族瑶族自治县				1	1				
连南瑶族自治县				1	1		1	1	
英德市	7	4	4	8	6	2	12	8	4
连州市	2	1	1	6	4	2	6	4	2
东莞市	**7**	**5**	**2**	**2**	**1**	**1**	**3**	**1**	**2**
中山市	**8**	**8**		**4**	**2**	**2**	**2**	**2**	
潮州市	**16**	**6**	**10**	**15**	**7**	**8**	**12**	**6**	**7**
湘桥区	2	2		1	1	1	1		1
潮安区	8	4	3	7	3	4	3		3
饶平县	7		7	7	3	3	9	6	3
揭阳市	**37**	**24**	**13**	**27**	**20**	**7**	**44**	**24**	**20**
榕城区	4	2	2	2		2	2	2	
揭东区	7	3	3	4	3	1	9	3	6
揭西县	9	5	4	5	3	2	15	6	9
惠来县	7	5	2	4	3	1	8	4	4
普宁市	11	9	2	13	11	2	11	9	2
云浮市	**17**	**8**	**9**	**28**	**17**	**11**	**28**	**15**	**13**
云城区	1	1	1	2	2		3	2	1
云安区	3	3	1	3	1	2	4	1	3
新兴县	5	1	4	6	5	1	7	3	4
郁南县	3	2	1	8	4	4	6	5	1
罗定市	5	2	3	8	5	3	8	3	5

1-8c 续表 10 单位：人

地 区	2015年04月			2015年05月			2015年06月		
	合计	男	女	合计	男	女	合计	男	女
汕尾市	**22**	**11**	**11**	**15**	**12**	**2**	**7**	**4**	**2**
城区	1	1		1	1		2	1	1
海丰县	8	2	6	6	5	1	3	2	1
陆河县	4	1	3	1	1		1	1	
陆丰市	9	6	3	6	5	1			
河源市	**23**	**15**	**8**	**27**	**16**	**12**	**27**	**15**	**12**
源城区									
紫金县	6	4	3	10	5	5	6	3	4
龙川县	10	7	2	6	4	2	6	2	4
连平县	1	1		3	2	1	2	2	
和平县	4	3	1	5	2	2	5	4	1
东源县	2		2	3	2	1	8	5	3
阳江市	**17**	**14**	**4**	**28**	**16**	**12**	**21**	**14**	**7**
江城区	3	3	1	3	3	1	1	1	
阳西县	6	5	1	9	5	4	7	5	2
阳东县	4	4		4	3	1	4	3	1
阳春市	4	2	2	11	5	6	8	5	3
清远市	31	17	14	29	21	8	31	23	9
清城区	2		2	3	3		3	2	1
清新区	6	2	4	9	6	2	4	4	
佛冈县	5	3	1	2	1	1	1		1
阳山县	6	3	2	4	2	2	7	4	2
连山壮族瑶族自治县	1	1					1	1	
连南瑶族自治县							3	2	
英德市	6	5	1	5	4	1	9	6	4
连州市	5	2	3	5	3	2	5	4	1
东莞市	**4**	**3**	**1**	**2**	**2**		**5**	**4**	**1**
中山市	**8**	**4**	**4**	**4**	**2**	**2**	**4**	**4**	
潮州市	**11**	**5**	**6**	**12**	**5**	**7**	**9**	**5**	**4**
湘桥区	2	1	1	1		1	3	2	1
潮安区	7	4	3	7	4	3	1	1	
饶平县	2		2	5	1	3	6	2	3
揭阳市	**30**	**16**	**14**	**48**	**30**	**18**	**30**	**16**	**14**
榕城区				2	2		3	2	1
揭东区	6	2	3	10	7	3	4		4
揭西县	5	3	2	9	6	3	7	6	1
惠来县	9	5	4	12	9	4	8	5	3
普宁市	11	6	5	14	6	8	8	3	5
云浮市	**19**	**11**	**8**	**27**	**15**	**12**	**16**	**11**	**4**
云城区				3	1	2	1	1	
云安区	3	1	2	4	2	2	3	3	
新兴县	4	1	3	4	1	3	4	1	3
郁南县	4	3	1	5	3	2	1	1	
罗定市	8	6	2	11	8	3	6	5	2

1-8c 续表 11

单位：人

地区	2015年07月			2015年08月			2015年09月			2015年10月		
	合计	男	女	合计	男	女	合计	男	女	合计	男	女
汕尾市	**14**	**9**	**5**	**17**	**11**	**6**	**5**	**5**		**16**	**9**	**7**
城区	1		1	6	5	1	1	1				
海丰县	3	3		2	1	1	1	1		11	5	7
陆河县	1	1		1		1	1	1				
陆丰市	9	5	4	8	5	3	1	1		4	4	
河源市	**31**	**20**	**11**	**27**	**17**	**10**	**19**	**13**	**6**	**21**	**10**	**11**
源城区												
紫金县	7	6	1	5	3	2	5	3	3	4	3	1
龙川县	12	9	3	7	4	3	11	7	3	6	2	4
连平县	2	1	2	1	1					5	2	2
和平县	4	3	1	7	5	2	1	1		2	2	1
东源县	6	1	5	7	4	3	2	2		4	1	3
阳江市	**17**	**11**	**6**	**19**	**10**	**9**	**15**	**7**	**9**	**25**	**17**	**8**
江城区	2	2		3	1	2	5	2	3	5	4	1
阳西县	6	3	2	8	5	3	1	1		4	3	1
阳东县	7	4	2	3		3	2	1	1	4	2	2
阳春市	3	2	1	5	4	1	7	3	4	11	7	4
清远市	30	14	16	26	14	11	31	19	13	38	20	18
清城区							2	2		4	2	3
清新区	9	4	5	6	4	2	5	4	1	6	4	2
佛冈县	2		2	3	2	1	3	1	3	5	2	3
阳山县	3	2	2	2	1	1	3	2	2	7	2	4
连山壮族瑶族自治县	1	1		1	1							
连南瑶族自治县	1			2	1	1	2		1	1	1	
英德市	7	5	2	4	2	1	13	9	4	13	8	5
连州市	6	2	4	8	4	4	3	1	2	1	1	1
东莞市	**3**	**2**	**1**	**3**	**2**	**1**	**3**		**3**	**7**	**4**	**3**
中山市	**10**	**8**	**2**				**4**	**4**		**4**	**4**	
潮州市	**15**	**7**	**8**	**10**	**6**	**4**	**14**	**7**	**8**	**16**	**11**	**5**
湘桥区	2	1	1	2	2		1	1	1	2	1	1
潮安区	7	3	3	6	2	4	4	3	2	7	3	3
饶平县	7	3	3	2	2		9	3	6	8	7	1
揭阳市	**35**	**27**	**8**	**50**	**28**	**22**	**33**	**18**	**15**	**39**	**21**	**18**
榕城区	5	3	2				2	1	2	4	2	2
揭东区	4	4		9	7	2	9	6	3	8	6	2
揭西县	4	4		10	6	4	7	3	4	6	2	4
惠来县	9	8	2	6	4	2	6	6		3	2	1
普宁市	13	8	5	25	11	14	9	3	6	19	9	9
云浮市	**22**	**12**	**10**	**20**	**12**	**8**	**19**	**9**	**10**	**17**	**10**	**7**
云城区				1	1		3	1	2	1	1	1
云安区	3	1	2	1	1		2	1	1	3	1	1
新兴县	3	1	3	6	3	3	4	1	3	5	3	2
郁南县	7	4	3	4	2	2	2	2		2	1	1
罗定市	8	6	2	8	5	3	8	5	3	6	5	2

1-9 各地区家庭户的住房间数和面积

地 区	户 数 (户)	人 数 (人)	平均每户 住房间数 (间/户)	人均住房 建筑面积 (平方米/人)	人 均 住房间数 (间/人)
全 省	**823545**	**2759339**	**3.32**	**29.96**	**0.99**
广州市	**124365**	**344799**	**2.59**	**29.86**	**0.94**
荔湾区	9199	24722	2.03	24.32	0.76
越秀区	10468	30458	2.18	22.95	0.75
海珠区	15023	41814	2.19	24.83	0.79
天河区	16388	39015	2.09	27.32	0.88
白云区	19811	56281	2.53	27.46	0.89
黄埔区	5198	12444	2.02	25.47	0.85
番禺区	16256	40182	2.74	33.87	1.11
花都区	8161	26427	3.77	37.44	1.16
南沙区	6153	16616	2.97	41.60	1.10
萝岗区	4005	10072	2.78	35.82	1.10
从化区	4540	17317	3.62	29.17	0.95
增城区	9164	29450	3.49	38.06	1.09
韶关市	**24180**	**81258**	**4.03**	**35.01**	**1.20**
武江区	2786	8682	2.97	32.69	0.95
浈江区	3821	11054	2.91	30.42	1.00
曲江区	2383	8090	3.70	34.36	1.09
始兴县	1712	6047	4.14	32.45	1.17
仁化县	1556	5745	4.33	38.16	1.17
翁源县	2794	9719	5.75	41.24	1.65
乳源瑶族自治县	1476	5136	4.20	34.34	1.21
新丰县	1476	5924	5.20	30.83	1.30
乐昌市	3376	11576	4.20	33.34	1.22
南雄市	2801	9284	4.05	41.53	1.22
深圳市	**98783**	**244438**	**1.84**	**21.36**	**0.74**
罗湖区	8435	21915	1.84	21.29	0.71
福田区	10893	31514	2.27	25.81	0.79
南山区	10758	29734	2.21	25.63	0.80
宝安区	42955	98587	1.61	18.76	0.70
龙岗区	23946	57558	1.90	21.39	0.79
盐田区	1798	5130	1.95	19.41	0.68
珠海市	**14720**	**41939**	**2.61**	**28.10**	**0.92**
香洲区	9260	24531	2.42	28.62	0.92
斗门区	3223	11216	3.27	29.44	0.94
金湾区	2236	6192	2.43	23.64	0.88
汕头市	**35173**	**154316**	**3.44**	**26.53**	**0.78**
龙湖区	4218	15197	3.46	36.30	0.96
金平区	6858	23354	2.61	24.34	0.77
濠江区	1579	7480	3.84	23.15	0.81
潮阳区	9846	47518	3.25	23.63	0.67
潮南区	6788	36470	4.35	26.90	0.81
澄海区	5384	22547	3.59	28.80	0.86
南澳县	501	1751	2.95	27.48	0.84
佛山市	**61009**	**173218**	**2.69**	**33.57**	**0.95**
禅城区	9963	28152	2.64	34.76	0.93
南海区	18930	55434	2.88	34.06	0.98
顺德区	23480	63554	2.54	34.12	0.94
三水区	5072	15077	2.88	34.52	0.97
高明区	3563	11000	2.47	23.61	0.80

1-9 续表 1

地　区	户数（户）	人数（人）	平均每户住房间数（间/户）	人均住房建筑面积（平方米/人）	人均住房间数（间/人）
江门市	**36480**	**121044**	**3.08**	**30.74**	**0.93**
蓬江区	5970	18847	2.80	30.46	0.89
江海区	2029	6754	2.87	28.70	0.86
新会区	7318	23229	2.89	30.25	0.91
台山市	7903	26255	2.82	28.19	0.85
开平市	5482	19086	3.16	27.50	0.91
鹤山市	3951	13202	3.23	28.61	0.97
恩平市	3826	13671	4.25	44.43	1.19
湛江市	**47482**	**202613**	**4.75**	**31.20**	**1.11**
赤坎区	2584	8587	3.25	29.80	0.98
霞山区	4128	13963	3.06	27.03	0.91
坡头区	2463	9792	5.18	39.26	1.30
麻章区	3096	14007	5.00	28.84	1.10
遂溪县	5988	25433	5.02	30.96	1.18
徐闻县	4711	20358	3.96	25.76	0.92
廉江市	9702	41684	5.33	35.16	1.24
雷州市	9173	41635	4.43	24.36	0.98
吴川市	5637	27154	6.25	40.78	1.30
茂名市	**43044**	**169909**	**6.03**	**42.83**	**1.53**
茂南区	5896	23419	4.47	37.64	1.12
电白区	10566	47252	5.93	40.07	1.33
高州市	10254	37745	6.13	47.96	1.66
化州市	8799	33998	6.89	45.57	1.78
信宜市	7529	27495	6.23	41.57	1.70
肇庆市	**30470**	**111342**	**3.84**	**28.81**	**1.05**
端州区	4534	13943	2.96	31.31	0.96
鼎湖区	1333	4469	3.40	32.83	1.01
广宁县	3565	12282	4.50	42.23	1.31
怀集县	5801	23802	5.18	29.36	1.26
封开县	2983	11599	5.20	29.66	1.34
德庆县	2447	9767	4.49	27.22	1.13
高要市	5668	21392	2.59	20.29	0.69
四会市	4138	14088	2.81	25.81	0.82
惠州市	**33118**	**115529**	**3.37**	**30.05**	**0.97**
惠城区	12814	39678	2.87	28.14	0.93
惠阳区	5313	17144	3.42	31.92	1.06
博罗县	6955	26145	4.11	34.40	1.09
惠东县	5721	24016	3.35	26.76	0.80
龙门县	2315	8547	3.93	31.06	1.07
梅州市	**33193**	**121023**	**5.22**	**34.15**	**1.43**
梅江区	3454	11720	4.14	39.00	1.22
梅县区	3941	15331	5.45	32.06	1.40
大埔县	3260	10638	4.47	33.41	1.37
丰顺县	3707	13852	4.47	30.15	1.20
五华县	7850	29239	6.35	35.60	1.70
平远县	1841	6629	5.65	39.87	1.57
蕉岭县	1763	5875	5.11	41.76	1.53
兴宁市	7377	27740	5.02	31.01	1.34

1-9 续表 2

地　区	户数（户）	人数（人）	平均每户住房间数（间/户）	人均住房建筑面积（平方米/人）	人均住房间数（间/人）
汕尾市	**16786**	**84942**	**3.51**	**20.66**	**0.69**
城区	3037	13815	2.64	19.21	0.58
海丰县	4988	22891	3.54	21.80	0.77
陆河县	1648	8150	5.47	28.75	1.11
陆丰市	7112	40086	3.40	18.87	0.60
河源市	**20643**	**83195**	**5.23**	**33.68**	**1.30**
源城区	2918	11963	4.12	32.62	1.01
紫金县	4283	18655	5.55	35.20	1.27
龙川县	5192	19820	5.17	34.59	1.35
连平县	2308	9535	5.82	31.48	1.41
和平县	2897	10845	5.59	31.98	1.49
东源县	3045	12376	5.18	34.14	1.28
阳江市	**18124**	**69651**	**4.34**	**35.95**	**1.13**
江城区	4851	19581	4.25	34.37	1.05
阳西县	3713	13181	4.70	37.42	1.32
阳东县	3245	12458	4.09	32.25	1.06
阳春市	6315	24432	4.33	38.33	1.12
清远市	**28588**	**106123**	**4.05**	**32.56**	**1.09**
清城区	6138	22880	3.72	31.22	1.00
清新区	5237	20254	3.93	30.74	1.02
佛冈县	2217	8640	3.70	25.30	0.95
阳山县	2846	10432	4.42	35.48	1.21
连山壮族瑶族自治县	680	2642	4.29	35.24	1.10
连南瑶族自治县	1114	3739	4.46	43.03	1.33
英德市	7210	27040	4.15	31.20	1.11
连州市	3147	10496	4.34	41.16	1.30
东莞市	**59954**	**145782**	**2.43**	**31.87**	**1.00**
中山市	**25890**	**75128**	**2.46**	**31.38**	**0.85**
潮州市	**18298**	**73838**	**2.77**	**24.80**	**0.69**
湘桥区	4419	15728	2.70	27.27	0.76
潮安区	7493	33303	3.43	26.20	0.77
饶平县	6386	24808	2.05	21.36	0.53
揭阳市	**34808**	**171180**	**2.82**	**19.51**	**0.57**
榕城区	6062	27366	2.06	17.69	0.46
揭东区	6328	27217	1.88	16.24	0.44
揭西县	4946	24267	3.44	24.28	0.70
惠来县	5740	32088	3.75	21.35	0.67
普宁市	11733	60241	3.01	18.92	0.59
云浮市	**18436**	**68071**	**5.09**	**35.17**	**1.38**
云城区	2621	10191	4.28	29.09	1.10
云安区	1942	7780	5.34	31.91	1.33
新兴县	3156	11989	3.79	29.24	1.00
郁南县	3282	11031	5.48	42.64	1.63
罗定市	7434	27079	5.69	37.97	1.56

1-9a 各地区家庭户的住房间数和面积（城市）

地　区	户　数（户）	人　数（人）	平均每户住房间数（间/户）	人均住房建筑面积（平方米/人）	人　均住房间数（间/人）
全　省	**467685**	**1345292**	**2.58**	**28.63**	**0.90**
广州市	**101925**	**270233**	**2.29**	**27.29**	**0.87**
荔湾区	9199	24722	2.03	24.32	0.76
越秀区	10468	30458	2.18	22.95	0.75
海珠区	15023	41814	2.19	24.83	0.79
天河区	16388	39015	2.09	27.32	0.88
白云区	15979	42218	2.04	23.09	0.77
黄埔区	5198	12444	2.02	25.47	0.85
番禺区	13517	33086	2.35	30.44	0.96
花都区	4915	15002	3.34	34.05	1.09
南沙区	2528	6851	2.92	38.75	1.08
萝岗区	3428	7650	2.29	31.55	1.03
从化区	1760	5828	3.30	33.30	1.00
增城区	3523	11144	3.67	41.35	1.16
韶关市	**7834**	**23651**	**2.88**	**31.48**	**0.95**
武江区	2216	6584	2.76	32.21	0.93
浈江区	3000	8693	2.71	30.21	0.93
曲江区	1104	3446	2.84	28.78	0.91
乐昌市	665	2183	3.69	32.83	1.12
南雄市	848	2745	3.18	36.03	0.98
深圳市	**98783**	**244438**	**1.84**	**21.36**	**0.74**
罗湖区	8435	21915	1.84	21.29	0.71
福田区	10893	31514	2.27	25.81	0.79
南山区	10758	29734	2.21	25.63	0.80
宝安区	42955	98587	1.61	18.76	0.70
龙岗区	23946	57558	1.90	21.39	0.79
盐田区	1798	5130	1.95	19.41	0.68
珠海市	**11337**	**30646**	**2.46**	**28.50**	**0.91**
香洲区	9137	24308	2.44	28.76	0.92
斗门区	940	3039	2.78	28.68	0.86
金湾区	1260	3298	2.31	26.39	0.88
汕头市	**17011**	**66225**	**3.26**	**28.20**	**0.84**
龙湖区	3307	10842	3.09	35.35	0.94
金平区	6740	22829	2.58	24.29	0.76
濠江区	987	4564	3.85	23.09	0.83
潮阳区	2104	9142	3.54	27.59	0.81
潮南区	2268	12385	4.81	28.41	0.88
澄海区	1606	6462	3.51	34.06	0.87

1-9a 续表 1

地 区	户 数 (户)	人 数 (人)	平均每户住房间数 (间/户)	人均住房建筑面积 (平方米/人)	人 均 住房间数 (间/人)
佛山市	**54413**	**153470**	**2.66**	**32.91**	**0.94**
禅城区	8639	24008	2.53	32.22	0.91
南海区	17322	50804	2.87	33.23	0.98
顺德区	23274	62688	2.53	33.84	0.94
三水区	2315	7079	3.12	35.53	1.02
高明区	2861	8891	2.52	24.32	0.81
江门市	**19851**	**63939**	**2.97**	**31.12**	**0.92**
蓬江区	5951	18769	2.80	30.47	0.89
江海区	2029	6754	2.87	28.70	0.86
新会区	3880	11799	2.91	33.90	0.96
台山市	2755	8649	2.81	29.26	0.90
开平市	2523	8696	3.06	27.11	0.89
鹤山市	1799	5930	3.05	29.57	0.92
恩平市	914	3342	4.53	47.80	1.24
湛江市	**11327**	**40794**	**3.95**	**32.63**	**1.10**
赤坎区	2550	8406	3.23	29.83	0.98
霞山区	3952	13208	3.00	26.80	0.90
坡头区	555	2059	4.50	34.64	1.21
麻章区	306	1202	4.73	31.76	1.20
遂溪县	158	596	4.37	27.72	1.16
廉江市	1118	4211	5.84	45.22	1.55
雷州市	1434	5336	4.14	28.63	1.11
吴川市	1254	5775	6.05	44.50	1.31
茂名市	**9840**	**36955**	**4.99**	**39.58**	**1.33**
茂南区	4011	14210	3.44	32.60	0.97
电白区	1456	5718	5.34	47.29	1.36
高州市	1389	5403	5.21	39.30	1.34
化州市	1297	5522	7.09	44.46	1.67
信宜市	1687	6101	6.59	44.41	1.82
肇庆市	**7990**	**25338**	**2.97**	**29.80**	**0.94**
端州区	4534	13943	2.96	31.31	0.96
鼎湖区	389	1348	3.44	33.94	0.99
高要市	655	2053	3.13	28.37	1.00
四会市	2411	7995	2.86	26.86	0.86
惠州市	**14737**	**43472**	**2.72**	**28.75**	**0.92**
惠城区	10712	31204	2.57	27.95	0.88
惠阳区	3981	12092	3.10	30.97	1.02
博罗县	44	175	2.90	17.47	0.73

1-9a 续表 2

地　区	户 数 (户)	人 数 (人)	平均每户 住房间数 (间/户)	人均住房 建筑面积 (平方米/人)	人　均 住房间数 (间/人)
梅州市	**6659**	**22878**	**4.48**	**36.50**	**1.31**
梅江区	3083	10402	3.95	38.05	1.17
梅县区	1146	4452	5.46	35.20	1.41
五华县	109	412	7.04	29.29	1.86
兴宁市	2321	7613	4.59	35.53	1.40
汕尾市	**2937**	**14206**	**2.93**	**19.40**	**0.60**
城区	2002	8747	2.71	20.89	0.62
陆丰市	935	5459	3.40	17.01	0.58
河源市	**2876**	**11763**	**4.09**	**32.77**	**1.00**
源城区	2876	11763	4.09	32.77	1.00
阳江市	**4301**	**17015**	**4.16**	**39.20**	**1.05**
江城区	3042	12057	4.20	38.30	1.06
阳春市	1259	4958	4.05	41.40	1.03
清远市	**7319**	**25900**	**3.38**	**30.93**	**0.96**
清城区	3682	12789	3.29	30.17	0.95
清新区	1454	5194	3.18	27.25	0.89
英德市	1196	4286	3.25	30.89	0.91
连州市	988	3631	4.20	38.90	1.14
东莞市	**53647**	**129758**	**2.43**	**31.56**	**1.01**
中山市	**15654**	**44257**	**2.45**	**32.57**	**0.87**
潮州市	**6253**	**23834**	**3.17**	**31.19**	**0.83**
湘桥区	3230	10646	2.78	30.57	0.84
潮安区	3023	13188	3.59	31.69	0.82
揭阳市	**9590**	**43239**	**2.47**	**20.56**	**0.55**
榕城区	4165	18860	1.99	17.61	0.44
揭东区	2025	8367	2.15	21.64	0.52
普宁市	3400	16012	3.25	23.47	0.69
云浮市	**3403**	**13280**	**4.93**	**35.08**	**1.26**
云城区	1850	7297	4.19	29.11	1.06
云安区	124	554	4.61	31.17	1.03
罗定市	1429	5429	5.92	43.50	1.56

1-9b 各地区家庭户的住房间数和面积（镇）

地 区	户 数（户）	人 数（人）	平均每户住房间数（间/户）	人均住房建筑面积（平方米/人）	人 均住房间数（间/人）
全 省	**122552**	**473605**	**3.91**	**31.55**	**1.01**
广州市	**8428**	**25065**	**3.39**	**40.57**	**1.14**
白云区	1367	4558	3.70	39.93	1.11
番禺区	556	1366	3.64	35.14	1.48
花都区	794	2511	3.66	40.74	1.16
南沙区	1782	4880	3.10	43.45	1.13
萝岗区	67	271	5.29	62.07	1.30
从化区	445	1678	3.37	29.24	0.89
增城区	3418	9801	3.28	41.48	1.14
韶关市	**5906**	**20223**	**4.19**	**36.14**	**1.22**
武江区	144	521	3.31	32.66	0.92
浈江区	330	742	2.84	30.18	1.26
曲江区	334	1147	3.83	35.16	1.12
始兴县	712	2349	3.87	33.50	1.17
仁化县	619	2181	4.13	39.61	1.17
翁源县	930	3178	5.06	39.51	1.48
乳源瑶族自治县	661	2201	4.01	34.28	1.20
新丰县	728	2932	4.50	30.26	1.12
乐昌市	1033	3497	4.18	36.66	1.24
南雄市	415	1474	4.25	46.15	1.20
珠海市	**2065**	**6424**	**2.72**	**23.28**	**0.88**
香洲区	124	223	1.15	13.27	0.64
斗门区	965	3308	3.08	26.36	0.90
金湾区	976	2894	2.57	20.52	0.87
汕头市	**8544**	**40894**	**3.69**	**26.35**	**0.77**
龙湖区	358	1676	5.04	41.62	1.08
濠江区	50	192	3.17	18.94	0.83
潮阳区	3607	18855	3.54	24.49	0.68
潮南区	1697	8855	4.30	27.29	0.82
澄海区	2440	9959	3.44	26.44	0.84
南澳县	391	1357	2.71	27.65	0.78
佛山市	**3711**	**10375**	**2.63**	**36.57**	**0.94**
禅城区	1324	4143	3.34	49.43	1.07
南海区	597	1474	2.23	30.23	0.90
三水区	1518	3955	2.15	28.15	0.83
高明区	271	803	2.73	23.28	0.92
江门市	**4327**	**14294**	**3.29**	**32.26**	**0.99**
新会区	1080	3424	2.89	29.48	0.91
台山市	899	3145	3.34	31.50	0.96
开平市	590	2017	3.21	28.32	0.94
鹤山市	706	2045	3.04	27.98	1.05
恩平市	1051	3661	3.85	40.10	1.11

1-9b 续表 1

地　　区	户　数 (户)	人　数 (人)	平均每户 住房间数 (间/户)	人均住房 建筑面积 (平方米/人)	人　　均 住房间数 (间/人)
湛江市	**9385**	**39856**	**4.75**	**34.56**	**1.12**
霞山区	35	152	5.59	44.46	1.29
坡头区	465	1812	5.11	45.71	1.31
麻章区	862	3974	5.00	31.55	1.08
遂溪县	1723	7258	4.68	33.45	1.11
徐闻县	1991	7721	3.63	28.55	0.94
廉江市	1804	7596	5.08	38.81	1.21
雷州市	1445	6304	4.25	29.26	0.98
吴川市	1060	5039	6.67	43.65	1.40
茂名市	**7045**	**29383**	**5.98**	**41.05**	**1.43**
茂南区	265	1207	6.48	50.57	1.42
电白区	2755	12270	5.75	38.89	1.29
高州市	1692	6622	5.81	47.98	1.49
化州市	1175	4807	6.91	40.40	1.69
信宜市	1158	4476	5.68	34.84	1.47
肇庆市	**6215**	**23184**	**4.04**	**30.78**	**1.08**
鼎湖区	297	955	3.61	31.76	1.12
广宁县	1314	4687	4.21	37.50	1.18
怀集县	1355	5643	4.90	31.36	1.18
封开县	938	3566	4.94	33.36	1.30
德庆县	656	2404	4.00	28.49	1.09
高要市	1297	4750	2.70	23.69	0.74
四会市	357	1180	3.04	25.99	0.92
惠州市	**8886**	**32824**	**3.55**	**31.85**	**0.96**
惠城区	353	1213	3.35	24.69	0.98
惠阳区	469	1530	4.16	38.28	1.27
博罗县	3837	13507	3.65	35.78	1.04
惠东县	3278	13202	3.34	28.09	0.83
龙门县	949	3372	3.63	30.49	1.02
梅州市	**9240**	**34138**	**5.00**	**36.05**	**1.35**
梅江区	59	223	6.57	58.87	1.74
梅县区	886	3316	5.51	36.32	1.47
大埔县	1383	4748	4.41	35.59	1.28
丰顺县	1707	6566	4.10	27.91	1.07
五华县	2253	8535	5.76	39.08	1.52
平远县	875	3157	4.84	41.30	1.34
蕉岭县	883	2970	4.68	40.97	1.39
兴宁市	1195	4623	5.42	34.41	1.40
汕尾市	**6676**	**32322**	**3.53**	**22.16**	**0.73**
城区	339	1765	2.42	16.17	0.47
海丰县	3179	14323	3.65	23.83	0.81
陆河县	893	4259	5.36	29.19	1.12
陆丰市	2265	11975	2.81	18.54	0.53

1-9b 续表 2

地 区	户 数 (户)	人 数 (人)	平均每户 住房间数 (间/户)	人均住房 建筑面积 (平方米/人)	人 均 住房间数 (间/人)
河源市	**5432**	**22076**	**4.92**	**33.19**	**1.21**
紫金县	1589	6973	5.21	34.85	1.19
龙川县	1464	5710	4.39	32.27	1.12
连平县	850	3479	5.37	31.06	1.31
和平县	834	3125	4.93	31.31	1.31
东源县	696	2789	4.81	35.70	1.20
阳江市	**4362**	**17024**	**4.53**	**39.51**	**1.16**
江城区	558	2245	4.46	32.28	1.11
阳西县	1311	5039	4.60	38.24	1.20
阳东县	1464	5686	4.36	38.79	1.12
阳春市	1029	4056	4.72	46.12	1.20
清远市	6673	25038	4.14	33.71	1.10
清城区	1359	5581	4.33	32.00	1.05
清新区	822	3155	4.21	29.39	1.10
佛冈县	906	3322	3.51	26.93	0.96
阳山县	1016	3767	4.44	39.23	1.20
连山壮族瑶族自治县	265	957	3.48	32.88	0.96
连南瑶族自治县	510	1653	4.50	45.59	1.39
英德市	1533	5726	4.13	33.55	1.11
连州市	262	877	3.93	41.73	1.17
东莞市	**403**	**682**	**2.08**	**43.19**	**1.23**
中山市	**6985**	**20109**	**2.42**	**31.12**	**0.84**
潮州市	**5589**	**22796**	**2.55**	**21.96**	**0.63**
湘桥区	749	3175	2.72	21.95	0.64
潮安区	1674	7521	3.21	22.94	0.71
饶平县	3166	12100	2.16	21.36	0.57
揭阳市	**8926**	**43280**	**3.06**	**21.50**	**0.63**
榕城区	714	3129	2.57	22.52	0.59
揭东区	1488	6022	1.82	15.95	0.45
揭西县	1768	7897	3.39	27.68	0.76
惠来县	2600	13612	3.79	23.36	0.72
普宁市	2355	12620	2.93	18.04	0.55
云浮市	**3754**	**13619**	**4.95**	**36.71**	**1.36**
云城区	67	241	4.58	35.41	1.26
云安区	344	1371	5.32	34.81	1.33
新兴县	1212	4551	3.59	28.73	0.96
郁南县	1284	4401	5.60	45.43	1.63
罗定市	848	3054	5.77	36.97	1.60

1-9c 各地区家庭户的住房间数和面积（乡村）

地　　区	户　数 （户）	人　数 （人）	平均每户 住房间数 （间/户）	人均住房 建筑面积 （平方米/人）	人　　均 住房间数 （间/人）
全　省	**233307**	**940442**	**4.51**	**31.06**	**1.12**
广州市	**14012**	**49501**	**4.28**	**38.45**	**1.21**
白云区	2464	9504	5.06	40.93	1.31
番禺区	2182	5730	4.96	53.38	1.89
花都区	2453	8914	4.67	42.23	1.28
南沙区	1843	4885	2.93	43.75	1.10
萝岗区	511	2151	5.72	47.69	1.36
从化区	2336	9812	3.91	26.71	0.93
增城区	2223	8505	3.52	29.81	0.92
韶关市	**10440**	**37384**	**4.81**	**36.64**	**1.34**
武江区	425	1577	3.98	34.70	1.07
浈江区	491	1619	4.17	31.63	1.27
曲江区	945	3497	4.66	39.61	1.26
始兴县	1000	3698	4.34	31.78	1.17
仁化县	937	3564	4.46	37.27	1.17
翁源县	1863	6541	6.09	42.07	1.73
乳源瑶族自治县	815	2935	4.36	34.38	1.21
新丰县	747	2992	5.89	31.38	1.47
乐昌市	1678	5895	4.41	31.56	1.25
南雄市	1539	5065	4.48	43.17	1.36
珠海市	**1317**	**4869**	**3.75**	**31.99**	**1.01**
斗门区	1317	4869	3.75	31.99	1.01
汕头市	**9618**	**47198**	**3.54**	**24.36**	**0.72**
龙湖区	554	2678	4.65	36.82	0.96
金平区	118	524	4.04	26.38	0.91
濠江区	541	2724	3.88	23.53	0.77
潮阳区	4135	19521	2.86	20.96	0.61
潮南区	2823	15230	4.00	25.43	0.74
澄海区	1338	6126	3.97	27.09	0.87
南澳县	110	394	3.82	26.89	1.07
佛山市	**2886**	**9372**	**3.25**	**41.07**	**1.00**
南海区	1011	3156	3.56	49.28	1.14
顺德区	206	866	4.15	54.26	0.99
三水区	1239	4043	3.32	38.99	1.02
高明区	431	1307	1.93	18.94	0.63
江门市	**12302**	**42812**	**3.19**	**29.67**	**0.92**
蓬江区	19	78	3.68	26.77	0.90
新会区	2357	8006	2.84	25.22	0.84
台山市	4249	14460	2.71	26.83	0.80
开平市	2369	8373	3.25	27.71	0.92
鹤山市	1446	5227	3.54	27.77	0.98
恩平市	1861	6668	4.34	45.12	1.21

1-9c 续表 1

地 区	户 数 (户)	人 数 (人)	平均每户住房间数 (间/户)	人均住房建筑面积 (平方米/人)	人 均 住房间数 (间/人)
湛江市	**26769**	**121963**	**5.09**	**29.62**	**1.12**
赤坎区	33	181	4.46	28.66	0.82
霞山区	142	603	4.24	27.59	1.00
坡头区	1442	5921	5.46	38.90	1.33
麻章区	1928	8831	5.04	27.23	1.10
遂溪县	4107	17580	5.18	30.04	1.21
徐闻县	2720	12637	4.21	24.05	0.91
廉江市	6780	29876	5.32	32.82	1.21
雷州市	6293	29995	4.53	22.57	0.95
吴川市	3323	16340	6.19	38.58	1.26
茂名市	**26159**	**103571**	**6.43**	**44.50**	**1.62**
茂南区	1621	8002	6.67	44.65	1.35
电白区	6355	29263	6.15	39.16	1.34
高州市	7173	25719	6.38	49.78	1.78
化州市	6326	23669	6.85	46.88	1.83
信宜市	4684	16917	6.23	42.33	1.73
肇庆市	**16265**	**62820**	**4.18**	**27.69**	**1.08**
鼎湖区	647	2166	3.28	32.61	0.98
广宁县	2251	7595	4.67	45.15	1.38
怀集县	4446	18159	5.27	28.73	1.29
封开县	2045	8033	5.32	28.01	1.35
德庆县	1791	7363	4.67	26.81	1.14
高要市	3716	14590	2.45	18.05	0.62
四会市	1370	4914	2.65	24.06	0.74
惠州市	**9495**	**39234**	**4.24**	**29.98**	**1.03**
惠城区	1749	7260	4.57	29.52	1.10
惠阳区	864	3521	4.52	32.42	1.11
博罗县	3074	12463	4.71	33.14	1.16
惠东县	2443	10815	3.35	25.14	0.76
龙门县	1366	5175	4.14	31.44	1.09
梅州市	**17293**	**64006**	**5.62**	**32.29**	**1.52**
梅江区	311	1094	5.51	43.95	1.57
梅县区	1908	7563	5.41	28.34	1.37
大埔县	1878	5890	4.52	31.64	1.44
丰顺县	2000	7286	4.78	32.16	1.31
五华县	5488	20292	6.58	34.27	1.78
平远县	966	3472	6.38	38.58	1.78
蕉岭县	881	2905	5.54	42.58	1.68
兴宁市	3861	15504	5.16	27.77	1.28

1-9c 续表 2

地 区	户 数 (户)	人 数 (人)	平均每户住房间数 (间/户)	人均住房建筑面积 (平方米/人)	人 均 住房间数 (间/人)
汕尾市	**7174**	**38415**	**3.72**	**19.87**	**0.69**
城区	696	3303	2.56	16.40	0.54
海丰县	1810	8568	3.35	18.42	0.71
陆河县	756	3891	5.60	28.26	1.09
陆丰市	3912	22652	3.74	19.49	0.65
河源市	**12334**	**49356**	**5.64**	**34.12**	**1.41**
源城区	42	199	6.58	23.82	1.38
紫金县	2694	11683	5.74	35.41	1.32
龙川县	3728	14111	5.48	35.53	1.45
连平县	1458	6056	6.09	31.71	1.47
和平县	2063	7720	5.85	32.25	1.56
东源县	2349	9587	5.29	33.69	1.30
阳江市	**9462**	**35612**	**4.33**	**32.70**	**1.15**
江城区	1251	5280	4.26	26.28	1.01
阳西县	2402	8143	4.76	36.91	1.40
阳东县	1781	6772	3.86	26.76	1.01
阳春市	4027	15418	4.31	35.29	1.13
清远市	14597	55185	4.34	32.80	1.15
清城区	1098	4511	4.39	33.24	1.07
清新区	2961	11906	4.22	32.62	1.05
佛冈县	1311	5318	3.83	24.28	0.94
阳山县	1830	6665	4.41	33.36	1.21
连山壮族瑶族自治县	415	1685	4.80	36.58	1.18
连南瑶族自治县	604	2086	4.43	41.01	1.28
英德市	4481	17028	4.40	30.49	1.16
连州市	1898	5988	4.47	42.45	1.42
东莞市	**5904**	**15341**	**2.45**	**33.93**	**0.94**
中山市	**3251**	**10762**	**2.59**	**26.99**	**0.78**
潮州市	**6457**	**27208**	**2.58**	**21.59**	**0.61**
湘桥区	440	1907	2.12	17.75	0.49
潮安区	2796	12594	3.39	22.38	0.75
饶平县	3220	12708	1.94	21.37	0.49
揭阳市	**16292**	**84661**	**2.90**	**17.96**	**0.56**
榕城区	1183	5377	1.99	15.15	0.44
揭东区	2814	12829	1.71	12.85	0.37
揭西县	3178	16370	3.47	22.64	0.67
惠来县	3140	18476	3.72	19.86	0.63
普宁市	5978	31609	2.91	16.98	0.55
云浮市	**11278**	**41172**	**5.18**	**34.69**	**1.42**
云城区	705	2653	4.51	28.46	1.20
云安区	1475	5855	5.41	31.30	1.36
新兴县	1944	7438	3.91	29.55	1.02
郁南县	1998	6630	5.40	40.79	1.63
罗定市	5157	18596	5.60	36.52	1.55

2

民族

2-1 全省分民族人口及比重

单位：人、%

民 族	人口数	男	女	占总人口比重
总 计	**3091130**	**1616612**	**1474518**	**100.00**
汉 族	3026873	1580842	1446031	97.92
蒙古族	624	329	295	0.02
回 族	1691	902	789	0.05
藏 族	211	108	102	0.01
维吾尔族	130	76	53	
苗 族	7745	4235	3510	0.25
彝 族	1608	915	693	0.05
壮 族	25511	14349	11162	0.83
布依族	2357	1338	1019	0.08
朝鲜族	383	199	184	0.01
满 族	855	480	375	0.03
侗 族	2874	1613	1261	0.09
瑶 族	8696	4634	4062	0.28
白 族	595	306	289	0.02
土家族	6789	3869	2921	0.22
哈尼族	383	250	133	0.01
哈萨克族	5	3	2	
傣 族	263	154	109	0.01
黎 族	489	238	251	0.02
傈僳族	53	32	21	
佤 族	147	86	61	
畲 族	1323	803	519	0.04
高山族	3	1	2	
拉祜族	78	45	33	
水 族	190	125	65	0.01
东乡族	23	17	6	
纳西族	8	7	2	
景颇族	45	28	18	
柯尔克孜族	2	1	1	
土 族	103	60	42	
达斡尔族	10	4	6	
仫佬族	374	200	174	0.01
羌 族	24	12	11	
布朗族	45	31	14	
撒拉族	25	11	15	
毛南族	138	78	60	
仡佬族	257	150	106	0.01
锡伯族	12	4	8	
阿昌族	15	4	11	
普米族	2	2		
俄罗斯族	1	1		
德昂族	29	17	11	
保安族	3	2	2	
京 族	10	2	8	
赫哲族	3	2	1	
其他未识别的民族	111	47	65	
入 籍	14		14	

2-2 各地区分性别的民族人口

单位：人

地区	人口数			汉族			蒙古族		
	合计	男	女	小计	男	女	小计	男	女
全省	**3091130**	**1616612**	**1474518**	**3026873**	**1580842**	**1446031**	**624**	**329**	**295**
广州市	**384677**	**197165**	**187512**	**379136**	**194110**	**185026**	**97**	**47**	**50**
荔湾区	26261	12915	13347	26062	12813	13250	14	8	6
越秀区	32960	16199	16761	32621	16033	16589	8	4	4
海珠区	45978	22492	23486	45606	22321	23285	7	5	2
天河区	44041	22460	21581	43501	22180	21321	15	3	11
白云区	68478	35277	33201	67144	34517	32627	10	3	7
黄埔区	13730	7445	6285	13505	7318	6187	13	5	8
番禺区	43995	22811	21184	42933	22218	20715	8	5	3
花都区	28942	15085	13858	28587	14885	13702	8	7	2
南沙区	18685	9934	8751	18141	9625	8516	6	3	3
萝岗区	11870	6651	5219	11570	6458	5112	3	1	2
从化区	17816	9103	8713	17767	9077	8690	1	1	
增城区	31920	16793	15127	31698	16666	15032	5	3	2
韶关市	**83525**	**41747**	**41778**	**81936**	**40922**	**41015**	**6**	**2**	**3**
武江区	8813	4384	4428	8752	4353	4400			
浈江区	11528	5704	5824	11479	5682	5797	1		1
曲江区	8958	4243	4715	8937	4235	4701	1	1	1
始兴县	6060	3006	3054	5535	2710	2824	1	1	
仁化县	5912	2987	2925	5842	2956	2886	1		1
翁源县	9796	5004	4792	9783	5001	4781	2	1	1
乳源瑶族自治县	5245	2644	2601	4580	2314	2266			
新丰县	6086	3112	2973	6076	3110	2966			
乐昌市	11716	5957	5759	11689	5950	5739			
南雄市	9411	4706	4705	9265	4610	4655			
深圳市	**324208**	**175996**	**148212**	**308688**	**167300**	**141388**	**193**	**102**	**90**
罗湖区	27797	14039	13758	27350	13824	13526	27	13	14
福田区	41046	21539	19507	40216	21098	19118	35	19	17
南山区	36789	19157	17633	35803	18657	17146	56	35	20
宝安区	139786	78416	61370	130059	72877	57182	42	20	22
龙岗区	72487	39461	33026	69116	37552	31564	29	14	15
盐田区	6302	3384	2918	6144	3292	2852	3	1	2
珠海市	**46559**	**24209**	**22350**	**45478**	**23649**	**21829**	**32**	**14**	**18**
香洲区	26962	13839	13123	26397	13557	12839	22	10	13
斗门区	12206	6465	5741	11972	6340	5631	6	3	3
金湾区	7391	3905	3486	7110	3752	3358	3	1	2
汕头市	**158192**	**79457**	**78735**	**157915**	**79309**	**78605**	**24**	**9**	**15**
龙湖区	15751	7891	7860	15717	7870	7847	5	4	1
金平区	23768	11745	12023	23731	11726	12005	4	2	2
濠江区	7855	3846	4009	7845	3840	4005	1	1	
潮阳区	47730	23870	23860	47709	23866	23842	8	2	6
潮南区	37886	19465	18421	37804	19418	18386	5		5
澄海区	23435	11767	11668	23347	11719	11628	1		1
南澳县	1767	873	893	1763	871	892			
佛山市	**211715**	**114263**	**97452**	**203268**	**109338**	**93930**	**64**	**38**	**26**
禅城区	31931	16517	15415	31494	16260	15234	6	5	1
南海区	77089	42713	34376	73579	40614	32964	36	18	18
顺德区	72237	38514	33722	68856	36581	32275	16	12	4
三水区	18192	9982	8210	17324	9483	7840	6	3	3
高明区	12266	6536	5730	12015	6400	5616			

2-2 续表 1

单位：人

地 区	回 族			藏 族			维吾尔族		
	小计	男	女	小计	男	女	小计	男	女
全 省	**1691**	**902**	**789**	**211**	**108**	**102**	**130**	**76**	**53**
广州市	**400**	**206**	**194**	**30**	**15**	**15**	**37**	**26**	**11**
荔湾区	44	20	24	1	1		1	1	
越秀区	99	55	44	5	2	3			
海珠区	54	20	34						
天河区	57	34	23	6	4	1	2	1	1
白云区	74	39	35				7	6	1
黄埔区	6	3	3	6	3	3	1	1	
番禺区	33	20	12	5		5	21	15	6
花都区	12	7	6	6	4	2	4	2	2
南沙区	3	2	1	1	1				
萝岗区	6	3	3						
从化区	2	1	1	1		1			
增城区	10	3	7				1		1
韶关市	**7**	**3**	**5**	**2**	**1**	**1**	**2**	**2**	
武江区	1	1					2	2	
浈江区	2	1	2	1	1				
曲江区									
始兴县									
仁化县	1		1						
翁源县	1		1	1		1			
乳源瑶族自治县									
新丰县									
乐昌市	1		1						
南雄市	1	1							
深圳市	**435**	**236**	**198**	**37**	**24**	**13**	**28**	**25**	**3**
罗湖区	35	16	18	8	6	2	7	6	1
福田区	57	33	24	2	2		14	11	2
南山区	79	41	39	5	4	1	2	2	
宝安区	180	97	84	2	2		4	4	
龙岗区	73	43	29	20	10	10			
盐田区	10	6	5				1	1	
珠海市	**38**	**15**	**23**	**3**	**2**		**2**	**1**	**1**
香洲区	28	11	17	2	2		1	1	
斗门区	4	3	1						
金湾区	6	2	4	1			1		1
汕头市	**25**	**9**	**16**	**1**		**1**	**1**		**1**
龙湖区									
金平区	5	3	2						
濠江区	2	1							
潮阳区	4		4						
潮南区	2	1	1	1		1			
澄海区	12	4	9				1		1
南澳县									
佛山市	**117**	**64**	**53**	**13**	**5**	**8**	**2**	**1**	**1**
禅城区	6	4	2	3	1	2	2	1	1
南海区	45	26	20	3	2	2			
顺德区	59	32	26	4	3	1			
三水区	5	2	3	3		3			
高明区	1		1						

2-2 续表 2

单位：人

地　区	苗　族			彝　族			壮　族		
	小计	男	女	小计	男	女	小计	男	女
全　省	**7745**	**4235**	**3510**	**1608**	**915**	**693**	**25511**	**14349**	**11162**
广州市	**689**	**385**	**303**	**103**	**50**	**53**	**1980**	**1143**	**837**
荔湾区	9	5	4	2		2	50	26	24
越秀区	26	14	12	2	1	1	87	35	52
海珠区	28	8	20	4	1	2	125	71	54
天河区	66	30	36	2	1	1	158	84	74
白云区	214	122	93	15	5	10	520	319	201
黄埔区	19	12	6	4	3	1	89	54	34
番禺区	120	72	48	26	15	11	427	244	183
花都区	59	34	25	9	3	6	117	69	47
南沙区	51	28	24	24	10	14	216	120	96
萝岗区	49	30	19	8	5	3	104	65	39
从化区	9	5	4				24	14	10
增城区	38	26	12	7	6	2	64	41	22
韶关市	**20**	**10**	**10**	**5**	**1**	**4**	**58**	**18**	**40**
武江区	3	2	2				2		1
浈江区	5	3	2	2	1	2	14	5	8
曲江区	2	1	1				5	2	3
始兴县	2	1	1				5	1	4
仁化县	1		1				6	2	5
翁源县							7	2	5
乳源瑶族自治县	3	1	2				7	2	5
新丰县	1			1		1	2		2
乐昌市	2	1	1	1		1	3		3
南雄市	1	1					8	4	4
深圳市	**2099**	**1102**	**997**	**371**	**212**	**159**	**6067**	**3501**	**2566**
罗湖区	59	30	29	5	2	2	71	33	38
福田区	90	43	47	28	16	12	170	81	88
南山区	89	36	52	9	4	4	215	107	108
宝安区	1371	724	647	224	128	97	4300	2526	1774
龙岗区	472	258	215	101	59	42	1269	726	543
盐田区	18	11	7	4	3	1	42	27	15
珠海市	**81**	**40**	**41**	**63**	**35**	**28**	**424**	**231**	**193**
香洲区	42	17	25	30	19	12	194	103	91
斗门区	17	11	7	17	8	9	96	53	43
金湾区	22	12	10	15	8	7	134	75	59
汕头市	**53**	**33**	**20**	**5**	**5**		**80**	**46**	**34**
龙湖区	15	8	7				3	2	1
金平区	9	4	5	1	1		9	7	2
濠江区	1	1					2		2
潮阳区							7	1	6
潮南区	15	10	5	1	1		34	21	13
澄海区	12	10	3	3	3		24	14	11
南澳县							1	1	
佛山市	**773**	**451**	**322**	**167**	**98**	**69**	**4145**	**2480**	**1665**
禅城区	31	18	13	10	7	3	215	130	85
南海区	354	222	132	56	38	18	1803	1101	702
顺德区	273	143	131	51	29	22	1675	984	691
三水区	75	48	27	22	10	12	366	214	153
高明区	39	20	19	28	14	14	86	51	35

2-2 续表 3

单位：人

地　　区	布依族			朝鲜族			满　族		
	小计	男	女	小计	男	女	小计	男	女
全　省	**2357**	**1338**	**1019**	**383**	**199**	**184**	**855**	**480**	**375**
广州市	**99**	**57**	**42**	**116**	**63**	**53**	**247**	**131**	**117**
荔湾区	6	4	2	4	3	1	16	9	7
越秀区	5	4	1	7	4	3	38	16	23
海珠区				26	13	13	27	11	16
天河区	7	3	3	17	8	9	49	26	23
白云区	17	9	8	19	8	11	40	28	12
黄埔区	3	2	1	2	1	1	11	6	5
番禺区	16	8	8	13	7	6	32	18	13
花都区	7	2	5	7	3	5	11	4	7
南沙区	27	16	11	2	2		9	7	3
萝岗区	5	5		9	7	2	5	3	2
从化区							1	1	1
增城区	7	4	3	9	6	3	7	4	4
韶关市	**9**	**2**	**7**	**1**		**1**	**10**	**7**	**4**
武江区	2	1	1				6	4	2
浈江区				1		1	2	1	1
曲江区	1		1				2	2	1
始兴县									
仁化县	1		1						
翁源县									
乳源瑶族自治县	4	1	3						
新丰县									
乐昌市							1		1
南雄市									
深圳市	**781**	**436**	**345**	**152**	**79**	**72**	**354**	**194**	**159**
罗湖区	7	2	5	12	4	8	26	12	13
福田区	29	18	11	24	12	11	71	30	41
南山区	14	5	9	22	11	12	118	62	56
宝安区	552	304	249	57	33	24	90	62	29
龙岗区	178	108	70	35	18	17	41	24	17
盐田区	1		1	1	1		9	4	4
珠海市	**12**	**6**	**6**	**18**	**9**	**9**	**44**	**23**	**21**
香洲区	6	3	4	17	9	8	35	20	15
斗门区	4	2	2				3	1	2
金湾区	1	1					7	3	4
汕头市	**24**	**16**	**7**	**4**	**2**	**2**	**2**	**2**	
龙湖区							1	1	
金平区	1		1	3	1	2			
濠江区	3	1	1						
潮阳区									
潮南区							1	1	
澄海区	20	15	5	1	1				
南澳县									
佛山市	**311**	**182**	**129**	**11**	**4**	**7**	**36**	**23**	**13**
禅城区	7	4	3	1		1	9	6	3
南海区	39	24	15	5	3	2	14	11	3
顺德区	257	149	109	4		4	10	6	4
三水区	3	3		1	1		2	1	1
高明区	4	2	2				1		1

2-2 续表 4

单位：人

地 区	侗族			瑶族			白族		
	小计	男	女	小计	男	女	小计	男	女
全 省	**2874**	**1613**	**1261**	**8696**	**4634**	**4062**	**595**	**306**	**289**
广州市	**190**	**93**	**96**	**641**	**368**	**274**	**56**	**25**	**31**
荔湾区	5	4	1	15	5	10			
越秀区	6	3	3	11	6	5	5	2	3
海珠区	23	8	15	27	18	9	9		9
天河区	17	9	8	32	20	12	8	3	4
白云区	45	19	26	168	98	70	14	7	7
黄埔区	8	5	3	28	14	14	1		1
番禺区	34	18	15	169	92	77	7	3	4
花都区	6	4	3	51	27	24	1	1	
南沙区	20	12	8	91	58	33	3	1	2
萝岗区	12	7	5	28	18	10	7	7	
从化区	1		1	4	3	1			
增城区	13	4	9	17	8	8	2	1	1
韶关市	**3**	**1**	**2**	**1159**	**582**	**577**	**1**		**1**
武江区	2	1		33	15	18			
浈江区				11	6	5			
曲江区				10	2	7			
始兴县				403	214	189			
仁化县				45	20	25			
翁源县				2		2			
乳源瑶族自治县				640	321	318			
新丰县				1		1			
乐昌市				12	4	9			
南雄市	1		1	2		2	1		1
深圳市	**900**	**499**	**401**	**1068**	**584**	**484**	**196**	**103**	**92**
罗湖区	27	11	16	38	21	17	7	3	4
福田区	55	25	30	39	29	9	15	9	5
南山区	54	26	28	57	27	30	7	2	5
宝安区	511	293	218	691	383	308	101	55	46
龙岗区	244	140	104	226	116	109	64	34	31
盐田区	9	4	5	18	9	10			
珠海市	**40**	**23**	**18**	**97**	**46**	**51**	**11**	**6**	**4**
香洲区	24	14	10	36	13	22	4	1	4
斗门区	11	6	5	32	18	14	3	3	1
金湾区	5	2	2	29	14	15	3	3	
汕头市	**14**	**6**	**8**	**6**	**1**	**4**	**6**	**2**	**4**
龙湖区	2	2	1	1		1			
金平区	3	1	2	1		1			
濠江区				1	1				
潮阳区	1		1						
潮南区	2	1	1				6	2	4
澄海区	4	1	3	3	1	3			
南澳县	2	1	1						
佛山市	**329**	**201**	**128**	**759**	**412**	**348**	**77**	**40**	**37**
禅城区	13	10	3	45	26	19	6	3	3
南海区	196	116	80	321	172	149	26	18	8
顺德区	66	43	24	321	173	147	41	16	25
三水区	36	23	14	47	25	22	1	1	
高明区	17	9	8	25	14	11	3	2	1

2-2 续表 5

单位：人

地 区	土家族			哈尼族			哈萨克族		
	小计	男	女	小计	男	女	小计	男	女
全 省	**6789**	**3869**	**2921**	**383**	**250**	**133**	**5**	**3**	**2**
广州市	**519**	**276**	**243**	**31**	**17**	**14**	**2**	**1**	**1**
荔湾区	23	12	11				1	1	
越秀区	24	12	11						
海珠区	27	11	16	1		1			
天河区	66	36	30						
白云区	111	60	51	7	4	3			
黄埔区	29	15	14						
番禺区	99	49	51	2	1	1	1		1
花都区	22	14	8	14	7	7			
南沙区	59	34	25	5	3	2			
萝岗区	39	25	14	1	1				
从化区	1		1						
增城区	20	8	11	1	1				
韶关市	**28**	**12**	**16**	**1**	**1**		**1**		**1**
武江区	9	4	5						
浈江区	4	2	2						
曲江区	1		1						
始兴县	3	1	1				1		1
仁化县	2	1	1						
翁源县									
乳源瑶族自治县	2	1	1						
新丰县	4	1	3						
乐昌市									
南雄市	2	1	1	1	1				
深圳市	**1829**	**1018**	**812**	**141**	**88**	**53**	**2**	**2**	
罗湖区	92	42	50						
福田区	121	72	49	28	19	9			
南山区	198	103	95	3		3	2	2	
宝安区	997	559	438	101	64	37			
龙岗区	393	223	170	8	6	3			
盐田区	29	19	10						
珠海市	**153**	**79**	**74**	**4**	**2**	**2**			
香洲区	89	45	44	1	1				
斗门区	31	14	17	3	1	2			
金湾区	33	20	13						
汕头市	**21**	**12**	**9**	**4**	**1**	**3**			
龙湖区	4	2	2						
金平区	3	1	2						
濠江区									
潮阳区	1		1						
潮南区	11	7	4						
澄海区	2	1	1	4	1	3			
南澳县									
佛山市	**1322**	**756**	**566**	**25**	**16**	**9**			
禅城区	53	25	27	1		1			
南海区	435	261	173	5	2	3			
顺德区	506	287	219	18	13	4			
三水区	289	161	128	1	1				
高明区	40	22	18	1	1	1			

2-2 续表 6 单位：人

地　区	傣　族			黎　族			傈僳族		
	小计	男	女	小计	男	女	小计	男	女
全　省	**263**	**154**	**109**	**489**	**238**	**251**	**53**	**32**	**21**
广州市	**20**	**7**	**13**	**67**	**26**	**41**	**5**	**2**	**3**
荔湾区							1		1
越秀区	1		1	3	1	2			
海珠区				9	4	6			
天河区	6	1	4	12	4	8	1		1
白云区	3		3	12	4	8			
黄埔区				1		1			
番禺区				7	2	5	3	2	1
花都区				3	2	1			
南沙区	2	2		6	2	5			
萝岗区				9	5	4			
从化区									
增城区	9	5	5	4	3	1			
韶关市									
武江区									
浈江区									
曲江区									
始兴县									
仁化县									
翁源县									
乳源瑶族自治县									
新丰县									
乐昌市									
南雄市									
深圳市	**80**	**44**	**36**	**201**	**113**	**88**	**16**	**9**	**7**
罗湖区	2	1	2	9	6	3	1		1
福田区	11	3	8	17	6	10			
南山区	1		1	11	6	4			
宝安区	37	26	11	128	73	55	7	2	4
龙岗区	28	14	14	34	20	14	7	7	
盐田区				3	2	1	1		1
珠海市	**1**		**1**	**22**	**8**	**14**			
香洲区	1		1	15	5	10			
斗门区				3	1	3			
金湾区				3	2	1			
汕头市	**1**		**1**	**2**		**2**			
龙湖区									
金平区									
濠江区				1		1			
潮阳区									
潮南区				1		1			
澄海区	1		1						
南澳县									
佛山市	**21**	**12**	**8**	**39**	**19**	**20**	**3**	**1**	**1**
禅城区	2	1	1	5	3	2			
南海区	9	6	3	20	11	9			
顺德区	9	4	4	10	4	6	3	1	1
三水区				3	1	2			
高明区	1	1		1		1			

2-2 续表 7 单位：人

地 区	佤 族			畲 族			高山族		
	小计	男	女	小计	男	女	小计	男	女
全 省	**147**	**86**	**61**	**1323**	**803**	**519**	**3**	**1**	**2**
广州市	**22**	**14**	**8**	**54**	**28**	**26**			
荔湾区	2	1	1						
越秀区				4	2	2			
海珠区				4	1	2			
天河区	6	2	3	8	4	3			
白云区	8	7	1	11	1	10			
黄埔区				1	1				
番禺区	4	3	1	15	10	5			
花都区				3	2	1			
南沙区	2	1	1	1	1				
萝岗区				3	3				
从化区				2	1	1			
增城区				2	1	1			
韶关市				**267**	**180**	**87**			
武江区				2	1	1			
浈江区				3	2	2			
曲江区									
始兴县				110	78	32			
仁化县				13	9	5			
翁源县									
乳源瑶族自治县				8	4	4			
新丰县									
乐昌市				1		1			
南雄市				130	88	42			
深圳市	**65**	**42**	**23**	**90**	**51**	**39**	**2**		**2**
罗湖区	1		1	4	3	1			
福田区	2	1	1	5	2	3	1		1
南山区	12	10	2	6	4	2	1		1
宝安区	37	20	18	46	22	24			
龙岗区	13	11	1	24	17	7			
盐田区				4	2	2			
珠海市	**4**	**1**	**4**	**10**	**6**	**3**			
香洲区	4	1	4	4	2	2			
斗门区									
金湾区				6	4	1			
汕头市				**5**	**3**	**3**			
龙湖区				3	2	2			
金平区									
濠江区									
潮阳区									
潮南区				1	1				
澄海区				1		1			
南澳县									
佛山市	**8**	**5**	**3**	**24**	**12**	**12**			
禅城区				9	4	5			
南海区	8	5	3	6	3	3			
顺德区				7	4	3			
三水区				1	1				
高明区				1		1			

2-2 续表 8

单位：人

地　区	拉祜族			水　族			东乡族		
	小计	男	女	小计	男	女	小计	男	女
全　省	**78**	**45**	**33**	**190**	**125**	**65**	**23**	**17**	**6**
广州市	**22**	**15**	**7**	**12**	**9**	**3**	**3**	**3**	
荔湾区									
越秀区							3	3	
海珠区									
天河区	1	1		3	2	1			
白云区	19	13	6	3	3				
黄埔区	1		1						
番禺区				2	1	1			
花都区									
南沙区	1	1		3	2	1			
萝岗区	1	1		1	1				
从化区									
增城区				1	1				
韶关市									
武江区									
浈江区									
曲江区									
始兴县									
仁化县									
翁源县									
乳源瑶族自治县									
新丰县									
乐昌市									
南雄市									
深圳市	**23**	**10**	**13**	**56**	**33**	**23**	**10**	**7**	**3**
罗湖区				1		1			
福田区	1		1	1	1				
南山区				1	1				
宝安区	7	4	2	44	26	18			
龙岗区	15	6	10	8	4	4	10	7	3
盐田区									
珠海市	**1**	**1**		**4**	**4**				
香洲区				3	3				
斗门区									
金湾区	1	1		1	1				
汕头市									
龙湖区									
金平区									
濠江区									
潮阳区									
潮南区									
澄海区									
南澳县									
佛山市	**3**	**1**	**2**	**13**	**7**	**6**			
禅城区	2	1	1	1	1				
南海区				5	2	3			
顺德区	1		1	6	4	1			
三水区				1		1			
高明区				1		1			

2-2 续表 9

单位：人

地 区	纳西族			景颇族			柯尔克孜族		
	小计	男	女	小计	男	女	小计	男	女
全 省	**8**	**7**	**2**	**45**	**28**	**18**	**2**	**1**	**1**
广州市				**1**	**1**		**1**		**1**
荔湾区									
越秀区									
海珠区									
天河区									
白云区							1		1
黄埔区									
番禺区									
花都区									
南沙区									
萝岗区				1	1				
从化区									
增城区									
韶关市									
武江区									
浈江区									
曲江区									
始兴县									
仁化县									
翁源县									
乳源瑶族自治县									
新丰县									
乐昌市									
南雄市									
深圳市	**2**	**1**	**1**	**7**	**4**	**4**	**1**	**1**	
罗湖区	1		1						
福田区									
南山区							1	1	
宝安区				4	2	2			
龙岗区	1	1		3	1	1			
盐田区									
珠海市									
香洲区									
斗门区									
金湾区									
汕头市									
龙湖区									
金平区									
濠江区									
潮阳区									
潮南区									
澄海区									
南澳县									
佛山市	**2**	**2**		**3**	**3**				
禅城区	2	2							
南海区				2	2				
顺德区				1	1				
三水区									
高明区									

2-2 续表 10

单位：人

地 区	土 族			达斡尔族			仫佬族		
	小计	男	女	小计	男	女	小计	男	女
全 省	**103**	**60**	**42**	**10**	**4**	**6**	**374**	**200**	**174**
广州市	**1**	**1**		**3**	**2**	**1**	**36**	**19**	**16**
荔湾区							2	1	1
越秀区									
海珠区							1	1	
天河区							1	1	
白云区				1	1		4	1	3
黄埔区							1		1
番禺区				2	1	1	4	2	2
花都区							13	8	5
南沙区							3	1	2
萝岗区	1	1					4	2	2
从化区									
增城区							3	2	1
韶关市	**1**	**1**	**1**	**2**	**1**	**1**	**1**		**1**
武江区	1	1							
浈江区	1		1	2	1	1	1		1
曲江区									
始兴县									
仁化县									
翁源县									
乳源瑶族自治县									
新丰县									
乐昌市									
南雄市									
深圳市	**9**	**5**	**4**				**139**	**68**	**71**
罗湖区	2	1	1				3	1	2
福田区							5	2	3
南山区							3		3
宝安区	4	4					110	55	55
龙岗区	3		3				17	10	7
盐田区									
珠海市	**3**	**2**	**1**				**4**	**3**	**1**
香洲区	3	2	1				2	2	
斗门区									
金湾区							2	1	1
汕头市									
龙湖区									
金平区									
濠江区									
潮阳区									
潮南区									
澄海区									
南澳县									
佛山市	**55**	**30**	**26**	**2**		**2**	**37**	**23**	**14**
禅城区	1	1					1		1
南海区	48	24	24	2		2	20	14	6
顺德区	6	4	1				13	7	6
三水区							1	1	1
高明区							2	1	1

2-2 续表 11

单位：人

地 区	羌 族			布朗族			撒拉族		
	小计	男	女	小计	男	女	小计	男	女
全 省	**24**	**12**	**11**	**45**	**31**	**14**	**25**	**11**	**15**
广州市	**2**	**1**	**1**	**1**	**1**	**1**	**2**	**1**	**1**
荔湾区									
越秀区	1		1						
海珠区									
天河区									
白云区									
黄埔区				1	1	1	2	1	1
番禺区									
花都区									
南沙区									
萝岗区	1	1							
从化区									
增城区									
韶关市									
武江区									
浈江区									
曲江区									
始兴县									
仁化县									
翁源县									
乳源瑶族自治县									
新丰县									
乐昌市									
南雄市									
深圳市	**9**	**5**	**3**	**4**	**4**		**13**	**6**	**8**
罗湖区									
福田区	4	3	1						
南山区	2		2				9	4	4
宝安区	2	2		4	4				
龙岗区							4	1	3
盐田区									
珠海市									
香洲区									
斗门区									
金湾区									
汕头市									
龙湖区									
金平区									
濠江区									
潮阳区									
潮南区									
澄海区									
南澳县									
佛山市	**3**	**1**	**1**				**6**	**2**	**5**
禅城区									
南海区							6	2	5
顺德区	3	1	1						
三水区									
高明区									

2-2 续表 12

单位：人

地 区	毛南族			仡佬族			锡伯族		
	小计	男	女	小计	男	女	小计	男	女
全 省	**138**	**78**	**60**	**257**	**150**	**106**	**12**	**4**	**8**
广州市	**9**	**3**	**6**	**30**	**14**	**16**	**1**		**1**
荔湾区							1		1
越秀区									
海珠区				1	1				
天河区									
白云区	4	1	3	6	3	3			
黄埔区									
番禺区	1		1	6	2	4			
花都区				4	2	2			
南沙区				8	3	4			
萝岗区	1	1		2	1	1			
从化区				3	1	2			
增城区	3	1	2						
韶关市				**6**	**3**	**3**			
武江区									
浈江区									
曲江区									
始兴县									
仁化县									
翁源县									
乳源瑶族自治县									
新丰县									
乐昌市				6	3	3			
南雄市									
深圳市	**33**	**24**	**9**	**58**	**36**	**22**	**8**	**4**	**4**
罗湖区							2	1	1
福田区	1		1	1		1	2	1	1
南山区				1	1		4	2	2
宝安区	20	18	2	18	11	7			
龙岗区	11	6	6	38	24	14			
盐田区	1	1							
珠海市	**2**	**1**		**4**	**1**	**3**			
香洲区				2		2			
斗门区	1	1							
金湾区	1			2	1	1			
汕头市									
龙湖区									
金平区									
濠江区									
潮阳区									
潮南区									
澄海区									
南澳县									
佛山市	**48**	**21**	**27**	**21**	**10**	**10**			
禅城区	1	1		3	1	2			
南海区	38	15	23	6	2	5			
顺德区	9	4	4	9	6	3			
三水区				3	2	1			
高明区									

2-2 续表 13

单位：人

地　区	阿昌族			普米族			塔吉克族		
	小计	男	女	小计	男	女	小计	男	女
全　省	**15**	**4**	**11**	**2**	**2**				
广州市	**2**	**1**	**1**						
荔湾区									
越秀区									
海珠区									
天河区									
白云区									
黄埔区									
番禺区	2	1	1						
花都区									
南沙区									
萝岗区									
从化区									
增城区									
韶关市									
武江区									
浈江区									
曲江区									
始兴县									
仁化县									
翁源县									
乳源瑶族自治县									
新丰县									
乐昌市									
南雄市									
深圳市	**2**		**2**	**2**	**2**				
罗湖区									
福田区									
南山区									
宝安区	2		2	2	2				
龙岗区									
盐田区									
珠海市									
香洲区									
斗门区									
金湾区									
汕头市									
龙湖区									
金平区									
濠江区									
潮阳区									
潮南区									
澄海区									
南澳县									
佛山市									
禅城区									
南海区									
顺德区									
三水区									
高明区									

2-2 续表 14

单位：人

地区	怒族			乌孜别克族			俄罗斯族		
	小计	男	女	小计	男	女	小计	男	女
全省							**1**	**1**	
广州市							**1**	**1**	
荔湾区									
越秀区							1	1	
海珠区									
天河区									
白云区									
黄埔区									
番禺区									
花都区									
南沙区									
萝岗区									
从化区									
增城区									
韶关市									
武江区									
浈江区									
曲江区									
始兴县									
仁化县									
翁源县									
乳源瑶族自治县									
新丰县									
乐昌市									
南雄市									
深圳市									
罗湖区									
福田区									
南山区									
宝安区									
龙岗区									
盐田区									
珠海市									
香洲区									
斗门区									
金湾区									
汕头市									
龙湖区									
金平区									
濠江区									
潮阳区									
潮南区									
澄海区									
南澳县									
佛山市									
禅城区									
南海区									
顺德区									
三水区									
高明区									

2-2 续表 15

单位：人

地 区	鄂温克族			德昂族			保安族		
	小计	男	女	小计	男	女	小计	男	女
全 省				**29**	**17**	**11**	**3**	**2**	**2**
广州市									
荔湾区									
越秀区									
海珠区									
天河区									
白云区									
黄埔区									
番禺区									
花都区									
南沙区									
萝岗区									
从化区									
增城区									
韶关市									
武江区									
浈江区									
曲江区									
始兴县									
仁化县									
翁源县									
乳源瑶族自治县									
新丰县									
乐昌市									
南雄市									
深圳市				**4**	**2**	**1**			
罗湖区									
福田区									
南山区									
宝安区				2	2				
龙岗区				1		1			
盐田区									
珠海市									
香洲区									
斗门区									
金湾区									
汕头市									
龙湖区									
金平区									
濠江区									
潮阳区									
潮南区									
澄海区									
南澳县									
佛山市									
禅城区									
南海区									
顺德区									
三水区									
高明区									

2-2 续表 16

单位：人

地区	裕固族			京族			塔塔尔族		
	小计	男	女	小计	男	女	小计	男	女
全省				**10**	**2**	**8**			
广州市				**1**		**1**			
荔湾区									
越秀区									
海珠区									
天河区									
白云区									
黄埔区									
番禺区									
花都区									
南沙区				1		1			
萝岗区									
从化区									
增城区									
韶关市				**1**		**1**			
武江区									
浈江区									
曲江区									
始兴县									
仁化县									
翁源县									
乳源瑶族自治县									
新丰县									
乐昌市				1		1			
南雄市									
深圳市									
罗湖区									
福田区									
南山区									
宝安区									
龙岗区									
盐田区									
珠海市									
香洲区									
斗门区									
金湾区									
汕头市									
龙湖区									
金平区									
濠江区									
潮阳区									
潮南区									
澄海区									
南澳县									
佛山市									
禅城区									
南海区									
顺德区									
三水区									
高明区									

2-2 续表 17

单位：人

地 区	独龙族			鄂伦春族			赫哲族		
	小计	男	女	小计	男	女	小计	男	女
全 省							**3**	**2**	**1**
广州市									
荔湾区									
越秀区									
海珠区									
天河区									
白云区									
黄埔区									
番禺区									
花都区									
南沙区									
萝岗区									
从化区									
增城区									
韶关市									
武江区									
浈江区									
曲江区									
始兴县									
仁化县									
翁源县									
乳源瑶族自治县									
新丰县									
乐昌市									
南雄市									
深圳市							**2**	**2**	
罗湖区									
福田区									
南山区							2	2	
宝安区									
龙岗区									
盐田区									
珠海市							**1**		**1**
香洲区							1		1
斗门区									
金湾区									
汕头市									
龙湖区									
金平区									
濠江区									
潮阳区									
潮南区									
澄海区									
南澳县									
佛山市									
禅城区									
南海区									
顺德区									
三水区									
高明区									

2-2 续表 18　　　　单位：人

地　区	门巴族			珞巴族			基诺族		
	小计	男	女	小计	男	女	小计	男	女
全　省									
广州市									
荔湾区									
越秀区									
海珠区									
天河区									
白云区									
黄埔区									
番禺区									
花都区									
南沙区									
萝岗区									
从化区									
增城区									
韶关市									
武江区									
浈江区									
曲江区									
始兴县									
仁化县									
翁源县									
乳源瑶族自治县									
新丰县									
乐昌市									
南雄市									
深圳市									
罗湖区									
福田区									
南山区									
宝安区									
龙岗区									
盐田区									
珠海市									
香洲区									
斗门区									
金湾区									
汕头市									
龙湖区									
金平区									
濠江区									
潮阳区									
潮南区									
澄海区									
南澳县									
佛山市									
禅城区									
南海区									
顺德区									
三水区									
高明区									

2-2 续表 19

单位：人

地　区	其他未识别的民族			外国人加入中国籍		
	小计	男	女	小计	男	女
全　省	**111**	**47**	**65**	**14**		**14**
广州市	**8**	**3**	**5**	**1**		**1**
荔湾区	2	1	1			
越秀区						
海珠区						
天河区						
白云区	1		1			
黄埔区						
番禺区	2	1	1			
花都区						
南沙区	2	1	1	1		1
萝岗区	1		1			
从化区						
增城区						
韶关市	**1**	**1**				
武江区						
浈江区						
曲江区						
始兴县						
仁化县						
翁源县						
乳源瑶族自治县						
新丰县						
乐昌市						
南雄市	1	1				
深圳市	**31**	**14**	**17**			
罗湖区	1	1				
福田区	1	1				
南山区	1		1			
宝安区	26	11	15			
龙岗区	1	1				
盐田区						
珠海市	**1**	**1**	**1**	**1**		**1**
香洲区						
斗门区	1	1	1	1		1
金湾区						
汕头市						
龙湖区						
金平区						
濠江区						
潮阳区						
潮南区						
澄海区						
南澳县						
佛山市	**8**	**4**	**4**	**1**		**1**
禅城区				1		1
南海区	6	3	3			
顺德区						
三水区	1	1				
高明区	1		1			

2-2 续表 20

单位：人

地　区	人口数			汉　族			蒙古族		
	合计	男	女	小计	男	女	小计	男	女
江门市	**128771**	**65113**	**63658**	**126417**	**63937**	**62480**	**12**	**6**	**5**
蓬江区	20939	10455	10484	20176	10054	10123	6	4	2
江海区	7428	3786	3642	7217	3676	3541			
新会区	24606	12510	12096	24032	12215	11817	3	1	2
台山市	27090	13482	13609	26943	13455	13488	2	1	1
开平市	20150	10155	9995	19890	10022	9868	1		1
鹤山市	14315	7182	7132	13996	7009	6987			
恩平市	14243	7542	6701	14164	7507	6656			
湛江市	**206321**	**109163**	**97158**	**205795**	**108958**	**96837**	**13**	**4**	**10**
赤坎区	8964	4493	4471	8932	4476	4457	2	1	1
霞山区	14377	7465	6912	14257	7391	6866	2	1	1
坡头区	9887	5254	4633	9867	5252	4615	1	1	1
麻章区	14446	7682	6764	14411	7661	6750			
遂溪县	26159	13800	12359	26126	13794	12332	3	1	2
徐闻县	20549	10936	9613	20446	10883	9562	3	1	3
廉江市	42488	22921	19566	42367	22903	19464			
雷州市	42080	22190	19890	42054	22183	19871	2		2
吴川市	27373	14423	12950	27333	14414	12920			
茂名市	**173256**	**90998**	**82258**	**172843**	**90887**	**81956**	**14**	**6**	**8**
茂南区	24144	12701	11443	24000	12638	11363	3	1	2
电白区	47417	24822	22595	47321	24801	22520	1	1	
高州市	38658	20483	18175	38575	20472	18103	5	2	4
化州市	35519	18884	16635	35482	18872	16610	1	1	1
信宜市	27518	14108	13410	27465	14103	13361	3	2	2
肇庆市	**115667**	**59165**	**56503**	**115158**	**58902**	**56256**	**11**	**7**	**4**
端州区	14075	6985	7091	13993	6947	7046			
鼎湖区	4889	2394	2495	4873	2388	2485	1		1
广宁县	12448	6333	6115	12436	6332	6104	2	1	1
怀集县	23951	12039	11911	23938	12034	11904	4	3	1
封开县	11679	5892	5787	11670	5890	5780	1	1	
德庆县	10026	5204	4822	10023	5203	4820	1	1	
高要市	22230	11604	10626	22190	11588	10602	1		1
四会市	16369	8713	7656	16036	8521	7515	2	1	1
惠州市	**135495**	**71424**	**64072**	**131921**	**69326**	**62595**	**41**	**22**	**19**
惠城区	46690	24343	22348	45565	23692	21873	19	11	8
惠阳区	22834	12718	10115	22009	12234	9775	15	10	5
博罗县	30416	15955	14460	29229	15240	13989	3		3
惠东县	26538	13739	12799	26309	13603	12706	3	1	2
龙门县	9018	4668	4349	8809	4557	4252			
梅州市	**123679**	**61195**	**62484**	**123611**	**61172**	**62439**	**10**	**7**	**3**
梅江区	11955	5840	6115	11943	5836	6106	4	2	1
梅县区	15369	7463	7906	15357	7461	7896	1	1	1
大埔县	10878	5489	5389	10874	5489	5386			
丰顺县	13958	7031	6928	13945	7025	6920			
五华县	30794	14969	15826	30786	14964	15822	3	3	
平远县	6664	3342	3323	6661	3341	3320			
蕉岭县	5981	2954	3026	5978	2953	3025	1	1	
兴宁市	28079	14108	13972	28068	14103	13965	1		1

2-2 续表 21 单位：人

地 区	回 族			藏 族			维吾尔族		
	小计	男	女	小计	男	女	小计	男	女
江门市	**37**	**17**	**20**	**10**	**4**	**6**	**5**	**1**	**4**
蓬江区	5	3	2	2	2		4	1	3
江海区	2	1	1				1	1	
新会区	13	5	8	9	3	6			
台山市									
开平市	13	5	8				1		1
鹤山市	2	1	1						
恩平市	3	1	1						
湛江市	**23**	**11**	**11**	**2**	**1**	**2**	**2**		**2**
赤坎区	3	2	1	1		1			
霞山区	7	2	5						
坡头区	2	1	1				1		1
麻章区	1	1							
遂溪县				1		1			
徐闻县	3	1	2						
廉江市	1	1					1		1
雷州市	4	3	1						
吴川市	1		1	1	1				
茂名市	**28**	**11**	**17**	**8**	**3**	**5**			
茂南区	7	2	4						
电白区	8	3	5	4	1	3			
高州市	6	3	4	2		2			
化州市	5	2	3	2	2	1			
信宜市	2	2	1						
肇庆市	**56**	**31**	**25**	**6**	**4**	**2**			
端州区	4	1	3	2	1	1			
鼎湖区	1								
广宁县	3		3						
怀集县	1	1							
封开县	2	1	1						
德庆县									
高要市	4	2	3						
四会市	41	26	15	3	2	1			
惠州市	**73**	**41**	**32**	**12**	**5**	**7**	**2**	**1**	**1**
惠城区	13	5	8	6	4	1			
惠阳区	35	18	16	4		4	1		1
博罗县	24	16	8	2	1	1			
惠东县	1	1					1	1	
龙门县	1	1							
梅州市	**12**	**4**	**8**	**1**		**1**			
梅江区	1		1	1		1			
梅县区	1	1	1						
大埔县	1	1	1						
丰顺县	2	1	1						
五华县	3	1	2						
平远县									
蕉岭县									
兴宁市	3	1	2						

2-2 续表 22

单位：人

地区	苗族			彝族			壮族		
	小计	男	女	小计	男	女	小计	男	女
江门市	**213**	**111**	**102**	**20**	**10**	**10**	**1400**	**698**	**703**
蓬江区	88	53	34	2	1	1	464	240	225
江海区	25	13	12	4	2	2	79	42	37
新会区	46	24	23	7	3	4	310	163	147
台山市	10	3	7				98	9	89
开平市	18	4	13				193	107	86
鹤山市	23	12	11	6	4	2	200	115	85
恩平市	4	2	2				55	21	34
湛江市	**25**	**13**	**12**	**8**	**3**	**5**	**285**	**80**	**204**
赤坎区	1	1		1	1	1	8	5	4
霞山区	12	8	4	3	3		34	17	17
坡头区				2		2	9		9
麻章区	2	1	1				2		2
遂溪县	3	2	2				20	2	18
徐闻县	3	2	1				67	36	31
廉江市	2		2	1		1	96	8	88
雷州市	1		1				17	4	13
吴川市				1		1	31	8	23
茂名市	**50**	**14**	**36**	**12**	**1**	**11**	**215**	**54**	**162**
茂南区	10	2	7	3	1	2	89	45	44
电白区	18	10	8	6		6	33		33
高州市	12	2	11	3		3	44	5	38
化州市							20	4	16
信宜市	9		9				30		30
肇庆市	**74**	**36**	**39**	**4**	**3**	**1**	**140**	**65**	**75**
端州区	30	12	18				10	5	5
鼎湖区	2	1	1				6	3	3
广宁县							5	1	5
怀集县							8	2	6
封开县							6	1	5
德庆县							2		2
高要市	4	1	3				17	6	11
四会市	39	22	17	4	3	1	85	48	37
惠州市	**613**	**362**	**251**	**166**	**82**	**84**	**777**	**445**	**332**
惠城区	208	120	88	54	22	32	291	168	123
惠阳区	197	119	78	59	31	28	251	156	95
博罗县	134	80	54	40	22	18	196	105	91
惠东县	65	36	29	12	6	5	31	13	18
龙门县	9	7	2	1	1	1	9	2	6
梅州市	**3**		**3**	**2**	**1**	**1**	**15**	**1**	**14**
梅江区	1		1				1		1
梅县区	1		1				3		3
大埔县							3		3
丰顺县	1		1	2	1	1	2		2
五华县							1		1
平远县							2		2
蕉岭县									
兴宁市							4	1	3

2-2 续表 23 单位：人

地 区	布依族			朝鲜族			满 族		
	小计	男	女	小计	男	女	小计	男	女
江门市	**40**	**21**	**19**	**3**	**1**	**2**	**2**	**1**	**1**
蓬江区	8	4	4						
江海区	2	2	1	3	1	2	1	1	
新会区	9	6	3						
台山市	5	3	2						
开平市	11	5	6						
鹤山市	5	2	3				1		1
恩平市	1								
湛江市	**15**	**7**	**7**				**6**	**4**	**2**
赤坎区	2	2	1				4	2	1
霞山区	2	1	1				2	1	1
坡头区									
麻章区	1		1						
遂溪县									
徐闻县									
廉江市	10	5	5						
雷州市									
吴川市									
茂名市	**11**		**11**	**2**		**2**	**2**		**2**
茂南区	2		2				1		1
电白区	7		7	2		2			
高州市	3		3						
化州市									
信宜市							1		1
肇庆市	**5**	**3**	**2**				**7**	**4**	**3**
端州区							6	4	2
鼎湖区									
广宁县									
怀集县									
封开县							1		1
德庆县									
高要市									
四会市	5	3	2						
惠州市	**117**	**62**	**55**	**17**	**10**	**7**	**37**	**20**	**18**
惠城区	50	25	25	11	6	6	20	10	10
惠阳区	35	16	18	5	3	2	7	3	3
博罗县	29	19	10				3	2	1
惠东县	4	2	2				7	4	3
龙门县				1	1				
梅州市	**1**	**1**		**1**	**1**				
梅江区									
梅县区									
大埔县									
丰顺县									
五华县				1	1				
平远县	1	1							
蕉岭县									
兴宁市									

2-2 续表 24

单位：人

地区	侗族			瑶族			白族		
	小计	男	女	小计	男	女	小计	男	女
江门市	**28**	**14**	**15**	**209**	**110**	**99**	**8**	**3**	**5**
蓬江区	9	5	4	54	33	22	2		2
江海区	5	3	2	35	17	18	1	1	1
新会区	2	1	1	57	30	27	1		1
台山市	8	3	5	10	2	8			
开平市				15	8	7			
鹤山市	3	2	2	32	17	15	4	2	2
恩平市	1		1	6	4	2			
湛江市	**26**	**16**	**10**	**29**	**15**	**14**			
赤坎区				5	2	4			
霞山区									
坡头区									
麻章区	24	15	9	1	1				
遂溪县				1		1			
徐闻县	1	1		17	10	7			
廉江市				5	2	2			
雷州市									
吴川市	1		1						
茂名市	**1**		**1**	**30**	**16**	**15**	**5**		**5**
茂南区				23	11	11	2		2
电白区									
高州市	1		1						
化州市				3	3	1	2		2
信宜市				4	2	2	2		2
肇庆市	**13**	**8**	**5**	**36**	**18**	**17**	**3**	**2**	**1**
端州区	5	3	2						
鼎湖区	1		1	2	1	1			
广宁县				3		3			
怀集县									
封开县									
德庆县									
高要市	1		1	1		1			
四会市	6	5	1	30	17	13	3	2	1
惠州市	**128**	**81**	**47**	**382**	**223**	**160**	**27**	**13**	**14**
惠城区	46	30	17	98	63	35	10	4	6
惠阳区	25	16	9	56	35	22	10	4	6
博罗县	24	18	6	33	22	11	5	2	2
惠东县	30	17	14	15	7	7			
龙门县	1		1	180	95	85	2	2	
梅州市	**2**		**2**	**1**	**1**				
梅江区	1		1						
梅县区	1		1	1	1				
大埔县									
丰顺县									
五华县									
平远县									
蕉岭县									
兴宁市	1		1						

2-2 续表 25

单位：人

地　区	土家族			哈尼族			哈萨克族		
	小计	男	女	小计	男	女	小计	男	女
江门市	**273**	**140**	**133**	**3**		**3**			
蓬江区	102	51	51						
江海区	36	17	19						
新会区	89	47	42	1		1			
台山市	8	4	5						
开平市	4	3	1						
鹤山市	31	16	16	2		2			
恩平市	1	1							
湛江市	**11**	**6**	**5**	**3**	**1**	**2**			
赤坎区	3	2	1						
霞山区	3	1	2	1	1				
坡头区	1		1	1		1			
麻章区	1	1							
遂溪县	2	1	1						
徐闻县	1		1						
廉江市	1	1							
雷州市									
吴川市				1		1			
茂名市	**7**	**2**	**5**	**1**		**1**			
茂南区	2	1	1	1		1			
电白区	3	1	2						
高州市	2		2						
化州市									
信宜市									
肇庆市	**136**	**75**	**62**						
端州区	20	9	11						
鼎湖区									
广宁县									
怀集县									
封开县									
德庆县									
高要市	10	6	4						
四会市	107	60	47						
惠州市	**407**	**237**	**170**	**53**	**49**	**4**			
惠城区	206	114	92	18	18				
惠阳区	64	37	27	10	9	2			
博罗县	95	52	43	18	16	2			
惠东县	37	31	6	6	6				
龙门县	4	2	2						
梅州市	**13**	**5**	**8**						
梅江区	5	1	4						
梅县区	3		3						
大埔县									
丰顺县	5	4	1						
五华县									
平远县									
蕉岭县									
兴宁市									

2-2 续表 26

单位：人

地　区	傣　族			黎　族			傈僳族		
	小计	男	女	小计	男	女	小计	男	女
江门市	**7**	**3**	**4**	**12**	**5**	**7**	**2**		**2**
蓬江区				6	2	4			
江海区	1		1	1	1	1			
新会区	6	3	3	1		1			
台山市				1		1			
开平市									
鹤山市				3	2	1	2		2
恩平市									
湛江市	**18**	**13**	**5**	**9**	**3**	**7**			
赤坎区				1		1			
霞山区	17	13	4	1	1				
坡头区	1		1						
麻章区									
遂溪县									
徐闻县				6	2	4			
廉江市									
雷州市									
吴川市				2		2			
茂名市	**4**		**4**	**11**	**1**	**10**			
茂南区				2		2			
电白区	2		2	8	1	7			
高州市	3		3	1		1			
化州市									
信宜市				1		1			
肇庆市									
端州区									
鼎湖区									
广宁县									
怀集县									
封开县									
德庆县									
高要市									
四会市									
惠州市	**19**	**13**	**6**	**24**	**13**	**11**	**5**	**5**	
惠城区	9	7	1	11	9	3	4	4	
惠阳区	7	3	4	10	3	7			
博罗县	3	3		2	1	1	1	1	
惠东县									
龙门县	1	1							
梅州市				**3**	**3**				
梅江区									
梅县区									
大埔县									
丰顺县									
五华县									
平远县									
蕉岭县									
兴宁市				3	3				

2-2 续表 27

单位：人

地 区	佤 族			畲 族			高山族		
	小计	男	女	小计	男	女	小计	男	女
江门市	**1**		**1**	**10**	**4**	**6**			
蓬江区									
江海区									
新会区				1		1			
台山市									
开平市	1		1	1		1			
鹤山市				1		1			
恩平市				8	4	4			
湛江市	**1**		**1**						
赤坎区									
霞山区									
坡头区	1		1						
麻章区									
遂溪县									
徐闻县									
廉江市									
雷州市									
吴川市									
茂名市	**1**		**1**						
茂南区									
电白区	1		1						
高州市									
化州市									
信宜市									
肇庆市									
端州区									
鼎湖区									
广宁县									
怀集县									
封开县									
德庆县									
高要市									
四会市									
惠州市	**12**	**4**	**8**	**560**	**348**	**212**			
惠城区	10	3	7	7	5	1			
惠阳区	2	1	1	9	7	2			
博罗县				542	335	207			
惠东县				2	1	1			
龙门县				1		1			
梅州市				**1**		**1**			
梅江区				1		1			
梅县区									
大埔县									
丰顺县									
五华县									
平远县									
蕉岭县									
兴宁市									

2-2 续表 28

单位：人

地区	拉祜族			水族			东乡族		
	小计	男	女	小计	男	女	小计	男	女
江门市				**3**	**2**	**1**			
蓬江区									
江海区				1	1				
新会区				1	1				
台山市				1		1			
开平市									
鹤山市									
恩平市									
湛江市	**7**	**3**	**3**	**3**	**1**	**2**			
赤坎区	1		1						
霞山区	5	3	1						
坡头区									
麻章区				2	1	1			
遂溪县									
徐闻县									
廉江市				1		1			
雷州市									
吴川市	1		1						
茂名市	**3**	**1**	**2**						
茂南区									
电白区									
高州市									
化州市	3	1	2						
信宜市									
肇庆市							**1**	**1**	
端州区									
鼎湖区									
广宁县									
怀集县									
封开县									
德庆县									
高要市									
四会市							1	1	
惠州市	**3**	**3**		**12**	**8**	**4**	**1**	**1**	
惠城区	3	3		4	4				
惠阳区				3	3	1	1	1	
博罗县				4	1	3			
惠东县									
龙门县									
梅州市									
梅江区									
梅县区									
大埔县									
丰顺县									
五华县									
平远县									
蕉岭县									
兴宁市									

2-2 续表 29

单位：人

地 区	纳西族			景颇族			柯尔克孜族		
	小计	男	女	小计	男	女	小计	男	女
江门市				**1**	**1**				
蓬江区									
江海区									
新会区				1	1				
台山市									
开平市									
鹤山市									
恩平市									
湛江市									
赤坎区									
霞山区									
坡头区									
麻章区									
遂溪县									
徐闻县									
廉江市									
雷州市									
吴川市									
茂名市	**1**		**1**	**1**		**1**			
茂南区	1		1						
电白区									
高州市				1		1			
化州市									
信宜市									
肇庆市				**1**		**1**			
端州区				1		1			
鼎湖区									
广宁县									
怀集县									
封开县									
德庆县									
高要市									
四会市									
惠州市				**16**	**11**	**5**			
惠城区				1	1				
惠阳区				4	3	2			
博罗县				11	7	3			
惠东县									
龙门县									
梅州市									
梅江区									
梅县区									
大埔县									
丰顺县									
五华县									
平远县									
蕉岭县									
兴宁市									

2-2 续表 30

单位：人

地　区	土　族			达斡尔族			仫佬族		
	小计	男	女	小计	男	女	小计	男	女
江门市	**3**	**1**	**2**				**35**	**14**	**21**
蓬江区	2		2				7	2	5
江海区							4	2	3
新会区	1	1					18	8	10
台山市							5	2	2
开平市									
鹤山市							1		1
恩平市									
湛江市							**1**		**1**
赤坎区									
霞山区									
坡头区									
麻章区									
遂溪县							1		1
徐闻县									
廉江市									
雷州市									
吴川市									
茂名市	**2**		**2**				**3**	**3**	
茂南区									
电白区							3	3	
高州市									
化州市									
信宜市	2		2						
肇庆市									
端州区									
鼎湖区									
广宁县									
怀集县									
封开县									
德庆县									
高要市									
四会市									
惠州市	**10**	**8**	**2**	**1**		**1**	**19**	**10**	**8**
惠城区				1		1	14	9	6
惠阳区	2	1	1				3	2	2
博罗县	4	3	1				1		1
惠东县	4	4							
龙门县									
梅州市							**1**		**1**
梅江区									
梅县区									
大埔县									
丰顺县									
五华县									
平远县							1		1
蕉岭县									
兴宁市									

2-2 续表 31 单位：人

地 区	羌 族			布朗族			撒拉族		
	小计	男	女	小计	男	女	小计	男	女
江门市									
蓬江区									
江海区									
新会区									
台山市									
开平市									
鹤山市									
恩平市									
湛江市				**32**	**23**	**10**			
赤坎区									
霞山区				32	23	10			
坡头区									
麻章区									
遂溪县									
徐闻县									
廉江市									
雷州市									
吴川市									
茂名市									
茂南区									
电白区									
高州市									
化州市									
信宜市									
肇庆市	**3**	**1**	**2**						
端州区									
鼎湖区									
广宁县									
怀集县									
封开县									
德庆县									
高要市									
四会市	3	1	2						
惠州市							**2**	**1**	**1**
惠城区									
惠阳区									
博罗县									
惠东县							2	1	1
龙门县									
梅州市									
梅江区									
梅县区									
大埔县									
丰顺县									
五华县									
平远县									
蕉岭县									
兴宁市									

2-2 续表 32

单位：人

地区	毛南族			仡佬族			锡伯族		
	小计	男	女	小计	男	女	小计	男	女
江门市	**4**	**3**	**1**	**10**	**5**	**5**			
蓬江区				2	1	1			
江海区	3	3	1	6	3	3			
新会区									
台山市									
开平市	1		1	2	1	2			
鹤山市									
恩平市									
湛江市									
赤坎区									
霞山区									
坡头区									
麻章区									
遂溪县									
徐闻县									
廉江市									
雷州市									
吴川市									
茂名市									
茂南区									
电白区									
高州市									
化州市									
信宜市									
肇庆市	**4**	**2**	**1**	**9**	**4**	**5**			
端州区	3	2	1						
鼎湖区				2	1	1			
广宁县									
怀集县									
封开县									
德庆县									
高要市				2	1	1			
四会市	1		1	5	2	3			
惠州市	**4**	**1**	**3**	**21**	**13**	**8**	**1**		**1**
惠城区	1	1		3	1	1			
惠阳区	2		2	7	3	3			
博罗县	1		1	10	6	3			
惠东县				2	2		1		1
龙门县									
梅州市							**1**		**1**
梅江区									
梅县区							1		1
大埔县									
丰顺县									
五华县									
平远县									
蕉岭县									
兴宁市									

2-2 续表 33 单位：人

地区	阿昌族			普米族			塔吉克族		
	小计	男	女	小计	男	女	小计	男	女
江门市									
蓬江区									
江海区									
新会区									
台山市									
开平市									
鹤山市									
恩平市									
湛江市									
赤坎区									
霞山区									
坡头区									
麻章区									
遂溪县									
徐闻县									
廉江市									
雷州市									
吴川市									
茂名市									
茂南区									
电白区									
高州市									
化州市									
信宜市									
肇庆市									
端州区									
鼎湖区									
广宁县									
怀集县									
封开县									
德庆县									
高要市									
四会市									
惠州市	**4**	**1**	**2**						
惠城区	3	1	1						
惠阳区									
博罗县	1		1						
惠东县									
龙门县									
梅州市									
梅江区									
梅县区									
大埔县									
丰顺县									
五华县									
平远县									
蕉岭县									
兴宁市									

2-2 续表 34

单位：人

地区	怒族			乌孜别克族			俄罗斯族		
	小计	男	女	小计	男	女	小计	男	女
江门市									
蓬江区									
江海区									
新会区									
台山市									
开平市									
鹤山市									
恩平市									
湛江市									
赤坎区									
霞山区									
坡头区									
麻章区									
遂溪县									
徐闻县									
廉江市									
雷州市									
吴川市									
茂名市									
茂南区									
电白区									
高州市									
化州市									
信宜市									
肇庆市									
端州区									
鼎湖区									
广宁县									
怀集县									
封开县									
德庆县									
高要市									
四会市									
惠州市									
惠城区									
惠阳区									
博罗县									
惠东县									
龙门县									
梅州市									
梅江区									
梅县区									
大埔县									
丰顺县									
五华县									
平远县									
蕉岭县									
兴宁市									

2-2 续表 35 单位：人

地　　区	鄂温克族			德昂族			保安族		
	小计	男	女	小计	男	女	小计	男	女
江门市									
蓬江区									
江海区									
新会区									
台山市									
开平市									
鹤山市									
恩平市									
湛江市									
赤坎区									
霞山区									
坡头区									
麻章区									
遂溪县									
徐闻县									
廉江市									
雷州市									
吴川市									
茂名市									
茂南区									
电白区									
高州市									
化州市									
信宜市									
肇庆市									
端州区									
鼎湖区									
广宁县									
怀集县									
封开县									
德庆县									
高要市									
四会市									
惠州市									
惠城区									
惠阳区									
博罗县									
惠东县									
龙门县									
梅州市									
梅江区									
梅县区									
大埔县									
丰顺县									
五华县									
平远县									
蕉岭县									
兴宁市									

2-2 续表 36

单位：人

地 区	裕固族			京 族			塔塔尔族		
	小计	男	女	小计	男	女	小计	男	女
江门市									
蓬江区									
江海区									
新会区									
台山市									
开平市									
鹤山市									
恩平市									
湛江市									
赤坎区									
霞山区									
坡头区									
麻章区									
遂溪县									
徐闻县									
廉江市									
雷州市									
吴川市									
茂名市									
茂南区									
电白区									
高州市									
化州市									
信宜市									
肇庆市				**1**		**1**			
端州区				1		1			
鼎湖区									
广宁县									
怀集县									
封开县									
德庆县									
高要市									
四会市									
惠州市									
惠城区									
惠阳区									
博罗县									
惠东县									
龙门县									
梅州市									
梅江区									
梅县区									
大埔县									
丰顺县									
五华县									
平远县									
蕉岭县									
兴宁市									

2-2 续表 37

单位：人

地区	独龙族			鄂伦春族			赫哲族		
	小计	男	女	小计	男	女	小计	男	女
江门市									
蓬江区									
江海区									
新会区									
台山市									
开平市									
鹤山市									
恩平市									
湛江市									
赤坎区									
霞山区									
坡头区									
麻章区									
遂溪县									
徐闻县									
廉江市									
雷州市									
吴川市									
茂名市									
茂南区									
电白区									
高州市									
化州市									
信宜市									
肇庆市									
端州区									
鼎湖区									
广宁县									
怀集县									
封开县									
德庆县									
高要市									
四会市									
惠州市									
惠城区									
惠阳区									
博罗县									
惠东县									
龙门县									
梅州市									
梅江区									
梅县区									
大埔县									
丰顺县									
五华县									
平远县									
蕉岭县									
兴宁市									

2-2 续表 38

单位：人

地 区	门巴族			珞巴族			基诺族		
	小计	男	女	小计	男	女	小计	男	女
江门市									
蓬江区									
江海区									
新会区									
台山市									
开平市									
鹤山市									
恩平市									
湛江市									
赤坎区									
霞山区									
坡头区									
麻章区									
遂溪县									
徐闻县									
廉江市									
雷州市									
吴川市									
茂名市									
茂南区									
电白区									
高州市									
化州市									
信宜市									
肇庆市									
端州区									
鼎湖区									
广宁县									
怀集县									
封开县									
德庆县									
高要市									
四会市									
惠州市									
惠城区									
惠阳区									
博罗县									
惠东县									
龙门县									
梅州市									
梅江区									
梅县区									
大埔县									
丰顺县									
五华县									
平远县									
蕉岭县									
兴宁市									

2-2 续表 39 单位：人

地 区	其他未识别的民族			外国人加入中国籍		
	小计	男	女	小计	男	女
江门市	**2**	**1**	**2**			
蓬江区						
江海区						
新会区						
台山市						
开平市						
鹤山市	2	1	2			
恩平市						
湛江市	**4**		**4**	**2**		**2**
赤坎区						
霞山区						
坡头区	1		1			
麻章区	1		1			
遂溪县	1		1	1		1
徐闻县	1		1			
廉江市				1		1
雷州市	1		1			
吴川市						
茂名市	**1**		**1**	**1**		**1**
茂南区						
电白区						
高州市	1		1	1		1
化州市						
信宜市						
肇庆市	**1**		**1**			
端州区	1		1			
鼎湖区						
广宁县						
怀集县						
封开县						
德庆县						
高要市						
四会市						
惠州市	**5**	**1**	**4**			
惠城区	1		1			
惠阳区						
博罗县						
惠东县	3	1	2			
龙门县						
梅州市	**2**		**2**			
梅江区						
梅县区						
大埔县						
丰顺县	2		2			
五华县						
平远县						
蕉岭县						
兴宁市						

2-2 续表 40

单位：人

地区	人口数			汉族			蒙古族		
	合计	男	女	小计	男	女	小计	男	女
汕尾市	**86092**	**45474**	**40619**	**85975**	**45405**	**40570**	**1**	**1**	**1**
城区	14369	7481	6888	14359	7476	6883	1	1	1
海丰县	23301	12392	10909	23252	12364	10888			
陆河县	8211	4370	3841	8211	4370	3841			
陆丰市	40211	21231	18980	40154	21195	18959			
河源市	**87568**	**44501**	**43067**	**87168**	**44279**	**42889**	**9**	**3**	**6**
源城区	13802	7003	6799	13649	6921	6728	2		2
紫金县	18967	9663	9304	18950	9655	9294	1		1
龙川县	20631	10441	10190	20597	10427	10170	3	1	2
连平县	10001	5076	4925	9871	4990	4882			
和平县	11109	5623	5486	11097	5619	5478			
东源县	13058	6696	6362	13004	6667	6337	3	2	1
阳江市	**71550**	**37784**	**33766**	**71245**	**37639**	**33606**	**1**		**1**
江城区	20258	10572	9686	20200	10544	9656			
阳西县	13280	7077	6203	13263	7073	6190	1		1
阳东县	13044	7146	5897	12937	7077	5860	1		1
阳春市	24968	12989	11978	24845	12945	11900			
清远市	**109254**	**55949**	**53305**	**105026**	**53791**	**51235**	**11**	**9**	**2**
清城区	23988	12395	11592	23707	12246	11461	4	4	
清新区	20643	10705	9938	20607	10697	9910	3	2	2
佛冈县	8947	4635	4311	8929	4628	4302			
阳山县	10508	5293	5215	10481	5286	5195			
连山壮族瑶族自治县	2673	1380	1292	1190	606	584			
连南瑶族自治县	3812	1909	1903	1702	827	875	2	2	
英德市	27826	14225	13600	27668	14150	13519	1	1	
连州市	10858	5405	5453	10741	5352	5389	1	1	1
东莞市	**235178**	**131438**	**103740**	**220986**	**123151**	**97835**	**49**	**34**	**15**
中山市	**91449**	**49184**	**42265**	**87044**	**46691**	**40354**	**15**	**11**	**3**
潮州市	**75234**	**37725**	**37509**	**74950**	**37578**	**37372**	**9**	**4**	**5**
湘桥区	16620	8174	8445	16440	8082	8358	4	1	3
潮安区	33798	17143	16654	33703	17091	16612	4	3	1
饶平县	24817	12407	12410	24807	12405	12402	2	1	1
揭阳市	**172632**	**88867**	**83765**	**172472**	**88804**	**83668**	**9**	**1**	**8**
榕城区	27863	14311	13551	27844	14303	13541	1	1	
揭东区	27857	14545	13312	27780	14504	13276	1		1
揭西县	24315	12385	11930	24307	12383	11924			
惠来县	32265	16391	15874	32249	16383	15866	2		2
普宁市	60332	31235	29097	60292	31231	29061	5		5
云浮市	**70105**	**35794**	**34311**	**69841**	**35694**	**34147**	**3**	**1**	**3**
云城区	10528	5405	5123	10483	5386	5097			
云安区	8012	4114	3898	7981	4100	3881			
新兴县	12719	6472	6247	12608	6416	6191	1		1
郁南县	11545	5879	5666	11523	5875	5648	2	1	1
罗定市	27301	13924	13377	27246	13917	13330			

2-2 续表 41

单位：人

地 区	回 族			藏 族			维吾尔族		
	小计	男	女	小计	男	女	小计	男	女
汕尾市	**9**	**3**	**6**	**1**		**1**			
城区	1	1							
海丰县	3	1	2	1		1			
陆河县	1								
陆丰市	4	1	3						
河源市	**25**	**11**	**14**	**1**		**1**			
源城区	8	3	4						
紫金县	6	4	3						
龙川县	6	3	3						
连平县									
和平县	2		2	1		1			
东源县	2	1	1						
阳江市	**11**	**6**	**6**						
江城区	5	3	2						
阳西县	2	1	1						
阳东县	3	2	1						
阳春市	1		1						
清远市	**21**	**8**	**14**	**2**		**2**	**5**	**3**	**2**
清城区	10	5	6				5	3	2
清新区	4		4	1		1			
佛冈县	2		2						
阳山县	1		1						
连山壮族瑶族自治县									
连南瑶族自治县				1					
英德市	4	2	1						
连州市	1	1	1						
东莞市	**261**	**166**	**95**	**53**	**29**	**24**	**38**	**15**	**23**
中山市	**76**	**40**	**37**	**18**	**13**	**5**	**3**		**3**
潮州市	**9**	**4**	**6**				**2**	**1**	**1**
湘桥区	3		3				2	1	1
潮安区	5	4	2						
饶平县	1		1						
揭阳市	**18**	**9**	**9**	**2**		**2**			
榕城区	2	1	1						
揭东区	4	2	2						
揭西县	5	2	3						
惠来县	2	1	1						
普宁市	5	3	2	2		2			
云浮市	**8**	**7**	**1**	**8**	**1**	**7**	**1**	**1**	
云城区	1	1							
云安区	1	1		3		3	1	1	
新兴县	3	2	1						
郁南县	2	2		3	1	2			
罗定市	1	1		2		2			

2-2 续表 42

单位：人

地　区	苗族			彝族			壮族		
	小计	男	女	小计	男	女	小计	男	女
汕尾市	**14**	**7**	**7**	**1**		**1**	**35**	**19**	**15**
城区							1		1
海丰县	9	5	5				24	14	10
陆河县									
陆丰市	5	2	3	1		1	10	6	4
河源市	**44**	**21**	**23**	**15**	**10**	**4**	**44**	**20**	**24**
源城区	35	17	18	12	8	3	14	8	6
紫金县	5	3	2				4		4
龙川县	1		1				2		2
连平县							2		2
和平县							4	1	2
东源县	3	1	2	3	2	1	19	10	9
阳江市	**29**	**14**	**16**	**1**		**1**	**145**	**67**	**77**
江城区	17	8	10				28	15	14
阳西县	4	2	2				8		8
阳东县	6	4	2				84	52	32
阳春市	2		2	1		1	25	1	25
清远市	**58**	**35**	**23**	**2**		**2**	**1334**	**683**	**651**
清城区	47	26	21				44	21	23
清新区	2	1	2				18	2	15
佛冈县	1	1					6	3	4
阳山县							6	1	5
连山壮族瑶族自治县							1019	528	490
连南瑶族自治县							80	52	29
英德市	9	8	1	1		1	95	42	53
连州市							64	35	30
东莞市	**2347**	**1288**	**1060**	**603**	**357**	**246**	**5811**	**3405**	**2407**
中山市	**421**	**239**	**182**	**47**	**38**	**10**	**2352**	**1316**	**1036**
潮州市	**70**	**40**	**29**	**3**	**1**	**2**	**44**	**25**	**20**
湘桥区	52	30	22	1		1	18	12	7
潮安区	17	10	7	1		1	23	13	10
饶平县				1	1		3		3
揭阳市	**39**	**21**	**18**	**7**	**5**	**2**	**35**	**6**	**29**
榕城区	3	2	1				8	1	7
揭东区	24	15	9	7	5	2	8	3	5
揭西县							2		2
惠来县	7	4	3						
普宁市	5		5				17	2	16
云浮市	**28**	**13**	**15**	**2**	**1**	**1**	**122**	**45**	**77**
云城区	4	2	3				30	13	17
云安区	9	4	5				12	7	5
新兴县	11	7	5	1	1		45	21	23
郁南县	1		1				9		9
罗定市	2	1	2	1		1	26	4	22

2-2　续表 43

单位：人

地　区	布依族			朝鲜族			满　族		
	小计	男	女	小计	男	女	小计	男	女
汕尾市	**3**	**3**					**2**	**1**	**1**
城区									
海丰县	3	3							
陆河县									
陆丰市	1	1					2	1	1
河源市	**1**		**1**				**1**	**1**	
源城区							1	1	
紫金县									
龙川县									
连平县									
和平县	1		1						
东源县									
阳江市	**4**	**1**	**2**						
江城区									
阳西县	1		1						
阳东县	1	1	1						
阳春市	2	1	1						
清远市	**5**	**2**	**3**				**3**	**3**	
清城区	2	1	1				2	2	
清新区									
佛冈县	2	1	1						
阳山县									
连山壮族瑶族自治县							1	1	
连南瑶族自治县									
英德市									
连州市									
东莞市	**757**	**445**	**311**	**45**	**21**	**24**	**69**	**47**	**23**
中山市	**98**	**61**	**37**	**10**	**6**	**3**	**33**	**20**	**13**
潮州市	**53**	**29**	**24**						
湘桥区	45	25	21						
潮安区	8	4	3						
饶平县									
揭阳市	**8**	**2**	**5**	**3**	**2**	**1**			
榕城区									
揭东区	5	2	3						
揭西县									
惠来县	1		1	3	2	1			
普宁市	2		2						
云浮市	**4**		**4**	**1**	**1**	**1**			
云城区	1		1						
云安区				1	1	1			
新兴县									
郁南县									
罗定市	3		3						

2-2 续表 44

单位：人

地　　区	侗　族			瑶　族			白　族		
	小计	男	女	小计	男	女	小计	男	女
汕尾市	**10**	**6**	**4**	**7**	**2**	**5**	**5**	**4**	**1**
城区	2	1	1	1		1			
海丰县	4	3	1						
陆河县									
陆丰市	4	2	2	6	2	3	5	4	1
河源市	**9**	**4**	**5**	**4**	**4**	**1**	**1**		**1**
源城区	7	4	3	3	3	1	1		1
紫金县	1		1	1	1				
龙川县	1		1						
连平县									
和平县									
东源县									
阳江市	**5**	**2**	**3**	**92**	**46**	**46**			
江城区	1		1						
阳西县									
阳东县	2	1	1	7	5	2			
阳春市	3	1	2	85	41	45			
清远市	**20**	**10**	**9**	**2702**	**1372**	**1330**			
清城区	9	7	2	121	65	57			
清新区	1	1		3	2	1			
佛冈县	1	1		2	1	1			
阳山县	2		2	17	6	11			
连山壮族瑶族自治县				461	244	217			
连南瑶族自治县	1		1	2024	1027	997			
英德市	5	1	4	25	11	14			
连州市	1	1	1	48	17	31			
东莞市	**870**	**507**	**363**	**1043**	**596**	**447**	**167**	**93**	**75**
中山市	**206**	**105**	**100**	**417**	**236**	**181**	**29**	**13**	**16**
潮州市	**14**	**8**	**6**	**2**		**2**	**3**	**3**	**1**
湘桥区	8	4	4				1		1
潮安区	6	4	2	2		2	3	3	
饶平县									
揭阳市	**24**	**11**	**13**						
榕城区	4	2	2						
揭东区	18	9	9						
揭西县									
惠来县									
普宁市	2		2						
云浮市	**43**	**18**	**25**	**13**	**4**	**8**	**2**		**2**
云城区	2	1	1	4	2	3			
云安区	1		1	1		1			
新兴县	35	17	17	5	3	2			
郁南县	3		3	1		1			
罗定市	3		3	2		2	2		2

2-2 续表 45

单位：人

地 区	土家族			哈尼族			哈萨克族		
	小计	男	女	小计	男	女	小计	男	女
汕尾市	**21**	**15**	**6**	**1**	**1**				
城区	3	2	1						
海丰县	4	2	2						
陆河县									
陆丰市	14	11	3	1	1				
河源市	**29**	**17**	**12**						
源城区	14	8	6						
紫金县									
龙川县	1	1							
连平县									
和平县									
东源县	14	8	5						
阳江市	**6**	**5**	**1**	**1**		**1**			
江城区	2	1	1						
阳西县	1	1							
阳东县	2	2							
阳春市	2	2		1		1			
清远市	**46**	**25**	**21**	**1**	**1**				
清城区	25	12	13	1	1				
清新区	1		1						
佛冈县	4	2	2						
阳山县	1	1							
连山壮族瑶族自治县									
连南瑶族自治县	1		1						
英德市	14	11	3						
连州市									
东莞市	**1366**	**841**	**526**	**108**	**72**	**36**			
中山市	**540**	**320**	**219**	**5**		**5**			
潮州市	**38**	**19**	**19**						
湘桥区	24	11	13						
潮安区	14	8	6						
饶平县									
揭阳市	**11**	**5**	**6**						
榕城区	1	1							
揭东区	7	4	3						
揭西县									
惠来县									
普宁市	3		3						
云浮市	**14**	**6**	**8**	**2**	**1**	**1**			
云城区	1	1	1	1		1			
云安区	1		1	1		1			
新兴县	7	3	5	1	1				
郁南县									
罗定市	5	2	2						

2-2 续表 46

单位：人

地区	傣族			黎族			傈僳族		
	小计	男	女	小计	男	女	小计	男	女
汕尾市	**3**	**3**	**1**						
城区									
海丰县	3	2	1						
陆河县									
陆丰市	1	1							
河源市	**1**		**1**	**1**	**1**				
源城区	1		1	1	1				
紫金县									
龙川县									
连平县									
和平县									
东源县									
阳江市				**3**	**2**	**1**			
江城区				3	2	1			
阳西县									
阳东县									
阳春市									
清远市				**4**	**1**	**3**			
清城区				2		2			
清新区									
佛冈县									
阳山县									
连山壮族瑶族自治县									
连南瑶族自治县									
英德市									
连州市				1	1	1			
东莞市	**78**	**55**	**23**	**69**	**39**	**30**	**18**	**12**	**6**
中山市	**8**	**3**	**5**	**18**	**3**	**15**	**3**	**2**	**2**
潮州市				**2**		**2**			
湘桥区									
潮安区				2		2			
饶平县									
揭阳市	**2**		**2**	**2**	**1**	**1**			
榕城区									
揭东区				2	1	1			
揭西县									
惠来县									
普宁市	2		2						
云浮市									
云城区									
云安区									
新兴县									
郁南县									
罗定市									

2-2 续表 47

单位：人

地 区	佤族			畲族			高山族		
	小计	男	女	小计	男	女	小计	男	女
汕尾市	**1**	**1**		**1**	**1**		**1**	**1**	
城区									
海丰县									
陆河县									
陆丰市	1	1		1	1		1	1	
河源市				**214**	**128**	**86**	**1**	**1**	
源城区				51	26	26	1	1	
紫金县									
龙川县				21	9	12			
连平县				127	86	41			
和平县				5	3	2			
东源县				10	4	7			
阳江市									
江城区									
阳西县									
阳东县									
阳春市									
清远市									
清城区									
清新区									
佛冈县									
阳山县									
连山壮族瑶族自治县									
连南瑶族自治县									
英德市									
连州市									
东莞市	**32**	**18**	**14**	**43**	**24**	**19**			
中山市	**2**	**2**		**15**	**6**	**8**			
潮州市				**29**	**11**	**18**			
湘桥区				20	9	11			
潮安区				8	2	6			
饶平县				1		1			
揭阳市									
榕城区									
揭东区									
揭西县									
惠来县									
普宁市									
云浮市									
云城区									
云安区									
新兴县									
郁南县									
罗定市									

2-2 续表 48

单位：人

地　区	拉祜族			水　族			东乡族		
	小计	男	女	小计	男	女	小计	男	女
汕尾市				**1**	**1**				
城区									
海丰县									
陆河县									
陆丰市				1	1				
河源市									
源城区									
紫金县									
龙川县									
连平县									
和平县									
东源县									
阳江市									
江城区									
阳西县									
阳东县									
阳春市									
清远市				**5**	**3**	**2**			
清城区				5	3	2			
清新区									
佛冈县									
阳山县									
连山壮族瑶族自治县									
连南瑶族自治县									
英德市									
连州市									
东莞市	**7**	**4**	**3**	**65**	**48**	**18**	**8**	**5**	**3**
中山市	**8**	**6**	**2**	**16**	**10**	**6**			
潮州市									
湘桥区									
潮安区									
饶平县									
揭阳市									
榕城区									
揭东区									
揭西县									
惠来县									
普宁市									
云浮市									
云城区									
云安区									
新兴县									
郁南县									
罗定市									

2-2 续表 49　　单位：人

地　区	纳西族			景颇族			柯尔克孜族		
	小计	男	女	小计	男	女	小计	男	女
汕尾市				**1**	**1**				
城区									
海丰县									
陆河县									
陆丰市				1	1				
河源市									
源城区									
紫金县									
龙川县									
连平县									
和平县									
东源县									
阳江市									
江城区									
阳西县									
阳东县									
阳春市									
清远市									
清城区									
清新区									
佛冈县									
阳山县									
连山壮族瑶族自治县									
连南瑶族自治县									
英德市									
连州市									
东莞市	**3**	**3**		**15**	**7**	**8**			
中山市									
潮州市									
湘桥区									
潮安区									
饶平县									
揭阳市									
榕城区									
揭东区									
揭西县									
惠来县									
普宁市									
云浮市									
云城区									
云安区									
新兴县									
郁南县									
罗定市									

2-2 续表 50 单位：人

地 区	土 族			达斡尔族			仫佬族		
	小计	男	女	小计	男	女	小计	男	女
汕尾市									
城区									
海丰县									
陆河县									
陆丰市									
河源市	**1**	**1**							
源城区	1	1							
紫金县									
龙川县									
连平县									
和平县									
东源县									
阳江市	**1**	**1**					**1**	**1**	
江城区									
阳西县									
阳东县	1	1					1	1	
阳春市									
清远市	**1**		**1**						
清城区	1		1						
清新区									
佛冈县									
阳山县									
连山壮族瑶族自治县									
连南瑶族自治县									
英德市									
连州市									
东莞市	**17**	**12**	**5**	**3**	**1**	**2**	**64**	**34**	**30**
中山市							**31**	**23**	**8**
潮州市									
湘桥区									
潮安区									
饶平县									
揭阳市									
榕城区									
揭东区									
揭西县									
惠来县									
普宁市									
云浮市							**2**	**1**	**1**
云城区							1	1	
云安区									
新兴县							1	1	1
郁南县									
罗定市									

2-2 续表 51

单位：人

地 区	羌 族			布朗族			撒拉族		
	小计	男	女	小计	男	女	小计	男	女
汕尾市									
城区									
海丰县									
陆河县									
陆丰市									
河源市									
源城区									
紫金县									
龙川县									
连平县									
和平县									
东源县									
阳江市									
江城区									
阳西县									
阳东县									
阳春市									
清远市	**1**	**1**							
清城区	1	1							
清新区									
佛冈县									
阳山县									
连山壮族瑶族自治县									
连南瑶族自治县									
英德市									
连州市									
东莞市	**6**	**3**	**3**	**6**	**3**	**3**	**2**	**2**	
中山市									
潮州市				**1**		**1**			
湘桥区									
潮安区									
饶平县				1		1			
揭阳市									
榕城区									
揭东区									
揭西县									
惠来县									
普宁市									
云浮市									
云城区									
云安区									
新兴县									
郁南县									
罗定市									

2-2 续表 52

单位：人

地　区	毛南族			仡佬族			锡伯族		
	小计	男	女	小计	男	女	小计	男	女
汕尾市									
城区									
海丰县									
陆河县									
陆丰市									
河源市									
源城区									
紫金县									
龙川县									
连平县									
和平县									
东源县									
阳江市									
江城区									
阳西县									
阳东县									
阳春市									
清远市	**1**		**1**	**1**	**1**				
清城区	1		1	1	1				
清新区									
佛冈县									
阳山县									
连山壮族瑶族自治县									
连南瑶族自治县									
英德市									
连州市									
东莞市	**30**	**19**	**11**	**69**	**48**	**21**	**2**		**2**
中山市	**2**	**2**		**27**	**15**	**13**			
潮州市	**3**	**2**	**1**	**1**		**1**			
湘桥区				1		1			
潮安区	3	2	1						
饶平县									
揭阳市									
榕城区									
揭东区									
揭西县									
惠来县									
普宁市									
云浮市									
云城区									
云安区									
新兴县									
郁南县									
罗定市									

2-2 续表 53 单位：人

地 区	阿昌族			普米族			塔吉克族		
	小计	男	女	小计	男	女	小计	男	女
汕尾市									
城区									
海丰县									
陆河县									
陆丰市									
河源市									
源城区									
紫金县									
龙川县									
连平县									
和平县									
东源县									
阳江市									
江城区									
阳西县									
阳东县									
阳春市									
清远市									
清城区									
清新区									
佛冈县									
阳山县									
连山壮族瑶族自治县									
连南瑶族自治县									
英德市									
连州市									
东莞市	**7**	**2**	**5**						
中山市									
潮州市									
湘桥区									
潮安区									
饶平县									
揭阳市									
榕城区									
揭东区									
揭西县									
惠来县									
普宁市									
云浮市									
云城区									
云安区									
新兴县									
郁南县									
罗定市									

2-2 续表 54 单位：人

地 区	怒 族			乌孜别克族			俄罗斯族		
	小计	男	女	小计	男	女	小计	男	女
汕尾市									
城区									
海丰县									
陆河县									
陆丰市									
河源市									
源城区									
紫金县									
龙川县									
连平县									
和平县									
东源县									
阳江市									
江城区									
阳西县									
阳东县									
阳春市									
清远市									
清城区									
清新区									
佛冈县									
阳山县									
连山壮族瑶族自治县									
连南瑶族自治县									
英德市									
连州市									
东莞市									
中山市									
潮州市									
湘桥区									
潮安区									
饶平县									
揭阳市									
榕城区									
揭东区									
揭西县									
惠来县									
普宁市									
云浮市									
云城区									
云安区									
新兴县									
郁南县									
罗定市									

2-2 续表 55 单位：人

地 区	鄂温克族			德昂族			保安族		
	小计	男	女	小计	男	女	小计	男	女
汕尾市									
城区									
海丰县									
陆河县									
陆丰市									
河源市									
源城区									
紫金县									
龙川县									
连平县									
和平县									
东源县									
阳江市									
江城区									
阳西县									
阳东县									
阳春市									
清远市									
清城区									
清新区									
佛冈县									
阳山县									
连山壮族瑶族自治县									
连南瑶族自治县									
英德市									
连州市									
东莞市				**25**	**15**	**10**	**3**	**2**	**2**
中山市									
潮州市									
湘桥区									
潮安区									
饶平县									
揭阳市									
榕城区									
揭东区									
揭西县									
惠来县									
普宁市									
云浮市									
云城区									
云安区									
新兴县									
郁南县									
罗定市									

2-2 续表 56

单位：人

地 区	裕固族			京 族			塔塔尔族		
	小计	男	女	小计	男	女	小计	男	女
汕尾市									
城区									
海丰县									
陆河县									
陆丰市									
河源市									
源城区									
紫金县									
龙川县									
连平县									
和平县									
东源县									
阳江市									
江城区									
阳西县									
阳东县									
阳春市									
清远市				**3**		**3**			
清城区									
清新区									
佛冈县									
阳山县									
连山壮族瑶族自治县									
连南瑶族自治县									
英德市				3		3			
连州市									
东莞市									
中山市				**2**	**2**				
潮州市									
湘桥区									
潮安区									
饶平县									
揭阳市				**1**		**1**			
榕城区									
揭东区									
揭西县				1		1			
惠来县									
普宁市									
云浮市				**1**		**1**			
云城区									
云安区				1		1			
新兴县				1		1			
郁南县									
罗定市									

2-2　续表 57　　　　单位：人

地　　区	独龙族			鄂伦春族			赫哲族		
	小计	男	女	小计	男	女	小计	男	女
汕尾市									
城区									
海丰县									
陆河县									
陆丰市									
河源市									
源城区									
紫金县									
龙川县									
连平县									
和平县									
东源县									
阳江市									
江城区									
阳西县									
阳东县									
阳春市									
清远市									
清城区									
清新区									
佛冈县									
阳山县									
连山壮族瑶族自治县									
连南瑶族自治县									
英德市									
连州市									
东莞市									
中山市									
潮州市									
湘桥区									
潮安区									
饶平县									
揭阳市									
榕城区									
揭东区									
揭西县									
惠来县									
普宁市									
云浮市									
云城区									
云安区									
新兴县									
郁南县									
罗定市									

2-2 续表 58

单位：人

地区	门巴族			珞巴族			基诺族		
	小计	男	女	小计	男	女	小计	男	女
汕尾市									
城区									
海丰县									
陆河县									
陆丰市									
河源市									
源城区									
紫金县									
龙川县									
连平县									
和平县									
东源县									
阳江市									
江城区									
阳西县									
阳东县									
阳春市									
清远市									
清城区									
清新区									
佛冈县									
阳山县									
连山壮族瑶族自治县									
连南瑶族自治县									
英德市									
连州市									
东莞市									
中山市									
潮州市									
湘桥区									
潮安区									
饶平县									
揭阳市									
榕城区									
揭东区									
揭西县									
惠来县									
普宁市									
云浮市									
云城区									
云安区									
新兴县									
郁南县									
罗定市									

2-2 续表 59 单位：人

地 区	其他未识别的民族			外国人加入中国籍		
	小计	男	女	小计	男	女
汕尾市						
城区						
海丰县						
陆河县						
陆丰市						
河源市	**1**	**1**				
源城区	1	1				
紫金县						
龙川县						
连平县						
和平县						
东源县						
阳江市	**2**		**2**	**2**		**2**
江城区	1		1	1		1
阳西县	1		1			
阳东县						
阳春市				1		1
清远市	**1**		**1**	**2**		**2**
清城区						
清新区				2		2
佛冈县						
阳山县	1		1			
连山壮族瑶族自治县						
连南瑶族自治县						
英德市						
连州市						
东莞市	**33**	**18**	**15**			
中山市	**3**	**2**	**2**			
潮州市	**2**	**1**	**1**	**1**		**1**
湘桥区	2	1	1			
潮安区				1		1
饶平县						
揭阳市						
榕城区						
揭东区						
揭西县						
惠来县						
普宁市						
云浮市	**6**	**1**	**5**	**3**		**3**
云城区						
云安区						
新兴县						
郁南县	1	1	1			
罗定市	5		5	3		3

2-3 全省分民族、性别、受教育程度的6岁及以上人口

单位：人

民族	6岁及以上人口			未上过学			小学		
	合计	男	女	小计	男	女	小计	男	女
总计	**2867668**	**1494886**	**1372782**	**104568**	**28859**	**75709**	**682815**	**320760**	**362055**
汉族	2806945	1461068	1345877	103294	28527	74766	669942	314472	355471
蒙古族	580	304	277	15	1	14	88	35	53
回族	1579	838	741	31	7	24	295	136	159
藏族	204	106	98	10	2	8	40	24	16
维吾尔族	119	72	47	3	1	2	23	14	9
苗族	7337	4034	3303	192	45	147	1538	728	810
彝族	1577	896	682	32	7	26	330	181	149
壮族	24365	13694	10672	329	78	250	4909	2408	2501
布依族	2273	1285	988	51	11	40	501	234	266
朝鲜族	341	176	164	5		5	32	15	17
满族	772	441	331	8	3	5	90	56	33
侗族	2739	1535	1205	41	18	23	525	264	261
瑶族	7939	4207	3732	336	91	245	2331	1116	1215
白族	576	299	277	2		2	106	53	53
土家族	6370	3648	2722	97	31	67	1273	623	650
哈尼族	375	246	129	15	4	11	65	37	29
哈萨克族	5	3	2						
傣族	260	153	107	3	3	1	40	19	21
黎族	475	231	245	4	3	2	41	10	31
傈僳族	51	32	19	4	3	1	4	1	2
佤族	147	86	61	7	3	4	25	14	11
畲族	1185	727	458	38	12	26	324	171	153
高山族	3	1	2				1	1	
拉祜族	78	45	33	6	3	3	29	20	9
水族	184	119	65	6	1	4	31	13	18
东乡族	23	17	6	5	3	2	3	3	
纳西族	8	7	2						
景颇族	43	25	18				15	6	9
柯尔克孜族	1	1							
土族	90	53	37				12	6	6
达斡尔族	9	3	6				1	1	
仫佬族	361	192	169	4		4	57	25	32
羌族	24	12	11	1		1	4		4
布朗族	45	31	14	2		2	18	14	4
撒拉族	22	11	11	2		2	13	7	6
毛南族	133	73	60	3		3	35	18	17
仡佬族	237	139	98	2	1	2	41	20	21
锡伯族	9	4	5						
阿昌族	15	4	11				3	1	1
普米族	2	2							
俄罗斯族	1	1							
德昂族	29	17	11						
保安族	3	2	2				2	2	
京族	10	2	8	3		3	3		3
赫哲族	2	1	1						
其他未识别的民族	107	44	63	8	2	6	21	11	9
入籍	14		14	9		9	2		2

2-3 续表 1

单位：人

民　　族	初中			普通高中			中职		
	小计	男	女	小计	男	女	小计	男	女
总　　计	**1127459**	**610781**	**516677**	**455169**	**264450**	**190720**	**157389**	**86545**	**70843**
汉　　族	1095454	592213	503241	448354	260120	188234	153756	84486	69271
蒙 古 族	183	101	82	91	56	36	38	20	18
回　　族	628	361	267	225	130	94	89	44	45
藏　　族	94	45	48	25	19	5	15	6	9
维吾尔族	50	40	11	17	7	11	4	1	3
苗　　族	3954	2281	1674	830	535	295	432	235	197
彝　　族	961	550	410	144	102	42	66	33	34
壮　　族	13972	8060	5912	2707	1718	989	1426	849	576
布 依 族	1347	797	550	187	129	58	116	69	47
朝 鲜 族	55	35	20	62	38	24	39	13	25
满　　族	133	85	49	97	49	48	46	31	15
侗　　族	1476	841	635	358	228	130	174	88	86
瑶　　族	3661	2093	1568	716	439	277	448	241	207
白　　族	306	159	147	76	43	33	36	22	14
土 家 族	3127	1838	1289	829	565	264	454	266	187
哈 尼 族	236	168	68	29	20	9	16	10	7
哈萨克族	1		1						
傣　　族	156	104	52	24	7	17	21	13	8
黎　　族	256	138	118	64	29	35	48	22	26
傈 僳 族	35	23	12				8	4	4
佤　　族	91	56	35	11	5	6	5	4	1
畲　　族	505	343	162	181	124	57	38	24	14
高 山 族				1	1				
拉 祜 族	32	15	17	5	4	1	6	4	3
水　　族	98	73	25	32	19	14	10	9	
东 乡 族	12	8	4				1	1	
纳 西 族	3	3		1	1		1		1
景 颇 族	23	15	8	1	1		4	3	1
柯尔克孜族									
土　　族	55	31	24	8	8		11	6	5
达斡尔族	3	1	2	1		1	2		2
仫 佬 族	212	116	96	32	17	15	30	22	8
羌　　族	14	9	5	2	1	1			
布 朗 族	21	15	6	4	2	1			
撒 拉 族	8	4	4						
毛 南 族	65	37	29	16	6	9	9	7	2
仡 佬 族	141	84	57	21	17	4	19	9	9
锡 伯 族				2	1	1			
阿 昌 族	10	3	8	2		2			
普 米 族	2	2							
俄罗斯族									
德 昂 族	22	14	8	6	3	3			
保 安 族	2		2						
京　　族	2		2	2	2				
赫 哲 族				1		1			
其他未识别的民族	50	23	27	5	3	2	20	4	16
入　　籍	3		3						

2-3 续表 2

单位：人

民　　族	大学专科			大学本科			研究生		
	小计	男	女	小计	男	女	小计	男	女
总　　计	**198104**	**106001**	**92103**	**131356**	**71048**	**60309**	**10808**	**6442**	**4366**
汉　　族	195889	104756	91134	129616	70148	59468	10639	6346	4293
蒙 古 族	67	36	31	87	47	40	11	7	4
回　　族	115	58	56	178	89	90	18	13	6
藏　　族	12	6	6	9	4	5			
维吾尔族	12	9	3	9	2	7	1		1
苗　　族	239	126	113	131	72	60	20	13	6
彝　　族	23	15	8	19	7	12	2	2	
壮　　族	640	377	263	360	191	169	23	13	10
布 依 族	38	25	13	30	18	12	2		1
朝 鲜 族	58	35	23	86	38	49	3	2	1
满　　族	132	76	56	230	124	106	36	17	18
侗　　族	94	58	35	64	35	29	7	2	5
瑶　　族	275	137	137	169	88	80	4	2	2
白　　族	20	14	6	25	7	18	4	1	3
土 家 族	328	188	140	230	116	114	31	20	11
哈 尼 族	8	6	2	6	3	3			
哈萨克族	1	1		3	2	1			
傣　　族	9	5	4	4	2	2	2	1	1
黎　　族	40	18	22	21	10	10	1	1	
傈 僳 族									
佤　　族	4	2	3	3	2	1			
畲　　族	69	35	33	30	17	12			
高 山 族	1		1	1		1			
拉 祜 族									
水　　族				7	3	4			
东 乡 族				1	1				
纳 西 族				3	2	1			
景 颇 族									
柯尔克孜族				1	1				
土　　族	3	1	2	2	2				
达斡尔族				1	1		2		2
仫 佬 族	10	6	5	13	6	7	1		1
羌　　族	1	1		2	2				
布 朗 族									
撒 拉 族									
毛 南 族	5	5		1		1			
仡 佬 族	9	6	4	3	3	1			
锡 伯 族	2		2	5	2	3	1	1	
阿 昌 族									
普 米 族									
俄罗斯族				1	1				
德 昂 族									
保 安 族									
京　　族									
赫 哲 族				1	1				
其他未识别的民族	2	1	1	2	1	1			
入　　籍				1		1			

3 年龄

3-1 全省分年龄、性别的人口

单位：人、%

年 龄	人口数			占总人口比重			性别比
	合计	男	女	合计	男	女	(女=100)
总 计	**3091130**	**1616612**	**1474518**	**100.00**	**52.30**	**47.70**	**109.64**
0-4岁	**183999**	**100049**	**83950**	**5.95**	**3.24**	**2.72**	**119.18**
0	31752	17288	14464	1.03	0.56	0.47	119.52
1	33107	18084	15023	1.07	0.59	0.49	120.38
2	37716	20292	17424	1.22	0.66	0.56	116.46
3	42478	23037	19441	1.37	0.75	0.63	118.50
4	38946	21347	17598	1.26	0.69	0.57	121.30
5-9岁	**188471**	**103022**	**85449**	**6.10**	**3.33**	**2.76**	**120.57**
5	39463	21677	17786	1.28	0.70	0.58	121.87
6	40247	21899	18348	1.30	0.71	0.59	119.35
7	39235	21394	17841	1.27	0.69	0.58	119.91
8	35792	19521	16271	1.16	0.63	0.53	119.98
9	33734	18532	15202	1.09	0.60	0.49	121.90
10-14岁	**151957**	**84689**	**67268**	**4.92**	**2.74**	**2.18**	**125.90**
10	31800	17634	14166	1.03	0.57	0.46	124.48
11	31369	17369	14000	1.01	0.56	0.45	124.06
12	29072	16076	12996	0.94	0.52	0.42	123.70
13	28693	16263	12430	0.93	0.53	0.40	130.83
14	31023	17348	13675	1.00	0.56	0.44	126.86
15-19岁	**216987**	**118372**	**98615**	**7.02**	**3.83**	**3.19**	**120.03**
15	34631	19467	15163	1.12	0.63	0.49	128.39
16	38813	21373	17440	1.26	0.69	0.56	122.55
17	45444	24723	20721	1.47	0.80	0.67	119.31
18	47289	25643	21646	1.53	0.83	0.70	118.46
19	50810	27166	23644	1.64	0.88	0.76	114.90
20-24岁	**281404**	**147779**	**133625**	**9.10**	**4.78**	**4.32**	**110.59**
20	54133	28445	25689	1.75	0.92	0.83	110.73
21	52263	27175	25088	1.69	0.88	0.81	108.32
22	56897	29837	27061	1.84	0.97	0.88	110.26
23	58800	30956	27844	1.90	1.00	0.90	111.18
24	59311	31367	27944	1.92	1.01	0.90	112.25
25-29岁	**326763**	**170249**	**156514**	**10.57**	**5.51**	**5.06**	**108.78**
25	69615	36490	33125	2.25	1.18	1.07	110.16
26	65432	34316	31116	2.12	1.11	1.01	110.29
27	62899	32435	30465	2.03	1.05	0.99	106.47
28	66326	34649	31677	2.15	1.12	1.02	109.38
29	62490	32358	30132	2.02	1.05	0.97	107.39

3-1 续表 1

单位：人、%

年龄	人口数			占总人口比重			性别比
	合计	男	女	合计	男	女	(女=100)
30-34岁	**285753**	**149879**	**135873**	**9.24**	**4.85**	**4.40**	**110.31**
30	58427	30434	27993	1.89	0.98	0.91	108.72
31	58067	30394	27673	1.88	0.98	0.90	109.83
32	56412	29748	26664	1.82	0.96	0.86	111.57
33	59172	31073	28099	1.91	1.01	0.91	110.58
34	53675	28231	25444	1.74	0.91	0.82	110.95
35-39岁	**232919**	**123153**	**109766**	**7.54**	**3.98**	**3.55**	**112.20**
35	49872	26488	23384	1.61	0.86	0.76	113.27
36	51586	27394	24192	1.67	0.89	0.78	113.24
37	46231	24377	21855	1.50	0.79	0.71	111.54
38	40245	21134	19111	1.30	0.68	0.62	110.58
39	44985	23761	21224	1.46	0.77	0.69	111.95
40-44岁	**253529**	**131279**	**122250**	**8.20**	**4.25**	**3.95**	**107.39**
40	47113	24621	22492	1.52	0.80	0.73	109.47
41	51280	26692	24588	1.66	0.86	0.80	108.56
42	52814	27338	25476	1.71	0.88	0.82	107.31
43	51175	26391	24784	1.66	0.85	0.80	106.48
44	51147	26237	24910	1.65	0.85	0.81	105.33
45-49岁	**244440**	**125736**	**118704**	**7.91**	**4.07**	**3.84**	**105.92**
45	54461	28000	26460	1.76	0.91	0.86	105.82
46	49130	25226	23904	1.59	0.82	0.77	105.53
47	53083	27287	25796	1.72	0.88	0.83	105.78
48	42581	21911	20670	1.38	0.71	0.67	106.00
49	45185	23310	21874	1.46	0.75	0.71	106.57
50-54岁	**201466**	**104026**	**97440**	**6.52**	**3.37**	**3.15**	**106.76**
50	46863	24485	22377	1.52	0.79	0.72	109.42
51	42790	21896	20893	1.38	0.71	0.68	104.80
52	47619	24868	22751	1.54	0.80	0.74	109.31
53	41028	21055	19973	1.33	0.68	0.65	105.42
54	23167	11721	11446	0.75	0.38	0.37	102.40
55-59岁	**145642**	**74318**	**71324**	**4.71**	**2.40**	**2.31**	**104.20**
55	24226	12404	11823	0.78	0.40	0.38	104.91
56	26805	13744	13061	0.87	0.44	0.42	105.23
57	32018	16309	15709	1.04	0.53	0.51	103.82
58	33392	17127	16264	1.08	0.55	0.53	105.31
59	29201	14733	14468	0.94	0.48	0.47	101.83
60-64岁	**132036**	**66340**	**65696**	**4.27**	**2.15**	**2.13**	**100.98**
60	30533	15399	15134	0.99	0.50	0.49	101.75
61	29140	14621	14519	0.94	0.47	0.47	100.71
62	26420	13221	13199	0.85	0.43	0.43	100.16
63	24843	12432	12412	0.80	0.40	0.40	100.16
64	21099	10667	10432	0.68	0.35	0.34	102.25

3-1　续表 2　　单位：人、%

年　龄	人口数			占总人口比重			性别比
	合计	男	女	合计	男	女	(女=100)
65-69岁	**87240**	**44620**	**42620**	**2.82**	**1.44**	**1.38**	**104.69**
65	21550	11015	10535	0.70	0.36	0.34	104.55
66	20180	10438	9742	0.65	0.34	0.32	107.15
67	16793	8405	8388	0.54	0.27	0.27	100.20
68	15178	7745	7433	0.49	0.25	0.24	104.20
69	13539	7017	6522	0.44	0.23	0.21	107.59
70-74岁	**57911**	**29064**	**28847**	**1.87**	**0.94**	**0.93**	**100.75**
70	13631	7025	6606	0.44	0.23	0.21	106.35
71	12112	6137	5974	0.39	0.20	0.19	102.73
72	11143	5568	5575	0.36	0.18	0.18	99.88
73	10762	5351	5411	0.35	0.17	0.18	98.88
74	10263	4982	5281	0.33	0.16	0.17	94.35
75-79岁	**45676**	**22120**	**23556**	**1.48**	**0.72**	**0.76**	**93.90**
75	10142	5115	5028	0.33	0.17	0.16	101.74
76	8867	4316	4551	0.29	0.14	0.15	94.82
77	9400	4573	4827	0.30	0.15	0.16	94.74
78	8789	4177	4611	0.28	0.14	0.15	90.59
79	8478	3939	4539	0.27	0.13	0.15	86.78
80-84岁	**32298**	**13800**	**18498**	**1.04**	**0.45**	**0.60**	**74.60**
80	7914	3484	4430	0.26	0.11	0.14	78.65
81	7027	3044	3983	0.23	0.10	0.13	76.42
82	6788	2912	3875	0.22	0.09	0.13	75.15
83	5744	2332	3412	0.19	0.08	0.11	68.35
84	4825	2027	2798	0.16	0.07	0.09	72.46
85-89岁	**15921**	**6070**	**9852**	**0.52**	**0.20**	**0.32**	**61.61**
85	4592	1894	2698	0.15	0.06	0.09	70.20
86	3311	1261	2050	0.11	0.04	0.07	61.50
87	3289	1219	2070	0.11	0.04	0.07	58.92
88	2687	961	1725	0.09	0.03	0.06	55.73
89	2043	734	1309	0.07	0.02	0.04	56.06
90-94岁	**5403**	**1706**	**3697**	**0.17**	**0.06**	**0.12**	**46.15**
90	1838	587	1251	0.06	0.02	0.04	46.89
91	1191	370	821	0.04	0.01	0.03	45.10
92	999	326	673	0.03	0.01	0.02	48.46
93	767	257	511	0.02	0.01	0.02	50.27
94	607	166	441	0.02	0.01	0.01	37.69
95-99岁	**1157**	**316**	**841**	**0.04**	**0.01**	**0.03**	**37.56**
95	436	143	293	0.01		0.01	48.84
96	273	70	203	0.01		0.01	34.57
97	204	51	153	0.01			33.37
98	149	30	119				24.76
99	94	22	72				30.22
100岁及以上	**158**	**27**	**131**	**0.01**			**20.45**

3-1a 全省分年龄、性别的人口（城市）

单位：人、%

年龄	人口数			占总人口比重			性别比
	合计	男	女	合计	男	女	(女=100)
总　计	**1606288**	**846553**	**759736**	**100.00**	**52.70**	**47.30**	**111.43**
0-4岁	**82623**	**44907**	**37715**	**5.14**	**2.80**	**2.35**	**119.07**
0	13432	7221	6211	0.84	0.45	0.39	116.26
1	16095	8855	7240	1.00	0.55	0.45	122.31
2	17189	9231	7958	1.07	0.57	0.50	116.00
3	19101	10329	8771	1.19	0.64	0.55	117.76
4	16806	9271	7535	1.05	0.58	0.47	123.05
5-9岁	**79574**	**43676**	**35898**	**4.95**	**2.72**	**2.23**	**121.67**
5	16533	9166	7367	1.03	0.57	0.46	124.42
6	16880	9210	7670	1.05	0.57	0.48	120.08
7	16598	9067	7531	1.03	0.56	0.47	120.39
8	15359	8370	6990	0.96	0.52	0.44	119.75
9	14203	7863	6340	0.88	0.49	0.39	124.03
10-14岁	**61900**	**34637**	**27263**	**3.85**	**2.16**	**1.70**	**127.05**
10	13383	7497	5885	0.83	0.47	0.37	127.39
11	12912	7216	5696	0.80	0.45	0.35	126.68
12	11727	6505	5221	0.73	0.40	0.33	124.59
13	11366	6414	4952	0.71	0.40	0.31	129.52
14	12513	7005	5508	0.78	0.44	0.34	127.18
15-19岁	**98548**	**54810**	**43739**	**6.14**	**3.41**	**2.72**	**125.31**
15	14574	8448	6126	0.91	0.53	0.38	137.89
16	16663	9501	7162	1.04	0.59	0.45	132.65
17	20557	11319	9238	1.28	0.70	0.58	122.53
18	21800	12194	9606	1.36	0.76	0.60	126.94
19	24954	13348	11606	1.55	0.83	0.72	115.00
20-24岁	**153995**	**80753**	**73242**	**9.59**	**5.03**	**4.56**	**110.26**
20	27856	14432	13424	1.73	0.90	0.84	107.51
21	27574	14183	13391	1.72	0.88	0.83	105.91
22	31246	16383	14863	1.95	1.02	0.93	110.23
23	33054	17477	15577	2.06	1.09	0.97	112.20
24	34265	18278	15987	2.13	1.14	1.00	114.34
25-29岁	**200683**	**105823**	**94860**	**12.49**	**6.59**	**5.91**	**111.56**
25	41559	21988	19572	2.59	1.37	1.22	112.34
26	39908	21194	18713	2.48	1.32	1.16	113.26
27	38939	20338	18601	2.42	1.27	1.16	109.34
28	41221	21828	19394	2.57	1.36	1.21	112.55
29	39056	20475	18581	2.43	1.27	1.16	110.19

3-1a 续表 1　　　　单位：人、%

年 龄	人口数			占总人口比重			性别比
	合计	男	女	合计	男	女	(女=100)
30-34岁	**176323**	**93194**	**83129**	**10.98**	**5.80**	**5.18**	**112.11**
30	36026	18955	17070	2.24	1.18	1.06	111.04
31	35662	18802	16860	2.22	1.17	1.05	111.52
32	34759	18397	16362	2.16	1.15	1.02	112.44
33	36878	19494	17385	2.30	1.21	1.08	112.13
34	32997	17545	15452	2.05	1.09	0.96	113.54
35-39岁	**145027**	**77397**	**67630**	**9.03**	**4.82**	**4.21**	**114.44**
35	30781	16397	14385	1.92	1.02	0.90	113.99
36	32379	17368	15011	2.02	1.08	0.93	115.70
37	28654	15197	13457	1.78	0.95	0.84	112.92
38	25188	13373	11815	1.57	0.83	0.74	113.19
39	28024	15062	12962	1.74	0.94	0.81	116.20
40-44岁	**151274**	**80425**	**70848**	**9.42**	**5.01**	**4.41**	**113.52**
40	29148	15639	13509	1.81	0.97	0.84	115.76
41	31194	16544	14650	1.94	1.03	0.91	112.93
42	31712	16925	14787	1.97	1.05	0.92	114.46
43	30096	16038	14058	1.87	1.00	0.88	114.09
44	29123	15279	13844	1.81	0.95	0.86	110.36
45-49岁	**130353**	**68588**	**61765**	**8.12**	**4.27**	**3.85**	**111.05**
45	30491	16112	14379	1.90	1.00	0.90	112.05
46	27184	14361	12823	1.69	0.89	0.80	111.99
47	28382	14947	13435	1.77	0.93	0.84	111.25
48	21613	11291	10322	1.35	0.70	0.64	109.38
49	22683	11877	10806	1.41	0.74	0.67	109.92
50-54岁	**98127**	**51479**	**46648**	**6.11**	**3.20**	**2.90**	**110.36**
50	23162	12336	10826	1.44	0.77	0.67	113.96
51	21203	11089	10115	1.32	0.69	0.63	109.63
52	23401	12309	11092	1.46	0.77	0.69	110.98
53	19611	10228	9383	1.22	0.64	0.58	109.00
54	10749	5517	5233	0.67	0.34	0.33	105.43
55-59岁	**66314**	**33473**	**32841**	**4.13**	**2.08**	**2.04**	**101.93**
55	11765	6084	5681	0.73	0.38	0.35	107.10
56	12097	6066	6031	0.75	0.38	0.38	100.57
57	14388	7260	7128	0.90	0.45	0.44	101.86
58	14860	7533	7327	0.93	0.47	0.46	102.81
59	13203	6530	6673	0.82	0.41	0.42	97.85
60-64岁	**59404**	**29030**	**30374**	**3.70**	**1.81**	**1.89**	**95.58**
60	13771	6757	7015	0.86	0.42	0.44	96.32
61	13178	6427	6751	0.82	0.40	0.42	95.20
62	11812	5721	6091	0.74	0.36	0.38	93.93
63	11138	5449	5689	0.69	0.34	0.35	95.78
64	9504	4676	4828	0.59	0.29	0.30	96.86

3-1a 续表 2

单位：人、%

年 龄	人口数			占总人口比重			性别比
	合计	男	女	合计	男	女	(女=100)
65-69岁	**39408**	**19449**	**19959**	**2.45**	**1.21**	**1.24**	**97.44**
65	9685	4801	4884	0.60	0.30	0.30	98.30
66	9361	4612	4749	0.58	0.29	0.30	97.11
67	7588	3664	3925	0.47	0.23	0.24	93.35
68	6815	3370	3445	0.42	0.21	0.21	97.82
69	5958	3002	2956	0.37	0.19	0.18	101.55
70-74岁	**23586**	**11434**	**12152**	**1.47**	**0.71**	**0.76**	**94.09**
70	5658	2783	2875	0.35	0.17	0.18	96.81
71	5121	2543	2578	0.32	0.16	0.16	98.66
72	4495	2161	2334	0.28	0.13	0.15	92.58
73	4313	2063	2249	0.27	0.13	0.14	91.72
74	3999	1883	2116	0.25	0.12	0.13	88.99
75-79岁	**18520**	**8962**	**9558**	**1.15**	**0.56**	**0.60**	**93.76**
75	4132	2078	2054	0.26	0.13	0.13	101.16
76	3648	1753	1895	0.23	0.11	0.12	92.50
77	3819	1836	1983	0.24	0.11	0.12	92.58
78	3550	1688	1862	0.22	0.11	0.12	90.63
79	3370	1607	1763	0.21	0.10	0.11	91.13
80-84岁	**12278**	**5394**	**6884**	**0.76**	**0.34**	**0.43**	**78.36**
80	3040	1345	1694	0.19	0.08	0.11	79.39
81	2779	1196	1582	0.17	0.07	0.10	75.61
82	2602	1167	1435	0.16	0.07	0.09	81.31
83	2059	881	1178	0.13	0.05	0.07	74.77
84	1799	805	994	0.11	0.05	0.06	80.99
85-89岁	**5890**	**2361**	**3529**	**0.37**	**0.15**	**0.22**	**66.89**
85	1754	780	974	0.11	0.05	0.06	80.09
86	1213	468	745	0.08	0.03	0.05	62.87
87	1208	459	749	0.08	0.03	0.05	61.28
88	973	359	614	0.06	0.02	0.04	58.38
89	743	295	448	0.05	0.02	0.03	65.94
90-94岁	**1977**	**630**	**1347**	**0.12**	**0.04**	**0.08**	**46.79**
90	679	224	454	0.04	0.01	0.03	49.42
91	423	123	301	0.03	0.01	0.02	40.78
92	362	129	233	0.02	0.01	0.01	55.33
93	287	96	191	0.02	0.01	0.01	50.38
94	225	58	168	0.01		0.01	34.46
95-99岁	**429**	**119**	**310**	**0.03**	**0.01**	**0.02**	**38.49**
95	164	59	104	0.01		0.01	56.97
96	120	34	86	0.01		0.01	39.02
97	66	14	52				27.18
98	50	4	46				9.70
99	30	8	22				34.98
100岁及以上	**56**	**12**	**44**				**26.28**

3-1b 全省分年龄、性别的人口（镇）

单位：人、%

年 龄	人口数			占总人口比重			性别比
	合计	男	女	合计	男	女	(女=100)
总 计	**512903**	**266846**	**246058**	**100.00**	**52.03**	**47.97**	**108.45**
0-4岁	**32046**	**17594**	**14452**	**6.25**	**3.43**	**2.82**	**121.74**
0	5499	2990	2509	1.07	0.58	0.49	119.20
1	5594	3120	2474	1.09	0.61	0.48	126.09
2	6483	3532	2951	1.26	0.69	0.58	119.68
3	7477	4101	3376	1.46	0.80	0.66	121.49
4	6993	3851	3142	1.36	0.75	0.61	122.57
5-9岁	**34690**	**18989**	**15700**	**6.76**	**3.70**	**3.06**	**120.95**
5	7156	3921	3234	1.40	0.76	0.63	121.26
6	7370	4016	3354	1.44	0.78	0.65	119.74
7	7242	3932	3310	1.41	0.77	0.65	118.79
8	6613	3658	2955	1.29	0.71	0.58	123.78
9	6308	3461	2847	1.23	0.67	0.56	121.58
10-14岁	**28544**	**15784**	**12760**	**5.57**	**3.08**	**2.49**	**123.70**
10	5975	3298	2677	1.17	0.64	0.52	123.21
11	5820	3210	2609	1.13	0.63	0.51	123.03
12	5488	2945	2543	1.07	0.57	0.50	115.83
13	5379	3021	2358	1.05	0.59	0.46	128.14
14	5882	3309	2573	1.15	0.65	0.50	128.58
15-19岁	**40236**	**21355**	**18881**	**7.84**	**4.16**	**3.68**	**113.10**
15	6308	3475	2832	1.23	0.68	0.55	122.71
16	7488	3860	3628	1.46	0.75	0.71	106.40
17	8706	4545	4161	1.70	0.89	0.81	109.21
18	8857	4703	4154	1.73	0.92	0.81	113.22
19	8877	4771	4106	1.73	0.93	0.80	116.21
20-24岁	**44705**	**23800**	**20905**	**8.72**	**4.64**	**4.08**	**113.85**
20	9110	5091	4019	1.78	0.99	0.78	126.66
21	8552	4542	4010	1.67	0.89	0.78	113.25
22	9077	4748	4329	1.77	0.93	0.84	109.68
23	9100	4791	4309	1.77	0.93	0.84	111.20
24	8866	4628	4238	1.73	0.90	0.83	109.21
25-29岁	**47265**	**24413**	**22852**	**9.22**	**4.76**	**4.46**	**106.83**
25	10389	5418	4971	2.03	1.06	0.97	109.00
26	9463	4943	4521	1.85	0.96	0.88	109.33
27	9064	4609	4455	1.77	0.90	0.87	103.47
28	9444	4847	4598	1.84	0.94	0.90	105.42
29	8905	4596	4308	1.74	0.90	0.84	106.69

3-1b 续表 1

单位：人、%

年 龄	人口数			占总人口比重			性别比
	合计	男	女	合计	男	女	(女=100)
30-34岁	**41703**	**21729**	**19974**	**8.13**	**4.24**	**3.89**	**108.78**
30	8632	4478	4155	1.68	0.87	0.81	107.78
31	8455	4383	4072	1.65	0.85	0.79	107.63
32	8226	4287	3939	1.60	0.84	0.77	108.85
33	8616	4536	4079	1.68	0.88	0.80	111.21
34	7774	4045	3730	1.52	0.79	0.73	108.45
35-39岁	**33927**	**17729**	**16198**	**6.61**	**3.46**	**3.16**	**109.45**
35	7295	3805	3491	1.42	0.74	0.68	108.99
36	7477	3940	3537	1.46	0.77	0.69	111.40
37	6758	3515	3243	1.32	0.69	0.63	108.36
38	5715	2980	2735	1.11	0.58	0.53	108.94
39	6682	3490	3193	1.30	0.68	0.62	109.31
40-44岁	**38925**	**19880**	**19045**	**7.59**	**3.88**	**3.71**	**104.39**
40	7008	3611	3397	1.37	0.70	0.66	106.31
41	7666	3958	3709	1.49	0.77	0.72	106.72
42	7990	4088	3902	1.56	0.80	0.76	104.77
43	8047	4086	3961	1.57	0.80	0.77	103.17
44	8214	4137	4077	1.60	0.81	0.79	101.49
45-49岁	**40355**	**20525**	**19830**	**7.87**	**4.00**	**3.87**	**103.50**
45	8720	4445	4275	1.70	0.87	0.83	103.97
46	7866	3950	3916	1.53	0.77	0.76	100.88
47	8823	4496	4327	1.72	0.88	0.84	103.89
48	7115	3637	3478	1.39	0.71	0.68	104.59
49	7832	3997	3835	1.53	0.78	0.75	104.24
50-54岁	**35369**	**17946**	**17422**	**6.90**	**3.50**	**3.40**	**103.01**
50	8255	4263	3993	1.61	0.83	0.78	106.76
51	7475	3753	3722	1.46	0.73	0.73	100.84
52	8334	4321	4013	1.62	0.84	0.78	107.67
53	7181	3591	3589	1.40	0.70	0.70	100.05
54	4123	2019	2105	0.80	0.39	0.41	95.90
55-59岁	**26446**	**13401**	**13045**	**5.16**	**2.61**	**2.54**	**102.73**
55	4196	2096	2100	0.82	0.41	0.41	99.83
56	4975	2540	2435	0.97	0.50	0.47	104.33
57	5948	3028	2920	1.16	0.59	0.57	103.73
58	6023	3084	2938	1.17	0.60	0.57	104.97
59	5304	2651	2652	1.03	0.52	0.52	99.96
60-64岁	**24149**	**12171**	**11978**	**4.71**	**2.37**	**2.34**	**101.62**
60	5597	2847	2750	1.09	0.56	0.54	103.53
61	5353	2734	2619	1.04	0.53	0.51	104.40
62	4812	2397	2415	0.94	0.47	0.47	99.23
63	4565	2257	2308	0.89	0.44	0.45	97.81
64	3822	1936	1886	0.75	0.38	0.37	102.66

3-1b 续表 2

单位：人、%

年 龄	人口数			占总人口比重			性别比
	合计	男	女	合计	男	女	(女=100)
65-69岁	**15701**	**8218**	**7483**	**3.06**	**1.60**	**1.46**	**109.83**
65	3955	2065	1890	0.77	0.40	0.37	109.24
66	3616	1871	1745	0.71	0.36	0.34	107.22
67	2969	1566	1403	0.58	0.31	0.27	111.62
68	2728	1427	1301	0.53	0.28	0.25	109.63
69	2432	1290	1143	0.47	0.25	0.22	112.84
70-74岁	**10539**	**5379**	**5161**	**2.05**	**1.05**	**1.01**	**104.22**
70	2568	1357	1211	0.50	0.26	0.24	112.03
71	2183	1101	1082	0.43	0.21	0.21	101.78
72	2028	1049	979	0.40	0.20	0.19	107.19
73	1877	943	934	0.37	0.18	0.18	100.99
74	1882	928	955	0.37	0.18	0.19	97.19
75-79岁	**8326**	**4029**	**4297**	**1.62**	**0.79**	**0.84**	**93.75**
75	1862	924	937	0.36	0.18	0.18	98.61
76	1594	763	832	0.31	0.15	0.16	91.68
77	1711	849	862	0.33	0.17	0.17	98.56
78	1605	783	822	0.31	0.15	0.16	95.25
79	1554	710	844	0.30	0.14	0.16	84.03
80-84岁	**5836**	**2458**	**3378**	**1.14**	**0.48**	**0.66**	**72.77**
80	1400	614	787	0.27	0.12	0.15	78.00
81	1246	540	706	0.24	0.11	0.14	76.53
82	1271	514	756	0.25	0.10	0.15	68.00
83	1033	427	606	0.20	0.08	0.12	70.55
84	886	362	523	0.17	0.07	0.10	69.27
85-89岁	**2898**	**1082**	**1815**	**0.57**	**0.21**	**0.35**	**59.62**
85	824	326	498	0.16	0.06	0.10	65.49
86	604	230	374	0.12	0.04	0.07	61.42
87	574	224	349	0.11	0.04	0.07	64.30
88	502	173	329	0.10	0.03	0.06	52.71
89	394	129	265	0.08	0.03	0.05	48.50
90-94岁	**1008**	**307**	**701**	**0.20**	**0.06**	**0.14**	**43.85**
90	330	105	225	0.06	0.02	0.04	46.52
91	240	75	165	0.05	0.01	0.03	45.08
92	184	55	129	0.04	0.01	0.03	42.70
93	135	37	99	0.03	0.01	0.02	37.27
94	119	36	83	0.02	0.01	0.02	43.77
95-99岁	**211**	**53**	**157**	**0.04**	**0.01**	**0.03**	**33.90**
95	76	23	54	0.01		0.01	42.41
96	29	9	20	0.01			47.99
97	40	9	32	0.01		0.01	27.13
98	39	10	29	0.01		0.01	32.92
99	26	3	23	0.01			12.61
100岁及以上	**26**	**3**	**23**				**12.65**

3-1c 全省分年龄、性别的人口（乡村）

单位：人、%

年龄	人口数			占总人口比重			性别比
	合计	男	女	合计	男	女	(女=100)
总 计	**971938**	**503213**	**468725**	**100.00**	**51.77**	**48.23**	**107.36**
0-4岁	**69330**	**37547**	**31783**	**7.13**	**3.86**	**3.27**	**118.14**
0	12821	7077	5744	1.32	0.73	0.59	123:20
1	11418	6110	5309	1.17	0.63	0.55	115.09
2	14044	7529	6515	1.44	0.77	0.67	115.57
3	15901	8607	7294	1.64	0.89	0.75	118.00
4	15147	8225	6922	1.56	0.85	0.71	118.83
5-9岁	**74208**	**40357**	**33851**	**7.64**	**4.15**	**3.48**	**119.22**
5	15774	8589	7185	1.62	0.88	0.74	119.53
6	15997	8672	7324	1.65	0.89	0.75	118.40
7	15395	8395	7000	1.58	0.86	0.72	119.93
8	13820	7493	6326	1.42	0.77	0.65	118.45
9	13222	7207	6015	1.36	0.74	0.62	119.82
10-14岁	**61514**	**34269**	**27245**	**6.33**	**3.53**	**2.80**	**125.78**
10	12442	6838	5604	1.28	0.70	0.58	122.02
11	12637	6943	5695	1.30	0.71	0.59	121.91
12	11858	6626	5232	1.22	0.68	0.54	126.65
13	11948	6828	5120	1.23	0.70	0.53	133.35
14	12628	7034	5594	1.30	0.72	0.58	125.75
15-19岁	**78203**	**42208**	**35995**	**8.05**	**4.34**	**3.70**	**117.26**
15	13749	7544	6204	1.41	0.78	0.64	121.60
16	14661	8011	6650	1.51	0.82	0.68	120.47
17	16182	8859	7322	1.66	0.91	0.75	120.98
18	16632	8746	7886	1.71	0.90	0.81	110.90
19	16980	9048	7932	1.75	0.93	0.82	114.06
20-24岁	**82705**	**43226**	**39479**	**8.51**	**4.45**	**4.06**	**109.49**
20	17167	8922	8246	1.77	0.92	0.85	108.20
21	16137	8450	7686	1.66	0.87	0.79	109.94
22	16575	8706	7869	1.71	0.90	0.81	110.63
23	16645	8688	7958	1.71	0.89	0.82	109.17
24	16181	8461	7720	1.66	0.87	0.79	109.61
25-29岁	**78815**	**40013**	**38802**	**8.11**	**4.12**	**3.99**	**103.12**
25	17667	9085	8583	1.82	0.93	0.88	105.85
26	16061	8180	7882	1.65	0.84	0.81	103.78
27	14896	7487	7409	1.53	0.77	0.76	101.05
28	15661	7975	7686	1.61	0.82	0.79	103.76
29	14530	7287	7243	1.49	0.75	0.75	100.62

3-1c　续表 1

单位：人、%

年　龄	人口数			占总人口比重			性别比
	合计	男	女	合计	男	女	(女=100)
30-34岁	**67727**	**34957**	**32770**	**6.97**	**3.60**	**3.37**	**106.68**
30	13768	7001	6768	1.42	0.72	0.70	103.44
31	13950	7209	6741	1.44	0.74	0.69	106.94
32	13427	7064	6363	1.38	0.73	0.65	111.01
33	13678	7043	6636	1.41	0.72	0.68	106.14
34	12903	6641	6262	1.33	0.68	0.64	106.05
35-39岁	**53964**	**28028**	**25937**	**5.55**	**2.88**	**2.67**	**108.06**
35	11795	6286	5509	1.21	0.65	0.57	114.12
36	11730	6086	5644	1.21	0.63	0.58	107.83
37	10819	5665	5154	1.11	0.58	0.53	109.93
38	9343	4781	4562	0.96	0.49	0.47	104.80
39	10278	5209	5069	1.06	0.54	0.52	102.76
40-44岁	**63330**	**30973**	**32357**	**6.52**	**3.19**	**3.33**	**95.72**
40	10958	5372	5586	1.13	0.55	0.57	96.16
41	12419	6190	6229	1.28	0.64	0.64	99.38
42	13112	6325	6787	1.35	0.65	0.70	93.19
43	13032	6266	6766	1.34	0.64	0.70	92.62
44	13810	6820	6989	1.42	0.70	0.72	97.58
45-49岁	**73732**	**36623**	**37109**	**7.59**	**3.77**	**3.82**	**98.69**
45	15250	7444	7806	1.57	0.77	0.80	95.36
46	14080	6915	7165	1.45	0.71	0.74	96.51
47	15879	7845	8034	1.63	0.81	0.83	97.65
48	13854	6983	6871	1.43	0.72	0.71	101.64
49	14669	7436	7234	1.51	0.77	0.74	102.79
50-54岁	**67971**	**34600**	**33371**	**6.99**	**3.56**	**3.43**	**103.68**
50	15445	7886	7559	1.59	0.81	0.78	104.33
51	14112	7055	7057	1.45	0.73	0.73	99.97
52	15884	8238	7646	1.63	0.85	0.79	107.74
53	14236	7236	7000	1.46	0.74	0.72	103.37
54	8294	4185	4109	0.85	0.43	0.42	101.87
55-59岁	**52882**	**27443**	**25439**	**5.44**	**2.82**	**2.62**	**107.88**
55	8265	4223	4042	0.85	0.43	0.42	104.48
56	9733	5138	4594	1.00	0.53	0.47	111.83
57	11682	6020	5662	1.20	0.62	0.58	106.34
58	12509	6510	5999	1.29	0.67	0.62	108.52
59	10694	5552	5142	1.10	0.57	0.53	107.97
60-64岁	**48483**	**25138**	**23345**	**4.99**	**2.59**	**2.40**	**107.68**
60	11165	5795	5369	1.15	0.60	0.55	107.94
61	10609	5460	5149	1.09	0.56	0.53	106.05
62	9796	5103	4693	1.01	0.53	0.48	108.73
63	9141	4725	4415	0.94	0.49	0.45	107.03
64	7773	4055	3719	0.80	0.42	0.38	109.03

3-1c 续表 2

单位：人、%

年 龄	人口数			占总人口比重			性别比
	合计	男	女	合计	男	女	(女=100)
65-69岁	**32131**	**16952**	**15179**	**3.31**	**1.74**	**1.56**	**111.68**
65	7910	4149	3761	0.81	0.43	0.39	110.30
66	7203	3955	3248	0.74	0.41	0.33	121.78
67	6235	3175	3060	0.64	0.33	0.31	103.74
68	5635	2949	2687	0.58	0.30	0.28	109.75
69	5148	2725	2423	0.53	0.28	0.25	112.48
70-74岁	**23786**	**12252**	**11534**	**2.45**	**1.26**	**1.19**	**106.22**
70	5405	2885	2520	0.56	0.30	0.26	114.50
71	4807	2493	2314	0.49	0.26	0.24	107.70
72	4620	2358	2262	0.48	0.24	0.23	104.25
73	4572	2345	2228	0.47	0.24	0.23	105.23
74	4381	2171	2210	0.45	0.22	0.23	98.25
75-79岁	**18829**	**9129**	**9700**	**1.94**	**0.94**	**1.00**	**94.11**
75	4148	2113	2036	0.43	0.22	0.21	103.77
76	3625	1800	1825	0.37	0.19	0.19	98.66
77	3870	1888	1982	0.40	0.19	0.20	95.24
78	3633	1706	1927	0.37	0.18	0.20	88.56
79	3554	1622	1931	0.37	0.17	0.20	84.00
80-84岁	**14184**	**5947**	**8236**	**1.46**	**0.61**	**0.85**	**72.21**
80	3474	1525	1949	0.36	0.16	0.20	78.25
81	3002	1307	1695	0.31	0.13	0.17	77.13
82	2915	1231	1684	0.30	0.13	0.17	73.11
83	2652	1024	1628	0.27	0.11	0.17	62.88
84	2140	859	1280	0.22	0.09	0.13	67.14
85-89岁	**7133**	**2626**	**4507**	**0.73**	**0.27**	**0.46**	**58.27**
85	2014	788	1226	0.21	0.08	0.13	64.26
86	1495	563	931	0.15	0.06	0.10	60.45
87	1507	536	971	0.16	0.06	0.10	55.17
88	1212	430	782	0.12	0.04	0.08	54.91
89	906	310	596	0.09	0.03	0.06	52.00
90-94岁	**2418**	**769**	**1650**	**0.25**	**0.08**	**0.17**	**46.59**
90	830	258	572	0.09	0.03	0.06	45.03
91	527	173	355	0.05	0.02	0.04	48.76
92	454	142	311	0.05	0.01	0.03	45.69
93	345	124	221	0.04	0.01	0.02	55.97
94	263	72	191	0.03	0.01	0.02	37.88
95-99岁	**517**	**143**	**374**	**0.05**	**0.01**	**0.04**	**38.32**
95	196	61	135	0.02	0.01	0.01	45.10
96	124	27	97	0.01		0.01	27.90
97	98	28	70	0.01		0.01	40.76
98	60	16	45	0.01			34.83
99	39	11	27				41.27
100岁及以上	**77**	**12**	**64**	**0.01**		**0.01**	**19.19**

3-2 各地区人口年龄构成和抚养比（一）

单位：人、%

地 区	人口数				占总人口比重				抚养比		
	合计	0-14岁	15-59岁	60岁及以上	合计	0-14岁	15-59岁	60岁及以上	总抚养比	少儿抚养比	老年抚养比
全 省	**3091130**	**524427**	**2188903**	**377800**	**100**	**16.97**	**70.81**	**12.22**	**41.22**	**23.96**	**17.26**
广州市	**384677**	**49620**	**287381**	**47676**	**100**	**12.90**	**74.71**	**12.39**	**33.86**	**17.27**	**16.59**
荔湾区	26261	2964	18347	4950	100	11.29	69.86	18.85	43.14	16.16	26.98
越秀区	32960	3696	22812	6451	100	11.21	69.21	19.57	44.48	16.20	28.28
海珠区	45978	5430	33441	7107	100	11.81	72.73	15.46	37.49	16.24	21.25
天河区	44041	5379	34341	4321	100	12.21	77.98	9.81	28.25	15.66	12.58
白云区	68478	8652	53165	6661	100	12.63	77.64	9.73	28.80	16.27	12.53
黄埔区	13730	1874	10496	1361	100	13.65	76.45	9.91	30.81	17.85	12.96
番禺区	43995	5612	34377	4007	100	12.76	78.14	9.11	27.98	16.32	11.66
花都区	28942	4321	20964	3657	100	14.93	72.43	12.63	38.06	20.61	17.44
南沙区	18685	2064	14471	2150	100	11.05	77.45	11.51	29.12	14.26	14.86
萝岗区	11870	1608	9426	836	100	13.55	79.41	7.04	25.93	17.06	8.87
从化区	17816	3243	12386	2187	100	18.20	69.52	12.27	43.84	26.18	17.65
增城区	31920	4777	23156	3987	100	14.97	72.54	12.49	37.85	20.63	17.22
韶关市	**83525**	**15831**	**54115**	**13579**	**100**	**18.95**	**64.79**	**16.26**	**54.35**	**29.26**	**25.09**
武江区	8813	1549	5935	1329	100	17.57	67.35	15.08	48.48	26.09	22.39
浈江区	11528	1647	7591	2290	100	14.29	65.85	19.86	51.86	21.69	30.17
曲江区	8958	1518	5993	1447	100	16.94	66.90	16.16	49.48	25.33	24.15
始兴县	6060	1176	3953	932	100	19.40	65.23	15.37	53.31	29.74	23.57
仁化县	5912	1316	3725	870	100	22.27	63.01	14.72	58.70	35.34	23.36
翁源县	9796	1976	6297	1523	100	20.17	64.28	15.55	55.56	31.38	24.19
乳源瑶族自治县	5245	1037	3390	819	100	19.77	64.62	15.61	54.74	30.59	24.15
新丰县	6086	1146	4056	885	100	18.82	66.64	14.54	50.06	28.24	21.81
乐昌市	11716	2529	7260	1927	100	21.59	61.97	16.45	61.38	34.83	26.54
南雄市	9411	1939	5915	1558	100	20.60	62.85	16.55	59.11	32.78	26.33
深圳市	**324208**	**42484**	**265565**	**16159**	**100**	**13.10**	**81.91**	**4.98**	**22.08**	**16.00**	**6.08**
罗湖区	27797	3720	22056	2021	100	13.38	79.35	7.27	26.03	16.87	9.16
福田区	41046	5550	31862	3634	100	13.52	77.62	8.85	28.83	17.42	11.41
南山区	36789	5214	28890	2685	100	14.17	78.53	7.30	27.34	18.05	9.29
宝安区	139786	16778	118398	4610	100	12.00	84.70	3.30	18.06	14.17	3.89
龙岗区	72487	10303	59351	2833	100	14.21	81.88	3.91	22.13	17.36	4.77
盐田区	6302	919	5008	375	100	14.58	79.47	5.95	25.84	18.35	7.49
珠海市	**46559**	**6916**	**34744**	**4900**	**100**	**14.85**	**74.62**	**10.52**	**34.01**	**19.90**	**14.10**
香洲区	26962	4018	20312	2632	100	14.90	75.34	9.76	32.74	19.78	12.96
斗门区	12206	1934	8638	1634	100	15.85	70.76	13.39	41.31	22.40	18.92
金湾区	7391	963	5794	634	100	13.03	78.39	8.58	27.56	16.62	10.94
汕头市	**158192**	**30081**	**106585**	**21526**	**100**	**19.02**	**67.38**	**13.61**	**48.42**	**28.22**	**20.20**
龙湖区	15751	2658	10989	2103	100	16.88	69.77	13.35	43.33	24.19	19.14
金平区	23768	3517	16242	4009	100	14.80	68.33	16.87	46.34	21.66	24.68
濠江区	7855	1600	5252	1003	100	20.37	66.85	12.77	49.58	30.47	19.10
潮阳区	47730	10099	31719	5912	100	21.16	66.45	12.39	50.48	31.84	18.64
潮南区	37886	8041	25582	4263	100	21.22	67.52	11.25	48.10	31.43	16.67
澄海区	23435	3933	15618	3884	100	16.78	66.64	16.58	50.05	25.18	24.87
南澳县	1767	232	1184	351	100	13.13	67.02	19.85	49.21	19.59	29.62
佛山市	**211715**	**27037**	**162022**	**22655**	**100**	**12.77**	**76.53**	**10.70**	**30.67**	**16.69**	**13.98**
禅城区	31931	4356	23360	4215	100	13.64	73.16	13.20	36.69	18.65	18.04
南海区	77089	9421	60265	7403	100	12.22	78.18	9.60	27.92	15.63	12.28
顺德区	72237	8852	56224	7160	100	12.25	77.83	9.91	28.48	15.74	12.74
三水区	18192	2472	13451	2269	100	13.59	73.94	12.47	35.25	18.38	16.87
高明区	12266	1936	8722	1607	100	15.79	71.11	13.10	40.62	22.20	18.43

3-2 续表 1

单位：人、%

地区	人口数				占总人口比重				抚养比		
	合计	0-14岁	15-59岁	60岁及以上	合计	0-14岁	15-59岁	60岁及以上	总抚养比	少儿抚养比	老年抚养比
江门市	**128771**	**18038**	**87945**	**22788**	**100**	**14.01**	**68.30**	**17.70**	**46.42**	**20.51**	**25.91**
蓬江区	20939	3169	14806	2964	100	15.13	70.71	14.16	41.42	21.40	20.02
江海区	7428	1222	5310	896	100	16.45	71.49	12.07	39.89	23.01	16.88
新会区	24606	3701	16691	4214	100	15.04	67.83	17.13	47.42	22.17	25.25
台山市	27090	3352	17838	5901	100	12.37	65.84	21.78	51.87	18.79	33.08
开平市	20150	2805	13528	3817	100	13.92	67.14	18.94	48.95	20.74	28.22
鹤山市	14315	2013	9862	2439	100	14.06	68.90	17.04	45.14	20.41	24.73
恩平市	14243	1777	9911	2556	100	12.47	69.58	17.94	43.72	17.93	25.79
湛江市	**206321**	**43650**	**133767**	**28904**	**100**	**21.16**	**64.83**	**14.01**	**54.24**	**32.63**	**21.61**
赤坎区	8964	1524	6096	1345	100	17.00	68.00	15.00	47.05	24.99	22.06
霞山区	14377	2633	9865	1879	100	18.32	68.62	13.07	45.74	26.69	19.04
坡头区	9887	1814	6517	1556	100	18.35	65.91	15.74	51.72	27.84	23.88
麻章区	14446	2885	9651	1909	100	19.97	66.81	13.22	49.67	29.89	19.78
遂溪县	26159	5488	16725	3946	100	20.98	63.94	15.08	56.41	32.82	23.59
徐闻县	20549	4143	13662	2744	100	20.16	66.49	13.35	50.40	30.32	20.08
廉江市	42488	9773	26129	6586	100	23.00	61.50	15.50	62.61	37.40	25.20
雷州市	42080	9501	27485	5095	100	22.58	65.32	12.11	53.10	34.57	18.54
吴川市	27373	5889	17638	3846	100	21.52	64.44	14.05	55.19	33.39	21.80
茂名市	**173256**	**43194**	**104224**	**25838**	**100**	**24.93**	**60.16**	**14.91**	**66.23**	**41.44**	**24.79**
茂南区	24144	4741	15992	3412	100	19.63	66.24	14.13	50.98	29.64	21.33
电白区	47417	11688	29886	5843	100	24.65	63.03	12.32	58.66	39.11	19.55
高州市	38658	9349	22720	6589	100	24.18	58.77	17.04	70.15	41.15	29.00
化州市	35519	9859	20130	5530	100	27.76	56.68	15.57	76.44	48.97	27.47
信宜市	27518	7557	15495	4465	100	27.46	56.31	16.23	77.59	48.77	28.82
肇庆市	**115667**	**23037**	**75078**	**17552**	**100**	**19.92**	**64.91**	**15.17**	**54.06**	**30.68**	**23.38**
端州区	14075	2284	9661	2130	100	16.23	68.64	15.13	45.68	23.64	22.04
鼎湖区	4889	776	3312	802	100	15.86	67.74	16.40	47.63	23.42	24.21
广宁县	12448	2568	7497	2383	100	20.63	60.22	19.15	66.05	34.26	31.79
怀集县	23951	6250	14785	2916	100	26.09	61.73	12.18	62.00	42.27	19.72
封开县	11679	2596	7245	1839	100	22.22	62.03	15.74	61.20	35.83	25.38
德庆县	10026	2183	6340	1504	100	21.77	63.23	15.00	58.14	34.43	23.72
高要市	22230	3832	14593	3805	100	17.24	65.65	17.12	52.33	26.26	26.07
四会市	16369	2550	11645	2174	100	15.58	71.14	13.28	40.56	21.90	18.67
惠州市	**135495**	**25816**	**96387**	**13292**	**100**	**19.05**	**71.14**	**9.81**	**40.57**	**26.78**	**13.79**
惠城区	46690	8516	34212	3961	100	18.24	73.28	8.48	36.47	24.89	11.58
惠阳区	22834	3781	17373	1680	100	16.56	76.08	7.36	31.43	21.77	9.67
博罗县	30416	5980	20974	3462	100	19.66	68.96	11.38	45.01	28.51	16.50
惠东县	26538	5508	18189	2841	100	20.76	68.54	10.70	45.90	30.28	15.62
龙门县	9018	2031	5639	1348	100	22.52	62.53	14.95	59.93	36.02	23.91
梅州市	**123679**	**25068**	**76223**	**22389**	**100**	**20.27**	**61.63**	**18.10**	**62.26**	**32.89**	**29.37**
梅江区	11955	1863	7847	2245	100	15.59	65.64	18.77	52.35	23.74	28.60
梅县区	15369	2519	10026	2824	100	16.39	65.23	18.37	53.29	25.13	28.17
大埔县	10878	2116	6467	2296	100	19.45	59.45	21.10	68.21	32.72	35.50
丰顺县	13958	3014	8332	2611	100	21.60	59.70	18.71	67.52	36.18	31.34
五华县	30794	8178	17514	5103	100	26.56	56.87	16.57	75.83	46.70	29.14
平远县	6664	1168	4265	1232	100	17.52	64.00	18.48	56.25	27.38	28.88
蕉岭县	5981	1025	3762	1193	100	17.14	62.91	19.95	58.96	27.24	31.71
兴宁市	28079	5184	18009	4886	100	18.46	64.14	17.40	55.92	28.79	27.13

3-2 续表 2

单位：人、%

地 区	人口数				占总人口比重				抚养比		
	合计	0-14岁	15-59岁	60岁及以上	合计	0-14岁	15-59岁	60岁及以上	总抚养比	少儿抚养比	老年抚养比
汕尾市	**86092**	**16730**	**58609**	**10753**	**100**	**19.43**	**68.08**	**12.49**	**46.89**	**28.55**	**18.35**
城区	14369	2504	10085	1780	100	17.43	70.19	12.39	42.48	24.83	17.65
海丰县	23301	4409	15643	3249	100	18.92	67.13	13.94	48.96	28.19	20.77
陆河县	8211	1507	5563	1142	100	18.35	67.75	13.90	47.60	27.08	20.52
陆丰市	40211	8310	27318	4583	100	20.67	67.94	11.40	47.20	30.42	16.78
河源市	**87568**	**20313**	**54636**	**12619**	**100**	**23.20**	**62.39**	**14.41**	**60.28**	**37.18**	**23.10**
源城区	13802	2654	9798	1350	100	19.23	70.99	9.78	40.87	27.09	13.78
紫金县	18967	4744	11439	2784	100	25.01	60.31	14.68	65.82	41.47	24.34
龙川县	20631	5243	11965	3423	100	25.41	58.00	16.59	72.43	43.82	28.61
连平县	10001	2123	6503	1375	100	21.23	65.02	13.75	53.80	32.65	21.14
和平县	11109	2772	6594	1743	100	24.96	59.35	15.69	68.48	42.05	26.43
东源县	13058	2776	8338	1944	100	21.26	63.85	14.89	56.61	33.29	23.31
阳江市	**71550**	**13779**	**45938**	**11833**	**100**	**19.26**	**64.20**	**16.54**	**55.75**	**29.99**	**25.76**
江城区	20258	3123	13961	3174	100	15.41	68.92	15.67	45.10	22.37	22.73
阳西县	13280	2682	8084	2515	100	20.19	60.87	18.94	64.28	33.17	31.11
阳东县	13044	2250	8560	2233	100	17.25	65.63	17.12	52.38	26.29	26.09
阳春市	24968	5724	15333	3911	100	22.93	61.41	15.66	62.84	37.33	25.50
清远市	**109254**	**22724**	**69876**	**16653**	**100**	**20.80**	**63.96**	**15.24**	**56.35**	**32.52**	**23.83**
清城区	23988	4531	16144	3313	100	18.89	67.30	13.81	48.58	28.06	20.52
清新区	20643	4137	13450	3056	100	20.04	65.16	14.80	53.48	30.76	22.72
佛冈县	8947	1849	5855	1242	100	20.67	65.45	13.88	52.80	31.59	21.21
阳山县	10508	2175	6516	1817	100	20.70	62.01	17.29	61.25	33.38	27.88
连山壮族瑶族自治县	2673	551	1690	431	100	20.63	63.25	16.12	58.11	32.63	25.49
连南瑶族自治县	3812	996	2223	593	100	26.12	58.32	15.56	71.45	44.78	26.67
英德市	27826	6068	17768	3990	100	21.81	63.85	14.34	56.61	34.15	22.45
连州市	10858	2416	6229	2213	100	22.25	57.37	20.38	74.32	38.79	35.53
东莞市	**235178**	**23954**	**197038**	**14186**	**100**	**10.19**	**83.78**	**6.03**	**19.36**	**12.16**	**7.20**
中山市	**91449**	**12801**	**70160**	**8488**	**100**	**14.00**	**76.72**	**9.28**	**30.34**	**18.25**	**12.10**
潮州市	**75234**	**12709**	**50331**	**12194**	**100**	**16.89**	**66.90**	**16.21**	**49.48**	**25.25**	**24.23**
湘桥区	16620	2506	11328	2786	100	15.08	68.16	16.77	46.72	22.12	24.60
潮安区	33798	5600	23171	5026	100	16.57	68.56	14.87	45.86	24.17	21.69
饶平县	24817	4604	15832	4381	100	18.55	63.80	17.65	56.75	29.08	27.67
揭阳市	**172632**	**34076**	**115626**	**22931**	**100**	**19.74**	**66.98**	**13.28**	**49.30**	**29.47**	**19.83**
榕城区	27863	4328	19555	3980	100	15.53	70.18	14.28	42.48	22.13	20.35
揭东区	27857	4815	18751	4291	100	17.28	67.31	15.40	48.56	25.68	22.89
揭西县	24315	4762	15604	3949	100	19.58	64.17	16.24	55.83	30.52	25.31
惠来县	32265	7683	20836	3745	100	23.81	64.58	11.61	54.85	36.87	17.97
普宁市	60332	12488	40879	6966	100	20.70	67.76	11.55	47.59	30.55	17.04
云浮市	**70105**	**16568**	**42653**	**10885**	**100**	**23.63**	**60.84**	**15.53**	**64.36**	**38.84**	**25.52**
云城区	10528	2115	6925	1487	100	20.09	65.78	14.13	52.02	30.55	21.48
云安区	8012	1965	4866	1181	100	24.52	60.74	14.74	64.64	40.38	24.26
新兴县	12719	2405	8184	2130	100	18.91	64.34	16.74	55.41	29.39	26.02
郁南县	11545	2710	6800	2036	100	23.47	58.90	17.63	69.79	39.85	29.94
罗定市	27301	7372	15877	4052	100	27.00	58.16	14.84	71.95	46.43	25.52

3-2a 各地区人口年龄构成和抚养比（一）（城市）

单位：人、%

地 区	人口数				占总人口比重				抚养比		
	合计	0-14岁	15-59岁	60岁及以上	合计	0-14岁	15-59岁	60岁及以上	总抚养比	少儿抚养比	老年抚养比
全 省	**1606288**	**224096**	**1220645**	**161548**	**100**	**13.95**	**75.99**	**10.06**	**31.59**	**18.36**	**13.23**
广州市	**297639**	**37413**	**223662**	**36565**	**100**	**12.57**	**75.15**	**12.28**	**33.08**	**16.73**	**16.35**
荔湾区	26261	2964	18347	4950	100	11.29	69.86	18.85	43.14	16.16	26.98
越秀区	32960	3696	22812	6451	100	11.21	69.21	19.57	44.48	16.20	28.28
海珠区	45978	5430	33441	7107	100	11.81	72.73	15.46	37.49	16.24	21.25
天河区	44041	5379	34341	4321	100	12.21	77.98	9.81	28.25	15.66	12.58
白云区	47033	6062	36858	4113	100	12.89	78.37	8.74	27.61	16.45	11.16
黄埔区	13730	1874	10496	1361	100	13.65	76.45	9.91	30.81	17.85	12.96
番禺区	35954	4719	28173	3062	100	13.13	78.36	8.52	27.62	16.75	10.87
花都区	16631	2426	12321	1884	100	14.59	74.08	11.33	34.98	19.69	15.30
南沙区	8165	937	6469	759	100	11.47	79.23	9.30	26.22	14.48	11.74
萝岗区	9283	1161	7560	561	100	12.51	81.44	6.05	22.78	15.36	7.42
从化区	5868	991	4217	660	100	16.89	71.87	11.24	39.15	23.50	15.64
增城区	11736	1773	8628	1334	100	15.11	73.52	11.37	36.02	20.55	15.47
韶关市	**24440**	**3840**	**16459**	**4141**	**100**	**15.71**	**67.34**	**16.94**	**48.49**	**23.33**	**25.16**
武江区	6682	1079	4578	1025	100	16.14	68.51	15.34	45.96	23.56	22.40
浈江区	8864	1294	5863	1708	100	14.60	66.14	19.26	51.20	22.08	29.13
曲江区	3922	560	2731	631	100	14.27	69.63	16.10	43.61	20.49	23.11
乐昌市	2185	419	1425	341	100	19.17	65.21	15.62	53.35	29.39	23.96
南雄市	2786	489	1862	436	100	17.54	66.81	15.64	49.67	26.26	23.41
深圳市	**324208**	**42484**	**265565**	**16159**	**100**	**13.10**	**81.91**	**4.98**	**22.08**	**16.00**	**6.08**
罗湖区	27797	3720	22056	2021	100	13.38	79.35	7.27	26.03	16.87	9.16
福田区	41046	5550	31862	3634	100	13.52	77.62	8.85	28.83	17.42	11.41
南山区	36789	5214	28890	2685	100	14.17	78.53	7.30	27.34	18.05	9.29
宝安区	139786	16778	118398	4610	100	12.00	84.70	3.30	18.06	14.17	3.89
龙岗区	72487	10303	59351	2833	100	14.21	81.88	3.91	22.13	17.36	4.77
盐田区	6302	919	5008	375	100	14.58	79.47	5.95	25.84	18.35	7.49
珠海市	**33858**	**5077**	**25499**	**3283**	**100**	**14.99**	**75.31**	**9.70**	**32.79**	**19.91**	**12.88**
香洲区	26542	4015	19908	2618	100	15.13	75.01	9.87	33.32	20.17	13.15
斗门区	3286	519	2382	385	100	15.80	72.49	11.72	37.96	21.79	16.17
金湾区	4031	543	3208	280	100	13.47	79.59	6.94	25.64	16.92	8.72
汕头市	**68958**	**11869**	**47322**	**9767**	**100**	**17.21**	**68.62**	**14.16**	**45.72**	**25.08**	**20.64**
龙湖区	11393	1863	8082	1449	100	16.35	70.94	12.71	40.97	23.05	17.92
金平区	23244	3430	15876	3938	100	14.76	68.30	16.94	46.41	21.60	24.80
濠江区	4937	998	3317	622	100	20.21	67.19	12.60	48.83	30.07	18.75
潮阳区	9332	1825	6182	1326	100	19.55	66.24	14.21	50.97	29.52	21.45
潮南区	12948	2485	9133	1330	100	19.19	70.54	10.27	41.77	27.21	14.56
澄海区	7104	1269	4732	1103	100	17.87	66.61	15.52	50.12	26.82	23.30

3-2a　续表 1　　单位：人、%

地　区	人口数				占总人口比重				抚养比		
	合计	0-14岁	15-59岁	60岁及以　上	合计	0-14岁	15-59岁	60岁及以　上	总抚养比	少　儿抚养比	老　年抚养比
佛山市	**188345**	**24007**	**144891**	**19447**	**100**	**12.75**	**76.93**	**10.33**	**29.99**	**16.57**	**13.42**
禅城区	27241	3720	19883	3637	100	13.66	72.99	13.35	37.00	18.71	18.29
南海区	72019	8768	56543	6708	100	12.18	78.51	9.31	27.37	15.51	11.86
顺德区	71202	8723	55463	7016	100	12.25	77.90	9.85	28.38	15.73	12.65
三水区	7873	1196	5728	949	100	15.19	72.76	12.06	37.45	20.87	16.57
高明区	10010	1600	7274	1137	100	15.98	72.66	11.36	37.62	21.99	15.63
江门市	**67948**	**10275**	**46944**	**10730**	**100**	**15.12**	**69.09**	**15.79**	**44.74**	**21.89**	**22.86**
蓬江区	20834	3152	14730	2951	100	15.13	70.70	14.17	41.44	21.40	20.04
江海区	7428	1222	5310	896	100	16.45	71.49	12.07	39.89	23.01	16.88
新会区	12315	2001	8487	1827	100	16.25	68.92	14.83	45.09	23.57	21.52
台山市	8976	1201	5904	1870	100	13.38	65.78	20.84	52.02	20.35	31.67
开平市	9068	1331	6121	1616	100	14.68	67.51	17.82	48.13	21.74	26.40
鹤山市	5962	922	3997	1043	100	15.47	67.03	17.50	49.18	23.07	26.11
恩平市	3366	446	2394	526	100	13.26	71.11	15.63	40.62	18.64	21.98
湛江市	**42539**	**7690**	**28676**	**6173**	**100**	**18.08**	**67.41**	**14.51**	**48.34**	**26.82**	**21.53**
赤坎区	8781	1480	5979	1322	100	16.85	68.09	15.06	46.86	24.74	22.11
霞山区	13618	2485	9348	1785	100	18.25	68.64	13.11	45.68	26.59	19.09
坡头区	2089	394	1296	400	100	18.86	62.02	19.12	61.24	30.41	30.84
麻章区	1304	217	865	222	100	16.65	66.29	17.05	50.84	25.12	25.72
遂溪县	597	120	361	116	100	20.08	60.51	19.41	65.27	33.19	32.09
廉江市	4755	899	3092	763	100	18.91	65.03	16.05	53.77	29.08	24.69
雷州市	5512	1058	3772	681	100	19.19	68.44	12.36	46.11	28.04	18.06
吴川市	5883	1036	3963	883	100	17.62	67.36	15.02	48.45	26.15	22.29
茂名市	**38864**	**7957**	**25450**	**5457**	**100**	**20.47**	**65.48**	**14.04**	**52.71**	**31.26**	**21.44**
茂南区	14908	2732	9954	2222	100	18.33	66.77	14.91	49.77	27.45	22.32
电白区	5752	1199	3888	666	100	20.84	67.59	11.57	47.94	30.83	17.12
高州市	5926	1088	3980	858	100	18.37	67.16	14.47	48.90	27.35	21.55
化州市	6175	1347	4032	795	100	21.82	65.30	12.88	53.14	33.41	19.73
信宜市	6103	1591	3596	917	100	26.06	58.92	15.02	69.73	44.23	25.49
肇庆市	**27235**	**4381**	**19322**	**3532**	**100**	**16.09**	**70.95**	**12.97**	**40.95**	**22.67**	**18.28**
端州区	14075	2284	9661	2130	100	16.23	68.64	15.13	45.68	23.64	22.04
鼎湖区	1567	268	1117	182	100	17.10	71.32	11.59	40.22	23.97	16.25
高要市	2098	325	1530	242	100	15.50	72.96	11.54	37.06	21.24	15.82
四会市	9495	1504	7013	978	100	15.84	73.86	10.30	35.40	21.45	13.95
惠州市	**52213**	**9196**	**39208**	**3809**	**100**	**17.61**	**75.09**	**7.30**	**33.17**	**23.46**	**9.72**
惠城区	35786	6528	26486	2771	100	18.24	74.01	7.74	35.11	24.65	10.46
惠阳区	15962	2626	12308	1028	100	16.45	77.11	6.44	29.69	21.33	8.35
博罗县	465	42	414	9	100	9.07	88.89	2.04	12.50	10.20	2.30

3-2a 续表 2

单位：人、%

地区	人口数				占总人口比重				抚养比		
	合计	0-14岁	15-59岁	60岁及以上	合计	0-14岁	15-59岁	60岁及以上	总抚养比	少儿抚养比	老年抚养比
梅州市	**23181**	**3797**	**15054**	**4330**	**100**	**16.38**	**64.94**	**18.68**	**53.98**	**25.22**	**28.76**
梅江区	10638	1669	6990	1979	100	15.69	65.70	18.61	52.20	23.88	28.32
梅县区	4473	777	2901	795	100	17.37	64.85	17.78	54.19	26.78	27.41
五华县	412	119	218	75	100	28.94	52.94	18.12	88.89	54.67	34.22
兴宁市	7658	1231	4946	1481	100	16.08	64.58	19.34	54.84	24.90	29.94
汕尾市	**14668**	**2477**	**10400**	**1791**	**100**	**16.89**	**70.90**	**12.21**	**41.04**	**23.82**	**17.22**
城区	9112	1503	6490	1119	100	16.49	71.22	12.28	40.40	23.16	17.24
陆丰市	5556	974	3910	672	100	17.53	70.38	12.09	42.09	24.91	17.18
河源市	**13602**	**2612**	**9666**	**1324**	**100**	**19.20**	**71.06**	**9.74**	**40.73**	**27.02**	**13.70**
源城区	13602	2612	9666	1324	100	19.20	71.06	9.74	40.73	27.02	13.70
阳江市	**17763**	**2833**	**12326**	**2603**	**100**	**15.95**	**69.40**	**14.66**	**44.10**	**22.98**	**21.12**
江城区	12545	1845	8822	1877	100	14.71	70.32	14.97	42.20	20.92	21.28
阳春市	5218	987	3505	726	100	18.92	67.17	13.91	48.89	28.17	20.71
清远市	**26659**	**5227**	**18078**	**3354**	**100**	**19.61**	**67.81**	**12.58**	**47.46**	**28.91**	**18.55**
清城区	12998	2429	8887	1682	100	18.69	68.37	12.94	46.26	27.33	18.93
清新区	5300	1215	3630	455	100	22.92	68.50	8.58	45.99	33.46	12.53
英德市	4413	847	3032	535	100	19.18	68.71	12.11	45.55	27.92	17.63
连州市	3949	737	2530	682	100	18.66	64.06	17.28	56.09	29.12	26.97
东莞市	**205360**	**21332**	**171659**	**12368**	**100**	**10.39**	**83.59**	**6.02**	**19.63**	**12.43**	**7.21**
中山市	**56350**	**7692**	**43440**	**5217**	**100**	**13.65**	**77.09**	**9.26**	**29.72**	**17.71**	**12.01**
潮州市	**24616**	**3764**	**17055**	**3798**	**100**	**15.29**	**69.28**	**15.43**	**44.34**	**22.07**	**22.27**
湘桥区	11104	1618	7628	1858	100	14.57	68.70	16.73	45.57	21.21	24.36
潮安区	13512	2146	9427	1940	100	15.88	69.76	14.36	43.34	22.76	20.58
揭阳市	**44121**	**7220**	**31109**	**5793**	**100**	**16.36**	**70.51**	**13.13**	**41.83**	**23.21**	**18.62**
榕城区	19349	2874	13665	2810	100	14.86	70.62	14.52	41.60	21.04	20.56
揭东区	8702	1385	6153	1163	100	15.92	70.71	13.37	41.42	22.51	18.91
普宁市	16071	2960	11291	1820	100	18.42	70.26	11.32	42.34	26.22	16.12
云浮市	**13719**	**2954**	**8860**	**1905**	**100**	**21.53**	**64.58**	**13.88**	**54.84**	**33.34**	**21.50**
云城区	7625	1472	5141	1013	100	19.30	67.42	13.28	48.33	28.63	19.70
云安区	640	148	417	75	100	23.06	65.15	11.79	53.49	35.40	18.09
罗定市	5454	1335	3303	817	100	24.47	60.55	14.98	65.15	40.42	24.73

3-2b 各地区人口年龄构成和抚养比（一）（镇）

单位：人、%

地 区	人口数				占总人口比重				抚养比		
	合计	0-14岁	15-59岁	60岁及以上	合计	0-14岁	15-59岁	60岁及以上	总抚养比	少儿抚养比	老年抚养比
全 省	**512903**	**95280**	**348930**	**68694**	**100**	**18.58**	**68.03**	**13.39**	**46.99**	**27.31**	**19.69**
广州市	**31387**	**3901**	**23838**	**3649**	**100**	**12.43**	**75.95**	**11.62**	**31.67**	**16.36**	**15.31**
白云区	8114	969	6406	740	100	11.94	78.95	9.11	26.66	15.12	11.54
番禺区	1459	171	1106	182	100	11.70	75.82	12.47	31.89	15.43	16.45
花都区	2718	394	1955	370	100	14.48	71.92	13.60	39.04	20.13	18.91
南沙区	5349	505	4071	774	100	9.43	76.10	14.46	31.40	12.40	19.01
萝岗区	425	51	345	29	100	12.07	81.19	6.74	23.17	14.86	8.30
从化区	2113	327	1605	181	100	15.48	75.95	8.57	31.66	20.38	11.28
增城区	11209	1485	8350	1374	100	13.25	74.50	12.26	34.24	17.78	16.45
韶关市	**20911**	**4158**	**13594**	**3159**	**100**	**19.88**	**65.01**	**15.11**	**53.83**	**30.59**	**23.24**
武江区	537	121	349	68	100	22.59	64.84	12.56	54.22	34.84	19.38
浈江区	775	92	458	225	100	11.86	59.09	29.05	69.23	20.07	49.16
曲江区	1224	237	792	195	100	19.36	64.69	15.95	54.59	29.93	24.66
始兴县	2359	474	1528	358	100	20.08	64.76	15.16	54.42	31.01	23.41
仁化县	2291	495	1491	304	100	21.63	65.09	13.29	53.64	33.23	20.41
翁源县	3231	640	2104	488	100	19.80	65.11	15.09	53.59	30.41	23.17
乳源瑶族自治县	2277	397	1532	348	100	17.44	67.30	15.27	48.59	25.91	22.68
新丰县	3069	548	2119	402	100	17.86	69.05	13.09	44.82	25.86	18.96
乐昌市	3619	768	2277	574	100	21.22	62.92	15.85	58.92	33.73	25.19
南雄市	1530	386	946	199	100	25.22	61.79	12.99	61.85	40.82	21.03
珠海市	**7484**	**1090**	**5606**	**788**	**100**	**14.57**	**74.90**	**10.53**	**33.51**	**19.45**	**14.06**
香洲区	421	4	404	13	100	0.85	95.96	3.19	4.21	0.89	3.33
斗门区	3703	667	2616	420	100	18.01	70.64	11.35	41.56	25.49	16.07
金湾区	3360	420	2586	354	100	12.50	76.96	10.54	29.94	16.24	13.70
汕头市	**41601**	**8060**	**27933**	**5607**	**100**	**19.38**	**67.15**	**13.48**	**48.93**	**28.86**	**20.07**
龙湖区	1676	288	1130	258	100	17.21	67.39	15.40	48.39	25.54	22.86
濠江区	192	37	122	32	100	19.46	63.81	16.74	56.72	30.49	26.23
潮阳区	18861	3930	12793	2138	100	20.84	67.83	11.34	47.43	30.72	16.71
潮南区	9459	2037	6283	1139	100	21.54	66.42	12.04	50.55	32.43	18.13
澄海区	10048	1582	6699	1768	100	15.74	66.67	17.59	50.00	23.61	26.39
南澳县	1365	186	907	272	100	13.62	66.45	19.93	50.49	20.50	29.99
佛山市	**12654**	**1574**	**9811**	**1269**	**100**	**12.44**	**77.53**	**10.03**	**28.97**	**16.04**	**12.93**
禅城区	4691	636	3477	578	100	13.57	74.12	12.32	34.92	18.30	16.62
南海区	1730	186	1396	149	100	10.72	80.65	8.63	24.00	13.30	10.70
三水区	5336	604	4320	412	100	11.32	80.95	7.73	23.53	13.98	9.54
高明区	896	148	619	129	100	16.50	69.06	14.44	44.80	23.89	20.91
江门市	**15571**	**2076**	**10770**	**2725**	**100**	**13.33**	**69.17**	**17.50**	**44.57**	**19.28**	**25.30**
新会区	3470	504	2360	606	100	14.53	68.01	17.46	47.04	21.37	25.67
台山市	3227	374	2140	714	100	11.59	66.30	22.11	50.83	17.48	33.35
开平市	2153	340	1456	356	100	15.79	67.65	16.56	47.82	23.34	24.48
鹤山市	2742	319	2116	306	100	11.64	77.19	11.17	29.55	15.08	14.47
恩平市	3979	539	2698	743	100	13.54	67.80	18.66	47.49	19.96	27.52

3-2b 续表 1

单位：人、%

地　区	人口数				占总人口比重				抚养比		
	合计	0-14岁	15-59岁	60岁及以上	合计	0-14岁	15-59岁	60岁及以上	总抚养比	少儿抚养比	老年抚养比
湛江市	**41516**	**8249**	**27588**	**5680**	**100**	**19.87**	**66.45**	**13.68**	**50.49**	**29.90**	**20.59**
霞山区	152	30	108	14	100	19.46	71.04	9.50	40.76	27.39	13.38
坡头区	1823	365	1183	275	100	20.02	64.88	15.10	54.13	30.86	23.27
麻章区	4298	813	2963	521	100	18.92	68.95	12.12	45.03	27.45	17.58
遂溪县	7968	1632	5236	1100	100	20.48	65.72	13.80	52.17	31.16	21.01
徐闻县	7841	1542	5232	1067	100	19.66	66.73	13.60	49.85	29.47	20.39
廉江市	7787	1623	4955	1210	100	20.84	63.62	15.54	57.18	32.75	24.42
雷州市	6526	1186	4578	762	100	18.18	70.15	11.67	42.55	25.91	16.64
吴川市	5121	1058	3332	731	100	20.67	65.07	14.27	53.68	31.76	21.92
茂名市	**30475**	**7254**	**18908**	**4313**	**100**	**23.80**	**62.05**	**14.15**	**61.17**	**38.36**	**22.81**
茂南区	1224	258	794	172	100	21.09	64.89	14.02	54.12	32.51	21.60
电白区	12295	2849	7915	1531	100	23.17	64.38	12.45	55.33	35.99	19.34
高州市	6913	1579	4243	1092	100	22.83	61.37	15.79	62.94	37.21	25.73
化州市	5550	1333	3458	759	100	24.02	62.31	13.67	60.48	38.55	21.94
信宜市	4493	1235	2498	760	100	27.50	55.59	16.92	79.90	49.47	30.44
肇庆市	**25014**	**4719**	**16340**	**3955**	**100**	**18.86**	**65.33**	**15.81**	**53.08**	**28.88**	**24.20**
鼎湖区	1057	164	704	190	100	15.47	66.59	17.95	50.18	23.23	26.95
广宁县	4767	938	2968	861	100	19.68	62.26	18.06	60.63	31.61	29.02
怀集县	5787	1290	3782	715	100	22.29	65.35	12.35	53.02	34.11	18.90
封开县	3610	767	2242	601	100	21.25	62.10	16.65	61.02	34.21	26.80
德庆县	2658	478	1762	418	100	17.98	66.28	15.74	50.87	27.13	23.74
高要市	5530	848	3722	959	100	15.34	67.31	17.35	48.56	22.79	25.78
四会市	1605	234	1161	210	100	14.57	72.32	13.11	38.27	20.14	18.12
惠州市	**40088**	**7547**	**28779**	**3762**	**100**	**18.83**	**71.79**	**9.38**	**39.30**	**26.22**	**13.07**
惠城区	2790	311	2356	122	100	11.16	84.45	4.38	18.41	13.22	5.19
惠阳区	2293	365	1732	196	100	15.92	75.54	8.54	32.38	21.07	11.31
博罗县	16468	2950	11903	1615	100	17.91	72.28	9.81	38.35	24.78	13.57
惠东县	14901	3150	10399	1353	100	21.14	69.78	9.08	43.30	30.29	13.01
龙门县	3636	771	2389	476	100	21.21	65.70	13.10	52.21	32.28	19.93
梅州市	**35921**	**7359**	**22561**	**6001**	**100**	**20.49**	**62.81**	**16.71**	**59.22**	**32.62**	**26.60**
梅江区	223	37	157	29	100	16.67	70.13	13.21	42.60	23.77	18.83
梅县区	3323	516	2159	647	100	15.53	64.99	19.48	53.87	23.89	29.98
大埔县	4895	1070	2954	870	100	21.87	60.35	17.78	65.69	36.23	29.46
丰顺县	6659	1346	4124	1189	100	20.21	61.93	17.85	61.47	32.64	28.83
五华县	9814	2320	6097	1397	100	23.64	62.12	14.24	60.98	38.05	22.92
平远县	3188	601	2058	529	100	18.85	64.56	16.59	54.90	29.20	25.70
蕉岭县	3057	535	1965	558	100	17.48	64.26	18.25	55.61	27.21	28.41
兴宁市	4762	934	3048	781	100	19.61	64.00	16.40	56.26	30.64	25.62
汕尾市	**32709**	**6304**	**22272**	**4132**	**100**	**19.27**	**68.09**	**12.63**	**46.86**	**28.31**	**18.55**
城区	1797	360	1221	217	100	20.02	67.93	12.06	47.21	29.46	17.75
海丰县	14605	2818	9869	1918	100	19.30	67.57	13.13	47.99	28.56	19.43
陆河县	4311	794	2936	582	100	18.41	68.10	13.49	46.84	27.03	19.81
陆丰市	11995	2333	8247	1416	100	19.45	68.75	11.80	45.46	28.29	17.17

3-2b 续表 2 单位：人、%

地 区	人口数				占总人口比重				抚养比		
	合计	0-14岁	15-59岁	60岁及以上	合计	0-14岁	15-59岁	60岁及以上	总抚养比	少儿抚养比	老年抚养比
河源市	**23310**	**5257**	**15064**	**2989**	**100**	**22.55**	**64.63**	**12.82**	**54.74**	**34.90**	**19.84**
紫金县	7231	1616	4684	931	100	22.35	64.77	12.87	54.38	34.51	19.88
龙川县	6180	1460	3949	771	100	23.62	63.90	12.48	56.49	36.96	19.54
连平县	3516	747	2283	487	100	21.24	64.92	13.84	54.04	32.72	21.32
和平县	3328	785	2120	423	100	23.59	63.70	12.70	56.98	37.04	19.94
东源县	3054	649	2028	377	100	21.25	66.41	12.34	50.58	32.00	18.58
阳江市	**17950**	**3079**	**12109**	**2762**	**100**	**17.15**	**67.46**	**15.39**	**48.24**	**25.43**	**22.81**
江城区	2331	335	1598	398	100	14.37	68.55	17.08	45.89	20.96	24.92
阳西县	5069	871	3355	843	100	17.19	66.19	16.62	51.08	25.97	25.11
阳东县	6260	974	4403	883	100	15.56	70.34	14.10	42.16	22.12	20.04
阳春市	4290	899	2752	639	100	20.95	64.16	14.89	55.85	32.65	23.21
清远市	26952	5550	17577	3825	100	20.59	65.22	14.19	53.33	31.57	21.76
清城区	6425	1249	4383	794	100	19.44	68.21	12.35	46.61	28.50	18.11
清新区	3285	607	2136	542	100	18.49	65.02	16.49	53.79	28.43	25.36
佛冈县	3624	698	2482	445	100	19.25	68.47	12.28	46.04	28.12	17.93
阳山县	3787	788	2367	632	100	20.80	62.52	16.68	59.96	33.27	26.69
连山壮族瑶族自治县	969	211	591	166	100	21.83	61.00	17.18	63.95	35.79	28.16
连南瑶族自治县	1707	438	989	279	100	25.67	57.97	16.36	72.50	44.27	28.22
英德市	6260	1343	4119	798	100	21.45	65.79	12.75	51.99	32.61	19.38
连州市	895	215	511	169	100	24.07	57.05	18.88	75.30	42.19	33.10
东莞市	**3526**	**173**	**3272**	**81**	**100**	**4.90**	**92.80**	**2.31**	**7.76**	**5.28**	**2.49**
中山市	**24235**	**3317**	**18960**	**1958**	**100**	**13.69**	**78.23**	**8.08**	**27.82**	**17.50**	**10.33**
潮州市	**23382**	**3901**	**15571**	**3911**	**100**	**16.68**	**66.59**	**16.72**	**50.17**	**25.05**	**25.12**
湘桥区	3598	554	2456	588	100	15.39	68.26	16.35	46.50	22.55	23.95
潮安区	7674	1276	5281	1118	100	16.62	68.81	14.57	45.33	24.16	21.17
饶平县	12109	2071	7834	2204	100	17.10	64.69	18.20	54.58	26.44	28.14
揭阳市	**43732**	**8536**	**29279**	**5916**	**100**	**19.52**	**66.95**	**13.53**	**49.36**	**29.16**	**20.21**
榕城区	3129	563	2191	375	100	18.00	70.02	11.98	42.81	25.70	17.10
揭东区	6283	1012	4203	1068	100	16.10	66.89	17.00	49.49	24.07	25.42
揭西县	7935	1429	5258	1248	100	18.01	66.26	15.73	50.92	27.18	23.73
惠来县	13750	2855	9272	1624	100	20.76	67.43	11.81	48.30	30.79	17.51
普宁市	12635	2678	8356	1601	100	21.19	66.13	12.67	51.21	32.04	19.16
云浮市	**14488**	**3177**	**9098**	**2213**	**100**	**21.93**	**62.80**	**15.28**	**59.24**	**34.91**	**24.33**
云城区	241	63	143	35	100	26.21	59.31	14.48	68.60	44.19	24.42
云安区	1380	306	879	195	100	22.20	63.70	14.10	56.99	34.86	22.13
新兴县	4983	854	3372	758	100	17.14	67.66	15.20	47.80	25.33	22.47
郁南县	4807	1061	3003	743	100	22.07	62.47	15.45	60.07	35.33	24.74
罗定市	3076	892	1701	483	100	28.99	55.30	15.71	80.82	52.41	28.41

3-2c 各地区人口年龄构成和抚养比（一）（乡村）

单位：人、%

地区	人口数				占总人口比重				抚养比		
	合计	0-14岁	15-59岁	60岁及以上	合计	0-14岁	15-59岁	60岁及以上	总抚养比	少儿抚养比	老年抚养比
全省	**971938**	**205051**	**619329**	**147558**	**100**	**21.10**	**63.72**	**15.18**	**56.93**	**33.11**	**23.83**
广州市	**55651**	**8307**	**39882**	**7462**	**100**	**14.93**	**71.66**	**13.41**	**39.54**	**20.83**	**18.71**
白云区	13332	1621	9902	1809	100	12.16	74.27	13.57	34.64	16.37	18.27
番禺区	6582	722	5098	763	100	10.96	77.45	11.59	29.11	14.15	14.96
花都区	9593	1502	6689	1403	100	15.66	69.72	14.62	43.42	22.45	20.97
南沙区	5171	623	3931	617	100	12.04	76.02	11.94	31.54	15.84	15.70
萝岗区	2163	396	1521	246	100	18.30	70.31	11.39	42.22	26.03	16.19
从化区	9836	1925	6565	1346	100	19.57	66.74	13.68	49.83	29.33	20.50
增城区	8975	1519	6177	1279	100	16.92	68.83	14.25	45.29	24.59	20.70
韶关市	**38174**	**7833**	**24062**	**6279**	**100**	**20.52**	**63.03**	**16.45**	**58.65**	**32.55**	**26.09**
武江区	1593	349	1008	236	100	21.88	63.30	14.82	57.98	34.57	23.41
浈江区	1889	261	1271	357	100	13.80	67.28	18.92	48.64	20.52	28.12
曲江区	3812	721	2470	621	100	18.92	64.79	16.29	54.34	29.20	25.14
始兴县	3701	702	2425	574	100	18.97	65.53	15.51	52.61	28.95	23.66
仁化县	3621	821	2234	566	100	22.67	61.70	15.63	62.07	36.74	25.33
翁源县	6565	1336	4193	1035	100	20.35	63.88	15.77	56.55	31.86	24.69
乳源瑶族自治县	2969	640	1858	471	100	21.56	62.57	15.87	59.81	34.45	25.36
新丰县	3017	598	1937	483	100	19.80	64.19	16.01	55.79	30.85	24.94
乐昌市	5912	1342	3558	1012	100	22.70	60.18	17.12	66.17	37.72	28.45
南雄市	5094	1064	3108	923	100	20.88	61.00	18.11	63.93	34.23	29.69
珠海市	**5217**	**749**	**3640**	**829**	**100**	**14.35**	**69.76**	**15.89**	**43.34**	**20.57**	**22.77**
斗门区	5217	749	3640	829	100	14.35	69.76	15.89	43.34	20.57	22.77
汕头市	**47634**	**10152**	**31330**	**6152**	**100**	**21.31**	**65.77**	**12.91**	**52.04**	**32.40**	**19.64**
龙湖区	2681	507	1777	397	100	18.91	66.30	14.79	50.84	28.52	22.31
金平区	524	88	365	71	100	16.73	69.67	13.60	43.54	24.01	19.53
濠江区	2727	566	1812	349	100	20.74	66.46	12.80	50.48	31.21	19.27
潮阳区	19537	4345	12745	2448	100	22.24	65.23	12.53	53.30	34.09	19.20
潮南区	15480	3519	10166	1794	100	22.73	65.68	11.59	52.26	34.61	17.65
澄海区	6283	1082	4187	1014	100	17.22	66.64	16.14	50.06	25.84	24.22
南澳县	402	46	277	79	100	11.47	68.96	19.57	45.01	16.63	28.38
佛山市	**10716**	**1457**	**7320**	**1939**	**100**	**13.59**	**68.31**	**18.10**	**46.39**	**19.90**	**26.49**
南海区	3339	467	2326	546	100	13.98	69.66	16.36	43.56	20.07	23.49
顺德区	1034	129	761	144	100	12.48	73.58	13.93	35.90	16.96	18.93
三水区	4983	672	3403	908	100	13.49	68.30	18.22	46.42	19.75	26.67
高明区	1359	189	830	341	100	13.89	61.03	25.08	63.84	22.75	41.09
江门市	**45251**	**5687**	**30231**	**9333**	**100**	**12.57**	**66.81**	**20.63**	**49.69**	**18.81**	**30.87**
蓬江区	105	17	76	13	100	15.98	71.78	12.24	39.31	22.25	17.05
新会区	8821	1196	5844	1782	100	13.56	66.25	20.20	50.95	20.47	30.49
台山市	14887	1776	9793	3317	100	11.93	65.78	22.28	52.01	18.14	33.87
开平市	8929	1134	5950	1845	100	12.70	66.64	20.66	50.07	19.07	31.01
鹤山市	5610	772	3749	1089	100	13.75	66.83	19.42	49.64	20.58	29.06
恩平市	6898	792	4819	1287	100	11.48	69.86	18.66	43.14	16.43	26.71

3-2c 续表 1 单位：人、%

地 区	人口数				占总人口比重				抚养比		
	合计	0-14岁	15-59岁	60岁及以上	合计	0-14岁	15-59岁	60岁及以上	总抚养比	少儿抚养比	老年抚养比
湛江市	**122266**	**27712**	**77503**	**17051**	**100**	**22.67**	**63.39**	**13.95**	**57.76**	**35.76**	**22.00**
赤坎区	182	44	116	22	100	24.12	63.64	12.24	57.14	37.90	19.24
霞山区	607	118	409	79	100	19.51	67.39	13.09	48.38	28.95	19.43
坡头区	5975	1055	4038	881	100	17.67	67.59	14.75	47.96	26.14	21.82
麻章区	8844	1854	5824	1166	100	20.97	65.85	13.18	51.86	31.84	20.02
遂溪县	17594	3737	11127	2730	100	21.24	63.24	15.52	58.12	33.58	24.53
徐闻县	12708	2601	8430	1677	100	20.47	66.34	13.20	50.74	30.85	19.89
廉江市	29945	7251	18082	4612	100	24.21	60.38	15.40	65.61	40.10	25.51
雷州市	30042	7257	19134	3651	100	24.15	63.69	12.15	57.01	37.93	19.08
吴川市	16369	3795	10343	2232	100	23.18	63.18	13.63	58.27	36.69	21.58
茂名市	**103917**	**27983**	**59866**	**16068**	**100**	**26.93**	**57.61**	**15.46**	**73.58**	**46.74**	**26.84**
茂南区	8012	1750	5244	1018	100	21.85	65.45	12.70	52.79	33.38	19.41
电白区	29370	7641	18083	3646	100	26.02	61.57	12.42	62.42	42.26	20.17
高州市	25820	6682	14498	4639	100	25.88	56.15	17.97	78.09	46.09	32.00
化州市	23794	7178	12640	3976	100	30.17	53.12	16.71	88.24	56.79	31.45
信宜市	16922	4731	9402	2788	100	27.96	55.56	16.48	79.98	50.32	29.66
肇庆市	**63418**	**13937**	**39415**	**10066**	**100**	**21.98**	**62.15**	**15.87**	**60.90**	**35.36**	**25.54**
鼎湖区	2265	344	1490	431	100	15.20	65.80	19.01	51.99	23.10	28.89
广宁县	7682	1630	4529	1522	100	21.22	58.96	19.82	69.60	35.99	33.61
怀集县	18164	4960	11003	2201	100	27.31	60.57	12.12	65.09	45.08	20.01
封开县	8069	1828	5003	1238	100	22.66	62.00	15.34	61.28	36.55	24.74
德庆县	7368	1705	4578	1085	100	23.14	62.13	14.73	60.94	37.24	23.71
高要市	14602	2658	9341	2603	100	18.21	63.97	17.83	56.33	28.46	27.87
四会市	5268	812	3471	986	100	15.40	65.89	18.71	51.77	23.38	28.39
惠州市	**43194**	**9073**	**28400**	**5721**	**100**	**21.00**	**65.75**	**13.25**	**52.09**	**31.95**	**20.15**
惠城区	8115	1677	5370	1068	100	20.66	66.18	13.16	51.10	31.22	19.88
惠阳区	4579	791	3333	456	100	17.26	72.78	9.95	37.40	23.72	13.67
博罗县	13483	2988	8657	1838	100	22.16	64.21	13.63	55.74	34.51	21.23
惠东县	11636	2358	7790	1488	100	20.26	66.95	12.79	49.37	30.27	19.10
龙门县	5382	1260	3250	872	100	23.41	60.39	16.21	65.60	38.76	26.84
梅州市	**64578**	**13912**	**38608**	**12058**	**100**	**21.54**	**59.78**	**18.67**	**67.27**	**36.04**	**31.23**
梅江区	1094	157	701	236	100	14.35	64.10	21.55	56.00	22.38	33.62
梅县区	7573	1226	4966	1381	100	16.19	65.57	18.24	52.52	24.70	27.82
大埔县	5983	1045	3513	1425	100	17.47	58.71	23.82	70.34	29.76	40.58
丰顺县	7300	1668	4209	1423	100	22.86	57.66	19.49	73.45	39.64	33.80
五华县	20569	5739	11199	3631	100	27.90	54.45	17.65	83.67	51.25	32.42
平远县	3476	567	2207	703	100	16.30	63.49	20.21	57.51	25.67	31.84
蕉岭县	2923	491	1798	635	100	16.78	61.50	21.72	62.61	27.29	35.33
兴宁市	15659	3019	10016	2625	100	19.28	63.96	16.76	56.34	30.14	26.20

3-2c 续表 2 单位：人、%

地 区	人口数				占总人口比重				抚养比		
	合计	0-14岁	15-59岁	60岁及以上	合计	0-14岁	15-59岁	60岁及以上	总抚养比	少儿抚养比	老年抚养比
汕尾市	**38715**	**7949**	**25937**	**4830**	**100**	**20.53**	**66.99**	**12.48**	**49.27**	**30.65**	**18.62**
城区	3459	641	2374	444	100	18.54	68.62	12.84	45.72	27.02	18.70
海丰县	8696	1591	5774	1331	100	18.29	66.40	15.31	50.60	27.55	23.05
陆河县	3901	713	2628	560	100	18.28	67.36	14.35	48.45	27.14	21.31
陆丰市	22660	5004	15161	2495	100	22.08	66.91	11.01	49.46	33.00	16.46
河源市	**50656**	**12444**	**29907**	**8306**	**100**	**24.57**	**59.04**	**16.40**	**69.38**	**41.61**	**27.77**
源城区	199	42	132	26	100	21.03	66.12	12.85	51.24	31.80	19.43
紫金县	11736	3128	6755	1853	100	26.65	57.56	15.79	73.74	46.31	27.44
龙川县	14451	3783	8016	2652	100	26.18	55.47	18.35	80.27	47.20	33.08
连平县	6485	1376	4220	888	100	21.23	65.08	13.70	53.67	32.62	21.05
和平县	7781	1987	4474	1320	100	25.54	57.50	16.97	73.93	44.42	29.51
东源县	10004	2127	6310	1567	100	21.26	63.07	15.66	58.55	33.71	24.84
阳江市	**35838**	**7867**	**21503**	**6468**	**100**	**21.95**	**60.00**	**18.05**	**66.66**	**36.59**	**30.08**
江城区	5382	942	3542	898	100	17.51	65.80	16.69	51.97	26.61	25.36
阳西县	8211	1810	4729	1672	100	22.05	57.59	20.37	73.65	38.28	35.37
阳东县	6784	1276	4157	1351	100	18.82	61.27	19.91	63.21	30.71	32.50
阳春市	15460	3838	9076	2546	100	24.83	58.70	16.47	70.34	42.29	28.05
清远市	55643	11948	34220	9474	100	21.47	61.50	17.03	62.60	34.91	27.69
清城区	4564	853	2875	837	100	18.69	62.98	18.33	58.78	29.67	29.10
清新区	12058	2315	7684	2059	100	19.20	63.72	17.08	56.93	30.13	26.80
佛冈县	5322	1152	3374	797	100	21.64	63.39	14.98	57.76	34.14	23.63
阳山县	6721	1387	4149	1185	100	20.64	61.73	17.63	62.00	33.44	28.56
连山壮族瑶族自治县	1704	340	1099	264	100	19.96	64.53	15.52	54.98	30.93	24.05
连南瑶族自治县	2106	558	1234	314	100	26.48	58.61	14.91	70.62	45.18	25.43
英德市	17152	3879	10617	2657	100	22.61	61.90	15.49	61.56	36.53	25.02
连州市	6015	1464	3189	1362	100	24.34	53.02	22.64	88.61	45.91	42.70
东莞市	**26293**	**2449**	**22108**	**1736**	**100**	**9.31**	**84.08**	**6.60**	**18.93**	**11.08**	**7.85**
中山市	**10864**	**1791**	**7760**	**1313**	**100**	**16.49**	**71.43**	**12.08**	**40.00**	**23.08**	**16.92**
潮州市	**27236**	**5044**	**17706**	**4486**	**100**	**18.52**	**65.01**	**16.47**	**53.83**	**28.49**	**25.33**
湘桥区	1918	334	1244	340	100	17.40	64.86	17.74	54.18	26.83	27.35
潮安区	12611	2178	8464	1968	100	17.27	67.12	15.61	49.00	25.74	23.26
饶平县	12708	2532	7998	2177	100	19.93	62.94	17.13	58.88	31.66	27.22
揭阳市	**84779**	**18319**	**55238**	**11222**	**100**	**21.61**	**65.16**	**13.24**	**53.48**	**33.16**	**20.32**
榕城区	5385	890	3700	795	100	16.53	68.70	14.77	45.55	24.06	21.49
揭东区	12873	2418	8395	2059	100	18.78	65.22	16.00	53.33	28.80	24.53
揭西县	16380	3333	10346	2701	100	20.35	63.16	16.49	58.32	32.21	26.11
惠来县	18514	4828	11565	2121	100	26.08	62.46	11.46	60.09	41.75	18.34
普宁市	31626	6850	21232	3545	100	21.66	67.13	11.21	48.96	32.26	16.70
云浮市	**41898**	**10437**	**24694**	**6767**	**100**	**24.91**	**58.94**	**16.15**	**69.67**	**42.26**	**27.40**
云城区	2661	580	1641	440	100	21.80	61.68	16.52	62.13	35.35	26.78
云安区	5992	1511	3570	911	100	25.21	59.59	15.20	67.82	42.32	25.51
新兴县	7736	1551	4812	1372	100	20.05	62.21	17.74	60.75	32.24	28.51
郁南县	6738	1649	3797	1293	100	24.47	56.35	19.19	77.47	43.42	34.05
罗定市	18771	5146	10873	2752	100	27.41	57.93	14.66	72.63	47.33	25.31

3-3 各地区人口年龄构成和抚养比（二）

单位：人、%

地区	人口数				占总人口比重				抚养比		
	合计	0-14岁	15-64岁	65岁及以上	合计	0-14岁	15-64岁	65岁及以上	总抚养比	少儿抚养比	老年抚养比
全省	**3091130**	**524427**	**2320939**	**245764**	**100**	**16.97**	**75.08**	**7.95**	**33.18**	**22.60**	**10.59**
广州市	**384677**	**49620**	**304606**	**30451**	**100**	**12.90**	**79.18**	**7.92**	**26.29**	**16.29**	**10.00**
荔湾区	26261	2964	20019	3278	100	11.29	76.23	12.48	31.18	14.81	16.38
越秀区	32960	3696	24900	4363	100	11.21	75.55	13.24	32.37	14.84	17.52
海珠区	45978	5430	35979	4569	100	11.81	78.25	9.94	27.79	15.09	12.70
天河区	44041	5379	35954	2708	100	12.21	81.64	6.15	22.49	14.96	7.53
白云区	68478	8652	55679	4147	100	12.63	81.31	6.06	22.99	15.54	7.45
黄埔区	13730	1874	10946	911	100	13.65	79.72	6.64	25.44	17.12	8.32
番禺区	43995	5612	35872	2511	100	12.76	81.54	5.71	22.64	15.64	7.00
花都区	28942	4321	22379	2243	100	14.93	77.32	7.75	29.33	19.31	10.02
南沙区	18685	2064	15248	1373	100	11.05	81.61	7.35	22.54	13.54	9.00
萝岗区	11870	1608	9779	482	100	13.55	82.39	4.06	21.38	16.44	4.93
从化区	17816	3243	13148	1425	100	18.20	73.80	8.00	35.51	24.67	10.84
增城区	31920	4777	24703	2440	100	14.97	77.39	7.65	29.22	19.34	9.88
韶关市	**83525**	**15831**	**58651**	**9043**	**100**	**18.95**	**70.22**	**10.83**	**42.41**	**26.99**	**15.42**
武江区	8813	1549	6406	858	100	17.57	72.69	9.73	37.56	24.17	13.39
浈江区	11528	1647	8340	1541	100	14.29	72.35	13.37	38.23	19.75	18.48
曲江区	8958	1518	6460	980	100	16.94	72.12	10.94	38.66	23.49	15.17
始兴县	6060	1176	4267	617	100	19.40	70.41	10.19	42.02	27.55	14.47
仁化县	5912	1316	4026	569	100	22.27	68.10	9.63	46.84	32.70	14.14
翁源县	9796	1976	6801	1019	100	20.17	69.42	10.41	44.04	29.05	14.99
乳源瑶族自治县	5245	1037	3621	588	100	19.77	69.03	11.20	44.87	28.64	16.23
新丰县	6086	1146	4351	590	100	18.82	71.49	9.69	39.89	26.33	13.56
乐昌市	11716	2529	7933	1254	100	21.59	67.71	10.71	47.69	31.88	15.81
南雄市	9411	1939	6446	1026	100	20.60	68.49	10.91	46.00	30.07	15.92
深圳市	**324208**	**42484**	**272338**	**9386**	**100**	**13.10**	**84.00**	**2.90**	**19.05**	**15.60**	**3.45**
罗湖区	27797	3720	22817	1260	100	13.38	82.08	4.53	21.83	16.31	5.52
福田区	41046	5550	33200	2297	100	13.52	80.88	5.60	23.63	16.72	6.92
南山区	36789	5214	29937	1638	100	14.17	81.38	4.45	22.89	17.42	5.47
宝安区	139786	16778	120594	2414	100	12.00	86.27	1.73	15.91	13.91	2.00
龙岗区	72487	10303	60639	1545	100	14.21	83.66	2.13	19.54	16.99	2.55
盐田区	6302	919	5151	233	100	14.58	81.72	3.70	22.37	17.84	4.52
珠海市	**46559**	**6916**	**36550**	**3094**	**100**	**14.85**	**78.50**	**6.64**	**27.38**	**18.92**	**8.46**
香洲区	26962	4018	21257	1686	100	14.90	78.84	6.25	26.84	18.90	7.93
斗门区	12206	1934	9244	1028	100	15.85	75.73	8.42	32.05	20.93	11.12
金湾区	7391	963	6049	379	100	13.03	81.85	5.13	22.18	15.91	6.26
汕头市	**158192**	**30081**	**114747**	**13364**	**100**	**19.02**	**72.54**	**8.45**	**37.86**	**26.22**	**11.65**
龙湖区	15751	2658	11763	1329	100	16.88	74.68	8.44	33.90	22.60	11.30
金平区	23768	3517	17732	2519	100	14.80	74.60	10.60	34.04	19.84	14.20
濠江区	7855	1600	5627	628	100	20.37	71.63	8.00	39.61	28.44	11.17
潮阳区	47730	10099	33984	3647	100	21.16	71.20	7.64	40.45	29.72	10.73
潮南区	37886	8041	27211	2634	100	21.22	71.82	6.95	39.23	29.55	9.68
澄海区	23435	3933	17112	2390	100	16.78	73.02	10.20	36.95	22.98	13.97
南澳县	1767	232	1318	217	100	13.13	74.60	12.26	34.04	17.60	16.44
佛山市	**211715**	**27037**	**170301**	**14377**	**100**	**12.77**	**80.44**	**6.79**	**24.32**	**15.88**	**8.44**
禅城区	31931	4356	24810	2765	100	13.64	77.70	8.66	28.70	17.56	11.14
南海区	77089	9421	63031	4637	100	12.22	81.76	6.01	22.30	14.95	7.36
顺德区	72237	8852	58987	4398	100	12.25	81.66	6.09	22.46	15.01	7.46
三水区	18192	2472	14222	1498	100	13.59	78.18	8.23	27.91	17.38	10.53
高明区	12266	1936	9250	1080	100	15.79	75.41	8.80	32.60	20.93	11.67

3-3 续表 1

单位：人、%

地区	人口数				占总人口比重				抚养比		
	合计	0-14岁	15-64岁	65岁及以上	合计	0-14岁	15-64岁	65岁及以上	总抚养比	少儿抚养比	老年抚养比
江门市	**128771**	**18038**	**96065**	**14668**	**100**	**14.01**	**74.60**	**11.39**	**34.05**	**18.78**	**15.27**
蓬江区	20939	3169	15814	1957	100	15.13	75.52	9.34	32.41	20.04	12.37
江海区	7428	1222	5660	546	100	16.45	76.20	7.35	31.23	21.58	9.65
新会区	24606	3701	18333	2572	100	15.04	74.51	10.45	34.22	20.19	14.03
台山市	27090	3352	19901	3838	100	12.37	73.46	14.17	36.13	16.84	19.29
开平市	20150	2805	14902	2443	100	13.92	73.96	12.12	35.21	18.82	16.39
鹤山市	14315	2013	10674	1628	100	14.06	74.57	11.37	34.11	18.86	15.25
恩平市	14243	1777	10782	1685	100	12.47	75.70	11.83	32.11	16.48	15.63
湛江市	**206321**	**43650**	**142848**	**19823**	**100**	**21.16**	**69.24**	**9.61**	**44.43**	**30.56**	**13.88**
赤坎区	8964	1524	6529	911	100	17.00	72.84	10.16	37.28	23.33	13.95
霞山区	14377	2633	10468	1275	100	18.32	72.81	8.87	37.34	25.16	12.18
坡头区	9887	1814	7011	1062	100	18.35	70.91	10.74	41.02	25.88	15.14
麻章区	14446	2885	10295	1266	100	19.97	71.27	8.76	40.31	28.02	12.29
遂溪县	26159	5488	17885	2786	100	20.98	68.37	10.65	46.26	30.69	15.58
徐闻县	20549	4143	14488	1918	100	20.16	70.51	9.33	41.83	28.59	13.24
廉江市	42488	9773	28191	4524	100	23.00	66.35	10.65	50.72	34.67	16.05
雷州市	42080	9501	29102	3478	100	22.58	69.16	8.26	44.60	32.65	11.95
吴川市	27373	5889	18879	2605	100	21.52	68.97	9.52	44.99	31.20	13.80
茂名市	**173256**	**43194**	**112228**	**17834**	**100**	**24.93**	**64.78**	**10.29**	**54.38**	**38.49**	**15.89**
茂南区	24144	4741	16986	2418	100	19.63	70.35	10.01	42.14	27.91	14.23
电白区	47417	11688	31770	3959	100	24.65	67.00	8.35	49.25	36.79	12.46
高州市	38658	9349	24777	4533	100	24.18	64.09	11.72	56.03	37.73	18.29
化州市	35519	9859	21792	3868	100	27.76	61.35	10.89	62.99	45.24	17.75
信宜市	27518	7557	16903	3057	100	27.46	61.43	11.11	62.79	44.71	18.09
肇庆市	**115667**	**23037**	**81044**	**11586**	**100**	**19.92**	**70.07**	**10.02**	**42.72**	**28.43**	**14.30**
端州区	14075	2284	10344	1447	100	16.23	73.49	10.28	36.07	22.08	13.99
鼎湖区	4889	776	3597	517	100	15.86	73.57	10.57	35.92	21.56	14.36
广宁县	12448	2568	8323	1557	100	20.63	66.86	12.51	49.56	30.85	18.70
怀集县	23951	6250	15788	1913	100	26.09	65.92	7.99	51.70	39.59	12.12
封开县	11679	2596	7803	1281	100	22.22	66.81	10.97	49.68	33.27	16.42
德庆县	10026	2183	6857	987	100	21.77	68.39	9.84	46.22	31.83	14.39
高要市	22230	3832	15944	2454	100	17.24	71.73	11.04	39.42	24.03	15.39
四会市	16369	2550	12388	1431	100	15.58	75.68	8.75	32.14	20.58	11.56
惠州市	**135495**	**25816**	**100801**	**8878**	**100**	**19.05**	**74.39**	**6.55**	**34.42**	**25.61**	**8.81**
惠城区	46690	8516	35544	2630	100	18.24	76.13	5.63	31.36	23.96	7.40
惠阳区	22834	3781	17942	1111	100	16.56	78.58	4.86	27.27	21.08	6.19
博罗县	30416	5980	22162	2274	100	19.66	72.86	7.48	37.24	26.98	10.26
惠东县	26538	5508	19064	1965	100	20.76	71.84	7.41	39.20	28.89	10.31
龙门县	9018	2031	6088	899	100	22.52	67.52	9.96	48.11	33.36	14.76
梅州市	**123679**	**25068**	**83648**	**14964**	**100**	**20.27**	**67.63**	**12.10**	**47.86**	**29.97**	**17.89**
梅江区	11955	1863	8587	1505	100	15.59	71.82	12.59	39.23	21.70	17.53
梅县区	15369	2519	10935	1915	100	16.39	71.15	12.46	40.55	23.04	17.51
大埔县	10878	2116	7259	1504	100	19.45	66.73	13.82	49.87	29.15	20.72
丰顺县	13958	3014	9216	1728	100	21.60	66.02	12.38	51.46	32.71	18.75
五华县	30794	8178	19171	3445	100	26.56	62.26	11.19	60.63	42.66	17.97
平远县	6664	1168	4654	842	100	17.52	69.84	12.64	43.19	25.09	18.10
蕉岭县	5981	1025	4139	817	100	17.14	69.21	13.65	44.50	24.77	19.73
兴宁市	28079	5184	19687	3208	100	18.46	70.11	11.43	42.63	26.33	16.30

3-3 续表 2

单位：人、%

地区	人口数				占总人口比重				抚养比		
	合计	0-14岁	15-64岁	65岁及以上	合计	0-14岁	15-64岁	65岁及以上	总抚养比	少儿抚养比	老年抚养比
汕尾市	**86092**	**16730**	**62323**	**7039**	**100**	**19.43**	**72.39**	**8.18**	**38.14**	**26.84**	**11.29**
城区	14369	2504	10736	1129	100	17.43	74.72	7.85	33.84	23.32	10.51
海丰县	23301	4409	16743	2149	100	18.92	71.86	9.22	39.17	26.33	12.83
陆河县	8211	1507	5888	816	100	18.35	71.71	9.94	39.46	25.59	13.87
陆丰市	40211	8310	28955	2945	100	20.67	72.01	7.32	38.87	28.70	10.17
河源市	**87568**	**20313**	**58401**	**8855**	**100**	**23.20**	**66.69**	**10.11**	**49.94**	**34.78**	**15.16**
源城区	13802	2654	10237	911	100	19.23	74.17	6.60	34.82	25.93	8.90
紫金县	18967	4744	12226	1997	100	25.01	64.46	10.53	55.13	38.80	16.33
龙川县	20631	5243	12956	2432	100	25.41	62.80	11.79	59.24	40.47	18.77
连平县	10001	2123	6950	927	100	21.23	69.50	9.27	43.89	30.55	13.34
和平县	11109	2772	7128	1209	100	24.96	64.17	10.88	55.85	38.89	16.95
东源县	13058	2776	8902	1380	100	21.26	68.18	10.56	46.68	31.18	15.50
阳江市	**71550**	**13779**	**49663**	**8108**	**100**	**19.26**	**69.41**	**11.33**	**44.07**	**27.74**	**16.33**
江城区	20258	3123	15012	2123	100	15.41	74.11	10.48	34.94	20.80	14.14
阳西县	13280	2682	8774	1825	100	20.19	66.07	13.74	51.36	30.56	20.80
阳东县	13044	2250	9332	1462	100	17.25	71.54	11.21	39.78	24.11	15.66
阳春市	24968	5724	16545	2698	100	22.93	66.27	10.81	50.91	34.60	16.31
清远市	**109254**	**22724**	**75512**	**11018**	**100**	**20.80**	**69.12**	**10.08**	**44.68**	**30.09**	**14.59**
清城区	23988	4531	17328	2129	100	18.89	72.24	8.87	38.43	26.15	12.28
清新区	20643	4137	14524	1981	100	20.04	70.36	9.60	42.13	28.48	13.64
佛冈县	8947	1849	6262	835	100	20.67	69.99	9.33	42.87	29.53	13.34
阳山县	10508	2175	7096	1237	100	20.70	67.53	11.77	48.08	30.65	17.43
连山壮族瑶族自治县	2673	551	1828	293	100	20.63	68.41	10.96	46.18	30.16	16.02
连南瑶族自治县	3812	996	2434	383	100	26.12	63.84	10.04	56.64	40.91	15.73
英德市	27826	6068	19053	2704	100	21.81	68.47	9.72	46.04	31.85	14.19
连州市	10858	2416	6986	1456	100	22.25	64.34	13.41	55.43	34.59	20.84
东莞市	**235178**	**23954**	**202430**	**8794**	**100**	**10.19**	**86.08**	**3.74**	**16.18**	**11.83**	**4.34**
中山市	**91449**	**12801**	**73408**	**5240**	**100**	**14.00**	**80.27**	**5.73**	**24.58**	**17.44**	**7.14**
潮州市	**75234**	**12709**	**54901**	**7624**	**100**	**16.89**	**72.97**	**10.13**	**37.04**	**23.15**	**13.89**
湘桥区	16620	2506	12393	1721	100	15.08	74.57	10.36	34.11	20.22	13.89
潮安区	33798	5600	25110	3088	100	16.57	74.29	9.14	34.60	22.30	12.30
饶平县	24817	4604	17398	2815	100	18.55	70.11	11.34	42.64	26.46	16.18
揭阳市	**172632**	**34076**	**124205**	**14352**	**100**	**19.74**	**71.95**	**8.31**	**38.99**	**27.44**	**11.55**
榕城区	27863	4328	21131	2404	100	15.53	75.84	8.63	31.86	20.48	11.37
揭东区	27857	4815	20307	2735	100	17.28	72.90	9.82	37.18	23.71	13.47
揭西县	24315	4762	16933	2621	100	19.58	69.64	10.78	43.60	28.12	15.48
惠来县	32265	7683	22186	2396	100	23.81	68.76	7.43	45.43	34.63	10.80
普宁市	60332	12488	43648	4197	100	20.70	72.35	6.96	38.23	28.61	9.61
云浮市	**70105**	**16568**	**46272**	**7266**	**100**	**23.63**	**66.00**	**10.36**	**51.51**	**35.81**	**15.70**
云城区	10528	2115	7445	968	100	20.09	70.71	9.19	41.42	28.42	13.00
云安区	8012	1965	5254	793	100	24.52	65.58	9.90	52.49	37.40	15.09
新兴县	12719	2405	8820	1494	100	18.91	69.34	11.74	44.21	27.27	16.93
郁南县	11545	2710	7454	1382	100	23.47	64.56	11.97	54.89	36.35	18.54
罗定市	27301	7372	17299	2630	100	27.00	63.36	9.63	57.82	42.62	15.20

3-3a 各地区人口年龄构成和抚养比（二）（城市）

单位：人、%

地 区	人口数				占总人口比重				抚养比		
	合计	0-14岁	15-64岁	65岁及以上	合计	0-14岁	15-64岁	65岁及以上	总抚养比	少儿抚养比	老年抚养比
全省	**1606288**	**224096**	**1280048**	**102144**	**100**	**13.95**	**79.69**	**6.36**	**25.49**	**17.51**	**7.98**
广州市	**297639**	**37413**	**236881**	**23345**	**100**	**12.57**	**79.59**	**7.84**	**25.65**	**15.79**	**9.86**
荔湾区	26261	2964	20019	3278	100	11.29	76.23	12.48	31.18	14.81	16.38
越秀区	32960	3696	24900	4363	100	11.21	75.55	13.24	32.37	14.84	17.52
海珠区	45978	5430	35979	4569	100	11.81	78.25	9.94	27.79	15.09	12.70
天河区	44041	5379	35954	2708	100	12.21	81.64	6.15	22.49	14.96	7.53
白云区	47033	6062	38516	2454	100	12.89	81.89	5.22	22.11	15.74	6.37
黄埔区	13730	1874	10946	911	100	13.65	79.72	6.64	25.44	17.12	8.32
番禺区	35954	4719	29324	1911	100	13.13	81.56	5.31	22.61	16.09	6.52
花都区	16631	2426	13027	1178	100	14.59	78.33	7.08	27.66	18.62	9.04
南沙区	8165	937	6771	457	100	11.47	82.93	5.60	20.58	13.83	6.75
萝岗区	9283	1161	7812	310	100	12.51	84.16	3.34	18.83	14.86	3.96
从化区	5868	991	4460	417	100	16.89	76.01	7.10	31.57	22.22	9.35
增城区	11736	1773	9173	789	100	15.11	78.16	6.73	27.94	19.33	8.61
韶关市	**24440**	**3840**	**17828**	**2772**	**100**	**15.71**	**72.95**	**11.34**	**37.09**	**21.54**	**15.55**
武江区	6682	1079	4936	668	100	16.14	73.86	10.00	35.39	21.86	13.54
浈江区	8864	1294	6416	1154	100	14.60	72.38	13.02	38.16	20.17	17.99
曲江区	3922	560	2920	442	100	14.27	74.45	11.28	34.32	19.17	15.15
乐昌市	2185	419	1545	221	100	19.17	70.70	10.13	41.44	27.11	14.33
南雄市	2786	489	2012	286	100	17.54	72.21	10.25	38.49	24.30	14.20
深圳市	**324208**	**42484**	**272338**	**9386**	**100**	**13.10**	**84.00**	**2.90**	**19.05**	**15.60**	**3.45**
罗湖区	27797	3720	22817	1260	100	13.38	82.08	4.53	21.83	16.31	5.52
福田区	41046	5550	33200	2297	100	13.52	80.88	5.60	23.63	16.72	6.92
南山区	36789	5214	29937	1638	100	14.17	81.38	4.45	22.89	17.42	5.47
宝安区	139786	16778	120594	2414	100	12.00	86.27	1.73	15.91	13.91	2.00
龙岗区	72487	10303	60639	1545	100	14.21	83.66	2.13	19.54	16.99	2.55
盐田区	6302	919	5151	233	100	14.58	81.72	3.70	22.37	17.84	4.52
珠海市	**33858**	**5077**	**26714**	**2068**	**100**	**14.99**	**78.90**	**6.11**	**26.74**	**19.00**	**7.74**
香洲区	26542	4015	20846	1681	100	15.13	78.54	6.33	27.32	19.26	8.06
斗门区	3286	519	2543	224	100	15.80	77.38	6.83	29.24	20.41	8.83
金湾区	4031	543	3325	162	100	13.47	82.50	4.03	21.20	16.32	4.88
汕头市	**68958**	**11869**	**51058**	**6031**	**100**	**17.21**	**74.04**	**8.75**	**35.06**	**23.25**	**11.81**
龙湖区	11393	1863	8605	925	100	16.35	75.53	8.12	32.40	21.65	10.75
金平区	23244	3430	17344	2470	100	14.76	74.62	10.62	34.01	19.77	14.24
濠江区	4937	998	3552	387	100	20.21	71.95	7.84	38.98	28.08	10.90
潮阳区	9332	1825	6720	788	100	19.55	72.01	8.44	38.88	27.15	11.72
潮南区	12948	2485	9651	812	100	19.19	74.54	6.27	34.16	25.75	8.41
澄海区	7104	1269	5186	649	100	17.87	72.99	9.14	37.00	24.48	12.52

3-3a 续表 1

单位：人、%

地 区	人口数				占总人口比重				抚养比		
	合计	0-14岁	15-64岁	65岁及以上	合计	0-14岁	15-64岁	65岁及以上	总抚养比	少儿抚养比	老年抚养比
佛山市	**188345**	**24007**	**152106**	**12233**	**100**	**12.75**	**80.76**	**6.49**	**23.83**	**15.78**	**8.04**
禅城区	27241	3720	21124	2397	100	13.66	77.54	8.80	28.96	17.61	11.35
南海区	72019	8768	59100	4150	100	12.18	82.06	5.76	21.86	14.84	7.02
顺德区	71202	8723	58159	4320	100	12.25	81.68	6.07	22.43	15.00	7.43
三水区	7873	1196	6059	618	100	15.19	76.96	7.85	29.93	19.73	10.20
高明区	10010	1600	7663	748	100	15.98	76.55	7.47	30.63	20.87	9.76
江门市	**67948**	**10275**	**50735**	**6938**	**100**	**15.12**	**74.67**	**10.21**	**33.93**	**20.25**	**13.68**
蓬江区	20834	3152	15734	1948	100	15.13	75.52	9.35	32.41	20.03	12.38
江海区	7428	1222	5660	546	100	16.45	76.20	7.35	31.23	21.58	9.65
新会区	12315	2001	9152	1162	100	16.25	74.32	9.44	34.56	21.86	12.70
台山市	8976	1201	6548	1227	100	13.38	72.95	13.67	37.08	18.35	18.73
开平市	9068	1331	6714	1023	100	14.68	74.04	11.28	35.06	19.82	15.24
鹤山市	5962	922	4333	707	100	15.47	72.68	11.85	37.59	21.28	16.31
恩平市	3366	446	2594	326	100	13.26	77.07	9.68	29.76	17.20	12.56
湛江市	**42539**	**7690**	**30693**	**4157**	**100**	**18.08**	**72.15**	**9.77**	**38.60**	**25.05**	**13.54**
赤坎区	8781	1480	6406	895	100	16.85	72.96	10.20	37.07	23.09	13.97
霞山区	13618	2485	9923	1210	100	18.25	72.87	8.88	37.24	25.05	12.19
坡头区	2089	394	1423	273	100	18.86	68.09	13.06	46.87	27.70	19.17
麻章区	1304	217	940	147	100	16.65	72.10	11.25	38.70	23.10	15.60
遂溪县	597	120	385	92	100	20.08	64.49	15.43	55.05	31.13	23.92
廉江市	4755	899	3324	531	100	18.91	69.91	11.18	43.04	27.05	15.98
雷州市	5512	1058	4033	421	100	19.19	73.17	7.64	36.67	26.23	10.44
吴川市	5883	1036	4258	588	100	17.62	72.39	10.00	38.15	24.34	13.81
茂名市	**38864**	**7957**	**27146**	**3761**	**100**	**20.47**	**69.85**	**9.68**	**43.16**	**29.31**	**13.85**
茂南区	14908	2732	10574	1602	100	18.33	70.93	10.74	40.98	25.84	15.15
电白区	5752	1199	4100	454	100	20.84	71.28	7.89	40.30	29.23	11.06
高州市	5926	1088	4273	564	100	18.37	72.11	9.52	38.68	25.47	13.21
化州市	6175	1347	4279	549	100	21.82	69.30	8.88	44.31	31.49	12.82
信宜市	6103	1591	3920	592	100	26.06	64.23	9.71	55.68	40.57	15.11
肇庆市	**27235**	**4381**	**20518**	**2336**	**100**	**16.09**	**75.34**	**8.58**	**32.74**	**21.35**	**11.38**
端州区	14075	2284	10344	1447	100	16.23	73.49	10.28	36.07	22.08	13.99
鼎湖区	1567	268	1184	115	100	17.10	75.53	7.37	32.39	22.63	9.76
高要市	2098	325	1618	155	100	15.50	77.13	7.37	29.65	20.09	9.56
四会市	9495	1504	7372	619	100	15.84	77.64	6.52	28.80	20.41	8.39
惠州市	**52213**	**9196**	**40544**	**2473**	**100**	**17.61**	**77.65**	**4.74**	**28.78**	**22.68**	**6.10**
惠城区	35786	6528	27446	1812	100	18.24	76.69	5.06	30.39	23.79	6.60
惠阳区	15962	2626	12678	658	100	16.45	79.43	4.12	25.90	20.71	5.19
博罗县	465	42	420	3	100	9.07	90.25	0.68	10.80	10.05	0.75

3-3a　续表 2　　　　单位：人、%

地　区	人口数				占总人口比重				抚养比		
	合计	0-14岁	15-64岁	65岁及以上	合计	0-14岁	15-64岁	65岁及以上	总抚养比	少儿抚养比	老年抚养比
梅州市	**23181**	**3797**	**16543**	**2841**	**100**	**16.38**	**71.36**	**12.26**	**40.13**	**22.95**	**17.18**
梅江区	10638	1669	7628	1341	100	15.69	71.71	12.60	39.46	21.88	17.57
梅县区	4473	777	3176	520	100	17.37	71.00	11.63	40.84	24.46	16.38
五华县	412	119	243	49	100	28.94	59.06	12.00	69.32	49.00	20.32
兴宁市	7658	1231	5495	931	100	16.08	71.76	12.16	39.35	22.41	16.94
汕尾市	**14668**	**2477**	**11058**	**1133**	**100**	**16.89**	**75.39**	**7.73**	**32.65**	**22.40**	**10.25**
城区	9112	1503	6927	682	100	16.49	76.02	7.49	31.55	21.70	9.85
陆丰市	5556	974	4131	451	100	17.53	74.35	8.12	34.49	23.58	10.92
河源市	**13602**	**2612**	**10094**	**896**	**100**	**19.20**	**74.21**	**6.59**	**34.76**	**25.88**	**8.88**
源城区	13602	2612	10094	896	100	19.20	74.21	6.59	34.76	25.88	8.88
阳江市	**17763**	**2833**	**13171**	**1759**	**100**	**15.95**	**74.15**	**9.90**	**34.86**	**21.51**	**13.36**
江城区	12545	1845	9450	1249	100	14.71	75.33	9.96	32.75	19.53	13.22
阳春市	5218	987	3721	510	100	18.92	71.31	9.77	40.23	26.54	13.70
清远市	**26659**	**5227**	**19303**	**2129**	**100**	**19.61**	**72.41**	**7.99**	**38.11**	**27.08**	**11.03**
清城区	12998	2429	9483	1086	100	18.69	72.96	8.36	37.07	25.61	11.46
清新区	5300	1215	3829	256	100	22.92	72.26	4.82	38.40	31.72	6.67
英德市	4413	847	3226	341	100	19.18	73.10	7.72	36.79	26.24	10.55
连州市	3949	737	2765	447	100	18.66	70.02	11.32	42.82	26.65	16.17
东莞市	**205360**	**21332**	**176383**	**7644**	**100**	**10.39**	**85.89**	**3.72**	**16.43**	**12.09**	**4.33**
中山市	**56350**	**7692**	**45385**	**3272**	**100**	**13.65**	**80.54**	**5.81**	**24.16**	**16.95**	**7.21**
潮州市	**24616**	**3764**	**18565**	**2287**	**100**	**15.29**	**75.42**	**9.29**	**32.59**	**20.27**	**12.32**
湘桥区	11104	1618	8361	1124	100	14.57	75.30	10.13	32.80	19.35	13.45
潮安区	13512	2146	10204	1163	100	15.88	75.52	8.60	32.42	21.03	11.39
揭阳市	**44121**	**7220**	**33393**	**3508**	**100**	**16.36**	**75.68**	**7.95**	**32.13**	**21.62**	**10.51**
榕城区	19349	2874	14763	1711	100	14.86	76.30	8.85	31.06	19.47	11.59
揭东区	8702	1385	6588	728	100	15.92	75.71	8.37	32.08	21.02	11.06
普宁市	16071	2960	12042	1069	100	18.42	74.93	6.65	33.46	24.58	8.87
云浮市	**13719**	**2954**	**9591**	**1174**	**100**	**21.53**	**69.91**	**8.56**	**43.04**	**30.80**	**12.24**
云城区	7625	1472	5501	653	100	19.30	72.14	8.56	38.63	26.76	11.87
云安区	640	148	448	44	100	23.06	70.02	6.92	42.82	32.94	9.88
罗定市	5454	1335	3642	477	100	24.47	66.78	8.75	49.74	36.65	13.10

3-3b 各地区人口年龄构成和抚养比（二）（镇）

单位：人、%

地 区	人口数				占总人口比重				抚养比		
	合计	0-14岁	15-64岁	65岁及以上	合计	0-14岁	15-64岁	65岁及以上	总抚养比	少儿抚养比	老年抚养比
全 省	**512903**	**95280**	**373079**	**44545**	**100**	**18.58**	**72.74**	**8.68**	**37.48**	**25.54**	**11.94**
广州市	**31387**	**3901**	**25210**	**2276**	**100**	**12.43**	**80.32**	**7.25**	**24.50**	**15.47**	**9.03**
白云区	8114	969	6673	472	100	11.94	82.25	5.82	21.58	14.51	7.07
番禺区	1459	171	1174	115	100	11.70	80.45	7.85	24.30	14.55	9.76
花都区	2718	394	2114	211	100	14.48	77.76	7.76	28.60	18.62	9.98
南沙区	5349	505	4333	511	100	9.43	81.01	9.56	23.45	11.65	11.80
萝岗区	425	51	358	16	100	12.07	84.17	3.76	18.81	14.34	4.47
从化区	2113	327	1669	116	100	15.48	79.02	5.50	26.55	19.59	6.96
增城区	11209	1485	8889	835	100	13.25	79.30	7.45	26.10	16.70	9.40
韶关市	**20911**	**4158**	**14673**	**2080**	**100**	**19.88**	**70.17**	**9.95**	**42.51**	**28.34**	**14.17**
武江区	537	121	373	43	100	22.59	69.40	8.00	44.09	32.55	11.53
浈江区	775	92	538	145	100	11.86	69.47	18.68	43.95	17.07	26.88
曲江区	1224	237	858	128	100	19.36	70.16	10.48	42.53	27.60	14.93
始兴县	2359	474	1661	225	100	20.08	70.40	9.52	42.04	28.52	13.52
仁化县	2291	495	1599	196	100	21.63	69.81	8.56	43.25	30.98	12.27
翁源县	3231	640	2261	331	100	19.80	69.97	10.23	42.92	28.30	14.62
乳源瑶族自治县	2277	397	1626	253	100	17.44	71.45	11.12	39.97	24.40	15.56
新丰县	3069	548	2256	264	100	17.86	73.53	8.62	36.01	24.29	11.72
乐昌市	3619	768	2475	376	100	21.22	68.40	10.38	46.21	31.03	15.18
南雄市	1530	386	1025	119	100	25.22	66.98	7.80	49.31	37.66	11.65
珠海市	**7484**	**1090**	**5907**	**486**	**100**	**14.57**	**78.94**	**6.50**	**26.68**	**18.46**	**8.23**
香洲区	421	4	412	5	100	0.85	97.87	1.28	2.17	0.87	1.30
斗门区	3703	667	2772	264	100	18.01	74.86	7.13	33.58	24.06	9.53
金湾区	3360	420	2724	217	100	12.50	81.06	6.45	23.37	15.42	7.95
汕头市	**41601**	**8060**	**30009**	**3531**	**100**	**19.38**	**72.14**	**8.49**	**38.63**	**26.86**	**11.77**
龙湖区	1676	288	1237	151	100	17.21	73.76	9.03	35.58	23.33	12.25
濠江区	192	37	131	24	100	19.46	67.99	12.55	47.08	28.62	18.46
潮阳区	18861	3930	13573	1358	100	20.84	71.96	7.20	38.96	28.95	10.01
潮南区	9459	2037	6717	705	100	21.54	71.01	7.45	40.82	30.33	10.49
澄海区	10048	1582	7342	1125	100	15.74	73.07	11.19	36.86	21.54	15.32
南澳县	1365	186	1011	168	100	13.62	74.05	12.33	35.05	18.40	16.65
佛山市	**12654**	**1574**	**10259**	**821**	**100**	**12.44**	**81.07**	**6.49**	**23.35**	**15.34**	**8.00**
禅城区	4691	636	3687	368	100	13.57	78.60	7.84	27.23	17.26	9.97
南海区	1730	186	1438	107	100	10.72	83.09	6.19	20.36	12.91	7.45
三水区	5336	604	4470	262	100	11.32	83.76	4.92	19.38	13.51	5.87
高明区	896	148	664	84	100	16.50	74.12	9.38	34.92	22.26	12.66
江门市	**15571**	**2076**	**11772**	**1723**	**100**	**13.33**	**75.60**	**11.07**	**32.27**	**17.64**	**14.64**
新会区	3470	504	2604	362	100	14.53	75.03	10.43	33.27	19.37	13.90
台山市	3227	374	2385	468	100	11.59	73.90	14.51	35.31	15.68	19.63
开平市	2153	340	1597	215	100	15.79	74.21	10.00	34.75	21.28	13.48
鹤山市	2742	319	2233	190	100	11.64	81.44	6.92	22.79	14.29	8.50
恩平市	3979	539	2953	488	100	13.54	74.20	12.26	34.77	18.24	16.53

3-3b 续表 1 单位：人、%

地区	人口数				占总人口比重				抚养比		
	合计	0-14岁	15-64岁	65岁及以上	合计	0-14岁	15-64岁	65岁及以上	总抚养比	少儿抚养比	老年抚养比
湛江市	**41516**	**8249**	**29414**	**3854**	**100**	**19.87**	**70.85**	**9.28**	**41.15**	**28.04**	**13.10**
霞山区	152	30	114	9	100	19.46	74.66	5.88	33.94	26.06	7.88
坡头区	1823	365	1271	187	100	20.02	69.73	10.25	43.41	28.71	14.70
麻章区	4298	813	3135	349	100	18.92	72.95	8.13	37.08	25.94	11.14
遂溪县	7968	1632	5586	751	100	20.48	70.10	9.42	42.65	29.21	13.44
徐闻县	7841	1542	5555	744	100	19.66	70.85	9.49	41.14	27.75	13.39
廉江市	7787	1623	5387	777	100	20.84	69.18	9.98	44.55	30.12	14.42
雷州市	6526	1186	4817	523	100	18.18	73.80	8.02	35.49	24.63	10.87
吴川市	5121	1058	3549	514	100	20.67	69.30	10.03	44.30	29.82	14.48
茂名市	**30475**	**7254**	**20258**	**2964**	**100**	**23.80**	**66.47**	**9.72**	**50.44**	**35.81**	**14.63**
茂南区	1224	258	850	116	100	21.09	69.43	9.48	44.04	30.38	13.65
电白区	12295	2849	8390	1056	100	23.17	68.24	8.59	46.54	33.95	12.59
高州市	6913	1579	4600	735	100	22.83	66.54	10.63	50.29	34.32	15.97
化州市	5550	1333	3693	524	100	24.02	66.54	9.44	50.29	36.10	14.19
信宜市	4493	1235	2725	533	100	27.50	60.65	11.85	64.88	45.34	19.54
肇庆市	**25014**	**4719**	**17713**	**2582**	**100**	**18.86**	**70.81**	**10.32**	**41.22**	**26.64**	**14.58**
鼎湖区	1057	164	769	125	100	15.47	72.72	11.81	37.52	21.27	16.25
广宁县	4767	938	3285	544	100	19.68	68.91	11.41	45.12	28.56	16.56
怀集县	5787	1290	4032	465	100	22.29	69.67	8.03	43.53	32.00	11.53
封开县	3610	767	2441	402	100	21.25	67.62	11.13	47.89	31.42	16.46
德庆县	2658	478	1893	287	100	17.98	71.21	10.81	40.43	25.25	15.18
高要市	5530	848	4061	620	100	15.34	73.45	11.22	36.15	20.88	15.27
四会市	1605	234	1232	139	100	14.57	76.75	8.68	30.29	18.98	11.31
惠州市	**40088**	**7547**	**30121**	**2419**	**100**	**18.83**	**75.14**	**6.04**	**33.09**	**25.06**	**8.03**
惠城区	2790	311	2406	73	100	11.16	86.24	2.60	15.96	12.94	3.01
惠阳区	2293	365	1797	131	100	15.92	78.37	5.71	27.59	20.31	7.28
博罗县	16468	2950	12507	1011	100	17.91	75.95	6.14	31.67	23.58	8.08
惠东县	14901	3150	10843	909	100	21.14	72.76	6.10	37.43	29.05	8.38
龙门县	3636	771	2568	296	100	21.21	70.65	8.15	41.55	30.02	11.53
梅州市	**35921**	**7359**	**24670**	**3893**	**100**	**20.49**	**68.68**	**10.84**	**45.61**	**29.83**	**15.78**
梅江区	223	37	168	18	100	16.67	75.47	7.86	32.50	22.08	10.42
梅县区	3323	516	2372	434	100	15.53	71.40	13.07	40.06	21.75	18.31
大埔县	4895	1070	3269	556	100	21.87	66.78	11.35	49.74	32.74	16.99
丰顺县	6659	1346	4558	754	100	20.21	68.45	11.33	46.08	29.53	16.55
五华县	9814	2320	6615	879	100	23.64	67.40	8.96	48.36	35.07	13.29
平远县	3188	601	2228	359	100	18.85	69.88	11.27	43.11	26.98	16.13
蕉岭县	3057	535	2146	377	100	17.48	70.19	12.32	42.47	24.91	17.56
兴宁市	4762	934	3313	515	100	19.61	69.57	10.82	43.74	28.18	15.56
汕尾市	**32709**	**6304**	**23774**	**2630**	**100**	**19.27**	**72.69**	**8.04**	**37.58**	**26.52**	**11.06**
城区	1797	360	1301	136	100	20.02	72.41	7.58	38.11	27.64	10.47
海丰县	14605	2818	10576	1211	100	19.30	72.41	8.29	38.10	26.65	11.45
陆河县	4311	794	3103	414	100	18.41	71.98	9.61	38.92	25.57	13.35
陆丰市	11995	2333	8794	869	100	19.45	73.31	7.24	36.40	26.53	9.88

3-3b 续表 2 单位：人、%

地 区	人口数				占总人口比重				抚养比		
	合计	0-14岁	15-64岁	65岁及以上	合计	0-14岁	15-64岁	65岁及以上	总抚养比	少儿抚养比	老年抚养比
河源市	**23310**	**5257**	**16008**	**2044**	**100**	**22.55**	**68.68**	**8.77**	**45.61**	**32.84**	**12.77**
紫金县	7231	1616	4967	648	100	22.35	68.69	8.96	45.58	32.54	13.04
龙川县	6180	1460	4200	521	100	23.62	67.96	8.42	47.15	34.75	12.40
连平县	3516	747	2448	321	100	21.24	69.63	9.13	43.62	30.50	13.12
和平县	3328	785	2247	295	100	23.59	67.53	8.87	48.07	34.94	13.14
东源县	3054	649	2146	260	100	21.25	70.25	8.50	42.35	30.25	12.09
阳江市	**17950**	**3079**	**13033**	**1838**	**100**	**17.15**	**72.61**	**10.24**	**37.73**	**23.62**	**14.10**
江城区	2331	335	1732	264	100	14.37	74.31	11.32	34.57	19.34	15.23
阳西县	5069	871	3617	581	100	17.19	71.35	11.46	40.16	24.09	16.06
阳东县	6260	974	4725	561	100	15.56	75.48	8.96	32.48	20.61	11.87
阳春市	4290	899	2959	432	100	20.95	68.97	10.08	44.98	30.37	14.62
清远市	26952	5550	18916	2486	100	20.59	70.18	9.22	42.48	29.34	13.14
清城区	6425	1249	4695	482	100	19.44	73.07	7.49	36.86	26.61	10.26
清新区	3285	607	2315	363	100	18.49	70.47	11.04	41.90	26.23	15.67
佛冈县	3624	698	2625	301	100	19.25	72.44	8.31	38.05	26.58	11.48
阳山县	3787	788	2577	422	100	20.80	68.06	11.14	46.93	30.56	16.37
连山壮族瑶族自治县	969	211	649	108	100	21.83	66.99	11.18	49.27	32.58	16.69
连南瑶族自治县	1707	438	1100	169	100	25.67	64.45	9.88	55.15	39.82	15.33
英德市	6260	1343	4386	531	100	21.45	70.06	8.49	42.74	30.62	12.12
连州市	895	215	569	111	100	24.07	63.59	12.34	57.27	37.85	19.41
东莞市	**3526**	**173**	**3312**	**41**	**100**	**4.90**	**93.93**	**1.18**	**6.47**	**5.21**	**1.25**
中山市	**24235**	**3317**	**19705**	**1212**	**100**	**13.69**	**81.31**	**5.00**	**22.99**	**16.83**	**6.15**
潮州市	**23382**	**3901**	**17012**	**2469**	**100**	**16.68**	**72.76**	**10.56**	**37.44**	**22.93**	**14.51**
湘桥区	3598	554	2666	379	100	15.39	74.09	10.52	34.98	20.77	14.20
潮安区	7674	1276	5721	677	100	16.62	74.55	8.83	34.13	22.30	11.84
饶平县	12109	2071	8625	1413	100	17.10	71.23	11.67	40.40	24.01	16.38
揭阳市	**43732**	**8536**	**31467**	**3729**	**100**	**19.52**	**71.95**	**8.53**	**38.98**	**27.13**	**11.85**
榕城区	3129	563	2344	222	100	18.00	74.91	7.09	33.50	24.03	9.47
揭东区	6283	1012	4552	719	100	16.10	72.45	11.45	38.03	22.23	15.80
揭西县	7935	1429	5698	807	100	18.01	71.81	10.17	39.25	25.08	14.17
惠来县	13750	2855	9877	1018	100	20.76	71.83	7.41	39.21	28.90	10.31
普宁市	12635	2678	8996	962	100	21.19	71.20	7.61	40.46	29.76	10.69
云浮市	**14488**	**3177**	**9846**	**1465**	**100**	**21.93**	**67.96**	**10.11**	**47.14**	**32.26**	**14.88**
云城区	241	63	154	24	100	26.21	63.68	10.11	57.04	41.16	15.88
云安区	1380	306	946	128	100	22.20	68.54	9.26	45.91	32.39	13.51
新兴县	4983	854	3597	532	100	17.14	72.18	10.68	38.55	23.75	14.80
郁南县	4807	1061	3266	479	100	22.07	67.96	9.97	47.15	32.48	14.67
罗定市	3076	892	1884	301	100	28.99	61.23	9.79	63.33	47.34	15.99

3-3c 各地区人口年龄构成和抚养比（二）（乡村）

单位：人、%

地 区	人口数				占总人口比重				抚养比		
	合计	0-14岁	15-64岁	65岁及以上	合计	0-14岁	15-64岁	65岁及以上	总抚养比	少儿抚养比	老年抚养比
全 省	**971938**	**205051**	**667812**	**99075**	**100**	**21.10**	**68.71**	**10.19**	**45.54**	**30.70**	**14.84**
广州市	**55651**	**8307**	**42515**	**4830**	**100**	**14.93**	**76.39**	**8.68**	**30.90**	**19.54**	**11.36**
白云区	13332	1621	10489	1221	100	12.16	78.68	9.16	27.10	15.45	11.64
番禺区	6582	722	5375	486	100	10.96	81.66	7.38	22.46	13.43	9.03
花都区	9593	1502	7238	854	100	15.66	75.45	8.90	32.54	20.75	11.79
南沙区	5171	623	4144	405	100	12.04	80.14	7.82	24.79	15.03	9.76
萝岗区	2163	396	1610	157	100	18.30	74.45	7.25	34.32	24.58	9.74
从化区	9836	1925	7018	892	100	19.57	71.35	9.07	40.15	27.43	12.72
增城区	8975	1519	6641	816	100	16.92	73.99	9.09	35.15	22.87	12.28
韶关市	**38174**	**7833**	**26150**	**4191**	**100**	**20.52**	**68.50**	**10.98**	**45.98**	**29.95**	**16.03**
武江区	1593	349	1098	147	100	21.88	68.92	9.20	45.10	31.75	13.35
浈江区	1889	261	1386	242	100	13.80	73.37	12.83	36.30	18.82	17.49
曲江区	3812	721	2682	409	100	18.92	70.35	10.73	42.15	26.89	15.26
始兴县	3701	702	2606	393	100	18.97	70.42	10.61	42.01	26.94	15.07
仁化县	3621	821	2427	373	100	22.67	67.02	10.31	49.21	33.83	15.38
翁源县	6565	1336	4540	689	100	20.35	69.16	10.49	44.60	29.43	15.17
乳源瑶族自治县	2969	640	1994	335	100	21.56	67.18	11.27	48.86	32.09	16.77
新丰县	3017	598	2094	325	100	19.80	69.41	10.78	44.06	28.53	15.53
乐昌市	5912	1342	3913	657	100	22.70	66.18	11.12	51.10	34.30	16.80
南雄市	5094	1064	3409	621	100	20.88	66.92	12.20	49.43	31.20	18.22
珠海市	**5217**	**749**	**3929**	**540**	**100**	**14.35**	**75.31**	**10.34**	**32.79**	**19.05**	**13.74**
斗门区	5217	749	3929	540	100	14.35	75.31	10.34	32.79	19.05	13.74
汕头市	**47634**	**10152**	**33679**	**3802**	**100**	**21.31**	**70.71**	**7.98**	**41.43**	**30.14**	**11.29**
龙湖区	2681	507	1921	253	100	18.91	71.66	9.42	39.54	26.39	13.15
金平区	524	88	388	49	100	16.73	73.90	9.38	35.32	22.64	12.69
濠江区	2727	566	1944	217	100	20.74	71.30	7.96	40.25	29.09	11.16
潮阳区	19537	4345	13691	1501	100	22.24	70.08	7.68	42.70	31.74	10.96
潮南区	15480	3519	10843	1118	100	22.73	70.05	7.22	42.76	32.45	10.31
澄海区	6283	1082	4585	616	100	17.22	72.98	9.80	37.03	23.60	13.43
南澳县	402	46	307	48	100	11.47	76.49	12.04	30.73	14.99	15.74
佛山市	**10716**	**1457**	**7936**	**1323**	**100**	**13.59**	**74.06**	**12.34**	**35.02**	**18.36**	**16.67**
南海区	3339	467	2493	379	100	13.98	74.66	11.36	33.94	18.72	15.21
顺德区	1034	129	827	78	100	12.48	79.97	7.55	25.05	15.61	9.44
三水区	4983	672	3693	618	100	13.49	74.11	12.40	34.93	18.20	16.73
高明区	1359	189	923	248	100	13.89	67.90	18.22	47.28	20.45	26.83
江门市	**45251**	**5687**	**33558**	**6006**	**100**	**12.57**	**74.16**	**13.27**	**34.85**	**16.95**	**17.90**
蓬江区	105	17	80	9	100	15.98	75.52	8.51	32.42	21.15	11.26
新会区	8821	1196	6578	1048	100	13.56	74.57	11.88	34.11	18.18	15.93
台山市	14887	1776	10968	2143	100	11.93	73.67	14.40	35.74	16.20	19.54
开平市	8929	1134	6591	1204	100	12.70	73.81	13.49	35.49	17.21	18.27
鹤山市	5610	772	4107	731	100	13.75	73.21	13.03	36.59	18.79	17.80
恩平市	6898	792	5235	871	100	11.48	75.89	12.63	31.77	15.13	16.64

3-3c 续表 1 单位：人、%

地 区	人口数				占总人口比重				抚养比		
	合计	0-14岁	15-64岁	65岁及以 上	合计	0-14岁	15-64岁	65岁及以 上	总抚养比	少 儿抚养比	老 年抚养比
湛江市	**122266**	**27712**	**82742**	**11813**	**100**	**22.67**	**67.67**	**9.66**	**47.77**	**33.49**	**14.28**
赤坎区	182	44	123	16	100	24.12	67.35	8.53	48.48	35.81	12.67
霞山区	607	118	432	57	100	19.51	71.12	9.37	40.61	27.44	13.18
坡头区	5975	1055	4317	602	100	17.67	72.26	10.08	38.39	24.45	13.94
麻章区	8844	1854	6220	770	100	20.97	70.33	8.70	42.19	29.81	12.37
遂溪县	17594	3737	11914	1943	100	21.24	67.72	11.04	47.67	31.37	16.31
徐闻县	12708	2601	8933	1174	100	20.47	70.29	9.24	42.26	29.12	13.15
廉江市	29945	7251	19479	3215	100	24.21	65.05	10.74	53.73	37.22	16.51
雷州市	30042	7257	20252	2533	100	24.15	67.41	8.43	48.34	35.83	12.51
吴川市	16369	3795	11072	1503	100	23.18	67.64	9.18	47.85	34.27	13.57
茂名市	**103917**	**27983**	**64824**	**11110**	**100**	**26.93**	**62.38**	**10.69**	**60.31**	**43.17**	**17.14**
茂南区	8012	1750	5562	700	100	21.85	69.42	8.74	44.05	31.47	12.58
电白区	29370	7641	19279	2450	100	26.02	65.64	8.34	52.34	39.63	12.71
高州市	25820	6682	15904	3234	100	25.88	61.60	12.52	62.35	42.02	20.33
化州市	23794	7178	13821	2795	100	30.17	58.08	11.75	72.16	51.94	20.22
信宜市	16922	4731	10258	1932	100	27.96	60.62	11.42	64.96	46.12	18.84
肇庆市	**63418**	**13937**	**42813**	**6668**	**100**	**21.98**	**67.51**	**10.51**	**48.13**	**32.55**	**15.57**
鼎湖区	2265	344	1645	276	100	15.20	72.61	12.19	37.72	20.93	16.79
广宁县	7682	1630	5039	1013	100	21.22	65.59	13.19	52.45	32.35	20.11
怀集县	18164	4960	11756	1448	100	27.31	64.72	7.97	54.51	42.19	12.32
封开县	8069	1828	5362	879	100	22.66	66.45	10.89	50.50	34.10	16.39
德庆县	7368	1705	4964	699	100	23.14	67.37	9.49	48.43	34.34	14.09
高要市	14602	2658	10265	1679	100	18.21	70.30	11.50	42.25	25.90	16.36
四会市	5268	812	3783	673	100	15.40	71.81	12.78	39.25	21.45	17.80
惠州市	**43194**	**9073**	**30135**	**3986**	**100**	**21.00**	**69.77**	**9.23**	**43.33**	**30.11**	**13.23**
惠城区	8115	1677	5692	746	100	20.66	70.15	9.19	42.56	29.46	13.10
惠阳区	4579	791	3466	322	100	17.26	75.71	7.03	32.09	22.80	9.28
博罗县	13483	2988	9235	1260	100	22.16	68.50	9.34	45.99	32.35	13.64
惠东县	11636	2358	8221	1057	100	20.26	70.65	9.08	41.54	28.68	12.85
龙门县	5382	1260	3520	602	100	23.41	65.40	11.19	52.90	35.79	17.11
梅州市	**64578**	**13912**	**42435**	**8230**	**100**	**21.54**	**65.71**	**12.74**	**52.18**	**32.78**	**19.39**
梅江区	1094	157	790	147	100	14.35	72.19	13.46	38.52	19.88	18.65
梅县区	7573	1226	5387	960	100	16.19	71.13	12.68	40.59	22.77	17.82
大埔县	5983	1045	3990	948	100	17.47	66.68	15.85	49.97	26.20	23.77
丰顺县	7300	1668	4658	973	100	22.86	63.81	13.34	56.72	35.82	20.90
五华县	20569	5739	12313	2516	100	27.90	59.86	12.23	67.05	46.61	20.44
平远县	3476	567	2426	483	100	16.30	69.80	13.90	43.26	23.35	19.91
蕉岭县	2923	491	1993	440	100	16.78	68.17	15.05	46.68	24.61	22.07
兴宁市	15659	3019	10879	1762	100	19.28	69.47	11.25	43.94	27.75	16.19

3-3c 续表 2

单位：人、%

地区	人口数				占总人口比重				抚养比		
	合计	0-14岁	15-64岁	65岁及以上	合计	0-14岁	15-64岁	65岁及以上	总抚养比	少儿抚养比	老年抚养比
汕尾市	**38715**	**7949**	**27490**	**3276**	**100**	**20.53**	**71.01**	**8.46**	**40.83**	**28.92**	**11.92**
城区	3459	641	2508	310	100	18.54	72.50	8.96	37.94	25.57	12.37
海丰县	8696	1591	6167	938	100	18.29	70.92	10.78	41.00	25.79	15.21
陆河县	3901	713	2785	402	100	18.28	71.40	10.31	40.05	25.61	14.44
陆丰市	22660	5004	16030	1626	100	22.08	70.74	7.17	41.36	31.21	10.14
河源市	**50656**	**12444**	**32298**	**5914**	**100**	**24.57**	**63.76**	**11.67**	**56.84**	**38.53**	**18.31**
源城区	199	42	143	14	100	21.03	71.73	7.24	39.41	29.32	10.10
紫金县	11736	3128	7259	1349	100	26.65	61.85	11.49	61.67	43.09	18.58
龙川县	14451	3783	8756	1911	100	26.18	60.59	13.23	65.04	43.21	21.83
连平县	6485	1376	4502	606	100	21.23	69.43	9.35	44.03	30.57	13.46
和平县	7781	1987	4881	913	100	25.54	62.73	11.74	59.43	40.71	18.71
东源县	10004	2127	6757	1120	100	21.26	67.54	11.20	48.06	31.48	16.58
阳江市	**35838**	**7867**	**23460**	**4511**	**100**	**21.95**	**65.46**	**12.59**	**52.76**	**33.54**	**19.23**
江城区	5382	942	3830	610	100	17.51	71.16	11.33	40.53	24.60	15.92
阳西县	8211	1810	5158	1244	100	22.05	62.81	15.15	59.21	35.10	24.11
阳东县	6784	1276	4607	901	100	18.82	67.90	13.28	47.27	27.71	19.56
阳春市	15460	3838	9866	1756	100	24.83	63.81	11.36	56.71	38.91	17.80
清远市	55643	11948	37292	6403	100	21.47	67.02	11.51	49.21	32.04	17.17
清城区	4564	853	3150	561	100	18.69	69.02	12.29	44.88	27.08	17.80
清新区	12058	2315	8380	1363	100	19.20	69.50	11.30	43.89	27.63	16.27
佛冈县	5322	1152	3637	534	100	21.64	68.33	10.03	46.34	31.67	14.68
阳山县	6721	1387	4519	815	100	20.64	67.23	12.12	48.74	30.70	18.03
连山壮族瑶族自治县	1704	340	1179	185	100	19.96	69.21	10.83	44.48	28.83	15.65
连南瑶族自治县	2106	558	1334	214	100	26.48	63.34	10.17	57.87	41.81	16.06
英德市	17152	3879	11441	1832	100	22.61	66.70	10.68	49.92	33.90	16.02
连州市	6015	1464	3652	899	100	24.34	60.72	14.94	64.69	40.09	24.60
东莞市	**26293**	**2449**	**22735**	**1108**	**100**	**9.31**	**86.47**	**4.22**	**15.65**	**10.77**	**4.87**
中山市	**10864**	**1791**	**8317**	**755**	**100**	**16.49**	**76.56**	**6.95**	**30.62**	**21.54**	**9.08**
潮州市	**27236**	**5044**	**19323**	**2868**	**100**	**18.52**	**70.95**	**10.53**	**40.95**	**26.11**	**14.84**
湘桥区	1918	334	1366	218	100	17.40	71.22	11.37	40.40	24.43	15.97
潮安区	12611	2178	9184	1248	100	17.27	72.83	9.90	37.31	23.72	13.59
饶平县	12708	2532	8773	1402	100	19.93	69.04	11.03	44.85	28.86	15.98
揭阳市	**84779**	**18319**	**59345**	**7115**	**100**	**21.61**	**70.00**	**8.39**	**42.86**	**30.87**	**11.99**
榕城区	5385	890	4025	470	100	16.53	74.74	8.73	33.80	22.12	11.68
揭东区	12873	2418	9168	1287	100	18.78	71.22	10.00	40.42	26.37	14.04
揭西县	16380	3333	11234	1813	100	20.35	68.58	11.07	45.81	29.67	16.14
惠来县	18514	4828	12308	1377	100	26.08	66.48	7.44	50.42	39.23	11.19
普宁市	31626	6850	22610	2166	100	21.66	71.49	6.85	39.88	30.30	9.58
云浮市	**41898**	**10437**	**26834**	**4627**	**100**	**24.91**	**64.05**	**11.04**	**56.14**	**38.89**	**17.24**
云城区	2661	580	1790	291	100	21.80	67.27	10.93	48.65	32.41	16.24
云安区	5992	1511	3860	621	100	25.21	64.42	10.36	55.22	39.14	16.08
新兴县	7736	1551	5223	961	100	20.05	67.52	12.43	48.10	29.70	18.40
郁南县	6738	1649	4187	902	100	24.47	62.14	13.39	60.92	39.37	21.55
罗定市	18771	5146	11773	1851	100	27.41	62.72	9.86	59.43	43.71	15.73

受教育程度

4-1 全省分年龄、性别、受教育程度的6岁及以上人口

单位：人

年龄	6岁及以上人口			未上过学			小学		
	合计	男	女	小计	男	女	小计	男	女
总计	**2867668**	**1494886**	**1372782**	**104568**	**28859**	**75709**	**682815**	**320760**	**362055**
6-9岁	**149008**	**81346**	**67663**	**12937**	**6969**	**5968**	**136065**	**74375**	**61691**
6	40247	21899	18348	11007	5989	5017	29240	15909	13331
7	39235	21394	17841	1407	711	696	37827	20682	17145
8	35792	19521	16271	334	173	161	35456	19347	16109
9	33734	18532	15202	189	95	94	33542	18436	15105
10-14岁	**151957**	**84689**	**67268**	**651**	**389**	**262**	**88198**	**49120**	**39078**
10	31800	17634	14166	157	106	51	30870	17110	13759
11	31369	17369	14000	123	59	64	28746	15985	12761
12	29072	16076	12996	114	71	43	17546	9884	7663
13	28693	16263	12430	100	62	38	8136	4555	3581
14	31023	17348	13675	157	90	67	2901	1586	1314
15-19岁	**216987**	**118372**	**98615**	**516**	**316**	**200**	**2862**	**1561**	**1300**
15	34631	19467	15163	97	62	34	295	174	121
16	38813	21373	17440	90	53	37	401	213	189
17	45444	24723	20721	102	62	40	558	305	252
18	47289	25643	21646	106	62	44	731	411	320
19	50810	27166	23644	122	77	45	877	458	419
20-24岁	**281404**	**147779**	**133625**	**669**	**389**	**280**	**6296**	**3045**	**3250**
20	54133	28445	25689	123	71	52	1051	517	533
21	52263	27175	25088	124	73	51	1090	532	559
22	56897	29837	27061	148	82	65	1323	611	712
23	58800	30956	27844	139	84	55	1374	669	705
24	59311	31367	27944	134	77	57	1458	717	741
25-29岁	**326763**	**170249**	**156514**	**911**	**471**	**440**	**10674**	**4778**	**5896**
25	69615	36490	33125	172	98	74	1810	810	1000
26	65432	34316	31116	192	105	87	1894	907	987
27	62899	32435	30465	157	80	77	2019	914	1105
28	66326	34649	31677	192	91	101	2391	992	1399
29	62490	32358	30132	198	97	101	2559	1154	1404
30-34岁	**285753**	**149879**	**135873**	**928**	**432**	**496**	**13917**	**5963**	**7954**
30	58427	30434	27993	180	85	96	2456	1109	1347
31	58067	30394	27673	159	75	85	2632	1164	1468
32	56412	29748	26664	192	93	99	2762	1161	1601
33	59172	31073	28099	202	91	111	3021	1276	1745
34	53675	28231	25444	193	89	105	3046	1253	1793
35-39岁	**232919**	**123153**	**109766**	**1219**	**440**	**779**	**20258**	**8206**	**12052**
35	49872	26488	23384	245	104	141	3220	1360	1860
36	51586	27394	24192	258	92	166	3929	1584	2345
37	46231	24377	21855	247	89	158	4047	1643	2405
38	40245	21134	19111	205	76	129	4044	1631	2413
39	44985	23761	21224	264	79	185	5018	1989	3029
40-44岁	**253529**	**131279**	**122250**	**2339**	**648**	**1691**	**38574**	**14688**	**23886**
40	47113	24621	22492	352	104	248	6121	2444	3677
41	51280	26692	24588	403	124	278	6988	2727	4262
42	52814	27338	25476	471	130	341	8014	3102	4911
43	51175	26391	24784	542	141	401	8329	3075	5254
44	51147	26237	24910	572	149	423	9123	3340	5783

4-1 续表 1

单位：人

年龄	初中			普通高中			中职		
	小计	男	女	小计	男	女	小计	男	女
总计	**1127459**	**610781**	**516677**	**455169**	**264450**	**190720**	**157389**	**86545**	**70843**
6-9岁	**5**	**1**	**4**	**1**	**1**				
6									
7									
8	2	1	1						
9	3		3	1	1				
10-14岁	**61076**	**34066**	**27010**	**1502**	**799**	**703**	**529**	**315**	**214**
10	772	416	356	1	1				
11	2497	1321	1176	3	3				
12	11411	6122	5290						
13	20121	11444	8677	257	150	107	80	53	27
14	26275	14763	11512	1241	646	595	449	263	186
15-19岁	**82190**	**46325**	**35865**	**87489**	**47184**	**40305**	**24019**	**13058**	**10961**
15	24060	13678	10382	7486	3878	3608	2609	1631	978
16	15688	8807	6881	17690	9489	8201	4544	2616	1929
17	12843	7297	5545	25060	13463	11597	5512	2936	2576
18	13409	7563	5845	21687	11783	9904	5400	2810	2591
19	16192	8979	7212	15565	8570	6995	5953	3066	2887
20-24岁	**109317**	**58010**	**51307**	**58942**	**32558**	**26384**	**32572**	**17351**	**15222**
20	18873	10180	8693	12455	6838	5617	6568	3536	3032
21	19827	10679	9148	10446	5746	4700	6037	3151	2886
22	22293	11834	10459	11490	6395	5095	6605	3511	3095
23	23947	12591	11356	12112	6666	5446	6698	3595	3103
24	24377	12725	11651	12439	6912	5527	6664	3558	3106
25-29岁	**141648**	**72317**	**69331**	**67621**	**37715**	**29906**	**32644**	**17813**	**14831**
25	29285	15137	14148	14958	8320	6638	7552	4054	3499
26	27883	14373	13509	13729	7650	6080	6793	3692	3101
27	27080	13666	13414	13087	7250	5837	6316	3436	2880
28	29403	15031	14372	13631	7636	5995	6336	3530	2806
29	27998	14110	13888	12215	6860	5356	5647	3102	2545
30-34岁	**134218**	**68653**	**65565**	**53817**	**30765**	**23052**	**23391**	**12720**	**10672**
30	26590	13478	13111	11348	6417	4931	5015	2716	2298
31	27150	13860	13290	10982	6282	4700	4852	2603	2249
32	26702	13765	12937	10439	6016	4423	4547	2466	2081
33	28109	14465	13644	11007	6193	4814	4702	2605	2097
34	25667	13084	12582	10042	5858	4184	4276	2329	1947
35-39岁	**115567**	**60134**	**55433**	**40179**	**23530**	**16649**	**16985**	**9615**	**7370**
35	23920	12314	11605	9040	5240	3800	4100	2307	1793
36	24990	13030	11960	9163	5373	3789	4096	2293	1803
37	22842	11919	10923	8058	4671	3387	3523	1983	1539
38	20356	10618	9738	6663	3882	2780	2725	1566	1160
39	23459	12253	11207	7255	4363	2892	2540	1465	1074
40-44岁	**134066**	**69649**	**64417**	**39069**	**23232**	**15837**	**10238**	**5890**	**4348**
40	24604	12756	11848	7613	4423	3189	2238	1298	941
41	27260	14101	13159	8067	4763	3303	2238	1284	954
42	27785	14446	13339	8161	4826	3335	2219	1227	991
43	27022	14037	12986	7862	4738	3124	1886	1114	773
44	27395	14310	13085	7367	4481	2886	1657	967	690

4-1 续表 2

单位：人

年 龄	大学专科			大学本科			研究生		
	小计	男	女	小计	男	女	小计	男	女
总 计	**198104**	**106001**	**92103**	**131356**	**71048**	**60309**	**10808**	**6442**	**4366**
0-9岁									
6									
7									
8									
9									
10-14岁	**1**		**1**						
10	1		1						
11									
12									
13									
14	1		1						
15-19岁	**12525**	**6319**	**6207**	**7364**	**3602**	**3762**	**22**	**7**	**15**
15	68	36	32	16	8	8	1	1	
16	298	140	158	101	55	46	1		1
17	1007	487	520	360	170	190	2	1	1
18	3742	1918	1824	2206	1095	1111	8		8
19	7410	3738	3673	4681	2274	2408	9	5	5
20-24岁	**43891**	**22003**	**21888**	**28701**	**13812**	**14889**	**1017**	**612**	**405**
20	9327	4573	4754	5714	2711	3003	23	18	5
21	8726	4216	4510	5957	2745	3212	55	33	22
22	8882	4444	4438	5948	2816	3131	210	143	66
23	8562	4397	4166	5615	2751	2864	351	202	149
24	8393	4372	4021	5468	2790	2678	378	216	162
25-29岁	**43226**	**22098**	**21128**	**27684**	**13877**	**13807**	**2356**	**1180**	**1175**
25	9522	4896	4625	5828	2922	2906	488	253	235
26	9060	4669	4391	5433	2701	2733	448	221	227
27	8463	4242	4221	5307	2601	2706	470	246	223
28	8353	4291	4062	5574	2857	2717	446	221	225
29	7828	4000	3828	5542	2797	2745	503	239	265
30-34岁	**31772**	**16465**	**15307**	**25045**	**13435**	**11610**	**2665**	**1446**	**1218**
30	7039	3577	3461	5301	2789	2512	499	263	236
31	6572	3406	3166	5181	2732	2449	539	272	267
32	6205	3226	2979	5016	2728	2288	548	294	254
33	6402	3333	3069	5143	2776	2367	586	335	251
34	5554	2923	2631	4405	2411	1994	492	283	210
35-39岁	**21568**	**11584**	**9984**	**15318**	**8548**	**6771**	**1824**	**1096**	**728**
35	5072	2750	2322	3824	2142	1682	450	270	180
36	5101	2706	2396	3634	2059	1575	415	256	158
37	4206	2221	1985	2939	1640	1300	369	211	158
38	3534	1897	1637	2414	1291	1123	304	173	131
39	3654	2009	1645	2507	1416	1091	287	186	101
40-44岁	**17254**	**9789**	**7465**	**10779**	**6582**	**4197**	**1210**	**800**	**410**
40	3552	1996	1557	2360	1426	934	273	174	100
41	3779	2090	1690	2283	1426	858	262	177	85
42	3666	2082	1584	2240	1342	898	260	183	76
43	3272	1883	1389	2035	1257	777	228	147	81
44	2984	1739	1245	1862	1131	730	187	118	69

4-1 续表 3

单位：人

年 龄	6岁及以上人口			未上过学			小 学		
	合计	男	女	小计	男	女	小计	男	女
45-49岁	**244440**	**125736**	**118704**	**4139**	**1040**	**3099**	**60991**	**23958**	**37033**
45	54461	28000	26460	658	191	467	10901	4129	6772
46	49130	25226	23904	790	199	591	11721	4648	7073
47	53083	27287	25796	879	217	662	13689	5363	8326
48	42581	21911	20670	868	227	641	11669	4630	7039
49	45185	23310	21874	943	206	737	13012	5189	7823
50-54岁	**201466**	**104026**	**97440**	**5245**	**1263**	**3982**	**60707**	**23702**	**37006**
50	46863	24485	22377	1066	263	803	13904	5670	8234
51	42790	21896	20893	991	241	750	12486	4875	7611
52	47619	24868	22751	1254	331	924	14279	5592	8687
53	41028	21055	19973	1178	252	926	12657	4847	7810
54	23167	11721	11446	756	177	579	7381	2718	4663
55-59岁	**145642**	**74318**	**71324**	**6849**	**1433**	**5416**	**56268**	**22425**	**33843**
55	24226	12404	11823	920	196	724	7907	3053	4854
56	26805	13744	13061	1151	236	915	9930	4000	5931
57	32018	16309	15709	1466	306	1160	12602	5026	7576
58	33392	17127	16264	1718	361	1356	13496	5398	8098
59	29201	14733	14468	1595	333	1262	12333	4948	7384
60-64岁	**132036**	**66340**	**65696**	**9690**	**1997**	**7693**	**63734**	**27017**	**36718**
60	30533	15399	15134	1975	426	1548	13841	5687	8154
61	29140	14621	14519	1962	373	1590	13536	5630	7906
62	26420	13221	13199	1840	392	1448	12989	5456	7533
63	24843	12432	12412	2002	403	1600	12642	5531	7112
64	21099	10667	10432	1910	403	1507	10726	4714	6013
65-69岁	**87240**	**44620**	**42620**	**9834**	**2212**	**7622**	**47122**	**22157**	**24965**
65	21550	11015	10535	2020	428	1593	11257	5114	6143
66	20180	10438	9742	2102	490	1612	10884	5137	5747
67	16793	8405	8388	1972	447	1525	9199	4211	4988
68	15178	7745	7433	1886	422	1464	8387	4071	4317
69	13539	7017	6522	1853	425	1428	7394	3624	3770
70-74岁	**57911**	**29064**	**28847**	**11217**	**2667**	**8550**	**30936**	**15680**	**15256**
70	13631	7025	6606	2374	617	1758	7267	3646	3622
71	12112	6137	5974	2138	556	1581	6653	3296	3357
72	11143	5568	5575	2170	496	1674	5976	3046	2930
73	10762	5351	5411	2220	503	1717	5655	2911	2744
74	10263	4982	5281	2315	495	1820	5385	2782	2603
75-79岁	**45676**	**22120**	**23556**	**12830**	**3052**	**9778**	**22767**	**12170**	**10597**
75	10142	5115	5028	2443	557	1885	5140	2801	2338
76	8867	4316	4551	2372	586	1787	4464	2389	2075
77	9400	4573	4827	2626	617	2009	4765	2581	2185
78	8789	4177	4611	2657	637	2020	4301	2276	2025
79	8478	3939	4539	2733	655	2078	4097	2123	1974
80-84岁	**32298**	**13800**	**18498**	**12848**	**2848**	**10000**	**14681**	**7597**	**7085**
80	7914	3484	4430	2891	640	2251	3747	1948	1800
81	7027	3044	3983	2620	604	2016	3274	1671	1603
82	6788	2912	3875	2659	603	2056	3114	1592	1523
83	5744	2332	3412	2514	513	2001	2480	1284	1197
84	4825	2027	2798	2163	488	1676	2065	1103	962
85岁及以上	**22639**	**8118**	**14521**	**11748**	**2294**	**9454**	**8765**	**4319**	**4446**

4-1 续表 4

单位：人

年龄	初中			普通高中			中职		
	小计	男	女	小计	男	女	小计	男	女
45-49岁	**125169**	**67183**	**57986**	**29921**	**18652**	**11268**	**5481**	**3207**	**2273**
45	28508	14902	13607	7611	4718	2893	1640	977	663
46	25231	13483	11748	6154	3733	2422	1128	638	490
47	26907	14431	12477	6397	4016	2382	1158	691	467
48	21835	11881	9954	4807	3028	1779	775	454	321
49	22687	12487	10201	4952	3158	1793	780	448	332
50-54岁	**91252**	**50997**	**40256**	**29207**	**18451**	**10757**	**3327**	**1841**	**1486**
50	22567	12521	10046	5660	3645	2016	781	457	325
51	20252	11130	9122	5593	3499	2094	745	401	343
52	21355	12065	9290	7064	4517	2547	786	444	342
53	17640	9969	7670	6767	4215	2552	655	347	308
54	9438	5311	4127	4123	2574	1549	360	193	167
55-59岁	**52733**	**31413**	**21320**	**22385**	**14314**	**8071**	**2195**	**1229**	**966**
55	9380	5339	4041	4495	2836	1658	425	242	183
56	9884	5835	4048	4510	2837	1673	389	214	175
57	11664	6931	4733	4838	3095	1743	406	228	179
58	11863	7320	4542	4690	3018	1671	495	278	217
59	9943	5988	3955	3852	2527	1325	479	267	212
60-64岁	**39274**	**24485**	**14789**	**13545**	**9229**	**4316**	**2013**	**1099**	**915**
60	9603	5914	3690	3748	2530	1218	445	245	200
61	9123	5613	3511	3245	2199	1046	431	234	197
62	7700	4815	2885	2732	1843	889	388	205	183
63	7034	4383	2652	2084	1437	647	386	221	165
64	5813	3761	2052	1736	1220	517	363	194	170
65-69岁	**20582**	**13680**	**6903**	**5694**	**3943**	**1752**	**1670**	**967**	**703**
65	5753	3751	2002	1586	1110	476	364	213	152
66	4938	3292	1646	1338	920	418	386	206	180
67	3726	2473	1253	1085	750	335	358	208	150
68	3268	2161	1108	922	626	296	301	167	134
69	2898	2004	894	764	536	227	261	173	88
70-74岁	**10177**	**6930**	**3247**	**2854**	**1973**	**881**	**1061**	**623**	**438**
70	2719	1870	849	660	473	187	221	139	82
71	2142	1478	663	624	422	202	201	125	76
72	1915	1289	626	568	394	174	207	122	85
73	1812	1235	577	540	372	168	219	112	108
74	1590	1058	532	464	313	151	213	125	87
75-79岁	**5948**	**4023**	**1925**	**1698**	**1182**	**516**	**820**	**525**	**295**
75	1551	1055	496	448	327	121	198	129	69
76	1209	782	427	310	209	101	164	100	64
77	1163	788	375	361	254	107	172	106	66
78	1056	721	335	317	214	103	161	102	59
79	969	677	292	262	179	83	126	88	37
80-84岁	**2907**	**1994**	**913**	**832**	**618**	**214**	**344**	**225**	**119**
80	748	504	244	218	163	54	111	72	39
81	710	473	237	188	128	59	77	51	26
82	618	424	194	177	134	43	73	46	27
83	458	317	141	139	109	29	54	38	16
84	373	275	98	111	83	28	29	18	11
85岁及以上	**1327**	**922**	**405**	**413**	**304**	**108**	**99**	**66**	**33**

4-1 续表 5

单位：人

年 龄	大学专科			大学本科			研究生		
	小计	男	女	小计	男	女	小计	男	女
45-49岁	**10847**	**6525**	**4322**	**7113**	**4622**	**2491**	**779**	**549**	**230**
45	3034	1778	1256	1910	1175	735	198	132	67
46	2341	1367	974	1598	1046	552	168	114	54
47	2344	1438	906	1538	1009	529	170	124	46
48	1517	935	582	1013	691	322	97	65	32
49	1610	1005	605	1054	702	352	147	115	32
50-54岁	**7025**	**4464**	**2562**	**4104**	**2826**	**1278**	**598**	**484**	**114**
50	1695	1111	584	1037	701	336	151	118	34
51	1624	993	631	958	645	313	141	112	29
52	1679	1056	623	1039	729	310	162	134	28
53	1350	867	483	681	477	204	100	82	19
54	676	436	240	389	274	115	43	38	6
55-59岁	**3503**	**2281**	**1223**	**1502**	**1059**	**443**	**207**	**163**	**44**
55	714	465	249	336	234	102	50	39	11
56	648	418	231	267	186	81	25	19	7
57	693	465	228	307	221	86	43	38	4
58	775	501	274	311	219	92	45	32	13
59	673	433	240	282	201	82	44	36	8
60-64岁	**2695**	**1775**	**920**	**1012**	**679**	**333**	**73**	**60**	**13**
60	640	411	230	260	170	90	22	17	5
61	616	418	198	211	142	69	15	13	2
62	566	375	191	196	127	69	8	7	2
63	486	314	172	189	126	62	20	17	3
64	387	258	129	155	113	43	8	6	2
65-69岁	**1631**	**1136**	**495**	**681**	**504**	**177**	**26**	**21**	**5**
65	411	285	126	153	112	41	6	2	4
66	395	284	112	132	105	27	4	4	
67	315	211	104	131	98	34	7	7	
68	294	211	83	113	83	31	7	6	1
69	216	145	71	151	107	45	2	2	
70-74岁	**934**	**668**	**266**	**717**	**509**	**208**	**15**	**13**	**2**
70	228	164	64	160	116	44	3	2	1
71	199	146	53	150	109	41	5	5	
72	182	131	52	123	87	35	3	3	
73	176	124	52	138	92	45	3	2	1
74	149	104	45	147	104	43	1	1	
75-79岁	**769**	**547**	**222**	**834**	**616**	**218**	**8**	**4**	**4**
75	160	112	48	202	133	69	2	1	1
76	174	122	52	174	129	45			
77	149	104	45	160	121	39	3	2	1
78	142	109	34	154	118	36			
79	144	101	43	144	115	29	3	1	2
80-84岁	**330**	**247**	**83**	**348**	**266**	**82**	**6**	**4**	**2**
80	94	69	25	103	86	17	3	2	1
81	66	51	16	91	66	25			
82	81	63	18	63	48	15	1	1	
83	51	35	16	47	36	11	1	1	
84	37	29	8	44	31	13	1		1
85岁及以上	**133**	**102**	**31**	**153**	**111**	**42**	**2**	**1**	**1**

4-1a 全省分年龄、性别、受教育程度的6岁及以上人口（城市）

单位：人

年龄	6岁及以上人口			未上过学			小学		
	合计	男	女	小计	男	女	小计	男	女
总计	**1507132**	**792479**	**714653**	**31362**	**8690**	**22672**	**271881**	**128092**	**143788**
6-9岁	**63040**	**34510**	**28531**	**4536**	**2503**	**2033**	**58502**	**32006**	**26496**
6	16880	9210	7670	3960	2218	1741	12920	6992	5929
7	16598	9067	7531	411	204	207	16187	8863	7324
8	15359	8370	6990	89	48	41	15271	8322	6949
9	14203	7863	6340	77	33	44	14124	7829	6295
10-14岁	**61900**	**34637**	**27263**	**220**	**134**	**86**	**33224**	**18735**	**14490**
10	13383	7497	5885	60	41	19	12995	7279	5716
11	12912	7216	5696	45	23	22	11802	6641	5160
12	11727	6505	5221	41	24	17	5639	3262	2377
13	11366	6414	4952	26	19	7	2053	1132	921
14	12513	7005	5508	47	27	20	736	420	316
15-19岁	**98548**	**54810**	**43739**	**157**	**80**	**77**	**1012**	**639**	**374**
15	14574	8448	6126	34	16	18	79	47	32
16	16663	9501	7162	26	11	15	140	88	52
17	20557	11319	9238	25	14	11	215	135	80
18	21800	12194	9606	40	23	17	254	166	88
19	24954	13348	11606	30	15	15	324	203	121
20-24岁	**153995**	**80753**	**73242**	**209**	**127**	**82**	**2274**	**1246**	**1028**
20	27856	14432	13424	37	24	13	381	215	166
21	27574	14183	13391	37	24	14	381	205	176
22	31246	16383	14863	36	21	15	456	231	225
23	33054	17477	15577	54	34	20	506	290	216
24	34265	18278	15987	44	24	19	550	305	245
25-29岁	**200683**	**105823**	**94860**	**305**	**161**	**143**	**4624**	**2257**	**2367**
25	41559	21988	19572	52	32	20	729	369	360
26	39908	21194	18713	78	37	40	798	441	358
27	38939	20338	18601	50	23	27	864	413	451
28	41221	21828	19394	71	40	30	1042	455	587
29	39056	20475	18581	54	28	26	1191	580	611
30-34岁	**176323**	**93194**	**83129**	**333**	**155**	**177**	**6218**	**2886**	**3332**
30	36026	18955	17070	65	32	33	1068	522	546
31	35662	18802	16860	60	26	34	1166	543	623
32	34759	18397	16362	67	31	35	1243	568	676
33	36878	19494	17385	72	28	44	1371	638	733
34	32997	17545	15452	69	38	31	1369	615	754
35-39岁	**145027**	**77397**	**67630**	**527**	**195**	**333**	**9743**	**4309**	**5434**
35	30781	16397	14385	97	39	58	1445	650	794
36	32379	17368	15011	107	41	67	1905	839	1066
37	28654	15197	13457	94	35	59	1892	847	1045
38	25188	13373	11815	100	46	54	2014	889	1126
39	28024	15062	12962	129	35	94	2487	1085	1402
40-44岁	**151274**	**80425**	**70848**	**894**	**272**	**621**	**17815**	**7495**	**10320**
40	29148	15639	13509	148	50	98	3046	1370	1677
41	31194	16544	14650	151	53	98	3331	1433	1898
42	31712	16925	14787	164	50	114	3768	1635	2133
43	30096	16038	14058	218	54	165	3731	1514	2218
44	29123	15279	13844	212	65	147	3939	1544	2395

4-1a 续表 1

单位：人

年龄	初中			普通高中			中职		
	小计	男	女	小计	男	女	小计	男	女
总计	**538691**	**290421**	**248270**	**280108**	**158466**	**121642**	**107718**	**58577**	**49140**
6-9岁	**1**		**1**	**1**	**1**				
6									
7									
8									
9	1		1	1	1				
10-14岁	**27245**	**15087**	**12158**	**793**	**437**	**356**	**417**	**245**	**172**
10	327	177	150						
11	1062	549	513	3	3				
12	6046	3219	2827						
13	9095	5150	3944	141	80	61	51	32	19
14	10714	5991	4724	649	355	295	365	212	153
15-19岁	**31660**	**18332**	**13327**	**37798**	**21138**	**16660**	**14379**	**7989**	**6390**
15	8071	4704	3367	4309	2352	1957	2021	1298	724
16	4702	2737	1965	8429	4743	3686	3085	1790	1294
17	5089	2965	2124	10963	6012	4952	3342	1781	1561
18	6181	3595	2586	8276	4768	3508	2846	1510	1336
19	7617	4331	3286	5820	3263	2557	3084	1610	1474
20-24岁	**50049**	**27450**	**22599**	**30974**	**16777**	**14196**	**19526**	**10367**	**9159**
20	8810	4872	3938	5542	2970	2572	3531	1882	1649
21	8872	4918	3954	5148	2760	2388	3464	1773	1690
22	10153	5561	4592	6243	3431	2812	3989	2123	1866
23	10898	5964	4934	6852	3678	3175	4198	2268	1930
24	11316	6134	5182	7188	3938	3250	4344	2321	2023
25-29岁	**70658**	**37673**	**32985**	**43014**	**23685**	**19329**	**22495**	**12292**	**10204**
25	14234	7698	6536	9189	5016	4173	5022	2684	2338
26	13793	7429	6364	8556	4725	3831	4628	2515	2113
27	13494	7117	6378	8357	4612	3745	4485	2438	2047
28	14861	7892	6969	8927	4937	3990	4424	2483	1941
29	14276	7537	6739	7984	4395	3589	3937	2172	1765
30-34岁	**66082**	**34801**	**31280**	**35471**	**19752**	**15719**	**16717**	**8943**	**7774**
30	13218	6965	6253	7303	4053	3250	3543	1927	1616
31	13290	6989	6301	7210	4048	3162	3382	1782	1599
32	13143	6939	6204	6800	3801	2998	3253	1720	1533
33	13908	7342	6566	7448	4047	3401	3413	1863	1550
34	12522	6566	5956	6711	3802	2909	3126	1650	1476
35-39岁	**59360**	**31319**	**28041**	**28442**	**16059**	**12383**	**12553**	**6903**	**5650**
35	11928	6208	5721	6054	3393	2660	3003	1637	1366
36	12667	6722	5945	6527	3696	2831	2998	1618	1380
37	11657	6121	5536	5747	3203	2544	2592	1438	1154
38	10612	5617	4995	4826	2705	2120	2042	1135	907
39	12496	6651	5845	5289	3062	2227	1917	1074	844
40-44岁	**69778**	**36658**	**33121**	**28768**	**16402**	**12366**	**8015**	**4493**	**3522**
40	13172	6967	6205	5557	3112	2445	1728	978	750
41	14355	7436	6919	5991	3393	2599	1771	990	781
42	14486	7689	6797	6069	3456	2612	1741	930	811
43	13937	7376	6561	5791	3337	2454	1500	870	630
44	13828	7189	6639	5360	3104	2255	1274	725	550

4-1a 续表 2

单位：人

年 龄	大学专科			大学本科			研究生		
	小计	男	女	小计	男	女	小计	男	女
总 计	**153929**	**80993**	**72936**	**113035**	**61038**	**51997**	**10409**	**6201**	**4208**
6-9岁									
6									
7									
8									
9									
10-14岁	**1**		**1**						
10	1		1						
11									
12									
13									
14	1		1						
15-19岁	**7732**	**3808**	**3923**	**5793**	**2816**	**2977**	**18**	**7**	**11**
15	48	26	22	11	4	7	1	1	
16	203	86	117	78	45	34			
17	641	277	364	278	134	145	2	1	1
18	2440	1257	1182	1757	875	882	6		6
19	4400	2162	2239	3669	1759	1910	8	5	4
20-24岁	**28342**	**13839**	**14503**	**21700**	**10391**	**11309**	**921**	**555**	**366**
20	5300	2445	2855	4232	2008	2224	21	16	5
21	5193	2433	2760	4429	2038	2391	50	31	19
22	5778	2815	2963	4397	2067	2331	194	134	60
23	5937	2969	2968	4294	2092	2202	315	182	133
24	6135	3177	2957	4348	2187	2161	341	192	150
25-29岁	**33830**	**16985**	**16845**	**23553**	**11675**	**11878**	**2205**	**1095**	**1110**
25	7101	3576	3525	4787	2387	2400	444	226	218
26	7075	3596	3479	4561	2244	2317	418	206	213
27	6671	3301	3370	4577	2204	2372	442	230	212
28	6682	3386	3296	4796	2429	2367	420	207	213
29	6300	3126	3174	4832	2410	2422	481	227	254
30-34岁	**26463**	**13363**	**13100**	**22449**	**11889**	**10560**	**2590**	**1403**	**1187**
30	5726	2817	2909	4622	2383	2239	481	256	225
31	5441	2768	2672	4590	2382	2208	524	264	260
32	5188	2611	2577	4529	2441	2088	536	286	250
33	5410	2757	2653	4684	2493	2190	572	325	247
34	4697	2410	2287	4025	2191	1835	477	273	204
35-39岁	**18467**	**9715**	**8752**	**14124**	**7810**	**6314**	**1811**	**1087**	**724**
35	4287	2260	2027	3522	1943	1579	445	266	179
36	4409	2307	2102	3354	1892	1462	411	254	157
37	3607	1854	1754	2698	1489	1209	367	210	157
38	3051	1613	1438	2239	1196	1044	304	173	131
39	3112	1681	1430	2311	1290	1020	284	184	99
40-44岁	**14865**	**8277**	**6589**	**9944**	**6039**	**3905**	**1195**	**790**	**405**
40	3050	1679	1372	2178	1313	865	268	170	98
41	3255	1766	1489	2082	1300	782	257	173	84
42	3145	1750	1395	2082	1234	848	259	182	76
43	2813	1593	1220	1879	1148	731	226	147	80
44	2602	1489	1113	1724	1044	679	185	118	67

4-1a 续表 3

单位：人

年 龄	6岁及以上人口			未上过学			小 学		
	合计	男	女	小计	男	女	小计	男	女
45-49岁	**130353**	**68588**	**61765**	**1526**	**430**	**1096**	**25779**	**10940**	**14839**
45	30491	16112	14379	238	73	164	4637	1935	2702
46	27184	14361	12823	315	94	221	5155	2252	2903
47	28382	14947	13435	321	92	229	5891	2451	3440
48	21613	11291	10322	332	101	230	4759	2022	2737
49	22683	11877	10806	321	69	252	5336	2279	3057
50-54岁	**98127**	**51479**	**46648**	**1745**	**497**	**1249**	**22596**	**9416**	**13180**
50	23162	12336	10826	363	96	267	5449	2362	3087
51	21203	11089	10115	339	104	234	4769	1993	2776
52	23401	12309	11092	453	135	317	5288	2198	3090
53	19611	10228	9383	355	91	264	4591	1868	2722
54	10749	5517	5233	236	70	166	2499	995	1504
55-59岁	**66314**	**33473**	**32841**	**2164**	**448**	**1716**	**19745**	**7940**	**11805**
55	11765	6084	5681	286	71	215	2840	1128	1713
56	12097	6066	6031	346	68	278	3402	1375	2027
57	14388	7260	7128	452	91	361	4411	1775	2637
58	14860	7533	7327	560	108	452	4677	1863	2815
59	13203	6530	6673	519	109	410	4414	1800	2614
60-64岁	**59404**	**29030**	**30374**	**2971**	**631**	**2340**	**23859**	**9675**	**14185**
60	13771	6757	7015	615	146	469	5178	2024	3154
61	13178	6427	6751	601	115	486	5038	2021	3017
62	11812	5721	6091	597	127	470	4772	1930	2842
63	11138	5449	5689	602	128	474	4772	1997	2775
64	9504	4676	4828	555	113	441	4099	1702	2398
65-69岁	**39408**	**19449**	**19959**	**2805**	**565**	**2241**	**18393**	**7878**	**10515**
65	9685	4801	4884	572	108	464	4338	1841	2497
66	9361	4612	4749	632	130	502	4369	1856	2513
67	7588	3664	3925	579	106	473	3613	1516	2097
68	6815	3370	3445	503	112	391	3301	1455	1846
69	5958	3002	2956	519	109	410	2773	1210	1563
70-74岁	**23586**	**11434**	**12152**	**2825**	**571**	**2254**	**10886**	**4791**	**6095**
70	5658	2783	2875	608	135	473	2620	1116	1505
71	5121	2543	2578	543	136	407	2431	1058	1373
72	4495	2161	2334	525	94	431	2102	941	1161
73	4313	2063	2249	551	89	462	1969	899	1070
74	3999	1883	2116	598	118	480	1764	778	986
75-79岁	**18520**	**8962**	**9558**	**3282**	**664**	**2619**	**8330**	**3930**	**4400**
75	4132	2078	2054	646	125	521	1808	905	902
76	3648	1753	1895	621	135	486	1611	760	851
77	3819	1836	1983	655	121	534	1791	842	949
78	3550	1688	1862	693	143	550	1591	736	854
79	3370	1607	1763	668	139	529	1529	686	843
80-84岁	**12278**	**5394**	**6884**	**3431**	**642**	**2789**	**5422**	**2461**	**2961**
80	3040	1345	1694	753	132	622	1381	602	778
81	2779	1196	1582	728	146	582	1249	543	707
82	2602	1167	1435	727	145	581	1136	522	614
83	2059	881	1178	663	112	552	853	398	455
84	1799	805	994	560	107	453	803	396	407
85岁及以上	**8352**	**3122**	**5230**	**3433**	**616**	**2817**	**3456**	**1488**	**1969**

4-1a 续表 4 单位：人

年 龄	初中			普通高中			中职		
	小计	男	女	小计	男	女	小计	男	女
45-49岁	**60312**	**31797**	**28515**	**21770**	**12769**	**9002**	**4311**	**2429**	**1882**
45	14144	7348	6796	5574	3288	2286	1321	765	556
46	12533	6653	5880	4610	2635	1976	895	493	402
47	13021	6910	6111	4656	2754	1902	885	502	383
48	10135	5320	4814	3464	2040	1424	603	335	268
49	10479	5565	4914	3466	2051	1414	606	334	272
50-54岁	**40258**	**21485**	**18772**	**20384**	**11831**	**8553**	**2647**	**1391**	**1257**
50	10145	5444	4701	4057	2409	1649	597	338	259
51	9079	4810	4270	3972	2328	1644	606	313	293
52	9552	5070	4482	4893	2871	2022	632	336	295
53	7554	4090	3464	4671	2663	2008	526	261	265
54	3927	2072	1855	2791	1561	1230	286	142	144
55-59岁	**22727**	**12423**	**10305**	**15280**	**8715**	**6566**	**1717**	**889**	**829**
55	4103	2207	1896	3187	1835	1352	347	181	166
56	4156	2224	1932	3054	1710	1344	307	157	150
57	5014	2750	2263	3268	1849	1419	322	173	149
58	5051	2921	2130	3179	1789	1390	361	185	176
59	4404	2320	2084	2593	1532	1060	380	193	188
60-64岁	**18422**	**10134**	**8288**	**9072**	**5552**	**3521**	**1652**	**823**	**829**
60	4312	2386	1926	2482	1488	995	353	184	169
61	4251	2288	1963	2179	1331	848	349	169	180
62	3575	1947	1628	1838	1111	727	320	150	171
63	3442	1899	1543	1387	869	517	315	162	153
64	2842	1614	1228	1187	753	434	314	158	157
65-69岁	**10699**	**6285**	**4415**	**3994**	**2500**	**1495**	**1376**	**736**	**641**
65	2932	1694	1238	1033	645	388	292	159	133
66	2595	1532	1063	955	589	365	330	160	171
67	1915	1113	803	771	482	289	288	154	133
68	1731	1005	726	647	399	248	255	131	124
69	1526	941	585	590	385	205	211	131	79
70-74岁	**5410**	**3224**	**2186**	**2084**	**1336**	**748**	**855**	**441**	**415**
70	1421	864	558	479	321	158	170	93	77
71	1204	739	465	468	293	175	155	85	70
72	1000	579	421	413	259	154	170	89	81
73	927	543	384	389	250	138	186	84	103
74	857	500	358	336	213	123	174	90	84
75-79岁	**3409**	**2043**	**1366**	**1291**	**829**	**462**	**686**	**410**	**276**
75	854	506	347	325	219	106	156	93	63
76	713	403	310	237	146	91	138	78	60
77	657	394	263	274	180	95	145	83	62
78	599	364	235	246	148	98	142	86	56
79	586	375	211	209	137	73	105	69	35
80-84岁	**1838**	**1175**	**664**	**646**	**453**	**193**	**292**	**179**	**113**
80	452	286	167	171	123	48	91	53	39
81	450	273	177	139	88	51	67	41	26
82	396	255	141	138	98	41	65	39	26
83	286	184	101	116	88	28	46	30	15
84	254	177	77	82	56	26	23	15	8
85岁及以上	**783**	**536**	**247**	**325**	**232**	**93**	**80**	**50**	**30**

4-1a 续表 5

单位：人

年龄	大学专科			大学本科			研究生		
	小计	男	女	小计	男	女	小计	男	女
45-49岁	**9326**	**5473**	**3852**	**6572**	**4216**	**2356**	**757**	**533**	**224**
45	2635	1502	1132	1746	1070	677	196	130	66
46	2034	1172	862	1479	948	531	163	114	49
47	2017	1201	816	1425	917	508	165	119	46
48	1286	777	509	942	633	308	93	61	32
49	1355	821	533	979	647	331	141	109	32
50-54岁	**6061**	**3759**	**2302**	**3853**	**2630**	**1223**	**584**	**471**	**113**
50	1451	938	512	952	635	316	148	115	34
51	1411	842	570	890	590	300	136	108	28
52	1433	874	559	995	696	299	157	129	28
53	1172	727	444	644	446	197	99	81	18
54	594	378	216	373	262	111	43	38	6
55-59岁	**3048**	**1903**	**1145**	**1431**	**999**	**432**	**202**	**158**	**44**
55	633	402	231	319	222	97	50	39	11
56	557	342	215	251	172	80	25	18	7
57	587	377	210	292	208	84	42	37	4
58	690	430	260	299	208	91	42	29	13
59	580	352	228	269	189	80	44	35	8
60-64岁	**2387**	**1513**	**874**	**969**	**644**	**325**	**72**	**59**	**13**
60	563	351	212	247	161	87	21	16	5
61	542	354	188	203	135	68	15	13	2
62	514	329	185	187	121	66	8	7	2
63	419	257	163	181	119	61	20	17	3
64	348	222	126	151	108	43	8	6	2
65-69岁	**1467**	**994**	**473**	**647**	**472**	**175**	**26**	**21**	**5**
65	366	246	120	146	105	41	6	2	4
66	352	244	108	124	97	27	4	4	
67	288	193	96	127	94	34	7	7	
68	267	187	80	106	76	30	6	6	1
69	194	124	70	144	100	44	2	2	
70-74岁	**823**	**571**	**252**	**688**	**486**	**203**	**14**	**13**	**1**
70	201	140	61	156	113	43	3	2	1
71	171	121	49	145	106	38	5	5	
72	168	117	50	115	80	35	3	3	
73	155	108	48	133	88	44	2	2	
74	128	85	44	141	99	42	1	1	
75-79岁	**696**	**482**	**214**	**818**	**601**	**218**	**8**	**4**	**4**
75	144	99	46	199	130	69	2	1	1
76	156	103	52	172	127	45			
77	138	98	41	156	117	39	3	2	1
78	128	95	34	151	115	36			
79	129	88	41	141	112	29	3	1	2
80-84岁	**301**	**219**	**82**	**344**	**263**	**81**	**5**	**4**	**1**
80	88	64	24	101	84	17	2	2	
81	56	41	16	89	65	24			
82	77	59	18	63	48	15	1	1	
83	48	32	16	47	36	11	1	1	
84	32	24	8	44	31	13	1		1
85岁及以上	**122**	**91**	**31**	**150**	**108**	**42**	**2**	**1**	**1**

4-1b 全省分年龄、性别、受教育程度的6岁及以上人口（镇）

单位：人

年 龄	6岁及以上人口			未上过学			小 学		
	合计	男	女	小计	男	女	小计	男	女
总 计	**473702**	**245330**	**228372**	**21830**	**5938**	**15892**	**126444**	**58512**	**67932**
6-9岁	**27534**	**15068**	**12466**	**2699**	**1428**	**1271**	**24834**	**13640**	**11194**
6	7370	4016	3354	2230	1188	1042	5140	2828	2312
7	7242	3932	3310	339	175	164	6903	3757	3146
8	6613	3658	2955	93	43	50	6520	3615	2905
9	6308	3461	2847	37	22	15	6270	3439	2831
10-14岁	**28544**	**15784**	**12760**	**146**	**86**	**60**	**17240**	**9527**	**7713**
10	5975	3298	2677	28	20	8	5806	3208	2598
11	5820	3210	2609	30	13	17	5365	2971	2394
12	5488	2945	2543	29	19	10	3642	2001	1641
13	5379	3021	2358	20	11	9	1782	998	784
14	5882	3309	2573	39	23	16	644	349	295
15-19岁	**40236**	**21355**	**18881**	**89**	**62**	**27**	**447**	**234**	**213**
15	6308	3475	2832	20	14	6	56	36	20
16	7488	3860	3628	13	8	4	62	31	32
17	8706	4545	4161	19	13	6	88	47	41
18	8857	4703	4154	18	12	6	124	66	57
19	8877	4771	4106	19	15	5	117	54	62
20-24岁	**44705**	**23800**	**20905**	**100**	**48**	**52**	**1011**	**447**	**565**
20	9110	5091	4019	23	9	14	147	72	75
21	8552	4542	4010	20	7	14	193	78	115
22	9077	4748	4329	23	13	11	225	98	127
23	9100	4791	4309	14	8	6	223	99	124
24	8866	4628	4238	19	11	8	224	101	123
25-29岁	**47265**	**24413**	**22852**	**159**	**75**	**85**	**1739**	**775**	**964**
25	10389	5418	4971	28	17	11	295	123	172
26	9463	4943	4521	29	15	14	317	136	181
27	9064	4609	4455	30	13	17	348	164	184
28	9444	4847	4598	42	17	25	405	179	226
29	8905	4596	4308	30	13	17	373	173	200
30-34岁	**41703**	**21729**	**19974**	**172**	**80**	**93**	**2331**	**929**	**1402**
30	8632	4478	4155	30	18	12	418	162	257
31	8455	4383	4072	33	12	21	441	180	261
32	8226	4287	3939	31	15	17	473	180	293
33	8616	4536	4079	44	21	23	503	210	293
34	7774	4045	3730	34	14	20	496	197	299
35-39岁	**33927**	**17729**	**16198**	**200**	**65**	**135**	**3368**	**1309**	**2059**
35	7295	3805	3491	41	18	23	544	220	324
36	7477	3940	3537	43	15	28	670	262	408
37	6758	3515	3243	40	13	26	698	283	415
38	5715	2980	2735	29	6	23	632	238	394
39	6682	3490	3193	46	12	34	823	306	517
40-44岁	**38925**	**19880**	**19045**	**437**	**124**	**313**	**6633**	**2355**	**4277**
40	7008	3611	3397	51	17	35	1006	372	634
41	7666	3958	3709	69	21	48	1174	414	760
42	7990	4088	3902	86	25	61	1362	480	882
43	8047	4086	3961	114	30	84	1471	529	942
44	8214	4137	4077	117	32	85	1619	560	1059

4-1b 续表 1

单位：人

年龄	初中			普通高中			中职		
	小计	男	女	小计	男	女	小计	男	女
总计	**196315**	**105307**	**91008**	**74430**	**44321**	**30109**	**21206**	**12049**	**9157**
6-9岁	**2**		**2**						
6									
7									
8	1		1						
9	1		1						
10-14岁	**10862**	**6014**	**4848**	**258**	**133**	**125**	**37**	**23**	**13**
10	141	70	71	1	1				
11	424	226	198						
12	1816	925	891						
13	3531	1981	1550	33	22	10	12	9	4
14	4950	2812	2138	225	110	115	24	14	10
15-19岁	**14833**	**8232**	**6602**	**18911**	**9562**	**9349**	**3228**	**1749**	**1479**
15	4805	2719	2085	1245	605	640	171	96	76
16	3138	1761	1377	3766	1772	1993	451	251	199
17	2264	1272	992	5426	2722	2704	713	381	331
18	2101	1168	933	4997	2574	2423	890	495	395
19	2526	1311	1215	3478	1889	1589	1004	526	477
20-24岁	**17940**	**9323**	**8618**	**10780**	**6073**	**4707**	**4884**	**2676**	**2207**
20	2984	1624	1360	2497	1421	1076	1107	621	487
21	3197	1703	1494	2024	1148	876	940	528	412
22	3741	1952	1788	2069	1146	923	973	509	464
23	4046	2077	1969	2098	1180	919	936	508	428
24	3973	1966	2007	2092	1178	914	927	511	417
25-29岁	**23453**	**11476**	**11978**	**10603**	**6007**	**4596**	**4235**	**2246**	**1989**
25	4859	2419	2440	2480	1417	1063	991	508	482
26	4566	2282	2284	2172	1234	938	903	477	426
27	4540	2169	2371	2058	1133	925	769	416	353
28	4852	2353	2499	2011	1150	862	835	458	377
29	4636	2253	2383	1881	1072	809	737	386	351
30-34岁	**23297**	**11472**	**11825**	**8284**	**4923**	**3361**	**3003**	**1680**	**1323**
30	4634	2271	2362	1846	1081	765	641	349	291
31	4634	2276	2358	1697	976	721	646	367	279
32	4694	2299	2395	1587	958	630	573	325	248
33	4912	2439	2473	1662	1022	640	595	323	271
34	4422	2186	2236	1491	885	606	549	316	233
35-39岁	**19600**	**9853**	**9746**	**5486**	**3408**	**2078**	**2298**	**1356**	**943**
35	4114	2014	2100	1375	823	551	526	312	214
36	4321	2189	2132	1210	757	453	559	334	224
37	3869	1932	1938	1086	680	406	480	261	219
38	3336	1710	1626	873	536	336	380	231	149
39	3960	2009	1951	942	611	331	353	217	136
40-44岁	**22934**	**11767**	**11167**	**5179**	**3332**	**1847**	**1289**	**787**	**503**
40	4138	2098	2039	1009	635	374	304	183	121
41	4550	2358	2192	1054	674	380	268	155	113
42	4690	2413	2276	1057	675	382	274	169	105
43	4725	2413	2312	1048	689	359	220	135	85
44	4832	2485	2348	1011	659	352	224	145	79

4-1b 续表 2

单位：人

年龄	大学专科			大学本科			研究生		
	小计	男	女	小计	男	女	小计	男	女
总计	**22648**	**13348**	**9300**	**10594**	**5710**	**4883**	**235**	**145**	**90**
6-9岁									
6									
7									
8									
9									
10-14岁									
10									
11									
12									
13									
14									
15-19岁	**2010**	**1152**	**859**	**716**	**364**	**352**	**1**		**1**
15	9	4	5	2	2				
16	49	32	18	10	4	5			
17	158	92	65	38	16	22			
18	527	282	245	200	106	94	1		1
19	1267	742	526	466	234	231			
20-24岁	**6500**	**3646**	**2854**	**3440**	**1556**	**1884**	**49**	**31**	**18**
20	1657	1034	623	695	310	386			
21	1374	761	613	802	316	485	3	1	2
22	1278	677	601	761	347	414	7	6	1
23	1134	617	517	631	294	337	19	10	9
24	1059	557	501	552	290	262	20	14	6
25-29岁	**4650**	**2583**	**2067**	**2337**	**1202**	**1135**	**89**	**49**	**40**
25	1175	650	525	538	271	267	23	12	10
26	961	543	418	494	245	250	20	10	10
27	886	480	405	415	222	193	18	11	6
28	823	445	378	460	237	223	16	8	7
29	805	465	340	430	228	202	13	7	6
30-34岁	**2888**	**1646**	**1242**	**1682**	**974**	**708**	**46**	**25**	**21**
30	670	376	293	383	217	166	11	2	8
31	617	344	273	376	221	154	12	6	6
32	539	321	218	320	184	135	9	5	3
33	554	315	239	337	198	139	7	6	1
34	508	290	218	266	153	114	7	5	2
35-39岁	**2062**	**1191**	**871**	**905**	**540**	**365**	**8**	**6**	**2**
35	489	292	197	203	122	81	3	2	1
36	452	251	201	221	131	89	1	1	
37	407	235	171	176	109	67	2	2	1
38	324	184	141	140	74	66			
39	390	229	161	165	104	61	2	2	1
40-44岁	**1760**	**1075**	**685**	**680**	**432**	**248**	**13**	**8**	**5**
40	356	213	143	140	89	51	4	3	1
41	389	237	152	158	95	63	5	4	1
42	387	238	149	134	89	45			
43	340	205	135	127	84	42	1	1	1
44	288	182	106	120	74	46	3	1	2

4-1b 续表 3

单位：人

年 龄	6岁及以上人口			未上过学			小 学		
	合计	男	女	小计	男	女	小计	男	女
45-49岁	**40355**	**20525**	**19830**	**831**	**205**	**626**	**10938**	**4054**	**6884**
45	8720	4445	4275	138	38	100	1981	685	1296
46	7866	3950	3916	146	31	114	2079	764	1315
47	8823	4496	4327	191	49	141	2372	901	1472
48	7115	3637	3478	169	42	127	2137	834	1304
49	7832	3997	3835	187	44	144	2368	871	1497
50-54岁	**35369**	**17946**	**17422**	**1134**	**251**	**883**	**11490**	**4203**	**7287**
50	8255	4263	3993	220	51	169	2605	1041	1564
51	7475	3753	3722	211	46	165	2330	847	1483
52	8334	4321	4013	257	68	189	2694	1013	1680
53	7181	3591	3589	264	49	215	2427	846	1581
54	4123	2019	2105	181	36	145	1434	456	978
55-59岁	**26446**	**13401**	**13045**	**1514**	**308**	**1205**	**11084**	**4203**	**6881**
55	4196	2096	2100	190	39	151	1550	578	972
56	4975	2540	2435	253	59	194	2009	746	1263
57	5948	3028	2920	355	71	284	2505	965	1540
58	6023	3084	2938	369	80	289	2626	1018	1608
59	5304	2651	2652	346	59	287	2395	897	1498
60-64岁	**24149**	**12171**	**11978**	**2183**	**450**	**1733**	**12293**	**5119**	**7174**
60	5597	2847	2750	461	95	366	2632	1080	1552
61	5353	2734	2619	452	88	364	2591	1080	1511
62	4812	2397	2415	408	91	316	2535	1038	1497
63	4565	2257	2308	437	76	360	2505	1052	1453
64	3822	1936	1886	426	100	326	2030	869	1161
65-69岁	**15701**	**8218**	**7483**	**2108**	**475**	**1633**	**8841**	**4240**	**4601**
65	3955	2065	1890	450	90	360	2140	998	1142
66	3616	1871	1745	452	97	354	2087	991	1096
67	2969	1566	1403	405	108	297	1690	803	887
68	2728	1427	1301	404	93	311	1550	754	796
69	2432	1290	1143	397	87	310	1374	694	680
70-74岁	**10539**	**5379**	**5161**	**2387**	**587**	**1800**	**5773**	**2975**	**2798**
70	2568	1357	1211	520	142	378	1381	707	674
71	2183	1101	1082	456	127	329	1243	600	643
72	2028	1049	979	485	109	376	1094	592	501
73	1877	943	934	417	100	317	1048	535	513
74	1882	928	955	509	109	400	1007	540	467
75-79岁	**8326**	**4029**	**4297**	**2750**	**681**	**2069**	**4247**	**2304**	**1943**
75	1862	924	937	558	128	431	937	510	427
76	1594	763	832	497	120	377	845	452	393
77	1711	849	862	579	164	415	870	480	390
78	1605	783	822	535	130	405	840	469	371
79	1554	710	844	580	140	441	756	394	362
80-84岁	**5836**	**2458**	**3378**	**2610**	**579**	**2031**	**2621**	**1396**	**1225**
80	1400	614	787	591	130	461	654	362	292
81	1246	540	706	524	118	407	567	301	266
82	1271	514	756	577	129	448	563	282	281
83	1033	427	606	482	105	377	454	242	212
84	886	362	523	436	98	338	383	209	174
85岁及以上	**4142**	**1446**	**2696**	**2311**	**434**	**1877**	**1553**	**800**	**753**

4-1b 续表 4

单位：人

年龄	初中			普通高中			中职		
	小计	男	女	小计	男	女	小计	男	女
45-49岁	**22099**	**11850**	**10249**	**4138**	**2838**	**1301**	**721**	**451**	**270**
45	4918	2609	2310	1058	715	343	200	128	73
46	4411	2334	2077	771	528	243	127	70	57
47	4839	2557	2282	897	619	278	172	109	63
48	3807	2065	1742	652	453	200	106	69	37
49	4124	2285	1838	760	523	237	116	75	41
50-54岁	**17148**	**9547**	**7601**	**4192**	**2967**	**1225**	**447**	**280**	**166**
50	4267	2349	1918	789	573	216	106	64	42
51	3798	2079	1718	807	553	255	99	59	39
52	3998	2238	1760	1055	766	289	109	71	38
53	3303	1865	1438	936	645	291	84	57	27
54	1783	1016	767	605	430	175	49	29	20
55-59岁	**9984**	**6020**	**3964**	**3103**	**2286**	**817**	**336**	**231**	**105**
55	1766	997	769	558	385	174	54	38	15
56	1920	1162	759	645	463	182	57	38	19
57	2229	1344	885	699	529	171	62	39	23
58	2190	1346	843	668	515	153	95	62	33
59	1880	1171	709	532	394	138	68	54	13
60-64岁	**7242**	**4706**	**2537**	**1926**	**1506**	**420**	**242**	**169**	**72**
60	1820	1150	671	553	438	115	59	31	28
61	1722	1104	618	476	370	106	52	39	13
62	1411	914	497	370	281	89	46	37	9
63	1216	805	410	307	239	69	45	36	9
64	1074	733	341	220	178	41	41	27	13
65-69岁	**3612**	**2569**	**1042**	**797**	**656**	**141**	**190**	**143**	**48**
65	1030	710	321	259	207	52	39	27	12
66	817	564	253	179	148	31	41	33	8
67	671	492	179	136	115	22	42	31	11
68	579	421	158	136	112	24	30	22	9
69	514	383	131	86	74	12	38	30	7
70-74岁	**1719**	**1279**	**440**	**400**	**314**	**86**	**148**	**130**	**18**
70	503	370	133	98	80	18	39	36	4
71	340	257	83	83	66	16	35	29	6
72	332	249	83	76	62	14	24	21	3
73	288	213	75	79	59	20	24	20	4
74	256	191	66	65	47	17	25	23	2
75-79岁	**947**	**719**	**228**	**215**	**180**	**36**	**96**	**83**	**13**
75	264	200	64	59	50	10	30	27	3
76	175	125	50	44	36	8	18	15	3
77	183	142	42	44	37	7	20	17	3
78	171	130	40	35	30	5	13	12	1
79	154	122	32	33	27	6	14	12	2
80-84岁	**429**	**327**	**103**	**109**	**95**	**14**	**41**	**36**	**4**
80	104	78	26	29	23	6	14	14	
81	110	82	28	27	23	4	8	8	1
82	97	72	26	23	22	1	8	7	1
83	74	60	14	13	12	2	6	5	1
84	44	35	9	16	15	1	4	2	1
85岁及以上	**211**	**154**	**57**	**47**	**41**	**6**	**11**	**8**	**3**

4-1b 续表 5

单位：人

年 龄	大学专科			大学本科			研究生		
	小计	男	女	小计	男	女	小计	男	女
45-49岁	**1155**	**778**	**377**	**458**	**336**	**122**	**13**	**12**	**1**
45	290	190	100	131	79	52	2	1	1
46	230	140	89	102	82	20			
47	255	182	73	94	76	18	2	2	
48	176	119	57	63	51	12	4	4	
49	205	146	58	67	48	19	5	5	
50-54岁	**735**	**522**	**213**	**212**	**168**	**45**	**10**	**9**	**1**
50	191	125	66	75	57	18	3	3	
51	168	117	50	58	47	10	5	4	
52	183	134	49	37	29	8	1	1	
53	136	104	32	30	25	5	1		1
54	58	42	16	13	9	4			
55-59岁	**359**	**297**	**62**	**62**	**52**	**10**	**4**	**4**	
55	63	50	13	15	9	5			
56	76	61	15	14	12	2	1	1	
57	84	69	15	14	12	2			
58	64	52	12	8	8		2	2	
59	72	65	7	12	10	1	1	1	
60-64岁	**229**	**195**	**33**	**34**	**26**	**8**			
60	62	47	15	11	8	3			
61	52	46	6	8	7	1			
62	35	31	3	7	4	3			
63	49	44	6	6	5	1			
64	30	27	3	2	2				
65-69岁	**125**	**109**	**16**	**27**	**26**	**1**			
65	31	28	3	6	6				
66	32	29	3	8	8				
67	23	17	6	2	2				
68	22	19	3	6	6				
69	18	17	1	5	5				
70-74岁	**88**	**76**	**12**	**23**	**18**	**5**	**1**		**1**
70	22	19	4	3	2	1			
71	23	20	3	5	3	2			
72	12	10	1	6	6				
73	15	12	3	5	4	1	1		1
74	16	15	2	3	2	1			
75-79岁	**57**	**49**	**8**	**12**	**12**				
75	11	9	2	2	2				
76	13	13		2	2				
77	10	6	4	4	4				
78	10	10		2	2				
79	13	12	1	3	3				
80-84岁	**22**	**22**		**3**	**3**		**1**		**1**
80	4	4		2	2		1		1
81	8	8		1	1				
82	3	3							
83	3	3							
84	3	3							
85岁及以上	**7**	**7**		**2**	**2**				

4-1c 全省分年龄、性别、受教育程度的6岁及以上人口（乡村）

单位：人

年龄	6岁及以上人口			未上过学			小学		
	合计	男	女	小计	男	女	小计	男	女
总计	**886834**	**457077**	**429757**	**51375**	**14231**	**37145**	**284490**	**134156**	**150334**
6-9岁	**58434**	**31768**	**26666**	**5702**	**3038**	**2664**	**52729**	**28729**	**24000**
6	15997	8672	7324	4817	2583	2234	11179	6089	5090
7	15395	8395	7000	657	333	324	14737	8062	6675
8	13820	7493	6326	153	82	70	13666	7410	6256
9	13222	7207	6015	75	40	35	13147	7168	5979
10-14岁	**61514**	**34269**	**27245**	**285**	**169**	**116**	**37733**	**20858**	**16875**
10	12442	6838	5604	69	45	24	12069	6624	5445
11	12637	6943	5695	48	24	24	11579	6373	5206
12	11858	6626	5232	44	29	16	8265	4620	3644
13	11948	6828	5120	53	32	21	4300	2424	1877
14	12628	7034	5594	70	39	31	1521	818	703
15-19岁	**78203**	**42208**	**35995**	**270**	**174**	**96**	**1403**	**689**	**714**
15	13749	7544	6204	42	32	10	160	91	69
16	14661	8011	6650	51	34	17	199	94	105
17	16182	8859	7322	58	35	23	254	124	131
18	16632	8746	7886	47	27	21	354	179	174
19	16980	9048	7932	73	47	25	436	201	235
20-24岁	**82705**	**43226**	**39479**	**360**	**214**	**146**	**3010**	**1352**	**1658**
20	17167	8922	8246	63	38	25	523	230	292
21	16137	8450	7686	67	43	24	517	249	268
22	16575	8706	7869	88	49	40	642	282	360
23	16645	8688	7958	71	42	29	645	280	365
24	16181	8461	7720	72	42	29	684	311	373
25-29岁	**78815**	**40013**	**38802**	**447**	**235**	**212**	**4311**	**1745**	**2566**
25	17667	9085	8583	91	48	43	786	318	468
26	16061	8180	7882	85	52	32	778	330	448
27	14896	7487	7409	77	44	33	807	337	471
28	15661	7975	7686	80	34	46	944	358	586
29	14530	7287	7243	114	57	57	995	402	593
30-34岁	**67727**	**34957**	**32770**	**423**	**197**	**226**	**5367**	**2147**	**3220**
30	13768	7001	6768	85	35	51	970	425	545
31	13950	7209	6741	67	37	30	1024	440	584
32	13427	7064	6363	94	47	47	1046	413	633
33	13678	7043	6636	86	42	44	1147	428	719
34	12903	6641	6262	90	37	53	1181	441	739
35-39岁	**53964**	**28028**	**25937**	**492**	**180**	**312**	**7147**	**2588**	**4559**
35	11795	6286	5509	106	47	60	1231	489	742
36	11730	6086	5644	107	37	71	1353	483	870
37	10819	5665	5154	113	41	72	1457	512	944
38	9343	4781	4562	75	24	51	1398	505	893
39	10278	5209	5069	89	32	57	1708	598	1109
40-44岁	**63330**	**30973**	**32357**	**1008**	**252**	**756**	**14126**	**4837**	**9289**
40	10958	5372	5586	152	37	115	2068	702	1366
41	12419	6190	6229	182	51	132	2484	880	1604
42	13112	6325	6787	221	55	166	2884	988	1896
43	13032	6266	6766	209	57	152	3126	1032	2094
44	13810	6820	6989	243	52	191	3565	1236	2329

4-1c 续表 1

单位：人

年 龄	初 中			普通高中			中 职		
	小计	男	女	小计	男	女	小计	男	女
总 计	**392453**	**215054**	**177400**	**100632**	**61663**	**38969**	**28465**	**15919**	**12546**
6-9岁	**2**	**1**	**1**						
6									
7									
8	1	1							
9	1		1						
10-14岁	**22969**	**12966**	**10004**	**450**	**228**	**222**	**76**	**47**	**28**
10	304	169	135						
11	1011	546	465						
12	3549	1977	1572						
13	7495	4313	3182	84	48	36	16	12	5
14	10611	5961	4650	367	181	186	59	36	24
15-19岁	**35697**	**19761**	**15936**	**30780**	**16484**	**14296**	**6412**	**3320**	**3092**
15	11185	6255	4929	1932	921	1010	416	238	178
16	7848	4308	3539	5496	2974	2522	1009	574	435
17	5490	3060	2430	8671	4729	3942	1457	774	683
18	5127	2800	2327	8414	4441	3973	1664	805	859
19	6048	3337	2711	6267	3418	2849	1865	929	936
20-24岁	**41327**	**21237**	**20090**	**17188**	**9707**	**7481**	**8163**	**4307**	**3856**
20	7079	3684	3395	4415	2447	1969	1929	1033	896
21	7758	4058	3700	3274	1838	1437	1634	850	783
22	8399	4321	4079	3178	1818	1360	1643	879	764
23	9003	4550	4454	3161	1809	1353	1565	819	746
24	9088	4625	4463	3159	1796	1363	1392	726	666
25-29岁	**47537**	**23169**	**24368**	**14004**	**8023**	**5981**	**5914**	**3276**	**2638**
25	10192	5020	5171	3289	1887	1402	1540	862	678
26	9523	4662	4862	3001	1690	1311	1262	700	563
27	9045	4380	4665	2672	1504	1167	1062	581	481
28	9690	4787	4904	2692	1549	1143	1077	590	487
29	9086	4320	4766	2350	1392	958	972	543	429
30-34岁	**44840**	**22380**	**22460**	**10062**	**6090**	**3972**	**3671**	**2097**	**1575**
30	8738	4242	4496	2199	1282	917	831	440	391
31	9227	4596	4631	2075	1257	817	824	454	371
32	8864	4527	4337	2052	1257	795	721	421	300
33	9288	4683	4605	1897	1123	774	695	419	276
34	8722	4332	4390	1840	1171	669	600	363	237
35-39岁	**36607**	**18961**	**17646**	**6251**	**4063**	**2188**	**2133**	**1356**	**777**
35	7878	4093	3785	1612	1023	588	571	357	213
36	8002	4119	3883	1426	921	505	540	341	199
37	7316	3866	3449	1226	788	438	450	284	166
38	6408	3290	3118	964	641	323	304	199	104
39	7004	3593	3411	1024	690	333	269	175	94
40-44岁	**41354**	**21224**	**20130**	**5123**	**3498**	**1625**	**934**	**611**	**323**
40	7295	3691	3604	1046	676	370	207	137	70
41	8354	4307	4048	1022	697	325	199	139	59
42	8609	4343	4266	1036	696	340	204	129	75
43	8361	4248	4113	1023	712	311	166	108	58
44	8735	4636	4099	996	718	278	159	98	61

4-1c 续表 2

单位：人

年 龄	大学专科			大学本科			研究生		
	小计	男	女	小计	男	女	小计	男	女
总 计	**21527**	**11661**	**9866**	**7727**	**4299**	**3429**	**163**	**95**	**68**
6-9岁									
6									
7									
8									
9									
10-14岁									
10									
11									
12									
13									
14									
15-19岁	**2783**	**1359**	**1425**	**855**	**422**	**433**	**3**		**3**
15	11	6	6	3	1	1			
16	46	22	23	13	6	8	1		1
17	208	117	91	44	20	23			
18	776	379	397	249	114	135	1		1
19	1743	834	908	546	280	266	1		1
20-24岁	**9049**	**4518**	**4531**	**3561**	**1865**	**1697**	**47**	**26**	**21**
20	2370	1095	1275	787	393	393	2	2	
21	2160	1022	1138	726	390	336	1		1
22	1826	952	874	789	403	387	9	3	6
23	1492	811	680	690	365	325	18	10	7
24	1200	637	563	569	313	256	17	10	7
25-29岁	**4746**	**2530**	**2216**	**1794**	**999**	**794**	**61**	**36**	**26**
25	1245	670	575	503	264	239	22	15	7
26	1024	529	494	378	211	167	10	5	5
27	907	461	446	315	175	141	10	5	5
28	848	460	387	318	191	127	10	6	4
29	723	409	313	280	159	121	9	4	5
30-34岁	**2421**	**1456**	**965**	**914**	**572**	**342**	**29**	**18**	**11**
30	643	384	259	296	189	107	7	5	3
31	514	294	220	215	129	86	3	2	1
32	478	294	184	168	102	65	4	3	1
33	437	261	177	122	84	38	7	4	3
34	349	224	125	113	68	46	8	5	3
35-39岁	**1040**	**678**	**361**	**289**	**198**	**91**	**5**	**3**	**2**
35	296	198	98	99	77	22	1	1	
36	240	148	92	59	36	23	3	2	1
37	192	132	60	65	42	23			
38	159	101	58	35	21	13			
39	153	99	54	31	22	9	1		1
40-44岁	**628**	**438**	**191**	**156**	**112**	**43**	**2**	**2**	
40	146	104	42	42	24	18	1	1	
41	135	87	48	43	30	13			
42	135	95	40	24	19	5			
43	118	84	34	29	25	4			
44	95	68	27	18	13	5			

4-1c 续表 3

单位：人

年 龄	6岁及以上人口			未上过学			小 学		
	合计	男	女	小计	男	女	小计	男	女
45-49岁	**73732**	**36623**	**37109**	**1781**	**404**	**1377**	**24274**	**8964**	**15310**
45	15250	7444	7806	283	80	203	4282	1509	2774
46	14080	6915	7165	329	73	256	4486	1632	2854
47	15879	7845	8034	368	76	292	5425	2011	3415
48	13854	6983	6871	367	83	284	4773	1774	2999
49	14669	7436	7234	435	93	342	5307	2038	3269
50-54岁	**67971**	**34600**	**33371**	**2366**	**516**	**1850**	**26622**	**10082**	**16539**
50	15445	7886	7559	483	115	367	5850	2267	3582
51	14112	7055	7057	441	91	350	5387	2035	3352
52	15884	8238	7646	545	127	417	6297	2380	3917
53	14236	7236	7000	560	112	448	5639	2133	3507
54	8294	4185	4109	339	71	268	3448	1267	2181
55-59岁	**52882**	**27443**	**25439**	**3171**	**677**	**2494**	**25438**	**10282**	**15156**
55	8265	4223	4042	443	86	357	3517	1348	2169
56	9733	5138	4594	552	109	442	4519	1879	2641
57	11682	6020	5662	658	144	514	5686	2287	3400
58	12509	6510	5999	788	173	615	6192	2517	3675
59	10694	5552	5142	730	165	565	5524	2251	3272
60-64岁	**48483**	**25138**	**23345**	**4536**	**916**	**3620**	**27582**	**12223**	**15358**
60	11165	5795	5369	899	185	714	6031	2583	3448
61	10609	5460	5149	909	169	740	5907	2529	3378
62	9796	5103	4693	835	174	661	5682	2488	3194
63	9141	4725	4415	964	198	766	5365	2482	2884
64	7773	4055	3719	929	190	739	4597	2142	2455
65-69岁	**32131**	**16952**	**15179**	**4921**	**1172**	**3748**	**19887**	**10038**	**9849**
65	7910	4149	3761	998	229	769	4779	2274	2505
66	7203	3955	3248	1018	263	755	4428	2290	2138
67	6235	3175	3060	988	233	754	3896	1892	2004
68	5635	2949	2687	980	217	763	3536	1861	1675
69	5148	2725	2423	937	229	707	3247	1721	1527
70-74岁	**23786**	**12252**	**11534**	**6005**	**1509**	**4495**	**14277**	**7914**	**6363**
70	5405	2885	2520	1246	339	907	3266	1822	1443
71	4807	2493	2314	1139	294	845	2979	1638	1341
72	4620	2358	2262	1160	294	866	2780	1513	1267
73	4572	2345	2228	1251	314	938	2637	1477	1161
74	4381	2171	2210	1208	269	940	2614	1464	1150
75-79岁	**18829**	**9129**	**9700**	**6797**	**1707**	**5091**	**10190**	**5936**	**4254**
75	4148	2113	2036	1239	304	934	2395	1386	1009
76	3625	1800	1825	1254	330	924	2008	1177	831
77	3870	1888	1982	1392	332	1060	2104	1259	845
78	3633	1706	1927	1429	364	1065	1871	1071	800
79	3554	1622	1931	1484	376	1108	1812	1043	769
80-84岁	**14184**	**5947**	**8236**	**6807**	**1627**	**5180**	**6638**	**3740**	**2899**
80	3474	1525	1949	1546	379	1167	1713	983	730
81	3002	1307	1695	1368	340	1028	1457	827	630
82	2915	1231	1684	1356	329	1027	1416	788	628
83	2652	1024	1628	1369	296	1073	1173	643	530
84	2140	859	1280	1167	282	885	879	499	381
85岁及以上	**10146**	**3551**	**6595**	**6004**	**1243**	**4761**	**3755**	**2031**	**1724**

4-1c 续表 4

单位：人

年 龄	初中			普通高中			中职		
	小计	男	女	小计	男	女	小计	男	女
45-49岁	**42757**	**23535**	**19222**	**4012**	**3046**	**966**	**449**	**327**	**122**
45	9446	4945	4501	978	715	264	118	84	34
46	8287	4495	3791	773	570	203	107	75	32
47	9047	4963	4084	844	642	202	100	79	21
48	7894	4496	3398	691	536	155	66	50	16
49	8084	4636	3448	726	584	141	57	39	18
50-54岁	**33846**	**19964**	**13882**	**4631**	**3653**	**979**	**233**	**170**	**63**
50	8156	4729	3427	814	663	151	78	55	23
51	7375	4240	3135	814	619	195	40	29	11
52	7806	4757	3049	1117	881	236	46	36	9
53	6782	4014	2768	1159	907	252	46	29	16
54	3728	2223	1504	728	584	144	25	21	3
55-59岁	**20022**	**12971**	**7051**	**4002**	**3314**	**688**	**142**	**109**	**32**
55	3512	2135	1377	749	617	132	24	22	2
56	3808	2450	1357	811	664	147	26	20	6
57	4421	2836	1585	871	718	154	22	16	6
58	4622	3053	1569	843	714	128	39	31	8
59	3660	2497	1162	727	601	126	31	20	11
60-64岁	**13610**	**9645**	**3965**	**2546**	**2171**	**375**	**120**	**107**	**13**
60	3471	2378	1094	713	604	108	33	30	3
61	3151	2221	930	589	497	92	30	26	5
62	2714	1954	759	524	451	73	22	19	3
63	2377	1678	698	390	329	61	26	23	3
64	1897	1414	483	330	288	41	9	9	
65-69岁	**6272**	**4826**	**1446**	**903**	**788**	**115**	**103**	**89**	**14**
65	1790	1347	444	295	259	36	33	27	6
66	1526	1196	330	204	183	22	15	13	2
67	1140	869	271	178	154	24	28	23	5
68	958	734	224	139	115	24	15	14	1
69	857	680	177	88	77	10	12	12	1
70-74岁	**3048**	**2427**	**621**	**370**	**323**	**47**	**57**	**52**	**5**
70	794	636	158	83	72	11	11	10	1
71	598	483	115	73	62	11	11	10	1
72	583	462	121	79	73	6	13	12	1
73	597	479	118	72	63	9	9	8	1
74	476	368	108	63	52	11	13	12	1
75-79岁	**1592**	**1261**	**331**	**192**	**174**	**18**	**38**	**32**	**6**
75	433	349	84	64	59	5	11	9	3
76	321	253	67	29	27	2	7	7	1
77	323	252	71	43	37	6	6	6	
78	286	226	59	36	36		6	4	2
79	229	180	49	20	15	5	7	7	
80-84岁	**640**	**493**	**147**	**77**	**71**	**7**	**12**	**10**	**1**
80	191	140	51	17	17		5	5	
81	150	119	32	22	17	4	3	3	
82	125	98	27	16	15	1			
83	98	72	26	10	10		2	2	
84	75	64	11	13	12	2	2	1	1
85岁及以上	**333**	**232**	**101**	**40**	**32**	**9**	**8**	**8**	

4-1c 续表 5

单位：人

年 龄	大学专科			大学本科			研究生		
	小计	男	女	小计	男	女	小计	男	女
45-49岁	**366**	**273**	**92**	**84**	**70**	**14**	**9**	**4**	**5**
45	110	86	24	32	26	6			
46	78	55	23	16	15	1	5		5
47	72	56	16	19	15	4	3	3	
48	55	39	16	8	6	2			
49	51	38	13	9	7	2	1	1	
50-54岁	**229**	**182**	**47**	**39**	**28**	**10**	**4**	**4**	
50	54	48	6	11	9	2			
51	45	34	11	10	7	3			
52	63	48	14	7	4	3	4	4	
53	43	36	7	7	5	2			
54	24	16	8	3	3				
55-59岁	**97**	**81**	**16**	**9**	**8**	**1**	**2**	**2**	
55	18	13	5	2	2				
56	15	15	1	2	2				
57	21	18	3	1	1		1	1	
58	21	19	2	3	2	1	1	1	
59	21	16	5	1	1				
60-64岁	**79**	**66**	**13**	**9**	**9**		**1**	**1**	
60	15	12	2	2	2		1	1	
61	21	18	4	1	1				
62	17	14	3	2	2				
63	17	13	4	2	2				
64	9	9		3	3				
65-69岁	**39**	**33**	**5**	**7**	**6**	**1**			
65	14	12	2	1	1				
66	11	10	1						
67	3	1	2	2	2				
68	6	6		1	1				
69	4	4		2	2	1			
70-74岁	**23**	**21**	**2**	**6**	**5**	**1**			
70	5	5		1	1				
71	6	5	1	1		1			
72	3	3		2	2				
73	5	4	1						
74	4	4		3	3				
75-79岁	**16**	**16**	**1**	**4**	**4**				
75	4	4		2	2				
76	5	5							
77	1	1		1	1				
78	4	4		2	2				
79	2	1	1						
80-84岁	**7**	**6**	**1**	**1**		**1**	**1**	**1**	
80	2	1	1						
81	2	2		1		1			
82	1	1		1		1	1	1	
83									
84	2	2							
85岁及以上	**4**	**4**		**1**	**1**				

4-2 全省分年龄、性别的15岁及以上文盲人口

单位：人、%

年 龄	15岁及以上人口			文盲人口			文盲人口占15岁及以上人口比重		
	合计	男	女	合计	男	女	合计	男	女
总 计	**2566703**	**1328851**	**1237852**	**78656**	**17821**	**60835**	**3.06**	**1.34**	**4.91**
15-19岁	**216987**	**118372**	**98615**	**379**	**233**	**145**	**0.17**	**0.20**	**0.15**
15	34631	19467	15163	69	47	22	0.20	0.24	0.15
16	38813	21373	17440	58	34	24	0.15	0.16	0.14
17	45444	24723	20721	76	47	29	0.17	0.19	0.14
18	47289	25643	21646	81	45	36	0.17	0.17	0.17
19	50810	27166	23644	94	61	33	0.19	0.22	0.14
20-24岁	**281404**	**147779**	**133625**	**515**	**307**	**208**	**0.18**	**0.21**	**0.16**
20	54133	28445	25689	93	55	38	0.17	0.19	0.15
21	52263	27175	25088	104	67	37	0.20	0.25	0.15
22	56897	29837	27061	103	62	41	0.18	0.21	0.15
23	58800	30956	27844	111	64	47	0.19	0.21	0.17
24	59311	31367	27944	104	60	45	0.18	0.19	0.16
25-29岁	**326763**	**170249**	**156514**	**709**	**368**	**341**	**0.22**	**0.22**	**0.22**
25	69615	36490	33125	144	88	55	0.21	0.24	0.17
26	65432	34316	31116	140	75	65	0.21	0.22	0.21
27	62899	32435	30465	114	57	57	0.18	0.18	0.19
28	66326	34649	31677	143	64	79	0.22	0.18	0.25
29	62490	32358	30132	168	84	85	0.27	0.26	0.28
30-34岁	**285753**	**149879**	**135873**	**721**	**335**	**385**	**0.25**	**0.22**	**0.28**
30	58427	30434	27993	150	78	72	0.26	0.26	0.26
31	58067	30394	27673	127	56	71	0.22	0.18	0.26
32	56412	29748	26664	148	72	75	0.26	0.24	0.28
33	59172	31073	28099	151	62	89	0.25	0.20	0.32
34	53675	28231	25444	145	67	78	0.27	0.24	0.31
35-39岁	**232919**	**123153**	**109766**	**946**	**327**	**618**	**0.41**	**0.27**	**0.56**
35	49872	26488	23384	181	69	112	0.36	0.26	0.48
36	51586	27394	24192	192	72	120	0.37	0.26	0.50
37	46231	24377	21855	174	61	113	0.38	0.25	0.52
38	40245	21134	19111	170	57	113	0.42	0.27	0.59
39	44985	23761	21224	229	69	160	0.51	0.29	0.76
40-44岁	**253529**	**131279**	**122250**	**1891**	**502**	**1389**	**0.75**	**0.38**	**1.14**
40	47113	24621	22492	280	69	211	0.59	0.28	0.94
41	51280	26692	24588	341	102	238	0.66	0.38	0.97
42	52814	27338	25476	394	104	290	0.75	0.38	1.14
43	51175	26391	24784	451	115	336	0.88	0.44	1.35
44	51147	26237	24910	426	112	314	0.83	0.43	1.26

4-2 续表

单位：人、%

年 龄	15岁及以上人口			文盲人口			文盲人口占15岁及以上人口比重		
	合计	男	女	合计	男	女	合计	男	女
45-49岁	**244440**	**125736**	**118704**	**3411**	**823**	**2588**	**1.40**	**0.65**	**2.18**
45	54461	28000	26460	532	151	381	0.98	0.54	1.44
46	49130	25226	23904	630	153	476	1.28	0.61	1.99
47	53083	27287	25796	725	172	553	1.37	0.63	2.14
48	42581	21911	20670	713	175	538	1.67	0.80	2.60
49	45185	23310	21874	811	171	640	1.80	0.73	2.93
50-54岁	**201466**	**104026**	**97440**	**4542**	**1027**	**3515**	**2.25**	**0.99**	**3.61**
50	46863	24485	22377	937	218	718	2.00	0.89	3.21
51	42790	21896	20893	857	198	660	2.00	0.90	3.16
52	47619	24868	22751	1056	255	801	2.22	1.03	3.52
53	41028	21055	19973	1014	198	816	2.47	0.94	4.09
54	23167	11721	11446	678	158	520	2.93	1.35	4.54
55-59岁	**145642**	**74318**	**71324**	**6022**	**1205**	**4817**	**4.13**	**1.62**	**6.75**
55	24226	12404	11823	809	166	643	3.34	1.34	5.44
56	26805	13744	13061	1033	207	827	3.85	1.50	6.33
57	32018	16309	15709	1301	267	1034	4.06	1.64	6.58
58	33392	17127	16264	1502	288	1214	4.50	1.68	7.46
59	29201	14733	14468	1376	277	1099	4.71	1.88	7.60
60-64岁	**132036**	**66340**	**65696**	**8571**	**1711**	**6860**	**6.49**	**2.58**	**10.44**
60	30533	15399	15134	1735	364	1370	5.68	2.36	9.06
61	29140	14621	14519	1736	325	1411	5.96	2.22	9.72
62	26420	13221	13199	1638	331	1307	6.20	2.50	9.90
63	24843	12432	12412	1772	344	1427	7.13	2.77	11.50
64	21099	10667	10432	1691	346	1345	8.02	3.25	12.89
65-69岁	**87240**	**44620**	**42620**	**8619**	**1869**	**6750**	**9.88**	**4.19**	**15.84**
65	21550	11015	10535	1780	360	1420	8.26	3.27	13.48
66	20180	10438	9742	1826	404	1422	9.05	3.87	14.60
67	16793	8405	8388	1694	374	1320	10.09	4.45	15.73
68	15178	7745	7433	1659	358	1301	10.93	4.62	17.51
69	13539	7017	6522	1659	373	1286	12.25	5.31	19.72
70-74岁	**57911**	**29064**	**28847**	**9743**	**2219**	**7524**	**16.82**	**7.64**	**26.08**
70	13631	7025	6606	2082	523	1560	15.28	7.44	23.61
71	12112	6137	5974	1872	478	1394	15.46	7.79	23.34
72	11143	5568	5575	1886	409	1477	16.92	7.34	26.50
73	10762	5351	5411	1913	419	1494	17.77	7.82	27.61
74	10263	4982	5281	1990	391	1599	19.39	7.85	30.27
75-79岁	**45676**	**22120**	**23556**	**11103**	**2549**	**8554**	**24.31**	**11.52**	**36.31**
75	10142	5115	5028	2119	457	1662	20.89	8.94	33.05
76	8867	4316	4551	2071	493	1578	23.35	11.42	34.67
77	9400	4573	4827	2264	513	1751	24.09	11.22	36.28
78	8789	4177	4611	2272	522	1750	25.85	12.49	37.95
79	8478	3939	4539	2376	563	1813	28.03	14.31	39.94
80-84岁	**32298**	**13800**	**18498**	**11187**	**2404**	**8783**	**34.64**	**17.42**	**47.48**
80	7914	3484	4430	2511	534	1977	31.72	15.32	44.62
81	7027	3044	3983	2263	512	1751	32.21	16.83	43.97
82	6788	2912	3875	2336	526	1811	34.42	18.06	46.72
83	5744	2332	3412	2175	422	1753	37.87	18.10	51.37
84	4825	2027	2798	1901	410	1491	39.41	20.23	53.30
85岁及以上	**22639**	**8118**	**14521**	**10299**	**1942**	**8358**	**45.49**	**23.92**	**57.55**

4-2a 全省分年龄、性别的15岁及以上文盲人口（城市）

单位：人、%

年　龄	15岁及以上人口			文盲人口			文盲人口占15岁及以上人口比重		
	合计	男	女	合计	男	女	合计	男	女
总　计	**1382192**	**723332**	**658860**	**22889**	**5073**	**17816**	**1.66**	**0.70**	**2.70**
15-19岁	**98548**	**54810**	**43739**	**100**	**55**	**45**	**0.10**	**0.10**	**0.10**
15	14574	8448	6126	20	11	9	0.14	0.13	0.15
16	16663	9501	7162	18	7	11	0.11	0.08	0.15
17	20557	11319	9238	17	9	8	0.08	0.08	0.09
18	21800	12194	9606	22	14	9	0.10	0.11	0.09
19	24954	13348	11606	22	13	8	0.09	0.10	0.07
20-24岁	**153995**	**80753**	**73242**	**160**	**96**	**64**	**0.10**	**0.12**	**0.09**
20	27856	14432	13424	25	15	10	0.09	0.10	0.08
21	27574	14183	13391	37	25	12	0.13	0.17	0.09
22	31246	16383	14863	22	11	11	0.07	0.07	0.07
23	33054	17477	15577	44	28	16	0.13	0.16	0.10
24	34265	18278	15987	32	17	14	0.09	0.09	0.09
25-29岁	**200683**	**105823**	**94860**	**245**	**133**	**112**	**0.12**	**0.13**	**0.12**
25	41559	21988	19572	49	35	13	0.12	0.16	0.07
26	39908	21194	18713	55	28	28	0.14	0.13	0.15
27	38939	20338	18601	33	14	19	0.08	0.07	0.10
28	41221	21828	19394	57	28	29	0.14	0.13	0.15
29	39056	20475	18581	51	28	23	0.13	0.14	0.13
30-34岁	**176323**	**93194**	**83129**	**267**	**130**	**137**	**0.15**	**0.14**	**0.17**
30	36026	18955	17070	62	34	28	0.17	0.18	0.16
31	35662	18802	16860	51	21	30	0.14	0.11	0.18
32	34759	18397	16362	52	27	25	0.15	0.15	0.15
33	36878	19494	17385	54	22	32	0.15	0.11	0.18
34	32997	17545	15452	48	26	22	0.15	0.15	0.14
35-39岁	**145027**	**77397**	**67630**	**385**	**143**	**242**	**0.27**	**0.19**	**0.36**
35	30781	16397	14385	73	30	43	0.24	0.18	0.30
36	32379	17368	15011	70	27	43	0.22	0.16	0.29
37	28654	15197	13457	52	20	32	0.18	0.13	0.24
38	25188	13373	11815	79	32	47	0.31	0.24	0.40
39	28024	15062	12962	111	35	77	0.40	0.23	0.59
40-44岁	**151274**	**80425**	**70848**	**697**	**224**	**472**	**0.46**	**0.28**	**0.67**
40	29148	15639	13509	118	36	82	0.40	0.23	0.61
41	31194	16544	14650	131	50	81	0.42	0.30	0.56
42	31712	16925	14787	131	45	86	0.41	0.26	0.58
43	30096	16038	14058	168	45	123	0.56	0.28	0.88
44	29123	15279	13844	150	50	100	0.51	0.33	0.72

4-2a 续表

单位：人、%

年龄	15岁及以上人口			文盲人口			文盲人口占15岁及以上人口比重		
	合计	男	女	合计	男	女	合计	男	女
45-49岁	**130353**	**68588**	**61765**	**1173**	**332**	**841**	**0.90**	**0.48**	**1.36**
45	30491	16112	14379	179	57	123	0.59	0.35	0.85
46	27184	14361	12823	237	67	170	0.87	0.46	1.33
47	28382	14947	13435	258	75	183	0.91	0.50	1.36
48	21613	11291	10322	249	73	176	1.15	0.65	1.71
49	22683	11877	10806	250	62	189	1.10	0.52	1.74
50-54岁	**98127**	**51479**	**46648**	**1504**	**397**	**1107**	**1.53**	**0.77**	**2.37**
50	23162	12336	10826	325	76	249	1.40	0.61	2.30
51	21203	11089	10115	286	80	206	1.35	0.72	2.04
52	23401	12309	11092	375	102	272	1.60	0.83	2.46
53	19611	10228	9383	313	71	242	1.60	0.69	2.58
54	10749	5517	5233	205	68	137	1.91	1.23	2.62
55-59岁	**66314**	**33473**	**32841**	**1969**	**401**	**1568**	**2.97**	**1.20**	**4.77**
55	11765	6084	5681	273	66	206	2.32	1.09	3.63
56	12097	6066	6031	315	62	253	2.60	1.02	4.20
57	14388	7260	7128	428	87	341	2.98	1.20	4.78
58	14860	7533	7327	502	87	415	3.38	1.15	5.66
59	13203	6530	6673	451	99	352	3.42	1.51	5.28
60-64岁	**59404**	**29030**	**30374**	**2630**	**540**	**2090**	**4.43**	**1.86**	**6.88**
60	13771	6757	7015	556	125	431	4.04	1.85	6.14
61	13178	6427	6751	535	98	437	4.06	1.52	6.48
62	11812	5721	6091	537	110	428	4.55	1.92	7.02
63	11138	5449	5689	525	115	409	4.71	2.12	7.19
64	9504	4676	4828	478	92	386	5.03	1.97	7.99
65-69岁	**39408**	**19449**	**19959**	**2468**	**491**	**1977**	**6.26**	**2.53**	**9.90**
65	9685	4801	4884	503	93	411	5.19	1.93	8.41
66	9361	4612	4749	545	105	440	5.82	2.28	9.27
67	7588	3664	3925	510	96	415	6.73	2.62	10.56
68	6815	3370	3445	449	100	349	6.58	2.97	10.12
69	5958	3002	2956	460	97	363	7.72	3.25	12.27
70-74岁	**23586**	**11434**	**12152**	**2457**	**473**	**1984**	**10.42**	**4.14**	**16.32**
70	5658	2783	2875	535	116	419	9.46	4.17	14.59
71	5121	2543	2578	474	116	358	9.26	4.57	13.89
72	4495	2161	2334	472	82	390	10.50	3.80	16.70
73	4313	2063	2249	477	76	401	11.06	3.68	17.83
74	3999	1883	2116	498	83	415	12.46	4.41	19.63
75-79岁	**18520**	**8962**	**9558**	**2817**	**569**	**2247**	**15.21**	**6.35**	**23.51**
75	4132	2078	2054	565	112	453	13.67	5.41	22.03
76	3648	1753	1895	542	120	423	14.87	6.82	22.30
77	3819	1836	1983	568	100	468	14.87	5.45	23.60
78	3550	1688	1862	599	121	478	16.89	7.20	25.67
79	3370	1607	1763	542	116	426	16.07	7.21	24.16
80-84岁	**12278**	**5394**	**6884**	**2964**	**540**	**2424**	**24.14**	**10.01**	**35.22**
80	3040	1345	1694	651	115	536	21.42	8.57	31.62
81	2779	1196	1582	621	118	503	22.34	9.88	31.76
82	2602	1167	1435	631	121	509	24.25	10.41	35.50
83	2059	881	1178	580	95	485	28.20	10.80	41.20
84	1799	805	994	481	90	391	26.73	11.16	39.35
85岁及以上	**8352**	**3122**	**5230**	**3054**	**548**	**2506**	**36.57**	**17.55**	**47.92**

4-2b 全省分年龄、性别的15岁及以上文盲人口（镇）

单位：人、%

年龄	15岁及以上人口			文盲人口			文盲人口占15岁及以上人口比重		
	合计	男	女	合计	男	女	合计	男	女
总计	**417624**	**214479**	**203145**	**16767**	**3746**	**13021**	**4.01**	**1.75**	**6.41**
15-19岁	**40236**	**21355**	**18881**	**72**	**47**	**25**	**0.18**	**0.22**	**0.13**
15	6308	3475	2832	18	11	6	0.28	0.32	0.23
16	7488	3860	3628	8	7	2	0.11	0.17	0.04
17	8706	4545	4161	17	11	7	0.20	0.24	0.16
18	8857	4703	4154	17	12	6	0.20	0.25	0.14
19	8877	4771	4106	11	7	4	0.13	0.15	0.11
20-24岁	**44705**	**23800**	**20905**	**82**	**40**	**42**	**0.18**	**0.17**	**0.20**
20	9110	5091	4019	17	7	11	0.19	0.13	0.26
21	8552	4542	4010	15	8	7	0.18	0.17	0.18
22	9077	4748	4329	21	11	10	0.24	0.24	0.23
23	9100	4791	4309	12	6	7	0.14	0.12	0.16
24	8866	4628	4238	16	8	7	0.18	0.18	0.17
25-29岁	**47265**	**24413**	**22852**	**123**	**58**	**65**	**0.26**	**0.24**	**0.28**
25	10389	5418	4971	19	11	8	0.18	0.20	0.16
26	9463	4943	4521	25	11	13	0.26	0.23	0.30
27	9064	4609	4455	24	10	14	0.27	0.22	0.32
28	9444	4847	4598	29	14	15	0.31	0.29	0.33
29	8905	4596	4308	25	12	14	0.29	0.25	0.32
30-34岁	**41703**	**21729**	**19974**	**138**	**62**	**77**	**0.33**	**0.28**	**0.38**
30	8632	4478	4155	20	11	9	0.24	0.25	0.22
31	8455	4383	4072	26	9	17	0.31	0.20	0.42
32	8226	4287	3939	22	12	10	0.26	0.27	0.26
33	8616	4536	4079	41	18	23	0.47	0.40	0.55
34	7774	4045	3730	30	12	18	0.38	0.29	0.48
35-39岁	**33927**	**17729**	**16198**	**159**	**49**	**110**	**0.47**	**0.28**	**0.68**
35	7295	3805	3491	30	9	21	0.41	0.23	0.61
36	7477	3940	3537	35	16	20	0.47	0.40	0.55
37	6758	3515	3243	32	11	21	0.47	0.31	0.63
38	5715	2980	2735	27	5	23	0.48	0.16	0.82
39	6682	3490	3193	35	9	26	0.52	0.25	0.83
40-44岁	**38925**	**19880**	**19045**	**375**	**90**	**285**	**0.96**	**0.45**	**1.50**
40	7008	3611	3397	41	8	33	0.59	0.22	0.98
41	7666	3958	3709	61	17	44	0.79	0.42	1.19
42	7990	4088	3902	81	20	61	1.01	0.49	1.56
43	8047	4086	3961	98	20	78	1.22	0.48	1.97
44	8214	4137	4077	94	25	69	1.15	0.61	1.69

4-2b 续表

单位：人、%

年龄	15岁及以上人口			文盲人口			文盲人口占15岁及以上人口比重		
	合计	男	女	合计	男	女	合计	男	女
45-49岁	**40355**	**20525**	**19830**	**729**	**170**	**559**	**1.81**	**0.83**	**2.82**
45	8720	4445	4275	113	29	83	1.29	0.66	1.95
46	7866	3950	3916	131	29	102	1.67	0.74	2.61
47	8823	4496	4327	159	40	119	1.81	0.89	2.75
48	7115	3637	3478	147	37	110	2.06	1.02	3.15
49	7832	3997	3835	179	35	145	2.29	0.86	3.77
50-54岁	**35369**	**17946**	**17422**	**996**	**210**	**787**	**2.82**	**1.17**	**4.52**
50	8255	4263	3993	194	43	152	2.35	1.00	3.79
51	7475	3753	3722	180	37	142	2.40	0.99	3.83
52	8334	4321	4013	232	59	173	2.78	1.36	4.31
53	7181	3591	3589	229	42	187	3.19	1.17	5.22
54	4123	2019	2105	161	29	133	3.91	1.42	6.30
55-59岁	**26446**	**13401**	**13045**	**1337**	**262**	**1075**	**5.05**	**1.96**	**8.24**
55	4196	2096	2100	168	32	136	4.00	1.52	6.48
56	4975	2540	2435	225	46	179	4.53	1.81	7.36
57	5948	3028	2920	310	67	243	5.21	2.20	8.32
58	6023	3084	2938	320	70	250	5.31	2.27	8.50
59	5304	2651	2652	314	48	267	5.93	1.80	10.05
60-64岁	**24149**	**12171**	**11978**	**1983**	**400**	**1583**	**8.21**	**3.28**	**13.22**
60	5597	2847	2750	404	79	325	7.22	2.77	11.82
61	5353	2734	2619	403	75	327	7.52	2.76	12.50
62	4812	2397	2415	368	80	288	7.64	3.34	11.91
63	4565	2257	2308	417	76	341	9.14	3.37	14.79
64	3822	1936	1886	391	89	302	10.24	4.61	16.02
65-69岁	**15701**	**8218**	**7483**	**1899**	**415**	**1484**	**12.10**	**5.05**	**19.83**
65	3955	2065	1890	398	79	319	10.07	3.85	16.86
66	3616	1871	1745	406	85	322	11.24	4.53	18.43
67	2969	1566	1403	358	92	266	12.05	5.87	18.95
68	2728	1427	1301	364	80	284	13.36	5.62	21.85
69	2432	1290	1143	373	79	294	15.32	6.13	25.69
70-74岁	**10539**	**5379**	**5161**	**2121**	**505**	**1615**	**20.12**	**9.40**	**31.30**
70	2568	1357	1211	461	118	343	17.94	8.68	28.32
71	2183	1101	1082	411	114	297	18.81	10.34	27.44
72	2028	1049	979	423	95	328	20.86	9.05	33.51
73	1877	943	934	375	88	287	19.98	9.38	30.68
74	1882	928	955	451	90	361	23.96	9.73	37.79
75-79岁	**8326**	**4029**	**4297**	**2413**	**572**	**1841**	**28.98**	**14.19**	**42.85**
75	1862	924	937	497	111	385	26.67	12.03	41.11
76	1594	763	832	445	98	348	27.94	12.83	41.79
77	1711	849	862	504	136	368	29.47	16.03	42.73
78	1605	783	822	454	107	347	28.26	13.68	42.14
79	1554	710	844	513	120	394	33.04	16.84	46.64
80-84岁	**5836**	**2458**	**3378**	**2307**	**494**	**1813**	**39.52**	**20.10**	**53.66**
80	1400	614	787	522	110	412	37.31	17.96	52.40
81	1246	540	706	452	100	352	36.25	18.50	49.82
82	1271	514	756	518	114	404	40.72	22.13	53.36
83	1033	427	606	417	84	332	40.36	19.77	54.88
84	886	362	523	398	85	313	44.94	23.58	59.74
85岁及以上	**4142**	**1446**	**2696**	**2033**	**372**	**1661**	**49.08**	**25.73**	**61.60**

4-2c 全省分年龄、性别的15岁及以上文盲人口（乡村）

单位：人、%

年龄	15岁及以上人口			文盲人口			文盲人口占15岁及以上人口比重		
	合计	男	女	合计	男	女	合计	男	女
总　计	**766887**	**391041**	**375846**	**39001**	**9003**	**29998**	**5.09**	**2.30**	**7.98**
15-19岁	**78203**	**42208**	**35995**	**207**	**131**	**76**	**0.26**	**0.31**	**0.21**
15	13749	7544	6204	31	25	7	0.23	0.33	0.11
16	14661	8011	6650	31	20	11	0.21	0.25	0.17
17	16182	8859	7322	42	27	15	0.26	0.30	0.20
18	16632	8746	7886	41	19	22	0.25	0.22	0.28
19	16980	9048	7932	61	40	21	0.36	0.45	0.27
20-24岁	**82705**	**43226**	**39479**	**274**	**172**	**102**	**0.33**	**0.40**	**0.26**
20	17167	8922	8246	51	34	17	0.30	0.38	0.21
21	16137	8450	7686	52	35	18	0.32	0.41	0.23
22	16575	8706	7869	60	40	20	0.36	0.46	0.25
23	16645	8688	7958	54	30	24	0.33	0.35	0.31
24	16181	8461	7720	57	34	23	0.35	0.40	0.30
25-29岁	**78815**	**40013**	**38802**	**341**	**177**	**164**	**0.43**	**0.44**	**0.42**
25	17667	9085	8583	76	42	34	0.43	0.46	0.40
26	16061	8180	7882	60	36	24	0.37	0.44	0.30
27	14896	7487	7409	57	33	24	0.38	0.44	0.32
28	15661	7975	7686	57	22	35	0.36	0.28	0.45
29	14530	7287	7243	91	44	48	0.63	0.60	0.66
30-34岁	**67727**	**34957**	**32770**	**315**	**144**	**171**	**0.47**	**0.41**	**0.52**
30	13768	7001	6768	68	33	35	0.49	0.47	0.52
31	13950	7209	6741	50	26	24	0.36	0.37	0.36
32	13427	7064	6363	74	34	40	0.55	0.48	0.63
33	13678	7043	6636	56	22	34	0.41	0.31	0.52
34	12903	6641	6262	67	29	38	0.52	0.44	0.61
35-39岁	**53964**	**28028**	**25937**	**401**	**135**	**266**	**0.74**	**0.48**	**1.03**
35	11795	6286	5509	78	30	48	0.66	0.48	0.87
36	11730	6086	5644	87	29	58	0.74	0.48	1.02
37	10819	5665	5154	90	30	60	0.83	0.53	1.16
38	9343	4781	4562	64	20	43	0.68	0.42	0.95
39	10278	5209	5069	83	26	57	0.81	0.49	1.13
40-44岁	**63330**	**30973**	**32357**	**820**	**188**	**631**	**1.29**	**0.61**	**1.95**
40	10958	5372	5586	121	25	96	1.10	0.47	1.71
41	12419	6190	6229	149	36	113	1.20	0.59	1.81
42	13112	6325	6787	182	39	143	1.39	0.62	2.11
43	13032	6266	6766	185	51	135	1.42	0.81	1.99
44	13810	6820	6989	182	37	145	1.32	0.55	2.08

4-2c 续表

单位：人、%

年 龄	15岁及以上人口			文盲人口			文盲人口占15岁及以上人口比重		
	合计	男	女	合计	男	女	合计	男	女
45-49岁	**73732**	**36623**	**37109**	**1508**	**320**	**1188**	**2.05**	**0.87**	**3.20**
45	15250	7444	7806	240	65	175	1.57	0.87	2.24
46	14080	6915	7165	262	57	204	1.86	0.83	2.85
47	15879	7845	8034	308	58	250	1.94	0.73	3.12
48	13854	6983	6871	317	65	252	2.29	0.93	3.67
49	14669	7436	7234	382	75	307	2.60	1.01	4.24
50-54岁	**67971**	**34600**	**33371**	**2042**	**421**	**1621**	**3.00**	**1.22**	**4.86**
50	15445	7886	7559	417	100	317	2.70	1.26	4.20
51	14112	7055	7057	392	81	311	2.78	1.14	4.41
52	15884	8238	7646	450	94	356	2.83	1.14	4.65
53	14236	7236	7000	471	85	386	3.31	1.17	5.52
54	8294	4185	4109	312	62	250	3.76	1.48	6.09
55-59岁	**52882**	**27443**	**25439**	**2717**	**542**	**2175**	**5.14**	**1.97**	**8.55**
55	8265	4223	4042	369	68	301	4.46	1.61	7.44
56	9733	5138	4594	493	99	394	5.07	1.92	8.58
57	11682	6020	5662	563	113	450	4.82	1.88	7.95
58	12509	6510	5999	681	132	549	5.44	2.02	9.16
59	10694	5552	5142	611	130	480	5.71	2.35	9.34
60-64岁	**48483**	**25138**	**23345**	**3958**	**771**	**3186**	**8.16**	**3.07**	**13.65**
60	11165	5795	5369	775	160	615	6.94	2.76	11.45
61	10609	5460	5149	798	152	646	7.52	2.78	12.55
62	9796	5103	4693	733	141	591	7.48	2.77	12.60
63	9141	4725	4415	830	153	677	9.08	3.23	15.33
64	7773	4055	3719	823	165	657	10.58	4.07	17.68
65-69岁	**32131**	**16952**	**15179**	**4252**	**962**	**3290**	**13.23**	**5.68**	**21.67**
65	7910	4149	3761	879	188	691	11.11	4.53	18.38
66	7203	3955	3248	875	214	661	12.14	5.41	20.34
67	6235	3175	3060	825	186	639	13.24	5.86	20.89
68	5635	2949	2687	846	178	668	15.02	6.04	24.87
69	5148	2725	2423	826	196	630	16.05	7.19	26.01
70-74岁	**23786**	**12252**	**11534**	**5165**	**1240**	**3925**	**21.72**	**10.12**	**34.03**
70	5405	2885	2520	1086	289	797	20.09	10.01	31.64
71	4807	2493	2314	988	248	739	20.54	9.96	31.95
72	4620	2358	2262	991	232	759	21.45	9.82	33.57
73	4572	2345	2228	1060	254	806	23.19	10.84	36.19
74	4381	2171	2210	1040	218	822	23.74	10.03	37.22
75-79岁	**18829**	**9129**	**9700**	**5873**	**1407**	**4465**	**31.19**	**15.42**	**46.03**
75	4148	2113	2036	1057	234	824	25.49	11.07	40.46
76	3625	1800	1825	1083	275	808	29.88	15.29	44.28
77	3870	1888	1982	1192	277	915	30.81	14.68	46.17
78	3633	1706	1927	1219	293	926	33.55	17.19	48.05
79	3554	1622	1931	1321	328	993	37.18	20.23	51.42
80-84岁	**14184**	**5947**	**8236**	**5916**	**1370**	**4546**	**41.71**	**23.04**	**55.19**
80	3474	1525	1949	1337	308	1029	38.49	20.21	52.80
81	3002	1307	1695	1191	294	897	39.67	22.49	52.93
82	2915	1231	1684	1188	291	897	40.75	23.60	53.30
83	2652	1024	1628	1178	243	935	44.40	23.69	57.42
84	2140	859	1280	1022	235	787	47.77	27.32	61.50
85岁及以上	**10146**	**3551**	**6595**	**5212**	**1022**	**4191**	**51.37**	**28.78**	**63.54**

4-3 全省分学业完成情况、性别、受教育程度的6岁及以上人口

单位：人

学业完成情况	合计			小学		
	合计	男	女	小计	男	女
总计	**2757653**	**1463245**	**1294408**	**681710**	**320234**	**361477**
在校	493574	268385	225189	221989	122277	99711
毕业	2145863	1136853	1009011	395678	171564	224113
肄业	28930	13873	15057	17076	6770	10306
辍学	43721	21091	22630	28470	11561	16909
其他	45564	23044	22521	18498	8061	10437

4-3 续表 1

单位：人

学业完成情况	初中			普通高中			中职		
	小计	男	女	小计	男	女	小计	男	女
总计	**1125588**	**609814**	**515773**	**454107**	**263864**	**190242**	**157104**	**86410**	**70694**
在校	102133	56844	45289	87925	47431	40494	22825	12477	10348
毕业	983796	530133	453663	356793	210602	146191	131897	72520	59376
肄业	9025	5291	3734	1905	1244	661	463	310	152
辍学	12755	7833	4921	1958	1329	630	414	287	127
其他	17879	9713	8166	5526	3259	2267	1505	815	690

4-3 续表 2

单位：人

学业完成情况	大学专科			大学本科			研究生		
	小计	男	女	小计	男	女	小计	男	女
总计	**197492**	**105690**	**91801**	**130886**	**70812**	**60074**	**10767**	**6421**	**4346**
在校	31550	16076	15474	25590	12341	13249	1563	938	624
毕业	164022	88524	75498	104545	58070	46476	9133	5440	3693
肄业	327	189	138	124	64	60	11	6	5
辍学	94	58	35	28	22	6	2		2
其他	1499	843	656	597	315	283	59	37	22

4-3a 全省分学业完成情况、性别、受教育程度的6岁及以上人口（城市）

单位：人

学业完成情况	合计			小学		
	合计	男	女	小计	男	女
总计	**1473237**	**782539**	**690698**	**271491**	**127901**	**143590**
在校	213799	116529	97270	90723	50206	40517
毕业	1213024	642811	570213	158529	68472	90057
肄业	12269	6080	6189	6514	2617	3897
辍学	16678	8416	8263	9965	4161	5804
其他	17466	8703	8763	5760	2445	3315

4-3a 续表 1

单位：人

学业完成情况	初中			普通高中			中职		
	小计	男	女	小计	男	女	小计	男	女
总计	**538072**	**290122**	**247950**	**279531**	**158171**	**121360**	**107594**	**58520**	**49074**
在校	38186	21403	16783	35785	20109	15675	11975	6746	5230
毕业	484103	259620	224483	238811	135120	103691	94176	50929	43247
肄业	4027	2385	1642	1073	682	391	305	206	99
辍学	5230	3267	1963	1126	745	380	263	181	83
其他	6527	3448	3080	2736	1514	1222	874	458	416

4-3a 续表 2

单位：人

学业完成情况	大学专科			大学本科			研究生		
	小计	男	女	小计	男	女	小计	男	女
总计	**153528**	**80801**	**72728**	**112650**	**60844**	**51807**	**10370**	**6181**	**4189**
在校	17106	8332	8773	18650	8910	9740	1374	822	551
毕业	135099	71745	63354	93378	51607	41771	8929	5318	3611
肄业	243	132	110	97	52	45	11	6	5
辍学	73	46	26	20	16	5	1		1
其他	1008	544	464	505	259	246	55	35	21

4-3b 全省分学业完成情况、性别、受教育程度的6岁及以上人口（镇）

单位：人

学业完成情况	合计			小学		
	合计	男	女	小计	男	女
总　计	**451152**	**239024**	**212128**	**126287**	**58439**	**67848**
在　校	93134	50416	42718	41649	22933	18715
毕　业	334791	177383	157408	72089	30459	41630
肄　业	5071	2317	2754	3263	1239	2024
辍　学	8429	3917	4511	5532	2167	3364
其　他	9727	4991	4736	3754	1640	2114

4-3b 续表 1

单位：人

学业完成情况	初中			普通高中			中职		
	小计	男	女	小计	男	女	小计	男	女
总　计	**196042**	**105160**	**90882**	**74283**	**44244**	**30039**	**21159**	**12025**	**9134**
在　校	19579	10853	8726	19463	9832	9630	3411	1893	1518
毕　业	168658	89939	78719	52834	33133	19700	17303	9868	7435
肄　业	1427	836	591	274	175	99	68	47	21
辍　学	2408	1411	997	417	293	124	53	36	18
其　他	3970	2122	1848	1296	810	486	324	182	142

4-3b 续表 2

单位：人

学业完成情况	大学专科			大学本科			研究生		
	小计	男	女	小计	男	女	小计	男	女
总　计	**22595**	**13319**	**9277**	**10551**	**5693**	**4859**	**235**	**145**	**90**
在　校	5677	3362	2315	3260	1481	1778	96	60	36
毕　业	16560	9742	6818	7211	4159	3053	136	83	53
肄　业	29	17	12	11	4	7			
辍　学	13	7	6	5	4	1	1		1
其　他	316	191	125	65	45	20	2	1	1

4-3c 全省分学业完成情况、性别、受教育程度的6岁及以上人口（乡村）

单位：人

学业完成情况	合计			小学		
	合计	男	女	小计	男	女
总 计	**833265**	**441682**	**391583**	**283932**	**133894**	**150038**
在 校	186641	101440	85201	89617	49138	40479
毕 业	598048	316658	281389	165060	72633	92426
肄 业	11590	5476	6113	7299	2914	4385
辍 学	18614	8758	9857	12973	5233	7740
其 他	18372	9350	9022	8984	3976	5008

4-3c 续表 1

单位：人

学业完成情况	初中			普通高中			中职		
	小计	男	女	小计	男	女	小计	男	女
总 计	**391474**	**214532**	**176942**	**100293**	**61449**	**38844**	**28351**	**15865**	**12486**
在 校	44368	24588	19780	32677	17490	15188	7438	3838	3600
毕 业	331036	180574	150462	65148	42348	22800	20417	11723	8694
肄 业	3571	2071	1500	558	386	172	90	58	33
辍 学	5117	3156	1961	416	291	125	97	71	27
其 他	7382	4144	3238	1494	935	559	308	175	132

4-3c 续表 2

单位：人

学业完成情况	大学专科			大学本科			研究生		
	小计	男	女	小计	男	女	小计	男	女
总 计	**21368**	**11571**	**9797**	**7684**	**4275**	**3409**	**162**	**95**	**67**
在 校	8767	4381	4386	3680	1950	1730	93	55	37
毕 业	12362	7037	5325	3956	2304	1652	68	39	30
肄 业	55	39	16	17	8	8			
辍 学	8	5	3	3	3	1			
其 他	175	108	67	28	11	17	1	1	

5 就业

5-1 各地区分性别、行业门类的就业人口

单位：人

地 区	就业人口			一、农、林、牧、渔业			二、采矿业		
	合计	男	女	小计	男	女	小计	男	女
全 省	**1621633**	**951049**	**670584**	**307511**	**165614**	**141898**	**2063**	**1517**	**547**
广州市	**203454**	**117509**	**85944**	**9790**	**5411**	**4380**	**198**	**146**	**53**
荔湾区	11851	6555	5296	135	76	59	7	4	3
越秀区	15570	8398	7172	22	16	6	22	19	3
海珠区	22832	12856	9976	77	51	26	34	21	13
天河区	25387	14540	10847	54	40	13	9	7	2
白云区	36418	21322	15096	1281	695	586	19	17	1
黄埔区	7582	4743	2839	14	8	6	10	9	1
番禺区	26051	14898	11154	730	433	296	7	4	3
花都区	14895	8763	6132	786	466	320	21	17	4
南沙区	11267	6573	4694	1678	856	822	6	5	1
萝岗区	7328	4553	2774	412	236	176	35	19	16
从化区	7489	4355	3134	1681	959	723	5	4	1
增城区	16783	9953	6830	2920	1573	1347	24	19	5
韶关市	**39934**	**22193**	**17741**	**18114**	**9305**	**8809**	**190**	**138**	**52**
武江区	3706	2111	1595	579	323	256	22	17	5
浈江区	4804	2744	2060	859	454	405	15	11	5
曲江区	3830	2181	1649	1402	698	704	15	11	4
始兴县	2983	1626	1358	1531	797	733	3	3	1
仁化县	2752	1578	1174	1465	802	663	87	62	25
翁源县	5388	2960	2428	3570	1865	1706	19	14	5
乳源瑶族自治县	2679	1482	1197	1298	685	613	3	3	1
新丰县	3145	1755	1390	1460	750	710	8	6	2
乐昌市	5883	3168	2714	3441	1705	1736	9	6	2
南雄市	4764	2588	2176	2509	1226	1283	8	5	2
深圳市	**215025**	**129333**	**85692**	**661**	**441**	**220**	**82**	**66**	**16**
罗湖区	16903	9569	7334	3	2	2			
福田区	24474	14480	9994	12	7	5	3	2	1
南山区	21363	12286	9078	29	20	9	35	28	7
宝安区	101024	61920	39104	286	169	117	7	7	
龙岗区	47462	28761	18701	327	240	87	35	28	7
盐田区	3798	2316	1482	4	3	1	2	2	
珠海市	**24011**	**13811**	**10200**	**1208**	**774**	**434**	**9**	**7**	**2**
香洲区	14081	7902	6178	227	152	75			
斗门区	5952	3516	2437	746	455	291	2	1	1
金湾区	3978	2393	1585	235	167	68	7	6	1
汕头市	**68773**	**42337**	**26436**	**8588**	**6215**	**2373**	**34**	**26**	**9**
龙湖区	7229	4320	2909	423	325	97	10	7	3
金平区	9244	5746	3498	167	148	18	3	2	1
濠江区	2850	1749	1102	296	203	93	4	3	2
潮阳区	17331	11637	5694	2779	2235	544	1	1	
潮南区	18563	10824	7739	2033	1356	677	6	5	1
澄海区	12737	7499	5238	2599	1702	897	8	7	1
南澳县	819	563	257	291	246	44	2	1	1
佛山市	**129348**	**77129**	**52218**	**4940**	**3006**	**1934**	**45**	**32**	**12**
禅城区	16956	9702	7254	47	31	16	3	2	1
南海区	49593	30197	19395	1394	883	512	26	15	11
顺德区	45542	26897	18645	1644	1030	615	7	7	
三水区	10372	6338	4034	1191	677	514	3	3	
高明区	6885	3995	2890	663	385	278	5	5	1

5-1 续表 1

单位：人

地 区	三、制造业			四、电力、热力、燃气及水生产和供应业			五、建筑业		
	小计	男	女	小计	男	女	小计	男	女
全 省	**575478**	**330243**	**245235**	**8884**	**6733**	**2152**	**90994**	**77901**	**13092**
广州市	**57165**	**33398**	**23767**	**1594**	**1176**	**419**	**8037**	**6564**	**1473**
荔湾区	1522	957	565	98	70	28	324	263	61
越秀区	1221	744	477	154	93	60	482	362	121
海珠区	5657	3291	2366	137	100	36	633	489	144
天河区	2265	1385	879	210	139	72	736	581	156
白云区	11385	6527	4858	199	161	38	1325	1085	240
黄埔区	2735	1836	900	194	157	37	240	196	44
番禺区	10999	6038	4960	153	109	44	1328	1076	253
花都区	5543	3196	2347	93	74	19	577	489	88
南沙区	5587	3295	2291	71	54	17	480	407	72
萝岗区	3474	2174	1299	66	56	10	399	339	60
从化区	1887	1092	795	75	58	17	456	395	61
增城区	4891	2862	2029	144	105	40	1058	884	174
韶关市	**5635**	**3230**	**2405**	**488**	**356**	**133**	**1813**	**1540**	**273**
武江区	799	444	355	66	50	16	183	153	30
浈江区	610	396	214	43	27	16	214	181	32
曲江区	746	489	257	50	38	12	202	186	16
始兴县	640	305	334	14	11	3	118	103	16
仁化县	303	187	116	34	29	5	114	99	15
翁源县	437	233	205	26	22	4	180	155	25
乳源瑶族自治县	490	254	236	116	75	41	122	102	20
新丰县	350	203	147	28	18	9	148	118	30
乐昌市	641	335	306	81	63	18	331	278	53
南雄市	620	385	235	31	23	8	200	165	35
深圳市	**96547**	**57955**	**38592**	**784**	**557**	**227**	**8473**	**7159**	**1314**
罗湖区	1521	887	634	57	36	21	750	636	114
福田区	1650	973	677	187	134	53	1463	1201	261
南山区	5404	3074	2330	134	96	37	752	585	167
宝安区	61803	37466	24337	255	178	77	4133	3525	607
龙岗区	25192	15042	10150	129	95	34	1241	1088	153
盐田区	976	513	464	21	16	5	135	123	12
珠海市	**7701**	**4215**	**3486**	**153**	**108**	**45**	**1481**	**1242**	**239**
香洲区	3064	1606	1458	83	49	34	957	804	153
斗门区	2381	1317	1064	24	20	4	358	302	56
金湾区	2256	1292	964	45	38	7	166	136	30
汕头市	**29924**	**15181**	**14743**	**329**	**250**	**79**	**5353**	**5076**	**277**
龙湖区	2297	1064	1233	61	41	20	738	678	60
金平区	2385	1428	957	76	55	21	484	441	43
濠江区	914	257	656	15	10	5	792	759	33
潮阳区	7017	3412	3605	47	36	11	2325	2274	51
潮南区	10953	5598	5355	56	54	3	637	582	55
澄海区	6320	3397	2923	62	46	16	347	316	31
南澳县	38	24	14	12	9	2	29	25	4
佛山市	**69813**	**42486**	**27327**	**799**	**625**	**174**	**5604**	**4651**	**953**
禅城区	5842	3472	2371	161	122	38	737	627	110
南海区	28660	17750	10910	330	258	72	1746	1462	284
顺德区	26538	15865	10674	185	147	38	2319	1917	401
三水区	5316	3420	1896	71	60	11	475	385	90
高明区	3456	1980	1476	52	38	14	326	259	67

5-1 续表 2

单位：人

地 区	六、批发和零售业			七、交通运输、仓储和邮政业			八、住宿和餐饮业		
	小计	男	女	小计	男	女	小计	男	女
全 省	**258970**	**142764**	**116206**	**54708**	**45576**	**9132**	**70033**	**36980**	**33053**
广州市	**46318**	**24902**	**21416**	**12444**	**9747**	**2696**	**11646**	**5987**	**5658**
荔湾区	4250	2210	2040	881	688	193	666	335	331
越秀区	3904	2006	1898	1133	833	300	1410	723	687
海珠区	6127	3323	2805	1151	901	250	1133	684	448
天河区	8169	4461	3708	1086	835	252	1980	1036	944
白云区	9693	5325	4368	2918	2263	656	1747	853	895
黄埔区	1366	756	610	913	692	221	322	159	164
番禺区	4563	2470	2093	1202	933	268	1504	807	697
花都区	2769	1413	1356	1219	991	227	874	434	439
南沙区	990	517	472	413	343	69	450	229	221
萝岗区	700	382	317	501	398	103	206	102	104
从化区	1020	512	508	326	272	54	494	218	277
增城区	2767	1526	1241	700	597	103	860	407	452
韶关市	**4562**	**2224**	**2338**	**1519**	**1329**	**190**	**1561**	**700**	**861**
武江区	663	347	316	184	158	26	175	74	101
浈江区	978	467	511	409	343	67	281	120	161
曲江区	441	199	242	189	173	16	211	84	127
始兴县	249	131	117	93	86	7	73	36	37
仁化县	241	109	132	65	56	9	83	37	45
翁源县	455	247	208	101	96	5	150	73	77
乳源瑶族自治县	178	92	86	70	61	8	90	39	51
新丰县	395	181	213	134	117	17	174	88	87
乐昌市	472	212	260	166	147	19	171	80	92
南雄市	491	239	252	107	93	15	153	69	83
深圳市	**40641**	**22569**	**18072**	**9455**	**7125**	**2330**	**12056**	**6814**	**5242**
罗湖区	5650	2892	2758	879	655	224	2256	1229	1027
福田区	7753	4404	3349	1025	722	303	2080	1217	863
南山区	4523	2323	2200	1581	1199	382	1263	702	561
宝安区	13010	7544	5466	3321	2496	825	3845	2161	1684
龙岗区	9117	5109	4008	1816	1416	400	2330	1340	990
盐田区	588	298	290	834	638	196	283	165	117
珠海市	**4423**	**2352**	**2071**	**1048**	**825**	**223**	**1684**	**884**	**800**
香洲区	3095	1620	1474	571	433	138	1222	647	575
斗门区	927	511	415	265	224	42	300	152	148
金湾区	402	220	182	212	168	44	162	84	78
汕头市	**13283**	**8191**	**5092**	**1699**	**1478**	**222**	**2046**	**1313**	**733**
龙湖区	1563	926	636	272	222	49	253	153	101
金平区	2544	1497	1047	598	475	122	436	257	178
濠江区	421	234	186	65	64	2	85	59	26
潮阳区	3100	2114	986	350	323	27	501	380	121
潮南区	3537	2236	1301	193	186	7	385	248	137
澄海区	1974	1107	866	195	185	10	309	183	126
南澳县	146	76	70	26	23	4	77	33	44
佛山市	**18766**	**9919**	**8848**	**3804**	**3220**	**584**	**5082**	**2523**	**2559**
禅城区	4037	2126	1911	574	479	95	908	461	447
南海区	7373	4016	3357	1339	1126	214	1779	927	852
顺德区	5404	2782	2623	1257	1050	207	1738	865	873
三水区	1083	535	547	423	378	45	354	155	199
高明区	869	459	410	211	188	23	303	115	187

5-1 续表 3

单位：人

地　区	九、信息传输、软件和信息技术服务业			十、金融业			十一、房地产业		
	小计	男	女	小计	男	女	小计	男	女
全　省	**18057**	**11812**	**6245**	**22369**	**11502**	**10867**	**23921**	**15630**	**8291**
广州市	**5369**	**3463**	**1907**	**5758**	**2869**	**2890**	**5852**	**3641**	**2211**
荔湾区	338	198	140	476	221	255	577	339	238
越秀区	569	338	232	760	338	423	636	377	259
海珠区	766	468	298	978	490	488	818	510	308
天河区	1807	1184	623	1395	727	668	1168	736	432
白云区	573	373	200	697	353	344	944	651	293
黄埔区	197	132	64	176	86	91	146	89	57
番禺区	448	329	119	475	240	235	659	399	260
花都区	136	89	46	229	110	119	221	134	87
南沙区	71	43	29	91	48	43	188	113	75
萝岗区	219	145	74	82	40	42	125	69	56
从化区	62	47	14	93	51	42	119	71	48
增城区	185	118	67	306	165	141	252	153	98
韶关市	**273**	**165**	**108**	**466**	**250**	**216**	**320**	**203**	**117**
武江区	69	36	34	115	57	59	84	47	38
浈江区	60	39	21	152	84	67	76	50	26
曲江区	21	11	11	38	22	15	33	22	10
始兴县	11	7	4	22	13	9	14	9	4
仁化县	15	10	5	15	8	7	13	8	4
翁源县	16	7	9	15	5	10	19	14	5
乳源瑶族自治县	8	7	1	11	5	6	16	10	5
新丰县	22	15	7	27	15	12	15	10	5
乐昌市	30	19	11	49	27	21	38	26	12
南雄市	19	14	5	22	13	9	13	6	6
深圳市	**5825**	**3920**	**1905**	**5221**	**2708**	**2514**	**6293**	**4387**	**1907**
罗湖区	324	204	120	675	339	336	1014	727	287
福田区	1466	961	505	1626	806	820	1308	883	425
南山区	1557	1024	533	920	441	479	884	603	281
宝安区	1620	1151	469	1270	695	574	2064	1441	623
龙岗区	810	548	262	658	390	268	875	627	248
盐田区	48	32	16	73	37	37	149	106	43
珠海市	**515**	**322**	**194**	**623**	**305**	**317**	**796**	**506**	**290**
香洲区	462	288	174	538	265	273	650	414	236
斗门区	32	20	12	60	29	31	108	67	41
金湾区	21	13	8	25	11	13	38	25	13
汕头市	**330**	**211**	**118**	**555**	**315**	**240**	**490**	**376**	**114**
龙湖区	108	58	51	182	103	79	111	66	45
金平区	108	68	40	223	123	99	165	120	45
濠江区	13	12	1	9	6	3	32	30	2
潮阳区	32	22	10	46	38	9	122	114	9
潮南区	18	17	1	18	9	9	16	13	3
澄海区	45	30	15	71	33	38	30	23	7
南澳县	6	4	2	4	2	2	14	10	4
佛山市	**1145**	**715**	**430**	**2118**	**946**	**1171**	**2288**	**1318**	**970**
禅城区	375	226	148	679	311	368	473	260	213
南海区	349	218	130	690	305	384	756	491	266
顺德区	335	219	116	578	251	326	871	472	399
三水区	47	26	21	115	53	63	106	46	59
高明区	39	26	14	56	26	30	82	49	34

5-1 续表 4 单位：人

地 区	十二、租赁和商务服务业			十三、科学研究和技术服务业			十四、水利、环境和公共设施管理业		
	小计	男	女	小计	男	女	小计	男	女
全 省	**20827**	**12517**	**8310**	**7447**	**4724**	**2723**	**5927**	**3534**	**2393**
广州市	**5642**	**3059**	**2584**	**2310**	**1430**	**880**	**1100**	**628**	**472**
荔湾区	399	210	189	143	85	58	99	68	31
越秀区	671	321	350	276	170	106	95	55	39
海珠区	1009	517	492	437	277	160	125	74	51
天河区	1236	690	546	571	355	216	152	103	49
白云区	845	448	397	165	99	66	85	55	30
黄埔区	190	100	90	76	43	33	41	16	25
番禺区	500	296	203	267	174	94	193	96	97
花都区	194	118	76	96	64	33	88	57	31
南沙区	169	101	69	65	32	33	54	30	25
萝岗区	130	73	57	149	90	60	39	19	20
从化区	77	36	41	28	18	10	47	19	28
增城区	221	148	74	36	24	12	82	36	45
韶关市	**378**	**227**	**151**	**133**	**82**	**51**	**120**	**61**	**58**
武江区	41	27	15	52	35	17	18	9	10
浈江区	155	89	67	38	17	21	34	15	18
曲江区	38	23	15	5	3	2	14	6	8
始兴县	27	13	14	6	4	1	8	6	2
仁化县	16	9	6	9	5	4	2	1	1
翁源县	34	24	10	9	6	3	8	4	5
乳源瑶族自治县	2	1	1				16	12	4
新丰县	13	8	5	2	1	1	10	4	6
乐昌市	25	15	10	2	1	1	4	2	3
南雄市	26	18	8	10	9	1	6	4	1
深圳市	**5281**	**3293**	**1988**	**2379**	**1461**	**918**	**1195**	**860**	**335**
罗湖区	808	473	335	179	103	77	155	94	61
福田区	1160	703	457	551	337	213	256	159	97
南山区	644	357	287	461	261	199	312	244	67
宝安区	1514	922	592	726	462	264	299	233	66
龙岗区	1047	749	299	358	245	112	100	74	25
盐田区	108	89	19	105	52	53	74	55	18
珠海市	**729**	**396**	**333**	**226**	**137**	**89**	**188**	**105**	**84**
香洲区	554	285	269	188	110	78	133	76	57
斗门区	91	54	37	22	14	8	34	17	16
金湾区	84	57	27	16	13	3	21	11	10
汕头市	**405**	**251**	**154**	**117**	**75**	**42**	**108**	**73**	**35**
龙湖区	78	47	30	38	24	13	22	18	4
金平区	229	134	95	36	22	13	36	25	11
濠江区	6	3	3				11	3	9
潮阳区	36	31	5	14	11	4	6	5	1
潮南区	4	2	1	7	6	1	8	7	1
澄海区	45	30	16	21	11	10	19	13	6
南澳县	7	4	3	1	1		6	3	3
佛山市	**1658**	**978**	**680**	**644**	**412**	**231**	**936**	**419**	**518**
禅城区	446	255	192	137	90	47	144	75	70
南海区	618	391	227	200	126	74	322	135	187
顺德区	465	256	209	253	162	91	340	151	188
三水区	82	42	40	31	18	14	75	30	45
高明区	46	34	13	22	17	5	56	28	28

5-1 续表 5

单位：人

地 区	十五、居民服务、修理和其他服务业			十六、教育			十七、卫生和社会工作		
	小计	男	女	小计	男	女	小计	男	女
全 省	**45345**	**26625**	**18720**	**37714**	**14543**	**23171**	**19442**	**7609**	**11833**
广州市	**7421**	**3819**	**3603**	**7581**	**2872**	**4708**	**4430**	**1554**	**2875**
荔湾区	423	170	253	403	114	289	460	134	326
越秀区	638	238	400	850	333	516	783	277	506
海珠区	733	286	447	981	337	643	758	279	479
天河区	952	487	465	1600	690	910	512	177	336
白云区	1401	772	629	1000	391	609	709	270	439
黄埔区	284	146	138	231	81	150	111	39	72
番禺区	931	473	458	739	238	501	347	121	225
花都区	613	393	220	493	170	323	252	97	155
南沙区	254	129	126	187	73	114	118	36	82
萝岗区	178	96	82	182	65	117	79	24	55
从化区	264	161	103	288	105	183	116	37	80
增城区	749	468	282	627	274	353	184	63	121
韶关市	**1004**	**571**	**432**	**1200**	**536**	**664**	**557**	**174**	**382**
武江区	128	61	67	144	58	86	119	28	91
浈江区	168	87	81	223	80	142	88	20	68
曲江区	118	66	51	110	39	71	92	34	58
始兴县	45	29	16	55	29	27	16	5	11
仁化县	58	31	28	87	39	48	31	7	24
翁源县	99	64	35	98	46	52	53	18	35
乳源瑶族自治县	55	26	28	93	42	51	13	3	10
新丰县	93	67	26	85	37	49	40	19	21
乐昌市	122	76	46	116	57	58	45	19	26
南雄市	119	64	54	189	109	80	59	20	38
深圳市	**6831**	**3310**	**3520**	**3859**	**1260**	**2599**	**2452**	**918**	**1533**
罗湖区	1098	502	596	386	143	243	281	91	189
福田区	1173	504	669	724	235	488	557	242	315
南山区	726	318	408	807	293	513	431	148	283
宝安区	2504	1246	1259	1184	354	830	827	312	515
龙岗区	1235	695	540	681	207	474	315	111	205
盐田区	93	45	48	78	27	51	41	14	26
珠海市	**735**	**378**	**357**	**814**	**311**	**503**	**375**	**124**	**252**
香洲区	502	246	256	593	222	371	281	95	186
斗门区	173	100	73	130	56	73	66	21	46
金湾区	59	32	28	92	33	59	28	8	20
汕头市	**1480**	**1119**	**360**	**1480**	**452**	**1028**	**653**	**294**	**359**
龙湖区	255	176	79	292	85	206	120	45	75
金平区	360	252	108	495	144	351	297	109	188
濠江区	63	43	20	51	14	36	12	5	7
潮阳区	307	262	45	287	89	198	74	48	26
潮南区	285	230	55	140	53	87	72	51	21
澄海区	196	146	49	185	54	131	62	29	34
南澳县	14	9	4	31	12	19	15	6	9
佛山市	**3395**	**1766**	**1629**	**2971**	**964**	**2007**	**1343**	**424**	**918**
禅城区	604	289	315	543	203	340	360	119	240
南海区	1109	602	506	1121	344	777	401	127	273
顺德区	1275	637	638	882	265	618	371	110	260
三水区	262	144	117	230	78	152	138	45	93
高明区	145	94	52	195	75	120	74	22	51

5-1 续表 6

单位：人

地 区	十八、文化、体育和娱乐业			十九、公共管理、社会保障和社会组织			二十、国际组织		
	小计	男	女	小计	男	女	小计	男	女
全 省	**8706**	**5026**	**3680**	**43191**	**30176**	**13015**	**47**	**25**	**22**
广州市	**2387**	**1330**	**1057**	**8402**	**5510**	**2892**	**8**	**3**	**5**
荔湾区	133	79	54	519	335	184	2	1	1
越秀区	619	346	273	1324	808	515	2	1	1
海珠区	351	197	154	927	558	369			
天河区	369	198	171	1112	708	404	1	1	
白云区	328	188	140	1104	796	308			
黄埔区	61	28	34	272	169	103			
番禺区	262	150	112	745	511	235			
花都区	74	34	40	614	415	199	2		2
南沙区	45	23	22	349	238	111			
萝岗区	31	18	12	322	209	114			
从化区	39	23	16	411	277	134			
增城区	74	46	28	703	486	217	1		1
韶关市	**131**	**72**	**59**	**1471**	**1029**	**442**	**1**	**1**	
武江区	33	16	17	230	173	58	1	1	
浈江区	30	17	13	372	247	125			
曲江区	10	3	6	97	73	24			
始兴县	5	4	1	52	34	18			
仁化县	3	1	1	110	75	35			
翁源县	10	5	6	87	64	23			
乳源瑶族自治县	4	2	2	95	64	31			
新丰县	6	4	2	134	93	41			
乐昌市	16	9	7	124	92	33			
南雄市	14	10	4	170	115	55			
深圳市	**2011**	**1155**	**856**	**4977**	**3373**	**1605**	**1**	**1**	
罗湖区	339	228	111	529	328	201			
福田区	395	208	186	1085	780	305	1	1	
南山区	221	115	106	681	454	227			
宝安区	669	412	257	1686	1144	541			
龙岗区	324	167	157	873	590	283			
盐田区	64	26	38	123	76	47			
珠海市	**253**	**132**	**122**	**1050**	**690**	**360**			
香洲区	184	94	90	777	496	281			
斗门区	47	26	21	187	128	59			
金湾区	23	12	11	86	66	20			
汕头市	**214**	**152**	**62**	**1683**	**1288**	**395**	**1**		**1**
龙湖区	59	36	23	348	244	104			
金平区	73	53	20	532	393	139			
濠江区	5	2	3	55	41	15			
潮阳区	42	34	7	242	207	35			
潮南区	17	13	4	177	158	19	1		1
澄海区	17	12	4	232	174	58			
南澳县	2	1	1	98	71	27			
佛山市	**584**	**343**	**240**	**3415**	**2380**	**1034**	**1**	**1**	
禅城区	114	58	57	771	497	274			
南海区	214	155	59	1166	865	301			
顺德区	185	90	96	894	622	272			
三水区	46	27	19	324	214	110	1	1	
高明区	24	14	11	259	182	78			

5-1 续表 7

单位：人

地　区	就业人口			一、农、林、牧、渔业			二、采矿业		
	合计	男	女	小计	男	女	小计	男	女
江门市	**65681**	**37610**	**28071**	**14945**	**8299**	**6647**	**40**	**36**	**5**
蓬江区	10700	6090	4610	554	333	221	2	1	1
江海区	3876	2286	1590	298	186	112			
新会区	13159	7620	5539	2559	1459	1100	15	13	2
台山市	13505	7663	5841	6264	3512	2753			
开平市	9911	5653	4258	1959	1008	951	12	12	
鹤山市	7676	4246	3429	1169	678	491	11	9	2
恩平市	6854	4051	2803	2141	1123	1019			
湛江市	**92110**	**52993**	**39118**	**51787**	**27581**	**24207**	**121**	**95**	**26**
赤坎区	3425	1974	1452	136	77	59	28	22	6
霞山区	5389	3266	2123	401	243	158	9	6	2
坡头区	4293	2635	1658	1841	985	856	53	42	11
麻章区	6055	3658	2398	3549	2158	1391	4	3	1
遂溪县	11601	6507	5094	8186	4393	3793	7	7	1
徐闻县	10071	5733	4338	7769	4321	3448	2	2	
廉江市	20274	11417	8856	11540	5928	5612	2	2	
雷州市	19028	10593	8435	12939	6736	6202	11	7	4
吴川市	11974	7210	4765	5427	2740	2687	5	4	1
茂名市	**76568**	**42471**	**34097**	**36894**	**17720**	**19174**	**78**	**56**	**22**
茂南区	10843	6197	4646	3225	1565	1661	31	22	10
电白区	20331	11856	8475	9764	4864	4900	10	9	1
高州市	18509	9983	8526	10469	5097	5372	22	13	8
化州市	15784	8601	7183	6587	2954	3634	7	5	1
信宜市	11101	5834	5267	6848	3240	3608	8	6	2
肇庆市	**60183**	**32364**	**27819**	**25535**	**11910**	**13625**	**120**	**90**	**30**
端州区	6831	3705	3126	179	71	108	7	6	1
鼎湖区	2558	1377	1181	799	421	378	1		
广宁县	6714	3482	3232	3638	1610	2029	3	3	
怀集县	11266	5693	5573	5616	2196	3420	26	21	6
封开县	5971	3138	2832	4654	2294	2360	11	8	3
德庆县	5461	2929	2532	3968	2029	1939	2	2	
高要市	11976	6649	5328	4794	2370	2424	59	40	19
四会市	9405	5390	4015	1885	919	966	10	10	
惠州市	**72056**	**43012**	**29044**	**10619**	**6056**	**4562**	**113**	**99**	**15**
惠城区	24292	14478	9814	819	489	330	9	4	5
惠阳区	13101	8382	4719	895	590	305	31	29	2
博罗县	16238	9455	6783	3562	1971	1590	13	11	2
惠东县	13667	8060	5606	3237	1933	1304	11	8	2
龙门县	4758	2635	2122	2106	1073	1033	49	46	3
梅州市	**55666**	**30137**	**25529**	**22152**	**9906**	**12247**	**79**	**66**	**12**
梅江区	5437	2943	2494	523	209	315	11	9	1
梅县区	7147	3941	3206	3026	1509	1516	4	4	
大埔县	5234	2904	2330	2434	1219	1215	5	5	
丰顺县	5527	3267	2260	1967	1077	890	8	5	2
五华县	12496	6384	6112	6450	2704	3746	17	13	4
平远县	3527	1904	1624	1433	600	832	12	8	4
蕉岭县	2704	1546	1158	982	438	544	14	13	
兴宁市	13593	7248	6345	5338	2149	3188	9	9	

5-1 续表 8　　　　　　　　　　　　　　　　　　　　　　　　　　　　单位：人

地　区	三、制造业			四、电力、热力、燃气及水生产和供应业			五、建筑业		
	小计	男	女	小计	男	女	小计	男	女
江门市	**23019**	**12522**	**10497**	**374**	**281**	**92**	**4248**	**3735**	**513**
蓬江区	4451	2552	1899	99	81	18	433	360	72
江海区	1756	1001	756	16	12	4	370	320	51
新会区	5071	2843	2227	105	71	34	784	647	138
台山市	2847	1449	1398	63	50	13	651	593	58
开平市	3299	1670	1629	38	26	11	1153	1089	64
鹤山市	3727	1898	1828	39	31	8	347	290	57
恩平市	1868	1108	760	14	10	4	510	436	73
湛江市	**7064**	**4217**	**2848**	**276**	**210**	**67**	**6682**	**5695**	**987**
赤坎区	346	224	122	44	33	11	87	70	17
霞山区	542	350	192	65	43	22	372	320	52
坡头区	241	123	117	9	7	1	986	830	157
麻章区	514	302	212	28	22	6	193	176	18
遂溪县	587	351	235	12	8	4	281	226	54
徐闻县	261	169	93	13	10	3	123	107	16
廉江市	2323	1409	914	51	43	9	1591	1385	206
雷州市	1114	684	430	34	29	5	713	558	156
吴川市	1136	605	531	20	14	6	2335	2023	312
茂名市	**8589**	**4632**	**3956**	**283**	**214**	**70**	**8087**	**6748**	**1339**
茂南区	1158	776	382	131	98	33	666	516	150
电白区	1957	1135	822	30	20	10	2746	2354	392
高州市	2571	1335	1236	45	32	13	1412	1129	283
化州市	1601	825	776	45	39	6	2339	1943	397
信宜市	1302	561	741	32	24	8	924	807	118
肇庆市	**10989**	**5990**	**4999**	**333**	**254**	**79**	**3867**	**3212**	**655**
端州区	1161	637	524	47	33	14	264	202	62
鼎湖区	631	297	334	17	12	5	175	136	39
广宁县	924	487	436	29	25	4	523	469	54
怀集县	1525	810	715	145	103	43	959	765	194
封开县	291	177	114	11	11		173	149	24
德庆县	473	267	206	8	8		156	118	39
高要市	2814	1446	1368	28	24	4	997	821	176
四会市	3170	1868	1302	49	38	10	620	552	68
惠州市	**30026**	**17539**	**12487**	**505**	**412**	**93**	**3509**	**3046**	**463**
惠城区	10936	6487	4449	165	132	33	1482	1271	211
惠阳区	6436	4033	2403	102	86	16	756	678	78
博罗县	7237	3987	3250	135	116	19	542	477	65
惠东县	4669	2641	2028	58	44	14	421	360	61
龙门县	748	392	356	44	34	10	308	260	48
梅州市	**8824**	**4713**	**4111**	**461**	**345**	**116**	**4587**	**3675**	**912**
梅江区	812	378	433	91	68	23	442	362	80
梅县区	1096	577	519	63	42	21	509	396	112
大埔县	796	429	367	46	38	8	426	351	75
丰顺县	988	552	436	29	19	10	514	441	73
五华县	1496	776	721	58	35	22	1282	949	334
平远县	508	284	223	39	25	15	286	233	53
蕉岭县	495	335	160	33	23	10	213	170	43
兴宁市	2634	1381	1253	102	95	7	914	772	142

5-1 续表 9

单位：人

地区	六、批发和零售业			七、交通运输、仓储和邮政业			八、住宿和餐饮业		
	小计	男	女	小计	男	女	小计	男	女
江门市	**8549**	**4457**	**4093**	**1656**	**1431**	**225**	**3466**	**1728**	**1738**
蓬江区	1808	940	868	282	226	56	498	231	267
江海区	552	283	269	139	121	18	171	79	92
新会区	1803	985	818	417	354	63	373	165	207
台山市	1347	676	672	328	288	40	883	479	403
开平市	1416	708	708	236	204	32	631	312	320
鹤山市	830	438	391	152	140	13	315	150	165
恩平市	793	426	367	103	100	3	595	311	284
湛江市	**11469**	**6298**	**5170**	**2498**	**2192**	**306**	**3411**	**1622**	**1789**
赤坎区	974	534	440	209	177	32	202	101	101
霞山区	1623	882	741	481	400	82	354	174	180
坡头区	607	323	285	136	125	11	133	46	87
麻章区	745	390	355	222	209	13	265	97	167
遂溪县	977	553	423	246	219	26	453	199	254
徐闻县	573	321	252	160	140	20	196	94	101
廉江市	2381	1244	1137	431	371	60	807	382	424
雷州市	1908	1097	810	352	308	44	676	341	335
吴川市	1679	953	727	260	242	18	327	188	139
茂名市	**10974**	**5708**	**5266**	**2147**	**1949**	**197**	**2324**	**1156**	**1168**
茂南区	2537	1348	1189	445	376	69	428	209	219
电白区	2940	1605	1335	580	530	51	685	326	359
高州市	1887	993	894	471	438	33	359	189	170
化州市	2777	1334	1443	444	406	38	581	293	288
信宜市	833	428	404	207	200	7	271	138	133
肇庆市	**8183**	**4272**	**3911**	**1540**	**1353**	**187**	**2728**	**1383**	**1345**
端州区	1928	980	948	318	251	67	513	265	248
鼎湖区	348	163	185	84	77	7	153	67	86
广宁县	581	264	316	170	158	12	333	158	175
怀集县	1558	877	681	233	207	26	476	272	205
封开县	318	184	134	75	70	4	126	56	69
德庆县	224	112	111	63	57	7	151	72	80
高要市	1385	770	615	241	220	21	617	322	295
四会市	1841	921	920	357	313	43	358	171	187
惠州市	**10187**	**5532**	**4655**	**1718**	**1480**	**238**	**3831**	**2004**	**1828**
惠城区	3764	1983	1781	652	540	112	1253	667	586
惠阳区	1782	1007	775	368	312	55	573	305	268
博罗县	1938	1086	852	317	280	37	725	401	325
惠东县	2289	1253	1036	252	234	17	964	478	486
龙门县	414	203	210	130	114	16	316	153	163
梅州市	**8796**	**4524**	**4272**	**1939**	**1728**	**211**	**1905**	**1017**	**889**
梅江区	1380	652	728	263	223	40	398	203	195
梅县区	933	440	493	326	276	50	303	154	149
大埔县	724	378	346	120	110	10	154	74	80
丰顺县	949	491	458	111	97	14	235	137	98
五华县	1736	934	802	208	198	9	256	130	126
平远县	484	254	229	127	117	10	116	57	59
蕉岭县	390	198	191	129	118	11	78	43	35
兴宁市	2200	1176	1024	655	589	66	366	219	148

5-1 续表 10 单位：人

地 区	九、信息传输、软件和信息技术服务业			十、金融业			十一、房地产业		
	小计	男	女	小计	男	女	小计	男	女
江门市	**437**	**287**	**150**	**806**	**428**	**377**	**516**	**298**	**218**
蓬江区	137	83	54	278	131	148	186	110	77
江海区	27	19	7	49	22	27	47	26	22
新会区	82	53	29	182	106	76	76	42	35
台山市	60	38	22	91	54	37	52	29	23
开平市	41	29	13	97	57	40	78	50	27
鹤山市	54	37	17	81	44	36	58	32	26
恩平市	35	27	8	27	15	12	18	10	8
湛江市	**337**	**205**	**131**	**469**	**248**	**221**	**388**	**269**	**119**
赤坎区	102	62	40	112	52	61	106	64	42
霞山区	59	40	19	159	87	73	122	84	38
坡头区	7	4	3	7	4	3	7	6	2
麻章区	18	12	6	30	12	18	11	6	5
遂溪县	26	16	10	37	25	12	31	29	2
徐闻县	16	9	7	13	8	5	13	7	6
廉江市	53	26	27	51	25	27	50	37	13
雷州市	34	21	13	31	23	8	33	27	6
吴川市	21	15	5	28	13	14	16	10	5
茂名市	**292**	**202**	**90**	**374**	**220**	**155**	**264**	**170**	**94**
茂南区	148	101	47	155	88	67	68	43	25
电白区	37	25	12	47	25	22	57	37	19
高州市	54	37	17	61	36	26	47	25	22
化州市	33	24	9	63	41	23	72	51	22
信宜市	20	15	6	48	31	17	20	14	6
肇庆市	**204**	**128**	**76**	**557**	**307**	**251**	**465**	**265**	**200**
端州区	129	78	51	215	115	101	245	139	107
鼎湖区	14	9	5	24	12	12	33	19	14
广宁县	7	5	2	31	15	16	33	22	11
怀集县	5	3	2	140	93	47	23	14	9
封开县	5	3	2	12	5	7	5	3	2
德庆县	7	4	2	14	8	7	5	3	2
高要市	16	11	5	74	37	36	68	36	32
四会市	22	14	8	48	22	26	53	30	23
惠州市	**501**	**313**	**188**	**745**	**373**	**372**	**1428**	**1008**	**420**
惠城区	356	221	135	527	264	263	648	445	203
惠阳区	60	36	24	75	33	42	443	325	118
博罗县	42	26	16	55	31	24	129	88	41
惠东县	28	17	11	53	28	25	147	112	35
龙门县	15	13	2	35	17	18	60	37	23
梅州市	**316**	**200**	**116**	**456**	**274**	**182**	**301**	**198**	**103**
梅江区	133	77	56	117	62	56	98	65	33
梅县区	30	12	18	128	81	47	50	30	19
大埔县	13	8	5	29	20	9	24	17	7
丰顺县	35	27	8	33	19	14	24	19	6
五华县	15	14	1	27	15	13	23	14	9
平远县	26	17	9	31	16	15	24	16	8
蕉岭县	11	8	3	25	14	11	15	11	4
兴宁市	53	38	15	65	48	18	43	25	18

5-1 续表 11

单位：人

地区	十二、租赁和商务服务业			十三、科学研究和技术服务业			十四、水利、环境和公共设施管理业		
	小计	男	女	小计	男	女	小计	男	女
江门市	**537**	**304**	**233**	**97**	**67**	**30**	**231**	**127**	**104**
蓬江区	153	89	64	30	22	7	62	40	22
江海区	18	11	8	8	6	2	44	27	16
新会区	134	83	50	21	12	8	24	13	10
台山市	47	26	20	2	2		47	18	29
开平市	97	49	48	13	8	6	20	7	13
鹤山市	59	34	25	16	10	5	20	10	10
恩平市	29	12	17	8	7	1	14	11	3
湛江市	**554**	**381**	**173**	**163**	**115**	**48**	**114**	**46**	**68**
赤坎区	91	62	29	28	22	6	25	12	13
霞山区	100	67	34	94	66	28	31	10	21
坡头区	51	27	24	1	1		6	2	4
麻章区	31	25	6	2	2	1	12	2	10
遂溪县	39	28	10	5	3	3	6	2	4
徐闻县	12	9	3	4	3	1	7	5	2
廉江市	107	64	43	4	2	1	6	1	5
雷州市	83	72	11	19	12	7	15	9	6
吴川市	39	27	13	5	5	1	6	3	3
茂名市	**244**	**164**	**80**	**71**	**51**	**20**	**105**	**73**	**32**
茂南区	85	55	30	18	12	6	53	34	19
电白区	48	31	18	9	9		14	10	4
高州市	46	27	19	14	12	3	23	18	5
化州市	45	35	10	23	15	7	8	5	3
信宜市	20	16	4	7	3	4	6	5	1
肇庆市	**389**	**234**	**155**	**71**	**49**	**22**	**172**	**93**	**78**
端州区	156	81	74	28	20	9	41	18	23
鼎湖区	11	6	5	4	4		10	4	6
广宁县	18	15	3	16	11	5	14	7	6
怀集县	29	21	7	4	3	1	48	32	16
封开县	28	20	8	3	2	1	7	3	4
德庆县	4	3	1	2	2		4	3	1
高要市	36	26	10	2	1	1	13	7	6
四会市	108	59	48	10	7	3	34	20	15
惠州市	**788**	**528**	**260**	**278**	**186**	**92**	**310**	**208**	**103**
惠城区	440	280	160	114	72	42	110	72	38
惠阳区	154	121	33	105	75	29	51	29	23
博罗县	60	37	23	17	13	4	108	82	27
惠东县	96	65	31	33	20	13	18	16	2
龙门县	38	25	13	9	5	3	23	10	13
梅州市	**236**	**144**	**92**	**51**	**41**	**10**	**102**	**64**	**38**
梅江区	46	26	20	13	10	3	30	18	12
梅县区	39	24	14	7	6	1	5	1	5
大埔县	20	11	9	6	4	2	6	3	4
丰顺县	23	9	14	9	8	1	22	13	9
五华县	46	32	14	2	2		11	9	2
平远县	33	22	11	6	5	1	10	7	3
蕉岭县	14	7	6	2	2	1	8	5	2
兴宁市	15	11	4	6	5	1	10	8	2

5-1 续表 12 单位：人

地区	十五、居民服务、修理和其他服务业			十六、教育			十七、卫生和社会工作		
	小计	男	女	小计	男	女	小计	男	女
江门市	**2317**	**1415**	**902**	**1329**	**407**	**922**	**856**	**318**	**538**
蓬江区	653	377	276	297	85	213	198	63	134
江海区	161	81	80	80	20	60	38	12	26
新会区	360	222	137	409	126	283	247	93	154
台山市	306	199	107	149	44	105	87	26	61
开平市	223	119	104	188	67	122	97	37	60
鹤山市	172	103	69	141	42	99	148	66	82
恩平市	443	314	129	64	23	41	42	21	21
湛江市	**1929**	**1222**	**707**	**2015**	**844**	**1171**	**999**	**474**	**525**
赤坎区	110	59	51	366	144	222	138	49	89
霞山区	179	105	75	243	77	166	127	48	79
坡头区	85	52	33	62	28	33	17	7	11
麻章区	123	69	54	159	79	79	40	21	19
遂溪县	323	242	81	118	41	76	99	38	61
徐闻县	418	234	183	192	88	104	95	43	52
廉江市	258	170	88	245	94	151	141	69	72
雷州市	266	186	80	387	197	191	255	156	99
吴川市	167	103	64	243	95	148	87	44	44
茂名市	**1885**	**1271**	**614**	**1532**	**619**	**913**	**776**	**352**	**425**
茂南区	395	275	120	351	106	245	232	87	145
电白区	549	391	159	339	148	191	127	65	62
高州市	368	235	134	285	123	162	147	73	75
化州市	416	250	166	356	148	208	195	90	105
信宜市	157	122	36	202	94	107	75	37	38
肇庆市	**1257**	**781**	**476**	**1308**	**578**	**730**	**697**	**308**	**389**
端州区	232	115	118	348	131	218	297	115	182
鼎湖区	92	59	33	51	20	31	18	9	9
广宁县	110	82	28	122	55	67	65	31	35
怀集县	111	76	34	127	48	80	105	53	51
封开县	81	51	30	47	22	25	17	7	10
德庆县	87	61	26	161	96	65	36	15	21
高要市	318	213	105	275	140	134	101	59	42
四会市	225	123	102	177	67	109	58	18	40
惠州市	**1931**	**1194**	**737**	**2008**	**783**	**1225**	**862**	**344**	**519**
惠城区	750	398	352	741	268	473	333	101	232
惠阳区	324	215	109	339	122	217	140	57	83
博罗县	407	279	128	425	191	234	108	51	57
惠东县	322	228	94	386	157	229	223	110	112
龙门县	129	75	54	118	45	72	58	24	34
梅州市	**2115**	**1403**	**712**	**1162**	**489**	**673**	**606**	**261**	**346**
梅江区	324	186	138	212	77	135	153	54	99
梅县区	291	210	81	106	42	64	99	48	51
大埔县	162	72	90	80	37	43	47	21	25
丰顺县	217	146	71	118	48	70	49	23	26
五华县	435	318	117	252	117	134	64	32	32
平远县	115	81	34	92	41	51	51	21	29
蕉岭县	102	56	46	64	31	33	29	12	17
兴宁市	469	335	135	239	95	144	115	49	66

5-1 续表 13

单位：人

地　　区	十八、文化、体育和娱乐业			十九、公共管理、社会保障和社会组织			二十、国际组织		
	小计	男	女	小计	男	女	小计	男	女
江门市	**250**	**150**	**101**	**1977**	**1302**	**675**	**31**	**19**	**12**
蓬江区	83	47	36	496	320	176	1	1	
江海区	23	10	13	79	50	28			
新会区	46	30	16	451	302	150			
台山市	35	20	14	215	142	74	31	18	12
开平市	29	20	10	283	181	101			
鹤山市	24	15	9	314	218	96			
恩平市	10	8	3	139	89	50			
湛江市	**249**	**128**	**121**	**1585**	**1150**	**435**			
赤坎区	27	15	12	293	196	97			
霞山区	84	29	55	341	236	106			
坡头区	15	2	12	29	20	9			
麻章区	11	7	5	97	66	32			
遂溪县	23	16	7	147	110	36			
徐闻县	7	7		198	157	41			
廉江市	28	16	12	204	148	55			
雷州市	22	15	6	136	114	22			
吴川市	32	21	11	140	104	36			
茂名市	**293**	**191**	**102**	**1356**	**976**	**380**			
茂南区	210	134	76	507	351	156			
电白区	22	13	9	370	260	110			
高州市	37	26	11	190	145	45			
化州市	13	9	4	179	135	44			
信宜市	10	9	2	110	85	26			
肇庆市	**242**	**124**	**117**	**1525**	**1032**	**494**			
端州区	167	86	80	555	365	190			
鼎湖区	9	6	4	82	55	28			
广宁县	12	8	4	85	55	29			
怀集县	5	3	1	132	96	35			
封开县	5	2	4	102	70	32			
德庆县	3	1	2	91	68	23			
高要市	16	9	7	123	95	28			
四会市	25	10	15	356	227	129			
惠州市	**363**	**233**	**130**	**2332**	**1674**	**659**			
惠城区	194	119	74	999	666	333			
惠阳区	74	46	28	390	282	108			
博罗县	37	25	12	381	304	78			
惠东县	45	36	9	416	320	96			
龙门县	14	7	7	145	102	43			
梅州市	**156**	**101**	**55**	**1422**	**990**	**433**			
梅江区	63	45	18	329	219	110			
梅县区	25	15	10	107	72	35			
大埔县	13	8	4	131	100	31			
丰顺县	10	7	4	185	128	56			
五华县	8	6	2	110	86	23			
平远县	5	3	2	130	95	36			
蕉岭县	7	5	2	94	57	38			
兴宁市	25	12	13	336	232	104			

5-1 续表 14

单位：人

地　区	就业人口			一、农、林、牧、渔业			二、采矿业		
	合计	男	女	小计	男	女	小计	男	女
汕尾市	**33203**	**22831**	**10372**	**11159**	**8197**	**2963**	**11**	**10**	**1**
城区	5714	3936	1778	919	793	126	6	6	
海丰县	10693	6864	3829	2616	1818	797			
陆河县	3383	2188	1195	1027	604	422	1	1	
陆丰市	13413	9843	3571	6598	4981	1617	4	4	1
河源市	**35685**	**20248**	**15436**	**11980**	**6110**	**5870**	**621**	**406**	**215**
源城区	5929	3478	2451	107	83	24	15	12	3
紫金县	6496	3755	2741	1883	963	920	4	3	1
龙川县	8172	4683	3489	2851	1461	1390	3	3	
连平县	4652	2512	2140	2531	1252	1279	155	92	64
和平县	5131	2766	2365	2434	1156	1277	8	7	1
东源县	5304	3053	2251	2174	1195	979	437	290	147
阳江市	**35357**	**20694**	**14662**	**12587**	**6866**	**5721**	**15**	**10**	**5**
江城区	10307	6031	4276	1465	830	635	2	1	1
阳西县	6181	3799	2383	3040	1769	1270			
阳东县	7267	4323	2944	2432	1354	1078	3	2	1
阳春市	11602	6542	5060	5651	2913	2738	10	7	3
清远市	**52443**	**29743**	**22700**	**19360**	**10418**	**8943**	**104**	**82**	**22**
清城区	11592	6696	4896	2592	1341	1251	45	38	7
清新区	9517	5496	4021	723	410	313			
佛冈县	4460	2547	1914	2089	1133	956	10	4	6
阳山县	4997	2765	2232	2580	1301	1279	7	7	
连山壮族瑶族自治县	1319	755	564	817	465	352	1	1	
连南瑶族自治县	1800	962	838	1013	494	520	4	3	1
英德市	14043	7703	6340	6996	3791	3205	26	20	6
连州市	4715	2819	1896	2549	1482	1067	11	9	2
东莞市	**162402**	**98646**	**63756**	**1585**	**1012**	**573**	**64**	**48**	**16**
中山市	**54331**	**31615**	**22716**	**2074**	**1256**	**818**	**26**	**18**	**8**
潮州市	**36615**	**21629**	**14986**	**8616**	**5197**	**3419**	**4**	**4**	
湘桥区	8093	4763	3331	1263	767	496	3	3	
潮安区	17141	10324	6818	2436	1518	918	1	1	
饶平县	11380	6543	4837	4917	2912	2004			
揭阳市	**75763**	**46456**	**29307**	**19831**	**12932**	**6899**	**16**	**16**	
榕城区	10944	7533	3411	1170	1011	158			
揭东区	12352	7998	4354	2857	2065	792	3	3	
揭西县	11138	6627	4511	3171	1943	1229	4	4	
惠来县	12935	7739	5195	5419	3203	2216	4	4	
普宁市	28394	16559	11835	7214	4710	2503	5	5	
云浮市	**33025**	**18286**	**14739**	**15084**	**7002**	**8082**	**92**	**63**	**29**
云城区	5116	2970	2146	1222	575	648	77	50	27
云安区	4107	2288	1820	2067	879	1188	8	7	1
新兴县	7077	3808	3268	3305	1626	1678	2	2	
郁南县	5382	2977	2405	3079	1603	1476	3	3	1
罗定市	11343	6243	5099	5411	2319	3092	2	2	

5-1 续表 15

单位：人

地　区	三、制造业			四、电力、热力、燃气及水生产和供应业			五、建筑业		
	小计	男	女	小计	男	女	小计	男	女
汕尾市	**6577**	**3895**	**2682**	**72**	**58**	**15**	**2150**	**1890**	**260**
城区	1689	946	743	25	18	6	410	388	22
海丰县	3517	2101	1416	12	8	4	267	253	14
陆河县	214	121	93	5	3	1	587	541	46
陆丰市	1158	728	430	31	28	4	887	708	178
河源市	**7380**	**3876**	**3504**	**194**	**150**	**44**	**2266**	**1897**	**369**
源城区	1862	977	885	44	31	13	485	417	67
紫金县	1452	788	665	33	23	9	546	440	106
龙川县	1578	816	762	34	27	6	527	429	98
连平县	554	287	267	21	16	5	262	222	40
和平县	801	427	375	31	26	5	333	286	47
东源县	1134	582	552	30	25	5	113	102	11
阳江市	**7026**	**3674**	**3352**	**155**	**127**	**28**	**4356**	**3641**	**715**
江城区	2787	1461	1326	71	57	14	1273	1111	163
阳西县	656	300	357	9	7	1	1189	968	221
阳东县	1741	938	802	19	15	4	865	724	141
阳春市	1843	975	867	55	47	8	1030	839	191
清远市	**14279**	**7992**	**6287**	**455**	**329**	**126**	**2946**	**2508**	**438**
清城区	2454	1423	1031	91	69	22	886	766	120
清新区	7403	4267	3136	1	1		103	87	16
佛冈县	895	504	391	22	17	6	298	273	25
阳山县	767	421	346	144	90	53	309	269	40
连山壮族瑶族自治县	134	82	52	21	16	5	33	26	7
连南瑶族自治县	155	80	75	27	21	6	132	106	26
英德市	2049	991	1058	120	93	27	775	616	158
连州市	421	225	196	30	23	7	411	366	45
东莞市	**109640**	**65523**	**44117**	**783**	**617**	**166**	**5024**	**4434**	**589**
中山市	**29786**	**16929**	**12857**	**242**	**186**	**56**	**2397**	**2028**	**369**
潮州市	**15600**	**7881**	**7720**	**218**	**160**	**58**	**2494**	**2255**	**239**
湘桥区	2961	1376	1585	66	50	16	692	658	34
潮安区	9900	5339	4562	57	51	6	871	829	43
饶平县	2739	1167	1573	94	59	36	931	768	163
揭阳市	**23518**	**10800**	**12718**	**255**	**209**	**46**	**4960**	**4534**	**427**
榕城区	3312	1937	1375	65	53	12	1016	859	158
揭东区	4644	2390	2255	37	28	10	832	805	27
揭西县	2550	1188	1362	46	37	8	997	913	83
惠来县	2258	924	1334	57	50	7	732	630	102
普宁市	10754	4362	6393	51	41	9	1384	1327	57
云浮市	**6376**	**3595**	**2781**	**130**	**109**	**22**	**2659**	**2372**	**287**
云城区	1201	810	391	44	33	11	391	323	68
云安区	894	629	265	16	14	2	353	319	33
新兴县	1563	745	818	20	16	4	500	450	50
郁南县	614	336	278	18	17	1	331	281	50
罗定市	2104	1075	1030	32	29	4	1085	1000	85

5-1 续表 16 单位：人

地 区	六、批发和零售业			七、交通运输、仓储和邮政业			八、住宿和餐饮业		
	小计	男	女	小计	男	女	小计	男	女
汕尾市	**7870**	**5009**	**2861**	**780**	**737**	**43**	**1345**	**779**	**566**
城区	1342	882	460	188	180	8	348	192	157
海丰县	2560	1480	1080	258	248	10	446	255	191
陆河县	781	423	357	136	126	11	161	68	93
陆丰市	3187	2223	964	198	184	14	389	264	125
河源市	**5525**	**2962**	**2563**	**1068**	**973**	**94**	**1532**	**821**	**710**
源城区	1079	575	504	187	165	22	445	213	232
紫金县	1074	575	499	232	208	24	319	189	130
龙川县	1607	897	711	313	291	22	204	114	90
连平县	566	292	274	90	79	11	118	65	53
和平县	632	311	321	138	127	12	214	112	103
东源县	566	312	255	108	103	4	231	129	103
阳江市	**4381**	**2258**	**2124**	**850**	**779**	**70**	**1632**	**646**	**985**
江城区	2065	1053	1013	270	239	31	638	253	385
阳西县	439	240	198	146	141	6	260	94	166
阳东县	746	405	341	151	141	10	373	136	238
阳春市	1131	560	572	283	258	24	361	164	197
清远市	**5966**	**2997**	**2969**	**1404**	**1273**	**131**	**2063**	**911**	**1152**
清城区	1978	1001	977	506	459	47	684	333	351
清新区	720	359	361	159	139	20	69	44	25
佛冈县	400	184	216	101	91	10	202	76	127
阳山县	466	254	212	141	131	10	210	76	134
连山壮族瑶族自治县	99	49	51	13	13	1	52	25	28
连南瑶族自治县	143	68	75	39	34	4	40	17	23
英德市	1723	844	879	331	306	24	598	260	338
连州市	435	238	198	114	100	14	208	81	127
东莞市	**17706**	**9936**	**7771**	**3812**	**3202**	**609**	**4950**	**2734**	**2216**
中山市	**7605**	**4018**	**3587**	**1933**	**1613**	**321**	**1877**	**1035**	**843**
潮州市	**5087**	**3013**	**2073**	**863**	**779**	**84**	**865**	**529**	**337**
湘桥区	1344	774	570	244	227	17	307	188	119
潮安区	2219	1399	820	340	316	23	353	230	122
饶平县	1524	840	684	279	236	43	206	110	96
揭阳市	**15462**	**9908**	**5554**	**1610**	**1499**	**111**	**2723**	**1697**	**1026**
榕城区	2175	1451	725	340	322	18	205	139	66
揭东区	2147	1405	742	323	301	22	267	184	82
揭西县	2758	1553	1205	251	238	13	528	268	260
惠来县	2674	1647	1027	310	283	27	628	385	243
普宁市	5707	3852	1855	385	355	30	1095	721	374
云浮市	**3217**	**1718**	**1499**	**922**	**863**	**59**	**1305**	**698**	**607**
云城区	847	437	410	173	161	12	247	97	151
云安区	354	172	182	108	100	7	105	53	51
新兴县	580	299	282	124	114	10	344	194	151
郁南县	432	218	214	111	100	12	204	94	109
罗定市	1004	593	412	406	388	18	405	260	146

5-1 续表 17 单位：人

地区	九、信息传输、软件和信息技术服务业			十、金融业			十一、房地产业		
	小计	男	女	小计	男	女	小计	男	女
汕尾市	**113**	**81**	**31**	**141**	**96**	**45**	**123**	**98**	**26**
城区	42	28	14	48	31	17	54	45	9
海丰县	10	10		32	22	10	33	26	7
陆河县	22	14	8	22	13	9	13	12	1
陆丰市	39	29	9	39	30	9	23	14	9
河源市	**179**	**113**	**67**	**249**	**140**	**109**	**239**	**154**	**85**
源城区	66	44	22	112	62	51	115	80	36
紫金县	37	21	16	42	25	17	30	18	12
龙川县	38	24	15	26	15	12	37	23	14
连平县	13	8	5	11	7	3	20	9	11
和平县	18	11	7	25	11	14	13	9	4
东源县	7	4	2	34	20	14	24	15	8
阳江市	**193**	**119**	**74**	**231**	**126**	**105**	**222**	**130**	**92**
江城区	93	58	36	136	76	60	123	78	45
阳西县	10	8	2	9	6	4	9	3	6
阳东县	54	31	23	35	17	18	57	31	26
阳春市	35	22	13	51	28	24	33	17	16
清远市	**183**	**123**	**61**	**397**	**195**	**202**	**555**	**334**	**221**
清城区	97	63	34	233	110	123	306	181	126
清新区	11	7	4	25	16	9	36	27	9
佛冈县	9	7	2	20	9	10	35	22	14
阳山县	12	8	3	13	8	5	32	18	13
连山壮族瑶族自治县	6	4	2	3	2	1	5	3	3
连南瑶族自治县	4	3		6	4	2	12	6	5
英德市	31	21	10	70	30	41	109	66	43
连州市	14	9	5	27	16	12	20	12	8
东莞市	**906**	**617**	**289**	**1745**	**914**	**831**	**1876**	**1283**	**593**
中山市	**503**	**331**	**171**	**825**	**401**	**423**	**1077**	**661**	**416**
潮州市	**131**	**101**	**30**	**164**	**91**	**74**	**100**	**88**	**12**
湘桥区	78	53	25	88	47	41	64	58	6
潮安区	33	29	4	39	23	17	21	16	5
饶平县	20	19	1	37	21	16	15	14	1
揭阳市	**185**	**119**	**66**	**294**	**200**	**94**	**229**	**184**	**45**
榕城区	59	37	22	74	53	21	47	33	14
揭东区	38	26	12	39	26	13	34	28	6
揭西县	14	9	5	43	27	16	37	29	8
惠来县	44	27	17	61	49	12	31	27	4
普宁市	29	20	9	77	45	32	80	66	14
云浮市	**120**	**77**	**42**	**175**	**97**	**78**	**97**	**59**	**38**
云城区	72	43	29	87	45	42	37	21	16
云安区	7	5	2	8	3	5	3		3
新兴县	16	12	5	33	19	15	25	16	10
郁南县	8	6	2	15	11	4	12	7	5
罗定市	17	12	5	31	19	12	19	15	4

5-1 续表 18

单位：人

地 区	十二、租赁和商务服务业			十三、科学研究和技术服务业			十四、水利、环境和公共设施管理业		
	小计	男	女	小计	男	女	小计	男	女
汕尾市	**227**	**163**	**63**	**22**	**18**	**4**	**25**	**19**	**5**
城区	51	42	10	10	8	3	6	4	1
海丰县	101	76	25	5	4	1	11	7	4
陆河县	25	12	12	5	5		2	1	
陆丰市	50	33	17	2	2		6	6	
河源市	**297**	**199**	**97**	**108**	**77**	**31**	**55**	**35**	**20**
源城区	84	55	30	82	60	22	26	13	13
紫金县	35	19	16	10	8	2	7	6	1
龙川县	95	71	24	2	1	1	6	5	1
连平县	18	11	7	6	4	2	4	2	2
和平县	29	16	13	3	1	2	1	1	
东源县	36	27	9	5	3	2	12	9	3
阳江市	**320**	**241**	**79**	**30**	**23**	**7**	**52**	**35**	**17**
江城区	110	81	29	12	8	4	12	7	5
阳西县	34	18	16	3	3		18	15	3
阳东县	89	75	14	2	2		3	2	1
阳春市	86	67	20	13	9	3	20	12	8
清远市	**317**	**223**	**94**	**47**	**31**	**16**	**81**	**49**	**31**
清城区	183	122	60	25	17	8	34	22	11
清新区	2	1	1	1		1			
佛冈县	28	24	4	6	3	3	3	3	
阳山县	14	12	2				1	1	
连山壮族瑶族自治县	9	7	2				3	1	1
连南瑶族自治县	7	5	2	4	3	1	9	5	4
英德市	51	38	13	7	5	2	19	9	10
连州市	23	14	9	4	2	2	12	8	4
东莞市	**1478**	**924**	**554**	**393**	**254**	**140**	**697**	**420**	**276**
中山市	**753**	**410**	**344**	**165**	**104**	**61**	**220**	**131**	**89**
潮州市	**134**	**78**	**56**	**70**	**53**	**17**	**34**	**30**	**4**
湘桥区	64	41	24	21	16	5	15	12	3
潮安区	61	32	29	47	36	11	19	18	1
饶平县	9	5	3	2	1	1			
揭阳市	**319**	**232**	**87**	**46**	**38**	**8**	**51**	**40**	**11**
榕城区	50	35	15	3	3		13	10	3
揭东区	137	103	34	27	26	1	25	19	5
揭西县	23	14	9				3	2	1
惠来县	17	13	4	2		2			
普宁市	91	67	24	14	9	5	11	9	2
云浮市	**141**	**89**	**52**	**26**	**19**	**7**	**31**	**16**	**15**
云城区	42	25	17	12	11	2	8	3	4
云安区	20	12	8	2	1	1	6	2	3
新兴县	19	13	6	4	1	3	5	3	3
郁南县	19	10	9	2	1	1	3	2	1
罗定市	41	29	12	6	5	1	10	6	4

5-1 续表 19

单位：人

地 区	十五、居民服务、修理和其他服务业			十六、教育			十七、卫生和社会工作		
	小计	男	女	小计	男	女	小计	男	女
汕尾市	**960**	**741**	**219**	**698**	**350**	**348**	**224**	**143**	**80**
城区	124	99	24	199	95	104	52	28	24
海丰县	271	192	79	185	90	95	104	71	34
陆河县	141	100	41	128	53	75	27	17	11
陆丰市	424	349	75	186	112	74	40	28	12
河源市	**1096**	**713**	**383**	**1060**	**440**	**620**	**496**	**216**	**280**
源城区	308	188	120	277	96	181	92	33	59
紫金县	154	104	50	283	123	160	83	35	48
龙川县	319	201	118	211	103	107	137	62	74
连平县	86	59	26	66	24	42	32	11	20
和平县	146	104	41	137	59	79	58	28	30
东源县	83	55	28	87	35	52	94	46	48
阳江市	**1254**	**824**	**430**	**688**	**298**	**390**	**289**	**134**	**155**
江城区	399	266	133	243	86	157	127	54	73
阳西县	217	136	80	54	28	26	28	13	14
阳东县	314	204	110	105	43	62	32	13	19
阳春市	325	219	106	285	140	145	102	53	49
清远市	**1292**	**767**	**525**	**1099**	**387**	**712**	**529**	**201**	**328**
清城区	502	272	231	308	93	216	171	57	114
清新区	30	26	4	164	62	102	13	10	4
佛冈县	118	82	36	59	19	39	58	23	35
阳山县	70	46	23	63	20	43	35	14	21
连山壮族瑶族自治县	28	14	15	33	10	23	11	4	7
连南瑶族自治县	34	21	13	66	27	39	32	10	22
英德市	437	266	171	319	119	200	112	48	64
连州市	74	41	33	88	37	51	97	35	62
东莞市	**3254**	**1866**	**1389**	**1977**	**737**	**1240**	**1719**	**620**	**1099**
中山市	**1465**	**792**	**673**	**1179**	**400**	**778**	**509**	**186**	**323**
潮州市	**758**	**586**	**172**	**577**	**189**	**388**	**274**	**148**	**126**
湘桥区	229	164	65	251	90	161	110	43	66
潮安区	309	255	55	178	49	129	100	62	38
饶平县	219	167	52	148	49	99	64	43	21
揭阳市	**2118**	**1526**	**592**	**2498**	**1368**	**1130**	**508**	**291**	**217**
榕城区	554	398	156	1455	921	535	107	59	48
揭东区	337	248	89	227	94	133	125	72	52
揭西县	331	202	129	167	59	108	68	32	35
惠来县	258	203	55	177	88	89	83	53	30
普宁市	639	475	163	472	206	266	126	74	52
云浮市	**850**	**562**	**288**	**680**	**258**	**422**	**289**	**125**	**164**
云城区	140	81	60	122	33	88	84	31	53
云安区	61	39	22	42	14	28	23	15	8
新兴县	127	79	47	145	50	94	46	17	30
郁南县	188	108	80	184	82	101	44	20	24
罗定市	334	255	79	188	78	110	92	43	49

5-1　续表 20　　　　单位：人

地　区	十八、文化、体育和娱乐业			十九、公共管理、社会保障和社会组织			二十、国际组织		
	小计	男	女	小计	男	女	小计	男	女
汕尾市	**89**	**61**	**27**	**617**	**486**	**131**			
城区	26	19	7	176	133	43			
海丰县	7	5	2	260	199	61			
陆河县	2	1		85	71	14			
陆丰市	54	36	18	97	83	14			
河源市	**109**	**68**	**41**	**1229**	**897**	**332**	**2**		**2**
源城区	55	32	23	487	341	145	1		1
紫金县	20	13	7	252	193	59			
龙川县	7	4	2	177	135	41	1		1
连平县	5	3	2	95	68	27			
和平县	8	5	2	102	68	34			
东源县	14	10	4	117	91	26			
阳江市	**97**	**42**	**54**	**978**	**720**	**258**			
江城区	22	9	14	458	305	153			
阳西县	9	5	4	52	45	7			
阳东县	42	15	26	203	173	31			
阳春市	24	14	10	265	198	67			
清远市	**128**	**72**	**56**	**1239**	**852**	**387**			
清城区	46	25	22	451	305	146			
清新区				57	41	17			
佛冈县	14	8	7	94	67	27			
阳山县	3	1	2	131	86	45			
连山壮族瑶族自治县	2		1	46	34	12			
连南瑶族自治县	6	4	1	69	50	19			
英德市	46	26	19	223	153	70			
连州市	11	8	3	166	116	51			
东莞市	**593**	**340**	**253**	**4200**	**3166**	**1034**	**2**		**2**
中山市	**304**	**173**	**131**	**1392**	**944**	**447**			
潮州市	**74**	**46**	**28**	**552**	**404**	**149**			
湘桥区	53	27	25	240	168	72			
潮安区	8	7	1	150	116	34			
饶平县	13	11	2	163	120	42			
揭阳市	**115**	**77**	**37**	**1024**	**786**	**238**			
榕城区	40	26	14	257	187	70			
揭东区	18	13	5	236	162	73			
揭西县	22	15	7	125	92	33			
惠来县	18	12	6	162	142	20			
普宁市	17	12	5	244	202	42			
云浮市	**65**	**36**	**29**	**764**	**527**	**236**			
云城区	17	9	8	291	182	109			
云安区	7	3	4	25	19	6			
新兴县	26	15	10	192	139	53			
郁南县	10	6	4	107	72	35			
罗定市	6	3	3	148	114	34			

5-1a 各地区分性别、行业门类的就业人口（城市）

单位：人

地区	就业人口			一、农、林、牧、渔业			二、采矿业		
	合计	男	女	小计	男	女	小计	男	女
全省	**902809**	**535537**	**367272**	**24250**	**14059**	**10191**	**793**	**592**	**202**
广州市	**157261**	**90391**	**66870**	**1681**	**993**	**687**	**164**	**115**	**49**
荔湾区	11851	6555	5296	135	76	59	7	4	3
越秀区	15570	8398	7172	22	16	6	22	19	3
海珠区	22832	12856	9976	77	51	26	34	21	13
天河区	25387	14540	10847	54	40	13	9	7	2
白云区	25336	14692	10644	109	69	40	10	8	1
黄埔区	7582	4743	2839	14	8	6	10	9	1
番禺区	21000	11948	9052	291	177	115	7	4	3
花都区	8544	4977	3567	132	85	47	20	17	4
南沙区	4917	3037	1880	277	148	129	3	3	
萝岗区	6118	3846	2272	87	52	35	34	18	16
从化区	2334	1314	1020	141	81	61	1	1	
增城区	5789	3484	2305	342	191	151	8	6	3
韶关市	**9798**	**5620**	**4177**	**817**	**405**	**412**	**42**	**30**	**12**
武江区	2555	1457	1098	14	10	4	15	11	4
浈江区	3662	2097	1565	327	171	156	15	11	5
曲江区	1261	761	500	49	26	23	4	3	1
乐昌市	1069	561	508	315	139	176	4	2	1
南雄市	1251	744	507	113	60	53	4	2	2
深圳市	**215025**	**129333**	**85692**	**661**	**441**	**220**	**82**	**66**	**16**
罗湖区	16903	9569	7334	3	2	2			
福田区	24474	14480	9994	12	7	5	3	2	1
南山区	21363	12286	9078	29	20	9	35	28	7
宝安区	101024	61920	39104	286	169	117	7	7	
龙岗区	47462	28761	18701	327	240	87	35	28	7
盐田区	3798	2316	1482	4	3	1	2	2	
珠海市	**17546**	**9816**	**7730**	**176**	**115**	**61**	**1**	**1**	
香洲区	13700	7625	6075	68	45	23			
斗门区	1678	942	736	74	45	29			
金湾区	2168	1249	919	35	26	9	1	1	
汕头市	**28401**	**17692**	**10710**	**818**	**637**	**181**	**22**	**15**	**7**
龙湖区	4879	2990	1888	110	83	27	9	6	3
金平区	8960	5574	3386	138	123	14	3	2	1
濠江区	1671	1005	667	112	81	32	4	3	2
潮阳区	3228	2204	1025	193	133	59	1	1	
潮南区	6184	3790	2393	179	155	24	4	2	1
澄海区	3479	2129	1350	86	61	25	1	1	

5-1a 续表 1　　　　单位：人

地 区	三、制造业			四、电力、热力、燃气及水生产和供应业			五、建筑业		
	小计	男	女	小计	男	女	小计	男	女
全 省	**381327**	**225093**	**156234**	**5795**	**4304**	**1492**	**42201**	**35679**	**6522**
广州市	**38305**	**22597**	**15708**	**1340**	**970**	**370**	**5956**	**4760**	**1196**
荔湾区	1522	957	565	98	70	28	324	263	61
越秀区	1221	744	477	154	93	60	482	362	121
海珠区	5657	3291	2366	137	100	36	633	489	144
天河区	2265	1385	879	210	139	72	736	581	156
白云区	6011	3325	2686	157	126	32	902	727	175
黄埔区	2735	1836	900	194	157	37	240	196	44
番禺区	8385	4559	3826	143	100	43	1113	884	229
花都区	3068	1823	1245	56	44	12	337	278	59
南沙区	2663	1704	959	31	22	9	226	193	33
萝岗区	3226	2029	1197	62	52	10	367	310	57
从化区	367	203	164	36	28	8	110	91	19
增城区	1185	741	444	62	39	23	485	386	99
韶关市	**1751**	**1112**	**639**	**161**	**114**	**47**	**619**	**527**	**92**
武江区	584	333	251	45	32	13	156	131	25
浈江区	367	243	123	39	24	15	188	161	28
曲江区	403	283	120	33	25	8	80	73	6
乐昌市	133	67	66	23	18	5	124	108	16
南雄市	264	185	79	22	15	6	71	54	17
深圳市	**96547**	**57955**	**38592**	**784**	**557**	**227**	**8473**	**7159**	**1314**
罗湖区	1521	887	634	57	36	21	750	636	114
福田区	1650	973	677	187	134	53	1463	1201	261
南山区	5404	3074	2330	134	96	37	752	585	167
宝安区	61803	37466	24337	255	178	77	4133	3525	607
龙岗区	25192	15042	10150	129	95	34	1241	1088	153
盐田区	976	513	464	21	16	5	135	123	12
珠海市	**4946**	**2635**	**2311**	**108**	**69**	**39**	**959**	**804**	**155**
香洲区	3058	1601	1457	82	48	34	789	667	122
斗门区	581	308	273	11	8	3	100	79	21
金湾区	1307	727	580	14	12	2	71	59	12
汕头市	**10815**	**5985**	**4831**	**219**	**161**	**58**	**2194**	**2053**	**142**
龙湖区	1187	644	543	58	38	20	448	398	51
金平区	2275	1377	897	76	55	21	469	428	41
濠江区	562	153	409	7	6	2	445	425	20
潮阳区	704	336	368	12	9	4	628	616	12
潮南区	4094	2258	1836	28	28		119	111	9
澄海区	1993	1216	777	37	26	12	84	75	9

5-1a 续表 2

单位：人

地 区	六、批发和零售业			七、交通运输、仓储和邮政业			八、住宿和餐饮业		
	小计	男	女	小计	男	女	小计	男	女
全 省	**172999**	**94831**	**78167**	**36498**	**29340**	**7158**	**45289**	**24155**	**21134**
广州市	**40663**	**21888**	**18775**	**9900**	**7649**	**2252**	**9527**	**4964**	**4563**
荔湾区	4250	2210	2040	881	688	193	666	335	331
越秀区	3904	2006	1898	1133	833	300	1410	723	687
海珠区	6127	3323	2805	1151	901	250	1133	684	448
天河区	8169	4461	3708	1086	835	252	1980	1036	944
白云区	8184	4487	3698	2209	1691	517	1387	691	695
黄埔区	1366	756	610	913	692	221	322	159	164
番禺区	4103	2226	1877	887	699	188	1247	681	566
花都区	1853	953	900	577	452	125	506	240	266
南沙区	455	236	219	206	170	36	214	99	115
萝岗区	540	298	242	433	346	87	152	81	71
从化区	510	266	244	145	113	33	155	72	83
增城区	1202	666	536	278	228	50	355	163	192
韶关市	**2048**	**967**	**1081**	**702**	**591**	**111**	**562**	**233**	**330**
武江区	568	297	271	150	127	23	117	52	65
浈江区	900	427	473	379	314	65	244	107	137
曲江区	172	69	102	80	72	8	63	18	45
乐昌市	166	59	106	37	30	7	67	25	42
南雄市	243	115	128	57	49	8	71	30	41
深圳市	**40641**	**22569**	**18072**	**9455**	**7125**	**2330**	**12056**	**6814**	**5242**
罗湖区	5650	2892	2758	879	655	224	2256	1229	1027
福田区	7753	4404	3349	1025	722	303	2080	1217	863
南山区	4523	2323	2200	1581	1199	382	1263	702	561
宝安区	13010	7544	5466	3321	2496	825	3845	2161	1684
龙岗区	9117	5109	4008	1816	1416	400	2330	1340	990
盐田区	588	298	290	834	638	196	283	165	117
珠海市	**3715**	**1964**	**1751**	**731**	**555**	**177**	**1359**	**716**	**643**
香洲区	3082	1613	1469	562	425	137	1210	644	567
斗门区	378	207	171	63	55	8	74	33	42
金湾区	255	144	111	106	75	31	75	40	35
汕头市	**6679**	**4031**	**2648**	**1094**	**906**	**188**	**1130**	**719**	**410**
龙湖区	1198	716	482	232	187	45	186	111	74
金平区	2444	1432	1011	596	474	121	428	252	176
濠江区	270	157	113	38	36	2	53	37	16
潮阳区	873	526	347	94	80	14	206	151	56
潮南区	1237	828	410	83	82	1	144	102	41
澄海区	657	373	285	52	47	5	113	67	46

5-1a 续表 3

单位：人

地 区	九、信息传输、软件和信息技术服务业			十、金融业			十一、房地产业		
	小计	男	女	小计	男	女	小计	男	女
全 省	**16146**	**10543**	**5603**	**19526**	**9843**	**9683**	**20883**	**13668**	**7215**
广州市	**5021**	**3230**	**1791**	**5368**	**2644**	**2723**	**5374**	**3346**	**2028**
荔湾区	338	198	140	476	221	255	577	339	238
越秀区	569	338	232	760	338	423	636	377	259
海珠区	766	468	298	978	490	488	818	510	308
天河区	1807	1184	623	1395	727	668	1168	736	432
白云区	513	331	182	611	310	301	877	606	272
黄埔区	197	132	64	176	86	91	146	89	57
番禺区	412	301	111	428	207	222	576	343	233
花都区	107	71	37	163	70	94	139	85	53
南沙区	38	21	17	54	29	25	136	86	50
萝岗区	142	93	49	71	35	37	108	60	48
从化区	32	26	6	62	31	31	56	31	24
增城区	101	69	31	191	101	90	137	84	53
韶关市	**150**	**88**	**61**	**328**	**177**	**151**	**183**	**114**	**69**
武江区	62	32	29	112	54	58	65	36	29
浈江区	57	36	21	145	83	62	73	48	24
曲江区	15	7	8	28	16	12	26	16	10
乐昌市	4	4	1	27	16	11	13	10	4
南雄市	12	9	2	16	9	7	7	4	2
深圳市	**5825**	**3920**	**1905**	**5221**	**2708**	**2514**	**6293**	**4387**	**1907**
罗湖区	324	204	120	675	339	336	1014	727	287
福田区	1466	961	505	1626	806	820	1308	883	425
南山区	1557	1024	533	920	441	479	884	603	281
宝安区	1620	1151	469	1270	695	574	2064	1441	623
龙岗区	810	548	262	658	390	268	875	627	248
盐田区	48	32	16	73	37	37	149	106	43
珠海市	**491**	**305**	**186**	**589**	**288**	**301**	**725**	**463**	**263**
香洲区	462	288	174	538	265	273	646	411	235
斗门区	16	10	7	34	16	19	55	36	19
金湾区	12	7	5	17	8	9	24	15	8
汕头市	**265**	**161**	**104**	**493**	**278**	**215**	**404**	**304**	**100**
龙湖区	102	53	49	175	99	76	101	61	40
金平区	107	67	40	223	123	99	165	120	45
濠江区	4	4		9	6	3	23	21	2
潮阳区	26	16	10	33	26	7	85	79	6
潮南区	7	7		10	5	5	12	11	1
澄海区	18	12	5	43	19	25	18	12	5

5-1a 续表 4

单位：人

地区	十二、租赁和商务服务业			十三、科学研究和技术服务业			十四、水利、环境和公共设施管理业		
	小计	男	女	小计	男	女	小计	男	女
全　省	**17457**	**10365**	**7092**	**6736**	**4223**	**2513**	**4614**	**2760**	**1854**
广州市	**5106**	**2781**	**2324**	**2160**	**1330**	**830**	**896**	**536**	**360**
荔湾区	399	210	189	143	85	58	99	68	31
越秀区	671	321	350	276	170	106	95	55	39
海珠区	1009	517	492	437	277	160	125	74	51
天河区	1236	690	546	571	355	216	152	103	49
白云区	646	355	291	117	70	47	61	37	23
黄埔区	190	100	90	76	43	33	41	16	25
番禺区	449	270	179	256	167	89	154	84	71
花都区	148	96	51	58	32	26	53	38	16
南沙区	89	59	29	42	21	21	29	16	13
萝岗区	115	64	51	146	87	59	30	15	15
从化区	38	19	20	23	14	9	23	10	13
增城区	116	80	36	17	9	7	34	20	14
韶关市	**235**	**138**	**98**	**100**	**60**	**40**	**61**	**28**	**32**
武江区	36	22	14	50	33	16	17	8	9
浈江区	151	86	64	38	16	21	31	14	18
曲江区	30	17	13	3	2	1	8	3	5
乐昌市	6	4	2	2	1	1	1		1
南雄市	13	9	4	8	7	1	4	3	1
深圳市	**5281**	**3293**	**1988**	**2379**	**1461**	**918**	**1195**	**860**	**335**
罗湖区	808	473	335	179	103	77	155	94	61
福田区	1160	703	457	551	337	213	256	159	97
南山区	644	357	287	461	261	199	312	244	67
宝安区	1514	922	592	726	462	264	299	233	66
龙岗区	1047	749	299	358	245	112	100	74	25
盐田区	108	89	19	105	52	53	74	55	18
珠海市	**647**	**348**	**299**	**205**	**120**	**85**	**154**	**86**	**68**
香洲区	552	285	268	188	110	78	132	75	57
斗门区	38	23	15	8	4	5	10	6	4
金湾区	57	40	17	9	6	2	11	5	6
汕头市	**361**	**225**	**136**	**95**	**57**	**38**	**77**	**53**	**24**
龙湖区	72	45	27	35	22	13	20	16	4
金平区	228	133	95	36	22	13	36	25	11
濠江区	4	2	2				8	2	6
潮阳区	28	26	2	5	4	1	2	2	
潮南区	1	1		1		1	4	2	1
澄海区	27	18	9	18	9	9	8	5	3

5-1a 续表 5

单位：人

地 区	十五、居民服务、修理和其他服务业			十六、教育			十七、卫生和社会工作		
	小计	男	女	小计	男	女	小计	男	女
全 省	**28813**	**15495**	**13318**	**26283**	**9682**	**16601**	**14315**	**5214**	**9101**
广州市	**5823**	**2822**	**3000**	**6569**	**2471**	**4098**	**3997**	**1419**	**2578**
荔湾区	423	170	253	403	114	289	460	134	326
越秀区	638	238	400	850	333	516	783	277	506
海珠区	733	286	447	981	337	643	758	279	479
天河区	952	487	465	1600	690	910	512	177	336
白云区	1050	560	490	693	254	439	600	237	363
黄埔区	284	146	138	231	81	150	111	39	72
番禺区	754	380	373	666	211	455	290	107	183
花都区	301	183	117	357	128	229	196	76	120
南沙区	109	50	59	96	38	58	55	20	35
萝岗区	153	80	73	144	50	95	63	19	45
从化区	90	51	39	180	66	113	77	26	51
增城区	335	190	145	370	170	200	90	28	63
韶关市	**405**	**197**	**208**	**536**	**217**	**319**	**323**	**92**	**231**
武江区	109	48	61	120	46	74	114	27	87
浈江区	147	73	73	197	71	126	83	19	64
曲江区	51	28	23	74	24	50	70	26	45
乐昌市	47	25	22	38	16	22	13	5	8
南雄市	51	23	28	106	59	47	42	14	28
深圳市	**6831**	**3310**	**3520**	**3859**	**1260**	**2599**	**2452**	**918**	**1533**
罗湖区	1098	502	596	386	143	243	281	91	189
福田区	1173	504	669	724	235	488	557	242	315
南山区	726	318	408	807	293	513	431	148	283
宝安区	2504	1246	1259	1184	354	830	827	312	515
龙岗区	1235	695	540	681	207	474	315	111	205
盐田区	93	45	48	78	27	51	41	14	26
珠海市	**569**	**276**	**293**	**731**	**276**	**455**	**330**	**110**	**219**
香洲区	501	245	256	593	222	371	281	95	186
斗门区	42	16	25	67	30	37	30	11	19
金湾区	26	15	11	71	24	47	19	4	14
汕头市	**906**	**651**	**255**	**1030**	**298**	**732**	**472**	**188**	**284**
龙湖区	212	142	70	255	74	181	102	37	65
金平区	355	248	107	487	141	346	294	107	187
濠江区	39	27	12	41	12	30	8	4	4
潮阳区	121	96	25	121	33	88	23	12	11
潮南区	106	88	18	38	11	27	22	18	4
澄海区	74	51	23	88	27	61	22	10	12

5-1a 续表 6

单位：人

地　区	十八、文化、体育和娱乐业			十九、公共管理、社会保障和社会组织			二十、国际组织		
	小计	男	女	小计	男	女	小计	男	女
全　省	**7356**	**4217**	**3139**	**31518**	**21469**	**10049**	**12**	**6**	**5**
广州市	**2228**	**1245**	**983**	**7176**	**4625**	**2551**	**6**	**3**	**3**
荔湾区	133	79	54	519	335	184	2	1	1
越秀区	619	346	273	1324	808	515	2	1	1
海珠区	351	197	154	927	558	369			
天河区	369	198	171	1112	708	404	1	1	
白云区	295	167	128	904	640	264			
黄埔区	61	28	34	272	169	103			
番禺区	243	142	101	595	407	188			
花都区	49	23	26	424	283	141			
南沙区	36	20	16	159	104	55			
萝岗区	28	17	11	216	141	75			
从化区	16	10	6	271	175	96			
增城区	27	18	9	454	297	157	1		1
韶关市	**78**	**41**	**37**	**698**	**489**	**209**	**1**	**1**	
武江区	28	14	14	194	143	51	1	1	
浈江区	28	16	12	255	176	79			
曲江区	7	2	5	66	50	16			
乐昌市	4	1	2	46	31	15			
南雄市	10	7	3	137	89	48			
深圳市	**2011**	**1155**	**856**	**4977**	**3373**	**1605**	**1**	**1**	
罗湖区	339	228	111	529	328	201			
福田区	395	208	186	1085	780	305	1	1	
南山区	221	115	106	681	454	227			
宝安区	669	412	257	1686	1144	541			
龙岗区	324	167	157	873	590	283			
盐田区	64	26	38	123	76	47			
珠海市	**215**	**111**	**103**	**895**	**572**	**323**			
香洲区	183	94	89	773	492	280			
斗门区	18	9	9	78	47	31			
金湾区	14	8	5	44	33	11			
汕头市	**180**	**125**	**56**	**1146**	**846**	**301**			
龙湖区	58	35	23	320	223	96			
金平区	73	53	20	528	390	138			
濠江区	5	2	3	38	28	10			
潮阳区	20	15	5	52	42	10			
潮南区	13	11	2	80	69	11			
澄海区	12	9	3	129	92	36			

5-1a 续表 7

单位：人

地 区	就业人口			一、农、林、牧、渔业			二、采矿业		
	合计	男	女	小计	男	女	小计	男	女
佛山市	**115353**	**68642**	**46711**	**3005**	**1856**	**1149**	**40**	**28**	**12**
禅城区	14131	8043	6088	20	15	5	3	2	1
南海区	46702	28484	18219	1044	640	404	26	15	11
顺德区	45030	26603	18427	1614	1007	607	7	7	
三水区	3868	2241	1627	117	75	42	1	1	
高明区	5622	3272	2351	210	119	91	3	3	
江门市	**32600**	**18771**	**13829**	**2811**	**1616**	**1195**	**24**	**21**	**3**
蓬江区	10637	6055	4582	547	329	218	2	1	1
江海区	3876	2286	1590	298	186	112			
新会区	6332	3705	2627	497	297	200	6	5	1
台山市	3693	2076	1616	752	402	350			
开平市	3950	2261	1689	193	105	89	10	10	
鹤山市	2842	1600	1243	318	170	148	7	6	1
恩平市	1269	787	482	206	128	79			
湛江市	**15947**	**9653**	**6294**	**1422**	**834**	**589**	**86**	**66**	**20**
赤坎区	3331	1922	1408	84	49	35	28	22	6
霞山区	5184	3141	2043	294	180	114	8	6	2
坡头区	502	342	160	53	38	14	48	37	11
麻章区	694	390	304	155	84	71			
遂溪县	143	79	64	70	38	32			
廉江市	1874	1060	813	111	56	55			
雷州市	1795	1176	618	439	259	180			
吴川市	2426	1542	883	216	128	87	2	1	1
茂名市	**16610**	**9494**	**7115**	**3405**	**1592**	**1813**	**28**	**18**	**11**
茂南区	5951	3452	2499	401	160	241	20	12	8
电白区	2538	1527	1011	478	272	206	1		1
高州市	2695	1509	1186	920	441	479	3	3	
化州市	3052	1744	1308	692	325	367	3	1	1
信宜市	2372	1262	1110	913	394	520	1	1	
肇庆市	**13835**	**7686**	**6149**	**785**	**396**	**389**	**16**	**13**	**3**
端州区	6831	3705	3126	179	71	108	7	6	1
鼎湖区	702	390	312	66	29	37			
高要市	903	551	352	78	55	23	3	1	1
四会市	5398	3039	2359	461	241	221	5	5	
惠州市	**28097**	**17290**	**10806**	**282**	**201**	**82**	**31**	**25**	**6**
惠城区	18608	11100	7508	73	57	16	7	3	4
惠阳区	9336	6086	3251	210	144	66	24	23	2
博罗县	152	104	47						

5-1a 续表 8 单位：人

地区	三、制造业			四、电力、热力、燃气及水生产和供应业			五、建筑业		
	小计	男	女	小计	男	女	小计	男	女
佛山市	**61948**	**37582**	**24366**	**733**	**569**	**164**	**5195**	**4306**	**889**
禅城区	4234	2491	1743	138	102	36	638	545	93
南海区	26988	16797	10191	315	244	71	1641	1377	264
顺德区	26263	15704	10559	182	146	37	2313	1913	400
三水区	1382	817	564	50	42	8	313	246	67
高明区	3080	1772	1308	47	35	12	289	224	65
江门市	**12148**	**6803**	**5346**	**289**	**215**	**75**	**2090**	**1781**	**309**
蓬江区	4407	2527	1879	99	81	18	430	358	72
江海区	1756	1001	756	16	12	4	370	320	51
新会区	2244	1300	944	73	45	28	439	344	95
台山市	1138	594	544	35	26	8	254	209	45
开平市	1215	620	595	28	22	6	393	374	19
鹤山市	1081	565	516	28	22	6	96	85	11
恩平市	308	196	112	12	8	4	108	91	16
湛江市	**2038**	**1281**	**757**	**159**	**114**	**45**	**1052**	**892**	**160**
赤坎区	337	219	119	44	33	11	82	66	16
霞山区	534	344	190	64	42	22	365	315	50
坡头区	26	22	4	2	2	1	146	114	32
麻章区	105	64	41	5	3	2	19	18	1
遂溪县	30	13	17						
廉江市	312	208	104	15	12	2	77	57	20
雷州市	85	68	17	19	15	4	47	37	10
吴川市	609	343	267	10	7	3	315	284	31
茂名市	**2308**	**1367**	**941**	**188**	**141**	**47**	**1352**	**1096**	**256**
茂南区	748	517	230	127	95	32	257	176	81
电白区	339	190	149	6	2	3	184	151	33
高州市	550	301	249	18	15	3	179	149	30
化州市	347	202	145	28	23	5	481	410	71
信宜市	324	157	168	9	6	3	252	211	41
肇庆市	**3521**	**1983**	**1538**	**105**	**74**	**30**	**574**	**454**	**120**
端州区	1161	637	524	47	33	14	264	202	62
鼎湖区	128	67	61	9	5	4	72	58	15
高要市	237	133	104	5	3	2	37	29	8
四会市	1995	1146	848	44	34	10	201	166	35
惠州市	**12467**	**7724**	**4744**	**234**	**189**	**45**	**1820**	**1563**	**257**
惠城区	7629	4640	2989	145	115	30	1180	990	191
惠阳区	4745	3020	1725	89	74	16	628	562	67
博罗县	93	63	30				12	12	

5-1a 续表 9 单位：人

地 区	六、批发和零售业			七、交通运输、仓储和邮政业			八、住宿和餐饮业		
	小计	男	女	小计	男	女	小计	男	女
佛山市	**17204**	**9143**	**8060**	**3407**	**2880**	**527**	**4751**	**2369**	**2381**
禅城区	3455	1840	1615	523	436	87	818	414	404
南海区	7147	3918	3229	1227	1035	192	1724	902	822
顺德区	5293	2720	2573	1247	1041	206	1736	863	873
三水区	605	284	321	241	217	24	216	94	122
高明区	704	381	323	170	150	19	256	96	160
江门市	**5551**	**2947**	**2604**	**1029**	**876**	**153**	**1691**	**809**	**883**
蓬江区	1807	940	867	280	224	56	496	230	266
江海区	552	283	269	139	121	18	171	79	92
新会区	1251	709	542	240	197	43	191	85	106
台山市	477	246	230	143	129	14	266	146	120
开平市	786	397	390	111	95	16	384	193	191
鹤山市	493	271	222	87	81	6	105	42	62
恩平市	186	101	85	31	30		79	33	46
湛江市	**4670**	**2581**	**2088**	**1079**	**924**	**155**	**1138**	**569**	**570**
赤坎区	960	527	434	209	177	32	198	100	99
霞山区	1590	863	726	466	385	81	344	172	172
坡头区	88	49	38	36	32	4	46	15	31
麻章区	191	92	99	46	44	2	40	12	28
遂溪县	25	13	11	4	2	2	7	6	1
廉江市	615	311	304	130	110	20	239	109	131
雷州市	596	385	211	59	53	6	119	58	60
吴川市	606	341	265	128	121	8	144	96	48
茂名市	**3904**	**2034**	**1871**	**775**	**658**	**117**	**827**	**403**	**424**
茂南区	1791	955	835	361	296	65	288	138	150
电白区	639	374	265	102	88	13	127	71	56
高州市	412	208	204	102	87	15	96	45	52
化州市	700	315	385	141	121	19	223	109	114
信宜市	362	181	182	70	65	5	94	40	53
肇庆市	**3664**	**1875**	**1790**	**604**	**512**	**92**	**859**	**414**	**445**
端州区	1928	980	948	318	251	67	513	265	248
鼎湖区	137	72	65	30	27	3	61	21	40
高要市	229	135	94	35	33	2	64	31	33
四会市	1371	688	682	221	202	19	221	97	123
惠州市	**4660**	**2517**	**2143**	**831**	**680**	**151**	**1502**	**781**	**721**
惠城区	3327	1742	1586	546	442	104	1058	547	510
惠阳区	1319	770	550	283	237	47	444	233	211
博罗县	13	5	7	1	1				

5-1a 续表 10

单位：人

地 区	九、信息传输、软件和信息技术服务业			十、金融业			十一、房地产业		
	小计	男	女	小计	男	女	小计	男	女
佛山市	**1101**	**688**	**413**	**2031**	**898**	**1133**	**2180**	**1270**	**910**
禅城区	359	211	147	637	288	349	440	243	197
南海区	338	216	122	673	294	379	730	480	250
顺德区	334	218	116	578	251	326	850	465	385
三水区	32	18	14	91	41	50	81	35	46
高明区	39	26	13	52	24	28	79	47	32
江门市	**343**	**227**	**116**	**660**	**341**	**319**	**413**	**238**	**175**
蓬江区	137	83	54	278	131	147	186	109	76
江海区	27	19	7	49	22	27	47	26	22
新会区	58	37	20	127	70	57	45	25	20
台山市	40	28	12	60	34	26	34	17	17
开平市	29	20	9	82	48	34	65	43	23
鹤山市	39	29	10	57	33	24	34	18	17
恩平市	13	10	3	8	4	4	2	1	1
湛江市	**205**	**131**	**73**	**339**	**175**	**164**	**282**	**191**	**91**
赤坎区	102	62	40	112	51	61	106	64	42
霞山区	59	39	19	157	86	72	118	81	37
坡头区	1		1	1		1	4	3	1
麻章区	3	2	1	11	6	5	2	2	
遂溪县				2		2	2	2	
廉江市	17	10	7	25	14	11	24	16	7
雷州市	9	7	1	16	14	2	16	16	
吴川市	14	10	3	16	5	10	10	6	4
茂名市	**200**	**135**	**65**	**281**	**157**	**124**	**139**	**91**	**49**
茂南区	138	96	42	144	81	63	63	39	24
电白区	20	10	10	26	11	15	14	8	7
高州市	28	19	9	41	23	18	15	9	7
化州市	6	5	1	25	14	10	30	21	8
信宜市	8	5	3	44	27	17	17	14	3
肇庆市	**162**	**101**	**61**	**286**	**148**	**138**	**326**	**181**	**144**
端州区	129	78	51	215	115	101	245	139	107
鼎湖区	9	6	3	12	5	7	19	10	9
高要市	4	4		16	8	8	10	5	5
四会市	19	12	7	41	20	21	50	28	23
惠州市	**387**	**239**	**148**	**552**	**272**	**280**	**1030**	**728**	**302**
惠城区	336	208	128	491	246	245	610	421	189
惠阳区	51	31	20	62	26	36	420	307	113
博罗县									

5-1a 续表 11 单位：人

地 区	十二、租赁和商务服务业			十三、科学研究和技术服务业			十四、水利、环境和公共设施管理业		
	小计	男	女	小计	男	女	小计	男	女
佛山市	**1553**	**921**	**631**	**609**	**394**	**215**	**837**	**381**	**457**
禅城区	422	243	179	126	85	41	126	66	61
南海区	570	362	208	192	122	69	302	130	172
顺德区	460	253	207	251	162	90	337	148	188
三水区	58	33	25	22	12	10	38	20	18
高明区	42	30	12	18	13	5	35	17	18
江门市	**434**	**252**	**182**	**75**	**53**	**22**	**173**	**92**	**81**
蓬江区	153	89	64	30	22	7	62	39	22
江海区	18	11	8	8	6	2	44	27	16
新会区	122	74	47	20	11	8	14	7	7
台山市	25	14	11	2	2		28	8	20
开平市	66	33	33	6	4	2	13	3	10
鹤山市	45	29	16	6	5	2	8	4	4
恩平市	4	2	2	3	2		4	3	2
湛江市	**289**	**196**	**92**	**129**	**93**	**37**	**84**	**32**	**52**
赤坎区	88	59	29	28	22	6	24	12	11
霞山区	99	66	34	94	66	28	30	10	21
坡头区	19	12	7	1	1		1		1
麻章区	5	3	2	1	1	1	7	1	6
遂溪县									
廉江市	31	19	12				5		5
雷州市	25	23	1	4	2	1	12	7	5
吴川市	21	14	7	1	1		4	2	3
茂名市	**125**	**82**	**43**	**29**	**20**	**9**	**77**	**48**	**29**
茂南区	72	46	26	15	11	4	51	33	18
电白区	11	7	4	2	2		11	7	4
高州市	11	9	3	1	1		11	7	4
化州市	19	14	6	5	4	1	3	1	2
信宜市	11	7	4	6	2	4	1	1	
肇庆市	**237**	**127**	**110**	**37**	**25**	**12**	**75**	**37**	**38**
端州区	156	81	74	28	20	9	41	18	23
鼎湖区	5	4	1	1	1		7	1	6
高要市	5	4	1	1		1	1	1	
四会市	72	39	33	6	4	1	26	17	9
惠州市	**545**	**375**	**170**	**208**	**142**	**66**	**119**	**71**	**47**
惠城区	408	262	146	109	68	41	80	50	30
惠阳区	136	113	23	99	74	25	39	22	17
博罗县	1	1							

5-1a 续表 12 单位：人

地 区	十五、居民服务、修理和其他服务业			十六、教育			十七、卫生和社会工作		
	小计	男	女	小计	男	女	小计	男	女
佛山市	**3100**	**1591**	**1509**	**2812**	**918**	**1894**	**1240**	**395**	**844**
禅城区	569	265	304	506	198	308	348	117	231
南海区	1032	560	472	1098	339	759	377	115	263
顺德区	1264	634	631	879	265	615	357	106	251
三水区	128	66	62	153	43	110	97	40	57
高明区	108	68	40	175	72	103	60	18	42
江门市	**1569**	**923**	**646**	**1032**	**311**	**721**	**610**	**214**	**396**
蓬江区	652	377	275	297	85	212	197	63	134
江海区	161	81	80	80	20	60	38	12	26
新会区	236	135	101	282	86	196	130	41	89
台山市	137	93	44	105	26	79	59	13	46
开平市	112	65	46	139	51	88	76	29	47
鹤山市	93	56	37	96	31	65	88	48	40
恩平市	178	116	62	33	12	21	22	8	14
湛江市	**494**	**285**	**209**	**881**	**340**	**541**	**526**	**236**	**291**
赤坎区	108	58	50	365	144	221	136	48	88
霞山区	177	103	74	240	76	164	125	47	78
坡头区	6	3	3	7	2	4	4		4
麻章区	10	6	4	20	9	11	14	9	5
遂溪县	1	1		1		1			
廉江市	55	21	34	84	35	49	61	29	32
雷州市	78	52	26	56	32	23	136	80	56
吴川市	59	41	18	109	42	67	51	23	28
茂名市	**671**	**429**	**242**	**780**	**301**	**479**	**350**	**130**	**219**
茂南区	279	181	98	313	90	223	203	71	132
电白区	86	60	26	193	96	97	43	13	30
高州市	85	58	28	91	44	47	43	22	21
化州市	172	92	79	83	27	56	30	12	18
信宜市	49	39	10	100	44	56	31	12	19
肇庆市	**479**	**244**	**235**	**577**	**223**	**353**	**370**	**147**	**223**
端州区	232	115	118	348	131	218	297	115	182
鼎湖区	56	36	19	33	14	19	8	4	4
高要市	45	22	23	71	37	34	15	12	3
四会市	146	71	75	124	41	83	50	17	34
惠州市	**893**	**491**	**402**	**821**	**279**	**542**	**354**	**114**	**240**
惠城区	656	336	320	611	208	404	299	90	209
惠阳区	231	149	82	183	55	127	55	24	31
博罗县	6	6		26	16	11			

5-1a 续表 13 单位：人

地区	十八、文化、体育和娱乐业			十九、公共管理、社会保障和社会组织			二十、国际组织		
	小计	男	女	小计	男	女	小计	男	女
佛山市	**558**	**328**	**230**	**3049**	**2124**	**925**	**1**	**1**	
禅城区	109	54	56	657	427	229			
南海区	210	152	57	1068	785	284			
顺德区	185	90	96	878	612	266			
三水区	31	19	12	213	137	75	1	1	
高明区	23	13	10	234	163	71			
江门市	**178**	**103**	**76**	**1478**	**950**	**528**	**1**	**1**	
蓬江区	83	47	36	496	320	176	1	1	
江海区	23	10	13	79	50	28			
新会区	30	20	10	330	219	112			
台山市	10	7	4	130	83	47			
开平市	24	17	8	218	133	85			
鹤山市	6	2	4	156	105	52			
恩平市	2	1	1	70	41	29			
湛江市	**154**	**69**	**85**	**919**	**644**	**275**			
赤坎区	27	15	12	290	195	95			
霞山区	82	28	54	337	233	104			
坡头区	1		1	12	9	2			
麻章区	3	1	2	56	33	23			
遂溪县				2	2				
廉江市	10	6	4	62	47	15			
雷州市	10	7	2	70	59	11			
吴川市	21	12	9	89	66	24			
茂名市	**240**	**156**	**84**	**929**	**637**	**292**			
茂南区	204	130	74	478	325	153			
电白区	11	7	4	245	160	85			
高州市	14	12	2	73	57	16			
化州市	6	5	2	59	41	18			
信宜市	5	3	2	73	53	20			
肇庆市	**200**	**103**	**97**	**961**	**628**	**332**			
端州区	167	86	80	555	365	190			
鼎湖区	7	4	3	42	26	16			
高要市	5	4	1	41	35	6			
四会市	21	9	12	323	202	121			
惠州市	**222**	**136**	**85**	**1138**	**763**	**375**			
惠城区	175	109	65	869	567	301			
惠阳区	47	27	20	270	196	74			
博罗县									

5-1a 续表 14

单位：人

地　区	就业人口			一、农、林、牧、渔业			二、采矿业		
	合计	男	女	小计	男	女	小计	男	女
梅州市	**9960**	**5439**	**4522**	**1195**	**483**	**712**	**16**	**15**	**1**
梅江区	4661	2521	2140	255	102	154	11	9	1
梅县区	1866	1002	864	409	181	228	1	1	
五华县	179	78	101	115	41	75			
兴宁市	3254	1837	1417	416	159	256	4	4	
汕尾市	**5622**	**3923**	**1699**	**1092**	**877**	**215**	**1**	**1**	**1**
城区	3675	2538	1137	506	433	74	1	1	
陆丰市	1947	1386	561	586	445	141	1		1
河源市	**5858**	**3439**	**2418**	**104**	**80**	**24**	**15**	**12**	**3**
源城区	5858	3439	2418	104	80	24	15	12	3
阳江市	**8692**	**5009**	**3683**	**711**	**390**	**321**	**7**	**5**	**2**
江城区	6352	3690	2662	314	178	135	1	1	
阳春市	2340	1320	1020	398	212	186	6	4	2
清远市	**12027**	**6822**	**5205**	**1330**	**662**	**668**	**47**	**40**	**7**
清城区	6103	3398	2705	715	315	400	36	32	4
清新区	2178	1261	918	16	10	5			
英德市	2206	1269	937	315	181	134	6	4	2
连州市	1540	894	646	285	155	129	6	5	2
东莞市	**140470**	**84577**	**55893**	**800**	**506**	**294**	**63**	**48**	**15**
中山市	**33278**	**19052**	**14227**	**1025**	**612**	**413**	**19**	**11**	**8**
潮州市	**11751**	**7218**	**4533**	**418**	**262**	**156**	**4**	**4**	
湘桥区	5438	3210	2228	270	146	124	3	3	
潮安区	6313	4008	2305	148	116	32	1	1	
揭阳市	**18679**	**12205**	**6474**	**921**	**765**	**156**	**5**	**5**	
榕城区	7402	5171	2231	391	325	67			
揭东区	3719	2634	1085	358	306	53			
普宁市	7558	4399	3159	172	135	36	5	5	
云浮市	**5998**	**3465**	**2534**	**789**	**335**	**454**	**78**	**51**	**27**
云城区	3570	2105	1465	312	135	177	77	50	27
云安区	334	193	141	131	66	65	1	1	
罗定市	2095	1167	928	345	134	211			

5-1a 续表 15 单位：人

地 区	三、制造业			四、电力、热力、燃气及水生产和供应业			五、建筑业		
	小计	男	女	小计	男	女	小计	男	女
梅州市	**1770**	**844**	**926**	**140**	**104**	**36**	**810**	**655**	**154**
梅江区	724	336	387	84	62	22	350	281	69
梅县区	207	88	120	36	24	12	257	188	69
五华县	32	12	20				16	15	1
兴宁市	807	408	398	21	19	2	187	172	15
汕尾市	**1107**	**637**	**470**	**40**	**31**	**9**	**357**	**313**	**44**
城区	912	532	380	23	17	6	237	220	17
陆丰市	195	105	90	17	14	3	120	93	27
河源市	**1818**	**953**	**865**	**44**	**31**	**13**	**484**	**416**	**67**
源城区	1818	953	865	44	31	13	484	416	67
阳江市	**2492**	**1330**	**1161**	**62**	**46**	**17**	**844**	**721**	**123**
江城区	2063	1114	948	41	28	13	612	545	66
阳春市	429	216	213	21	17	4	233	176	57
清远市	**2784**	**1525**	**1259**	**117**	**87**	**30**	**1102**	**950**	**152**
清城区	725	341	384	65	46	18	615	535	80
清新区	1634	942	693	1	1		20	16	4
英德市	228	140	88	27	22	5	249	207	41
连州市	196	102	94	25	18	7	218	191	27
东莞市	**92947**	**54887**	**38060**	**672**	**523**	**149**	**4601**	**4035**	**566**
中山市	**17431**	**9786**	**7645**	**168**	**131**	**37**	**1440**	**1190**	**250**
潮州市	**6520**	**3745**	**2775**	**82**	**64**	**18**	**664**	**619**	**45**
湘桥区	2271	1154	1117	55	40	15	455	423	32
潮安区	4249	2592	1658	27	24	4	209	195	13
揭阳市	**6082**	**3415**	**2668**	**87**	**67**	**20**	**1132**	**982**	**149**
榕城区	2055	1387	668	58	47	10	666	527	139
揭东区	1559	1018	541	8	6	2	218	213	4
普宁市	2468	1010	1458	21	14	8	248	242	6
云浮市	**1581**	**947**	**634**	**63**	**48**	**15**	**483**	**402**	**80**
云城区	958	646	312	41	30	11	306	248	57
云安区	131	90	41				8	7	1
罗定市	492	211	281	21	17	4	169	147	22

5-1a 续表 16

单位：人

地　区	六、批发和零售业			七、交通运输、仓储和邮政业			八、住宿和餐饮业		
	小计	男	女	小计	男	女	小计	男	女
梅州市	**2578**	**1266**	**1311**	**523**	**458**	**65**	**578**	**312**	**266**
梅江区	1261	599	661	223	187	35	342	177	165
梅县区	382	173	209	89	83	6	129	65	64
五华县	3	2	1	3	3		2	2	
兴宁市	932	492	440	209	185	23	105	68	37
汕尾市	**1685**	**1135**	**550**	**174**	**164**	**10**	**313**	**177**	**136**
城区	976	653	323	136	128	8	233	120	113
陆丰市	709	482	227	38	36	2	80	57	23
河源市	**1073**	**571**	**502**	**185**	**164**	**22**	**436**	**210**	**225**
源城区	1073	571	502	185	164	22	436	210	225
阳江市	**1979**	**976**	**1003**	**282**	**250**	**32**	**447**	**204**	**243**
江城区	1547	785	762	166	147	19	309	144	165
阳春市	432	192	240	117	103	14	138	60	78
清远市	**2286**	**1109**	**1177**	**568**	**505**	**62**	**766**	**336**	**431**
清城区	1360	670	690	309	273	36	450	216	234
清新区	213	104	109	90	77	13	16	8	8
英德市	467	209	258	113	106	7	173	63	110
连州市	246	126	120	56	48	7	128	49	79
东莞市	**16542**	**9299**	**7242**	**3162**	**2664**	**498**	**4606**	**2546**	**2060**
中山市	**4956**	**2623**	**2333**	**965**	**822**	**144**	**1195**	**663**	**531**
潮州市	**1827**	**1103**	**725**	**306**	**282**	**23**	**377**	**227**	**151**
湘桥区	912	514	399	194	179	15	219	132	87
潮安区	915	589	326	111	103	8	159	95	64
揭阳市	**5503**	**3608**	**1895**	**498**	**461**	**38**	**862**	**549**	**312**
榕城区	1784	1181	603	234	221	14	149	99	49
揭东区	900	603	297	116	113	3	75	50	25
普宁市	2819	1824	995	147	126	21	638	400	238
云浮市	**1171**	**624**	**548**	**226**	**214**	**13**	**307**	**139**	**168**
云城区	743	381	362	126	118	8	189	68	121
云安区	26	9	16	9	8	1	10	3	7
罗定市	403	233	170	91	88	4	107	68	39

5-1a 续表 17 单位：人

地 区	九、信息传输、软件和信息技术服务业			十、金融业			十一、房地产业		
	小计	男	女	小计	男	女	小计	男	女
梅州市	**160**	**91**	**69**	**162**	**88**	**74**	**141**	**93**	**48**
梅江区	124	72	51	113	59	54	91	60	31
梅县区	13	4	9	24	13	10	26	15	10
五华县									
兴宁市	23	14	9	25	15	10	24	17	7
汕尾市	**45**	**30**	**15**	**53**	**33**	**20**	**44**	**38**	**6**
城区	39	24	14	44	28	17	38	34	4
陆丰市	6	6	1	9	5	4	6	4	1
河源市	**66**	**44**	**22**	**112**	**62**	**51**	**115**	**80**	**36**
源城区	66	44	22	112	62	51	115	80	36
阳江市	**100**	**61**	**39**	**147**	**80**	**67**	**95**	**62**	**33**
江城区	84	51	33	123	69	54	80	56	24
阳春市	16	11	6	24	11	13	16	7	9
清远市	**115**	**77**	**39**	**299**	**147**	**152**	**359**	**225**	**134**
清城区	83	53	30	212	102	110	247	152	95
清新区	5	5	1	21	13	8	23	18	5
英德市	15	11	4	41	17	25	76	48	29
连州市	12	8	4	25	15	10	13	8	5
东莞市	**853**	**576**	**277**	**1585**	**817**	**769**	**1710**	**1170**	**539**
中山市	**384**	**260**	**124**	**659**	**320**	**339**	**815**	**489**	**326**
潮州市	**94**	**67**	**27**	**108**	**55**	**52**	**67**	**58**	**9**
湘桥区	71	47	25	82	44	38	55	49	5
潮安区	23	20	3	25	11	14	12	9	4
揭阳市	**92**	**59**	**32**	**150**	**101**	**49**	**144**	**115**	**29**
榕城区	51	31	20	69	48	21	42	30	12
揭东区	19	14	5	22	15	7	31	26	5
普宁市	21	14	8	59	38	21	71	59	12
云浮市	**87**	**52**	**35**	**104**	**55**	**49**	**43**	**26**	**17**
云城区	71	42	29	83	43	40	34	19	15
云安区	1								
罗定市	15	10	5	20	12	9	9	6	2

5-1a 续表 18

单位：人

地　区	十二、租赁和商务服务业			十三、科学研究和技术服务业			十四、水利、环境和公共设施管理业		
	小计	男	女	小计	男	女	小计	男	女
梅州市	**51**	**33**	**18**	**19**	**14**	**5**	**35**	**19**	**16**
梅江区	37	22	15	13	10	3	27	16	11
梅县区	8	7	1	4	3	1	4	1	3
五华县	1	1							
兴宁市	4	4	1	2	1	1	4	2	2
汕尾市	**59**	**49**	**10**	**9**	**6**	**3**	**8**	**7**	**1**
城区	43	34	9	8	6	3	4	3	1
陆丰市	16	14	1	1	1		4	4	
河源市	**84**	**55**	**30**	**82**	**60**	**22**	**26**	**13**	**13**
源城区	84	55	30	82	60	22	26	13	13
阳江市	**147**	**108**	**39**	**18**	**12**	**6**	**10**	**6**	**4**
江城区	94	68	26	9	5	4	4	3	1
阳春市	53	39	13	9	7	2	7	3	3
清远市	**127**	**72**	**55**	**28**	**19**	**9**	**29**	**19**	**9**
清城区	99	57	42	24	16	8	13	11	2
清新区	2	1	1	1		1			
英德市	14	9	6	1	1		8	3	5
连州市	12	6	6	3	2	1	8	6	3
东莞市	**1368**	**860**	**508**	**350**	**222**	**128**	**559**	**345**	**214**
中山市	**520**	**265**	**255**	**124**	**76**	**48**	**137**	**81**	**56**
潮州市	**95**	**53**	**42**	**49**	**36**	**13**	**18**	**14**	**4**
湘桥区	61	38	22	18	14	4	14	11	3
潮安区	34	15	19	32	22	10	4	4	1
揭阳市	**133**	**94**	**38**	**18**	**12**	**6**	**26**	**21**	**5**
榕城区	49	35	15	3	3		3	3	
揭东区	23	16	7	1		1	21	16	5
普宁市	60	44	17	14	9	5	2	2	
云浮市	**61**	**38**	**23**	**13**	**11**	**2**	**19**	**10**	**9**
云城区	38	23	16	8	6	2	8	3	4
云安区	2	1	1				1		
罗定市	20	14	6	6	5	1	10	6	4

5-1a 续表 19　　　　单位：人

地区	十五、居民服务、修理和其他服务业			十六、教育			十七、卫生和社会工作		
	小计	男	女	小计	男	女	小计	男	女
梅州市	**557**	**338**	**219**	**383**	**142**	**241**	**270**	**104**	**166**
梅江区	287	157	130	207	76	131	146	51	95
梅县区	101	69	32	49	16	32	65	31	34
五华县	1		1	5	2	3	1	1	
兴宁市	168	112	57	122	48	75	58	21	37
汕尾市	**148**	**119**	**29**	**213**	**105**	**109**	**56**	**33**	**23**
城区	87	69	17	177	85	92	43	23	20
陆丰市	61	50	11	36	19	16	13	10	3
河源市	**305**	**186**	**119**	**275**	**96**	**178**	**92**	**33**	**59**
源城区	305	186	119	275	96	178	92	33	59
阳江市	**355**	**232**	**122**	**316**	**113**	**202**	**154**	**61**	**93**
江城区	230	152	78	221	78	143	105	44	61
阳春市	125	81	44	95	35	59	49	17	32
清远市	**592**	**333**	**260**	**508**	**175**	**333**	**266**	**80**	**187**
清城区	362	195	167	233	73	160	137	37	100
清新区	5	3	2	87	33	54	3	1	2
英德市	180	109	70	118	40	78	47	15	32
连州市	46	25	21	70	28	42	80	27	52
东莞市	**3019**	**1733**	**1286**	**1818**	**687**	**1130**	**1612**	**586**	**1026**
中山市	**1036**	**563**	**473**	**852**	**276**	**576**	**358**	**126**	**232**
潮州市	**312**	**227**	**85**	**297**	**85**	**212**	**149**	**67**	**82**
湘桥区	182	131	51	210	68	143	94	36	58
潮安区	130	96	33	87	18	69	55	31	25
揭阳市	**520**	**403**	**117**	**1765**	**1035**	**730**	**195**	**107**	**88**
榕城区	194	164	29	1361	870	491	73	40	33
揭东区	102	88	14	67	22	45	44	19	24
普宁市	224	151	74	337	143	194	78	48	30
云浮市	**227**	**140**	**87**	**230**	**74**	**157**	**139**	**53**	**86**
云城区	122	67	55	109	29	79	75	27	49
云安区	4	2	2	4	1	3	2	1	1
罗定市	101	70	31	117	43	74	61	25	36

5-1a　续表 20　　　　单位：人

地　区	十八、文化、体育和娱乐业			十九、公共管理、社会保障和社会组织			二十、国际组织		
	小计	男	女	小计	男	女	小计	男	女
梅州市	**77**	**54**	**23**	**497**	**326**	**171**			
梅江区	58	41	17	310	203	107			
梅县区	8	5	2	55	34	21			
五华县				1	1				
兴宁市	11	7	4	131	88	43			
汕尾市	**23**	**17**	**6**	**195**	**151**	**44**			
城区	19	14	5	147	112	35			
陆丰市	4	2	1	48	39	9			
河源市	**55**	**32**	**23**	**485**	**340**	**145**	**1**		**1**
源城区	55	32	23	485	340	145	1		1
阳江市	**27**	**15**	**12**	**498**	**335**	**163**			
江城区	14	6	8	338	216	122			
阳春市	13	9	4	160	119	41			
清远市	**56**	**34**	**22**	**646**	**427**	**220**			
清城区	26	15	11	393	257	136			
清新区				42	29	13			
英德市	23	13	10	105	70	35			
连州市	7	6	2	106	70	36			
东莞市	**521**	**307**	**214**	**3678**	**2764**	**915**	**2**		**2**
中山市	**216**	**119**	**97**	**977**	**639**	**337**			
潮州市	**52**	**28**	**23**	**313**	**223**	**90**			
湘桥区	45	22	22	228	161	68			
潮安区	7	6	1	85	62	23			
揭阳市	**49**	**29**	**20**	**499**	**376**	**123**			
榕城区	29	18	12	191	142	48			
揭东区	8	4	4	146	104	41			
普宁市	12	8	5	163	129	33			
云浮市	**15**	**9**	**6**	**362**	**237**	**125**			
云城区	14	8	6	256	161	95			
云安区				2	1	1			
罗定市	2	2		104	75	29			

5-1b 各地区分性别、行业门类的就业人口（镇）

单位：人

地 区	就业人口			一、农、林、牧、渔业			二、采矿业		
	合计	男	女	小计	男	女	小计	男	女
全 省	**248449**	**147391**	**101058**	**56165**	**31487**	**24678**	**374**	**307**	**67**
广州市	**17570**	**10218**	**7353**	**1904**	**1035**	**869**	**17**	**16**	**1**
白云区	3892	2270	1622	226	131	95	1	1	
番禺区	905	489	416	112	65	47			
花都区	1365	815	550	53	30	23	1	1	
南沙区	3089	1747	1342	594	308	286	2	2	
萝岗区	270	178	91	2	2				
从化区	1154	739	415	157	89	68			
增城区	6896	3980	2916	759	409	350	13	12	1
韶关市	**10220**	**5733**	**4487**	**3927**	**2057**	**1870**	**98**	**70**	**28**
武江区	315	184	131	125	69	56	3	3	
浈江区	275	162	113	2	1	1			
曲江区	624	365	260	254	134	120	5	5	1
始兴县	1128	616	512	384	204	179	1	1	
仁化县	1060	615	445	334	190	144	79	54	25
翁源县	1695	914	781	760	385	375	1	1	
乳源瑶族自治县	1146	648	498	326	176	150	1	1	
新丰县	1538	858	679	458	227	230	4	3	1
乐昌市	1700	953	746	914	484	430	2	1	1
南雄市	741	419	322	371	187	184	2	1	1
珠海市	**4136**	**2610**	**1526**	**490**	**334**	**156**	**7**	**6**	**1**
香洲区	380	278	103	159	107	52			
斗门区	1946	1189	757	131	86	45	1	1	1
金湾区	1810	1144	666	200	141	59	5	5	
汕头市	**18931**	**11815**	**7115**	**3152**	**2360**	**792**	**10**	**8**	**2**
龙湖区	877	495	382	101	72	29			
濠江区	66	44	22	6	5				
潮阳区	7012	4807	2205	881	775	106			
潮南区	4802	2747	2056	622	428	194	1	1	
澄海区	5574	3302	2273	1353	902	451	6	5	1
南澳县	599	420	179	190	178	13	2	1	1
佛山市	**8176**	**4999**	**3177**	**433**	**247**	**185**	**2**	**1**	**1**
禅城区	2825	1659	1167	27	16	11			
南海区	1190	717	474	24	15	9			
三水区	3631	2321	1311	284	155	129	1	1	
高明区	529	303	226	97	61	36	1	1	1
江门市	**8478**	**4906**	**3571**	**1875**	**1079**	**796**	**4**	**4**	
新会区	1908	1090	818	259	136	123	4	4	
台山市	1628	970	658	644	412	231			
开平市	1043	614	430	71	40	31			
鹤山市	1827	984	842	127	73	53			
恩平市	2072	1249	824	775	417	358			

5-1b 续表 1 单位：人

地 区	三、制造业			四、电力、热力、燃气及水生产和供应业			五、建筑业		
	小计	男	女	小计	男	女	小计	男	女
全 省	**81306**	**45256**	**36050**	**1539**	**1159**	**380**	**15420**	**13233**	**2187**
广州市	**7763**	**4426**	**3336**	**136**	**105**	**31**	**742**	**625**	**117**
白云区	1879	1039	840	14	11	3	189	160	29
番禺区	352	194	157	2	1	1	30	26	4
花都区	442	261	181	13	9	4	44	38	6
南沙区	1436	810	626	28	22	6	140	113	27
萝岗区	21	14	7	1	1		7	6	1
从化区	534	369	165	7	6	1	62	56	6
增城区	3099	1738	1360	71	54	17	270	227	43
韶关市	**1383**	**746**	**638**	**212**	**148**	**64**	**494**	**411**	**83**
武江区	31	16	15	11	10	1	4	3	1
浈江区	44	28	17	3	2	1	9	6	3
曲江区	70	43	27	3	3		52	48	4
始兴县	307	144	163	6	4	2	59	51	8
仁化县	109	67	42	15	11	4	68	59	9
翁源县	192	99	93	13	9	3	51	43	8
乳源瑶族自治县	224	117	107	109	70	39	49	37	12
新丰县	151	88	63	24	15	8	95	77	18
乐昌市	145	78	67	28	23	5	85	70	15
南雄市	110	66	44	1	1		23	18	4
珠海市	**1828**	**1070**	**758**	**37**	**31**	**6**	**422**	**345**	**77**
香洲区	6	5	1	1	1		168	137	31
斗门区	873	500	373	5	4	1	159	131	28
金湾区	949	565	383	31	27	4	95	77	18
汕头市	**9210**	**4872**	**4338**	**60**	**43**	**17**	**858**	**805**	**53**
龙湖区	366	139	227	2	1	1	97	93	4
濠江区	16	9	7	6	2	4	13	13	
潮阳区	3566	2009	1557	23	16	7	438	430	9
潮南区	2571	1269	1302	7	6	1	184	156	28
澄海区	2662	1427	1235	12	10	2	107	97	11
南澳县	29	19	10	10	8	2	18	17	1
佛山市	**5349**	**3414**	**1935**	**38**	**32**	**6**	**230**	**191**	**39**
禅城区	1608	981	627	22	20	2	99	82	17
南海区	818	507	311	2		2	54	42	12
三水区	2698	1796	902	11	9	2	59	50	9
高明区	225	130	95	3	3	1	18	17	1
江门市	**3750**	**2063**	**1687**	**20**	**17**	**3**	**506**	**439**	**66**
新会区	879	472	408	9	7	2	119	105	14
台山市	408	206	201	6	5	1	76	72	4
开平市	548	318	230				89	76	13
鹤山市	1226	641	585	2	2		81	59	22
恩平市	689	425	264	3	2		141	128	13

5-1b 续表 2

单位：人

地 区	六、批发和零售业			七、交通运输、仓储和邮政业			八、住宿和餐饮业		
	小计	男	女	小计	男	女	小计	男	女
全 省	**43763**	**24607**	**19156**	**7729**	**6801**	**929**	**10784**	**5633**	**5151**
广州市	**2387**	**1255**	**1133**	**925**	**756**	**169**	**882**	**451**	**431**
白云区	552	295	257	252	192	61	179	86	94
番禺区	107	53	54	26	21	4	67	35	33
花都区	185	80	106	190	151	39	135	79	56
南沙区	262	134	128	100	88	13	160	89	71
萝岗区	77	51	25	37	27	9	11	3	8
从化区	124	63	61	31	29	2	76	36	40
增城区	1081	578	503	289	247	41	255	125	129
韶关市	**1430**	**695**	**735**	**367**	**323**	**44**	**463**	**219**	**245**
武江区	42	22	20	16	13	3	23	7	16
浈江区	45	23	22	19	18	1	11	3	8
曲江区	111	55	56	23	21	3	38	21	17
始兴县	142	71	71	35	31	5	37	17	20
仁化县	142	65	77	29	25	4	47	21	26
翁源县	273	140	132	45	43	2	86	44	43
乳源瑶族自治县	117	65	52	37	32	5	49	19	29
新丰县	266	119	147	77	66	12	93	45	48
乐昌市	187	79	108	72	64	8	55	31	24
南雄市	106	56	50	12	10	2	24	10	14
珠海市	**478**	**269**	**209**	**200**	**170**	**29**	**205**	**106**	**98**
香洲区	13	7	5	9	8	1	12	4	8
斗门区	319	185	133	85	70	16	106	59	47
金湾区	147	76	71	106	93	13	87	44	43
汕头市	**3642**	**2310**	**1332**	**366**	**343**	**24**	**513**	**330**	**182**
龙湖区	213	126	86	18	17	2	23	17	5
濠江区	10	5	5	3	3		4	2	2
潮阳区	1347	986	361	163	153	10	215	165	49
潮南区	1046	627	419	56	50	6	109	63	45
澄海区	912	505	407	107	104	4	106	59	48
南澳县	115	61	54	19	16	3	56	23	33
佛山市	**976**	**477**	**499**	**177**	**140**	**37**	**204**	**100**	**103**
禅城区	582	286	296	51	42	8	90	46	43
南海区	110	56	54	54	38	17	15	9	6
三水区	193	96	97	59	47	11	82	39	43
高明区	91	39	52	14	12	1	16	6	11
江门市	**970**	**499**	**471**	**150**	**128**	**21**	**387**	**194**	**193**
新会区	243	120	123	60	50	9	58	27	31
台山市	237	114	123	25	21	4	119	62	57
开平市	180	94	85	24	22	3	44	19	24
鹤山市	119	63	56	8	5	3	54	26	29
恩平市	192	108	84	32	30	2	112	60	52

5-1b 续表 3　　　　单位：人

地　区	九、信息传输、软件和信息技术服务业			十、金融业			十一、房地产业		
	小计	男	女	小计	男	女	小计	男	女
全　省	**1052**	**696**	**356**	**1525**	**890**	**635**	**1413**	**909**	**504**
广州市	**186**	**122**	**64**	**181**	**96**	**84**	**169**	**95**	**73**
白云区	11	10	1	22	11	11	18	11	7
番禺区	3	1	2	13	6	7	27	11	15
花都区	7	5	3	15	9	6	18	14	5
南沙区	13	7	6	18	8	10	18	10	8
萝岗区	71	48	23	2	1	1	3	1	1
从化区	12	10	2	11	6	5	10	6	4
增城区	69	42	27	100	55	44	75	41	33
韶关市	**61**	**37**	**24**	**89**	**46**	**43**	**71**	**45**	**26**
武江区	5	3	2	1	1		1	1	1
浈江区				5	2	3	2	2	1
曲江区	3	2	1	6	3	2	2	2	1
始兴县	3	1	2	11	7	4	7	5	2
仁化县	9	6	3	9	4	5	12	7	4
翁源县	9	5	4	6	3	3	5	3	1
乳源瑶族自治县	4	3	1	8	3	5	11	7	4
新丰县	17	11	6	25	14	12	13	8	5
乐昌市	6	3	3	17	9	8	14	8	7
南雄市	5	4	1	2	1	1	3	2	1
珠海市	**21**	**12**	**8**	**27**	**15**	**12**	**42**	**29**	**13**
香洲区							4	3	1
斗门区	12	6	6	19	11	8	23	16	7
金湾区	9	6	2	8	3	4	15	10	5
汕头市	**36**	**24**	**12**	**34**	**21**	**12**	**40**	**32**	**8**
龙湖区	2	2	1	2	2		2		2
濠江区	1	1							
潮阳区	4	4		5	4	1	20	19	1
潮南区	5	4	1	2	2		2	2	
澄海区	19	11	8	22	12	10	5	4	1
南澳县	5	4	2	3	1	1	10	7	3
佛山市	**23**	**19**	**4**	**61**	**32**	**29**	**54**	**26**	**28**
禅城区	16	15	1	41	23	18	32	16	16
南海区				6	3	3	8	3	5
三水区	7	4	3	13	5	8	13	7	6
高明区				1	1		1		1
江门市	**13**	**10**	**3**	**64**	**47**	**17**	**35**	**17**	**17**
新会区	5	4	1	31	25	6	15	6	9
台山市	1	1		11	10	1	5	3	2
开平市	3	3		5	3	3	3	1	2
鹤山市	3	2	2	6	2	4	5	3	2
恩平市	2	1		11	7	4	8	5	3

5-1b　续表 4　　　　单位：人

地　区	十二、租赁和商务服务业			十三、科学研究和技术服务业			十四、水利、环境和公共设施管理业		
	小计	男	女	小计	男	女	小计	男	女
全　省	**1437**	**932**	**505**	**329**	**228**	**101**	**598**	**356**	**241**
广州市	**241**	**115**	**126**	**56**	**39**	**17**	**74**	**38**	**36**
白云区	97	43	54	15	12	3	6	4	1
番禺区	6	3	3	2	1	1	5	2	3
花都区	19	9	10	6	5	1	14	8	6
南沙区	46	17	29	13	5	8	17	10	7
萝岗区	5	4	1						
从化区	6	2	4	4	4	1	4	3	1
增城区	62	37	25	16	12	4	29	11	18
韶关市	**61**	**35**	**26**	**17**	**11**	**7**	**43**	**23**	**20**
武江区	3	2	1	1	1				
浈江区	3	2	2	1	1		1		1
曲江区	1	1	1	2	1	1	2	1	2
始兴县	8	5	3	3	1	1	7	5	2
仁化县	11	6	5	3	1	1	2	1	1
翁源县	13	7	6	6	5	1	6	2	4
乳源瑶族自治县	2	1	1				15	11	4
新丰县	11	7	4	2	1	1	9	3	6
乐昌市	7	3	4				2	1	1
南雄市	4	3	1	1		1			
珠海市	**50**	**30**	**20**	**14**	**10**	**4**	**19**	**10**	**9**
香洲区	2		2				1	1	
斗门区	21	12	8	7	4	3	8	3	5
金湾区	27	17	10	7	6	1	10	6	3
汕头市	**30**	**18**	**12**	**7**	**6**	**1**	**19**	**11**	**8**
龙湖区	2		2	1	1		2	2	
濠江区							1		1
潮阳区	5	4	1	4	4		4	2	1
潮南区	2	1	1						
澄海区	15	10	5	2	1	1	6	4	3
南澳县	6	3	3	1	1		5	3	3
佛山市	**39**	**17**	**22**	**21**	**11**	**10**	**39**	**15**	**24**
禅城区	24	11	13	11	5	6	18	9	9
南海区	3		3	3	2	2	12		12
三水区	10	5	6	6	3	3	8	6	3
高明区	1	1		1	1		1	1	
江门市	**36**	**18**	**18**	**4**	**4**		**13**	**7**	**6**
新会区	4	4					3	2	1
台山市							1	1	
开平市	17	9	9	2	2		4	2	3
鹤山市	2		2	2	2		3	2	1
恩平市	13	6	7	1			2		1

5-1b 续表 5

单位：人

地　区	十五、居民服务、修理和其他服务业			十六、教育			十七、卫生和社会工作		
	小计	男	女	小计	男	女	小计	男	女
全　省	**7295**	**4906**	**2389**	**7232**	**3138**	**4094**	**2984**	**1381**	**1603**
广州市	**604**	**368**	**236**	**552**	**228**	**324**	**209**	**65**	**145**
白云区	172	109	63	152	80	72	28	10	18
番禺区	35	16	18	29	10	18	35	8	27
花都区	72	50	22	63	15	49	26	10	16
南沙区	60	33	27	44	19	25	37	8	28
萝岗区	7	5	2	4	1	3	4	1	3
从化区	38	21	18	38	15	23	8	2	6
增城区	220	135	86	222	88	135	73	25	48
韶关市	**262**	**168**	**95**	**501**	**246**	**255**	**146**	**51**	**95**
武江区	8	5	3	11	7	5	3	1	3
浈江区	8	6	2	10	2	8	3	1	2
曲江区	15	9	7	10	4	6	15	7	9
始兴县	23	15	8	46	24	21	10	3	7
仁化县	27	13	14	66	27	39	19	6	13
翁源县	43	27	15	74	35	40	36	11	25
乳源瑶族自治县	29	17	12	87	40	47	10	3	7
新丰县	60	42	17	80	33	46	33	15	18
乐昌市	35	21	14	64	34	30	14	5	10
南雄市	16	13	3	52	41	12	2		2
珠海市	**110**	**71**	**39**	**53**	**21**	**33**	**28**	**8**	**20**
香洲区	1	1							
斗门区	76	53	23	32	12	20	19	5	14
金湾区	33	17	16	21	9	12	9	3	5
汕头市	**293**	**244**	**50**	**244**	**70**	**174**	**94**	**52**	**42**
龙湖区	8	7	2	17	5	13	11	5	6
濠江区	2	2		2	1	2			
潮阳区	104	94	10	94	22	72	25	17	7
潮南区	85	68	17	45	16	29	21	13	7
澄海区	82	65	18	58	16	42	27	12	14
南澳县	11	8	3	28	11	17	12	5	7
佛山市	**144**	**81**	**63**	**108**	**35**	**73**	**49**	**16**	**32**
禅城区	35	24	11	37	5	32	11	2	9
南海区	32	14	18	9	2	8	8	5	3
三水区	56	28	29	52	27	25	17	6	11
高明区	20	15	5	10	2	8	13	4	9
江门市	**176**	**126**	**50**	**155**	**53**	**102**	**95**	**42**	**53**
新会区	47	35	11	87	34	53	27	15	12
台山市	43	33	10	14	5	9	13	8	5
开平市	16	10	6	17	4	12	3	2	2
鹤山市	24	13	11	18	2	15	47	16	31
恩平市	47	36	12	20	7	12	4	1	3

5-1b 续表 6 单位：人

地 区	十八、文化、体育和娱乐业			十九、公共管理、社会保障和社会组织			二十、国际组织		
	小计	男	女	小计	男	女	小计	男	女
全 省	**693**	**441**	**252**	**6809**	**5032**	**1778**	**2**		**1**
广州市	**71**	**37**	**34**	**472**	**344**	**128**			
白云区	7	4	3	72	61	11			
番禺区	9	6	3	45	28	17			
花都区	6	3	3	57	39	18			
南沙区	8	3	6	94	62	32			
萝岗区	2	1	1	16	12	4			
从化区	2	1	1	30	20	10			
增城区	37	19	18	159	124	35			
韶关市	**38**	**23**	**15**	**555**	**379**	**176**			
武江区	3	1	2	25	21	4			
浈江区	1	1		108	66	42			
曲江区	2	1	1	9	6	3			
始兴县	3	2	1	35	23	13			
仁化县	2	1	1	78	51	27			
翁源县	9	5	4	69	48	21			
乳源瑶族自治县	3	2	1	66	45	21			
新丰县	6	4	1	114	79	35			
乐昌市	10	7	4	44	35	9			
南雄市				7	6	1			
珠海市	**23**	**11**	**13**	**83**	**63**	**21**			
香洲区	1		1	4	4	1			
斗门区	13	7	6	37	25	12			
金湾区	9	3	6	42	34	8			
汕头市	**27**	**23**	**4**	**293**	**242**	**51**	**1**		**1**
龙湖区	1	1		11	8	3			
濠江区									
潮阳区	17	16	1	99	88	11			
潮南区	4	2	1	38	37	1	1		1
澄海区	4	3	1	69	56	13			
南澳县	2	1	1	76	55	22			
佛山市	**23**	**12**	**10**	**206**	**130**	**76**			
禅城区	5	4	1	114	70	44			
南海区	2		2	32	23	9			
三水区	15	8	7	47	29	17			
高明区	1		1	13	9	5			
江门市	**27**	**15**	**12**	**198**	**144**	**54**			
新会区	9	7	3	50	37	13			
台山市	7	4	4	19	13	6			
开平市	3	1	2	16	10	6			
鹤山市	3	2	2	96	71	25			
恩平市	4	3	2	18	13	5			

5-1b 续表 7 单位：人

地区	就业人口			一、农、林、牧、渔业			二、采矿业		
	合计	男	女	小计	男	女	小计	男	女
湛江市	**17140**	**10230**	**6910**	**7818**	**4451**	**3367**	**16**	**12**	**4**
霞山区	7	3	3	1	1	1			
坡头区	815	500	315	251	135	116	3	3	
麻章区	1523	952	571	697	470	228			
遂溪县	3002	1797	1206	1368	805	563	6	6	1
徐闻县	3387	1993	1394	1910	1093	816	1	1	
廉江市	3548	2067	1481	1297	669	629			
雷州市	2811	1649	1162	1315	731	584	5	1	4
吴川市	2047	1268	779	978	548	430	1	1	
茂名市	**14048**	**7930**	**6118**	**6383**	**3204**	**3179**	**12**	**9**	**2**
茂南区	599	363	236	286	169	117	2	1	2
电白区	5571	3269	2302	2498	1271	1226	4	4	
高州市	3480	1927	1553	1700	869	831	3	3	1
化州市	2532	1418	1113	651	311	340	1	1	
信宜市	1867	953	913	1248	583	665	1	1	
肇庆市	**12920**	**7164**	**5756**	**4253**	**1956**	**2298**	**11**	**11**	
鼎湖区	573	329	243	164	100	64			
广宁县	2439	1264	1175	823	318	505	1	1	
怀集县	2842	1530	1312	751	286	465	2	2	
封开县	1793	954	838	1170	574	597	1	1	
德庆县	1364	743	621	524	258	266	1	1	
高要市	2978	1730	1248	751	383	368	2	2	
四会市	932	613	319	70	37	33	3	3	
惠州市	**21619**	**12912**	**8707**	**1672**	**905**	**766**	**59**	**53**	**6**
惠城区	2078	1342	735	17	14	3			
惠阳区	1348	797	551	37	29	9	1	1	
博罗县	9181	5437	3744	896	479	417	7	5	2
惠东县	7172	4302	2870	239	142	98	9	8	1
龙门县	1839	1033	806	482	242	241	41	38	2
梅州市	**15961**	**8805**	**7156**	**4817**	**2133**	**2684**	**30**	**26**	**5**
梅江区	138	74	64	27	7	20			
梅县区	1524	849	675	776	395	380	1	1	
大埔县	2257	1260	997	761	363	398	1	1	
丰顺县	2618	1578	1040	454	284	170	6	4	2
五华县	4118	2133	1985	1391	523	867	4	4	
平远县	1541	844	697	301	130	171	8	6	2
蕉岭县	1389	808	581	377	178	199	11	10	
兴宁市	2377	1259	1117	730	252	479			
汕尾市	**12673**	**8773**	**3900**	**2789**	**2028**	**761**	**7**	**7**	
城区	718	488	230	57	48	9	3	3	
海丰县	6375	4244	2131	964	723	240			
陆河县	1690	1147	542	366	223	143	1	1	
陆丰市	3890	2893	997	1402	1033	369	4	4	

5-1b 续表 8 单位：人

地 区	三、制造业			四、电力、热力、燃气及水生产和供应业			五、建筑业		
	小计	男	女	小计	男	女	小计	男	女
湛江市	**1479**	**933**	**545**	**75**	**62**	**14**	**941**	**809**	**133**
霞山区									
坡头区	50	32	19	6	5	1	121	111	10
麻章区	144	94	51	18	14	4	73	63	9
遂溪县	216	136	80	10	6	3	79	61	17
徐闻县	98	66	32	7	5	2	77	64	12
廉江市	597	375	222	21	19	2	163	150	14
雷州市	241	152	89	11	10	1	121	94	27
吴川市	132	79	53	3	3		308	265	43
茂名市	**1423**	**792**	**631**	**13**	**12**	**1**	**1360**	**1151**	**210**
茂南区	46	31	15	1	1		43	38	6
电白区	483	285	199	3	3		680	584	96
高州市	458	252	206	1	1		206	169	37
化州市	211	126	85	6	5	1	286	244	43
信宜市	226	98	128	2	2		145	117	28
肇庆市	**2446**	**1320**	**1126**	**85**	**66**	**19**	**1128**	**929**	**199**
鼎湖区	178	98	80	3	3		16	14	2
广宁县	500	244	257	15	12	3	264	235	29
怀集县	398	202	197	54	38	16	268	206	62
封开县	117	74	43	3	3		68	55	13
德庆县	172	92	80	2	2		93	61	32
高要市	676	338	338	7	7	1	336	282	54
四会市	405	273	132	1	1		83	77	7
惠州市	**10229**	**5983**	**4246**	**139**	**108**	**31**	**895**	**769**	**126**
惠城区	1786	1130	656	6	6		82	77	6
惠阳区	680	406	274	6	5	1	35	32	3
博罗县	4593	2648	1945	59	49	11	330	286	44
惠东县	2878	1648	1230	46	35	12	291	248	43
龙门县	292	150	142	22	14	8	156	126	30
梅州市	**2575**	**1376**	**1199**	**200**	**140**	**60**	**1208**	**969**	**239**
梅江区	16	7	9	2	2		18	15	2
梅县区	198	106	92	14	8	6	70	58	12
大埔县	282	146	136	20	17	3	208	173	36
丰顺县	512	290	223	16	10	6	194	165	29
五华县	575	265	310	53	31	22	351	275	76
平远县	227	124	103	33	19	14	124	93	31
蕉岭县	269	184	85	18	12	6	102	76	26
兴宁市	497	255	242	43	40	3	142	114	28
汕尾市	**2794**	**1805**	**989**	**25**	**19**	**6**	**969**	**853**	**117**
城区	296	163	133				90	87	3
海丰县	2009	1292	717	12	8	4	205	196	9
陆河县	91	57	34	4	2	1	344	316	28
陆丰市	398	293	105	9	9	1	331	254	76

5-1b 续表 9 单位：人

地区	六、批发和零售业			七、交通运输、仓储和邮政业			八、住宿和餐饮业		
	小计	男	女	小计	男	女	小计	男	女
湛江市	**2903**	**1592**	**1311**	**504**	**456**	**48**	**812**	**399**	**412**
霞山区				1	1				
坡头区	218	118	100	28	27	1	23	10	13
麻章区	265	121	145	37	35	2	57	24	33
遂溪县	473	262	211	123	108	15	163	65	98
徐闻县	361	192	169	101	88	13	110	57	53
廉江市	745	427	318	102	96	6	248	119	130
雷州市	475	259	216	72	64	7	158	96	62
吴川市	366	213	153	40	37	3	52	28	24
茂名市	**2581**	**1339**	**1242**	**363**	**344**	**20**	**459**	**216**	**244**
茂南区	126	68	58	9	9		25	10	16
电白区	1060	567	492	160	149	11	206	93	114
高州市	569	304	265	100	95	5	84	39	46
化州市	708	333	375	74	72	3	105	54	51
信宜市	119	67	52	20	19	1	38	20	18
肇庆市	**2185**	**1180**	**1006**	**380**	**325**	**55**	**634**	**301**	**332**
鼎湖区	103	46	58	17	15	1	29	15	14
广宁县	340	161	179	79	72	7	140	61	79
怀集县	771	432	340	108	90	18	131	65	66
封开县	173	95	78	20	18	3	39	17	22
德庆县	148	76	73	24	21	3	67	26	42
高要市	502	286	216	61	55	6	178	94	84
四会市	148	84	63	72	54	17	50	23	27
惠州市	**3621**	**2019**	**1603**	**455**	**403**	**53**	**1143**	**621**	**521**
惠城区	58	34	24	17	16	1	20	11	9
惠阳区	199	104	94	41	37	3	38	23	16
博罗县	1445	817	628	176	149	27	483	258	226
惠东县	1680	949	731	156	145	12	467	269	198
龙门县	240	115	125	65	56	9	134	61	73
梅州市	**3497**	**1831**	**1666**	**550**	**502**	**47**	**639**	**338**	**301**
梅江区	26	10	16	8	8	1	13	4	9
梅县区	203	104	99	54	50	4	64	33	31
大埔县	469	244	225	66	63	3	95	47	48
丰顺县	674	351	323	78	69	9	160	92	68
五华县	1051	573	479	97	92	5	125	66	59
平远县	322	156	166	60	52	8	78	38	40
蕉岭县	234	115	119	73	66	8	48	26	22
兴宁市	518	278	240	113	103	11	55	32	22
汕尾市	**3560**	**2284**	**1276**	**363**	**336**	**26**	**641**	**387**	**254**
城区	149	98	51	23	23	1	55	37	18
海丰县	1855	1114	740	178	168	10	341	198	144
陆河县	400	227	173	79	72	7	98	46	52
陆丰市	1156	844	312	82	73	9	147	105	41

5-1b 续表 10

单位：人

地区	九、信息传输、软件和信息技术服务业			十、金融业			十一、房地产业		
	小计	男	女	小计	男	女	小计	男	女
湛江市	**91**	**51**	**41**	**75**	**41**	**33**	**45**	**36**	**9**
霞山区				1		1			
坡头区	3	3		4	2	2	2	1	1
麻章区	6	4	2	9	2	7	3	2	1
遂溪县	23	15	8	28	18	10	20	18	2
徐闻县	13	6	7	12	7	5	9	5	4
廉江市	30	12	17	10	5	5	6	6	
雷州市	11	6	5	5	2	2	4	2	1
吴川市	4	3	1	5	3	2	1	1	
茂名市	**38**	**26**	**12**	**61**	**41**	**20**	**39**	**28**	**11**
茂南区	3	2	2	5	3	2	2	2	
电白区	9	7	2	12	9	3	21	17	4
高州市	13	9	4	16	9	8	8	3	4
化州市	11	8	3	26	19	7	9	6	3
信宜市	2	1	1	1	1				
肇庆市	**23**	**14**	**9**	**123**	**77**	**46**	**55**	**29**	**25**
鼎湖区	1		1	7	5	2	1	1	
广宁县	5	5	1	17	9	8	19	11	8
怀集县	4	2	2	54	39	15	9	6	3
封开县	2	1	1	7	3	4	1	1	
德庆县	4	2	2	10	5	5	4	2	2
高要市	5	3	2	25	15	10	18	7	10
四会市	1	1	1	3	1	1	2	1	1
惠州市	**76**	**48**	**28**	**118**	**63**	**55**	**236**	**170**	**66**
惠城区	6	4	1	6	3	3	3	3	
惠阳区	5	3	3	10	6	3	5	4	1
博罗县	32	16	16	38	22	16	101	73	28
惠东县	21	15	6	40	19	21	95	72	23
龙门县	12	11	2	25	13	12	31	17	14
梅州市	**81**	**59**	**23**	**125**	**74**	**51**	**80**	**55**	**25**
梅江区	1	1	1				3	3	
梅县区	4	2	2	6	4	2	4	4	
大埔县	10	6	4	21	13	8	20	13	6
丰顺县	28	23	4	24	14	10	15	12	3
五华县	8	7	1	13	6	7	13	7	6
平远县	17	10	6	24	12	12	14	8	6
蕉岭县	8	5	3	19	10	9	9	7	2
兴宁市	6	4	2	18	14	4	2	1	1
汕尾市	**43**	**33**	**10**	**55**	**39**	**16**	**49**	**37**	**12**
城区	1	1		3	3		2	2	
海丰县	9	9		30	21	9	26	19	7
陆河县	15	9	6	12	7	5	12	11	1
陆丰市	17	14	4	11	9	2	9	5	4

5-1b 续表 11

单位：人

地　　区	十二、租赁和商务服务业			十三、科学研究和技术服务业			十四、水利、环境和公共设施管理业		
	小计	男	女	小计	男	女	小计	男	女
湛江市	**104**	**75**	**29**	**15**	**11**	**4**	**16**	**8**	**7**
霞山区	1	1							
坡头区	8	4	4				2	1	1
麻章区	10	8	2	1	1		1		1
遂溪县	21	15	6	3	2	2	3	1	2
徐闻县	9	7	2	3	3		6	4	2
廉江市	32	19	14	2	1	1			
雷州市	20	19	1	1	1		2	1	1
吴川市	3	3		3	3	1	2	2	
茂名市	**36**	**27**	**9**	**18**	**13**	**5**	**11**	**9**	**2**
茂南区				2	1	1			
电白区	14	11	3	3	3		3	3	
高州市	15	9	5	4	3	1	6	5	1
化州市	6	5	1	8	5	3	1	1	1
信宜市	2	2		1	1		1		1
肇庆市	**50**	**38**	**12**	**15**	**11**	**4**	**41**	**22**	**19**
鼎湖区	3	2	1	1	1		2	2	
广宁县	9	7	2	5	3	2	9	4	5
怀集县	13	10	3	3	2	1	13	7	6
封开县	10	8	2	3	2	1	5	2	3
德庆县	3	2	1	2	1		3	2	1
高要市	8	6	2	1	1		7	4	3
四会市	3	3		1	1		1	1	
惠州市	**135**	**91**	**44**	**55**	**34**	**21**	**114**	**81**	**33**
惠城区				1	1		4	3	1
惠阳区	3	2	2	3		3	3	1	3
博罗县	40	23	17	16	12	4	78	56	22
惠东县	70	48	22	27	17	10	16	15	1
龙门县	21	17	4	7	4	3	12	6	6
梅州市	**69**	**40**	**29**	**22**	**18**	**5**	**41**	**26**	**15**
梅江区	1	1	1				3	2	1
梅县区	2	1	1	2	2				
大埔县	12	8	4	6	4	2	4	3	1
丰顺县	17	6	11	7	5	1	16	9	7
五华县	10	8	2	2	2		5	3	2
平远县	20	11	8	3	3		6	4	2
蕉岭县	6	4	2	2	1	1	5	3	2
兴宁市	1		1	1	1		2	2	
汕尾市	**65**	**47**	**18**	**9**	**9**	**1**	**10**	**5**	**5**
城区	2	1	1	2	2		1	1	1
海丰县	42	32	10	5	4	1	6	3	4
陆河县	10	6	4	3	3		1		
陆丰市	11	8	3				1	1	

5-1b 续表 12

单位：人

地 区	十五、居民服务、修理和其他服务业			十六、教育			十七、卫生和社会工作		
	小计	男	女	小计	男	女	小计	男	女
湛江市	**725**	**457**	**268**	**730**	**328**	**402**	**287**	**130**	**156**
霞山区							1		1
坡头区	40	21	19	36	17	19	11	6	6
麻章区	45	27	17	110	59	51	20	9	10
遂溪县	157	110	48	87	33	55	83	33	50
徐闻县	288	168	121	137	58	79	76	32	44
廉江市	116	80	36	66	20	46	16	9	7
雷州市	49	33	16	225	112	112	58	32	26
吴川市	29	18	10	69	29	40	22	10	12
茂名市	**427**	**277**	**149**	**378**	**158**	**220**	**222**	**120**	**101**
茂南区	18	12	6	9	2	7	17	11	6
电白区	242	159	83	57	21	36	40	24	15
高州市	83	51	32	102	36	66	43	22	21
化州市	63	39	23	182	85	96	116	58	59
信宜市	22	16	6	27	14	14	6	5	1
肇庆市	**353**	**240**	**113**	**522**	**261**	**261**	**222**	**107**	**115**
鼎湖区	16	8	8	9	5	5	6	4	3
广宁县	66	50	16	58	21	37	40	18	22
怀集县	33	23	11	65	18	46	75	34	41
封开县	38	21	17	31	12	18	12	7	6
德庆县	64	43	21	143	86	57	25	10	15
高要市	104	75	29	177	97	80	59	33	26
四会市	32	21	11	39	21	18	4	1	3
惠州市	**565**	**377**	**188**	**884**	**371**	**513**	**366**	**165**	**201**
惠城区	14	13	1	41	17	24			
惠阳区	34	22	12	101	39	62	80	32	48
博罗县	237	157	80	314	142	172	54	24	30
惠东县	218	151	67	347	143	205	192	91	101
龙门县	61	35	27	80	30	50	41	17	23
梅州市	**682**	**454**	**229**	**473**	**203**	**270**	**209**	**98**	**110**
梅江区	11	9	2	1		1	2	1	1
梅县区	68	49	19	23	10	13	13	7	6
大埔县	69	28	41	65	28	37	38	19	18
丰顺县	123	86	37	99	38	61	36	15	22
五华县	205	154	51	118	53	65	34	16	17
平远县	71	47	24	80	36	45	42	16	26
蕉岭县	68	35	33	49	24	25	19	9	10
兴宁市	67	46	22	38	14	23	24	14	10
汕尾市	**442**	**346**	**96**	**352**	**164**	**188**	**136**	**90**	**46**
城区	12	8	5	10	3	6	5	3	1
海丰县	187	136	51	169	76	93	98	65	33
陆河县	76	57	18	99	45	54	17	11	6
陆丰市	167	145	22	74	39	35	16	11	6

5-1b 续表 13

单位：人

地　区	十八、文化、体育和娱乐业			十九、公共管理、社会保障和社会组织			二十、国际组织		
	小计	男	女	小计	男	女	小计	男	女
湛江市	**47**	**34**	**13**	**459**	**346**	**113**			
霞山区	1	1	1	1	1	1			
坡头区	2	1	2	6	4	2			
麻章区	2	1	1	24	17	7			
遂溪县	13	10	3	126	94	33			
徐闻县	7	7		161	129	33			
廉江市	9	5	4	85	56	29			
雷州市	7	5	2	31	27	4			
吴川市	4	4		25	19	6			
茂名市	**26**	**16**	**9**	**198**	**147**	**51**			
茂南区				5	4	1			
电白区	8	4	3	67	54	13			
高州市	14	9	5	56	40	15			
化州市	3	3	1	63	43	21			
信宜市	1	1		6	6	1			
肇庆市	**25**	**14**	**11**	**370**	**265**	**105**			
鼎湖区	1			15	11	4			
广宁县	9	7	2	41	27	14			
怀集县	3	3	1	88	67	21			
封开县	2		2	88	59	29			
德庆县	3	1	1	73	52	20			
高要市	4	1	3	56	40	16			
四会市	3	1	2	10	8	3			
惠州市	**94**	**65**	**29**	**763**	**587**	**176**			
惠城区	3	3		13	7	6			
惠阳区	18	13	5	49	39	10			
博罗县	30	20	9	251	202	50			
惠东县	36	26	9	342	262	80			
龙门县	8	3	5	109	77	32			
梅州市	**40**	**24**	**16**	**625**	**442**	**183**			
梅江区	1	1	1	4	3	1			
梅县区	2	1	1	21	13	7			
大埔县	8	5	3	103	79	24			
丰顺县	10	7	4	148	98	50			
五华县	4	3	1	60	46	15			
平远县	4	2	2	108	77	31			
蕉岭县	4	3	2	68	41	27			
兴宁市	6	4	3	112	85	28			
汕尾市	**30**	**24**	**6**	**333**	**259**	**74**			
城区				6	6	1			
海丰县	5	5	1	236	176	60			
陆河县				61	51	10			
陆丰市	24	19	5	31	26	4			

5-1b 续表 14

单位：人

地 区	就业人口			一、农、林、牧、渔业			二、采矿业		
	合计	男	女	小计	男	女	小计	男	女
河源市	**9385**	**5400**	**3985**	**1594**	**789**	**806**	**73**	**61**	**12**
紫金县	2400	1443	957	154	84	69	2	2	
龙川县	2472	1466	1006	298	144	154	1	1	
连平县	1528	855	673	507	250	257	6	4	1
和平县	1578	846	732	349	156	193	3	3	
东源县	1407	791	616	287	155	132	62	51	11
阳江市	**8926**	**5494**	**3432**	**1921**	**1168**	**754**	**3**	**2**	**1**
江城区	1249	776	473	210	155	56	1		1
阳西县	2333	1489	843	595	398	196			
阳东县	3356	2093	1264	496	293	202	1	1	
阳春市	1988	1136	852	621	321	299	1	1	
清远市	12977	7460	5517	3517	1874	1642	15	11	4
清城区	3350	2059	1291	821	427	395	6	4	2
清新区	1444	861	582	120	75	45			
佛冈县	1750	1039	711	491	282	209	1	1	1
阳山县	1710	959	752	455	227	228	2	2	
连山壮族瑶族自治县	429	240	189	162	86	77			
连南瑶族自治县	758	411	347	289	142	146	2	2	
英德市	3127	1641	1486	929	493	436	3	2	1
连州市	408	249	158	248	141	107			
东莞市	**3127**	**1959**	**1169**	**267**	**133**	**134**			
中山市	**15163**	**9132**	**6031**	**331**	**208**	**123**	**5**	**5**	
潮州市	**11052**	**6512**	**4540**	**2613**	**1667**	**946**			
湘桥区	1657	960	697	607	385	223			
潮安区	4257	2452	1806	667	413	254			
饶平县	5138	3100	2038	1339	870	469			
揭阳市	**19070**	**11579**	**7491**	**3989**	**2723**	**1267**	**5**	**5**	
榕城区	1277	836	441	171	151	20			
揭东区	2752	1717	1035	619	466	153	1	1	
揭西县	3764	2178	1586	392	219	172	2	2	
惠来县	5669	3448	2221	1485	905	580	2	2	
普宁市	5608	3400	2208	1323	981	342			
云浮市	**6878**	**3761**	**3117**	**2420**	**1137**	**1283**	**2**	**1**	
云城区	134	73	61	55	19	36			
云安区	728	403	325	291	122	170	1	1	
新兴县	2516	1366	1151	492	242	249	1	1	
郁南县	2296	1272	1024	933	479	454			
罗定市	1205	648	557	649	274	374			

5-1b 续表 15

单位：人

地区	三、制造业			四、电力、热力、燃气及水生产和供应业			五、建筑业		
	小计	男	女	小计	男	女	小计	男	女
河源市	**1868**	**989**	**879**	**82**	**62**	**20**	**536**	**438**	**98**
紫金县	463	259	204	27	20	8	207	158	50
龙川县	512	264	247	20	15	5	134	113	21
连平县	211	116	95	17	13	5	94	78	16
和平县	223	116	107	10	9	1	81	72	9
东源县	460	235	225	7	5	1	20	18	2
阳江市	**1957**	**1055**	**901**	**33**	**29**	**4**	**1223**	**1021**	**202**
江城区	170	99	71	11	11		167	136	31
阳西县	325	159	167	5	3	1	496	396	100
阳东县	1063	577	486	10	9	2	440	387	53
阳春市	398	220	178	7	7	1	120	103	17
清远市	4033	2303	1730	150	109	41	724	599	125
清城区	1365	883	482	13	11	2	163	138	25
清新区	1089	640	449				19	16	2
佛冈县	365	221	144	19	15	5	114	101	13
阳山县	313	168	145	68	48	20	157	130	27
连山壮族瑶族自治县	34	21	13	8	6	2	24	19	5
连南瑶族自治县	80	37	42	12	9	3	61	50	10
英德市	758	312	446	29	19	10	179	137	42
连州市	30	21	10	2	1	1	8	8	
东莞市	**2576**	**1643**	**933**				**3**	**3**	
中山市	**9082**	**5314**	**3768**	**47**	**34**	**13**	**775**	**680**	**95**
潮州市	**4215**	**1880**	**2335**	**95**	**68**	**27**	**797**	**731**	**66**
湘桥区	424	136	288	8	6	2	137	137	
潮安区	2317	1090	1227	10	9	1	287	272	14
饶平县	1475	654	821	77	53	24	374	322	52
揭阳市	**6021**	**2613**	**3408**	**66**	**53**	**13**	**1049**	**985**	**63**
榕城区	450	195	255	3	2	1	112	111	1
揭东区	1061	491	571	8	6	2	169	168	1
揭西县	964	467	496	16	12	4	272	253	19
惠来县	1149	489	660	33	27	6	261	232	29
普宁市	2396	971	1425	6	6		235	221	14
云浮市	**1324**	**657**	**666**	**27**	**22**	**5**	**559**	**478**	**80**
云城区	24	18	6	1	1		16	13	3
云安区	135	93	43	7	6	1	70	57	13
新兴县	669	293	377	11	7	4	184	162	23
郁南县	317	169	149	6	6	1	178	150	28
罗定市	177	85	92	3	3		110	97	13

5-1b 续表 16

单位：人

地区	六、批发和零售业			七、交通运输、仓储和邮政业			八、住宿和餐饮业		
	小计	男	女	小计	男	女	小计	男	女
河源市	**2387**	**1279**	**1108**	**419**	**377**	**42**	**488**	**272**	**216**
紫金县	701	382	320	120	107	13	149	90	59
龙川县	692	396	296	182	166	16	106	56	51
连平县	346	183	164	50	43	7	68	38	31
和平县	410	196	214	47	43	4	105	57	48
东源县	238	123	115	19	18	1	59	31	27
阳江市	**1374**	**736**	**637**	**233**	**217**	**16**	**646**	**256**	**390**
江城区	254	138	116	25	21	4	164	57	106
阳西县	300	159	141	102	98	4	206	78	128
阳东县	448	254	194	55	51	4	206	84	122
阳春市	372	186	186	51	47	4	71	36	35
清远市	1922	1004	918	396	360	36	651	298	352
清城区	413	226	187	122	115	8	130	67	63
清新区	143	84	59	13	12	2	11	6	5
佛冈县	239	115	125	50	45	5	122	55	67
阳山县	292	149	143	83	75	8	140	49	91
连山壮族瑶族自治县	55	26	29	9	8	1	36	19	17
连南瑶族自治县	97	49	49	22	18	4	28	12	16
英德市	621	314	307	90	82	9	165	79	86
连州市	61	42	19	7	6	1	19	11	8
东莞市	**178**	**106**	**71**	**12**	**10**	**2**	**30**	**22**	**8**
中山市	**2058**	**1086**	**972**	**789**	**636**	**153**	**473**	**252**	**221**
潮州市	**1921**	**1142**	**779**	**386**	**336**	**49**	**267**	**161**	**106**
湘桥区	312	182	130	32	31	2	35	22	13
潮安区	578	355	223	116	109	7	106	70	36
饶平县	1031	605	426	238	197	41	126	69	57
揭阳市	**4771**	**3020**	**1751**	**491**	**455**	**37**	**854**	**502**	**352**
榕城区	232	160	72	41	38	3	30	22	8
揭东区	378	253	125	82	75	7	73	46	27
揭西县	1327	739	588	122	115	7	246	114	133
惠来县	1673	1039	634	154	137	17	380	233	147
普宁市	1160	829	331	93	90	3	125	87	38
云浮市	**922**	**485**	**436**	**202**	**183**	**20**	**395**	**207**	**189**
云城区	19	9	10	4	3	1	5	2	3
云安区	115	54	61	22	20	2	39	22	17
新兴县	371	195	176	64	55	9	204	113	90
郁南县	312	157	154	61	54	7	103	44	59
罗定市	105	69	35	52	50	2	45	25	20

5-1b 续表 17

单位：人

地　区	九、信息传输、软件和信息技术服务业			十、金融业			十一、房地产业		
	小计	男	女	小计	男	女	小计	男	女
河源市	**66**	**42**	**25**	**88**	**54**	**34**	**52**	**31**	**22**
紫金县	32	20	12	29	20	9	15	10	5
龙川县	12	9	3	18	8	9	12	6	6
连平县	9	5	5	11	7	3	12	5	7
和平县	10	6	4	16	8	7	6	4	2
东源县	4	2	1	16	11	5	7	5	1
阳江市	**67**	**41**	**25**	**60**	**37**	**24**	**77**	**38**	**39**
江城区	3	3		8	5	3	31	12	19
阳西县	8	6	1	7	4	3	8	3	4
阳东县	49	28	22	29	14	15	35	21	14
阳春市	7	4	2	17	14	3	3	2	2
清远市	39	27	12	52	25	27	118	63	56
清城区	6	4	2	11	4	7	34	15	18
清新区	2		2				1		1
佛冈县	9	6	2	18	9	9	27	16	12
阳山县	9	7	2	6	5	2	25	15	10
连山壮族瑶族自治县	3	2	2	2	1	1	4	2	2
连南瑶族自治县	2	2		3	1	2	12	6	5
英德市	8	6	2	10	5	6	14	7	7
连州市	1	1	1	2	1	1	2	2	1
东莞市	**7**	**7**		**10**	**10**				
中山市	**79**	**52**	**27**	**131**	**58**	**73**	**150**	**105**	**45**
潮州市	**21**	**19**	**2**	**30**	**20**	**9**	**21**	**18**	**3**
湘桥区	5	5		4	2	2	5	5	
潮安区	2	1	1	3	3		5	4	2
饶平县	14	13	1	23	16	7	11	10	1
揭阳市	**61**	**38**	**24**	**94**	**64**	**30**	**51**	**37**	**14**
榕城区	7	5	2	2	2		4	2	2
揭东区	9	5	4	9	5	4	2	2	
揭西县	12	7	5	31	17	14	25	17	8
惠来县	33	21	12	48	38	10	19	14	4
普宁市				3	2	2	2	2	
云浮市	**19**	**15**	**5**	**47**	**29**	**19**	**30**	**18**	**12**
云城区									
云安区	4	3	1	2	2	1	2		2
新兴县	10	8	3	31	17	14	18	11	7
郁南县	6	4	1	13	9	4	9	6	3
罗定市				1	1		1	1	

5-1b 续表 18

单位：人

地　　区	十二、租赁和商务服务业			十三、科学研究和技术服务业			十四、水利、环境和公共设施管理业		
	小计	男	女	小计	男	女	小计	男	女
河源市	**69**	**47**	**21**	**8**	**4**	**4**	**12**	**8**	**4**
紫金县	11	5	7				6	5	1
龙川县	33	29	5	1		1	2	2	1
连平县	9	6	4	2	2		1		1
和平县	10	5	5	2	1	1	1		
东源县	5	3	2	3	1	2	2	1	1
阳江市	**112**	**94**	**18**	**5**	**4**	**1**	**25**	**20**	**5**
江城区	4	3	1				4	3	1
阳西县	20	11	9	1	1		14	12	2
阳东县	76	70	6	2	2		2	2	
阳春市	12	11	2	2	1	1	6	4	2
清远市	97	79	18	13	8	5	35	21	14
清城区	46	39	7	1	1		19	12	8
清新区									
佛冈县	18	15	4	6	3	3	1	1	
阳山县	7	5	2				1	1	
连山壮族瑶族自治县	5	4	1				1	1	
连南瑶族自治县	4	3	1	1	1		6	3	3
英德市	13	10	3	4	2	2	6	2	3
连州市	3	2	1	1	1		2	1	1
东莞市	**8**	**3**	**5**				**7**		**7**
中山市	**145**	**92**	**53**	**29**	**24**	**5**	**55**	**32**	**23**
潮州市	**14**	**8**	**6**	**6**	**4**	**2**	**9**	**9**	
湘桥区	2	1	2	3	2	1	1	1	
潮安区	9	5	4	3	2	1	8	8	
饶平县	3	2	1						
揭阳市	**44**	**37**	**7**	**9**	**7**	**2**	**9**	**7**	**2**
榕城区							5	4	1
揭东区	19	14	5	7	7				
揭西县	4	3	1				1		1
惠来县	11	10	1	2		2			
普宁市	9	9					3	3	
云浮市	**32**	**21**	**11**	**5**	**2**	**3**	**7**	**4**	**4**
云城区				1	1				
云安区	3	3							
新兴县	16	10	6	4	1	3	5	3	3
郁南县	9	4	4				2	1	1
罗定市	5	4	1						

5-1b 续表 19

单位：人

地区	十五、居民服务、修理和其他服务业			十六、教育			十七、卫生和社会工作		
	小计	男	女	小计	男	女	小计	男	女
河源市	**314**	**206**	**108**	**512**	**229**	**284**	**265**	**111**	**154**
紫金县	67	39	27	172	77	95	51	19	32
龙川县	84	55	29	150	71	79	78	28	50
连平县	44	29	15	46	17	29	21	8	12
和平县	83	54	29	99	44	55	44	22	22
东源县	36	28	8	46	20	26	71	34	37
阳江市	**462**	**303**	**160**	**293**	**145**	**147**	**55**	**25**	**30**
江城区	77	55	22	15	6	9	8	4	4
阳西县	147	100	47	45	25	21	17	7	10
阳东县	163	102	61	76	29	47	16	6	9
阳春市	76	47	29	157	86	72	15	8	7
清远市	360	234	126	348	135	213	171	73	99
清城区	85	50	35	41	13	29	26	14	12
清新区	6	5	1	36	20	16			
佛冈县	86	58	28	45	16	29	52	22	30
阳山县	39	25	14	43	13	30	21	8	14
连山壮族瑶族自治县	11	8	4	28	9	19	8	2	6
连南瑶族自治县	17	9	7	49	21	28	27	9	18
英德市	110	74	36	101	42	59	31	15	16
连州市	7	5	3	6	2	4	7	3	4
东莞市	**20**	**12**	**8**						
中山市	**334**	**179**	**155**	**232**	**87**	**145**	**113**	**48**	**65**
潮州市	**242**	**199**	**43**	**155**	**63**	**92**	**77**	**51**	**25**
湘桥区	22	15	7	30	15	15	12	5	6
潮安区	85	75	10	25	9	17	18	12	6
饶平县	135	109	26	100	39	61	47	34	13
揭阳市	**587**	**443**	**144**	**428**	**210**	**218**	**160**	**91**	**69**
榕城区	83	59	24	76	46	30	16	9	6
揭东区	80	53	27	120	58	63	44	24	19
揭西县	124	91	33	98	35	63	34	17	17
惠来县	128	98	30	97	52	45	52	30	22
普宁市	173	143	30	36	20	17	15	11	5
云浮市	**191**	**121**	**70**	**311**	**131**	**180**	**81**	**35**	**45**
云城区	5	4	1	1	1	1	1		1
云安区	11	8	2	12	4	9	4	3	1
新兴县	77	46	31	125	47	78	38	15	24
郁南县	74	45	29	154	71	84	32	13	19
罗定市	24	17	7	18	9	9	6	5	2

5-1b 续表 20 单位：人

地 区	十八、文化、体育和娱乐业			十九、公共管理、社会保障和社会组织			二十、国际组织		
	小计	男	女	小计	男	女	小计	男	女
河源市	**31**	**20**	**11**	**519**	**381**	**138**			
紫金县	12	8	4	183	140	43			
龙川县	2	1	1	135	102	33			
连平县	3	2	1	71	51	20			
和平县	5	3	2	73	47	27			
东源县	8	5	3	57	42	16			
阳江市	**22**	**14**	**8**	**356**	**286**	**70**			
江城区	3	1	2	94	67	27			
阳西县	8	4	4	30	26	3			
阳东县	9	8	1	182	155	26			
阳春市	2	2	1	51	38	13			
清远市	34	19	16	300	217	83			
清城区	11	5	6	39	32	7			
清新区				4	3	1			
佛冈县	7	4	3	79	55	24			
阳山县	2	1	2	47	32	15			
连山壮族瑶族自治县	1		1	36	26	10			
连南瑶族自治县	4	3	1	43	31	12			
英德市	9	6	3	48	34	14			
连州市	1		1	4	4	1			
东莞市				**10**	**10**				
中山市	**56**	**34**	**23**	**278**	**205**	**73**			
潮州市	**21**	**16**	**5**	**162**	**118**	**45**			
湘桥区	8	5	3	10	5	5			
潮安区	1	1		19	15	4			
饶平县	12	10	2	133	98	36			
揭阳市	**28**	**20**	**7**	**353**	**270**	**82**			
榕城区	8	6	2	36	24	12			
揭东区	2	2		68	41	26			
揭西县	9	7	2	87	64	23			
惠来县	8	5	3	134	116	19			
普宁市				29	26	3			
云浮市	**29**	**18**	**10**	**275**	**196**	**79**			
云城区	1		1	1	1				
云安区	1			8	6	2			
新兴县	21	13	8	176	128	48			
郁南县	6	4	2	81	54	27			
罗定市				9	7	2			

5-1c 各地区分性别、行业门类的就业人口（乡村）

单位：人

地区	就业人口			一、农、林、牧、渔业			二、采矿业		
	合计	男	女	小计	男	女	小计	男	女
全省	**470375**	**268121**	**202254**	**227097**	**120068**	**107029**	**896**	**618**	**278**
广州市	**28622**	**16901**	**11722**	**6206**	**3382**	**2824**	**17**	**14**	**3**
白云区	7190	4360	2830	946	495	451	8	8	
番禺区	4146	2461	1685	326	191	135			
花都区	4986	2971	2015	601	351	250			
南沙区	3261	1789	1472	808	400	408	2	1	1
萝岗区	940	529	411	324	183	141	1	1	
从化区	4002	2302	1700	1383	789	594	5	3	1
增城区	4098	2489	1609	1819	974	845	3	1	1
韶关市	**19916**	**10840**	**9076**	**13370**	**6843**	**6527**	**50**	**38**	**12**
武江区	836	470	365	440	245	196	5	3	2
浈江区	867	485	383	531	282	248			
曲江区	1945	1055	890	1099	538	561	6	3	3
始兴县	1855	1010	845	1147	593	554	2	2	1
仁化县	1692	963	729	1131	612	519	8	8	
翁源县	3693	2047	1647	2810	1480	1331	19	13	5
乳源瑶族自治县	1533	834	699	971	509	463	2	2	1
新丰县	1607	897	711	1002	522	480	4	3	1
乐昌市	3114	1654	1460	2212	1083	1129	3	3	
南雄市	2773	1425	1347	2025	979	1046	1	1	
珠海市	**2329**	**1385**	**944**	**542**	**324**	**218**	**1**	**1**	
斗门区	2329	1385	944	542	324	218	1	1	
汕头市	**21441**	**12831**	**8611**	**4617**	**3218**	**1399**	**3**	**3**	
龙湖区	1473	835	638	212	170	42	1	1	
金平区	284	173	112	29	25	4			
濠江区	1113	700	413	178	117	61			
潮阳区	7090	4626	2464	1705	1326	379			
潮南区	7577	4286	3290	1232	773	459	1	1	
澄海区	3684	2068	1616	1160	739	422	1	1	
南澳县	220	142	78	101	69	32			
佛山市	**5819**	**3488**	**2331**	**1502**	**903**	**599**	**3**	**3**	
南海区	1700	997	703	326	228	98			
顺德区	512	294	218	30	23	8			
三水区	2873	1776	1097	790	447	343	1	1	
高明区	733	420	313	356	205	151	1	1	
江门市	**24604**	**13933**	**10671**	**10260**	**5604**	**4656**	**12**	**10**	**2**
蓬江区	64	35	29	7	4	3			
新会区	4919	2825	2094	1803	1027	777	6	5	1
台山市	8184	4617	3567	4869	2697	2172			
开平市	4918	2778	2140	1695	863	832	2	2	
鹤山市	3006	1662	1344	725	435	290	4	3	1
恩平市	3512	2016	1497	1160	578	582			

5-1c 续表 1

单位：人

地　区	三、制造业			四、电力、热力、燃气及水生产和供应业			五、建筑业		
	小计	男	女	小计	男	女	小计	男	女
全　省	**112845**	**59895**	**52950**	**1550**	**1270**	**280**	**33373**	**28990**	**4383**
广州市	**11097**	**6375**	**4722**	**118**	**100**	**18**	**1339**	**1179**	**161**
白云区	3495	2163	1332	28	24	4	234	198	36
番禺区	2262	1285	977	8	8		185	166	20
花都区	2033	1111	922	24	21	3	196	173	23
南沙区	1488	781	706	13	10	2	114	102	12
萝岗区	226	131	95	3	2		25	22	2
从化区	986	520	466	32	23	8	283	247	36
增城区	608	383	225	11	11		302	271	32
韶关市	**2501**	**1373**	**1129**	**115**	**93**	**21**	**700**	**602**	**98**
武江区	184	94	89	10	8	2	23	19	4
浈江区	199	125	74	1		1	16	15	2
曲江区	273	163	110	14	11	4	71	65	6
始兴县	332	162	171	8	7	2	59	51	8
仁化县	194	120	74	19	18	1	46	40	6
翁源县	245	134	112	13	12	1	130	112	17
乳源瑶族自治县	266	137	129	7	5	2	74	65	8
新丰县	198	115	84	4	3	1	53	41	12
乐昌市	363	190	174	30	22	8	123	100	23
南雄市	246	134	112	8	7	1	106	93	13
珠海市	**927**	**510**	**417**	**8**	**8**		**99**	**92**	**7**
斗门区	927	510	417	8	8		99	92	7
汕头市	**9899**	**4324**	**5574**	**51**	**47**	**4**	**2301**	**2218**	**83**
龙湖区	744	281	463	2	2		193	187	6
金平区	110	50	60				14	13	2
濠江区	335	95	240	2	2		334	322	13
潮阳区	2748	1068	1681	12	12		1259	1228	30
潮南区	4288	2071	2217	21	20	1	333	315	18
澄海区	1665	754	911	13	10	3	156	144	12
南澳县	9	6	3	1	1		11	8	2
佛山市	**2515**	**1490**	**1025**	**28**	**25**	**3**	**179**	**154**	**25**
南海区	854	446	408	13	13		50	42	8
顺德区	275	161	114	3	2	2	6	5	2
三水区	1236	806	430	10	9	1	103	89	14
高明区	151	77	73	1	1	1	19	18	1
江门市	**7121**	**3657**	**3464**	**64**	**50**	**14**	**1652**	**1515**	**138**
蓬江区	44	24	20				3	2	1
新会区	1948	1072	876	23	19	4	226	197	29
台山市	1302	649	653	23	19	3	321	312	9
开平市	1536	733	803	10	5	5	671	640	31
鹤山市	1420	692	727	8	7	2	170	146	24
恩平市	871	487	384				261	218	44

5-1c 续表 2 单位：人

地 区	六、批发和零售业			七、交通运输、仓储和邮政业			八、住宿和餐饮业		
	小计	男	女	小计	男	女	小计	男	女
全 省	**42208**	**23326**	**18882**	**10481**	**9435**	**1045**	**13959**	**7192**	**6768**
广州市	**3267**	**1759**	**1508**	**1619**	**1343**	**276**	**1237**	**572**	**664**
白云区	957	543	414	457	380	77	182	76	105
番禺区	353	191	162	289	213	76	189	92	98
花都区	730	380	351	452	388	64	232	115	117
南沙区	273	147	126	107	86	21	77	42	35
萝岗区	83	33	50	31	24	6	43	18	25
从化区	386	182	204	149	130	19	263	110	153
增城区	485	282	203	134	123	11	250	119	131
韶关市	**1084**	**562**	**522**	**449**	**414**	**35**	**535**	**248**	**287**
武江区	53	28	26	18	18		35	15	20
浈江区	33	17	16	12	11	1	25	10	15
曲江区	158	75	83	86	80	6	110	45	65
始兴县	107	60	47	58	55	3	35	18	17
仁化县	100	44	55	36	31	5	35	16	19
翁源县	182	106	76	55	52	3	63	29	34
乳源瑶族自治县	61	27	34	32	29	3	42	20	22
新丰县	129	63	66	57	52	5	81	42	39
乐昌市	119	73	46	57	52	5	50	24	26
南雄市	142	68	74	38	34	5	58	29	29
珠海市	**230**	**119**	**111**	**117**	**99**	**18**	**120**	**61**	**58**
斗门区	230	119	111	117	99	18	120	61	58
汕头市	**2962**	**1850**	**1112**	**239**	**229**	**10**	**404**	**264**	**140**
龙湖区	152	84	68	22	18	3	45	24	21
金平区	100	65	36	2	1	1	8	6	2
濠江区	141	73	68	25	25		27	19	8
潮阳区	880	601	279	93	90	3	80	64	16
潮南区	1253	781	472	54	54		133	82	50
澄海区	405	230	175	35	34	1	90	58	32
南澳县	31	15	15	7	6	1	21	10	11
佛山市	**587**	**299**	**288**	**220**	**200**	**19**	**128**	**53**	**75**
南海区	117	42	74	58	53	5	40	16	24
顺德区	111	62	50	11	9	2	2	2	
三水区	285	156	129	124	113	10	55	22	33
高明区	74	39	35	27	25	2	31	14	17
江门市	**2028**	**1011**	**1017**	**478**	**427**	**51**	**1388**	**725**	**663**
蓬江区	1			2	2		2	1	1
新会区	310	156	153	118	107	11	124	54	71
台山市	634	316	318	160	137	23	497	271	226
开平市	451	217	233	101	87	14	204	99	104
鹤山市	218	104	114	57	54	3	157	83	74
恩平市	416	218	198	40	40		404	218	186

5-1c 续表 3

单位：人

地 区	九、信息传输、软件和信息技术服务业			十、金融业			十一、房地产业		
	小计	男	女	小计	男	女	小计	男	女
全 省	**859**	**573**	**286**	**1318**	**769**	**549**	**1624**	**1053**	**571**
广州市	**162**	**110**	**52**	**210**	**128**	**82**	**310**	**200**	**110**
白云区	48	32	17	63	32	32	48	34	14
番禺区	33	27	6	33	27	6	57	45	12
花都区	21	14	7	51	31	20	64	35	29
南沙区	21	15	6	18	10	8	33	17	16
萝岗区	6	4	1	9	5	4	15	8	7
从化区	17	12	6	20	14	6	54	33	21
增城区	15	6	9	15	9	6	40	28	11
韶关市	**63**	**39**	**23**	**49**	**26**	**22**	**66**	**44**	**22**
武江区	3	1	2	2	1	1	18	10	8
浈江区	3	3		2		2	1		1
曲江区	3	1	2	4	3	1	5	5	
始兴县	8	6	2	11	6	5	7	4	3
仁化县	6	4	2	6	4	2	1	1	
翁源县	8	2	5	9	2	7	15	11	4
乳源瑶族自治县	4	4	1	3	2	2	4	3	1
新丰县	5	4	1	2	1		2	1	
乐昌市	20	12	8	5	3	2	10	9	2
南雄市	3	1	1	4	3	1	3		3
珠海市	**4**	**4**		**7**	**2**	**4**	**29**	**15**	**15**
斗门区	4	4		7	2	4	29	15	15
汕头市	**29**	**26**	**3**	**28**	**16**	**12**	**46**	**40**	**6**
龙湖区	4	3	1	6	3	3	7	5	2
金平区	1	1							
濠江区	7	6	1	1	1		10	10	
潮阳区	2	2		8	8		17	16	1
潮南区	6	6		6	1	4	1		1
澄海区	9	7	1	6	2	4	6	6	1
南澳县	1	1		2	1	1	4	4	
佛山市	**21**	**8**	**13**	**25**	**16**	**9**	**53**	**22**	**32**
南海区	11	3	8	11	8	3	19	8	11
顺德区	2	2					21	8	14
三水区	8	3	5	12	7	5	12	5	7
高明区	1		1	3	1	2	2	1	1
江门市	**80**	**50**	**31**	**81**	**40**	**41**	**68**	**43**	**25**
蓬江区							1		
新会区	20	12	8	25	11	14	17	11	6
台山市	19	9	10	20	10	10	14	9	5
开平市	10	6	4	10	6	4	10	7	3
鹤山市	11	7	5	18	9	8	19	11	8
恩平市	20	16	4	8	4	4	8	4	4

5-1c 续表 4

单位：人

地 区	十二、租赁和商务服务业			十三、科学研究和技术服务业			十四、水利、环境和公共设施管理业		
	小计	男	女	小计	男	女	小计	男	女
全 省	**1934**	**1220**	**714**	**383**	**274**	**109**	**715**	**417**	**298**
广州市	**296**	**162**	**133**	**94**	**61**	**33**	**130**	**54**	**76**
白云区	103	51	52	33	17	17	19	14	5
番禺区	45	23	21	10	6	4	33	10	23
花都区	27	12	15	33	27	6	21	11	10
南沙区	35	25	10	10	6	4	8	4	5
萝岗区	10	6	4	4	3	1	9	4	5
从化区	33	16	17	1	1	1	20	6	14
增城区	43	31	13	4	3	1	19	5	14
韶关市	**82**	**55**	**27**	**16**	**11**	**5**	**17**	**10**	**6**
武江区	3	2		2	1	1	1		1
浈江区	2	1	1				2	2	
曲江区	7	6	2	1	1		4	2	2
始兴县	19	9	11	3	3		2	1	1
仁化县	5	4	1	6	4	2	1		1
翁源县	21	17	4	3	2	2	2	2	1
乳源瑶族自治县	1		1				1	1	
新丰县	2	2					1	1	
乐昌市	12	9	4				2	1	1
南雄市	10	6	3	1	1		2	1	1
珠海市	**31**	**18**	**13**	**7**	**6**	**1**	**16**	**9**	**7**
斗门区	31	18	13	7	6	1	16	9	7
汕头市	**14**	**8**	**6**	**15**	**12**	**3**	**12**	**9**	**3**
龙湖区	4	3	2	2	2	1			
金平区	1	1							
濠江区	2	1	1				2	1	1
潮阳区	2	1	1	6	3	2			
潮南区				6	6		4	4	
澄海区	4	2	1	1	1		5	4	1
南澳县	1		1				1		1
佛山市	**66**	**39**	**27**	**14**	**8**	**6**	**60**	**23**	**37**
南海区	45	29	16	5	3	3	8	5	3
顺德区	5	3	2	2		2	3	3	
三水区	14	5	9	3	2	1	29	5	24
高明区	3	2	1	4	3	1	20	10	10
江门市	**67**	**34**	**33**	**18**	**10**	**8**	**45**	**28**	**17**
蓬江区									
新会区	8	5	3	1	1		7	5	2
台山市	22	12	9				18	9	9
开平市	13	7	6	5	2	4	2	2	1
鹤山市	12	5	7	8	4	4	9	4	5
恩平市	12	4	8	4	4		8	8	

5-1c 续表 5 单位：人

地 区	十五、居民服务、修理和其他服务业			十六、教育			十七、卫生和社会工作		
	小计	男	女	小计	男	女	小计	男	女
全 省	**9237**	**6224**	**3013**	**4200**	**1723**	**2477**	**2143**	**1014**	**1129**
广州市	**994**	**628**	**366**	**459**	**173**	**287**	**223**	**70**	**152**
白云区	179	103	76	156	57	99	81	23	58
番禺区	142	76	66	45	18	27	21	6	16
花都区	240	160	80	73	28	45	30	11	19
南沙区	85	45	40	46	16	30	26	8	19
萝岗区	18	11	7	33	13	20	11	4	8
从化区	135	89	46	71	24	47	32	9	23
增城区	194	143	51	34	17	18	20	10	10
韶关市	**337**	**207**	**130**	**163**	**73**	**90**	**88**	**32**	**56**
武江区	10	8	3	12	5	7	2		1
浈江区	14	8	6	16	7	9	2		2
曲江区	51	30	22	25	11	15	7	2	5
始兴县	22	14	8	10	5	5	6	2	5
仁化县	32	18	14	21	12	9	12	2	10
翁源县	56	37	20	23	12	12	17	7	10
乳源瑶族自治县	26	9	16	6	2	4	3	1	3
新丰县	34	24	9	6	3	2	8	4	3
乐昌市	40	31	10	14	8	7	17	9	9
南雄市	52	29	23	30	9	21	14	6	8
珠海市	**55**	**31**	**25**	**31**	**15**	**16**	**18**	**5**	**12**
斗门区	55	31	25	31	15	16	18	5	12
汕头市	**280**	**224**	**56**	**206**	**84**	**121**	**87**	**53**	**33**
龙湖区	35	28	7	19	6	12	8	4	4
金平区	5	4	1	8	3	5	3	2	1
濠江区	22	14	8	7	2	5	4	1	3
潮阳区	83	72	10	72	34	38	26	19	7
潮南区	93	74	20	57	27	31	29	20	10
澄海区	40	31	9	40	12	28	14	6	7
南澳县	3	2	1	3	1	2	4	2	2
佛山市	**150**	**94**	**56**	**51**	**11**	**40**	**54**	**13**	**41**
南海区	45	29	16	13	3	11	16	8	8
顺德区	11	3	8	3		3	14	5	9
三水区	77	51	27	25	8	17	24		24
高明区	17	11	6	9	1	9	1	1	
江门市	**571**	**366**	**205**	**142**	**43**	**99**	**151**	**62**	**89**
蓬江区	1			1		1			
新会区	77	52	25	40	6	34	90	37	53
台山市	126	73	53	30	14	16	15	5	10
开平市	96	45	51	32	11	22	18	7	11
鹤山市	54	34	20	28	8	19	13	2	11
恩平市	218	162	55	12	4	8	16	12	4

5-1c 续表 6 单位：人

地 区	十八、文化、体育和娱乐业			十九、公共管理、社会保障和社会组织			二十、国际组织		
	小计	男	女	小计	男	女	小计	男	女
全 省	**658**	**368**	**290**	**4864**	**3675**	**1188**	**34**	**18**	**16**
广州市	**88**	**48**	**39**	**755**	**542**	**213**	**2**		**2**
白云区	25	17	9	128	95	33			
番禺区	10	2	8	105	76	29			
花都区	20	8	12	133	94	39	2		2
南沙区	1	1	1	97	73	24			
萝岗区	1			90	55	34			
从化区	20	12	8	111	83	28			
增城区	10	9	1	91	65	26			
韶关市	**15**	**8**	**7**	**218**	**161**	**57**			
武江区	1	1		12	9	3			
浈江区	1		1	9	5	4			
曲江区	1	1	1	22	17	5			
始兴县	3	2	1	16	11	6			
仁化县	1	1		32	24	8			
翁源县	2		2	19	16	2			
乳源瑶族自治县	1		1	30	20	10			
新丰县				19	13	6			
乐昌市	2	1	1	34	26	9			
南雄市	3	3	1	25	20	6			
珠海市	**15**	**9**	**6**	**72**	**56**	**16**			
斗门区	15	9	6	72	56	16			
汕头市	**7**	**5**	**2**	**244**	**200**	**44**			
龙湖区	1	1		18	14	4			
金平区				4	3	1			
濠江区				17	13	4			
潮阳区	5	3	1	91	77	14			
潮南区				59	52	7			
澄海区	1	1	1	34	26	8			
南澳县				21	16	5			
佛山市	**3**	**3**		**160**	**126**	**33**			
南海区	3	3		66	58	8			
顺德区				17	11	6			
三水区				65	47	17			
高明区	1	1		12	10	2			
江门市	**45**	**31**	**14**	**301**	**208**	**93**	**31**	**18**	**12**
蓬江区				1					
新会区	7	4	3	71	46	25			
台山市	17	10	7	67	45	22	31	18	12
开平市	2	2		49	38	11			
鹤山市	15	11	4	62	43	19			
恩平市	4	4		51	36	16			

5-1c 续表 7

单位：人

地 区	就业人口			一、农、林、牧、渔业			二、采矿业		
	合计	男	女	小计	男	女	小计	男	女
湛江市	**59024**	**33109**	**25914**	**42548**	**22296**	**20251**	**19**	**18**	**1**
赤坎区	95	51	43	51	27	24			
霞山区	198	122	77	106	62	43	1	1	
坡头区	2977	1793	1184	1537	812	725	2	2	
麻章区	3838	2315	1523	2697	1604	1093	4	3	1
遂溪县	8456	4632	3824	6748	3550	3198	1	1	
徐闻县	6684	3740	2944	5859	3228	2631	1	1	
廉江市	14853	8290	6562	10132	5203	4929	2	2	
雷州市	14422	7767	6655	11184	5746	5438	6	6	
吴川市	7501	4399	3102	4234	2064	2170	2	2	
茂名市	**45910**	**25046**	**20863**	**27105**	**12923**	**14182**	**38**	**29**	**9**
茂南区	4292	2382	1911	2538	1235	1303	9	9	
电白区	12221	7060	5162	6789	3321	3467	5	5	
高州市	12334	6547	5787	7849	3787	4062	15	7	7
化州市	10200	5439	4761	5244	2317	2927	4	4	
信宜市	6862	3619	3243	4686	2263	2423	6	5	2
肇庆市	**33427**	**17514**	**15913**	**20497**	**9559**	**10938**	**94**	**67**	**27**
鼎湖区	1283	657	626	570	292	277			
广宁县	4275	2218	2057	2815	1291	1524	2	2	
怀集县	8424	4163	4261	4866	1911	2955	25	19	6
封开县	4178	2184	1994	3483	1720	1763	9	6	3
德庆县	4097	2186	1911	3444	1771	1673	1	1	
高要市	8095	4367	3728	3965	1932	2032	54	37	18
四会市	3075	1738	1336	1353	641	712	2	2	
惠州市	**22341**	**12810**	**9531**	**8665**	**4950**	**3714**	**24**	**21**	**3**
惠城区	3606	2036	1570	730	418	312	2	1	1
惠阳区	2417	1500	917	648	417	230	6	6	
博罗县	6905	3913	2991	2666	1492	1173	6	6	
惠东县	6495	3758	2737	2998	1791	1206	1		1
龙门县	2918	1602	1316	1624	831	793	8	8	1
梅州市	**29745**	**15894**	**13852**	**16140**	**7290**	**8850**	**32**	**26**	**6**
梅江区	638	348	290	241	100	141			
梅县区	3757	2090	1668	1841	933	909	2	2	
大埔县	2977	1644	1333	1672	856	816	3	3	
丰顺县	2909	1689	1220	1513	792	721	2	2	
五华县	8199	4173	4027	4944	2140	2805	13	9	4
平远县	1986	1060	926	1132	471	661	5	3	2
蕉岭县	1315	739	576	605	260	344	3	3	
兴宁市	7963	4152	3812	4192	1738	2454	4	4	

5-1c 续表 8

单位：人

地区	三、制造业			四、电力、热力、燃气及水生产和供应业			五、建筑业		
	小计	男	女	小计	男	女	小计	男	女
湛江市	**3548**	**2002**	**1545**	**42**	**34**	**8**	**4689**	**3994**	**695**
赤坎区	8	5	3				5	4	1
霞山区	8	5	3	1	1		6	5	1
坡头区	165	70	95	1	1		719	604	115
麻章区	265	144	121	5	5		101	94	7
遂溪县	341	202	139	3	2	1	202	165	37
徐闻县	163	102	61	6	5	1	47	42	4
廉江市	1413	825	588	15	12	4	1350	1178	172
雷州市	788	464	324	4	4		545	427	119
吴川市	395	184	212	7	4	2	1713	1475	238
茂名市	**4858**	**2473**	**2385**	**83**	**61**	**21**	**5374**	**4501**	**873**
茂南区	364	228	136	3	3	1	366	303	63
电白区	1134	660	474	21	15	7	1881	1619	263
高州市	1564	782	782	26	17	9	1027	812	215
化州市	1044	497	546	11	11		1572	1289	283
信宜市	752	306	446	21	17	5	527	479	48
肇庆市	**5021**	**2687**	**2335**	**143**	**114**	**30**	**2165**	**1829**	**336**
鼎湖区	325	132	192	5	4	1	87	65	22
广宁县	423	244	180	15	14	1	259	235	25
怀集县	1126	609	518	91	65	27	691	560	132
封开县	174	103	71	8	8		105	94	11
德庆县	301	175	126	6	6		63	57	6
高要市	1901	975	926	15	14	1	624	509	114
四会市	770	448	322	4	4		336	310	26
惠州市	**7330**	**3833**	**3497**	**132**	**116**	**16**	**794**	**714**	**80**
惠城区	1521	716	804	15	11	3	219	205	15
惠阳区	1011	607	404	7	7		93	84	9
博罗县	2552	1276	1276	76	67	8	200	179	21
惠东县	1790	992	798	12	9	2	130	113	18
龙门县	456	242	214	23	20	2	152	133	18
梅州市	**4479**	**2494**	**1985**	**122**	**101**	**21**	**2569**	**2050**	**519**
梅江区	72	35	37	5	4	1	74	66	9
梅县区	690	384	306	13	11	2	182	151	31
大埔县	514	283	231	26	20	6	218	178	39
丰顺县	476	263	213	13	9	4	320	276	44
五华县	890	499	390	4	4		916	659	257
平远县	281	160	121	6	5	1	163	141	22
蕉岭县	227	151	75	15	11	4	112	94	17
兴宁市	1330	718	612	38	36	2	584	486	99

5-1c 续表 9

单位：人

地 区	六、批发和零售业			七、交通运输、仓储和邮政业			八、住宿和餐饮业		
	小计	男	女	小计	男	女	小计	男	女
湛江市	**3896**	**2125**	**1771**	**916**	**813**	**103**	**1461**	**654**	**807**
赤坎区	14	8	6	1	1		4	2	2
霞山区	34	19	15	14	14		10	1	9
坡头区	302	155	147	71	66	6	63	20	43
麻章区	289	178	111	139	130	10	167	61	107
遂溪县	479	278	201	119	109	9	283	127	156
徐闻县	212	129	84	59	52	7	85	37	48
廉江市	1022	507	514	199	165	34	319	155	164
雷州市	836	453	383	221	191	30	399	187	213
吴川市	708	399	309	92	85	7	130	64	66
茂名市	**4488**	**2335**	**2154**	**1008**	**948**	**60**	**1037**	**537**	**500**
茂南区	621	325	296	75	72	3	115	61	54
电白区	1241	663	578	319	292	26	351	163	189
高州市	906	481	425	269	256	13	178	106	72
化州市	1369	685	683	228	213	16	253	130	123
信宜市	352	180	171	117	115	2	139	77	62
肇庆市	**2334**	**1218**	**1116**	**555**	**515**	**40**	**1236**	**668**	**568**
鼎湖区	108	46	62	38	35	3	63	31	33
广宁县	241	103	138	91	87	5	193	98	96
怀集县	787	445	341	125	117	8	346	207	139
封开县	146	89	57	54	53	2	87	39	47
德庆县	76	37	39	39	35	4	84	46	38
高要市	654	349	305	145	133	13	376	198	178
四会市	323	148	174	63	57	7	87	50	37
惠州市	**1906**	**997**	**909**	**432**	**398**	**35**	**1187**	**602**	**585**
惠城区	379	207	172	89	82	7	175	108	67
惠阳区	264	133	131	43	38	5	91	50	42
博罗县	480	264	216	140	130	9	242	143	99
惠东县	609	304	304	95	89	6	497	209	288
龙门县	174	88	85	65	57	8	181	91	90
梅州市	**2721**	**1427**	**1294**	**867**	**768**	**99**	**689**	**367**	**322**
梅江区	94	43	51	32	28	4	43	22	21
梅县区	348	163	185	184	143	41	109	55	54
大埔县	255	134	121	54	47	7	59	27	32
丰顺县	275	140	135	34	28	5	75	45	30
五华县	681	359	322	108	103	4	129	62	66
平远县	162	98	63	68	65	3	38	19	18
蕉岭县	156	83	73	56	52	3	30	18	13
兴宁市	750	406	344	333	301	32	206	118	88

5-1c 续表 10　　　　单位：人

地　区	九、信息传输、软件和信息技术服务业			十、金融业			十一、房地产业		
	小计	男	女	小计	男	女	小计	男	女
湛江市	**41**	**23**	**17**	**55**	**32**	**24**	**61**	**43**	**19**
赤坎区									
霞山区	1	1		2	1		4	3	1
坡头区	4	1	2	2	1	1	2	1	1
麻章区	8	6	2	10	4	6	6	2	4
遂溪县	3	1	2	8	7	1	9	9	
徐闻县	3	3		1	1		3	2	2
廉江市	6	4	2	16	6	11	20	14	6
雷州市	14	7	7	10	7	3	13	9	4
吴川市	2	1	1	7	4	2	4	3	1
茂名市	**54**	**41**	**14**	**33**	**22**	**11**	**85**	**52**	**34**
茂南区	7	3	3	6	3	3	3	3	1
电白区	8	8		8	5	3	21	13	8
高州市	13	9	4	4	4		24	13	11
化州市	16	11	5	12	7	5	33	23	11
信宜市	11	9	2	3	3		3		3
肇庆市	**19**	**13**	**6**	**149**	**82**	**67**	**85**	**54**	**31**
鼎湖区	4	3	1	4	2	2	12	8	4
广宁县	2	1	1	14	5	8	14	11	3
怀集县	1	1		86	54	32	14	8	6
封开县	2	2	1	5	2	2	3	2	2
德庆县	3	2	1	4	3	1	1	1	
高要市	7	4	3	33	14	18	40	23	17
四会市	1	1		4	1	3	1	1	
惠州市	**38**	**26**	**12**	**75**	**38**	**37**	**162**	**110**	**52**
惠城区	15	9	6	31	15	16	35	21	14
惠阳区	3	2	2	4	1	3	18	14	4
博罗县	10	10		17	9	8	28	15	13
惠东县	7	2	5	13	9	4	52	40	12
龙门县	2	2		10	4	6	29	20	9
梅州市	**75**	**51**	**24**	**169**	**113**	**56**	**80**	**51**	**30**
梅江区	8	4	4	4	3	2	4	2	2
梅县区	13	6	7	98	64	35	21	12	9
大埔县	3	2	1	8	7	1	5	3	1
丰顺县	7	4	4	9	5	4	9	6	3
五华县	7	7		15	9	6	10	7	3
平远县	9	7	3	7	3	3	9	8	1
蕉岭县	3	2		6	4	2	6	4	1
兴宁市	23	19	4	22	18	4	17	7	10

5-1c 续表 11 单位：人

地 区	十二、租赁和商务服务业			十三、科学研究和技术服务业			十四、水利、环境和公共设施管理业		
	小计	男	女	小计	男	女	小计	男	女
湛江市	**162**	**110**	**52**	**20**	**12**	**8**	**14**	**6**	**8**
赤坎区	3	3					2		2
霞山区							1		
坡头区	24	11	13				2	1	1
麻章区	16	13	2				4	1	3
遂溪县	18	13	5	2	1	1	3	1	2
徐闻县	3	2	1	1		1	1	1	
廉江市	44	27	16	1	1		1	1	
雷州市	39	30	9	14	9	6			
吴川市	16	10	6	1	1				
茂名市	**83**	**55**	**28**	**25**	**19**	**6**	**16**	**15**	**1**
茂南区	13	9	3	2	1	1	3	2	1
电白区	23	13	10	3	3				
高州市	20	9	11	9	7	2	6	6	
化州市	19	16	4	11	7	4	4	4	
信宜市	8	8					5	5	
肇庆市	**102**	**68**	**34**	**19**	**13**	**6**	**56**	**35**	**22**
鼎湖区	3	1	3	2	1		1	1	
广宁县	9	8	1	12	8	4	5	4	1
怀集县	16	11	4	1	1		35	25	10
封开县	18	12	5				2	1	2
德庆县	1	1		1	1		1	1	
高要市	23	17	6				5	2	3
四会市	33	18	15	4	2	2	7	1	6
惠州市	**108**	**62**	**46**	**14**	**10**	**4**	**78**	**56**	**22**
惠城区	32	18	14	3	2	1	26	19	7
惠阳区	15	7	8	3	2	1	9	6	3
博罗县	19	13	6	1	1		30	26	5
惠东县	26	16	9	6	4	2	2	1	1
龙门县	17	8	9	1	1		11	4	7
梅州市	**116**	**71**	**45**	**10**	**9**		**27**	**20**	**7**
梅江区	8	4	4						
梅县区	29	17	12	1	1		2		2
大埔县	8	2	6				2		2
丰顺县	6	4	3	3	3		6	4	2
五华县	35	24	12				6	6	
平远县	13	11	2	3	2		4	3	1
蕉岭县	7	3	4				3	2	
兴宁市	10	7	2	3	3		4	4	

5-1c 续表 12 单位：人

地　　区	十五、居民服务、修理和其他服务业			十六、教育			十七、卫生和社会工作		
	小计	男	女	小计	男	女	小计	男	女
湛江市	**710**	**479**	**231**	**404**	**176**	**228**	**186**	**108**	**78**
赤坎区	2	1	1	1		1	2		1
霞山区	3	2	1	3	2	2	2	1	
坡头区	38	28	10	19	9	10	2	1	1
麻章区	68	36	33	29	11	18	6	3	3
遂溪县	165	132	33	29	9	21	16	5	11
徐闻县	129	67	63	55	30	25	19	11	8
廉江市	87	69	18	95	39	56	64	32	32
雷州市	139	101	38	107	52	55	61	43	17
吴川市	78	44	35	65	25	40	15	11	3
茂名市	**788**	**565**	**223**	**374**	**160**	**214**	**205**	**101**	**104**
茂南区	98	82	16	29	14	14	12	4	8
电白区	222	172	49	89	31	57	44	28	16
高州市	201	126	74	91	43	48	61	28	33
化州市	181	118	63	91	35	56	49	21	28
信宜市	86	67	20	74	36	38	38	20	18
肇庆市	**425**	**298**	**128**	**210**	**94**	**116**	**105**	**54**	**52**
鼎湖区	21	15	5	8	1	7	4	1	3
广宁县	44	32	12	64	34	30	26	13	13
怀集县	78	54	24	63	29	33	29	19	11
封开县	43	30	13	16	9	7	5	1	4
德庆县	23	18	5	18	10	8	11	5	6
高要市	169	117	53	27	6	21	27	14	13
四会市	47	31	16	13	5	9	4	1	3
惠州市	**473**	**326**	**147**	**303**	**133**	**170**	**142**	**65**	**77**
惠城区	80	50	31	88	43	45	34	11	23
惠阳区	59	44	15	55	28	27	5	1	4
博罗县	163	115	48	84	33	51	55	27	28
惠东县	103	76	27	39	14	25	31	19	12
龙门县	67	40	27	38	16	22	18	7	11
梅州市	**876**	**611**	**265**	**306**	**144**	**162**	**128**	**59**	**69**
梅江区	25	19	6	4	1	3	5	2	3
梅县区	122	91	31	34	15	19	21	10	11
大埔县	94	44	50	15	9	6	9	2	7
丰顺县	94	60	34	19	11	9	12	8	4
五华县	229	164	65	129	62	66	30	15	15
平远县	44	34	10	12	6	6	9	6	3
蕉岭县	34	21	13	15	7	8	10	3	7
兴宁市	234	177	56	79	33	46	33	14	19

5-1c 续表 13

单位：人

地 区	十八、文化、体育和娱乐业			十九、公共管理、社会保障和社会组织			二十、国际组织		
	小计	男	女	小计	男	女	小计	男	女
湛江市	**48**	**24**	**24**	**206**	**160**	**46**			
赤坎区				2	1	2			
霞山区				3	2	1			
坡头区	11	2	9	12	7	4			
麻章区	7	4	2	17	16	1			
遂溪县	9	6	4	19	15	4			
徐闻县				36	28	8			
廉江市	9	5	5	56	45	12			
雷州市	4	3	1	35	27	7			
吴川市	7	4	2	26	19	7			
茂名市	**27**	**18**	**9**	**229**	**192**	**37**			
茂南区	6	4	2	24	21	3			
电白区	3	2	2	57	46	11			
高州市	9	6	4	61	48	13			
化州市	4	2	2	56	51	5			
信宜市	5	5		30	26	5			
肇庆市	**17**	**7**	**9**	**195**	**139**	**56**			
鼎湖区	2	1	1	26	18	8			
广宁县	3	1	2	44	28	16			
怀集县	2	1	1	44	29	15			
封开县	3	2	2	14	11	3			
德庆县	1		1	18	16	3			
高要市	6	3	3	26	20	6			
四会市	1		1	23	17	6			
惠州市	**47**	**31**	**16**	**430**	**323**	**107**			
惠城区	16	7	9	118	92	26			
惠阳区	9	6	3	72	47	25			
博罗县	7	5	2	130	102	28			
惠东县	9	9		74	58	16			
龙门县	6	4	2	36	25	12			
梅州市	**39**	**22**	**17**	**301**	**222**	**79**			
梅江区	3	3	1	16	13	3			
梅县区	16	9	7	31	25	7			
大埔县	5	3	1	28	21	7			
丰顺县				36	30	6			
五华县	4	3	1	49	40	9			
平远县	1	1		22	17	5			
蕉岭县	2	2		26	16	10			
兴宁市	7	1	6	92	60	33			

5-1c 续表 14　　　　单位：人

地　区	就业人口			一、农、林、牧、渔业			二、采矿业		
	合计	男	女	小计	男	女	小计	男	女
汕尾市	**14908**	**10135**	**4774**	**7279**	**5292**	**1987**	**2**	**2**	
城区	1321	910	411	356	312	43	2	2	
海丰县	4318	2620	1698	1652	1095	557			
陆河县	1693	1041	653	661	381	279			
陆丰市	7576	5564	2012	4610	3503	1107			
河源市	**20442**	**11409**	**9033**	**10282**	**5241**	**5041**	**533**	**334**	**200**
源城区	71	39	33	3	2				
紫金县	4096	2312	1784	1729	879	851	2	1	1
龙川县	5700	3217	2483	2554	1317	1236	2	2	
连平县	3124	1658	1466	2024	1003	1021	150	87	63
和平县	3553	1920	1633	2085	1000	1084	5	4	1
东源县	3897	2263	1634	1887	1040	847	375	239	136
阳江市	**17739**	**10191**	**7548**	**9954**	**5308**	**4646**	**5**	**3**	**2**
江城区	2705	1565	1140	941	497	444			
阳西县	3849	2310	1539	2445	1371	1074			
阳东县	3910	2230	1680	1937	1061	876	2	1	1
阳春市	7275	4087	3188	4632	2380	2253	3	2	1
清远市	27439	15462	11977	14514	7882	6632	42	31	11
清城区	2139	1240	899	1056	600	456	3	3	1
清新区	5895	3373	2521	587	325	262			
佛冈县	2710	1508	1203	1598	850	748	9	3	5
阳山县	3287	1806	1480	2125	1074	1051	5	5	
连山壮族瑶族自治县	890	515	375	655	379	275	1	1	
连南瑶族自治县	1042	552	490	725	352	373	1	1	
英德市	8709	4793	3916	5752	3117	2636	18	14	4
连州市	2767	1676	1092	2016	1185	831	5	4	1
东莞市	**18805**	**12110**	**6695**	**518**	**373**	**145**	**1**		**1**
中山市	**5890**	**3432**	**2459**	**718**	**436**	**283**	**2**	**2**	
潮州市	**13812**	**7899**	**5913**	**5585**	**3268**	**2317**			
湘桥区	999	592	406	386	236	150			
潮安区	6571	3864	2707	1621	989	632			
饶平县	6242	3443	2799	3578	2043	1535			
揭阳市	**38014**	**22672**	**15342**	**14921**	**9444**	**5476**	**6**	**6**	
榕城区	2265	1525	739	608	536	71			
揭东区	5882	3647	2235	1880	1293	587	2	2	
揭西县	7375	4449	2926	2780	1724	1056	2	2	
惠来县	7266	4292	2974	3935	2299	1636	2	2	
普宁市	15227	8760	6468	5719	3593	2126			
云浮市	**20148**	**11061**	**9087**	**11875**	**5530**	**6345**	**12**	**11**	**1**
云城区	1412	792	619	854	420	434			
云安区	3046	1692	1354	1645	691	954	6	5	1
新兴县	4561	2443	2118	2813	1384	1429	1	1	
郁南县	3086	1705	1381	2146	1124	1022	3	3	1
罗定市	8043	4428	3615	4417	1911	2507	2	2	

5-1c 续表 15

单位：人

地 区	三、制造业			四、电力、热力、燃气及水生产和供应业			五、建筑业		
	小计	男	女	小计	男	女	小计	男	女
汕尾市	**2676**	**1453**	**1223**	**7**	**7**		**824**	**725**	**99**
城区	480	250	230	1	1		82	81	1
海丰县	1508	809	699				62	57	5
陆河县	123	64	59	1	1		244	225	18
陆丰市	565	330	235	5	5		436	361	75
河源市	**3693**	**1933**	**1760**	**68**	**57**	**11**	**1246**	**1043**	**203**
源城区	43	24	20				1	1	
紫金县	989	529	460	5	4	2	339	283	56
龙川县	1066	552	514	14	13	1	393	316	77
连平县	343	172	172	4	3	1	168	144	24
和平县	578	311	267	21	17	4	252	214	38
东源县	674	347	327	24	20	4	93	84	9
阳江市	**2578**	**1289**	**1289**	**59**	**52**	**7**	**2289**	**1898**	**391**
江城区	554	248	306	19	18	2	494	429	65
阳西县	331	141	190	4	4		693	572	121
阳东县	678	361	316	9	7	2	425	337	88
阳春市	1015	539	477	27	24	3	677	560	117
清远市	7462	4164	3298	188	133	55	1120	959	161
清城区	364	199	166	14	12	2	108	93	15
清新区	4680	2685	1995				64	54	10
佛冈县	530	283	247	3	2	1	184	172	12
阳山县	454	253	201	76	42	33	152	139	13
连山壮族瑶族自治县	101	61	39	13	10	3	9	7	2
连南瑶族自治县	75	43	32	15	12	3	71	56	15
英德市	1063	539	525	65	52	13	347	272	75
连州市	194	102	92	4	4		185	167	18
东莞市	**14117**	**8992**	**5125**	**110**	**94**	**17**	**419**	**395**	**23**
中山市	**3273**	**1829**	**1444**	**27**	**22**	**6**	**182**	**159**	**24**
潮州市	**4864**	**2255**	**2609**	**42**	**29**	**13**	**1033**	**905**	**128**
湘桥区	266	86	180	4	4		100	98	2
潮安区	3334	1657	1677	20	19	2	376	361	15
饶平县	1264	512	752	17	6	11	557	446	111
揭阳市	**11416**	**4773**	**6643**	**102**	**90**	**13**	**2780**	**2566**	**214**
榕城区	807	355	452	5	4	1	239	221	17
揭东区	2024	881	1143	21	15	6	446	424	22
揭西县	1586	720	865	30	26	4	725	660	64
惠来县	1109	435	674	24	23	1	471	397	73
普宁市	5890	2381	3509	23	22	2	901	863	38
云浮市	**3471**	**1990**	**1480**	**40**	**39**	**1**	**1618**	**1491**	**127**
云城区	218	145	73	3	3		69	61	8
云安区	627	446	181	9	8	1	275	255	20
新兴县	893	452	441	9	9		315	288	28
郁南县	296	168	129	12	12		153	131	22
罗定市	1435	778	657	8	8		806	756	50

5-1c 续表 16

单位：人

地区	六、批发和零售业			七、交通运输、仓储和邮政业			八、住宿和餐饮业		
	小计	男	女	小计	男	女	小计	男	女
汕尾市	**2625**	**1590**	**1035**	**244**	**236**	**8**	**391**	**214**	**176**
城区	217	132	86	29	29		60	34	26
海丰县	705	366	340	80	80		105	57	48
陆河县	381	196	185	57	53	4	64	22	41
陆丰市	1322	897	425	78	74	4	163	101	61
河源市	**2064**	**1111**	**953**	**463**	**433**	**31**	**608**	**339**	**269**
源城区	6	4	2	1	1		9	2	7
紫金县	372	193	179	112	101	11	170	99	71
龙川县	916	500	415	131	125	6	98	59	39
连平县	220	110	110	39	36	3	50	27	22
和平县	222	115	107	91	84	7	109	55	54
东源县	328	188	140	88	85	3	172	97	75
阳江市	**1029**	**545**	**484**	**334**	**312**	**22**	**539**	**186**	**353**
江城区	264	129	134	79	70	8	166	52	114
阳西县	139	82	57	44	42	2	54	15	38
阳东县	298	151	147	96	91	5	167	51	116
阳春市	328	183	146	115	109	6	152	68	84
清远市	1758	883	874	440	408	32	646	277	369
清城区	205	105	101	75	71	3	104	49	55
清新区	364	171	192	56	50	6	42	30	12
佛冈县	161	69	91	51	45	5	81	21	60
阳山县	174	105	69	58	56	2	70	28	42
连山壮族瑶族自治县	44	23	22	4	4		16	6	10
连南瑶族自治县	46	20	27	17	16		12	5	7
英德市	635	321	314	127	119	8	260	118	142
连州市	129	69	59	52	46	6	61	21	40
东莞市	**987**	**530**	**457**	**638**	**528**	**109**	**313**	**166**	**147**
中山市	**591**	**308**	**283**	**179**	**155**	**24**	**210**	**120**	**90**
潮州市	**1339**	**769**	**570**	**171**	**160**	**11**	**221**	**141**	**80**
湘桥区	120	79	42	18	17	1	53	34	19
潮安区	726	455	271	113	104	9	88	66	22
饶平县	493	235	258	41	39	2	80	41	39
揭阳市	**5188**	**3280**	**1908**	**620**	**584**	**37**	**1007**	**646**	**361**
榕城区	159	110	49	65	64	2	26	17	9
揭东区	868	549	319	125	113	12	119	89	30
揭西县	1432	814	617	130	123	6	282	154	128
惠来县	1001	608	393	157	146	10	249	152	97
普宁市	1728	1198	529	144	138	6	332	233	99
云浮市	**1124**	**609**	**516**	**494**	**467**	**27**	**603**	**352**	**251**
云城区	85	46	39	43	40	3	53	26	27
云安区	214	109	105	77	72	5	55	28	27
新兴县	209	103	106	60	59	1	141	81	60
郁南县	120	61	59	50	46	5	101	50	50
罗定市	496	290	207	263	250	13	253	167	86

5-1c 续表 17

单位：人

地 区	九、信息传输、软件和信息技术服务业			十、金融业			十一、房地产业		
	小计	男	女	小计	男	女	小计	男	女
汕尾市	**25**	**19**	**6**	**33**	**25**	**9**	**31**	**22**	**8**
城区	2	2		1	1		14	9	5
海丰县	1	1		2	1	1	7	7	
陆河县	7	5	1	10	6	4	1	1	
陆丰市	15	10	5	20	16	4	9	5	4
河源市	**47**	**27**	**20**	**48**	**24**	**24**	**72**	**44**	**27**
源城区									
紫金县	5	2	4	13	5	7	15	8	7
龙川县	27	15	12	9	6	2	24	17	7
连平县	4	3	1				8	4	4
和平县	8	5	3	9	3	6	7	5	2
东源县	3	2	1	18	9	9	17	10	7
阳江市	**26**	**16**	**10**	**24**	**10**	**15**	**50**	**30**	**20**
江城区	7	4	3	5	2	3	12	11	1
阳西县	2	2	1	2	2	1	2		2
阳东县	4	3	1	7	3	3	22	10	12
阳春市	12	7	5	10	3	7	14	9	5
清远市	29	19	10	46	22	24	78	47	31
清城区	9	6	3	10	4	6	25	13	12
清新区	4	2	1	4	2	1	12	9	4
佛冈县	1	1		1		1	8	6	2
阳山县	2	2	1	7	3	3	7	3	3
连山壮族瑶族自治县	3	2		1	1		2	1	1
连南瑶族自治县	1	1		3	3				
英德市	8	5	4	19	8	11	19	12	7
连州市	1		1	1		1	5	3	2
东莞市	**46**	**34**	**12**	**149**	**87**	**62**	**166**	**112**	**54**
中山市	**39**	**20**	**20**	**35**	**24**	**12**	**112**	**67**	**45**
潮州市	**16**	**14**	**1**	**27**	**15**	**12**	**12**	**11**	**1**
湘桥区	2	1	1	2	2		5	5	1
潮安区	9	8	1	11	9	3	3	3	
饶平县	6	6		14	5	9	3	3	
揭阳市	**32**	**22**	**10**	**50**	**35**	**16**	**34**	**32**	**3**
榕城区	1	1		2	2		1	1	
揭东区	10	7	3	8	6	2	1		1
揭西县	2	2		12	10	2	12	12	
惠来县	11	7	5	12	10	2	12	12	
普宁市	8	6	2	16	6	9	8	6	2
云浮市	**14**	**10**	**3**	**24**	**13**	**10**	**24**	**15**	**8**
云城区	1	1		5	3	2	3	2	1
云安区	3	2	1	5	1	4	1		1
新兴县	6	4	2	2	1	1	7	5	3
郁南县	2	1	1	2	1	1	3	1	2
罗定市	2	2		10	6	3	10	8	2

5-1c 续表 18 单位：人

地 区	十二、租赁和商务服务业			十三、科学研究和技术服务业			十四、水利、环境和公共设施管理业		
	小计	男	女	小计	男	女	小计	男	女
汕尾市	**103**	**68**	**35**	**4**	**4**		**7**	**7**	
城区	6	6							
海丰县	59	44	15				5	5	
陆河县	14	6	8	2	2		1	1	
陆丰市	24	11	13	1	1		1	1	
河源市	**144**	**98**	**46**	**18**	**14**	**4**	**17**	**15**	**3**
源城区									
紫金县	24	14	9	10	8	2	1	1	
龙川县	62	43	19	1	1		3	3	
连平县	9	6	3	4	2	2	2	2	1
和平县	19	11	8	1		1	1	1	
东源县	31	24	7	2	2		10	8	2
阳江市	**61**	**39**	**22**	**8**	**7**	**1**	**17**	**8**	**8**
江城区	12	10	2	3	3		4	1	3
阳西县	14	7	7	2	2		4	3	1
阳东县	13	5	8				1		1
阳春市	22	16	5	2	1	1	7	4	3
清远市	93	71	22	6	4	2	17	9	8
清城区	37	26	11				2		2
清新区									
佛冈县	9	9					2	2	
阳山县	7	7	1						
连山壮族瑶族自治县	4	3	1				1		1
连南瑶族自治县	3	2	1	3	2	1	3	2	1
英德市	24	19	5	2	2		6	4	2
连州市	9	6	3	1		1	3	1	1
东莞市	**102**	**61**	**41**	**43**	**31**	**12**	**131**	**75**	**56**
中山市	**88**	**53**	**35**	**12**	**4**	**8**	**27**	**18**	**10**
潮州市	**25**	**17**	**8**	**15**	**13**	**2**	**7**	**7**	
湘桥区	2	2							
潮安区	18	12	6	13	12	1	7	7	
饶平县	6	3	2	2	1	1			
揭阳市	**143**	**101**	**42**	**19**	**19**		**16**	**12**	**4**
榕城区	1		1				5	2	2
揭东区	95	73	22	19	19		3	3	
揭西县	19	11	8				2	2	
惠来县	6	3	3						
普宁市	22	14	8				6	5	2
云浮市	**48**	**30**	**18**	**8**	**7**	**1**	**5**	**3**	**3**
云城区	3	2	1	4	4				
云安区	15	8	6	1	1	1	5	2	3
新兴县	3	3	1	1	1				
郁南县	10	5	5	2	1	1	1	1	
罗定市	16	11	5						

5-1c 续表 19 单位：人

地 区	十五、居民服务、修理和其他服务业			十六、教育			十七、卫生和社会工作		
	小计	男	女	小计	男	女	小计	男	女
汕尾市	**369**	**275**	**95**	**133**	**81**	**51**	**31**	**20**	**12**
城区	25	22	2	12	6	6	4	1	2
海丰县	84	56	28	16	14	2	7	6	1
陆河县	65	43	23	29	8	21	10	5	5
陆丰市	195	154	41	76	54	23	11	8	4
河源市	**477**	**321**	**156**	**273**	**115**	**158**	**139**	**72**	**67**
源城区	3	2	1	2		2			
紫金县	88	65	23	111	46	65	33	16	16
龙川县	235	146	89	61	32	29	59	34	24
连平县	42	30	11	20	7	13	11	3	8
和平县	62	50	12	38	15	23	14	6	7
东源县	47	27	20	41	15	26	23	12	11
阳江市	**437**	**289**	**148**	**80**	**39**	**40**	**79**	**47**	**32**
江城区	92	59	33	8	3	5	14	7	8
阳西县	70	37	33	9	3	6	10	6	4
阳东县	151	102	49	30	14	15	16	7	10
阳春市	124	91	33	34	19	14	38	28	10
清远市	339	200	139	242	77	166	91	48	43
清城区	55	26	29	34	7	27	9	6	3
清新区	19	17	1	41	10	31	10	9	1
佛冈县	32	24	8	13	3	10	6	1	5
阳山县	31	21	10	20	7	13	14	7	7
连山壮族瑶族自治县	17	6	11	5		5	3	2	1
连南瑶族自治县	17	12	6	17	6	11	5	1	4
英德市	147	82	65	100	36	64	34	18	16
连州市	21	11	9	11	6	5	11	5	6
东莞市	**215**	**121**	**94**	**159**	**50**	**109**	**107**	**34**	**73**
中山市	**94**	**49**	**45**	**94**	**37**	**57**	**37**	**12**	**26**
潮州市	**203**	**159**	**44**	**125**	**41**	**84**	**48**	**30**	**18**
湘桥区	25	18	7	11	8	4	5	2	3
潮安区	95	83	12	66	23	43	26	19	8
饶平县	84	58	25	48	10	38	17	9	8
揭阳市	**1011**	**680**	**330**	**306**	**123**	**182**	**153**	**93**	**61**
榕城区	278	175	103	18	5	13	18	10	8
揭东区	154	107	47	40	14	25	38	29	9
揭西县	207	111	96	69	24	45	34	15	18
惠来县	130	105	25	80	36	44	31	23	9
普宁市	241	182	60	99	44	55	33	16	17
云浮市	**432**	**301**	**131**	**138**	**53**	**85**	**69**	**37**	**33**
云城区	13	9	4	12	3	8	8	4	4
云安区	46	28	18	25	9	16	17	11	6
新兴县	50	33	17	19	3	16	8	2	6
郁南县	113	63	50	29	12	18	12	7	5
罗定市	210	168	42	53	26	27	24	13	11

5-1c 续表 20

单位：人

地　　区	十八、文化、体育和娱乐业			十九、公共管理、社会保障和社会组织			二十、国际组织		
	小计	男	女	小计	男	女	小计	男	女
汕尾市	**36**	**21**	**15**	**89**	**76**	**13**			
城区	7	5	2	22	15	7			
海丰县	1		1	24	23	1			
陆河县	1	1		24	20	4			
陆丰市	26	15	11	19	18	1			
河源市	**22**	**15**	**7**	**225**	**176**	**49**	**1**		**1**
源城区				2	1				
紫金县	8	5	4	70	53	16			
龙川县	4	3	1	42	33	9	1		1
连平县	2	1	1	24	17	7			
和平县	2	2	1	28	22	7			
东源县	6	5	1	59	50	10			
阳江市	**48**	**13**	**35**	**123**	**98**	**25**			
江城区	6	2	4	25	21	4			
阳西县	1	1		22	18	4			
阳东县	33	8	25	22	18	4			
阳春市	8	3	5	53	41	12			
清远市	38	20	18	292	208	84			
清城区	10	4	5	19	16	3			
清新区				11	9	2			
佛冈县	7	3	4	15	12	3			
阳山县	1		1	84	54	30			
连山壮族瑶族自治县				10	8	2			
连南瑶族自治县	2	1		27	19	7			
英德市	14	8	6	69	48	21			
连州市	4	2	1	56	42	14			
东莞市	**72**	**33**	**39**	**512**	**393**	**119**			
中山市	**31**	**20**	**12**	**137**	**100**	**37**			
潮州市	**2**	**2**		**77**	**63**	**14**			
湘桥区	1	1		2	2				
潮安区				45	38	7			
饶平县	1	1		30	23	7			
揭阳市	**38**	**28**	**10**	**172**	**139**	**33**			
榕城区	2	2	1	31	20	10			
揭东区	8	7	1	22	17	6			
揭西县	13	8	5	39	29	10			
惠来县	9	7	3	28	27	1			
普宁市	5	5		53	47	6			
云浮市	**21**	**9**	**13**	**127**	**94**	**32**			
云城区	3	1	1	34	20	14			
云安区	6	3	3	15	12	3			
新兴县	5	2	3	16	11	5			
郁南县	3	1	2	27	18	8			
罗定市	5	2	3	35	32	3			

5-2 全省分年龄、性别、行业门类的就业人口

单位：人

年 龄	就业人口			一、农、林、牧、渔业			二、采矿业		
	合计	男	女	小计	男	女	小计	男	女
总 计	**1621633**	**951049**	**670584**	**307511**	**165614**	**141898**	**2063**	**1517**	**547**
16-19岁	**45660**	**25694**	**19965**	**4534**	**2721**	**1813**	**19**	**16**	**3**
16	3540	2039	1501	416	269	147	1	1	
17	8181	4729	3452	860	514	347	2	1	1
18	13721	7779	5942	1331	797	534	3	3	
19	20218	11148	9070	1926	1142	784	13	12	1
20-24岁	**186423**	**102716**	**83707**	**16664**	**9477**	**7188**	**119**	**83**	**36**
20	27084	14705	12379	2597	1479	1118	15	13	2
21	30527	16606	13921	2928	1678	1250	14	10	4
22	38520	21039	17481	3426	1923	1503	20	13	8
23	43926	24285	19641	3807	2147	1660	31	23	8
24	46366	26082	20284	3906	2250	1656	38	24	14
25-29岁	**267069**	**152551**	**114518**	**23004**	**12246**	**10758**	**271**	**196**	**76**
25	55939	31601	24338	4637	2504	2133	45	30	15
26	53508	30590	22918	4459	2385	2074	40	30	10
27	51604	29279	22325	4359	2304	2055	44	31	13
28	54622	31522	23100	4829	2604	2225	84	57	28
29	51396	29559	21837	4720	2450	2271	58	48	10
30-34岁	**237709**	**138306**	**99403**	**25120**	**13272**	**11848**	**338**	**247**	**91**
30	48464	27994	20470	4750	2447	2303	57	46	11
31	48163	28034	20129	5021	2703	2319	71	48	23
32	47040	27542	19498	4970	2624	2345	68	47	21
33	49408	28744	20664	5253	2764	2489	70	49	21
34	44635	25992	18642	5126	2734	2392	72	57	16
35-39岁	**195009**	**113595**	**81414**	**24065**	**12258**	**11807**	**255**	**188**	**67**
35	41642	24415	17227	4901	2564	2337	49	37	13
36	43133	25337	17795	5044	2631	2413	48	35	13
37	38651	22433	16218	4802	2455	2348	57	44	13
38	33610	19450	14160	4236	2129	2107	54	41	13
39	37973	21960	16013	5082	2479	2603	47	32	15
40-44岁	**211246**	**120012**	**91234**	**34540**	**16538**	**18002**	**367**	**253**	**114**
40	39582	22657	16926	5535	2657	2878	91	58	33
41	42861	24465	18396	6472	3170	3302	79	54	25
42	43949	24964	18985	7120	3382	3738	59	36	24
43	42599	24114	18485	7282	3396	3886	73	57	16
44	42255	23813	18442	8131	3933	4199	65	48	17
45-49岁	**195382**	**112406**	**82976**	**47123**	**23179**	**23944**	**349**	**232**	**117**
45	44718	25365	19354	9084	4345	4739	78	45	33
46	39826	22724	17102	8888	4372	4516	61	37	24
47	42476	24385	18091	10004	4921	5083	91	66	26
48	33545	19389	14156	9245	4598	4647	66	46	21
49	34816	20543	14273	9903	4943	4960	53	39	14
50-54岁	**137505**	**86923**	**50582**	**47801**	**24922**	**22878**	**223**	**190**	**32**
50	34058	21086	12972	10736	5607	5129	54	44	10
51	29835	18497	11337	9822	5021	4801	55	46	9
52	32360	20772	11587	11187	5906	5281	48	43	5
53	26797	17208	9589	10090	5277	4813	44	38	7
54	14455	9359	5096	5966	3112	2854	21	20	1
55-59岁	**76765**	**52348**	**24417**	**37203**	**21068**	**16135**	**90**	**82**	**8**
55	13974	9411	4563	5910	3182	2727	13	11	2
56	14863	10140	4723	6970	3993	2977	20	18	2
57	17153	11632	5521	8325	4663	3663	20	18	2
58	17139	11751	5388	8753	5007	3747	24	23	1
59	13636	9414	4222	7245	4224	3021	13	11	2
60-64岁	**41903**	**27962**	**13941**	**26745**	**16305**	**10440**	**26**	**24**	**2**
60	11225	7524	3702	6706	4061	2645	8	8	
61	9743	6405	3339	6088	3600	2487	5	4	1
62	8254	5480	2773	5379	3270	2109	6	6	
63	7062	4691	2371	4713	2898	1815	2	2	1
64	5618	3862	1756	3860	2476	1384	4	4	
65岁及以上	**26964**	**18535**	**8428**	**20712**	**13627**	**7084**	**7**	**7**	

5-2 续表 1

单位：人

年 龄	三、制造业			四、电力、热力、燃气及水生产和供应业			五、建筑业		
	小计	男	女	小计	男	女	小计	男	女
总 计	**575478**	**330243**	**245235**	**8884**	**6733**	**2152**	**90994**	**77901**	**13092**
16-19岁	**23652**	**13141**	**10511**	**51**	**42**	**9**	**1451**	**1258**	**193**
16	1825	1007	819	1	1		101	85	16
17	4351	2483	1868	6	5	1	219	183	36
18	7128	4034	3094	14	11	3	396	353	43
19	10348	5617	4731	29	24	5	734	636	98
20-24岁	**84528**	**46635**	**37893**	**504**	**368**	**136**	**7326**	**6261**	**1064**
20	13312	7195	6117	58	42	16	930	798	133
21	14277	7679	6598	63	49	13	1165	991	174
22	17486	9563	7923	94	78	16	1516	1275	241
23	19231	10677	8555	132	88	44	1796	1549	247
24	20222	11521	8701	157	111	46	1919	1649	270
25-29岁	**115266**	**66670**	**48596**	**1086**	**766**	**320**	**11077**	**9483**	**1594**
25	24418	14005	10412	179	120	59	2258	1915	343
26	23041	13323	9717	233	166	67	2279	1917	362
27	22211	12775	9435	218	163	54	2090	1784	305
28	23655	13766	9889	222	154	68	2376	2072	304
29	21941	12799	9142	235	162	73	2074	1795	279
30-34岁	**96440**	**56104**	**40337**	**1286**	**934**	**353**	**10526**	**8989**	**1537**
30	20252	11701	8551	271	205	66	2018	1745	273
31	19655	11442	8212	245	182	64	2060	1732	328
32	18779	11001	7778	225	161	64	2153	1869	284
33	20133	11773	8360	265	188	78	2164	1839	326
34	17621	10186	7435	279	198	82	2131	1806	325
35-39岁	**75514**	**43555**	**31959**	**1290**	**947**	**343**	**10272**	**8662**	**1610**
35	16082	9402	6680	267	208	59	2015	1733	282
36	16631	9674	6957	266	190	76	2168	1851	317
37	14982	8676	6306	241	176	65	2043	1738	305
38	13042	7402	5641	238	170	68	1862	1542	320
39	14777	8402	6375	278	203	76	2183	1798	385
40-44岁	**75877**	**41096**	**34780**	**1562**	**1129**	**433**	**14220**	**11763**	**2457**
40	15181	8328	6853	285	216	70	2377	1961	416
41	15818	8555	7263	313	219	94	2807	2315	492
42	15828	8642	7186	325	227	98	2982	2480	502
43	14890	8094	6796	296	221	76	2964	2467	497
44	14159	7478	6681	342	246	96	3089	2540	549
45-49岁	**58024**	**31823**	**26202**	**1421**	**1047**	**373**	**15650**	**13078**	**2573**
45	14369	7810	6559	332	239	93	3377	2774	603
46	12313	6538	5775	296	207	88	3118	2601	517
47	12816	6968	5848	308	229	78	3464	2874	590
48	9226	5208	4019	226	161	64	2718	2279	439
49	9300	5300	4000	260	210	49	2973	2549	424
50-54岁	**28966**	**18530**	**10437**	**1003**	**872**	**131**	**11830**	**10351**	**1479**
50	8129	4870	3259	245	209	37	2978	2559	419
51	6738	4238	2500	216	189	27	2588	2263	325
52	6771	4438	2333	247	216	31	2901	2544	356
53	4948	3329	1618	189	167	22	2256	1984	272
54	2382	1655	727	105	91	14	1108	1001	107
55-59岁	**10975**	**8101**	**2874**	**526**	**491**	**36**	**5626**	**5198**	**428**
55	2251	1590	662	107	94	13	1106	1008	98
56	2164	1582	582	102	99	3	1149	1065	85
57	2504	1855	649	109	102	7	1239	1149	90
58	2270	1712	557	125	116	8	1219	1125	94
59	1786	1363	423	84	80	4	913	851	62
60-64岁	**4402**	**3242**	**1160**	**125**	**110**	**15**	**2327**	**2198**	**129**
60	1323	989	333	51	45	6	700	662	38
61	1079	757	322	29	27	3	584	546	38
62	835	621	213	21	16	5	450	428	23
63	677	505	172	13	12	1	347	330	17
64	489	370	119	10	10		245	232	13
65岁及以上	**1833**	**1346**	**487**	**30**	**27**	**3**	**690**	**660**	**29**

5-2 续表 2

单位：人

年 龄	六、批发和零售业			七、交通运输、仓储和邮政业			八、住宿和餐饮业		
	小计	男	女	小计	男	女	小计	男	女
总 计	**258970**	**142764**	**116206**	**54708**	**45576**	**9132**	**70033**	**36980**	**33053**
16-19岁	**6795**	**3274**	**3522**	**656**	**471**	**185**	**3757**	**2258**	**1500**
16	474	239	236	48	32	16	307	180	126
17	1110	574	535	88	60	28	759	477	282
18	1997	949	1049	178	124	54	1173	713	459
19	3214	1512	1702	342	255	87	1519	888	632
20-24岁	**33694**	**16241**	**17453**	**4663**	**3396**	**1267**	**10992**	**6044**	**4948**
20	4669	2241	2429	492	344	148	1870	1021	848
21	5448	2568	2880	661	477	184	1999	1142	857
22	6972	3344	3628	972	693	279	2265	1260	1006
23	8061	3913	4148	1205	880	325	2522	1357	1165
24	8545	4176	4369	1332	1002	330	2335	1264	1071
25-29岁	**49157**	**25297**	**23860**	**8780**	**6842**	**1938**	**12089**	**6514**	**5575**
25	10308	5182	5126	1701	1321	380	2778	1515	1263
26	9946	5210	4737	1740	1352	388	2518	1355	1163
27	9631	4978	4653	1668	1258	409	2316	1246	1070
28	9979	5136	4843	1875	1482	393	2288	1226	1062
29	9292	4791	4501	1797	1430	367	2189	1173	1017
30-34岁	**43450**	**23345**	**20105**	**9042**	**7332**	**1710**	**9953**	**5310**	**4643**
30	8875	4722	4153	1733	1369	364	1994	1103	891
31	8844	4827	4016	1813	1442	371	2097	1127	970
32	8758	4721	4037	1822	1485	338	1951	1053	898
33	8964	4785	4179	2002	1623	379	1967	1017	949
34	8009	4290	3719	1671	1413	258	1945	1010	935
35-39岁	**33959**	**18679**	**15280**	**7759**	**6499**	**1260**	**8303**	**4316**	**3988**
35	7567	4111	3457	1615	1349	267	1811	953	858
36	7725	4284	3441	1733	1452	281	1812	932	880
37	6650	3601	3049	1449	1208	241	1713	889	823
38	5710	3173	2537	1472	1222	250	1334	721	613
39	6306	3511	2795	1489	1268	222	1635	820	815
40-44岁	**33234**	**18634**	**14600**	**8838**	**7522**	**1315**	**9050**	**4423**	**4627**
40	6408	3563	2845	1671	1398	274	1746	887	859
41	6834	3819	3016	1772	1527	245	1805	883	922
42	6896	3853	3042	1823	1543	280	1836	909	927
43	6717	3770	2947	1825	1539	286	1796	848	947
44	6379	3629	2750	1747	1515	231	1867	895	972
45-49岁	**27647**	**15959**	**11688**	**7560**	**6566**	**993**	**7910**	**3685**	**4225**
45	6738	3747	2991	1729	1497	232	1876	916	960
46	5717	3306	2411	1609	1392	218	1635	757	877
47	5931	3419	2512	1656	1428	228	1773	814	959
48	4716	2719	1997	1256	1099	157	1272	597	674
49	4545	2768	1777	1310	1152	158	1355	601	754
50-54岁	**17557**	**11504**	**6052**	**4706**	**4346**	**360**	**4884**	**2486**	**2399**
50	4446	2854	1592	1263	1159	104	1244	645	599
51	3902	2458	1444	970	880	90	1037	484	553
52	4003	2660	1343	1113	1035	78	1169	596	573
53	3439	2294	1146	863	804	59	960	512	449
54	1766	1239	528	497	468	29	474	250	224
55-59岁	**8238**	**5989**	**2249**	**2082**	**2012**	**69**	**1978**	**1228**	**750**
55	1699	1245	455	459	440	18	393	240	154
56	1637	1147	491	473	459	14	395	236	159
57	1854	1335	519	454	441	14	464	278	186
58	1757	1311	446	385	368	17	411	279	132
59	1291	952	339	311	304	6	315	195	119
60-64岁	**3574**	**2573**	**1001**	**493**	**470**	**23**	**810**	**511**	**299**
60	1002	710	292	156	146	10	235	145	90
61	871	626	245	132	127	5	193	129	64
62	695	500	195	93	87	6	151	82	69
63	561	401	159	63	63		121	74	46
64	446	336	110	49	47	1	110	80	29
65岁及以上	**1665**	**1268**	**397**	**131**	**119**	**11**	**305**	**205**	**100**

5-2 续表 3

单位：人

年　龄	九、信息传输、软件和信息技术服务业			十、金融业			十一、房地产业		
	小计	男	女	小计	男	女	小计	男	女
总　计	**18057**	**11812**	**6245**	**22369**	**11502**	**10867**	**23921**	**15630**	**8291**
16-19岁	**238**	**155**	**83**	**194**	**93**	**101**	**302**	**184**	**119**
16	11	9	2	11	3	8	16	13	4
17	29	21	8	24	9	15	32	23	9
18	77	48	28	66	28	38	96	56	40
19	121	76	44	94	53	41	158	92	66
20-24岁	**3153**	**1933**	**1220**	**2590**	**1288**	**1302**	**2594**	**1552**	**1041**
20	247	144	103	152	83	69	304	202	103
21	371	221	150	249	128	121	373	229	143
22	678	389	289	510	235	275	542	301	241
23	854	535	319	739	365	374	652	394	258
24	1003	646	358	940	477	463	722	426	296
25-29岁	**5336**	**3379**	**1957**	**5700**	**2804**	**2896**	**4340**	**2647**	**1693**
25	1175	762	413	1170	561	609	861	510	350
26	1143	738	405	1141	597	544	893	521	372
27	1056	636	421	1134	559	575	858	521	337
28	1020	630	390	1130	538	592	911	588	324
29	942	614	328	1125	549	575	818	508	310
30-34岁	**4062**	**2622**	**1440**	**4560**	**2214**	**2347**	**3716**	**2289**	**1427**
30	827	525	301	1008	502	506	793	476	317
31	871	568	303	986	479	506	701	428	273
32	823	525	298	931	463	467	768	486	283
33	839	543	296	902	430	472	751	463	288
34	703	461	242	734	339	395	702	435	267
35-39岁	**2369**	**1606**	**763**	**2818**	**1352**	**1465**	**2945**	**1882**	**1063**
35	602	401	201	603	291	312	613	392	221
36	576	385	191	663	335	329	664	415	248
37	455	311	144	578	279	299	626	400	226
38	370	253	117	464	213	252	497	311	186
39	366	256	110	509	235	274	545	364	181
40-44岁	**1438**	**1015**	**423**	**2980**	**1546**	**1433**	**3161**	**2013**	**1147**
40	334	239	95	530	285	245	566	375	191
41	298	220	79	660	325	335	631	395	236
42	325	226	99	632	334	297	672	435	236
43	254	177	77	563	282	280	641	391	250
44	227	153	73	595	320	275	651	417	233
45-49岁	**865**	**600**	**266**	**2053**	**1121**	**932**	**3064**	**2051**	**1014**
45	286	202	84	578	309	269	704	463	241
46	178	118	60	463	252	210	652	431	222
47	181	124	57	433	235	198	659	450	209
48	120	82	38	270	144	125	493	311	182
49	100	74	26	310	180	129	556	396	160
50-54岁	**385**	**318**	**67**	**1069**	**744**	**325**	**2121**	**1582**	**539**
50	96	75	21	276	182	94	514	359	155
51	81	63	18	244	168	76	455	324	131
52	91	77	15	251	175	76	533	403	130
53	77	66	12	173	126	47	393	318	76
54	39	38	2	124	93	32	225	178	47
55-59岁	**164**	**143**	**22**	**353**	**303**	**50**	**1144**	**986**	**158**
55	37	33	4	99	81	18	244	205	39
56	27	24	3	87	74	14	223	189	34
57	42	36	6	75	66	9	256	225	32
58	37	31	6	51	44	6	261	230	31
59	21	19	2	41	38	3	160	138	22
60-64岁	**31**	**26**	**5**	**33**	**22**	**11**	**376**	**306**	**70**
60	12	12		17	13	4	112	91	21
61	8	8		5	2	3	73	62	11
62	3	2	1	3	1	1	75	60	14
63	4	2	2	4	1	3	77	59	18
64	5	3	2	4	3	1	39	34	5
65岁及以上	**15**	**14**	**1**	**19**	**15**	**4**	**157**	**137**	**21**

5-2 续表 4

单位：人

年 龄	十二、租赁和商务服务业			十三、科学研究和技术服务业			十四、水利、环境和公共设施管理业		
	小计	男	女	小计	男	女	小计	男	女
总 计	**20827**	**12517**	**8310**	**7447**	**4724**	**2723**	**5927**	**3534**	**2393**
16-19岁	**355**	**214**	**142**	**96**	**46**	**49**	**29**	**23**	**6**
16	17	11	7	4	3	1	1	1	
17	65	39	25	11	6	5	1	1	
18	112	70	42	33	20	13	9	9	
19	162	94	68	47	17	30	18	13	5
20-24岁	**2869**	**1421**	**1449**	**991**	**571**	**420**	**276**	**197**	**79**
20	241	127	113	80	42	38	26	21	4
21	411	216	195	139	72	67	33	24	10
22	596	282	313	190	106	84	55	34	21
23	769	372	398	272	168	104	77	57	21
24	853	424	429	310	183	127	84	61	23
25-29岁	**4581**	**2419**	**2161**	**1785**	**1046**	**740**	**555**	**362**	**193**
25	959	473	486	372	212	161	110	65	45
26	888	453	435	346	200	146	123	83	40
27	905	459	446	358	206	151	112	77	35
28	963	555	408	372	226	145	106	65	41
29	865	479	386	338	202	136	104	72	32
30-34岁	**3865**	**2187**	**1678**	**1531**	**946**	**585**	**586**	**411**	**174**
30	818	441	376	313	192	121	124	81	43
31	765	433	332	302	192	111	119	86	33
32	742	418	324	298	177	121	123	89	34
33	842	480	362	307	182	126	121	89	32
34	699	414	285	311	204	107	98	65	32
35-39岁	**2875**	**1714**	**1160**	**984**	**626**	**358**	**585**	**365**	**220**
35	624	355	269	218	133	85	125	69	56
36	685	400	285	254	179	75	127	78	49
37	614	342	271	184	99	85	114	78	36
38	454	282	172	145	86	59	116	71	45
39	498	335	162	183	128	55	103	69	34
40-44岁	**2390**	**1563**	**827**	**787**	**529**	**258**	**868**	**483**	**384**
40	484	310	174	164	120	44	154	87	68
41	519	341	179	149	98	51	165	94	70
42	498	328	170	174	110	64	162	98	65
43	464	304	161	148	95	54	191	96	95
44	424	280	144	152	106	46	196	109	86
45-49岁	**1882**	**1277**	**606**	**635**	**431**	**204**	**1104**	**528**	**576**
45	486	317	169	144	95	49	230	122	108
46	405	254	151	138	99	39	206	99	107
47	376	259	117	140	96	43	212	100	111
48	305	211	94	109	75	34	225	91	133
49	311	236	75	105	66	39	232	115	116
50-54岁	**1181**	**961**	**220**	**412**	**329**	**83**	**895**	**511**	**383**
50	291	225	66	110	85	25	216	115	101
51	285	234	52	82	62	20	186	108	78
52	262	210	52	104	87	17	221	133	88
53	237	198	39	74	63	12	195	113	82
54	106	94	11	43	33	9	76	43	33
55-59岁	**558**	**509**	**49**	**164**	**149**	**14**	**645**	**441**	**205**
55	120	113	7	45	41	4	114	74	40
56	125	111	14	25	21	4	117	83	34
57	131	125	6	36	31	5	153	103	50
58	94	82	12	38	38		152	99	53
59	88	79	9	19	18	1	109	82	27
60-64岁	**182**	**167**	**16**	**45**	**34**	**11**	**286**	**163**	**123**
60	54	47	7	13	10	3	72	36	36
61	34	31	3	15	13	2	61	34	27
62	39	35	4	6	3	3	58	43	15
63	31	31		6	5	1	56	30	26
64	24	23	2	5	4	1	40	20	19
65岁及以上	**89**	**86**	**3**	**17**	**16**	**1**	**98**	**48**	**50**

5-2 续表 5

单位：人

年 龄	十五、居民服务、修理和其他服务业			十六、教育			十七、卫生和社会工作		
	小计	男	女	小计	男	女	小计	男	女
总 计	**45345**	**26625**	**18720**	**37714**	**14543**	**23171**	**19442**	**7609**	**11833**
16-19岁	**1654**	**1109**	**545**	**910**	**246**	**664**	**327**	**46**	**281**
16	137	94	43	122	68	53	9	5	5
17	339	222	117	166	61	104	46	4	42
18	531	369	162	282	62	220	114	19	95
19	648	424	223	340	54	286	158	19	139
20-24岁	**5877**	**3722**	**2156**	**3560**	**727**	**2833**	**2076**	**374**	**1703**
20	938	575	362	462	68	394	275	30	245
21	1024	649	375	540	92	448	293	36	257
22	1232	820	412	724	148	576	448	75	372
23	1356	851	505	864	184	680	504	102	402
24	1327	826	501	970	235	735	558	131	426
25-29岁	**7425**	**4709**	**2716**	**5741**	**1663**	**4078**	**3356**	**970**	**2387**
25	1697	1075	622	1137	333	805	660	148	513
26	1482	935	546	1136	324	813	678	187	491
27	1403	885	518	1152	325	827	620	178	442
28	1430	927	502	1117	309	808	700	216	484
29	1413	886	527	1197	373	825	697	240	457
30-34岁	**6395**	**4052**	**2343**	**6253**	**2167**	**4086**	**3183**	**1205**	**1978**
30	1319	836	483	1171	404	767	676	258	418
31	1250	792	459	1253	433	820	671	241	431
32	1273	836	438	1228	418	810	644	254	389
33	1381	878	503	1328	468	859	626	229	397
34	1171	710	460	1273	443	830	566	223	343
35-39岁	**5493**	**3368**	**2125**	**6030**	**2139**	**3891**	**2849**	**1083**	**1767**
35	1176	756	420	1348	477	871	592	244	347
36	1218	781	437	1353	473	881	657	249	408
37	1082	646	436	1171	407	764	547	194	353
38	957	567	390	1012	356	657	505	175	330
39	1059	617	442	1145	427	719	549	220	328
40-44岁	**6077**	**3187**	**2890**	**5641**	**2209**	**3431**	**2531**	**1065**	**1466**
40	1131	628	504	1076	403	673	500	221	279
41	1235	690	545	1194	458	736	513	231	282
42	1262	654	608	1221	488	733	574	241	333
43	1242	642	599	1130	457	673	480	190	291
44	1207	573	634	1020	403	616	462	182	281
45-49岁	**5812**	**2695**	**3117**	**4710**	**2175**	**2535**	**2123**	**959**	**1164**
45	1329	628	701	1117	488	630	535	214	321
46	1226	622	604	971	441	529	418	194	224
47	1273	578	695	1068	506	563	484	227	257
48	985	433	552	738	323	416	314	165	149
49	999	434	565	815	417	398	373	160	213
50-54岁	**3683**	**1910**	**1772**	**3132**	**1808**	**1324**	**1651**	**880**	**771**
50	947	462	485	804	429	374	365	189	176
51	833	430	402	712	383	329	372	185	187
52	864	426	438	715	449	266	421	231	190
53	686	375	311	624	386	238	310	169	141
54	353	217	136	278	161	117	183	105	77
55-59岁	**1653**	**1046**	**607**	**1235**	**1010**	**226**	**753**	**560**	**193**
55	340	207	134	225	169	56	152	97	55
56	328	184	144	232	173	59	156	112	43
57	379	245	134	249	210	40	150	117	32
58	357	240	117	302	253	49	168	127	40
59	249	171	78	228	206	22	127	106	22
60-64岁	**855**	**533**	**322**	**346**	**265**	**81**	**321**	**236**	**85**
60	239	126	113	127	98	29	90	64	27
61	209	144	65	74	58	16	70	49	21
62	160	108	52	48	35	13	64	47	17
63	142	91	51	56	42	15	53	41	12
64	105	64	41	41	32	8	43	35	8
65岁及以上	**422**	**295**	**127**	**156**	**134**	**22**	**273**	**234**	**39**

5-2 续表 6

单位：人

年 龄	十八、文化、体育和娱乐业			十九、公共管理、社会保障和社会组织			二十、国际组织		
	小计	男	女	小计	男	女	小计	男	女
总 计	**8706**	**5026**	**3680**	**43191**	**30176**	**13015**	**47**	**25**	**22**
16-19岁	**434**	**234**	**201**	**204**	**165**	**40**			
16	34	17	17	4	2	2			
17	64	36	27	11	9	1			
18	118	65	53	62	49	13			
19	218	115	103	127	104	23			
20-24岁	**1469**	**799**	**670**	**2472**	**1622**	**850**	**6**	**6**	
20	243	144	99	172	136	36			
21	249	143	106	290	201	88			
22	319	171	148	476	329	147			
23	316	160	156	733	460	273	4	4	
24	342	181	161	801	495	307	1	1	
25-29岁	**1764**	**1001**	**763**	**5743**	**3531**	**2212**	**13**	**5**	**8**
25	409	235	174	1064	636	429	3	1	2
26	338	187	152	1081	627	454	3	1	2
27	337	195	143	1128	697	431	3		3
28	327	183	143	1234	785	448	3	2	1
29	353	201	152	1236	786	450	1	1	
30-34岁	**1377**	**764**	**613**	**6018**	**3911**	**2107**	**8**	**5**	**3**
30	291	168	124	1171	770	402	2	1	1
31	269	145	123	1169	734	435	1		1
32	293	154	139	1191	761	430			
33	284	169	115	1207	774	433	1	1	
34	240	128	112	1280	874	406	3	2	1
35-39岁	**1045**	**613**	**432**	**5597**	**3744**	**1853**	**2**		**2**
35	208	115	93	1223	825	398	2		2
36	272	163	109	1237	831	406			
37	206	125	81	1136	765	372			
38	199	117	82	942	620	322			
39	159	93	66	1059	703	355			
40-44岁	**985**	**578**	**407**	**6698**	**4462**	**2236**	**4**	**3**	**1**
40	193	117	76	1152	803	350	1	1	
41	207	144	63	1387	927	460	1	1	
42	218	109	109	1343	868	475			
43	192	115	78	1449	974	475	1		1
44	175	93	82	1367	892	475	1	1	
45-49岁	**815**	**442**	**373**	**6629**	**4558**	**2071**	**3**		**3**
45	185	97	89	1539	1058	482	2		2
46	193	90	103	1339	914	425	1		1
47	177	105	72	1431	988	443			
48	133	73	60	1129	774	355			
49	128	78	50	1190	824	366			
50-54岁	**486**	**320**	**167**	**5519**	**4358**	**1161**	**2**	**1**	**1**
50	110	82	29	1234	938	297			
51	115	74	42	1141	887	254			
52	114	70	44	1343	1072	271	1		1
53	98	62	36	1140	930	210	1	1	
54	49	32	16	661	531	130			
55-59岁	**231**	**194**	**38**	**3142**	**2835**	**307**	**4**	**3**	**1**
55	38	32	5	619	548	71	2	1	1
56	38	34	4	595	539	56			
57	59	50	9	653	584	69	1	1	
58	54	43	10	681	620	61	1	1	
59	43	34	9	594	544	50			
60-64岁	**67**	**55**	**13**	**858**	**723**	**135**	**1**		**1**
60	22	16	6	286	245	41			
61	16	12	4	198	176	22			
62	19	17	2	150	121	29			
63	7	6	1	128	98	30	1		1
64	5	5		96	83	13			
65岁及以上	**33**	**28**	**4**	**311**	**267**	**44**	**3**	**2**	**1**

5-2a 全省分年龄、性别、行业门类的就业人口（城市）

单位：人

年龄	就业人口			一、农、林、牧、渔业			二、采矿业		
	合计	男	女	小计	男	女	小计	男	女
总 计	**902809**	**535537**	**367272**	**24250**	**14059**	**10191**	**793**	**592**	**202**
16-19岁	**26286**	**14950**	**11335**	**211**	**139**	**71**	**5**	**5**	**1**
16	2126	1223	903	18	11	7			
17	4874	2833	2041	36	24	12	1	1	1
18	7929	4563	3366	61	44	17			
19	11357	6331	5025	95	60	35	4	4	
20-24岁	**107052**	**59179**	**47873**	**999**	**631**	**367**	**40**	**25**	**15**
20	14972	8158	6813	138	85	52	5	3	2
21	16674	9074	7600	161	99	62	2	2	1
22	21981	12073	9909	199	136	63	10	5	5
23	25678	14228	11450	230	140	91	8	6	2
24	27747	15646	12102	270	172	99	15	9	6
25-29岁	**168391**	**96359**	**72032**	**1572**	**937**	**635**	**93**	**68**	**25**
25	34516	19502	15014	295	189	105	19	11	7
26	33611	19237	14373	289	169	120	17	12	5
27	32757	18624	14133	282	166	116	15	11	4
28	34738	20100	14637	344	205	139	19	14	5
29	32769	18896	13873	363	208	155	24	20	3
30-34岁	**149001**	**86750**	**62251**	**1927**	**1117**	**809**	**132**	**100**	**32**
30	30468	17609	12859	369	209	159	24	19	5
31	29999	17462	12538	413	232	181	26	19	7
32	29499	17201	12298	376	215	162	17	12	5
33	31207	18212	12995	385	230	155	37	26	10
34	27828	16267	11561	383	232	152	28	24	5
35-39岁	**122311**	**71758**	**50553**	**1883**	**1075**	**808**	**98**	**71**	**27**
35	25981	15219	10763	338	201	137	16	12	4
36	27258	16150	11108	407	232	174	20	11	9
37	24067	14019	10048	379	215	164	24	17	7
38	21174	12353	8821	352	203	149	26	23	3
39	23831	14018	9813	407	224	183	10	7	3
40-44岁	**126277**	**73530**	**52747**	**2828**	**1544**	**1285**	**142**	**99**	**43**
40	24540	14408	10131	426	244	182	27	17	9
41	26129	15166	10963	550	291	259	33	22	10
42	26456	15476	10979	591	314	277	32	18	14
43	25133	14655	10478	577	333	244	30	23	6
44	24020	13824	10195	684	361	323	22	18	4
45-49岁	**102973**	**60899**	**42074**	**3804**	**2058**	**1746**	**134**	**96**	**39**
45	24913	14502	10410	714	398	316	26	15	11
46	21868	12875	8992	690	391	299	26	16	9
47	22526	13269	9257	869	467	402	37	29	8
48	16704	9919	6785	753	384	368	25	18	7
49	16964	10334	6629	777	417	360	20	17	4
50-54岁	**60569**	**41462**	**19108**	**3934**	**2181**	**1753**	**101**	**84**	**17**
50	15694	10350	5345	817	455	362	22	18	3
51	13538	9077	4461	800	455	345	33	27	6
52	14346	9973	4372	925	493	432	18	15	2
53	11320	7961	3359	872	487	385	22	18	4
54	5671	4100	1571	520	291	228	6	5	1
55-59岁	**26110**	**20490**	**5619**	**3153**	**1846**	**1307**	**37**	**34**	**3**
55	5464	4237	1227	476	277	199	5	4	1
56	5122	3983	1139	586	353	233	11	11	1
57	5802	4546	1256	704	419	285	7	5	2
58	5530	4376	1154	761	442	320	11	11	1
59	4192	3348	844	625	356	269	4	4	
60-64岁	**9532**	**6993**	**2539**	**2314**	**1463**	**851**	**10**	**10**	
60	2799	2078	721	574	367	207	5	5	
61	2290	1643	647	558	337	221	1	1	
62	1780	1314	466	428	265	163	3	3	
63	1532	1113	419	440	284	156			
64	1130	845	286	314	210	104	1	1	
65岁及以上	**4308**	**3166**	**1141**	**1626**	**1066**	**560**			

5-2a 续表 1 单位：人

年 龄	三、制造业			四、电力、热力、燃气及水生产和供应业			五、建筑业		
	小计	男	女	小计	男	女	小计	男	女
总 计	**381327**	**225093**	**156234**	**5795**	**4304**	**1492**	**42201**	**35679**	**6522**
16-19岁	**14924**	**8614**	**6310**	**26**	**22**	**4**	**513**	**453**	**59**
16	1255	711	544	1	1		34	31	2
17	2848	1663	1185	3	3		73	68	6
18	4483	2652	1830	6	5	1	138	122	16
19	6339	3588	2751	15	12	3	268	233	35
20-24岁	**51700**	**29695**	**22006**	**307**	**220**	**86**	**2855**	**2354**	**502**
20	8031	4471	3561	37	29	8	298	253	45
21	8362	4710	3653	33	24	9	392	329	63
22	10560	6027	4532	58	47	11	580	466	114
23	11959	6903	5056	79	51	28	741	610	130
24	12788	7584	5204	100	70	30	846	695	150
25-29岁	**77698**	**46125**	**31573**	**725**	**488**	**236**	**5363**	**4436**	**927**
25	16114	9434	6680	114	70	44	1019	834	186
26	15449	9154	6295	146	94	52	1137	922	214
27	14934	8855	6080	165	119	46	999	812	187
28	16188	9665	6523	131	86	45	1176	1004	172
29	15013	9017	5996	168	119	49	1031	864	167
30-34岁	**65715**	**39120**	**26595**	**902**	**635**	**266**	**5101**	**4227**	**875**
30	13816	8167	5649	187	133	53	967	797	169
31	13266	7928	5338	165	119	46	977	801	176
32	12776	7620	5156	158	110	48	1072	908	164
33	13835	8296	5539	188	129	59	1059	880	179
34	12022	7110	4912	204	144	60	1026	839	187
35-39岁	**52741**	**31072**	**21669**	**884**	**636**	**248**	**5221**	**4351**	**870**
35	11178	6653	4524	174	128	46	997	847	150
36	11520	6898	4622	177	123	54	1069	892	177
37	10368	6109	4259	162	124	38	1017	867	150
38	9169	5302	3867	173	120	52	968	789	180
39	10506	6109	4397	198	140	58	1169	957	213
40-44岁	**52331**	**29228**	**23103**	**1070**	**760**	**311**	**7556**	**6257**	**1299**
40	10656	6023	4633	194	147	48	1322	1101	221
41	10934	6067	4867	215	141	74	1532	1262	270
42	10961	6208	4753	216	151	65	1586	1320	266
43	10226	5738	4488	207	152	55	1565	1308	257
44	9553	5192	4362	237	169	69	1551	1266	285
45-49岁	**38704**	**21801**	**16903**	**926**	**690**	**236**	**7402**	**6195**	**1207**
45	9638	5376	4262	236	175	61	1684	1381	303
46	8427	4643	3784	194	131	62	1504	1256	249
47	8506	4738	3767	198	156	43	1659	1408	251
48	6072	3500	2572	147	106	41	1254	1051	203
49	6061	3544	2517	151	122	29	1301	1100	201
50-54岁	**18230**	**12127**	**6103**	**598**	**521**	**77**	**5103**	**4522**	**582**
50	5205	3224	1982	153	129	24	1296	1137	158
51	4283	2828	1455	129	115	14	1176	1037	139
52	4216	2885	1331	150	132	18	1250	1116	134
53	3116	2167	949	105	92	13	944	831	113
54	1410	1023	386	61	52	8	437	401	37
55-59岁	**6345**	**5032**	**1312**	**293**	**278**	**15**	**2158**	**2017**	**141**
55	1364	1039	326	58	50	7	441	406	35
56	1251	990	260	56	55	1	421	396	26
57	1452	1148	304	66	63	3	488	458	30
58	1285	1030	255	67	63	3	460	430	30
59	992	825	167	47	47		347	328	20
60-64岁	**2147**	**1667**	**479**	**51**	**42**	**10**	**714**	**666**	**47**
60	651	513	138	25	20	5	230	220	10
61	526	381	145	9	7	2	175	156	19
62	415	340	75	8	5	2	138	131	7
63	321	246	75	3	3		95	89	6
64	234	187	47	6	6		76	71	5
65岁及以上	**792**	**612**	**180**	**14**	**12**	**2**	**215**	**201**	**15**

5-2a 续表 2

单位：人

年 龄	六、批发和零售业			七、交通运输、仓储和邮政业			八、住宿和餐饮业		
	小计	男	女	小计	男	女	小计	男	女
总 计	**172999**	**94831**	**78167**	**36498**	**29340**	**7158**	**45289**	**24155**	**21134**
16-19岁	**4364**	**2175**	**2190**	**387**	**262**	**125**	**2607**	**1616**	**991**
16	323	166	157	27	16	11	225	136	89
17	755	391	364	55	34	21	570	366	204
18	1293	643	650	99	64	36	815	510	304
19	1993	975	1018	206	148	57	997	603	394
20-24岁	**20968**	**10151**	**10817**	**2936**	**2053**	**883**	**6733**	**3815**	**2918**
20	2821	1378	1442	303	201	101	1152	652	499
21	3267	1526	1741	385	269	117	1242	724	518
22	4304	2079	2225	629	431	198	1376	808	567
23	5058	2487	2572	774	539	236	1530	831	699
24	5517	2681	2837	844	613	231	1433	798	635
25-29岁	**33323**	**16950**	**16374**	**5845**	**4343**	**1502**	**7771**	**4253**	**3518**
25	6783	3388	3395	1105	827	277	1767	987	781
26	6649	3444	3205	1156	858	298	1619	899	721
27	6587	3363	3224	1156	813	343	1512	818	694
28	6856	3488	3368	1265	965	301	1443	785	657
29	6448	3265	3183	1164	881	283	1430	764	666
30-34岁	**30054**	**15957**	**14097**	**6030**	**4638**	**1393**	**6278**	**3350**	**2928**
30	6029	3163	2866	1146	858	289	1243	680	563
31	6057	3281	2776	1206	908	299	1341	718	622
32	6096	3227	2870	1198	927	271	1242	662	579
33	6264	3290	2974	1375	1058	316	1223	633	591
34	5608	2996	2612	1104	886	218	1229	657	572
35-39岁	**24303**	**13220**	**11083**	**5326**	**4286**	**1039**	**5463**	**2834**	**2629**
35	5287	2791	2495	1073	854	219	1158	604	554
36	5598	3071	2526	1207	970	237	1183	617	566
37	4731	2560	2171	986	791	196	1133	571	562
38	4099	2255	1844	1034	831	203	890	479	411
39	4589	2542	2047	1026	841	185	1099	563	536
40-44岁	**23804**	**13262**	**10542**	**6058**	**4983**	**1075**	**6151**	**3025**	**3126**
40	4644	2580	2065	1157	931	226	1180	604	576
41	4973	2757	2216	1223	1020	203	1234	601	632
42	4961	2771	2190	1288	1058	230	1261	632	629
43	4725	2653	2072	1249	1013	237	1216	561	655
44	4499	2501	1999	1141	961	179	1260	627	633
45-49岁	**18559**	**10670**	**7889**	**5054**	**4249**	**806**	**5346**	**2480**	**2865**
45	4655	2546	2109	1160	976	185	1263	628	635
46	3949	2303	1646	1096	920	175	1083	517	566
47	3938	2280	1657	1102	916	186	1208	537	671
48	3082	1769	1314	847	718	128	861	398	463
49	2934	1772	1163	850	718	131	931	401	530
50-54岁	**10801**	**7259**	**3543**	**3182**	**2904**	**278**	**3158**	**1646**	**1512**
50	2787	1831	957	857	783	74	810	435	375
51	2388	1543	845	648	577	72	672	321	350
52	2488	1699	788	770	711	59	778	402	377
53	2076	1426	651	596	546	50	605	331	274
54	1062	760	302	310	288	22	292	156	136
55-59岁	**4551**	**3504**	**1047**	**1362**	**1322**	**40**	**1202**	**762**	**440**
55	1042	803	239	314	306	8	261	165	96
56	903	680	223	289	280	10	232	140	92
57	1022	772	250	294	287	7	263	159	104
58	932	738	195	268	256	12	251	178	73
59	651	511	141	197	194	4	195	120	75
60-64岁	**1624**	**1197**	**427**	**244**	**234**	**11**	**447**	**283**	**164**
60	481	358	123	79	76	3	128	80	48
61	407	292	115	66	62	4	112	82	30
62	305	226	79	40	36	4	85	43	43
63	237	175	62	36	36		66	40	25
64	194	147	48	24	24		56	38	17
65岁及以上	**648**	**487**	**161**	**72**	**66**	**6**	**134**	**92**	**42**

5-2a 续表 3 单位：人

年 龄	九、信息传输、软件和信息技术服务业			十、金融业			十一、房地产业		
	小计	男	女	小计	男	女	小计	男	女
总 计	**16146**	**10543**	**5603**	**19526**	**9843**	**9683**	**20883**	**13668**	**7215**
16-19岁	**194**	**132**	**62**	**155**	**72**	**83**	**239**	**151**	**88**
16	8	6	2	9	3	6	11	9	3
17	28	20	7	19	9	10	24	17	6
18	61	41	20	51	19	33	82	50	32
19	98	65	33	76	41	35	122	75	48
20-24岁	**2744**	**1698**	**1046**	**2161**	**1074**	**1087**	**2135**	**1301**	**834**
20	209	125	84	120	69	51	248	168	80
21	314	196	118	196	101	95	307	194	114
22	592	339	253	432	195	236	442	255	187
23	752	478	274	634	316	317	544	336	209
24	877	560	316	780	392	388	594	349	244
25-29岁	**4708**	**2972**	**1736**	**4949**	**2387**	**2561**	**3702**	**2274**	**1429**
25	1023	664	358	1008	478	530	726	433	293
26	991	638	353	976	500	476	753	443	311
27	952	569	384	1000	486	514	740	449	291
28	897	555	342	985	453	532	779	508	271
29	845	546	299	980	469	511	704	441	263
30-34岁	**3701**	**2375**	**1326**	**3998**	**1905**	**2093**	**3292**	**2024**	**1268**
30	748	469	279	866	423	443	702	424	278
31	787	511	276	855	402	454	615	372	243
32	760	480	280	815	407	408	683	437	246
33	761	490	271	800	372	428	668	411	257
34	645	425	221	662	301	361	624	381	243
35-39岁	**2198**	**1483**	**715**	**2522**	**1185**	**1338**	**2660**	**1677**	**983**
35	546	367	180	543	261	282	559	356	203
36	544	361	183	594	294	301	602	368	234
37	422	288	135	520	245	275	558	354	205
38	346	232	114	413	183	230	449	275	174
39	339	235	105	451	201	250	492	324	168
40-44岁	**1316**	**923**	**392**	**2673**	**1355**	**1318**	**2833**	**1793**	**1040**
40	300	213	87	476	255	221	503	331	172
41	277	201	75	604	291	313	567	352	215
42	300	206	94	567	291	276	606	390	216
43	230	164	66	496	244	252	577	346	231
44	208	138	70	530	274	256	579	374	205
45-49岁	**787**	**543**	**244**	**1810**	**956**	**854**	**2716**	**1824**	**892**
45	262	184	78	525	269	256	618	411	208
46	164	107	57	405	218	187	583	381	202
47	166	114	52	382	202	180	593	408	185
48	106	73	33	235	121	115	428	271	157
49	88	65	24	263	147	117	494	354	140
50-54岁	**328**	**270**	**58**	**924**	**629**	**295**	**1890**	**1418**	**472**
50	77	59	18	233	148	85	453	323	130
51	70	55	15	212	143	69	403	284	119
52	75	64	12	218	146	72	483	366	117
53	69	58	11	152	109	43	352	284	68
54	36	34	2	109	82	27	198	160	38
55-59岁	**137**	**119**	**18**	**295**	**253**	**42**	**1002**	**864**	**138**
55	33	29	4	83	68	15	219	184	35
56	21	18	3	71	59	12	192	160	32
57	37	31	6	62	55	7	228	200	28
58	30	26	4	45	39	6	226	200	25
59	16	15	1	34	32	2	138	120	18
60-64岁	**21**	**17**	**4**	**25**	**15**	**10**	**301**	**247**	**55**
60	8	8		14	10	4	92	73	18
61	4	4		3	1	2	59	51	9
62	3	2	1	2	1	1	58	49	9
63	2	1	1	3		3	63	49	14
64	3	1	2	3	3	1	29	24	5
65岁及以上	**13**	**12**	**1**	**15**	**12**	**2**	**112**	**95**	**17**

5-2a 续表 4

单位：人

年 龄	十二、租赁和商务服务业			十三、科学研究和技术服务业			十四、水利、环境和公共设施管理业		
	小计	男	女	小计	男	女	小计	男	女
总 计	**17457**	**10365**	**7092**	**6736**	**4223**	**2513**	**4614**	**2760**	**1854**
16-19岁	**271**	**169**	**101**	**79**	**34**	**46**	**18**	**14**	**4**
16	12	9	3	4	3	1	1	1	
17	54	35	19	11	6	5			
18	78	51	27	28	15	13	5	5	
19	126	74	52	37	9	28	12	8	4
20-24岁	**2164**	**1073**	**1090**	**873**	**496**	**377**	**211**	**148**	**62**
20	171	94	77	72	37	35	17	16	
21	321	166	156	122	64	57	26	17	9
22	453	218	234	172	96	76	46	29	17
23	571	269	302	234	144	90	59	42	17
24	648	325	322	274	156	118	63	45	19
25-29岁	**3814**	**1993**	**1821**	**1623**	**935**	**688**	**449**	**288**	**161**
25	776	392	385	325	180	145	93	52	41
26	738	374	365	309	175	134	97	67	30
27	736	367	368	329	186	143	94	62	33
28	832	470	362	347	209	138	79	46	33
29	731	390	341	313	185	128	86	62	24
30-34岁	**3346**	**1879**	**1467**	**1409**	**868**	**542**	**472**	**328**	**144**
30	710	381	330	277	167	110	99	64	35
31	653	367	286	277	174	104	95	67	28
32	631	351	280	281	166	115	99	72	27
33	742	422	320	287	173	114	100	73	28
34	610	357	252	287	187	100	79	52	26
35-39岁	**2559**	**1495**	**1064**	**888**	**560**	**328**	**481**	**297**	**184**
35	548	300	247	198	119	79	105	59	46
36	610	348	262	226	161	65	107	66	41
37	557	305	253	164	90	74	94	65	29
38	401	247	154	137	80	57	91	54	38
39	443	294	149	163	110	53	83	53	30
40-44岁	**2136**	**1377**	**759**	**714**	**475**	**239**	**672**	**380**	**292**
40	430	269	160	152	111	41	123	67	56
41	466	300	166	131	85	46	127	74	53
42	440	294	146	156	98	58	128	78	50
43	420	270	150	133	81	52	144	72	72
44	380	243	137	143	100	43	150	88	61
45-49岁	**1627**	**1068**	**558**	**581**	**388**	**193**	**853**	**413**	**439**
45	426	267	159	127	82	45	183	94	89
46	359	222	138	126	89	37	174	84	89
47	324	217	107	127	87	40	148	74	74
48	259	176	83	103	70	33	176	72	104
49	257	186	71	98	60	38	172	89	83
50-54岁	**970**	**789**	**181**	**370**	**293**	**77**	**687**	**402**	**285**
50	246	190	56	99	76	23	165	86	79
51	233	189	45	74	55	18	144	86	58
52	214	174	40	92	75	17	177	110	67
53	189	159	30	68	57	12	140	86	54
54	87	77	10	37	30	7	62	36	26
55-59岁	**409**	**371**	**38**	**152**	**139**	**13**	**489**	**339**	**149**
55	91	85	6	45	41	4	79	53	26
56	93	80	13	22	18	4	86	61	25
57	93	90	3	35	29	5	117	81	36
58	65	56	9	33	33		123	79	44
59	68	60	8	17	17		83	65	19
60-64岁	**120**	**108**	**11**	**33**	**24**	**10**	**213**	**117**	**96**
60	38	32	6	10	7	3	50	24	25
61	23	21	2	10	9	2	50	26	23
62	24	22	3	4	1	3	43	29	13
63	18	18		4	3	1	39	22	17
64	17	16	1	5	4	1	32	15	16
65岁及以上	**42**	**42**	**1**	**13**	**12**	**1**	**70**	**33**	**37**

5-2a 续表 5

单位：人

年 龄	十五、居民服务、修理和其他服务业			十六、教育			十七、卫生和社会工作		
	小计	男	女	小计	男	女	小计	男	女
总 计	**28813**	**15495**	**13318**	**26283**	**9682**	**16601**	**14315**	**5214**	**9101**
16-19岁	**1040**	**656**	**384**	**552**	**112**	**440**	**196**	**28**	**168**
16	105	69	36	53	33	20	6	3	4
17	213	133	80	93	23	70	29	4	25
18	330	211	118	183	33	150	72	12	60
19	393	243	150	223	24	199	89	10	79
20-24岁	**3425**	**1943**	**1483**	**2466**	**499**	**1967**	**1398**	**244**	**1153**
20	540	296	244	316	50	267	171	16	155
21	594	323	271	363	54	309	182	20	161
22	715	426	289	528	109	420	305	51	254
23	782	447	336	601	125	476	345	65	280
24	794	451	343	658	163	496	395	92	303
25-29岁	**4661**	**2717**	**1944**	**3929**	**1150**	**2779**	**2481**	**664**	**1817**
25	1026	591	435	790	244	546	451	93	358
26	930	541	389	789	220	569	514	130	384
27	896	524	372	788	232	556	452	124	328
28	929	560	370	745	210	535	524	146	378
29	880	501	378	817	244	573	539	170	369
30-34岁	**3899**	**2283**	**1616**	**4394**	**1462**	**2931**	**2463**	**866**	**1597**
30	823	482	340	790	267	523	522	188	334
31	758	443	316	865	288	578	532	185	347
32	765	462	302	875	285	590	488	178	310
33	827	492	335	949	314	634	486	160	326
34	727	405	322	915	308	607	435	156	279
35-39岁	**3400**	**1949**	**1451**	**4344**	**1481**	**2863**	**2153**	**768**	**1385**
35	703	429	274	969	332	637	453	181	272
36	740	456	284	978	330	648	483	179	304
37	660	356	303	841	270	572	407	126	281
38	616	337	280	744	260	483	376	120	257
39	681	371	310	811	289	523	434	163	271
40-44岁	**4141**	**2010**	**2131**	**4023**	**1503**	**2520**	**1902**	**736**	**1165**
40	771	405	366	766	263	503	375	147	228
41	841	433	408	835	314	520	376	159	217
42	829	395	434	876	334	542	438	164	274
43	865	415	450	813	312	501	365	130	234
44	835	362	473	733	280	453	347	136	212
45-49岁	**4041**	**1662**	**2380**	**3338**	**1418**	**1920**	**1649**	**691**	**958**
45	890	363	527	775	313	462	412	154	259
46	860	397	462	694	284	409	326	138	188
47	898	339	559	755	322	434	379	163	215
48	686	274	412	543	223	320	230	112	117
49	708	289	420	571	276	295	303	124	179
50-54岁	**2513**	**1236**	**1277**	**2179**	**1204**	**975**	**1272**	**639**	**633**
50	658	302	356	556	275	281	276	139	137
51	586	284	302	496	257	239	285	133	152
52	600	290	310	504	304	200	339	171	168
53	455	228	227	422	254	168	236	122	114
54	214	132	82	201	114	87	135	74	61
55-59岁	**1052**	**650**	**402**	**770**	**623**	**147**	**523**	**377**	**146**
55	231	138	93	144	107	36	116	70	46
56	209	108	100	154	117	38	100	70	31
57	241	153	88	150	122	28	98	78	19
58	220	148	73	175	145	30	120	84	35
59	150	103	48	147	132	15	90	75	15
60-64岁	**454**	**263**	**191**	**211**	**164**	**47**	**169**	**113**	**56**
60	135	63	73	84	66	18	41	23	17
61	109	72	37	33	25	8	43	28	14
62	77	49	28	33	24	9	31	21	11
63	75	48	27	37	28	9	34	25	9
64	58	31	27	25	22	3	21	15	5
65岁及以上	**187**	**126**	**61**	**77**	**66**	**11**	**111**	**88**	**23**

5-2a 续表 6 单位：人

年 龄	十八、文化、体育和娱乐业			十九、公共管理、社会保障和社会组织			二十、国际组织		
	小计	男	女	小计	男	女	小计	男	女
总 计	**7356**	**4217**	**3139**	**31518**	**21469**	**10049**	**12**	**6**	**5**
16-19岁	**372**	**193**	**179**	**131**	**102**	**29**			
16	30	13	17	3	2	1			
17	57	32	24	6	5	1			
18	107	59	47	38	27	11			
19	179	88	91	84	69	15			
20-24岁	**1233**	**669**	**564**	**1705**	**1090**	**616**	**1**	**1**	
20	212	125	88	112	90	22			
21	204	123	81	199	133	66			
22	260	137	123	322	218	104			
23	275	137	138	500	303	197	1	1	
24	281	147	135	571	344	227			
25-29岁	**1504**	**858**	**646**	**4172**	**2518**	**1654**	**6**	**2**	**4**
25	348	198	149	732	435	297	2		2
26	283	158	125	765	439	327	2	1	1
27	285	163	122	834	507	327	2		2
28	278	156	122	919	573	346			
29	310	183	127	922	564	358	1	1	
30-34岁	**1162**	**634**	**527**	**4725**	**2980**	**1744**	**1**	**1**	
30	253	144	109	898	573	325			
31	218	117	101	891	530	360			
32	243	118	125	923	562	361			
33	240	142	97	981	620	361	1	1	
34	208	113	95	1032	694	337			
35-39岁	**889**	**510**	**379**	**4299**	**2810**	**1489**	**1**		**1**
35	175	94	80	961	629	331	1		1
36	233	135	98	959	636	324			
37	173	102	71	870	566	304			
38	174	102	71	715	461	254			
39	135	77	58	794	519	276			
40-44岁	**834**	**489**	**345**	**5094**	**3330**	**1764**	**1**	**1**	
40	164	101	63	872	597	275			
41	178	121	57	1033	675	358			
42	179	92	87	1042	663	379			
43	167	97	71	1127	741	386			
44	146	79	67	1020	654	365	1	1	
45-49岁	**703**	**379**	**324**	**4941**	**3318**	**1623**			
45	160	82	78	1158	790	368			
46	171	84	87	1038	693	345			
47	157	89	68	1081	722	358			
48	107	56	51	789	526	263			
49	108	68	40	875	586	289			
50-54岁	**410**	**273**	**137**	**3919**	**3065**	**854**	**1**	**1**	
50	95	72	23	887	668	220			
51	89	59	30	817	630	187			
52	100	61	39	948	758	190			
53	90	55	35	809	651	158	1	1	
54	37	27	10	458	358	99			
55-59岁	**187**	**159**	**28**	**1991**	**1799**	**192**	**1**	**1**	
55	33	28	5	428	382	47	1	1	
56	29	26	2	396	363	33			
57	47	41	6	399	356	43			
58	43	37	6	414	381	32			
59	36	28	7	354	318	36			
60-64岁	**42**	**35**	**8**	**392**	**328**	**64**			
60	13	10	4	141	122	20			
61	12	9	3	90	79	11			
62	10	10		72	57	15			
63	6	5	1	54	41	14			
64	1	1		34	29	5			
65岁及以上	**20**	**17**	**3**	**148**	**127**	**20**			

5-2b 全省分年龄、性别、行业门类的就业人口（镇）

单位：人

年 龄	就业人口			一、农、林、牧、渔业			二、采矿业		
	合计	男	女	小计	男	女	小计	男	女
总 计	**248449**	**147391**	**101058**	**56165**	**31487**	**24678**	**374**	**307**	**67**
16-19岁	**6294**	**3444**	**2849**	**731**	**430**	**302**	**4**	**2**	**2**
16	411	234	177	49	31	19	1	1	
17	1065	605	461	150	86	64	1		1
18	1901	1077	823	216	128	87			
19	2917	1528	1388	317	185	132	3	2	1
20-24岁	**27491**	**15240**	**12251**	**2958**	**1760**	**1198**	**25**	**21**	**5**
20	3962	2198	1765	466	266	200	3	3	
21	4622	2551	2071	511	304	208	3	2	1
22	5782	3159	2623	586	341	245	4	4	
23	6463	3602	2862	692	430	262	6	5	1
24	6662	3731	2931	703	420	284	9	7	2
25-29岁	**37337**	**21497**	**15840**	**4367**	**2470**	**1897**	**56**	**47**	**9**
25	8001	4557	3445	877	493	384	12	10	2
26	7474	4307	3166	849	468	380	11	10	1
27	7166	4090	3076	857	490	368	12	10	3
28	7566	4369	3198	923	538	385	13	12	2
29	7129	4174	2955	861	482	380	7	6	1
30-34岁	**33835**	**19973**	**13862**	**4682**	**2617**	**2065**	**57**	**49**	**8**
30	6942	4082	2860	890	474	416	7	6	1
31	6832	4034	2798	891	501	390	15	12	3
32	6632	3959	2673	938	538	399	11	9	1
33	7066	4165	2901	1023	571	452	9	8	1
34	6363	3733	2630	940	533	407	14	12	2
35-39岁	**27967**	**16329**	**11638**	**4455**	**2350**	**2105**	**54**	**46**	**9**
35	5983	3501	2482	917	485	432	10	8	2
36	6158	3629	2528	910	501	409	11	10	1
37	5581	3227	2354	882	448	434	14	11	3
38	4710	2759	1950	781	423	357	8	8	1
39	5535	3212	2324	965	493	473	11	9	2
40-44岁	**31854**	**18295**	**13560**	**6443**	**3348**	**3095**	**67**	**51**	**16**
40	5837	3349	2488	1015	526	488	15	12	3
41	6283	3647	2635	1203	631	572	12	10	2
42	6505	3742	2763	1296	678	617	9	7	3
43	6589	3769	2819	1393	717	677	15	12	3
44	6641	3787	2855	1536	795	741	16	11	5
45-49岁	**31685**	**18528**	**13158**	**8735**	**4571**	**4163**	**56**	**42**	**14**
45	7087	4078	3009	1678	869	809	20	14	5
46	6245	3587	2658	1678	894	784	9	6	3
47	6953	4070	2882	1851	965	886	9	8	1
48	5480	3231	2249	1661	876	785	7	6	1
49	5921	3562	2359	1867	968	900	12	8	4
50-54岁	**24407**	**15251**	**9156**	**8922**	**4809**	**4113**	**35**	**32**	**3**
50	6070	3735	2335	2037	1101	936	14	11	3
51	5269	3216	2053	1832	957	874	3	3	
52	5764	3642	2122	2148	1162	985	10	10	
53	4708	2994	1714	1828	1007	821	5	5	
54	2596	1665	931	1077	580	496	3	3	
55-59岁	**14474**	**9766**	**4707**	**6825**	**3966**	**2858**	**14**	**12**	**2**
55	2516	1635	880	1072	584	488	7	6	1
56	2809	1891	918	1293	758	534	1		1
57	3292	2217	1075	1550	893	657	2	2	
58	3235	2220	1015	1574	929	645	3	3	
59	2622	1803	819	1336	802	534	1	1	
60-64岁	**8221**	**5616**	**2605**	**4707**	**2949**	**1757**	**6**	**6**	
60	2249	1534	715	1210	759	451	1	1	
61	1940	1327	614	1077	670	407	2	2	
62	1585	1047	537	921	557	364	2	2	
63	1372	938	434	839	527	312			
64	1075	771	304	660	436	224	1	1	
65岁及以上	**4884**	**3452**	**1432**	**3340**	**2216**	**1124**			

5-2b 续表 1

单位：人

年 龄	三、制造业			四、电力、热力、燃气及水生产和供应业			五、建筑业		
	小计	男	女	小计	男	女	小计	男	女
总 计	**81306**	**45256**	**36050**	**1539**	**1159**	**380**	**15420**	**13233**	**2187**
16-19岁	**3250**	**1761**	**1489**	**7**	**4**	**3**	**211**	**181**	**30**
16	211	114	96				15	12	3
17	569	329	239	1	1		29	21	8
18	981	557	424	4	3	2	61	56	5
19	1489	760	729	2	1	1	105	92	13
20-24岁	**12427**	**6693**	**5734**	**80**	**60**	**20**	**1173**	**1019**	**154**
20	1911	1061	849	5	4	1	133	118	15
21	2159	1148	1011	7	7	1	201	170	31
22	2691	1425	1266	15	14	1	253	211	42
23	2786	1475	1311	24	17	7	285	252	33
24	2881	1585	1296	29	18	10	301	268	32
25-29岁	**15325**	**8643**	**6682**	**170**	**118**	**52**	**1704**	**1502**	**202**
25	3376	1919	1456	28	20	8	354	295	58
26	3049	1747	1302	40	29	11	316	285	32
27	2935	1625	1310	22	18	5	325	293	33
28	3056	1722	1335	51	36	15	372	329	43
29	2908	1630	1279	29	16	14	337	300	37
30-34岁	**13181**	**7389**	**5792**	**164**	**124**	**39**	**1693**	**1477**	**216**
30	2767	1543	1224	37	32	5	328	298	29
31	2701	1520	1182	35	27	9	345	295	50
32	2585	1469	1116	27	20	7	342	294	47
33	2742	1532	1209	39	28	11	345	305	40
34	2386	1325	1061	25	18	7	334	284	50
35-39岁	**9963**	**5524**	**4439**	**210**	**154**	**56**	**1651**	**1407**	**244**
35	2126	1191	935	47	40	7	330	285	46
36	2261	1265	997	47	35	12	336	289	48
37	1963	1102	861	37	23	14	350	293	58
38	1695	929	765	32	22	10	278	234	43
39	1918	1037	881	47	34	13	356	306	50
40-44岁	**10589**	**5525**	**5064**	**260**	**185**	**75**	**2299**	**1895**	**404**
40	2048	1061	987	49	34	15	390	323	67
41	2159	1165	994	46	36	10	426	352	74
42	2154	1113	1040	58	43	15	484	399	85
43	2132	1126	1005	49	34	14	502	411	91
44	2096	1059	1037	58	38	20	498	411	87
45-49岁	**8591**	**4533**	**4058**	**271**	**184**	**86**	**2737**	**2264**	**473**
45	2136	1103	1033	59	40	19	573	485	88
46	1691	825	866	58	38	20	580	477	103
47	1933	1026	907	58	37	21	599	478	121
48	1409	773	636	43	29	14	450	373	77
49	1422	805	616	52	40	12	534	450	85
50-54岁	**4655**	**2817**	**1838**	**216**	**188**	**29**	**2241**	**1909**	**332**
50	1301	736	565	42	37	5	596	508	89
51	1055	615	441	51	43	8	475	406	69
52	1088	684	403	54	46	8	563	482	82
53	803	515	288	45	41	4	398	337	60
54	408	268	141	25	21	4	208	177	32
55-59岁	**1992**	**1385**	**607**	**127**	**112**	**16**	**1070**	**974**	**96**
55	412	270	142	30	25	5	198	177	21
56	370	251	119	26	24	2	225	203	22
57	478	338	140	25	22	2	240	221	19
58	421	306	115	30	26	4	238	218	20
59	311	220	91	17	14	3	169	155	15
60-64岁	**961**	**701**	**260**	**30**	**25**	**5**	**491**	**461**	**30**
60	292	217	75	12	11	1	140	129	11
61	242	170	73	6	6		128	119	9
62	176	121	54	7	4	3	92	86	6
63	132	99	33	3	2	1	82	79	4
64	119	95	24	3	3		48	47	1
65岁及以上	**372**	**283**	**89**	**4**	**4**		**150**	**144**	**6**

5-2b 续表 2

单位：人

年 龄	六、批发和零售业			七、交通运输、仓储和邮政业			八、住宿和餐饮业		
	小计	男	女	小计	男	女	小计	男	女
总 计	**43763**	**24607**	**19156**	**7729**	**6801**	**929**	**10784**	**5633**	**5151**
16-19岁	**1031**	**466**	**565**	**117**	**81**	**35**	**389**	**224**	**165**
16	66	32	34	8	6	1	29	14	15
17	149	69	80	17	16	2	60	39	21
18	315	149	166	34	19	15	116	68	47
19	501	216	285	58	40	18	184	102	82
20-24岁	**5479**	**2704**	**2775**	**695**	**531**	**165**	**1495**	**792**	**703**
20	772	387	386	75	58	17	249	132	117
21	899	440	459	121	91	30	260	144	116
22	1151	569	582	138	101	36	310	153	157
23	1339	653	686	183	147	36	342	197	146
24	1318	655	662	179	133	46	334	166	168
25-29岁	**7582**	**4001**	**3581**	**1183**	**992**	**191**	**1790**	**920**	**870**
25	1665	857	807	240	203	36	374	190	184
26	1555	841	715	228	183	44	376	182	194
27	1478	767	712	208	172	37	340	173	167
28	1515	783	732	236	197	39	375	203	172
29	1369	753	616	271	236	35	324	173	152
30-34岁	**6752**	**3776**	**2976**	**1201**	**1052**	**149**	**1589**	**855**	**734**
30	1440	808	632	242	212	31	316	180	135
31	1339	739	600	254	217	37	316	169	148
32	1326	749	577	231	199	31	303	162	141
33	1403	790	614	261	230	30	323	174	150
34	1242	690	552	214	194	19	330	170	160
35-39岁	**5077**	**2840**	**2237**	**1041**	**923**	**118**	**1282**	**669**	**614**
35	1172	653	519	226	200	26	291	155	136
36	1133	662	471	222	200	22	290	138	153
37	1018	542	475	198	170	28	278	154	124
38	821	463	358	194	169	25	195	113	82
39	934	521	413	200	183	17	229	110	119
40-44岁	**5268**	**2989**	**2279**	**1194**	**1081**	**113**	**1401**	**685**	**716**
40	991	543	448	237	216	21	258	131	127
41	1023	579	444	222	198	24	265	134	131
42	1073	618	455	234	211	24	300	146	154
43	1141	635	506	231	210	21	289	143	145
44	1040	614	426	270	247	23	289	130	159
45-49岁	**5045**	**2928**	**2117**	**1116**	**1022**	**94**	**1278**	**608**	**670**
45	1148	648	500	251	229	22	301	139	162
46	977	550	427	235	209	25	259	121	139
47	1124	641	484	260	240	20	276	140	136
48	898	527	370	180	166	15	205	99	106
49	897	561	336	190	179	12	238	111	127
50-54岁	**3858**	**2374**	**1484**	**709**	**664**	**45**	**912**	**461**	**451**
50	940	573	367	188	177	12	236	112	124
51	863	508	355	157	145	12	181	91	90
52	879	534	345	159	144	14	211	108	104
53	763	477	286	129	125	5	192	99	93
54	412	283	129	76	74	2	92	51	41
55-59岁	**2092**	**1388**	**704**	**341**	**328**	**13**	**379**	**243**	**135**
55	378	248	130	65	59	6	67	43	24
56	420	270	150	90	88	2	72	43	29
57	466	309	157	73	70	3	94	61	33
58	466	319	147	60	58	2	85	53	32
59	362	242	120	54	54		62	43	18
60-64岁	**1047**	**728**	**319**	**102**	**98**	**4**	**194**	**126**	**67**
60	285	189	97	34	32	2	58	35	24
61	255	181	73	32	31	1	40	25	15
62	207	142	65	19	18	1	37	25	12
63	170	123	47	10	10		34	22	12
64	130	94	36	7	7		25	20	6
65岁及以上	**532**	**411**	**121**	**29**	**27**	**2**	**76**	**50**	**26**

5-2b 续表 3 单位：人

年 龄	九、信息传输、软件和信息技术服务业			十、金融业			十一、房地产业		
	小计	男	女	小计	男	女	小计	男	女
总 计	**1052**	**696**	**356**	**1525**	**890**	**635**	**1413**	**909**	**504**
16-19岁	**20**	**10**	**10**	**12**	**6**	**7**	**17**	**6**	**11**
16	1	1					1	1	
17	2	1	1	2		2	3	1	2
18	5	3	2	5	2	3	4	1	3
19	12	5	7	5	4	1	9	3	6
20-24岁	**202**	**125**	**77**	**193**	**98**	**95**	**202**	**107**	**95**
20	17	10	7	12	3	8	24	16	8
21	31	15	16	15	7	8	23	11	11
22	43	29	14	35	18	17	44	17	26
23	50	30	19	48	23	26	53	33	20
24	62	41	21	83	47	36	59	29	30
25-29岁	**333**	**204**	**129**	**371**	**208**	**163**	**292**	**162**	**130**
25	66	42	24	67	40	27	63	35	27
26	83	54	29	78	46	33	67	35	32
27	62	40	22	66	38	28	56	32	24
28	72	36	36	83	48	36	55	28	26
29	50	31	19	77	37	40	51	31	20
30-34岁	**184**	**127**	**56**	**267**	**149**	**118**	**201**	**124**	**77**
30	40	28	12	66	39	27	38	24	15
31	46	33	13	66	39	27	40	24	16
32	26	22	5	47	25	23	41	25	16
33	41	27	14	42	24	18	42	26	16
34	30	17	13	45	22	23	40	26	14
35-39岁	**99**	**70**	**28**	**174**	**93**	**82**	**152**	**112**	**40**
35	24	15	9	33	12	21	26	18	8
36	18	11	6	39	22	17	37	27	10
37	20	13	7	28	15	13	28	18	10
38	18	15	3	34	18	16	30	24	5
39	19	16	4	41	26	15	31	24	7
40-44岁	**90**	**64**	**26**	**192**	**118**	**74**	**147**	**95**	**52**
40	27	21	6	27	17	10	27	18	9
41	16	13	3	35	23	12	21	15	6
42	16	11	5	42	24	19	33	26	7
43	16	7	8	42	24	18	29	17	13
44	15	11	4	46	31	15	37	20	17
45-49岁	**62**	**43**	**19**	**169**	**104**	**65**	**159**	**104**	**55**
45	17	13	5	34	23	10	43	28	15
46	12	9	3	41	23	18	26	18	8
47	11	5	5	36	20	16	33	20	13
48	10	6	4	23	15	8	28	19	9
49	11	9	2	34	22	12	30	19	10
50-54岁	**35**	**29**	**6**	**95**	**71**	**23**	**114**	**84**	**30**
50	12	11	1	29	20	9	33	24	9
51	8	6	1	25	19	6	26	18	7
52	8	6	2	19	16	3	28	21	7
53	6	5	1	13	11	2	16	11	5
54	1	1		8	5	3	11	10	2
55-59岁	**20**	**16**	**4**	**43**	**36**	**7**	**61**	**55**	**6**
55	3	3		10	8	2	15	13	3
56	4	3	1	10	9	1	15	15	
57	4	4		11	9	2	9	9	
58	4	2	2	4	4		16	15	2
59	4	3	1	7	6	2	7	5	2
60-64岁	**6**	**5**	**1**	**7**	**5**	**2**	**39**	**33**	**6**
60	2	2		3	3		10	9	1
61	2	2		2	1	1	9	7	2
62				1		1	8	7	2
63	1		1	1	1		5	4	1
64	1	1					6	6	
65岁及以上	**2**	**2**		**3**	**2**	**1**	**29**	**26**	**3**

5-2b 续表 4

单位：人

年 龄	十二、租赁和商务服务业			十三、科学研究和技术服务业			十四、水利、环境和公共设施管理业		
	小计	男	女	小计	男	女	小计	男	女
总 计	**1437**	**932**	**505**	**329**	**228**	**101**	**598**	**356**	**241**
16-19岁	**29**	**13**	**16**	**13**	**10**	**3**	**4**	**4**	
16	2	2							
17	6	2	4						
18	9	5	4	5	5		3	3	
19	12	5	7	8	5	3	1	1	
20-24岁	**241**	**119**	**122**	**49**	**28**	**21**	**27**	**21**	**6**
20	20	7	12	3	2	1	1	1	1
21	33	21	11	6	1	5	5	5	
22	51	25	26	6	3	4	5	2	3
23	69	32	37	19	11	7	5	4	2
24	69	33	35	15	11	5	10	9	1
25-29岁	**323**	**176**	**147**	**64**	**43**	**20**	**42**	**29**	**12**
25	72	32	40	17	12	4	9	7	2
26	60	31	28	14	11	3	11	6	5
27	75	45	31	12	6	6	9	7	1
28	58	34	24	10	5	4	7	5	2
29	58	34	24	11	8	3	6	4	3
30-34岁	**224**	**135**	**89**	**54**	**36**	**18**	**49**	**35**	**14**
30	38	22	15	14	10	4	10	7	3
31	53	31	23	16	12	3	9	6	3
32	47	31	16	6	4	1	7	5	2
33	42	25	17	8	2	6	11	8	3
34	45	26	19	11	7	4	11	8	3
35-39岁	**155**	**108**	**46**	**49**	**34**	**15**	**58**	**39**	**18**
35	37	28	9	9	8	1	7	4	3
36	32	24	7	14	8	6	10	5	4
37	27	18	8	12	5	7	13	8	5
38	29	17	12	4	4		16	11	4
39	31	21	10	11	10	1	12	11	2
40-44岁	**132**	**88**	**44**	**46**	**32**	**14**	**87**	**44**	**43**
40	30	18	12	5	4	2	16	9	7
41	30	23	8	7	5	3	15	8	7
42	31	17	14	13	8	5	11	9	2
43	18	12	6	13	11	2	23	9	15
44	23	19	4	7	5	3	21	9	12
45-49岁	**117**	**98**	**19**	**24**	**18**	**6**	**112**	**52**	**60**
45	21	17	4	5	4	1	20	14	7
46	26	19	6	4	2	2	17	9	8
47	26	24	3	8	6	2	31	10	21
48	22	16	5	2	2		23	10	13
49	23	22	1	5	4	1	21	10	11
50-54岁	**101**	**90**	**11**	**19**	**15**	**4**	**100**	**55**	**45**
50	23	20	3	6	4	2	27	15	12
51	28	25	3	7	6	1	20	11	9
52	23	22	1	4	4		18	12	5
53	22	17	4	1	1		30	13	17
54	6	6		2	1	1	6	4	2
55-59岁	**65**	**60**	**5**	**3**	**3**		**70**	**47**	**22**
55	15	13	1				13	8	5
56	12	12		1	1		17	8	9
57	17	14	3	1	1		14	13	2
58	9	9	1	1	1		14	9	5
59	11	11					11	9	2
60-64岁	**29**	**26**	**3**	**6**	**6**		**34**	**21**	**13**
60	7	7		3	3		13	5	8
61	5	3	2	3	3		5	3	2
62	7	7					6	4	2
63	6	6					5	4	1
64	4	3	1				5	4	1
65岁及以上	**21**	**18**	**3**	**2**	**2**		**16**	**9**	**7**

5-2b 续表 5

单位：人

年 龄	十五、居民服务、修理和其他服务业			十六、教育			十七、卫生和社会工作		
	小计	男	女	小计	男	女	小计	男	女
总 计	**7295**	**4906**	**2389**	**7232**	**3138**	**4094**	**2984**	**1381**	**1603**
16-19岁	**216**	**158**	**58**	**120**	**35**	**85**	**66**	**7**	**59**
16	14	12	2	10	5	5	1	1	
17	38	21	17	26	14	12	7		7
18	74	58	16	35	8	27	22	2	21
19	90	67	22	49	7	41	36	4	32
20-24岁	**886**	**643**	**243**	**493**	**98**	**395**	**343**	**75**	**268**
20	125	86	39	55	8	47	48	6	42
21	162	126	35	76	12	64	54	9	45
22	182	140	42	82	16	65	81	16	65
23	205	144	61	117	23	94	83	25	59
24	211	146	65	163	39	125	77	20	57
25-29岁	**1176**	**827**	**349**	**1006**	**303**	**702**	**473**	**162**	**311**
25	269	184	84	173	47	126	116	31	86
26	235	164	72	197	51	145	90	30	60
27	224	159	65	190	54	136	79	24	56
28	216	156	60	225	69	156	86	34	52
29	232	165	67	221	82	140	100	44	57
30-34岁	**1087**	**775**	**312**	**1193**	**448**	**745**	**384**	**179**	**205**
30	221	161	60	232	74	158	76	34	41
31	204	155	49	239	94	145	74	25	49
32	215	152	63	222	85	137	72	35	37
33	236	163	72	259	100	159	80	41	39
34	212	145	67	241	95	146	82	43	39
35-39岁	**984**	**662**	**323**	**1207**	**466**	**742**	**452**	**189**	**263**
35	225	153	72	258	94	164	82	34	48
36	216	150	67	279	106	172	121	48	73
37	195	132	63	237	96	142	88	41	47
38	150	95	55	186	66	121	82	30	52
39	198	132	66	247	104	143	79	37	42
40-44岁	**926**	**576**	**350**	**1176**	**518**	**658**	**412**	**204**	**208**
40	183	114	70	230	107	122	85	44	40
41	196	126	69	277	114	163	79	39	40
42	208	124	84	240	107	133	83	46	36
43	165	102	64	217	96	121	89	44	45
44	174	111	63	213	94	119	77	31	46
45-49岁	**842**	**484**	**358**	**996**	**543**	**453**	**324**	**176**	**148**
45	207	124	82	262	129	133	83	43	40
46	172	104	67	198	107	91	67	35	32
47	184	112	72	216	126	91	72	42	30
48	133	72	61	136	75	61	49	27	22
49	147	72	76	183	106	77	53	29	24
50-54岁	**570**	**350**	**219**	**652**	**410**	**242**	**251**	**160**	**91**
50	144	86	58	182	112	70	59	33	27
51	124	73	50	155	94	61	55	36	19
52	119	72	47	142	95	47	56	40	16
53	110	68	41	124	81	43	49	33	17
54	73	50	23	49	29	21	31	19	12
55-59岁	**311**	**210**	**101**	**280**	**235**	**45**	**145**	**119**	**26**
55	59	37	22	45	33	12	24	18	6
56	59	37	23	45	35	11	32	26	6
57	75	50	26	61	52	9	31	25	6
58	58	45	14	74	64	10	34	31	3
59	59	42	17	55	52	3	24	20	4
60-64岁	**191**	**137**	**54**	**60**	**41**	**19**	**71**	**55**	**16**
60	54	36	18	22	14	8	25	19	6
61	47	37	10	20	15	5	14	7	7
62	39	25	13	6	5	2	15	13	2
63	28	20	8	5	3	2	10	9	1
64	23	18	5	7	4	3	7	7	
65岁及以上	**106**	**84**	**22**	**49**	**41**	**8**	**64**	**55**	**9**

5-2b 续表 6 单位：人

年 龄	十八、文化、体育和娱乐业			十九、公共管理、社会保障和社会组织			二十、国际组织		
	小计	男	女	小计	男	女	小计	男	女
总 计	**693**	**441**	**252**	**6809**	**5032**	**1778**	**2**		**1**
16-19岁	**29**	**21**	**8**	**29**	**26**	**3**			
16	4	3	1						
17	4	3	1	2	2				
18	6	5	1	7	7				
19	15	10	5	21	18	3			
20-24岁	**105**	**63**	**42**	**415**	**282**	**133**			
20	16	11	5	28	20	8			
21	16	8	8	40	30	10			
22	24	18	6	80	57	23			
23	18	10	8	139	91	48			
24	31	17	14	129	85	44			
25-29岁	**135**	**79**	**56**	**947**	**609**	**337**			
25	30	20	10	196	118	78			
26	24	15	9	191	119	72			
27	28	20	8	185	119	66			
28	28	13	15	184	121	63			
29	25	11	14	191	133	58			
30-34岁	**107**	**67**	**40**	**767**	**558**	**209**			
30	18	11	7	162	118	44			
31	24	14	11	162	121	41			
32	29	22	7	157	113	44			
33	19	13	6	141	97	44			
34	17	8	9	145	109	36			
35-39岁	**82**	**59**	**23**	**821**	**582**	**238**			
35	22	15	6	142	103	39			
36	16	13	4	165	115	50			
37	15	10	5	178	129	49			
38	12	10	2	146	107	38			
39	17	11	5	189	128	61			
40-44岁	**74**	**46**	**28**	**1051**	**750**	**300**	**1**		**1**
40	12	5	7	195	149	45			
41	17	15	3	233	162	71			
42	16	8	8	203	145	58			
43	13	11	2	212	150	62	1		1
44	17	8	8	209	144	65			
45-49岁	**63**	**36**	**27**	**990**	**718**	**271**			
45	16	11	5	212	145	67			
46	15	6	9	179	133	47			
47	10	7	3	216	164	52			
48	10	6	4	192	134	58			
49	12	5	6	190	143	48			
50-54岁	**41**	**26**	**14**	**882**	**703**	**178**			
50	4	2	2	196	153	43			
51	17	12	5	188	149	39			
52	9	6	3	225	176	49			
53	3	2	1	170	144	26			
54	7	3	4	102	81	21			
55-59岁	**32**	**24**	**8**	**604**	**552**	**51**			
55	3	3		101	87	13			
56	9	7	2	108	101	7			
57	9	7	2	133	119	14			
58	8	4	3	135	123	12			
59	5	3	2	127	122	5			
60-64岁	**18**	**13**	**4**	**224**	**179**	**45**			
60	5	4	2	74	61	12			
61	2	1	1	50	42	7			
62	6	4	2	37	26	11			
63	1	1		38	27	11			
64	3	3		26	22	4			
65岁及以上	**7**	**6**	**1**	**82**	**72**	**10**			

5-2c 全省分年龄、性别、行业门类的就业人口（乡村）

单位：人

年龄	就业人口			一、农、林、牧、渔业			二、采矿业		
	合计	男	女	小计	男	女	小计	男	女
总计	**470375**	**268121**	**202254**	**227097**	**120068**	**107029**	**896**	**618**	**278**
16-19岁	**13080**	**7300**	**5781**	**3592**	**2152**	**1440**	**10**	**9**	
16	1003	582	421	349	227	122			
17	2241	1290	951	675	403	271			
18	3892	2139	1752	1054	625	430	3	3	
19	5945	3288	2657	1514	897	617	6	6	
20-24岁	**51880**	**28297**	**23583**	**12707**	**7085**	**5622**	**54**	**37**	**17**
20	8150	4349	3801	1993	1128	866	8	7	1
21	9232	4981	4251	2256	1275	980	9	7	2
22	10757	5807	4950	2641	1446	1195	6	4	3
23	11785	6455	5330	2885	1577	1307	17	12	5
24	11957	6705	5252	2932	1658	1274	14	8	6
25-29岁	**61341**	**34695**	**26646**	**17065**	**8839**	**8226**	**122**	**81**	**42**
25	13422	7543	5879	3466	1822	1643	14	8	6
26	12423	7045	5378	3321	1747	1573	12	9	3
27	11680	6565	5115	3220	1648	1572	17	11	6
28	12318	7053	5265	3562	1861	1701	53	31	21
29	11498	6488	5009	3496	1760	1736	27	22	6
30-34岁	**54873**	**31582**	**23291**	**18511**	**9537**	**8974**	**149**	**98**	**51**
30	11053	6303	4751	3491	1764	1727	25	20	5
31	11332	6538	4794	3717	1969	1747	29	17	12
32	10909	6382	4527	3656	1872	1784	41	26	15
33	11134	6367	4768	3845	1963	1882	24	15	9
34	10445	5993	4452	3803	1970	1833	30	20	9
35-39岁	**44731**	**25509**	**19222**	**17727**	**8832**	**8894**	**103**	**71**	**32**
35	9678	5695	3983	3646	1878	1768	23	17	7
36	9717	5558	4159	3728	1898	1829	16	13	3
37	9002	5187	3816	3541	1791	1750	19	16	3
38	7726	4338	3389	3103	1503	1600	19	10	9
39	8607	4731	3876	3710	1762	1948	25	16	9
40-44岁	**53115**	**28188**	**24927**	**25270**	**11647**	**13623**	**158**	**103**	**55**
40	9206	4899	4307	4094	1886	2208	49	29	21
41	10450	5651	4798	4719	2247	2471	35	22	12
42	10989	5746	5243	5233	2390	2843	19	11	8
43	10877	5690	5188	5312	2346	2965	28	22	6
44	11594	6202	5392	5911	2777	3135	28	20	8
45-49岁	**60723**	**32978**	**27745**	**34585**	**16550**	**18035**	**159**	**94**	**65**
45	12719	6784	5935	6691	3078	3613	32	16	16
46	11713	6262	5452	6520	3087	3434	26	14	12
47	12998	7046	5951	7284	3489	3795	46	29	17
48	11361	6239	5122	6832	3338	3494	34	21	13
49	11932	6647	5285	7258	3558	3700	21	14	7
50-54岁	**52528**	**30210**	**22318**	**34945**	**17933**	**17012**	**86**	**74**	**12**
50	12293	7001	5293	7882	4052	3830	19	15	4
51	11027	6205	4823	7190	3608	3582	18	16	2
52	12250	7157	5093	8114	4250	3864	20	17	3
53	10769	6254	4516	7390	3783	3607	17	15	2
54	6188	3594	2594	4370	2240	2130	12	12	
55-59岁	**36182**	**22092**	**14090**	**27225**	**15255**	**11970**	**39**	**36**	**3**
55	5995	3539	2456	4362	2322	2040	2	2	
56	6931	4265	2666	5090	2881	2209	8	7	1
57	8058	4869	3190	6071	3351	2720	11	11	
58	8374	5155	3219	6418	3636	2783	10	10	
59	6823	4263	2559	5284	3066	2218	8	6	2
60-64岁	**24150**	**15353**	**8797**	**19724**	**11892**	**7832**	**10**	**8**	**2**
60	6177	3912	2265	4922	2935	1987	2	2	
61	5512	3435	2078	4453	2593	1860	2	1	1
62	4889	3119	1770	4029	2448	1582	1	1	
63	4158	2641	1518	3433	2087	1347	2	2	1
64	3413	2247	1166	2887	1830	1057	2	2	
65岁及以上	**17772**	**11917**	**5855**	**15746**	**10345**	**5401**	**6**	**6**	

5-2c 续表 1

单位：人

年 龄	三、制造业			四、电力、热力、燃气及水生产和供应业			五、建筑业		
	小计	男	女	小计	男	女	小计	男	女
总 计	**112845**	**59895**	**52950**	**1550**	**1270**	**280**	**33373**	**28990**	**4383**
16-19岁	**5478**	**2766**	**2712**	**19**	**16**	**3**	**728**	**624**	**104**
16	360	181	178				52	42	11
17	934	491	443	2	2	1	116	94	22
18	1664	825	839	4	3	1	198	175	22
19	2521	1269	1252	12	11	1	362	312	49
20-24岁	**20401**	**10247**	**10154**	**117**	**87**	**30**	**3298**	**2889**	**409**
20	3370	1663	1707	16	9	7	499	427	73
21	3756	1822	1934	22	19	4	572	493	80
22	4235	2111	2124	21	17	4	683	598	85
23	4486	2298	2188	29	20	9	770	686	84
24	4553	2352	2201	29	23	6	773	685	87
25-29岁	**22242**	**11901**	**10341**	**191**	**160**	**31**	**4010**	**3545**	**465**
25	4929	2652	2277	37	30	7	885	786	99
26	4542	2422	2120	47	43	4	826	710	116
27	4342	2296	2046	30	27	3	765	680	85
28	4411	2379	2031	40	32	7	828	739	89
29	4020	2152	1868	37	27	10	705	630	75
30-34岁	**17544**	**9594**	**7950**	**221**	**174**	**47**	**3732**	**3286**	**446**
30	3669	1992	1677	48	40	7	724	649	75
31	3687	1994	1693	45	36	9	737	635	102
32	3418	1912	1506	40	31	9	739	666	73
33	3557	1945	1612	38	30	8	760	654	107
34	3213	1751	1462	50	36	14	771	682	89
35-39岁	**12810**	**6959**	**5851**	**196**	**157**	**39**	**3400**	**2904**	**496**
35	2779	1557	1221	46	41	5	688	602	86
36	2850	1511	1339	41	32	10	763	670	92
37	2651	1464	1186	42	29	14	676	578	97
38	2179	1171	1008	33	27	5	617	519	98
39	2352	1256	1097	34	29	5	658	535	123
40-44岁	**12956**	**6344**	**6613**	**232**	**185**	**47**	**4364**	**3611**	**754**
40	2476	1243	1233	42	35	7	666	537	129
41	2725	1323	1402	52	42	10	850	701	149
42	2713	1321	1393	51	34	17	912	761	151
43	2532	1229	1303	41	34	6	897	748	149
44	2510	1228	1282	46	40	7	1039	863	177
45-49岁	**10730**	**5489**	**5241**	**224**	**173**	**51**	**5511**	**4618**	**892**
45	2595	1331	1264	36	24	12	1120	908	212
46	2195	1069	1126	44	38	7	1033	868	166
47	2377	1203	1174	51	36	15	1206	988	218
48	1745	935	810	35	27	9	1014	855	158
49	1818	950	867	57	49	8	1138	1000	138
50-54岁	**6081**	**3585**	**2496**	**188**	**163**	**25**	**4486**	**3920**	**566**
50	1622	910	712	50	42	7	1085	914	172
51	1399	795	604	36	31	5	937	820	116
52	1467	868	598	44	38	5	1087	946	141
53	1029	648	381	39	34	5	914	816	99
54	564	364	200	20	18	2	462	424	38
55-59岁	**2638**	**1683**	**955**	**105**	**101**	**4**	**2398**	**2207**	**191**
55	475	281	195	19	18	1	467	425	42
56	544	341	203	20	20		503	466	37
57	573	368	205	18	17	1	511	470	41
58	563	375	188	28	27	1	521	477	43
59	483	318	165	20	19	1	396	369	27
60-64岁	**1294**	**873**	**421**	**44**	**43**	**1**	**1123**	**1071**	**52**
60	380	260	121	14	14		330	313	17
61	310	206	104	14	13	1	281	271	10
62	244	160	84	7	7		220	211	10
63	224	160	64	7	7		170	163	7
64	136	88	48	2	2		121	113	8
65岁及以上	**670**	**451**	**218**	**12**	**10**	**2**	**324**	**315**	**8**

5-2c 续表 2 单位：人

年 龄	六、批发和零售业			七、交通运输、仓储和邮政业			八、住宿和餐饮业		
	小计	男	女	小计	男	女	小计	男	女
总 计	**42208**	**23326**	**18882**	**10481**	**9435**	**1045**	**13959**	**7192**	**6768**
16-19岁	**1400**	**632**	**767**	**152**	**128**	**24**	**762**	**418**	**343**
16	86	41	44	13	10	3	52	30	22
17	206	115	91	16	10	5	128	71	57
18	389	156	232	45	41	4	243	135	108
19	720	321	399	79	67	12	338	182	156
20-24岁	**7247**	**3385**	**3862**	**1032**	**812**	**219**	**2764**	**1438**	**1326**
20	1076	476	601	115	85	30	469	237	232
21	1282	601	681	155	117	38	497	274	223
22	1516	696	820	205	161	44	580	298	282
23	1664	773	890	248	194	54	650	329	321
24	1709	839	870	309	255	54	568	300	268
25-29岁	**8251**	**4346**	**3905**	**1751**	**1507**	**244**	**2528**	**1341**	**1187**
25	1860	936	924	356	290	67	636	339	297
26	1742	924	818	356	311	45	522	274	248
27	1566	848	718	303	274	29	464	255	210
28	1608	865	743	373	319	53	471	237	233
29	1476	773	703	362	313	50	435	236	198
30-34岁	**6644**	**3612**	**3032**	**1811**	**1642**	**169**	**2086**	**1106**	**981**
30	1405	751	655	344	299	45	435	243	192
31	1448	807	641	353	317	36	440	240	200
32	1335	745	590	394	358	36	406	228	177
33	1297	705	592	367	335	32	420	211	209
34	1159	604	555	353	333	20	387	183	203
35-39岁	**4579**	**2619**	**1960**	**1393**	**1290**	**103**	**1558**	**813**	**745**
35	1109	667	442	316	294	22	362	194	168
36	994	551	444	304	282	22	338	177	161
37	902	499	403	265	248	17	301	165	137
38	790	455	335	244	222	22	249	130	119
39	783	448	335	263	244	20	308	147	160
40-44岁	**4163**	**2383**	**1779**	**1585**	**1458**	**127**	**1499**	**713**	**786**
40	773	441	333	277	251	26	308	152	156
41	838	482	355	327	309	18	307	148	158
42	861	464	397	301	274	26	276	131	144
43	851	482	369	344	317	27	291	144	147
44	839	514	325	336	307	29	318	138	180
45-49岁	**4043**	**2362**	**1682**	**1389**	**1295**	**94**	**1286**	**596**	**690**
45	935	553	382	317	293	25	312	149	162
46	790	453	338	279	262	17	293	120	173
47	868	497	371	294	271	22	290	138	152
48	736	423	313	229	215	14	206	101	105
49	714	435	279	270	255	15	186	88	97
50-54岁	**2897**	**1871**	**1026**	**815**	**777**	**38**	**815**	**379**	**435**
50	718	450	268	217	199	18	198	97	101
51	651	407	244	165	159	6	185	72	112
52	636	427	209	184	179	5	179	86	93
53	600	391	209	138	134	4	163	81	82
54	292	196	97	111	106	5	90	43	47
55-59岁	**1596**	**1098**	**498**	**378**	**362**	**16**	**398**	**223**	**175**
55	280	193	86	80	75	5	66	32	34
56	314	197	118	94	92	2	92	54	38
57	366	254	112	88	84	3	107	58	49
58	359	254	104	57	55	3	75	47	27
59	278	199	78	59	57	2	58	32	26
60-64岁	**903**	**647**	**256**	**146**	**138**	**8**	**169**	**101**	**68**
60	236	163	73	43	38	5	48	30	19
61	209	153	56	34	33	1	41	22	19
62	183	133	50	34	33	1	29	14	15
63	154	104	50	17	17		21	12	9
64	121	95	26	18	17	1	29	22	6
65岁及以上	**485**	**370**	**115**	**29**	**26**	**3**	**96**	**64**	**32**

5-2c 续表 3

单位：人

年龄	九、信息传输、软件和信息技术服务业			十、金融业			十一、房地产业		
	小计	男	女	小计	男	女	小计	男	女
总 计	**859**	**573**	**286**	**1318**	**769**	**549**	**1624**	**1053**	**571**
16-19岁	**24**	**13**	**11**	**27**	**15**	**11**	**46**	**26**	**20**
16	2	2		1		1	4	3	1
17				3		3	5	4	1
18	11	5	6	10	7	2	10	5	5
19	11	6	5	13	8	6	27	14	13
20-24岁	**207**	**111**	**96**	**237**	**116**	**121**	**256**	**144**	**112**
20	21	9	12	21	10	10	33	18	15
21	26	10	16	39	20	18	43	24	19
22	43	21	22	43	22	22	57	29	28
23	52	27	25	57	26	31	54	25	29
24	65	44	21	77	37	40	69	47	22
25-29岁	**295**	**204**	**91**	**380**	**209**	**172**	**346**	**212**	**135**
25	86	55	31	95	42	53	72	42	30
26	69	46	23	87	51	36	73	43	30
27	42	27	15	68	35	34	61	39	22
28	52	39	12	62	38	25	77	51	26
29	47	37	11	68	43	25	63	36	27
30-34岁	**177**	**120**	**57**	**295**	**160**	**136**	**223**	**140**	**83**
30	38	28	11	76	40	36	53	28	24
31	38	24	14	64	39	25	47	33	14
32	37	23	14	68	31	37	45	24	20
33	36	26	10	59	33	26	40	26	15
34	28	19	8	28	17	12	38	28	10
35-39岁	**72**	**53**	**19**	**121**	**75**	**46**	**133**	**93**	**40**
35	31	19	12	26	18	9	28	17	10
36	15	13	2	30	19	11	25	20	5
37	13	10	3	30	20	10	40	28	11
38	6	6		17	11	6	18	11	7
39	7	5	2	18	8	10	22	17	6
40-44岁	**32**	**27**	**5**	**115**	**73**	**42**	**181**	**125**	**56**
40	7	5	2	27	14	14	37	27	10
41	5	5		21	11	10	43	28	15
42	8	8		22	19	3	33	20	13
43	8	6	2	25	14	11	34	28	6
44	3	3		19	15	4	35	24	11
45-49岁	**17**	**14**	**3**	**75**	**61**	**13**	**189**	**122**	**67**
45	7	5	1	20	17	3	42	24	18
46	1	1		17	12	5	43	31	12
47	4	4		16	13	2	34	22	12
48	4	3	1	11	8	3	37	22	15
49	1		1	12	11	1	33	23	9
50-54岁	**23**	**19**	**4**	**50**	**43**	**7**	**117**	**81**	**36**
50	7	5	2	14	13	1	28	12	16
51	3	2	1	7	6	1	27	22	5
52	8	7	1	14	13	1	22	16	7
53	2	2		8	5	2	25	22	2
54	3	3		7	5	2	16	9	7
55-59岁	**8**	**8**		**15**	**14**	**1**	**80**	**67**	**13**
55				6	6	1	10	9	1
56	3	3		6	6		16	14	2
57	1	1		2	2		19	15	4
58	3	3		1	1		19	15	4
59	1	1					16	14	2
60-64岁	**4**	**4**		**2**	**2**		**36**	**27**	**9**
60	2	2					11	9	2
61	1	1		1	1		4	4	
62							8	5	4
63	1	1					9	5	3
64	1	1		1	1		4	4	
65岁及以上				**1**		**1**	**16**	**15**	**1**

5-2c 续表 4 单位：人

年 龄	十二、租赁和商务服务业			十三、科学研究和技术服务业			十四、水利、环境和公共设施管理业		
	小计	男	女	小计	男	女	小计	男	女
总 计	**1934**	**1220**	**714**	**383**	**274**	**109**	**715**	**417**	**298**
16-19岁	**56**	**31**	**25**	**4**	**3**	**1**	**7**	**5**	**2**
16	3		3						
17	5	3	2				1	1	
18	24	13	10	1		1	1	1	
19	23	14	9	2	2		5	4	2
20-24岁	**465**	**228**	**236**	**68**	**47**	**21**	**38**	**28**	**10**
20	50	26	25	6	4	2	7	4	3
21	57	29	28	11	6	4	2	2	
22	91	38	53	11	7	4	4	3	1
23	130	71	59	19	13	7	14	11	2
24	136	65	71	21	16	5	11	7	3
25-29岁	**444**	**250**	**194**	**99**	**67**	**32**	**64**	**45**	**19**
25	111	49	61	30	19	12	9	6	3
26	90	48	42	23	13	9	15	10	5
27	94	47	47	16	14	2	10	8	1
28	72	51	21	15	12	3	20	14	6
29	77	55	22	14	9	5	11	6	5
30-34岁	**295**	**173**	**121**	**68**	**43**	**25**	**65**	**48**	**16**
30	69	38	31	23	15	8	15	10	5
31	59	35	24	9	6	4	14	13	2
32	63	36	28	10	6	4	18	13	5
33	58	33	25	13	7	6	10	8	2
34	45	30	14	13	9	3	8	5	3
35-39岁	**161**	**111**	**50**	**47**	**32**	**15**	**47**	**29**	**18**
35	40	27	13	11	6	5	13	6	7
36	44	27	16	14	10	4	10	6	3
37	30	19	10	9	5	4	7	5	2
38	24	17	7	4	2	2	9	6	3
39	24	21	3	10	9	1	8	5	2
40-44岁	**122**	**98**	**24**	**27**	**22**	**6**	**110**	**60**	**50**
40	25	23	1	7	6	1	16	10	5
41	23	18	5	11	8	3	22	12	10
42	27	17	10	5	4	1	23	11	13
43	27	22	5	2	2		24	15	9
44	21	18	3	2	2	1	25	12	13
45-49岁	**139**	**111**	**28**	**31**	**26**	**5**	**140**	**63**	**77**
45	39	32	7	12	9	3	27	15	13
46	20	13	7	8	8	1	15	6	9
47	25	18	7	4	3	1	33	17	16
48	24	19	6	4	3	1	25	10	16
49	31	29	2	2	2		39	16	23
50-54岁	**109**	**81**	**28**	**24**	**21**	**3**	**107**	**54**	**53**
50	22	14	7	5	5		24	14	10
51	24	21	4	2	1	1	23	12	11
52	25	14	11	8	8		27	11	16
53	26	21	5	5	5		25	14	11
54	12	11	1	4	2	2	8	3	5
55-59岁	**83**	**77**	**6**	**8**	**7**	**1**	**87**	**54**	**33**
55	14	14					22	13	9
56	19	18	1	2	2		14	13	1
57	21	20	1	1	1		21	9	12
58	20	17	3	4	4		15	11	4
59	9	8	2	1	1	1	15	8	7
60-64岁	**34**	**32**	**2**	**6**	**5**	**1**	**39**	**25**	**14**
60	9	9	1	1		1	9	6	3
61	6	6		1	1		6	5	1
62	8	7	1	2	2		10	9	1
63	7	7		2	2		12	5	7
64	4	4					3	1	2
65岁及以上	**26**	**26**		**2**	**2**		**12**	**6**	**6**

5-2c 续表 5 单位：人

年 龄	十五、居民服务、修理和其他服务业			十六、教育			十七、卫生和社会工作		
	小计	男	女	小计	男	女	小计	男	女
总 计	**9237**	**6224**	**3013**	**4200**	**1723**	**2477**	**2143**	**1014**	**1129**
16-19岁	**398**	**294**	**103**	**238**	**99**	**139**	**65**	**11**	**54**
16	18	13	5	58	30	28	2	1	1
17	88	68	20	47	24	23	10		10
18	128	100	28	65	22	43	20	6	14
19	165	114	51	68	22	46	33	4	29
20-24岁	**1566**	**1136**	**430**	**601**	**130**	**471**	**336**	**54**	**281**
20	272	193	79	91	10	80	56	8	48
21	269	200	69	102	26	75	56	6	50
22	334	254	80	113	23	91	62	8	54
23	368	260	108	146	37	109	76	12	64
24	322	229	94	149	34	115	86	20	66
25-29岁	**1588**	**1164**	**423**	**806**	**209**	**596**	**403**	**145**	**258**
25	402	300	102	175	42	133	93	24	69
26	316	230	86	151	52	99	74	27	46
27	284	203	80	174	38	136	89	31	58
28	284	211	73	147	30	118	90	36	54
29	302	220	82	159	47	112	58	26	31
30-34岁	**1409**	**994**	**415**	**666**	**257**	**410**	**336**	**160**	**176**
30	276	193	83	149	63	86	78	35	43
31	288	195	94	148	51	97	66	31	35
32	294	222	72	131	48	83	83	41	42
33	319	223	96	120	54	66	60	28	32
34	232	161	71	117	40	77	49	24	25
35-39岁	**1109**	**757**	**352**	**479**	**193**	**286**	**245**	**125**	**119**
35	249	174	75	121	51	70	58	30	28
36	262	175	86	96	36	60	52	22	30
37	227	158	69	93	42	51	52	27	25
38	191	135	55	82	30	53	47	26	21
39	180	114	66	87	34	53	36	21	15
40-44岁	**1010**	**601**	**409**	**442**	**188**	**254**	**217**	**124**	**93**
40	177	109	68	80	33	48	40	30	11
41	198	131	67	82	30	52	58	33	25
42	225	135	91	104	47	58	54	31	23
43	212	126	86	100	49	51	27	16	11
44	197	100	98	74	29	45	38	15	23
45-49岁	**929**	**549**	**380**	**376**	**214**	**162**	**150**	**92**	**58**
45	233	141	92	81	46	35	39	17	22
46	195	120	74	78	50	28	25	21	4
47	191	127	64	97	59	38	34	22	12
48	167	88	79	59	24	35	35	26	10
49	144	73	70	61	35	26	17	7	10
50-54岁	**600**	**324**	**276**	**301**	**194**	**107**	**128**	**81**	**48**
50	145	74	71	66	42	24	30	18	12
51	123	73	50	61	32	29	32	16	16
52	145	64	81	69	50	19	26	19	6
53	121	78	43	78	51	27	25	15	10
54	66	35	31	27	18	9	17	13	4
55-59岁	**290**	**186**	**103**	**186**	**152**	**34**	**85**	**63**	**21**
55	50	32	19	37	29	8	13	9	4
56	60	39	21	32	21	11	23	17	6
57	62	43	20	38	36	3	21	14	7
58	79	47	31	53	45	9	14	12	2
59	39	26	13	25	22	3	13	11	3
60-64岁	**209**	**133**	**76**	**75**	**60**	**15**	**81**	**68**	**13**
60	49	27	22	21	18	3	25	22	3
61	53	34	18	21	19	3	14	14	
62	45	33	12	9	6	3	18	13	5
63	38	23	15	14	10	4	9	7	2
64	24	15	9	9	7	3	15	13	2
65岁及以上	**129**	**86**	**44**	**30**	**27**	**3**	**98**	**90**	**8**

5-2c 续表 6　　　　单位：人

年 龄	十八、文化、体育和娱乐业			十九、公共管理、社会保障和社会组织			二十、国际组织		
	小计	男	女	小计	男	女	小计	男	女
总 计	**658**	**368**	**290**	**4864**	**3675**	**1188**	**34**	**18**	**16**
16-19岁	**33**	**20**	**14**	**44**	**36**	**8**			
16	1	1		2		2			
17	3	1	2	3	3				
18	6	1	5	18	16	2			
19	24	17	7	22	18	5			
20-24岁	**131**	**67**	**64**	**352**	**250**	**102**	**5**	**5**	
20	15	9	6	32	26	6			
21	28	12	17	51	38	13			
22	35	16	19	74	54	20			
23	23	13	10	93	66	28	3	3	
24	30	18	12	102	66	36	1	1	
25-29岁	**125**	**63**	**62**	**624**	**404**	**220**	**7**	**3**	**3**
25	30	17	14	136	83	54	1	1	
26	31	13	18	124	69	55	1		1
27	24	12	13	109	71	38	1		1
28	21	14	6	131	91	40	3	2	1
29	18	7	11	123	90	33			
30-34岁	**107**	**62**	**46**	**527**	**373**	**153**	**7**	**3**	**3**
30	21	13	8	112	79	33	2	1	1
31	26	15	11	116	82	34	1		1
32	20	14	6	111	85	26			
33	25	14	11	85	57	28			
34	15	6	8	103	70	33	3	2	1
35-39岁	**74**	**43**	**30**	**477**	**351**	**125**	**1**		**1**
35	12	5	7	120	93	28	1		1
36	23	15	7	112	80	32			
37	18	13	5	88	70	18			
38	13	4	9	81	52	29			
39	8	5	3	75	57	19			
40-44岁	**77**	**43**	**34**	**554**	**382**	**172**	**2**	**2**	
40	16	11	6	85	56	29	1	1	
41	12	9	3	121	90	31	1	1	
42	23	9	14	98	59	38			
43	13	8	5	111	82	28			
44	13	6	7	139	94	45			
45-49岁	**50**	**27**	**23**	**698**	**521**	**176**	**3**		**3**
45	9	3	6	170	123	47	2		2
46	7		7	121	89	33	1		1
47	10	9	1	134	101	33			
48	15	10	5	148	114	34			
49	9	5	3	125	95	29			
50-54岁	**36**	**20**	**16**	**718**	**589**	**129**	**1**		**1**
50	11	7	3	151	116	34			
51	10	3	6	135	108	27			
52	5	3	2	170	139	31	1		1
53	5	4	1	160	135	26			
54	5	3	3	101	91	10			
55-59岁	**12**	**10**	**2**	**547**	**483**	**64**	**3**	**2**	**1**
55	2	2		90	79	11	1		1
56	1	1		91	75	16			
57	3	2	1	121	110	11	1	1	
58	3	3	1	132	115	17	1	1	
59	3	3		114	104	9			
60-64岁	**7**	**7**	**1**	**243**	**216**	**27**	**1**		**1**
60	3	2	1	71	62	9			
61	1	1		58	55	3			
62	2	2		41	37	4			
63				36	30	6	1		1
64	1	1		36	32	4			
65岁及以上	**6**	**6**		**81**	**68**	**13**	**3**	**2**	**1**

5-3 全省分受教育程度、性别、行业门类的就业人口

单位：人

行 业 门 类	就业人口			未上过学			小 学		
	合计	男	女	小计	男	女	小计	男	女
总 计	**1621633**	**951049**	**670584**	**14876**	**5318**	**9558**	**225481**	**113716**	**111765**
农、林、牧、渔业	307511	165614	141898	8899	2816	6083	100095	46383	53712
采矿业	2063	1517	547	5	2	2	202	133	68
制造业	575478	330243	245235	2779	1020	1759	62106	29261	32845
电力、热力、燃气及水生产和供应业	8884	6733	2152	14	11	4	572	421	150
建筑业	90994	77901	13092	754	534	219	16469	13229	3241
批发和零售业	258970	142764	116206	1125	437	688	20979	10700	10278
交通运输、仓储和邮政业	54708	45576	9132	125	95	30	3999	3575	424
住宿和餐饮业	70033	36980	33053	375	104	271	7338	2928	4410
信息传输、软件和信息技术服务业	18057	11812	6245	10	5	4	160	97	63
金融业	22369	11502	10867	8		8	210	100	110
房地产业	23921	15630	8291	120	37	83	1888	1202	686
租赁和商务服务业	20827	12517	8310	47	30	17	838	632	206
科学研究和技术服务业	7447	4724	2723	5	2	3	125	83	42
水利、环境和公共设施管理业	5927	3534	2393	110	47	63	1357	598	759
居民服务、修理和其他服务业	45345	26625	18720	329	116	213	5488	2337	3151
教育	37714	14543	23171	51	18	34	986	478	509
卫生和社会工作	19442	7609	11833	41	12	29	556	230	326
文化、体育和娱乐业	8706	5026	3680	12	4	8	374	187	187
公共管理、社会保障和社会组织	43191	30176	13015	67	28	39	1738	1142	596
国际组织	47	25	22				1		1

5-3 续表 1

单位：人

行 业 门 类	初 中			普通高中			中 职		
	小计	男	女	小计	男	女	小计	男	女
总 计	**772573**	**459394**	**313180**	**269771**	**176426**	**93344**	**106193**	**63045**	**43148**
农、林、牧、渔业	169683	95998	73685	23552	16892	6660	3427	2260	1167
采矿业	1041	770	271	350	281	69	145	107	37
制造业	313317	175100	138217	100222	64291	35931	45014	28009	17004
电力、热力、燃气及水生产和供应业	2597	2030	567	1824	1439	384	877	689	189
建筑业	51472	45207	6265	12498	11286	1211	2943	2547	396
批发和零售业	113915	62112	51803	61943	35991	25952	20917	11049	9868
交通运输、仓储和邮政业	24614	22143	2472	12490	10572	1918	4419	3450	969
住宿和餐饮业	38029	20069	17960	14422	8351	6071	5135	2940	2195
信息传输、软件和信息技术服务业	1498	1046	451	2465	1612	854	1624	1001	623
金融业	1883	1029	854	3505	1915	1590	1691	854	837
房地产业	7182	5050	2132	5443	3877	1566	2142	1331	811
租赁和商务服务业	4597	3352	1246	3927	2591	1336	1993	1100	893
科学研究和技术服务业	1033	679	355	1000	660	340	666	392	274
水利、环境和公共设施管理业	2042	1202	840	892	659	233	309	226	83
居民服务、修理和其他服务业	22683	13361	9321	9111	5852	3259	3912	2658	1253
教育	4611	2002	2609	4154	1786	2367	3985	994	2991
卫生和社会工作	2322	1053	1269	2110	1121	989	3218	853	2365
文化、体育和娱乐业	2641	1540	1101	1940	1187	753	856	487	369
公共管理、社会保障和社会组织	7386	5636	1750	7917	6060	1857	2920	2097	822
国际组织	27	15	12	8	4	3	2	1	1

5-3 续表 2

单位：人

行业门类	大学专科			大学本科			研究生		
	小计	男	女	小计	男	女	小计	男	女
总　计	**133392**	**76151**	**57241**	**90724**	**51781**	**38943**	**8624**	**5218**	**3406**
农、林、牧、渔业	1473	996	477	361	254	107	22	16	6
采矿业	166	112	53	133	96	37	23	14	9
制造业	34483	21072	13411	16271	10539	5732	1287	952	334
电力、热力、燃气及水生产和供应业	1584	1112	472	1274	928	345	142	102	40
建筑业	4039	3046	993	2644	1925	719	174	127	47
批发和零售业	26820	14808	12013	12619	7251	5367	652	416	236
交通运输、仓储和邮政业	5622	3606	2016	3252	2004	1248	185	130	55
住宿和餐饮业	3472	1901	1571	1219	663	556	44	24	19
信息传输、软件和信息技术服务业	5555	3554	2000	6093	4039	2054	652	457	195
金融业	6971	3503	3468	7300	3663	3637	801	437	364
房地产业	4293	2513	1781	2666	1494	1172	186	126	61
租赁和商务服务业	4976	2511	2465	4081	2102	1979	368	200	168
科学研究和技术服务业	1921	1184	737	2256	1450	806	440	274	166
水利、环境和公共设施管理业	643	420	223	517	346	171	56	35	21
居民服务、修理和其他服务业	2752	1676	1076	1019	593	426	52	32	20
教育	10276	3745	6531	11950	4747	7204	1700	774	926
卫生和社会工作	5395	1806	3590	4992	2068	2924	808	467	341
文化、体育和娱乐业	1469	828	641	1294	733	560	122	60	62
公共管理、社会保障和社会组织	11478	7756	3722	10775	6881	3894	910	575	335
国际组织	1	1		8	3	5			

5-3a 全省分受教育程度、性别、行业门类的就业人口（城市）

单位：人

行业门类	就业人口			未上过学			小学		
	合计	男	女	小计	男	女	小计	男	女
总　计	**902809**	**535537**	**367272**	**4313**	**1744**	**2568**	**81288**	**43845**	**37443**
农、林、牧、渔业	24250	14059	10191	563	204	360	7850	4145	3704
采矿业	793	592	202	1	1	1	78	63	15
制造业	381327	225093	156234	1764	647	1116	38075	18838	19237
电力、热力、燃气及水生产和供应业	5795	4304	1492	9	7	2	311	235	75
建筑业	42201	35679	6522	434	317	117	7607	6240	1367
批发和零售业	172999	94831	78167	671	273	398	11220	5835	5386
交通运输、仓储和邮政业	36498	29340	7158	70	49	21	2277	2012	266
住宿和餐饮业	45289	24155	21134	231	59	173	4507	1790	2717
信息传输、软件和信息技术服务业	16146	10543	5603	9	5	4	122	69	53
金融业	19526	9843	9683	6		6	145	60	86
房地产业	20883	13668	7215	101	30	71	1561	994	567
租赁和商务服务业	17457	10365	7092	26	12	14	566	410	156
科学研究和技术服务业	6736	4223	2513	4	2	1	90	60	30
水利、环境和公共设施管理业	4614	2760	1854	87	39	48	1031	458	573
居民服务、修理和其他服务业	28813	15495	13318	218	64	154	3470	1340	2130
教育	26283	9682	16601	37	11	26	682	340	343
卫生和社会工作	14315	5214	9101	26	7	20	365	124	241
文化、体育和娱乐业	7356	4217	3139	7	2	5	266	128	138
公共管理、社会保障和社会组织	31518	21469	10049	48	17	31	1064	704	361
国际组织	12	6	5						

5-3a 续表 1

单位：人

行业门类	初中			普通高中			中职		
	小计	男	女	小计	男	女	小计	男	女
总 计	**369648**	**221885**	**147762**	**174362**	**111241**	**63120**	**75223**	**44350**	**30873**
农、林、牧、渔业	12123	7140	4983	2604	1824	780	523	339	184
采矿业	193	152	42	169	135	34	95	69	27
制造业	196835	113519	83316	68640	44444	24196	32666	20392	12274
电力、热力、燃气及水生产和供应业	1173	933	240	1159	882	278	571	433	139
建筑业	20014	17620	2394	6487	5705	782	1873	1583	289
批发和零售业	65293	35501	29792	44245	25011	19234	15902	8386	7516
交通运输、仓储和邮政业	14000	12360	1640	9004	7467	1537	3185	2460	725
住宿和餐饮业	22350	12011	10339	10251	5872	4379	3871	2224	1646
信息传输、软件和信息技术服务业	1056	747	309	2080	1374	706	1370	838	531
金融业	1257	669	587	2901	1549	1353	1403	692	711
房地产业	5942	4213	1729	4798	3441	1357	1819	1138	681
租赁和商务服务业	3336	2437	899	3258	2155	1103	1632	919	714
科学研究和技术服务业	806	513	293	886	572	314	564	322	242
水利、环境和公共设施管理业	1455	859	596	714	526	188	242	176	66
居民服务、修理和其他服务业	13032	6881	6151	6201	3634	2567	2694	1713	981
教育	3010	1333	1676	2796	1193	1603	2294	472	1821
卫生和社会工作	1493	607	887	1374	669	704	1829	376	1453
文化、体育和娱乐业	2057	1210	847	1650	992	658	701	389	312
公共管理、社会保障和社会组织	4223	3180	1043	5143	3795	1348	1987	1427	561
国际组织	1	1		2	2		1		1

5-3a 续表 2

单位：人

行业门类	大学专科			大学本科			研究生		
	小计	男	女	小计	男	女	小计	男	女
总 计	**108831**	**61469**	**47362**	**80721**	**45904**	**34817**	**8424**	**5099**	**3325**
农、林、牧、渔业	416	283	133	158	116	43	12	8	4
采矿业	127	83	44	107	76	31	22	14	8
制造业	27847	17069	10778	14239	9248	4992	1261	936	326
电力、热力、燃气及水生产和供应业	1280	882	398	1151	831	320	141	101	40
建筑业	3254	2391	863	2369	1704	664	165	119	45
批发和零售业	23296	12720	10576	11731	6696	5035	640	410	230
交通运输、仓储和邮政业	4810	3039	1771	2973	1830	1143	179	124	55
住宿和餐饮业	2931	1580	1352	1107	597	509	42	23	19
信息传输、软件和信息技术服务业	5050	3212	1838	5815	3846	1968	644	451	193
金融业	6205	3062	3144	6813	3378	3435	796	433	362
房地产业	3924	2293	1631	2552	1433	1119	186	126	60
租赁和商务服务业	4425	2243	2182	3852	1992	1860	361	198	163
科学研究和技术服务业	1787	1095	692	2163	1387	776	436	271	165
水利、环境和公共设施管理业	554	354	201	474	313	161	56	35	21
居民服务、修理和其他服务业	2233	1311	922	915	520	394	52	32	20
教育	6604	2114	4489	9220	3469	5752	1640	749	891
卫生和社会工作	4021	1193	2828	4418	1784	2634	789	455	334
文化、体育和娱乐业	1328	747	581	1228	691	538	119	59	60
公共管理、社会保障和社会组织	8740	5799	2941	9429	5990	3439	883	557	326
国际组织				8	3	5			

5-3b 全省分受教育程度、性别、行业门类的就业人口（镇）

单位：人

行业门类	就业人口			未上过学			小学		
	合计	男	女	小计	男	女	小计	男	女
总计	**248449**	**147391**	**101058**	**2560**	**1011**	**1549**	**38505**	**19605**	**18900**
农、林、牧、渔业	56165	31487	24678	1541	570	971	17077	8200	8877
采矿业	374	307	67	2		2	30	24	6
制造业	81306	45256	36050	472	195	277	9558	4296	5263
电力、热力、燃气及水生产和供应业	1539	1159	380	3	2	1	96	62	34
建筑业	15420	13233	2187	108	73	35	3028	2362	667
批发和零售业	43763	24607	19156	230	77	153	4857	2418	2439
交通运输、仓储和邮政业	7729	6801	929	26	21	5	742	679	63
住宿和餐饮业	10784	5633	5151	67	20	47	1215	521	694
信息传输、软件和信息技术服务业	1052	696	356				21	14	7
金融业	1525	890	635	1		1	29	14	15
房地产业	1413	909	504	10	5	5	140	88	53
租赁和商务服务业	1437	932	505	7	5	2	80	67	12
科学研究和技术服务业	329	228	101				16	11	4
水利、环境和公共设施管理业	598	356	241	11	4	7	154	70	84
居民服务、修理和其他服务业	7295	4906	2389	54	26	28	879	462	417
教育	7232	3138	4094	5	1	3	138	54	84
卫生和社会工作	2984	1381	1603	11	4	7	85	44	40
文化、体育和娱乐业	693	441	252	3	1	2	56	29	27
公共管理、社会保障和社会组织	6809	5032	1778	10	7	3	303	188	115
国际组织	2		1						

5-3b 续表 1

单位：人

行业门类	初中			普通高中			中职		
	小计	男	女	小计	男	女	小计	男	女
总计	**130642**	**77574**	**53069**	**41722**	**28276**	**13446**	**14136**	**8481**	**5655**
农、林、牧、渔业	31295	18187	13108	5091	3751	1340	744	497	247
采矿业	206	174	32	61	51	10	26	20	7
制造业	46980	25428	21553	14495	9217	5278	5489	3439	2051
电力、热力、燃气及水生产和供应业	538	390	148	394	319	75	185	146	39
建筑业	9176	8016	1160	2113	1931	182	435	392	43
批发和零售业	23323	12757	10566	10077	6368	3709	2645	1413	1231
交通运输、仓储和邮政业	4155	3791	364	1683	1474	209	510	410	100
住宿和餐饮业	6431	3281	3150	2122	1254	868	572	332	241
信息传输、软件和信息技术服务业	221	137	83	230	151	79	138	92	46
金融业	259	145	114	334	194	140	134	81	53
房地产业	511	344	167	334	235	99	147	83	64
租赁和商务服务业	492	370	122	326	219	107	147	79	68
科学研究和技术服务业	94	57	37	52	45	8	55	38	18
水利、环境和公共设施管理业	231	133	99	96	70	26	31	25	7
居民服务、修理和其他服务业	4024	2675	1349	1445	1078	368	570	431	139
教育	732	310	422	713	300	413	893	284	609
卫生和社会工作	365	200	165	418	242	176	788	269	519
文化、体育和娱乐业	273	156	118	168	129	39	79	56	23
公共管理、社会保障和社会组织	1335	1023	312	1568	1249	319	545	394	151
国际组织	1		1						

5-3b 续表 2

单位：人

行业门类	大学专科			大学本科			研究生		
	小计	男	女	小计	男	女	小计	男	女
总 计	**14179**	**8547**	**5632**	**6571**	**3816**	**2755**	**134**	**82**	**52**
农、林、牧、渔业	345	234	111	65	43	22	7	5	2
采矿业	23	19	4	24	18	5	1		1
制造业	3230	1993	1237	1066	678	388	15	10	5
电力、热力、燃气及水生产和供应业	228	169	59	94	71	23	1	1	
建筑业	380	316	64	170	135	35	10	8	2
批发和零售业	2092	1242	850	536	329	207	4	2	2
交通运输、仓储和邮政业	435	309	126	177	115	62	2	2	
住宿和餐饮业	308	187	121	67	36	31	2	2	
信息传输、软件和信息技术服务业	292	200	92	145	97	48	4	4	1
金融业	467	271	196	297	182	115	3	3	
房地产业	201	117	84	69	37	32	1		1
租赁和商务服务业	256	133	123	126	57	69	3	1	3
科学研究和技术服务业	67	48	18	43	27	16	2	2	
水利、环境和公共设施管理业	48	36	12	26	19	7			
居民服务、修理和其他服务业	270	198	72	53	36	17			
教育	2499	1121	1378	2206	1047	1159	45	20	25
卫生和社会工作	908	405	503	396	209	188	13	9	4
文化、体育和娱乐业	78	48	30	35	22	13	2	1	1
公共管理、社会保障和社会组织	2050	1498	552	977	658	319	21	14	7
国际组织									

5-3c 全省分受教育程度、性别、行业门类的就业人口（乡村）

单位：人

行业门类	就业人口			未上过学			小 学		
	合计	男	女	小计	男	女	小计	男	女
总 计	**470375**	**268121**	**202254**	**8003**	**2563**	**5441**	**105689**	**50266**	**55422**
农、林、牧、渔业	227097	120068	107029	6795	2042	4753	75168	34037	41131
采矿业	896	618	278	1	1		93	46	47
制造业	112845	59895	52950	543	177	366	14472	6127	8346
电力、热力、燃气及水生产和供应业	1550	1270	280	2	2		165	124	41
建筑业	33373	28990	4383	212	144	68	5834	4627	1207
批发和零售业	42208	23326	18882	224	87	137	4901	2448	2454
交通运输、仓储和邮政业	10481	9435	1045	29	25	4	980	885	95
住宿和餐饮业	13959	7192	6768	77	26	51	1616	617	1000
信息传输、软件和信息技术服务业	859	573	286	1	1		17	14	3
金融业	1318	769	549	1		1	36	26	9
房地产业	1624	1053	571	10	3	7	187	120	67
租赁和商务服务业	1934	1220	714	14	12	2	192	155	38
科学研究和技术服务业	383	274	109	2		2	19	12	8
水利、环境和公共设施管理业	715	417	298	11	4	7	171	70	102
居民服务、修理和其他服务业	9237	6224	3013	58	26	31	1139	535	604
教育	4200	1723	2477	10	5	5	166	83	83
卫生和社会工作	2143	1014	1129	3	1	2	107	62	45
文化、体育和娱乐业	658	368	290	2	1		52	30	22
公共管理、社会保障和社会组织	4864	3675	1188	10	5	5	371	250	121
国际组织	34	18	16				1		1

5-3c 续表 1

单位：人

行业门类	初中			普通高中			中职		
	小计	男	女	小计	男	女	小计	男	女
总　计	**272283**	**159935**	**112349**	**53687**	**36909**	**16778**	**16834**	**10214**	**6620**
农、林、牧、渔业	126265	70670	55594	15856	11317	4540	2159	1424	735
采矿业	641	445	197	119	95	24	23	19	4
制造业	69502	36153	33348	17087	10630	6457	6858	4178	2680
电力、热力、燃气及水生产和供应业	887	708	179	270	239	31	121	110	11
建筑业	22283	19571	2712	3898	3651	248	635	571	64
批发和零售业	25299	13853	11445	7621	4612	3009	2370	1249	1121
交通运输、仓储和邮政业	6459	5992	468	1803	1631	172	724	580	144
住宿和餐饮业	9248	4777	4471	2049	1225	824	692	384	308
信息传输、软件和信息技术服务业	221	162	59	155	86	69	116	70	46
金融业	367	215	153	270	172	97	153	80	73
房地产业	729	492	236	310	201	109	175	110	65
租赁和商务服务业	769	545	225	343	217	126	214	102	112
科学研究和技术服务业	133	109	24	62	43	18	46	31	15
水利、环境和公共设施管理业	356	211	145	83	63	19	36	25	11
居民服务、修理和其他服务业	5627	3805	1822	1465	1140	324	648	514	134
教育	869	359	511	645	293	351	798	238	560
卫生和社会工作	463	246	217	318	210	109	601	209	392
文化、体育和娱乐业	311	174	136	122	66	56	76	42	34
公共管理、社会保障和社会组织	1828	1433	395	1205	1015	190	387	277	111
国际组织	25	14	11	6	2	3	1	1	

5-3c 续表 2

单位：人

行业门类	大学专科			大学本科			研究生		
	小计	男	女	小计	男	女	小计	男	女
总　计	**10381**	**6136**	**4246**	**3432**	**2062**	**1370**	**66**	**37**	**29**
农、林、牧、渔业	713	479	234	138	96	42	3	3	
采矿业	15	10	5	2	2				
制造业	3406	2010	1396	966	613	353	11	7	4
电力、热力、燃气及水生产和供应业	76	61	15	29	26	3			
建筑业	406	339	67	106	86	19			
批发和零售业	1433	846	587	352	227	126	8	4	4
交通运输、仓储和邮政业	377	258	119	102	59	43	5	5	
住宿和餐饮业	233	135	98	46	30	16			
信息传输、软件和信息技术服务业	212	142	70	134	96	38	4	3	1
金融业	298	170	128	190	103	86	3	1	2
房地产业	169	103	66	45	24	21			
租赁和商务服务业	295	135	160	103	53	50	3	2	2
科学研究和技术服务业	67	40	27	51	36	14	2	1	1
水利、环境和公共设施管理业	41	30	10	17	14	3			
居民服务、修理和其他服务业	249	166	82	51	37	14			
教育	1174	509	664	524	231	293	15	5	10
卫生和社会工作	466	208	259	178	76	102	6	3	2
文化、体育和娱乐业	63	33	30	30	21	10	1		1
公共管理、社会保障和社会组织	688	459	229	369	232	136	6	4	2
国际组织	1	1							

5-4 各地区分性别、职业大类的就业人口

单位：人

地区	就业人口			一、党的机关、国家机关、群众团体和社会组织、企事业单位负责人		
	合计	男	女	小计	男	女
全 省	**1621633**	**951049**	**670584**	**39448**	**29344**	**10103**
广州市	**203454**	**117509**	**85944**	**10188**	**7012**	**3176**
荔湾区	11851	6555	5296	937	603	335
越秀区	15570	8398	7172	779	523	257
海珠区	22832	12856	9976	350	262	89
天河区	25387	14540	10847	1746	1192	554
白云区	36418	21322	15096	2892	1979	912
黄埔区	7582	4743	2839	281	203	78
番禺区	26051	14898	11154	1436	999	437
花都区	14895	8763	6132	558	370	188
南沙区	11267	6573	4694	171	130	41
萝岗区	7328	4553	2774	185	136	49
从化区	7489	4355	3134	260	192	68
增城区	16783	9953	6830	593	424	169
韶关市	**39934**	**22193**	**17741**	**433**	**317**	**117**
武江区	3706	2111	1595	43	32	11
浈江区	4804	2744	2060	31	21	9
曲江区	3830	2181	1649	59	45	14
始兴县	2983	1626	1358	25	17	8
仁化县	2752	1578	1174	13	12	1
翁源县	5388	2960	2428	92	64	27
乳源瑶族自治县	2679	1482	1197	26	21	5
新丰县	3145	1755	1390	23	18	5
乐昌市	5883	3168	2714	91	62	29
南雄市	4764	2588	2176	31	24	7
深圳市	**215025**	**129333**	**85692**	**8233**	**6023**	**2210**
罗湖区	16903	9569	7334	1295	912	383
福田区	24474	14480	9994	1281	943	337
南山区	21363	12286	9078	383	254	130
宝安区	101024	61920	39104	2982	2293	689
龙岗区	47462	28761	18701	2033	1427	606
盐田区	3798	2316	1482	260	195	65
珠海市	**24011**	**13811**	**10200**	**246**	**191**	**54**
香洲区	14081	7902	6178	166	129	37
斗门区	5952	3516	2437	45	36	9
金湾区	3978	2393	1585	35	27	8
汕头市	**68773**	**42337**	**26436**	**2731**	**2356**	**375**
龙湖区	7229	4320	2909	359	276	83
金平区	9244	5746	3498	160	131	29
濠江区	2850	1749	1102	27	21	6
潮阳区	17331	11637	5694	487	445	42
潮南区	18563	10824	7739	800	700	99
澄海区	12737	7499	5238	874	762	112
南澳县	819	563	257	24	20	5
佛山市	**129348**	**77129**	**52218**	**5943**	**4329**	**1615**
禅城区	16956	9702	7254	827	605	222
南海区	49593	30197	19395	1761	1354	407
顺德区	45542	26897	18645	2868	2013	854
三水区	10372	6338	4034	367	269	98
高明区	6885	3995	2890	120	88	32

5-4 续表 1

单位：人

地 区	二、专业技术人员			三、办事人员和有关人员			四、社会生产服务和生活服务人员		
	小计	男	女	小计	男	女	小计	男	女
全 省	**124470**	**59682**	**64788**	**98073**	**56506**	**41566**	**515040**	**309707**	**205333**
广州市	**26919**	**12406**	**14513**	**21474**	**11652**	**9822**	**88406**	**51814**	**36592**
荔湾区	1689	722	967	1251	643	609	6703	3708	2995
越秀区	3555	1536	2019	2472	1397	1075	7926	4325	3602
海珠区	4075	1805	2270	2838	1516	1323	11199	6548	4652
天河区	4574	2166	2408	3630	1940	1690	13847	8143	5703
白云区	3643	1636	2007	3087	1672	1414	15999	9622	6376
黄埔区	1078	536	542	767	404	363	3246	2032	1214
番禺区	3217	1473	1744	2388	1180	1207	9411	5492	3918
花都区	1350	670	680	1534	897	637	6113	3616	2497
南沙区	620	278	343	844	449	395	3184	1884	1300
萝岗区	844	476	367	622	332	290	2194	1393	801
从化区	581	259	322	659	412	248	2444	1355	1089
增城区	1694	850	844	1381	809	572	6141	3697	2444
韶关市	**2766**	**1369**	**1397**	**2000**	**1305**	**694**	**10073**	**5621**	**4452**
武江区	517	245	272	421	274	148	1457	818	639
浈江区	639	305	335	411	281	130	2193	1192	1001
曲江区	270	113	157	191	139	52	1115	608	507
始兴县	127	73	54	51	23	28	550	335	215
仁化县	147	66	82	119	80	39	538	286	251
翁源县	165	75	90	90	42	48	884	522	362
乳源瑶族自治县	143	69	74	144	90	54	446	242	203
新丰县	173	88	85	150	100	51	927	532	395
乐昌市	244	133	111	194	129	65	1014	566	448
南雄市	340	203	137	227	147	81	950	519	430
深圳市	**22221**	**11562**	**10658**	**13450**	**7419**	**6031**	**87079**	**52052**	**35027**
罗湖区	1873	908	964	1555	907	648	10732	5803	4929
福田区	3581	1790	1792	2688	1608	1080	14783	8640	6143
南山区	4123	2037	2085	1051	615	436	12587	7487	5100
宝安区	7837	4397	3440	5015	2421	2595	30796	18954	11842
龙岗区	4465	2277	2188	2682	1614	1068	16348	9983	6365
盐田区	342	154	189	459	254	205	1833	1185	649
珠海市	**2563**	**1132**	**1431**	**2520**	**1455**	**1066**	**10221**	**5829**	**4392**
香洲区	1889	781	1108	1830	1030	799	7045	3960	3085
斗门区	368	189	180	408	269	139	2034	1184	850
金湾区	306	163	143	283	155	127	1142	684	458
汕头市	**4383**	**1903**	**2479**	**4055**	**2632**	**1424**	**20221**	**13455**	**6766**
龙湖区	799	319	479	725	492	233	2562	1600	962
金平区	1404	609	794	1317	794	522	4238	2740	1498
濠江区	98	52	46	85	49	36	764	487	277
潮阳区	616	294	322	645	522	123	3991	2921	1071
潮南区	857	440	418	496	355	141	5196	3508	1688
澄海区	551	164	387	720	373	347	3174	2039	1135
南澳县	59	25	33	68	47	21	297	161	136
佛山市	**10625**	**4056**	**6568**	**8870**	**4461**	**4409**	**43188**	**25252**	**17936**
禅城区	2288	929	1359	1637	843	794	7962	4613	3349
南海区	3674	1337	2338	3561	1834	1728	16772	9972	6800
顺德区	3435	1243	2193	2669	1219	1450	13270	7751	5519
三水区	778	332	446	504	308	196	2993	1695	1298
高明区	449	216	233	498	256	241	2191	1221	970

5-4 续表 2

单位：人

地 区	五、农、林、牧、渔业生产及辅助人员			六、生产制造及有关人员			七、不便分类的其他从业人员		
	小计	男	女	小计	男	女	小计	男	女
全 省	**306801**	**164949**	**141852**	**530892**	**326473**	**204420**	**6910**	**4388**	**2522**
广州市	**9507**	**5205**	**4302**	**46038**	**28878**	**17160**	**920**	**542**	**378**
荔湾区	90	48	42	1156	818	339	24	15	9
越秀区	10	6	4	813	605	209	14	6	7
海珠区	18	16	1	4342	2703	1639	9	7	2
天河区	16	11	4	1506	1043	463	69	45	25
白云区	1265	682	583	9417	5651	3765	117	79	38
黄埔区	7	4	4	2131	1521	610	73	44	29
番禺区	770	449	321	8568	5176	3392	262	128	134
花都区	726	426	299	4479	2702	1777	135	81	53
南沙区	1646	838	809	4746	2961	1786	54	34	20
萝岗区	438	248	191	2946	1915	1031	99	53	46
从化区	1667	949	718	1872	1184	688	5	3	2
增城区	2854	1528	1327	4061	2600	1461	59	46	13
韶关市	**18055**	**9286**	**8769**	**6551**	**4260**	**2291**	**57**	**35**	**22**
武江区	566	314	252	699	426	273	2	2	
浈江区	857	453	404	674	492	181			
曲江区	1389	692	697	806	584	222			
始兴县	1560	822	738	669	355	314			
仁化县	1452	792	659	464	329	135	20	13	7
翁源县	3575	1869	1706	582	388	195			
乳源瑶族自治县	1278	678	600	641	380	261	2	2	
新丰县	1454	747	707	417	269	147	1	1	
乐昌市	3419	1694	1725	900	570	329	21	14	7
南雄市	2506	1225	1281	700	467	233	11	3	8
深圳市	**727**	**488**	**239**	**82467**	**51223**	**31244**	**848**	**565**	**282**
罗湖区	1		1	1414	1023	392	34	17	16
福田区	47	33	14	1942	1354	587	153	111	42
南山区	40	21	18	3175	1868	1307	5	3	2
宝安区	308	183	125	54022	33637	20385	64	35	29
龙岗区	325	245	80	21017	12817	8200	592	398	193
盐田区	7	5	1	898	524	374			
珠海市	**1207**	**772**	**435**	**7243**	**4423**	**2821**	**10**	**8**	**1**
香洲区	249	167	81	2898	1830	1068	5	5	
斗门区	722	437	285	2372	1398	974	3	2	1
金湾区	236	167	69	1974	1195	779	1	1	
汕头市	**8218**	**5996**	**2222**	**29057**	**15914**	**13143**	**107**	**80**	**27**
龙湖区	390	300	90	2361	1306	1055	33	27	6
金平区	210	190	20	1914	1281	633	2	1	1
濠江区	292	200	92	1584	940	645			
潮阳区	2759	2212	547	8833	5243	3590			
潮南区	1726	1175	551	9416	4593	4823	72	52	19
澄海区	2562	1680	882	4856	2481	2375			
南澳县	280	240	40	92	70	22			
佛山市	**4813**	**2933**	**1880**	**55752**	**35992**	**19760**	**157**	**107**	**50**
禅城区	36	26	10	4169	2661	1508	36	24	12
南海区	1377	883	494	22395	14784	7612	51	35	17
顺德区	1575	981	594	21680	13658	8022	44	32	12
三水区	1162	658	504	4552	3064	1487	16	11	5
高明区	663	384	278	2955	1825	1130	9	5	5

5-4 续表 3

单位：人

地区	就业人口			一、党的机关、国家机关、群众团体和社会组织、企事业单位负责人		
	合计	男	女	小计	男	女
江门市	**65681**	**37610**	**28071**	**815**	**584**	**230**
蓬江区	10700	6090	4610	300	212	88
江海区	3876	2286	1590	56	34	22
新会区	13159	7620	5539	122	93	29
台山市	13505	7663	5841	111	78	33
开平市	9911	5653	4258	83	68	15
鹤山市	7676	4246	3429	121	82	39
恩平市	6854	4051	2803	22	17	5
湛江市	**92110**	**52993**	**39118**	**758**	**602**	**156**
赤坎区	3425	1974	1452	34	27	6
霞山区	5389	3266	2123	171	135	37
坡头区	4293	2635	1658	21	16	5
麻章区	6055	3658	2398	13	11	2
遂溪县	11601	6507	5094	12	10	2
徐闻县	10071	5733	4338	34	29	5
廉江市	20274	11417	8856	167	127	40
雷州市	19028	10593	8435	87	77	10
吴川市	11974	7210	4765	218	169	49
茂名市	**76568**	**42471**	**34097**	**451**	**356**	**95**
茂南区	10843	6197	4646	67	49	18
电白区	20331	11856	8475	83	66	17
高州市	18509	9983	8526	161	123	38
化州市	15784	8601	7183	71	56	15
信宜市	11101	5834	5267	69	62	7
肇庆市	**60183**	**32364**	**27819**	**503**	**372**	**131**
端州区	6831	3705	3126	56	45	11
鼎湖区	2558	1377	1181	18	15	3
广宁县	6714	3482	3232	38	26	12
怀集县	11266	5693	5573	119	90	29
封开县	5971	3138	2832	12	10	2
德庆县	5461	2929	2532	21	18	3
高要市	11976	6649	5328	27	23	4
四会市	9405	5390	4015	212	145	67
惠州市	**72056**	**43012**	**29044**	**1558**	**1235**	**323**
惠城区	24292	14478	9814	603	486	117
惠阳区	13101	8382	4719	323	268	55
博罗县	16238	9455	6783	135	109	26
惠东县	13667	8060	5606	317	247	70
龙门县	4758	2635	2122	181	125	56
梅州市	**55666**	**30137**	**25529**	**520**	**378**	**142**
梅江区	5437	2943	2494	38	28	10
梅县区	7147	3941	3206	42	30	11
大埔县	5234	2904	2330	75	58	17
丰顺县	5527	3267	2260	124	87	36
五华县	12496	6384	6112	87	63	24
平远县	3527	1904	1624	90	64	27
蕉岭县	2704	1546	1158	14	11	3
兴宁市	13593	7248	6345	50	37	14

5-4 续表 4

单位：人

地区	二、专业技术人员			三、办事人员和有关人员			四、社会生产服务和生活服务人员		
	小计	男	女	小计	男	女	小计	男	女
江门市	**4331**	**1931**	**2399**	**3666**	**2048**	**1619**	**18721**	**10758**	**7963**
蓬江区	1045	428	617	972	556	415	3999	2271	1728
江海区	296	154	141	190	68	122	1330	770	560
新会区	949	376	573	792	452	341	3590	2137	1453
台山市	566	305	262	287	165	121	2954	1681	1274
开平市	510	194	316	788	421	366	2952	1650	1302
鹤山市	517	221	296	510	299	211	2028	1175	853
恩平市	448	253	195	128	86	42	1868	1074	793
湛江市	**4491**	**2216**	**2276**	**2057**	**1343**	**714**	**19985**	**11825**	**8160**
赤坎区	763	335	427	500	321	179	1739	1022	717
霞山区	781	364	417	526	332	194	2584	1454	1130
坡头区	115	59	56	56	23	33	1040	599	440
麻章区	286	154	132	88	64	24	1524	883	641
遂溪县	324	147	176	232	151	81	2142	1312	830
徐闻县	397	221	176	195	152	44	1074	646	428
廉江市	639	304	334	151	88	62	3842	2195	1647
雷州市	716	394	322	129	104	25	3440	2104	1336
吴川市	472	237	234	181	109	71	2602	1610	992
茂名市	**3077**	**1460**	**1618**	**2008**	**1313**	**694**	**18620**	**10942**	**7677**
茂南区	987	446	541	833	536	297	4127	2392	1735
电白区	623	309	314	469	333	136	5016	3027	1990
高州市	538	266	272	373	210	163	3294	2008	1285
化州市	612	282	330	254	179	75	4496	2483	2013
信宜市	317	157	160	78	55	23	1687	1032	655
肇庆市	**3769**	**1958**	**1811**	**2175**	**1278**	**897**	**15682**	**8951**	**6730**
端州区	1011	479	532	776	450	326	3630	1929	1701
鼎湖区	126	60	66	83	47	36	827	463	364
广宁县	235	116	119	85	52	33	1528	879	649
怀集县	562	243	319	168	109	59	2728	1650	1078
封开县	193	116	77	99	62	37	660	408	252
德庆县	280	170	110	84	59	25	551	320	230
高要市	680	399	281	400	218	182	2855	1697	1158
四会市	683	376	307	480	281	198	2903	1605	1297
惠州市	**5513**	**2677**	**2837**	**4919**	**2754**	**2166**	**22258**	**13443**	**8815**
惠城区	2556	1219	1337	2437	1254	1183	8844	5306	3538
惠阳区	1078	558	520	954	565	389	3961	2428	1533
博罗县	763	355	409	868	444	425	4074	2574	1500
惠东县	781	380	401	529	413	116	4236	2485	1751
龙门县	335	166	170	130	77	53	1142	649	494
梅州市	**2836**	**1486**	**1350**	**1752**	**1138**	**614**	**16312**	**9679**	**6633**
梅江区	644	329	314	533	317	216	2679	1468	1211
梅县区	293	160	133	79	47	32	2129	1238	891
大埔县	201	113	88	145	91	53	1469	812	657
丰顺县	220	101	120	187	123	65	1655	977	678
五华县	645	414	231	137	91	46	2693	1610	1082
平远县	205	97	109	97	69	28	968	592	376
蕉岭县	131	71	61	125	78	47	816	496	321
兴宁市	496	202	295	448	321	127	3903	2485	1417

5-4 续表 5

单位：人

地　　区	五、农、林、牧、渔业生产及辅助人员			六、生产制造及有关人员			七、不便分类的其他从业人员		
	小计	男	女	小计	男	女	小计	男	女
江门市	**14883**	**8267**	**6615**	**22267**	**13369**	**8898**	**999**	**652**	**347**
蓬江区	536	325	212	3652	2191	1461	195	107	89
江海区	348	218	131	1651	1038	612	5	4	2
新会区	2540	1442	1098	5030	3022	2008	136	99	37
台山市	6264	3509	2755	3085	1780	1305	237	146	92
开平市	1970	1015	955	3609	2304	1305			
鹤山市	1174	676	498	3218	1728	1490	109	66	43
恩平市	2050	1083	967	2023	1306	717	316	231	85
湛江市	**51586**	**27446**	**24140**	**12771**	**9287**	**3484**	**462**	**275**	**188**
赤坎区	122	70	52	265	196	69	4	4	1
霞山区	364	210	154	949	762	186	13	9	4
坡头区	1868	997	871	1182	932	250	11	9	2
麻章区	3525	2133	1392	611	409	202	8	4	4
遂溪县	8127	4355	3773	707	487	219	58	45	13
徐闻县	7759	4314	3445	296	210	86	317	162	155
廉江市	11539	5930	5609	3918	2757	1161	18	16	2
雷州市	12952	6743	6209	1679	1149	530	25	22	3
吴川市	5330	2694	2635	3165	2385	780	8	4	3
茂名市	**36716**	**17646**	**19071**	**15607**	**10689**	**4919**	**88**	**66**	**23**
茂南区	3187	1557	1630	1610	1194	416	32	24	8
电白区	9718	4841	4877	4379	3247	1132	43	34	9
高州市	10440	5082	5359	3693	2288	1405	9	6	4
化州市	6567	2944	3623	3779	2654	1125	4	2	1
信宜市	6804	3222	3581	2146	1306	840			
肇庆市	**25145**	**11722**	**13423**	**12675**	**7932**	**4743**	**235**	**151**	**84**
端州区	218	87	131	1123	703	420	18	13	4
鼎湖区	778	412	367	629	321	308	97	60	38
广宁县	3606	1576	2031	1221	833	388	1	1	
怀集县	5355	2112	3242	2334	1490	844			
封开县	4572	2235	2337	418	297	121	16	10	6
德庆县	3964	2027	1938	523	309	214	39	28	11
高要市	4786	2370	2416	3164	1902	1262	64	39	25
四会市	1864	903	961	3263	2078	1185	1	1	
惠州市	**10562**	**6011**	**4550**	**27226**	**16875**	**10350**	**20**	**17**	**3**
惠城区	815	480	335	9033	5729	3304	4	4	
惠阳区	912	593	318	5871	3967	1904	3	3	1
博罗县	3550	1966	1585	6835	3998	2837	12	10	2
惠东县	3207	1917	1290	4597	2618	1979			
龙门县	2078	1055	1023	890	563	327	1	1	
梅州市	**22064**	**9863**	**12201**	**12050**	**7499**	**4551**	**132**	**94**	**38**
梅江区	496	198	299	1020	588	432	27	14	13
梅县区	3022	1508	1514	1576	953	623	7	5	2
大埔县	2428	1218	1209	916	611	305	1	1	
丰顺县	1964	1073	891	1346	885	461	31	21	10
五华县	6433	2699	3734	2447	1467	980	54	40	14
平远县	1415	588	827	751	493	258			
蕉岭县	980	437	543	634	451	183	3	3	
兴宁市	5327	2142	3184	3360	2052	1308	9	9	

5-4 续表 6

单位：人

地 区	就业人口			一、党的机关、国家机关、群众团体和社会组织、企事业单位负责人		
	合计	男	女	小计	男	女
汕尾市	**33203**	**22831**	**10372**	**349**	**299**	**50**
城区	5714	3936	1778	68	62	6
海丰县	10693	6864	3829	221	183	38
陆河县	3383	2188	1195	17	14	3
陆丰市	13413	9843	3571	43	40	3
河源市	**35685**	**20248**	**15436**	**252**	**214**	**38**
源城区	5929	3478	2451	22	20	3
紫金县	6496	3755	2741	42	39	4
龙川县	8172	4683	3489	51	44	7
连平县	4652	2512	2140	19	13	6
和平县	5131	2766	2365	25	20	5
东源县	5304	3053	2251	93	78	14
阳江市	**35357**	**20694**	**14662**	**351**	**282**	**69**
江城区	10307	6031	4276	234	192	42
阳西县	6181	3799	2383	36	24	12
阳东县	7267	4323	2944	26	21	5
阳春市	11602	6542	5060	55	44	11
清远市	**52443**	**29743**	**22700**	**683**	**522**	**161**
清城区	11592	6696	4896	431	332	99
清新区	9517	5496	4021	20	16	4
佛冈县	4460	2547	1914	8	6	2
阳山县	4997	2765	2232	15	13	2
连山壮族瑶族自治县	1319	755	564	24	16	7
连南瑶族自治县	1800	962	838	28	22	6
英德市	14043	7703	6340	134	99	35
连州市	4715	2819	1896	24	19	6
东莞市	**162402**	**98646**	**63756**	**2571**	**2027**	**545**
中山市	**54331**	**31615**	**22716**	**1672**	**1228**	**443**
潮州市	**36615**	**21629**	**14986**	**520**	**452**	**68**
湘桥区	8093	4763	3331	141	117	25
潮安区	17141	10324	6818	298	281	17
饶平县	11380	6543	4837	80	54	27
揭阳市	**75763**	**46456**	**29307**	**436**	**376**	**59**
榕城区	10944	7533	3411	94	82	12
揭东区	12352	7998	4354	47	42	5
揭西县	11138	6627	4511	61	45	16
惠来县	12935	7739	5195	12	12	
普宁市	28394	16559	11835	221	195	26
云浮市	**33025**	**18286**	**14739**	**235**	**190**	**45**
云城区	5116	2970	2146	88	71	17
云安区	4107	2288	1820	28	22	6
新兴县	7077	3808	3268	14	12	2
郁南县	5382	2977	2405	52	40	13
罗定市	11343	6243	5099	52	45	8

5-4 续表 7

单位：人

地区	二、专业技术人员			三、办事人员和有关人员			四、社会生产服务和生活服务人员		
	小计	男	女	小计	男	女	小计	男	女
汕尾市	**1519**	**935**	**584**	**833**	**618**	**215**	**10650**	**7218**	**3432**
城区	398	216	181	290	211	79	1984	1352	631
海丰县	333	164	169	360	267	93	2805	1806	999
陆河县	401	280	121	55	36	19	1311	801	510
陆丰市	387	274	113	129	104	25	4551	3259	1292
河源市	**2301**	**1166**	**1136**	**1439**	**904**	**535**	**9958**	**6052**	**3906**
源城区	681	336	345	606	384	222	2447	1445	1001
紫金县	414	191	223	342	212	130	1959	1216	743
龙川县	531	309	222	181	118	63	2095	1319	776
连平县	176	79	97	101	61	40	979	586	393
和平县	263	135	129	113	76	37	1260	733	527
东源县	236	115	121	96	53	43	1218	752	465
阳江市	**2029**	**1215**	**814**	**1212**	**836**	**376**	**9266**	**5169**	**4097**
江城区	838	479	359	502	299	203	4043	2206	1838
阳西县	117	69	48	95	69	25	1028	579	448
阳东县	602	403	199	366	288	77	1668	918	750
阳春市	472	264	208	249	179	71	2528	1466	1062
清远市	**2674**	**1201**	**1473**	**1961**	**1177**	**784**	**13953**	**8008**	**5946**
清城区	927	396	531	957	588	369	3981	2242	1739
清新区	351	163	188	221	103	118	3014	1846	1169
佛冈县	190	79	111	86	54	32	948	504	444
阳山县	215	108	107	100	60	40	1052	610	441
连山壮族瑶族自治县	56	23	33	66	46	20	199	102	98
连南瑶族自治县	112	48	64	69	50	18	320	182	138
英德市	611	296	315	315	185	131	3431	1934	1497
连州市	214	89	124	148	92	56	1008	587	421
东莞市	**11183**	**5563**	**5620**	**16785**	**9937**	**6848**	**43310**	**27121**	**16189**
中山市	**4618**	**1916**	**2702**	**3497**	**1994**	**1503**	**16850**	**10058**	**6792**
潮州市	**1333**	**558**	**774**	**1112**	**678**	**434**	**8829**	**5846**	**2982**
湘桥区	508	210	298	415	269	146	2477	1598	879
潮安区	549	216	332	425	228	196	3926	2754	1172
饶平县	276	132	144	272	180	92	2426	1495	931
揭阳市	**3804**	**2206**	**1598**	**1482**	**1051**	**431**	**24136**	**16183**	**7953**
榕城区	1765	1192	573	421	297	124	3563	2524	1039
揭东区	613	358	255	401	254	147	3501	2455	1046
揭西县	320	135	185	204	139	65	4055	2407	1648
惠来县	294	172	122	178	141	38	4256	2774	1482
普宁市	812	349	464	277	220	58	8761	6023	2739
云浮市	**1514**	**763**	**750**	**806**	**517**	**289**	**7320**	**4428**	**2892**
云城区	482	243	239	312	185	128	1886	1061	825
云安区	89	47	42	47	24	23	913	507	406
新兴县	254	96	158	218	150	68	1359	804	555
郁南县	280	146	134	93	62	30	913	501	412
罗定市	408	232	177	136	96	39	2248	1554	694

5-4 续表 8 单位：人

地 区	五、农、林、牧、渔业生产及辅助人员			六、生产制造及有关人员			七、不便分类的其他从业人员		
	小计	男	女	小计	男	女	小计	男	女
汕尾市	**11108**	**8152**	**2956**	**8326**	**5308**	**3017**	**417**	**300**	**117**
城区	899	775	124	1703	1051	651	373	268	105
海丰县	2616	1819	796	4348	2619	1729	10	5	5
陆河县	1018	597	421	578	457	121	3	3	
陆丰市	6575	4961	1615	1697	1180	517	30	24	6
河源市	**11993**	**6124**	**5869**	**9539**	**5671**	**3869**	**202**	**118**	**84**
源城区	105	83	23	2060	1206	854	6	4	3
紫金县	1873	956	917	1833	1122	711	33	19	14
龙川县	2968	1541	1427	2229	1286	943	118	66	51
连平县	2511	1238	1273	851	523	328	15	12	3
和平县	2399	1134	1265	1066	664	402	4	4	
东源县	2137	1172	964	1500	870	630	26	12	14
阳江市	**12402**	**6732**	**5670**	**9748**	**6239**	**3509**	**349**	**222**	**127**
江城区	1334	752	582	3318	2077	1241	38	26	12
阳西县	3038	1748	1289	1753	1242	511	115	66	50
阳东县	2388	1323	1065	2053	1262	791	164	106	57
阳春市	5642	2909	2733	2625	1658	967	32	24	8
清远市	**21705**	**11606**	**10099**	**11176**	**7043**	**4133**	**291**	**186**	**104**
清城区	2539	1304	1235	2756	1834	922			
清新区	3212	1705	1507	2693	1659	1034	6	4	2
佛冈县	2075	1126	949	1110	744	366	44	35	10
阳山县	2595	1311	1284	1020	663	357	1	1	
连山壮族瑶族自治县	809	459	350	165	109	56	1	1	
连南瑶族自治县	1017	498	519	255	162	93			
英德市	6920	3731	3189	2394	1314	1080	238	145	93
连州市	2538	1473	1065	783	558	225			
东莞市	**1247**	**780**	**467**	**87120**	**53099**	**34021**	**186**	**120**	**66**
中山市	**1922**	**1179**	**743**	**25185**	**14937**	**10248**	**588**	**303**	**285**
潮州市	**8498**	**5136**	**3362**	**16310**	**8951**	**7359**	**13**	**7**	**6**
湘桥区	1249	757	493	3289	1805	1484	13	7	6
潮安区	2396	1503	893	9548	5341	4207			
饶平县	4853	2877	1976	3473	1806	1668			
揭阳市	**19640**	**12763**	**6878**	**25583**	**13425**	**12159**	**681**	**452**	**229**
榕城区	1127	972	154	3333	2044	1289	642	423	219
揭东区	2832	2035	796	4935	2835	2100	23	17	5
揭西县	3165	1939	1227	3332	1962	1371	1		1
惠来县	5383	3172	2211	2807	1466	1342	4	3	1
普宁市	7134	4645	2489	11176	5119	6057	12	9	3
云浮市	**14802**	**6842**	**7960**	**8202**	**5459**	**2742**	**145**	**86**	**60**
云城区	1192	561	630	1155	848	307			
云安区	1884	787	1098	1141	899	242	5	2	3
新兴县	3262	1596	1666	1956	1140	816	14	10	3
郁南县	3038	1581	1456	965	625	340	42	22	20
罗定市	5427	2318	3109	2985	1947	1038	86	52	34

5-4a 各地区分性别、职业大类的就业人口（城市）

单位：人

地区	就业人口			一、党的机关、国家机关、群众团体和社会组织、企事业单位负责人		
	合计	男	女	小计	男	女
全省	**902809**	**535537**	**367272**	**31433**	**23006**	**8427**
广州市	**157261**	**90391**	**66870**	**8768**	**5993**	**2775**
荔湾区	11851	6555	5296	937	603	335
越秀区	15570	8398	7172	779	523	257
海珠区	22832	12856	9976	350	262	89
天河区	25387	14540	10847	1746	1192	554
白云区	25336	14692	10644	2446	1658	788
黄埔区	7582	4743	2839	281	203	78
番禺区	21000	11948	9052	1317	918	399
花都区	8544	4977	3567	279	186	93
南沙区	4917	3037	1880	48	35	13
萝岗区	6118	3846	2272	170	125	45
从化区	2334	1314	1020	202	142	61
增城区	5789	3484	2305	211	147	65
韶关市	**9798**	**5620**	**4177**	**143**	**102**	**41**
武江区	2555	1457	1098	30	22	8
浈江区	3662	2097	1565	29	20	9
曲江区	1261	761	500	35	25	10
乐昌市	1069	561	508	32	22	11
南雄市	1251	744	507	17	13	4
深圳市	**215025**	**129333**	**85692**	**8233**	**6023**	**2210**
罗湖区	16903	9569	7334	1295	912	383
福田区	24474	14480	9994	1281	943	337
南山区	21363	12286	9078	383	254	130
宝安区	101024	61920	39104	2982	2293	689
龙岗区	47462	28761	18701	2033	1427	606
盐田区	3798	2316	1482	260	195	65
珠海市	**17546**	**9816**	**7730**	**208**	**163**	**45**
香洲区	13700	7625	6075	165	129	36
斗门区	1678	942	736	26	21	5
金湾区	2168	1249	919	17	13	4
汕头市	**28401**	**17692**	**10710**	**1424**	**1195**	**229**
龙湖区	4879	2990	1888	272	214	58
金平区	8960	5574	3386	159	131	28
濠江区	1671	1005	667	16	13	3
潮阳区	3228	2204	1025	99	83	16
潮南区	6184	3790	2393	421	363	57
澄海区	3479	2129	1350	458	390	67

5-4a 续表 1

单位：人

地 区	二、专业技术人员			三、办事人员和有关人员			四、社会生产服务和生活服务人员		
	小计	男	女	小计	男	女	小计	男	女
全 省	**95025**	**44718**	**50307**	**76869**	**43619**	**33249**	**348667**	**207400**	**141267**
广州市	**23586**	**10835**	**12751**	**18250**	**9954**	**8296**	**74008**	**43054**	**30954**
荔湾区	1689	722	967	1251	643	609	6703	3708	2995
越秀区	3555	1536	2019	2472	1397	1075	7926	4325	3602
海珠区	4075	1805	2270	2838	1516	1323	11199	6548	4652
天河区	4574	2166	2408	3630	1940	1690	13847	8143	5703
白云区	2794	1240	1554	2416	1389	1026	12715	7514	5201
黄埔区	1078	536	542	767	404	363	3246	2032	1214
番禺区	2432	1113	1319	1853	941	912	7982	4637	3345
花都区	1001	495	506	984	581	404	3485	1998	1487
南沙区	358	174	185	452	257	196	1628	973	654
萝岗区	776	448	328	525	268	257	1734	1121	614
从化区	334	125	209	351	207	143	963	533	430
增城区	920	473	447	711	412	299	2579	1523	1056
韶关市	**1516**	**718**	**797**	**986**	**669**	**317**	**4461**	**2389**	**2072**
武江区	449	203	246	368	243	125	1194	661	533
浈江区	550	256	293	267	184	83	1991	1084	907
曲江区	203	82	121	121	89	31	482	254	228
乐昌市	84	40	44	65	49	16	316	137	179
南雄市	230	137	93	164	104	60	478	253	225
深圳市	**22221**	**11562**	**10658**	**13450**	**7419**	**6031**	**87079**	**52052**	**35027**
罗湖区	1873	908	964	1555	907	648	10732	5803	4929
福田区	3581	1790	1792	2688	1608	1080	14783	8640	6143
南山区	4123	2037	2085	1051	615	436	12587	7487	5100
宝安区	7837	4397	3440	5015	2421	2595	30796	18954	11842
龙岗区	4465	2277	2188	2682	1614	1068	16348	9983	6365
盐田区	342	154	189	459	254	205	1833	1185	649
珠海市	**2316**	**1003**	**1313**	**2179**	**1232**	**947**	**8325**	**4691**	**3634**
香洲区	1888	781	1107	1827	1029	798	7003	3938	3065
斗门区	190	96	94	159	93	66	710	390	319
金湾区	238	126	112	193	111	83	612	363	249
汕头市	**2962**	**1251**	**1711**	**2757**	**1753**	**1004**	**10855**	**7109**	**3746**
龙湖区	707	295	412	659	444	214	1965	1209	756
金平区	1396	606	789	1306	786	521	4094	2641	1453
濠江区	72	35	37	56	31	25	472	308	164
潮阳区	258	112	146	204	159	44	1210	811	399
潮南区	239	118	121	162	111	51	2156	1524	632
澄海区	290	83	207	371	223	148	959	616	342

5-4a 续表 2

单位：人

地 区	五、农、林、牧、渔业生产及辅助人员			六、生产制造及有关人员			七、不便分类的其他从业人员		
	小计	男	女	小计	男	女	小计	男	女
全 省	**23491**	**13582**	**9910**	**323500**	**200864**	**122636**	**3824**	**2349**	**1475**
广州市	**1467**	**850**	**617**	**30511**	**19335**	**11176**	**670**	**371**	**300**
荔湾区	90	48	42	1156	818	339	24	15	9
越秀区	10	6	4	813	605	209	14	6	7
海珠区	18	16	1	4342	2703	1639	9	7	2
天河区	16	11	4	1506	1043	463	69	45	25
白云区	108	66	41	4819	2798	2021	39	26	12
黄埔区	7	4	4	2131	1521	610	73	44	29
番禺区	280	164	117	6950	4097	2854	186	79	107
花都区	125	79	46	2562	1578	984	108	60	49
南沙区	253	136	117	2162	1455	707	15	7	8
萝岗区	93	57	35	2728	1780	949	92	48	44
从化区	135	77	58	348	229	119			
增城区	333	185	148	992	709	283	41	34	7
韶关市	**792**	**393**	**399**	**1886**	**1340**	**546**	**14**	**9**	**5**
武江区	9	7	3	503	319	184	2	2	
浈江区	325	170	155	501	383	118			
曲江区	46	24	22	374	287	87			
乐昌市	300	132	168	259	174	85	12	8	4
南雄市	112	60	52	249	177	73	1		1
深圳市	**727**	**488**	**239**	**82467**	**51223**	**31244**	**848**	**565**	**282**
罗湖区	1		1	1414	1023	392	34	17	16
福田区	47	33	14	1942	1354	587	153	111	42
南山区	40	21	18	3175	1868	1307	5	3	2
宝安区	308	183	125	54022	33637	20385	64	35	29
龙岗区	325	245	80	21017	12817	8200	592	398	193
盐田区	7	5	1	898	524	374			
珠海市	**191**	**125**	**66**	**4322**	**2596**	**1726**	**5**	**5**	
香洲区	90	60	30	2723	1684	1039	5	5	
斗门区	70	42	28	523	300	223			
金湾区	32	23	8	1076	612	463			
汕头市	**817**	**644**	**173**	**9542**	**5703**	**3838**	**44**	**36**	**8**
龙湖区	93	73	20	1151	728	423	32	27	5
金平区	167	151	15	1836	1257	579	2	1	1
濠江区	113	81	32	943	537	406			
潮阳区	190	131	59	1268	907	361			
潮南区	172	148	24	3025	1518	1507	10	9	1
澄海区	82	60	22	1319	756	563			

5-4a 续表 3

单位：人

地 区	就业人口			一、党的机关、国家机关、群众团体和社会组织、企事业单位负责人		
	合计	男	女	小计	男	女
佛山市	**115353**	**68642**	**46711**	**5583**	**4054**	**1529**
禅城区	14131	8043	6088	713	515	198
南海区	46702	28484	18219	1750	1343	407
顺德区	45030	26603	18427	2839	1989	850
三水区	3868	2241	1627	171	128	43
高明区	5622	3272	2351	110	80	30
江门市	**32600**	**18771**	**13829**	**574**	**404**	**170**
蓬江区	10637	6055	4582	300	212	88
江海区	3876	2286	1590	56	34	22
新会区	6332	3705	2627	72	55	17
台山市	3693	2076	1616	32	26	6
开平市	3950	2261	1689	31	24	8
鹤山市	2842	1600	1243	81	51	30
恩平市	1269	787	482	3	2	
湛江市	**15947**	**9653**	**6294**	**414**	**322**	**93**
赤坎区	3331	1922	1408	34	27	6
霞山区	5184	3141	2043	169	132	37
坡头区	502	342	160	7	7	
麻章区	694	390	304	2	1	1
遂溪县	143	79	64	1	1	
廉江市	1874	1060	813	39	29	10
雷州市	1795	1176	618	41	35	6
吴川市	2426	1542	883	123	90	33
茂名市	**16610**	**9494**	**7115**	**176**	**138**	**38**
茂南区	5951	3452	2499	54	37	17
电白区	2538	1527	1011	21	19	2
高州市	2695	1509	1186	58	46	13
化州市	3052	1744	1308	14	13	1
信宜市	2372	1262	1110	28	24	4
肇庆市	**13835**	**7686**	**6149**	**186**	**134**	**53**
端州区	6831	3705	3126	56	45	11
鼎湖区	702	390	312	15	12	3
高要市	903	551	352	6	6	
四会市	5398	3039	2359	110	72	39
惠州市	**28097**	**17290**	**10806**	**762**	**611**	**151**
惠城区	18608	11100	7508	519	412	107
惠阳区	9336	6086	3251	243	199	44
博罗县	152	104	47			

5-4a 续表 4

单位：人

地　区	二、专业技术人员			三、办事人员和有关人员			四、社会生产服务和生活服务人员		
	小计	男	女	小计	男	女	小计	男	女
佛山市	**9842**	**3762**	**6080**	**8180**	**4116**	**4064**	**39092**	**22878**	**16214**
禅城区	2037	863	1175	1367	720	646	6924	3966	2958
南海区	3524	1264	2260	3373	1729	1644	15855	9480	6374
顺德区	3404	1235	2169	2626	1206	1420	12953	7560	5393
三水区	477	200	277	352	225	127	1539	851	688
高明区	400	200	200	462	236	226	1820	1021	800
江门市	**3061**	**1304**	**1757**	**2521**	**1429**	**1092**	**11913**	**6889**	**5024**
蓬江区	1041	427	614	968	555	413	3991	2267	1725
江海区	296	154	141	190	68	122	1330	770	560
新会区	651	255	396	489	292	197	2324	1393	931
台山市	289	118	171	178	108	70	1228	729	499
开平市	368	146	221	412	242	170	1678	940	737
鹤山市	280	132	148	231	129	101	995	586	408
恩平市	136	72	64	52	34	18	367	203	164
湛江市	**2208**	**1028**	**1180**	**1305**	**854**	**451**	**7926**	**4657**	**3269**
赤坎区	757	335	422	499	320	178	1713	1007	706
霞山区	772	360	412	523	330	192	2525	1423	1102
坡头区	30	15	15	18	11	7	187	104	83
麻章区	46	22	24	45	32	13	332	175	157
遂溪县	3	2	1	1	1		37	22	14
廉江市	216	100	116	45	32	12	1124	614	510
雷州市	198	119	79	59	51	9	942	621	321
吴川市	187	77	110	115	77	38	1067	692	375
茂名市	**1690**	**772**	**918**	**1381**	**894**	**488**	**6737**	**3874**	**2863**
茂南区	908	409	499	806	515	291	2954	1703	1251
电白区	302	149	153	259	164	95	1005	616	390
高州市	187	95	92	148	102	46	778	455	323
化州市	133	47	86	105	69	36	1341	713	629
信宜市	160	73	87	63	44	19	658	387	271
肇庆市	**1542**	**732**	**810**	**1314**	**766**	**548**	**6479**	**3499**	**2980**
端州区	1011	479	532	776	450	326	3630	1929	1701
鼎湖区	86	42	45	50	26	24	324	179	145
高要市	91	48	43	87	59	28	448	267	182
四会市	354	163	190	401	232	170	2077	1124	953
惠州市	**2973**	**1486**	**1487**	**2821**	**1572**	**1249**	**10488**	**6306**	**4182**
惠城区	2170	1024	1146	2112	1140	971	7480	4431	3049
惠阳区	776	446	329	709	432	277	2986	1859	1127
博罗县	27	16	12				22	16	6

5-4a 续表 5

单位：人

地 区	五、农、林、牧、渔业生产及辅助人员			六、生产制造及有关人员			七、不便分类的其他从业人员		
	小计	男	女	小计	男	女	小计	男	女
佛山市	**2904**	**1799**	**1105**	**49610**	**31934**	**17675**	**143**	**100**	**44**
禅城区	12	10	2	3041	1945	1096	36	24	12
南海区	1035	646	389	21114	13987	7127	51	35	17
顺德区	1547	960	587	21617	13621	7997	44	32	12
三水区	99	62	37	1223	769	454	6	6	
高明区	211	121	90	2614	1613	1002	5	2	3
江门市	**2779**	**1595**	**1183**	**11297**	**6870**	**4427**	**456**	**280**	**176**
蓬江区	529	321	209	3619	2173	1446	188	101	87
江海区	348	218	131	1651	1038	612	5	4	2
新会区	487	291	195	2258	1387	871	51	32	20
台山市	753	401	352	1209	690	519	4	3	1
开平市	190	102	88	1271	807	464			
鹤山市	328	175	153	908	512	396	21	14	6
恩平市	144	88	56	381	262	119	187	126	61
湛江市	**1372**	**793**	**579**	**2692**	**1977**	**715**	**30**	**22**	**7**
赤坎区	70	42	28	254	188	66	4	4	1
霞山区	258	148	110	925	740	185	12	8	4
坡头区	53	39	14	206	166	40	1	1	
麻章区	154	84	70	115	76	38			
遂溪县	71	39	33	30	13	17			
廉江市	114	59	55	324	217	107	12	10	2
雷州市	438	258	180	117	94	23			
吴川市	213	125	88	720	482	239			
茂名市	**3366**	**1581**	**1785**	**3237**	**2223**	**1015**	**22**	**13**	**9**
茂南区	370	151	219	838	624	213	21	13	8
电白区	479	273	206	471	307	164			
高州市	916	440	476	608	372	237			
化州市	686	322	364	772	580	191	1		1
信宜市	914	395	520	549	340	209			
肇庆市	**797**	**402**	**396**	**3392**	**2074**	**1318**	**124**	**79**	**45**
端州区	218	87	131	1123	703	420	18	13	4
鼎湖区	46	20	26	97	60	37	85	52	33
高要市	72	53	19	177	105	72	22	13	8
四会市	460	241	219	1995	1206	789	1	1	
惠州市	**256**	**175**	**81**	**10793**	**7136**	**3657**	**3**	**3**	
惠城区	64	47	17	6262	4044	2218	1	1	
惠阳区	192	128	64	4428	3019	1409	2	2	
博罗县				102	73	30			

5-4a 续表 6

单位：人

地　区	就业人口			一、党的机关、国家机关、群众团体和社会组织、企事业单位负责人		
	合计	男	女	小计	男	女
梅州市	**9960**	**5439**	**4522**	**75**	**54**	**22**
梅江区	4661	2521	2140	33	25	8
梅县区	1866	1002	864	32	22	10
五华县	179	78	101			
兴宁市	3254	1837	1417	11	7	4
汕尾市	**5622**	**3923**	**1699**	**49**	**46**	**3**
城区	3675	2538	1137	39	37	2
陆丰市	1947	1386	561	10	9	1
河源市	**5858**	**3439**	**2418**	**22**	**19**	**3**
源城区	5858	3439	2418	22	19	3
阳江市	**8692**	**5009**	**3683**	**198**	**159**	**38**
江城区	6352	3690	2662	187	152	35
阳春市	2340	1320	1020	11	7	3
清远市	**12027**	**6822**	**5205**	**345**	**250**	**95**
清城区	6103	3398	2705	275	200	75
清新区	2178	1261	918	3	2	2
英德市	2206	1269	937	59	43	16
连州市	1540	894	646	8	6	2
东莞市	**140470**	**84577**	**55893**	**2317**	**1824**	**493**
中山市	**33278**	**19052**	**14227**	**1233**	**881**	**352**
潮州市	**11751**	**7218**	**4533**	**376**	**337**	**39**
湘桥区	5438	3210	2228	130	106	24
潮安区	6313	4008	2305	246	231	15
揭阳市	**18679**	**12205**	**6474**	**242**	**210**	**32**
榕城区	7402	5171	2231	82	71	10
揭东区	3719	2634	1085	17	15	2
普宁市	7558	4399	3159	143	123	20
云浮市	**5998**	**3465**	**2534**	**105**	**86**	**19**
云城区	3570	2105	1465	81	66	15
云安区	334	193	141	5	5	
罗定市	2095	1167	928	19	15	4

5-4a 续表 7 单位：人

地 区	二、专业技术人员			三、办事人员和有关人员			四、社会生产服务和生活服务人员		
	小计	男	女	小计	男	女	小计	男	女
梅州市	**980**	**475**	**506**	**759**	**466**	**293**	**4676**	**2655**	**2021**
梅江区	626	321	305	506	300	206	2402	1311	1091
梅县区	111	57	54	35	17	18	824	456	369
五华县	10	7	3	1	1		7	5	2
兴宁市	234	90	144	217	148	69	1443	883	560
汕尾市	**422**	**244**	**178**	**291**	**217**	**73**	**2385**	**1650**	**735**
城区	335	181	154	244	178	66	1478	1010	468
陆丰市	87	63	24	46	39	7	907	641	266
河源市	**678**	**336**	**341**	**604**	**382**	**222**	**2425**	**1433**	**992**
源城区	678	336	341	604	382	222	2425	1433	992
阳江市	**909**	**501**	**408**	**524**	**333**	**191**	**3623**	**1983**	**1640**
江城区	716	408	308	363	216	147	2625	1438	1187
阳春市	193	93	100	161	117	44	997	544	453
清远市	**1209**	**490**	**719**	**1048**	**624**	**423**	**5413**	**3041**	**2373**
清城区	702	295	407	675	408	267	2642	1428	1213
清新区	126	49	77	120	54	66	1159	728	431
英德市	211	80	131	135	88	48	1026	555	471
连州市	170	66	104	118	74	43	586	329	257
东莞市	**10018**	**4955**	**5063**	**14589**	**8609**	**5981**	**38647**	**24015**	**14633**
中山市	**3292**	**1401**	**1890**	**2097**	**1167**	**930**	**10209**	**5955**	**4254**
潮州市	**769**	**297**	**472**	**645**	**367**	**278**	**3429**	**2273**	**1156**
湘桥区	440	177	263	388	252	136	1785	1140	644
潮安区	329	120	209	257	115	142	1644	1132	512
揭阳市	**2223**	**1274**	**949**	**769**	**548**	**220**	**8070**	**5573**	**2497**
榕城区	1404	897	507	395	279	115	2490	1782	709
揭东区	277	159	118	168	109	59	1388	1007	381
普宁市	542	218	324	206	160	47	4192	2784	1407
云浮市	**610**	**292**	**318**	**399**	**247**	**151**	**2427**	**1424**	**1003**
云城区	377	179	198	282	167	115	1581	880	702
云安区	11	6	5	3	1	2	89	45	44
罗定市	222	107	115	114	80	34	758	500	258

5-4a 续表 8　　单位：人

地　区	五、农、林、牧、渔业生产及辅助人员			六、生产制造及有关人员			七、不便分类的其他从业人员		
	小计	男	女	小计	男	女	小计	男	女
梅州市	**1164**	**470**	**695**	**2275**	**1302**	**972**	**31**	**17**	**14**
梅江区	230	90	140	839	460	378	26	13	13
梅县区	406	181	226	456	269	187	2	1	1
五华县	114	41	74	47	25	22			
兴宁市	414	158	255	933	548	385	3	3	
汕尾市	**1080**	**864**	**216**	**1193**	**753**	**439**	**202**	**149**	**53**
城区	502	428	74	898	574	324	178	130	48
陆丰市	578	436	142	295	180	115	24	19	5
河源市	**103**	**80**	**22**	**2020**	**1184**	**835**	**6**	**4**	**3**
源城区	103	80	22	2020	1184	835	6	4	3
阳江市	**689**	**378**	**312**	**2729**	**1641**	**1088**	**19**	**15**	**5**
江城区	293	166	128	2148	1295	853	19	15	5
阳春市	396	212	184	581	346	235			
清远市	**1346**	**666**	**680**	**2617**	**1720**	**897**	**50**	**31**	**19**
清城区	690	298	393	1118	768	350			
清新区	60	35	25	708	391	317	2	2	1
英德市	314	180	134	414	295	120	48	29	18
连州市	282	153	129	376	266	111			
东莞市	**591**	**382**	**209**	**74126**	**44676**	**29450**	**181**	**116**	**65**
中山市	**990**	**592**	**397**	**15032**	**8838**	**6194**	**426**	**216**	**210**
潮州市	**403**	**252**	**151**	**6118**	**3686**	**2432**	**12**	**7**	**5**
湘桥区	267	145	122	2416	1383	1033	12	7	5
潮安区	136	107	29	3702	2303	1399			
揭阳市	**873**	**725**	**149**	**6003**	**3582**	**2421**	**500**	**293**	**206**
榕城区	390	325	66	2163	1539	624	478	278	200
揭东区	319	272	47	1532	1059	472	18	13	5
普宁市	164	128	36	2309	984	1324	3	2	2
云浮市	**783**	**329**	**454**	**1639**	**1069**	**570**	**35**	**17**	**19**
云城区	314	134	180	935	680	255			
云安区	131	66	64	95	70	25			
罗定市	338	129	209	609	319	289	35	17	19

5-4b 各地区分性别、职业大类的就业人口（镇）

单位：人

地 区	就业人口			一、党的机关、国家机关、群众团体和社会组织、企事业单位负责人		
	合计	男	女	小计	男	女
全 省	**248449**	**147391**	**101058**	**4549**	**3613**	**936**
广州市	**17570**	**10218**	**7353**	**777**	**556**	**220**
白云区	3892	2270	1622	190	124	66
番禺区	905	489	416	21	16	5
花都区	1365	815	550	110	79	31
南沙区	3089	1747	1342	78	62	16
萝岗区	270	178	91	3	3	
从化区	1154	739	415	24	23	1
增城区	6896	3980	2916	350	249	101
韶关市	**10220**	**5733**	**4487**	**171**	**122**	**49**
武江区	315	184	131	4	3	1
浈江区	275	162	113			
曲江区	624	365	260	11	9	3
始兴县	1128	616	512	15	10	6
仁化县	1060	615	445	6	5	1
翁源县	1695	914	781	47	34	13
乳源瑶族自治县	1146	648	498	22	17	5
新丰县	1538	858	679	15	11	5
乐昌市	1700	953	746	44	29	15
南雄市	741	419	322	6	4	1
珠海市	**4136**	**2610**	**1526**	**30**	**21**	**9**
香洲区	380	278	103	1		1
斗门区	1946	1189	757	11	8	3
金湾区	1810	1144	666	18	13	4
汕头市	**18931**	**11815**	**7115**	**805**	**733**	**72**
龙湖区	877	495	382	34	18	16
濠江区	66	44	22	1	1	
潮阳区	7012	4807	2205	289	270	19
潮南区	4802	2747	2056	187	169	17
澄海区	5574	3302	2273	274	258	16
南澳县	599	420	179	20	16	4
佛山市	**8176**	**4999**	**3177**	**249**	**191**	**58**
禅城区	2825	1659	1167	114	90	24
南海区	1190	717	474	6	6	
三水区	3631	2321	1311	121	89	32
高明区	529	303	226	8	6	2
江门市	**8478**	**4906**	**3571**	**66**	**47**	**18**
新会区	1908	1090	818	31	21	9
台山市	1628	970	658	11	7	4
开平市	1043	614	430	11	9	3
鹤山市	1827	984	842	9	6	2
恩平市	2072	1249	824	4	3	

5-4b 续表 1

单位：人

地　区	二、专业技术人员			三、办事人员和有关人员			四、社会生产服务和生活服务人员		
	小计	男	女	小计	男	女	小计	男	女
全　省	**15688**	**7661**	**8027**	**11049**	**7019**	**4030**	**78759**	**48199**	**30560**
广州市	**1474**	**678**	**796**	**1233**	**683**	**551**	**5866**	**3528**	**2338**
白云区	331	174	157	183	80	103	1200	764	436
番禺区	102	32	71	81	39	42	319	179	140
花都区	116	56	60	185	107	78	592	345	247
南沙区	165	59	105	150	72	78	866	510	356
萝岗区	9	3	7	23	16	7	212	140	72
从化区	133	85	47	96	66	30	323	181	142
增城区	619	269	350	516	302	213	2354	1409	945
韶关市	**832**	**422**	**410**	**647**	**431**	**216**	**2869**	**1596**	**1273**
武江区	34	23	10	18	14	4	103	58	46
浈江区	30	10	20	97	66	31	95	51	44
曲江区	37	18	19	43	35	9	192	108	84
始兴县	71	41	30	40	17	23	298	175	122
仁化县	105	44	61	85	57	29	304	155	148
翁源县	117	51	67	48	31	17	492	278	213
乳源瑶族自治县	121	58	63	120	75	45	262	146	116
新丰县	146	68	77	120	86	33	585	319	266
乐昌市	106	61	45	60	41	19	373	211	161
南雄市	66	47	19	15	10	6	167	95	71
珠海市	**171**	**89**	**82**	**203**	**124**	**79**	**1249**	**753**	**495**
香洲区	1		1	3	2	1	42	22	20
斗门区	101	52	49	111	77	34	677	410	267
金湾区	69	37	32	89	45	44	530	321	209
汕头市	**639**	**258**	**382**	**815**	**542**	**273**	**5167**	**3481**	**1685**
龙湖区	44	12	32	42	31	11	266	176	90
濠江区	3	2	1	3	2	2	32	20	12
潮阳区	209	106	102	302	252	51	1759	1333	426
潮南区	144	65	79	180	124	56	1380	873	507
澄海区	190	52	137	229	93	136	1509	960	549
南澳县	50	21	29	58	40	18	221	120	101
佛山市	**501**	**182**	**320**	**426**	**199**	**227**	**2301**	**1347**	**954**
禅城区	250	67	184	271	123	147	1038	647	391
南海区	36	17	20	74	33	41	371	192	180
三水区	191	93	98	62	31	31	721	426	295
高明区	24	6	18	20	12	8	170	81	89
江门市	**511**	**239**	**272**	**412**	**222**	**190**	**1879**	**1078**	**801**
新会区	163	68	95	112	55	57	443	256	187
台山市	83	63	20	22	8	14	320	173	146
开平市	52	15	37	122	59	63	349	209	140
鹤山市	143	49	93	124	80	45	311	170	141
恩平市	70	43	27	32	20	12	456	269	186

5-4b 续表 2 单位：人

地 区	五、农、林、牧、渔业生产及辅助人员			六、生产制造及有关人员			七、不便分类的其他从业人员		
	小计	男	女	小计	男	女	小计	男	女
全 省	**55821**	**31216**	**24605**	**81164**	**48739**	**32426**	**1420**	**944**	**475**
广州市	**1842**	**992**	**850**	**6297**	**3723**	**2574**	**81**	**57**	**23**
白云区	218	127	91	1759	996	763	10	4	6
番禺区	109	61	48	250	147	103	21	14	7
花都区	46	25	21	298	186	112	18	17	2
南沙区	587	304	282	1230	729	500	15	11	4
萝岗区	2	2		14	10	4	7	5	2
从化区	157	89	68	418	293	125	2	1	1
增城区	723	384	339	2328	1361	966	7	6	2
韶关市	**3907**	**2052**	**1856**	**1789**	**1108**	**681**	**5**	**3**	**2**
武江区	125	69	57	31	17	14			
浈江区	2	1	1	51	35	16			
曲江区	247	130	117	93	65	29			
始兴县	397	212	185	306	160	146			
仁化县	328	185	142	230	166	64	2	2	
翁源县	762	388	374	230	133	97			
乳源瑶族自治县	312	171	141	308	180	128			
新丰县	451	225	226	220	148	72			
乐昌市	914	484	430	202	127	74	1		1
南雄市	369	186	183	117	76	41	1	1	
珠海市	**502**	**346**	**156**	**1979**	**1275**	**704**	**2**	**2**	
香洲区	159	107	52	175	146	29			
斗门区	138	94	44	907	547	360	1	1	
金湾区	205	144	61	898	582	316	1	1	
汕头市	**3067**	**2297**	**769**	**8431**	**4499**	**3932**	**7**	**5**	**2**
龙湖区	101	71	30	390	187	203	1		1
濠江区	6	5		21	15	6			
潮阳区	873	765	107	3580	2080	1500			
潮南区	583	400	183	2323	1111	1212	6	5	1
澄海区	1326	888	438	2046	1050	996			
南澳县	179	168	11	71	56	15			
佛山市	**421**	**238**	**183**	**4270**	**2837**	**1433**	**6**	**5**	**1**
禅城区	24	16	8	1127	715	412			
南海区	18	9	9	685	460	225			
三水区	282	153	130	2248	1525	723	5	3	1
高明区	97	60	36	210	136	74	1	1	
江门市	**1875**	**1081**	**794**	**3484**	**2081**	**1403**	**251**	**158**	**93**
新会区	254	134	120	884	537	347	21	19	3
台山市	650	417	233	388	205	183	153	95	58
开平市	71	41	31	437	281	156			
鹤山市	126	73	53	1039	564	475	74	42	32
恩平市	774	417	357	736	494	241	2	2	

5-4b 续表 3

单位：人

地　区	就业人口			一、党的机关、国家机关、群众团体和社会组织、企事业单位负责人		
	合计	男	女	小计	男	女
湛江市	**17140**	**10230**	**6910**	**158**	**131**	**27**
霞山区	7	3	3			
坡头区	815	500	315	6	4	2
麻章区	1523	952	571	9	8	2
遂溪县	3002	1797	1206	5	4	1
徐闻县	3387	1993	1394	20	17	3
廉江市	3548	2067	1481	51	40	11
雷州市	2811	1649	1162	33	31	2
吴川市	2047	1268	779	33	27	6
茂名市	**14048**	**7930**	**6118**	**93**	**69**	**24**
茂南区	599	363	236			
电白区	5571	3269	2302	28	21	7
高州市	3480	1927	1553	36	28	9
化州市	2532	1418	1113	23	15	8
信宜市	1867	953	913	6	6	
肇庆市	**12920**	**7164**	**5756**	**150**	**109**	**41**
鼎湖区	573	329	243			
广宁县	2439	1264	1175	15	10	5
怀集县	2842	1530	1312	78	59	19
封开县	1793	954	838	2	2	
德庆县	1364	743	621	13	11	2
高要市	2978	1730	1248	4	4	1
四会市	932	613	319	37	23	14
惠州市	**21619**	**12912**	**8707**	**547**	**432**	**115**
惠城区	2078	1342	735	50	44	6
惠阳区	1348	797	551	35	31	3
博罗县	9181	5437	3744	94	75	19
惠东县	7172	4302	2870	258	204	55
龙门县	1839	1033	806	110	78	32
梅州市	**15961**	**8805**	**7156**	**235**	**159**	**76**
梅江区	138	74	64			
梅县区	1524	849	675	2	2	1
大埔县	2257	1260	997	46	33	13
丰顺县	2618	1578	1040	78	50	28
五华县	4118	2133	1985	26	18	8
平远县	1541	844	697	63	42	21
蕉岭县	1389	808	581	10	7	3
兴宁市	2377	1259	1117	10	6	4
汕尾市	**12673**	**8773**	**3900**	**247**	**209**	**38**
城区	718	488	230	15	12	3
海丰县	6375	4244	2131	195	163	33
陆河县	1690	1147	542	11	10	1
陆丰市	3890	2893	997	26	24	1

5-4b 续表 4　　　　单位：人

地 区	二、专业技术人员			三、办事人员和有关人员			四、社会生产服务和生活服务人员		
	小计	男	女	小计	男	女	小计	男	女
湛江市	**1286**	**637**	**649**	**498**	**342**	**156**	**5082**	**3022**	**2060**
霞山区	2	1	1	1	1	1	1		1
坡头区	56	28	28	12	4	9	332	192	139
麻章区	169	92	77	27	18	9	441	236	206
遂溪县	229	102	127	179	122	56	1033	636	396
徐闻县	274	138	136	162	129	34	678	404	275
廉江市	131	57	74	59	27	31	1302	767	535
雷州市	306	157	149	31	25	6	800	484	316
吴川市	119	62	57	27	17	10	495	303	192
茂名市	**663**	**328**	**335**	**255**	**170**	**85**	**4049**	**2323**	**1726**
茂南区	25	10	16	7	7	1	208	111	96
电白区	130	68	62	88	68	20	1721	1009	712
高州市	169	77	93	89	49	40	896	532	365
化州市	307	154	153	67	43	23	1013	543	470
信宜市	31	19	12	3	2	1	211	129	82
肇庆市	**942**	**494**	**448**	**438**	**283**	**154**	**3983**	**2323**	**1659**
鼎湖区	22	12	10	18	12	6	202	115	87
广宁县	123	51	73	43	26	16	771	433	338
怀集县	159	59	100	94	66	28	1152	675	476
封开县	65	34	31	88	59	29	305	176	129
德庆县	230	139	91	57	40	17	306	164	142
高要市	293	175	118	112	67	46	929	557	371
四会市	50	24	26	26	14	12	318	202	116
惠州市	**1765**	**835**	**930**	**1321**	**781**	**540**	**6956**	**4237**	**2719**
惠城区	169	107	63	111	33	78	361	225	137
惠阳区	199	75	124	117	61	56	411	253	158
博罗县	529	247	282	550	278	272	2840	1748	1092
惠东县	661	307	354	448	349	99	2777	1701	1076
龙门县	207	99	108	95	61	35	568	310	257
梅州市	**926**	**462**	**464**	**646**	**441**	**205**	**5846**	**3451**	**2395**
梅江区	4	1	2	3	3		68	37	31
梅县区	41	17	24	19	13	6	422	261	161
大埔县	157	85	72	102	73	29	781	429	352
丰顺县	176	75	101	165	104	61	1099	649	450
五华县	234	134	100	70	50	19	1513	902	611
平远县	158	70	88	86	59	26	618	349	269
蕉岭县	93	51	41	83	52	31	490	282	208
兴宁市	64	29	35	119	86	32	855	542	314
汕尾市	**724**	**425**	**299**	**401**	**301**	**100**	**4598**	**3182**	**1416**
城区	24	14	10	17	14	3	171	120	50
海丰县	299	144	155	310	229	80	1942	1288	655
陆河县	242	165	78	31	21	10	711	457	253
陆丰市	159	103	56	43	36	6	1774	1317	457

5-4b 续表 5

单位：人

地　区	五、农、林、牧、渔业生产及辅助人员			六、生产制造及有关人员			七、不便分类的其他从业人员		
	小计	男	女	小计	男	女	小计	男	女
湛江市	**7773**	**4422**	**3352**	**2107**	**1544**	**564**	**234**	**132**	**102**
霞山区	1	1	1	1	1		1	1	
坡头区	252	136	116	152	131	20	5	4	1
麻章区	689	463	226	182	133	48	6	2	3
遂溪县	1326	775	551	229	154	75	2	2	
徐闻县	1898	1088	810	136	98	38	218	120	98
廉江市	1305	675	630	697	498	200	2	2	
雷州市	1325	737	588	316	216	100			
吴川市	977	546	431	396	313	83			
茂名市	**6350**	**3194**	**3156**	**2603**	**1820**	**784**	**34**	**26**	**8**
茂南区	275	168	107	83	67	16			
电白区	2488	1268	1220	1084	809	275	33	25	8
高州市	1692	865	827	596	377	219			
化州市	644	309	335	476	354	122	1	1	1
信宜市	1251	583	667	364	213	151			
肇庆市	**4266**	**1964**	**2301**	**3087**	**1955**	**1132**	**56**	**35**	**21**
鼎湖区	163	100	64	166	91	75	2		2
广宁县	850	327	523	637	417	220			
怀集县	744	288	456	615	383	232			
封开县	1167	572	594	165	111	54	1	1	
德庆县	525	259	266	196	104	92	37	26	11
高要市	751	384	367	872	535	337	16	8	8
四会市	65	34	31	436	315	121			
惠州市	**1648**	**888**	**760**	**9377**	**5736**	**3641**	**6**	**4**	**2**
惠城区	17	14	3	1369	920	449			
惠阳区	37	29	9	549	348	200	1		1
博罗县	894	477	417	4271	2610	1661	4	3	1
惠东县	235	139	97	2793	1602	1191			
龙门县	464	229	235	394	255	139	1	1	
梅州市	**4802**	**2121**	**2681**	**3478**	**2149**	**1329**	**28**	**22**	**6**
梅江区	27	7	20	36	25	11			
梅县区	778	397	381	260	159	102	1	1	
大埔县	762	364	398	410	276	134			
丰顺县	450	280	170	645	415	230	5	4	1
五华县	1390	523	866	867	491	376	18	14	5
平远县	289	121	168	326	201	125			
蕉岭县	376	177	200	335	237	98	2	2	
兴宁市	730	252	479	597	344	254	1	1	
汕尾市	**2750**	**1996**	**754**	**3802**	**2556**	**1246**	**151**	**104**	**47**
城区	55	46	9	292	183	109	144	98	46
海丰县	943	706	237	2682	1711	971	5	4	1
陆河县	366	223	142	327	269	58	2	2	
陆丰市	1387	1020	366	502	393	109			

5-4b 续表 6　　　　单位：人

地　区	就业人口			一、党的机关、国家机关、群众团体和社会组织、企事业单位负责人		
	合计	男	女	小计	男	女
河源市	**9385**	**5400**	**3985**	**103**	**89**	**14**
紫金县	2400	1443	957	25	24	1
龙川县	2472	1466	1006	31	25	6
连平县	1528	855	673	11	8	2
和平县	1578	846	732	12	10	3
东源县	1407	791	616	24	22	2
阳江市	**8926**	**5494**	**3432**	**101**	**75**	**26**
江城区	1249	776	473	33	28	5
阳西县	2333	1489	843	29	17	12
阳东县	3356	2093	1264	15	12	3
阳春市	1988	1136	852	24	18	6
清远市	12977	7460	5517	235	194	41
清城区	3350	2059	1291	126	111	15
清新区	1444	861	582	8	8	
佛冈县	1750	1039	711	5	4	1
阳山县	1710	959	752	5	4	2
连山壮族瑶族自治县	429	240	189	12	9	3
连南瑶族自治县	758	411	347	23	17	6
英德市	3127	1641	1486	54	40	14
连州市	408	249	158	2	2	
东莞市	**3127**	**1959**	**1169**	**10**	**10**	
中山市	**15163**	**9132**	**6031**	**324**	**266**	**58**
潮州市	**11052**	**6512**	**4540**	**82**	**67**	**15**
湘桥区	1657	960	697	8	7	1
潮安区	4257	2452	1806	23	22	1
饶平县	5138	3100	2038	52	39	13
揭阳市	**19070**	**11579**	**7491**	**100**	**80**	**20**
榕城区	1277	836	441	5	4	1
揭东区	2752	1717	1035	19	17	2
揭西县	3764	2178	1586	52	37	15
惠来县	5669	3448	2221	11	11	
普宁市	5608	3400	2208	12	11	2
云浮市	**6878**	**3761**	**3117**	**66**	**52**	**15**
云城区	134	73	61	1	1	1
云安区	728	403	325	10	8	2
新兴县	2516	1366	1151	8	6	1
郁南县	2296	1272	1024	43	33	10
罗定市	1205	648	557	5	4	1

5-4b 续表 7

单位：人

地区	二、专业技术人员			三、办事人员和有关人员			四、社会生产服务和生活服务人员		
	小计	男	女	小计	男	女	小计	男	女
河源市	**956**	**467**	**489**	**571**	**376**	**195**	**3938**	**2362**	**1577**
紫金县	229	97	132	227	155	72	1141	698	443
龙川县	339	193	146	143	96	47	1041	643	398
连平县	98	41	57	71	44	27	584	345	239
和平县	165	78	86	86	56	30	697	384	313
东源县	126	59	67	45	27	19	475	292	184
阳江市	**798**	**512**	**287**	**517**	**395**	**121**	**2954**	**1656**	**1298**
江城区	77	42	35	89	57	31	614	337	278
阳西县	80	45	36	56	45	12	737	413	324
阳东县	454	316	138	326	258	69	948	536	412
阳春市	187	109	77	45	35	10	654	371	284
清远市	768	355	414	468	293	176	4172	2412	1760
清城区	140	69	70	180	108	72	870	540	329
清新区	75	38	37	21	10	11	593	350	243
佛冈县	166	70	96	54	41	13	567	316	251
阳山县	97	46	51	52	30	22	661	370	291
连山壮族瑶族自治县	34	11	23	47	32	14	118	62	56
连南瑶族自治县	83	36	47	37	26	11	196	103	92
英德市	158	74	83	70	40	30	1063	600	462
连州市	16	9	7	6	5	2	104	70	35
东莞市	**143**	**95**	**48**	**169**	**83**	**86**	**538**	**372**	**166**
中山市	**1002**	**352**	**651**	**1035**	**654**	**381**	**4901**	**3020**	**1881**
潮州市	**318**	**160**	**157**	**292**	**194**	**98**	**3172**	**2079**	**1093**
湘桥区	49	22	27	18	12	6	454	290	164
潮安区	68	32	36	61	39	23	1033	716	317
饶平县	200	106	94	212	143	69	1685	1073	613
揭阳市	**787**	**447**	**340**	**422**	**310**	**111**	**7346**	**4868**	**2478**
榕城区	194	149	45	25	17	8	405	290	115
揭东区	188	98	90	129	90	39	687	484	203
揭西县	180	71	110	104	73	31	1945	1150	794
惠来县	175	101	74	139	108	31	2624	1686	938
普宁市	50	29	21	24	23	2	1686	1258	427
云浮市	**478**	**225**	**253**	**280**	**194**	**85**	**1893**	**1109**	**784**
云城区	13	11	2	4	3	1	38	23	15
云安区	18	9	10	15	10	5	204	114	90
新兴县	202	78	125	184	130	54	859	501	358
郁南县	202	100	102	68	45	23	569	308	262
罗定市	43	28	15	8	6	2	222	162	60

5-4b 续表 8 单位：人

地区	五、农、林、牧、渔业生产及辅助人员			六、生产制造及有关人员			七、不便分类的其他从业人员		
	小计	男	女	小计	男	女	小计	男	女
河源市	**1552**	**762**	**790**	**2228**	**1322**	**907**	**35**	**22**	**13**
紫金县	147	80	68	623	383	239	8	7	2
龙川县	296	145	151	615	360	254	8	5	4
连平县	492	239	253	267	174	94	6	4	1
和平县	342	149	193	275	168	108			
东源县	275	149	126	448	237	212	13	6	7
阳江市	**1845**	**1110**	**735**	**2515**	**1611**	**903**	**197**	**134**	**63**
江城区	160	119	41	270	190	80	7	3	4
阳西县	582	385	197	815	562	253	33	23	10
阳东县	485	286	198	987	589	398	141	97	44
阳春市	618	320	298	443	270	173	16	12	4
清远市	3754	1997	1757	3400	2084	1315	180	125	55
清城区	806	416	390	1229	815	414			
清新区	416	234	181	329	219	110	2	2	
佛冈县	493	285	208	422	290	131	42	33	10
阳山县	447	220	227	446	287	160	1	1	
连山壮族瑶族自治县	160	83	76	59	43	16			
连南瑶族自治县	292	146	145	128	82	46			
英德市	892	470	422	755	326	429	135	90	45
连州市	248	141	107	32	23	9			
东莞市	**264**	**128**	**136**	**2004**	**1272**	**732**			
中山市	**318**	**202**	**116**	**7534**	**4612**	**2922**	**48**	**26**	**23**
潮州市	**2573**	**1640**	**933**	**4614**	**2371**	**2243**	**1**		**1**
湘桥区	597	376	220	530	252	278	1		1
潮安区	665	413	252	2407	1230	1177			
饶平县	1311	851	460	1677	889	788			
揭阳市	**3945**	**2680**	**1265**	**6400**	**3128**	**3272**	**69**	**65**	**4**
榕城区	159	141	18	423	174	249	66	62	4
揭东区	620	459	161	1107	568	539	1	1	
揭西县	392	220	171	1091	627	464			
惠来县	1453	879	574	1266	661	605	1	1	
普宁市	1321	980	342	2513	1099	1415	2	2	
云浮市	**2367**	**1107**	**1261**	**1765**	**1056**	**709**	**28**	**19**	**10**
云城区	55	19	36	23	16	7			
云安区	291	121	169	188	140	48	1	1	
新兴县	467	225	242	785	417	368	10	8	3
郁南县	908	467	441	506	319	187	1	1	
罗定市	647	274	373	263	164	99	17	9	7

5-4c 各地区分性别、职业大类的就业人口（乡村）

单位：人

地　区	就业人口			一、党的机关、国家机关、群众团体和社会组织、企事业单位负责人		
	合计	男	女	小计	男	女
全　省	**470375**	**268121**	**202254**	**3466**	**2725**	**740**
广州市	**28622**	**16901**	**11722**	**644**	**463**	**181**
白云区	7190	4360	2830	255	197	58
番禺区	4146	2461	1685	98	64	33
花都区	4986	2971	2015	169	105	64
南沙区	3261	1789	1472	45	33	12
萝岗区	940	529	411	11	8	4
从化区	4002	2302	1700	34	28	6
增城区	4098	2489	1609	32	28	4
韶关市	**19916**	**10840**	**9076**	**119**	**93**	**27**
武江区	836	470	365	10	7	3
浈江区	867	485	383	2	2	
曲江区	1945	1055	890	13	11	2
始兴县	1855	1010	845	9	7	2
仁化县	1692	963	729	7	7	
翁源县	3693	2047	1647	45	30	15
乳源瑶族自治县	1533	834	699	4	4	
新丰县	1607	897	711	8	7	
乐昌市	3114	1654	1460	14	11	3
南雄市	2773	1425	1347	8	6	2
珠海市	**2329**	**1385**	**944**	**8**	**7**	**1**
斗门区	2329	1385	944	8	7	1
汕头市	**21441**	**12831**	**8611**	**502**	**428**	**74**
龙湖区	1473	835	638	54	44	10
金平区	284	173	112	1		1
濠江区	1113	700	413	10	7	3
潮阳区	7090	4626	2464	99	92	7
潮南区	7577	4286	3290	193	167	25
澄海区	3684	2068	1616	142	114	28
南澳县	220	142	78	4	4	
佛山市	**5819**	**3488**	**2331**	**111**	**83**	**28**
南海区	1700	997	703	5	5	
顺德区	512	294	218	29	24	5
三水区	2873	1776	1097	75	52	23
高明区	733	420	313	2	2	
江门市	**24604**	**13933**	**10671**	**175**	**133**	**42**
蓬江区	64	35	29			
新会区	4919	2825	2094	20	17	3
台山市	8184	4617	3567	68	44	24
开平市	4918	2778	2140	40	35	5
鹤山市	3006	1662	1344	31	24	7
恩平市	3512	2016	1497	16	12	4

5-4c 续表 1

单位：人

地 区	二、专业技术人员			三、办事人员和有关人员			四、社会生产服务和生活服务人员		
	小计	男	女	小计	男	女	小计	男	女
全 省	**13757**	**7303**	**6454**	**10155**	**5869**	**4287**	**87614**	**54108**	**33506**
广州市	**1859**	**893**	**966**	**1991**	**1015**	**976**	**8532**	**5232**	**3300**
白云区	518	222	296	487	203	284	2083	1344	739
番禺区	683	328	355	454	201	254	1110	677	433
花都区	233	118	115	365	209	155	2036	1272	763
南沙区	97	44	53	242	120	122	691	401	290
萝岗区	59	26	33	75	49	26	248	133	115
从化区	114	48	67	213	138	74	1157	641	516
增城区	154	107	47	154	94	60	1207	765	443
韶关市	**418**	**229**	**189**	**367**	**206**	**161**	**2744**	**1637**	**1107**
武江区	34	19	16	35	17	18	160	99	60
浈江区	60	38	21	47	31	15	107	58	50
曲江区	30	13	18	27	15	12	440	246	194
始兴县	56	32	24	11	7	5	253	160	93
仁化县	43	22	21	34	23	10	234	131	103
翁源县	48	24	23	42	12	30	393	244	148
乳源瑶族自治县	22	11	11	24	15	9	184	97	87
新丰县	27	20	8	31	13	17	342	213	129
乐昌市	54	32	22	69	39	30	326	218	108
南雄市	44	19	25	47	33	15	305	171	134
珠海市	**77**	**41**	**36**	**138**	**99**	**39**	**648**	**384**	**264**
斗门区	77	41	36	138	99	39	648	384	264
汕头市	**782**	**395**	**387**	**483**	**336**	**147**	**4200**	**2865**	**1335**
龙湖区	48	12	36	24	16	8	331	216	115
金平区	8	3	5	11	9	2	144	98	45
濠江区	23	15	8	26	17	10	260	160	100
潮阳区	149	76	73	139	111	28	1022	776	246
潮南区	474	257	218	153	120	33	1660	1111	550
澄海区	71	28	43	120	57	63	706	463	243
南澳县	8	4	4	10	7	3	76	41	36
佛山市	**281**	**113**	**169**	**263**	**146**	**118**	**1796**	**1028**	**768**
南海区	114	56	58	114	72	42	546	300	247
顺德区	32	8	24	44	14	30	317	191	126
三水区	110	39	70	90	52	38	732	418	314
高明区	26	10	16	16	9	7	200	119	81
江门市	**759**	**388**	**370**	**734**	**396**	**337**	**4930**	**2792**	**2138**
蓬江区	5	2	3	4	1	3	8	5	3
新会区	134	53	82	191	105	87	824	488	336
台山市	194	123	72	86	49	37	1406	778	628
开平市	90	33	57	253	120	134	925	501	424
鹤山市	94	40	54	155	90	65	722	419	303
恩平市	242	139	103	44	32	12	1045	602	443

5-4c 续表 2　　　　单位：人

地　　区	五、农、林、牧、渔业生产及辅助人员			六、生产制造及有关人员			七、不便分类的其他从业人员		
	小计	男	女	小计	男	女	小计	男	女
全　省	**227489**	**120151**	**107338**	**126228**	**76870**	**49358**	**1666**	**1095**	**571**
广州市	**6198**	**3363**	**2835**	**9229**	**5820**	**3409**	**169**	**114**	**55**
白云区	939	489	451	2838	1857	981	69	48	20
番禺区	380	224	156	1367	932	435	55	35	20
花都区	555	323	232	1619	938	681	8	5	3
南沙区	807	397	409	1354	776	578	24	17	7
萝岗区	344	188	155	203	125	78			
从化区	1375	783	592	1106	662	444	3	2	1
增城区	1798	959	840	742	530	212	10	6	4
韶关市	**13355**	**6841**	**6514**	**2875**	**1812**	**1064**	**38**	**22**	**15**
武江区	431	239	193	165	89	76			
浈江区	531	282	248	121	74	48			
曲江区	1095	537	558	339	233	107			
始兴县	1163	610	553	363	194	168			
仁化县	1124	607	517	233	163	71	18	11	7
翁源县	2813	1481	1332	352	255	98			
乳源瑶族自治县	966	507	459	332	199	133	2	2	
新丰县	1002	522	481	197	121	76			
乐昌市	2204	1078	1127	439	269	170	8	6	2
南雄市	2024	979	1046	334	215	119	10	3	7
珠海市	**514**	**301**	**213**	**942**	**551**	**391**	**2**	**1**	**1**
斗门区	514	301	213	942	551	391	2	1	1
汕头市	**4334**	**3055**	**1279**	**11085**	**5712**	**5372**	**56**	**40**	**17**
龙湖区	196	156	40	820	391	430	1	1	
金平区	43	39	5	78	24	54			
濠江区	174	114	60	621	388	233			
潮阳区	1696	1316	380	3985	2255	1730			
潮南区	971	628	343	4069	1965	2104	56	39	17
澄海区	1153	731	422	1491	675	816			
南澳县	101	72	29	21	14	6			
佛山市	**1488**	**896**	**592**	**1872**	**1221**	**651**	**7**	**3**	**5**
南海区	324	228	95	597	337	260			
顺德区	29	21	8	63	38	26			
三水区	781	443	337	1081	770	311	5	1	3
高明区	355	203	152	131	76	55	3	1	1
江门市	**10229**	**5591**	**4638**	**7486**	**4419**	**3067**	**292**	**214**	**78**
蓬江区	7	4	3	33	18	15	7	6	2
新会区	1799	1017	783	1887	1097	790	64	49	15
台山市	4861	2691	2170	1488	885	603	81	48	33
开平市	1709	873	836	1901	1217	684			
鹤山市	720	429	291	1271	652	619	14	9	5
恩平市	1133	578	554	907	550	356	127	103	24

5-4c 续表 3 单位：人

地 区	就业人口			一、党的机关、国家机关、群众团体和社会组织、企事业单位负责人		
	合计	男	女	小计	男	女
湛江市	**59024**	**33109**	**25914**	**185**	**149**	**36**
赤坎区	95	51	43			
霞山区	198	122	77	2	2	
坡头区	2977	1793	1184	8	5	3
麻章区	3838	2315	1523	2	2	
遂溪县	8456	4632	3824	7	6	1
徐闻县	6684	3740	2944	14	12	2
廉江市	14853	8290	6562	78	59	19
雷州市	14422	7767	6655	13	12	1
吴川市	7501	4399	3102	62	52	10
茂名市	**45910**	**25046**	**20863**	**182**	**148**	**34**
茂南区	4292	2382	1911	13	12	1
电白区	12221	7060	5162	34	26	8
高州市	12334	6547	5787	67	50	17
化州市	10200	5439	4761	33	28	5
信宜市	6862	3619	3243	35	32	3
肇庆市	**33427**	**17514**	**15913**	**166**	**129**	**38**
鼎湖区	1283	657	626	3	3	
广宁县	4275	2218	2057	24	16	7
怀集县	8424	4163	4261	41	31	10
封开县	4178	2184	1994	10	8	2
德庆县	4097	2186	1911	8	7	1
高要市	8095	4367	3728	17	13	3
四会市	3075	1738	1336	64	50	14
惠州市	**22341**	**12810**	**9531**	**249**	**192**	**57**
惠城区	3606	2036	1570	34	29	5
惠阳区	2417	1500	917	45	38	7
博罗县	6905	3913	2991	41	34	7
惠东县	6495	3758	2737	59	43	15
龙门县	2918	1602	1316	71	47	23
梅州市	**29745**	**15894**	**13852**	**210**	**166**	**44**
梅江区	638	348	290	5	4	1
梅县区	3757	2090	1668	7	7	1
大埔县	2977	1644	1333	29	25	5
丰顺县	2909	1689	1220	46	37	9
五华县	8199	4173	4027	61	44	16
平远县	1986	1060	926	27	21	6
蕉岭县	1315	739	576	4	4	
兴宁市	7963	4152	3812	30	23	6

5-4c 续表 4

单位：人

地区	二、专业技术人员			三、办事人员和有关人员			四、社会生产服务和生活服务人员		
	小计	男	女	小计	男	女	小计	男	女
湛江市	**997**	**550**	**446**	**254**	**147**	**107**	**6977**	**4146**	**2831**
赤坎区	6	1	5	1		1	26	16	10
霞山区	7	4	3	2	1	1	59	31	28
坡头区	29	16	13	26	9	17	521	303	218
麻章区	71	40	31	16	14	1	750	472	279
遂溪县	91	43	48	52	28	25	1073	653	420
徐闻县	123	83	40	33	23	10	395	242	153
廉江市	292	147	145	47	28	19	1416	814	601
雷州市	213	119	94	39	29	10	1698	1000	699
吴川市	166	99	67	38	16	22	1039	615	424
茂名市	**724**	**360**	**364**	**371**	**250**	**121**	**7833**	**4745**	**3088**
茂南区	54	27	26	20	14	5	965	578	387
电白区	190	92	99	121	100	21	2290	1402	888
高州市	182	95	87	136	59	76	1620	1021	598
化州市	172	81	91	83	67	16	2142	1228	914
信宜市	126	65	61	12	9	3	817	515	302
肇庆市	**1285**	**732**	**552**	**423**	**228**	**195**	**5220**	**3129**	**2091**
鼎湖区	18	6	11	16	9	6	302	170	132
广宁县	111	65	47	42	26	16	757	445	311
怀集县	403	184	219	74	43	31	1576	974	602
封开县	128	82	46	12	4	8	355	232	123
德庆县	50	30	20	26	18	8	245	156	88
高要市	296	177	119	201	93	108	1478	873	605
四会市	279	188	91	52	35	17	508	279	229
惠州市	**776**	**356**	**419**	**777**	**401**	**377**	**4814**	**2900**	**1914**
惠城区	217	88	129	215	81	133	1003	651	353
惠阳区	103	37	67	128	73	55	564	316	248
博罗县	207	92	115	319	166	152	1212	811	401
惠东县	120	73	47	81	63	18	1460	784	676
龙门县	128	67	61	35	16	19	575	338	237
梅州市	**929**	**549**	**380**	**348**	**231**	**117**	**5790**	**3573**	**2217**
梅江区	14	6	8	24	14	10	209	120	90
梅县区	141	86	55	26	17	8	883	521	362
大埔县	44	28	16	43	18	25	688	383	304
丰顺县	44	26	19	22	19	4	556	328	228
五华县	402	273	129	66	40	27	1173	703	470
平远县	47	27	20	11	9	2	350	243	107
蕉岭县	39	19	19	42	26	16	326	214	112
兴宁市	199	83	116	113	87	26	1605	1060	544

5-4c 续表 5

单位：人

地 区	五、农、林、牧、渔业生产及辅助人员			六、生产制造及有关人员			七、不便分类的其他从业人员		
	小计	男	女	小计	男	女	小计	男	女
湛江市	**42441**	**22231**	**20209**	**7972**	**5766**	**2206**	**199**	**121**	**78**
赤坎区	52	28	24	10	7	3			
霞山区	105	62	43	23	22	2			
坡头区	1563	822	741	824	634	190	6	4	1
麻章区	2682	1586	1096	315	199	116	2	1	1
遂溪县	6730	3540	3189	448	320	128	56	43	13
徐闻县	5861	3226	2635	160	112	48	99	42	57
廉江市	10120	5196	4924	2896	2042	854	4	4	
雷州市	11189	5748	5441	1246	839	407	25	22	3
吴川市	4140	2023	2116	2049	1591	458	8	4	3
茂名市	**27000**	**12871**	**14129**	**9767**	**6646**	**3121**	**32**	**27**	**5**
茂南区	2541	1237	1304	689	502	187	11	11	
电白区	6751	3300	3451	2824	2131	693	10	8	2
高州市	7832	3776	4056	2489	1540	949	9	6	4
化州市	5237	2314	2923	2532	1720	812	2	2	
信宜市	4639	2244	2394	1234	753	480			
肇庆市	**20082**	**9356**	**10726**	**6197**	**3904**	**2293**	**55**	**37**	**19**
鼎湖区	569	292	277	365	170	196	11	8	3
广宁县	2756	1248	1508	584	416	168	1	1	
怀集县	4610	1824	2786	1719	1107	613			
封开县	3405	1663	1743	253	187	67	15	9	6
德庆县	3439	1768	1671	327	205	122	2	1	1
高要市	3963	1933	2030	2115	1261	854	26	18	8
四会市	1339	628	711	832	558	274			
惠州市	**8658**	**4948**	**3709**	**7056**	**4003**	**3053**	**11**	**10**	**1**
惠城区	734	419	315	1401	765	636	2	2	
惠阳区	682	437	245	894	599	295	1	1	
博罗县	2656	1489	1168	2462	1315	1147	8	7	1
惠东县	2972	1779	1193	1803	1016	788			
龙门县	1613	825	788	496	308	188			
梅州市	**16098**	**7272**	**8826**	**6297**	**4048**	**2249**	**74**	**55**	**19**
梅江区	240	101	139	145	102	43	1	1	
梅县区	1837	930	907	860	526	334	3	2	1
大埔县	1666	854	812	506	335	171	1	1	
丰顺县	1515	793	721	700	469	231	26	17	9
五华县	4929	2135	2794	1532	950	582	35	27	9
平远县	1126	467	659	425	292	133			
蕉岭县	603	260	343	299	213	86	1	1	
兴宁市	4182	1732	2450	1830	1160	669	5	5	

5-4c 续表 6

单位：人

地　区	就业人口			一、党的机关、国家机关、群众团体和社会组织、企事业单位负责人		
	合计	男	女	小计	男	女
汕尾市	**14908**	**10135**	**4774**	**53**	**45**	**9**
城区	1321	910	411	14	13	1
海丰县	4318	2620	1698	26	21	6
陆河县	1693	1041	653	6	4	2
陆丰市	7576	5564	2012	8	8	
河源市	**20442**	**11409**	**9033**	**127**	**105**	**21**
源城区	71	39	33			
紫金县	4096	2312	1784	17	14	3
龙川县	5700	3217	2483	20	19	1
连平县	3124	1658	1466	8	5	3
和平县	3553	1920	1633	12	10	2
东源县	3897	2263	1634	68	56	12
阳江市	**17739**	**10191**	**7548**	**52**	**47**	**5**
江城区	2705	1565	1140	14	12	2
阳西县	3849	2310	1539	7	7	
阳东县	3910	2230	1680	11	10	1
阳春市	7275	4087	3188	21	18	2
清远市	27439	15462	11977	103	78	26
清城区	2139	1240	899	29	21	9
清新区	5895	3373	2521	9	6	2
佛冈县	2710	1508	1203	3	2	1
阳山县	3287	1806	1480	10	9	1
连山壮族瑶族自治县	890	515	375	12	8	4
连南瑶族自治县	1042	552	490	5	4	
英德市	8709	4793	3916	21	16	5
连州市	2767	1676	1092	15	11	4
东莞市	**18805**	**12110**	**6695**	**244**	**192**	**52**
中山市	**5890**	**3432**	**2459**	**114**	**80**	**33**
潮州市	**13812**	**7899**	**5913**	**62**	**47**	**15**
湘桥区	999	592	406	4	4	
潮安区	6571	3864	2707	29	28	1
饶平县	6242	3443	2799	29	15	14
揭阳市	**38014**	**22672**	**15342**	**94**	**86**	**8**
榕城区	2265	1525	739	7	6	1
揭东区	5882	3647	2235	11	10	1
揭西县	7375	4449	2926	9	8	1
惠来县	7266	4292	2974	1	1	
普宁市	15227	8760	6468	66	61	5
云浮市	**20148**	**11061**	**9087**	**64**	**53**	**11**
云城区	1412	792	619	6	5	1
云安区	3046	1692	1354	13	10	3
新兴县	4561	2443	2118	7	6	1
郁南县	3086	1705	1381	10	7	3
罗定市	8043	4428	3615	29	26	3

5-4c 续表 7　　单位：人

地区	二、专业技术人员			三、办事人员和有关人员			四、社会生产服务和生活服务人员		
	小计	男	女	小计	男	女	小计	男	女
汕尾市	**373**	**266**	**107**	**142**	**100**	**42**	**3667**	**2386**	**1282**
城区	39	21	18	28	19	9	335	222	113
海丰县	34	21	14	50	38	13	863	518	344
陆河县	159	116	43	24	15	9	600	343	257
陆丰市	141	109	33	40	29	11	1870	1302	568
河源市	**667**	**362**	**305**	**263**	**145**	**118**	**3595**	**2258**	**1337**
源城区	4		4	2	1		22	13	9
紫金县	185	95	90	115	57	58	818	519	299
龙川县	192	116	76	38	22	16	1054	676	378
连平县	78	38	39	30	18	13	395	241	155
和平县	99	56	43	27	20	7	563	349	214
东源县	110	56	54	51	27	24	742	461	281
阳江市	**322**	**203**	**119**	**171**	**108**	**63**	**2690**	**1530**	**1160**
江城区	45	29	16	50	25	25	804	431	373
阳西县	37	25	12	38	25	14	291	167	124
阳东县	148	88	60	39	31	9	719	382	337
阳春市	92	62	31	43	27	16	876	551	325
清远市	697	357	341	446	260	185	4368	2555	1813
清城区	85	32	53	102	72	30	470	274	196
清新区	150	75	75	80	39	41	1262	767	495
佛冈县	24	9	15	31	13	19	381	188	193
阳山县	118	61	56	47	29	18	390	240	150
连山壮族瑶族自治县	22	12	9	19	13	6	82	40	42
连南瑶族自治县	29	12	17	32	24	7	124	79	45
英德市	242	141	101	109	56	53	1342	779	563
连州市	28	14	14	24	14	11	317	189	129
东莞市	**1022**	**514**	**509**	**2026**	**1245**	**781**	**4125**	**2734**	**1391**
中山市	**324**	**163**	**161**	**365**	**173**	**192**	**1740**	**1083**	**657**
潮州市	**247**	**101**	**145**	**175**	**117**	**59**	**2228**	**1495**	**733**
湘桥区	19	11	8	9	5	4	239	168	71
潮安区	152	64	88	107	75	32	1249	906	343
饶平县	76	26	49	60	37	23	741	422	319
揭阳市	**794**	**485**	**310**	**291**	**192**	**99**	**8720**	**5743**	**2978**
榕城区	167	146	21	2	1	1	667	452	215
揭东区	148	101	46	104	55	49	1426	965	461
揭西县	140	64	76	100	66	34	2110	1257	853
惠来县	119	71	47	39	32	7	1633	1088	545
普宁市	221	102	119	47	38	9	2884	1980	904
云浮市	**426**	**247**	**179**	**128**	**75**	**53**	**3000**	**1895**	**1104**
云城区	93	54	39	26	14	12	267	158	108
云安区	60	32	28	29	13	16	621	348	272
新兴县	52	18	34	34	19	14	499	303	197
郁南县	78	46	32	25	17	7	344	194	151
罗定市	143	96	46	14	11	3	1268	892	376

5-4c 续表 8

单位：人

地区	五、农、林、牧、渔业生产及辅助人员			六、生产制造及有关人员			七、不便分类的其他从业人员		
	小计	男	女	小计	男	女	小计	男	女
汕尾市	**7278**	**5292**	**1986**	**3331**	**1999**	**1332**	**63**	**47**	**16**
城区	342	301	41	513	295	218	51	40	11
海丰县	1673	1113	560	1666	908	758	6	1	5
陆河县	653	374	279	251	188	63	1	1	
陆丰市	4611	3504	1107	900	608	293	6	5	1
河源市	**10339**	**5282**	**5057**	**5291**	**3164**	**2127**	**160**	**92**	**68**
源城区	3	2		41	22	19			
紫金县	1726	876	850	1210	739	472	24	13	12
龙川县	2672	1396	1276	1614	925	689	110	62	48
连平县	2019	1000	1020	584	349	235	10	8	2
和平县	2058	985	1073	790	496	294	4	4	
东源县	1861	1023	839	1052	633	418	13	6	7
阳江市	**9868**	**5244**	**4623**	**4504**	**2986**	**1518**	**133**	**73**	**60**
江城区	881	468	414	900	592	308	12	8	3
阳西县	2455	1363	1092	938	680	258	83	43	39
阳东县	1904	1037	867	1066	673	393	23	10	13
阳春市	4627	2377	2250	1600	1041	559	15	11	4
清远市	16605	8944	7661	5159	3238	1921	61	30	31
清城区	1043	590	453	409	251	159			
清新区	2736	1436	1301	1655	1049	606	2	1	1
佛冈县	1582	840	741	688	454	235	2	2	
阳山县	2148	1090	1057	574	376	198			
连山壮族瑶族自治县	649	375	274	106	66	39	1	1	
连南瑶族自治县	725	352	373	127	80	47			
英德市	5715	3081	2633	1224	693	532	55	26	29
连州市	2008	1179	829	375	269	106			
东莞市	**393**	**270**	**122**	**10990**	**7151**	**3840**	**5**	**4**	**1**
中山市	**614**	**385**	**230**	**2619**	**1487**	**1132**	**114**	**61**	**53**
潮州市	**5522**	**3244**	**2278**	**5578**	**2895**	**2684**			
湘桥区	385	235	150	343	170	173			
潮安区	1595	983	612	3439	1808	1631			
饶平县	3541	2026	1516	1796	917	879			
揭阳市	**14822**	**9358**	**5464**	**13180**	**6714**	**6466**	**112**	**94**	**18**
榕城区	577	506	71	747	331	416	97	82	15
揭东区	1893	1304	589	2297	1208	1089	3	3	
揭西县	2774	1718	1055	2241	1335	906	1		1
惠来县	3930	2293	1637	1542	804	737	3	2	1
普宁市	5649	3537	2112	6353	3036	3318	8	6	2
云浮市	**11652**	**5407**	**6246**	**4797**	**3334**	**1464**	**82**	**51**	**31**
云城区	823	409	414	197	152	45			
云安区	1463	599	864	857	688	168	4	1	3
新兴县	2795	1371	1424	1171	723	448	3	3	1
郁南县	2130	1114	1016	459	306	153	41	21	20
罗定市	4441	1914	2527	2114	1464	650	34	26	8

5-5 全省分年龄、性别、职业大类的就业人口

单位：人

年 龄	就业人口			一、党的机关、国家机关、群众团体和社会组织、企事业单位负责人		
	合计	男	女	小计	男	女
总 计	**1621633**	**951049**	**670584**	**39448**	**29344**	**10103**
16-19岁	**45660**	**25694**	**19965**	**140**	**95**	**45**
16	3540	2039	1501	15	10	6
17	8181	4729	3452	23	15	8
18	13721	7779	5942	42	25	17
19	20218	11148	9070	60	45	15
20-24岁	**186423**	**102716**	**83707**	**1549**	**1031**	**518**
20	27084	14705	12379	131	81	50
21	30527	16606	13921	179	109	70
22	38520	21039	17481	281	185	96
23	43926	24285	19641	411	281	130
24	46366	26082	20284	548	376	172
25-29岁	**267069**	**152551**	**114518**	**4786**	**3236**	**1550**
25	55939	31601	24338	727	504	224
26	53508	30590	22918	845	570	275
27	51604	29279	22325	970	626	344
28	54622	31522	23100	1078	717	360
29	51396	29559	21837	1167	819	347
30-34岁	**237709**	**138306**	**99403**	**6530**	**4587**	**1943**
30	48464	27994	20470	1146	791	355
31	48163	28034	20129	1251	885	366
32	47040	27542	19498	1326	931	395
33	49408	28744	20664	1456	1032	425
34	44635	25992	18642	1351	949	402
35-39岁	**195009**	**113595**	**81414**	**6656**	**4853**	**1803**
35	41642	24415	17227	1346	967	379
36	43133	25337	17795	1460	1077	382
37	38651	22433	16218	1322	938	385
38	33610	19450	14160	1213	889	324
39	37973	21960	16013	1315	982	333
40-44岁	**211246**	**120012**	**91234**	**7454**	**5479**	**1975**
40	39582	22657	16926	1410	1032	379
41	42861	24465	18396	1525	1103	422
42	43949	24964	18985	1636	1214	421
43	42599	24114	18485	1410	1048	363
44	42255	23813	18442	1473	1082	391
45-49岁	**195382**	**112406**	**82976**	**5944**	**4539**	**1405**
45	44718	25365	19354	1531	1160	371
46	39826	22724	17102	1219	936	283
47	42476	24385	18091	1259	948	311
48	33545	19389	14156	968	744	224
49	34816	20543	14273	967	751	216
50-54岁	**137505**	**86923**	**50582**	**3827**	**3249**	**578**
50	34058	21086	12972	954	800	154
51	29835	18497	11337	824	680	144
52	32360	20772	11587	869	751	118
53	26797	17208	9589	774	660	115
54	14455	9359	5096	406	357	49
55-59岁	**76765**	**52348**	**24417**	**1739**	**1561**	**178**
55	13974	9411	4563	361	313	48
56	14863	10140	4723	355	314	41
57	17153	11632	5521	369	336	32
58	17139	11751	5388	377	341	36
59	13636	9414	4222	277	257	20
60-64岁	**41903**	**27962**	**13941**	**618**	**536**	**82**
60	11225	7524	3702	196	171	25
61	9743	6405	3339	150	128	22
62	8254	5480	2773	110	94	16
63	7062	4691	2371	90	74	16
64	5618	3862	1756	72	69	4
65岁及以上	**26964**	**18535**	**8428**	**204**	**179**	**25**

5-5 续表 1

单位：人

年 龄	二、专业技术人员			三、办事人员和有关人员			四、社会生产服务和生活服务人员		
	小计	男	女	小计	男	女	小计	男	女
总 计	**124470**	**59682**	**64788**	**98073**	**56506**	**41566**	**515040**	**309707**	**205333**
16-19岁	**2081**	**728**	**1354**	**1290**	**432**	**858**	**14497**	**8159**	**6338**
16	145	69	75	73	18	55	1048	608	439
17	330	123	207	151	58	93	2500	1482	1018
18	669	229	440	370	120	250	4386	2471	1915
19	938	306	632	696	237	459	6563	3598	2965
20-24岁	**14038**	**5370**	**8668**	**10726**	**3952**	**6774**	**66498**	**36845**	**29653**
20	1440	462	978	1111	385	726	9195	5019	4177
21	1978	699	1279	1426	505	921	10626	5847	4779
22	2885	1060	1825	2166	796	1370	13788	7589	6199
23	3612	1413	2199	2857	1052	1805	16036	8875	7161
24	4123	1736	2387	3167	1214	1952	16853	9515	7338
25-29岁	**25149**	**10943**	**14206**	**18959**	**8097**	**10862**	**95232**	**55884**	**39348**
25	5131	2185	2946	3779	1452	2327	20474	11818	8656
26	5013	2159	2854	3788	1548	2240	19236	11351	7885
27	4904	2104	2799	3685	1606	2079	18406	10742	7664
28	5027	2236	2791	3890	1753	2137	19240	11368	7872
29	5075	2259	2817	3817	1738	2079	17876	10605	7271
30-34岁	**23713**	**10951**	**12761**	**16552**	**8463**	**8089**	**82903**	**50242**	**32662**
30	4791	2186	2605	3430	1657	1773	17074	10256	6817
31	4750	2133	2617	3280	1591	1689	17027	10359	6668
32	4654	2189	2465	3345	1713	1632	16410	9983	6427
33	5013	2356	2657	3364	1734	1630	17124	10420	6704
34	4505	2088	2417	3133	1767	1366	15268	9223	6046
35-39岁	**18980**	**8633**	**10347**	**13189**	**7814**	**5375**	**64872**	**39681**	**25191**
35	4258	1957	2301	2802	1637	1165	14350	8766	5584
36	4452	2034	2417	3093	1798	1294	14509	8935	5573
37	3745	1723	2022	2649	1546	1103	12843	7770	5073
38	3099	1367	1732	2260	1355	906	10978	6737	4242
39	3427	1553	1874	2385	1478	907	12192	7473	4718
40-44岁	**16342**	**7927**	**8415**	**12517**	**8008**	**4509**	**66818**	**40033**	**26785**
40	3320	1599	1721	2403	1498	906	12802	7811	4991
41	3433	1665	1768	2632	1650	982	13590	8198	5392
42	3549	1717	1833	2580	1620	960	13828	8287	5541
43	3143	1506	1637	2507	1690	818	13553	8033	5520
44	2897	1441	1457	2393	1550	843	13044	7703	5341
45-49岁	**12167**	**6514**	**5653**	**10766**	**7504**	**3262**	**58384**	**34080**	**24304**
45	3050	1561	1489	2579	1769	809	13829	7985	5844
46	2592	1334	1257	2228	1527	701	12127	7164	4962
47	2679	1482	1198	2324	1619	705	12631	7334	5298
48	1897	1027	871	1743	1236	507	9773	5622	4151
49	1949	1111	838	1892	1352	540	10024	5975	4048
50-54岁	**7596**	**4951**	**2645**	**7879**	**6447**	**1432**	**37653**	**24353**	**13300**
50	1929	1234	695	1865	1474	391	9561	6059	3502
51	1776	1115	661	1726	1360	366	8229	5144	3085
52	1821	1245	577	1879	1559	320	8876	5762	3113
53	1365	903	463	1592	1363	229	7230	4772	2458
54	704	455	250	816	690	125	3756	2615	1141
55-59岁	**3006**	**2532**	**474**	**4344**	**4063**	**281**	**17643**	**12853**	**4790**
55	616	488	128	884	807	77	3562	2563	999
56	572	479	93	838	785	53	3578	2545	1034
57	605	517	87	922	851	71	4027	2938	1089
58	695	591	103	929	884	45	3716	2765	951
59	519	456	62	770	735	35	2760	2043	717
60-64岁	**858**	**680**	**178**	**1342**	**1246**	**96**	**7319**	**5162**	**2157**
60	273	212	61	399	372	27	2135	1473	662
61	179	142	37	330	307	23	1740	1249	491
62	148	119	29	234	218	16	1434	1008	426
63	152	125	27	221	198	23	1160	816	344
64	105	80	25	159	151	8	849	616	234
65岁及以上	**540**	**453**	**87**	**509**	**481**	**28**	**3222**	**2416**	**806**

5-5 续表 2

单位：人

年 龄	五、农、林、牧、渔业生产及辅助人员			六、生产制造及有关人员			七、不便分类的其他从业人员		
	小计	男	女	小计	男	女	小计	男	女
总 计	**306801**	**164949**	**141852**	**530892**	**326473**	**204420**	**6910**	**4388**	**2522**
16-19岁	**4523**	**2706**	**1817**	**22827**	**13377**	**9450**	**302**	**197**	**104**
16	416	266	150	1798	1042	756	46	26	20
17	854	508	347	4249	2500	1749	74	43	31
18	1325	793	532	6845	4081	2764	84	59	24
19	1927	1139	788	9935	5753	4182	98	69	29
20-24岁	**16542**	**9411**	**7131**	**76295**	**45676**	**30619**	**774**	**431**	**343**
20	2564	1451	1113	12534	7240	5294	109	68	42
21	2915	1676	1240	13255	7692	5563	149	80	69
22	3400	1914	1486	15848	9406	6442	151	88	64
23	3770	2128	1642	17065	10441	6623	176	95	81
24	3894	2243	1651	17594	10897	6697	189	101	88
25-29岁	**22905**	**12184**	**10721**	**98976**	**61612**	**37364**	**1062**	**594**	**467**
25	4622	2476	2147	20995	13054	7940	211	112	99
26	4454	2392	2062	19965	12457	7508	207	113	93
27	4346	2301	2045	19095	11794	7301	199	106	93
28	4793	2575	2217	20374	12751	7623	220	122	99
29	4690	2440	2250	18547	11556	6991	225	142	83
30-34岁	**24928**	**13117**	**11811**	**82034**	**50298**	**31735**	**1049**	**648**	**402**
30	4721	2406	2315	17091	10571	6520	211	127	84
31	4982	2678	2304	16654	10258	6396	218	129	89
32	4904	2593	2311	16182	10002	6179	219	130	89
33	5219	2730	2489	17018	10329	6689	213	142	71
34	5101	2709	2392	15088	9138	5951	188	119	69
35-39岁	**23967**	**12191**	**11776**	**66550**	**39917**	**26633**	**795**	**506**	**288**
35	4872	2538	2334	13859	8447	5412	156	103	53
36	5014	2610	2404	14403	8754	5649	203	128	75
37	4810	2466	2344	13142	7904	5238	140	88	52
38	4211	2113	2099	11694	6899	4796	154	91	63
39	5060	2465	2595	13452	7913	5539	142	96	45
40-44岁	**34482**	**16469**	**18013**	**72717**	**41514**	**31204**	**917**	**583**	**333**
40	5533	2649	2884	13942	7958	5984	172	111	61
41	6449	3150	3298	15030	8562	6468	202	138	64
42	7096	3360	3736	15086	8657	6429	175	109	66
43	7262	3374	3888	14536	8342	6194	187	121	66
44	8143	3936	4206	14124	7996	6129	181	105	76
45-49岁	**46998**	**23061**	**23938**	**60295**	**36166**	**24129**	**828**	**542**	**286**
45	9038	4332	4706	14473	8416	6057	219	142	77
46	8856	4320	4536	12644	7329	5315	161	113	47
47	10012	4908	5103	13377	7968	5409	194	127	67
48	9211	4573	4639	9822	6107	3715	131	80	51
49	9882	4928	4954	9979	6346	3633	124	80	44
50-54岁	**47747**	**24825**	**22921**	**32169**	**22660**	**9509**	**634**	**439**	**196**
50	10706	5555	5152	8890	5868	3022	153	96	57
51	9805	5009	4797	7330	5090	2240	143	98	45
52	11219	5917	5302	7534	5434	2100	161	103	57
53	10081	5265	4815	5648	4159	1488	107	87	20
54	5935	3079	2856	2768	2109	659	70	54	16
55-59岁	**37183**	**21028**	**16155**	**12536**	**10062**	**2473**	**315**	**249**	**65**
55	5890	3161	2728	2592	2028	564	68	50	18
56	6960	3986	2974	2493	1977	516	66	54	11
57	8311	4655	3656	2851	2278	573	68	56	12
58	8767	5010	3757	2600	2121	479	55	38	17
59	7254	4215	3039	1999	1658	342	58	51	7
60-64岁	**26782**	**16308**	**10474**	**4827**	**3899**	**928**	**156**	**132**	**25**
60	6701	4046	2655	1470	1211	259	52	39	13
61	6101	3596	2505	1213	955	259	30	27	3
62	5383	3271	2112	912	742	170	32	27	5
63	4721	2902	1819	690	550	139	29	25	4
64	3876	2492	1384	541	441	101	14	13	1
65岁及以上	**20744**	**13649**	**7096**	**1666**	**1291**	**374**	**79**	**67**	**12**

5-5a 全省分年龄、性别、职业大类的就业人口（城市）

单位：人

年 龄	就业人口			一、党的机关、国家机关、群众团体和社会组织、企事业单位负责人		
	合计	男	女	小计	男	女
总 计	**902809**	**535537**	**367272**	**31433**	**23006**	**8427**
16-19岁	**26286**	**14950**	**11335**	**118**	**82**	**36**
16	2126	1223	903	15	10	6
17	4874	2833	2041	18	13	5
18	7929	4563	3366	37	23	14
19	11357	6331	5025	47	36	11
20-24岁	**107052**	**59179**	**47873**	**1211**	**792**	**419**
20	14972	8158	6813	99	61	38
21	16674	9074	7600	133	80	53
22	21981	12073	9909	209	133	76
23	25678	14228	11450	321	218	103
24	27747	15646	12102	448	300	148
25-29岁	**168391**	**96359**	**72032**	**3900**	**2596**	**1304**
25	34516	19502	15014	584	399	185
26	33611	19237	14373	678	452	226
27	32757	18624	14133	797	500	297
28	34738	20100	14637	887	576	311
29	32769	18896	13873	954	669	285
30-34岁	**149001**	**86750**	**62251**	**5410**	**3746**	**1664**
30	30468	17609	12859	950	648	302
31	29999	17462	12538	1029	721	308
32	29499	17201	12298	1102	754	348
33	31207	18212	12995	1224	869	355
34	27828	16267	11561	1106	754	352
35-39岁	**122311**	**71758**	**50553**	**5497**	**3958**	**1539**
35	25981	15219	10763	1107	790	317
36	27258	16150	11108	1202	881	321
37	24067	14019	10048	1079	755	323
38	21174	12353	8821	1022	738	284
39	23831	14018	9813	1087	793	294
40-44岁	**126277**	**73530**	**52747**	**6189**	**4500**	**1690**
40	24540	14408	10131	1147	825	322
41	26129	15166	10963	1275	907	368
42	26456	15476	10979	1387	1015	372
43	25133	14655	10478	1176	866	310
44	24020	13824	10195	1204	886	317
45-49岁	**102973**	**60899**	**42074**	**4664**	**3490**	**1174**
45	24913	14502	10410	1233	912	321
46	21868	12875	8992	972	736	236
47	22526	13269	9257	985	729	256
48	16704	9919	6785	716	534	182
49	16964	10334	6629	758	579	180
50-54岁	**60569**	**41462**	**19108**	**2839**	**2421**	**418**
50	15694	10350	5345	728	614	114
51	13538	9077	4461	622	511	111
52	14346	9973	4372	642	564	78
53	11320	7961	3359	546	468	78
54	5671	4100	1571	300	264	36
55-59岁	**26110**	**20490**	**5619**	**1148**	**1024**	**123**
55	5464	4237	1227	250	212	38
56	5122	3983	1139	224	195	29
57	5802	4546	1256	248	229	19
58	5530	4376	1154	248	225	22
59	4192	3348	844	178	163	15
60-64岁	**9532**	**6993**	**2539**	**347**	**299**	**48**
60	2799	2078	721	118	103	15
61	2290	1643	647	83	70	14
62	1780	1314	466	65	55	9
63	1532	1113	419	47	37	10
64	1130	845	286	33	33	
65岁及以上	**4308**	**3166**	**1141**	**112**	**99**	**13**

5-5a 续表 1

单位：人

年 龄	二、专业技术人员			三、办事人员和有关人员			四、社会生产服务和生活服务人员		
	小计	男	女	小计	男	女	小计	男	女
总 计	**95025**	**44718**	**50307**	**76869**	**43619**	**33249**	**348667**	**207400**	**141267**
16-19岁	**1372**	**449**	**924**	**908**	**298**	**609**	**9582**	**5438**	**4144**
16	84	37	47	61	13	49	734	428	306
17	219	66	153	100	34	66	1762	1040	722
18	448	144	304	264	85	179	2902	1660	1241
19	622	202	420	483	167	316	4185	2309	1876
20-24岁	**10206**	**3973**	**6233**	**7794**	**2870**	**4925**	**42610**	**23583**	**19027**
20	965	312	653	776	271	505	5757	3156	2601
21	1378	489	889	1013	351	662	6591	3604	2987
22	2123	790	1333	1579	592	986	8777	4841	3935
23	2656	1039	1618	2116	775	1341	10376	5741	4635
24	3084	1343	1741	2311	881	1430	11109	6240	4869
25-29岁	**19428**	**8533**	**10895**	**14537**	**6135**	**8402**	**65613**	**38008**	**27605**
25	3930	1713	2218	2824	1058	1766	13772	7891	5881
26	3875	1671	2204	2910	1175	1734	13146	7674	5473
27	3771	1631	2140	2812	1216	1596	12902	7400	5503
28	3869	1742	2127	3024	1355	1669	13393	7829	5564
29	3983	1777	2206	2967	1331	1636	12399	7215	5185
30-34岁	**18813**	**8650**	**10163**	**13508**	**6764**	**6744**	**57297**	**34212**	**23085**
30	3749	1713	2036	2756	1296	1460	11762	6955	4807
31	3743	1688	2054	2608	1232	1376	11699	7029	4671
32	3692	1717	1975	2730	1364	1366	11337	6752	4585
33	4036	1885	2152	2809	1431	1378	11901	7127	4774
34	3593	1647	1946	2605	1441	1164	10597	6350	4248
35-39岁	**15065**	**6739**	**8326**	**10987**	**6402**	**4585**	**45659**	**27505**	**18154**
35	3378	1530	1847	2361	1356	1005	9871	5867	4004
36	3541	1597	1944	2577	1489	1088	10298	6272	4027
37	2993	1344	1649	2182	1245	937	9000	5367	3633
38	2430	1058	1372	1895	1117	778	7796	4724	3072
39	2723	1209	1514	1972	1195	776	8695	5276	3419
40-44岁	**12771**	**6009**	**6762**	**10330**	**6518**	**3812**	**47274**	**27929**	**19344**
40	2625	1221	1404	1989	1228	761	9187	5552	3636
41	2680	1285	1395	2175	1342	833	9664	5725	3939
42	2778	1309	1469	2136	1333	803	9833	5857	3976
43	2456	1122	1334	2083	1378	705	9529	5559	3970
44	2232	1072	1160	1948	1238	710	9060	5237	3823
45-49岁	**9218**	**4684**	**4534**	**8674**	**5908**	**2766**	**39991**	**22901**	**17090**
45	2339	1152	1187	2079	1402	677	9571	5419	4152
46	2007	978	1029	1843	1234	609	8426	4918	3507
47	2031	1054	978	1877	1269	608	8653	4907	3746
48	1415	731	684	1356	940	416	6600	3730	2871
49	1427	770	657	1519	1063	456	6741	3927	2814
50-54岁	**5499**	**3488**	**2012**	**6027**	**4885**	**1142**	**24628**	**16035**	**8593**
50	1390	870	520	1435	1132	303	6289	3990	2299
51	1303	799	504	1334	1041	293	5366	3364	2002
52	1348	893	455	1427	1168	259	5911	3893	2018
53	957	609	348	1231	1044	187	4708	3133	1574
54	502	316	185	600	499	101	2354	1654	700
55-59岁	**1971**	**1658**	**313**	**3066**	**2889**	**177**	**10738**	**8037**	**2701**
55	419	328	91	683	632	51	2310	1704	606
56	386	323	63	608	574	34	2164	1582	583
57	406	348	58	615	569	46	2425	1813	611
58	441	369	72	646	619	28	2223	1705	518
59	319	291	28	514	495	19	1616	1233	383
60-64岁	**459**	**352**	**108**	**756**	**694**	**61**	**3795**	**2659**	**1136**
60	155	116	40	236	219	16	1136	781	354
61	93	71	22	180	163	17	914	646	269
62	78	62	16	139	130	9	742	524	218
63	76	59	16	123	106	17	586	416	170
64	58	44	14	79	76	3	417	292	125
65岁及以上	**222**	**184**	**38**	**281**	**256**	**25**	**1481**	**1093**	**388**

5-5a 续表 2 单位：人

年　龄	五、农、林、牧、渔业生产及辅助人员			六、生产制造及有关人员			七、不便分类的其他从业人员		
	小计	男	女	小计	男	女	小计	男	女
总　计	**23491**	**13582**	**9910**	**323500**	**200864**	**122636**	**3824**	**2349**	**1475**
16-19岁	**196**	**130**	**65**	**14005**	**8488**	**5517**	**105**	**65**	**40**
16	18	11	7	1198	715	483	17	11	6
17	31	22	9	2717	1641	1076	26	17	9
18	57	40	17	4195	2596	1599	26	14	12
19	90	58	32	5895	3537	2358	35	23	12
20-24岁	**960**	**616**	**343**	**43875**	**27143**	**16732**	**397**	**203**	**194**
20	129	82	47	7196	4247	2949	49	29	21
21	161	98	62	7327	4422	2905	71	30	41
22	183	126	56	9038	5550	3488	74	39	34
23	211	130	82	9906	6280	3626	92	46	45
24	276	180	97	10409	6644	3765	111	58	52
25-29岁	**1530**	**921**	**610**	**62746**	**39827**	**22919**	**636**	**339**	**297**
25	295	183	112	12996	8200	4796	115	57	58
26	288	171	117	12593	8032	4561	120	62	57
27	275	166	109	12075	7644	4430	126	68	58
28	322	195	127	13103	8331	4772	141	73	68
29	351	206	145	11979	7619	4360	134	79	56
30-34岁	**1786**	**1020**	**766**	**51577**	**31999**	**19579**	**610**	**361**	**250**
30	336	184	152	10798	6755	4043	117	59	58
31	392	222	170	10399	6496	3904	129	74	55
32	345	196	149	10151	6331	3820	142	86	56
33	357	202	154	10757	6614	4143	124	85	39
34	356	215	141	9472	5803	3669	99	57	42
35-39岁	**1800**	**1030**	**770**	**42819**	**25814**	**17005**	**484**	**310**	**174**
35	319	192	127	8845	5415	3430	101	68	33
36	393	224	169	9119	5610	3509	126	77	49
37	366	212	154	8364	5046	3318	84	50	34
38	333	190	143	7612	4473	3139	86	53	33
39	388	211	177	8879	5272	3608	88	62	26
40-44岁	**2760**	**1492**	**1268**	**46403**	**26736**	**19667**	**550**	**345**	**205**
40	414	232	182	9078	5286	3793	99	65	34
41	528	281	247	9680	5541	4140	128	87	41
42	587	307	280	9625	5592	4033	108	62	46
43	559	321	238	9224	5338	3885	105	69	36
44	671	350	321	8795	4979	3816	110	62	48
45-49岁	**3660**	**1972**	**1688**	**36307**	**21658**	**14648**	**459**	**287**	**173**
45	676	375	301	8894	5174	3720	121	68	53
46	655	364	292	7866	4577	3289	99	68	31
47	834	445	389	8038	4799	3239	107	66	42
48	732	375	358	5813	3566	2247	72	44	28
49	762	413	349	5696	3543	2153	60	40	20
50-54岁	**3816**	**2090**	**1726**	**17424**	**12308**	**5116**	**337**	**235**	**102**
50	782	427	354	4987	3263	1724	84	52	31
51	774	436	337	4061	2869	1192	78	56	23
52	907	482	425	4026	2916	1110	85	57	27
53	850	465	385	2967	2192	774	62	49	13
54	504	279	225	1384	1068	316	28	21	7
55-59岁	**3073**	**1806**	**1266**	**5957**	**4944**	**1013**	**157**	**131**	**27**
55	460	271	189	1315	1070	246	26	20	6
56	561	337	224	1144	942	201	36	31	5
57	687	410	277	1387	1144	242	34	32	2
58	741	434	307	1201	1004	196	30	20	10
59	623	354	269	910	783	127	31	29	3
60-64岁	**2301**	**1449**	**852**	**1814**	**1488**	**326**	**59**	**52**	**8**
60	564	360	204	575	487	87	15	11	4
61	562	334	227	450	352	98	9	8	1
62	424	262	163	317	267	50	14	13	1
63	433	281	152	251	199	52	16	15	1
64	318	212	106	221	182	38	5	5	
65岁及以上	**1610**	**1055**	**555**	**573**	**458**	**116**	**29**	**22**	**7**

5-5b 全省分年龄、性别、职业大类的就业人口（镇）

单位：人

年 龄	就业人口			一、党的机关、国家机关、群众团体和社会组织、企事业单位负责人		
	合计	男	女	小计	男	女
总 计	**248449**	**147391**	**101058**	**4549**	**3613**	**936**
16-19岁	**6294**	**3444**	**2849**	**10**	**5**	**5**
16	411	234	177			
17	1065	605	461	2	1	1
18	1901	1077	823	2	1	1
19	2917	1528	1388	7	3	4
20-24岁	**27491**	**15240**	**12251**	**176**	**126**	**50**
20	3962	2198	1765	17	8	9
21	4622	2551	2071	21	16	6
22	5782	3159	2623	38	29	9
23	6463	3602	2862	43	31	13
24	6662	3731	2931	55	42	13
25-29岁	**37337**	**21497**	**15840**	**491**	**365**	**126**
25	8001	4557	3445	70	52	18
26	7474	4307	3166	95	72	23
27	7166	4090	3076	102	78	24
28	7566	4369	3198	107	77	30
29	7129	4174	2955	117	86	31
30-34岁	**33835**	**19973**	**13862**	**673**	**492**	**181**
30	6942	4082	2860	107	77	30
31	6832	4034	2798	124	88	36
32	6632	3959	2673	147	112	35
33	7066	4165	2901	139	90	49
34	6363	3733	2630	156	125	31
35-39岁	**27967**	**16329**	**11638**	**653**	**500**	**152**
35	5983	3501	2482	121	92	29
36	6158	3629	2528	147	112	35
37	5581	3227	2354	137	102	36
38	4710	2759	1950	107	82	26
39	5535	3212	2324	140	113	27
40-44岁	**31854**	**18295**	**13560**	**747**	**592**	**155**
40	5837	3349	2488	159	127	32
41	6283	3647	2635	147	116	30
42	6505	3742	2763	140	117	23
43	6589	3769	2819	148	115	33
44	6641	3787	2855	153	117	37
45-49岁	**31685**	**18528**	**13158**	**768**	**634**	**134**
45	7087	4078	3009	183	159	24
46	6245	3587	2658	150	122	28
47	6953	4070	2882	166	130	35
48	5480	3231	2249	147	121	26
49	5921	3562	2359	123	102	21
50-54岁	**24407**	**15251**	**9156**	**544**	**456**	**88**
50	6070	3735	2335	120	99	21
51	5269	3216	2053	120	98	22
52	5764	3642	2122	132	115	16
53	4708	2994	1714	112	92	20
54	2596	1665	931	61	53	8
55-59岁	**14474**	**9766**	**4707**	**306**	**282**	**24**
55	2516	1635	880	56	53	3
56	2809	1891	918	67	63	4
57	3292	2217	1075	70	62	8
58	3235	2220	1015	65	59	6
59	2622	1803	819	47	44	3
60-64岁	**8221**	**5616**	**2605**	**130**	**115**	**14**
60	2249	1534	715	38	36	3
61	1940	1327	614	36	32	4
62	1585	1047	537	18	16	3
63	1372	938	434	16	13	2
64	1075	771	304	22	19	2
65岁及以上	**4884**	**3452**	**1432**	**51**	**45**	**6**

5-5b 续表 1

单位：人

年 龄	二、专业技术人员			三、办事人员和有关人员			四、社会生产服务和生活服务人员		
	小计	男	女	小计	男	女	小计	男	女
总 计	**15688**	**7661**	**8027**	**11049**	**7019**	**4030**	**78759**	**48199**	**30560**
16-19岁	**282**	**96**	**185**	**165**	**65**	**100**	**1904**	**1040**	**864**
16	13	8	5	3	1	3	126	70	56
17	45	21	24	22	11	12	277	156	122
18	77	24	53	37	11	26	588	326	262
19	147	43	104	103	42	61	913	489	424
20-24岁	**1673**	**582**	**1091**	**1317**	**527**	**790**	**9690**	**5467**	**4222**
20	173	43	130	139	57	82	1322	733	589
21	251	84	167	161	64	97	1588	897	691
22	335	119	217	269	99	170	2018	1136	882
23	411	149	261	349	144	205	2370	1345	1025
24	502	186	317	399	164	236	2392	1356	1035
25-29岁	**2832**	**1154**	**1679**	**2114**	**1004**	**1111**	**13350**	**7931**	**5419**
25	554	208	346	456	207	250	2937	1718	1219
26	557	222	335	404	178	226	2717	1619	1098
27	547	225	322	401	192	209	2518	1484	1035
28	592	247	345	427	203	224	2666	1570	1096
29	583	252	331	426	224	202	2512	1541	971
30-34岁	**2619**	**1162**	**1457**	**1524**	**886**	**638**	**11906**	**7418**	**4488**
30	523	217	306	336	193	143	2461	1524	937
31	537	217	320	335	190	145	2407	1504	903
32	487	232	254	308	188	120	2320	1449	871
33	546	256	291	276	147	128	2491	1578	913
34	526	240	286	270	168	102	2228	1363	865
35-39岁	**2358**	**1061**	**1297**	**1233**	**797**	**436**	**9347**	**5784**	**3563**
35	505	228	277	225	143	82	2133	1325	808
36	563	249	314	277	172	105	2076	1300	776
37	457	211	246	279	181	98	1849	1110	739
38	379	158	221	206	134	72	1537	958	579
39	454	215	239	246	166	80	1752	1091	661
40-44岁	**2181**	**1096**	**1085**	**1290**	**890**	**400**	**10004**	**6123**	**3881**
40	420	213	207	243	162	80	1867	1154	713
41	485	235	250	282	197	85	1965	1212	753
42	445	221	224	262	176	86	2085	1275	809
43	417	219	199	244	176	68	2086	1256	830
44	414	209	205	258	178	80	2002	1225	777
45-49岁	**1742**	**1029**	**713**	**1238**	**931**	**307**	**9349**	**5594**	**3756**
45	437	245	192	275	199	75	2135	1254	882
46	342	188	154	217	165	52	1890	1130	760
47	381	236	146	293	222	70	2052	1227	825
48	261	162	99	233	179	54	1588	936	652
49	321	198	123	220	165	56	1684	1048	637
50-54岁	**1175**	**785**	**390**	**1052**	**873**	**179**	**6928**	**4403**	**2525**
50	319	200	118	249	196	53	1743	1104	639
51	278	181	97	228	181	47	1546	969	577
52	261	185	75	251	212	39	1588	985	603
53	209	147	62	208	182	26	1331	852	478
54	108	71	37	116	101	15	720	493	227
55-59岁	**523**	**447**	**76**	**716**	**664**	**52**	**3639**	**2523**	**1116**
55	92	70	22	121	106	15	670	458	212
56	106	94	12	133	122	11	731	492	238
57	99	87	12	166	153	14	831	580	251
58	124	106	17	145	139	5	791	560	231
59	103	89	13	151	143	8	617	434	184
60-64岁	**168**	**138**	**31**	**296**	**280**	**15**	**1791**	**1263**	**528**
60	56	46	10	98	92	6	510	342	168
61	39	30	9	67	64	4	434	317	117
62	28	24	4	45	41	3	354	242	112
63	28	26	2	45	45		278	199	79
64	18	12	6	41	39	2	215	164	52
65岁及以上	**134**	**111**	**22**	**103**	**102**	**1**	**852**	**653**	**199**

5-5b 续表 2

单位：人

年 龄	五、农、林、牧、渔业生产及辅助人员			六、生产制造及有关人员			七、不便分类的其他从业人员		
	小计	男	女	小计	男	女	小计	男	女
总 计	**55821**	**31216**	**24605**	**81164**	**48739**	**32426**	**1420**	**944**	**475**
16-19岁	**736**	**428**	**308**	**3148**	**1775**	**1373**	**48**	**35**	**13**
16	49	31	19	216	123	94	3	2	2
17	153	88	65	554	318	236	13	10	2
18	213	127	87	965	575	390	18	13	5
19	321	183	138	1412	759	654	15	10	5
20-24岁	**2949**	**1756**	**1194**	**11520**	**6673**	**4847**	**166**	**108**	**57**
20	462	261	201	1822	1078	745	26	17	9
21	511	303	207	2056	1158	898	34	29	5
22	590	344	246	2504	1414	1090	27	18	9
23	684	425	259	2563	1483	1080	43	24	19
24	702	422	280	2575	1541	1034	35	20	15
25-29岁	**4326**	**2443**	**1883**	**14017**	**8474**	**5543**	**207**	**127**	**80**
25	873	485	387	3064	1860	1205	47	27	20
26	842	465	377	2813	1723	1090	46	28	18
27	858	492	366	2707	1598	1108	34	22	12
28	906	525	381	2830	1723	1107	38	24	14
29	847	475	372	2602	1570	1033	42	27	15
30-34岁	**4656**	**2593**	**2063**	**12248**	**7284**	**4964**	**208**	**137**	**71**
30	896	476	421	2573	1563	1010	46	32	15
31	891	501	390	2502	1508	994	36	26	10
32	924	531	393	2408	1425	983	39	22	18
33	1016	562	454	2560	1511	1049	38	22	17
34	930	523	406	2205	1277	928	48	36	11
35-39岁	**4424**	**2324**	**2100**	**9795**	**5762**	**4033**	**158**	**102**	**57**
35	907	474	434	2067	1224	843	25	16	9
36	907	497	410	2149	1274	874	39	24	15
37	881	450	431	1947	1152	795	32	22	9
38	771	416	354	1678	990	688	32	21	11
39	957	487	471	1955	1121	833	31	19	12
40-44岁	**6396**	**3312**	**3084**	**11058**	**6163**	**4895**	**178**	**119**	**60**
40	1008	524	485	2103	1146	956	37	23	15
41	1187	620	568	2183	1243	940	34	25	10
42	1280	664	616	2260	1263	998	32	25	7
43	1393	712	681	2262	1269	993	39	23	15
44	1527	793	735	2250	1243	1008	36	23	13
45-49岁	**8661**	**4509**	**4152**	**9747**	**5712**	**4035**	**181**	**120**	**61**
45	1670	865	805	2344	1324	1020	43	32	11
46	1657	872	785	1962	1087	875	27	22	5
47	1846	966	881	2168	1260	908	47	30	17
48	1639	856	783	1587	963	624	25	14	12
49	1848	949	899	1685	1077	608	39	23	16
50-54岁	**8873**	**4777**	**4095**	**5712**	**3874**	**1838**	**123**	**83**	**41**
50	2028	1093	935	1582	1026	556	30	17	13
51	1821	956	866	1248	814	434	28	17	10
52	2140	1160	981	1367	968	399	25	16	9
53	1816	997	819	1007	704	304	24	20	4
54	1067	572	495	507	362	145	16	12	4
55-59岁	**6787**	**3933**	**2853**	**2426**	**1862**	**564**	**76**	**55**	**22**
55	1068	578	490	490	356	133	19	14	5
56	1282	751	531	480	361	119	11	6	5
57	1546	889	656	558	431	127	22	14	8
58	1567	920	648	532	429	104	12	8	4
59	1324	795	529	367	285	82	13	12	
60-64岁	**4684**	**2927**	**1757**	**1102**	**854**	**248**	**51**	**40**	**11**
60	1202	752	451	327	255	71	18	11	6
61	1068	662	406	285	211	73	12	11	1
62	921	556	365	210	161	49	9	7	2
63	835	522	313	165	129	36	7	5	1
64	657	435	222	116	97	19	6	5	1
65岁及以上	**3329**	**2214**	**1116**	**391**	**307**	**85**	**24**	**20**	**4**

5-5c 全省分年龄、性别、职业大类的就业人口（乡村）

单位：人

年龄	就业人口			一、党的机关、国家机关、群众团体和社会组织、企事业单位负责人		
	合计	男	女	小计	男	女
总　计	**470375**	**268121**	**202254**	**3466**	**2725**	**740**
16-19岁	**13080**	**7300**	**5781**	**12**	**8**	**4**
16	1003	582	421			
17	2241	1290	951	3	1	1
18	3892	2139	1752	3	1	2
19	5945	3288	2657	6	5	1
20-24岁	**51880**	**28297**	**23583**	**163**	**113**	**49**
20	8150	4349	3801	14	11	3
21	9232	4981	4251	24	13	11
22	10757	5807	4950	34	23	11
23	11785	6455	5330	46	32	14
24	11957	6705	5252	44	34	11
25-29岁	**61341**	**34695**	**26646**	**395**	**275**	**120**
25	13422	7543	5879	73	52	21
26	12423	7045	5378	72	46	26
27	11680	6565	5115	71	49	22
28	12318	7053	5265	84	65	19
29	11498	6488	5009	95	63	32
30-34岁	**54873**	**31582**	**23291**	**446**	**348**	**98**
30	11053	6303	4751	89	65	23
31	11332	6538	4794	98	76	22
32	10909	6382	4527	77	64	12
33	11134	6367	4768	94	73	20
34	10445	5993	4452	89	70	19
35-39岁	**44731**	**25509**	**19222**	**506**	**394**	**112**
35	9678	5695	3983	118	85	33
36	9717	5558	4159	110	84	26
37	9002	5187	3816	106	80	26
38	7726	4338	3389	84	70	14
39	8607	4731	3876	88	75	12
40-44岁	**53115**	**28188**	**24927**	**518**	**387**	**131**
40	9206	4899	4307	105	80	24
41	10450	5651	4798	103	79	24
42	10989	5746	5243	108	82	26
43	10877	5690	5188	86	67	20
44	11594	6202	5392	116	79	37
45-49岁	**60723**	**32978**	**27745**	**512**	**416**	**96**
45	12719	6784	5935	116	89	27
46	11713	6262	5452	97	78	19
47	12998	7046	5951	108	89	19
48	11361	6239	5122	106	90	16
49	11932	6647	5285	85	71	15
50-54岁	**52528**	**30210**	**22318**	**444**	**371**	**73**
50	12293	7001	5293	105	87	18
51	11027	6205	4823	82	72	10
52	12250	7157	5093	95	72	24
53	10769	6254	4516	116	100	16
54	6188	3594	2594	45	41	4
55-59岁	**36182**	**22092**	**14090**	**285**	**255**	**30**
55	5995	3539	2456	55	49	7
56	6931	4265	2666	64	56	9
57	8058	4869	3190	50	44	6
58	8374	5155	3219	65	57	8
59	6823	4263	2559	51	49	2
60-64岁	**24150**	**15353**	**8797**	**142**	**122**	**20**
60	6177	3912	2265	39	32	7
61	5512	3435	2078	31	27	4
62	4889	3119	1770	28	24	4
63	4158	2641	1518	27	24	3
64	3413	2247	1166	17	16	1
65岁及以上	**17772**	**11917**	**5855**	**42**	**35**	**7**

5-5c 续表 1

单位：人

年 龄	二、专业技术人员			三、办事人员和有关人员			四、社会生产服务和生活服务人员		
	小计	男	女	小计	男	女	小计	男	女
总 计	**13757**	**7303**	**6454**	**10155**	**5869**	**4287**	**87614**	**54108**	**33506**
16-19岁	**427**	**183**	**244**	**217**	**69**	**148**	**3011**	**1682**	**1329**
16	48	24	23	8	4	4	188	110	78
17	66	35	31	28	13	15	461	286	175
18	144	62	83	69	24	45	896	485	412
19	169	61	108	111	28	83	1466	801	665
20-24岁	**2159**	**816**	**1344**	**1614**	**555**	**1060**	**14198**	**7795**	**6404**
20	301	106	195	196	57	139	2116	1129	987
21	350	126	224	252	90	162	2447	1346	1101
22	427	151	276	319	105	214	2994	1612	1381
23	545	225	320	392	133	259	3290	1789	1501
24	537	208	329	456	170	286	3352	1918	1433
25-29岁	**2889**	**1256**	**1632**	**2307**	**959**	**1349**	**16269**	**9945**	**6324**
25	647	264	382	499	187	311	3765	2209	1556
26	581	267	314	475	195	280	3372	2058	1315
27	586	248	338	471	198	273	2985	1859	1126
28	566	247	319	439	195	243	3181	1969	1212
29	509	230	279	424	183	241	2965	1850	1115
30-34岁	**2281**	**1139**	**1142**	**1520**	**813**	**707**	**13701**	**8612**	**5089**
30	519	255	263	337	168	170	2852	1778	1074
31	470	227	243	337	170	168	2921	1827	1095
32	476	240	235	307	161	146	2753	1782	971
33	430	216	215	279	156	123	2732	1716	1017
34	386	201	185	258	158	100	2443	1510	932
35-39岁	**1557**	**834**	**723**	**970**	**615**	**354**	**9866**	**6392**	**3473**
35	375	199	177	216	138	78	2346	1574	772
36	348	188	160	238	137	101	2134	1363	771
37	295	167	127	189	120	69	1994	1293	701
38	290	151	139	159	104	55	1646	1055	591
39	249	129	121	168	116	51	1745	1107	638
40-44岁	**1390**	**822**	**568**	**897**	**599**	**297**	**9540**	**5980**	**3560**
40	275	165	110	172	108	64	1748	1106	642
41	268	145	123	176	112	64	1961	1261	701
42	326	187	139	182	111	71	1910	1155	756
43	269	165	104	180	135	45	1938	1218	720
44	251	160	92	187	134	53	1982	1241	741
45-49岁	**1207**	**801**	**405**	**854**	**665**	**189**	**9043**	**5585**	**3459**
45	274	164	110	224	168	57	2123	1312	811
46	243	168	75	168	128	40	1812	1116	695
47	267	192	74	155	128	28	1926	1200	726
48	222	134	88	154	117	37	1585	957	628
49	201	143	58	153	125	28	1598	1000	598
50-54岁	**921**	**679**	**243**	**800**	**689**	**111**	**6097**	**3914**	**2183**
50	220	164	57	181	146	36	1529	965	564
51	195	135	60	165	138	27	1317	811	506
52	213	166	46	201	178	23	1376	884	492
53	199	146	53	153	136	16	1192	786	406
54	94	67	27	100	90	10	682	467	215
55-59岁	**512**	**426**	**85**	**562**	**510**	**52**	**3266**	**2293**	**973**
55	105	91	15	80	69	11	582	401	182
56	80	62	19	97	89	9	683	470	213
57	99	82	18	141	130	11	772	545	227
58	130	116	14	138	126	12	702	501	201
59	97	76	21	106	97	8	527	376	151
60-64岁	**230**	**190**	**40**	**291**	**271**	**19**	**1733**	**1240**	**493**
60	62	51	11	65	60	5	489	350	139
61	47	41	6	83	81	2	392	287	106
62	43	33	10	50	47	3	338	242	96
63	49	40	8	53	47	6	297	202	95
64	30	25	5	40	36	4	216	159	57
65岁及以上	**184**	**157**	**27**	**125**	**123**	**2**	**889**	**670**	**219**

5-5c 续表 2

单位：人

年 龄	五、农、林、牧、渔业生产及辅助人员			六、生产制造及有关人员			七、不便分类的其他从业人员		
	小计	男	女	小计	男	女	小计	男	女
总 计	**227489**	**120151**	**107338**	**126228**	**76870**	**49358**	**1666**	**1095**	**571**
16-19岁	**3591**	**2147**	**1444**	**5674**	**3113**	**2560**	**149**	**97**	**51**
16	349	225	125	384	205	179	26	14	12
17	671	398	272	978	541	437	35	16	19
18	1055	626	428	1684	910	774	40	32	8
19	1517	898	619	2628	1458	1170	48	37	12
20-24岁	**12633**	**7039**	**5594**	**20900**	**11860**	**9040**	**212**	**120**	**92**
20	1973	1108	865	3515	1915	1600	33	22	12
21	2244	1274	970	3872	2112	1760	43	20	23
22	2627	1444	1183	4306	2442	1864	51	31	20
23	2874	1573	1302	4596	2679	1918	42	25	17
24	2915	1641	1274	4610	2712	1898	43	23	20
25-29岁	**17049**	**8820**	**8228**	**22214**	**13312**	**8902**	**219**	**128**	**91**
25	3455	1808	1647	4934	2995	1940	49	28	21
26	3324	1756	1569	4558	2701	1857	41	23	18
27	3213	1643	1570	4314	2551	1763	40	17	23
28	3564	1855	1709	4442	2697	1745	41	24	17
29	3492	1759	1732	3965	2367	1598	49	37	12
30-34岁	**18486**	**9504**	**8981**	**18208**	**11015**	**7193**	**231**	**150**	**81**
30	3489	1747	1742	3720	2253	1468	48	37	11
31	3699	1955	1744	3753	2255	1498	53	30	24
32	3636	1866	1770	3623	2246	1377	38	23	15
33	3846	1966	1881	3701	2204	1497	51	36	15
34	3816	1971	1845	3412	2058	1354	41	25	16
35-39岁	**17744**	**8838**	**8906**	**13937**	**8341**	**5596**	**152**	**94**	**57**
35	3645	1872	1773	2947	1808	1139	30	19	11
36	3713	1888	1825	3136	1870	1265	38	27	11
37	3563	1804	1759	2831	1706	1125	25	16	9
38	3107	1506	1601	2405	1436	969	36	17	19
39	3715	1768	1948	2619	1520	1098	23	15	8
40-44岁	**25326**	**11665**	**13661**	**15257**	**8615**	**6642**	**188**	**120**	**69**
40	4110	1892	2218	2761	1526	1235	35	23	13
41	4733	2250	2483	3167	1779	1389	40	27	14
42	5228	2388	2840	3200	1802	1398	35	21	13
43	5310	2341	2969	3050	1735	1315	43	28	15
44	5944	2794	3150	3079	1774	1305	35	21	14
45-49岁	**34678**	**16580**	**18098**	**14241**	**8796**	**5446**	**187**	**135**	**52**
45	6692	3091	3601	3234	1918	1316	55	42	13
46	6543	3084	3460	2816	1665	1151	35	23	11
47	7331	3497	3833	3171	1909	1262	40	31	8
48	6840	3342	3498	2422	1578	844	33	22	11
49	7272	3566	3706	2598	1726	873	25	17	8
50-54岁	**35058**	**17958**	**17100**	**9033**	**6479**	**2555**	**175**	**121**	**53**
50	7897	4035	3862	2321	1578	743	40	26	13
51	7210	3617	3594	2020	1407	614	37	25	12
52	8172	4275	3896	2142	1551	591	51	30	21
53	7415	3803	3612	1674	1263	410	21	19	3
54	4364	2228	2136	876	679	197	26	21	5
55-59岁	**27323**	**15288**	**12035**	**4152**	**3256**	**897**	**81**	**64**	**17**
55	4362	2312	2050	787	602	185	23	16	7
56	5118	2898	2220	870	673	196	19	17	1
57	6078	3355	2723	906	703	203	12	10	2
58	6459	3657	2802	868	688	179	13	10	3
59	5307	3065	2241	722	589	133	13	10	4
60-64岁	**19797**	**11932**	**7865**	**1911**	**1557**	**354**	**46**	**40**	**6**
60	4935	2935	2001	568	468	100	19	16	2
61	4471	2599	1872	479	391	88	10	9	1
62	4037	2453	1584	385	314	72	9	7	2
63	3453	2100	1353	274	223	51	6	4	1
64	2901	1845	1056	205	162	43	4	4	
65岁及以上	**15806**	**10380**	**5426**	**701**	**527**	**174**	**26**	**25**	**1**

5-6 全省分受教育程度、性别、职业大类的就业人口

单位：人

职业大类	就业人口			未上过学			小学		
	合计	男	女	小计	男	女	小计	男	女
总计	**1621633**	**951049**	**670584**	**14876**	**5318**	**9558**	**225481**	**113716**	**111765**
党的机关、国家机关、群众团体和社会组织、企事业单位负责人	39448	29344	10103	65	38	27	2176	1456	719
专业技术人员	124470	59682	64788	169	76	93	3003	1839	1163
办事人员和有关人员	98073	56506	41566	137	93	43	3974	3147	827
社会生产服务和生活服务人员	515040	309707	205333	2567	998	1569	47364	24460	22903
农、林、牧、渔业生产及辅助人员	306801	164949	141852	8920	2814	6106	100357	46448	53910
生产制造及有关人员	530892	326473	204420	2989	1283	1707	67709	35833	31876
不便分类的其他从业人员	6910	4388	2522	29	16	13	900	533	367

5-6 续表 1

单位：人

职业大类	初中			普通高中			中职		
	小计	男	女	小计	男	女	小计	男	女
总计	**772573**	**459394**	**313180**	**269771**	**176426**	**93344**	**106193**	**63045**	**43148**
党的机关、国家机关、群众团体和社会组织、企事业单位负责人	12392	9150	3242	9311	7293	2018	2888	2143	745
专业技术人员	19377	11050	8327	17451	8775	8676	13754	5115	8639
办事人员和有关人员	20933	13537	7396	20442	11882	8560	10093	4585	5508
社会生产服务和生活服务人员	228586	137101	91484	113531	72465	41066	42079	25562	16518
农、林、牧、渔业生产及辅助人员	169373	95691	73683	23239	16698	6541	3326	2207	1119
生产制造及有关人员	318893	190941	127952	84326	58309	26017	33554	23133	10421
不便分类的其他从业人员	3020	1924	1095	1471	1005	466	499	300	199

5-6 续表 2

单位：人

职业大类	大学专科			大学本科			研究生		
	小计	男	女	小计	男	女	小计	男	女
总计	**133392**	**76151**	**57241**	**90724**	**51781**	**38943**	**8624**	**5218**	**3406**
党的机关、国家机关、群众团体和社会组织、企事业单位负责人	6743	5022	1721	5264	3805	1460	609	437	172
专业技术人员	33102	14124	18978	33183	16204	16979	4431	2498	1933
办事人员和有关人员	23684	12673	11011	17522	9797	7726	1288	793	495
社会生产服务和生活服务人员	50972	30788	20184	28013	17098	10915	1930	1236	694
农、林、牧、渔业生产及辅助人员	1319	899	419	252	179	72	15	13	2
生产制造及有关人员	16963	12280	4684	6133	4468	1665	325	227	98
不便分类的其他从业人员	610	366	244	355	230	126	27	14	12

5-6a 全省分受教育程度、性别、职业大类的就业人口（城市）

单位：人

职业大类	就业人口			未上过学			小学		
	合计	男	女	小计	男	女	小计	男	女
总计	**902809**	**535537**	**367272**	**4313**	**1744**	**2568**	**81288**	**43845**	**37443**
党的机关、国家机关、群众团体和社会组织、企事业单位负责人	31433	23006	8427	46	24	23	1557	1016	541
专业技术人员	95025	44718	50307	70	28	41	1702	1018	684
办事人员和有关人员	76869	43619	33249	93	60	33	2659	2061	598
社会生产服务和生活服务人员	348667	207400	141267	1621	600	1021	28322	14472	13849
农、林、牧、渔业生产及辅助人员	23491	13582	9910	569	205	364	7702	4064	3638
生产制造及有关人员	323500	200864	122636	1894	817	1077	38937	20992	17945
不便分类的其他从业人员	3824	2349	1475	19	10	9	411	223	187

5-6a 续表 1

单位：人

职业大类	初中			普通高中			中职		
	小计	男	女	小计	男	女	小计	男	女
总计	**369648**	**221885**	**147762**	**174362**	**111241**	**63120**	**75223**	**44350**	**30873**
党的机关、国家机关、群众团体和社会组织、企事业单位负责人	8817	6370	2447	7233	5541	1692	2353	1737	616
专业技术人员	12134	6736	5398	12920	6296	6624	9217	3385	5832
办事人员和有关人员	14458	9290	5168	15611	8953	6658	7515	3471	4044
社会生产服务和生活服务人员	134601	79792	54809	81348	50748	30601	31450	18864	12587
农、林、牧、渔业生产及辅助人员	11821	6925	4896	2479	1753	726	503	333	170
生产制造及有关人员	186413	111883	74530	53903	37383	16520	23866	16386	7480
不便分类的其他从业人员	1404	890	514	868	568	300	319	174	144

5-6a 续表 2

单位：人

职业大类	大学专科			大学本科			研究生		
	小计	男	女	小计	男	女	小计	男	女
总计	**108831**	**61469**	**47362**	**80721**	**45904**	**34817**	**8424**	**5099**	**3325**
党的机关、国家机关、群众团体和社会组织、企事业单位负责人	5893	4343	1550	4933	3544	1389	601	431	170
专业技术人员	25942	10824	15118	28728	13996	14732	4313	2436	1878
办事人员和有关人员	19581	10318	9263	15691	8693	6998	1260	773	488
社会生产服务和生活服务人员	43589	26035	17553	25828	15666	10161	1908	1222	686
农、林、牧、渔业生产及辅助人员	319	228	91	93	69	24	6	6	
生产制造及有关人员	13044	9453	3590	5135	3734	1401	309	217	92
不便分类的其他从业人员	464	267	197	313	201	112	27	14	12

5-6b 全省分受教育程度、性别、职业大类的就业人口（镇）

单位：人

职业大类	就业人口			未上过学			小学		
	合计	男	女	小计	男	女	小计	男	女
总计	**248449**	**147391**	**101058**	**2560**	**1011**	**1549**	**38505**	**19605**	**18900**
党的机关、国家机关、群众团体和社会组织、企事业单位负责人	4549	3613	936	14	11	3	388	293	95
专业技术人员	15688	7661	8027	52	22	30	464	297	167
办事人员和有关人员	11049	7019	4030	23	21	2	585	493	92
社会生产服务和生活服务人员	78759	48199	30560	455	181	274	8699	4559	4140
农、林、牧、渔业生产及辅助人员	55821	31216	24605	1523	564	959	17045	8153	8892
生产制造及有关人员	81164	48739	32426	485	207	278	11102	5658	5444
不便分类的其他从业人员	1420	944	475	8	4	4	222	153	70

5-6b 续表 1

单位：人

职业大类	初中			普通高中			中职		
	小计	男	女	小计	男	女	小计	男	女
总计	**130642**	**77574**	**53069**	**41722**	**28276**	**13446**	**14136**	**8481**	**5655**
党的机关、国家机关、群众团体和社会组织、企事业单位负责人	1917	1501	417	1148	965	183	323	244	80
专业技术人员	2570	1482	1088	2300	1171	1129	2398	924	1474
办事人员和有关人员	2777	1859	918	2605	1657	947	1214	569	645
社会生产服务和生活服务人员	41799	25092	16707	17192	11593	5598	5163	3223	1940
农、林、牧、渔业生产及辅助人员	31123	18043	13080	5018	3702	1316	719	484	235
生产制造及有关人员	49739	29148	20591	13186	8991	4195	4220	2971	1249
不便分类的其他从业人员	717	450	268	274	197	77	99	68	31

5-6b 续表 2

单位：人

职业大类	大学专科			大学本科			研究生		
	小计	男	女	小计	男	女	小计	男	女
总计	**14179**	**8547**	**5632**	**6571**	**3816**	**2755**	**134**	**82**	**52**
党的机关、国家机关、群众团体和社会组织、企事业单位负责人	529	426	103	226	171	55	3	2	1
专业技术人员	4552	2104	2448	3271	1615	1656	81	45	35
办事人员和有关人员	2619	1641	978	1203	762	441	23	16	7
社会生产服务和生活服务人员	4154	2705	1449	1287	840	447	10	6	4
农、林、牧、渔业生产及辅助人员	330	227	104	56	39	17	7	5	2
生产制造及有关人员	1918	1385	533	506	373	132	10	7	3
不便分类的其他从业人员	77	59	18	22	15	7			

5-6c 全省分受教育程度、性别、职业大类的就业人口（乡村）

单位：人

职业大类	就业人口			未上过学			小学		
	合计	男	女	小计	男	女	小计	男	女
总计	**470375**	**268121**	**202254**	**8003**	**2563**	**5441**	**105689**	**50266**	**55422**
党的机关、国家机关、群众团体和社会组织、企事业单位负责人	3466	2725	740	5	4	1	231	148	83
专业技术人员	13757	7303	6454	48	26	22	837	524	313
办事人员和有关人员	10155	5869	4287	21	12	8	730	594	136
社会生产服务和生活服务人员	87614	54108	33506	491	217	274	10343	5429	4914
农、林、牧、渔业生产及辅助人员	227489	120151	107338	6828	2045	4784	75611	34232	41379
生产制造及有关人员	126228	76870	49358	610	259	352	17670	9183	8487
不便分类的其他从业人员	1666	1095	571	1	1		267	157	110

5-6c 续表 1

单位：人

职业大类	初中			普通高中			中职		
	小计	男	女	小计	男	女	小计	男	女
总计	**272283**	**159935**	**112349**	**53687**	**36909**	**16778**	**16834**	**10214**	**6620**
党的机关、国家机关、群众团体和社会组织、企事业单位负责人	1658	1280	378	929	787	143	212	163	49
专业技术人员	4673	2832	1841	2231	1308	922	2139	806	1333
办事人员和有关人员	3698	2387	1311	2227	1272	955	1364	545	819
社会生产服务和生活服务人员	52186	32218	19968	14991	10124	4867	5466	3475	1991
农、林、牧、渔业生产及辅助人员	126429	70723	55706	15742	11243	4499	2104	1391	714
生产制造及有关人员	82742	49910	32831	17237	11935	5302	5468	3777	1692
不便分类的其他从业人员	899	585	314	329	240	89	81	58	23

5-6c 续表 2

单位：人

职业大类	大学专科			大学本科			研究生		
	小计	男	女	小计	男	女	小计	男	女
总计	**10381**	**6136**	**4246**	**3432**	**2062**	**1370**	**66**	**37**	**29**
党的机关、国家机关、群众团体和社会组织、企事业单位负责人	321	253	68	105	89	16	5	3	2
专业技术人员	2608	1196	1412	1185	594	591	37	17	20
办事人员和有关人员	1484	713	771	628	341	287	4	4	1
社会生产服务和生活服务人员	3228	2047	1181	898	591	307	12	8	4
农、林、牧、渔业生产及辅助人员	670	445	225	102	71	31	2	2	
生产制造及有关人员	2002	1442	560	493	361	132	5	3	2
不便分类的其他从业人员	69	40	29	21	14	7			

5-7 各地区分性别、受教育程度的就业人口

单位：人

地 区	就业人口			未上过学			小 学		
	合计	男	女	小计	男	女	小计	男	女
全 省	**1621633**	**951049**	**670584**	**14876**	**5318**	**9558**	**225481**	**113716**	**111765**
广州市	**203454**	**117509**	**85944**	**619**	**236**	**383**	**14278**	**7501**	**6776**
荔湾区	11851	6555	5296	21	6	15	538	261	277
越秀区	15570	8398	7172	22	7	15	422	191	231
海珠区	22832	12856	9976	35	11	25	830	444	386
天河区	25387	14540	10847	25	8	17	656	361	294
白云区	36418	21322	15096	68	23	45	2453	1285	1168
黄埔区	7582	4743	2839	8	3	5	303	201	102
番禺区	26051	14898	11154	137	58	79	2513	1363	1150
花都区	14895	8763	6132	45	25	20	1165	631	534
南沙区	11267	6573	4694	122	27	95	1573	692	882
萝岗区	7328	4553	2774	11	6	5	363	190	172
从化区	7489	4355	3134	16	9	6	732	360	372
增城区	16783	9953	6830	111	54	58	2730	1523	1207
韶关市	**39934**	**22193**	**17741**	**746**	**134**	**612**	**8408**	**3585**	**4823**
武江区	3706	2111	1595	23	5	18	341	149	193
浈江区	4804	2744	2060	31	8	23	432	199	233
曲江区	3830	2181	1649	42	5	37	600	245	354
始兴县	2983	1626	1358	49	10	39	698	276	422
仁化县	2752	1578	1174	56	8	48	707	335	372
翁源县	5388	2960	2428	54	14	40	1215	502	713
乳源瑶族自治县	2679	1482	1197	63	15	48	861	419	443
新丰县	3145	1755	1390	21	10	11	417	170	247
乐昌市	5883	3168	2714	234	39	195	1659	720	939
南雄市	4764	2588	2176	172	20	152	1477	570	907
深圳市	**215025**	**129333**	**85692**	**660**	**248**	**412**	**11456**	**6116**	**5341**
罗湖区	16903	9569	7334	25	11	14	550	250	299
福田区	24474	14480	9994	44	18	26	794	435	359
南山区	21363	12286	9078	45	15	30	651	345	306
宝安区	101024	61920	39104	350	128	222	5676	3079	2597
龙岗区	47462	28761	18701	191	74	116	3635	1933	1702
盐田区	3798	2316	1482	6	3	3	150	74	77
珠海市	**24011**	**13811**	**10200**	**160**	**62**	**98**	**1989**	**1040**	**949**
香洲区	14081	7902	6178	83	35	48	756	423	333
斗门区	5952	3516	2437	44	15	29	829	424	404
金湾区	3978	2393	1585	32	12	20	404	192	212
汕头市	**68773**	**42337**	**26436**	**576**	**241**	**336**	**10923**	**6282**	**4641**
龙湖区	7229	4320	2909	45	21	24	860	485	375
金平区	9244	5746	3498	65	35	30	868	576	291
濠江区	2850	1749	1102	100	21	79	683	424	259
潮阳区	17331	11637	5694	110	56	54	3066	1890	1176
潮南区	18563	10824	7739	110	46	65	2786	1468	1318
澄海区	12737	7499	5238	121	51	70	2494	1319	1174
南澳县	819	563	257	26	12	14	167	120	48
佛山市	**129348**	**77129**	**52218**	**790**	**324**	**466**	**18227**	**10023**	**8204**
禅城区	16956	9702	7254	54	21	32	1369	741	627
南海区	49593	30197	19395	239	95	144	7728	4313	3415
顺德区	45542	26897	18645	438	185	253	7226	3987	3239
三水区	10372	6338	4034	37	11	26	1204	622	582
高明区	6885	3995	2890	22	12	10	700	359	341

5-7 续表 1

单位：人

地 区	初 中			普通高中			中 职		
	小计	男	女	小计	男	女	小计	男	女
全 省	**772573**	**459394**	**313180**	**269771**	**176426**	**93344**	**106193**	**63045**	**43148**
广州市	**67223**	**39620**	**27603**	**38072**	**23599**	**14473**	**20704**	**12343**	**8361**
荔湾区	3215	1800	1415	2562	1549	1012	1081	636	446
越秀区	2737	1554	1183	3035	1780	1255	1176	674	502
海珠区	6256	3628	2628	4572	2822	1750	1680	955	725
天河区	4094	2426	1668	4897	2897	2001	2627	1559	1069
白云区	12953	7725	5229	7975	5017	2957	4316	2505	1811
黄埔区	2431	1554	877	1613	1030	584	993	655	338
番禺区	10579	6104	4475	4324	2632	1692	2553	1514	1040
花都区	7036	4184	2851	2372	1438	934	1363	816	548
南沙区	4769	2796	1973	1772	1190	582	1471	963	509
萝岗区	2059	1249	810	1900	1299	601	1095	644	451
从化区	3683	2170	1513	963	605	358	964	586	378
增城区	7411	4430	2981	2087	1341	747	1384	838	546
韶关市	**19058**	**11212**	**7847**	**5005**	**3286**	**1718**	**2404**	**1422**	**982**
武江区	1402	794	608	775	493	283	335	195	139
浈江区	1749	1016	734	1012	618	394	438	246	191
曲江区	1902	1115	787	527	349	179	318	190	128
始兴县	1519	884	635	367	244	123	174	109	66
仁化县	1315	802	513	236	160	76	160	100	60
翁源县	3294	1901	1393	384	286	98	219	124	96
乳源瑶族自治县	1131	675	456	299	182	117	99	61	38
新丰县	1856	1042	813	423	282	141	165	95	70
乐昌市	3002	1781	1220	410	277	133	295	186	109
南雄市	1889	1201	688	571	396	175	201	116	85
深圳市	**91469**	**54997**	**36472**	**43398**	**28056**	**15343**	**16262**	**9607**	**6655**
罗湖区	5479	3124	2356	4932	3016	1915	1143	586	557
福田区	5731	3594	2137	5537	3495	2043	1912	1074	838
南山区	4104	2356	1748	3977	2462	1515	1732	867	865
宝安区	53269	32189	21080	17821	11864	5957	7550	4731	2819
龙岗区	21244	12707	8537	10194	6586	3607	3718	2238	1480
盐田区	1641	1026	615	938	632	306	206	111	95
珠海市	**8331**	**4799**	**3532**	**4655**	**2882**	**1773**	**2131**	**1265**	**866**
香洲区	3855	2122	1733	2848	1691	1157	1152	657	495
斗门区	2664	1595	1069	1086	705	381	578	351	227
金湾区	1812	1081	731	720	486	234	402	258	144
汕头市	**34467**	**21177**	**13290**	**14051**	**9707**	**4345**	**2607**	**1449**	**1158**
龙湖区	2692	1656	1036	1375	901	474	505	278	228
金平区	2875	1908	967	2190	1458	733	891	473	417
濠江区	1430	873	557	443	311	132	76	48	28
潮阳区	10268	6744	3524	3003	2394	609	365	239	127
潮南区	11085	6225	4861	3983	2695	1287	256	146	110
澄海区	5787	3530	2258	2941	1870	1071	456	228	227
南澳县	330	242	88	116	77	39	58	37	21
佛山市	**58222**	**35754**	**22468**	**19207**	**12140**	**7067**	**11325**	**6887**	**4438**
禅城区	6204	3666	2538	2680	1616	1064	1757	1009	747
南海区	23266	14589	8676	6571	4273	2298	4156	2509	1647
顺德区	20228	12317	7911	7305	4503	2802	3541	2228	1313
三水区	5377	3353	2024	1276	882	393	1266	782	485
高明区	3148	1829	1318	1375	865	510	605	359	246

5-7 续表 2 单位：人

地 区	大学专科			大学本科			研究生		
	小计	男	女	小计	男	女	小计	男	女
全 省	**133392**	**76151**	**57241**	**90724**	**51781**	**38943**	**8624**	**5218**	**3406**
广州市	**31203**	**17024**	**14179**	**27498**	**14941**	**12556**	**3857**	**2244**	**1613**
荔湾区	2218	1168	1049	2049	1051	997	168	84	84
越秀区	3186	1609	1577	4228	2144	2084	765	438	326
海珠区	4239	2239	2000	4517	2357	2160	702	400	301
天河区	6035	3356	2680	5807	3216	2591	1245	718	527
白云区	5026	2738	2289	3281	1812	1469	346	218	128
黄埔区	1176	680	496	955	560	395	103	61	42
番禺区	3312	1763	1549	2430	1338	1092	203	127	77
花都区	1628	930	698	1199	688	511	87	51	36
南沙区	1100	647	453	450	253	197	10	6	4
萝岗区	935	562	373	843	527	316	122	76	46
从化区	722	406	316	400	213	187	11	6	4
增城区	1625	925	699	1338	783	555	96	59	37
韶关市	**2798**	**1657**	**1140**	**1470**	**866**	**604**	**45**	**30**	**14**
武江区	525	304	221	291	163	128	13	8	5
浈江区	667	382	285	459	264	194	18	11	6
曲江区	317	195	122	121	80	40	3	2	1
始兴县	130	71	58	44	30	15	1	1	
仁化县	173	108	65	103	63	40	3	2	1
翁源县	135	83	51	87	50	37			
乳源瑶族自治县	132	74	58	91	54	37	3	3	
新丰县	182	108	74	80	47	33			
乐昌市	208	122	86	75	44	31			
南雄市	331	211	120	119	70	49	4	4	
深圳市	**26074**	**14970**	**11104**	**22777**	**13500**	**9277**	**2928**	**1839**	**1090**
罗湖区	2611	1413	1199	1956	1051	905	208	119	89
福田区	4705	2574	2131	5037	2846	2190	714	445	270
南山区	4106	2258	1848	5580	3248	2333	1168	735	433
宝安区	9216	5515	3702	6540	4027	2513	601	387	213
龙岗区	4950	2948	2002	3320	2135	1185	210	139	72
盐田区	486	263	223	344	193	151	27	14	14
珠海市	**3515**	**1947**	**1568**	**3023**	**1695**	**1328**	**207**	**120**	**87**
香洲区	2614	1430	1184	2588	1439	1149	184	106	78
斗门区	514	288	226	232	132	100	6	5	1
金湾区	388	230	158	203	124	78	18	10	8
汕头市	**4085**	**2329**	**1756**	**1990**	**1112**	**878**	**74**	**41**	**33**
龙湖区	1068	589	479	656	373	283	29	18	11
金平区	1472	795	677	845	482	363	40	19	20
濠江区	92	56	36	26	15	11			
潮阳区	414	258	156	104	57	48			
潮南区	275	204	71	68	40	27			
澄海区	667	368	300	266	129	137	5	3	2
南澳县	97	60	38	25	15	9			
佛山市	**13058**	**7307**	**5751**	**8002**	**4393**	**3609**	**517**	**302**	**214**
禅城区	2672	1417	1255	2027	1116	911	195	115	80
南海区	4755	2811	1944	2729	1519	1211	148	88	60
顺德区	4231	2299	1933	2429	1300	1129	143	78	65
三水区	730	412	318	468	266	202	15	10	5
高明区	670	368	302	349	192	157	16	11	5

5-7 续表 3

单位：人

地　区	就业人口			未上过学			小　学		
	合计	男	女	小计	男	女	小计	男	女
江门市	**65681**	**37610**	**28071**	**417**	**162**	**255**	**9382**	**4773**	**4609**
蓬江区	10700	6090	4610	26	8	17	984	468	516
江海区	3876	2286	1590	41	17	24	558	289	269
新会区	13159	7620	5539	125	37	88	2348	1214	1134
台山市	13505	7663	5841	110	56	54	2258	1136	1122
开平市	9911	5653	4258	51	22	29	1542	807	735
鹤山市	7676	4246	3429	30	12	17	899	487	412
恩平市	6854	4051	2803	34	10	24	793	371	422
湛江市	**92110**	**52993**	**39118**	**2193**	**747**	**1446**	**16828**	**7821**	**9007**
赤坎区	3425	1974	1452	4	2	2	107	62	45
霞山区	5389	3266	2123	19	12	7	310	172	138
坡头区	4293	2635	1658	90	25	65	855	434	421
麻章区	6055	3658	2398	108	39	68	946	489	457
遂溪县	11601	6507	5094	243	91	152	2077	1022	1055
徐闻县	10071	5733	4338	211	77	134	2222	1029	1193
廉江市	20274	11417	8856	455	191	264	3613	1690	1923
雷州市	19028	10593	8435	817	215	603	4602	1896	2706
吴川市	11974	7210	4765	246	96	151	2095	1026	1069
茂名市	**76568**	**42471**	**34097**	**1289**	**387**	**902**	**15769**	**7278**	**8491**
茂南区	10843	6197	4646	81	19	61	1094	479	615
电白区	20331	11856	8475	470	122	347	4356	2080	2276
高州市	18509	9983	8526	349	123	226	5185	2361	2824
化州市	15784	8601	7183	208	77	131	2541	1206	1335
信宜市	11101	5834	5267	181	45	136	2592	1151	1441
肇庆市	**60183**	**32364**	**27819**	**690**	**187**	**503**	**10751**	**4325**	**6425**
端州区	6831	3705	3126	13	1	12	250	81	169
鼎湖区	2558	1377	1181	17	3	14	398	155	242
广宁县	6714	3482	3232	39	15	24	1287	504	782
怀集县	11266	5693	5573	249	59	190	2809	962	1847
封开县	5971	3138	2832	120	40	80	1431	586	844
德庆县	5461	2929	2532	19	5	14	686	272	414
高要市	11976	6649	5328	184	56	128	2872	1336	1536
四会市	9405	5390	4015	49	9	40	1020	428	591
惠州市	**72056**	**43012**	**29044**	**533**	**216**	**317**	**9925**	**5294**	**4631**
惠城区	24292	14478	9814	77	33	44	2208	1153	1056
惠阳区	13101	8382	4719	76	37	39	1668	1022	646
博罗县	16238	9455	6783	222	104	118	2277	1162	1115
惠东县	13667	8060	5606	110	31	79	2780	1495	1285
龙门县	4758	2635	2122	48	11	36	992	462	530
梅州市	**55666**	**30137**	**25529**	**430**	**141**	**289**	**7929**	**3433**	**4497**
梅江区	5437	2943	2494	6	2	4	239	118	121
梅县区	7147	3941	3206	22	6	16	527	234	294
大埔县	5234	2904	2330	49	17	32	969	437	532
丰顺县	5527	3267	2260	116	43	73	1238	633	604
五华县	12496	6384	6112	114	42	72	2841	1209	1632
平远县	3527	1904	1624	56	8	48	499	175	324
蕉岭县	2704	1546	1158	14	5	9	262	114	148
兴宁市	13593	7248	6345	52	19	33	1355	513	842

5-7 续表 4

单位：人

地 区	初 中			普通高中			中 职		
	小计	男	女	小计	男	女	小计	男	女
江门市	**30410**	**17437**	**12973**	**13275**	**8272**	**5003**	**4584**	**2758**	**1825**
蓬江区	3985	2296	1689	2353	1451	902	947	567	380
江海区	1769	1070	698	733	461	271	290	179	111
新会区	4893	2872	2022	2662	1669	992	1217	737	480
台山市	7093	3955	3138	2906	1845	1060	485	311	174
开平市	4469	2534	1935	2326	1403	923	728	443	285
鹤山市	3616	1952	1665	1390	839	550	657	379	278
恩平市	4585	2759	1826	908	603	304	260	143	116
湛江市	**51019**	**29872**	**21147**	**12683**	**8877**	**3806**	**3029**	**1877**	**1152**
赤坎区	895	500	394	718	445	273	327	200	127
霞山区	1727	1072	655	1359	865	494	439	253	185
坡头区	2410	1531	879	594	426	167	163	111	52
麻章区	3600	2173	1426	860	605	255	235	161	74
遂溪县	7114	3948	3166	1449	1011	439	340	205	135
徐闻县	5766	3349	2417	1156	831	325	204	128	76
廉江市	12471	7069	5402	2439	1657	783	554	350	204
雷州市	10164	6038	4126	2223	1669	554	514	318	196
吴川市	6873	4191	2682	1883	1368	515	254	151	103
茂名市	**39870**	**22172**	**17699**	**12648**	**8483**	**4164**	**2224**	**1258**	**965**
茂南区	4445	2421	2024	2744	1793	951	671	377	294
电白区	11520	6955	4566	2636	1922	715	371	203	168
高州市	9345	5126	4220	2561	1736	825	298	175	124
化州市	8480	4474	4007	3207	2042	1165	509	284	225
信宜市	6079	3196	2883	1498	991	507	374	219	155
肇庆市	**33929**	**18763**	**15166**	**7803**	**4994**	**2809**	**2729**	**1575**	**1154**
端州区	2199	1170	1029	1753	1015	738	722	386	335
鼎湖区	1374	740	634	424	278	146	160	92	68
广宁县	4323	2314	2009	695	439	256	179	97	82
怀集县	6695	3677	3019	951	661	290	268	149	118
封开县	3523	1930	1593	647	431	216	111	66	45
德庆县	3582	1889	1694	748	499	249	162	96	65
高要市	6412	3662	2750	1300	847	453	646	396	250
四会市	5820	3382	2438	1286	825	460	481	291	190
惠州市	**37917**	**22901**	**15016**	**9258**	**6060**	**3198**	**5582**	**3322**	**2259**
惠城区	10643	6427	4215	3860	2476	1384	2424	1436	988
惠阳区	7061	4476	2585	1596	1106	490	1235	799	436
博罗县	9731	5754	3978	1916	1258	657	1071	601	470
惠东县	7742	4678	3064	1441	929	513	620	352	269
龙门县	2740	1566	1174	445	292	153	232	135	97
梅州市	**31011**	**16523**	**14488**	**10021**	**6498**	**3524**	**2525**	**1371**	**1154**
梅江区	2028	1042	986	1532	897	635	494	265	229
梅县区	4131	2217	1914	1736	1098	638	320	157	163
大埔县	2962	1627	1335	804	560	243	220	119	101
丰顺县	2796	1712	1084	864	574	290	228	131	98
五华县	7187	3691	3496	1600	1024	576	305	158	146
平远县	1990	1087	903	462	330	132	223	123	100
蕉岭县	1475	816	659	568	393	175	163	92	71
兴宁市	8442	4332	4110	2456	1622	834	572	326	246

5-7 续表 5

单位：人

地　区	大学专科			大学本科			研究生		
	小计	男	女	小计	男	女	小计	男	女
江门市	**4882**	**2685**	**2197**	**2622**	**1455**	**1167**	**110**	**69**	**41**
蓬江区	1450	763	687	894	499	395	62	38	25
江海区	347	193	154	135	75	60	4	2	2
新会区	1168	676	492	726	403	323	20	13	7
台山市	463	265	198	186	93	93	4	3	1
开平市	572	327	245	218	112	105	6	4	2
鹤山市	669	336	333	409	237	172	5	4	1
恩平市	212	125	87	55	35	19	9	5	4
湛江市	**4174**	**2523**	**1651**	**2012**	**1170**	**842**	**173**	**106**	**67**
赤坎区	728	402	326	533	297	236	114	66	48
霞山区	901	509	392	588	352	236	47	31	16
坡头区	146	90	56	35	18	17			
麻章区	174	112	62	130	75	55	3	2	1
遂溪县	275	169	107	101	62	39	1		1
徐闻县	381	237	144	130	81	49	1	1	
廉江市	630	391	238	109	67	42	4	2	1
雷州市	518	351	168	189	107	83			
吴川市	421	263	159	198	112	86	3	3	
茂名市	**3226**	**1961**	**1265**	**1515**	**913**	**603**	**27**	**19**	**8**
茂南区	1203	730	473	584	361	223	20	15	6
电白区	678	393	285	293	176	118	6	4	1
高州市	493	298	194	278	165	113			
化州市	571	365	206	267	154	113	1		1
信宜市	282	174	107	94	57	36			
肇庆市	**2892**	**1684**	**1208**	**1371**	**824**	**548**	**18**	**13**	**5**
端州区	1208	651	557	675	393	282	12	9	3
鼎湖区	151	87	63	35	21	13			
广宁县	118	74	45	73	38	35			
怀集县	222	134	88	71	51	20	1		1
封开县	110	69	41	29	16	13			
德庆县	174	111	63	91	58	33			
高要市	390	238	151	173	114	59	1		1
四会市	519	319	199	226	132	94	4	3	1
惠州市	**5385**	**3197**	**2188**	**3319**	**1937**	**1382**	**138**	**84**	**54**
惠城区	2940	1688	1252	2040	1202	839	101	64	37
惠阳区	1040	669	370	407	260	147	19	13	6
博罗县	663	377	286	350	194	156	8	5	3
惠东县	535	341	194	429	234	195	9	2	7
龙门县	208	122	87	93	47	46	1		1
梅州市	**2571**	**1474**	**1097**	**1146**	**678**	**468**	**32**	**19**	**13**
梅江区	728	375	353	395	236	159	14	8	6
梅县区	292	155	137	112	71	41	6	3	3
大埔县	177	112	65	52	32	20	1	1	1
丰顺县	196	120	76	83	49	34	6	4	1
五华县	318	190	129	132	70	62			
平远县	198	118	79	100	63	37			
蕉岭县	144	84	60	78	43	35			
兴宁市	518	320	197	195	114	81	4	2	2

5-7 续表 6

单位：人

地 区	就业人口			未上过学			小 学		
	合计	男	女	小计	男	女	小计	男	女
汕尾市	**33203**	**22831**	**10372**	**916**	**563**	**354**	**6826**	**4456**	**2371**
城区	5714	3936	1778	79	50	29	838	604	235
海丰县	10693	6864	3829	255	135	119	2119	1180	940
陆河县	3383	2188	1195	55	21	33	867	541	326
陆丰市	13413	9843	3571	529	356	172	3001	2131	871
河源市	**35685**	**20248**	**15436**	**395**	**114**	**281**	**6341**	**2937**	**3404**
源城区	5929	3478	2451	9	3	6	454	178	276
紫金县	6496	3755	2741	48	11	37	997	495	503
龙川县	8172	4683	3489	115	28	87	1849	902	947
连平县	4652	2512	2140	129	38	91	961	370	591
和平县	5131	2766	2365	59	13	47	1280	612	668
东源县	5304	3053	2251	35	21	13	800	381	419
阳江市	**35357**	**20694**	**14662**	**533**	**174**	**359**	**7018**	**3426**	**3592**
江城区	10307	6031	4276	45	22	23	1198	610	587
阳西县	6181	3799	2383	155	52	103	1762	950	812
阳东县	7267	4323	2944	149	61	89	1491	760	731
阳春市	11602	6542	5060	183	40	144	2567	1105	1461
清远市	**52443**	**29743**	**22700**	**790**	**210**	**580**	**12385**	**5981**	**6404**
清城区	11592	6696	4896	44	9	36	1751	837	913
清新区	9517	5496	4021	128	31	97	2083	996	1088
佛冈县	4460	2547	1914	16	4	12	760	399	361
阳山县	4997	2765	2232	172	44	129	1413	666	747
连山壮族瑶族自治县	1319	755	564	24	6	18	365	184	182
连南瑶族自治县	1800	962	838	47	11	36	618	288	330
英德市	14043	7703	6340	281	69	212	4170	1926	2244
连州市	4715	2819	1896	77	37	41	1224	684	540
东莞市	**162402**	**98646**	**63756**	**1239**	**520**	**719**	**21189**	**11281**	**9907**
中山市	**54331**	**31615**	**22716**	**429**	**165**	**264**	**7428**	**3810**	**3618**
潮州市	**36615**	**21629**	**14986**	**461**	**154**	**307**	**8106**	**4016**	**4090**
湘桥区	8093	4763	3331	74	29	45	1480	777	703
潮安区	17141	10324	6818	106	55	50	3744	1971	1773
饶平县	11380	6543	4837	281	69	211	2881	1268	1613
揭阳市	**75763**	**46456**	**29307**	**717**	**250**	**467**	**14375**	**7765**	**6610**
榕城区	10944	7533	3411	41	24	17	1673	1183	490
揭东区	12352	7998	4354	84	57	27	2315	1444	872
揭西县	11138	6627	4511	54	25	28	1734	994	739
惠来县	12935	7739	5195	337	97	239	3308	1539	1769
普宁市	28394	16559	11835	201	47	155	5345	2605	2740
云浮市	**33025**	**18286**	**14739**	**294**	**83**	**211**	**5948**	**2573**	**3376**
云城区	5116	2970	2146	25	9	16	850	376	474
云安区	4107	2288	1820	63	13	50	1039	430	608
新兴县	7077	3808	3268	33	13	20	1184	529	655
郁南县	5382	2977	2405	39	8	31	959	388	571
罗定市	11343	6243	5099	134	41	93	1917	849	1068

5-7 续表 7 单位：人

地区	初中			普通高中			中职		
	小计	男	女	小计	男	女	小计	男	女
汕尾市	**17326**	**11995**	**5331**	**5627**	**4147**	**1480**	**969**	**612**	**356**
城区	2795	1873	922	1269	908	360	247	171	76
海丰县	5909	3864	2045	1607	1168	439	295	187	108
陆河县	1404	928	475	669	460	209	166	90	76
陆丰市	7219	5329	1889	2083	1611	472	262	165	97
河源市	**18824**	**10942**	**7882**	**5434**	**3544**	**1890**	**1694**	**940**	**753**
源城区	2300	1337	963	1413	932	480	509	281	227
紫金县	3656	2163	1493	920	599	321	273	146	127
龙川县	4079	2410	1669	1165	767	399	433	250	183
连平县	2594	1471	1123	616	423	193	167	107	60
和平县	2748	1542	1206	702	422	280	114	54	60
东源县	3445	2019	1427	619	403	216	199	103	96
阳江市	**17837**	**10613**	**7224**	**5712**	**3801**	**1910**	**1493**	**896**	**597**
江城区	4603	2663	1940	2560	1604	955	571	318	254
阳西县	3329	2139	1190	637	457	180	144	97	47
阳东县	3586	2134	1452	1105	736	369	402	243	159
阳春市	6319	3678	2641	1411	1004	406	375	238	137
清远市	**27945**	**16657**	**11288**	**5360**	**3544**	**1815**	**2459**	**1379**	**1080**
清城区	5945	3591	2353	1463	932	530	873	479	393
清新区	5324	3238	2086	1115	735	381	447	265	182
佛冈县	2700	1529	1172	503	332	171	223	130	93
阳山县	2697	1604	1093	412	278	134	142	82	61
连山壮族瑶族自治县	677	405	272	119	81	38	45	26	19
连南瑶族自治县	786	458	327	133	89	44	72	37	36
英德市	7222	4248	2974	1199	801	398	509	281	228
连州市	2593	1582	1011	415	296	119	148	80	68
东莞市	**79355**	**48605**	**30750**	**26269**	**17433**	**8835**	**15048**	**9249**	**5799**
中山市	**24809**	**15001**	**9808**	**10040**	**6244**	**3796**	**4114**	**2279**	**1835**
潮州市	**19702**	**12029**	**7673**	**5272**	**3664**	**1608**	**1073**	**646**	**428**
湘桥区	4034	2419	1615	1199	808	391	424	227	198
潮安区	9784	5970	3814	2402	1697	706	343	217	125
饶平县	5885	3640	2244	1671	1160	511	306	202	105
揭阳市	**43799**	**26945**	**16854**	**12480**	**8845**	**3636**	**1790**	**1040**	**750**
榕城区	5457	3729	1728	2734	1960	774	263	159	105
揭东区	6978	4481	2498	2252	1587	665	295	176	118
揭西县	6770	3975	2795	1886	1240	646	353	198	155
惠来县	6995	4404	2591	1763	1352	411	226	129	97
普宁市	17599	10357	7242	3846	2706	1140	653	378	275
云浮市	**20049**	**11380**	**8669**	**3500**	**2348**	**1152**	**1447**	**868**	**579**
云城区	2642	1618	1024	587	383	204	348	206	142
云安区	2532	1517	1015	266	203	64	127	79	48
新兴县	4152	2219	1933	944	619	325	327	187	139
郁南县	3396	1924	1473	530	371	159	215	136	80
罗定市	7327	4102	3224	1173	772	401	430	259	171

5-7 续表 8 单位：人

地 区	大学专科			大学本科			研究生		
	小计	男	女	小计	男	女	小计	男	女
汕尾市	**1189**	**833**	**356**	**346**	**222**	**123**	**3**	**3**	
城区	332	231	101	153	98	55	1	1	
海丰县	411	273	138	97	57	40	1	1	
陆河县	174	115	59	48	32	16			
陆丰市	272	214	57	47	35	12	1	1	
河源市	**2181**	**1287**	**895**	**799**	**471**	**328**	**17**	**11**	**5**
源城区	861	512	349	373	227	146	10	8	3
紫金县	455	258	197	145	83	62	1	1	
龙川县	394	248	146	133	76	57	4	2	2
连平县	144	80	64	42	24	18			
和平县	184	98	86	43	25	18			
东源县	143	90	52	63	36	27	2	1	1
阳江市	**2109**	**1348**	**761**	**639**	**424**	**215**	**16**	**11**	**5**
江城区	991	593	398	326	213	113	13	8	5
阳西县	122	82	40	33	22	11			
阳东县	450	326	124	79	58	20	3	3	
阳春市	545	346	199	202	131	71			
清远市	**2390**	**1338**	**1052**	**1084**	**616**	**468**	**31**	**18**	**13**
清城区	958	534	424	536	300	235	22	12	10
清新区	316	170	147	100	59	42	3	2	1
佛冈县	177	101	76	78	50	28	3	2	1
阳山县	114	64	50	47	27	19			
连山壮族瑶族自治县	65	39	26	23	14	9			
连南瑶族自治县	99	55	44	46	25	21	1		
英德市	480	274	206	179	102	77	1	1	
连州市	181	101	79	75	38	37	1		1
东莞市	**12763**	**7532**	**5231**	**6292**	**3850**	**2442**	**249**	**176**	**73**
中山市	**4341**	**2355**	**1985**	**3022**	**1672**	**1349**	**149**	**89**	**60**
潮州市	**1422**	**815**	**607**	**567**	**301**	**267**	**11**	**5**	**6**
湘桥区	549	320	230	325	181	144	8	2	5
潮安区	569	316	253	190	95	95	4	3	1
饶平县	303	179	124	53	25	28			
揭阳市	**1958**	**1201**	**757**	**629**	**398**	**231**	**14**	**11**	**3**
榕城区	542	330	212	230	146	84	2	2	
揭东区	304	179	124	114	67	47	11	8	3
揭西县	278	150	128	63	43	20	1	1	
惠来县	238	170	68	69	48	21			
普宁市	596	372	224	153	94	59			
云浮市	**1176**	**684**	**492**	**601**	**343**	**258**	**8**	**7**	**1**
云城区	362	202	160	298	171	126	5	4	1
云安区	64	34	30	16	12	5			
新兴县	320	184	136	117	57	60	1	1	
郁南县	178	112	66	64	38	26			
罗定市	253	153	100	106	66	40	2	2	1

5-7a 各地区分性别、受教育程度的就业人口（城市）

单位：人

地区	就业人口			未上过学			小学		
	合计	男	女	小计	男	女	小计	男	女
全省	**902809**	**535537**	**367272**	**4313**	**1744**	**2568**	**81288**	**43845**	**37443**
广州市	**157261**	**90391**	**66870**	**330**	**124**	**206**	**7949**	**4199**	**3750**
荔湾区	11851	6555	5296	21	6	15	538	261	277
越秀区	15570	8398	7172	22	7	15	422	191	231
海珠区	22832	12856	9976	35	11	25	830	444	386
天河区	25387	14540	10847	25	8	17	656	361	294
白云区	25336	14692	10644	36	11	25	1388	731	657
黄埔区	7582	4743	2839	8	3	5	303	201	102
番禺区	21000	11948	9052	98	45	53	1834	964	870
花都区	8544	4977	3567	27	16	11	557	300	257
南沙区	4917	3037	1880	39	9	30	467	198	269
萝岗区	6118	3846	2272	5	2	3	174	91	84
从化区	2334	1314	1020	1	1		103	55	48
增城区	5789	3484	2305	14	6	7	678	402	276
韶关市	**9798**	**5620**	**4177**	**28**	**6**	**21**	**676**	**305**	**370**
武江区	2555	1457	1098	4	1	3	101	52	50
浈江区	3662	2097	1565	6	2	5	252	125	127
曲江区	1261	761	500	1	1	1	66	35	30
乐昌市	1069	561	508	5	1	4	159	53	106
南雄市	1251	744	507	12	2	9	98	40	58
深圳市	**215025**	**129333**	**85692**	**660**	**248**	**412**	**11456**	**6116**	**5341**
罗湖区	16903	9569	7334	25	11	14	550	250	299
福田区	24474	14480	9994	44	18	26	794	435	359
南山区	21363	12286	9078	45	15	30	651	345	306
宝安区	101024	61920	39104	350	128	222	5676	3079	2597
龙岗区	47462	28761	18701	191	74	116	3635	1933	1702
盐田区	3798	2316	1482	6	3	3	150	74	77
珠海市	**17546**	**9816**	**7730**	**106**	**44**	**62**	**960**	**495**	**465**
香洲区	13700	7625	6075	83	35	48	643	349	294
斗门区	1678	942	736	7	3	4	142	70	72
金湾区	2168	1249	919	15	5	10	175	75	100
汕头市	**28401**	**17692**	**10710**	**182**	**76**	**106**	**3383**	**2130**	**1253**
龙湖区	4879	2990	1888	23	13	11	444	268	176
金平区	8960	5574	3386	64	34	30	827	549	278
濠江区	1671	1005	667	48	10	38	365	213	153
潮阳区	3228	2204	1025	15	9	6	480	359	121
潮南区	6184	3790	2393	16	6	10	782	461	321
澄海区	3479	2129	1350	16	4	12	485	279	206

5-7a 续表 1 单位：人

地 区	初 中			普通高中			中 职		
	小计	男	女	小计	男	女	小计	男	女
全 省	**369648**	**221885**	**147762**	**174362**	**111241**	**63120**	**75223**	**44350**	**30873**
广州市	**44716**	**26290**	**18426**	**31369**	**19282**	**12087**	**15510**	**9214**	**6296**
荔湾区	3215	1800	1415	2562	1549	1012	1081	636	446
越秀区	2737	1554	1183	3035	1780	1255	1176	674	502
海珠区	6256	3628	2628	4572	2822	1750	1680	955	725
天河区	4094	2426	1668	4897	2897	2001	2627	1559	1069
白云区	7911	4709	3202	6040	3726	2314	2694	1537	1158
黄埔区	2431	1554	877	1613	1030	584	993	655	338
番禺区	8525	4926	3599	3513	2130	1383	1859	1075	784
花都区	3461	2020	1440	1391	839	551	866	508	358
南沙区	1897	1157	740	866	606	261	710	516	195
萝岗区	1579	965	614	1708	1174	535	931	546	385
从化区	704	384	320	408	252	157	328	195	134
增城区	1905	1167	739	763	478	285	563	360	204
韶关市	**3354**	**1871**	**1483**	**2128**	**1341**	**787**	**1053**	**609**	**443**
武江区	752	398	354	633	398	235	278	159	119
浈江区	1161	664	497	890	543	347	370	207	163
曲江区	417	237	180	243	163	80	184	112	72
乐昌市	586	316	270	113	73	40	100	59	41
南雄市	438	257	181	249	165	84	121	72	49
深圳市	**91469**	**54997**	**36472**	**43398**	**28056**	**15343**	**16262**	**9607**	**6655**
罗湖区	5479	3124	2356	4932	3016	1915	1143	586	557
福田区	5731	3594	2137	5537	3495	2043	1912	1074	838
南山区	4104	2356	1748	3977	2462	1515	1732	867	865
宝安区	53269	32189	21080	17821	11864	5957	7550	4731	2819
龙岗区	21244	12707	8537	10194	6586	3607	3718	2238	1480
盐田区	1641	1026	615	938	632	306	206	111	95
珠海市	**5153**	**2792**	**2361**	**3548**	**2143**	**1405**	**1529**	**877**	**652**
香洲区	3622	1943	1678	2828	1676	1152	1146	653	493
斗门区	593	326	267	318	198	120	171	96	75
金湾区	938	523	415	402	269	132	212	128	84
汕头市	**11649**	**7321**	**4328**	**6624**	**4515**	**2109**	**1628**	**891**	**737**
龙湖区	1404	923	481	1015	663	351	374	217	157
金平区	2728	1830	898	2111	1401	710	885	469	415
濠江区	819	483	336	308	219	90	45	31	14
潮阳区	1458	938	520	847	644	202	128	70	58
潮南区	3787	2203	1584	1431	1009	422	62	40	22
澄海区	1453	944	509	912	578	334	134	64	70

5-7a 续表 2

单位：人

地　区	大学专科			大学本科			研究生		
	小计	男	女	小计	男	女	小计	男	女
全　省	**108831**	**61469**	**47362**	**80721**	**45904**	**34817**	**8424**	**5099**	**3325**
广州市	**27800**	**15101**	**12699**	**25790**	**13969**	**11821**	**3797**	**2213**	**1584**
荔湾区	2218	1168	1049	2049	1051	997	168	84	84
越秀区	3186	1609	1577	4228	2144	2084	765	438	326
海珠区	4239	2239	2000	4517	2357	2160	702	400	301
天河区	6035	3356	2680	5807	3216	2591	1245	718	527
白云区	4071	2195	1876	2860	1571	1289	335	211	124
黄埔区	1176	680	496	955	560	395	103	61	42
番禺区	2729	1447	1282	2240	1235	1005	202	127	76
花都区	1267	729	538	913	524	389	63	40	23
南沙区	632	375	257	297	171	125	8	5	3
萝岗区	818	498	320	781	495	286	121	75	45
从化区	487	264	223	294	158	136	9	6	3
增城区	941	540	400	848	485	363	77	46	30
韶关市	**1633**	**951**	**682**	**890**	**512**	**378**	**36**	**24**	**12**
武江区	497	286	210	277	155	122	13	8	5
浈江区	580	327	253	387	220	167	15	10	5
曲江区	251	152	99	96	60	37	3	2	1
乐昌市	79	43	35	28	16	11			
南雄市	227	143	84	102	61	41	4	4	
深圳市	**26074**	**14970**	**11104**	**22777**	**13500**	**9277**	**2928**	**1839**	**1090**
罗湖区	2611	1413	1199	1956	1051	905	208	119	89
福田区	4705	2574	2131	5037	2846	2190	714	445	270
南山区	4106	2258	1848	5580	3248	2333	1168	735	433
宝安区	9216	5515	3702	6540	4027	2513	601	387	213
龙岗区	4950	2948	2002	3320	2135	1185	210	139	72
盐田区	486	263	223	344	193	151	27	14	14
珠海市	**3163**	**1739**	**1424**	**2883**	**1609**	**1274**	**205**	**118**	**87**
香洲区	2610	1427	1183	2585	1437	1148	184	106	78
斗门区	286	157	129	155	88	67	5	3	1
金湾区	266	155	112	142	84	58	17	9	8
汕头市	**3120**	**1738**	**1382**	**1744**	**983**	**762**	**71**	**38**	**33**
龙湖区	966	533	433	625	356	269	28	17	11
金平区	1462	790	672	843	481	362	40	19	20
濠江区	65	37	29	21	12	8			
潮阳区	237	147	90	63	36	27			
潮南区	87	59	28	20	12	7			
澄海区	302	172	130	173	85	88	4	2	2

5-7a 续表 3

单位：人

地 区	就业人口			未上过学			小 学		
	合计	男	女	小计	男	女	小计	男	女
佛山市	**115353**	**68642**	**46711**	**734**	**295**	**439**	**16024**	**8866**	**7158**
禅城区	14131	8043	6088	34	10	24	1008	551	457
南海区	46702	28484	18219	229	91	139	7045	3933	3112
顺德区	45030	26603	18427	434	181	253	7115	3929	3186
三水区	3868	2241	1627	25	7	18	395	212	183
高明区	5622	3272	2351	11	7	5	461	241	220
江门市	**32600**	**18771**	**13829**	**150**	**58**	**92**	**3329**	**1711**	**1617**
蓬江区	10637	6055	4582	25	8	17	971	462	509
江海区	3876	2286	1590	41	17	24	558	289	269
新会区	6332	3705	2627	39	11	28	758	403	355
台山市	3693	2076	1616	7	3	4	346	161	185
开平市	3950	2261	1689	18	9	10	356	213	143
鹤山市	2842	1600	1243	6	4	2	236	129	107
恩平市	1269	787	482	13	7	7	104	54	50
湛江市	**15947**	**9653**	**6294**	**110**	**50**	**60**	**1011**	**568**	**443**
赤坎区	3331	1922	1408	3	1	2	94	54	39
霞山区	5184	3141	2043	19	12	7	275	152	123
坡头区	502	342	160	6	2	4	64	41	24
麻章区	694	390	304	6	2	4	58	33	26
遂溪县	143	79	64	2	1	1	6	3	3
廉江市	1874	1060	813	6	1	5	72	39	34
雷州市	1795	1176	618	20	9	11	204	104	100
吴川市	2426	1542	883	49	23	26	237	142	94
茂名市	**16610**	**9494**	**7115**	**161**	**54**	**107**	**1716**	**847**	**869**
茂南区	5951	3452	2499	19	2	16	216	100	116
电白区	2538	1527	1011	74	35	39	428	242	187
高州市	2695	1509	1186	30	7	23	416	193	223
化州市	3052	1744	1308	16	4	12	355	169	187
信宜市	2372	1262	1110	23	6	17	301	144	157
肇庆市	**13835**	**7686**	**6149**	**43**	**16**	**28**	**850**	**362**	**488**
端州区	6831	3705	3126	13	1	12	250	81	169
鼎湖区	702	390	312	2		2	70	26	43
高要市	903	551	352	15	8	7	99	65	34
四会市	5398	3039	2359	13	6	7	432	190	242
惠州市	**28097**	**17290**	**10806**	**89**	**38**	**50**	**2386**	**1355**	**1031**
惠城区	18608	11100	7508	58	27	31	1372	748	624
惠阳区	9336	6086	3251	30	11	19	993	589	404
博罗县	152	104	47				21	18	3

5-7a 续表 4

单位：人

地　　区	初　中			普通高中			中　职		
	小计	男	女	小计	男	女	小计	男	女
佛山市	**51072**	**31294**	**19778**	**17446**	**10945**	**6501**	**9798**	**5950**	**3847**
禅城区	4974	2911	2063	2320	1396	924	1346	769	578
南海区	22033	13850	8183	6164	4004	2160	3933	2370	1563
顺德区	20066	12203	7863	7191	4451	2741	3507	2208	1298
三水区	1507	876	631	585	362	223	514	306	209
高明区	2492	1454	1038	1186	732	453	497	298	200
江门市	**12348**	**7094**	**5254**	**7826**	**4819**	**3007**	**2745**	**1655**	**1091**
蓬江区	3955	2280	1675	2346	1446	899	936	560	376
江海区	1769	1070	698	733	461	271	290	179	111
新会区	2085	1221	864	1355	828	527	617	393	224
台山市	1644	881	764	1066	668	398	195	126	69
开平市	1368	748	620	1222	738	484	412	234	178
鹤山市	956	523	432	763	460	304	210	117	93
恩平市	570	371	199	341	218	124	86	46	40
湛江市	**5731**	**3409**	**2322**	**3865**	**2549**	**1316**	**1332**	**804**	**528**
赤坎区	848	476	371	696	432	264	319	196	124
霞山区	1625	1005	619	1306	837	470	432	249	183
坡头区	248	176	72	82	62	20	47	32	15
麻章区	376	201	175	132	83	48	59	33	26
遂溪县	121	64	57	10	6	3	4	4	
廉江市	679	343	336	529	314	215	230	142	87
雷州市	711	439	272	464	354	110	173	111	62
吴川市	1124	703	420	648	461	187	68	38	31
茂名市	**6381**	**3485**	**2896**	**4136**	**2617**	**1520**	**1201**	**637**	**563**
茂南区	1701	906	795	1755	1096	660	574	314	260
电白区	929	584	345	482	319	163	109	50	60
高州市	1324	723	600	486	317	169	129	72	57
化州市	1371	761	611	894	561	333	180	91	89
信宜市	1056	511	545	519	324	194	209	111	98
肇庆市	**5794**	**3177**	**2617**	**3048**	**1809**	**1239**	**1258**	**696**	**561**
端州区	2199	1170	1029	1753	1015	738	722	386	335
鼎湖区	259	140	120	189	119	70	62	33	29
高要市	292	176	117	165	104	61	132	72	59
四会市	3043	1691	1352	940	571	369	342	204	138
惠州市	**12352**	**7634**	**4717**	**4632**	**3014**	**1618**	**2901**	**1782**	**1118**
惠城区	7372	4439	2932	3329	2103	1226	1920	1123	796
惠阳区	4898	3139	1759	1286	897	388	978	658	320
博罗县	82	56	26	18	14	4	3	1	2

5-7a 续表 5 单位：人

地 区	大学专科			大学本科			研究生		
	小计	男	女	小计	男	女	小计	男	女
佛山市	**12195**	**6856**	**5339**	**7571**	**4135**	**3436**	**513**	**301**	**213**
禅城区	2381	1266	1115	1874	1026	847	194	114	80
南海区	4562	2720	1842	2587	1429	1159	148	88	60
顺德区	4162	2266	1897	2413	1288	1125	143	78	65
三水区	470	266	204	358	203	155	14	10	4
高明区	620	339	281	340	189	150	15	11	4
江门市	**3885**	**2146**	**1740**	**2220**	**1227**	**993**	**97**	**62**	**35**
蓬江区	1448	762	686	894	499	395	62	38	25
江海区	347	193	154	135	75	60	4	2	2
新会区	857	500	357	602	337	265	19	13	6
台山市	289	173	117	143	63	79	3	2	1
开平市	417	235	181	153	81	71	5	3	2
鹤山市	408	214	194	260	149	111	3	3	
恩平市	120	69	51	34	22	12			
湛江市	**2372**	**1383**	**989**	**1362**	**789**	**573**	**165**	**101**	**64**
赤坎区	726	401	325	532	297	236	114	66	48
霞山区	893	504	389	588	352	236	46	30	16
坡头区	43	24	19	12	7	6			
麻章区	51	32	19	12	5	6			
遂溪县									
廉江市	304	190	115	52	30	22	1	1	
雷州市	170	119	52	53	41	12			
吴川市	184	114	70	113	58	55	3	3	
茂名市	**2040**	**1254**	**786**	**949**	**581**	**369**	**25**	**19**	**6**
茂南区	1124	687	436	542	332	210	20	15	6
电白区	305	175	129	206	118	88	4	4	
高州市	225	140	84	86	57	29			
化州市	184	125	59	53	34	19			
信宜市	203	126	77	62	40	22			
肇庆市	**1842**	**1033**	**809**	**985**	**582**	**404**	**16**	**12**	**4**
端州区	1208	651	557	675	393	282	12	9	3
鼎湖区	97	58	40	22	14	8			
高要市	121	71	50	79	55	24	1		1
四会市	415	254	161	209	119	90	3	3	
惠州市	**3389**	**2050**	**1339**	**2233**	**1342**	**891**	**115**	**74**	**41**
惠城区	2585	1485	1101	1873	1111	762	100	64	36
惠阳区	790	556	234	347	225	121	16	10	5
博罗县	14	9	4	14	6	7			

5-7a 续表 6

单位：人

地区	就业人口			未上过学			小学		
	合计	男	女	小计	男	女	小计	男	女
梅州市	**9960**	**5439**	**4522**	**16**	**7**	**9**	**427**	**217**	**211**
梅江区	4661	2521	2140	4	1	3	184	95	89
梅县区	1866	1002	864	6	2	4	58	29	30
五华县	179	78	101	1		1	33	11	22
兴宁市	3254	1837	1417	5	4	2	152	83	69
汕尾市	**5622**	**3923**	**1699**	**72**	**38**	**34**	**773**	**509**	**265**
城区	3675	2538	1137	43	22	21	472	325	147
陆丰市	1947	1386	561	29	16	13	301	184	118
河源市	**5858**	**3439**	**2418**	**9**	**3**	**6**	**450**	**176**	**273**
源城区	5858	3439	2418	9	3	6	450	176	273
阳江市	**8692**	**5009**	**3683**	**16**	**7**	**9**	**825**	**401**	**424**
江城区	6352	3690	2662	9	5	4	543	286	257
阳春市	2340	1320	1020	7	2	5	282	115	167
清远市	**12027**	**6822**	**5205**	**62**	**20**	**43**	**1664**	**816**	**848**
清城区	6103	3398	2705	18	4	14	710	328	381
清新区	2178	1261	918	18	3	15	335	154	181
英德市	2206	1269	937	14	6	9	401	208	192
连州市	1540	894	646	12	7	5	219	126	93
东莞市	**140470**	**84577**	**55893**	**1114**	**483**	**631**	**18079**	**9573**	**8506**
中山市	**33278**	**19052**	**14227**	**262**	**98**	**163**	**4523**	**2292**	**2231**
潮州市	**11751**	**7218**	**4533**	**102**	**46**	**56**	**2175**	**1251**	**924**
湘桥区	5438	3210	2228	56	23	33	948	520	429
潮安区	6313	4008	2305	46	23	23	1227	731	496
揭阳市	**18679**	**12205**	**6474**	**54**	**29**	**25**	**2047**	**1381**	**666**
榕城区	7402	5171	2231	24	14	10	956	715	241
揭东区	3719	2634	1085	21	14	7	528	359	169
普宁市	7558	4399	3159	9	2	8	563	307	256
云浮市	**5998**	**3465**	**2534**	**14**	**3**	**12**	**585**	**274**	**311**
云城区	3570	2105	1465	7	1	6	378	179	199
云安区	334	193	141	4	1	3	28	10	18
罗定市	2095	1167	928	4	1	3	179	86	93

5-7a 续表 7

单位：人

地 区	初 中			普通高中			中 职		
	小计	男	女	小计	男	女	小计	男	女
梅州市	**4405**	**2305**	**2100**	**2622**	**1551**	**1071**	**779**	**415**	**364**
梅江区	1576	797	780	1361	795	566	433	234	199
梅县区	939	489	451	546	316	229	99	46	54
五华县	120	50	70	19	15	5	1		1
兴宁市	1769	970	800	696	425	271	246	136	110
汕尾市	**2577**	**1790**	**786**	**1429**	**1060**	**369**	**260**	**171**	**89**
城区	1610	1104	506	926	662	264	194	133	61
陆丰市	967	686	281	503	398	105	66	38	28
河源市	**2257**	**1310**	**947**	**1400**	**925**	**475**	**501**	**280**	**221**
源城区	2257	1310	947	1400	925	475	501	280	221
阳江市	**3401**	**1892**	**1509**	**2431**	**1513**	**918**	**542**	**296**	**246**
江城区	2389	1353	1036	1917	1166	752	394	213	181
阳春市	1012	539	473	514	348	166	148	83	65
清远市	**5407**	**3161**	**2246**	**1865**	**1172**	**692**	**983**	**517**	**466**
清城区	2584	1475	1108	997	618	378	530	274	255
清新区	1104	675	429	288	187	101	190	109	81
英德市	929	547	382	383	241	143	167	84	83
连州市	790	463	326	197	127	71	96	50	46
东莞市	**68568**	**41625**	**26943**	**22805**	**14981**	**7823**	**12905**	**7799**	**5106**
中山市	**14834**	**8962**	**5871**	**5834**	**3564**	**2270**	**2255**	**1146**	**1109**
潮州市	**5722**	**3607**	**2115**	**1960**	**1329**	**631**	**512**	**282**	**229**
湘桥区	2411	1450	961	854	569	285	367	197	170
潮安区	3311	2157	1154	1106	760	346	145	86	59
揭阳市	**9471**	**6116**	**3355**	**4973**	**3413**	**1560**	**803**	**454**	**349**
榕城区	3669	2579	1090	1956	1390	566	209	121	88
揭东区	1811	1311	500	1020	747	273	183	108	75
普宁市	3991	2226	1765	1997	1276	721	411	224	187
云浮市	**2987**	**1751**	**1236**	**1022**	**644**	**378**	**469**	**267**	**202**
云城区	1751	1070	681	501	318	182	283	165	118
云安区	230	138	92	43	28	14	20	12	9
罗定市	1006	543	463	479	297	181	166	90	76

5-7a 续表 8

单位：人

地 区	大学专科			大学本科			研究生		
	小计	男	女	小计	男	女	小计	男	女
梅州市	**1127**	**591**	**536**	**566**	**342**	**223**	**17**	**10**	**7**
梅江区	701	358	343	389	234	154	14	8	6
梅县区	156	79	77	59	40	19	2	2	1
五华县	5	3	2						
兴宁市	266	151	115	118	68	49	1		1
汕尾市	**363**	**257**	**106**	**147**	**97**	**50**	**2**	**2**	
城区	288	199	89	140	91	49	1	1	
陆丰市	75	58	17	6	6	1	1	1	
河源市	**859**	**510**	**348**	**372**	**227**	**145**	**10**	**8**	**3**
源城区	859	510	348	372	227	145	10	8	3
阳江市	**1120**	**674**	**446**	**348**	**220**	**128**	**8**	**5**	**3**
江城区	845	505	340	246	157	90	8	5	3
阳春市	275	169	106	102	63	39			
清远市	**1317**	**735**	**582**	**705**	**387**	**317**	**25**	**13**	**11**
清城区	773	428	346	470	258	212	21	12	10
清新区	177	96	81	66	36	30	2	1	1
英德市	208	124	84	103	59	44	1	1	
连州市	159	87	72	66	35	31	1		1
东莞市	**11145**	**6512**	**4633**	**5624**	**3439**	**2185**	**231**	**164**	**66**
中山市	**3022**	**1595**	**1427**	**2407**	**1311**	**1096**	**142**	**82**	**60**
潮州市	**827**	**465**	**363**	**442**	**233**	**209**	**11**	**5**	**6**
湘桥区	483	276	207	311	173	138	8	2	5
潮安区	344	188	156	131	60	71	4	3	1
揭阳市	**994**	**607**	**387**	**334**	**201**	**132**	**2**	**2**	
榕城区	399	238	161	186	112	74	2	2	
揭东区	121	75	47	34	20	14			
普宁市	474	295	179	113	69	44			
云浮市	**543**	**302**	**241**	**371**	**217**	**154**	**7**	**6**	**1**
云城区	350	195	155	296	171	125	5	4	1
云安区	7	3	4	2	2				
罗定市	187	104	83	73	44	28	2	2	1

5-7b 各地区分性别、受教育程度的就业人口（镇）

单位：人

地区	就业人口			未上过学			小学		
	合计	男	女	小计	男	女	小计	男	女
全 省	**248449**	**147391**	**101058**	**2560**	**1011**	**1549**	**38505**	**19605**	**18900**
广州市	**17570**	**10218**	**7353**	**102**	**44**	**57**	**2141**	**1132**	**1009**
白云区	3892	2270	1622	17	7	10	367	196	171
番禺区	905	489	416	7	3	4	150	79	72
花都区	1365	815	550	1		1	118	72	47
南沙区	3089	1747	1342	23	8	14	508	246	262
萝岗区	270	178	91	1	1		18	12	6
从化区	1154	739	415	2	2		59	31	28
增城区	6896	3980	2916	52	23	29	920	497	423
韶关市	**10220**	**5733**	**4487**	**108**	**17**	**91**	**1661**	**697**	**964**
武江区	315	184	131	3	1	2	53	16	38
浈江区	275	162	113	1		1	9	5	5
曲江区	624	365	260	2	1	1	82	25	57
始兴县	1128	616	512	11	4	7	188	76	112
仁化县	1060	615	445	12	1	11	188	88	100
翁源县	1695	914	781	17	4	13	257	108	150
乳源瑶族自治县	1146	648	498	10	2	8	217	99	118
新丰县	1538	858	679	4	1	3	106	47	59
乐昌市	1700	953	746	33	2	31	326	137	189
南雄市	741	419	322	17	1	15	235	98	137
珠海市	**4136**	**2610**	**1526**	**23**	**8**	**14**	**547**	**288**	**259**
香洲区	380	278	103				114	74	39
斗门区	1946	1189	757	6	2	4	205	97	108
金湾区	1810	1144	666	17	6	10	228	116	112
汕头市	**18931**	**11815**	**7115**	**200**	**85**	**115**	**3337**	**1914**	**1423**
龙湖区	877	495	382	12	3	9	161	80	80
濠江区	66	44	22	2		2	20	14	6
潮阳区	7012	4807	2205	51	27	23	1220	742	478
潮南区	4802	2747	2056	33	7	26	669	361	308
澄海区	5574	3302	2273	88	38	50	1165	636	529
南澳县	599	420	179	15	10	5	102	81	21
佛山市	**8176**	**4999**	**3177**	**29**	**18**	**12**	**1202**	**651**	**551**
禅城区	2825	1659	1167	19	11	8	361	190	171
南海区	1190	717	474	5	5		338	202	136
三水区	3631	2321	1311	5	1	3	437	229	209
高明区	529	303	226	1	1		66	30	36
江门市	**8478**	**4906**	**3571**	**84**	**40**	**45**	**1190**	**629**	**561**
新会区	1908	1090	818	33	17	17	298	148	150
台山市	1628	970	658	30	18	12	289	172	118
开平市	1043	614	430	1		1	153	85	69
鹤山市	1827	984	842	7	2	6	164	86	78
恩平市	2072	1249	824	13	4	9	285	139	146

5-7b 续表 1

单位：人

地　　区	初　中			普通高中			中　职		
	小计	男	女	小计	男	女	小计	男	女
全　省	**130642**	**77574**	**53069**	**41722**	**28276**	**13446**	**14136**	**8481**	**5655**
广州市	**8436**	**4899**	**3537**	**2589**	**1619**	**970**	**1719**	**1029**	**690**
白云区	1923	1124	799	665	413	252	403	226	177
番禺区	369	197	172	134	81	53	90	51	39
花都区	662	405	258	182	116	66	84	46	39
南沙区	1393	790	603	434	268	165	391	240	151
萝岗区	83	53	29	76	50	26	33	25	9
从化区	576	363	213	165	107	58	188	130	58
增城区	3431	1967	1464	934	585	350	529	311	219
韶关市	**5070**	**2888**	**2182**	**1369**	**915**	**454**	**707**	**413**	**293**
武江区	171	103	68	43	30	13	25	18	7
浈江区	67	38	28	47	25	22	45	25	20
曲江区	365	217	148	79	56	23	42	25	17
始兴县	576	318	258	143	92	51	94	57	37
仁化县	415	241	173	127	89	37	104	64	40
翁源县	971	515	456	192	139	53	94	52	42
乳源瑶族自治县	444	261	183	201	125	76	69	43	26
新丰县	771	415	356	281	178	104	130	73	57
乐昌市	959	572	388	173	121	53	83	44	39
南雄市	332	207	125	82	60	22	20	11	9
珠海市	**2077**	**1328**	**750**	**759**	**519**	**240**	**347**	**232**	**115**
香洲区	234	179	55	21	15	5	6	4	2
斗门区	970	590	380	420	287	133	152	98	53
金湾区	874	559	315	319	217	102	189	130	60
汕头市	**10450**	**6543**	**3907**	**3805**	**2653**	**1152**	**428**	**219**	**209**
龙湖区	478	276	202	107	76	30	43	17	26
濠江区	23	16	7	12	9	4	5	3	2
潮阳区	4247	2878	1369	1277	1027	249	105	68	37
潮南区	2863	1592	1270	1105	712	393	49	18	30
澄海区	2599	1603	996	1209	767	442	189	90	99
南澳县	240	178	62	95	61	34	37	23	15
佛山市	**4304**	**2682**	**1622**	**904**	**610**	**294**	**939**	**594**	**346**
禅城区	1230	755	476	360	220	139	410	240	170
南海区	602	361	241	118	78	39	35	23	12
三水区	2162	1392	770	346	253	93	449	308	141
高明区	310	175	135	81	58	22	46	23	23
江门市	**4434**	**2555**	**1879**	**1639**	**1031**	**608**	**537**	**330**	**207**
新会区	669	375	294	507	319	188	179	108	71
台山市	788	456	332	413	262	151	40	23	17
开平市	483	290	193	280	167	112	59	41	18
鹤山市	1021	531	491	265	163	102	176	104	73
恩平市	1472	903	569	174	120	54	83	54	29

5-7b 续表 2 单位：人

地 区	大学专科			大学本科			研究生		
	小计	男	女	小计	男	女	小计	男	女
全 省	**14179**	**8547**	**5632**	**6571**	**3816**	**2755**	**134**	**82**	**52**
广州市	**1524**	**901**	**623**	**1012**	**569**	**443**	**48**	**25**	**23**
白云区	323	196	127	186	102	84	8	6	3
番禺区	94	53	41	59	25	35	1		1
花都区	135	72	62	165	98	67	17	6	11
南沙区	253	155	99	87	40	47	1		1
萝岗区	39	25	14	20	13	7			
从化区	108	76	32	56	31	25	1		1
增城区	572	324	248	439	261	178	19	13	6
韶关市	**844**	**524**	**321**	**455**	**274**	**181**	**7**	**6**	**1**
武江区	13	10	3	7	5	2			
浈江区	66	44	22	38	24	15	2	2	
曲江区	34	23	11	21	18	3			
始兴县	83	48	36	33	21	12			
仁化县	126	78	48	86	52	35	3	2	1
翁源县	92	56	37	70	40	31			
乳源瑶族自治县	117	66	51	86	50	36	3	3	
新丰县	170	101	69	75	44	32			
乐昌市	91	59	32	34	18	16			
南雄市	52	39	13	4	2	2			
珠海市	**260**	**158**	**102**	**122**	**77**	**45**	**1**	**1**	
香洲区	4	3	1	3	2	1			
斗门区	135	80	55	59	34	24	1	1	
金湾区	121	75	46	61	40	20			
汕头市	**559**	**321**	**238**	**151**	**79**	**72**	**1**	**1**	
龙湖区	58	32	26	19	11	8			
濠江区	2	2	1	1					
潮阳区	86	49	37	27	16	11			
潮南区	69	49	21	15	7	7			
澄海区	257	136	122	67	31	35	1	1	
南澳县	86	54	32	23	14	9			
佛山市	**532**	**288**	**244**	**263**	**155**	**108**	**2**	**2**	**1**
禅城区	291	152	139	154	90	64	1	1	
南海区	60	27	33	33	21	12			
三水区	157	94	63	74	43	31	1	1	1
高明区	24	15	9	2	1	1			
江门市	**385**	**197**	**188**	**208**	**124**	**84**			
新会区	134	72	62	87	51	36			
台山市	55	29	26	12	10	2			
开平市	41	18	23	26	12	14			
鹤山市	119	55	64	74	45	30			
恩平市	36	24	13	8	6	3			

5-7b 续表 3

单位：人

地　区	就业人口			未上过学			小　学		
	合计	男	女	小计	男	女	小计	男	女
湛江市	**17140**	**10230**	**6910**	**275**	**112**	**163**	**2383**	**1163**	**1220**
霞山区	7	3	3						
坡头区	815	500	315	20	3	17	164	92	72
麻章区	1523	952	571	22	10	12	200	102	98
遂溪县	3002	1797	1206	42	14	28	383	210	173
徐闻县	3387	1993	1394	50	22	28	554	253	300
廉江市	3548	2067	1481	47	26	21	403	191	212
雷州市	2811	1649	1162	47	12	35	358	143	215
吴川市	2047	1268	779	46	23	24	321	172	149
茂名市	**14048**	**7930**	**6118**	**203**	**57**	**146**	**2791**	**1280**	**1511**
茂南区	599	363	236	5	1	4	49	19	30
电白区	5571	3269	2302	110	20	91	1119	522	597
高州市	3480	1927	1553	52	20	32	847	402	445
化州市	2532	1418	1113	18	8	10	253	117	136
信宜市	1867	953	913	18	9	9	523	220	303
肇庆市	**12920**	**7164**	**5756**	**116**	**36**	**80**	**2039**	**829**	**1210**
鼎湖区	573	329	243	2		2	82	40	41
广宁县	2439	1264	1175	10	3	7	417	178	239
怀集县	2842	1530	1312	36	6	30	474	164	310
封开县	1793	954	838	20	9	12	358	132	225
德庆县	1364	743	621	3		3	103	41	62
高要市	2978	1730	1248	44	19	25	523	241	282
四会市	932	613	319	1		1	83	32	50
惠州市	**21619**	**12912**	**8707**	**232**	**103**	**129**	**2814**	**1490**	**1324**
惠城区	2078	1342	735	1	1		280	149	131
惠阳区	1348	797	551	1		1	195	122	73
博罗县	9181	5437	3744	186	91	95	1037	539	498
惠东县	7172	4302	2870	30	6	24	1008	548	461
龙门县	1839	1033	806	14	4	9	293	131	162
梅州市	**15961**	**8805**	**7156**	**105**	**34**	**70**	**1749**	**760**	**988**
梅江区	138	74	64				4	1	2
梅县区	1524	849	675	3	1	2	91	47	44
大埔县	2257	1260	997	17	4	12	284	118	166
丰顺县	2618	1578	1040	7	2	5	359	204	154
五华县	4118	2133	1985	51	18	33	582	236	346
平远县	1541	844	697	10	3	8	128	40	88
蕉岭县	1389	808	581	7	2	5	110	49	61
兴宁市	2377	1259	1117	9	4	5	192	65	127
汕尾市	**12673**	**8773**	**3900**	**337**	**213**	**124**	**2441**	**1595**	**846**
城区	718	488	230	8	6	3	138	100	37
海丰县	6375	4244	2131	125	61	63	1105	665	441
陆河县	1690	1147	542	26	11	16	360	238	122
陆丰市	3890	2893	997	177	135	42	838	591	247

5-7b 续表 4

单位: 人

地 区	初 中			普通高中			中 职		
	小计	男	女	小计	男	女	小计	男	女
湛江市	**9111**	**5332**	**3779**	**3122**	**2249**	**873**	**726**	**463**	**263**
霞山区	2	1	1	2	1	1			
坡头区	337	207	130	161	118	43	49	31	18
麻章区	735	463	272	289	197	91	100	75	25
遂溪县	1524	871	652	586	421	164	198	118	79
徐闻县	1685	988	697	584	416	169	112	67	45
廉江市	2159	1225	934	632	433	200	114	77	36
雷州市	1600	927	673	448	358	90	94	57	37
吴川市	1069	650	419	419	305	114	60	38	23
茂名市	**7616**	**4334**	**3282**	**2263**	**1575**	**688**	**346**	**196**	**150**
茂南区	355	215	140	137	101	37	20	11	9
电白区	3233	1958	1275	737	549	189	109	58	51
高州市	1742	977	765	541	357	184	77	45	32
化州市	1241	647	594	618	415	204	117	67	50
信宜市	1046	537	509	229	154	75	23	15	8
肇庆市	**7428**	**4210**	**3218**	**1730**	**1121**	**609**	**636**	**372**	**264**
鼎湖区	350	201	149	79	52	27	28	17	11
广宁县	1575	847	729	254	146	108	77	37	40
怀集县	1611	905	706	357	236	120	152	84	68
封开县	993	539	453	283	192	91	31	16	15
德庆县	647	328	319	307	190	117	92	53	38
高要市	1628	974	655	347	223	123	211	131	81
四会市	623	415	208	103	82	21	46	34	12
惠州市	**11515**	**7054**	**4460**	**3015**	**1975**	**1040**	**1648**	**951**	**697**
惠城区	1039	695	344	232	176	55	216	142	74
惠阳区	735	459	276	118	75	42	108	57	51
博罗县	5065	3065	2000	1359	876	483	754	435	319
惠东县	3714	2276	1438	1094	715	380	442	243	198
龙门县	962	559	403	211	133	79	128	73	55
梅州市	**8749**	**4650**	**4099**	**3198**	**2098**	**1101**	**824**	**457**	**367**
梅江区	91	49	42	19	11	8	18	8	10
梅县区	893	472	420	422	265	156	50	27	23
大埔县	1200	654	546	437	292	145	133	74	59
丰顺县	1281	762	518	565	378	188	151	78	73
五华县	2369	1203	1167	739	461	278	134	70	64
平远县	767	406	361	254	175	79	140	76	65
蕉岭县	701	399	302	299	204	95	100	57	43
兴宁市	1448	705	743	463	311	152	98	67	31
汕尾市	**6478**	**4507**	**1971**	**2273**	**1710**	**563**	**390**	**248**	**142**
城区	373	236	137	143	105	39	27	18	9
海丰县	3405	2280	1125	1079	811	268	207	135	71
陆河县	693	482	211	361	261	100	88	47	41
陆丰市	2007	1509	498	690	534	156	68	47	21

5-7b 续表 5

单位：人

地　区	大学专科			大学本科			研究生		
	小计	男	女	小计	男	女	小计	男	女
湛江市	**1012**	**622**	**391**	**504**	**286**	**218**	**7**	**3**	**3**
霞山区	2	1	1	1	1				
坡头区	66	40	25	18	9	9			
麻章区	70	44	27	103	59	44	3	2	1
遂溪县	188	113	75	81	48	33	1		1
徐闻县	286	174	112	114	72	43	1	1	
廉江市	155	92	62	36	22	14	1		1
雷州市	164	106	58	100	46	54			
吴川市	81	51	31	51	30	21			
茂名市	**505**	**307**	**198**	**322**	**182**	**140**	**2**		**2**
茂南区	22	9	13	11	7	3			
电白区	194	123	72	67	40	28	1		1
高州市	131	80	51	91	46	45			
化州市	137	81	56	145	83	62	1		1
信宜市	21	14	7	7	5	2			
肇庆市	**690**	**426**	**264**	**281**	**170**	**111**			
鼎湖区	25	15	11	6	3	3			
广宁县	65	36	29	41	18	23			
怀集县	160	96	64	52	38	14			
封开县	84	54	30	23	12	12			
德庆县	139	88	51	74	44	31			
高要市	151	96	55	73	46	28			
四会市	65	40	25	11	9	2			
惠州市	**1479**	**847**	**632**	**897**	**484**	**413**	**19**	**7**	**11**
惠城区	196	119	77	112	58	54			
惠阳区	165	66	99	26	16	10			
博罗县	488	270	217	285	156	129	8	5	3
惠东县	471	296	175	403	216	187	9	2	7
龙门县	160	96	64	71	37	34	1		1
梅州市	**897**	**543**	**355**	**428**	**256**	**173**	**10**	**7**	**3**
梅江区	5	3	2	1	1				
梅县区	49	26	23	17	10	7	1	1	
大埔县	141	88	53	45	30	15	1	1	1
丰顺县	170	102	68	80	47	33	6	4	1
五华县	146	92	54	95	52	43			
平远县	158	92	66	84	52	31			
蕉岭县	104	59	45	67	37	30			
兴宁市	125	81	44	40	26	13	2	1	1
汕尾市	**603**	**409**	**194**	**150**	**90**	**60**	**1**	**1**	
城区	26	22	4	3	2	1			
海丰县	367	241	126	87	50	37	1	1	
陆河县	128	87	42	33	21	11			
陆丰市	82	59	23	27	17	10			

5-7b 续表 6

单位：人

地 区	就业人口			未上过学			小 学		
	合计	男	女	小计	男	女	小计	男	女
河源市	**9385**	**5400**	**3985**	**86**	**24**	**62**	**1164**	**562**	**602**
紫金县	2400	1443	957	12	3	9	235	130	105
龙川县	2472	1466	1006	21	5	16	313	156	157
连平县	1528	855	673	46	13	33	231	100	132
和平县	1578	846	732	3	1	2	183	79	103
东源县	1407	791	616	3	2	1	201	97	105
阳江市	**8926**	**5494**	**3432**	**89**	**32**	**57**	**1711**	**924**	**786**
江城区	1249	776	473	8	3	5	198	104	93
阳西县	2333	1489	843	34	12	21	591	350	242
阳东县	3356	2093	1264	26	9	16	571	307	264
阳春市	1988	1136	852	22	7	15	351	164	187
清远市	12977	7460	5517	137	37	100	2568	1225	1342
清城区	3350	2059	1291	19	4	15	512	245	268
清新区	1444	861	582	19	7	12	322	172	150
佛冈县	1750	1039	711	3	1	3	207	122	84
阳山县	1710	959	752	30	5	26	348	175	173
连山壮族瑶族自治县	429	240	189	5		4	64	33	32
连南瑶族自治县	758	411	347	5	1	4	188	85	103
英德市	3127	1641	1486	47	15	32	790	321	469
连州市	408	249	158	9	5	4	136	73	63
东莞市	**3127**	**1959**	**1169**	**2**	**2**		**317**	**179**	**138**
中山市	**15163**	**9132**	**6031**	**87**	**37**	**50**	**1916**	**1006**	**910**
潮州市	**11052**	**6512**	**4540**	**113**	**33**	**80**	**2193**	**1065**	**1128**
湘桥区	1657	960	697	12	5	7	342	169	173
潮安区	4257	2452	1806	19	7	12	875	407	469
饶平县	5138	3100	2038	82	21	61	976	490	487
揭阳市	**19070**	**11579**	**7491**	**194**	**70**	**124**	**3296**	**1793**	**1503**
榕城区	1277	836	441	6	5	1	298	184	114
揭东区	2752	1717	1035	18	7	11	546	338	208
揭西县	3764	2178	1586	8	3	5	434	245	188
惠来县	5669	3448	2221	117	44	72	1120	566	554
普宁市	5608	3400	2208	45	11	35	897	459	438
云浮市	**6878**	**3761**	**3117**	**39**	**9**	**30**	**1047**	**422**	**625**
云城区	134	73	61	1		1	54	24	30
云安区	728	403	325	6	2	5	157	61	97
新兴县	2516	1366	1151	10	4	6	251	109	142
郁南县	2296	1272	1024	10	2	8	296	114	182
罗定市	1205	648	557	12	2	10	289	114	174

5-7b 续表 7

单位：人

地　区	初　中			普通高中			中　职		
	小计	男	女	小计	男	女	小计	男	女
河源市	**4401**	**2502**	**1899**	**1818**	**1187**	**632**	**650**	**371**	**279**
紫金县	1180	710	471	416	282	134	142	75	67
龙川县	905	524	381	572	374	199	251	150	101
连平县	747	424	323	278	185	92	105	66	39
和平县	792	421	371	363	217	146	60	31	29
东源县	776	423	353	189	128	61	93	49	44
阳江市	**4185**	**2569**	**1616**	**1543**	**1041**	**503**	**505**	**300**	**205**
江城区	579	367	212	272	183	89	66	34	32
阳西县	1184	773	411	334	230	104	86	60	26
阳东县	1422	881	540	607	396	211	278	161	116
阳春市	1000	548	452	330	232	99	76	45	30
清远市	7201	4264	2937	1421	964	456	711	422	289
清城区	2120	1354	766	317	221	96	205	125	80
清新区	845	513	332	149	106	44	49	29	20
佛冈县	958	556	402	228	150	78	132	76	56
阳山县	913	522	391	230	154	75	84	46	39
连山壮族瑶族自治县	216	123	93	44	29	15	30	15	15
连南瑶族自治县	335	192	143	76	49	27	46	26	20
英德市	1619	877	742	337	230	108	148	95	53
连州市	195	127	69	40	27	13	16	11	6
东莞市	**1574**	**913**	**661**	**551**	**387**	**164**	**359**	**252**	**106**
中山市	**7056**	**4338**	**2718**	**3272**	**2079**	**1193**	**1372**	**827**	**546**
潮州市	**6028**	**3569**	**2460**	**1936**	**1356**	**580**	**354**	**232**	**122**
湘桥区	977	577	400	222	147	74	45	25	21
潮安区	2575	1471	1104	592	448	145	97	64	33
饶平县	2476	1521	956	1121	761	361	211	143	68
揭阳市	**10693**	**6345**	**4348**	**3603**	**2576**	**1027**	**489**	**301**	**188**
榕城区	570	362	208	245	182	63	24	17	7
揭东区	1433	863	570	490	348	142	82	52	30
揭西县	2002	1141	861	945	590	355	138	71	67
惠来县	2916	1734	1181	1158	866	292	164	94	70
普宁市	3772	2244	1528	766	590	176	81	68	14
云浮市	**3835**	**2092**	**1743**	**912**	**612**	**300**	**449**	**273**	**176**
云城区	64	39	26	4	3	1	10	7	3
云安区	440	252	188	63	50	13	34	20	14
新兴县	1238	635	602	439	283	156	221	132	88
郁南县	1339	739	600	319	213	106	144	87	57
罗定市	754	427	327	86	63	23	40	27	13

5-7b 续表 8

单位：人

地　区	大学专科			大学本科			研究生		
	小计	男	女	小计	男	女	小计	男	女
河源市	**953**	**570**	**383**	**309**	**180**	**129**	**3**	**3**	**1**
紫金县	319	186	133	95	56	38	1	1	
龙川县	296	190	106	112	66	45	2	1	1
连平县	98	54	44	22	13	10			
和平县	142	76	66	34	19	15			
东源县	98	65	33	46	25	21	1	1	
阳江市	**666**	**470**	**195**	**218**	**151**	**67**	**8**	**6**	**2**
江城区	65	42	23	56	40	17	5	3	2
阳西县	84	54	30	19	11	8			
阳东县	379	280	99	71	54	17	3	3	
阳春市	137	95	43	72	46	25			
清远市	663	379	284	273	165	108	4	2	2
清城区	126	77	49	51	34	17			
清新区	46	25	21	13	10	3			
佛冈县	145	85	60	75	48	27	3	2	1
阳山县	73	41	32	32	16	16			
连山壮族瑶族自治县	50	28	22	20	12	8			
连南瑶族自治县	71	38	33	36	19	17	1		
英德市	143	78	64	44	25	19			
连州市	10	6	4	2	2	1			
东莞市	**257**	**188**	**70**	**68**	**38**	**30**			
中山市	**964**	**550**	**413**	**489**	**289**	**200**	**6**	**6**	
潮州市	**360**	**220**	**140**	**68**	**38**	**30**			
湘桥区	48	32	16	11	5	5			
潮安区	85	46	39	13	9	4			
饶平县	227	141	85	44	23	20			
揭阳市	**603**	**368**	**234**	**180**	**117**	**63**	**12**	**9**	**3**
榕城区	97	59	39	36	27	8			
揭东区	108	66	42	64	35	28	11	8	3
揭西县	194	99	96	42	28	14	1	1	
惠来县	162	120	42	33	24	9			
普宁市	41	26	15	6	3	3			
云浮市	**423**	**260**	**164**	**173**	**92**	**81**	**1**	**1**	
云城区									
云安区	22	14	8	5	4	1			
新兴县	250	149	101	107	53	54	1	1	
郁南县	133	85	48	55	32	23			
罗定市	18	12	6	6	4	2			

5-7c　各地区分性别、受教育程度的就业人口（乡村）

单位：人

地　区	就业人口			未上过学			小　学		
	合计	男	女	小计	男	女	小计	男	女
全　省	**470375**	**268121**	**202254**	**8003**	**2563**	**5441**	**105689**	**50266**	**55422**
广州市	**28622**	**16901**	**11722**	**187**	**67**	**120**	**4187**	**2170**	**2017**
白云区	7190	4360	2830	15	5	10	698	358	340
番禺区	4146	2461	1685	31	10	21	528	320	209
花都区	4986	2971	2015	17	9	8	490	259	230
南沙区	3261	1789	1472	60	10	50	598	247	351
萝岗区	940	529	411	5	3	2	170	88	83
从化区	4002	2302	1700	13	6	6	570	274	296
增城区	4098	2489	1609	46	24	22	1132	624	508
韶关市	**19916**	**10840**	**9076**	**611**	**111**	**500**	**6072**	**2583**	**3489**
武江区	836	470	365	17	4	13	186	81	105
浈江区	867	485	383	24	6	18	171	70	101
曲江区	1945	1055	890	39	4	36	452	185	267
始兴县	1855	1010	845	38	7	32	510	201	310
仁化县	1692	963	729	44	7	37	520	248	272
翁源县	3693	2047	1647	37	10	27	958	394	564
乳源瑶族自治县	1533	834	699	53	13	40	644	320	324
新丰县	1607	897	711	18	9	9	311	123	188
乐昌市	3114	1654	1460	196	35	161	1174	529	645
南雄市	2773	1425	1347	144	16	128	1145	432	713
珠海市	**2329**	**1385**	**944**	**31**	**10**	**21**	**482**	**257**	**225**
斗门区	2329	1385	944	31	10	21	482	257	225
汕头市	**21441**	**12831**	**8611**	**194**	**80**	**115**	**4204**	**2239**	**1965**
龙湖区	1473	835	638	9	5	4	255	136	119
金平区	284	173	112	1	1		40	27	13
濠江区	1113	700	413	50	11	40	297	198	100
潮阳区	7090	4626	2464	44	20	24	1366	789	577
潮南区	7577	4286	3290	61	32	29	1335	646	689
澄海区	3684	2068	1616	17	9	9	844	404	440
南澳县	220	142	78	11	2	9	65	38	27
佛山市	**5819**	**3488**	**2331**	**27**	**11**	**16**	**1000**	**505**	**495**
南海区	1700	997	703	5		5	345	178	167
顺德区	512	294	218	5	5		111	59	53
三水区	2873	1776	1097	7	2	5	372	181	191
高明区	733	420	313	10	4	6	172	88	85
江门市	**24604**	**13933**	**10671**	**182**	**64**	**118**	**4864**	**2432**	**2431**
蓬江区	64	35	29				13	6	7
新会区	4919	2825	2094	53	9	44	1292	663	628
台山市	8184	4617	3567	74	35	39	1623	803	820
开平市	4918	2778	2140	31	13	18	1033	510	523
鹤山市	3006	1662	1344	16	7	9	499	272	227
恩平市	3512	2016	1497	8		8	404	178	226

5-7c 续表 1

单位：人

地区	初中			普通高中			中职		
	小计	男	女	小计	男	女	小计	男	女
全 省	**272283**	**159935**	**112349**	**53687**	**36909**	**16778**	**16834**	**10214**	**6620**
广州市	**14071**	**8431**	**5639**	**4114**	**2699**	**1415**	**3476**	**2101**	**1375**
白云区	3119	1891	1228	1269	878	391	1219	741	477
番禺区	1685	981	704	677	421	255	605	388	216
花都区	2913	1759	1153	800	483	317	413	262	151
南沙区	1479	849	629	472	316	156	370	207	163
萝岗区	397	230	167	116	76	40	131	74	57
从化区	2403	1423	980	390	246	144	448	261	186
增城区	2075	1297	779	391	278	112	291	167	124
韶关市	**10635**	**6452**	**4182**	**1508**	**1030**	**477**	**645**	**399**	**245**
武江区	479	293	186	99	64	35	32	18	13
浈江区	522	314	208	74	50	25	22	14	8
曲江区	1120	661	459	206	131	75	92	52	40
始兴县	944	567	377	224	152	72	80	51	29
仁化县	900	561	339	109	71	38	55	35	20
翁源县	2323	1386	937	191	147	45	126	72	54
乳源瑶族自治县	687	414	274	98	57	41	30	18	12
新丰县	1085	627	458	141	104	37	35	22	13
乐昌市	1457	894	563	124	84	40	112	83	29
南雄市	1118	736	382	240	171	69	61	33	28
珠海市	**1100**	**679**	**421**	**348**	**221**	**128**	**255**	**156**	**99**
斗门区	1100	679	421	348	221	128	255	156	99
汕头市	**12368**	**7314**	**5055**	**3622**	**2539**	**1084**	**550**	**338**	**212**
龙湖区	810	457	353	253	161	92	88	44	44
金平区	147	78	68	79	57	22	6	4	2
濠江区	588	374	214	123	84	39	26	13	13
潮阳区	4563	2928	1635	880	723	157	132	100	31
潮南区	4436	2429	2006	1447	974	473	145	88	57
澄海区	1735	983	752	820	524	296	133	75	58
南澳县	90	64	26	21	16	5	21	14	7
佛山市	**2846**	**1778**	**1068**	**858**	**586**	**272**	**588**	**343**	**245**
南海区	631	379	252	289	191	98	188	117	72
顺德区	162	114	48	114	53	62	35	20	15
三水区	1707	1084	622	345	268	77	304	169	135
高明区	346	200	146	109	75	34	62	38	24
江门市	**13629**	**7788**	**5840**	**3811**	**2422**	**1389**	**1302**	**774**	**528**
蓬江区	30	16	14	7	5	2	12	7	4
新会区	2139	1276	863	800	522	278	421	236	185
台山市	4660	2618	2042	1426	915	511	250	161	89
开平市	2618	1496	1122	824	498	326	257	167	89
鹤山市	1640	898	742	361	217	144	271	158	113
恩平市	2542	1485	1057	392	265	127	91	44	48

5-7c 续表 2

单位：人

地　　区	大学专科			大学本科			研究生		
	小计	男	女	小计	男	女	小计	男	女
全　省	**10381**	**6136**	**4246**	**3432**	**2062**	**1370**	**66**	**37**	**29**
广州市	**1879**	**1022**	**857**	**696**	**404**	**292**	**12**	**6**	**5**
白云区	632	347	286	235	138	96	3	1	1
番禺区	489	263	226	131	78	53			
花都区	226	128	98	121	66	55	6	4	2
南沙区	214	117	97	67	41	25	1	1	1
萝岗区	77	39	39	42	19	23	1		1
从化区	127	67	61	50	24	26	1		1
增城区	112	61	51	51	37	14			
韶关市	**320**	**183**	**137**	**125**	**80**	**45**	**2**	**1**	**1**
武江区	15	8	8	7	3	5			
浈江区	21	12	9	33	20	13	1		1
曲江区	32	20	13	4	3	1			
始兴县	46	24	23	11	8	3	1	1	
仁化县	47	29	17	17	11	5			
翁源县	42	27	15	16	10	6			
乳源瑶族自治县	15	8	7	5	4	1			
新丰县	12	8	5	5	4	1			
乐昌市	38	19	19	13	10	4			
南雄市	52	29	22	13	8	6			
珠海市	**93**	**51**	**42**	**18**	**9**	**9**	**1**	**1**	
斗门区	93	51	42	18	9	9	1	1	
汕头市	**406**	**271**	**136**	**94**	**50**	**44**	**2**	**1**	**1**
龙湖区	44	24	20	12	6	5	1	1	1
金平区	10	5	5	2	1	1			
濠江区	24	18	6	4	3	2			
潮阳区	91	62	29	14	5	9			
潮南区	119	96	22	33	21	13			
澄海区	107	60	48	27	13	14	1	1	
南澳县	11	6	5	2	2				
佛山市	**331**	**162**	**169**	**168**	**103**	**65**	**1**		**1**
南海区	133	64	69	109	69	40			
顺德区	69	33	36	17	12	5			
三水区	103	52	51	36	20	16			
高明区	27	14	13	7	2	5	1		1
江门市	**611**	**341**	**270**	**194**	**104**	**90**	**12**	**7**	**6**
蓬江区	2	1	1						
新会区	177	105	73	37	15	22	1		1
台山市	119	64	56	31	19	11	1	1	
开平市	114	74	41	39	19	20	1	1	
鹤山市	143	67	76	75	43	32	2	1	1
恩平市	55	32	24	12	8	4	8	4	4

5-7c 续表 3 单位：人

地 区	就业人口			未上过学			小 学		
	合计	男	女	小计	男	女	小计	男	女
湛江市	**59024**	**33109**	**25914**	**1808**	**585**	**1224**	**13435**	**6090**	**7345**
赤坎区	95	51	43	1			14	8	6
霞山区	198	122	77				35	20	15
坡头区	2977	1793	1184	65	20	45	627	302	325
麻章区	3838	2315	1523	79	27	53	687	355	333
遂溪县	8456	4632	3824	199	76	123	1688	809	879
徐闻县	6684	3740	2944	161	54	107	1668	776	893
廉江市	14853	8290	6562	401	164	238	3138	1461	1677
雷州市	14422	7767	6655	751	194	557	4041	1649	2391
吴川市	7501	4399	3102	151	50	101	1537	711	826
茂名市	**45910**	**25046**	**20863**	**925**	**275**	**650**	**11262**	**5151**	**6111**
茂南区	4292	2382	1911	57	16	41	830	361	469
电白区	12221	7060	5162	286	67	218	2809	1317	1492
高州市	12334	6547	5787	267	97	171	3923	1766	2156
化州市	10200	5439	4761	174	65	109	1932	921	1012
信宜市	6862	3619	3243	141	30	111	1769	787	982
肇庆市	**33427**	**17514**	**15913**	**530**	**136**	**395**	**7862**	**3134**	**4727**
鼎湖区	1283	657	626	12	2	11	247	89	158
广宁县	4275	2218	2057	29	13	16	870	327	543
怀集县	8424	4163	4261	213	53	160	2334	798	1536
封开县	4178	2184	1994	99	31	68	1073	454	619
德庆县	4097	2186	1911	16	5	11	583	231	352
高要市	8095	4367	3728	125	29	96	2250	1030	1220
四会市	3075	1738	1336	35	3	32	505	206	299
惠州市	**22341**	**12810**	**9531**	**212**	**75**	**137**	**4725**	**2450**	**2275**
惠城区	3606	2036	1570	17	5	12	556	255	301
惠阳区	2417	1500	917	45	26	19	480	311	169
博罗县	6905	3913	2991	36	13	23	1219	605	614
惠东县	6495	3758	2737	80	25	55	1771	947	824
龙门县	2918	1602	1316	34	7	27	699	331	368
梅州市	**29745**	**15894**	**13852**	**309**	**100**	**209**	**5753**	**2455**	**3298**
梅江区	638	348	290	3	1	2	52	22	30
梅县区	3757	2090	1668	13	2	11	378	158	220
大埔县	2977	1644	1333	33	12	20	684	319	365
丰顺县	2909	1689	1220	109	41	68	879	429	450
五华县	8199	4173	4027	62	24	38	2225	962	1263
平远县	1986	1060	926	46	5	41	371	135	236
蕉岭县	1315	739	576	7	3	4	152	65	87
兴宁市	7963	4152	3812	37	12	26	1012	366	646

5-7c 续表 4

单位：人

地区	初中			普通高中			中职		
	小计	男	女	小计	男	女	小计	男	女
湛江市	**36177**	**21130**	**15046**	**5695**	**4078**	**1617**	**971**	**610**	**361**
赤坎区	47	24	23	22	13	9	8	5	3
霞山区	100	66	34	51	28	23	6	4	2
坡头区	1824	1148	677	351	246	104	67	48	19
麻章区	2488	1509	979	440	324	116	76	53	23
遂溪县	5469	3013	2456	854	583	271	139	83	56
徐闻县	4081	2361	1720	572	415	157	91	60	31
廉江市	9633	5501	4132	1278	910	368	211	131	80
雷州市	7853	4671	3181	1311	956	354	247	150	97
吴川市	4680	2837	1843	816	602	214	125	76	49
茂名市	**25872**	**14353**	**11520**	**6248**	**4292**	**1956**	**677**	**425**	**252**
茂南区	2389	1300	1089	852	597	255	77	52	25
电白区	7358	4413	2945	1417	1054	363	153	95	57
高州市	6279	3425	2855	1534	1062	472	93	58	35
化州市	5868	3066	2802	1695	1066	629	213	126	86
信宜市	3978	2149	1829	750	512	238	142	94	48
肇庆市	**20707**	**11377**	**9330**	**3026**	**2064**	**962**	**835**	**506**	**329**
鼎湖区	764	399	365	156	107	49	70	42	28
广宁县	2748	1467	1280	441	293	148	102	60	42
怀集县	5084	2772	2312	595	425	170	116	65	51
封开县	2531	1391	1140	364	239	125	81	50	30
德庆县	2935	1560	1374	441	309	132	70	43	27
高要市	4491	2512	1979	788	519	268	303	193	110
四会市	2154	1275	879	242	172	70	94	53	41
惠州市	**14050**	**8212**	**5838**	**1610**	**1071**	**540**	**1033**	**589**	**444**
惠城区	2231	1293	939	299	197	103	288	171	118
惠阳区	1428	877	550	192	133	59	149	83	65
博罗县	4585	2633	1951	538	369	170	314	165	149
惠东县	4028	2402	1627	347	214	133	179	108	71
龙门县	1778	1007	770	234	159	75	104	62	42
梅州市	**17857**	**9568**	**8289**	**4201**	**2849**	**1351**	**923**	**499**	**424**
梅江区	360	196	165	152	91	61	43	23	20
梅县区	2299	1256	1043	769	516	252	171	84	87
大埔县	1763	973	789	366	268	98	88	45	43
丰顺县	1515	950	566	299	196	103	78	53	25
五华县	4697	2438	2259	841	548	293	170	89	81
平远县	1223	681	543	208	155	53	83	47	35
蕉岭县	774	417	357	269	189	81	62	34	28
兴宁市	5225	2658	2567	1296	885	411	228	123	105

5-7c 续表 5　　　　单位：人

地区	大学专科			大学本科			研究生		
	小计	男	女	小计	男	女	小计	男	女
湛江市	**790**	**519**	**271**	**146**	**96**	**50**	**2**	**2**	
赤坎区	3	2	1						
霞山区	5	3	2						
坡头区	38	26	11	5	2	2			
麻章区	52	36	16	15	10	4			
遂溪县	87	55	32	20	14	6			
徐闻县	95	63	31	15	9	6			
廉江市	171	109	61	20	14	6	1	1	
雷州市	184	126	58	36	20	16			
吴川市	156	97	58	35	25	10			
茂名市	**681**	**400**	**280**	**244**	**151**	**94**			
茂南区	57	34	23	32	22	9			
电白区	179	95	84	20	18	2			
高州市	137	78	59	100	61	39			
化州市	249	158	91	69	37	32			
信宜市	58	35	23	24	12	12			
肇庆市	**360**	**225**	**135**	**105**	**72**	**33**	**2**		**2**
鼎湖区	28	15	13	6	4	3			
广宁县	53	37	16	32	20	12			
怀集县	62	38	25	19	13	6	1		1
封开县	26	15	11	5	4	2			
德庆县	35	23	12	16	14	2			
高要市	118	71	47	21	13	8			
四会市	39	26	13	6	4	2	1		1
惠州市	**517**	**300**	**218**	**188**	**110**	**78**	**5**	**3**	**2**
惠城区	158	84	75	55	33	23	1		1
惠阳区	85	48	37	34	18	16	3	3	1
博罗县	162	98	64	51	31	20			
惠东县	63	45	19	26	18	8			
龙门县	49	26	23	22	10	12			
梅州市	**546**	**341**	**206**	**152**	**80**	**73**	**4**	**2**	**2**
梅江区	23	14	9	6	1	5			
梅县区	88	50	38	36	22	14	3	1	2
大埔县	36	24	12	7	2	5			
丰顺县	27	19	8	3	2	1			
五华县	167	95	72	37	18	19			
平远县	40	27	13	16	10	6			
蕉岭县	40	25	15	11	6	5			
兴宁市	126	88	38	37	19	18	1	1	

5-7c 续表 6 单位：人

地区	就业人口			未上过学			小学		
	合计	男	女	小计	男	女	小计	男	女
汕尾市	**14908**	**10135**	**4774**	**508**	**312**	**196**	**3613**	**2352**	**1260**
城区	1321	910	411	27	22	5	229	179	51
海丰县	4318	2620	1698	130	74	56	1014	515	499
陆河县	1693	1041	653	28	10	18	507	303	204
陆丰市	7576	5564	2012	323	205	118	1862	1356	506
河源市	**20442**	**11409**	**9033**	**300**	**87**	**213**	**4727**	**2199**	**2529**
源城区	71	39	33				4	1	3
紫金县	4096	2312	1784	36	8	28	762	364	398
龙川县	5700	3217	2483	94	23	70	1536	745	790
连平县	3124	1658	1466	83	25	58	730	270	459
和平县	3553	1920	1633	56	12	44	1097	533	564
东源县	3897	2263	1634	32	19	13	599	284	314
阳江市	**17739**	**10191**	**7548**	**427**	**135**	**292**	**4482**	**2100**	**2382**
江城区	2705	1565	1140	29	14	14	457	220	237
阳西县	3849	2310	1539	121	39	82	1171	600	571
阳东县	3910	2230	1680	124	51	72	921	453	467
阳春市	7275	4087	3188	154	30	124	1934	827	1107
清远市	27439	15462	11977	591	153	437	8153	3939	4215
清城区	2139	1240	899	7	1	6	529	264	264
清新区	5895	3373	2521	91	21	70	1427	670	757
佛冈县	2710	1508	1203	13	3	9	554	277	277
阳山县	3287	1806	1480	142	39	103	1065	492	573
连山壮族瑶族自治县	890	515	375	19	6	14	301	151	150
连南瑶族自治县	1042	552	490	41	10	32	429	203	227
英德市	8709	4793	3916	220	48	172	2980	1397	1583
连州市	2767	1676	1092	57	25	32	869	485	383
东莞市	**18805**	**12110**	**6695**	**123**	**35**	**88**	**2793**	**1529**	**1264**
中山市	**5890**	**3432**	**2459**	**80**	**29**	**51**	**989**	**512**	**477**
潮州市	**13812**	**7899**	**5913**	**246**	**75**	**171**	**3738**	**1700**	**2037**
湘桥区	999	592	406	7	1	6	190	88	102
潮安区	6571	3864	2707	41	26	15	1642	834	808
饶平县	6242	3443	2799	198	48	150	1905	778	1127
揭阳市	**38014**	**22672**	**15342**	**468**	**151**	**318**	**9032**	**4591**	**4441**
榕城区	2265	1525	739	11	5	5	419	284	135
揭东区	5882	3647	2235	44	35	9	1241	747	494
揭西县	7375	4449	2926	46	22	23	1300	749	551
惠来县	7266	4292	2974	220	53	167	2188	972	1215
普宁市	15227	8760	6468	147	34	113	3885	1839	2046
云浮市	**20148**	**11061**	**9087**	**241**	**71**	**170**	**4317**	**1876**	**2440**
云城区	1412	792	619	17	8	10	418	174	245
云安区	3046	1692	1354	53	10	43	853	360	493
新兴县	4561	2443	2118	23	9	15	932	420	512
郁南县	3086	1705	1381	29	6	23	663	274	389
罗定市	8043	4428	3615	119	38	80	1449	649	801

5-7c 续表 7

单位：人

地区	初中			普通高中			中职		
	小计	男	女	小计	男	女	小计	男	女
汕尾市	**8271**	**5698**	**2574**	**1926**	**1377**	**549**	**319**	**194**	**125**
城区	813	533	280	200	142	58	26	20	6
海丰县	2504	1584	920	528	357	171	88	51	36
陆河县	710	446	264	308	199	109	78	43	35
陆丰市	4245	3134	1111	890	679	211	128	80	48
河源市	**12166**	**7130**	**5036**	**2216**	**1433**	**783**	**542**	**289**	**253**
源城区	43	27	16	13	7	6	7	1	6
紫金县	2476	1454	1022	504	316	187	131	71	61
龙川县	3174	1886	1288	593	393	200	182	100	82
连平县	1847	1047	800	338	237	101	62	41	21
和平县	1956	1121	835	339	204	135	54	23	31
东源县	2669	1596	1073	429	275	155	106	54	53
阳江市	**10251**	**6152**	**4099**	**1737**	**1247**	**490**	**446**	**300**	**146**
江城区	1635	943	692	370	255	115	111	70	41
阳西县	2144	1366	779	302	227	75	58	38	21
阳东县	2164	1252	912	498	340	158	125	82	43
阳春市	4307	2591	1716	566	425	142	152	110	42
清远市	15337	9232	6106	2074	1407	667	765	440	325
清城区	1241	762	479	149	94	55	138	80	58
清新区	3375	2050	1324	678	442	236	207	127	80
佛冈县	1743	973	770	275	182	93	91	54	37
阳山县	1784	1082	702	182	123	59	58	36	22
连山壮族瑶族自治县	461	282	179	76	53	23	15	11	4
连南瑶族自治县	451	266	185	57	40	17	27	11	16
英德市	4674	2824	1850	479	330	148	194	102	92
连州市	1608	992	616	178	143	35	36	19	16
东莞市	**9213**	**6067**	**3146**	**2913**	**2065**	**848**	**1785**	**1198**	**587**
中山市	**2920**	**1701**	**1218**	**934**	**600**	**334**	**487**	**306**	**181**
潮州市	**7952**	**4853**	**3098**	**1376**	**980**	**397**	**208**	**131**	**76**
湘桥区	646	392	254	123	92	32	12	6	7
潮安区	3898	2342	1556	704	489	215	101	67	33
饶平县	3408	2120	1289	549	399	150	95	58	37
揭阳市	**23635**	**14484**	**9151**	**3904**	**2856**	**1048**	**498**	**286**	**212**
榕城区	1218	787	430	533	388	145	30	20	9
揭东区	3735	2307	1428	742	492	250	30	17	13
揭西县	4768	2834	1934	941	650	291	215	128	88
惠来县	4079	2669	1410	605	487	119	62	35	27
普宁市	9836	5887	3949	1082	840	243	161	86	75
云浮市	**13227**	**7536**	**5691**	**1566**	**1092**	**474**	**529**	**328**	**201**
云城区	827	509	318	81	61	20	55	34	21
云安区	1862	1127	735	161	125	36	72	47	25
新兴县	2914	1584	1330	505	336	168	106	55	51
郁南县	2057	1185	872	211	158	52	72	49	22
罗定市	5567	3133	2434	609	412	197	224	143	82

5-7c 续表 8

单位：人

地 区	大学专科			大学本科			研究生		
	小计	男	女	小计	男	女	小计	男	女
汕尾市	**223**	**167**	**56**	**49**	**35**	**14**			
城区	18	9	8	9	5	5			
海丰县	44	32	13	10	7	3			
陆河县	46	28	17	16	11	5			
陆丰市	115	98	18	14	13	1			
河源市	**370**	**206**	**163**	**118**	**64**	**54**	**3**	**1**	**2**
源城区	3	2	1	1		1			
紫金县	137	72	64	51	27	24			
龙川县	98	59	39	21	10	12	2	1	1
连平县	46	26	19	19	11	8			
和平县	42	22	20	9	6	3			
东源县	45	25	20	17	11	6	1		1
阳江市	**323**	**204**	**120**	**73**	**53**	**20**			
江城区	80	46	35	23	16	7			
阳西县	38	29	10	14	11	2			
阳东县	71	46	25	8	4	3			
阳春市	133	83	50	29	22	7			
清远市	410	224	185	106	64	42	2	2	
清城区	59	29	29	15	9	6	1	1	
清新区	94	49	45	21	12	9	1	1	
佛冈县	32	16	16	3	2	1			
阳山县	41	23	18	15	11	3			
连山壮族瑶族自治县	15	11	4	3	2	1			
连南瑶族自治县	28	16	12	9	6	3			
英德市	129	72	58	33	19	14			
连州市	12	9	4	7	2	5			
东莞市	**1360**	**832**	**528**	**600**	**372**	**228**	**19**	**12**	**7**
中山市	**355**	**210**	**145**	**126**	**73**	**53**			
潮州市	**235**	**130**	**105**	**57**	**30**	**28**			
湘桥区	18	11	7	3	3				
潮安区	140	81	59	45	26	20			
饶平县	77	38	39	9	1	8			
揭阳市	**361**	**225**	**136**	**115**	**79**	**36**			
榕城区	46	34	13	8	6	2			
揭东区	74	39	35	15	11	4			
揭西县	84	51	33	21	15	6			
惠来县	76	50	26	36	25	11			
普宁市	81	52	30	34	22	13			
云浮市	**210**	**123**	**87**	**57**	**34**	**24**			
云城区	12	7	5	1		1			
云安区	35	17	19	9	6	3			
新兴县	70	35	35	10	4	6			
郁南县	45	27	18	10	6	3			
罗定市	48	37	11	27	18	10			

婚姻

6-1 全省分年龄、性别、婚姻状况的人口

单位：人

年 龄	合 计			未 婚		
	合计	男	女	小计	男	女
总 计	**2561563**	**1326258**	**1235305**	**671076**	**393724**	**277352**
15-19岁	**216624**	**118159**	**98464**	**214056**	**117263**	**96792**
15	34573	19435	15138	34521	19402	15119
16	38755	21334	17420	38577	21260	17317
17	45378	24684	20694	45002	24537	20465
18	47198	25592	21607	46489	25364	21126
19	50721	27115	23606	49466	26700	22767
20-24岁	**280929**	**147509**	**133419**	**237842**	**134033**	**103809**
20	54047	28398	25650	51477	27737	23740
21	52178	27130	25048	47801	26083	21718
22	56788	29771	27017	49098	27548	21549
23	58709	30901	27807	46776	27118	19658
24	59207	31310	27897	42691	25547	17144
25-29岁	**326212**	**169986**	**156226**	**142845**	**90288**	**52557**
25	69505	36440	33064	43646	26723	16923
26	65303	34248	31054	33806	21307	12498
27	62797	32393	30404	26420	16773	9647
28	66224	34593	31631	22409	14577	7832
29	62384	32311	30072	16565	10908	5657
30-34岁	**285261**	**149650**	**135611**	**41053**	**26997**	**14056**
30	58318	30391	27927	12184	8039	4145
31	57974	30350	27624	9721	6448	3273
32	56306	29699	26607	7502	4940	2562
33	59090	31038	28052	6582	4241	2341
34	53573	28173	25400	5063	3328	1735
35-39岁	**232477**	**122948**	**109528**	**13115**	**8565**	**4550**
35	49767	26443	23325	3933	2592	1341
36	51489	27352	24138	3144	2075	1069
37	46142	24335	21807	2389	1533	856
38	40170	21097	19073	1906	1222	684
39	44908	23722	21186	1742	1142	600
40-44岁	**253034**	**131033**	**122000**	**7581**	**4943**	**2638**
40	47029	24583	22446	1573	1009	565
41	51178	26643	24535	1644	1060	584
42	52716	27289	25426	1598	1044	553
43	51060	26331	24730	1434	933	501
44	51051	26187	24864	1332	898	435
45-49岁	**243950**	**125497**	**118453**	**4841**	**3393**	**1448**
45	54352	27953	26400	1305	888	417
46	49036	25178	23859	959	640	319
47	52976	27232	25743	971	695	277
48	42491	21866	20625	772	549	223
49	45094	23268	21826	834	621	213
50-54岁	**200968**	**103783**	**97185**	**2969**	**2268**	**700**
50	46763	24437	22326	741	545	196
51	42681	21856	20824	660	505	155
52	47486	24795	22692	708	531	177
53	40915	20995	19920	514	407	107
54	23123	11701	11423	345	281	65
55-59岁	**145262**	**74119**	**71143**	**1922**	**1638**	**284**
55	24165	12365	11800	348	290	58
56	26734	13713	13020	329	274	55
57	31935	16274	15660	432	368	63
58	33300	17074	16226	423	380	43
59	29129	14692	14437	390	325	65
60-64岁	**131676**	**66164**	**65513**	**1645**	**1444**	**201**
60	30453	15366	15088	368	320	48
61	29061	14582	14479	358	309	49
62	26341	13174	13167	332	292	40
63	24789	12408	12381	351	312	38
64	21031	10634	10397	237	211	26
65岁及以上	**245171**	**117410**	**127762**	**3208**	**2893**	**315**

6-1 续表 单位: 人

年 龄	有配偶			离 婚			丧 偶		
	小计	男	女	小计	男	女	小计	男	女
总 计	**1754368**	**891442**	**862926**	**27383**	**14081**	**13303**	**108736**	**27012**	**81724**
15-19岁	**2541**	**885**	**1656**	**15**	**9**	**6**	**13**	**3**	**10**
15	51	33	18				1		1
16	176	73	103				2	1	1
17	370	145	226	5	2	3	1		1
18	700	225	475	5	3	2	4		4
19	1245	410	835	5	4	1	5	2	4
20-24岁	**42839**	**13368**	**29471**	**208**	**90**	**118**	**40**	**19**	**21**
20	2557	654	1903	5	2	3	8	4	4
21	4360	1040	3320	14	6	8	3	1	2
22	7655	2208	5447	29	12	18	6	2	3
23	11871	3750	8121	56	31	25	5	2	3
24	16396	5716	10680	104	39	64	17	9	9
25-29岁	**181667**	**78874**	**102793**	**1572**	**790**	**782**	**128**	**34**	**94**
25	25690	9629	16060	155	85	70	15	3	11
26	31236	12819	18418	242	118	123	19	4	15
27	36064	15464	20600	286	148	138	27	8	19
28	43374	19817	23557	409	189	220	33	10	23
29	45303	21144	24159	480	250	230	35	8	27
30-34岁	**240433**	**120757**	**119676**	**3463**	**1817**	**1646**	**311**	**79**	**232**
30	45536	22055	23482	549	284	265	49	13	35
31	47574	23549	24024	628	336	291	51	16	35
32	48028	24358	23670	715	384	331	60	17	44
33	51653	26369	25284	785	408	377	70	19	50
34	47641	24425	23216	786	405	381	82	14	68
35-39岁	**214357**	**111976**	**102381**	**4342**	**2254**	**2088**	**663**	**154**	**509**
35	44945	23386	21559	793	443	351	96	22	74
36	47325	24770	22555	899	473	427	120	34	87
37	42726	22297	20429	908	478	431	118	27	92
38	37326	19462	17864	802	387	415	137	27	110
39	42035	22060	19974	939	474	465	192	45	147
40-44岁	**238666**	**123204**	**115462**	**5030**	**2506**	**2524**	**1757**	**380**	**1377**
40	44301	23059	21242	893	457	436	261	58	202
41	48210	25001	23209	1033	528	505	291	55	236
42	49691	25656	24035	1051	505	546	376	84	292
43	48211	24789	23422	1018	524	494	397	85	313
44	48253	24699	23554	1034	492	542	432	98	333
45-49岁	**230885**	**118885**	**112000**	**4440**	**2283**	**2157**	**3784**	**936**	**2848**
45	51377	26401	24976	1066	520	546	604	143	460
46	46518	23917	22601	910	450	460	650	171	479
47	50248	25826	24421	971	514	457	786	197	588
48	40175	20693	19481	738	413	326	806	211	596
49	42568	22048	20520	754	386	368	938	213	725
50-54岁	**188566**	**98354**	**90212**	**3269**	**1685**	**1584**	**6164**	**1477**	**4688**
50	44082	23173	20909	783	424	359	1157	295	863
51	40142	20752	19390	667	316	351	1211	282	929
52	44514	23473	21042	791	407	385	1472	384	1088
53	38308	19924	18385	662	348	314	1431	317	1114
54	21520	11033	10487	365	189	176	893	198	695
55-59岁	**133280**	**69375**	**63905**	**1998**	**1084**	**914**	**8062**	**2022**	**6040**
55	22383	11631	10752	399	201	198	1035	243	792
56	24704	12889	11815	391	222	170	1309	329	981
57	29334	15222	14112	421	238	182	1748	446	1303
58	30487	15952	14535	423	236	187	1967	506	1461
59	26372	13681	12691	364	187	177	2003	498	1504
60-64岁	**116725**	**60939**	**55786**	**1267**	**665**	**602**	**12040**	**3116**	**8923**
60	27472	14297	13175	303	155	148	2311	593	1718
61	25978	13477	12501	283	145	138	2443	652	1791
62	23263	12105	11158	288	155	133	2458	622	1836
63	21663	11306	10357	229	121	107	2547	668	1879
64	18350	9753	8596	164	88	75	2281	582	1700
65岁及以上	**164410**	**94825**	**69585**	**1779**	**899**	**880**	**75775**	**18793**	**56982**

6-1a 全省分年龄、性别、婚姻状况的人口（城市）

单位：人

年 龄	合 计			未 婚		
	合计	男	女	小计	男	女
总 计	**1379772**	**722148**	**657624**	**360223**	**210812**	**149411**
15-19岁	**98415**	**54724**	**43691**	**97084**	**54242**	**42842**
15	14548	8432	6116	14523	8416	6107
16	16641	9486	7155	16552	9450	7102
17	20533	11305	9228	20321	11209	9113
18	21765	12174	9591	21402	12058	9344
19	24927	13327	11600	24285	13109	11176
20-24岁	**153804**	**80645**	**73159**	**130742**	**73181**	**57561**
20	27820	14413	13406	26513	14041	12472
21	27545	14169	13376	25278	13591	11687
22	31189	16351	14838	27230	15182	12048
23	33024	17456	15568	26605	15379	11225
24	34226	18255	15971	25117	14988	10129
25-29岁	**200445**	**105713**	**94732**	**88416**	**55680**	**32736**
25	41514	21965	19549	26492	16153	10340
26	39851	21168	18683	20897	13138	7758
27	38903	20322	18581	16537	10404	6133
28	41178	21806	19372	14048	9090	4958
29	38998	20451	18546	10442	6894	3548
30-34岁	**176069**	**93083**	**82986**	**25397**	**16397**	**9000**
30	35974	18937	17038	7506	4905	2602
31	35613	18777	16835	6010	3951	2059
32	34709	18383	16327	4679	3003	1676
33	36827	19472	17355	4083	2548	1535
34	32946	17514	15432	3119	1991	1128
35-39岁	**144810**	**77305**	**67505**	**8148**	**5027**	**3121**
35	30726	16373	14354	2416	1542	874
36	32331	17350	14981	1954	1210	744
37	28601	15172	13429	1472	878	594
38	25156	13359	11797	1182	704	478
39	27996	15051	12945	1124	692	432
40-44岁	**151031**	**80307**	**70724**	**4627**	**2674**	**1953**
40	29107	15618	13489	980	573	406
41	31156	16528	14627	1036	585	451
42	31659	16900	14759	978	574	404
43	30033	16007	14026	874	498	375
44	29076	15253	13823	759	443	316
45-49岁	**130120**	**68480**	**61640**	**2604**	**1502**	**1102**
45	30440	16087	14353	753	434	318
46	27137	14340	12797	547	293	254
47	28325	14922	13403	516	304	212
48	21571	11267	10304	373	212	160
49	22646	11863	10783	416	259	157
50-54岁	**97891**	**51360**	**46531**	**1379**	**837**	**542**
50	23119	12316	10803	339	194	145
51	21155	11071	10084	311	194	117
52	23330	12271	11059	331	187	144
53	19560	10198	9362	233	151	82
54	10728	5505	5223	164	110	54
55-59岁	**66130**	**33385**	**32745**	**660**	**441**	**219**
55	11729	6063	5667	151	106	45
56	12062	6053	6009	106	60	46
57	14352	7248	7104	138	89	50
58	14813	7506	7307	139	104	35
59	13174	6515	6658	126	83	43
60-64岁	**59245**	**28953**	**30292**	**451**	**305**	**146**
60	13741	6743	6998	113	78	35
61	13143	6410	6733	106	70	36
62	11776	5704	6072	95	67	28
63	11110	5435	5675	76	49	26
64	9475	4661	4814	61	40	21
65岁及以上	**101811**	**48193**	**53618**	**714**	**525**	**189**

6-1a 续表 单位：人

年 龄	有配偶			离 婚			丧 偶		
	小计	男	女	小计	男	女	小计	男	女
总 计	**962472**	**495303**	**467169**	**17501**	**7503**	**9998**	**39577**	**8531**	**31046**
15-19岁	**1320**	**475**	**845**	**4**	**4**		**6**	**2**	**4**
15	25	16	9						
16	88	35	52				1	1	1
17	210	95	115	1	1		1		1
18	359	114	245	2	2		2		2
19	638	215	423	2	2		2	2	1
20-24岁	**22962**	**7425**	**15537**	**84**	**33**	**51**	**16**	**5**	**10**
20	1304	372	932	1		1	2		2
21	2257	573	1684	9	4	5	2	1	1
22	3948	1165	2783	11	4	7			
23	6402	2065	4337	17	11	6	1	1	
24	9052	3250	5802	47	14	32	11	3	7
25-29岁	**111166**	**49681**	**61484**	**816**	**338**	**478**	**47**	**14**	**33**
25	14950	5779	9171	68	31	37	4	2	2
26	18817	7974	10842	125	52	74	12	4	9
27	22206	9840	12366	155	75	80	5	2	3
28	26912	12642	14270	209	70	139	10	4	6
29	28281	13446	14835	258	109	149	16	2	14
30-34岁	**148532**	**75752**	**72780**	**2012**	**903**	**1108**	**128**	**30**	**98**
30	28139	13879	14260	313	148	165	17	5	11
31	29238	14666	14572	346	156	190	18	4	14
32	29596	15176	14420	407	199	208	27	5	22
33	32234	16709	15525	478	204	274	33	11	21
34	29326	15323	14003	468	196	271	34	4	30
35-39岁	**133597**	**70966**	**62631**	**2791**	**1255**	**1537**	**273**	**57**	**215**
35	27776	14584	13192	500	240	260	34	7	27
36	29728	15849	13879	595	278	317	54	12	42
37	26525	14034	12491	547	248	300	57	12	45
38	23405	12431	10974	521	216	305	48	7	40
39	26163	14068	12095	629	272	356	80	19	61
40-44岁	**142279**	**76081**	**66198**	**3484**	**1450**	**2035**	**641**	**103**	**538**
40	27394	14753	12641	631	275	356	103	17	85
41	29301	15629	13672	706	300	406	112	14	97
42	29808	16000	13808	747	301	446	127	25	102
43	28307	15193	13114	696	294	401	157	22	135
44	27469	14505	12963	705	280	425	143	25	119
45-49岁	**123203**	**65501**	**57702**	**2990**	**1235**	**1756**	**1323**	**242**	**1081**
45	28718	15315	13402	747	287	460	223	50	173
46	25711	13744	11968	641	261	380	238	43	195
47	26892	14277	12615	647	285	363	270	57	213
48	20429	10783	9647	497	232	265	273	41	232
49	21452	11382	10070	459	170	289	320	52	268
50-54岁	**92141**	**49148**	**42992**	**2231**	**945**	**1285**	**2141**	**430**	**1711**
50	21881	11806	10075	512	235	276	387	80	307
51	19966	10605	9362	473	188	285	404	84	320
52	21967	11772	10195	521	211	310	511	100	410
53	18345	9743	8601	463	205	258	518	98	420
54	9982	5222	4759	262	106	156	321	67	254
55-59岁	**61135**	**31776**	**29359**	**1362**	**589**	**773**	**2973**	**578**	**2395**
55	10889	5767	5122	294	123	171	395	67	328
56	11192	5779	5414	259	116	142	505	98	406
57	13336	6927	6409	268	121	147	610	111	499
58	13681	7134	6547	284	122	162	709	146	563
59	12037	6170	5867	257	107	150	753	155	598
60-64岁	**53467**	**27323**	**26144**	**809**	**352**	**457**	**4520**	**974**	**3545**
60	12584	6415	6169	197	81	116	847	169	678
61	11929	6035	5894	195	87	108	913	218	695
62	10585	5375	5210	171	79	92	926	184	742
63	9917	5110	4807	140	58	82	976	217	759
64	8451	4388	4063	105	46	59	857	187	670
65岁及以上	**72670**	**41173**	**31497**	**918**	**399**	**519**	**27509**	**6096**	**21414**

6-1b 全省分年龄、性别、婚姻状况的人口（镇）

单位：人

年 龄	合 计			未 婚		
	合计	男	女	小计	男	女
总 计	**416971**	**214151**	**202819**	**108682**	**63425**	**45257**
15-19岁	**40186**	**21334**	**18852**	**39824**	**21216**	**18608**
15	6300	3472	2828	6295	3468	2827
16	7479	3857	3622	7455	3845	3610
17	8698	4542	4156	8641	4520	4121
18	8848	4698	4150	8745	4662	4083
19	8862	4766	4096	8688	4720	3968
20-24岁	**44636**	**23768**	**20868**	**37955**	**21767**	**16188**
20	9098	5087	4012	8703	4989	3714
21	8536	4533	4003	7859	4377	3482
22	9065	4741	4325	7786	4363	3424
23	9084	4785	4299	7267	4236	3031
24	8852	4623	4229	6340	3803	2537
25-29岁	**47190**	**24378**	**22812**	**20317**	**12893**	**7424**
25	10370	5407	4962	6434	3973	2461
26	9448	4937	4512	4784	3041	1743
27	9049	4605	4444	3690	2372	1318
28	9430	4838	4592	3080	1999	1081
29	8892	4591	4301	2329	1509	820
30-34岁	**41626**	**21695**	**19932**	**5792**	**3887**	**1905**
30	8618	4471	4148	1738	1183	555
31	8440	4378	4062	1353	895	458
32	8210	4282	3928	1046	694	352
33	8601	4530	4071	956	642	314
34	7757	4033	3724	698	474	225
35-39岁	**33866**	**17692**	**16173**	**1717**	**1192**	**525**
35	7283	3798	3485	518	351	167
36	7463	3931	3532	440	309	131
37	6748	3510	3238	313	228	85
38	5703	2974	2730	241	166	75
39	6668	3480	3189	205	138	67
40-44岁	**38868**	**19847**	**19021**	**965**	**684**	**282**
40	6997	3606	3391	208	139	69
41	7649	3948	3701	193	138	55
42	7982	4084	3899	199	139	60
43	8037	4079	3958	185	137	48
44	8203	4130	4072	180	130	50
45-49岁	**40304**	**20504**	**19799**	**666**	**497**	**169**
45	8702	4440	4262	179	131	48
46	7859	3947	3912	128	96	32
47	8813	4489	4324	136	107	30
48	7106	3633	3472	104	73	31
49	7825	3995	3830	118	90	28
50-54岁	**35316**	**17922**	**17394**	**390**	**317**	**74**
50	8247	4259	3988	105	82	23
51	7460	3748	3712	84	74	10
52	8327	4316	4011	83	65	18
53	7168	3583	3585	70	56	14
54	4114	2016	2099	48	39	8
55-59岁	**26396**	**13375**	**13022**	**274**	**246**	**28**
55	4187	2091	2096	42	39	3
56	4965	2534	2431	54	49	5
57	5935	3021	2914	61	56	6
58	6011	3078	2933	58	53	5
59	5299	2650	2649	59	49	10
60-64岁	**24102**	**12147**	**11955**	**263**	**246**	**17**
60	5583	2840	2743	64	57	7
61	5342	2730	2612	60	57	3
62	4803	2390	2413	43	40	2
63	4559	2255	2304	57	53	4
64	3815	1932	1883	40	39	1
65岁及以上	**44481**	**21490**	**22992**	**519**	**481**	**38**

6-1b 续表

单位：人

年龄	有配偶			离婚			丧偶		
	小计	男	女	小计	男	女	小计	男	女
总计	**283856**	**143426**	**140430**	**3315**	**1955**	**1359**	**21118**	**5345**	**15773**
15-19岁	**354**	**117**	**237**	**4**	**1**	**3**	**4**		**4**
15	5	4	1						
16	24	11	12						
17	55	21	34	2	1	1			
18	99	35	63	2		2	2		2
19	172	46	126				2		2
20-24岁	**6635**	**1981**	**4654**	**41**	**17**	**23**	**5**	**3**	**2**
20	393	95	297	2	2		1	1	
21	674	155	519	2	1	2			
22	1273	376	897	5	2	3	1		1
23	1805	543	1261	10	5	6	2	1	1
24	2490	811	1679	21	8	13			
25-29岁	**26611**	**11342**	**15269**	**236**	**137**	**99**	**26**	**5**	**20**
25	3900	1416	2484	31	19	12	4		4
26	4629	1879	2750	33	16	16	2		2
27	5313	2207	3106	40	24	16	6	2	5
28	6284	2802	3482	57	34	23	9	3	6
29	6485	3038	3446	75	43	31	4		4
30-34岁	**35283**	**17502**	**17781**	**484**	**287**	**197**	**67**	**18**	**49**
30	6781	3234	3547	89	53	37	10	1	9
31	6979	3421	3558	96	57	39	11	5	6
32	7053	3528	3525	95	53	42	14	6	8
33	7532	3825	3707	99	60	39	15	4	11
34	6938	3494	3445	104	65	39	16	1	15
35-39岁	**31460**	**16158**	**15302**	**568**	**319**	**249**	**121**	**24**	**98**
35	6645	3379	3266	104	65	39	16	4	12
36	6898	3562	3336	103	56	47	22	4	18
37	6291	3208	3083	128	72	56	17	3	14
38	5329	2749	2580	105	52	53	28	6	23
39	6297	3261	3037	128	74	54	38	7	31
40-44岁	**36986**	**18741**	**18245**	**582**	**350**	**232**	**334**	**72**	**262**
40	6648	3404	3244	99	57	42	41	5	36
41	7275	3716	3559	125	83	42	56	11	44
42	7604	3858	3746	112	70	43	67	16	51
43	7648	3853	3795	119	68	51	85	20	65
44	7811	3909	3901	126	72	54	85	19	66
45-49岁	**38425**	**19513**	**18911**	**498**	**305**	**193**	**716**	**189**	**527**
45	8288	4209	4079	128	77	50	107	23	85
46	7515	3763	3753	86	53	33	129	35	94
47	8412	4272	4141	120	73	47	144	38	106
48	6782	3464	3318	71	45	26	148	51	97
49	7427	3806	3621	92	56	36	187	43	145
50-54岁	**33415**	**17150**	**16265**	**337**	**202**	**135**	**1174**	**254**	**921**
50	7840	4079	3761	80	48	32	221	49	172
51	7079	3596	3483	62	34	28	235	44	191
52	7873	4117	3756	95	60	35	275	74	202
53	6767	3443	3324	61	33	28	270	51	219
54	3856	1914	1941	38	27	12	173	35	137
55-59岁	**24308**	**12594**	**11714**	**188**	**129**	**59**	**1626**	**405**	**1221**
55	3911	1981	1931	27	16	10	207	55	151
56	4618	2395	2223	40	31	9	253	59	194
57	5458	2845	2613	44	30	14	371	90	281
58	5519	2887	2632	38	26	12	395	112	283
59	4802	2486	2316	39	27	12	400	89	310
60-64岁	**21239**	**11216**	**10023**	**129**	**77**	**52**	**2471**	**608**	**1863**
60	5003	2647	2356	29	15	14	488	121	366
61	4790	2556	2234	25	16	9	467	102	365
62	4207	2198	2009	34	21	13	519	130	388
63	3930	2049	1880	26	17	9	547	135	411
64	3309	1766	1543	15	8	7	451	119	332
65岁及以上	**29140**	**17111**	**12029**	**248**	**131**	**117**	**14575**	**3767**	**10808**

6-1c 全省分年龄、性别、婚姻状况的人口（乡村）

单位：人

年 龄	合 计			未 婚		
	合计	男	女	小计	男	女
总 计	**764820**	**389958**	**374861**	**202171**	**119487**	**82684**
15-19岁	**78023**	**42101**	**35922**	**77148**	**41805**	**35342**
15	13725	7531	6194	13703	7518	6185
16	14635	7992	6643	14570	7966	6604
17	16147	8837	7310	16039	8808	7231
18	16586	8720	7865	16342	8644	7698
19	16931	9021	7910	16493	8870	7623
20-24岁	**82489**	**43096**	**39393**	**69145**	**39085**	**30060**
20	17129	8897	8232	16262	8708	7554
21	16097	8428	7669	14664	8115	6549
22	16533	8679	7854	14081	8004	6077
23	16600	8660	7941	12905	7503	5402
24	16129	8432	7697	11234	6756	4478
25-29岁	**78577**	**39895**	**38682**	**34112**	**21714**	**12398**
25	17621	9068	8553	10720	6597	4122
26	16003	8144	7859	8124	5128	2997
27	14844	7466	7378	6192	3996	2196
28	15615	7948	7667	5281	3488	1793
29	14494	7269	7225	3794	2505	1289
30-34岁	**67565**	**34872**	**32693**	**9864**	**6712**	**3151**
30	13726	6983	6742	2940	1951	988
31	13921	7195	6726	2358	1603	756
32	13387	7034	6353	1776	1243	533
33	13662	7035	6627	1543	1052	492
34	12870	6625	6245	1246	863	383
35-39岁	**53801**	**27951**	**25850**	**3250**	**2346**	**904**
35	11758	6272	5486	999	700	299
36	11696	6071	5625	750	556	194
37	10793	5653	5140	605	427	178
38	9311	4764	4547	483	351	131
39	10244	5191	5053	413	312	101
40-44岁	**63135**	**30880**	**32255**	**1989**	**1586**	**403**
40	10925	5359	5566	385	296	89
41	12373	6167	6207	414	336	78
42	13074	6305	6768	421	331	90
43	12990	6245	6745	375	298	77
44	13772	6804	6969	393	324	68
45-49岁	**73526**	**36512**	**37014**	**1571**	**1394**	**178**
45	15211	7426	7785	373	323	50
46	14041	6891	7150	284	251	33
47	15838	7820	8017	319	284	35
48	13814	6966	6848	295	264	31
49	14623	7410	7213	300	272	29
50-54岁	**67761**	**34502**	**33259**	**1200**	**1115**	**85**
50	15397	7862	7535	297	268	29
51	14066	7037	7028	265	237	28
52	15829	8208	7621	293	279	15
53	14187	7214	6973	210	199	11
54	8281	4180	4101	134	132	2
55-59岁	**52735**	**27359**	**25376**	**987**	**950**	**37**
55	8249	4211	4038	156	146	10
56	9707	5126	4581	169	165	4
57	11648	6005	5643	232	224	8
58	12476	6490	5986	226	223	3
59	10656	5526	5129	205	193	12
60-64岁	**48329**	**25063**	**23266**	**931**	**893**	**38**
60	11129	5782	5347	192	185	6
61	10576	5442	5134	192	182	10
62	9762	5080	4682	194	185	10
63	9120	4718	4402	218	210	8
64	7742	4041	3701	136	131	4
65岁及以上	**98879**	**47726**	**51152**	**1975**	**1886**	**88**

6-1c 续表

单位：人

年 龄	有配偶			离 婚			丧 偶		
	小计	男	女	小计	男	女	小计	男	女
总 计	**508039**	**252713**	**255327**	**6568**	**4622**	**1945**	**48041**	**13136**	**34906**
15-19岁	**866**	**292**	**574**	**7**	**4**	**4**	**2**		**2**
15	21	13	7				1		1
16	64	26	38						
17	105	28	77	3	1	2			
18	242	75	166	2	1	1			
19	435	150	285	3	2	1	1		1
20-24岁	**13241**	**3962**	**9279**	**83**	**39**	**44**	**20**	**10**	**9**
20	861	187	674	2		2	5	3	2
21	1428	312	1117	3	1	2	2		2
22	2434	667	1767	13	5	7	5	2	3
23	3664	1141	2523	29	16	13	2		2
24	4854	1655	3199	36	17	19	6	5	1
25-29岁	**43890**	**17850**	**26040**	**520**	**315**	**204**	**55**	**15**	**40**
25	6840	2435	4405	55	35	20	6	1	5
26	7790	2965	4825	83	50	33	5	1	4
27	8545	3417	5127	91	48	43	16	4	12
28	10178	4373	5805	143	84	59	14	3	10
29	10537	4660	5877	148	98	49	15	6	9
30-34岁	**56617**	**27503**	**29115**	**968**	**626**	**341**	**116**	**31**	**85**
30	10617	4942	5675	147	83	63	22	7	15
31	11356	5462	5894	185	123	62	21	7	15
32	11379	5654	5725	212	132	81	19	5	14
33	11888	5836	6052	209	144	65	22	4	18
34	11377	5609	5768	215	144	71	32	8	23
35-39岁	**49300**	**24852**	**24448**	**983**	**680**	**303**	**269**	**73**	**196**
35	10524	5424	5100	190	138	52	46	11	35
36	10699	5359	5340	202	138	64	44	17	27
37	9910	5056	4854	233	158	75	44	11	33
38	8592	4281	4311	176	118	58	61	14	47
39	9574	4732	4843	182	128	54	74	19	55
40-44岁	**59401**	**28382**	**31019**	**964**	**707**	**257**	**781**	**205**	**576**
40	10260	4902	5358	163	126	38	117	36	81
41	11634	5656	5977	202	145	57	124	29	94
42	12278	5797	6481	192	134	58	182	43	140
43	12256	5742	6514	203	162	41	155	43	113
44	12973	6284	6689	203	141	63	203	55	148
45-49岁	**69258**	**33871**	**35387**	**952**	**743**	**209**	**1745**	**505**	**1240**
45	14372	6877	7495	192	156	36	274	71	203
46	13291	6411	6880	183	136	47	283	93	190
47	14943	7278	7666	203	156	48	372	103	269
48	12963	6446	6517	171	136	34	385	119	266
49	13689	6860	6829	203	159	44	431	119	312
50-54岁	**63011**	**32056**	**30955**	**702**	**538**	**164**	**2849**	**793**	**2056**
50	14360	7287	7073	191	141	50	549	165	384
51	13096	6551	6545	132	95	38	572	154	418
52	14674	7584	7091	175	135	40	687	211	476
53	13197	6738	6460	138	110	28	642	168	474
54	7683	3896	3786	65	56	9	400	96	304
55-59岁	**47837**	**25005**	**22832**	**448**	**365**	**83**	**3463**	**1038**	**2425**
55	7582	3883	3700	78	62	16	433	120	312
56	8894	4715	4179	93	75	18	552	171	380
57	10540	5450	5090	109	87	22	767	245	523
58	11287	5931	5356	100	88	12	862	248	614
59	9533	5026	4507	68	53	15	850	254	596
60-64岁	**42019**	**22400**	**19620**	**329**	**237**	**93**	**5049**	**1534**	**3515**
60	9885	5235	4649	77	59	18	976	303	673
61	9258	4886	4372	63	42	21	1063	332	731
62	8471	4532	3939	83	55	28	1014	308	706
63	7816	4147	3669	62	46	17	1024	316	708
64	6589	3599	2990	44	34	9	973	276	697
65岁及以上	**62600**	**36540**	**26059**	**613**	**369**	**244**	**33691**	**8930**	**24761**

6-2 全省分性别、受教育程度、婚姻状况的人口

单位：人

受教育程度	合计			未婚		
	合计	男	女	小计	男	女
总 计	**2561563**	**1326258**	**1235305**	**671076**	**393724**	**277352**
未上过学	90857	21471	69386	4828	3653	1176
小 学	457798	196928	260870	21368	15122	6246
初 中	1064600	575785	488815	246755	152088	94668
普通高中	452612	263067	189544	182604	105868	76735
中 职	156563	86088	70475	72167	41719	30448
大学专科	197482	105687	91796	83783	44764	39020
大学本科	130883	70811	60072	56422	28745	27676
研 究 生	10767	6421	4346	3148	1765	1383

6-2 续表

单位：人

受教育程度	有配偶			离婚			丧偶		
	小计	男	女	小计	男	女	小计	男	女
总 计	**1754368**	**891442**	**862926**	**27383**	**14081**	**13303**	**108736**	**27012**	**81724**
未上过学	50865	13231	37633	601	214	386	34564	4372	30191
小 学	380388	165089	215299	4275	2449	1827	51767	14269	37498
初 中	789846	411071	378774	11297	6408	4888	16702	6218	10484
普通高中	261119	153261	107859	5221	2510	2711	3667	1428	2239
中 职	81861	43334	38526	1683	776	908	852	259	593
大学专科	110367	59643	50723	2597	1019	1578	735	261	474
大学本科	72481	41234	31246	1548	635	913	433	196	236
研 究 生	7442	4578	2864	160	70	91	17	8	8

6-2a 全省分性别、受教育程度、婚姻状况的人口（城市）

单位：人

受教育程度	合计			未婚		
	合计	男	女	小计	男	女
总　计	**1379772**	**722148**	**657624**	**360223**	**210812**	**149411**
未上过学	26568	6046	20522	1269	861	408
小　学	179898	77236	102663	6980	4883	2098
初　中	510861	275045	235816	108767	69190	39577
普通高中	278740	157732	121007	92368	54639	37728
中　职	107165	58268	48897	45067	26341	18726
大学专科	153522	80798	72724	57818	30436	27382
大学本科	112648	60843	51805	45040	22839	22201
研究生	10370	6181	4189	2914	1623	1291

6-2a 续表

单位：人

受教育程度	有配偶			离婚			丧偶		
	小计	男	女	小计	男	女	小计	男	女
总　计	**962472**	**495303**	**467169**	**17501**	**7503**	**9998**	**39577**	**8531**	**31046**
未上过学	15381	4063	11318	215	67	148	9703	1055	8648
小　学	152988	67631	85357	1803	792	1011	18127	3930	14197
初　中	388806	201025	187781	5837	2660	3178	7451	2171	5280
普通高中	179588	100449	79140	4261	1844	2416	2523	800	1723
中　职	60044	31188	28857	1352	564	788	702	176	527
大学专科	92675	49247	43428	2390	909	1481	638	206	433
大学本科	65710	37220	28490	1483	598	886	415	186	229
研究生	7280	4480	2800	160	69	91	16	8	8

6-2b 全省分性别、受教育程度、婚姻状况的人口（镇）

单位：人

受教育程度	合 计			未 婚		
	合计	男	女	小计	男	女
总 计	**416971**	**214151**	**202819**	**108682**	**63425**	**45257**
未上过学	18977	4425	14552	943	686	257
小 学	84266	35300	48966	3441	2337	1104
初 中	185197	99156	86041	42092	25299	16792
普通高中	74026	44112	29915	35118	19737	15381
中 职	21122	12002	9120	9930	5778	4151
大学专科	22595	13319	9277	11337	6669	4668
大学本科	10551	5693	4859	5693	2840	2853
研 究 生	235	145	90	128	79	49

6-2b 续表

单位：人

受教育程度	有配偶			离 婚			丧 偶		
	小计	男	女	小计	男	女	小计	男	女
总 计	**283856**	**143426**	**140430**	**3315**	**1955**	**1359**	**21118**	**5345**	**15773**
未上过学	10608	2770	7837	111	33	78	7315	935	6380
小 学	70057	29681	40375	700	421	279	10069	2861	7208
初 中	138340	71611	66729	1702	1025	677	3064	1222	1843
普通高中	37977	23880	14097	435	265	171	496	230	266
中 职	10932	6070	4862	170	103	67	90	50	40
大学专科	11040	6530	4511	145	82	64	73	38	34
大学本科	4796	2817	1979	51	27	24	10	9	2
研 究 生	107	67	40				1		1

6-2c 全省分性别、受教育程度、婚姻状况的人口（乡村）

单位：人

受教育程度	合计			未婚		
	合计	男	女	小计	男	女
总　计	**764820**	**389958**	**374861**	**202171**	**119487**	**82684**
未上过学	45313	11001	34312	2616	2106	510
小　学	193633	84392	109241	10946	7901	3045
初　中	368541	201584	166958	95897	57599	38298
普通高中	99846	61223	38622	55118	31492	23626
中　职	28276	15818	12458	17171	9600	7571
大学专科	21365	11570	9795	14628	7658	6970
大学本科	7684	4275	3409	5688	3066	2622
研究生	162	95	67	106	64	42

6-2c 续表

单位：人

受教育程度	有配偶			离婚			丧偶		
	小计	男	女	小计	男	女	小计	男	女
总　计	**508039**	**252713**	**255327**	**6568**	**4622**	**1945**	**48041**	**13136**	**34906**
未上过学	24876	6398	18478	275	114	161	17545	2382	15163
小　学	157343	67776	89567	1773	1236	537	23571	7478	16093
初　中	262700	138435	124265	3758	2724	1034	6187	2826	3361
普通高中	43554	28932	14622	525	401	125	648	399	249
中　职	10885	6077	4808	161	108	53	59	33	26
大学专科	6651	3867	2785	62	29	33	24	17	8
大学本科	1975	1197	778	14	10	3	7	2	5
研究生	55	31	24						

6-3 全省分性别、职业、婚姻状况的人口

单位：人

职业大类	合计			未婚		
	合计	男	女	小计	男	女
总 计	**1622516**	**951580**	**670935**	**382022**	**234090**	**147932**
党的机关、国家机关、群众团体和社会组织、企事业单位负责人	39450	29346	10104	3823	2643	1181
专业技术人员	124540	59720	64821	31912	14260	17652
办事人员和有关人员	98086	56516	41570	23249	10162	13086
社会生产服务和生活服务人员	515295	309866	205429	137783	82792	54991
农、林、牧、渔业生产及辅助人员	306981	165054	141927	35220	24426	10794
生产制造及有关人员	531222	326678	204544	148232	98704	49528
不便分类的其他从业人员	6940	4401	2539	1803	1102	701

6-3 续表

单位：人

职业大类	有配偶			离婚			丧偶		
	小计	男	女	小计	男	女	小计	男	女
总 计	**1204044**	**700366**	**503678**	**18086**	**10397**	**7689**	**18364**	**6727**	**11637**
党的机关、国家机关、群众团体和社会组织、企事业单位负责人	34827	26288	8539	636	341	294	164	73	90
专业技术人员	90412	44651	45762	1778	655	1123	437	153	284
办事人员和有关人员	72871	45356	27514	1530	770	760	437	227	210
社会生产服务和生活服务人员	367102	222514	144589	6925	3468	3457	3484	1092	2393
农、林、牧、渔业生产及辅助人员	257375	133963	123412	3226	2528	697	11162	4137	7025
生产制造及有关人员	376486	224388	152098	3888	2564	1324	2616	1022	1594
不便分类的其他从业人员	4970	3206	1764	104	70	33	63	22	41

6-3a 全省分性别、职业、婚姻状况的人口（城市）

单位：人

职业大类	合计			未婚		
	合计	男	女	小计	男	女
总计	**903224**	**535784**	**367440**	**228880**	**139117**	**89764**
党的机关、国家机关、群众团体和社会组织、企事业单位负责人	31436	23007	8429	3129	2123	1006
专业技术人员	95061	44736	50325	24184	10926	13258
办事人员和有关人员	76880	43627	33253	17520	7596	9924
社会生产服务和生活服务人员	348823	207494	141329	93140	55668	37472
农、林、牧、渔业生产及辅助人员	23495	13583	9911	2014	1480	533
生产制造及有关人员	323694	200980	122714	87970	60804	27167
不便分类的其他从业人员	3835	2356	1479	923	519	404

6-3a 续表

单位：人

职业大类	有配偶			离婚			丧偶		
	小计	男	女	小计	男	女	小计	男	女
总计	**659173**	**390004**	**269168**	**10939**	**5292**	**5648**	**4232**	**1371**	**2860**
党的机关、国家机关、群众团体和社会组织、企事业单位负责人	27644	20558	7086	554	281	273	107	44	63
专业技术人员	69098	33211	35887	1506	519	987	273	80	193
办事人员和有关人员	57778	35290	22488	1296	607	689	287	134	153
社会生产服务和生活服务人员	248727	148999	99728	5118	2326	2792	1839	501	1338
农、林、牧、渔业生产及辅助人员	20469	11663	8806	245	170	75	768	270	498
生产制造及有关人员	232626	138488	94139	2162	1355	807	935	334	601
不便分类的其他从业人员	2831	1795	1036	59	34	24	22	8	14

6-3b 全省分性别、职业、婚姻状况的人口（镇）

单位：人

职业大类	合计			未婚		
	合计	男	女	小计	男	女
总 计	**248576**	**147469**	**101107**	**54142**	**33349**	**20793**
党的机关、国家机关、群众团体和社会组织、企事业单位负责人	4549	3613	936	363	272	91
专业技术人员	15698	7668	8030	3561	1503	2058
办事人员和有关人员	11049	7019	4030	2707	1335	1371
社会生产服务和生活服务人员	78793	48218	30575	18666	11433	7233
农、林、牧、渔业生产及辅助人员	55853	31235	24618	6244	4427	1817
生产制造及有关人员	81212	48771	32441	22236	14125	8111
不便分类的其他从业人员	1422	945	476	366	254	111

6-3b 续表

单位：人

职业大类	有配偶			离婚			丧偶		
	小计	男	女	小计	男	女	小计	男	女
总 计	**188637**	**111391**	**77246**	**2327**	**1481**	**846**	**3470**	**1247**	**2223**
党的机关、国家机关、群众团体和社会组织、企事业单位负责人	4111	3293	818	45	34	11	29	14	15
专业技术人员	11930	6081	5849	149	63	86	58	20	38
办事人员和有关人员	8136	5548	2587	142	94	48	65	42	23
社会生产服务和生活服务人员	58552	36073	22480	812	468	344	763	244	519
农、林、牧、渔业生产及辅助人员	47132	25689	21444	526	408	118	1951	711	1240
生产制造及有关人员	57755	34038	23717	634	399	235	587	209	378
不便分类的其他从业人员	1021	670	351	20	15	5	16	7	9

6-3c 全省分性别、职业、婚姻状况的人口（乡村）

单位：人

职业大类	合计			未婚		
	合计	男	女	小计	男	女
总　计	**470715**	**268327**	**202388**	**99000**	**61625**	**37376**
党的机关、国家机关、群众团体和社会组织、企事业单位负责人	3466	2725	740	331	248	83
专业技术人员	13781	7316	6465	4168	1832	2336
办事人员和有关人员	10157	5870	4287	3022	1231	1791
社会生产服务和生活服务人员	87679	54154	33525	25978	15691	10286
农、林、牧、渔业生产及辅助人员	227634	120235	107398	26962	18518	8444
生产制造及有关人员	126316	76927	49389	38026	23776	14250
不便分类的其他从业人员	1684	1100	584	514	329	185

6-3c 续表

单位：人

职业大类	有配偶			离婚			丧偶		
	小计	男	女	小计	男	女	小计	男	女
总　计	**356234**	**198971**	**157264**	**4819**	**3624**	**1195**	**10662**	**4108**	**6554**
党的机关、国家机关、群众团体和社会组织、企事业单位负责人	3072	2437	635	36	26	10	27	15	12
专业技术人员	9384	5358	4026	123	74	50	106	53	53
办事人员和有关人员	6957	4518	2439	92	69	23	85	52	33
社会生产服务和生活服务人员	59824	37442	22381	995	674	321	882	346	536
农、林、牧、渔业生产及辅助人员	189774	96611	93163	2455	1951	504	8443	3155	5288
生产制造及有关人员	86105	51862	34242	1092	809	282	1093	479	614
不便分类的其他从业人员	1119	742	377	26	21	4	25	8	18